最高人民法院
民事案件案由
适用要点与请求权规范指引
（第三版）

上 册

人民法院出版社 编著

人 民 法 院 出 版 社

图书在版编目（CIP）数据

最高人民法院民事案件案由适用要点与请求权规范指引 / 人民法院出版社编. -- 3版. -- 北京 : 人民法院出版社, 2025. 1. -- ISBN 978-7-5109-4299-0

Ⅰ. D925.105

中国国家版本馆CIP数据核字第20242Q9K79号

最高人民法院民事案件案由适用要点与请求权规范指引（第三版）

人民法院出版社　编著

责任编辑	王　婷　李　瑞
出版发行	人民法院出版社
地　　址	北京市东城区东交民巷 27 号（100745）
电　　话	（010）67550617（责任编辑）　67550558（发行部查询） 65223677（读者服务部）
客服 QQ	2092078039
网　　址	http://www.courtbook.com.cn
E - mail	courtpress@sohu.com
印　　刷	天津嘉恒印务有限公司
经　　销	新华书店

开　　本	787 毫米×1092 毫米　1/16
字　　数	1602 千字
印　　张	84.25
版　　次	2025 年 1 月第 1 版　2025 年 1 月第 1 次印刷
书　　号	ISBN 978 - 7 - 5109 - 4299 - 0
定　　价	278.00 元（上下册）

编写说明

为了帮助广大读者更好地学习、理解和准确适用《民事案件案由规定》[①]，人民法院出版社自2019年起编写出版《最高人民法院民事案件案由适用要点与请求权规范指引（第一版）》，对每个案由进行全方位的说明和阐述，并从案由所涉的诉讼请求出发，列明该请求权的现行法律依据。该书以其完整性、权威性和实用性，深受广大读者的好评和欢迎，成为广大法律工作者的案头必备。

2020年，《民法典》的颁布构建了具有中国特色的社会主义民事法律体系，最高人民法院也发布了一系列重要的司法解释和规范性文件。故2020年8月，我们应广大读者的强烈呼声，编写出版了《最高人民法院民事案件案由适用要点与请求权规范指引（第二版）》，及时更新有关内容，继续在实践中为广大法律工作者提供有益参考。

作为我国第一部以法典命名的法律，《民法典》涵盖了此前的《民法通则》《民法总则》《合同法》《担保法》《物权法》《侵权责任法》《婚姻法》《继承法》《收养法》九部法律的内容，

---

① 《民事案件案由规定》于2007年10月29日最高人民法院审判委员会第1438次会议通过自2008年4月1日起施行，根据2011年2月18日《最高人民法院关于修改〈民事案件案由规定〉的决定》（法〔2011〕41号）第一次修正，根据2020年12月14日最高人民法院审判委员会第1821次会议通过的《最高人民法院关于修改〈民事案件案由规定〉的决定》（法〔2020〕346号）第二次修正。

并对这些法律进行了一系列重大改造，具有重大的里程碑意义。此后，为积极有序推动《民法典》正确统一实施，最高人民法院及时完成了涉《民法典》司法解释的清理工作，陆续发布了关于《民法典》总则编、物权编、继承编、婚姻家庭编、有关担保制度、合同编通则、侵权责任编等方面的司法规范，以明确和统一法律适用标准。

当然，民事法律规范的变化发展并不仅仅体现在《民法典》这一部法律上，大量规范民事活动的特别法，尤其是民事案件裁判中经常适用的法律法规，也在近年来不断公布和修改，大致分为以下几类：一是以《公司法》（2023 年修订）、《期货和衍生品法》（2022 年公布）、《企业名称登记管理规定实施办法》（2023 年公布）等为代表的商事类法律法规，规定了市场经济体制下重要的商事法律规则。二是以《专利法》（2020 年修正）、《著作权法》（2020 年修正）、《反垄断法》（2022 年修正）、《科学技术进步法》（2021 年修订）、《专利法实施细则》（2023 年修订）等为代表的知识产权类法律法规。三是以《未成年人保护法》（2024 年修正）、《妇女权益保障法》（2022 年修订）、《中国公民收养子女登记办法》（2023 年修订）等为代表的特殊民事主体权利保障的法律法规。四是以《矿产资源法》（2024 年修订）、《农村集体经济组织法》（2024 年公布）、《慈善法》（2023 年修正）、《不动产登记暂行条例》（2024 年修订）等为代表的针对民事活动特别主体、特别权利、特别行为和特别责任而制定的法律法规。此外，还有以《民事诉讼法》（2023 年修正）为代表的，用于规范我国民事审判工作，保护当事人行使诉讼权利的民事诉讼立法。《民事诉讼法》（2023 年修正）以实现《民法典》规定的实体法律秩序为鲜明目的，为更好地与《民法典》相衔接而作出调整，不仅全面落实了《民法典》的实体权利安排，而且大力完善了涉外民事诉讼程序的内容，以法治方式更好地维护国家和人民的利益。

在审判实务工作中，最高人民法院发布的司法解释一直发挥着十分重要的作用，对于新增制度和实务中疑难复杂的争议问题，始终坚持积极探索，细化相关程序构造，统一法律适用，并及时将成熟经验进行转化，如《最高人民法院关于适用〈中华人民共和国民事诉讼法〉的解释》（2022 年修正）对民事诉讼法律实施中遇到的问题进行了概括回应，《最高人民法院关于适用〈华人民共和国民法典〉合同编通则若干问题的解释》（2023 年公布）细化了代位权诉讼的管辖等规则，其实践指导意义均非常显著。

如今，我社在前版的基础上，为了方便读者查找、适用案由，以 2020 年《民事案件案由规定》所确立的体系为基础，结合《民法典》《民事诉讼法》及其司法解释等最新法律规范，参考最高人民法院相关法律及司法解释理解与适用系列图书，对本书进行全面修订，推出《最高人民法院民事案件案由适用要点与请求权规范指引（第三版）》，便于当事人进行民事诉讼，规范人民法院进行民事立案、审判和司法统计工作。

《最高人民法院民事案件案由适用要点与请求权规范指引（第三版）》从尊重读者使用习惯、满足实务需求出发，以遵循必要性、实用性修订为原则，其内容体系更加完整、规范分类更加准确、查询使用更加方便。具体特色如下：

——沿用前版编写形式。本书沿用前版体例设计，以 2020 年《民事案件案由规定》中的第三级案由为基础单元，每个第三级案由下均设**【案由适用要点】【请求权基础规范指引】**两个栏目。

——**阐述理解和适用案由的要点。**设置【**案由适用要点**】栏目，包含三大要点：**（1）释义。**精准提炼案由含义，突出该案由所反映的法律关系，以揭示其法律特征，对其可能涵盖的第四级案由同时进行解释，并在目录中详细标注。**（2）管辖。**为方便不同类型纠纷案件的立案受理，结合《民事诉讼法》及其司法解释，指明各案由应如何选择管辖法院，以方便当事人起诉和立案法官审查。**（3）应注意的问题。**阐明该案由在审判实践中如何具体应用，便于法官和当事人选择适用。

——**详细列明裁判依据。**设置【**请求权基础规范指引**】栏目，并继承前版，引入请求权基础规范理论，从当事人的诉讼请求出发，列明该请求权的现行法律依据，便于法官和当事人在择定案由后，可立即查阅必需的法律适用根据，节省逐一检索时间，确保不会遗漏可以适用的法律法规条文。该部分所列条文包括近年来新颁布实施的重要法律法规、司法解释、司法政策等，并特别标注了规范文本的公布或修订、修正时间，如在同一年内修改两次及以上的还增加了脚注说明，方便读者识别。文本更新截至2024年11月。

本书在内容和编排上作出了创新尝试，但疏漏之处在所难免，敬请广大读者批评指正。

编　者

2024年12月

总 目 录

上 册

下 册

目　录

上　册

下 册

第一部分
人格权纠纷

一、人格权纠纷

1. 生命权、身体权、健康权纠纷

案由适用要点

[**释义**] 生命权、身体权、健康权纠纷是指他人实施侵害生命权、身体权、健康权行为而引起的纠纷。

[**管辖**] 因生命权、身体权、健康权纠纷提起的诉讼，多为侵权之诉，根据《民事诉讼法》第29条的规定，因侵权行为提起的诉讼，由侵权行为地或者被告住所地人民法院管辖。根据《最高人民法院关于适用〈中华人民共和国民事诉讼法〉的解释》（以下简称《民事诉讼法解释》）[①] 第24条的规定，侵权行为地包括侵权行为实施地、侵权结果发生地。《民事诉讼法》第30条还规定，因铁路、公路、水上和航空事故请求损害赔偿提起的诉讼，由事故发生地或者车辆、船舶最先到达地、航空器最先降落地或者被告住所地人民法院管辖。根据《最高人民法院关于铁路运输法院案件管辖范围的若干规定》第3、4条的规定，因铁路行车事故及其他铁路运营事故造成的人身损害赔偿纠纷，由铁路运输法院管辖。《民事诉讼法解释》第26条规定，因产品、服务质量不合格造成他人财产、人身损害提起的诉讼，产品制造地、产品销售地、服务提供地、侵权行为地和被告住所地人民法院都有管辖权。

[**应注意的问题**] 确定“生命权、身体权、健康权纠纷”案由时要特别注意“人格权纠纷”“生命权、身体权、健康权纠纷”案由与其他具体侵权责任纠纷案由的协调问题。在确定侵权责任纠纷具体案由时，应当先适用第9部分“侵权责任纠纷”项下根据《民法典》侵权责任编相关规定列出的具体案由。若没有相应案由的，再适用“人格权纠纷”项下的案由。如机动车交

---

① 《最高人民法院关于适用〈中华人民共和国民事诉讼法〉的解释》于2014年12月18日最高人民法院审判委员会第1636次会议通过，自2015年2月4日起施行；根据2020年12月23日最高人民法院审判委员会第1823次会议通过的《最高人民法院关于修改〈最高人民法院关于人民法院民事调解工作若干问题的规定〉等十九件民事诉讼类司法解释的决定》第一次修正；根据2022年3月22日最高人民法院审判委员会第1866次会议通过的《最高人民法院关于修改〈最高人民法院关于适用《中华人民共和国民事诉讼法》的解释〉的决定》第二次修正。文中如引用2015年施行的《最高人民法院关于适用〈中华人民共和国民事诉讼法〉的解释》，以下简称2015年《民事诉讼法解释》；文中如引用2020年第一次修正后的《最高人民法院关于适用〈中华人民共和国民事诉讼法〉的解释》，以下简称2020年《民事诉讼法解释》；文中如引用2022年第二次修正后的《最高人民法院关于适用〈中华人民共和国民事诉讼法〉的解释》，为现行有效的司法解释，故以下简称《民事诉讼法解释》。

通事故可能造成人身损害和财产损害，确定案由时，应当适用第 9 部分“侵权责任纠纷”项下“机动车交通事故责任纠纷”案由，而不应适用第 1 部分“人格权纠纷”项下的“生命权、身体权、健康权纠纷”案由，也不应适用第 3 部分“物权纠纷”项下的“财产损害赔偿纠纷”案由。

确定本案由时还要注意案由名称顿号之间的选择关系。即案由中出现顿号（即“、”）的，应当根据具体案情，确定相应的案由，不应直接将该组案由全部引用。如“生命权、身体权、健康权纠纷”案由，应根据侵害的具体人格权益来确定相应的案由。

请求权基础规范指引

《中华人民共和国民法典》（2020 年）

第一千零二条【生命权】 自然人享有生命权。自然人的生命安全和生命尊严受法律保护。任何组织或者个人不得侵害他人的生命权。

第一千零三条【身体权】 自然人享有身体权。自然人的身体完整和行动自由受法律保护。任何组织或者个人不得侵害他人的身体权。

第一千零四条【健康权】 自然人享有健康权。自然人的身心健康受法律保护。任何组织或者个人不得侵害他人的健康权。

第一千零五条【法定救助义务】 自然人的生命权、身体权、健康权受到侵害或者处于其他危难情形的，负有法定救助义务的组织或者个人应当及时施救。

第一千零六条【人体捐献】 完全民事行为能力人有权依法自主决定无偿捐献其人体细胞、人体组织、人体器官、遗体。任何组织或者个人不得强迫、欺骗、利诱其捐献。

完全民事行为能力人依据前款规定同意捐献的，应当采用书面形式，也可以订立遗嘱。

自然人生前未表示不同意捐献的，该自然人死亡后，其配偶、成年子女、父母可以共同决定捐献，决定捐献应当采用书面形式。

第一千零七条【禁止人体买卖】 禁止以任何形式买卖人体细胞、人体组织、人体器官、遗体。

违反前款规定的买卖行为无效。

第一千零八条【人体临床试验】 为研制新药、医疗器械或者发展新的预防和治疗方法，需要进行临床试验的，应当依法经相关主管部门批准并经伦理委员会审查同意，向受试者或者受试者的监护人告知试验目的、用途和可能产生的风险等详细情况，并经其书面同意。

进行临床试验的，不得向受试者收取试验费用。

第一千零九条【从事人体基因、人体胚胎等有关的医学和科研活动时的

义务】 从事与人体基因、人体胚胎等有关的医学和科研活动，应当遵守法律、行政法规和国家有关规定，不得危害人体健康，不得违背伦理道德，不得损害公共利益。

《中华人民共和国铁路法》（2015 年修正）

第五十八条 因铁路行车事故及其他铁路运营事故造成人身伤亡的，铁路运输企业应当承担赔偿责任；如果人身伤亡是因不可抗力或者由于受害人自身的原因造成的，铁路运输企业不承担赔偿责任。

违章通过平交道口或者人行过道，或者在铁路线路上行走、坐卧造成的人身伤亡，属于受害人自身的原因造成的人员伤亡。

《中华人民共和国民用航空法》（2021 年修正）

第一百五十七条 因飞行中的民用航空器或者从飞行中的民用航空器上落下的人或者物，造成地面（包括水面，下同）上的人身伤亡或者财产损害的，受害人有权获得赔偿；但是，所受损害并非造成损害的事故的直接后果，或者所受损害仅是民用航空器依照国家有关的空中交通规则在空中通过造成的，受害人无权要求赔偿。

前款所称飞行中，是指自民用航空器为实际起飞而使用动力时起至着陆冲程终了时止；就轻于空气的民用航空器而言，飞行中是指自其离开地面时起至其重新着地时止。

《中华人民共和国妇女权益保障法》（2022 年修订）

第二十一条 妇女的生命权、身体权、健康权不受侵犯。禁止虐待、遗弃、残害、买卖以及其他侵害女性生命健康权益的行为。

禁止进行非医学需要的胎儿性别鉴定和选择性别的人工终止妊娠。

医疗机构施行生育手术、特殊检查或者特殊治疗时，应当征得妇女本人同意；在妇女与其家属或者关系人意见不一致时，应当尊重妇女本人意愿。

《最高人民法院关于审理人身损害赔偿案件适用法律若干问题的解释》（2022 年 4 月 24 日修正）

第一条 因生命、身体、健康遭受侵害，赔偿权利人起诉请求赔偿义务人赔偿物质损害和精神损害的，人民法院应予受理。

本条所称“赔偿权利人”，是指因侵权行为或者其他致害原因直接遭受人身损害的受害人以及死亡受害人的近亲属。

本条所称“赔偿义务人”，是指因自己或者他人的侵权行为以及其他致害原因依法应当承担民事责任的自然人、法人或者非法人组织。

2. 姓名权纠纷

案由适用要点

［**释义**］姓名权纠纷是指自然人的姓名权被以非法干涉、盗用、假冒等方式侵害而引起的纠纷。

［**管辖**］因姓名权纠纷提起的诉讼，大多为干涉、盗用、假冒他人姓名而引起的侵权之诉。根据《民事诉讼法》第29条的规定，因侵权行为提起的诉讼，由侵权行为地或者被告住所地人民法院管辖。《民事诉讼法解释》第24条规定，侵权行为地包括侵权行为实施地、侵权结果发生地。如果是通过信息网络实施的侵犯姓名权纠纷，根据《民事诉讼法解释》第25条的规定，信息网络侵权行为实施地包括实施被诉侵权行为的计算机等信息设备所在地，侵权结果发生地包括被侵权人住所地。另外，根据《最高人民法院关于互联网法院审理案件若干问题的规定》（法释〔2018〕16号）第2条第7项的规定，北京、广州、杭州互联网法院集中管辖所在市的辖区内应当由基层人民法院受理的下列第一审案件：（7）在互联网上侵害他人人身权、财产权等民事权益而产生的纠纷。

［**应注意的问题**］1. 关于网名、笔名、艺名等的保护问题。《民法典》第1017条规定，具有一定社会知名度，被他人使用足以造成公众混淆的笔名、艺名、网名、译名、字号、姓名和名称的简称等，参照适用姓名权和名称权保护的有关规定。据此可知，笔名、艺名、网名、译名、字号以及姓名和名称的简称等，可以参照适用姓名权保护的规定，前提是具有一定社会知名度，被他人使用足以造成公众混淆。因此，侵犯具有一定社会知名度，被他人使用足以造成公众混淆的笔名、艺名、网名、译名等引发的纠纷，可以适用本案由。

2. 姓名权与作品署名权的关系。姓名权与著作权中的署名权有着极为密切的关系，要特别注意二者的区别。自然人均享有姓名权，但只有创作作品的人才享有署名权，姓名权的客体是姓名，而署名权的客体是作品，侵害作者的署名权不一定构成对姓名权的侵害。《民事案件案由规定》① 将侵害作品署名权纠纷列为“158. 著作权权属、侵权纠纷”项下的第四级案由。两者之

① 《民事案件案由规定》于2007年10月29日最高人民法院审判委员会第1438次会议通过自2008年4月1日起施行，根据2011年2月18日《最高人民法院关于修改〈民事案件案由规定〉的决定》（法〔2011〕41号）第一次修正，根据2020年12月14日最高人民法院审判委员会第1821次会议通过的《最高人民法院关于修改〈民事案件案由规定〉的决定》（法〔2020〕346号）第二次修正。

间也有可能构成竞合关系，如在美术作品上假冒他人署名可能引起著作权侵权纠纷，也可能引起姓名权纠纷，此时案由以当事人的诉由选择来确定。

3. 姓名权的许可使用纠纷。姓名权的商业利用，可以采取合同形式进行。因许可使用合同的成立、效力、违约责任等引发的纠纷，可以按照第四部分“合同、准合同纠纷”确定相应的案由。当事人主张侵害其姓名权的，可以适用本案由。

请求权基础规范指引

《中华人民共和国民法典》（2020 年）

第一百一十条【民事主体的人格权】 自然人享有生命权、身体权、健康权、姓名权、肖像权、名誉权、荣誉权、隐私权、婚姻自主权等权利。

法人、非法人组织享有名称权、名誉权和荣誉权。

第一百一十二条【因婚姻、家庭关系等产生的人身权利受保护】 自然人因婚姻家庭关系等产生的人身权利受法律保护。

第一百八十五条【侵害英烈等的姓名、肖像、名誉、荣誉的民事责任】 侵害英雄烈士等的姓名、肖像、名誉、荣誉，损害社会公共利益的，应当承担民事责任。

第一千零一十二条【姓名权】 自然人享有姓名权，有权依法决定、使用、变更或者许可他人使用自己的姓名，但是不得违背公序良俗。

第一千零一十三条【名称权】 法人、非法人组织享有名称权，有权依法决定、使用、变更、转让或者许可他人使用自己的名称。

第一千零一十四条【姓名权或名称权不得被非法侵害】 任何组织或者个人不得以干涉、盗用、假冒等方式侵害他人的姓名权或者名称权。

第一千零一十五条【自然人选取姓氏】 自然人应当随父姓或者母姓，但是有下列情形之一的，可以在父姓和母姓之外选取姓氏：

（一）选取其他直系长辈血亲的姓氏；

（二）因由法定扶养人以外的人扶养而选取扶养人姓氏；

（三）有不违背公序良俗的其他正当理由。

少数民族自然人的姓氏可以遵从本民族的文化传统和风俗习惯。

第一千零一十七条【笔名、艺名等的保护】 具有一定社会知名度，被他人使用足以造成公众混淆的笔名、艺名、网名、译名、字号、姓名和名称的简称等，参照适用姓名权和名称权保护的有关规定。

第一千零二十三条【姓名许可和声音保护的参照适用】 对姓名等的许可使用，参照适用肖像许可使用的有关规定。

对自然人声音的保护，参照适用肖像权保护的有关规定。

第一千零五十六条【夫妻姓名权】 夫妻双方都有各自使用自己姓名的权利。

《中华人民共和国英雄烈士保护法》（2018年）

第二十二条 禁止歪曲、丑化、亵渎、否定英雄烈士事迹和精神。

英雄烈士的姓名、肖像、名誉、荣誉受法律保护。任何组织和个人不得在公共场所、互联网或者利用广播电视、电影、出版物等，以侮辱、诽谤或者其他方式侵害英雄烈士的姓名、肖像、名誉、荣誉。任何组织和个人不得将英雄烈士的姓名、肖像用于或者变相用于商标、商业广告，损害英雄烈士的名誉、荣誉。

公安、文化、新闻出版、广播电视、电影、网信、市场监督管理、负责英雄烈士保护工作的部门发现前款规定行为的，应当依法及时处理。

第二十五条 对侵害英雄烈士的姓名、肖像、名誉、荣誉的行为，英雄烈士的近亲属可以依法向人民法院提起诉讼。

英雄烈士没有近亲属或者近亲属不提起诉讼的，检察机关依法对侵害英雄烈士的姓名、肖像、名誉、荣誉，损害社会公共利益的行为向人民法院提起诉讼。

负责英雄烈士保护工作的部门和其他有关部门在履行职责过程中发现第一款规定的行为，需要检察机关提起诉讼的，应当向检察机关报告。

英雄烈士近亲属依照第一款规定提起诉讼的，法律援助机构应当依法提供法律援助服务。

第二十六条 以侮辱、诽谤或者其他方式侵害英雄烈士的姓名、肖像、名誉、荣誉，损害社会公共利益的，依法承担民事责任；构成违反治安管理行为的，由公安机关依法给予治安管理处罚；构成犯罪的，依法追究刑事责任。

《最高人民法院关于确定民事侵权精神损害赔偿责任若干问题的解释》（2020年12月23日修正）

第一条 因人身权益或者具有人身意义的特定物受到侵害，自然人或者其近亲属向人民法院提起诉讼请求精神损害赔偿的，人民法院应当依法予以受理。

第五条 精神损害的赔偿数额根据以下因素确定：

（一）侵权人的过错程度，但是法律另有规定的除外；

（二）侵权行为的目的、方式、场合等具体情节；

（三）侵权行为所造成的后果；

（四）侵权人的获利情况；

（五）侵权人承担责任的经济能力；

（六）受理诉讼法院所在地的平均生活水平。

《最高人民法院关于审理利用信息网络侵害人身权益民事纠纷案件适用法律若干问题的规定》（2020年12月23日修正）

第一条 本规定所称的利用信息网络侵害人身权益民事纠纷案件，是指利用信息网络侵害他人姓名权、名称权、名誉权、荣誉权、肖像权、隐私权等人身权益引起的纠纷案件。

第二条 原告依据民法典第一千一百九十五条、第一千一百九十七条的规定起诉网络用户或者网络服务提供者的，人民法院应予受理。

原告仅起诉网络用户，网络用户请求追加涉嫌侵权的网络服务提供者为共同被告或者第三人的，人民法院应予准许。

原告仅起诉网络服务提供者，网络服务提供者请求追加可以确定的网络用户为共同被告或者第三人的，人民法院应予准许。

《最高人民法院关于适用〈中华人民共和国民法典〉时间效力的若干规定》（法释〔2020〕15 号 2020 年 12 月 29 日）

第六条 《中华人民共和国民法总则》施行前，侵害英雄烈士等的姓名、肖像、名誉、荣誉，损害社会公共利益引起的民事纠纷案件，适用民法典第一百八十五条的规定。

3. 名称权纠纷

案由适用要点

［释义］ 名称权是指法人、非法人组织依照法律规定决定、使用、变更、转让或者许可他人使用自己的名称的权利。名称权纠纷是指法人、非法人组织的名称权被以非法干涉、盗用、假冒等方式侵害而引起的纠纷。

［管辖］ 因名称权纠纷提起的诉讼，多为名称决定权、名称变更权、名称使用权即自己使用或允许他人使用等引起的侵权之诉，当然也不排除因名称转让权发生争议而引起的合同之诉。根据《民事诉讼法》第 29 条的规定，因侵权行为提起的诉讼，由侵权行为地或者被告住所地人民法院管辖。《民事诉讼法解释》第 24 条规定，侵权行为地包括侵权行为实施地、侵权结果发生地。如果是通过信息网络实施的侵犯名称权纠纷，根据《民事诉讼法解释》第 25 条的规定，信息网络侵权行为实施地包括实施被诉侵权行为的计算机等信息设备所在地，侵权结果发生地包括被侵权人住所地。

［应注意的问题］ 因对企业名称（商号）的转让、许可使用、盗用、冒用等发生的纠纷，适用“知识产权与竞争纠纷”项下的相关第三级案由；企业以外其他法人或者非法人组织名称权纠纷，或者“知识产权与竞争纠纷”项下不能涵盖的企业名称权纠纷，适用“人格权纠纷”项下的第三级案由“名称权纠纷”。

请求权基础规范指引

《中华人民共和国民法典》（2020 年）

第一百一十条【民事主体的人格权】 自然人享有生命权、身体权、健康权、姓名权、肖像权、名誉权、荣誉权、隐私权、婚姻自主权等权利。

法人、非法人组织享有名称权、名誉权和荣誉权。

第九百九十条【人格权定义】 人格权是民事主体享有的生命权、身体权、健康权、姓名权、名称权、肖像权、名誉权、荣誉权、隐私权等权利。

除前款规定的人格权外，自然人享有基于人身自由、人格尊严产生的其他人格权益。

第一千零一十三条【名称权】 法人、非法人组织享有名称权，有权依法决定、使用、变更、转让或者许可他人使用自己的名称。

第一千零一十四条【姓名权或名称权不得被非法侵害】 任何组织或者个人不得以干涉、盗用、假冒等方式侵害他人的姓名权或者名称权。

第一千零一十七条【笔名、艺名等的保护】 具有一定社会知名度，被他人使用足以造成公众混淆的笔名、艺名、网名、译名、字号、姓名和名称的简称等，参照适用姓名权和名称权保护的有关规定。

《中华人民共和国公司法》（2023 年修订）

第七条 依照本法设立的有限责任公司，应当在公司名称中标明有限责任公司或者有限公司字样。

依照本法设立的股份有限公司，应当在公司名称中标明股份有限公司或者股份公司字样。

《企业名称登记管理规定》（2020 年修订）

第六条 企业名称由行政区划名称、字号、行业或者经营特点、组织形式组成。跨省、自治区、直辖市经营的企业，其名称可以不含行政区划名称；跨行业综合经营的企业，其名称可以不含行业或者经营特点。

4. 肖像权纠纷

案由适用要点

［释义］ 肖像权是自然人以在自己的肖像上所承载的精神利益和物质利益为内容的人格权。肖像权纠纷是指以丑化、污损或者利用信息技术手段伪造等方式侵害他人肖像权，或者未经许可而制作、公开、使用他人肖像等引起的纠纷。

［管辖］《民事案件案由规定》中与肖像权纠纷相关的案由有两种：第一部分“人格权纠纷”项下的“肖像权纠纷”，以及第九部分“侵权责任纠纷”项下的“网络侵权责任纠纷”。当然，网络侵权多以侵害肖像权、隐私权、名誉权等人格权为表现形式，基于网络侵权的特点，在确定案由时，不宜根据“人格权纠纷”第二级案由下的第三级案由“肖像权纠纷”，而应以“侵权责

任纠纷”第二级案由下的第三级案由“网络侵权责任纠纷”来确定。因此，因肖像权纠纷提起的侵权之诉，要根据《民事诉讼法》第29条的规定，因侵权行为提起的诉讼由侵权行为地或者被告住所地人民法院管辖。《民事诉讼法解释》第24条规定，侵权行为地包括侵权行为实施地、侵权结果发生地。如果是通过信息网络实施的侵犯肖像权纠纷，则根据《民事诉讼法解释》第25条的规定，信息网络侵权行为实施地包括实施被诉侵权行为的计算机等信息设备所在地，侵权结果发生地包括被侵权人住所地。另外，根据《最高人民法院关于互联网法院审理案件若干问题的规定》（法释〔2018〕16号）第2条第7项规定，北京、广州、杭州互联网法院集中管辖所在市的辖区内应当由基层人民法院受理的下列第一审案件：（7）在互联网上侵害他人人身权、财产权等民事权益而产生的纠纷。

[**应注意的问题**] 肖像权的客体为肖像。《民法典》第1018条第2款规定，肖像是通过影像、雕塑、绘画等方式在一定载体上所反映的特定自然人可以被识别的外部形象。肖像与姓名、名称一样，都是民事主体的外在表征，因此在学理上，肖像权与姓名权、名称权同属标表型人格权。需要注意的是，《民法典》所规定的肖像不限于面部形象，而是可识别的外部形象。因此，虽非面部形象，但只要具有清晰的可识别性，能够据此判断出该外部形象是某一特定自然人的外部形象，就应当纳入肖像的范围。另外，肖像的载体也不限于艺术作品，而是包括任何可以反映自然人外部形象的物质手段。

《民法典》第1019条规定了侵害肖像权的主要行为类型，包括丑化、污损或者利用信息技术手段伪造等方式侵害他人的肖像权，未经肖像权人同意制作、公开肖像权人的肖像，肖像作品权利人未经肖像权人同意以发表、复制、发行、出租、展览等方式使用或者公开肖像权人的肖像。

请求权基础规范指引

《中华人民共和国民法典》（2020年）

第一百一十条第一款【民事主体的人格权】 自然人享有生命权、身体权、健康权、姓名权、肖像权、名誉权、荣誉权、隐私权、婚姻自主权等权利。

第一百八十五条【侵害英烈等的姓名、肖像、名誉、荣誉的民事责任】 侵害英雄烈士等的姓名、肖像、名誉、荣誉，损害社会公共利益的，应当承担民事责任。

第九百九十三条【人格标识许可使用】 民事主体可以将自己的姓名、名称、肖像等许可他人使用，但是依照法律规定或者根据其性质不得许可的除外。

第九百九十四条【死者人格利益保护】 死者的姓名、肖像、名誉、荣誉、隐私、遗体等受到侵害的，其配偶、子女、父母有权依法请求行为人承担民事责任；死者没有配偶、子女且父母已经死亡的，其他近亲属有权依法请求行为人承担民事责任。

第九百九十九条【人格权的合理使用】 为公共利益实施新闻报道、舆论监督等行为的，可以合理使用民事主体的姓名、名称、肖像、个人信息等；使用不合理侵害民事主体人格权的，应当依法承担民事责任。

第一千零一十八条【肖像权】 自然人享有肖像权，有权依法制作、使用、公开或者许可他人使用自己的肖像。

肖像是通过影像、雕塑、绘画等方式在一定载体上所反映的特定自然人可以被识别的外部形象。

第一千零一十九条【肖像权消极权能】 任何组织或者个人不得以丑化、污损，或者利用信息技术手段伪造等方式侵害他人的肖像权。未经肖像权人同意，不得制作、使用、公开肖像权人的肖像，但是法律另有规定的除外。

未经肖像权人同意，肖像作品权利人不得以发表、复制、发行、出租、展览等方式使用或者公开肖像权人的肖像。

第一千零二十条【肖像权的合理使用】 合理实施下列行为的，可以不经肖像权人同意：

（一）为个人学习、艺术欣赏、课堂教学或者科学研究，在必要范围内使用肖像权人已经公开的肖像；

（二）为实施新闻报道，不可避免地制作、使用、公开肖像权人的肖像；

（三）为依法履行职责，国家机关在必要范围内制作、使用、公开肖像权人的肖像；

（四）为展示特定公共环境，不可避免地制作、使用、公开肖像权人的肖像；

（五）为维护公共利益或者肖像权人合法权益，制作、使用、公开肖像权人的肖像的其他行为。

第一千零二十一条【肖像许可使用合同解释规则】 当事人对肖像许可使用合同中关于肖像使用条款的理解有争议的，应当作出有利于肖像权人的解释。

第一千零二十二条【肖像许可使用合同解除权】 当事人对肖像许可使用期限没有约定或者约定不明确的，任何一方当事人可以随时解除肖像许可使用合同，但是应当在合理期限之前通知对方。

当事人对肖像许可使用期限有明确约定，肖像权人有正当理由的，可以解除肖像许可使用合同，但是应当在合理期限之前通知对方。因解除合同造成对方损失的，除不可归责于肖像权人的事由外，应当赔偿损失。

《中华人民共和国英雄烈士保护法》（2018 年）

第二十二条　禁止歪曲、丑化、亵渎、否定英雄烈士事迹和精神。

英雄烈士的姓名、肖像、名誉、荣誉受法律保护。任何组织和个人不得在公共场所、互联网或者利用广播电视、电影、出版物等，以侮辱、诽谤或者其他方式侵害英雄烈士的姓名、肖像、名誉、荣誉。任何组织和个人不得将英雄烈士的姓名、肖像用于或者变相用于商标、商业广告，损害英雄烈士的名誉、荣誉。

公安、文化、新闻出版、广播电视、电影、网信、市场监督管理、负责英雄烈士保护工作的部门发现前款规定行为的，应当依法及时处理。

《最高人民法院关于确定民事侵权精神损害赔偿责任若干问题的解释》（2020 年 12 月 23 日修正）

第一条　因人身权益或者具有人身意义的特定物受到侵害，自然人或者其近亲属向人民法院提起诉讼请求精神损害赔偿的，人民法院应当依法予以受理。

第三条　死者的姓名、肖像、名誉、荣誉、隐私、遗体、遗骨等受到侵害，其近亲属向人民法院提起诉讼请求精神损害赔偿的，人民法院应当依法予以支持。

《最高人民法院关于审理利用信息网络侵害人身权益民事纠纷案件适用法律若干问题的规定》（2020 年 12 月 23 日修正）

第一条　本规定所称的利用信息网络侵害人身权益民事纠纷案件，是指利用信息网络侵害他人姓名权、名称权、名誉权、荣誉权、肖像权、隐私权等人身权益引起的纠纷案件。

第二条　原告依据民法典第一千一百九十五条、第一千一百九十七条的规定起诉网络用户或者网络服务提供者的，人民法院应予受理。

原告仅起诉网络用户，网络用户请求追加涉嫌侵权的网络服务提供者为共同被告或者第三人的，人民法院应予准许。

原告仅起诉网络服务提供者，网络服务提供者请求追加可以确定的网络用户为共同被告或者第三人的，人民法院应予准许。

《最高人民法院关于适用〈中华人民共和国民法典〉时间效力的若干规定》（法释〔2020〕15 号　2020 年 12 月 29 日）

第六条　《中华人民共和国民法总则》施行前，侵害英雄烈士等的姓名、肖像、名誉、荣誉，损害社会公共利益引起的民事纠纷案件，适用民法典第一百八十五条的规定。

5. 声音保护纠纷

案由适用要点

[释义] 声音保护纠纷是指以侮辱性或者其他违背公序良俗的方式模仿、伪造他人声音，未经许可使用他人声音而引起的纠纷。

[管辖] 因声音保护提起的纠纷，多为侵权之诉。根据《民事诉讼法》第29条的规定，因侵权行为提起的诉讼，由侵权行为地或者被告住所地人民法院管辖。《民事诉讼法解释》第24条规定，侵权行为地包括侵权行为实施地、侵权结果发生地。如果是通过信息网络实施的侵权纠纷，根据《民事诉讼法解释》第25条的规定，信息网络侵权行为实施地包括实施被诉侵权行为的计算机等信息设备所在地，侵权结果发生地包括被侵权人住所地。另外，根据《最高人民法院关于互联网法院审理案件若干问题的规定》（法释〔2018〕16号）第2条第7项的规定，北京、广州、杭州互联网法院集中管辖所在市的辖区内应当由基层人民法院受理的下列第一审案件：（7）在互联网上侵害他人人身权、财产权等民事权益而产生的纠纷。

[应注意的问题] 对自然人因声音保护提起的诉讼，一定要注意以下几点：

1. 声音保护的范畴确定。《民法典》保护的声音，应当具有一定的识别性，能够对应到特定的自然人。无法根据该声音识别出特定的个人的，不属于《民法典》保护的声音范畴。

2. 侵害声音的行为认定。侵害声音的行为，要求在模仿、伪造他人声音时系以侮辱性或者其他违背公序良俗的方式，强调模仿、伪造他人声音的意图、表达等内容与公序良俗相悖，易造成恶劣的社会影响。

3. 声音保护的规则适用。声音不是一种具体的人格权，只能参照适用肖像权的保护规则，但不能完全适用肖像权保护的规则。比如，单纯地模仿他人声音不构成侵权。电视节目中的声音“模仿秀”原则上不构成侵权，不宜适用肖像权保护的规则，否则会限制一般人的行为自由和表达意愿。

请求权基础规范指引

《中华人民共和国民法典》（2020年）

第一千零二十三条【姓名许可和声音保护的参照适用】 对姓名等的许可使用，参照适用肖像许可使用的有关规定。

对自然人声音的保护，参照适用肖像权保护的有关规定。

第一千零一十九条【肖像权消极权能】 任何组织或者个人不得以丑化、

污损，或者利用信息技术手段伪造等方式侵害他人的肖像权。未经肖像权人同意，不得制作、使用、公开肖像权人的肖像，但是法律另有规定的除外。

未经肖像权人同意，肖像作品权利人不得以发表、复制、发行、出租、展览等方式使用或者公开肖像权人的肖像。

第一千零二十一条【肖像许可使用合同解释规则】 当事人对肖像许可使用合同中关于肖像使用条款的理解有争议的，应当作出有利于肖像权人的解释。

第一千零二十二条【肖像许可使用合同解除权】 当事人对肖像许可使用期限没有约定或者约定不明确的，任何一方当事人可以随时解除肖像许可使用合同，但是应当在合理期限之前通知对方。

当事人对肖像许可使用期限有明确约定，肖像权人有正当理由的，可以解除肖像许可使用合同，但是应当在合理期限之前通知对方。因解除合同造成对方损失的，除不可归责于肖像权人的事由外，应当赔偿损失。

《最高人民法院关于确定民事侵权精神损害赔偿责任若干问题的解释》（2020 年 12 月 23 日修正）

第一条 因人身权益或者具有人身意义的特定物受到侵害，自然人或者其近亲属向人民法院提起诉讼请求精神损害赔偿的，人民法院应当依法予以受理。

第三条 死者的姓名、肖像、名誉、荣誉、隐私、遗体、遗骨等受到侵害，其近亲属向人民法院提起诉讼请求精神损害赔偿的，人民法院应当依法予以支持。

6. 名誉权纠纷

案由适用要点

［**释义**］名誉权纠纷是指侵害他人的名誉权而引起的纠纷。

［**管辖**］根据《民事诉讼法》第 29 条的规定，因侵权行为提起的诉讼，由侵权行为地或者被告住所地人民法院管辖。《民事诉讼法解释》第 24 条规定，侵权行为地包括侵权行为实施地、侵权结果发生地。如果是通过信息网络实施的侵犯名誉权纠纷，根据《民事诉讼法解释》第 25 条的规定，信息网络侵权行为实施地包括实施被诉侵权行为的计算机等信息设备所在地，侵权结果发生地包括被侵权人住所地。

另外，根据《最高人民法院关于互联网法院审理案件若干问题的规定》（法释〔2018〕16 号）第 2 条第 7 项的规定，北京、广州、杭州互联网法院集中管辖所在市的辖区内应当由基层人民法院受理的下列第一审案件：（7）在互联网上侵害他人人身权、财产权等民事权益而产生的纠纷。

［应注意的问题］ 自然人、法人和非法人组织都享有名誉权。自然人的名誉权与法人、非法人组织的名誉权存在一定区别。

区别主要表现在：（1）名誉的内容不同。对自然人的名誉主要围绕其个人素质，如品德、才能等因素，是人格尊严的体现。通常而言，品德和才能是属于自然人的社会评价。法人和非法人组织的社会评价主要围绕其信用、生产经营能力和经营状况等因素，与财产性利益联系更密切。（2）名誉权受侵害的方式不同。暴力侮辱只能对自然人名誉造成侵害。法人和非法人组织的名誉权通常因商业信誉、商品声誉受损，自然人的名誉不包括这些商业性内容。另外，侵害法人名誉权的行为同时可能构成《反不正当竞争法》规定的不正当竞争行为。（3）损害后果不同。自然人可能因名誉受损而遭受精神损害，法人和非法人组织没有精神损害。法人和非法人组织在名誉上的损害主要表现为财产损失。但法人和非法人组织的名誉权不能界定为财产权。

请求权基础规范指引

《中华人民共和国民法典》（2020年）

第一千零二十四条【名誉权】 民事主体享有名誉权。任何组织或者个人不得以侮辱、诽谤等方式侵害他人的名誉权。

名誉是对民事主体的品德、声望、才能、信用等的社会评价。

第一千零二十五条【名誉权的限制】 行为人为公共利益实施新闻报道、舆论监督等行为，影响他人名誉的，不承担民事责任，但是有下列情形之一的除外：

（一）捏造、歪曲事实；

（二）对他人提供的严重失实内容未尽到合理核实义务；

（三）使用侮辱性言辞等贬损他人名誉。

第一千零二十七条【作品侵害名誉权】 行为人发表的文学、艺术作品以真人真事或者特定人为描述对象，含有侮辱、诽谤内容，侵害他人名誉权的，受害人有权依法请求该行为人承担民事责任。

行为人发表的文学、艺术作品不以特定人为描述对象，仅其中的情节与该特定人的情况相似的，不承担民事责任。

第一千零二十八条【媒体报道内容失实侵害名誉权的补救】 民事主体有证据证明报刊、网络等媒体报道的内容失实，侵害其名誉权的，有权请求该媒体及时采取更正或者删除等必要措施。

《中华人民共和国英雄烈士保护法》（2018年）

第二十二条 禁止歪曲、丑化、亵渎、否定英雄烈士事迹和精神。

英雄烈士的姓名、肖像、名誉、荣誉受法律保护。任何组织和个人不得在公共场所、互联网或者利用广播电视、电影、出版物等，以侮辱、诽谤或者其他方式侵害英雄烈士的姓名、肖像、名誉、荣誉。任何组织和个人不得将英雄烈士的姓名、肖像用于或者变相用于商标、商业广告，损害英雄烈士的名誉、荣誉。

公安、文化、新闻出版、广播电视、电影、网信、市场监督管理、负责英雄烈士保护工作的部门发现前款规定行为的，应当依法及时处理。

《中华人民共和国反不正当竞争法》（2019 年修正）

第八条 经营者不得对其商品的性能、功能、质量、销售状况、用户评价、曾获荣誉等作虚假或者引人误解的商业宣传，欺骗、误导消费者。

经营者不得通过组织虚假交易等方式，帮助其他经营者进行虚假或者引人误解的商业宣传。

第十一条 经营者不得编造、传播虚假信息或者误导性信息，损害竞争对手的商业信誉、商品声誉。

《中华人民共和国军人地位和权益保障法》（2021 年）

第二十六条 军人经军队单位批准可以接受地方人民政府、群团组织和社会组织等授予的荣誉，以及国际组织和其他国家、军队等授予的荣誉。

第三十二条 军人的荣誉和名誉受法律保护。

军人获得的荣誉由其终身享有，非因法定事由、非经法定程序不得撤销。

任何组织和个人不得以任何方式诋毁、贬损军人的荣誉，侮辱、诽谤军人的名誉，不得故意毁损、玷污军人的荣誉标识。

《最高人民法院关于确定民事侵权精神损害赔偿责任若干问题的解释》（2020 年 12 月 23 日修正）

第一条 因人身权益或者具有人身意义的特定物受到侵害，自然人或者其近亲属向人民法院提起诉讼请求精神损害赔偿的，人民法院应当依法予以受理。

第三条 死者的姓名、肖像、名誉、荣誉、隐私、遗体、遗骨等受到侵害，其近亲属向人民法院提起诉讼请求精神损害赔偿的，人民法院应当依法予以支持。

第四条 法人或者非法人组织以名誉权、荣誉权、名称权遭受侵害为由，向人民法院起诉请求精神损害赔偿的，人民法院不予支持。

《最高人民法院关于审理利用信息网络侵害人身权益民事纠纷案件适用法律若干问题的规定》（2020 年 12 月 23 日修正）

第一条 本规定所称的利用信息网络侵害人身权益民事纠纷案件，是指利用信息网络侵害他人姓名权、名称权、名誉权、荣誉权、肖像权、隐私权等人身权益引起的纠纷案件。

《最高人民法院关于适用〈中华人民共和国民法典〉时间效力的若干规定》（法释〔2020〕15号　2020年12月29日）

第六条　《中华人民共和国民法总则》施行前，侵害英雄烈士等的姓名、肖像、名誉、荣誉，损害社会公共利益引起的民事纠纷案件，适用民法典第一百八十五条的规定。

7. 荣誉权纠纷

案由适用要点

［**释义**］荣誉权纠纷是指因侵害他人荣誉权而引起的纠纷。

［**管辖**］根据《民事诉讼法》第29条的规定，因侵权行为提起的诉讼，由侵权行为地或者被告住所地人民法院管辖。根据《民事诉讼法解释》第24条的规定，侵权行为地包括侵权行为实施地、侵权结果发生地。如果是通过信息网络实施的侵犯荣誉权的，根据《民事诉讼法解释》第25条的规定，信息网络侵权行为实施地包括实施被诉侵权行为的计算机等信息设备所在地，侵权结果发生地包括被侵权人住所地。

［**应注意的问题**］对于荣誉权的可能被侵害，有来自授予者的侵害，也有来自非授予者的侵害，故侵害荣誉权纠纷的主要类型主要有两种：一是因荣誉获得权引发的纠纷。《民法典》第1031条第1款规定，民事主体享有荣誉权。自然人、法人或其他团体对于因他们的行为而授予的荣誉有获得的权利和因获得此荣誉而得到利益的权利。荣誉的获得并非民事主体与生俱有的权利，荣誉的赋予是由于特定主体的突出贡献，民事主体对于自己的荣誉具有的不受他人非法剥夺的权利。任何组织或者个人若对民事主体所获得的荣誉有异议，都应当通过一定程序向荣誉授予机关提出，由授予机关通过严格程序作出是否撤销或者剥夺民事主体获得的荣誉。二是侵害荣誉利益引发的纠纷。《民法典》第1031条第1款规定，任何组织或者个人不得非法剥夺他人的荣誉称号，不得诋毁、贬损他人的荣誉。否认荣誉取得的事实，表示剥夺他人的荣誉称号或者诋毁、贬损他人的荣誉是较为典型的荣誉权纠纷案件。对于非授予者的否认或剥夺荣誉的行为，通常并不会对荣誉人的荣誉产生实质性影响，即非授予者否认荣誉、剥夺荣誉的行为并不导致荣誉权人的荣誉的丧失，最多导致荣誉权人名誉权的受损，故其不在《民法典》第1031条规制范围之内。但是，若非授予权人实施诋毁、贬损他人荣誉行为的，则在《民法典》第1031条规制范围之内。另外，对荣誉标志物的非法占有、毁损等，不会影响荣誉的归属，其荣誉也不会被剥夺、诋毁或贬损，其属于对物权的侵害，权利人可通过物权保护的方式要求侵权人返还财产、恢复原状等。

请求权基础规范指引

《中华人民共和国民法典》（2020 年）

第一千零三十一条【荣誉权】 民事主体享有荣誉权。任何组织或者个人不得非法剥夺他人的荣誉称号，不得诋毁、贬损他人的荣誉。

获得的荣誉称号应当记载而没有记载的，民事主体可以请求记载；获得的荣誉称号记载错误的，民事主体可以请求更正。

《中华人民共和国英雄烈士保护法》（2018 年）

第二十二条 禁止歪曲、丑化、亵渎、否定英雄烈士事迹和精神。

英雄烈士的姓名、肖像、名誉、荣誉受法律保护。任何组织和个人不得在公共场所、互联网或者利用广播电视、电影、出版物等，以侮辱、诽谤或者其他方式侵害英雄烈士的姓名、肖像、名誉、荣誉。任何组织和个人不得将英雄烈士的姓名、肖像用于或者变相用于商标、商业广告，损害英雄烈士的名誉、荣誉。

公安、文化、新闻出版、广播电视、电影、网信、市场监督管理、负责英雄烈士保护工作的部门发现前款规定行为的，应当依法及时处理。

《中华人民共和国军人地位和权益保障法》（2021 年）

第二十六条 军人经军队单位批准可以接受地方人民政府、群团组织和社会组织等授予的荣誉，以及国际组织和其他国家、军队等授予的荣誉。

第三十二条 军人的荣誉和名誉受法律保护。

军人获得的荣誉由其终身享有，非因法定事由、非经法定程序不得撤销。

任何组织和个人不得以任何方式诋毁、贬损军人的荣誉，侮辱、诽谤军人的名誉，不得故意毁损、玷污军人的荣誉标识。

《最高人民法院关于确定民事侵权精神损害赔偿责任若干问题的解释》（2020 年 12 月 23 日修正）

第一条 因人身权益或者具有人身意义的特定物受到侵害，自然人或者其近亲属向人民法院提起诉讼请求精神损害赔偿的，人民法院应当依法予以受理。

第三条 死者的姓名、肖像、名誉、荣誉、隐私、遗体、遗骨等受到侵害，其近亲属向人民法院提起诉讼请求精神损害赔偿的，人民法院应当依法予以支持。

第四条 法人或者非法人组织以名誉权、荣誉权、名称权遭受侵害为由，向人民法院起诉请求精神损害赔偿的，人民法院不予支持。

《最高人民法院关于审理利用信息网络侵害人身权益民事纠纷案件适用法律若干问题的规定》（2020 年 12 月 23 日修正）

第一条 本规定所称的利用信息网络侵害人身权益民事纠纷案件，是指利用信息网络侵害他人姓名权、名称权、名誉权、荣誉权、肖像权、隐私权等人身权益引起的纠纷案件。

《最高人民法院关于适用〈中华人民共和国民法典〉时间效力的若干规定》（法释〔2020〕15号 2020年12月29日）

第六条 《中华人民共和国民法总则》施行前，侵害英雄烈士等的姓名、肖像、名誉、荣誉，损害社会公共利益引起的民事纠纷案件，适用民法典第一百八十五条的规定。

8. 隐私权、个人信息保护纠纷

（1）隐私权纠纷

（2）个人信息保护纠纷

案由适用要点

［释义］ 隐私权纠纷是指因侵害他人的隐私权而引起的民事纠纷。

个人信息保护纠纷是指因侵害他人的个人信息权益而引起的民事纠纷。

［管辖］ 因隐私权、个人信息保护纠纷提起的诉讼，一般为侵权之诉。根据《民事诉讼法》第29条的规定，因侵权行为提起的诉讼，由侵权行为地或者被告住所地人民法院管辖。关于侵权行为地，根据《民事诉讼法解释》第24条、第25条的规定，包括侵权行为实施地、侵权结果发生地。如果以通过信息网络侵害隐私权的，信息网络侵权行为实施地包括实施被诉侵权行为的计算机等信息设备所在地，侵权结果发生地包括被侵权人住所地。

［应注意的问题］ 对于侵害隐私权引发的纠纷，适用“隐私权纠纷”；对于侵害个人信息引发的纠纷，一般适用“个人信息保护纠纷”，但侵害的个人信息中既有非私密信息又有私密信息的，适用“隐私权、个人信息保护纠纷”。《最高人民法院关于审理使用人脸识别技术处理个人信息相关民事案件适用法律若干问题的规定》（法释〔2021〕15号）是在个人信息框架下的一个司法解释。对于使用人脸识别技术处理人脸信息侵害人格权益的，一般适用“个人信息保护纠纷”案由。如果侵害肖像权、名誉权、隐私权的，则依据当事人诉请，适用相应案由。对基于合同使用人脸信息，或者物业服务企业、其他建筑物管理人将人脸识别作为出入小区唯一验证方式的，根据相应合同关系确定案由。

请求权基础规范指引

《中华人民共和国民法典》（2020年）

第一千零三十二条【隐私权】 自然人享有隐私权。任何组织或者个人不得以刺探、侵扰、泄露、公开等方式侵害他人的隐私权。

隐私是自然人的私人生活安宁和不愿为他人知晓的私密空间、私密活动、私密信息。

第一千零三十三条【隐私权侵害行为】 除法律另有规定或者权利人明确同意外，任何组织或者个人不得实施下列行为：

（一）以电话、短信、即时通讯工具、电子邮件、传单等方式侵扰他人的私人生活安宁；

（二）进入、拍摄、窥视他人的住宅、宾馆房间等私密空间；

（三）拍摄、窥视、窃听、公开他人的私密活动；

（四）拍摄、窥视他人身体的私密部位；

（五）处理他人的私密信息；

（六）以其他方式侵害他人的隐私权。

第一千零三十四条【个人信息的定义】 自然人的个人信息受法律保护。

个人信息是以电子或者其他方式记录的能够单独或者与其他信息结合识别特定自然人的各种信息，包括自然人的姓名、出生日期、身份证件号码、生物识别信息、住址、电话号码、电子邮箱、健康信息、行踪信息等。

个人信息中的私密信息，适用有关隐私权的规定；没有规定的，适用有关个人信息保护的规定。

第一千零三十六条【处理个人信息免责事由】 处理个人信息，有下列情形之一的，行为人不承担民事责任：

（一）在该自然人或者其监护人同意的范围内合理实施的行为；

（二）合理处理该自然人自行公开的或者其他已经合法公开的信息，但是该自然人明确拒绝或者处理该信息侵害其重大利益的除外；

（三）为维护公共利益或者该自然人合法权益，合理实施的其他行为。

第一千零三十七条【个人信息主体的权利】 自然人可以依法向信息处理者查阅或者复制其个人信息；发现信息有错误的，有权提出异议并请求及时采取更正等必要措施。

自然人发现信息处理者违反法律、行政法规的规定或者双方的约定处理其个人信息的，有权请求信息处理者及时删除。

第一千零三十八条【信息处理者的信息安全保障义务】 信息处理者不得泄露或者篡改其收集、存储的个人信息；未经自然人同意，不得向他人非法提供其个人信息，但是经过加工无法识别特定个人且不能复原的除外。

信息处理者应当采取技术措施和其他必要措施，确保其收集、存储的个人信息安全，防止信息泄露、篡改、丢失；发生或者可能发生个人信息泄露、篡改、丢失的，应当及时采取补救措施，按照规定告知自然人并向有关主管部门报告。

第一千零三十九条【国家机关、承担行政职能的法定机构及其工作人员的保密义务】 国家机关、承担行政职能的法定机构及其工作人员对于履行职责过程中知悉的自然人的隐私和个人信息，应当予以保密，不得泄露或者向他人非法提供。

《中华人民共和国网络安全法》（2016 年）

第四十一条 网络运营者收集、使用个人信息，应当遵循合法、正当、必要的原则，公开收集、使用规则，明示收集、使用信息的目的、方式和范围，并经被收集者同意。

网络运营者不得收集与其提供的服务无关的个人信息，不得违反法律、行政法规的规定和双方的约定收集、使用个人信息，并应当依照法律、行政法规的规定和与用户的约定，处理其保存的个人信息。

第四十二条 网络运营者不得泄露、篡改、毁损其收集的个人信息；未经被收集者同意，不得向他人提供个人信息。但是，经过处理无法识别特定个人且不能复原的除外。

网络运营者应当采取技术措施和其他必要措施，确保其收集的个人信息安全，防止信息泄露、毁损、丢失。在发生或者可能发生个人信息泄露、毁损、丢失的情况时，应当立即采取补救措施，按照规定及时告知用户并向有关主管部门报告。

第四十三条 个人发现网络运营者违反法律、行政法规的规定或者双方的约定收集、使用其个人信息的，有权要求网络运营者删除其个人信息；发现网络运营者收集、存储的其个人信息有错误的，有权要求网络运营者予以更正。网络运营者应当采取措施予以删除或者更正。

第四十四条 任何个人和组织不得窃取或者以其他非法方式获取个人信息，不得非法出售或者非法向他人提供个人信息。

第四十五条 依法负有网络安全监督管理职责的部门及其工作人员，必须对在履行职责中知悉的个人信息、隐私和商业秘密严格保密，不得泄露、出售或者非法向他人提供。

《中华人民共和国电子商务法》（2018 年）

第二十五条 有关主管部门依照法律、行政法规的规定要求电子商务经营者提供有关电子商务数据信息的，电子商务经营者应当提供。有关主管部门应当采取必要措施保护电子商务经营者提供的数据信息的安全，并对其中的个人信息、隐私和商业秘密严格保密，不得泄露、出售或者非法向他人提供。

第三十二条 电子商务平台经营者应当遵循公开、公平、公正的原则，制定平台服务协议和交易规则，明确进入和退出平台、商品和服务质量保障、消费者权益保护、个人信息保护等方面的权利和义务。

第八十七条 依法负有电子商务监督管理职责的部门的工作人员，玩忽职守、滥用职权、徇私舞弊，或者泄露、出售或者非法向他人提供在履行职责中所知悉的个人信息、隐私和商业秘密的，依法追究法律责任。

《中华人民共和国基本医疗卫生与健康促进法》（2019年）

第三十三条第一款 公民接受医疗卫生服务，应当受到尊重。医疗卫生机构、医疗卫生人员应当关心爱护、平等对待患者，尊重患者人格尊严，保护患者隐私。

《中华人民共和国未成年人保护法》（2024年修正）

第一百零三条 公安机关、人民检察院、人民法院、司法行政部门以及其他组织和个人不得披露有关案件中未成年人的姓名、影像、住所、就读学校以及其他可能识别出其身份的信息，但查找失踪、被拐卖未成年人等情形除外。

《中华人民共和国个人信息保护法》（2021年）

第五条 处理个人信息应当遵循合法、正当、必要和诚信原则，不得通过误导、欺诈、胁迫等方式处理个人信息。

第六条 处理个人信息应当具有明确、合理的目的，并应当与处理目的直接相关，采取对个人权益影响最小的方式。

收集个人信息，应当限于实现处理目的的最小范围，不得过度收集个人信息。

第七条 处理个人信息应当遵循公开、透明原则，公开个人信息处理规则，明示处理的目的、方式和范围。

第八条 处理个人信息应当保证个人信息的质量，避免因个人信息不准确、不完整对个人权益造成不利影响。

第九条 个人信息处理者应当对其个人信息处理活动负责，并采取必要措施保障所处理的个人信息的安全。

第十条 任何组织、个人不得非法收集、使用、加工、传输他人个人信息，不得非法买卖、提供或者公开他人个人信息；不得从事危害国家安全、公共利益的个人信息处理活动。

《中华人民共和国妇女权益保障法》（2022年修订）

第二十八条 妇女的姓名权、肖像权、名誉权、荣誉权、隐私权和个人信息等人格权益受法律保护。

媒体报道涉及妇女事件应当客观、适度，不得通过夸大事实、过度渲染等方式侵害妇女的人格权益。

禁止通过大众传播媒介或者其他方式贬低损害妇女人格。未经本人同意，不得通过广告、商标、展览橱窗、报纸、期刊、图书、音像制品电子出版物、网络等形式使用妇女肖像，但法律另有规定的除外。

《最高人民法院关于确定民事侵权精神损害赔偿责任若干问题的解释》（2020年12月23日修正）

第三条 死者的姓名、肖像、名誉、荣誉、隐私、遗体、遗骨等受到侵害，其近亲属向人民法院提起诉讼请求精神损害赔偿的，人民法院应当依法予以支持。

《最高人民法院关于审理利用信息网络侵害人身权益民事纠纷案件适用法律若干问题的规定》（2020年12月23日修正）

第一条 本规定所称的利用信息网络侵害人身权益民事纠纷案件，是指利用信息网络侵害他人姓名权、名称权、名誉权、荣誉权、肖像权、隐私权等人身权益引起的纠纷案件。

《最高人民法院关于审理使用人脸识别技术处理个人信息相关民事案件适用法律若干问题的规定》（法释〔2021〕15号 2021年7月27日）

第一条 因信息处理者违反法律、行政法规的规定或者双方的约定使用人脸识别技术处理人脸信息、处理基于人脸识别技术生成的人脸信息所引起的民事案件，适用本规定。

人脸信息的处理包括人脸信息的收集、存储、使用、加工、传输、提供、公开等。

本规定所称人脸信息属于民法典第一千零三十四条规定的“生物识别信息”。

第二条 信息处理者处理人脸信息有下列情形之一的，人民法院应当认定属于侵害自然人人格权益的行为：

（一）在宾馆、商场、银行、车站、机场、体育场馆、娱乐场所等经营场所、公共场所违反法律、行政法规的规定使用人脸识别技术进行人脸验证、辨识或者分析；

（二）未公开处理人脸信息的规则或者未明示处理的目的、方式、范围；

（三）基于个人同意处理人脸信息的，未征得自然人或者其监护人的单独同意，或者未按照法律、行政法规的规定征得自然人或者其监护人的书面同意；

（四）违反信息处理者明示或者双方约定的处理人脸信息的目的、方式、范围等；

（五）未采取应有的技术措施或者其他必要措施确保其收集、存储的人脸信息安全，致使人脸信息泄露、篡改、丢失；

（六）违反法律、行政法规的规定或者双方的约定，向他人提供人脸信息；

（七）违背公序良俗处理人脸信息；

（八）违反合法、正当、必要原则处理人脸信息的其他情形。

第七条　多个信息处理者处理人脸信息侵害自然人人格权益，该自然人主张多个信息处理者按照过错程度和造成损害结果的大小承担侵权责任的，人民法院依法予以支持；符合民法典第一千一百六十八条、第一千一百六十九条第一款、第一千一百七十条、第一千一百七十一条等规定的相应情形，该自然人主张多个信息处理者承担连带责任的，人民法院依法予以支持。

信息处理者利用网络服务处理人脸信息侵害自然人人格权益的，适用民法典第一千一百九十五条、第一千一百九十六条、第一千一百九十七条等规定。

第八条　信息处理者处理人脸信息侵害自然人人格权益造成财产损失，该自然人依据民法典第一千一百八十二条主张财产损害赔偿的，人民法院依法予以支持。

自然人为制止侵权行为所支付的合理开支，可以认定为民法典第一千一百八十二条规定的财产损失。合理开支包括该自然人或者委托代理人对侵权行为进行调查、取证的合理费用。人民法院根据当事人的请求和具体案情，可以将合理的律师费用计算在赔偿范围内。

第九条　自然人有证据证明信息处理者使用人脸识别技术正在实施或者即将实施侵害其隐私权或者其他人格权益的行为，不及时制止将使其合法权益受到难以弥补的损害，向人民法院申请采取责令信息处理者停止有关行为的措施的，人民法院可以根据案件具体情况依法作出人格权侵害禁令。

《最高人民法院关于为促进消费提供司法服务和保障的意见》（法发〔2022〕35 号　2022 年 12 月 26 日）

9. 加强消费者个人信息保护。经营者处理敏感个人信息、跨境转移个人信息等行为应当取得消费者单独同意，经营者以其获得消费者概括同意为由进行免责抗辩的，人民法院对其抗辩不予支持。经营者过度收集消费者个人信息、在消费者撤回同意后未停止处理或者未及时删除消费者个人信息、未取得未成年消费者父母或者其他监护人的同意处理不满十四周岁未成年消费者个人信息，消费者请求经营者承担停止侵害等民事责任的，人民法院应当依法支持。经营者以消费者不同意处理个人信息为由拒绝提供商品或者服务，致使消费者被迫同意经营者处理个人信息，消费者请求经营者承担停止侵害等民事责任的，人民法院应当依法支持。经营者处理个人信息侵害个人信息权益造成损害，不能证明自己没有过错的，应当承担损害赔偿等侵权责任。

9. 婚姻自主权纠纷

案由适用要点

[释义] 自然人的婚姻自主权是自然人的基本人权，是指自然人享有的结婚、离婚自由不受他人干涉的权利。婚姻自主权纠纷是指侵害他人婚姻自主权而引起的纠纷。

[管辖] 因婚姻自主权纠纷提起的诉讼，为侵权之诉，根据《民事诉讼法》第29条的规定，因侵权行为提起的诉讼由侵权行为地或者被告住所地人民法院管辖。根据《民事诉讼法解释》第24条的规定，侵权行为地包括侵权行为实施地、侵权结果发生地。

[应注意的问题] 在审判实践中，适用该案由的情形主要有：（1）侵害订婚自主决定权的行为，即他人或享有婚姻自主权的人强迫、包办或强制干涉他人订婚或不订婚，或者强迫相对人与自己订婚或不订婚等侵权行为；（2）侵害结婚自主决定权的行为，主要有包办婚姻、买卖婚姻、禁止寡妇改嫁和强迫寡妇成婚、干涉男到女家落户、干涉父母再婚、一方当事人强迫另一方当事人与其结婚、干涉不婚者成婚、妨碍婚姻登记的行为等；（3）侵害离婚自主决定权的行为，包括强制离婚、强制不准离婚、欺骗离婚等。

需要说明的是，婚姻自主权也受到相关法律和公序良俗原则的约束。例如，根据《民法典》第1046条的规定，结婚应当男女双方完全自愿，禁止任何一方对另一方加以强迫，禁止任何组织或者个人加以干涉，体现的是对个人选择配偶自由的保护。男男之间、女女之间不享有结婚自主权。再如，根据我国的传统，父母对子女的婚嫁虽然没有决定权，但有一定的建议权，如果父母为了子女将来生活的幸福而采取了一些合乎情理的劝阻、干涉行为，只要未采取包办、买卖、强制、欺骗、胁迫等非法手段，一般不宜认为侵害了婚姻自主权。

自然人的婚姻自主权受到侵害时可以提起诉讼，请求人民法院予以保护时应当适用本案由。对于自然人的婚姻自主权受到侵害后形成的婚姻关系，当事人可以提起婚姻无效之诉讼或者婚姻撤销之诉讼，此时应当适用“婚姻无效纠纷”或者“撤销婚姻纠纷”案由。

请求权基础规范指引

《中华人民共和国民法典》（2020年）

第一百一十条第一款【民事主体的人格权】 自然人享有生命权、身体权、健康权、姓名权、肖像权、名誉权、荣誉权、隐私权、婚姻自主权等权利。

第一百一十二条【因婚姻、家庭关系等产生的人身权利受保护】 自然人因婚姻家庭关系等产生的人身权利受法律保护。

第一千零四十二条【婚姻家庭的禁止性规定】 禁止包办、买卖婚姻和其他干涉婚姻自由的行为。禁止借婚姻索取财物。

禁止重婚。禁止有配偶者与他人同居。

禁止家庭暴力。禁止家庭成员间的虐待和遗弃。

《中华人民共和国老年人权益保障法》（2018 年修正）

第二十一条　老年人的婚姻自由受法律保护。子女或者其他亲属不得干涉老年人离婚、再婚及婚后的生活。

赡养人的赡养义务不因老年人的婚姻关系变化而消除。

《中华人民共和国妇女权益保障法》（2022 年修订）

第六十一条　国家保护妇女的婚姻自主权。禁止干涉妇女的结婚、离婚自由。

10. 人身自由权纠纷

案由适用要点

［**释义**］人身自由权纠纷是指侵害他人人身自由权而引起的纠纷。

［**管辖**］因人身自由权纠纷提起的诉讼，为侵权之诉，根据《民事诉讼法》第 29 条的规定，因侵权行为提起的诉讼由侵权行为地或者被告住所地人民法院管辖。根据《民事诉讼法解释》第 24 条的规定，侵权行为地包括侵权行为实施地和侵权结果发生地。

［**应注意的问题**］在适用本案由时，需要注意人身自由权的双重属性：一方面，人身自由权是很多权利的基础，是一般人格权的重要组成部分，如果能够确定侵害的具体人格权，则优先适用相应的案由，不能泛化运用人身自由权的案由；另一方面，人身自由权虽然不是《民法典》规定的具体人格权，但是它具有独立的权利属性价值，也具有兜底的价值，在不能适用具体人格权案由时，可以适用本案由。

请求权基础规范指引

《中华人民共和国民法典》（2020 年）

第一百零九条【人身自由、人格尊严受法律保护】 自然人的人身自由、人格尊严受法律保护。

第九百九十条【人格权定义】 人格权是民事主体享有的生命权、身体权、健康权、姓名权、名称权、肖像权、名誉权、荣誉权、隐私权等权利。

除前款规定的人格权外，自然人享有基于人身自由、人格尊严产生的其他人格权益。

第一千零一十一条【侵害行动自由和非法搜查身体】 以非法拘禁等方式剥夺、限制他人的行动自由，或者非法搜查他人身体的，受害人有权依法请求行为人承担民事责任。

《中华人民共和国消费者权益保护法》（2013年修正）

第二十七条 经营者不得对消费者进行侮辱、诽谤，不得搜查消费者的身体及其携带的物品，不得侵犯消费者的人身自由。

第五十条 经营者侵害消费者的人格尊严、侵犯消费者人身自由或者侵害消费者个人信息依法得到保护的权利的，应当停止侵害、恢复名誉、消除影响、赔礼道歉，并赔偿损失。

第五十一条 经营者有侮辱诽谤、搜查身体、侵犯人身自由等侵害消费者或者其他受害人人身权益的行为，造成严重精神损害的，受害人可以要求精神损害赔偿。

《最高人民法院关于确定民事侵权精神损害赔偿责任若干问题的解释》（2020年12月23日修正）

第一条 因人身权益或者具有人身意义的特定物受到侵害，自然人或者其近亲属向人民法院提起诉讼请求精神损害赔偿的，人民法院应当依法予以受理。

11. 一般人格权纠纷

（1）平等就业权纠纷

案由适用要点

［**释义**］一般人格权纠纷是指因侵害他人的一般人格权，使他人的人格利益受损而引起的纠纷。

平等就业权纠纷是一般人格权纠纷项下的一个第四级案由。之所以增加“平等就业权纠纷”案由，主要是因为实践中就业性别歧视现象依旧存在，而当事人在提起诉讼时没有对应的案由，为更好地保护妇女等特殊群体的合法权益，统一裁判尺度，实现对同类案件的全面统计和研究分析，而予以规范。

［**管辖**］因一般人格权纠纷提起的诉讼，为侵权之诉，根据《民事诉讼法》第29条的规定，因侵权行为提起的诉讼由侵权行为地或者被告住所地人民法院管辖。根据《民事诉讼法解释》第24条的规定，侵权行为地包括侵权行为实施地、侵权结果发生地。

［**应注意的问题**］一般人格权应是指自然人享有的，包括人格独立、人格自由和人格尊严等内容的一般人格利益，并由此产生和规定具体人格权的个人基本权利。

《民法典》人格权编很好地体现了时代性和开放性，而一般人格权承载着发展人格权的功能。因此，对在审判实践中出现的、法律尚未规定的具体人格权的，适用本案由。

对于本案由下的平等就业权纠纷，是一般人格权纠纷项下的一个第四级案由，该案由并不是2021年新增加的，而是2018年《最高人民法院关于增加民事案件案由的通知》（法〔2018〕344号）中增加的。但需要注意，其与劳动争议、人事争议案由的关系。劳动争议一般以签订劳动合同或者存在劳动关系为前提，而平等就业权纠纷往往发生在劳动合同订立和劳动关系形成前。需要注意的是，对于单位因性别歧视而未予招录、拒绝签订劳动合同引发的纠纷，可以适用平等就业权纠纷。对于招录后、签订劳动合同后因性别歧视而发生的纠纷，一般不适用平等就业权纠纷，而应当适用劳动争议、人事争议相关案由。

请求权基础规范指引

《中华人民共和国民法典》（2020年）

第一百零九条【人身自由、人格尊严受法律保护】 自然人的人身自由、人格尊严受法律保护。

第一百一十二条【因婚姻、家庭关系等产生的人身权利受保护】 自然人因婚姻家庭关系等产生的人身权利受法律保护。

第九百九十五条【人格权请求权】 人格权受到侵害的，受害人有权依照本法和其他法律的规定请求行为人承担民事责任。受害人的停止侵害、排除妨碍、消除危险、消除影响、恢复名誉、赔礼道歉请求权，不适用诉讼时效的规定。

《中华人民共和国就业促进法》（2015年修正）

第三条 劳动者依法享有平等就业和自主择业的权利。

劳动者就业，不因民族、种族、性别、宗教信仰等不同而受歧视。

第二十六条 用人单位招用人员、职业中介机构从事职业中介活动，应当向劳动者提供平等的就业机会和公平的就业条件，不得实施就业歧视。

第二十七条 国家保障妇女享有与男子平等的劳动权利。

用人单位招用人员，除国家规定的不适合妇女的工种或者岗位外，不得以性别为由拒绝录用妇女或者提高对妇女的录用标准。

用人单位录用女职工，不得在劳动合同中规定限制女职工结婚、生育的内容。

第二十八条 各民族劳动者享有平等的劳动权利。

用人单位招用人员，应当依法对少数民族劳动者给予适当照顾。

第三十一条 农村劳动者进城就业享有与城镇劳动者平等的劳动权

利，不得对农村劳动者进城就业设置歧视性限制。

《中华人民共和国劳动法》（2018年修正）

第三条 劳动者享有平等就业和选择职业的权利、取得劳动报酬的权利、休息休假的权利、获得劳动安全卫生保护的权利、接受职业技能培训的权利、享受社会保险和福利的权利、提请劳动争议处理的权利以及法律规定的其他劳动权利。

劳动者应当完成劳动任务，提高职业技能，执行劳动安全卫生规程，遵守劳动纪律和职业道德。

第十二条 劳动者就业，不因民族、种族、性别、宗教信仰不同而受歧视。

第十三条 妇女享有与男子平等的就业权利。在录用职工时，除国家规定的不适合妇女的工种或者岗位外，不得以性别为由拒绝录用妇女或者提高对妇女的录用标准。

《中华人民共和国残疾人保障法》（2018年修正）

第三十条 国家保障残疾人劳动的权利。

各级人民政府应当对残疾人劳动就业统筹规划，为残疾人创造劳动就业条件。

第三十一条 残疾人劳动就业，实行集中与分散相结合的方针，采取优惠政策和扶持保护措施，通过多渠道、多层次、多种形式，使残疾人劳动就业逐步普及、稳定、合理。

第四十条 任何单位和个人不得以暴力、威胁或者非法限制人身自由的手段强迫残疾人劳动。

《中华人民共和国妇女权益保障法》（2022年修订）

第四十一条 国家保障妇女享有与男子平等的劳动权利和社会保障权利。

第四十五条 实行男女同工同酬。妇女在享受福利待遇方面享有与男子平等的权利。

第四十六条 在晋职、晋级、评聘专业技术职称和职务、培训等方面，应当坚持男女平等的原则，不得歧视妇女。

第四十七条 用人单位应当根据妇女的特点，依法保护妇女在工作和劳动时的安全、健康以及休息的权利。

妇女在经期、孕期、产期、哺乳期受特殊保护。

第四十八条 用人单位不得因结婚、怀孕、产假、哺乳等情形，降低女职工的工资和福利待遇，限制女职工晋职、晋级、评聘专业技术职称和职务，辞退女职工，单方解除劳动（聘用）合同或者服务协议。

女职工在怀孕以及依法享受产假期间，劳动（聘用）合同或者服务协议期满的，劳动（聘用）合同或者服务协议期限自动延续至产假结束。但是，用人单位依法解除、终止劳动（聘用）合同、服务协议，或者女职工依法要求解除、终止劳动（聘用）合同、服务协议的除外。

用人单位在执行国家退休制度时，不得以性别为由歧视妇女。

《最高人民法院关于为加快建设全国统一大市场提供司法服务和保障的意见》（法发〔2022〕22号 2022年7月14日）

18. 依法保护劳动者权益。妥善审理平等就业权纠纷等案件，推动消除户籍、地域、身份、性别等就业歧视，促进劳动力、人才跨地区顺畅流动。加强跨境用工司法保护，准确认定没有办理就业证件的港澳台居民与内地用人单位签定的劳动合同效力。出台服务保障国家新型城镇化建设的司法政策，依法保护进城务工人员合法权益。研究出台涉新业态民事纠纷司法解释，加强新业态从业人员劳动权益保障。积极开展根治欠薪专项行动，依法严惩拒不支付劳动报酬违法犯罪行为，加大欠薪案件审执力度。推动完善劳动争议解决体系。

《最高人民法院关于为稳定就业提供司法服务和保障的意见》（法发〔2022〕36号 2022年12月26日）

5. 依法支持高校毕业生就业，促进多渠道灵活就业。妥善审理平等就业权纠纷案件，依法纠正用人单位因性别歧视、地域歧视等不予招录、拒绝签订劳动合同的行为，破除各种不合理限制，推动高校毕业生平等就业、多渠道灵活就业创业。依法打击“黑职介”、虚假招聘、售卖简历等违法犯罪活动，依法审理涉就业见习纠纷案件，妥善认定涉就业见习用工法律关系，维护高校毕业生合法就业权益。对因受疫情影响不能按时离校的应届毕业生，在处理相关案件时要引导用人单位推迟签约时间，相应延长报到接收、档案转递、落户办理时限。高校毕业生在试用期内因受疫情影响不能返岗的，可以引导用人单位采取灵活的试用考察方式考核其是否符合录用条件；无法采取灵活考察方式实现试用期考核目的的，无法实施考察实现试用期考核目的期间可以协商不计算在原约定试用期内，用人单位通过顺延试用期变相突破法定试用期上限的，人民法院不予支持。科学设置司法辅助岗位，深化落实基层法官助理规范便捷招录机制，畅通政法专业高校毕业生进入基层人民法院就业渠道。

第二部分

婚姻家庭、继承纠纷

二、婚姻家庭纠纷

12. 婚约财产纠纷

案由适用要点

［**释义**］婚约，亦称订婚或定婚，是男女双方以将来结婚为目的而作出的事先约定。虽然婚约对当事人并无法律上的约束力，解除婚约也不需要诉诸法律程序，但因解除婚约往往会产生向对方索还彩礼的情况，因而产生财产纠纷。

［**管辖**］因婚约财产纠纷提起的诉讼，根据《民事诉讼法》第 22 条的规定，对公民提起的民事诉讼，由被告住所地人民法院管辖；被告住所地与经常居住地不一致的，由经常居住地人民法院管辖。依据《民事诉讼法解释》第 3 条、第 4 条的规定，公民的住所地是指公民的户籍所在地；公民的经常居住地是指公民离开住所地至起诉时已连续居住一年以上的地方，但公民住院就医的地方除外。

［**应注意的问题**］在审判实践中，要注意婚约财产纠纷案件与解除同居关系析产纠纷案件的区别。婚约财产的性质一般应为赠与性质，但有些财产的赠与是以双方结婚为成就条件的，而同居关系期间的财产一般应认定为双方共有财产。

关于婚约财产纠纷案件中的诉讼主体问题，2024 年 1 月 17 日公布的《最高人民法院关于审理涉彩礼纠纷案件适用法律若干问题的规定》（法释〔2024〕1 号）第 4 条明确规定，婚约财产纠纷中，诉讼主体可以由婚约一方及其实际给付彩礼的父母作为共同原告，婚约另一方及其实际接收彩礼的父母可以作为共同被告。只有在离婚纠纷中，若一方提出返还彩礼的，才会考虑到离婚诉讼的标的主要是解除婚姻关系，不宜将婚姻关系以外的其他人作为当事人，故当事人仍为夫妻双方。

请求权基础规范指引

《中华人民共和国民法典》（2020 年）

第一千零四十二条【婚姻家庭的禁止性规定】 禁止包办、买卖婚姻和其他干涉婚姻自由的行为。禁止借婚姻索取财物。

禁止重婚。禁止有配偶者与他人同居。

禁止家庭暴力。禁止家庭成员间的虐待和遗弃。

《中华人民共和国未成年人保护法》（2024年修正）

第十七条 未成年人的父母或者其他监护人不得实施下列行为：

……

（九）允许、迫使未成年人结婚或者为未成年人订立婚约；

……

《最高人民法院关于适用〈中华人民共和国民法典〉婚姻家庭编的解释（一）》（法释〔2020〕22号 2020年12月29日）

第五条 当事人请求返还按照习俗给付的彩礼的，如果查明属于以下情形，人民法院应当予以支持：

（一）双方未办理结婚登记手续；

（二）双方办理结婚登记手续但确未共同生活；

（三）婚前给付并导致给付人生活困难。

适用前款第二项、第三项的规定，应当以双方离婚为条件。

《最高人民法院关于审理涉彩礼纠纷案件适用法律若干问题的规定》（法释〔2024〕1号 2024年1月17日）

第一条 以婚姻为目的依据习俗给付彩礼后，因要求返还产生的纠纷，适用本规定。

第二条 禁止借婚姻索取财物。一方以彩礼为名借婚姻索取财物，另一方要求返还的，人民法院应予支持。

第四条 婚约财产纠纷中，婚约一方及其实际给付彩礼的父母可以作为共同原告；婚约另一方及其实际接收彩礼的父母可以作为共同被告。

离婚纠纷中，一方提出返还彩礼诉讼请求的，当事人仍为夫妻双方。

13. 婚内夫妻财产分割纠纷

案由适用要点

［释义］《民法典》第1066条规定了婚姻关系存续期间夫妻共同财产分割请求权。本案由定为“婚内夫妻财产分割纠纷”，理由主要是《民法典》用的是“分割共同财产”，案由命名应当与《民法典》保持一致。

［管辖］此类纠纷应按《民事诉讼法》第22条的规定，对公民提起的民事诉讼，由被告住所地人民法院管辖；被告住所地与经常居住地不一致的，由经常居住地人民法院管辖。

［应注意的问题］夫妻关系与人身关系密不可分，在未解除婚姻关系的情况下，夫妻各方一般都不能请求分割共同财产。也就是说，婚姻关系存续期间，夫妻一方请求分割夫妻共同财产的，人民法院不予支持。所以，婚内夫

妻财产分割纠纷是夫妻双方在不解除婚姻关系的情况下对夫妻共同财产进行分割，是有着严格适用条件的，只在两种情形下且不损害债权人利益的才可以适用：一是一方有隐藏、转移、变卖、毁损、挥霍夫妻共同财产或者伪造夫妻共同债务等严重损害夫妻共同财产利益的行为；二是一方负有法定扶养义务的人患重大疾病需要医治，另一方不同意支付相关医疗费用。因此，只有共有财产的共有基础消失，当事人才享有分割共有财产的请求权。婚内分割共有财产请求权，以不允许分割为原则，允许分割为例外。除《民法典》规定的两种法定情形外，夫妻一方提出婚内财产分割请求的，人民法院不予支持。

请求权基础规范指引

《中华人民共和国民法典》（2020 年）

第一千零六十六条【婚姻关系存续期间夫妻共同财产的分割】　婚姻关系存续期间，有下列情形之一的，夫妻一方可以向人民法院请求分割共同财产：

（一）一方有隐藏、转移、变卖、毁损、挥霍夫妻共同财产或者伪造夫妻共同债务等严重损害夫妻共同财产利益的行为；

（二）一方负有法定扶养义务的人患重大疾病需要医治，另一方不同意支付相关医疗费用。

《最高人民法院关于适用〈中华人民共和国民法典〉婚姻家庭编的解释（一）》（法释〔2020〕22 号　2020 年 12 月 29 日）

第三十八条　婚姻关系存续期间，除民法典第一千零六十六条规定情形以外，夫妻一方请求分割共同财产的，人民法院不予支持。

14. 离婚纠纷

案由适用要点

［**释义**］离婚是指夫妻双方依照法定条件和程序解除婚姻关系的法律行为。离婚主要包括两种：一是夫妻双方协议离婚，向婚姻登记机关申请离婚登记，经核准由婚姻登记机关颁发离婚证，双方婚姻关系解除。二是诉讼离婚，即夫妻双方中任何一方均可向法院起诉离婚，法院调解离婚或判决准予离婚。

［**管辖**］通常情况下，离婚案件应按《民事诉讼法》第 22 条的规定，对公民提起的民事诉讼，由被告住所地人民法院管辖。《民事诉讼法解释》第 12 条规定："夫妻一方离开住所地超过一年，另一方起诉离婚的案件，可以由原告住所地人民法院管辖。夫妻双方离开住所地超过一年，一方起诉离婚的案件，由被告经常居住地人民法院管辖；没有经常居住地的，由原告起诉

时被告居住地人民法院管辖。”对于一些特殊情形，《民事诉讼法》第 23 条规定：“下列民事诉讼，由原告住所地人民法院管辖；原告住所地与经常居住地不一致的，由原告经常居住地人民法院管辖：……（二）对下落不明或者宣告失踪的人提起的有关身份关系的诉讼；（三）对被采取强制性教育措施的人提起的诉讼；（四）对被监禁的人提起的诉讼。”《民事诉讼法解释》第 8 条规定：“双方当事人都被监禁或者被采取强制性教育措施的，由被告原住所地人民法院管辖。被告被监禁或者被采取强制性教育措施一年以上的，由被告被监禁地或者被采取强制性教育措施地人民法院管辖。”

对于军婚，《民事诉讼法解释》第 11 条规定：“双方当事人均为军人或者军队单位的民事案件由军事法院管辖。”即双方当事人均为军人的离婚案件应由军事法院管辖。

对于涉外婚姻，《民事诉讼法解释》第 13 条规定：“在国内结婚并定居国外的华侨，如定居国法院以离婚诉讼须由婚姻缔结地法院管辖为由不予受理，当事人向人民法院提出离婚诉讼的，由婚姻缔结地或者一方在国内的最后居住地人民法院管辖。”第 14 条规定：“在国外结婚并定居国外的华侨，如定居国法院以离婚诉讼须由国籍所属国法院管辖为由不予受理，当事人向人民法院提出离婚诉讼的，由一方原住所地或者在国内的最后居住地人民法院管辖。”第 15 条规定：“中国公民一方居住在国外，一方居住在国内，不论哪一方向人民法院提起离婚诉讼，国内一方住所地人民法院都有权管辖。国外一方在居住国法院起诉，国内一方向人民法院起诉的，受诉人民法院有权管辖。”第 16 条规定：“中国公民双方在国外但未定居，一方向人民法院起诉离婚的，应由原告或者被告原住所地人民法院管辖。”

[应注意的问题] 夫妻双方离婚，只有合法有效的婚姻关系的存在，才谈得上离婚。对于不存在合法有效婚姻关系的情况，如同居关系，发生纠纷起诉到法院的，应当适用“同居关系纠纷”第三级案由下的第四级案由“同居关系析产纠纷”或“同居关系子女抚养纠纷”，而不能适用本案由。离婚的主体必须是具有夫妻关系的双方，任何一方要求解除婚姻关系向人民法院提起诉讼的，适用本案由。离婚纠纷往往涉及夫妻财产分割和子女抚养问题，审判实践中均将其归入“离婚纠纷”案由项下。

请求权基础规范指引

《中华人民共和国民法典》（2020 年）

第一千零七十六条【协议离婚】 夫妻双方自愿离婚的，应当签订书面离婚协议，并亲自到婚姻登记机关申请离婚登记。

离婚协议应当载明双方自愿离婚的意思表示和对子女抚养、财产以及债务处理等事项协商一致的意见。

第一千零七十七条【离婚冷静期】 自婚姻登记机关收到离婚登记申请之日起三十日内，任何一方不愿意离婚的，可以向婚姻登记机关撤回离婚登记申请。

前款规定期限届满后三十日内，双方应当亲自到婚姻登记机关申请发给离婚证；未申请的，视为撤回离婚登记申请。

第一千零七十八条【离婚登记】 婚姻登记机关查明双方确实是自愿离婚，并已经对子女抚养、财产以及债务处理等事项协商一致的，予以登记，发给离婚证。

第一千零七十九条【诉讼离婚】 夫妻一方要求离婚的，可以由有关组织进行调解或者直接向人民法院提起离婚诉讼。

人民法院审理离婚案件，应当进行调解；如果感情确已破裂，调解无效的，应当准予离婚。

有下列情形之一，调解无效的，应当准予离婚：

（一）重婚或者与他人同居；

（二）实施家庭暴力或者虐待、遗弃家庭成员；

（三）有赌博、吸毒等恶习屡教不改；

（四）因感情不和分居满二年；

（五）其他导致夫妻感情破裂的情形。

一方被宣告失踪，另一方提起离婚诉讼的，应当准予离婚。

经人民法院判决不准离婚后，双方又分居满一年，一方再次提起离婚诉讼的，应当准予离婚。

《中华人民共和国涉外民事关系法律适用法》（2010年）

第二十三条 夫妻人身关系，适用共同经常居所地法律；没有共同经常居所地的，适用共同国籍国法律。

第二十四条 夫妻财产关系，当事人可以协议选择适用一方当事人经常居所地法律、国籍国法律或者主要财产所在地法律。当事人没有选择的，适用共同经常居所地法律；没有共同经常居所地的，适用共同国籍国法律。

第二十五条 父母子女人身、财产关系，适用共同经常居所地法律；没有共同经常居所地的，适用一方当事人经常居所地法律或者国籍国法律中有利于保护弱者权益的法律。

第二十六条 协议离婚，当事人可以协议选择适用一方当事人经常居所地法律或者国籍国法律。当事人没有选择的，适用共同经常居所地法律；没有共同经常居所地的，适用共同国籍国法律；没有共同国籍的，适用办理离婚手续机构所在地法律。

第二十七条 诉讼离婚，适用法院地法律。

《最高人民法院关于适用〈中华人民共和国民法典〉时间效力的若干规定》（法释〔2020〕15号 2020年12月29日）

第二十二条 民法典施行前，经人民法院判决不准离婚后，双方又分居满一年，一方再次提起离婚诉讼的，适用民法典第一千零七十九条第五款的规定。

《最高人民法院关于适用〈中华人民共和国民法典〉婚姻家庭编的解释（一）》（法释〔2020〕22号 2020年12月29日）

第三条 当事人提起诉讼仅请求解除同居关系的，人民法院不予受理；已经受理的，裁定驳回起诉。

当事人因同居期间财产分割或者子女抚养纠纷提起诉讼的，人民法院应当受理。

第六十二条 无民事行为能力人的配偶有民法典第三十六条第一款规定行为，其他有监护资格的人可以要求撤销其监护资格，并依法指定新的监护人；变更后的监护人代理无民事行为能力一方提起离婚诉讼的，人民法院应予受理。

15. 离婚后财产纠纷

案由适用要点

［释义］ 离婚后财产纠纷主要包括以下几种情形：一是当事人协议离婚时达成了财产分割协议，离婚后因履行上述财产分割协议而发生纠纷；二是夫妻双方协议离婚后对达成财产分割问题反悔而引发的纠纷；三是婚姻关系结束后，一方以尚有夫妻共同财产未处理为由向人民法院起诉请求分割而引发的纠纷；四是离婚后一方发现另一方在婚姻关系存续期间存在隐藏、转移、变卖、毁损、挥霍夫妻共同财产，或者伪造夫妻共同债务企图侵占另一方财产的行为，请求再次分割夫妻共同财产而引发的纠纷。

［管辖］ 因离婚后财产纠纷提起的诉讼，根据《民事诉讼法》第22条的规定，对公民提起的民事诉讼，由被告住所地人民法院管辖；被告住所地与经常居住地不一致的，由经常居住地人民法院管辖。已经离婚的中国公民，双方均定居国外，仅就国内财产分割提起诉讼的，依据《民事诉讼法解释》第17条的规定，由主要财产所在地人民法院管辖。根据《民事诉讼法》第34条第1项的规定，因不动产纠纷提起的诉讼，由不动产所在地人民法院管辖，而有的离婚后财产纠纷也会涉及不动产，是否应当按照专属管辖的规定执行呢？回答是否定的，即仍应按照《民事诉讼法》第22条的一般地域管辖原则确定管辖法院，而不适用不动产专属管辖。

[应注意的问题] 实践中，离婚后出现财产纠纷的情形多为一方在离婚时隐瞒了在婚姻关系存续期间取得的财产或其他收益，离婚后，另一方发现了这些财产，从而主张再次分割夫妻共同财产而产生的纠纷。对此种情形，经审查该财产确属离婚时未涉及的夫妻共同财产，人民法院应当依法予以分割。关于离婚后一方发现另一方在婚姻关系存续期间存在隐藏、转移、变卖、毁损、挥霍夫妻共同财产，或者伪造夫妻共同债务企图侵占另一方财产的行为，请求再次分割夫妻共同财产而引发的纠纷，诉讼时效期间为3年，从当事人发现之日起计算。此外，当事人离婚协议中关于财产分割的条款或者当事人因离婚就财产分割达成的协议，对男女双方具有法律约束力。但当事人事后不履行的，该协议本身并无强制执行力，当事人还应向人民法院提起诉讼，由人民法院对其效力作出认定，方才具有强制执行效力。

请求权基础规范指引

《中华人民共和国民法典》（2020年）

第一千零九十二条【一方侵害夫妻共同财产的法律后果】 夫妻一方隐藏、转移、变卖、毁损、挥霍夫妻共同财产，或者伪造夫妻共同债务企图侵占另一方财产的，在离婚分割夫妻共同财产时，对该方可以少分或者不分。离婚后，另一方发现有上述行为的，可以向人民法院提起诉讼，请求再次分割夫妻共同财产。

《最高人民法院关于适用〈中华人民共和国民法典〉婚姻家庭编的解释（一）》（法释〔2020〕22号　2020年12月29日）

第六十九条 当事人达成的以协议离婚或者到人民法院调解离婚为条件的财产以及债务处理协议，如果双方离婚未成，一方在离婚诉讼中反悔的，人民法院应当认定该财产以及债务处理协议没有生效，并根据实际情况依照民法典第一千零八十七条和第一千零八十九条的规定判决。

当事人依照民法典第一千零七十六条签订的离婚协议中关于财产以及债务处理的条款，对男女双方具有法律约束力。登记离婚后当事人因履行上述协议发生纠纷提起诉讼的，人民法院应当受理。

第七十条 夫妻双方协议离婚后就财产分割问题反悔，请求撤销财产分割协议的，人民法院应当受理。

人民法院审理后，未发现订立财产分割协议时存在欺诈、胁迫等情形的，应当依法驳回当事人的诉讼请求。

第七十七条 离婚时双方对尚未取得所有权或者尚未取得完全所有权的房屋有争议且协商不成的，人民法院不宜判决房屋所有权的归属，应当根据实际情况判决由当事人使用。

当事人就前款规定的房屋取得完全所有权后，有争议的，可以另行向人民法院提起诉讼。

第七十八条 夫妻一方婚前签订不动产买卖合同，以个人财产支付首付款并在银行贷款，婚后用夫妻共同财产还贷，不动产登记于首付款支付方名下的，离婚时该不动产由双方协议处理。

依前款规定不能达成协议的，人民法院可以判决该不动产归登记一方，尚未归还的贷款为不动产登记一方的个人债务。双方婚后共同还贷支付的款项及其相对应财产增值部分，离婚时应根据民法典第一千零八十七条第一款规定的原则，由不动产登记一方对另一方进行补偿。

第八十条 离婚时夫妻一方尚未退休、不符合领取基本养老金条件，另一方请求按照夫妻共同财产分割基本养老金的，人民法院不予支持；婚后以夫妻共同财产缴纳基本养老保险费，离婚时一方主张将养老金账户中婚姻关系存续期间个人实际缴纳部分及利息作为夫妻共同财产分割的，人民法院应予支持。

第八十一条 婚姻关系存续期间，夫妻一方作为继承人依法可以继承的遗产，在继承人之间尚未实际分割，起诉离婚时另一方请求分割的，人民法院应当告知当事人在继承人之间实际分割遗产后另行起诉。

第八十三条 离婚后，一方以尚有夫妻共同财产未处理为由向人民法院起诉请求分割的，经审查该财产确属离婚时未涉及的夫妻共同财产，人民法院应当依法予以分割。

第八十四条 当事人依据民法典第一千零九十二条的规定向人民法院提起诉讼，请求再次分割夫妻共同财产的诉讼时效期间为三年，从当事人发现之日起计算。

16. 离婚后损害责任纠纷

案由适用要点

[**释义**] 离婚纠纷中无过错的一方在婚姻登记机关办理离婚登记手续后或者作为被告在人民法院判决离婚、调解离婚后，有权向人民法院起诉要求其配偶承担损害赔偿责任，但协议离婚时已明确表示放弃损害赔偿请求的除外。由此引发的纠纷称为“离婚后损害责任纠纷”。

[**管辖**] 离婚后损害责任纠纷属于侵权责任纠纷，应当按照《民事诉讼法》第29条的相关规定，因侵权行为提起的诉讼，由侵权行为地或者被告住所地人民法院管辖。

[**应注意的问题**] “离婚纠纷”案由本身包括了析产、损害赔偿等相关诉讼请求，因此在起诉离婚的同时主张损害赔偿的，可以适用“离婚纠纷”案

由。但是，在登记离婚后或者判决离婚、调解离婚后当事人才提出损害赔偿之诉，则无法适用“离婚纠纷”这一案由。基于以上考虑，《民事案件案由规定》在“离婚纠纷”案由之外将“离婚后损害责任纠纷”确定为独立的第三级案由。

请求权基础规范指引

《中华人民共和国民法典》（2020 年）

第一千零九十一条【离婚损害赔偿】 有下列情形之一，导致离婚的，无过错方有权请求损害赔偿：

（一）重婚；

（二）与他人同居；

（三）实施家庭暴力；

（四）虐待、遗弃家庭成员；

（五）有其他重大过错。

《最高人民法院关于适用〈中华人民共和国民法典〉婚姻家庭编的解释（一）》（法释〔2020〕22 号 2020 年 12 月 29 日）

第八十六条 民法典第一千零九十一条规定的“损害赔偿”，包括物质损害赔偿和精神损害赔偿。涉及精神损害赔偿的，适用《最高人民法院关于确定民事侵权精神损害赔偿责任若干问题的解释》的有关规定。

第八十七条 承担民法典第一千零九十一条规定的损害赔偿责任的主体，为离婚诉讼当事人中无过错方的配偶。

人民法院判决不准离婚的案件，对于当事人基于民法典第一千零九十一条提出的损害赔偿请求，不予支持。

在婚姻关系存续期间，当事人不起诉离婚而单独依据民法典第一千零九十一条提起损害赔偿请求的，人民法院不予受理。

第八十八条 人民法院受理离婚案件时，应当将民法典第一千零九十一条等规定中当事人的有关权利义务，书面告知当事人。在适用民法典第一千零九十一条时，应当区分以下不同情况：

（一）符合民法典第一千零九十一条规定的无过错方作为原告基于该条规定向人民法院提起损害赔偿请求的，必须在离婚诉讼的同时提出。

（二）符合民法典第一千零九十一条规定的无过错方作为被告的离婚诉讼案件，如果被告不同意离婚也不基于该条规定提起损害赔偿请求的，可以就此单独提起诉讼。

（三）无过错方作为被告的离婚诉讼案件，一审时被告未基于民法典第一千零九十一条规定提出损害赔偿请求，二审期间提出的，人民法院应当进行调解；调解不成的，告知当事人另行起诉。双方当事人同意由第二审人民法院一并审理的，第二审人民法院可以一并裁判。

第八十九条 当事人在婚姻登记机关办理离婚登记手续后，以民法典第一千零九十一条规定为由向人民法院提出损害赔偿请求的，人民法院应当受理。但当事人在协议离婚时已经明确表示放弃该项请求的，人民法院不予支持。

第九十条 夫妻双方均有民法典第一千零九十一条规定的过错情形，一方或者双方向对方提出离婚损害赔偿请求的，人民法院不予支持。

17. 婚姻无效纠纷

案由适用要点

[释义] 婚姻无效纠纷是指具有婚姻关系的一方当事人，以其婚姻关系缺乏法律规定有效要件为由主张婚姻关系无效，由此引发的纠纷。

[管辖] 因婚姻无效纠纷提起的诉讼，根据《民事诉讼法》第22条的规定，对公民提起的民事诉讼，由被告住所地人民法院管辖；被告住所地与经常居住地不一致的，由经常居住地人民法院管辖。

[应注意的问题] 人民法院受理离婚案件后，经审理确属无效婚姻的，应当将婚姻无效的情形告知当事人，并依法作出确认婚姻无效的判决。人民法院就同一婚姻关系分别受理了离婚和请求确认婚姻无效案件的，对于离婚案件的审理，应当待请求确认婚姻无效案件作出判决后进行。被确认无效的婚姻，当事人同居期间所得的财产除有证据证明为当事人一方所有的以外，按共同共有处理。婚姻被确认无效的，无过错方有权请求损害赔偿。

请求权基础规范指引

《中华人民共和国民法典》（2020年）

第一千零五十一条【婚姻无效的情形】 有下列情形之一的，婚姻无效：

（一）重婚；

（二）有禁止结婚的亲属关系；

（三）未到法定婚龄。

第一千零五十四条【婚姻无效和被撤销的法律后果】 无效的或者被撤销的婚姻自始没有法律约束力，当事人不具有夫妻的权利和义务。同居期间所得的财产，由当事人协议处理；协议不成的，由人民法院根据照顾无过错方的原则判决。对重婚导致的无效婚姻的财产处理，不得侵害合法婚姻当事人的财产权益。当事人所生的子女，适用本法关于父母子女的规定。

婚姻无效或者被撤销的，无过错方有权请求损害赔偿。

《中华人民共和国涉外民事关系法律适用法》（2010年）

第二十一条　结婚条件，适用当事人共同经常居所地法律；没有共同经常居所地的，适用共同国籍国法律；没有共同国籍，在一方当事人经常居所地或者国籍国缔结婚姻的，适用婚姻缔结地法律。

第二十二条　结婚手续，符合婚姻缔结地法律、一方当事人经常居所地法律或者国籍国法律的，均为有效。

《最高人民法院关于适用〈中华人民共和国民法典〉婚姻家庭编的解释（一）》（法释〔2020〕22号　2020年12月29日）

第九条　有权依据民法典第一千零五十一条规定向人民法院就已办理结婚登记的婚姻请求确认婚姻无效的主体，包括婚姻当事人及利害关系人。其中，利害关系人包括：

（一）以重婚为由的，为当事人的近亲属及基层组织；

（二）以未到法定婚龄为由的，为未到法定婚龄者的近亲属；

（三）以有禁止结婚的亲属关系为由的，为当事人的近亲属。

第十条　当事人依据民法典第一千零五十一条规定向人民法院请求确认婚姻无效，法定的无效婚姻情形在提起诉讼时已经消失的，人民法院不予支持。

第十一条　人民法院受理请求确认婚姻无效案件后，原告申请撤诉的，不予准许。

对婚姻效力的审理不适用调解，应当依法作出判决。

涉及财产分割和子女抚养的，可以调解。调解达成协议的，另行制作调解书；未达成调解协议的，应当一并作出判决。

第十二条　人民法院受理离婚案件后，经审理确属无效婚姻的，应当将婚姻无效的情形告知当事人，并依法作出确认婚姻无效的判决。

第十三条　人民法院就同一婚姻关系分别受理了离婚和请求确认婚姻无效案件的，对于离婚案件的审理，应当待请求确认婚姻无效案件作出判决后进行。

第十四条　夫妻一方或者双方死亡后，生存一方或者利害关系人依据民法典第一千零五十一条的规定请求确认婚姻无效的，人民法院应当受理。

第十五条　利害关系人依据民法典第一千零五十一条的规定，请求人民法院确认婚姻无效的，利害关系人为原告，婚姻关系当事人双方为被告。

夫妻一方死亡的，生存一方为被告。

第十六条　人民法院审理重婚导致的无效婚姻案件时，涉及财产处理的，应当准许合法婚姻当事人作为有独立请求权的第三人参加诉讼。

第十七条　当事人以民法典第一千零五十一条规定的三种无效婚姻以外的情形请求确认婚姻无效的，人民法院应当判决驳回当事人的诉讼请求。

当事人以结婚登记程序存在瑕疵为由提起民事诉讼，主张撤销结婚登记的，告知其可以依法申请行政复议或者提起行政诉讼。

18. 撤销婚姻纠纷

案由适用要点

［**释义**］撤销婚姻纠纷是指一方当事人因对方当事人胁迫或者在结婚前未如实告知患有重大疾病的情况下而与其办理了婚姻登记，该婚姻关系成立后，当事人以受胁迫或者对方结婚前未如实告知患有重大疾病的情况为由，请求人民法院撤销其婚姻关系而引发的纠纷。

［**管辖**］因撤销婚姻纠纷提起的诉讼，根据《民事诉讼法》第22条的规定，对公民提起的民事诉讼，由被告住所地人民法院管辖；被告住所地与经常居住地不一致的，由经常居住地人民法院管辖。

［**应注意的问题**］申请撤销婚姻必须符合以下几个条件：一是婚姻撤销的原因须发生在婚姻成立之前；二是有权提起婚姻撤销的主体只能是婚姻关系当事人本人；三是请求撤销婚姻的诉讼时效期间为1年。受胁迫的一方撤销婚姻的请求，应当自胁迫行为终止之日起1年内提出。被非法限制人身自由的当事人请求撤销婚姻的，应当自恢复人身自由之日起1年内提出。此“1年”不适用诉讼时效中止、中断或者延长的规定。因结婚登记前未如实告知患有重大疾病情况而请求撤销婚姻的，应当自知道或应当知道撤销事由之日起1年内提出。《民法典》第1052条所称的“胁迫”，是指行为人以给另一方当事人或者其近亲属的生命、身体、健康、名誉、财产等方面造成损害为要挟，迫使另一方当事人违背真实意愿结婚的情况。

请求权基础规范指引

《中华人民共和国民法典》（2020年）

第一千零五十二条【胁迫婚姻】 因胁迫结婚的，受胁迫的一方可以向人民法院请求撤销婚姻。

请求撤销婚姻的，应当自胁迫行为终止之日起一年内提出。

被非法限制人身自由的当事人请求撤销婚姻的，应当自恢复人身自由之日起一年内提出。

第一千零五十三条【隐瞒疾病的可撤销婚姻】 一方患有重大疾病的，应当在结婚登记前如实告知另一方；不如实告知的，另一方可以向人民法院请求撤销婚姻。

请求撤销婚姻的，应当自知道或者应当知道撤销事由之日起一年内提出。

第一千零五十四条【婚姻无效和被撤销的法律后果】 无效的或者被撤销的婚姻自始没有法律约束力，当事人不具有夫妻的权利和义务。同居期间所得的财产，由当事人协议处理；协议不成的，由人民法院根据照顾无过错方的原则判决。对重婚导致的无效婚姻的财产处理，不得侵害合法婚姻当事人的财产权益。当事人所生的子女，适用本法关于父母子女的规定。

婚姻无效或者被撤销的，无过错方有权请求损害赔偿。

《最高人民法院关于适用〈中华人民共和国民法典〉时间效力的若干规定》（法释〔2020〕15号　2020年12月29日）

第二十六条　当事人以民法典施行前受胁迫结婚为由请求人民法院撤销婚姻的，撤销权的行使期限适用民法典第一千零五十二条第二款的规定。

《最高人民法院关于适用〈中华人民共和国民法典〉婚姻家庭编的解释（一）》（法释〔2020〕22号　2020年12月29日）

第十八条　行为人以给另一方当事人或者其近亲属的生命、身体、健康、名誉、财产等方面造成损害为要挟，迫使另一方当事人违背真实意愿结婚的，可以认定为民法典第一千零五十二条所称的"胁迫"。

因受胁迫而请求撤销婚姻的，只能是受胁迫一方的婚姻关系当事人本人。

第十九条　民法典第一千零五十二条规定的"一年"，不适用诉讼时效中止、中断或者延长的规定。

受胁迫或者被非法限制人身自由的当事人请求撤销婚姻的，不适用民法典第一百五十二条第二款的规定。

第二十条　民法典第一千零五十四条所规定的"自始没有法律约束力"，是指无效婚姻或者可撤销婚姻在依法被确认无效或者被撤销时，才确定该婚姻自始不受法律保护。

第二十一条　人民法院根据当事人的请求，依法确认婚姻无效或者撤销婚姻的，应当收缴双方的结婚证书并将生效的判决书寄送当地婚姻登记管理机关。

第二十二条　被确认无效或者被撤销的婚姻，当事人同居期间所得的财产，除有证据证明为当事人一方所有的以外，按共同共有处理。

19. 夫妻财产约定纠纷

案由适用要点

［释义］男女双方可以约定婚姻关系存续期间所得的财产以及婚前财产归各自所有、共同所有或者部分各自所有、部分共同所有。因履行该约定时产生的纠纷，称为夫妻财产约定纠纷。

［管辖］因夫妻财产约定纠纷提起的诉讼，根据《民事诉讼法》第22条

的规定，对公民提起的民事诉讼，由被告住所地人民法院管辖；被告住所地与经常居住地不一致的，由经常居住地人民法院管辖。

［**应注意的问题**］由于夫妻双方可以根据《民法典》婚姻家庭编的规定，对在婚前和婚姻关系存续期间所得的财产的所有权的归属、管理、使用、收益、处分以及对第三人的债务清偿、婚姻解除时财产的分割等事项作出书面约定，故夫妻对财产未进行书面约定、约定不明确、所作约定无效等，往往导致夫妻财产的归属成为案件争议焦点。本案由与“离婚纠纷”存在交叉之处，目前实务中单独适用这一案由的较少，如果在离婚诉讼中双方当事人对夫妻财产约定的效力发生争议的，只需将案由确定为“离婚纠纷”即可。实践中，在夫妻关系存续期间，乃至在办理离婚登记时或者离婚登记后，均可能发生因夫妻财产约定的履行或者就效力出现争议而引发的纠纷。此类纠纷均可确定为“夫妻财产约定纠纷”。

请求权基础规范指引

《中华人民共和国民法典》（2020 年）

第一千零六十三条【夫妻个人财产】 下列财产为夫妻一方的个人财产：

（一）一方的婚前财产；

（二）一方因受到人身损害获得的赔偿或者补偿；

（三）遗嘱或者赠与合同中确定只归一方的财产；

（四）一方专用的生活用品；

（五）其他应当归一方的财产。

第一千零六十五条【夫妻约定财产制】 男女双方可以约定婚姻关系存续期间所得的财产以及婚前财产归各自所有、共同所有或者部分各自所有、部分共同所有。约定应当采用书面形式。没有约定或者约定不明确的，适用本法第一千零六十二条、第一千零六十三条的规定。

夫妻对婚姻关系存续期间所得的财产以及婚前财产的约定，对双方具有法律约束力。

夫妻对婚姻关系存续期间所得的财产约定归各自所有，夫或者妻一方对外所负的债务，相对人知道该约定的，以夫或者妻一方的个人财产清偿。

《最高人民法院关于适用〈中华人民共和国民法典〉婚姻家庭编的解释（一）》（法释〔2020〕22 号　2020 年 12 月 29 日）

第三十一条 民法典第一千零六十三条规定为夫妻一方的个人财产，不因婚姻关系的延续而转化为夫妻共同财产。但当事人另有约定的除外。

20. 同居关系纠纷

(1) 同居关系析产纠纷

(2) 同居关系子女抚养纠纷

案由适用要点

[释义] 同居关系纠纷是指具有同居关系的男女当事人，解除同居关系时，涉及同居关系存续期间共有财产分割或者子女抚养问题引发的纠纷。

[管辖] 因同居关系纠纷提起的诉讼，根据《民事诉讼法》第 22 条的规定，因公民提起的民事诉讼，由被告住所地人民法院管辖；被告住所地与经常居住地不一致的，由经常居住地人民法院管辖。

[应注意的问题] 根据《最高人民法院关于适用〈中华人民共和国民法典〉婚姻家庭编的解释（一）》第 7 条的规定，未依据《民法典》第 1049 条规定办理结婚登记而以夫妻名义共同生活的男女，提起诉讼要求离婚的，应当区别对待：（1）1994 年 2 月 1 日民政部《婚姻登记管理条例》公布实施以前，男女双方已经符合结婚实质要件的，按事实婚姻处理。（2）1994 年 2 月 1 日民政部《婚姻登记管理条例》公布实施以后，男女双方符合结婚实质要件的，人民法院应当告知其补办结婚登记。未补办结婚登记的，依据《最高人民法院关于适用〈中华人民共和国民法典〉婚姻家庭编的解释（一）》第 3 条的规定处理，即当事人提起诉讼仅请求解除同居关系的，人民法院不予受理；已经受理的，裁定驳回起诉。当事人因同居期间财产分割或者子女抚养纠纷提起诉讼的，人民法院应当受理。

请求权基础规范指引

《中华人民共和国民法典》（2020 年）

第一千零五十四条【婚姻无效和被撤销的法律后果】 无效的或者被撤销的婚姻自始没有法律约束力，当事人不具有夫妻的权利和义务。同居期间所得的财产，由当事人协议处理；协议不成的，由人民法院根据照顾无过错方的原则判决。对重婚导致的无效婚姻的财产处理，不得侵害合法婚姻当事人的财产权益。当事人所生的子女，适用本法关于父母子女的规定。

婚姻无效或者被撤销的，无过错方有权请求损害赔偿。

第一千零七十一条【非婚生子女的权利】 非婚生子女享有与婚生子女同等的权利，任何组织或者个人不得加以危害和歧视。

不直接抚养非婚生子女的生父或者生母，应当负担未成年子女或者不能独立生活的成年子女的抚养费。

《婚姻登记条例》（2003年）

第四条 内地居民结婚，男女双方应当共同到一方当事人常住户口所在地的婚姻登记机关办理结婚登记。

中国公民同外国人在中国内地结婚的，内地居民同香港居民、澳门居民、台湾居民、华侨在中国内地结婚的，男女双方应当共同到内地居民常住户口所在地的婚姻登记机关办理结婚登记。

第八条 男女双方补办结婚登记的，适用本条例结婚登记的规定。

《最高人民法院关于适用〈中华人民共和国民法典〉婚姻家庭编的解释（一）》（法释〔2020〕22号 2020年12月29日）

第二条 民法典第一千零四十二条、第一千零七十九条、第一千零九十一条规定的“与他人同居”的情形，是指有配偶者与婚外异性，不以夫妻名义，持续、稳定地共同居住。

第三条 当事人提起诉讼仅请求解除同居关系的，人民法院不予受理；已经受理的，裁定驳回起诉。

当事人因同居期间财产分割或者子女抚养纠纷提起诉讼的，人民法院应当受理。

第四条 当事人仅以民法典第一千零四十三条为依据提起诉讼的，人民法院不予受理；已经受理的，裁定驳回起诉。

第七条 未依据民法典第一千零四十九条规定办理结婚登记而以夫妻名义共同生活的男女，提起诉讼要求离婚的，应当区别对待：

（一）1994年2月1日民政部《婚姻登记管理条例》公布实施以前，男女双方已经符合结婚实质要件的，按事实婚姻处理。

（二）1994年2月1日民政部《婚姻登记管理条例》公布实施以后，男女双方符合结婚实质要件的，人民法院应当告知其补办结婚登记。未补办结婚登记的，依据本解释第三条规定处理。

第八条 未依据民法典第一千零四十九条规定办理结婚登记而以夫妻名义共同生活的男女，一方死亡，另一方以配偶身份主张享有继承权的，依据本解释第七条的原则处理。

21. 亲子关系纠纷

（1）确认亲子关系纠纷

（2）否认亲子关系纠纷

案由适用要点

［释义］ 对亲子关系有异议且有正当理由的，父或者母可以向人民法院提

起诉讼，请求确认或者否认亲子关系的纠纷。《民法典》明确规定了确认亲子关系和否认亲子关系。涉及身份关系，要充分考虑当事人感情因素，且审判实践中否认亲子关系的案件较多，故包括“确认亲子关系纠纷”和“否认亲子关系纠纷”两个案由。

[**管辖**] 因亲子关系纠纷提起的诉讼，根据《民事诉讼法》第 22 条的规定，因公民提起的民事诉讼，由被告住所地人民法院管辖；被告住所地与经常居住地不一致的，由经常居住地人民法院管辖。因亲子关系纠纷系涉身份关系纠纷，根据《民事诉讼法》第 23 条第 1、2 项的规定，对不在中华人民共和国领域内居住的人提起的亲子关系纠纷诉讼，以及对下落不明或者宣告失踪的人提起的亲子关系纠纷诉讼，由原告住所地人民法院管辖；原告住所地与经常居住地不一致的，由原告经常居住地人民法院管辖。

[**应注意的问题**]《民法典》第 1073 条规定，父母可以提起确认亲子关系和否认亲子关系之诉，成年子女只能提起确认亲子关系之诉。根据《最高人民法院关于适用〈中华人民共和国民法典〉婚姻家庭编的解释（一）》第 39 条的规定，父或者母向人民法院起诉请求否认亲子关系，并已提供必要证据予以证明，另一方没有相反证据又拒绝做亲子鉴定的，人民法院可以认定否认亲子关系一方的主张成立。父或者母以及成年子女起诉请求确认亲子关系，并提供必要证据予以证明，另一方没有相反证据又拒绝做亲子鉴定的，人民法院可以认定确认亲子关系一方的主张成立。

请求权基础规范指引

《中华人民共和国民法典》（2020 年）

第一千零七十三条【亲子关系异议之诉】 对亲子关系有异议且有正当理由的，父或者母可以向人民法院提起诉讼，请求确认或者否认亲子关系。

对亲子关系有异议且有正当理由的，成年子女可以向人民法院提起诉讼，请求确认亲子关系。

《最高人民法院关于适用〈中华人民共和国民法典〉婚姻家庭编的解释（一）》（法释〔2020〕22 号 2020 年 12 月 29 日）

第三十九条 父或者母向人民法院起诉请求否认亲子关系，并已提供必要证据予以证明，另一方没有相反证据又拒绝做亲子鉴定的，人民法院可以认定否认亲子关系一方的主张成立。

父或者母以及成年子女起诉请求确认亲子关系，并提供必要证据予以证明，另一方没有相反证据又拒绝做亲子鉴定的，人民法院可以认定确认亲子关系一方的主张成立。

第四十条 婚姻关系存续期间，夫妻双方一致同意进行人工授精，所生子女应视为婚生子女，父母子女间的权利义务关系适用民法典的有关规定。

第四十一条 尚在校接受高中及其以下学历教育，或者丧失、部分丧失劳动能力等非因主观原因而无法维持正常生活的成年子女，可以认定为民法典第一千零六十七条规定的“不能独立生活的成年子女”。

22. 抚养纠纷

（1）抚养费纠纷

（2）变更抚养关系纠纷

案由适用要点

［**释义**］抚养是指长辈亲属对晚辈亲属的抚育教养。

被抚养是未成年子女和不能独立生活成年子女的权利，当父母不履行抚养义务时，子女有要求父母给付抚养费的权利。因此类问题发生纠纷，可以直接向人民法院起诉。

父母离婚后，子女由一方直接抚养的，另一方应当负担部分或全部抚养费。具有下列情形之一，父母一方要求变更子女抚养关系的，人民法院应予支持：（1）与子女共同生活的一方因患严重疾病或者因伤残无力继续抚养子女；（2）与子女共同生活的一方不尽抚养义务或有虐待子女行为，或者其与子女共同生活对子女身心健康确有不利影响；（3）已满8周岁的子女，愿随另一方生活，该方又有抚养能力；（4）有其他正当理由需要变更。

［**管辖**］因抚养纠纷提起的诉讼，根据《民事诉讼法》第22条的规定，因公民提起的民事诉讼，由被告住所地人民法院管辖；被告住所地与经常居住地不一致的，由经常居住地人民法院管辖。根据《民事诉讼法解释》第9条的规定，追索抚养费案件的几个被告住所地不在同一辖区的，可以由原告住所地人民法院管辖。

［**应注意的问题**］“抚育费”和“抚养费”在法律、行政法规、司法解释中多次交叉出现，只是并未同时出现过，其含义并无不同。《民事案件案由规定》以“抚养费”代替“抚育费”。

尚在校接受高中及其以下学历教育，或者丧失、部分丧失劳动能力等非因主观原因而无法维持正常生活的成年子女，属于不能独立生活的成年子女，可以依据《民法典》第1067条的规定提起诉讼。抚养费包括子女生活费、教育费、医疗费等费用。因履行变更子女抚养关系协议而发生的纠纷，也应适用“变更抚养关系纠纷”案由。

本案由适用于未成年子女和不能独立生活的成年子女起诉要求给付抚养费纠纷，以及变更抚养关系的纠纷；对于离婚案件中涉及子女的抚养问题及给付抚养费问题，仍应在离婚案件中一并审理解决，案由也应统一确定为

"离婚纠纷"。

请求权基础规范指引

《中华人民共和国民法典》（2020年）

第一千零六十七条第一款【父母的抚养义务和子女的赡养义务】 父母不履行抚养义务的，未成年子女或者不能独立生活的成年子女，有要求父母给付抚养费的权利。

第一千零七十一条第二款【非婚生子女的权利】 不直接抚养非婚生子女的生父或者生母，应当负担未成年子女或者不能独立生活的成年子女的抚养费。

第一千零七十二条【继父母与继子女间的权利义务关系】 继父母与继子女间，不得虐待或者歧视。

继父或者继母和受其抚养教育的继子女间的权利义务关系，适用本法关于父母子女关系的规定。

第一千零七十四条第一款【祖孙之间的抚养赡养义务】 有负担能力的祖父母、外祖父母，对于父母已经死亡或者父母无力抚养的未成年孙子女、外孙子女，有抚养的义务。

第一千零七十五条第一款【兄弟姐妹间的扶养义务】 有负担能力的兄、姐，对于父母已经死亡或者父母无力抚养的未成年弟、妹，有扶养的义务。

第一千零八十四条【离婚后的父母子女关系】 父母与子女间的关系，不因父母离婚而消除。离婚后，子女无论由父或者母直接抚养，仍是父母双方的子女。

离婚后，父母对于子女仍有抚养、教育、保护的权利和义务。

离婚后，不满两周岁的子女，以由母亲直接抚养为原则。已满两周岁的子女，父母双方对抚养问题协议不成的，由人民法院根据双方的具体情况，按照最有利于未成年子女的原则判决。子女已满八周岁的，应当尊重其真实意愿。

第一千零八十五条【离婚后子女抚养费的负担】 离婚后，子女由一方直接抚养的，另一方应当负担部分或者全部抚养费。负担费用的多少和期限的长短，由双方协议；协议不成的，由人民法院判决。

前款规定的协议或者判决，不妨碍子女在必要时向父母任何一方提出超过协议或者判决原定数额的合理要求。

第一千一百一十一条【收养效力】 自收养关系成立之日起，养父母与养子女间的权利义务关系，适用本法关于父母子女关系的规定；养子女与养父母的近亲属间的权利义务关系，适用本法关于子女与父母的近亲属关系的规定。

养子女与生父母以及其他近亲属间的权利义务关系，因收养关系的成立而消除。

《最高人民法院关于适用〈中华人民共和国民法典〉婚姻家庭编的解释（一）》（法释〔2020〕22号 2020年12月29日）

第三条 当事人提起诉讼仅请求解除同居关系的，人民法院不予受理；已经受理的，裁定驳回起诉。

当事人因同居期间财产分割或者子女抚养纠纷提起诉讼的，人民法院应当受理。

第四十一条 尚在校接受高中及其以下学历教育，或者丧失、部分丧失劳动能力等非因主观原因而无法维持正常生活的成年子女，可以认定为民法典第一千零六十七条规定的“不能独立生活的成年子女”。

第四十二条 民法典第一千零六十七条所称“抚养费”，包括子女生活费、教育费、医疗费等费用。

第四十三条 婚姻关系存续期间，父母双方或者一方拒不履行抚养子女义务，未成年子女或者不能独立生活的成年子女请求支付抚养费的，人民法院应予支持。

第五十四条 生父与继母离婚或者生母与继父离婚时，对曾受其抚养教育的继子女，继父或者继母不同意继续抚养的，仍应由生父或者生母抚养。

第五十五条 离婚后，父母一方要求变更子女抚养关系的，或者子女要求增加抚养费的，应当另行提起诉讼。

第五十六条 具有下列情形之一，父母一方要求变更子女抚养关系的，人民法院应予支持：

（一）与子女共同生活的一方因患严重疾病或者因伤残无力继续抚养子女；

（二）与子女共同生活的一方不尽抚养义务或有虐待子女行为，或者其与子女共同生活对子女身心健康确有不利影响；

（三）已满八周岁的子女，愿随另一方生活，该方又有抚养能力；

（四）有其他正当理由需要变更。

第五十七条 父母双方协议变更子女抚养关系的，人民法院应予支持。

第五十八条 具有下列情形之一，子女要求有负担能力的父或者母增加抚养费的，人民法院应予支持：

（一）原定抚养费数额不足以维持当地实际生活水平；

（二）因子女患病、上学，实际需要已超过原定数额；

（三）有其他正当理由应当增加。

《第八次全国法院民事商事审判工作会议（民事部分）纪要》（法〔2016〕399号 2016年11月21日）

（一）关于未成年人保护问题

1. 在审理婚姻家庭案件中，应注重对未成年人权益的保护，特别是涉及家庭暴力的离婚案件，从未成年子女利益最大化的原则出发，对于实施家庭暴力的父母一方，一般不宜判决其直接抚养未成年子女。

23. 扶养纠纷

（1）扶养费纠纷

（2）变更扶养关系纠纷

案由适用要点

［**释义**］扶养指平辈亲属之间依法发生的经济供养和生活扶助的权利义务关系。夫妻之间，兄、姐在特定条件下对弟、妹，弟、妹在特定条件下对兄、姐，均具有法定扶养义务。负有法定扶养义务方不履行扶养义务时，需要扶养的一方有要求对方付给扶养费的权利，并可以依法向人民法院提起诉讼。

［**管辖**］因扶养纠纷提起的诉讼，根据《民事诉讼法》第 22 条的规定，对公民提起的民事诉讼，由被告住所地人民法院管辖；被告住所地与经常居住地不一致的，由经常居住地人民法院管辖。根据《民事诉讼法解释》第 9 条的规定，追索扶养费案件的几个被告住所地不在同一辖区的，可以由原告住所地人民法院管辖。

［**应注意的问题**］“抚养”专指长辈亲属对晚辈亲属的抚育教养；“扶养”则专指平辈亲属间的互相扶助、互相供养；“赡养”是指晚辈亲属对长辈亲属的供养、照料。在确定案由时，要注意区分这三类不同情形，对号入座。

请求权基础规范指引

《中华人民共和国民法典》（2020 年）

第一千零五十九条【夫妻相互扶养义务】　夫妻有相互扶养的义务。

需要扶养的一方，在另一方不履行扶养义务时，有要求其给付扶养费的权利。

第一千零七十五条【兄弟姐妹间的扶养义务】　有负担能力的兄、姐，对于父母已经死亡或者父母无力抚养的未成年弟、妹，有扶养的义务。

由兄、姐扶养长大的有负担能力的弟、妹，对于缺乏劳动能力又缺乏生活来源的兄、姐，有扶养的义务。

《中华人民共和国涉外民事关系法律适用法》（2010 年）

第二十九条　扶养，适用一方当事人经常居所地法律、国籍国法律或者主要财产所在地法律中有利于保护被扶养人权益的法律。

《中华人民共和国老年人权益保障法》（2018年修正）

第二十三条 老年人与配偶有相互扶养的义务。

由兄、姐扶养的弟、妹成年后，有负担能力的，对年老无赡养人的兄、姐有扶养的义务。

第二十四条 赡养人、扶养人不履行赡养、扶养义务的，基层群众性自治组织、老年人组织或者赡养人、扶养人所在单位应当督促其履行。

《最高人民法院关于适用〈中华人民共和国民事诉讼法〉的解释》（2022年3月22日修正）

第二百一十八条 赡养费、扶养费、抚养费案件，裁判发生法律效力后，因新情况、新理由，一方当事人再行起诉要求增加或者减少费用的，人民法院应作为新案受理。

24. 赡养纠纷

（1）赡养费纠纷

（2）变更赡养关系纠纷

案由适用要点

［**释义**］赡养是指晚辈对长辈应尽的照顾其生活的义务，这种义务不仅发生在婚生子女和父母间，也发生在非婚生子女和父母、养子女和养父母、继子女和履行了抚养教育义务的继父母之间；不仅发生在子女父母之间，而且发生在有负担能力的孙子女、外孙子女与子女已经死亡或者子女无力赡养的祖父母、外祖父母之间。赡养费纠纷是指被赡养人因向赡养人索要赡养费而引起的纠纷。

变更赡养关系纠纷是指赡养人与被赡养人之间因变更赡养关系而引起的纠纷。

［**管辖**］因赡养纠纷提起的诉讼，根据《民事诉讼法》第22条的规定，应当由被告住所地人民法院管辖，被告住所地与经常居住地不一致的，由经常居住地人民法院管辖。根据《民事诉讼法解释》第9条的规定，追索赡养费案件的几个被告住所地不在同一辖区的，可以由原告住所地人民法院管辖。

［**应注意的问题**］子女对父母的赡养扶助义务是广泛的，承担父母赡养费用是其中最基本的一项。首先，子女要赡养父母，子女和父母同居生活的，应当依法履行赡养义务，承担赡养费用。对于不在一起生活的父母，由子女向父母给付适当的赡养费；对于有两个以上子女的，可以根据他们的不同经济条件，共同负担赡养费用。还要注意的是，有负担能力的孙子女、外

孙子女，对于子女已经死亡或者子女无力赡养的祖父母、外祖父母，也有赡养义务。

请求权基础规范指引

《中华人民共和国民法典》（2020年）

第二十六条第二款【父母子女之间的法律义务】 成年子女对父母负有赡养、扶助和保护的义务。

第一千零六十七条第二款【父母的抚养义务和子女的赡养义务】 成年子女不履行赡养义务的，缺乏劳动能力或者生活困难的父母，有要求成年子女给付赡养费的权利。

第一千零六十九条【子女应尊重父母的婚姻权利】 子女应当尊重父母的婚姻权利，不得干涉父母离婚、再婚以及婚后的生活。子女对父母的赡养义务，不因父母的婚姻关系变化而终止。

第一千零七十二条【继父母与继子女间的权利义务关系】 继父母与继子女间，不得虐待或者歧视。

继父或者继母和受其抚养教育的继子女间的权利义务关系，适用本法关于父母子女关系的规定。

第一千零七十四条第二款【祖孙之间的抚养赡养义务】 有负担能力的孙子女、外孙子女，对于子女已经死亡或者子女无力赡养的祖父母、外祖父母，有赡养的义务。

《中华人民共和国老年人权益保障法》（2018年修正）

第十四条 赡养人应当履行对老年人经济上供养、生活上照料和精神上慰藉的义务，照顾老年人的特殊需要。

赡养人是指老年人的子女以及其他依法负有赡养义务的人。

赡养人的配偶应当协助赡养人履行赡养义务。

第十五条 赡养人应当使患病的老年人及时得到治疗和护理；对经济困难的老年人，应当提供医疗费用。

对生活不能自理的老年人，赡养人应当承担照料责任；不能亲自照料的，可以按照老年人的意愿委托他人或者养老机构等照料。

第十六条 赡养人应当妥善安排老年人的住房，不得强迫老年人居住或者迁居条件低劣的房屋。

老年人自有的或者承租的住房，子女或者其他亲属不得侵占，不得擅自改变产权关系或者租赁关系。

老年人自有的住房，赡养人有维修的义务。

第十七条 赡养人有义务耕种或者委托他人耕种老年人承包的田地，照管或者委托他人照管老年人的林木和牲畜等，收益归老年人所有。

第十八条 家庭成员应当关心老年人的精神需求，不得忽视、冷落老年人。

与老年人分开居住的家庭成员，应当经常看望或者问候老年人。

用人单位应当按照国家有关规定保障赡养人探亲休假的权利。

第十九条 赡养人不得以放弃继承权或者其他理由，拒绝履行赡养义务。

赡养人不履行赡养义务，老年人有要求赡养人付给赡养费等权利。

赡养人不得要求老年人承担力不能及的劳动。

第二十条 经老年人同意，赡养人之间可以就履行赡养义务签订协议。赡养协议的内容不得违反法律的规定和老年人的意愿。

基层群众性自治组织、老年人组织或者赡养人所在单位监督协议的履行。

第二十一条 老年人的婚姻自由受法律保护。子女或者其他亲属不得干涉老年人离婚、再婚及婚后的生活。

赡养人的赡养义务不因老年人的婚姻关系变化而消除。

《最高人民法院关于适用〈中华人民共和国民法典〉继承编的解释（一）》（法释〔2020〕23号 2020年12月29日）

第十九条 对被继承人生活提供了主要经济来源，或者在劳务等方面给予了主要扶助的，应当认定其尽了主要赡养义务或主要扶养义务。

《最高人民法院关于适用〈中华人民共和国民事诉讼法〉的解释》（2022年3月22日修正）

第九条 追索赡养费、扶养费、抚养费案件的几个被告住所地不在同一辖区的，可以由原告住所地人民法院管辖。

第二百一十八条 赡养费、扶养费、抚养费案件，裁判发生法律效力后，因新情况、新理由，一方当事人再行起诉要求增加或者减少费用的，人民法院应作为新案受理。

《最高人民法院关于为实施积极应对人口老龄化国家战略提供司法服务和保障的意见》（法发〔2022〕15号 2022年3月29日）

4. 依法妥善审理涉老年人婚姻家庭纠纷案件。依法审理赡养纠纷案件，保障老年人基本生活需要。加强老年人精神赡养类案件调解力度，增进对老年人的精神关爱。注重法院的职权调查，强化依法裁量，依法保护老年人的婚姻自由。对于老年人同居析产纠纷，要综合考量共同生活时间、各自付出等因素，兼顾双方利益，实现公平公正。

25. 收养关系纠纷

(1) 确认收养关系纠纷

(2) 解除收养关系纠纷

案由适用要点

[**释义**] 收养是指根据法定的条件和程序领养他人子女为自己子女的民事法律行为，是一种法定的变更民事权利、义务的重要法律行为。确认收养关系纠纷是指当事人对收养关系是否成立并有效，存有不同的认识，由此产生的纠纷。解除收养关系纠纷是指当事人对收养关系是否解除存有不同的认识，因而产生的纠纷。

[**管辖**] 因收养关系纠纷提起的诉讼，根据《民事诉讼法》第22条的规定，对公民提起的民事诉讼，由被告住所地人民法院管辖；被告住所地与经常居住地不一致的，由经常居住地人民法院管辖。

[**应注意的问题**] 收养制度是亲属制度的重要组成部分。《民法典》第1111条规定，自收养关系成立之日起，养父母与养子女间的权利义务关系，适用《民法典》关于父母子女关系的规定；养子女与养父母的近亲属间的权利义务关系，适用《民法典》关于子女与父母的近亲属关系的规定。养子女与生父母以及其他近亲属间的权利义务关系，因收养关系的成立而消除。当事人以收养关系是否成立而发生的纠纷适用“收养关系纠纷”案由下第四级案由“确认收养关系纠纷”，其中不仅包含确认收养关系成立与否，也包含收养关系有无效力。由于收养关系是一种可变更的民事法律行为，因此经双方协议，或法定解除条件成就，当事人之间的收养关系可以解除，具体包括子女成年前送养人主张解除收养关系、子女成年后的养父母或养子女主张解除收养关系，以及养父母主张收养关系解除后养子女给付生活费或养子女补偿抚养费，但只要是因收养关系解除而发生的纠纷，均适用“收养关系纠纷”案由下第四级案由“解除收养关系纠纷”。

请求权基础规范指引

《中华人民共和国民法典》（2020年）

第一千零九十五条【监护人送养未成年人的特殊规定】 未成年人的父母均不具备完全民事行为能力且可能严重危害该未成年人的，该未成年人的监护人可以将其送养。

第一千零九十七条【生父母送养】 生父母送养子女，应当双方共同送养。生父母一方不明或者查找不到的，可以单方送养。

第一千零九十八条【收养人的条件】 收养人应当同时具备下列条件：

（一）无子女或者只有一名子女；

（二）有抚养、教育和保护被收养人的能力；

（三）未患有在医学上认为不应当收养子女的疾病；

（四）无不利于被收养人健康成长的违法犯罪记录；

（五）年满三十周岁。

第一千零九十九条【收养三代以内旁系同辈血亲子女的特殊规定】 收养三代以内旁系同辈血亲的子女，可以不受本法第一千零九十三条第三项、第一千零九十四条第三项和第一千一百零二条规定的限制。

华侨收养三代以内旁系同辈血亲的子女，还可以不受本法第一千零九十八条第一项规定的限制。

第一千一百条【收养子女的人数】 无子女的收养人可以收养两名子女；有子女的收养人只能收养一名子女。

收养孤儿、残疾未成年人或者儿童福利机构抚养的查找不到生父母的未成年人，可以不受前款和本法第一千零九十八条第一项规定的限制。

第一千一百零一条【共同收养】 有配偶者收养子女，应当夫妻共同收养。

第一千一百零二条【无配偶者收养异性子女】 无配偶者收养异性子女的，收养人与被收养人的年龄应当相差四十周岁以上。

第一千一百零三条【继父母收养继子女的特殊规定】 继父或者继母经继子女的生父母同意，可以收养继子女，并可以不受本法第一千零九十三条第三项、第一千零九十四条第三项、第一千零九十八条和第一千一百条第一款规定的限制。

第一千一百零四条【收养送养自愿】 收养人收养与送养人送养，应当双方自愿。收养八周岁以上未成年人的，应当征得被收养人的同意。

第一千一百零五条【收养登记、收养公告、收养协议、收养公证、收养评估】 收养应当向县级以上人民政府民政部门登记。收养关系自登记之日起成立。

收养查找不到生父母的未成年人的，办理登记的民政部门应当在登记前予以公告。

收养关系当事人愿意签订收养协议的，可以签订收养协议。

收养关系当事人各方或者一方要求办理收养公证的，应当办理收养公证。

县级以上人民政府民政部门应当依法进行收养评估。

第一千一百零六条【被收养人户口登记】 收养关系成立后，公安机关应当按照国家有关规定为被收养人办理户口登记。

第一千一百零七条【抚养】 孤儿或者生父母无力抚养的子女，可以由生父母的亲属、朋友抚养；抚养人与被抚养人的关系不适用本章规定。

第一千一百零八条【抚养优先权】 配偶一方死亡，另一方送养未成年子女的，死亡一方的父母有优先抚养的权利。

第一千一百零九条【涉外收养】 外国人依法可以在中华人民共和国收养子女。

外国人在中华人民共和国收养子女，应当经其所在国主管机关依照该国法律审查同意。收养人应当提供由其所在国有权机构出具的有关其年龄、婚姻、职业、财产、健康、有无受过刑事处罚等状况的证明材料，并与送养人签订书面协议，亲自向省、自治区、直辖市人民政府民政部门登记。

前款规定的证明材料应当经收养人所在国外交机关或者外交机关授权的机构认证，并经中华人民共和国驻该国使领馆认证，但是国家另有规定的除外。

第一千一百一十一条【收养效力】 自收养关系成立之日起，养父母与养子女间的权利义务关系，适用本法关于父母子女关系的规定；养子女与养父母的近亲属间的权利义务关系，适用本法关于子女与父母的近亲属关系的规定。

养子女与生父母以及其他近亲属间的权利义务关系，因收养关系的成立而消除。

第一千一百一十三条【无效收养行为】 有本法第一编关于民事法律行为无效规定情形或者违反本编规定的收养行为无效。

无效的收养行为自始没有法律约束力。

第一千一百一十四条【当事人协议解除及因违法行为而解除】 收养人在被收养人成年以前，不得解除收养关系，但是收养人、送养人双方协议解除的除外。养子女八周岁以上的，应当征得本人同意。

收养人不履行抚养义务，有虐待、遗弃等侵害未成年养子女合法权益行为的，送养人有权要求解除养父母与养子女间的收养关系。送养人、收养人不能达成解除收养关系协议的，可以向人民法院提起诉讼。

第一千一百一十五条【关系恶化而协议解除】 养父母与成年养子女关系恶化、无法共同生活的，可以协议解除收养关系。不能达成协议的，可以向人民法院提起诉讼。

第一千一百一十六条【解除收养关系登记】 当事人协议解除收养关系的，应当到民政部门办理解除收养关系登记。

第一千一百一十七条【解除收养关系后的身份效力】 收养关系解除后，养子女与养父母以及其他近亲属间的权利义务关系即行消除，与生父母以及其他近亲属间的权利义务关系自行恢复。但是，成年养子女与生父母以及其他近亲属间的权利义务关系是否恢复，可以协商确定。

《中华人民共和国涉外民事关系法律适用法》（2010 年）

第二十八条 收养的条件和手续，适用收养人和被收养人经常居所地法律。收养的效力，适用收养时收养人经常居所地法律。收养关系的解除，适用收养时被收养人经常居所地法律或者法院地法律。

《中国公民收养子女登记办法》（2023 年）

第二条 中国公民在中国境内收养子女或者协议解除收养关系的，应当依照本办法的规定办理登记。

办理收养登记的机关是县级人民政府民政部门。

第三条 收养登记工作应当坚持中国共产党的领导，遵循最有利于被收养人的原则，保障被收养人和收养人的合法权益。

第十五条 华侨以及居住在香港、澳门、台湾地区的中国公民在内地收养子女的，申请办理收养登记的管辖以及所需要出具的证件和证明材料，按照国务院民政部门的有关规定执行。

《最高人民法院关于适用〈中华人民共和国民法典〉继承编的解释（一）》（法释〔2020〕23 号 2020 年 12 月 29 日）

第十二条 养子女与生子女之间、养子女与养子女之间，系养兄弟姐妹，可以互为第二顺序继承人。

被收养人与其亲兄弟姐妹之间的权利义务关系，因收养关系的成立而消除，不能互为第二顺序继承人。

26. 监护权纠纷

案由适用要点

［**释义**］监护权纠纷是指因行使监护权而发生的民事争议，主要是监护权人认为其依法行使的监护权被他人侵害时所引发的纠纷。

［**管辖**］因监护权纠纷提起的诉讼，根据《民事诉讼法》第 22 条的规定，对公民提起的民事诉讼，由被告住所地人民法院管辖；被告住所地与经常居住地不一致的，由经常居住地人民法院管辖。

［**应注意的问题**］适用该案由时应当注意与《民事案件案由规定》“三十九、监护权特别程序案件”之“413. 申请确定监护人”“414. 申请指定监护人”“415. 申请变更监护人”“416. 申请撤销监护人资格”“417. 申请恢复监护人资格”案由进行区分。首先，监护权纠纷通常包括监护权被侵害以及监护人怠于或不当行使监护权引发的纠纷，具体可能包括监护人依据《民法典》第 34 条第 2 款、第 1167 条诉请对监护权停止侵害、排除妨碍、消除危险，被监护人依据《民法典》第 34 条第 3 款、第 1167 条诉请监护人停止侵害、排除妨碍、消除危

险，以及被监护人依据《民法典》第 34 条第 3 款、第 1165 条第 1 款主张监护人损害赔偿。而上述五个特别程序案件案由则适用于对担任监护人有争议的、监护人变更以及撤销、恢复监护人资格等几种特定情形引发的纠纷。其次，监护权纠纷适用普通程序审理，而上述五种情形适用特别程序审理。

请求权基础规范指引

《中华人民共和国民法典》（2020 年）

第二十七条【未成年人的监护人】 父母是未成年子女的监护人。

未成年人的父母已经死亡或者没有监护能力的，由下列有监护能力的人按顺序担任监护人：

（一）祖父母、外祖父母；

（二）兄、姐；

（三）其他愿意担任监护人的个人或者组织，但是须经未成年人住所地的居民委员会、村民委员会或者民政部门同意。

第二十八条【无、限制民事行为能力的成年人的监护人】 无民事行为能力或者限制民事行为能力的成年人，由下列有监护能力的人按顺序担任监护人：

（一）配偶；

（二）父母、子女；

（三）其他近亲属；

（四）其他愿意担任监护人的个人或者组织，但是须经被监护人住所地的居民委员会、村民委员会或者民政部门同意。

第二十九条【遗嘱指定监护人】 被监护人的父母担任监护人的，可以通过遗嘱指定监护人。

第三十条【协议确定监护人】 依法具有监护资格的人之间可以协议确定监护人。协议确定监护人应当尊重被监护人的真实意愿。

第三十一条【监护争议解决程序】 对监护人的确定有争议的，由被监护人住所地的居民委员会、村民委员会或者民政部门指定监护人，有关当事人对指定不服的，可以向人民法院申请指定监护人；有关当事人也可以直接向人民法院申请指定监护人。

居民委员会、村民委员会、民政部门或者人民法院应当尊重被监护人的真实意愿，按照最有利于被监护人的原则在依法具有监护资格的人中指定监护人。

依据本条第一款规定指定监护人前，被监护人的人身权利、财产权利以及其他合法权益处于无人保护状态的，由被监护人住所地的居民委员会、村民委员会、法律规定的有关组织或者民政部门担任临时监护人。

监护人被指定后，不得擅自变更；擅自变更的，不免除被指定的监护人的责任。

第三十二条【公职监护人】 没有依法具有监护资格的人的，监护人由民政部门担任，也可以由具备履行监护职责条件的被监护人住所地的居民委员会、村民委员会担任。

第三十三条【意定监护】 具有完全民事行为能力的成年人，可以与其近亲属、其他愿意担任监护人的个人或者组织事先协商，以书面形式确定自己的监护人，在自己丧失或者部分丧失民事行为能力时，由该监护人履行监护职责。

第三十四条【监护人的职责与权利及临时生活照料措施】 监护人的职责是代理被监护人实施民事法律行为，保护被监护人的人身权利、财产权利以及其他合法权益等。

监护人依法履行监护职责产生的权利，受法律保护。

监护人不履行监护职责或者侵害被监护人合法权益的，应当承担法律责任。

因发生突发事件等紧急情况，监护人暂时无法履行监护职责，被监护人的生活处于无人照料状态的，被监护人住所地的居民委员会、村民委员会或者民政部门应当为被监护人安排必要的临时生活照料措施。

第三十五条【监护人履行职责的原则与要求】 监护人应当按照最有利于被监护人的原则履行监护职责。监护人除为维护被监护人利益外，不得处分被监护人的财产。

未成年人的监护人履行监护职责，在作出与被监护人利益有关的决定时，应当根据被监护人的年龄和智力状况，尊重被监护人的真实意愿。

成年人的监护人履行监护职责，应当最大程度地尊重被监护人的真实意愿，保障并协助被监护人实施与其智力、精神健康状况相适应的民事法律行为。对被监护人有能力独立处理的事务，监护人不得干涉。

《中华人民共和国涉外民事关系法律适用法》（2010 年）

第三十条 监护，适用一方当事人经常居所地法律或者国籍国法律中有利于保护被监护人权益的法律。

《中华人民共和国反家庭暴力法》（2015 年）

第二十一条 监护人实施家庭暴力严重侵害被监护人合法权益的，人民法院可以根据被监护人的近亲属、居民委员会、村民委员会、县级人民政府民政部门等有关人员或者单位的申请，依法撤销其监护人资格，另行指定监护人。

被撤销监护人资格的加害人，应当继续负担相应的赡养、扶养、抚养费用。

《最高人民法院关于适用〈中华人民共和国民法典〉总则编若干问题的解释》（法释〔2022〕6号 2022年2月24日）

第六条 人民法院认定自然人的监护能力，应当根据其年龄、身心健康状况、经济条件等因素确定；认定有关组织的监护能力，应当根据其资质、信用、财产状况等因素确定。

第七条 担任监护人的被监护人父母通过遗嘱指定监护人，遗嘱生效时被指定的人不同意担任监护人的，人民法院应当适用民法典第二十七条、第二十八条的规定确定监护人。

未成年人由父母担任监护人，父母中的一方通过遗嘱指定监护人，另一方在遗嘱生效时有监护能力，有关当事人对监护人的确定有争议的，人民法院应当适用民法典第二十七条第一款的规定确定监护人。

第八条 未成年人的父母与其他依法具有监护资格的人订立协议，约定免除具有监护能力的父母的监护职责的，人民法院不予支持。协议约定在未成年人的父母丧失监护能力时由该具有监护资格的人担任监护人的，人民法院依法予以支持。

依法具有监护资格的人之间依据民法典第三十条的规定，约定由民法典第二十七条第二款、第二十八条规定的不同顺序的人共同担任监护人，或者由顺序在后的人担任监护人的，人民法院依法予以支持。

第十三条 监护人因患病、外出务工等原因在一定期限内不能完全履行监护职责，将全部或者部分监护职责委托给他人，当事人主张受托人因此成为监护人的，人民法院不予支持。

《最高人民法院关于适用〈中华人民共和国民法典〉侵权责任编的解释（一）》（法释〔2024〕12号 2024年9月25日）

第一条 非法使被监护人脱离监护，监护人请求赔偿为恢复监护状态而支出的合理费用等财产损失的，人民法院应予支持。

第二条 非法使被监护人脱离监护，导致父母子女关系或者其他近亲属关系受到严重损害的，应当认定为民法典第一千一百八十三条第一款规定的严重精神损害。

第三条 非法使被监护人脱离监护，被监护人在脱离监护期间死亡，作为近亲属的监护人既请求赔偿人身损害，又请求赔偿监护关系受侵害产生的损失的，人民法院依法予以支持。

27. 探望权纠纷

案由适用要点

［**释义**］探望权，是指离婚后不直接抚养子女的父亲或母亲有探视子女的权利。因行使探望权而发生民事争议称为探望权纠纷。

［**管辖**］因探望权纠纷提起的诉讼，根据《民事诉讼法》第22条的规定，对公民提起的民事诉讼，由被告住所地人民法院管辖；被告住所地与经常居住地不一致的，由经常居住地人民法院管辖。

［**应注意的问题**］根据相关规定，人民法院作出的生效离婚判决中未涉及探望权，当事人就探望权问题单独提起诉讼的，人民法院应予受理。当事人在履行生效判决、裁定或者调解书的过程中，一方请求中止探望的，人民法院在征询双方当事人意见后，认为需要中止探望的，依法作出裁定；中止探望的情形消失后，人民法院应当根据当事人的请求书面通知其恢复探望。未成年子女、直接抚养子女的父或者母以及其他对未成年子女负担抚养、教育、保护义务的法定监护人，有权向人民法院提出中止探望的请求。对于拒不协助另一方行使探望权的有关个人或者组织，可以由人民法院依法采取拘留、罚款等强制措施，但是不能对子女的人身、探望行为进行强制执行。

审判实践中涉及侵害探望权以及请求中止探望权的纠纷，均可确定为“探望权纠纷”。但受理离婚纠纷、同居关系子女抚养纠纷的同时处理子女探望权问题，仍应援用“离婚纠纷”“同居关系子女抚养纠纷”案由，不必援用本案由。

请求权基础规范指引

《中华人民共和国民法典》（2020年）

第一千零八十六条【父母的探望权】 离婚后，不直接抚养子女的父或者母，有探望子女的权利，另一方有协助的义务。

行使探望权利的方式、时间由当事人协议；协议不成的，由人民法院判决。

父或者母探望子女，不利于子女身心健康的，由人民法院依法中止探望；中止的事由消失后，应当恢复探望。

《最高人民法院关于适用〈中华人民共和国民法典〉婚姻家庭编的解释（一）》（法释〔2020〕22号 2020年12月29日）

第六十五条 人民法院作出的生效的离婚判决中未涉及探望权，当事人就探望权问题单独提起诉讼的，人民法院应予受理。

第六十六条　当事人在履行生效判决、裁定或者调解书的过程中，一方请求中止探望的，人民法院在征询双方当事人意见后，认为需要中止探望的，依法作出裁定；中止探望的情形消失后，人民法院应当根据当事人的请求书面通知其恢复探望。

第六十七条　未成年子女、直接抚养子女的父或者母以及其他对未成年子女负担抚养、教育、保护义务的法定监护人，有权向人民法院提出中止探望的请求。

第六十八条　对于拒不协助另一方行使探望权的有关个人或者组织，可以由人民法院依法采取拘留、罚款等强制措施，但是不能对子女的人身、探望行为进行强制执行。

28. 分家析产纠纷

案由适用要点

[**释义**] 分家析产是指将一个较大的家庭根据分家协议而分成几个较小的家庭，同时对共有的家庭财产进行分割，并确定各个成员的财产份额的行为。家庭共有关系的存在是家庭共有财产的存在前提，在家庭关系解体以后，即产生了家庭共有财产的分割问题，由此引发的纠纷称为分家析产纠纷。

[**管辖**] 因分家析产纠纷提起的诉讼，根据《民事诉讼法》第22条的规定，对公民提起的民事诉讼，由被告住所地人民法院管辖；被告住所地与经常居住地不一致的，由经常居住地人民法院管辖。

[**应注意的问题**] 分家析产涉及对家庭财产的处理，在处理家庭财产纠纷时，应把家庭共有财产与家庭成员共同生活期间的个人财产严格区分，把家庭成员对家庭共有财产的分割与家庭成员之间的财产赠与严格区分。分家析产时，还要根据公平合理的原则，对某些生产、劳动工具、设备等财产的分割，要尽可能有利于生产，有利于发挥家庭成员各自的专长。对于某些特定的不便分割的财产，也可以特别协议的方式作出变通处理，以充分发挥该财产的效用。分家析产直接关系到家庭成员今后生活安排的问题，因此应当引导家庭成员通过订立分家析产协议的形式进行，以避免分家后因某项财产产权的归属不清而发生纠纷。

请求权基础规范指引

《中华人民共和国民法典》（2020年）

第二百九十七条【共有及其类型】　不动产或者动产可以由两个以上组织、个人共有。共有包括按份共有和共同共有。

第二百九十八条【按份共有】 按份共有人对共有的不动产或者动产按照其份额享有所有权。

第二百九十九条【共同共有】 共同共有人对共有的不动产或者动产共同享有所有权。

第三百零三条【共有物的分割】 共有人约定不得分割共有的不动产或者动产，以维持共有关系的，应当按照约定，但是共有人有重大理由需要分割的，可以请求分割；没有约定或者约定不明确的，按份共有人可以随时请求分割，共同共有人在共有的基础丧失或者有重大理由需要分割时可以请求分割。因分割造成其他共有人损害的，应当给予赔偿。

第三百零四条【共有物的分割方式】 共有人可以协商确定分割方式。达不成协议，共有的不动产或者动产可以分割且不会因分割减损价值的，应当对实物予以分割；难以分割或者因分割会减损价值的，应当对折价或者拍卖、变卖取得的价款予以分割。

共有人分割所得的不动产或者动产有瑕疵的，其他共有人应当分担损失。

第三百零七条【因共同财产产生的债权债务关系的对外、对内效力】 因共有的不动产或者动产产生的债权债务，在对外关系上，共有人享有连带债权、承担连带债务，但是法律另有规定或者第三人知道共有人不具有连带债权债务关系的除外；在共有人内部关系上，除共有人另有约定外，按份共有人按照份额享有债权、承担债务，共同共有人共同享有债权、承担债务。偿还债务超过自己应当承担份额的按份共有人，有权向其他共有人追偿。

第三百零八条【按份共有的推定】 共有人对共有的不动产或者动产没有约定为按份共有或者共同共有，或者约定不明确的，除共有人具有家庭关系等外，视为按份共有。

三、继承纠纷

29. 法定继承纠纷

（1）转继承纠纷

（2）代位继承纠纷

案由适用要点

［**释义**］所谓法定继承，是指被继承人死亡后，按照法律的规定，由其近亲属继承其遗产的制度。

在法定继承中，继承根据继承人是否本人实际继承，可以分为本继承、代位继承和转继承。继承开始后，继承人于遗产分割前死亡，并没有放弃继承的，该继承人应当继承的遗产转给其继承人，属于转继承，但是遗嘱另有安排的除外。所谓代位继承，是指被继承人的子女先于被继承人死亡的，由被继承人的子女的直系晚辈血亲继承的一种继承方式。

［**管辖**］根据《民事诉讼法》第 34 条第 3 项的规定，因继承遗产纠纷提起的诉讼，属于专属管辖，由被继承人死亡时住所地或者主要遗产所在地人民法院管辖。根据《最高人民法院关于军事法院管辖民事案件若干问题的规定》第 2 条第 4 项的规定，被继承人死亡时住所地或者主要遗产所在地在营区内，且当事人一方为军人或者军队单位的案件，地方当事人向军事法院提起诉讼或者提出申请的，军事法院应当受理。

［**应注意的问题**］只有出现符合代位继承或者转继承纠纷时，才能够适用第四级案由“转继承纠纷”和“代位继承纠纷”，而对于一般没有遗嘱情况的法定继承纠纷，不管是请求分配遗产份额、确认丧失继承权，还是遗产继承人以外的人请求酌分遗产，都应该径直适用第三级案由“法定继承纠纷”。

请求权基础规范指引

《中华人民共和国民法典》（2020 年）

第十六条【胎儿利益的特殊保护】 涉及遗产继承、接受赠与等胎儿利益保护的，胎儿视为具有民事权利能力。但是，胎儿娩出时为死体的，其民事权利能力自始不存在。

第一百二十四条【继承权】 自然人依法享有继承权。

自然人合法的私有财产，可以依法继承。

第九百九十二条【人格权禁止性规定】 人格权不得放弃、转让或者继承。

第一千零六十一条【夫妻相互继承权】 夫妻有相互继承遗产的权利。

第一千一百二十条【继承权受国家保护】 国家保护自然人的继承权。

第一千一百二十一条【继承开始的时间及死亡先后的推定】 继承从被继承人死亡时开始。

相互有继承关系的数人在同一事件中死亡，难以确定死亡时间的，推定没有其他继承人的人先死亡。都有其他继承人，辈份不同的，推定长辈先死亡；辈份相同的，推定同时死亡，相互不发生继承。

第一千一百二十二条【遗产的定义】 遗产是自然人死亡时遗留的个人合法财产。

依照法律规定或者根据其性质不得继承的遗产，不得继承。

第一千一百二十三条【法定继承、遗嘱继承、遗赠和遗赠扶养协议的效力】 继承开始后，按照法定继承办理；有遗嘱的，按照遗嘱继承或者遗赠办理；有遗赠扶养协议的，按照协议办理。

第一千一百二十四条【继承的接受和放弃】 继承开始后，继承人放弃继承的，应当在遗产处理前，以书面形式作出放弃继承的表示；没有表示的，视为接受继承。

受遗赠人应当在知道受遗赠后六十日内，作出接受或者放弃受遗赠的表示；到期没有表示的，视为放弃受遗赠。

第一千一百二十五条【继承权的丧失和恢复】 继承人有下列行为之一的，丧失继承权：

（一）故意杀害被继承人；

（二）为争夺遗产而杀害其他继承人；

（三）遗弃被继承人，或者虐待被继承人情节严重；

（四）伪造、篡改、隐匿或者销毁遗嘱，情节严重；

（五）以欺诈、胁迫手段迫使或者妨碍被继承人设立、变更或者撤回遗嘱，情节严重。

继承人有前款第三项至第五项行为，确有悔改表现，被继承人表示宽恕或者事后在遗嘱中将其列为继承人的，该继承人不丧失继承权。

受遗赠人有本条第一款规定行为的，丧失受遗赠权。

第一千一百二十六条【男女平等享有继承权】 继承权男女平等。

第一千一百二十七条【法定继承人的范围及继承顺序】 遗产按照下列顺序继承：

（一）第一顺序：配偶、子女、父母；

（二）第二顺序：兄弟姐妹、祖父母、外祖父母。

继承开始后，由第一顺序继承人继承，第二顺序继承人不继承；没有第一顺序继承人继承的，由第二顺序继承人继承。

本编所称子女，包括婚生子女、非婚生子女、养子女和有扶养关系的继子女。

本编所称父母，包括生父母、养父母和有扶养关系的继父母。

本编所称兄弟姐妹，包括同父母的兄弟姐妹、同父异母或者同母异父的兄弟姐妹、养兄弟姐妹、有扶养关系的继兄弟姐妹。

第一千一百二十八条【代位继承】 被继承人的子女先于被继承人死亡的，由被继承人的子女的直系晚辈血亲代位继承。

被继承人的兄弟姐妹先于被继承人死亡的，由被继承人的兄弟姐妹的子女代位继承。

代位继承人一般只能继承被代位继承人有权继承的遗产份额。

第一千一百二十九条【丧偶儿媳、丧偶女婿的继承权】 丧偶儿媳对公婆，丧偶女婿对岳父母，尽了主要赡养义务的，作为第一顺序继承人。

第一千一百三十条【遗产分配的原则】 同一顺序继承人继承遗产的份额，一般应当均等。

对生活有特殊困难又缺乏劳动能力的继承人，分配遗产时，应当予以照顾。

对被继承人尽了主要扶养义务或者与被继承人共同生活的继承人，分配遗产时，可以多分。

有扶养能力和有扶养条件的继承人，不尽扶养义务的，分配遗产时，应当不分或者少分。

继承人协商同意的，也可以不均等。

第一千一百三十一条【酌情分得遗产权】 对继承人以外的依靠被继承人扶养的人，或者继承人以外的对被继承人扶养较多的人，可以分给适当的遗产。

第一千一百三十二条【继承处理方式】 继承人应当本着互谅互让、和睦团结的精神，协商处理继承问题。遗产分割的时间、办法和份额，由继承人协商确定；协商不成的，可以由人民调解委员会调解或者向人民法院提起诉讼。

第一千一百五十四条【法定继承的适用范围】 有下列情形之一的，遗产中的有关部分按照法定继承办理：

（一）遗嘱继承人放弃继承或者受遗赠人放弃受遗赠；

（二）遗嘱继承人丧失继承权或者受遗赠人丧失受遗赠权；

（三）遗嘱继承人、受遗赠人先于遗嘱人死亡或者终止；

（四）遗嘱无效部分所涉及的遗产；

（五）遗嘱未处分的遗产。

第一千一百五十五条【胎儿预留份】 遗产分割时，应当保留胎儿的继承份额。胎儿娩出时是死体的，保留的份额按照法定继承办理。

第一千一百五十六条【遗产分割的原则和方法】 遗产分割应当有利于生产和生活需要，不损害遗产的效用。

不宜分割的遗产，可以采取折价、适当补偿或者共有等方法处理。

第一千一百五十七条【再婚时对所继承遗产的处分权】 夫妻一方死亡后另一方再婚的，有权处分所继承的财产，任何组织或者个人不得干涉。

第一千一百五十九条【遗产分割时的义务】 分割遗产，应当清偿被继承人依法应当缴纳的税款和债务；但是，应当为缺乏劳动能力又没有生活来源的继承人保留必要的遗产。

第一千一百六十一条【被继承人税款、债务清偿的原则】 继承人以所得遗产实际价值为限清偿被继承人依法应当缴纳的税款和债务。超过遗产实际价值部分，继承人自愿偿还的不在此限。

继承人放弃继承的，对被继承人依法应当缴纳的税款和债务可以不负清偿责任。

第一千一百六十二条【清偿被继承人税款、债务优先于执行遗赠的原则】 执行遗赠不得妨碍清偿遗赠人依法应当缴纳的税款和债务。

第一千一百六十三条【既有法定继承又有遗嘱继承、遗赠时税款和债务的清偿】 既有法定继承又有遗嘱继承、遗赠的，由法定继承人清偿被继承人依法应当缴纳的税款和债务；超过法定继承遗产实际价值部分，由遗嘱继承人和受遗赠人按比例以所得遗产清偿。

《中华人民共和国涉外民事关系法律适用法》（2010年）

第三十一条 法定继承，适用被继承人死亡时经常居所地法律，但不动产法定继承，适用不动产所在地法律。

《最高人民法院关于军事法院管辖民事案件若干问题的规定》（2020年12月23日修正）

第二条 下列民事案件，地方当事人向军事法院提起诉讼或者提出申请的，军事法院应当受理：

……

（四）民事诉讼法第三十三条规定的不动产所在地、港口所在地、被继承人死亡时住所地或者主要遗产所在地在营区内，且当事人一方为军人或者军队单位的案件；

……

《最高人民法院关于适用〈中华人民共和国民法典〉时间效力的若干规定》（法释〔2020〕15号 2020年12月29日）

第十三条 民法典施行前，继承人有民法典第一千一百二十五条第一款第四项和第五项规定行为之一，对该继承人是否丧失继承权发生争议的，适用民法典第一千一百二十五条第一款和第二款的规定。

民法典施行前，受遗赠人有民法典第一千一百二十五条第一款规定行为之一，对受遗赠人是否丧失受遗赠权发生争议的，适用民法典第一千一百二十五条第一款和第三款的规定。

第十四条 被继承人在民法典施行前死亡，遗产无人继承又无人受遗赠，其兄弟姐妹的子女请求代位继承的，适用民法典第一千一百二十八条第二款和第三款的规定，但是遗产已经在民法典施行前处理完毕的除外。

《最高人民法院关于适用〈中华人民共和国民法典〉继承编的解释（一）》（法释〔2020〕23号 2020年12月29日）

第十条 被收养人对养父母尽了赡养义务，同时又对生父母扶养较多的，除可以依照民法典第一千一百二十七条的规定继承养父母的遗产外，还可以依照民法典第一千一百三十一条的规定分得生父母适当的遗产。

第十一条 继子女继承了继父母遗产的，不影响其继承生父母的遗产。

继父母继承了继子女遗产的，不影响其继承生子女的遗产。

第十二条 养子女与生子女之间、养子女与养子女之间，系养兄弟姐妹，可以互为第二顺序继承人。

被收养人与其亲兄弟姐妹之间的权利义务关系，因收养关系的成立而消除，不能互为第二顺序继承人。

第十三条 继兄弟姐妹之间的继承权，因继兄弟姐妹之间的扶养关系而发生。没有扶养关系的，不能互为第二顺序继承人。

继兄弟姐妹之间相互继承了遗产的，不影响其继承亲兄弟姐妹的遗产。

第十四条 被继承人的孙子女、外孙子女、曾孙子女、外曾孙子女都可以代位继承，代位继承人不受辈数的限制。

第十五条 被继承人的养子女、已形成扶养关系的继子女的生子女可以代位继承；被继承人亲生子女的养子女可以代位继承；被继承人养子女的养子女可以代位继承；与被继承人已形成扶养关系的继子女的养子女也可以代位继承。

第十六条 代位继承人缺乏劳动能力又没有生活来源，或者对被继承人尽过主要赡养义务的，分配遗产时，可以多分。

第十七条 继承人丧失继承权的，其晚辈直系血亲不得代位继承。如该代位继承人缺乏劳动能力又没有生活来源，或者对被继承人尽赡养义务较多的，可以适当分给遗产。

第十八条 丧偶儿媳对公婆、丧偶女婿对岳父母，无论其是否再婚，依照民法典第一千一百二十九条规定作为第一顺序继承人时，不影响其子女代位继承。

第十九条 对被继承人生活提供了主要经济来源，或者在劳务等方面给予了主要扶助的，应当认定其尽了主要赡养义务或主要扶养义务。

第二十条 依照民法典第一千一百三十一条规定可以分给适当遗产的人，分给他们遗产时，按具体情况可以多于或者少于继承人。

第二十一条 依照民法典第一千一百三十一条规定可以分给适当遗产的人，在其依法取得被继承人遗产的权利受到侵犯时，本人有权以独立的诉讼主体资格向人民法院提起诉讼。

第二十二条 继承人有扶养能力和扶养条件，愿意尽扶养义务，但被继承人因有固定收入和劳动能力，明确表示不要求其扶养的，分配遗产时，一般不应因此而影响其继承份额。

第二十三条 有扶养能力和扶养条件的继承人虽然与被继承人共同生活，但对需要扶养的被继承人不尽扶养义务，分配遗产时，可以少分或者不分。

《最高人民法院关于适用〈中华人民共和国民法典〉总则编若干问题的解释》（法释〔2022〕6号 2022年2月24日）

第四条 涉及遗产继承、接受赠与等胎儿利益保护，父母在胎儿娩出前作为法定代理人主张相应权利的，人民法院依法予以支持。

《第八次全国法院民事商事审判工作会议（民事部分）纪要》（法〔2016〕399号 2016年11月21日）

25. 被继承人死亡后遗产未分割，各继承人均未表示放弃继承，依据继承法第二十五条规定应视为均已接受继承，遗产属各继承人共同共有；当事人诉请享有继承权、主张分割遗产的纠纷案件，应参照共有财产分割的原则，不适用有关诉讼时效的规定。

30. 遗嘱继承纠纷

案由适用要点

［**释义**］所谓遗嘱继承，是指被继承人生前立有符合法律规定的遗嘱，在其死亡后，按照遗嘱的规定，在继承人之间分配遗产的继承方式。

［**管辖**］根据《民事诉讼法》第34条第3项的规定，因继承遗产纠纷提起的诉讼，属于专属管辖，由被继承人死亡时住所地或者主要遗产所在地人民法院管辖。

［**应注意的问题**］在处理遗嘱纠纷时，应该注意：一是看原告起诉时是否能够提交遗嘱，或者诉讼请求中是否要求按照遗嘱进行继承，如无，则应确定“法定继承纠纷”案由；二是如果原告提交遗嘱，则需要确定遗嘱中规定的继承人是否为《民法典》确定的法定继承人，抑或是法定继承人之外的人，如果是前者，则可以确定案由为“遗嘱继承纠纷”，如果是后者，则应确定案由为“遗赠纠纷”。

请求权基础规范指引

《中华人民共和国民法典》（2020年）

第一百二十四条【继承权】 自然人依法享有继承权。

自然人合法的私有财产，可以依法继承。

第一千一百三十三条【遗嘱处分个人财产】 自然人可以依照本法规定立遗嘱处分个人财产，并可以指定遗嘱执行人。

自然人可以立遗嘱将个人财产指定由法定继承人中的一人或者数人继承。

自然人可以立遗嘱将个人财产赠与国家、集体或者法定继承人以外的组织、个人。

自然人可以依法设立遗嘱信托。

第一千一百三十四条【自书遗嘱】 自书遗嘱由遗嘱人亲笔书写，签名，注明年、月、日。

第一千一百三十五条【代书遗嘱】 代书遗嘱应当有两个以上见证人在场见证，由其中一人代书，并由遗嘱人、代书人和其他见证人签名，注明年、月、日。

第一千一百三十六条【打印遗嘱】 打印遗嘱应当有两个以上见证人在场见证。遗嘱人和见证人应当在遗嘱每一页签名，注明年、月、日。

第一千一百三十七条【录音录像遗嘱】 以录音录像形式立的遗嘱，应当有两个以上见证人在场见证。遗嘱人和见证人应当在录音录像中记录其姓名或者肖像，以及年、月、日。

第一千一百三十八条【口头遗嘱】 遗嘱人在危急情况下，可以立口头遗嘱。口头遗嘱应当有两个以上见证人在场见证。危急情况消除后，遗嘱人能够以书面或者录音录像形式立遗嘱的，所立的口头遗嘱无效。

第一千一百三十九条【公证遗嘱】 公证遗嘱由遗嘱人经公证机构办理。

第一千一百四十条【遗嘱见证人资格的限制性规定】 下列人员不能作为遗嘱见证人：

（一）无民事行为能力人、限制民事行为能力人以及其他不具有见证能力的人；

（二）继承人、受遗赠人；

（三）与继承人、受遗赠人有利害关系的人。

第一千一百四十一条【必留份】 遗嘱应当为缺乏劳动能力又没有生活来源的继承人保留必要的遗产份额。

第一千一百四十二条【遗嘱的撤回、变更以及遗嘱效力顺位】 遗嘱人可以撤回、变更自己所立的遗嘱。

立遗嘱后，遗嘱人实施与遗嘱内容相反的民事法律行为的，视为对遗嘱相关内容的撤回。

立有数份遗嘱，内容相抵触的，以最后的遗嘱为准。

第一千一百四十三条【遗嘱的实质要件】 无民事行为能力人或者限制民事行为能力人所立的遗嘱无效。

遗嘱必须表示遗嘱人的真实意思，受欺诈、胁迫所立的遗嘱无效。

伪造的遗嘱无效。

遗嘱被篡改的，篡改的内容无效。

第一千一百四十四条【附义务遗嘱】 遗嘱继承或者遗赠附有义务的，继承人或者受遗赠人应当履行义务。没有正当理由不履行义务的，经利害关系人或者有关组织请求，人民法院可以取消其接受附义务部分遗产的权利。

《中华人民共和国涉外民事关系法律适用法》（2010年）

第三十二条 遗嘱方式，符合遗嘱人立遗嘱时或者死亡时经常居所地法律、国籍国法律或者遗嘱行为地法律的，遗嘱均为成立。

第三十三条 遗嘱效力，适用遗嘱人立遗嘱时或者死亡时经常居所地法律或者国籍国法律。

第三十四条 遗产管理等事项，适用遗产所在地法律。

第三十五条 无人继承遗产的归属，适用被继承人死亡时遗产所在地法律。

《最高人民法院关于适用〈中华人民共和国民法典〉时间效力的若干规定》（法释〔2020〕15号 2020年12月29日）

第十五条 民法典施行前，遗嘱人以打印方式立的遗嘱，当事人对该遗嘱效力发生争议的，适用民法典第一千一百三十六条的规定，但是遗产已经在民法典施行前处理完毕的除外。

第二十三条 被继承人在民法典施行前立有公证遗嘱，民法典施行后又立有新遗嘱，其死亡后，因该数份遗嘱内容相抵触发生争议的，适用民法典第一千一百四十二条第三款的规定。

《最高人民法院关于适用〈中华人民共和国民法典〉继承编的解释（一）》（法释〔2020〕23号 2020年12月29日）

第二十四条 继承人、受遗赠人的债权人、债务人，共同经营的合伙人，也应当视为与继承人、受遗赠人有利害关系，不能作为遗嘱的见证人。

第二十五条 遗嘱人未保留缺乏劳动能力又没有生活来源的继承人的遗产份额，遗产处理时，应当为该继承人留下必要的遗产，所剩余的部分，才可参照遗嘱确定的分配原则处理。

继承人是否缺乏劳动能力又没有生活来源，应当按遗嘱生效时该继承人的具体情况确定。

第二十六条 遗嘱人以遗嘱处分了国家、集体或者他人财产的，应当认定该部分遗嘱无效。

第二十七条 自然人在遗书中涉及死后个人财产处分的内容，确为死者的真实意思表示，有本人签名并注明了年、月、日，又无相反证据的，可以按自书遗嘱对待。

第二十八条　遗嘱人立遗嘱时必须具有完全民事行为能力。无民事行为能力人或者限制民事行为能力人所立的遗嘱，即使其本人后来具有完全民事行为能力，仍属无效遗嘱。遗嘱人立遗嘱时具有完全民事行为能力，后来成为无民事行为能力人或者限制民事行为能力人的，不影响遗嘱的效力。

第二十九条　附义务的遗嘱继承或者遗赠，如义务能够履行，而继承人、受遗赠人无正当理由不履行，经受益人或者其他继承人请求，人民法院可以取消其接受附义务部分遗产的权利，由提出请求的继承人或者受益人负责按遗嘱人的意愿履行义务，接受遗产。

31. 被继承人债务清偿纠纷

案由适用要点

[**释义**] 被继承人死亡时，如果既有财产，又有债务，则在被继承人死亡后，其债权人主张应该由被继承人的遗产来清偿其遗留的债务，则属于被继承人债务清偿。被继承人的债务既包括个人承担的债务，也包括共同债务中应承担的债务份额。只有在被继承人死亡时尚未清偿的债务，才是被继承人的债务。因该债务清偿引起的纠纷即被继承人债务清偿纠纷。

[**管辖**] 根据《民事诉讼法》第34条第3项的规定，因继承遗产纠纷提起的诉讼，属于专属管辖，由被继承人死亡时住所地或者主要遗产所在地人民法院管辖。被继承人债务清偿纠纷多涉被继承人遗产分配问题，故宜由被继承人死亡时住所地或者主要遗产所在地人民法院管辖。

[**应注意的问题**] 按照《最高人民法院关于适用〈中华人民共和国民法典〉继承编的解释（一）》第44条的规定，继承诉讼开始后，如继承人、受遗赠人中有既不愿参加诉讼，又不表示放弃实体权利的，应当追加为共同原告；继承人已书面表示放弃继承、受遗赠人在知道受遗赠后60日内表示放弃受遗赠或者到期没有表示的，不再列为当事人。那么，如果继承人已经明确表示放弃继承，债权人在提起被继承人债务清偿纠纷时，能否将继承人直接列为被告？

按照《民法典》第1145条的规定，如果该遗产有遗嘱执行人作为遗产管理人，在被继承人债务清偿纠纷中，由遗嘱执行人作为被告；如果没有遗嘱执行人，且继承人未推选的，则由继承人共同担任遗产管理人，虽然继承人明确表示放弃继承，但是仍然负有遗产管理的责任。为了查明相关案件事实，包括被继承人债务的状况、被继承人遗产的情况、继承人是否确实放弃继承等事实，继承人作为其遗产管理人，有义务协助债权人做好遗产分配任务，有必要将其列为被告，以债务人的遗产承担权利、义务。实践中，继承人发现被继承人的债务大于其遗产时，往往会选择放弃继承，但是即使继承人明确表示放弃继承，按照《民法典》的上述规定，继承人作为遗产管理人，仍然负有管理遗产、完成债务清偿的义务，故仍应将继承人列为被告。

请求权基础规范指引

《中华人民共和国民法典》（2020年）

第一千一百五十九条【遗产分割时的义务】 分割遗产，应当清偿被继承人依法应当缴纳的税款和债务；但是，应当为缺乏劳动能力又没有生活来源的继承人保留必要的遗产。

第一千一百六十一条【被继承人税款、债务清偿的原则】 继承人以所得遗产实际价值为限清偿被继承人依法应当缴纳的税款和债务。超过遗产实际价值部分，继承人自愿偿还的不在此限。

继承人放弃继承的，对被继承人依法应当缴纳的税款和债务可以不负清偿责任。

第一千一百六十二条【清偿被继承人税款、债务优先于执行遗赠的原则】 执行遗赠不得妨碍清偿遗赠人依法应当缴纳的税款和债务。

第一千一百六十三条【既有法定继承又有遗嘱继承、遗赠时税款和债务的清偿】 既有法定继承又有遗嘱继承、遗赠的，由法定继承人清偿被继承人依法应当缴纳的税款和债务；超过法定继承遗产实际价值部分，由遗嘱继承人和受遗赠人按比例以所得遗产清偿。

32. 遗赠纠纷

案由适用要点

［**释义**］遗赠纠纷是指遗赠人在设立遗嘱或其继承人与受遗赠人在执行其遗嘱过程中产生的纠纷。

［**管辖**］根据《民事诉讼法》第34条第3项的规定，因继承遗产纠纷提起的诉讼，属于专属管辖，由被继承人死亡时住所地或者主要遗产所在地人民法院管辖。

［**应注意的问题**］遗赠是一种单方民事法律行为，只要遗赠人一方以遗嘱的方式作出意思表示即可成立。遗赠也是死因行为，即只有被继承人死亡，遗嘱方能生效，遗赠始发生效力。遗赠也是一种无偿行为，即被继承人承诺无偿将其遗产在其死亡后给予他人财产的行为，是以特定的受遗赠人为受益人的赠与行为。

请求权基础规范指引

《中华人民共和国民法典》（2020年）

第一千一百二十三条【法定继承、遗嘱继承、遗赠和遗赠扶养协议的效力】 继承开始后，按照法定继承办理；有遗嘱的，按照遗嘱继承或者遗赠办理；有遗赠扶养协议的，按照协议办理。

第一千一百二十四条【继承的接受和放弃】 继承开始后，继承人放弃继承的，应当在遗产处理前，以书面形式作出放弃继承的表示；没有表示的，视为接受继承。

受遗赠人应当在知道受遗赠后六十日内，作出接受或者放弃受遗赠的表示；到期没有表示的，视为放弃受遗赠。

第一千一百三十三条【遗嘱处分个人财产】 自然人可以依照本法规定立遗嘱处分个人财产，并可以指定遗嘱执行人。

自然人可以立遗嘱将个人财产指定由法定继承人中的一人或者数人继承。

自然人可以立遗嘱将个人财产赠与国家、集体或者法定继承人以外的组织、个人。

自然人可以依法设立遗嘱信托。

第一千一百六十二条【清偿被继承人税款、债务优先于执行遗赠的原则】 执行遗赠不得妨碍清偿遗赠人依法应当缴纳的税款和债务。

第一千一百六十三条【既有法定继承又有遗嘱继承、遗赠时税款和债务的清偿】 既有法定继承又有遗嘱继承、遗赠的，由法定继承人清偿被继承人依法应当缴纳的税款和债务；超过法定继承遗产实际价值部分，由遗嘱继承人和受遗赠人按比例以所得遗产清偿。

《最高人民法院关于适用〈中华人民共和国民法典〉时间效力的若干规定》（法释〔2020〕15号　2020年12月29日）

第十三条 民法典施行前，继承人有民法典第一千一百二十五条第一款第四项和第五项规定行为之一，对该继承人是否丧失继承权发生争议的，适用民法典第一千一百二十五条第一款和第二款的规定。

民法典施行前，受遗赠人有民法典第一千一百二十五条第一款规定行为之一，对受遗赠人是否丧失受遗赠权发生争议的，适用民法典第一千一百二十五条第一款和第三款的规定。

《最高人民法院关于适用〈中华人民共和国民法典〉继承编的解释（一）》（法释〔2020〕23号　2020年12月29日）

第二十四条 继承人、受遗赠人的债权人、债务人，共同经营的合伙人，也应当视为与继承人、受遗赠人有利害关系，不能作为遗嘱的见证人。

第二十五条 遗嘱人未保留缺乏劳动能力又没有生活来源的继承人的遗

产份额，遗产处理时，应当为该继承人留下必要的遗产，所剩余的部分，才可参照遗嘱确定的分配原则处理。

继承人是否缺乏劳动能力又没有生活来源，应当按遗嘱生效时该继承人的具体情况确定。

第二十六条 遗嘱人以遗嘱处分了国家、集体或者他人财产的，应当认定该部分遗嘱无效。

第二十七条 自然人在遗书中涉及死后个人财产处分的内容，确为死者的真实意思表示，有本人签名并注明了年、月、日，又无相反证据的，可以按自书遗嘱对待。

第二十八条 遗嘱人立遗嘱时必须具有完全民事行为能力。无民事行为能力人或者限制民事行为能力人所立的遗嘱，即使其本人后来具有完全民事行为能力，仍属无效遗嘱。遗嘱人立遗嘱时具有完全民事行为能力，后来成为无民事行为能力人或者限制民事行为能力人的，不影响遗嘱的效力。

第二十九条 附义务的遗嘱继承或者遗赠，如义务能够履行，而继承人、受遗赠人无正当理由不履行，经受益人或者其他继承人请求，人民法院可以取消其接受附义务部分遗产的权利，由提出请求的继承人或者受益人负责按遗嘱人的意愿履行义务，接受遗产。

33. 遗赠扶养协议纠纷

案由适用要点

［**释义**］遗赠扶养协议是指自然人与继承人以外的组织或者个人签订的，约定该组织或者个人承担该自然人生养死葬的义务，同时享有受遗赠的权利的协议。遗赠人或者其继承人与扶养人在订立、履行、变更、终止该遗赠扶养协议过程中产生的纠纷，即遗赠扶养协议纠纷。

［**管辖**］根据《民事诉讼法》第34条第3项的规定，因继承遗产纠纷提起的诉讼，属于专属管辖，由被继承人死亡时住所地或者主要遗产所在地人民法院管辖。

需要指出的是，有意见认为：遗赠扶养协议是一种双务、有偿行为，因遗赠扶养协议纠纷提起的诉讼，根据《民事诉讼法》第22条的规定，对公民提起的民事诉讼，由被告住所地人民法院管辖；被告住所地与经常居住地不一致的，由经常居住地人民法院管辖。我们认为，遗赠扶养协议纠纷是属于“继承纠纷”项下的案由，其争议解决的问题仍然就被继承人的遗产是否按照遗赠扶养协议来分配、处理，仍然属于继承遗产纠纷提起的诉讼，故仍然应该按照《民事诉讼法》第34条第3项的规定确定管辖。

［**应注意的问题**］如果在一个继承纠纷中，既有人主张法定继承，又有人主张遗嘱继承或者遗赠，还有人主张遗赠扶养协议，则何者优先？按照《民法典》第1123条和《最高人民法院关于适用〈中华人民共和国民法典〉继承编的解释（一）》第3条的规定，被继承人生前与他人订有遗赠扶养协议，又立有遗嘱的，继承开始后，如果遗赠扶养协议与遗嘱没有抵触，遗产分别按协议和遗嘱处理；如果有抵触，按协议处理，与协议抵触的遗嘱全部或者部分无效。按照遗嘱规定分配相关遗产后，如果还有遗产，则按照法定继承进行分配。这是因为相比于遗嘱，扶养人在履行遗赠扶养协议时已经承担了义务，故应该优先享有受到遗赠的权利；而相比于法定继承，遵循民法的意思自治的原则，约定大于法定，故按照遗嘱进行继承或者遗赠，应当优先于法定继承。当然，在按照这一顺序进行分配遗产时，按照《民法典》第1155条和第1159条的规定，应当保留胎儿的继承份额，同时为缺乏劳动能力又没有生活来源的继承人保留必要的遗产。

请求权基础规范指引

《中华人民共和国民法典》（2020年）

第一千一百二十三条【法定继承、遗嘱继承、遗赠和遗赠扶养协议的效力】 继承开始后，按照法定继承办理；有遗嘱的，按照遗嘱继承或者遗赠办理；有遗赠扶养协议的，按照协议办理。

第一千一百五十八条【遗赠扶养协议】 自然人可以与继承人以外的组织或者个人签订遗赠扶养协议。按照协议，该组织或者个人承担该自然人生养死葬的义务，享有受遗赠的权利。

《最高人民法院关于适用〈中华人民共和国民法典〉继承编的解释（一）》（法释〔2020〕23号　2020年12月29日）

第三条　被继承人生前与他人订有遗赠扶养协议，同时又立有遗嘱的，继承开始后，如果遗赠扶养协议与遗嘱没有抵触，遗产分别按协议和遗嘱处理；如果有抵触，按协议处理，与协议抵触的遗嘱全部或者部分无效。

第四十条　继承人以外的组织或者个人与自然人签订遗赠扶养协议后，无正当理由不履行，导致协议解除的，不能享有受遗赠的权利，其支付的供养费用一般不予补偿；遗赠人无正当理由不履行，导致协议解除的，则应当偿还继承人以外的组织或者个人已支付的供养费用。

34. 遗产管理纠纷

案由适用要点

［**释义**］遗产管理，主要是指对于被继承人的遗产进行保存和管理，以维护遗产价值和遗产权利人合法利益为宗旨，并按照被继承人的意愿或者法律的相关规定，分配相关遗产。

一般而言，涉及遗产管理纠纷的案件主要包括：（1）遗产管理人的选任纠纷。（2）遗产管理人损害赔偿纠纷。（3）遗产管理人履行义务纠纷。（4）遗产管理人报酬纠纷。（5）其他遗产管理过程中产生的纠纷。

［**管辖**］根据《民事诉讼法》第34条第3项的规定，因继承遗产纠纷提起的诉讼，属于专属管辖，由被继承人死亡时住所地或者主要遗产所在地人民法院管辖。

［**应注意的问题**］在继承纠纷中，确定相关案由时应当将遗产管理纠纷与其他继承纠纷进行区分：（1）主体不同，遗产管理纠纷的当事人一般为遗产管理人，或是被告，或是原告，但是其他继承纠纷，都是因为相关继承问题参与诉讼，原、被告一般是继承人、受遗赠人、扶养人，而遗产管理人可能是这一类诉讼的第三人；（2）涉及的法律关系不同，遗产管理纠纷，一般是基于遗产管理的法律关系，如遗产管理人依照《民法典》第1149条规定主张报酬请求权，或者继承人、受遗赠人、债权人依照《民法典》第1148条规定主张遗产管理人损害赔偿，而其他继承纠纷往往是基于继承法律关系（被继承人债务清偿纠纷则是债权债务关系），二者存在区别；（3）审判结果不同，遗产管理纠纷一般不会确定遗产最终的归属，但是其他继承纠纷则是确定遗产的归属问题。

请求权基础规范指引

《中华人民共和国民法典》（2020年）

第一千一百四十五条【遗产管理人的选任】 继承开始后，遗嘱执行人为遗产管理人；没有遗嘱执行人的，继承人应当及时推选遗产管理人；继承人未推选的，由继承人共同担任遗产管理人；没有继承人或者继承人均放弃继承的，由被继承人生前住所地的民政部门或者村民委员会担任遗产管理人。

第一千一百四十六条【遗产管理人的指定】 对遗产管理人的确定有争议的，利害关系人可以向人民法院申请指定遗产管理人。

第一千一百四十七条【遗产管理人的职责】 遗产管理人应当履行下列职责：

（一）清理遗产并制作遗产清单；
（二）向继承人报告遗产情况；
（三）采取必要措施防止遗产毁损、灭失；
（四）处理被继承人的债权债务；
（五）按照遗嘱或者依照法律规定分割遗产；
（六）实施与管理遗产有关的其他必要行为。

第一千一百四十八条【遗产管理人未尽职责的民事责任】 遗产管理人应当依法履行职责，因故意或者重大过失造成继承人、受遗赠人、债权人损害的，应当承担民事责任。

第一千一百四十九条【遗产管理人的报酬】 遗产管理人可以依照法律规定或者按照约定获得报酬。

《最高人民法院关于适用〈中华人民共和国民法典〉继承编的解释（一）》（法释〔2020〕23号　2020年12月29日）

第三十三条 继承人放弃继承应当以书面形式向遗产管理人或者其他继承人表示。

《最高人民法院关于为实施积极应对人口老龄化国家战略提供司法服务和保障的意见》（法发〔2022〕15号　2022年3月29日）

5. 依法妥善审理涉老年人继承纠纷案件。落实民法典遗产管理人制度，依法确定遗产管理人，保障遗产妥善管理、顺利分割。要依法保护各类遗嘱形式，切实尊重老年人立遗嘱时的真实意愿，保障老年人遗产处分权。依法认定各类遗赠扶养协议效力，满足养老形式多样化需求。

第三部分

物权纠纷

四、不动产登记纠纷

35. 异议登记不当损害责任纠纷

案由适用要点

［**释义**］异议登记具有使不动产登记簿上所记载的物权丧失正确性推定的法律效力。因此，如果异议登记申请人滥用异议登记权，有可能使不动产登记簿上所记载的权利人丧失交易机会，从而造成损害，因此引起的纠纷就是异议登记不当损害责任纠纷。

［**管辖**］异议登记不当损害责任纠纷是针对不动产包括土地、房屋等引发的纠纷，根据《民事诉讼法》第 34 条第 1 项的规定，因不动产纠纷提起的诉讼，属于专属管辖，由不动产所在地人民法院管辖。一般不动产登记所在地与不动产所在地一致。至于级别管辖，则根据当事人诉争标的大小依照有关规定确定。

［**应注意的问题**］异议登记不当损害责任纠纷作为民事案由的一种，其受理的条件有：(1) 已进行了合法的异议登记。这是异议登记不当损害责任纠纷发生的前提条件，即必须有合法的异议登记记载在不动产登记簿上。(2) 异议登记不当。这里存在两种情况：一种情况是异议登记内容经证实不正确，另一种情况是申请人进行异议登记后，没有在 15 日内向人民法院起诉，致使异议登记失效。(3) 异议登记给原登记权利人造成损害。这是异议登记不当损害责任纠纷成立的主要条件。异议登记不当必须有损害结果发生，法院才能够受理，当然发生损害是以权利人提出主张为判断标准。(4) 原登记权利人只能向异议登记的申请人请求赔偿。在审判实践中，处理本纠纷应当注意异议登记不当的确认以及造成的损害范围的确定。

请求权基础规范指引

《中华人民共和国民法典》（2020 年）

第二百二十条【更正登记与异议登记】　权利人、利害关系人认为不动产登记簿记载的事项错误的，可以申请更正登记。不动产登记簿记载的权利人书面同意更正或者有证据证明登记确有错误的，登记机构应当予以更正。

不动产登记簿记载的权利人不同意更正的，利害关系人可以申请异议登记。登记机构予以异议登记，申请人自异议登记之日起十五日内不提起诉讼的，异议登记失效。异议登记不当，造成权利人损害的，权利人可以向申请人请求损害赔偿。

《不动产登记暂行条例》（2024年）

第二条 本条例所称不动产登记，是指不动产登记机构依法将不动产权利归属和其他法定事项记载于不动产登记簿的行为。

本条例所称不动产，是指土地、海域以及房屋、林木等定着物。

第三条 不动产首次登记、变更登记、转移登记、注销登记、更正登记、异议登记、预告登记、查封登记等，适用本条例。

《最高人民法院关于适用〈中华人民共和国民法典〉物权编的解释（一）》（法释〔2020〕24号 2020年12月29日）

第二条 当事人有证据证明不动产登记簿的记载与真实权利状态不符、其为该不动产物权的真实权利人，请求确认其享有物权的，应予支持。

第三条 异议登记因民法典第二百二十条第二款规定的事由失效后，当事人提起民事诉讼，请求确认物权归属的，应当依法受理。异议登记失效不影响人民法院对案件的实体审理。

第六条 转让人转让船舶、航空器和机动车等所有权，受让人已经支付合理价款并取得占有，虽未经登记，但转让人的债权人主张其为民法典第二百二十五条所称的“善意第三人”的，不予支持，法律另有规定的除外。

第八条 依据民法典第二百二十九条至第二百三十一条规定享有物权，但尚未完成动产交付或者不动产登记的权利人，依据民法典第二百三十五条至第二百三十八条的规定，请求保护其物权的，应予支持。

第十五条 具有下列情形之一的，应当认定不动产受让人知道转让人无处分权：

（一）登记簿上存在有效的异议登记；

（二）预告登记有效期内，未经预告登记的权利人同意；

（三）登记簿上已经记载司法机关或者行政机关依法裁定、决定查封或者以其他形式限制不动产权利的有关事项；

（四）受让人知道登记簿上记载的权利主体错误；

（五）受让人知道他人已经依法享有不动产物权。

真实权利人有证据证明不动产受让人应当知道转让人无处分权的，应当认定受让人具有重大过失。

第十七条 民法典第三百一十一条第一款第一项所称的“受让人受让该不动产或者动产时”，是指依法完成不动产物权转移登记或者动产交付之时。

当事人以民法典第二百二十六条规定的方式交付动产的，转让动产民事法律行为生效时为动产交付之时；当事人以民法典第二百二十七条规定的方式交付动产的，转让人与受让人之间有关转让返还原物请求权的协议生效时为动产交付之时。

法律对不动产、动产物权的设立另有规定的，应当按照法律规定的时间认定权利人是否为善意。

36. 虚假登记损害责任纠纷

案由适用要点

[释义] 虚假登记损害责任纠纷是指因不动产登记簿上记载的不动产事项存在错误，导致他人因此遭受损害而引起的民事纠纷。

[管辖] 虚假登记损害责任纠纷属于因不动产登记事项存在错误导致利害关系人或信赖登记公信力的当事人因此遭受损害而引起的纠纷，故根据《民事诉讼法》第34条第1项的规定，因不动产纠纷提起的诉讼，属于专属管辖，由不动产所在地人民法院专属管辖。

[应注意的问题] 关于不动产虚假登记损害责任纠纷的法律适用，涉及以下几个问题：

1. 关于不动产登记机关因错误登记产生的损害责任属于国家赔偿责任还是一般民事侵权责任。当事人提供虚假材料申请登记，给他人造成损害的，必然属于民事赔偿的范畴；然而登记机关造成的损害，应当属于哪个范畴，历来存在疑问。我国关于登记机关导致登记错误的规定，分散在许多相关的法律法规和部门规章中。例如，《土地管理法》和《城市房地产管理法》规定了房地产、土地管理部门的工作人员的刑事责任和行政责任，但没有规定其民事责任，故《物权法》对这个问题作出了原则性的规定，登记机关应对登记错误承担损害赔偿责任，弥补了这一空白。《最高人民法院关于审理房屋登记案件若干问题的规定》则将不动产登记机关因为登记错误承担的赔偿责任明确为国家赔偿责任，这符合我国行政管理体制的基本情况。

2. 关于不动产登记机关和第三人连带赔偿责任问题的处理。《最高人民法院关于审理房屋登记案件若干问题的规定》第13条规定："房屋登记机构工作人员与第三人恶意串通违法登记，侵犯原告合法权益的，房屋登记机构与第三人承担连带赔偿责任。"鉴于不动产登记机构的赔偿责任与第三人的赔偿责任分属于国家赔偿责任和民事赔偿责任，是作为民事案件处理还是作为行政案件处理，目前没有明确的规定。从有利于案件的解决，方便当事人诉讼角度看，此类案件则以当事人起诉时的选择为准，原告提起行政诉讼的，按照行政案件一并处理；原告提起民事诉讼的，按照民事案件一并处理。

请求权基础规范指引

《中华人民共和国民法典》（2020 年）

第二百二十二条【不动产登记错误的赔偿】 当事人提供虚假材料申请登记，造成他人损害的，应当承担赔偿责任。

因登记错误，造成他人损害的，登记机构应当承担赔偿责任。登记机构赔偿后，可以向造成登记错误的人追偿。

《中华人民共和国城市房地产管理法》（2019 年修正）

第六十一条 以出让或者划拨方式取得土地使用权，应当向县级以上地方人民政府土地管理部门申请登记，经县级以上地方人民政府土地管理部门核实，由同级人民政府颁发土地使用权证书。

在依法取得的房地产开发用地上建成房屋的，应当凭土地使用权证书向县级以上地方人民政府房产管理部门申请登记，由县级以上地方人民政府房产管理部门核实并颁发房屋所有权证书。

房地产转让或者变更时，应当向县级以上地方人民政府房产管理部门申请房产变更登记，并凭变更后的房屋所有权证书向同级人民政府土地管理部门申请土地使用权变更登记，经同级人民政府土地管理部门核实，由同级人民政府更换或者更改土地使用权证书。

法律另有规定的，依照有关法律的规定办理。

第七十一条 房产管理部门、土地管理部门工作人员玩忽职守、滥用职权，构成犯罪的，依法追究刑事责任；不构成犯罪的，给予行政处分。

房产管理部门、土地管理部门工作人员利用职务上的便利，索取他人财物，或者非法收受他人财物为他人谋取利益，构成犯罪的，依法追究刑事责任；不构成犯罪的，给予行政处分。

《中华人民共和国土地管理法》（2019 年修正）

第七十七条 未经批准或者采取欺骗手段骗取批准，非法占用土地的，由县级以上人民政府自然资源主管部门责令退还非法占用的土地，对违反土地利用总体规划擅自将农用地改为建设用地的，限期拆除在非法占用的土地上新建的建筑物和其他设施，恢复土地原状，对符合土地利用总体规划的，没收在非法占用的土地上新建的建筑物和其他设施，可以并处罚款；对非法占用土地单位的直接负责的主管人员和其他直接责任人员，依法给予处分；构成犯罪的，依法追究刑事责任。

超过批准的数量占用土地，多占的土地以非法占用土地论处。

《不动产登记暂行条例》（2024 年）

第二十九条 不动产登记机构登记错误给他人造成损害，或者当事人提供虚假材料申请登记给他人造成损害的，依照《中华人民共和国民法典》的规定承担赔偿责任。

第三十条　不动产登记机构工作人员进行虚假登记，损毁、伪造不动产登记簿，擅自修改登记事项，或者有其他滥用职权、玩忽职守行为的，依法给予处分；给他人造成损害的，依法承担赔偿责任；构成犯罪的，依法追究刑事责任。

《最高人民法院关于审理房屋登记案件若干问题的规定》（法释〔2010〕15号　2010年11月5日）

第十二条　申请人提供虚假材料办理房屋登记，给原告造成损害，房屋登记机构未尽合理审慎职责的，应当根据其过错程度及其在损害发生中所起作用承担相应的赔偿责任。

第十三条　房屋登记机构工作人员与第三人恶意串通违法登记，侵犯原告合法权益的，房屋登记机构与第三人承担连带赔偿责任。

《最高人民法院关于适用〈中华人民共和国民法典〉物权编的解释（一）》（法释〔2020〕24号　2020年12月29日）

第一条　因不动产物权的归属，以及作为不动产物权登记基础的买卖、赠与、抵押等产生争议，当事人提起民事诉讼的，应当依法受理。当事人已经在行政诉讼中申请一并解决上述民事争议，且人民法院一并审理的除外。

第二条　当事人有证据证明不动产登记簿的记载与真实权利状态不符、其为该不动产物权的真实权利人，请求确认其享有物权的，应予支持。

第五条　预告登记的买卖不动产物权的协议被认定无效、被撤销，或者预告登记的权利人放弃债权的，应当认定为民法典第二百二十一条第二款所称的“债权消灭”。

第六条　转让人转让船舶、航空器和机动车等所有权，受让人已经支付合理价款并取得占有，虽未经登记，但转让人的债权人主张其为民法典第二百二十五条所称的“善意第三人”的，不予支持，法律另有规定的除外。

第八条　依据民法典第二百二十九条至第二百三十一条规定享有物权，但尚未完成动产交付或者不动产登记的权利人，依据民法典第二百三十五条至第二百三十八条的规定，请求保护其物权的，应予支持。

五、物权保护纠纷

37. 物权确认纠纷

（1）所有权确认纠纷

（2）用益物权确认纠纷

（3）担保物权确认纠纷

案由适用要点

［**释义**］物权确认纠纷是指就物权的成立、内容及物权的归属而产生的纠纷。

所有权确认纠纷是指就所有权的成立、内容及归属等所产生的民事纠纷。

用益物权确认纠纷是指就用益物权的成立、内容、归属及效力等所产生的民事纠纷。

担保物权确认纠纷是指就担保物权的成立、内容、归属及效力等所产生的民事纠纷。

［**管辖**］物权确认纠纷依物之各类，包括不动产物权确认和动产物权确认纠纷两类。不动产物权确认纠纷，根据《民事诉讼法》第34条由不动产所在地人民法院专属管辖。动产物权确认纠纷不属于专属管辖，应当按照《民事诉讼法》第22条和第23条第3、4项，以及第24条等规定确定管辖。鉴于担保物权多以合同设定，属于动产担保物权或者权利担保物权的确认纠纷，当事人在合同中约定管辖的，可以适用。

［**应注意的问题**］适用本案由应当特别注意的是：按照我国现行法律的规定，对于土地的所有权归属问题有争议的，应当由行政机关确认，而不是通过诉讼解决。因此，适用物权确认纠纷案由的，主要是法律规定由行政机关确认之外的物权的确认纠纷，多数为用益物权和担保物权确认纠纷，也包括土地之外的动产所有权和建筑物所有权的确认纠纷。

请求权基础规范指引

《中华人民共和国民法典》（2020年）

第二百三十四条【物权确认请求权】 因物权的归属、内容发生争议的，利害关系人可以请求确认权利。

第二百四十条【所有权的定义】 所有权人对自己的不动产或者动产，依法享有占有、使用、收益和处分的权利。

《中华人民共和国涉外民事关系法律适用法》（2010年）

第三十六条 不动产物权，适用不动产所在地法律。

第三十七条 当事人可以协议选择动产物权适用的法律。当事人没有选择的，适用法律事实发生时动产所在地法律。

第三十八条 当事人可以协议选择运输中动产物权发生变更适用的法律。当事人没有选择的，适用运输目的地法律。

《最高人民法院关于适用〈中华人民共和国民法典〉物权编的解释（一）》（法释〔2020〕24号 2020年12月29日）

第一条 因不动产物权的归属，以及作为不动产物权登记基础的买卖、赠与、抵押等产生争议，当事人提起民事诉讼的，应当依法受理。当事人已经在行政诉讼中申请一并解决上述民事争议，且人民法院一并审理的除外。

第十七条 民法典第三百一十一条第一款第一项所称的“受让人受让该不动产或者动产时”，是指依法完成不动产物权转移登记或者动产交付之时。

当事人以民法典第二百二十六条规定的方式交付动产的，转让动产民事法律行为生效时为动产交付之时；当事人以民法典第二百二十七条规定的方式交付动产的，转让人与受让人之间有关转让返还原物请求权的协议生效时为动产交付之时。

法律对不动产、动产物权的设立另有规定的，应当按照法律规定的时间认定权利人是否为善意。

第十八条 民法典第三百一十一条第一款第二项所称“合理的价格”，应当根据转让标的物的性质、数量以及付款方式等具体情况，参考转让时交易地市场价格以及交易习惯等因素综合认定。

第十九条 转让人将民法典第二百二十五条规定的船舶、航空器和机动车等交付给受让人的，应当认定符合民法典第三百一十一条第一款第三项规定的善意取得的条件。

第二十条 具有下列情形之一，受让人主张依据民法典第三百一十一条规定取得所有权的，不予支持：

（一）转让合同被认定无效；

（二）转让合同被撤销。

38. 返还原物纠纷

案由适用要点

［释义］ 返还原物纠纷是指权利人请求无权占有不动产或者动产的人返还该物的纠纷。返还原物包括返还动产和返还不动产。

[管辖] 一般而言，返还原物纠纷区分标的物属于不动产和动产分别确定管辖。不动产返还纠纷，根据《民事诉讼法》第34条第1项由不动产所在地人民法院专属管辖。动产返还纠纷，按照一般地域管辖的规定处理。

[应注意的问题] 适用本案由时要注意，返还原物与返还财产并不完全相同。返还原物是指物的返还，返还财产是指财产的返还，财产的形态既包括物也包括权利。所以，返还财产的范围要大于返还原物的范围。返还原物是指对物质形态的物的返还。

请求权基础规范指引

《中华人民共和国民法典》（2020年）

第一百七十九条【承担民事责任的方式】 承担民事责任的方式主要有：

（一）停止侵害；

（二）排除妨碍；

（三）消除危险；

（四）返还财产；

（五）恢复原状；

（六）修理、重作、更换；

（七）继续履行；

（八）赔偿损失；

（九）支付违约金；

（十）消除影响、恢复名誉；

（十一）赔礼道歉。

法律规定惩罚性赔偿的，依照其规定。

本条规定的承担民事责任的方式，可以单独适用，也可以合并适用。

第二百三十五条【返还原物请求权】 无权占有不动产或者动产的，权利人可以请求返还原物。

第二百三十七条【物权复原请求权】 造成不动产或者动产毁损的，权利人可以依法请求修理、重作、更换或者恢复原状。

第二百三十八条【物权损害赔偿请求权】 侵害物权，造成权利人损害的，权利人可以依法请求损害赔偿，也可以依法请求承担其他民事责任。

第二百三十九条【物权保护方式的单用与并用】 本章规定的物权保护方式，可以单独适用，也可以根据权利被侵害的情形合并适用。

《最高人民法院关于适用〈中华人民共和国民法典〉物权编的解释（一）》（法释〔2020〕24号 2020年12月29日）

第八条 依据民法典第二百二十九条至第二百三十一条规定享有物权，但尚未完成动产交付或者不动产登记的权利人，依据民法典第二百三十五条至第二百三十八条的规定，请求保护其物权的，应予支持。

39. 排除妨害纠纷

案由适用要点

［**释义**］排除妨害纠纷是指因为物受到他人的妨碍而引发以排除这种妨碍为目的的纠纷。

［**管辖**］一般而言，排除妨害纠纷区分标的物属于不动产和动产分别确定管辖。不动产排除妨害纠纷，根据《民事诉讼法》第34条第1项由不动产所在地人民法院专属管辖。动产排除妨害纠纷，按照一般地域管辖的规定处理。

［**应注意的问题**］排除妨害是物权保护的重要方法，它主要是针对妨碍物权行使的行为或者事实状态而采取的一种措施。当物权的行使受到现实或者可能的妨害时，物权人均可以请求排除妨害。

请求权基础规范指引

《中华人民共和国民法典》（2020年）

第一百七十九条【承担民事责任的方式】 承担民事责任的方式主要有：

（一）停止侵害；

（二）排除妨碍；

（三）消除危险；

（四）返还财产；

（五）恢复原状；

（六）修理、重作、更换；

（七）继续履行；

（八）赔偿损失；

（九）支付违约金；

（十）消除影响、恢复名誉；

（十一）赔礼道歉。

法律规定惩罚性赔偿的，依照其规定。

本条规定的承担民事责任的方式，可以单独适用，也可以合并适用。

第二百三十六条【排除妨害请求权】 妨害物权或者可能妨害物权的，权利人可以请求排除妨害或者消除危险。

第二百四十条【所有权的定义】 所有权人对自己的不动产或者动产，依法享有占有、使用、收益和处分的权利。

《最高人民法院关于适用〈中华人民共和国民法典〉物权编的解释（一）》（法释〔2020〕24号 2020年12月29日）

第八条 依据民法典第二百二十九条至第二百三十一条规定享有物权，但尚未完成动产交付或者不动产登记的权利人，依据民法典第二百三十五条至第二百三十八条的规定，请求保护其物权的，应予支持。

40. 消除危险纠纷

案由适用要点

［**释义**］消除危险纠纷是指他人之行为或者某一事实状态危害到物的安全，物的权利人请求消除这种危险的民事纠纷。

［**管辖**］一般而言，消除危险纠纷区分标的物属于不动产和动产分别确定管辖。不动产消除危险纠纷，根据《民事诉讼法》第34条由不动产所在地人民法院专属管辖。动产消除危险纠纷，按照一般地域管辖的规定处理。

［**应注意的问题**］消除危险是物权保护的重要方法之一，也是基本的民事责任形式之一。当各类具体物权特别是不动产遭受正在进行或者潜在的受损害的危险时，则可以采取消除危险的方法加以保护。在适用本案由时要注意与相邻损害防免关系纠纷案由的区分，后者主要是相邻不动产之间相互损害时适用，而物遭受危险不仅包括相邻不动产相互损害的情形，也包括他人或者相邻动产之间，或者相邻动产与不动产之间的损害危险情形。因此，如果纠纷符合相邻损害防免关系纠纷案由的，应当优先适用该案由，其他物权遭受危险的消除危险纠纷则可以适用本案由。

请求权基础规范指引

《中华人民共和国民法典》（2020年）

第一百七十九条【承担民事责任的方式】 承担民事责任的方式主要有：

（一）停止侵害；

（二）排除妨碍；

（三）消除危险；

（四）返还财产；

（五）恢复原状；

（六）修理、重作、更换；

（七）继续履行；

（八）赔偿损失；

（九）支付违约金；

（十）消除影响、恢复名誉；

（十一）赔礼道歉。

法律规定惩罚性赔偿的，依照其规定。

本条规定的承担民事责任的方式，可以单独适用，也可以合并适用。

第二百三十六条【排除妨害请求权】 妨害物权或者可能妨害物权的，权利人可以请求排除妨害或者消除危险。

41. 修理、重作、更换纠纷

案由适用要点

［**释义**］修理、重作、更换纠纷是指因为造成物的毁损，权利人请求修理、重作、更换的纠纷。

［**管辖**］一般而言，修理、重作、更换纠纷区分标的物属于不动产和动产分别确定管辖。不动产纠纷，根据《民事诉讼法》第34条由不动产所在地人民法院专属管辖。动产的修理、重作、更换纠纷，按照一般地域管辖的规定处理。

［**应注意的问题**］修理、重作和更换都是一种物的保护方法，是一种责任方式。当物受到毁损时，可以根据具体情况要求修理、重作或者更换。一般的不动产受到毁损时，多可以适用修理的责任方式。动产受到毁损的，能修理的则可以适用修理的方法，如果不能修理的，可以重作或者更换。

请求权基础规范指引

《中华人民共和国民法典》（2020年）

第一百七十九条【承担民事责任的方式】 承担民事责任的方式主要有：

（一）停止侵害；

（二）排除妨碍；

（三）消除危险；

（四）返还财产；

（五）恢复原状；

（六）修理、重作、更换；

（七）继续履行；

（八）赔偿损失；

（九）支付违约金；

（十）消除影响、恢复名誉；

（十一）赔礼道歉。

法律规定惩罚性赔偿的，依照其规定。

本条规定的承担民事责任的方式，可以单独适用，也可以合并适用。

第二百三十七条【物权复原请求权】 造成不动产或者动产毁损的，权利人可以依法请求修理、重作、更换或者恢复原状。

《最高人民法院关于适用〈中华人民共和国民法典〉物权编的解释（一）》（法释〔2020〕24号 2020年12月29日）

第八条 依据民法典第二百二十九条至第二百三十一条规定享有物权，但尚未完成动产交付或者不动产登记的权利人，依据民法典第二百三十五条至第二百三十八条的规定，请求保护其物权的，应予支持。

42. 恢复原状纠纷

案由适用要点

［释义］ 恢复原状纠纷是指当物受到毁损时，物权人要求侵害人采取措施将物恢复到原来状态的纠纷。

［管辖］ 一般而言，恢复原状纠纷区分标的物属于不动产和动产分别确定管辖。不动产恢复原状纠纷，根据《民事诉讼法》第34条由不动产所在地人民法院专属管辖。动产恢复原状纠纷，按照一般地域管辖的规定处理。

［应注意的问题］ 恢复原状这种责任方式的运用，是以物因过错而受毁损并有恢复原状之可能为前提，从性质上看这种责任方式目的在于使物的使用价值和价值得以恢复。但在适用时，可能与修理、重作等有一定重合的地方。一般情况下，修理也可以使物恢复到原来状态。如果以修理方式恢复原状，应直接适用修理、重作、更换纠纷案由。

请求权基础规范指引

《中华人民共和国民法典》（2020年）

第一百七十九条【承担民事责任的方式】 承担民事责任的方式主要有：

（一）停止侵害；

（二）排除妨碍；

（三）消除危险；

（四）返还财产；

（五）恢复原状；

（六）修理、重作、更换；

（七）继续履行；

（八）赔偿损失；

（九）支付违约金；
（十）消除影响、恢复名誉；
（十一）赔礼道歉。
法律规定惩罚性赔偿的，依照其规定。
本条规定的承担民事责任的方式，可以单独适用，也可以合并适用。
第二百三十七条【物权复原请求权】 造成不动产或者动产毁损的，权利人可以依法请求修理、重作、更换或者恢复原状。

43. 财产损害赔偿纠纷

案由适用要点

［**释义**］财产损害赔偿纠纷是指因为财产受到损害，权利人请求赔偿损失的纠纷。

［**管辖**］财产损害赔偿纠纷属于典型的侵权责任纠纷，我们认为，应按照《民事诉讼法》第 29 条确定管辖，即因侵权行为提起的诉讼，由侵权行为地或者被告住所地人民法院管辖。

［**应注意的问题**］应当注意，赔偿损失是最为基本的民事责任形式之一。在侵权责任和合同责任上都有损害赔偿的规定，侵权责任和违约责任的最基本的形式都是损害赔偿。所以，此处所指财产损害赔偿，是指物权受到侵权后的损害赔偿，主要是侵权法意义上的损害赔偿。

请求权基础规范指引

《中华人民共和国民法典》（2020 年）
第一百七十九条【承担民事责任的方式】 承担民事责任的方式主要有：
（一）停止侵害；
（二）排除妨碍；
（三）消除危险；
（四）返还财产；
（五）恢复原状；
（六）修理、重作、更换；
（七）继续履行；
（八）赔偿损失；
（九）支付违约金；
（十）消除影响、恢复名誉；
（十一）赔礼道歉。

法律规定惩罚性赔偿的，依照其规定。

本条规定的承担民事责任的方式，可以单独适用，也可以合并适用。

第二百三十八条【物权损害赔偿请求权】 侵害物权，造成权利人损害的，权利人可以依法请求损害赔偿，也可以依法请求承担其他民事责任。

第一千一百六十五条【过错责任原则】 行为人因过错侵害他人民事权益造成损害的，应当承担侵权责任。

依照法律规定推定行为人有过错，其不能证明自己没有过错的，应当承担侵权责任。

《最高人民法院关于适用〈中华人民共和国民法典〉物权编的解释（一）》（法释〔2020〕24号 2020年12月29日）

第八条 依据民法典第二百二十九条至第二百三十一条规定享有物权，但尚未完成动产交付或者不动产登记的权利人，依据民法典第二百三十五条至第二百三十八条的规定，请求保护其物权的，应予支持。

六、所有权纠纷

44. 侵害集体经济组织成员权益纠纷

案由适用要点

［释义］ 集体所有是一种特殊的物权形式，集体成员依法对集体财产享有集体所有权，这是集体成员权益产生、存在和行使的依据。集体经济组织成员的权利包括两种权利：一是直接的物权，即对集体所有的动产和不动产的占有、使用、收益的权利；二是物权派生的管理权利，即对集体财产进行管理决策的权利。

［管辖］ 侵害集体经济组织成员权益纠纷要区分权益受侵害的具体情形确定管辖。对于集体经济组织、村民委员会或者其负责人作出的决定侵害集体成员合法权益时，受侵害的集体成员向人民法院请求撤销的纠纷、集体经济组织成员知情权纠纷，由集体经济组织所在地人民法院管辖。对于其他经济组织成员之间的权益纠纷，组织之外的人侵害成员权益纠纷，按照产生纠纷的基础法律关系确定管辖。

［应注意的问题］ 在适用本案由时，应当注意以下几点：

1. 应当注意本案由的适用范围。从广义上理解，侵害集体经济组织成员权益纠纷应当包括侵害集体成员就集体所有财产所享有的两种权益而引发的一切纠纷，从形式上看既包括集体组织侵害集体成员权益的纠纷，也包括集体成员之间侵害权益的纠纷，还包括集体组织之外的人侵害集体成员权益的纠纷。从狭义上理解，侵害集体经济组织成员权益纠纷仅指《民法典》第265条规定的农村集体经济组织、村民委员会或者其负责人作出的决定侵害集体成员合法权益时，受侵害的集体成员向人民法院请求撤销的纠纷案件。我们认为，鉴于《民法典》及相关法律对集体经济组织成员权益的保护规定并不明确，特别是集体经济组织成员权益在行使中受到侵害的情形还普遍存在，仅适用撤销集体经济组织不当决定的方式尚不足以保护集体成员的合法权益，因此原则上本案由下可以容纳集体成员权益受到侵害的一切民事纠纷。

2. 注意本案由与其他几个与集体经济组织成员权相关案由的关系。（1）在涉及土地承包经营时，要注意与土地承包经营权纠纷以及土地承包合同纠纷的区别。土地承包经营权的基础权利是集体经济组织成员权。土地承包经营权纠纷是以土地承包经营权的产生、使用、转让、处分等为基础的纠纷。所以，判断是否适用该案由时，应当以土地承包经营权是否存在为前提，除当事人对土地承包经营权的成立有争议时可以适用该案由外，一般土地承包经营权不存在时则不适用该案由。同样，土地承包合同纠纷也必然是针对土地承包合同关系而产生的纠纷，且纠纷当事人为合同的具体双方，否则一般不适用该案由。本案由则可以适用于上述两个案由不能容纳的涉及土地承包的民事纠纷，如对土地发包方案不服向人民法院起诉请求撤销的，再如对集体组织应予发包给其土地而不作为而起诉的，等等。因为这些涉及土地承包的纠纷还没有订立承包合同，也没有成立土地承包经营权，所以要适用本案由。（2）土地征收补偿相关纠纷中要注意与土地承包经营权纠纷项下的承包地征收补偿费用分配纠纷相区别。从农村征收土地的情况来看，既包括征收已经发包的土地，也包括征收未发包的土地。对于他人已经承包的土地被征收时，土地承包经营权人要求分配征收补偿费用的纠纷要适用承包地征收补偿费用分配纠纷的案由。对于未发包的土地被征收后集体组织成员对土地补偿费用分配不服提起的诉讼，或者承包人之外的其他集体组织成员对承包地征收后的补偿费用分配不服引发的纠纷，则适用本案由。

请求权基础规范指引

《中华人民共和国民法典》（2020年）

第二百六十一条【农民集体所有财产归属及重大事项集体决定】 农民集体所有的不动产和动产，属于本集体成员集体所有。

下列事项应当依照法定程序经本集体成员决定：

（一）土地承包方案以及将土地发包给本集体以外的组织或者个人承包；

（二）个别土地承包经营权人之间承包地的调整；

（三）土地补偿费等费用的使用、分配办法；

（四）集体出资的企业的所有权变动等事项；

（五）法律规定的其他事项。

第二百六十二条【集体所有的不动产所有权行使】 对于集体所有的土地和森林、山岭、草原、荒地、滩涂等，依照下列规定行使所有权：

（一）属于村农民集体所有的，由村集体经济组织或者村民委员会依法代表集体行使所有权；

（二）分别属于村内两个以上农民集体所有的，由村内各该集体经济组织或者村民小组依法代表集体行使所有权；

（三）属于乡镇农民集体所有的，由乡镇集体经济组织代表集体行使所有权。

第二百六十三条【城镇集体所有的财产权利行使】 城镇集体所有的不动产和动产，依照法律、行政法规的规定由本集体享有占有、使用、收益和处分的权利。

第二百六十四条【集体成员对集体财产的知情权】 农村集体经济组织或者村民委员会、村民小组应当依照法律、行政法规以及章程、村规民约向本集体成员公布集体财产的状况。集体成员有权查阅、复制相关资料。

第二百六十五条【集体所有财产保护及农村集体成员合法权益保护】 集体所有的财产受法律保护，禁止任何组织或者个人侵占、哄抢、私分、破坏。

农村集体经济组织、村民委员会或者其负责人作出的决定侵害集体成员合法权益的，受侵害的集体成员可以请求人民法院予以撤销。

《中华人民共和国农村集体经济组织法》（2024年）

第二条 本法所称农村集体经济组织，是指以土地集体所有为基础，依法代表成员集体行使所有权，实行家庭承包经营为基础、统分结合双层经营体制的区域性经济组织，包括乡镇级农村集体经济组织、村级农村集体经济组织、组级农村集体经济组织。

第三条 农村集体经济组织是发展壮大新型农村集体经济、巩固社会主义公有制、促进共同富裕的重要主体，是健全乡村治理体系、实现乡村善治的重要力量，是提升中国共产党农村基层组织凝聚力、巩固党在农村执政根基的重要保障。

第四条 农村集体经济组织应当坚持以下原则：

（一）坚持中国共产党的领导，在乡镇党委、街道党工委和村党组织的领导下依法履职；

（二）坚持社会主义集体所有制，维护集体及其成员的合法权益；

（三）坚持民主管理，农村集体经济组织成员依照法律法规和农村集体经济组织章程平等享有权利、承担义务；

（四）坚持按劳分配为主体、多种分配方式并存，促进农村共同富裕。

第五条　农村集体经济组织依法代表成员集体行使所有权，履行下列职能：

（一）发包农村土地；

（二）办理农村宅基地申请、使用事项；

（三）合理开发利用和保护耕地、林地、草地等土地资源并进行监督；

（四）使用集体经营性建设用地或者通过出让、出租等方式交由单位、个人使用；

（五）组织开展集体财产经营、管理；

（六）决定集体出资的企业所有权变动；

（七）分配、使用集体收益；

（八）分配、使用集体土地被征收征用的土地补偿费等；

（九）为成员的生产经营提供技术、信息等服务；

（十）支持和配合村民委员会在村党组织领导下开展村民自治；

（十一）支持农村其他经济组织、社会组织依法发挥作用；

（十二）法律法规和农村集体经济组织章程规定的其他职能。

第六条　农村集体经济组织依照本法登记，取得特别法人资格，依法从事与其履行职能相适应的民事活动。

农村集体经济组织不适用有关破产法律的规定。

农村集体经济组织可以依法出资设立或者参与设立公司、农民专业合作社等市场主体，以其出资为限对其设立或者参与设立的市场主体的债务承担责任。

第七条　农村集体经济组织从事经营管理和服务活动，应当遵守法律法规，遵守社会公德、商业道德，诚实守信，承担社会责任。

第八条　国家保护农村集体经济组织及其成员的合法权益，任何组织和个人不得侵犯。

农村集体经济组织成员集体所有的财产受法律保护，任何组织和个人不得侵占、挪用、截留、哄抢、私分、破坏。

妇女享有与男子平等的权利，不得以妇女未婚、结婚、离婚、丧偶、户无男性等为由，侵害妇女在农村集体经济组织中的各项权益。

45. 建筑物区分所有权纠纷

（1）业主专有权纠纷
（2）业主共有权纠纷
（3）车位纠纷
（4）车库纠纷

案由适用要点

[释义] 业主的建筑物区分所有权，是指业主对建筑物内的住宅、经营性用房等专有部分享有所有权，对专有部分以外的共有部分享有共有和共同管理的权利。

业主专有权纠纷是指因建筑物区分所有权中业主专有权部分的权利归属、使用、收益和处分产生的纠纷。

业主共有权纠纷是指业主之间因为建筑物共有部分的权利归属、使用、收益和处分等内容发生的纠纷。

车位纠纷是指业主与开发商或者业主与业主之间就车位的权属、使用、收益等发生的纠纷。

车库纠纷是指业主与开发商或者业主与业主之间就车库的权属、使用、收益等发生的纠纷。

[管辖] 建筑物区分所有权纠纷属于不动产引发的纠纷，应当由建筑物所在地的人民法院专属管辖。

[应注意的问题] 车位纠纷、车库纠纷中的车位归属纠纷、车库归属纠纷，主要发生在业主与开发商之间，在个别情况下也会出现业主与业主之间因为车位、车库归属的争议。车位、车库类纠纷中还有因为出租、购买、使用而发生的纠纷，如业主根据《民法典》第276条“建筑区划内，规划用于停放汽车的车位、车库应当首先满足业主的需要”的规定而主张优先购买或者优先承租车位、车库的纠纷；再如，因他人侵占车位、车库而发生纠纷。

业主共有权纠纷包括的类型也较多。业主共有既包括共有权利也包括共有义务，其范围较为广泛，主要包括：（1）全体业主对建筑物整体所共同享有的权利、义务；（2）全体业主对建筑物某一部分共同享有的权利、义务；（3）因一部分业主于某共用部分上设定专有使用权而产生的权利、义务；（4）因对建筑物基地的利用而产生的业主与土地所有权人之间的权利、义务。共有权的权利包括：使用权、收益权和修缮改良权。对共有权部分，各共有权利人依照法律、法规和管理公约有权合理使用，而为使用时不得专以侵害他人的使用权为目的。共有部分产生的收益，包括法定孳息和天然孳息，前者如建筑物外立面之墙体广告的收入、电梯间广告收益、公共停车位之收费；后者如公共绿地上的果树生产的果实。各共有权人对共有权部分的收益享有所有权。修缮改良权是现代社会中，为提高共同生活条件而允许建筑物共有人对共有部分单纯进行修缮和改良，并使之成为共有人之一项权利。

请求权基础规范指引

《中华人民共和国民法典》（2020年）

第二百七十五条【车位、车库的归属】 建筑区划内，规划用于停放汽车的车位、车库的归属，由当事人通过出售、附赠或者出租等方式约定。

占用业主共有的道路或者其他场地用于停放汽车的车位，属于业主共有。

第二百七十六条【车位、车库的首要用途】 建筑区划内，规划用于停放汽车的车位、车库应当首先满足业主的需要。

第二百七十九条【业主改变住宅用途的限制条件】 业主不得违反法律、法规以及管理规约，将住宅改变为经营性用房。业主将住宅改变为经营性用房的，除遵守法律、法规以及管理规约外，应当经有利害关系的业主一致同意。

第二百八十条【业主大会、业主委员会决定的效力】 业主大会或者业主委员会的决定，对业主具有法律约束力。

业主大会或者业主委员会作出的决定侵害业主合法权益的，受侵害的业主可以请求人民法院予以撤销。

第二百八十一条【建筑物及其附属设施维修资金的归属和处分】 建筑物及其附属设施的维修资金，属于业主共有。经业主共同决定，可以用于电梯、屋顶、外墙、无障碍设施等共有部分的维修、更新和改造。建筑物及其附属设施的维修资金的筹集、使用情况应当定期公布。

紧急情况下需要维修建筑物及其附属设施的，业主大会或者业主委员会可以依法申请使用建筑物及其附属设施的维修资金。

第二百八十二条【共有部分的收入分配】 建设单位、物业服务企业或者其他管理人等利用业主的共有部分产生的收入，在扣除合理成本之后，属于业主共有。

第二百八十三条【建筑物及其附属设施的费用分担和收益分配】 建筑物及其附属设施的费用分摊、收益分配等事项，有约定的，按照约定；没有约定或者约定不明确的，按照业主专有部分面积所占比例确定。

《最高人民法院关于审理建筑物区分所有权纠纷案件适用法律若干问题的解释》（2020年12月23日修正）

第十四条 建设单位、物业服务企业或者其他管理人等擅自占用、处分业主共有部分、改变其使用功能或者进行经营性活动，权利人请求排除妨害、恢复原状、确认处分行为无效或者赔偿损失的，人民法院应予支持。

属于前款所称擅自进行经营性活动的情形，权利人请求建设单位、物业服务企业或者其他管理人等将扣除合理成本之后的收益用于补充专项维修资金或者业主共同决定的其他用途的，人民法院应予支持。行为人对成本的支出及其合理性承担举证责任。

46. 业主撤销权纠纷

案由适用要点

［**释义**］业主撤销权纠纷是指业主认为业主大会或者业主委员会作出的决定侵害其合法权益，依照法律规定向人民法院提起的撤销业主大会或者业主委员会决定的纠纷。

［**管辖**］业主撤销权纠纷由建筑小区所在地人民法院管辖。

［**应注意的问题**］业主撤销权纠纷在适用上应当严格把握以下几点：

1. 提起诉讼的只能是小区的业主。按照《物业管理条例》第6条的规定，业主是指在该物业小区内享有房屋所有权的人，即享有建筑物区分所有权的人。现实生活中，业主的物业经常通过租赁等形式交给他人使用，真正承担物业义务的可能正是房屋的使用权人。这些房屋的使用权人能否享有业主的物业管理权利，法律目前没有明确的规定。所以，人民法院在受理业主撤销权诉讼时，要审查业主的身份，如果是房屋的使用权人而非所有权人的，一般不予准许。判断是否为业主查看房屋所有权登记簿即可。但应当看到，目前我国房屋市场仍然处于多样化阶段，对于国家工作人员等先前取得的福利性住房以及购买的经济适用房，包括一些集资建房，有的还没有办理产权登记，但已经入住且可能会发生物业方面的争议，对此类情况在原告主体资格要求上应当区别对待。

2. 被告为业主大会或者业主委员会，诉讼请求应当限于撤销业主大会或者业主委员会作出的物业管理方面的决定，即为撤销权之诉。对于因业主大会或者业主委员会作出的决定侵害某一或者某些业主的合法权益致其遭受损失能否请求损害赔偿的问题，《民法典》和其他法律没有明确的规定，理论上和实践中争论较大。鉴于业主大会和业主委员会是小区物业管理的自治组织，其本身并无财产可供执行，业主单独主张损害赔偿的，人民法院不予受理。在撤销之诉中一并提出损害赔偿的，人民法院对损害赔偿部分不予审理。此外，业主大会或者业主委员会作出的超出物业管理方面的决定，业主是否有权请求予以撤销？按照《物业管理条例》的规定，业主大会和业主委员会作出的超出物业管理的决定应当无效。业主对无效之决定提请法院撤销的，人民法院可以确认该决定无效。

3. 业主的撤销权诉讼应当限于业主大会或者业主委员会作出的决定，对于小区业主大会或者业主委员会选举中出现的争议，有关业主提出异议向人民法院起诉的，不属于民事争议，人民法院不予受理。

请求权基础规范指引

《中华人民共和国民法典》（2020年）

第二百七十八条【业主共同决定事项及表决】 下列事项由业主共同决定：

（一）制定和修改业主大会议事规则；

（二）制定和修改管理规约；

（三）选举业主委员会或者更换业主委员会成员；

（四）选聘和解聘物业服务企业或者其他管理人；

（五）使用建筑物及其附属设施的维修资金；

（六）筹集建筑物及其附属设施的维修资金；

（七）改建、重建建筑物及其附属设施；

（八）改变共有部分的用途或者利用共有部分从事经营活动；

（九）有关共有和共同管理权利的其他重大事项。

业主共同决定事项，应当由专有部分面积占比三分之二以上的业主且人数占比三分之二以上的业主参与表决。决定前款第六项至第八项规定的事项，应当经参与表决专有部分面积四分之三以上的业主且参与表决人数四分之三以上的业主同意。决定前款其他事项，应当经参与表决专有部分面积过半数的业主且参与表决人数过半数的业主同意。

第二百七十九条【业主改变住宅用途的限制条件】 业主不得违反法律、法规以及管理规约，将住宅改变为经营性用房。业主将住宅改变为经营性用房的，除遵守法律、法规以及管理规约外，应当经有利害关系的业主一致同意。

第二百八十条【业主大会、业主委员会决定的效力】 业主大会或者业主委员会的决定，对业主具有法律约束力。

业主大会或者业主委员会作出的决定侵害业主合法权益的，受侵害的业主可以请求人民法院予以撤销。

《物业管理条例》（2018年修订）

第八条 物业管理区域内全体业主组成业主大会。

业主大会应当代表和维护物业管理区域内全体业主在物业管理活动中的合法权益。

第九条 一个物业管理区域成立一个业主大会。

物业管理区域的划分应当考虑物业的共用设施设备、建筑物规模、社区建设等因素。具体办法由省、自治区、直辖市制定。

第十条 同一个物业管理区域内的业主，应当在物业所在地的区、县人民政府房地产行政主管部门或者街道办事处、乡镇人民政府的指导下成立业主大会，并选举产生业主委员会。但是，只有一个业主的，或者业主人数较少且经全体业主一致同意，决定不成立业主大会的，由业主共同履行业主大会、业主委员会职责。

第十二条 业主大会会议可以采用集体讨论的形式，也可以采用书面征求意见的形式；但是，应当有物业管理区域内专有部分占建筑物总面积过半数的业主且占总人数过半数的业主参加。

业主可以委托代理人参加业主大会会议。

业主大会决定本条例第十一条第（五）项和第（六）项规定的事项，应当经专有部分占建筑物总面积2/3以上的业主且占总人数2/3以上的业主同意；决定本条例第十一条规定的其他事项，应当经专有部分占建筑物总面积过半数的业主且占总人数过半数的业主同意。

业主大会或者业主委员会的决定，对业主具有约束力。

业主大会或者业主委员会作出的决定侵害业主合法权益的，受侵害的业主可以请求人民法院予以撤销。

第十五条 业主委员会执行业主大会的决定事项，履行下列职责：

（一）召集业主大会会议，报告物业管理的实施情况；

（二）代表业主与业主大会选聘的物业服务企业签订物业服务合同；

（三）及时了解业主、物业使用人的意见和建议，监督和协助物业服务企业履行物业服务合同；

（四）监督管理规约的实施；

（五）业主大会赋予的其他职责。

第十七条 管理规约应当对有关物业的使用、维护、管理，业主的共同利益，业主应当履行的义务，违反管理规约应当承担的责任等事项依法作出约定。

管理规约应当尊重社会公德，不得违反法律、法规或者损害社会公共利益。

管理规约对全体业主具有约束力。

第十九条 业主大会、业主委员会应当依法履行职责，不得作出与物业管理无关的决定，不得从事与物业管理无关的活动。

业主大会、业主委员会作出的决定违反法律、法规的，物业所在地的区、县人民政府房地产行政主管部门或者街道办事处、乡镇人民政府，应当责令限期改正或者撤销其决定，并通告全体业主。

《最高人民法院关于审理建筑物区分所有权纠纷案件适用法律若干问题的解释》（2020年12月23日修正）

第一条 依法登记取得或者依据民法典第二百二十九条至第二百三十一条规定取得建筑物专有部分所有权的人，应当认定为民法典第二编第六章所称的业主。

基于与建设单位之间的商品房买卖民事法律行为，已经合法占有建筑物专有部分，但尚未依法办理所有权登记的人，可以认定为民法典第二编第六章所称的业主。

第十二条 业主以业主大会或者业主委员会作出的决定侵害其合法权益或者违反了法律规定的程序为由，依据民法典第二百八十条第二款的规定请求人民法院撤销该决定的，应当在知道或者应当知道业主大会或者业主委员会作出决定之日起一年内行使。

47. 业主知情权纠纷

案由适用要点

［**释义**］业主知情权纠纷是指业主请求业主大会或者业主委员会公开依法应当向业主公开的资料和情况而引发的纠纷。

［**管辖**］业主知情权纠纷属于物业管理纠纷，主要发生在业主与业主大会、业主委员会之间，以业主大会、业主委员会为被告，可以由建筑小区所在地人民法院管辖。

［**应注意的问题**］在适用本案由时应当注意两点：一是关于业主知情权的范围，《民法典》第281条规定的建筑物及其附属设施的维修资金的筹集、使用情况只是其中的一种情形，最高人民法院司法解释增加了三项具体的情形，还有兜底条款。在确定知情权的范围时，可以根据实践中的具体情况来确定，但应当限于与业主共有相关的、涉及业主个人权利的情况。二是关于与业主撤销权纠纷等其他案由的关系问题。业主可以单独就知情权提起诉讼，也可能在提起的其他诉讼中涉及业主知情权，如业主撤销权纠纷中，可能涉及要求业主大会或者业主委员会公布其决定内容和有关程序等事项，只列业主撤销权纠纷案由即可。

请求权基础规范指引

《中华人民共和国民法典》（2020年）

第二百八十一条【建筑物及其附属设施维修资金的归属和处分】 建筑物

及其附属设施的维修资金，属于业主共有。经业主共同决定，可以用于电梯、屋顶、外墙、无障碍设施等共有部分的维修、更新和改造。建筑物及其附属设施的维修资金的筹集、使用情况应当定期公布。

紧急情况下需要维修建筑物及其附属设施的，业主大会或者业主委员会可以依法申请使用建筑物及其附属设施的维修资金。

《最高人民法院关于审理建筑物区分所有权纠纷案件适用法律若干问题的解释》（2020 年 12 月 23 日修正）

第十三条 业主请求公布、查阅下列应当向业主公开的情况和资料的，人民法院应予支持：

（一）建筑物及其附属设施的维修资金的筹集、使用情况；

（二）管理规约、业主大会议事规则，以及业主大会或者业主委员会的决定及会议记录；

（三）物业服务合同、共有部分的使用和收益情况；

（四）建筑区划内规划用于停放汽车的车位、车库的处分情况；

（五）其他应当向业主公开的情况和资料。

48. 遗失物返还纠纷

案由适用要点

［释义］ 遗失物是动产的所有人或占有人非基于其意愿而失去控制的物品。遗失物返还纠纷，是指所有权人或者其他权利人在遗失其财物后，请求拾得遗失物的人或者其他占有遗失物的人予以返还而引发的纠纷。

［管辖］ 遗失物返还纠纷通常而言属于动产返还纠纷，适用一般地域管辖，根据《民事诉讼法》第 22 条的规定，对公民提起的民事诉讼，由被告住所地人民法院管辖；被告住所地与经常居住地不一致的，由经常居住地人民法院管辖。

［应注意的问题］ 在适用遗失物返还纠纷案由时，应当注意以下几点：

1. 提起遗失物返还诉讼的原告应当是遗失物的所有权人或者其他物权人。单纯的占有人不能对占有物的遗失提起遗失物返还请求诉讼。

2. 遗失物返还纠纷以请求返还遗失物的诉讼为典型，但下列因遗失物而引发的纠纷也可以纳入此案由项下：（1）遗失物返还之支付购买费用纠纷；（2）遗失物返还时支付购买费用后向无权处分人的追偿权纠纷；（3）遗失物返还时的保管费用支付纠纷等。此外，依据《民法典》第 312 条规定的权利人请求无权处分人损害赔偿的，应为侵权责任纠纷，不宜直接列为遗失物返还纠纷。

3. 遗失物返还纠纷必须是针对遗失物提起的诉讼。并不是所有的物都构成遗失物，遗失物必须具备几个条件：(1) 须为有所有权主体的动产，即遗失物不是无主物。(2) 须所有人实际丧失占有。占有状态是否丧失，应依客观情形及社会一般观念而定，仅于暂时不能实现有效控制，不能称为丧失占有。(3) 须无人占有。实务中，所有权人或者其他权利人将某物品忘置于他人住所、宾馆、出租车上的，仍属有人占有，该物品应属于遗忘物的范畴。这时，不管该住所主人、宾馆管理人员、出租车司机等是否知道物主已将他的物品忘置于他们管领控制的范围，他们也都是该遗忘物品的占有人。

请求权基础规范指引

《中华人民共和国民法典》(2020 年)

第三百一十二条【遗失物的善意取得】 所有权人或者其他权利人有权追回遗失物。该遗失物通过转让被他人占有的，权利人有权向无处分权人请求损害赔偿，或者自知道或者应当知道受让人之日起二年内向受让人请求返还原物；但是，受让人通过拍卖或者向具有经营资格的经营者购得该遗失物的，权利人请求返还原物时应当支付受让人所付的费用。权利人向受让人支付所付费用后，有权向无处分权人追偿。

第三百一十三条【善意取得的动产上原有权利的消灭】 善意受让人取得动产后，该动产上的原有权利消灭。但是，善意受让人在受让时知道或者应当知道该权利的除外。

第三百一十四条【拾得遗失物的返还】 拾得遗失物，应当返还权利人。拾得人应当及时通知权利人领取，或者送交公安等有关部门。

第三百一十五条【有关部门收到遗失物的处理】 有关部门收到遗失物，知道权利人的，应当及时通知其领取；不知道的，应当及时发布招领公告。

第三百一十六条【拾得人及有关部门妥善保管遗失物义务】 拾得人在遗失物送交有关部门前，有关部门在遗失物被领取前，应当妥善保管遗失物。因故意或者重大过失致使遗失物毁损、灭失的，应当承担民事责任。

第三百一十七条【权利人在领取遗失物时应尽义务】 权利人领取遗失物时，应当向拾得人或者有关部门支付保管遗失物等支出的必要费用。

权利人悬赏寻找遗失物的，领取遗失物时应当按照承诺履行义务。

拾得人侵占遗失物的，无权请求保管遗失物等支出的费用，也无权请求权利人按照承诺履行义务。

第三百一十八条【公告期满无人认领的遗失物归属】 遗失物自发布招领公告之日起一年内无人认领的，归国家所有。

49. 漂流物返还纠纷

案由适用要点

[释义] 漂流物，通常是指漂浮于水上的物品。如果有的物品是沉没在水中的，通常被称为沉没物。沉没物应属于埋藏物或者隐藏物的范畴。漂流物返还纠纷是指漂流物的所有权人或者其他权利人请求拾得漂流物的人或者其他占有人归还漂流物的纠纷。

[管辖] 漂流物返还纠纷主要是动产返还纠纷，适用一般地域管辖，根据《民事诉讼法》第22条的规定，对公民提起的民事诉讼，由被告住所地人民法院管辖。

[应注意的问题] 漂流物返还纠纷是与遗失物返还纠纷并列的一类物权纠纷，所以《民事案件案由规定》将其列为第三级案由。由于漂流物返还纠纷在适用法律规定时参照《民法典》有关遗失物的规定处理，其适用范围和案件类型参照遗失物返还纠纷有关内容。比如《民法典》第316条规定的“拾得人在遗失物送交有关部门前，有关部门在遗失物被领取前，应当妥善保管遗失物。因故意或者重大过失致使遗失物毁损、灭失的，应当承担民事责任”，第317条规定的“权利人领取遗失物时，应当向拾得人或者有关部门支付保管遗失物等支出的必要费用。权利人悬赏寻找遗失物的，领取遗失物时应当按照承诺履行义务。拾得人侵占遗失物的，无权请求保管遗失物等支出的费用，也无权请求权利人按照承诺履行义务”等。

请求权基础规范指引

《中华人民共和国民法典》（2020年）

第三百一十九条【拾得漂流物、发现埋藏物或隐藏物】 拾得漂流物、发现埋藏物或者隐藏物的，参照适用拾得遗失物的有关规定。法律另有规定的，依照其规定。

50. 埋藏物返还纠纷

案由适用要点

[释义] 埋藏物是指埋藏于水、土之中，不易从外部发现且所有人不明的动产物品。埋藏物返还纠纷是指埋藏物的所有权人或者其他权利人请求发现埋藏物的人或者其他占有埋藏物的人返还埋藏物的纠纷。

[管辖] 埋藏物返还纠纷主要是动产返还纠纷，适用一般地域管辖，根据《民事诉讼法》第22条的规定，对公民提起的民事诉讼，由被告住所地人民法院管辖。

[应注意的问题] 发现埋藏物参照适用拾得遗失物规则的最为核心内容就是所有权归属问题。参照适用遗失物的规则，就意味着拾得人拾得漂流物、发现人发现埋藏物或隐藏物后，不能取得该物的所有权，也不能依法享有报酬请求权，有关部门给拾得人或发现人一定数额的物质奖励并不属于报酬请求权的范畴。但拾得人或发现人有权要求权利人或有关部门支付合理保管费用。同时，可以基于权利人的悬赏广告享有相应的报酬请求权。

请求权基础规范指引

《中华人民共和国民法典》（2020年）

第三百一十九条【拾得漂流物、发现埋藏物或隐藏物】 拾得漂流物、发现埋藏物或者隐藏物的，参照适用拾得遗失物的有关规定。法律另有规定的，依照其规定。

《中华人民共和国文物保护法》（2024年修订）

第五条 中华人民共和国境内地下、内水和领海中遗存的一切文物，以及中国管辖的其他海域内遗存的起源于中国的和起源国不明的文物，属于国家所有。

古文化遗址、古墓葬、石窟寺属于国家所有。国家指定保护的纪念建筑物、古建筑、古石刻、古壁画、近代现代代表性建筑等不可移动文物，除国家另有规定的以外，属于国家所有。

国有不可移动文物的所有权不因其所依附的土地的所有权或者使用权的改变而改变。

第四十六条 在建设工程、农业生产等活动中，任何单位或者个人发现文物或者疑似文物的，应当保护现场，立即报告当地文物行政部门；文物行政部门应当在接到报告后二十四小时内赶赴现场，并在七日内提出处理意见。文物行政部门应当采取措施保护现场，必要时可以通知公安机关或者海上执法机关协助；发现重要文物的，应当立即上报国务院文物行政部门，国务院文物行政部门应当在接到报告后十五日内提出处理意见。

依照前款规定发现的文物属于国家所有，任何单位或者个人不得哄抢、私分、藏匿。

第九十一条 有下列行为之一的，由县级以上人民政府文物行政部门会同公安机关、海上执法机关追缴文物，给予警告；情节严重的，对单位处十万元以上三百万元以下的罚款，对个人处五千元以上五万元以下的罚款：

（一）发现文物隐匿不报或者拒不上交；

（二）未按照规定移交拣选文物。

51. 隐藏物返还纠纷

案由适用要点

［**释义**］隐藏物返还纠纷即指隐藏物的权利人依法请求发现隐藏物的人或者其他占有人归还隐藏物的民事纠纷。

［**管辖**］隐藏物返还纠纷主要是动产返还纠纷，适用一般地域管辖，根据《民事诉讼法》第22条的规定，对公民提起的民事诉讼，由被告住所地人民法院管辖。

［**应注意的问题**］在适用本案由时应当注意，在法律适用上仍然要参照适用拾得遗失物的规则，具体可参阅上述埋藏物返还纠纷项下的内容。

请求权基础规范指引

《中华人民共和国民法典》（2020年）

第三百一十九条【拾得漂流物、发现埋藏物或隐藏物】 拾得漂流物、发现埋藏物或者隐藏物的，参照适用拾得遗失物的有关规定。法律另有规定的，依照其规定。

《中华人民共和国文物保护法》（2024年修订）

第五条 中华人民共和国境内地下、内水和领海中遗存的一切文物，以及中国管辖的其他海域内遗存的起源于中国的和起源国不明的文物，属于国家所有。

古文化遗址、古墓葬、石窟寺属于国家所有。国家指定保护的纪念建筑物、古建筑、古石刻、古壁画、近代现代代表性建筑等不可移动文物，除国家另有规定的以外，属于国家所有。

国有不可移动文物的所有权不因其所依附的土地的所有权或者使用权的改变而改变。

52. 添附物归属纠纷

案由适用要点

［**释义**］添附物归属纠纷是指添附物的所有权人因添附物的所有权归属发生争议而引发的纠纷。

［**管辖**］添附物归属纠纷应区分动产和不动产。如果仅涉及动产与动产的

混合、附合、加工，适用一般地域管辖，根据《民事诉讼法》第 22 条的规定，对公民提起的民事诉讼，由被告住所地人民法院管辖。如果涉及动产与不动产的混合、附合、加工，则应当由不动产所在地人民法院管辖。

［**应注意的问题**］应注意区分添附行为人主观上的善意和恶意。主观存在过错的恶意添附人构成侵权，不仅不能取得所有权，还应承担侵权责任。添附独有的价值在于促进物的有效利用，在发生添附的情况下，要恢复原状往往事实上已不可能，继续维持该添附物有利于维护经济价值，避免财产的浪费。因此，在确定权属时，法律不允许破坏物的一体性而强行将添附物拆除，并以物归原主的方式来明确物的所有权。

此外，在适用添附物归属纠纷时，应注意与不当得利纠纷的选择适用。在善意添附的情形下，则应依添附规则确定添附物的归属。善意添附人未获得添附物所有权的，可依不当得利之规定予以救济。受损害的一方当事人可以基于不当得利之债的内容，向得利者主张相应的返还责任。

请求权基础规范指引

《中华人民共和国民法典》（2020 年）

第三百二十二条【添附取得物的归属】 因加工、附合、混合而产生的物的归属，有约定的，按照约定；没有约定或者约定不明确的，依照法律规定；法律没有规定的，按照充分发挥物的效用以及保护无过错当事人的原则确定。因一方当事人的过错或者确定物的归属造成另一方当事人损害的，应当给予赔偿或者补偿。

《最高人民法院关于适用〈中华人民共和国民法典〉有关担保制度的解释》（法释〔2020〕28 号 2020 年 12 月 31 日）

第四十一条 抵押权依法设立后，抵押财产被添附，添附物归第三人所有，抵押权人主张抵押权效力及于补偿金的，人民法院应予支持。

抵押权依法设立后，抵押财产被添附，抵押人对添附物享有所有权，抵押权人主张抵押权的效力及于添附物的，人民法院应予支持，但是添附导致抵押财产价值增加的，抵押权的效力不及于增加的价值部分。

抵押权依法设立后，抵押人与第三人因添附成为添附物的共有人，抵押权人主张抵押权的效力及于抵押人对共有物享有的份额的，人民法院应予支持。

本条所称添附，包括附合、混合与加工。

53. 相邻关系纠纷

（1）相邻用水、排水纠纷
（2）相邻通行纠纷
（3）相邻土地、建筑物利用关系纠纷
（4）相邻通风纠纷
（5）相邻采光、日照纠纷
（6）相邻污染侵害纠纷
（7）相邻损害防免关系纠纷

案由适用要点

[释义] 相邻关系是指相互毗邻的两个以上不动产所有人、用益物权人或占有人，在用水、排水、通行、通风、采光等方面根据法律规定产生的权利义务关系。

相邻用水、排水关系是指相邻不动产权利人之间在用水和排水上相互给予必要便利的关系。对于自然流水的利用应当合理分配，对于自然流水的排放应当尊重自然流向。

相邻通行关系是指相邻不动产权利人之间在通行方面给予对方必要的土地使用上的便利关系。

相邻土地、建筑物利用关系是指不动产权利人因用水、排水、通行、铺设管线等利用相邻不动产时应当尽到必要的安全保护义务，一旦发生损害的应当承担相应的损害责任。相邻土地、建筑物利用既包括临时利用也包括长期利用。

相邻通风、采光、日照关系是指相邻不动产权利人之间在通风、采光、日照方面应给予对方必要的便利，一方在建造建筑物时，不得违反国家有关工程建设标准，妨碍相邻建筑物的通风、采光、日照。

相邻污染侵害是指相邻不动产权利人违反国家规定弃置固体废物，排放大气污染物、水污染物、噪声、光、电磁波辐射等有害物质，以侵害相邻人之生命安全、身体健康和生活环境。

相邻损害防免关系是指相邻不动产权利人在使用自己的不动产时，要防止和避免损害相邻之不动产的安全，如在挖掘土地、建造建筑物、铺设管线以及安装设备等时，要注意避免危及相邻不动产安全。

[管辖] 相邻关系纠纷是因不动产物权引发的纠纷，应由不动产所在地人民法院专属管辖。

[应注意的问题] 第四级案由可以直接适用，其他相邻关系的纠纷案件则

直接适用第三级案由。

1. 相邻用水、排水纠纷中常见的纠纷形式有：一是在水源不足时产生相邻用水关系纠纷，包括截水、蓄水、引水纠纷；二是在水源过剩时产生的排水纠纷。相邻用水、排水纠纷既包括相邻不动产权利人之间的用水和排水纠纷，即邻居之间的用水和排水纠纷，也包括相邻单位之间的用水和排水纠纷，如农村经济组织或者其他企业之间在用水和排水上产生的纠纷等。

2. 相邻通行纠纷包括：通行权利纠纷，通行损害赔偿纠纷，通道挤占、堵截纠纷，通道变更纠纷等。

3. 相邻土地、建筑物利用关系纠纷，包括因使用相邻不动产排水、用水、通行、铺设管线等造成相邻不动产权利人损害的赔偿纠纷，也包括不动产权利人因建造、修缮建筑物以及铺设电线、电缆、水管、暖气和燃气管线等必须利用相邻土地、建筑物的，该土地、建筑物的权利人在提供便利上发生的纠纷。

4. 相邻通风纠纷、相邻采光纠纷、相邻日照纠纷具体可分为排除妨碍、损害赔偿两类诉讼形式。

5. 相邻污染侵害纠纷包括：弃置固体废物污染纠纷、排放大气污染物纠纷、排放水污染物纠纷、噪声污染纠纷、光污染纠纷、电磁波辐射污染纠纷等。主要诉讼形式包括排除妨碍、消除危险、停止侵害和损害赔偿等。

6. 相邻损害防免关系纠纷包括：挖掘土地、建造建筑物、铺设管线以及安装设备等可能危及相邻不动产安全而引发的纠纷。

7. 除上述典型的相邻关系纠纷外，还存在一些比较少见的相邻关系纠纷，可以直接适用第三级相邻关系纠纷的案由，如相邻滴水纠纷、相邻观景纠纷。

请求权基础规范指引

《中华人民共和国民法典》（2020 年）

第二百八十八条【处理相邻关系的原则】 不动产的相邻权利人应当按照有利生产、方便生活、团结互助、公平合理的原则，正确处理相邻关系。

第二百八十九条【处理相邻关系的法律依据】 法律、法规对处理相邻关系有规定的，依照其规定；法律、法规没有规定的，可以按照当地习惯。

第二百九十条【用水、排水相邻关系】 不动产权利人应当为相邻权利人用水、排水提供必要的便利。

对自然流水的利用，应当在不动产的相邻权利人之间合理分配。对自然流水的排放，应当尊重自然流向。

第二百九十一条【通行相邻关系】 不动产权利人对相邻权利人因通行等必须利用其土地的，应当提供必要的便利。

第二百九十二条【相邻土地的利用】 不动产权利人因建造、修缮建筑物以及铺设电线、电缆、水管、暖气和燃气管线等必须利用相邻土地、建筑物的，该土地、建筑物的权利人应当提供必要的便利。

第二百九十三条【相邻通风、采光和日照】 建造建筑物，不得违反国家有关工程建设标准，不得妨碍相邻建筑物的通风、采光和日照。

第二百九十四条【相邻不动产之间不可量物侵害】 不动产权利人不得违反国家规定弃置固体废物，排放大气污染物、水污染物、土壤污染物、噪声、光辐射、电磁辐射等有害物质。

第二百九十五条【维护相邻不动产安全】 不动产权利人挖掘土地、建造建筑物、铺设管线以及安装设备等，不得危及相邻不动产的安全。

第二百九十六条【使用相邻不动产避免造成损害】 不动产权利人因用水、排水、通行、铺设管线等利用相邻不动产的，应当尽量避免对相邻的不动产权利人造成损害。

54. 共有纠纷

（1）共有权确认纠纷

（2）共有物分割纠纷

（3）共有人优先购买权纠纷

（4）债权人代位析产纠纷

案由适用要点

［**释义**］共有是指两个以上自然人、法人或者非法人组织对同一不动产或者动产共同享有所有权、用益物权或者担保物权。

［**管辖**］共有权确认纠纷、共有物分割纠纷、共有人优先购买权纠纷和债权人代位析产纠纷，应区别共有为不动产还是动产分别确定管辖。不动产的，由不动产所在地人民法院专属管辖；动产的，则适用《民事诉讼法》规定的一般地域管辖，由被告住所地或者所在地人民法院管辖。

［**应注意的问题**］共有制度是《民法典》所有权制度的重要内容，在现代生活中普遍存在。鉴于共有的重要性，《民事案件案由规定》将共有纠纷规定为第三级民事案由。除共有权确认纠纷、共有物分割纠纷、共有人优先购买权纠纷、债权人代位析产纠纷外，共有纠纷还包括共有之份额纠纷、共有人义务承担纠纷、共有物管理纠纷等，这些第四级案由未予列明的可直接适用共有纠纷案由。

请求权基础规范指引

《中华人民共和国民法典》（2020年）

第二百九十八条【按份共有】 按份共有人对共有的不动产或者动产按照其份额享有所有权。

第二百九十九条【共同共有】 共同共有人对共有的不动产或者动产共同享有所有权。

第三百条【共有人对共有物的管理权】 共有人按照约定管理共有的不动产或者动产；没有约定或者约定不明确的，各共有人都有管理的权利和义务。

第三百零一条【共有物的处分、重大修缮和性质、用途变更】 处分共有的不动产或者动产以及对共有的不动产或者动产作重大修缮、变更性质或者用途的，应当经占份额三分之二以上的按份共有人或者全体共同共有人同意，但是共有人之间另有约定的除外。

第三百零二条【共有物管理费用的分担】 共有人对共有物的管理费用以及其他负担，有约定的，按照其约定；没有约定或者约定不明确的，按份共有人按照其份额负担，共同共有人共同负担。

第三百零三条【共有物的分割】 共有人约定不得分割共有的不动产或者动产，以维持共有关系的，应当按照约定，但是共有人有重大理由需要分割的，可以请求分割；没有约定或者约定不明确的，按份共有人可以随时请求分割，共同共有人在共有的基础丧失或者有重大理由需要分割时可以请求分割。因分割造成其他共有人损害的，应当给予赔偿。

第三百零四条【共有物的分割方式】 共有人可以协商确定分割方式。达不成协议，共有的不动产或者动产可以分割且不会因分割减损价值的，应当对实物予以分割；难以分割或者因分割会减损价值的，应当对折价或者拍卖、变卖取得的价款予以分割。

共有人分割所得的不动产或者动产有瑕疵的，其他共有人应当分担损失。

第三百零五条【按份共有人的份额处分权和其他共有人的优先购买权】 按份共有人可以转让其享有的共有的不动产或者动产份额。其他共有人在同等条件下享有优先购买的权利。

第三百零六条【优先购买权的实现方式】 按份共有人转让其享有的共有的不动产或者动产份额的，应当将转让条件及时通知其他共有人。其他共有人应当在合理期限内行使优先购买权。

两个以上其他共有人主张行使优先购买权的，协商确定各自的购买比例；协商不成的，按照转让时各自的共有份额比例行使优先购买权。

第三百零七条【因共有财产产生的债权债务关系的对外、对内效力】 因共有的不动产或者动产产生的债权债务，在对外关系上，共有人享有连带债权、承担连带债务，但是法律另有规定或者第三人知道共有人不具有连带债权债务关系的除外；在共有人内部关系上，除共有人另有约定外，按份共有人按照份额享有债权、承担债务，共同共有人共同享有债权、承担债务。偿还债务超过自己应当承担份额的按份共有人，有权向其他共有人追偿。

第三百零八条【按份共有的推定】 共有人对共有的不动产或者动产没有约定为按份共有或者共同共有，或者约定不明确的，除共有人具有家庭关系等外，视为按份共有。

第三百零九条【按份共有人份额的确定】 按份共有人对共有的不动产或者动产享有的份额，没有约定或者约定不明确的，按照出资额确定；不能确定出资额的，视为等额享有。

第三百一十条【用益物权、担保物权共有的参照适用】 两个以上组织、个人共同享有用益物权、担保物权的，参照适用本章的有关规定。

第一千零六十二条【夫妻共同财产】 夫妻在婚姻关系存续期间所得的下列财产，为夫妻的共同财产，归夫妻共同所有：

（一）工资、奖金、劳务报酬；

（二）生产、经营、投资的收益；

（三）知识产权的收益；

（四）继承或者受赠的财产，但是本法第一千零六十三条第三项规定的除外；

（五）其他应当归共同所有的财产。

夫妻对共同财产，有平等的处理权。

第一千零六十三条【夫妻个人财产】 下列财产为夫妻一方的个人财产：

（一）一方的婚前财产；

（二）一方因受到人身损害获得的赔偿或者补偿；

（三）遗嘱或者赠与合同中确定只归一方的财产；

（四）一方专用的生活用品；

（五）其他应当归一方的财产。

第一千零六十四条【夫妻共同债务】 夫妻双方共同签名或者夫妻一方事后追认等共同意思表示所负的债务，以及夫妻一方在婚姻关系存续期间以个人名义为家庭日常生活需要所负的债务，属于夫妻共同债务。

夫妻一方在婚姻关系存续期间以个人名义超出家庭日常生活需要所负的债务，不属于夫妻共同债务；但是，债权人能够证明该债务用于夫妻共同生活、共同生产经营或者基于夫妻双方共同意思表示的除外。

第一千零六十五条【夫妻约定财产制】 男女双方可以约定婚姻关系存续期间所得的财产以及婚前财产归各自所有、共同所有或者部分各自所有、部分共同所有。约定应当采用书面形式。没有约定或者约定不明确的，适用本法第一千零六十二条、第一千零六十三条的规定。

夫妻对婚姻关系存续期间所得的财产以及婚前财产的约定，对双方具有法律约束力。

夫妻对婚姻关系存续期间所得的财产约定归各自所有，夫或者妻一方对外所负的债务，相对人知道该约定的，以夫或者妻一方的个人财产清偿。

第一千零六十六条【婚姻关系存续期间夫妻共同财产的分割】 婚姻关系存续期间，有下列情形之一的，夫妻一方可以向人民法院请求分割共同财产：

（一）一方有隐藏、转移、变卖、毁损、挥霍夫妻共同财产或者伪造夫妻共同债务等严重损害夫妻共同财产利益的行为；

（二）一方负有法定扶养义务的人患重大疾病需要医治，另一方不同意支付相关医疗费用。

《最高人民法院关于人民法院民事执行中查封、扣押、冻结财产的规定》（2020年12月23日修正）

第十二条 对被执行人与其他人共有的财产，人民法院可以查封、扣押、冻结，并及时通知共有人。

共有人协议分割共有财产，并经债权人认可的，人民法院可以认定有效。查封、扣押、冻结的效力及于协议分割后被执行人享有份额内的财产；对其他共有人享有份额内的财产的查封、扣押、冻结，人民法院应当裁定予以解除。

共有人提起析产诉讼或者申请执行人代位提起析产诉讼的，人民法院应当准许。诉讼期间中止对该财产的执行。

《最高人民法院关于适用〈中华人民共和国民法典〉物权编的解释（一）》（法释〔2020〕24号　2020年12月29日）

第七条 人民法院、仲裁机构在分割共有不动产或者动产等案件中作出并依法生效的改变原有物权关系的判决书、裁决书、调解书，以及人民法院在执行程序中作出的拍卖成交裁定书、变卖成交裁定书、以物抵债裁定书，应当认定为民法典第二百二十九条所称导致物权设立、变更、转让或者消灭的人民法院、仲裁机构的法律文书。

第九条 共有份额的权利主体因继承、遗赠等原因发生变化时，其他按份共有人主张优先购买的，不予支持，但按份共有人之间另有约定的除外。

第十条 民法典第三百零五条所称的“同等条件”，应当综合共有份额的转让价格、价款履行方式及期限等因素确定。

第十一条 优先购买权的行使期间，按份共有人之间有约定的，按照约定处理；没有约定或者约定不明的，按照下列情形确定：

（一）转让人向其他按份共有人发出的包含同等条件内容的通知中载明行使期间的，以该期间为准；

（二）通知中未载明行使期间，或者载明的期间短于通知送达之日起十五日的，为十五日；

（三）转让人未通知的，为其他按份共有人知道或者应当知道最终确定的同等条件之日起十五日；

（四）转让人未通知，且无法确定其他按份共有人知道或者应当知道最终确定的同等条件的，为共有份额权属转移之日起六个月。

第十二条 按份共有人向共有人之外的人转让其份额，其他按份共有人根据法律、司法解释规定，请求按照同等条件优先购买该共有份额的，应予支持。其他按份共有人的请求具有下列情形之一的，不予支持：

（一）未在本解释第十一条规定的期间内主张优先购买，或者虽主张优先购买，但提出减少转让价款、增加转让人负担等实质性变更要求；

（二）以其优先购买权受到侵害为由，仅请求撤销共有份额转让合同或者认定该合同无效。

第十三条 按份共有人之间转让共有份额，其他按份共有人主张依据民法典第三百零五条规定优先购买的，不予支持，但按份共有人之间另有约定的除外。

七、用益物权纠纷

55. 海域使用权纠纷

案由适用要点

［**释义**］海域使用权是指单位或个人以法定方式取得的对国家所有的特定海域的排他性支配权利。海域使用权要经过行政许可方能取得，所以又称为特许物权。海域使用权一经审批准许并依法登记后即成为独立的用益物权，使用权人即可以占有、使用、收益和处分。海域使用权取得后，权利人可以依法转让、赠与，也可依法继承。

［**管辖**］海域使用权纠纷是基于海域发生的纠纷，应由不动产所在地人民法院专属管辖。因海域使用权转让、抵押、继承、出租等引起的纠纷，区别产生纠纷的基础法律关系依照《民事诉讼法》的相关规定确定管辖。

［**应注意的问题**］在适用本案由时应当特别注意，由于海域使用权是行政许可的特许物权，在权利取得、转让、管理等方面具有很强的行政管理特点，要区别哪些涉及海域使用权的纠纷是用益物权纠纷，哪些纠纷本身不是民事纠纷。只有海域使用权民事纠纷才可以适用本案由。如果属于海域使用

权审批方面的纠纷，则属于行政纠纷，当事人应当按照行政诉讼起诉，已作为民事案件起诉的，人民法院不予受理。具体而言，海域使用权纠纷主要是指海域使用权转让、继承、使用收益、赠与、质押、海域侵权等纠纷案件。

请求权基础规范指引

《中华人民共和国民法典》（2020 年）

第三百二十八条【海域使用权的法律保护】 依法取得的海域使用权受法律保护。

《中华人民共和国海域使用管理法》（2001 年）

第十九条 海域使用申请经依法批准后，国务院批准用海的，由国务院海洋行政主管部门登记造册，向海域使用申请人颁发海域使用权证书；地方人民政府批准用海的，由地方人民政府登记造册，向海域使用申请人颁发海域使用权证书。海域使用申请人自领取海域使用权证书之日起，取得海域使用权。

第二十条 海域使用权除依照本法第十九条规定的方式取得外，也可以通过招标或者拍卖的方式取得。招标或者拍卖方案由海洋行政主管部门制订，报有审批权的人民政府批准后组织实施。海洋行政主管部门制订招标或者拍卖方案，应当征求同级有关部门的意见。

招标或者拍卖工作完成后，依法向中标人或者买受人颁发海域使用权证书。中标人或者买受人自领取海域使用权证书之日起，取得海域使用权。

第二十二条 本法施行前，已经由农村集体经济组织或者村民委员会经营、管理的养殖用海，符合海洋功能区划的，经当地县级人民政府核准，可以将海域使用权确定给该农村集体经济组织或者村民委员会，由本集体经济组织的成员承包，用于养殖生产。

第二十三条 海域使用权人依法使用海域并获得收益的权利受法律保护，任何单位和个人不得侵犯。

海域使用权人有依法保护和合理使用海域的义务；海域使用权人对不妨害其依法使用海域的非排他性用海活动，不得阻挠。

第二十五条 海域使用权最高期限，按照下列用途确定：

（一）养殖用海十五年；

（二）拆船用海二十年；

（三）旅游、娱乐用海二十五年；

（四）盐业、矿业用海三十年；

（五）公益事业用海四十年；

（六）港口、修造船厂等建设工程用海五十年。

第二十七条 因企业合并、分立或者与他人合资、合作经营，变更海域使用权人的，需经原批准用海的人民政府批准。

海域使用权可以依法转让。海域使用权转让的具体办法，由国务院规定。

海域使用权可以依法继承。

第二十九条 海域使用权期满，未申请续期或者申请续期未获批准的，海域使用权终止。

海域使用权终止后，原海域使用权人应当拆除可能造成海洋环境污染或者影响其他用海项目的用海设施和构筑物。

第三十条 因公共利益或者国家安全的需要，原批准用海的人民政府可以依法收回海域使用权。

依照前款规定在海域使用权期满前提前收回海域使用权的，对海域使用权人应当给予相应的补偿。

第三十一条 因海域使用权发生争议，当事人协商解决不成的，由县级以上人民政府海洋行政主管部门调解；当事人也可以直接向人民法院提起诉讼。

在海域使用权争议解决前，任何一方不得改变海域使用现状。

第三十二条 填海项目竣工后形成的土地，属于国家所有。

海域使用权人应当自填海项目竣工之日起三个月内，凭海域使用权证书，向县级以上人民政府土地行政主管部门提出土地登记申请，由县级以上人民政府登记造册，换发国有土地使用权证书，确认土地使用权。

《海域使用权管理规定》（2006 年）

第三十条 同一海域有两个或者两个以上用海意向人的，应当采用招标、拍卖方式出让海域使用权。

除下列情形外，海洋行政主管部门可以采取招标、拍卖方式出让海域使用权：

（一）国务院或国务院投资主管部门审批、核准的建设项目；

（二）国防建设项目；

（三）传统赶海区、海洋保护区、有争议的海域或涉及公共利益的海域；

（四）法律法规规定的其他情形。

第三十四条 以招标、拍卖方式确定中标人、买受人后，海洋行政主管部门和中标人、买受人签署成交确认书，并按规定签订海域使用权出让合同。

中标人、买受人应当持价款缴纳凭证和海域使用权出让合同，办理海域使用权登记，领取海域使用权证书。

第三十七条 海域使用权有出售、赠与、作价入股、交换等情形的，可以依法转让。

第三十八条 转让海域使用权应当具备下列条件：

（一）开发利用海域满一年；

（二）不改变海域用途；

（三）已缴清海域使用金；

（四）除海域使用金以外，实际投资已达计划投资总额百分之二十以上；

（五）原海域使用权人无违法用海行为，或违法用海行为已依法处理。

第四十一条 海域使用权出租的，承租人应当按照海域使用权证书确定的面积、年限和用途使用海域。

海域使用权出租、抵押时，其固定附属用海设施随之出租、抵押，固定附属用海设施出租、抵押时，其使用范围内的海域使用权随之出租、抵押。法律法规另有规定的，从其规定。

海域使用权取得时免缴或者减缴海域使用金的，补缴海域使用金后方可出租、抵押。

第四十二条 有下列情形之一的，海域使用权不得出租、抵押：

（一）权属不清或者权属有争议的；

（二）未按规定缴纳海域使用金、改变海域用途等违法用海的；

（三）油气及其他海洋矿产资源勘查开采的；

（四）海洋行政主管部门认为不能出租、抵押的。

第四十三条 海域使用权出租、抵押的，双方当事人应当到原登记机关办理登记手续。

56. 探矿权纠纷

案由适用要点

[释义] 探矿权是指公民、法人或者非法人组织依照法律规定取得就特定地域的某一种或者某几种矿藏进行勘探的权利。

[管辖] 探矿权纠纷一般应由矿藏所在地人民法院专属管辖。因探矿权出让、转让、抵押、继承、出租等引起的纠纷，区别产生纠纷的基础法律关系，依照《民事诉讼法》的相关规定确定管辖。

[应注意的问题] 探矿权作为独立的用益物权之一种，《民事案件案由规定》将其规定为第三级案由，涉及探矿权的民事案件，可以直接适用该案由。由于探矿权也是特许物权的一种，在许可、转让和管理上有明显的行政要求，在适用该案由时，首先应当区分所涉案件是否属于民事案件，再确定该案件是否属于物权争议。

请求权基础规范指引

《中华人民共和国民法典》（2020年）

第三百二十九条【合法探矿权等权利的法律保护】 依法取得的探矿权、采矿权、取水权和使用水域、滩涂从事养殖、捕捞的权利受法律保护。

《中华人民共和国矿产资源法》（2024年修订）

第四条 矿产资源属于国家所有，由国务院代表国家行使矿产资源的所有权。地表或者地下的矿产资源的国家所有权，不因其所依附的土地的所有权或者使用权的不同而改变。

各级人民政府应当加强矿产资源保护工作。禁止任何单位和个人以任何手段侵占或者破坏矿产资源。

第五条 勘查、开采矿产资源应当依法分别取得探矿权、采矿权，本法另有规定的除外。

国家保护依法取得的探矿权、采矿权不受侵犯，维护矿产资源勘查、开采区域的生产秩序、工作秩序。

第十六条 国家实行探矿权、采矿权有偿取得的制度。

探矿权、采矿权统称矿业权。

第十七条 矿业权应当通过招标、拍卖、挂牌等竞争性方式出让，法律、行政法规或者国务院规定可以通过协议出让或者其他方式设立的除外。

矿业权出让权限划分由国务院规定。县级以上人民政府自然资源主管部门按照规定权限组织矿业权出让。

矿业权出让应当按照国家规定纳入统一的公共资源交易平台体系。

《最高人民法院关于审理矿业权纠纷案件适用法律若干问题的解释》（2020年12月23日修正）

第三条 受让人请求自矿产资源勘查许可证、采矿许可证载明的有效期起始日确认其探矿权、采矿权的，人民法院应予支持。

矿业权出让合同生效后、矿产资源勘查许可证或者采矿许可证颁发前，第三人越界或者以其他方式非法勘查开采，经出让人同意已实际占有勘查作业区或者矿区的受让人，请求第三人承担停止侵害、排除妨碍、赔偿损失等侵权责任的，人民法院应予支持。

第十八条 当事人约定在自然保护区、风景名胜区、重点生态功能区、生态环境敏感区和脆弱区等区域内勘查开采矿产资源，违反法律、行政法规的强制性规定或者损害环境公共利益的，人民法院应依法认定合同无效。

第十九条 因越界勘查开采矿产资源引发的侵权责任纠纷，涉及自然资源主管部门批准的勘查开采范围重复或者界限不清的，人民法院应告知当事人先向自然资源主管部门申请解决。

第二十条　因他人越界勘查开采矿产资源，矿业权人请求侵权人承担停止侵害、排除妨碍、返还财产、赔偿损失等侵权责任的，人民法院应予支持，但探矿权人请求侵权人返还越界开采的矿产品及收益的除外。

第二十一条　勘查开采矿产资源造成环境污染，或者导致地质灾害、植被毁损等生态破坏，国家规定的机关或者法律规定的组织提起环境公益诉讼的，人民法院应依法予以受理。

国家规定的机关或者法律规定的组织为保护国家利益、环境公共利益提起诉讼的，不影响因同一勘查开采行为受到人身、财产损害的自然人、法人和非法人组织依据民事诉讼法第一百一十九条的规定提起诉讼。

第二十二条　人民法院在审理案件中，发现无证勘查开采，勘查资质、地质资料造假，或者勘查开采未履行生态环境修复义务等违法情形的，可以向有关行政主管部门提出司法建议，由其依法处理；涉嫌犯罪的，依法移送侦查机关处理。

57. 采矿权纠纷

案由适用要点

［**释义**］采矿权是指法人、自然人或者非法人组织依法取得就特定地域的某一种或者几种矿产进行开采、利用并取得收益的权利。

［**管辖**］采矿权纠纷一般应由矿藏所在地人民法院专属管辖。因采矿权出让、转让、抵押、继承、出租等引起的纠纷，区别产生纠纷的基础法律关系，依照《民事诉讼法》的相关规定确定管辖。

［**应注意的问题**］采矿权是有效开采和利用国家矿产资源的一种物权形式，在我国具有非常重要的经济价值，也是普遍存在的物权形态。因此，《民事案件案由规定》将因采矿权产生的物权纠纷列为用益物权纠纷下的第三级案由。

请求权基础规范指引

《中华人民共和国民法典》（2020年）

第三百二十九条【合法探矿权等权利的法律保护】　依法取得的探矿权、采矿权、取水权和使用水域、滩涂从事养殖、捕捞的权利受法律保护。

《中华人民共和国矿产资源法》（2024年修订）

第四条　矿产资源属于国家所有，由国务院代表国家行使矿产资源的所有权。地表或者地下的矿产资源的国家所有权，不因其所依附的土地的所有权或者使用权的不同而改变。

各级人民政府应当加强矿产资源保护工作。禁止任何单位和个人以任何手段侵占或者破坏矿产资源。

第五条 勘查、开采矿产资源应当依法分别取得探矿权、采矿权，本法另有规定的除外。

国家保护依法取得的探矿权、采矿权不受侵犯，维护矿产资源勘查、开采区域的生产秩序、工作秩序。

第十六条 国家实行探矿权、采矿权有偿取得的制度。

探矿权、采矿权统称矿业权。

第十七条 矿业权应当通过招标、拍卖、挂牌等竞争性方式出让，法律、行政法规或者国务院规定可以通过协议出让或者其他方式设立的除外。

矿业权出让权限划分由国务院规定。县级以上人民政府自然资源主管部门按照规定权限组织矿业权出让。

矿业权出让应当按照国家规定纳入统一的公共资源交易平台体系。

《探矿权采矿权转让管理办法》（2014 年修订）

第三条 除按照下列规定可以转让外，探矿权、采矿权不得转让：

（一）探矿权人有权在划定的勘查作业区内进行规定的勘查作业，有权优先取得勘查作业区内矿产资源的采矿权。探矿权人在完成规定的最低勘查投入后，经依法批准，可以将探矿权转让他人。

（二）已经取得采矿权的矿山企业，因企业合并、分立，与他人合资、合作经营，或者因企业资产出售以及有其他变更企业资产产权的情形，需要变更采矿权主体的，经依法批准，可以将采矿权转让他人采矿。

第四条 国务院地质矿产主管部门和省、自治区、直辖市人民政府地质矿产主管部门是探矿权、采矿权转让的审批管理机关。

国务院地质矿产主管部门负责由其审批发证的探矿权、采矿权转让的审批。

省、自治区、直辖市人民政府地质矿产主管部门负责本条第二款规定以外的探矿权、采矿权转让的审批。

第六条 转让采矿权，应当具备下列条件：

（一）矿山企业投入采矿生产满 1 年；

（二）采矿权属无争议；

（三）按照国家有关规定已经缴纳采矿权使用费、采矿权价款、矿产资源补偿费和资源税；

（四）国务院地质矿产主管部门规定的其他条件。

国有矿山企业在申请转让采矿权前，应当征得矿山企业主管部门的同意。

《最高人民法院关于审理矿业权纠纷案件适用法律若干问题的解释》（2020年12月23日修正）

第三条 受让人请求自矿产资源勘查许可证、采矿许可证载明的有效期起始日确认其探矿权、采矿权的，人民法院应予支持。

矿业权出让合同生效后、矿产资源勘查许可证或者采矿许可证颁发前，第三人越界或者以其他方式非法勘查开采，经出让人同意已实际占有勘查作业区或者矿区的受让人，请求第三人承担停止侵害、排除妨碍、赔偿损失等侵权责任的，人民法院应予支持。

第十八条 当事人约定在自然保护区、风景名胜区、重点生态功能区、生态环境敏感区和脆弱区等区域内勘查开采矿产资源，违反法律、行政法规的强制性规定或者损害环境公共利益的，人民法院应依法认定合同无效。

第十九条 因越界勘查开采矿产资源引发的侵权责任纠纷，涉及自然资源主管部门批准的勘查开采范围重复或者界限不清的，人民法院应告知当事人先向自然资源主管部门申请解决。

第二十条 因他人越界勘查开采矿产资源，矿业权人请求侵权人承担停止侵害、排除妨碍、返还财产、赔偿损失等侵权责任的，人民法院应予支持，但探矿权人请求侵权人返还越界开采的矿产品及收益的除外。

第二十一条 勘查开采矿产资源造成环境污染，或者导致地质灾害、植被毁损等生态破坏，国家规定的机关或者法律规定的组织提起环境公益诉讼的，人民法院应依法予以受理。

国家规定的机关或者法律规定的组织为保护国家利益、环境公共利益提起诉讼的，不影响因同一勘查开采行为受到人身、财产损害的自然人、法人和非法人组织依据民事诉讼法第一百一十九条的规定提起诉讼。

第二十二条 人民法院在审理案件中，发现无证勘查开采，勘查资质、地质资料造假，或者勘查开采未履行生态环境修复义务等违法情形的，可以向有关行政主管部门提出司法建议，由其依法处理；涉嫌犯罪的，依法移送侦查机关处理。

58. 取水权纠纷

案由适用要点

[释义] 取水权是指单位和个人依照法定程序取得的取水利用的权利，属于一种用益物权。取水权人享有依法取水和收益的排他性权利，其他任何人不得侵犯。

[管辖] 取水权纠纷一般应由水域所在地人民法院专属管辖。因取水权转

让、抵押、继承、出租等引起的纠纷，区别产生纠纷的基础法律关系，依照《民事诉讼法》的相关规定确定管辖。

［**应注意的问题**］取水权作为特许物权，与探矿权、采矿权等有很多相似的地方，特别是在区分行政许可事项和取水权物权纠纷时要特别注意。从现有法律规定来看，除《民法典》外，有关取水权的规定主要有《水法》及相关行政法规，如《取水许可和水资源费征收管理条例》《取水许可管理办法》。

请求权基础规范指引

《中华人民共和国民法典》（2020年）

第三百二十九条【合法探矿权等权利的法律保护】 依法取得的探矿权、采矿权、取水权和使用水域、滩涂从事养殖、捕捞的权利受法律保护。

《中华人民共和国水法》（2016年修正）

第三条 水资源属于国家所有。水资源的所有权由国务院代表国家行使。农村集体经济组织的水塘和由农村集体经济组织修建管理的水库中的水，归各该农村集体经济组织使用。

第二十八条 任何单位和个人引水、截（蓄）水、排水，不得损害公共利益和他人的合法权益。

《取水许可和水资源费征收管理条例》（2017年修订）

第二条 本条例所称取水，是指利用取水工程或者设施直接从江河、湖泊或者地下取用水资源。

取用水资源的单位和个人，除本条例第四条规定的情形外，都应当申请领取取水许可证，并缴纳水资源费。

本条例所称取水工程或者设施，是指闸、坝、渠道、人工河道、虹吸管、水泵、水井以及水电站等。

第五条 取水许可应当首先满足城乡居民生活用水，并兼顾农业、工业、生态与环境用水以及航运等需要。

省、自治区、直辖市人民政府可以依照本条例规定的职责权限，在同一流域或者区域内，根据实际情况对前款各项用水规定具体的先后顺序。

59. 养殖权纠纷

案由适用要点

［**释义**］养殖权是指法人、自然人或者非法人组织依法在国家或者集体所有的水域、滩涂进行养殖的排他性权利。

［**管辖**］养殖权纠纷，一般应由养殖地的人民法院专属管辖。因养殖权转

让、抵押、继承、出租等引起的纠纷，区别产生纠纷的基础法律关系，依照《民事诉讼法》的相关规定确定管辖。

[**应注意的问题**] 养殖权成为物权的前提是要经过行政许可，并办理相关的登记手续。养殖权取得后发生的因转让、抵押、经营使用、出租等产生纠纷的案件，可以适用本案由。

请求权基础规范指引

《中华人民共和国民法典》（2020 年）

第三百二十九条【合法探矿权等权利的法律保护】 依法取得的探矿权、采矿权、取水权和使用水域、滩涂从事养殖、捕捞的权利受法律保护。

《中华人民共和国渔业法》（2013 年修正）

第十一条 国家对水域利用进行统一规划，确定可以用于养殖业的水域和滩涂。单位和个人使用国家规划确定用于养殖业的全民所有的水域、滩涂的，使用者应当向县级以上地方人民政府渔业行政主管部门提出申请，由本级人民政府核发养殖证，许可其使用该水域、滩涂从事养殖生产。核发养殖证的具体办法由国务院规定。

集体所有的或者全民所有由农业集体经济组织使用的水域、滩涂，可以由个人或者集体承包，从事养殖生产。

《渔业资源增殖保护费征收使用办法》（2011 年修订）

第二条 凡在中华人民共和国的内水、滩涂、领海以及中华人民共和国管辖的其他海域采捕天然生长和人工增殖水生动植物的单位和个人，必须依照本办法缴纳渔业资源增殖保护费（以下简称“渔业资源费”）。

《中华人民共和国渔业法实施细则》（2020 年修订）①

第十条 使用全民所有的水面、滩涂，从事养殖生产的全民所有制单位和集体所有制单位，应当向县级以上地方人民政府申请养殖使用证。

全民所有的水面、滩涂在一县行政区域内的，由该县人民政府核发养殖使用证；跨县的，由有关县协商核发养殖使用证，必要时由上级人民政府决定核发养殖使用证。

第十一条 领取养殖使用证的单位，无正当理由未从事养殖生产，或者放养量低于当地同类养殖水域平均放养量 60%的，应当视为荒芜。

第十二条 全民所有的水面、滩涂中的鱼、虾、蟹、贝、藻类的自然产卵场、繁殖场、索饵场及重要的洄游通道必须予以保护，不得划作养殖场所。

---

① 《中华人民共和国渔业法实施细则》于 1987 年 10 月 14 日国务院批准，1987 年 10 月 20 日农牧渔业部发布，根据 2020 年 3 月 27 日《国务院关于修改和废止部分行政法规的决定》第一次修订，根据 2020 年 11 月 29 日《国务院关于修改和废止部分行政法规的决定》第二次修订。

60. 捕捞权纠纷

案由适用要点

［**释义**］捕捞权是指法人、自然人或者非法人组织依照法律的规定，在我国内水、滩涂、海域从事捕捞水生动物和植物的权利。捕捞权纠纷是指因捕捞权的取得、使用、收益、转让、侵权等引发的民事纠纷。

［**管辖**］捕捞权纠纷，一般应由捕捞地的人民法院专属管辖。因捕捞权转让、抵押、继承、出租等引起的纠纷，区别产生纠纷的基础法律关系，依照《民事诉讼法》的相关规定确定管辖。

［**应注意的问题**］因为渔业捕捞权具有行政许可和用益物权的双重属性，特别是后者包含着财产性权益，其用益物权人对其权益有权进行处分，所以在适用本案由时，要注意区分民法上的捕捞权纠纷和行政法上的捕捞权纠纷。只有民法上的捕捞权纠纷适用本案由，如果是行政法上的捕捞权纠纷应当按照《行政诉讼法》规定处理，不作为民事案件受理。

请求权基础规范指引

《中华人民共和国民法典》（2020 年）

第三百二十九条【合法探矿权等权利的法律保护】 依法取得的探矿权、采矿权、取水权和使用水域、滩涂从事养殖、捕捞的权利受法律保护。

《中华人民共和国渔业法》（2013 年修正）

第二十三条 国家对捕捞业实行捕捞许可证制度。

到中华人民共和国与有关国家缔结的协定确定的共同管理的渔区或者公海从事捕捞作业的捕捞许可证，由国务院渔业行政主管部门批准发放。海洋大型拖网、围网作业的捕捞许可证，由省、自治区、直辖市人民政府渔业行政主管部门批准发放。其他作业的捕捞许可证，由县级以上地方人民政府渔业行政主管部门批准发放；但是，批准发放海洋作业的捕捞许可证不得超过国家下达的船网工具控制指标，具体办法由省、自治区、直辖市人民政府规定。

捕捞许可证不得买卖、出租和以其他形式转让，不得涂改、伪造、变造。

到他国管辖海域从事捕捞作业的，应当经国务院渔业行政主管部门批准，并遵守中华人民共和国缔结的或者参加的有关条约、协定和有关国家的法律。

第二十四条 具备下列条件的，方可发给捕捞许可证：

（一）有渔业船舶检验证书；

（二）有渔业船舶登记证书；

（三）符合国务院渔业行政主管部门规定的其他条件。

县级以上地方人民政府渔业行政主管部门批准发放的捕捞许可证，应当与上级人民政府渔业行政主管部门下达的捕捞限额指标相适应。

第二十五条　从事捕捞作业的单位和个人，必须按照捕捞许可证关于作业类型、场所、时限、渔具数量和捕捞限额的规定进行作业，并遵守国家有关保护渔业资源的规定，大中型渔船应当填写渔捞日志。

《最高人民法院关于审理发生在我国管辖海域相关案件若干问题的规定（一）》（法释〔2016〕16号　2016年8月1日）

第二条　中国公民或组织在我国与有关国家缔结的协定确定的共同管理的渔区或公海从事捕捞等作业的，适用本规定。

第六条　在我国管辖海域内，因海上航运、渔业生产及其他海上作业造成污染，破坏海洋生态环境，请求损害赔偿提起的诉讼，由管辖该海域的海事法院管辖。

污染事故发生在我国管辖海域外，对我国管辖海域造成污染或污染威胁，请求损害赔偿或者预防措施费用提起的诉讼，由管辖该海域的海事法院或采取预防措施地的海事法院管辖。

《最高人民法院关于审理发生在我国管辖海域相关案件若干问题的规定（二）》（法释〔2016〕17号　2016年8月1日）

第一条　当事人因船舶碰撞、海洋污染等事故受到损害，请求侵权人赔偿渔船、渔具、渔货损失以及收入损失的，人民法院应予支持。

当事人违反渔业法第二十三条，未取得捕捞许可证从事海上捕捞作业，依照前款规定主张收入损失的，人民法院不予支持。

61. 土地承包经营权纠纷

（1）土地承包经营权确认纠纷

（2）承包地征收补偿费用分配纠纷

（3）土地承包经营权继承纠纷

案由适用要点

［释义］　土地承包经营权是指土地承包经营权人为从事种植业、林业、畜牧业，对其承包的集体所有或者国家所有由农民集体使用的耕地、林地、草地，以及其他用于农业的土地所享有的占有、使用、收益的权利。

土地承包经营权确认纠纷是指就土地承包经营权是否成立及其归属和内容所发生的纠纷。

承包地的征收补偿费是指承包经营的土地被国家依法定程序征收的，国家按照法律规定给予失地者的补偿费用，包括土地补偿费、安置补助费、地上附着物和青苗补偿费等费用，还包括安排失地农民的社会保险费用。

土地承包经营权继承纠纷主要是指林地家庭承包以及其他方式承包的承包人死亡时，因土地承包经营权继承问题发生的纠纷。

[管辖] 根据《民事诉讼法》第 34 条和《民事诉讼法解释》第 28 条的规定，土地承包经营权纠纷应由承包地所在地的人民法院管辖。

[应注意的问题] 依法律规定，土地承包经营权的归属和内容向来易发生争议。尤其要注意的是，《农村土地承包法》规定的家庭承包的和“四荒地”承包采用的是不同的成立要件，而且前者适用的是物权保护方法，后者适用的是债权保护方法，因此在判断土地承包经营权成立与否，以及权利归属和内容时，要根据法律的规定及国家的有关政策予以确定。

承包地征收补偿费用分配纠纷案件是土地类纠纷最受关注的案件。按照法律和司法解释的规定，承包地被征收类案件中既有行政类诉讼也有民事类诉讼，在适用本案由时要特别注意加以区分。按照《民法典》的规定，征收土地应以公共利益为目的，非为公共利益的不得进行征收。被征收人对征收行为的合法性提起诉讼的，应当以征收人即国家机关作出的征收决定为诉讼标的，该诉讼类型为行政诉讼，而不能为民事诉讼。土地被征收后，征收机关未给予补偿或者未给予充分补偿的，被征收人起诉要求征收机关支付补偿费或者要求增加补偿费的案件，即对征收标准提出的诉讼，也属于行政诉讼的范围，不宜列为民事案件受理。只有在征收补偿费用支付给农村集体经济组织后，土地承包经营权人要求取得自己应得部分的补偿费用时，才能作为民事案件处理，适用“承包地征收补偿费用分配纠纷”的案由。同时，应当根据征收土地补偿费用的类别有所区别：土地补偿费是对失地的补偿，根据《土地管理法实施条例》第 32 条第 2 款规定，地上附着物和青苗等的补偿费用，归其所有人所有。对于土地补偿费“分不分”“分给谁”由农村集体经济组织决定。在农村集体经济组织作出分配方案之前，农村集体经济组织成员向人民法院起诉要求分配土地补偿费的，人民法院不能作为民事案件受理；地上附着物和青苗的补偿费是对承包地上的建筑物和生长物的补偿，是对承包经营权人的补偿，农村集体经济组织不得截留，承包经营权人起诉农村集体经济组织要求取得其应得份额的，应当作为民事案件受理；安置补助费和社会保险费用，是对失地农民的社会保障性的补偿，其分配应当按征收补偿安置方案的规定进行，如果约定分配给失地农民个人的，被征收土地的农民可以起诉农村集体经济组织支付该笔费用，否则不能作为民事案件受理。

请求权基础规范指引

《中华人民共和国民法典》（2020年）

第二百四十三条【征收】 为了公共利益的需要，依照法律规定的权限和程序可以征收集体所有的土地和组织、个人的房屋以及其他不动产。

征收集体所有的土地，应当依法及时足额支付土地补偿费、安置补助费以及农村村民住宅、其他地上附着物和青苗等的补偿费用，并安排被征地农民的社会保障费用，保障被征地农民的生活，维护被征地农民的合法权益。

征收组织、个人的房屋以及其他不动产，应当依法给予征收补偿，维护被征收人的合法权益；征收个人住宅的，还应当保障被征收人的居住条件。

任何组织或者个人不得贪污、挪用、私分、截留、拖欠征收补偿费等费用。

第二百四十四条【耕地保护】 国家对耕地实行特殊保护，严格限制农用地转为建设用地，控制建设用地总量。不得违反法律规定的权限和程序征收集体所有的土地。

第三百三十一条【土地承包经营权的定义】 土地承包经营权人依法对其承包经营的耕地、林地、草地等享有占有、使用和收益的权利，有权从事种植业、林业、畜牧业等农业生产。

第三百三十二条【土地承包期】 耕地的承包期为三十年。草地的承包期为三十年至五十年。林地的承包期为三十年至七十年。

前款规定的承包期限届满，由土地承包经营权人依照农村土地承包的法律规定继续承包。

第三百三十三条【土地承包经营权的设立和登记】 土地承包经营权自土地承包经营权合同生效时设立。

登记机构应当向土地承包经营权人发放土地承包经营权证、林权证等证书，并登记造册，确认土地承包经营权。

第三百三十四条【土地承包经营权的互换、转让】 土地承包经营权人依照法律规定，有权将土地承包经营权互换、转让。未经依法批准，不得将承包地用于非农建设。

第三百三十五条【土地承包经营权互换、转让的登记】 土地承包经营权互换、转让的，当事人可以向登记机构申请登记；未经登记，不得对抗善意第三人。

第三百三十六条【承包地的调整】 承包期内发包人不得调整承包地。

因自然灾害严重毁损承包地等特殊情形，需要适当调整承包的耕地和草地的，应当依照农村土地承包的法律规定办理。

第三百三十七条【承包地的收回】 承包期内发包人不得收回承包地。法律另有规定的，依照其规定。

第三百三十八条【承包地的征收补偿】 承包地被征收的，土地承包经营权人有权依据本法第二百四十三条的规定获得相应补偿。

第三百三十九条【土地经营权的流转】 土地承包经营权人可以自主决定依法采取出租、入股或者其他方式向他人流转土地经营权。

第三百四十条【土地经营权的定义】 土地经营权人有权在合同约定的期限内占有农村土地，自主开展农业生产经营并取得收益。

第三百四十一条【土地经营权的设立及登记】 流转期限为五年以上的土地经营权，自流转合同生效时设立。当事人可以向登记机构申请土地经营权登记；未经登记，不得对抗善意第三人。

第三百四十二条【其他方式承包的土地经营权流转】 通过招标、拍卖、公开协商等方式承包农村土地，经依法登记取得权属证书的，可以依法采取出租、入股、抵押或者其他方式流转土地经营权。

第三百四十三条【国有农用地实行承包经营的参照适用】 国家所有的农用地实行承包经营的，参照适用本编的有关规定。

《中华人民共和国农村土地承包法》（2018年修正）

第九条 承包方承包土地后，享有土地承包经营权，可以自己经营，也可以保留土地承包权，流转其承包地的土地经营权，由他人经营。

第十条 国家保护承包方依法、自愿、有偿流转土地经营权，保护土地经营权人的合法权益，任何组织和个人不得侵犯。

第三十条 承包期内，承包方可以自愿将承包地交回发包方。承包方自愿交回承包地的，可以获得合理补偿，但是应当提前半年以书面形式通知发包方。承包方在承包期内交回承包地的，在承包期内不得再要求承包土地。

第三十二条 承包人应得的承包收益，依照继承法的规定继承。

林地承包的承包人死亡，其继承人可以在承包期内继续承包。

第三十三条 承包方之间为方便耕种或者各自需要，可以对属于同一集体经济组织的土地的土地承包经营权进行互换，并向发包方备案。

《中华人民共和国森林法》（2019年修订）

第十七条 集体所有和国家所有依法由农民集体使用的林地（以下简称集体林地）实行承包经营的，承包方享有林地承包经营权和承包林地上的林木所有权，合同另有约定的从其约定。承包方可以依法采取出租（转包）、入股、转让等方式流转林地经营权、林木所有权和使用权。

第十八条 未实行承包经营的集体林地以及林地上的林木，由农村集体经济组织统一经营。经本集体经济组织成员的村民会议三分之二以上成员或者三分之二以上村民代表同意并公示，可以通过招标、拍卖、公开协商等方式依法流转林地经营权、林木所有权和使用权。

《中华人民共和国草原法》（2021 年修正）

第十四条　承包经营草原，发包方和承包方应当签订书面合同。草原承包合同的内容应当包括双方的权利和义务、承包草原四至界限、面积和等级、承包期和起止日期、承包草原用途和违约责任等。承包期届满，原承包经营者在同等条件下享有优先承包权。

承包经营草原的单位和个人，应当履行保护、建设和按照承包合同约定的用途合理利用草原的义务。

第十五条　草原承包经营权受法律保护，可以按照自愿、有偿的原则依法转让。

草原承包经营权转让的受让方必须具有从事畜牧业生产的能力，并应当履行保护、建设和按照承包合同约定的用途合理利用草原的义务。

草原承包经营权转让应当经发包方同意。承包方与受让方在转让合同中约定的转让期限，不得超过原承包合同剩余的期限。

第三十三条　草原承包经营者应当合理利用草原，不得超过草原行政主管部门核定的载畜量；草原承包经营者应当采取种植和储备饲草饲料、增加饲草饲料供应量、调剂处理牲畜、优化畜群结构、提高出栏率等措施，保持草畜平衡。

《最高人民法院关于审理涉及农村土地承包纠纷案件适用法律问题的解释》（2020 年 12 月 23 日修正）

第一条　下列涉及农村土地承包民事纠纷，人民法院应当依法受理：

（一）承包合同纠纷；

（二）承包经营权侵权纠纷；

（三）土地经营权侵权纠纷；

（四）承包经营权互换、转让纠纷；

（五）土地经营权流转纠纷；

（六）承包地征收补偿费用分配纠纷；

（七）承包经营权继承纠纷；

（八）土地经营权继承纠纷。

农村集体经济组织成员因未实际取得土地承包经营权提起民事诉讼的，人民法院应当告知其向有关行政主管部门申请解决。

农村集体经济组织成员就用于分配的土地补偿费数额提起民事诉讼的，人民法院不予受理。

第三条　承包合同纠纷，以发包方和承包方为当事人。

前款所称承包方是指以家庭承包方式承包本集体经济组织农村土地的农

户，以及以其他方式承包农村土地的组织或者个人。

第五条 承包合同中有关收回、调整承包地的约定违反农村土地承包法第二十七条、第二十八条、第三十一条规定的，应当认定该约定无效。

第六条 因发包方违法收回、调整承包地，或者因发包方收回承包方弃耕、撂荒的承包地产生的纠纷，按照下列情形，分别处理：

（一）发包方未将承包地另行发包，承包方请求返还承包地的，应予支持；

（二）发包方已将承包地另行发包给第三人，承包方以发包方和第三人为共同被告，请求确认其所签订的承包合同无效、返还承包地并赔偿损失的，应予支持。但属于承包方弃耕、撂荒情形的，对其赔偿损失的诉讼请求，不予支持。

前款第（二）项所称的第三人，请求受益方补偿其在承包地上的合理投入的，应予支持。

第七条 承包合同约定或者土地承包经营权证等证书记载的承包期限短于农村土地承包法规定的期限，承包方请求延长的，应予支持。

第八条 承包方违反农村土地承包法第十八条规定，未经依法批准将承包地用于非农建设或者对承包地造成永久性损害，发包方请求承包方停止侵害、恢复原状或者赔偿损失的，应予支持。

第九条 发包方根据农村土地承包法第二十七条规定收回承包地前，承包方已经以出租、入股或者其他形式将其土地经营权流转给第三人，且流转期限尚未届满，因流转价款收取产生的纠纷，按照下列情形，分别处理：

（一）承包方已经一次性收取了流转价款，发包方请求承包方返还剩余流转期限的流转价款的，应予支持；

（二）流转价款为分期支付，发包方请求第三人按照流转合同的约定支付流转价款的，应予支持。

第十条 承包方交回承包地不符合农村土地承包法第三十条规定程序的，不得认定其为自愿交回。

第十二条 发包方胁迫承包方将土地经营权流转给第三人，承包方请求撤销其与第三人签订的流转合同的，应予支持。

发包方阻碍承包方依法流转土地经营权，承包方请求排除妨碍、赔偿损失的，应予支持。

第十三条 承包方未经发包方同意，转让其土地承包经营权的，转让合同无效。但发包方无法定理由不同意或者拖延表态的除外。

第十四条 承包方依法采取出租、入股或者其他方式流转土地经营权，发包方仅以该土地经营权流转合同未报其备案为由，请求确认合同无效的，不予支持。

第十五条 因承包方不收取流转价款或者向对方支付费用的约定产生纠纷，当事人协商变更无法达成一致，且继续履行又显失公平的，人民法院可以根据发生变更的客观情况，按照公平原则处理。

《最高人民法院关于审理森林资源民事纠纷案件适用法律若干问题的解释》（法释〔2022〕16号 2022年6月13日）

第二条 当事人因下列行为，对林地、林木的物权归属、内容产生争议，依据民法典第二百三十四条的规定提起民事诉讼，请求确认权利的，人民法院应当依法受理：

（一）林地承包；

（二）林地承包经营权互换、转让；

（三）林地经营权流转；

（四）林木流转；

（五）林地、林木担保；

（六）林地、林木继承；

（七）其他引起林地、林木物权变动的行为。

当事人因对行政机关作出的林地、林木确权、登记行为产生争议，提起民事诉讼的，人民法院告知其依法通过行政复议、行政诉讼程序解决。

第三条 当事人以未办理批准、登记、备案、审查、审核等手续为由，主张林地承包、林地承包经营权互换或者转让、林地经营权流转、林木流转、森林资源担保等合同无效的，人民法院不予支持。

因前款原因，不能取得相关权利的当事人请求解除合同、由违约方承担违约责任的，人民法院依法予以支持。

第四条 当事人一方未依法经林权证等权利证书载明的共有人同意，擅自处分林地、林木，另一方主张取得相关权利的，人民法院不予支持。但符合民法典第三百一十一条关于善意取得规定的除外。

第五条 当事人以违反法律规定的民主议定程序为由，主张集体林地承包合同无效的，人民法院应予支持。但下列情形除外：

（一）合同订立时，法律、行政法规没有关于民主议定程序的强制性规定的；

（二）合同订立未经民主议定程序讨论决定，或者民主议定程序存在瑕疵，一审法庭辩论终结前已经依法补正的；

（三）承包方对村民会议或者村民代表会议决议进行了合理审查，不知道且不应当知道决议系伪造、变造，并已经对林地大量投入的。

第六条 家庭承包林地的承包方转让林地承包经营权未经发包方同

意，或者受让方不是本集体经济组织成员，受让方主张取得林地承包经营权的，人民法院不予支持。但发包方无法定理由不同意或者拖延表态的除外。

62. 土地经营权纠纷

案由适用要点

［**释义**］土地经营权纠纷是指就土地经营权是否成立及其归属和内容所发生的纠纷。

［**管辖**］根据《民事诉讼法》第34条和《民事诉讼法解释》第28条的规定，土地经营权纠纷应由承包地所在地的人民法院管辖。

［**应注意的问题**］在适用本案由时需要注意：针对土地经营权确认纠纷、基于土地经营权而引发的涉及物权保护的纠纷，适用本案由，不再适用第三级案由“土地承包经营权纠纷”。因土地经营权抵押权引发的纠纷，适用土地经营权抵押权纠纷，不适用本案由。因土地经营权流转合同效力引发的纠纷适用合同纠纷项下的土地经营权入股合同纠纷、土地经营权抵押合同纠纷、土地经营权出租合同纠纷等案由，不适用本案由。

请求权基础规范指引

《中华人民共和国民法典》（2020年）

第三百三十九条【土地经营权的流转】 土地承包经营权人可以自主决定依法采取出租、入股或者其他方式向他人流转土地经营权。

第三百四十条【土地经营权的定义】 土地经营权人有权在合同约定的期限内占有农村土地，自主开展农业生产经营并取得收益。

第三百四十一条【土地经营权的设立及登记】 流转期限为五年以上的土地经营权，自流转合同生效时设立。当事人可以向登记机构申请土地经营权登记；未经登记，不得对抗善意第三人。

第三百四十二条【其他方式承包的土地经营权流转】 通过招标、拍卖、公开协商等方式承包农村土地，经依法登记取得权属证书的，可以依法采取出租、入股、抵押或者其他方式流转土地经营权。

《中华人民共和国农村土地承包法》（2018年修正）

第三十六条 承包方可以自主决定依法采取出租（转包）、入股或者其他方式向他人流转土地经营权，并向发包方备案。

第三十七条 土地经营权人有权在合同约定的期限内占有农村土地，自主开展农业生产经营并取得收益。

第三十八条 土地经营权流转应当遵循以下原则：

（一）依法、自愿、有偿，任何组织和个人不得强迫或者阻碍土地经营权流转；

（二）不得改变土地所有权的性质和土地的农业用途，不得破坏农业综合生产能力和农业生态环境；

（三）流转期限不得超过承包期的剩余期限；

（四）受让方须有农业经营能力或者资质；

（五）在同等条件下，本集体经济组织成员享有优先权。

第三十九条　土地经营权流转的价款，应当由当事人双方协商确定。流转的收益归承包方所有，任何组织和个人不得擅自截留、扣缴。

第四十条　土地经营权流转，当事人双方应当签订书面流转合同。

土地经营权流转合同一般包括以下条款：

（一）双方当事人的姓名、住所；

（二）流转土地的名称、坐落、面积、质量等级；

（三）流转期限和起止日期；

（四）流转土地的用途；

（五）双方当事人的权利和义务；

（六）流转价款及支付方式；

（七）土地被依法征收、征用、占用时有关补偿费的归属；

（八）违约责任。

承包方将土地交由他人代耕不超过一年的，可以不签订书面合同。

第四十一条　土地经营权流转期限为五年以上的，当事人可以向登记机构申请土地经营权登记。未经登记，不得对抗善意第三人。

第四十二条　承包方不得单方解除土地经营权流转合同，但受让方有下列情形之一的除外：

（一）擅自改变土地的农业用途；

（二）弃耕抛荒连续两年以上；

（三）给土地造成严重损害或者严重破坏土地生态环境；

（四）其他严重违约行为。

第四十三条　经承包方同意，受让方可以依法投资改良土壤，建设农业生产附属、配套设施，并按照合同约定对其投资部分获得合理补偿。

第四十四条　承包方流转土地经营权的，其与发包方的承包关系不变。

第四十五条　县级以上地方人民政府应当建立工商企业等社会资本通过流转取得土地经营权的资格审查、项目审核和风险防范制度。

工商企业等社会资本通过流转取得土地经营权的，本集体经济组织可以收取适量管理费用。

具体办法由国务院农业农村、林业和草原主管部门规定。

第四十六条 经承包方书面同意，并向本集体经济组织备案，受让方可以再流转土地经营权。

第四十七条 承包方可以用承包地的土地经营权向金融机构融资担保，并向发包方备案。受让方通过流转取得的土地经营权，经承包方书面同意并向发包方备案，可以向金融机构融资担保。

担保物权自融资担保合同生效时设立。当事人可以向登记机构申请登记；未经登记，不得对抗善意第三人。

实现担保物权时，担保物权人有权就土地经营权优先受偿。

土地经营权融资担保办法由国务院有关部门规定。

《最高人民法院关于审理涉及农村土地承包纠纷案件适用法律问题的解释》（2020年12月23日修正）

第一条 下列涉及农村土地承包民事纠纷，人民法院应当依法受理：

（一）承包合同纠纷；

（二）承包经营权侵权纠纷；

（三）土地经营权侵权纠纷；

（四）承包经营权互换、转让纠纷；

（五）土地经营权流转纠纷；

（六）承包地征收补偿费用分配纠纷；

（七）承包经营权继承纠纷；

（八）土地经营权继承纠纷。

农村集体经济组织成员因未实际取得土地承包经营权提起民事诉讼的，人民法院应当告知其向有关行政主管部门申请解决。

农村集体经济组织成员就用于分配的土地补偿费数额提起民事诉讼的，人民法院不予受理。

第十一条 土地经营权流转中，本集体经济组织成员在流转价款、流转期限等主要内容相同的条件下主张优先权的，应予支持。但下列情形除外：

（一）在书面公示的合理期限内未提出优先权主张的；

（二）未经书面公示，在本集体经济组织以外的人开始使用承包地两个月内未提出优先权主张的。

第十二条 发包方胁迫承包方将土地经营权流转给第三人，承包方请求撤销其与第三人签订的流转合同的，应予支持。

发包方阻碍承包方依法流转土地经营权，承包方请求排除妨碍、赔偿损失的，应予支持。

第十六条 当事人对出租地流转期限没有约定或者约定不明的，参照民法典第七百三十条规定处理。除当事人另有约定或者属于林地承包经营外，承包地交回的时间应当在农作物收获期结束后或者下一耕种期开始前。

对提高土地生产能力的投入，对方当事人请求承包方给予相应补偿的，应予支持。

第十七条 发包方或者其他组织、个人擅自截留、扣缴承包收益或者土地经营权流转收益，承包方请求返还的，应予支持。

发包方或者其他组织、个人主张抵销的，不予支持。

《最高人民法院关于审理森林资源民事纠纷案件适用法律若干问题的解释》（法释〔2022〕16号 2022年6月13日）

第七条 当事人就同一集体林地订立多个经营权流转合同，在合同有效的情况下，受让方均主张取得林地经营权的，由具有下列情形的受让方取得：

（一）林地经营权已经依法登记的；

（二）林地经营权均未依法登记，争议发生前已经合法占有使用林地并大量投入的；

（三）无前两项规定情形，合同生效在先的。

未取得林地经营权的一方请求解除合同、由违约方承担违约责任的，人民法院依法予以支持。

第八条 家庭承包林地的承包方以林地经营权人擅自再流转林地经营权为由，请求解除林地经营权流转合同、收回林地的，人民法院应予支持。但林地经营权人能够证明林地经营权再流转已经承包方书面同意的除外。

63. 建设用地使用权纠纷

案由适用要点

[**释义**] 建设用地使用权是指自然人、法人或者非法人组织依法取得的对国家所有的土地享有占有、使用和收益的权利，自然人、法人或者非法人组织有权利用该土地建造建筑物、构筑物及其附属设施。

[**管辖**] 根据《民事诉讼法》第34条和《民事诉讼法解释》第28条的规定，建设用地使用权纠纷应由建设用地所在地人民法院管辖。

[**应注意的问题**] 集体所有土地作为建设用地的，不属于《民法典》物权编第12章所规范的建设用地使用权，相关合同纠纷不适用本案由；建设用地使用权抵押权纠纷，因有专门的抵押权纠纷的案由，不适用本案由；因建设用地使用权出让、转让合同引发的争议，相关纠纷应适用建设用地使用权合同纠纷及项下相关案由，不适用本案由。可能的诉求大多表现为请求确认建筑物（或构筑物）及其附属设施的归属，或附着于土地上的建筑物（或构

筑物）及其附属设施一并处分，或建筑物（或构筑物）及其附属设施占用范围内的建设用地使用权一并处分。

请求权基础规范指引

《中华人民共和国民法典》（2020年）

第三百四十四条【建设用地使用权的定义】 建设用地使用权人依法对国家所有的土地享有占有、使用和收益的权利，有权利用该土地建造建筑物、构筑物及其附属设施。

第三百四十五条【建设用地使用权的分层设立】 建设用地使用权可以在土地的地表、地上或者地下分别设立。

第三百四十六条【建设用地使用权的设立原则】 设立建设用地使用权，应当符合节约资源、保护生态环境的要求，遵守法律、行政法规关于土地用途的规定，不得损害已经设立的用益物权。

第三百四十七条【建设用地使用权的设立方式】 设立建设用地使用权，可以采取出让或者划拨等方式。

工业、商业、旅游、娱乐和商品住宅等经营性用地以及同一土地有两个以上意向用地者的，应当采取招标、拍卖等公开竞价的方式出让。

严格限制以划拨方式设立建设用地使用权。

第三百四十八条【建设用地使用权出让合同】 通过招标、拍卖、协议等出让方式设立建设用地使用权的，当事人应当采用书面形式订立建设用地使用权出让合同。

建设用地使用权出让合同一般包括下列条款：

（一）当事人的名称和住所；

（二）土地界址、面积等；

（三）建筑物、构筑物及其附属设施占用的空间；

（四）土地用途、规划条件；

（五）建设用地使用权期限；

（六）出让金等费用及其支付方式；

（七）解决争议的方法。

第三百四十九条【建设用地使用权的登记】 设立建设用地使用权的，应当向登记机构申请建设用地使用权登记。建设用地使用权自登记时设立。登记机构应当向建设用地使用权人发放权属证书。

第三百五十条【土地用途管制制度】 建设用地使用权人应当合理利用土地，不得改变土地用途；需要改变土地用途的，应当依法经有关行政主管部门批准。

第三百五十一条【建设用地使用权人支付出让金等费用的义务】 建设用

地使用权人应当依照法律规定以及合同约定支付出让金等费用。

第三百五十二条【建设用地使用权人建造的建筑物等设施的权属】 建设用地使用权人建造的建筑物、构筑物及其附属设施的所有权属于建设用地使用权人，但是有相反证据证明的除外。

第三百五十三条【建设用地使用权的流转方式】 建设用地使用权人有权将建设用地使用权转让、互换、出资、赠与或者抵押，但是法律另有规定的除外。

第三百五十四条【处分建设用地使用权的合同形式和期限】 建设用地使用权转让、互换、出资、赠与或者抵押的，当事人应当采用书面形式订立相应的合同。使用期限由当事人约定，但是不得超过建设用地使用权的剩余期限。

第三百五十五条【建设用地使用权流转后变更登记】 建设用地使用权转让、互换、出资或者赠与的，应当向登记机构申请变更登记。

第三百五十六条【建筑物等设施随建设用地使用权的流转而一并处分】 建设用地使用权转让、互换、出资或者赠与的，附着于该土地上的建筑物、构筑物及其附属设施一并处分。

第三百五十七条【建设用地使用权随建筑物等设施的流转而一并处分】 建筑物、构筑物及其附属设施转让、互换、出资或者赠与的，该建筑物、构筑物及其附属设施占用范围内的建设用地使用权一并处分。

第三百五十八条【建设用地使用权提前收回及其补偿】 建设用地使用权期限届满前，因公共利益需要提前收回该土地的，应当依据本法第二百四十三条的规定对该土地上的房屋以及其他不动产给予补偿，并退还相应的出让金。

第三百五十九条【建设用地使用权的续期】 住宅建设用地使用权期限届满的，自动续期。续期费用的缴纳或者减免，依照法律、行政法规的规定办理。

非住宅建设用地使用权期限届满后的续期，依照法律规定办理。该土地上的房屋以及其他不动产的归属，有约定的，按照约定；没有约定或者约定不明确的，依照法律、行政法规的规定办理。

《中华人民共和国土地管理法》（2019年修正）

第五十四条 建设单位使用国有土地，应当以出让等有偿使用方式取得；但是，下列建设用地，经县级以上人民政府依法批准，可以以划拨方式取得：

（一）国家机关用地和军事用地；

（二）城市基础设施用地和公益事业用地；

（三）国家重点扶持的能源、交通、水利等基础设施用地；

（四）法律、行政法规规定的其他用地。

第五十五条 以出让等有偿使用方式取得国有土地使用权的建设单位，按照国务院规定的标准和办法，缴纳土地使用权出让金等土地有偿使用费和其他费用后，方可使用土地。

自本法施行之日起，新增建设用地的土地有偿使用费，百分之三十上缴中央财政，百分之七十留给有关地方人民政府。具体使用管理办法由国务院财政部门会同有关部门制定，并报国务院批准

《中华人民共和国城市房地产管理法》（2019年修正）

第九条 城市规划区内的集体所有的土地，经依法征收转为国有土地后，该幅国有土地的使用权方可有偿出让，但法律另有规定的除外。

第十五条 土地使用权出让，应当签订书面出让合同。

土地使用权出让合同由市、县人民政府土地管理部门与土地使用者签订。

第十六条 土地使用者必须按照出让合同约定，支付土地使用权出让金；未按照出让合同约定支付土地使用权出让金的，土地管理部门有权解除合同，并可以请求违约赔偿。

第十七条 土地使用者按照出让合同约定支付土地使用权出让金的，市、县人民政府土地管理部门必须按照出让合同约定，提供出让的土地；未按照出让合同约定提供出让的土地的，土地使用者有权解除合同，由土地管理部门返还土地使用权出让金，土地使用者并可以请求违约赔偿。

第十八条 土地使用者需要改变土地使用权出让合同约定的土地用途的，必须取得出让方和市、县人民政府城市规划行政主管部门的同意，签订土地使用权出让合同变更协议或者重新签订土地使用权出让合同，相应调整土地使用权出让金。

第二十三条 土地使用权划拨，是指县级以上人民政府依法批准，在土地使用者缴纳补偿、安置等费用后将该幅土地交付其使用，或者将土地使用权无偿交付给土地使用者使用的行为。

依照本法规定以划拨方式取得土地使用权的，除法律、行政法规另有规定外，没有使用期限的限制。

第三十二条 房地产转让、抵押时，房屋的所有权和该房屋占用范围内的土地使用权同时转让、抵押。

《中华人民共和国城镇国有土地使用权出让和转让暂行条例》（2020年修订）

第二条 国家按照所有权与使用权分离的原则，实行城镇国有土地使用权出让、转让制度，但地下资源、埋藏物和市政公用设施除外。

前款所称城镇国有土地是指市、县城、建制镇、工矿区范围内属于全民

所有的土地（以下简称土地）。

第三条 中华人民共和国境内外的公司、企业、其他组织和个人，除法律另有规定者外，均可依照本条例的规定取得土地使用权，进行土地开发、利用、经营。

第四条 依照本条例的规定取得土地使用权的土地使用者，其使用权在使用年限内可以转让、出租、抵押或者用于其他经济活动，合法权益受国家法律保护。

《最高人民法院关于适用〈中华人民共和国民法典〉物权编的解释（一）》（法释〔2020〕24号 2020年12月29日）

第四条 未经预告登记的权利人同意，转让不动产所有权等物权，或者设立建设用地使用权、居住权、地役权、抵押权等其他物权的，应当依照民法典第二百二十一条第一款的规定，认定其不发生物权效力。

《最高人民法院关于为加快建设全国统一大市场提供司法服务和保障的意见》（法发〔2022〕22号 2022年7月14日）

8. 支持健全城乡统一的土地市场。妥善审理涉农村土地“三权分置”纠纷案件，促进土地经营权有序流转。依法审理农村集体经营性建设用地入市纠纷，支持加快建设同权同价、流转顺畅、收益共享的城乡统一建设用地市场。以盘活利用土地为目标，妥善审理涉及国有企事业单位改革改制土地资产处置、存量划拨土地资产产权确定、上市交易等案件。依法审理建设用地使用权转让、出租、抵押等纠纷案件，保障建设用地规范高效利用。适应土地供给政策调整，统一国有土地使用权出让、转让合同纠纷案件裁判尺度。

64. 宅基地使用权纠纷

案由适用要点

［释义］ 宅基地使用权是指农村居民因建造自有房屋而对集体所有土地占有、使用的权利。

［管辖］ 根据《民事诉讼法》第34条和《民事诉讼法解释》第28条的规定，宅基地使用权纠纷应由宅基地所在地人民法院管辖。

［应注意的问题］ 宅基地使用权纠纷主要包括以下几种：宅基地使用权转让纠纷、宅基地使用权使用纠纷、宅基地使用权侵权纠纷、宅基地使用权继承纠纷、宅基地使用权消灭纠纷等。

请求权基础规范指引

《中华人民共和国民法典》（2020年）

第三百六十二条【宅基地使用权的定义】 宅基地使用权人依法对集体所有的土地享有占有和使用的权利，有权依法利用该土地建造住宅及其附属设施。

第三百六十三条【宅基地使用权取得、行使和转让的法律适用】 宅基地使用权的取得、行使和转让，适用土地管理的法律和国家有关规定。

第三百六十四条【宅基地的灭失和重新分配】 宅基地因自然灾害等原因灭失的，宅基地使用权消灭。对失去宅基地的村民，应当依法重新分配宅基地。

第三百六十五条【宅基地使用权变更和注销登记】 已经登记的宅基地使用权转让或者消灭的，应当及时办理变更登记或者注销登记。

《中华人民共和国村民委员会组织法》（2018年修正）

第二十四条 涉及村民利益的下列事项，经村民会议讨论决定方可办理：

……

（六）宅基地的使用方案；

……

村民会议可以授权村民代表会议讨论决定前款规定的事项。

法律对讨论决定村集体经济组织财产和成员权益的事项另有规定的，依照其规定。

《中华人民共和国土地管理法》（2019年修正）

第六十二条 农村村民一户只能拥有一处宅基地，其宅基地的面积不得超过省、自治区、直辖市规定的标准。

人均土地少、不能保障一户拥有一处宅基地的地区，县级人民政府在充分尊重农村村民意愿的基础上，可以采取措施，按照省、自治区、直辖市规定的标准保障农村村民实现户有所居。

农村村民建住宅，应当符合乡（镇）土地利用总体规划、村庄规划，不得占用永久基本农田，并尽量使用原有的宅基地和村内空闲地。编制乡（镇）土地利用总体规划、村庄规划应当统筹并合理安排宅基地用地，改善农村村民居住环境和条件。

农村村民住宅用地，由乡（镇）人民政府审核批准；其中，涉及占用农用地的，依照本法第四十四条的规定办理审批手续。

农村村民出卖、出租、赠与住宅后，再申请宅基地的，不予批准。

国家允许进城落户的农村村民依法自愿有偿退出宅基地，鼓励农村集体经济组织及其成员盘活利用闲置宅基地和闲置住宅。

国务院农业农村主管部门负责全国农村宅基地改革和管理有关工作。

《中华人民共和国妇女权益保障法》（2022 年修订）

第五十五条　妇女在农村集体经济组织成员身份确认、土地承包经营、集体经济组织收益分配、土地征收补偿安置或者征用补偿以及宅基地使用等方面，享有与男子平等的权利。

申请农村土地承包经营权、宅基地使用权等不动产登记，应当在不动产登记簿和权属证书上将享有权利的妇女等家庭成员全部列明。征收补偿安置或者征用补偿协议应当将享有相关权益的妇女列入，并记载权益内容。

《第八次全国法院民事商事审判工作会议（民事部分）纪要》（法〔2016〕399 号　2016 年 11 月 21 日）

19. 在国家确定的宅基地制度改革试点地区，可以按照国家政策及相关指导意见处理宅基地使用权因抵押担保、转让而产生的纠纷。

在非试点地区，农民将其宅基地上的房屋出售给本集体经济组织以外的个人，该房屋买卖合同认定为无效。合同无效后，买受人请求返还购房款及其利息，以及请求赔偿翻建或者改建成本的，应当综合考虑当事人过错等因素予以确定。

20. 在涉及农村宅基地或农村集体经营性建设用地的民事纠纷案件中，当事人主张利润分配等合同权利的，应提供政府部门关于土地利用规划、建设用地计划及优先满足集体建设用地等要求的审批文件或者证明。未提供上述手续或者虽提供了上述手续，但在一审法庭辩论终结前土地性质仍未变更为国有土地的，所涉及的相关合同应按无效处理。

65. 居住权纠纷

案由适用要点

[释义] 居住权是指居住人对他人所有住宅的全部或者部分机器附属设施，享有占有、使用的权利。居住权纠纷是指因居住权的设立、权属、使用、消灭等引发的民事纠纷。

[管辖] 根据《民事诉讼法》第 34 条和《民事诉讼法解释》第 28 条的规定，居住权纠纷应由设定居住权的住宅所在地人民法院管辖。

[应注意的问题] 因居住权的设立、权属、使用、消灭等引发的民事纠纷，比如诉请所有权人交付住宅、确认居住权转让无效等，适用本案由。对居住权的确认应援用“用益物权确认纠纷（第四级案由）”。若因居住权合同的订立、效力、履行等引发的纠纷案件，则适用居住权合同纠纷案由，不适用本案由。

请求权基础规范指引

《中华人民共和国民法典》（2020 年）

第三百六十六条【居住权的定义】 居住权人有权按照合同约定，对他人的住宅享有占有、使用的用益物权，以满足生活居住的需要。

第三百六十七条【居住权合同】 设立居住权，当事人应当采用书面形式订立居住权合同。

居住权合同一般包括下列条款：

（一）当事人的姓名或者名称和住所；

（二）住宅的位置；

（三）居住的条件和要求；

（四）居住权期限；

（五）解决争议的方法。

第三百六十八条【居住权的设立】 居住权无偿设立，但是当事人另有约定的除外。设立居住权的，应当向登记机构申请居住权登记。居住权自登记时设立。

第三百六十九条【居住权的转让、继承和设立居住权的住宅出租】 居住权不得转让、继承。设立居住权的住宅不得出租，但是当事人另有约定的除外。

第三百七十条【居住权的消灭】 居住权期限届满或者居住权人死亡的，居住权消灭。居住权消灭的，应当及时办理注销登记。

第三百七十一条【以遗嘱方式设立居住权的参照适用】 以遗嘱方式设立居住权的，参照适用本章的有关规定。

《最高人民法院关于适用〈中华人民共和国民法典〉物权编的解释（一）》（法释〔2020〕24 号　2020 年 12 月 29 日）

第四条 未经预告登记的权利人同意，转让不动产所有权等物权，或者设立建设用地使用权、居住权、地役权、抵押权等其他物权的，应当依照民法典第二百二十一条第一款的规定，认定其不发生物权效力。

66. 地役权纠纷

案由适用要点

［**释义**］地役权纠纷是基于地役权的设立、变更、转让、消灭而产生的纠纷。

［**管辖**］根据《民事诉讼法》第 34 条和《民事诉讼法解释》第 28 条的规定，地役权纠纷应由供役地所在地人民法院专属管辖。

［**应注意的问题**］在适用地役权纠纷案由时，应当特别注意区分地役权和相邻关系之间的区别，以确定是相邻关系还是地役权，分别适用不同的案由。《民法典》规定的相邻关系和地役权有很多相似的地方：主要是不动产之间利用上的协调，涉及的内容，诸如排水、通行、通风、采光等权利的扩张、限制和容忍，或有所重叠，或有所交叉。两者的区别具体表现在：（1）两者的权利性质不同。相邻关系不属于一项独立的民事权利，也不是独立的物权类型，而是属于所有权的内容，它是基于所有权内容而产生的效力的延伸和扩展；而地役权则是一项独立的权利，是一项独立的用益物权，属于他物权的范畴。（2）产生依据不同。相邻关系是基于法律的直接规定而产生的，是不动产权利直接包含的内容；地役权则通过当事人的合同而产生，是意定物权。（3）主体要求不同。相邻关系以不动产相邻为必要条件，而地役权中需役地和供役地不以相邻为限。（4）权利义务内容不同。相邻关系是以相邻不动产使用上的最低限度的相互配合和利用为限度，基于其所有权内容而生之效力的当然扩张，所以在其行使权利时只要不造成邻人的损失，通常为无偿；而地役权则是当事人双方逾越相邻关系限度而约定的权利义务关系，是基于当事人约定产生的对双方的土地更高限度的利用调节，地役权可以有偿，也可无偿，且大都为有偿。（5）对抗性不同，由于相邻关系是基于土地的自然需要且固定于或永久地附属于土地之上的，其地役负担并不因其土地所有权或使用权人改变而改变，故相邻关系具有对抗第三人的天然属性。换句话说，它的对抗效力源于土地本身，而无须其他形式；而地役权则因其源于当事人的约定，只有经公示后才能取得对抗第三人的效力。

请求权基础规范指引

《中华人民共和国民法典》（2020年）

第三百七十二条【地役权的定义】 地役权人有权按照合同约定，利用他人的不动产，以提高自己的不动产的效益。

前款所称他人的不动产为供役地，自己的不动产为需役地。

第三百七十三条【地役权合同】 设立地役权，当事人应当采用书面形式订立地役权合同。

地役权合同一般包括下列条款：

（一）当事人的姓名或者名称和住所；

（二）供役地和需役地的位置；

（三）利用目的和方法；

（四）地役权期限；

（五）费用及其支付方式；

（六）解决争议的方法。

第三百七十四条【地役权的设立与登记】 地役权自地役权合同生效时设立。当事人要求登记的，可以向登记机构申请地役权登记；未经登记，不得对抗善意第三人。

第三百七十五条【供役地权利人的义务】 供役地权利人应当按照合同约定，允许地役权人利用其不动产，不得妨害地役权人行使权利。

第三百七十六条【地役权人的义务】 地役权人应当按照合同约定的利用目的和方法利用供役地，尽量减少对供役地权利人物权的限制。

第三百七十七条【地役权期限】 地役权期限由当事人约定；但是，不得超过土地承包经营权、建设用地使用权等用益物权的剩余期限。

第三百七十八条【地役权的承继】 土地所有权人享有地役权或者负担地役权的，设立土地承包经营权、宅基地使用权等用益物权时，该用益物权人继续享有或者负担已经设立的地役权。

第三百七十九条【在先用益物权对地役权的限制】 土地上已经设立土地承包经营权、建设用地使用权、宅基地使用权等用益物权的，未经用益物权人同意，土地所有权人不得设立地役权。

第三百八十条【地役权的转让】 地役权不得单独转让。土地承包经营权、建设用地使用权等转让的，地役权一并转让，但是合同另有约定的除外。

第三百八十一条【地役权的抵押】 地役权不得单独抵押。土地经营权、建设用地使用权等抵押的，在实现抵押权时，地役权一并转让。

第三百八十二条【地役权对需役地及其上权利的不可分性】 需役地以及需役地上的土地承包经营权、建设用地使用权等部分转让时，转让部分涉及地役权的，受让人同时享有地役权。

第三百八十三条【地役权对供役地及其上权利的不可分性】 供役地以及供役地上的土地承包经营权、建设用地使用权等部分转让时，转让部分涉及地役权的，地役权对受让人具有法律约束力。

第三百八十四条【供役地权利人单方解除地役权合同的法定事由】 地役权人有下列情形之一的，供役地权利人有权解除地役权合同，地役权消灭：

（一）违反法律规定或者合同约定，滥用地役权；

（二）有偿利用供役地，约定的付款期限届满后在合理期限内经两次催告未支付费用。

第三百八十五条【已登记地役权的变更、转让或消灭手续】 已经登记的地役权变更、转让或者消灭的，应当及时办理变更登记或者注销登记。

《最高人民法院关于适用〈中华人民共和国民法典〉物权编的解释（一）》（法释〔2020〕24 号　2020 年 12 月 29 日）

第四条 未经预告登记的权利人同意，转让不动产所有权等物权，或者设立建设用地使用权、居住权、地役权、抵押权等其他物权的，应当依照民法典第二百二十一条第一款的规定，认定其不发生物权效力。

八、担保物权纠纷

67. 抵押权纠纷

(1) 建筑物和其他土地附着物抵押权纠纷
(2) 在建建筑物抵押权纠纷
(3) 建设用地使用权抵押权纠纷
(4) 土地经营权抵押权纠纷
(5) 探矿权抵押权纠纷
(6) 采矿权抵押权纠纷
(7) 海域使用权抵押权纠纷
(8) 动产抵押权纠纷
(9) 在建船舶、航空器抵押权纠纷
(10) 动产浮动抵押权纠纷
(11) 最高额抵押权纠纷

案由适用要点

[**释义**] 抵押权作为一种物的担保方式，是指为担保债务的履行，债务人或者第三人不转移财产的占有，将该财产抵押给债权人，在债务人不履行到期债务或者发生当事人约定的实现抵押权的情形时，债权人有依照法律规定以该财产折价或者以拍卖、变卖该财产的价款优先受偿的权利。

建筑物和其他土地附着物抵押权是指以建筑物和其他土地附着物设定的抵押权。

在建建筑物抵押权是指以依法正在建设中的建筑物设立的抵押权。在建建筑物是指已经依法取得建设证书，开始进行建造但尚未完工的建筑物。在建建筑物的范围与建筑物的范围一致。

建设用地使用权抵押权即以国有土地建设用地使用权作为抵押物的抵押权，包括划拨土地使用权抵押权和出让土地使用权抵押权。

土地经营权抵押权是指以招标、拍卖、公开协商等方式承包农村土地经营权设定的抵押权。

探矿权、采矿权抵押权是指以探矿权、采矿权为抵押物的抵押权。

海域使用权抵押权是指以海域使用权为抵押物的抵押权。

动产抵押权是指以法律规定的动产设定的抵押权，如以机动车、飞机、机器设备等设立的抵押权。

在建船舶、航空器抵押权是指以正在建造的船舶或者航空器为抵押物的抵押权。

动产浮动抵押权是指企业、个体工商户、农业生产经营者可以将现有的以及将有的生产设备、原材料、半成品、产品作为抵押物设定抵押担保，债务人不履行到期债务或者发生当事人约定的实现抵押权的情形，债权人有权就实现抵押权时的动产优先受偿。

最高额抵押权是指为担保债务的履行，债务人或者第三人对一定期间内将要连续发生的债权提供抵押担保，债务人不履行到期债务或者发生当事人约定的实现抵押权的情形的，抵押权人有权在最高债权额限度内就该担保财产优先受偿。

[管辖] 根据抵押物的类型确定管辖，如为不动产，适用不动产专属管辖；如为动产，则应根据产生纠纷的基础法律关系来确定管辖。

[应注意的问题] 在适用本案由时应当注意以下两点：

1. 注意区分抵押合同的订立和抵押权的设定。根据法律的规定，抵押权的设定必须订立书面抵押合同，但抵押合同订立与抵押权的成立并不相同。抵押合同的订立在当事人之间创设有关抵押权设定的权利义务关系，为物权变动的原因行为，属于合同法的范畴；抵押权的设定，是合法有效的抵押合同所产生的结果，属于物权变动的范畴。因此，应明确区别抵押合同的生效和抵押权的设定。当事人诉争的法律关系性质涉及物权变动原因的，即如果当事人因抵押合同产生纠纷的，则应当适用抵押合同纠纷案由，如抵押合同不成立、抵押合同无效等纠纷；当事人诉争的法律关系性质涉及物权变动结果的，即如果当事人就抵押权产生纠纷，则适用抵押权纠纷的案由，如抵押权成立、抵押权实现等纠纷。

2. 注意区分一般动产抵押权纠纷和动产浮动抵押权纠纷。《民法典》既规定了一般动产抵押权，也规定了动产浮动抵押权。动产浮动抵押在抵押财产的范围、抵押合同、抵押权的设立与对抗效力、抵押权的优先受偿顺位等方面都适用动产抵押的一般规则。两者的区别在于：一是设定浮动抵押的主体限于企业、个体工商户、农业生产经营者。二是设定浮动抵押的财产限于生产设备、原材料、半成品、产品，除此之外的动产不得设定浮动抵押。三是一般动产抵押权是固定抵押权，即在设定抵押时抵押物的价值已经确定，以抵押权成立时抵押物设定的抵押。动产浮动抵押以现有及将来的动产一并设定抵押，抵押的财产不断发生变化，直到约定或法定的事由发生，抵押财产才确定。四是浮动抵押期间，抵押人处分抵押财产的，抵押权人对抵押财产无追及的权利，只能就约定或法定事由发生后确定的财产优先受偿。

请求权基础规范指引

《中华人民共和国民法典》（2020 年）

第二百二十一条【预告登记】 当事人签订买卖房屋的协议或者签订其他不动产物权的协议，为保障将来实现物权，按照约定可以向登记机构申请预告登记。预告登记后，未经预告登记的权利人同意，处分该不动产的，不发生物权效力。

预告登记后，债权消灭或者自能够进行不动产登记之日起九十日内未申请登记的，预告登记失效。

第三百九十四条【抵押权的定义】 为担保债务的履行，债务人或者第三人不转移财产的占有，将该财产抵押给债权人的，债务人不履行到期债务或者发生当事人约定的实现抵押权的情形，债权人有权就该财产优先受偿。

前款规定的债务人或者第三人为抵押人，债权人为抵押权人，提供担保的财产为抵押财产。

第三百九十五条【抵押财产的范围】 债务人或者第三人有权处分的下列财产可以抵押：

（一）建筑物和其他土地附着物；

（二）建设用地使用权；

（三）海域使用权；

（四）生产设备、原材料、半成品、产品；

（五）正在建造的建筑物、船舶、航空器；

（六）交通运输工具；

（七）法律、行政法规未禁止抵押的其他财产。

抵押人可以将前款所列财产一并抵押。

第三百九十六条【浮动抵押】 企业、个体工商户、农业生产经营者可以将现有的以及将有的生产设备、原材料、半成品、产品抵押，债务人不履行到期债务或者发生当事人约定的实现抵押权的情形，债权人有权就抵押财产确定时的动产优先受偿。

第三百九十七条【建筑物与建设用地使用权同时抵押规则】 以建筑物抵押的，该建筑物占用范围内的建设用地使用权一并抵押。以建设用地使用权抵押的，该土地上的建筑物一并抵押。

抵押人未依据前款规定一并抵押的，未抵押的财产视为一并抵押。

第三百九十八条【乡镇、村企业的建设用地使用权抵押限制】 乡镇、村企业的建设用地使用权不得单独抵押。以乡镇、村企业的厂房等建筑物抵押的，其占用范围内的建设用地使用权一并抵押。

第三百九十九条【禁止抵押的财产范围】 下列财产不得抵押：

（一）土地所有权；

（二）宅基地、自留地、自留山等集体所有土地的使用权，但是法律规定可以抵押的除外；

（三）学校、幼儿园、医疗机构等为公益目的成立的非营利法人的教育设施、医疗卫生设施和其他公益设施；

（四）所有权、使用权不明或者有争议的财产；

（五）依法被查封、扣押、监管的财产；

（六）法律、行政法规规定不得抵押的其他财产。

第四百条【抵押合同】 设立抵押权，当事人应当采用书面形式订立抵押合同。

抵押合同一般包括下列条款：

（一）被担保债权的种类和数额；

（二）债务人履行债务的期限；

（三）抵押财产的名称、数量等情况；

（四）担保的范围。

第四百零一条【流押】 抵押权人在债务履行期限届满前，与抵押人约定债务人不履行到期债务时抵押财产归债权人所有的，只能依法就抵押财产优先受偿。

第四百零二条【不动产抵押登记】 以本法第三百九十五条第一款第一项至第三项规定的财产或者第五项规定的正在建造的建筑物抵押的，应当办理抵押登记。抵押权自登记时设立。

第四百零三条【动产抵押的效力】 以动产抵押的，抵押权自抵押合同生效时设立；未经登记，不得对抗善意第三人。

第四百零四条【动产抵押权无追及效力】 以动产抵押的，不得对抗正常经营活动中已经支付合理价款并取得抵押财产的买受人。

第四百零五条【抵押权与租赁权的关系】 抵押权设立前，抵押财产已经出租并转移占有的，原租赁关系不受该抵押权的影响。

第四百零六条【抵押财产的处分】 抵押期间，抵押人可以转让抵押财产。当事人另有约定的，按照其约定。抵押财产转让的，抵押权不受影响。

抵押人转让抵押财产的，应当及时通知抵押权人。抵押权人能够证明抵押财产转让可能损害抵押权的，可以请求抵押人将转让所得的价款向抵押权人提前清偿债务或者提存。转让的价款超过债权数额的部分归抵押人所有，不足部分由债务人清偿。

第四百零七条【抵押权处分的从属性】 抵押权不得与债权分离而单独转

让或者作为其他债权的担保。债权转让的，担保该债权的抵押权一并转让，但是法律另有规定或者当事人另有约定的除外。

第四百零八条【抵押权的保护】 抵押人的行为足以使抵押财产价值减少的，抵押权人有权请求抵押人停止其行为；抵押财产价值减少的，抵押权人有权请求恢复抵押财产的价值，或者提供与减少的价值相应的担保。抵押人不恢复抵押财产的价值，也不提供担保的，抵押权人有权请求债务人提前清偿债务。

第四百零九条【抵押权及其顺位的处分】 抵押权人可以放弃抵押权或者抵押权的顺位。抵押权人与抵押人可以协议变更抵押权顺位以及被担保的债权数额等内容。但是，抵押权的变更未经其他抵押权人书面同意的，不得对其他抵押权人产生不利影响。

债务人以自己的财产设定抵押，抵押权人放弃该抵押权、抵押权顺位或者变更抵押权的，其他担保人在抵押权人丧失优先受偿权益的范围内免除担保责任，但是其他担保人承诺仍然提供担保的除外。

第四百一十条【抵押权的实现】 债务人不履行到期债务或者发生当事人约定的实现抵押权的情形，抵押权人可以与抵押人协议以抵押财产折价或者以拍卖、变卖该抵押财产所得的价款优先受偿。协议损害其他债权人利益的，其他债权人可以请求人民法院撤销该协议。

抵押权人与抵押人未就抵押权实现方式达成协议的，抵押权人可以请求人民法院拍卖、变卖抵押财产。

抵押财产折价或者变卖的，应当参照市场价格。

第四百一十一条【浮动抵押财产的确定】 依据本法第三百九十六条规定设定抵押的，抵押财产自下列情形之一发生时确定：

（一）债务履行期限届满，债权未实现；

（二）抵押人被宣告破产或者解散；

（三）当事人约定的实现抵押权的情形；

（四）严重影响债权实现的其他情形。

第四百一十二条【抵押权对抵押财产孳息的效力】 债务人不履行到期债务或者发生当事人约定的实现抵押权的情形，致使抵押财产被人民法院依法扣押的，自扣押之日起，抵押权人有权收取该抵押财产的天然孳息或者法定孳息，但是抵押权人未通知应当清偿法定孳息义务人的除外。

前款规定的孳息应当先充抵收取孳息的费用。

第四百一十三条【抵押财产变价后的处理】 抵押财产折价或者拍卖、变卖后，其价款超过债权数额的部分归抵押人所有，不足部分由债务人清偿。

第四百一十四条【数个抵押权的清偿顺序】 同一财产向两个以上债权人

抵押的，拍卖、变卖抵押财产所得的价款依照下列规定清偿：

（一）抵押权已经登记的，按照登记的时间先后确定清偿顺序；

（二）抵押权已经登记的先于未登记的受偿；

（三）抵押权未登记的，按照债权比例清偿。

其他可以登记的担保物权，清偿顺序参照适用前款规定。

第四百一十五条【抵押权与质权的清偿顺序】 同一财产既设立抵押权又设立质权的，拍卖、变卖该财产所得的价款按照登记、交付的时间先后确定清偿顺序。

第四百一十六条【动产购买价款抵押担保的优先权】 动产抵押担保的主债权是抵押物的价款，标的物交付后十日内办理抵押登记的，该抵押权人优先于抵押物买受人的其他担保物权人受偿，但是留置权人除外。

第四百一十七条【抵押权对新增建筑物的效力】 建设用地使用权抵押后，该土地上新增的建筑物不属于抵押财产。该建设用地使用权实现抵押权时，应当将该土地上新增的建筑物与建设用地使用权一并处分。但是，新增建筑物所得的价款，抵押权人无权优先受偿。

第四百一十八条【集体所有土地使用权抵押权的实行效果】 以集体所有土地的使用权依法抵押的，实现抵押权后，未经法定程序，不得改变土地所有权的性质和土地用途。

第四百一十九条【抵押权存续期间】 抵押权人应当在主债权诉讼时效期间行使抵押权；未行使的，人民法院不予保护。

第四百二十条【最高额抵押权的定义】 为担保债务的履行，债务人或者第三人对一定期间内将要连续发生的债权提供担保财产的，债务人不履行到期债务或者发生当事人约定的实现抵押权的情形，抵押权人有权在最高债权额限度内就该担保财产优先受偿。

最高额抵押权设立前已经存在的债权，经当事人同意，可以转入最高额抵押担保的债权范围。

第四百二十一条【最高额抵押权担保的债权转让】 最高额抵押担保的债权确定前，部分债权转让的，最高额抵押权不得转让，但是当事人另有约定的除外。

第四百二十二条【最高额抵押合同条款变更】 最高额抵押担保的债权确定前，抵押权人与抵押人可以通过协议变更债权确定的期间、债权范围以及最高债权额。但是，变更的内容不得对其他抵押权人产生不利影响。

第四百二十三条【最高额抵押权所担保的债权确定】 有下列情形之一的，抵押权人的债权确定：

（一）约定的债权确定期间届满；

（二）没有约定债权确定期间或者约定不明确，抵押权人或者抵押人自最高额抵押权设立之日起满二年后请求确定债权；

（三）新的债权不可能发生；

（四）抵押权人知道或者应当知道抵押财产被查封、扣押；

（五）债务人、抵押人被宣告破产或者解散；

（六）法律规定债权确定的其他情形。

第四百二十四条【最高额抵押权的法律适用】 最高额抵押权除适用本节规定外，适用本章第一节的有关规定。

第五百四十七条【债权转让时从权利一并变动】 债权人转让债权的，受让人取得与债权有关的从权利，但是该从权利专属于债权人自身的除外。

受让人取得从权利不因该从权利未办理转移登记手续或者未转移占有而受到影响。

《中华人民共和国海商法》（1992 年）

第十三条 设定船舶抵押权，由抵押权人和抵押人共同向船舶登记机关办理抵押权登记；未经登记的，不得对抗第三人。

船舶抵押权登记，包括下列主要项目：

（一）船舶抵押权人和抵押人的姓名或者名称、地址；

（二）被抵押船舶的名称、国籍、船舶所有权证书的颁发机关和证书号码；

（三）所担保的债权数额、利息率、受偿期限。

船舶抵押权的登记状况，允许公众查询。

《中华人民共和国农村土地承包法》（2018 年修正）

第四十七条 承包方可以用承包地的土地经营权向金融机构融资担保，并向发包方备案。受让方通过流转取得的土地经营权，经承包方书面同意并向发包方备案，可以向金融机构融资担保。

担保物权自融资担保合同生效时设立。当事人可以向登记机构申请登记；未经登记，不得对抗善意第三人。

实现担保物权时，担保物权人有权就土地经营权优先受偿。

土地经营权融资担保办法由国务院有关部门规定。

《中华人民共和国城市房地产管理法》（2019 年修正）

第四十七条 房地产抵押，是指抵押人以其合法的房地产以不转移占有的方式向抵押权人提供债务履行担保的行为。债务人不履行债务时，抵押权人有权依法以抵押的房地产拍卖所得的价款优先受偿。

第四十八条 依法取得的房屋所有权连同该房屋占用范围内的土地使用权，可以设定抵押权。

以出让方式取得的土地使用权，可以设定抵押权。

第四十九条 房地产抵押，应当凭土地使用权证书、房屋所有权证书办理。

第五十一条 设定房地产抵押权的土地使用权是以划拨方式取得的，依法拍卖该房地产后，应当从拍卖所得的价款中缴纳相当于应缴纳的土地使用权出让金的款额后，抵押权人方可优先受偿。

第五十二条 房地产抵押合同签订后，土地上新增的房屋不属于抵押财产。需要拍卖该抵押的房地产时，可以依法将土地上新增的房屋与抵押财产一同拍卖，但对拍卖新增房屋所得，抵押权人无权优先受偿。

《中华人民共和国民用航空法》（2021 年修正）

第十六条 设定民用航空器抵押权，由抵押权人和抵押人共同向国务院民用航空主管部门办理抵押权登记；未经登记的，不得对抗第三人。

《中华人民共和国矿产资源法》（2024 年修订）

第二十二条 设立矿业权的，应当向矿业权出让部门申请矿业权登记。符合登记条件的，矿业权出让部门应当将相关事项记载于矿业权登记簿，并向矿业权人发放矿业权证书。

矿业权变更、转让、抵押和消灭的，应当依法办理登记。

矿业权的设立、变更、转让、抵押和消灭，经依法登记，发生效力；未经登记，不发生效力，法律另有规定的除外。

矿业权登记的具体办法由国务院自然资源主管部门制定。

第二十七条 矿业权可以依法转让或者出资、抵押等，国家另有规定或者矿业权出让合同另有约定的除外。

矿业权转让的，矿业权出让合同和矿业权登记簿所载明的权利、义务随之转移，国家另有规定或者矿业权出让、转让合同另有约定的除外。

矿业权转让的具体管理办法由国务院制定。

《最高人民法院关于审理矿业权纠纷案件适用法律若干问题的解释》（2020 年 12 月 23 日修正）

第十四条 矿业权人为担保自己或者他人债务的履行，将矿业权抵押给债权人的，抵押合同自依法成立之日起生效，但法律、行政法规规定不得抵押的除外。

当事人仅以未经主管部门批准或者登记、备案为由请求确认抵押合同无效的，人民法院不予支持。

第十五条 当事人请求确认矿业权之抵押权自依法登记时设立的，人民法院应予支持。

颁发矿产资源勘查许可证或者采矿许可证的自然资源主管部门根据相关

规定办理的矿业权抵押备案手续，视为前款规定的登记。

第十六条 债务人不履行到期债务或者发生当事人约定的实现抵押权的情形，抵押权人依据民事诉讼法第一百九十六条（现行民事诉讼法第二百零七条）、第一百九十七条（现行民事诉讼法第二百零八条）规定申请实现抵押权的，人民法院可以拍卖、变卖矿业权或者裁定以矿业权抵债，但矿业权竞买人、受让人应具备相应的资质条件。

第十七条 矿业权抵押期间因抵押人被兼并重组或者矿床被压覆等原因导致矿业权全部或者部分灭失，抵押权人请求就抵押人因此获得的保险金、赔偿金或者补偿金等款项优先受偿或者将该款项予以提存的，人民法院应予支持。

《最高人民法院关于适用〈中华人民共和国民法典〉时间效力的若干规定》（法释〔2020〕15号 2020年12月29日）

第七条 民法典施行前，当事人在债务履行期限届满前约定债务人不履行到期债务时抵押财产或者质押财产归债权人所有的，适用民法典第四百零一条和第四百二十八条的规定。

《最高人民法院关于适用〈中华人民共和国民法典〉物权编的解释（一）》（法释〔2020〕24号 2020年12月29日）

第四条 未经预告登记的权利人同意，转让不动产所有权等物权，或者设立建设用地使用权、居住权、地役权、抵押权等其他物权的，应当依照民法典第二百二十一条第一款的规定，认定其不发生物权效力。

《最高人民法院关于审理建设工程施工合同纠纷案件适用法律问题的解释（一）》（法释〔2020〕25号 2020年12月29日）

第三十六条 承包人根据民法典第八百零七条规定享有的建设工程价款优先受偿权优于抵押权和其他债权。

《最高人民法院关于适用〈中华人民共和国民法典〉有关担保制度的解释》（法释〔2020〕28号 2020年12月31日）

第三十七条 当事人以所有权、使用权不明或者有争议的财产抵押，经审查构成无权处分的，人民法院应当依照民法典第三百一十一条的规定处理。

当事人以依法被查封或者扣押的财产抵押，抵押权人请求行使抵押权，经审查查封或者扣押措施已经解除的，人民法院应予支持。抵押人以抵押权设立时财产被查封或者扣押为由主张抵押合同无效的，人民法院不予支持。

以依法被监管的财产抵押的，适用前款规定。

第三十八条 主债权未受全部清偿，担保物权人主张就担保财产的全部行使担保物权的，人民法院应予支持，但是留置权人行使留置权的，应当依照民法典第四百五十条的规定处理。

担保财产被分割或者部分转让，担保物权人主张就分割或者转让后的担保财产行使担保物权的，人民法院应予支持，但是法律或者司法解释另有规定的除外。

第三十九条 主债权被分割或者部分转让，各债权人主张就其享有的债权份额行使担保物权的，人民法院应予支持，但是法律另有规定或者当事人另有约定的除外。

主债务被分割或者部分转移，债务人自己提供物的担保，债权人请求以该担保财产担保全部债务履行的，人民法院应予支持；第三人提供物的担保，主张对未经其书面同意转移的债务不再承担担保责任的，人民法院应予支持。

第四十条 从物产生于抵押权依法设立前，抵押权人主张抵押权的效力及于从物的，人民法院应予支持，但是当事人另有约定的除外。

从物产生于抵押权依法设立后，抵押权人主张抵押权的效力及于从物的，人民法院不予支持，但是在抵押权实现时可以一并处分。

第四十一条 抵押权依法设立后，抵押财产被添附，添附物归第三人所有，抵押权人主张抵押权效力及于补偿金的，人民法院应予支持。

抵押权依法设立后，抵押财产被添附，抵押人对添附物享有所有权，抵押权人主张抵押权的效力及于添附物的，人民法院应予支持，但是添附导致抵押财产价值增加的，抵押权的效力不及于增加的价值部分。

抵押权依法设立后，抵押人与第三人因添附成为添附物的共有人，抵押权人主张抵押权的效力及于抵押人对共有物享有的份额的，人民法院应予支持。

本条所称添附，包括附合、混合与加工。

第四十二条 抵押权依法设立后，抵押财产毁损、灭失或者被征收等，抵押权人请求按照原抵押权的顺位就保险金、赔偿金或者补偿金等优先受偿的，人民法院应予支持。

给付义务人已经向抵押人给付了保险金、赔偿金或者补偿金，抵押权人请求给付义务人向其给付保险金、赔偿金或者补偿金的，人民法院不予支持，但是给付义务人接到抵押权人要求向其给付的通知后仍然向抵押人给付的除外。

抵押权人请求给付义务人向其给付保险金、赔偿金或者补偿金的，人民法院可以通知抵押人作为第三人参加诉讼。

第四十三条 当事人约定禁止或者限制转让抵押财产但是未将约定登记，抵押人违反约定转让抵押财产，抵押权人请求确认转让合同无效的，人民法院不予支持；抵押财产已经交付或者登记，抵押权人请求确认转让不发生物权效力的，人民法院不予支持，但是抵押权人有证据证明受让人知道的除外；抵押权人请求抵押人承担违约责任的，人民法院依法予以支持。

当事人约定禁止或者限制转让抵押财产且已经将约定登记，抵押人违反约定转让抵押财产，抵押权人请求确认转让合同无效的，人民法院不予支持；抵押财产已经交付或者登记，抵押权人主张转让不发生物权效力的，人民法院应予支持，但是因受让人代替债务人清偿债务导致抵押权消灭的除外。

第四十四条 主债权诉讼时效期间届满后，抵押权人主张行使抵押权的，人民法院不予支持；抵押人以主债权诉讼时效期间届满为由，主张不承担担保责任的，人民法院应予支持。主债权诉讼时效期间届满前，债权人仅对债务人提起诉讼，经人民法院判决或者调解后未在民事诉讼法规定的申请执行时效期间内对债务人申请强制执行，其向抵押人主张行使抵押权的，人民法院不予支持。

主债权诉讼时效期间届满后，财产被留置的债务人或者对留置财产享有所有权的第三人请求债权人返还留置财产的，人民法院不予支持；债务人或者第三人请求拍卖、变卖留置财产并以所得价款清偿债务的，人民法院应予支持。

主债权诉讼时效期间届满的法律后果，以登记作为公示方式的权利质权，参照适用第一款的规定；动产质权、以交付权利凭证作为公示方式的权利质权，参照适用第二款的规定。

第四十六条 不动产抵押合同生效后未办理抵押登记手续，债权人请求抵押人办理抵押登记手续的，人民法院应予支持。

抵押财产因不可归责于抵押人自身的原因灭失或者被征收等导致不能办理抵押登记，债权人请求抵押人在约定的担保范围内承担责任的，人民法院不予支持；但是抵押人已经获得保险金、赔偿金或者补偿金等，债权人请求抵押人在其所获金额范围内承担赔偿责任的，人民法院依法予以支持。

因抵押人转让抵押财产或者其他可归责于抵押人自身的原因导致不能办理抵押登记，债权人请求抵押人在约定的担保范围内承担责任的，人民法院依法予以支持，但是不得超过抵押权能够设立时抵押人应当承担的责任范围。

第五十一条 当事人仅以建设用地使用权抵押，债权人主张抵押权的效力及于土地上已有的建筑物以及正在建造的建筑物已完成部分的，人民法院应予支持。债权人主张抵押权的效力及于正在建造的建筑物的续建部分以及新增建筑物的，人民法院不予支持。

当事人以正在建造的建筑物抵押，抵押权的效力范围限于已办理抵押登记的部分。当事人按照担保合同的约定，主张抵押权的效力及于续建部分、新增建筑物以及规划中尚未建造的建筑物的，人民法院不予支持。

抵押人将建设用地使用权、土地上的建筑物或者正在建造的建筑物分别抵押给不同债权人的，人民法院应当根据抵押登记的时间先后确定清偿顺序。

第五十二条 当事人办理抵押预告登记后，预告登记权利人请求就抵押财产优先受偿，经审查存在尚未办理建筑物所有权首次登记、预告登记的财产与办理建筑物所有权首次登记时的财产不一致、抵押预告登记已经失效等情形，导致不具备办理抵押登记条件的，人民法院不予支持；经审查已经办理建筑物所有权首次登记，且不存在预告登记失效等情形的，人民法院应予支持，并应当认定抵押权自预告登记之日起设立。

当事人办理了抵押预告登记，抵押人破产，经审查抵押财产属于破产财产，预告登记权利人主张就抵押财产优先受偿的，人民法院应当在受理破产申请时抵押财产的价值范围内予以支持，但是在人民法院受理破产申请前一年内，债务人对没有财产担保的债务设立抵押预告登记的除外。

第五十四条 动产抵押合同订立后未办理抵押登记，动产抵押权的效力按照下列情形分别处理：

（一）抵押人转让抵押财产，受让人占有抵押财产后，抵押权人向受让人请求行使抵押权的，人民法院不予支持，但是抵押权人能够举证证明受让人知道或者应当知道已经订立抵押合同的除外；

（二）抵押人将抵押财产出租给他人并移转占有，抵押权人行使抵押权的，租赁关系不受影响，但是抵押权人能够举证证明承租人知道或者应当知道已经订立抵押合同的除外；

（三）抵押人的其他债权人向人民法院申请保全或者执行抵押财产，人民法院已经作出财产保全裁定或者采取执行措施，抵押权人主张对抵押财产优先受偿的，人民法院不予支持；

（四）抵押人破产，抵押权人主张对抵押财产优先受偿的，人民法院不予支持。

第五十七条 担保人在设立动产浮动抵押并办理抵押登记后又购入或者以融资租赁方式承租新的动产，下列权利人为担保价款债权或者租金的实现而订立担保合同，并在该动产交付后十日内办理登记，主张其权利优先于在先设立的浮动抵押权的，人民法院应予支持：

（一）在该动产上设立抵押权或者保留所有权的出卖人；

（二）为价款支付提供融资而在该动产上设立抵押权的债权人；

（三）以融资租赁方式出租该动产的出租人。

买受人取得动产但未付清价款或者承租人以融资租赁方式占有租赁物但是未付清全部租金，又以标的物为他人设立担保物权，前款所列权利人为担保价款债权或者租金的实现而订立担保合同，并在该动产交付后十日内办理登记，主张其权利优先于买受人为他人设立的担保物权的，人民法院应予支持。

同一动产上存在多个价款优先权的，人民法院应当按照登记的时间先后确定清偿顺序。

68. 质权纠纷

（1）动产质权纠纷
（2）转质权纠纷
（3）最高额质权纠纷
（4）票据质权纠纷
（5）债券质权纠纷
（6）存单质权纠纷
（7）仓单质权纠纷
（8）提单质权纠纷
（9）股权质权纠纷
（10）基金份额质权纠纷
（11）知识产权质权纠纷
（12）应收账款质权纠纷

案由适用要点

［**释义**］质权，又称为质押权，是一种典型的担保物权，质押是指债务人或者第三人将自己的财产交付债权人占有，或在自己的财产权利上设定权利质押，作为债务履行的担保，如果债务履行期届满，债务人不履行债务或者发生当事人约定的实现质权情形的，质权人有权从质押的财产中优先受偿。债权人对质押的财产享有的占有权和优先受偿权称为质权。

设立动产质权的当事人因动产质权的成立、内容、归属、实现以及质押标的物的保管、处分等产生的纠纷是动产质权纠纷。

转质是指质权人在质权存续期间，以质物向其他人再设定质押。因转质引发的纠纷，即为转质权纠纷。转质权纠纷既包括动产质权转质纠纷，也包括权利质权转质纠纷。

最高额质权是指为担保债务的履行，债务人或者第三人对一定期间内将要连续发生的债权提供担保财产的，债务人不履行到期债务或者发生当事人约定的实现质权的情形，质权人有权在最高债权额限度内就该担保财产优先受偿。因最高额质权成立、内容、归属、实现等产生的纠纷即为最高额质权纠纷。

票据质权是权利质权的一种，是指以汇票、本票和支票设定的质权。票据质权纠纷即因票据质权的设立、归属、内容、实现等引发的纠纷。

债券是指依照法定程序发行的，约定在一定期限内还本付息的有价证券。债券质权纠纷是指因债券质权的设立、内容、归属和实现等引发的纠纷。

存单质权是指以银行、储蓄机构发给存款人的证明其债权的凭证所设定的质权。存单质权纠纷是指因存单质权的设立、内容、归属和实现等引发的纠纷。

仓单质权即以仓单设定的质权。因仓单质权的设立、内容、归属和实现等引发的纠纷即是仓单质权纠纷。

提单质权是指以提单设定的质权。提单质权纠纷即指因提单质权的成立、归属、内容和实现等引发的纠纷。

股权质权是指出质人以其拥有的股权设定的质权。股权包括有限责任公司的股权和股份有限公司的股权。股权质权纠纷即指因股权质权的成立、归属、内容和实现等引发的纠纷。

基金份额是指基金投资人对基金享有的份额，它是基金的基本构成单位和计算单位，体现着基金投资人（基金份额持有人）的权利和义务。因基金份额质权的成立、归属、内容和实现等引发的纠纷即为基金份额质权纠纷。

知识产权质权是指以知识产权中的财产部分设定的质权。因知识产权质权的成立、归属、内容和实现等引发的纠纷，称为知识产权质权纠纷。

应收账款是指因销售商品或提供劳务而应向购货单位或顾客收取的款项。应收账款质权纠纷是指因应收账款质权的成立、归属、内容和实现等引发的纠纷。

[管辖] 质权纠纷一般根据产生纠纷的基础法律关系来确定管辖。

[应注意的问题] 适用本案由应当注意以下两个问题：

1. 要区分质押合同与质权的关系。对于因质押合同产生的纠纷，原则上应适用合同纠纷项下的“质押合同纠纷”案由。对于因质权产生的纠纷适用质权纠纷案由。既有质押合同方面的争议，也有质权成立、实现等的争议，则基于质押合同仅是质权成立的基础关系，从某种意义上讲，质押合同具有一定的手段性，而质权本身具有目的性，这时可以适用相应的质权纠纷案由。

通常而言，质押合同一般应该包括以下内容：（1）被担保的主债权种类、数额；（2）债务人履行债务的期限；（3）出质权利的情况；（4）出质担保的范围；（5）当事人认为需要约定的其他事项。书面形式是否为质押合同的生效要件，存在一定的争议。我们认为，质押合同作为合同的一种，当然要尊重当事人之间的约定，并要求必须具备上述全部的事项，质押合同不完全具备上列规定内容的，可以补正，这不会影响质押合同的效力。质押合同本身的效力问题适用《民法典》合同编的相关规定。在订立质押合同后，如果不交付相关的权利凭证或者不办理质押登记，则质权不能成立，但这并不影响质押合同的效力，当事人可以基于该有效质押合同向对方当事人主张相应的违约责任。

有关质权的成立除有当事人签订的质押合同外，还应当按照法律的规定为动产交付或者权利之登记。对于权利质权而言，其设立和行使除了要遵守动产质权的规则外，还应该遵循权利让与的规则，这也是权利质权设定的基本要求。例如，以股权设定质权，应当依照《公司法》股份转让的相关规则办理；以著作财产权设质的，应当依照《著作权法》中有关著作权转让的规则进行。在票据质权的设定中，应当区分不同的票据而分别确认其要件。又如，由于我国《票据法》没有要求支票上需记载收款人的名称，因此以支票设定质权时，仅需要将支票交付于质权人，质权即可有效设定，而无须有关的设质背书。但是，对于汇票和本票，则必须有相应的设质背书，方可产生对抗效力。

此外，《民法典》第 446 条规定："权利质权除适用本节规定外，适用本章第一节的有关规定。"《民法典》物权编第 18 章第 2 节对权利质权仅在某些特定内容上作出规定，其他没有规定的内容可以适用动产质权的规定，如质押合同的设立、质权人的义务、质权的实现方式和最高额质权。这是立法技术上精简条文、体系严谨的基本要求，但适用时要注意做好衔接。

2. 要注意与担保物权实现程序这一非诉程序在法律适用上的衔接和案由上的厘清。《民法典》第 437 条规定："出质人可以请求质权人在债务履行期限届满后及时行使质权；质权人不行使的，出质人可以请求人民法院拍卖、变卖质押财产。出质人请求质权人及时行使质权，因质权人怠于行使权利造成出质人损害的，由质权人承担赔偿责任。"《民事诉讼法解释》第 359 条规定："民事诉讼法第二百零三条规定的担保物权人，包括抵押权人、质权人、留置权人；其他有权请求实现担保物权的人，包括抵押人、出质人、财产被留置的债务人或者所有权人等。"在申请实现担保物权的主体当中，包括质权人和出质人。担保物权实现程序是独立便捷实现担保物权的非诉程序，当事人适用这一程序时要列《民事案件案由规定》中"三十八、实现担保物权案件"项下的"411. 申请实现担保物权"这一第三级案由。但若涉及双方实体民事权利义务争议，应当通过诉讼程序解决的纠纷，则应列相应的质权纠纷案由。

请求权基础规范指引

《中华人民共和国民法典》（2020 年）

第四百二十五条【动产质权的定义】 为担保债务的履行，债务人或者第三人将其动产出质给债权人占有的，债务人不履行到期债务或者发生当事人约定的实现质权的情形，债权人有权就该动产优先受偿。

前款规定的债务人或者第三人为出质人，债权人为质权人，交付的动产为质押财产。

第四百二十六条【禁止质押的动产范围】 法律、行政法规禁止转让的动产不得出质。

第四百二十七条【质押合同】 设立质权，当事人应当采用书面形式订立质押合同。

质押合同一般包括下列条款：

（一）被担保债权的种类和数额；

（二）债务人履行债务的期限；

（三）质押财产的名称、数量等情况；

（四）担保的范围；

（五）质押财产交付的时间、方式。

第四百二十八条【流质】 质权人在债务履行期限届满前，与出质人约定债务人不履行到期债务时质押财产归债权人所有的，只能依法就质押财产优先受偿。

第四百二十九条【质权生效时间】 质权自出质人交付质押财产时设立。

第四百三十条【质权人孳息收取权及孳息首要清偿用途】 质权人有权收取质押财产的孳息，但是合同另有约定的除外。

前款规定的孳息应当先充抵收取孳息的费用。

第四百三十一条【质权人擅自使用、处分质押财产的责任】 质权人在质权存续期间，未经出质人同意，擅自使用、处分质押财产，造成出质人损害的，应当承担赔偿责任。

第四百三十二条【质权人的保管义务和赔偿责任】 质权人负有妥善保管质押财产的义务；因保管不善致使质押财产毁损、灭失的，应当承担赔偿责任。

质权人的行为可能使质押财产毁损、灭失的，出质人可以请求质权人将质押财产提存，或者请求提前清偿债务并返还质押财产。

第四百三十三条【质权的保护】 因不可归责于质权人的事由可能使质押财产毁损或者价值明显减少，足以危害质权人权利的，质权人有权请求出质人提供相应的担保；出质人不提供的，质权人可以拍卖、变卖质押财产，并与出质人协议将拍卖、变卖所得的价款提前清偿债务或者提存。

第四百三十四条【责任转质】 质权人在质权存续期间，未经出质人同意转质，造成质押财产毁损、灭失的，应当承担赔偿责任。

第四百三十五条【质权的放弃】 质权人可以放弃质权。债务人以自己的财产出质，质权人放弃该质权的，其他担保人在质权人丧失优先受偿权益的范围内免除担保责任，但是其他担保人承诺仍然提供担保的除外。

第四百三十六条【质物返还及质权实现】 债务人履行债务或者出质人提前清偿所担保的债权的，质权人应当返还质押财产。

债务人不履行到期债务或者发生当事人约定的实现质权的情形，质权人可以与出质人协议以质押财产折价，也可以就拍卖、变卖质押财产所得的价款优先受偿。

质押财产折价或者变卖的，应当参照市场价格。

第四百三十七条【质权的及时行使】 出质人可以请求质权人在债务履行期限届满后及时行使质权；质权人不行使的，出质人可以请求人民法院拍卖、变卖质押财产。

出质人请求质权人及时行使质权，因质权人怠于行使权利造成出质人损害的，由质权人承担赔偿责任。

第四百三十八条【质押财产变价后的处理】 质押财产折价或者拍卖、变卖后，其价款超过债权数额的部分归出质人所有，不足部分由债务人清偿。

第四百三十九条【最高额质权】 出质人与质权人可以协议设立最高额质权。

最高额质权除适用本节有关规定外，参照适用本编第十七章第二节的有关规定。

第四百四十条【权利质权的范围】 债务人或者第三人有权处分的下列权利可以出质：

（一）汇票、本票、支票；

（二）债券、存款单；

（三）仓单、提单；

（四）可以转让的基金份额、股权；

（五）可以转让的注册商标专用权、专利权、著作权等知识产权中的财产权；

（六）现有的以及将有的应收账款；

（七）法律、行政法规规定可以出质的其他财产权利。

第四百四十一条【有价证券出质的质权的设立】 以汇票、本票、支票、债券、存款单、仓单、提单出质的，质权自权利凭证交付质权人时设立；没有权利凭证的，质权自办理出质登记时设立。法律另有规定的，依照其规定。

第四百四十二条【有价证券出质的质权的特别实现方式】 汇票、本票、支票、债券、存款单、仓单、提单的兑现日期或者提货日期先于主债权到期的，质权人可以兑现或者提货，并与出质人协议将兑现的价款或者提取的货物提前清偿债务或者提存。

第四百四十三条【以基金份额、股权出质的质权设立及转让限制】 以基金份额、股权出质的，质权自办理出质登记时设立。

基金份额、股权出质后，不得转让，但是出质人与质权人协商同意的除外。出质人转让基金份额、股权所得的价款，应当向质权人提前清偿债务或者提存。

第四百四十四条【以知识产权中的财产权出质的质权的设立及转让限制】 以注册商标专用权、专利权、著作权等知识产权中的财产权出质的，质权自办理出质登记时设立。

知识产权中的财产权出质后，出质人不得转让或者许可他人使用，但是出质人与质权人协商同意的除外。出质人转让或者许可他人使用出质的知识产权中的财产权所得的价款，应当向质权人提前清偿债务或者提存。

第四百四十五条【以应收账款出质的质权的设立及转让限制】 以应收账款出质的，质权自办理出质登记时设立。

应收账款出质后，不得转让，但是出质人与质权人协商同意的除外。出质人转让应收账款所得的价款，应当向质权人提前清偿债务或者提存。

第四百四十六条【权利质权的法律适用】 权利质权除适用本节规定外，适用本章第一节的有关规定。

《中华人民共和国涉外民事关系法律适用法》（2010年）

第四十条 权利质权，适用质权设立地法律。

《著作权质权登记办法》（2010年）

第二条 国家版权局负责著作权质权登记工作。

第三条 《中华人民共和国著作权法》规定的著作权以及与著作权有关权利（以下统称“著作权”）中的财产权可以出质。

以共有的著作权出质的，除另有约定外，应当取得全体共有人的同意。

第四条 以著作权出质的，出质人和质权人应当订立书面质权合同，并由双方共同向登记机构办理著作权质权登记。

出质人和质权人可以自行办理，也可以委托代理人办理。

第五条 著作权质权的设立、变更、转让和消灭，自记载于《著作权质权登记簿》时发生效力。

《动产和权利担保统一登记办法》（2021年）

第二条 纳入动产和权利担保统一登记范围的担保类型包括：

（一）生产设备、原材料、半成品、产品抵押；

（二）应收账款质押；

（三）存款单、仓单、提单质押；

（四）融资租赁；

（五）保理；

（六）所有权保留；

（七）其他可以登记的动产和权利担保，但机动车抵押、船舶抵押、航空器抵押、债券质押、基金份额质押、股权质押、知识产权中的财产权质押除外。

《专利权质押登记办法》（2021年）

第三条　以专利权出质的，出质人与质权人应当订立书面合同。

质押合同可以是单独订立的合同，也可以是主合同中的担保条款。

出质人和质权人应共同向国家知识产权局办理专利权质押登记，专利权质权自国家知识产权局登记时设立。

第四条　以共有的专利权出质的，除全体共有人另有约定的以外，应当取得其他共有人的同意。

《最高人民法院关于适用〈中华人民共和国民法典〉有关担保制度的解释》（法释〔2020〕28号　2020年12月31日）

第一条　因抵押、质押、留置、保证等担保发生的纠纷，适用本解释。所有权保留买卖、融资租赁、保理等涉及担保功能发生的纠纷，适用本解释的有关规定。

第四条　有下列情形之一，当事人将担保物权登记在他人名下，债务人不履行到期债务或者发生当事人约定的实现担保物权的情形，债权人或者其受托人主张就该财产优先受偿的，人民法院依法予以支持：

（一）为债券持有人提供的担保物权登记在债券受托管理人名下；

（二）为委托贷款人提供的担保物权登记在受托人名下；

（三）担保人知道债权人与他人之间存在委托关系的其他情形。

第五十五条　债权人、出质人与监管人订立三方协议，出质人以通过一定数量、品种等概括描述能够确定范围的货物为债务的履行提供担保，当事人有证据证明监管人系受债权人的委托监管并实际控制该货物的，人民法院应当认定质权于监管人实际控制货物之日起设立。监管人违反约定向出质人或者其他人放货、因保管不善导致货物毁损灭失，债权人请求监管人承担违约责任的，人民法院依法予以支持。

在前款规定情形下，当事人有证据证明监管人系受出质人委托监管该货物，或者虽然受债权人委托但是未实际履行监管职责，导致货物仍由出质人实际控制的，人民法院应当认定质权未设立。债权人可以基于质押合同的约定请求出质人承担违约责任，但是不得超过质权有效设立时出质人应当承担的责任范围。监管人未履行监管职责，债权人请求监管人承担责任的，人民法院依法予以支持。

第五十八条 以汇票出质，当事人以背书记载“质押”字样并在汇票上签章，汇票已经交付质权人的，人民法院应当认定质权自汇票交付质权人时设立。

第五十九条 存货人或者仓单持有人在仓单上以背书记载“质押”字样，并经保管人签章，仓单已经交付质权人的，人民法院应当认定质权自仓单交付质权人时设立。没有权利凭证的仓单，依法可以办理出质登记的，仓单质权自办理出质登记时设立。

出质人既以仓单出质，又以仓储物设立担保，按照公示的先后确定清偿顺序；难以确定先后的，按照债权比例清偿。

保管人为同一货物签发多份仓单，出质人在多份仓单上设立多个质权，按照公示的先后确定清偿顺序；难以确定先后的，按照债权比例受偿。

存在第二款、第三款规定的情形，债权人举证证明其损失系由出质人与保管人的共同行为所致，请求出质人与保管人承担连带赔偿责任的，人民法院应予支持。

第六十条 在跟单信用证交易中，开证行与开证申请人之间约定以提单作为担保的，人民法院应当依照民法典关于质权的有关规定处理。

在跟单信用证交易中，开证行依据其与开证申请人之间的约定或者跟单信用证的惯例持有提单，开证申请人未按照约定付款赎单，开证行主张对提单项下货物优先受偿的，人民法院应予支持；开证行主张对提单项下货物享有所有权的，人民法院不予支持。

在跟单信用证交易中，开证行依据其与开证申请人之间的约定或者跟单信用证的惯例，通过转让提单或者提单项下货物取得价款，开证申请人请求返还超出债权部分的，人民法院应予支持。

前三款规定不影响合法持有提单的开证行以提单持有人身份主张运输合同项下的权利。

第六十一条 以现有的应收账款出质，应收账款债务人向质权人确认应收账款的真实性后，又以应收账款不存在或者已经消灭为由主张不承担责任的，人民法院不予支持。

以现有的应收账款出质，应收账款债务人未确认应收账款的真实性，质权人以应收账款债务人为被告，请求就应收账款优先受偿，能够举证证明办理出质登记时应收账款真实存在的，人民法院应予支持；质权人不能举证证明办理出质登记时应收账款真实存在，仅以已经办理出质登记为由，请求就应收账款优先受偿的，人民法院不予支持。

以现有的应收账款出质，应收账款债务人已经向应收账款债权人履行了债务，质权人请求应收账款债务人履行债务的，人民法院不予支持，但是应收账款债务人接到质权人要求向其履行的通知后，仍然向应收账款债权人履行的除外。

以基础设施和公用事业项目收益权、提供服务或者劳务产生的债权以及其他将有的应收账款出质，当事人为应收账款设立特定账户，发生法定或者约定的质权实现事由时，质权人请求就该特定账户内的款项优先受偿的，人民法院应予支持；特定账户内的款项不足以清偿债务或者未设立特定账户，质权人请求折价或者拍卖、变卖项目收益权等将有的应收账款，并以所得的价款优先受偿的，人民法院依法予以支持。

第六十六条 同一应收账款同时存在保理、应收账款质押和债权转让，当事人主张参照民法典第七百六十八条的规定确定优先顺序的，人民法院应予支持。

在有追索权的保理中，保理人以应收账款债权人或者应收账款债务人为被告提起诉讼，人民法院应予受理；保理人一并起诉应收账款债权人和应收账款债务人的，人民法院可以受理。

应收账款债权人向保理人返还保理融资款本息或者回购应收账款债权后，请求应收账款债务人向其履行应收账款债务的，人民法院应予支持。

69. 留置权纠纷

案由适用要点

［**释义**］留置权是指在一定的债权债务关系中，债权人依照一定的法律关系占有债务人的动产，于债务人未履行合同义务时，对其占有的债务人的动产予以留置并变价优先受偿的权利。因留置权的成立、行使、消灭等引发的纠纷就是留置权纠纷。

［**管辖**］留置权是一种法定权利，但留置权的产生都基于特定的债务关系，管辖法院一般应依据产生留置权的基础关系来确定。

［**应注意的问题**］适用留置权纠纷案由时应当特别注意的是，其与担保物权实现程序这一非诉程序在法律适用上的衔接和案由上的厘清。《民法典》第454条规定：“债务人可以请求留置权人在债务履行期限届满后行使留置权；留置权人不行使的，债务人可以请求人民法院拍卖、变卖留置财产。”《民事诉讼法解释》第359条规定：“民事诉讼法第二百零三条规定的担保物权人，包括抵押权人、质权人、留置权人；其他有权请求实现担保物权的人，包括抵押人、出质人、财产被留置的债务人或者所有权人等。”在申请实

现担保物权的主体当中，包括留置物的所有权人，因为留置物所有权人与债务人可能并非同一人，因此也赋予留置物所有权人以申请实现担保物权的机会。担保物权实现程序是独立便捷实现担保物权的非诉程序，当事人适用这一程序时要列《民事案件案由规定》中“三十八、实现担保物权案件”项下的“411. 申请实现担保物权”这一第三级案由。但若涉及双方实体民事权利义务争议，应当通过诉讼程序解决的纠纷，对于留置权的情形，则应列留置权纠纷这一案由。

请求权基础规范指引

《中华人民共和国民法典》（2020 年）

第四百四十七条【留置权的定义】 债务人不履行到期债务，债权人可以留置已经合法占有的债务人的动产，并有权就该动产优先受偿。

前款规定的债权人为留置权人，占有的动产为留置财产。

第四百四十八条【留置财产与债权的关系】 债权人留置的动产，应当与债权属于同一法律关系，但是企业之间留置的除外。

第四百四十九条【留置权适用范围限制】 法律规定或者当事人约定不得留置的动产，不得留置。

第四百五十条【留置财产为可分物的特殊规定】 留置财产为可分物的，留置财产的价值应当相当于债务的金额。

第四百五十一条【留置权人的保管义务】 留置权人负有妥善保管留置财产的义务；因保管不善致使留置财产毁损、灭失的，应当承担赔偿责任。

第四百五十二条【留置权人收取孳息的权利】 留置权人有权收取留置财产的孳息。

前款规定的孳息应当先充抵收取孳息的费用。

第四百五十三条【留置权债务人的债务履行期】 留置权人与债务人应当约定留置财产后的债务履行期限；没有约定或者约定不明确的，留置权人应当给债务人六十日以上履行债务的期限，但是鲜活易腐等不易保管的动产除外。债务人逾期未履行的，留置权人可以与债务人协议以留置财产折价，也可以就拍卖、变卖留置财产所得的价款优先受偿。

留置财产折价或者变卖的，应当参照市场价格。

第四百五十四条【留置权债务人的请求权】 债务人可以请求留置权人在债务履行期限届满后行使留置权；留置权人不行使的，债务人可以请求人民法院拍卖、变卖留置财产。

第四百五十五条【留置权的实现】 留置财产折价或者拍卖、变卖后，其价款超过债权数额的部分归债务人所有，不足部分由债务人清偿。

第四百五十六条【留置权、抵押权与质权竞合时的顺位原则】 同一动产上已经设立抵押权或者质权，该动产又被留置的，留置权人优先受偿。

第四百五十七条【留置权消灭的特殊情形】 留置权人对留置财产丧失占有或者留置权人接受债务人另行提供担保的，留置权消灭。

《最高人民法院关于适用〈中华人民共和国民法典〉有关担保制度的解释》（法释〔2020〕28号　2020年12月31日）

第一条 因抵押、质押、留置、保证等担保发生的纠纷，适用本解释。所有权保留买卖、融资租赁、保理等涉及担保功能发生的纠纷，适用本解释的有关规定。

第三十八条 主债权未受全部清偿，担保物权人主张就担保财产的全部行使担保物权的，人民法院应予支持，但是留置权人行使留置权的，应当依照民法典第四百五十条的规定处理。

担保财产被分割或者部分转让，担保物权人主张就分割或者转让后的担保财产行使担保物权的，人民法院应予支持，但是法律或者司法解释另有规定的除外。

第四十四条第二款 主债权诉讼时效期间届满后，财产被留置的债务人或者对留置财产享有所有权的第三人请求债权人返还留置财产的，人民法院不予支持；债务人或者第三人请求拍卖、变卖留置财产并以所得价款清偿债务的，人民法院应予支持。

第六十二条 债务人不履行到期债务，债权人因同一法律关系留置合法占有的第三人的动产，并主张就该留置财产优先受偿的，人民法院应予支持。第三人以该留置财产并非债务人的财产为由请求返还的，人民法院不予支持。

企业之间留置的动产与债权并非同一法律关系，债务人以该债权不属于企业持续经营中发生的债权为由请求债权人返还留置财产的，人民法院应予支持。

企业之间留置的动产与债权并非同一法律关系，债权人留置第三人的财产，第三人请求债权人返还留置财产的，人民法院应予支持。

九、占有保护纠纷

70. 占有物返还纠纷

案由适用要点

［释义］ 占有物返还纠纷是指因占有物被他人非法侵占，占有人请求返还该占有物的纠纷。

［**管辖**］占有物返还纠纷应区别占有物为不动产或者动产而确定管辖。占有标的物为不动产的，由不动产所在地人民法院专属管辖。占有标的物为动产的，按照《民事诉讼法》规定的一般地域管辖确定管辖法院。

［**应注意的问题**］占有物返还，是指占有人在丧失占有时主张恢复其占有圆满状态的请求权，其请求权基础是《民法典》第460条第一分句“不动产或者动产被占有人占有的，权利人可以请求返还原物及其利息……”和第462条第1款第一分句中的“占有的不动产或者动产被侵占的，占有人有权请求返还原物……”，该请求权不同于物权人在其物受到侵占或者依据合同等约定要求他人返还原物的请求权。如果属于后者，则可以根据请求返还的法律依据如侵权返还、不当得利返还，决定适用侵权纠纷、物权纠纷项下各类物权中的原物返还请求权之案由，或者适用合同纠纷项下合同解除、无效等返还财产之案由，因此在有权占有的情况下，如果该占有人并非基于其本权关系主张占有物返还，而是依据上述规定主张返还原物的，这时因其实体法依据在于物权编的占有部分的规定，这实质上构成了当事人权利保护的请求权竞合，而其选择了占有保护的方法，从法律关系的角度言之，可以适用占有物返还纠纷这一案由。

请求权基础规范指引

《中华人民共和国民法典》（2020年）

第一百七十九条【承担民事责任的方式】 承担民事责任的方式主要有：

（一）停止侵害；

（二）排除妨碍；

（三）消除危险；

（四）返还财产；

（五）恢复原状；

（六）修理、重作、更换；

（七）继续履行；

（八）赔偿损失；

（九）支付违约金；

（十）消除影响、恢复名誉；

（十一）赔礼道歉。

法律规定惩罚性赔偿的，依照其规定。

本条规定的承担民事责任的方式，可以单独适用，也可以合并适用。

第四百六十条【权利人的返还请求权和占有人的费用求偿权】 不动产或者动产被占有人占有的，权利人可以请求返还原物及其孳息；但是，应当支付善意占有人因维护该不动产或者动产支出的必要费用。

第四百六十二条【占有保护请求权】 占有的不动产或者动产被侵占的，占有人有权请求返还原物；对妨害占有的行为，占有人有权请求排除妨害或者消除危险；因侵占或者妨害造成损害的，占有人有权依法请求损害赔偿。

占有人返还原物的请求权，自侵占发生之日起一年内未行使的，该请求权消灭。

《第八次全国法院民事商事审判工作会议（民事部分）纪要》（法〔2016〕399号 2016年11月21日）

24. 已经合法占有转让标的物的受让人请求转让人办理物权变更登记，登记权利人请求无权占有人返还不动产或者动产，利害关系人请求确认物权的归属或内容，权利人请求排除妨害、消除危险，对方当事人以超过诉讼时效期间抗辩的，均应不予支持。

71. 占有排除妨害纠纷

案由适用要点

［**释义**］占有排除妨害纠纷是指占有人请求排除他人妨害其占有之行为或者事实的纠纷。

［**管辖**］占有排除妨害纠纷一般由占有物所在地人民法院管辖。

［**应注意的问题**］占有人请求排除妨害占有权利是《民法典》规定的占有保护的重要方法，其请求权基础是《民法典》第462条第1款第二分句中的“对妨害占有的行为，占有人有权请求排除妨害或者消除危险”。从《民法典》的规定来看，这一请求权的行使是以占有人和妨害占有人之间不存在其他法律关系为前提的，如果占有人与妨害占有人之间存在合同关系或者其他本权法律关系的，则应当适用其他案由而不适用本案由。同样，如果是物权人基于其权利而请求排除妨害占有的行为或者事实时，应当适用物权纠纷下所有权、用益物权或者担保物权纠纷下相应的案由。在适用本案由时，也要注意与物权保护纠纷案由下的排除妨害纠纷案由的区别。

请求权基础规范指引

《中华人民共和国民法典》（2020年）

第四百六十二条【占有保护请求权】 占有的不动产或者动产被侵占的，占有人有权请求返还原物；对妨害占有的行为，占有人有权请求排除妨害或者消除危险；因侵占或者妨害造成损害的，占有人有权依法请求损害赔偿。

占有人返还原物的请求权，自侵占发生之日起一年内未行使的，该请求权消灭。

《第八次全国法院民事商事审判工作会议（民事部分）纪要》（法〔2016〕399号　2016年11月21日）

24. 已经合法占有转让标的物的受让人请求转让人办理物权变更登记，登记权利人请求无权占有人返还不动产或者动产，利害关系人请求确认物权的归属或内容，权利人请求排除妨害、消除危险，对方当事人以超过诉讼时效期间抗辩的，均应不予支持。

72. 占有消除危险纠纷

案由适用要点

［释义］ 占有消除危险纠纷是指占有人请求消除危害或者可能危害占有物安全的行为引发的纠纷。

［管辖］ 占有消除危险纠纷一般由占有物所在地的人民法院管辖。

［应注意的问题］ 赋予占有人以消除危险的请求权目的在于保护物的安全，所以《民法典》沿袭《物权法》，明确规定了占有人的消除危险的请求权，其基础是《民法典》第462条第1款第二分句中的“对妨害占有的行为，占有人有权请求排除妨害或者消除危险”。《民事案件案由规定》将其作为“占有保护纠纷”项下的第三级案由之一。在适用本案由时，要注意和物权保护中的消除危险纠纷案由的区别，如果属于物权人对其物的保护，则应当适用物权保护中的消除危险纠纷案由，具体可以适用各类物权纠纷项下的相应案由。

请求权基础规范指引

《中华人民共和国民法典》（2020年）

第四百六十二条【占有保护请求权】 占有的不动产或者动产被侵占的，占有人有权请求返还原物；对妨害占有的行为，占有人有权请求排除妨害或者消除危险；因侵占或者妨害造成损害的，占有人有权依法请求损害赔偿。

占有人返还原物的请求权，自侵占发生之日起一年内未行使的，该请求权消灭。

《第八次全国法院民事商事审判工作会议（民事部分）纪要》（法〔2016〕399号　2016年11月21日）

24. 已经合法占有转让标的物的受让人请求转让人办理物权变更登记，登记权利人请求无权占有人返还不动产或者动产，利害关系人请求确认物权的归属或内容，权利人请求排除妨害、消除危险，对方当事人以超过诉讼时效期间抗辩的，均应不予支持。

73. 占有物损害赔偿纠纷

案由适用要点

［**释义**］占有物损害赔偿纠纷是指因占有物被他人侵占或者妨害，占有人请求给予损害赔偿的纠纷。

［**管辖**］占有物损害赔偿纠纷应依据侵权纠纷确定管辖，由侵权行为地或者被告所在地人民法院管辖。

［**应注意的问题**］占有物的损害赔偿请求权也是重要的占有保护方法，其请求权基础是《民法典》第462条第1款第三分句中的“因侵占或者妨害造成损害的，占有人有权请求损害赔偿”，从性质上讲，这是一种债权保护方法。在适用本案由时应当注意：占有物损害赔偿纠纷与物权损害赔偿纠纷之间的区别。占有物损害赔偿所保护的是占有利益的损失，物权损害赔偿保护的是物权利益的损失。前者是否包括物毁损的损害赔偿在内，从现有的法律规定来看尚不够清楚。具体来看，在有权占有的情况下，赋予占有人对物的损害赔偿请求权与物权人的物的损害赔偿请求权也不冲突。因为是有权占有，所以占有人取得赔偿后，自然应依据相应的法律关系对物权人承担损害赔偿的责任，此类纠纷应当优先适用物权纠纷类型下的相应案由。但是，依据《民法典》第461条的规定：“占有的不动产或者动产毁损、灭失，该不动产或者动产的权利人请求赔偿的，占有人应当将因毁损、灭失取得的保险金、赔偿金或者补偿金等返还给权利人；权利人的损害未得到足够弥补的，恶意占有人还应当赔偿损失。”从请求权基础来看，只有有权占有人的权利被侵害才可以依据本条规定行使占有损害赔偿请求权适用本案由。

此外，在涉及占有物的纠纷中，往往会存在返还原物与损害赔偿等并用的情形，这既是实际情况的反映，也是对占有状态周延保护的必然要求。在具体确定案由时，可以按照适用案由的一般规则，直接适用它们的共同上级案由，即“占有保护纠纷”。

请求权基础规范指引

《中华人民共和国民法典》（2020年）

第一百七十九条【承担民事责任的方式】 承担民事责任的方式主要有：

（一）停止侵害；

（二）排除妨碍；
（三）消除危险；
（四）返还财产；
（五）恢复原状；
（六）修理、重作、更换；
（七）继续履行；
（八）赔偿损失；
（九）支付违约金；
（十）消除影响、恢复名誉；
（十一）赔礼道歉。

法律规定惩罚性赔偿的，依照其规定。

本条规定的承担民事责任的方式，可以单独适用，也可以合并适用。

第四百六十二条【占有保护请求权】 占有的不动产或者动产被侵占的，占有人有权请求返还原物；对妨害占有的行为，占有人有权请求排除妨害或者消除危险；因侵占或者妨害造成损害的，占有人有权依法请求损害赔偿。

占有人返还原物的请求权，自侵占发生之日起一年内未行使的，该请求权消灭。

第一千一百六十五条第一款【过错责任原则】 行为人因过错侵害他人民事权益造成损害的，应当承担侵权责任。

第四部分

合同、准合同纠纷

十、合同纠纷

74. 缔约过失责任纠纷

案由适用要点

［**释义**］缔约过失责任是指当事人在订立合同过程中，有违背诚信原则的行为，给对方造成损失的，因此承担赔偿受害人损失的法律后果。

［**管辖**］缔约过失责任是一种独立于违约责任和侵权责任之外的责任类型。且诉请承担缔约过失责任时，合同一般不成立、无效、被撤销或不被追认，而按照《民事诉讼法解释》第 18 条第 3 款规定，因合同纠纷提起的诉讼，如果合同没有实际履行，当事人双方住所地又都不在合同约定的履行地的，应由被告住所地人民法院管辖。故缔约过失责任相关纠纷按《民事诉讼法》第 22 条，以被告住所地确定管辖法院为宜。

［**应注意的问题**］缔约过失责任纠纷发生在订立合同过程中，一方当事人违反了以诚实信用原则为基础的先合同义务，导致相关合同不成立、无效、被撤销或不被追认而产生纠纷，且纠纷的产生和处理也与合同内容及约定无关，不宜以拟订立的合同类型作为案件案由的依据，因此《民事案件案由规定》将“缔约过失责任纠纷”作为独立的第三级案由。在确定本案由时，应注意不要将当事人拟订立的合同作为案由。另，当事人诉请变更、撤销合同，或请求确认合同无效的，相关纠纷不能确定为本案由。

请求权基础规范指引

《中华人民共和国民法典》（2020 年）

第一百五十七条【民事法律行为无效、被撤销或确定不发生效力的法律后果】 民事法律行为无效、被撤销或者确定不发生效力后，行为人因该行为取得的财产，应当予以返还；不能返还或者没有必要返还的，应当折价补偿。有过错的一方应当赔偿对方由此所受到的损失；各方都有过错的，应当各自承担相应的责任。法律另有规定的，依照其规定。

第五百条【缔约过失责任】 当事人在订立合同过程中有下列情形之一，造成对方损失的，应当承担赔偿责任：

（一）假借订立合同，恶意进行磋商；

（二）故意隐瞒与订立合同有关的重要事实或者提供虚假情况；

（三）有其他违背诚信原则的行为。

第五百零一条【当事人保密义务】 当事人在订立合同过程中知悉的商业秘密或者其他应当保密的信息，无论合同是否成立，不得泄露或者不正当地使用；泄露、不正当地使用该商业秘密或者信息，造成对方损失的，应当承担赔偿责任。

《最高人民法院关于适用〈中华人民共和国民法典〉总则编若干问题的解释》（法释〔2022〕6号 2022年2月24日）

第二十一条 故意告知虚假情况，或者负有告知义务的人故意隐瞒真实情况，致使当事人基于错误认识作出意思表示的，人民法院可以认定为民法典第一百四十八条、第一百四十九条规定的欺诈。

第二十二条 以给自然人及其近亲属等的人身权利、财产权利以及其他合法权益造成损害或者以给法人、非法人组织的名誉、荣誉、财产权益等造成损害为要挟，迫使其基于恐惧心理作出意思表示的，人民法院可以认定为民法典第一百五十条规定的胁迫。

第二十三条 民事法律行为不成立，当事人请求返还财产、折价补偿或者赔偿损失的，参照适用民法典第一百五十七条的规定。

75. 预约合同纠纷

案由适用要点

［释义］ 预约合同是以订立本约为内容的合同，处于缔约和本约之间的中间状态。从实践来看，预约主要适用于买卖合同，其他类型合同也有预约，但是数量不太多。预约合同本身主要是解决当事人由于事实上或者法律上原因，暂时还不能正式订立本约合同，为了保证将来能够正式签订本约合同，双方事先达成预约合同。

［管辖］ 预约合同作为合同的一种类型，因预约合同发生的合同效力、合同履行、解除、撤销、违约责任等纠纷，适用《民事诉讼法》第24条关于合同纠纷管辖的规定。

［应注意的问题］ 预约合同主要适用于买卖合同，但理论上《民法典》规定的一切典型合同都有订立预约合同的可能性。在确定本案由时，首先，应当正确区分预约合同还是本约合同，如果属于预约合同，不管本约是买卖合同还是其他典型合同还是无名合同，应当优先适用本案由。其次，预约合同纠纷案由规定在合同编一般规定的案由之中，与合同效力、缔约过失责任等纠纷案由并列，因此在适用时应当优先适用预约合同纠纷案由。

请求权基础规范指引

《中华人民共和国民法典》（2020 年）

第四百九十五条【预约合同】　当事人约定在将来一定期限内订立合同的认购书、订购书、预订书等，构成预约合同。

当事人一方不履行预约合同约定的订立合同义务的，对方可以请求其承担预约合同的违约责任。

《最高人民法院关于适用〈中华人民共和国民法典〉合同编通则若干问题的解释》（法释〔2023〕13 号　2023 年 12 月 4 日）

第六条　当事人以认购书、订购书、预订书等形式约定在将来一定期限内订立合同，或者为担保在将来一定期限内订立合同交付了定金，能够确定将来所要订立合同的主体、标的等内容的，人民法院应当认定预约合同成立。

当事人通过签订意向书或者备忘录等方式，仅表达交易的意向，未约定在将来一定期限内订立合同，或者虽然有约定但是难以确定将来所要订立合同的主体、标的等内容，一方主张预约合同成立的，人民法院不予支持。

当事人订立的认购书、订购书、预订书等已就合同标的、数量、价款或者报酬等主要内容达成合意，符合本解释第三条第一款规定的合同成立条件，未明确约定在将来一定期限内另行订立合同，或者虽然有约定但是当事人一方已实施履行行为且对方接受的，人民法院应当认定本约合同成立。

第七条　预约合同生效后，当事人一方拒绝订立本约合同或者在磋商订立本约合同时违背诚信原则导致未能订立本约合同的，人民法院应当认定该当事人不履行预约合同约定的义务。

人民法院认定当事人一方在磋商订立本约合同时是否违背诚信原则，应当综合考虑该当事人在磋商时提出的条件是否明显背离预约合同约定的内容以及是否已尽合理努力进行协商等因素。

第八条　预约合同生效后，当事人一方不履行订立本约合同的义务，对方请求其赔偿因此造成的损失的，人民法院依法予以支持。

前款规定的损失赔偿，当事人有约定的，按照约定；没有约定的，人民法院应当综合考虑预约合同在内容上的完备程度以及订立本约合同的条件的成就程度等因素酌定。

《最高人民法院关于审理商品房买卖合同纠纷案件适用法律若干问题的解释》（2020 年 12 月 23 日修正）

第四条　出卖人通过认购、订购、预订等方式向买受人收受定金作为订立商品房买卖合同担保的，如果因当事人一方原因未能订立商品房买卖合同，应当按照法律关于定金的规定处理；因不可归责于当事人双方的事由，导致商品房买卖合同未能订立的，出卖人应当将定金返还买受人。

76. 确认合同效力纠纷

（1）确认合同有效纠纷

（2）确认合同无效纠纷

案由适用要点

[**释义**] 合同效力是指法律对各方当事人合意的评价。根据《民法典》规定，当事人订立的合同可能是有效、无效、可撤销和效力待定等状态，当事人对合同效力的认识出现分歧时，可以诉至法院请求法院依法确认。

合同有效是指法律对当事人签订的合同予以肯定评价，可以发生当事人订立合同时所预期的法律效果，当事人各方都应受合同约束，承受依据合同约定产生的相关权利义务。

合同无效是指法律对当事人签订的合同予以否定性评价，当事人订立合同时所预期的法律效果不能实现，但可能会因此承担返还原物、赔偿损失等法定的权利义务。

[**管辖**] 虽然只是对合同效力的确认，但也是因合同纠纷提起的诉讼，根据《民事诉讼法》第24条的规定，由被告住所地或者合同履行地人民法院管辖。《民事诉讼法解释》第18条规定，合同约定履行地点的，以约定的履行地点为合同履行地。合同对履行地点没有约定或者约定不明确，争议标的为给付货币的，接收货币一方所在地为合同履行地；交付不动产的，不动产所在地为合同履行地；其他标的，履行义务一方所在地为合同履行地。即时结清的合同，交易行为地为合同履行地。合同没有实际履行的，当事人双方住所地都不在合同约定的履行地的，由被告住所地人民法院管辖。

[**应注意的问题**] 确认合同的效力是审理合同纠纷案件必须审理的内容。即使当事人未提出确认合同效力的诉请，法官在审理案件中也需先对合同效力依法确认。当事人也可在诉请确认合同效力的同时，提出其他请求事项。只有在当事人单就合同效力提出确认请求时，才能将相关纠纷确定为本案由。如果当事人未提出确认效力的请求，或者在提出确认效力请求的同时还提出了与合同相关的其他诉讼请求的，就应依据相关合同类型确定案由，而不采用本案由。特别应注意的是，确认合同有效诉讼是一种防御性诉讼，按照合同法理，对于当事人订立的合同在确认无效之前都应当推定为有效，不必就合同的有效性进行司法确认，只有当事人对合同效力产生争议或者合同效力受到现实的挑战而处于不确定状态时，才可以单独提起确认合同有效诉讼，否则确认合同有效诉讼即属无必要。

请求权基础规范指引

《中华人民共和国民法典》（2020 年）

第一百五十三条【违反强制性规定及违背公序良俗的民事法律行为的效力】 违反法律、行政法规的强制性规定的民事法律行为无效。但是，该强制性规定不导致该民事法律行为无效的除外。

违背公序良俗的民事法律行为无效。

第一百五十四条【恶意串通的民事法律行为的效力】 行为人与相对人恶意串通，损害他人合法权益的民事法律行为无效。

第一百五十五条【无效、被撤销的民事法律行为自始无效】 无效的或者被撤销的民事法律行为自始没有法律约束力。

第一百五十七条【民事法律行为无效、被撤销或确定不发生效力的法律后果】 民事法律行为无效、被撤销或者确定不发生效力后，行为人因该行为取得的财产，应当予以返还；不能返还或者没有必要返还的，应当折价补偿。有过错的一方应当赔偿对方由此所受到的损失；各方都有过错的，应当各自承担相应的责任。法律另有规定的，依照其规定。

第一百五十八条【附条件的民事法律行为】 民事法律行为可以附条件，但是根据其性质不得附条件的除外。附生效条件的民事法律行为，自条件成就时生效。附解除条件的民事法律行为，自条件成就时失效。

第一百五十九条【条件成就和不成就的拟制】 附条件的民事法律行为，当事人为自己的利益不正当地阻止条件成就的，视为条件已经成就；不正当地促成条件成就的，视为条件不成就。

第一百六十条【附期限的民事法律行为】 民事法律行为可以附期限，但是根据其性质不得附期限的除外。附生效期限的民事法律行为，自期限届至时生效。附终止期限的民事法律行为，自期限届满时失效。

第一百七十一条【无权代理】 行为人没有代理权、超越代理权或者代理权终止后，仍然实施代理行为，未经被代理人追认的，对被代理人不发生效力。

相对人可以催告被代理人自收到通知之日起三十日内予以追认。被代理人未作表示的，视为拒绝追认。行为人实施的行为被追认前，善意相对人有撤销的权利。撤销应当以通知的方式作出。

行为人实施的行为未被追认的，善意相对人有权请求行为人履行债务或者就其受到的损害请求行为人赔偿。但是，赔偿的范围不得超过被代理人追认时相对人所能获得的利益。

相对人知道或者应当知道行为人无权代理的，相对人和行为人按照各自的过错承担责任。

第一百七十二条【表见代理】 行为人没有代理权、超越代理权或者代理权终止后，仍然实施代理行为，相对人有理由相信行为人有代理权的，代理行为有效。

第五百零二条【合同生效时间】 依法成立的合同，自成立时生效，但是法律另有规定或者当事人另有约定的除外。

依照法律、行政法规的规定，合同应当办理批准等手续的，依照其规定。未办理批准等手续影响合同生效的，不影响合同中履行报批等义务条款以及相关条款的效力。应当办理申请批准等手续的当事人未履行义务的，对方可以请求其承担违反该义务的责任。

依照法律、行政法规的规定，合同的变更、转让、解除等情形应当办理批准等手续的，适用前款规定。

第五百零四条【越权订立的合同效力】 法人的法定代表人或者非法人组织的负责人超越权限订立的合同，除相对人知道或者应当知道其超越权限外，该代表行为有效，订立的合同对法人或者非法人组织发生效力。

第五百零七条【争议解决条款效力】 合同不生效、无效、被撤销或者终止的，不影响合同中有关解决争议方法的条款的效力。

第五百六十二条【合同约定解除】 当事人协商一致，可以解除合同。

当事人可以约定一方解除合同的事由。解除合同的事由发生时，解除权人可以解除合同。

第五百六十三条【合同法定解除】 有下列情形之一的，当事人可以解除合同：

（一）因不可抗力致使不能实现合同目的；

（二）在履行期限届满前，当事人一方明确表示或者以自己的行为表明不履行主要债务；

（三）当事人一方迟延履行主要债务，经催告后在合理期限内仍未履行；

（四）当事人一方迟延履行债务或者有其他违约行为致使不能实现合同目的；

（五）法律规定的其他情形。

以持续履行的债务为内容的不定期合同，当事人可以随时解除合同，但是应当在合理期限之前通知对方。

第五百六十六条【合同解除的效力】 合同解除后，尚未履行的，终止履行；已经履行的，根据履行情况和合同性质，当事人可以请求恢复原状或者采取其他补救措施，并有权请求赔偿损失。

合同因违约解除的，解除权人可以请求违约方承担违约责任，但是当事人另有约定的除外。

主合同解除后，担保人对债务人应当承担的民事责任仍应当承担担保责任，但是担保合同另有约定的除外。

《中华人民共和国电子商务法》（2018年）

第四十八条 电子商务当事人使用自动信息系统订立或者履行合同的行为对使用该系统的当事人具有法律效力。

在电子商务中推定当事人具有相应的民事行为能力。但是，有相反证据足以推翻的除外。

《最高人民法院关于适用〈中华人民共和国民法典〉合同编通则若干问题的解释》（法释〔2023〕13号 2023年12月4日）

第十条 提供格式条款的一方在合同订立时采用通常足以引起对方注意的文字、符号、字体等明显标识，提示对方注意免除或者减轻其责任、排除或者限制对方权利等与对方有重大利害关系的异常条款的，人民法院可以认定其已经履行民法典第四百九十六条第二款规定的提示义务。

提供格式条款的一方按照对方的要求，就与对方有重大利害关系的异常条款的概念、内容及其法律后果以书面或者口头形式向对方作出通常能够理解的解释说明的，人民法院可以认定其已经履行民法典第四百九十六条第二款规定的说明义务。

提供格式条款的一方对其已经尽到提示义务或者说明义务承担举证责任。对于通过互联网等信息网络订立的电子合同，提供格式条款的一方仅以采取了设置勾选、弹窗等方式为由主张其已经履行提示义务或者说明义务的，人民法院不予支持，但是其举证符合前两款规定的除外。

第十三条 合同存在无效或者可撤销的情形，当事人以该合同已在有关行政管理部门办理备案、已经批准机关批准或者已依据该合同办理财产权利的变更登记、移转登记等为由主张合同有效的，人民法院不予支持。

第十四条 当事人之间就同一交易订立多份合同，人民法院应当认定其中以虚假意思表示订立的合同无效。当事人为规避法律、行政法规的强制性规定，以虚假意思表示隐藏真实意思表示的，人民法院应当依据民法典第一百五十三条第一款的规定认定被隐藏合同的效力；当事人为规避法律、行政法规关于合同应当办理批准等手续的规定，以虚假意思表示隐藏真实意思表示的，人民法院应当依据民法典第五百零二条第二款的规定认定被隐藏合同的效力。

依据前款规定认定被隐藏合同无效或者确定不发生效力的，人民法院应当以被隐藏合同为事实基础，依据民法典第一百五十七条的规定确定当事人的民事责任。但是，法律另有规定的除外。

当事人就同一交易订立的多份合同均系真实意思表示，且不存在其他影响合同效力情形的，人民法院应当在查明各合同成立先后顺序和实际履行情况的基础上，认定合同内容是否发生变更。法律、行政法规禁止变更合同内容的，人民法院应当认定合同的相应变更无效。

第十六条 合同违反法律、行政法规的强制性规定，有下列情形之一，由行为人承担行政责任或者刑事责任能够实现强制性规定的立法目的的，人民法院可以依据民法典第一百五十三条第一款关于“该强制性规定不导致该民事法律行为无效的除外”的规定认定该合同不因违反强制性规定无效：

（一）强制性规定虽然旨在维护社会公共秩序，但是合同的实际履行对社会公共秩序造成的影响显著轻微，认定合同无效将导致案件处理结果有失公平公正；

（二）强制性规定旨在维护政府的税收、土地出让金等国家利益或者其他民事主体的合法利益而非合同当事人的民事权益，认定合同有效不会影响该规范目的的实现；

（三）强制性规定旨在要求当事人一方加强风险控制、内部管理等，对方无能力或者无义务审查合同是否违反强制性规定，认定合同无效将使其承担不利后果；

（四）当事人一方虽然在订立合同时违反强制性规定，但是在合同订立后其已经具备补正违反强制性规定的条件却违背诚信原则不予补正；

（五）法律、司法解释规定的其他情形。

法律、行政法规的强制性规定旨在规制合同订立后的履行行为，当事人以合同违反强制性规定为由请求认定合同无效的，人民法院不予支持。但是，合同履行必然导致违反强制性规定或者法律、司法解释另有规定的除外。

依据前两款认定合同有效，但是当事人的违法行为未经处理的，人民法院应当向有关行政管理部门提出司法建议。当事人的行为涉嫌犯罪的，应当将案件线索移送刑事侦查机关；属于刑事自诉案件的，应当告知当事人可以向有管辖权的人民法院另行提起诉讼。

第十七条 合同虽然不违反法律、行政法规的强制性规定，但是有下列情形之一，人民法院应当依据民法典第一百五十三条第二款的规定认定合同无效：

（一）合同影响政治安全、经济安全、军事安全等国家安全的；

（二）合同影响社会稳定、公平竞争秩序或者损害社会公共利益等违背社会公共秩序的；

（三）合同背离社会公德、家庭伦理或者有损人格尊严等违背善良风俗的。

人民法院在认定合同是否违背公序良俗时，应当以社会主义核心价值观为导向，综合考虑当事人的主观动机和交易目的、政府部门的监管强度、一定期限内当事人从事类似交易的频次、行为的社会后果等因素，并在裁判文书中充分说理。当事人确因生活需要进行交易，未给社会公共秩序造成重大影响，且不影响国家安全，也不违背善良风俗的，人民法院不应当认定合同无效。

第二十二条 法定代表人、负责人或者工作人员以法人、非法人组织的名义订立合同且未超越权限，法人、非法人组织仅以合同加盖的印章不是备案印章或者系伪造的印章为由主张该合同对其不发生效力的，人民法院不予支持。

合同系以法人、非法人组织的名义订立，但是仅有法定代表人、负责人或者工作人员签名或者按指印而未加盖法人、非法人组织的印章，相对人能够证明法定代表人、负责人或者工作人员在订立合同时未超越权限的，人民法院应当认定合同对法人、非法人组织发生效力。但是，当事人约定以加盖印章作为合同成立条件的除外。

合同仅加盖法人、非法人组织的印章而无人员签名或者按指印，相对人能够证明合同系法定代表人、负责人或者工作人员在其权限范围内订立的，人民法院应当认定该合同对法人、非法人组织发生效力。

在前三款规定的情形下，法定代表人、负责人或者工作人员在订立合同时虽然超越代表或者代理权限，但是依据民法典第五百零四条的规定构成表见代表，或者依据民法典第一百七十二条的规定构成表见代理的，人民法院应当认定合同对法人、非法人组织发生效力。

77. 债权人代位权纠纷

案由适用要点

[**释义**] 债权人的代位权是指因债务人怠于行使自己的到期债权而影响债权人债权实现时，债权人为保全自己的债权，可以诉请法院以自己的名义行使债务人对相对人享有的权利。

[**管辖**] 根据《最高人民法院关于适用〈中华人民共和国民法典〉合同编通则若干问题的解释》第35条的规定，债权人依据《民法典》第535条的规定对债务人的相对人提起代位权诉讼的，由被告住所地人民法院管辖，但是依法应当适用专属管辖规定的除外。债务人或者相对人以双方之间的债权债务关系订有管辖协议为由提出异议的，人民法院不予支持。

[**应注意的问题**] 债权人行使代位权只能以诉讼的方式。代位权诉讼的当

事人包括原告（债权人）、被告（次债务人，即债务人的债务人）、第三人（债务人）。需要注意的是，代位权诉讼案件的审理涉及两个法律关系：一是债权人与债务人间的权利义务关系；二是债务人与次债务人的权利义务关系，但提起代位权诉讼时，不能依上述两个法律关系来确定案由，只能直接用本案由。另外，要注意本案由与“54. 共有纠纷”项下的第四级案由“债权人代位析产纠纷”的区分。

请求权基础规范指引

《中华人民共和国民法典》（2020 年）

第五百三十五条【债权人代位权】 因债务人怠于行使其债权或者与该债权有关的从权利，影响债权人的到期债权实现的，债权人可以向人民法院请求以自己的名义代位行使债务人对相对人的权利，但是该权利专属于债务人自身的除外。

代位权的行使范围以债权人的到期债权为限。债权人行使代位权的必要费用，由债务人负担。

相对人对债务人的抗辩，可以向债权人主张。

第五百三十六条【债权人代位权的提前行使】 债权人的债权到期前，债务人的债权或者与该债权有关的从权利存在诉讼时效期间即将届满或者未及时申报破产债权等情形，影响债权人的债权实现的，债权人可以代位向债务人的相对人请求其向债务人履行、向破产管理人申报或者作出其他必要的行为。

第五百三十七条【债权人代位权行使效果】 人民法院认定代位权成立的，由债务人的相对人向债权人履行义务，债权人接受履行后，债权人与债务人、债务人与相对人之间相应的权利义务终止。债务人对相对人的债权或者与该债权有关的从权利被采取保全、执行措施，或者债务人破产的，依照相关法律的规定处理。

《最高人民法院关于适用〈中华人民共和国民法典〉合同编通则若干问题的解释》（法释〔2023〕13 号　2023 年 12 月 4 日）

第三十三条 债务人不履行其对债权人的到期债务，又不以诉讼或者仲裁方式向相对人主张其享有的债权或者与该债权有关的从权利，致使债权人的到期债权未能实现的，人民法院可以认定为民法典第五百三十五条规定的“债务人怠于行使其债权或者与该债权有关的从权利，影响债权人的到期债权实现”。

第三十六条 债权人提起代位权诉讼后，债务人或者相对人以双方之间的债权债务关系订有仲裁协议为由对法院主管提出异议的，人民法院不予支持。但是，债务人或者相对人在首次开庭前就债务人与相对人之间的债权债务关系申请仲裁的，人民法院可以依法中止代位权诉讼。

第三十七条 债权人以债务人的相对人为被告向人民法院提起代位权诉讼，未将债务人列为第三人的，人民法院应当追加债务人为第三人。

两个以上债权人以债务人的同一相对人为被告提起代位权诉讼的，人民法院可以合并审理。债务人对相对人享有的债权不足以清偿其对两个以上债权人负担的债务的，人民法院应当按照债权人享有的债权比例确定相对人的履行份额，但是法律另有规定的除外。

第三十九条 在代位权诉讼中，债务人对超过债权人代位请求数额的债权部分起诉相对人，属于同一人民法院管辖的，可以合并审理。不属于同一人民法院管辖的，应当告知其向有管辖权的人民法院另行起诉；在代位权诉讼终结前，债务人对相对人的诉讼应当中止。

第四十条 代位权诉讼中，人民法院经审理认为债权人的主张不符合代位权行使条件的，应当驳回诉讼请求，但是不影响债权人根据新的事实再次起诉。

债务人的相对人仅以债权人提起代位权诉讼时债权人与债务人之间的债权债务关系未经生效法律文书确认为由，主张债权人提起的诉讼不符合代位权行使条件的，人民法院不予支持。

第四十一条 债权人提起代位权诉讼后，债务人无正当理由减免相对人的债务或者延长相对人的履行期限，相对人以此向债权人抗辩的，人民法院不予支持。

《最高人民法院关于印发〈全国法院贯彻实施民法典工作会议纪要〉的通知》（法〔2021〕94 号 2021 年 4 月 6 日）

8. 民法典第五百三十五条规定的“债务人怠于行使其债权或者与该债权有关的从权利，影响债权人的到期债权实现的”，是指债务人不履行其对债权人的到期债务，又不以诉讼方式或者仲裁方式向相对人主张其享有的债权或者与该债权有关的从权利，致使债权人的到期债权未能实现。相对人不认为债务人有怠于行使其债权或者与该债权有关的从权利情况的，应当承担举证责任。

78. 债权人撤销权纠纷

案由适用要点

[释义] 债权人撤销权是指债务人不当处分自己的财产或财产权利，影响债权人债权实现的，债权人可以诉至法院请求法院对债务人的相关行为予以撤销的权利。债权人依法行使撤销权也是保全债权的重要方式。

[管辖] 债权人撤销权诉讼的管辖，作为法定债权保全诉讼，依据《民事诉讼法》第 22 条规定确定。

［**应注意的问题**］债权人撤销权诉讼的当事人包括原告（债权人）、被告（债务人）、第三人（受益人或者受让人）。需要注意的是，债权人提起诉讼，要求撤销的是被告与第三人间形成的法律关系，但是不能以被告与第三人间的法律关系来确定案由，只能直接用本案由。

请求权基础规范指引

《中华人民共和国民法典》（2020年）

第一百四十七条【基于重大误解实施的民事法律行为的效力】 基于重大误解实施的民事法律行为，行为人有权请求人民法院或者仲裁机构予以撤销。

第一百四十八条【以欺诈手段实施的民事法律行为的效力】 一方以欺诈手段，使对方在违背真实意思的情况下实施的民事法律行为，受欺诈方有权请求人民法院或者仲裁机构予以撤销。

第一百四十九条【受第三人欺诈的民事法律行为的效力】 第三人实施欺诈行为，使一方在违背真实意思的情况下实施的民事法律行为，对方知道或者应当知道该欺诈行为的，受欺诈方有权请求人民法院或者仲裁机构予以撤销。

第一百五十条【以胁迫手段实施的民事法律行为的效力】 一方或者第三人以胁迫手段，使对方在违背真实意思的情况下实施的民事法律行为，受胁迫方有权请求人民法院或者仲裁机构予以撤销。

第一百五十一条【显失公平的民事法律行为的效力】 一方利用对方处于危困状态、缺乏判断能力等情形，致使民事法律行为成立时显失公平的，受损害方有权请求人民法院或者仲裁机构予以撤销。

第一百五十二条【撤销权的消灭】 有下列情形之一的，撤销权消灭：

（一）当事人自知道或者应当知道撤销事由之日起一年内、重大误解的当事人自知道或者应当知道撤销事由之日起九十日内没有行使撤销权；

（二）当事人受胁迫，自胁迫行为终止之日起一年内没有行使撤销权；

（三）当事人知道撤销事由后明确表示或者以自己的行为表明放弃撤销权。

当事人自民事法律行为发生之日起五年内没有行使撤销权的，撤销权消灭。

第五百三十五条【债权人代位权】 因债务人怠于行使其债权或者与该债权有关的从权利，影响债权人的到期债权实现的，债权人可以向人民法院请求以自己的名义代位行使债务人对相对人的权利，但是该权利专属于债务人自身的除外。

代位权的行使范围以债权人的到期债权为限。债权人行使代位权的必要费用，由债务人负担。

相对人对债务人的抗辩，可以向债权人主张。

第五百三十八条【无偿处分时的债权人撤销权行使】 债务人以放弃其债权、放弃债权担保、无偿转让财产等方式无偿处分财产权益，或者恶意延长其到期债权的履行期限，影响债权人的债权实现的，债权人可以请求人民法院撤销债务人的行为。

第五百三十九条【不合理价格交易时的债权人撤销权行使】 债务人以明显不合理的低价转让财产、以明显不合理的高价受让他人财产或者为他人的债务提供担保，影响债权人的债权实现，债务人的相对人知道或者应当知道该情形的，债权人可以请求人民法院撤销债务人的行为。

第五百四十条【债权人撤销权行使范围以及必要费用承担】 撤销权的行使范围以债权人的债权为限。债权人行使撤销权的必要费用，由债务人负担。

第五百四十一条【债权人撤销权除斥期间】 撤销权自债权人知道或者应当知道撤销事由之日起一年内行使。自债务人的行为发生之日起五年内没有行使撤销权的，该撤销权消灭。

第五百四十二条【债权人撤销权行使效果】 债务人影响债权人的债权实现的行为被撤销的，自始没有法律约束力。

《最高人民法院关于适用〈中华人民共和国民法典〉合同编通则若干问题的解释》（法释〔2023〕13号　2023年12月4日）

第四十二条 对于民法典第五百三十九条规定的“明显不合理”的低价或者高价，人民法院应当按照交易当地一般经营者的判断，并参考交易时交易地的市场交易价或者物价部门指导价予以认定。

转让价格未达到交易时交易地的市场交易价或者指导价百分之七十的，一般可以认定为“明显不合理的低价”；受让价格高于交易时交易地的市场交易价或者指导价百分之三十的，一般可以认定为“明显不合理的高价”。

债务人与相对人存在亲属关系、关联关系的，不受前款规定的百分之七十、百分之三十的限制。

第四十三条 债务人以明显不合理的价格，实施互易财产、以物抵债、出租或者承租财产、知识产权许可使用等行为，影响债权人的债权实现，债务人的相对人知道或者应当知道该情形，债权人请求撤销债务人的行为的，人民法院应当依据民法典第五百三十九条的规定予以支持。

第四十四条 债权人依据民法典第五百三十八条、第五百三十九条的规定提起撤销权诉讼的，应当以债务人和债务人的相对人为共同被告，由债务人或者相对人的住所地人民法院管辖，但是依法应当适用专属管辖规定的除外。

两个以上债权人就债务人的同一行为提起撤销权诉讼的，人民法院可以合并审理。

第四十五条 在债权人撤销权诉讼中，被撤销行为的标的可分，当事人主张在受影响的债权范围内撤销债务人的行为的，人民法院应予支持；被撤销行为的标的不可分，债权人主张将债务人的行为全部撤销的，人民法院应予支持。

债权人行使撤销权所支付的合理的律师代理费、差旅费等费用，可以认定为民法典第五百四十条规定的“必要费用”。

第四十六条 债权人在撤销权诉讼中同时请求债务人的相对人向债务人承担返还财产、折价补偿、履行到期债务等法律后果的，人民法院依法予以支持。

债权人请求受理撤销权诉讼的人民法院一并审理其与债务人之间的债权债务关系，属于该人民法院管辖的，可以合并审理。不属于该人民法院管辖的，应当告知其向有管辖权的人民法院另行起诉。

债权人依据其与债务人的诉讼、撤销权诉讼产生的生效法律文书申请强制执行的，人民法院可以就债务人对相对人享有的权利采取强制执行措施以实现债权人的债权。债权人在撤销权诉讼中，申请对相对人的财产采取保全措施的，人民法院依法予以准许。

《最高人民法院关于印发〈全国法院贯彻实施民法典工作会议纪要〉的通知》（法〔2021〕94号 2021年4月6日）

2. 行为人因对行为的性质、对方当事人、标的物的品种、质量、规格和数量等的错误认识，使行为的后果与自己的意思相悖，并造成较大损失的，人民法院可以认定为民法典第一百四十七条、第一百五十二条规定的重大误解。

3. 故意告知虚假情况，或者故意隐瞒真实情况，诱使当事人作出错误意思表示的，人民法院可以认定为民法典第一百四十八条、第一百四十九条规定的欺诈。

4. 以给自然人及其亲友的生命、身体、健康、名誉、荣誉、隐私、财产等造成损害或者以给法人、非法人组织的名誉、荣誉、财产等造成损害为要挟，迫使其作出不真实的意思表示的，人民法院可以认定为民法典第一百五十条规定的胁迫。

8. 民法典第五百三十五条规定的“债务人怠于行使其债权或者与该债权有关的从权利，影响债权人的到期债权实现的”，是指债务人不履行其对债权人的到期债务，又不以诉讼方式或者仲裁方式向相对人主张其享有的债权或者与该债权有关的从权利，致使债权人的到期债权未能实现。相对人不认为债务人有怠于行使其债权或者与该债权有关的从权利情况的，应当承担举证责任。

9. 对于民法典第五百三十九条规定的明显不合理的低价或者高价，人民法院应当以交易当地一般经营者的判断，并参考交易当时交易地的物价部门指导价或者市场交易价，结合其他相关因素综合考虑予以认定。

转让价格达不到交易时交易地的指导价或者市场交易价百分之七十的，一般可以视为明显不合理的低价；对转让价格高于当地指导价或者市场交易价百分之三十的，一般可以视为明显不合理的高价。当事人对于其所主张的交易时交易地的指导价或者市场交易价承担举证责任。

79. 债权转让合同纠纷

案由适用要点

［释义］ 债权转让，又称债权让与，是指在不改变合同权利义务关系的前提下，合同权利方将其依据合同享有的债权通过协议全部或部分转让给第三人。债权人与受让人间就原合同债权的转让而订立的合同，即为债权转让合同。

［管辖］ 债权转让合同也是合同，因债权转让合同发生争议提起的诉讼也是因合同纠纷提起的诉讼，根据《民事诉讼法》第24条的规定，由被告住所地或者债权转让合同履行地人民法院管辖。

［应注意的问题］ 在确定案由时，需要注意区分当事人间发生争议的到底是哪份合同。如果在债权转让合同生效后，因原合同的履行发生纠纷诉至法院，则案件诉讼标的是原合同的权利义务关系，即应按原合同类型确定案由。如果在债权转让合同生效后，因债权转让合同的履行发生争议，则应按债权转让合同纠纷确定案由。

因原合同履行发生纠纷，诉讼当事人多为债权受让人（如果是部分转让也有可能还包括原债权人）与原合同债务人，在债务人对债权人的权利提出抗辩时，可以将债权人列为第三人。而因债权转让合同发生的纠纷，诉讼当事人就是债权人和受让人。对当事人的分析也可以用来帮助确定案由。

请求权基础规范指引

《中华人民共和国民法典》（2020年）

第五百四十五条【债权转让】 债权人可以将债权的全部或者部分转让给第三人，但是有下列情形之一的除外：

（一）根据债权性质不得转让；

（二）按照当事人约定不得转让；

（三）依照法律规定不得转让。

当事人约定非金钱债权不得转让的，不得对抗善意第三人。当事人约定金钱债权不得转让的，不得对抗第三人。

第五百四十六条【债权转让通知】 债权人转让债权，未通知债务人的，该转让对债务人不发生效力。

债权转让的通知不得撤销，但是经受让人同意的除外。

第五百四十七条【债权转让时从权利一并变动】 债权人转让债权的，受让人取得与债权有关的从权利，但是该从权利专属于债权人自身的除外。

受让人取得从权利不因该从权利未办理转移登记手续或者未转移占有而受到影响。

第五百四十八条【债权转让时债务人抗辩权】 债务人接到债权转让通知后，债务人对让与人的抗辩，可以向受让人主张。

第五百四十九条【债权转让时债务人抵销权】 有下列情形之一的，债务人可以向受让人主张抵销：

（一）债务人接到债权转让通知时，债务人对让与人享有债权，且债务人的债权先于转让的债权到期或者同时到期；

（二）债务人的债权与转让的债权是基于同一合同产生。

第五百五十条【债权转让增加的履行费用的负担】 因债权转让增加的履行费用，由让与人负担。

《最高人民法院关于适用〈中华人民共和国民法典〉合同编通则若干问题的解释》（法释〔2023〕13号　2023年12月4日）

第四十七条 债权转让后，债务人向受让人主张其对让与人的抗辩的，人民法院可以追加让与人为第三人。

债务转移后，新债务人主张原债务人对债权人的抗辩的，人民法院可以追加原债务人为第三人。

当事人一方将合同权利义务一并转让后，对方就合同权利义务向受让人主张抗辩或者受让人就合同权利义务向对方主张抗辩的，人民法院可以追加让与人为第三人。

第四十八条 债务人在接到债权转让通知前已经向让与人履行，受让人请求债务人履行的，人民法院不予支持；债务人接到债权转让通知后仍然向让与人履行，受让人请求债务人履行的，人民法院应予支持。

让与人未通知债务人，受让人直接起诉债务人请求履行债务，人民法院经审理确认债权转让事实的，应当认定债权转让自起诉状副本送达时对债务人发生效力。债务人主张因未通知而给其增加的费用或者造成的损失从认定的债权数额中扣除的，人民法院依法予以支持。

第四十九条　债务人接到债权转让通知后，让与人以债权转让合同不成立、无效、被撤销或者确定不发生效力为由请求债务人向其履行的，人民法院不予支持。但是，该债权转让通知被依法撤销的除外。

受让人基于债务人对债权真实存在的确认受让债权后，债务人又以该债权不存在为由拒绝向受让人履行的，人民法院不予支持。但是，受让人知道或者应当知道该债权不存在的除外。

第五十条　让与人将同一债权转让给两个以上受让人，债务人以已经向最先通知的受让人履行为由主张其不再履行债务的，人民法院应予支持。债务人明知接受履行的受让人不是最先通知的受让人，最先通知的受让人请求债务人继续履行债务或者依据债权转让协议请求让与人承担违约责任的，人民法院应予支持；最先通知的受让人请求接受履行的受让人返还其接受的财产的，人民法院不予支持，但是接受履行的受让人明知该债权在其受让前已经转让给其他受让人的除外。

前款所称最先通知的受让人，是指最先到达债务人的转让通知中载明的受让人。当事人之间对通知到达时间有争议的，人民法院应当结合通知的方式等因素综合判断，而不能仅根据债务人认可的通知时间或者通知记载的时间予以认定。当事人采用邮寄、通讯电子系统等方式发出通知的，人民法院应当以邮戳时间或者通讯电子系统记载的时间等作为认定通知到达时间的依据。

80. 债务转移合同纠纷

案由适用要点

[释义] 债务转移是指债务人将自己承担的债务全部或部分转移给第三人承担的行为。债务转移主要是合同项下债务的转移，即在不改变合同权利义务关系的前提下，债务人将其依据合同应承担的债务通过协议全部或部分移转给第三人承担。债务人与承担人间就原债务的转移而订立的合同，即为债务转移合同。

[管辖] 因债务转移合同发生争议提起的诉讼，也是因合同纠纷提起的诉讼，根据《民事诉讼法》第 24 条的规定，由被告住所地或者债务转移合同履行地人民法院管辖。

[应注意的问题] 在确定案由时，需要注意区分当事人间发生争议的到底是哪一个法律关系。如果在债务转移合同生效后，因原债权债务关系的履行发生纠纷诉至法院，则案件诉讼标的是原法律关系，即应按原法律关系确定案由。如果在债务转移合同生效后，因债务转移合同的履行发生争议，则应按债务转移合同纠纷确定案由。

请求权基础规范指引

《中华人民共和国民法典》（2020 年）

第五百五十一条【债务转移】 债务人将债务的全部或者部分转移给第三人的，应当经债权人同意。

债务人或者第三人可以催告债权人在合理期限内予以同意，债权人未作表示的，视为不同意。

第五百五十二条【并存的债务承担】 第三人与债务人约定加入债务并通知债权人，或者第三人向债权人表示愿意加入债务，债权人未在合理期限内明确拒绝的，债权人可以请求第三人在其愿意承担的债务范围内和债务人承担连带债务。

第五百五十三条【债务转移时新债务人抗辩权】 债务人转移债务的，新债务人可以主张原债务人对债权人的抗辩；原债务人对债权人享有债权的，新债务人不得向债权人主张抵销。

第五百五十四条【债务转移时从债务一并转移】 债务人转移债务的，新债务人应当承担与主债务有关的从债务，但是该从债务专属于原债务人自身的除外。

81. 债权债务概括转移合同纠纷

案由适用要点

[释义] 债权债务概括转移是指合同当事人将其依据合同享有的权利与义务一并转移给第三人。债权债务的概括转移，可以基于法律的规定而产生，也可以基于当事人间的法律行为而产生。本案由不适用于法定的债权债务概括转移。

[管辖] 因债权债务概括转移合同发生争议提起的诉讼，也是因合同纠纷提起的诉讼，根据《民事诉讼法》第 24 条的规定，由被告住所地或者债权债务概括转移合同履行地人民法院管辖。

[应注意的问题] 在确定案由时，需要注意区分当事人间发生争议的到底是哪一个法律关系。如果在债权债务概括转移合同生效后，因原债权债务关系的履行问题发生纠纷诉至法院，即应按原法律关系确定案由。如果在债权债务概括转移合同生效后，因债权债务概括转移合同的履行发生争议，则应按债权债务概括转移合同纠纷确定案由。如甲、乙签订房屋租赁合同，经甲同意，乙与丙签订协议，乙将承租房屋的全部权利义务全部转让予丙，此后，若甲、丙因房屋租赁问题发生纠纷诉至法院，则应将案由定为房屋租赁合同纠纷；若乙、丙因租赁合同权利义务的概括转让合同发生纠纷诉至法

院，则应将案由定为债权债务概括转移合同纠纷。

请求权基础规范指引

《中华人民共和国民法典》（2020 年）

第五百五十五条【合同权利义务一并转让】 当事人一方经对方同意，可以将自己在合同中的权利和义务一并转让给第三人。

第五百五十六条【合同权利义务一并转让的法律适用】 合同的权利和义务一并转让的，适用债权转让、债务转移的有关规定。

82. 债务加入纠纷

案由适用要点

[**释义**] 债务加入，亦称并存的债务承担，系指第三人加入既存的债务关系中，与债务人就其债务对债权人负连带之责。因相当于在债务人之外为债权人增加了一个新债务人，债务加入和保证一样具有担保债权实现的功能。

[**管辖**] 因债务加入而引发的纠纷包括两类：一是债务加入人与债权人之间的诉讼，二是债务加入人与债务人之间的纠纷，属于合同纠纷，管辖法院应当依据《民事诉讼法》第 24 条规定确定，由被告住所地或者债权债务概括转移合同履行地人民法院管辖。

[**应注意的问题**] 债务加入属于债务承担的一种，是并存的债务承担，债务人与原债务人共同对债权人承担连带清偿责任。但债务加入后债务人与债务加入人之间的连带责任与《民法典》规定的连带责任不同，原债务人与债务人加入人之间在清偿债务后是否有追偿权，应当依他们之间的约定或者其他法律关系而定，不能直接适用《民法典》第 519 条规定。以公司名义加入债务的效力参照《民法典》有关担保制度的规则。

请求权基础规范指引

《中华人民共和国民法典》（2020 年）

第五百五十二条【并存的债务承担】 第三人与债务人约定加入债务并通知债权人，或者第三人向债权人表示愿意加入债务，债权人未在合理期限内明确拒绝的，债权人可以请求第三人在其愿意承担的债务范围内和债务人承担连带债务。

第五百五十三条【债务转移时新债务人抗辩权】 债务人转移债务的，新债务人可以主张原债务人对债权人的抗辩；原债务人对债权人享有债权的，新债务人不得向债权人主张抵销。

第五百五十四条【债务转移时从债务一并转移】 债务人转移债务的，新债务人应当承担与主债务有关的从债务，但是该从债务专属于原债务人自身的除外。

第五百五十五条【合同权利义务一并转让】 当事人一方经对方同意，可以将自己在合同中的权利和义务一并转让给第三人。

第五百五十六条【合同权利义务一并转让的法律适用】 合同的权利和义务一并转让的，适用债权转让、债务转移的有关规定。

《最高人民法院关于适用〈中华人民共和国民法典〉有关担保制度的解释》（法释〔2020〕28号　2020年12月31日）

第十二条 法定代表人依照民法典第五百五十二条的规定以公司名义加入债务的，人民法院在认定该行为的效力时，可以参照本解释关于公司为他人提供担保的有关规则处理。

83. 悬赏广告纠纷

案由适用要点

［**释义**］悬赏广告是指广告人以公开方式声明，对完成特定行为的人给付一定报酬。广告人对于完成指定行为的人负有给付报酬的义务；多人先后分别完成时，最先完成指定行为的人享有报酬请求权；多人共同或同时完成的，行为人共同取得报酬请求权。

［**管辖**］悬赏广告纠纷的管辖法院的确定，取决于对悬赏广告的性质的认定。原《最高人民法院关于适用〈中华人民共和国合同法〉若干问题的解释（二）》[①] 曾将悬赏广告规定在合同订立部分，《民法典》亦将悬赏广告规定在合同订立部分，因此悬赏广告纠纷应按《民事诉讼法》第24条规定确定管辖法院。

［**应注意的问题**］在确定案由时应注意，凡意图使不特定人知晓的方式都属于悬赏广告中所谓的广告，除一般的媒体广告外，街头张贴、宣传等也属于广告，应避免将广告片面理解为《广告法》所界定的广告。

请求权基础规范指引

《中华人民共和国民法典》（2020年）

第四百七十二条【要约的定义及构成要件】 要约是希望与他人订立合同

① 原《最高人民法院关于适用〈中华人民共和国合同法〉若干问题的解释（二）》（法释〔2009〕5号）根据《最高人民法院关于废止部分司法解释及相关规范性文件的决定》（法释〔2020〕16号）的规定已废止，自2021年1月1日起不再适用。

的意思表示，该意思表示应当符合下列条件：

（一）内容具体确定；

（二）表明经受要约人承诺，要约人即受该意思表示约束。

第四百七十六条【要约不得撤销情形】 要约可以撤销，但是有下列情形之一的除外：

（一）要约人以确定承诺期限或者其他形式明示要约不可撤销；

（二）受要约人有理由认为要约是不可撤销的，并已经为履行合同做了合理准备工作。

第四百八十条【承诺的方式】 承诺应当以通知的方式作出；但是，根据交易习惯或者要约表明可以通过行为作出承诺的除外。

第四百九十九条【悬赏广告】 悬赏人以公开方式声明对完成特定行为的人支付报酬的，完成该行为的人可以请求其支付。

第五百七十九条【金钱债务实际履行责任】 当事人一方未支付价款、报酬、租金、利息，或者不履行其他金钱债务的，对方可以请求其支付。

84. 买卖合同纠纷

（1）分期付款买卖合同纠纷

（2）凭样品买卖合同纠纷

（3）试用买卖合同纠纷

（4）所有权保留买卖合同纠纷

（5）招标投标买卖合同纠纷

（6）互易纠纷

（7）国际货物买卖合同纠纷

（8）信息网络买卖合同纠纷

案由适用要点

［释义］ 买卖合同是指出卖人转移标的物的所有权于买受人，买受人支付价款的合同。

分期付款买卖合同是指当事人约定在标的物交付给买受人后，买受人将其应付的总价款在一定期限内分批向出卖人支付的特殊买卖合同。

凭样品买卖合同是指当事人选定货物样品后，双方约定出卖人交付的标的物应当与样品及其说明的质量相同的特殊买卖合同

试用买卖合同是指双方当事人约定，合同成立时，出卖人将标的物交付买受人试用，买受人在约定的试用期间内可以购买标的物，也可以拒绝购买标的物的特殊买卖合同。

所有权保留买卖合同是指当事人约定在买受人支付或者其他义务之前出卖人保留标的物的所有权的买卖合同。

招标投标买卖合同是指招标人通过招标公告、投标邀请书向特定或不特定人发出要约邀请，投标人通过投标发出要约，招标人选定中标人作出承诺或再经磋商而签订的买卖合同。

互易合同就是以物易物是指双方当事人约定，互相交换金钱以外的财产，并转移标的物所有权的协议。

国际货物买卖合同指营业地分别处于不同国家或地区的当事人之间所订立的货物买卖合同。在我国外贸实务中，国际货物买卖合同也称为外贸合同、进出口贸易合同。

信息网络买卖合同是指出卖人将标的物在互联网等信息平台上展示并发出要约，买受人通过信息网络作出购买承诺，双方形成合意而订立的买卖合同。

［**管辖**］因买卖合同纠纷提起的诉讼，应根据《民事诉讼法》第24条的规定，由被告住所地或者合同履行地人民法院管辖。国际货物买卖合同纠纷，属涉外民事纠纷，应按《民事诉讼法》第24章的相关规定确定管辖，对在中华人民共和国领域内没有住所的被告提起的诉讼，如果合同在中华人民共和国领域内签订或履行，或者诉讼标的物在中华人民共和国领域内，或者被告在中华人民共和国领域内有可供扣押的财产，或者被告在中华人民共和国领域内设有代表机构，可以由合同签订地、合同履行地、诉讼标的物所在地、可供扣押财产所在地或者代表机构所在地人民法院管辖。

［**应注意的问题**］买卖合同是日常生活中最常见的法律行为，《民事案件案由规定》将买卖合同列为第三级案由。《民法典》对分期付款买卖合同、凭样品买卖合同、试用买卖合同和易货合同作了专门规定，这些合同类型在实践中也大量存在，故将其列为第四级案由。根据《民法典》的规定，还增加了“所有权保留买卖合同纠纷”，同时将原来的第三级案由“招标投标买卖合同纠纷”降级为“买卖合同纠纷”项下的第四级案由。国际货物买卖合同是国际贸易中最主要的一种合同，此类纠纷在涉外民商事案件中占有较大比重，也将其列为第四级案由。随着网络购物和电视购物等新型购物方式的全面发展，网络购物合同、电视购物合同也逐渐成为日常生活中常见的买卖合同方式，因此发生纠纷而诉至法院的情况也逐年增多，《民事案件案由规定》此次修改将之也作为买卖合同下的第四级案由。需要注意的是，首先，这里的第四级案由都是特殊形态的买卖合同纠纷，对其他更大量的普通买卖合同纠纷而言，直接以第三级的买卖合同纠纷来确定案由即可。其次，对一些特定标的物的买卖合同，如果其他案由已作专门规定的，就应适用专门的案

由，不能再将之确定为买卖合同纠纷，如房屋买卖合同发生纠纷后案由就应确定为房屋买卖合同纠纷，而不用本案由。最后，国际货物买卖合同纠纷不包括涉港、澳、台买卖合同纠纷。

请求权基础规范指引

《中华人民共和国民法典》（2020年）

第五百九十五条【买卖合同定义】 买卖合同是出卖人转移标的物的所有权于买受人，买受人支付价款的合同。

第五百九十六条【买卖合同条款】 买卖合同的内容一般包括标的物的名称、数量、质量、价款、履行期限、履行地点和方式、包装方式、检验标准和方法、结算方式、合同使用的文字及其效力等条款。

第五百九十七条【无权处分效力】 因出卖人未取得处分权致使标的物所有权不能转移的，买受人可以解除合同并请求出卖人承担违约责任。

法律、行政法规禁止或者限制转让的标的物，依照其规定。

第五百九十八条【出卖人基本义务】 出卖人应当履行向买受人交付标的物或者交付提取标的物的单证，并转移标的物所有权的义务。

第五百九十九条【出卖人交付有关单证和资料义务】 出卖人应当按照约定或者交易习惯向买受人交付提取标的物单证以外的有关单证和资料。

第六百条【知识产权归属】 出卖具有知识产权的标的物的，除法律另有规定或者当事人另有约定外，该标的物的知识产权不属于买受人。

第六百零一条【标的物交付期限】 出卖人应当按照约定的时间交付标的物。约定交付期限的，出卖人可以在该交付期限内的任何时间交付。

第六百零二条【标的物交付期限不明时的处理】 当事人没有约定标的物的交付期限或者约定不明确的，适用本法第五百一十条、第五百一十一条第四项的规定。

第六百零三条【标的物交付地点】 出卖人应当按照约定的地点交付标的物。

当事人没有约定交付地点或者约定不明确，依据本法第五百一十条的规定仍不能确定的，适用下列规定：

（一）标的物需要运输的，出卖人应当将标的物交付给第一承运人以运交给买受人；

（二）标的物不需要运输，出卖人和买受人订立合同时知道标的物在某一地点的，出卖人应当在该地点交付标的物；不知道标的物在某一地点的，应当在出卖人订立合同时的营业地交付标的物。

第六百零四条【标的物毁损、灭失风险负担的基本规则】 标的物毁损、灭失的风险，在标的物交付之前由出卖人承担，交付之后由买受人承担，但是法律另有规定或者当事人另有约定的除外。

第六百零五条【迟延交付标的物的风险负担】 因买受人的原因致使标的物未按照约定的期限交付的，买受人应当自违反约定时起承担标的物毁损、灭失的风险。

第六百零六条【路货买卖中的标的物风险负担】 出卖人出卖交由承运人运输的在途标的物，除当事人另有约定外，毁损、灭失的风险自合同成立时起由买受人承担。

第六百零七条【需要运输的标的物风险负担】 出卖人按照约定将标的物运送至买受人指定地点并交付给承运人后，标的物毁损、灭失的风险由买受人承担。

当事人没有约定交付地点或者约定不明确，依据本法第六百零三条第二款第一项的规定标的物需要运输的，出卖人将标的物交付给第一承运人后，标的物毁损、灭失的风险由买受人承担。

第六百零八条【买受人不收取标的物的风险负担】 出卖人按照约定或者依据本法第六百零三条第二款第二项的规定将标的物置于交付地点，买受人违反约定没有收取的，标的物毁损、灭失的风险自违反约定时起由买受人承担。

第六百零九条【未交付单证、资料不影响风险转移】 出卖人按照约定未交付有关标的物的单证和资料的，不影响标的物毁损、灭失风险的转移。

第六百一十条【出卖人根本违约的风险负担】 因标的物不符合质量要求，致使不能实现合同目的的，买受人可以拒绝接受标的物或者解除合同。买受人拒绝接受标的物或者解除合同的，标的物毁损、灭失的风险由出卖人承担。

第六百一十一条【买受人承担风险与出卖人违约责任关系】 标的物毁损、灭失的风险由买受人承担的，不影响因出卖人履行义务不符合约定，买受人请求其承担违约责任的权利。

第六百一十二条【出卖人权利瑕疵担保义务】 出卖人就交付的标的物，负有保证第三人对该标的物不享有任何权利的义务，但是法律另有规定的除外。

第六百一十三条【出卖人权利瑕疵担保义务免除】 买受人订立合同时知道或者应当知道第三人对买卖的标的物享有权利的，出卖人不承担前条规定的义务。

第六百一十四条【买受人的中止支付价款权】 买受人有确切证据证明第三人对标的物享有权利的，可以中止支付相应的价款，但是出卖人提供适当担保的除外。

第六百一十五条【标的物的质量要求】 出卖人应当按照约定的质量要求交付标的物。出卖人提供有关标的物质量说明的，交付的标的物应当符合该说明的质量要求。

第六百一十六条【标的物质量要求不明时的处理】 当事人对标的物的质量要求没有约定或者约定不明确，依据本法第五百一十条的规定仍不能确定的，适用本法第五百一十一条第一项的规定。

第六百一十七条【质量瑕疵担保责任】 出卖人交付的标的物不符合质量要求的，买受人可以依据本法第五百八十二条至第五百八十四条的规定请求承担违约责任。

第六百一十八条【减轻或者免除瑕疵担保责任的例外】 当事人约定减轻或者免除出卖人对标的物瑕疵承担的责任，因出卖人故意或者重大过失不告知买受人标的物瑕疵的，出卖人无权主张减轻或者免除责任。

第六百一十九条【标的物包装方式】 出卖人应当按照约定的包装方式交付标的物。对包装方式没有约定或者约定不明确，依据本法第五百一十条的规定仍不能确定的，应当按照通用的方式包装；没有通用方式的，应当采取足以保护标的物且有利于节约资源、保护生态环境的包装方式。

第六百二十条【买受人的检验义务】 买受人收到标的物时应当在约定的检验期限内检验。没有约定检验期限的，应当及时检验。

第六百二十一条【买受人的通知义务】 当事人约定检验期限的，买受人应当在检验期限内将标的物的数量或者质量不符合约定的情形通知出卖人。买受人怠于通知的，视为标的物的数量或者质量符合约定。

当事人没有约定检验期限的，买受人应当在发现或者应当发现标的物的数量或者质量不符合约定的合理期限内通知出卖人。买受人在合理期限内未通知或者自收到标的物之日起二年内未通知出卖人的，视为标的物的数量或者质量符合约定；但是，对标的物有质量保证期的，适用质量保证期，不适用该二年的规定。

出卖人知道或者应当知道提供的标的物不符合约定的，买受人不受前两款规定的通知时间的限制。

第六百二十二条【检验期限过短时的处理】 当事人约定的检验期限过短，根据标的物的性质和交易习惯，买受人在检验期限内难以完成全面检验的，该期限仅视为买受人对标的物的外观瑕疵提出异议的期限。

约定的检验期限或者质量保证期短于法律、行政法规规定期限的，应当以法律、行政法规规定的期限为准。

第六百二十三条【检验期限未约定时的处理】 当事人对检验期限未作约定，买受人签收的送货单、确认单等载明标的物数量、型号、规格的，推定买受人已经对数量和外观瑕疵进行检验，但是有相关证据足以推翻的除外。

第六百二十四条【向第三人履行情形下的检验标准】 出卖人依照买受人的指示向第三人交付标的物，出卖人和买受人约定的检验标准与买受人和第三人约定的检验标准不一致的，以出卖人和买受人约定的检验标准为准。

第六百二十五条【出卖人回收义务】 依照法律、行政法规的规定或者按照当事人的约定，标的物在有效使用年限届满后应予回收的，出卖人负有自行或者委托第三人对标的物予以回收的义务。

第六百二十六条【买受人支付价款的数额和方式】 买受人应当按照约定的数额和支付方式支付价款。对价款的数额和支付方式没有约定或者约定不明确的，适用本法第五百一十条、第五百一十一条第二项和第五项的规定。

第六百二十七条【买受人支付价款的地点】 买受人应当按照约定的地点支付价款。对支付地点没有约定或者约定不明确，依据本法第五百一十条的规定仍不能确定的，买受人应当在出卖人的营业地支付；但是，约定支付价款以交付标的物或者交付提取标的物单证为条件的，在交付标的物或者交付提取标的物单证的所在地支付。

第六百二十八条【买受人支付价款的时间】 买受人应当按照约定的时间支付价款。对支付时间没有约定或者约定不明确，依据本法第五百一十条的规定仍不能确定的，买受人应当在收到标的物或者提取标的物单证的同时支付。

第六百二十九条【出卖人多交标的物的处理】 出卖人多交标的物的，买受人可以接收或者拒绝接收多交的部分。买受人接收多交部分的，按照约定的价格支付价款；买受人拒绝接收多交部分的，应当及时通知出卖人。

第六百三十条【标的物孳息的归属】 标的物在交付之前产生的孳息，归出卖人所有；交付之后产生的孳息，归买受人所有。但是，当事人另有约定的除外。

第六百三十一条【从物与合同解除】 因标的物的主物不符合约定而解除合同的，解除合同的效力及于从物。因标的物的从物不符合约定被解除的，解除的效力不及于主物。

第六百三十二条【数物同时出卖时的合同解除】 标的物为数物，其中一物不符合约定的，买受人可以就该物解除。但是，该物与他物分离使标的物的价值显受损害的，买受人可以就数物解除合同。

第六百三十三条【分批交付标的物的合同解除】 出卖人分批交付标的物的，出卖人对其中一批标的物不交付或者交付不符合约定，致使该批标的物不能实现合同目的的，买受人可以就该批标的物解除。

出卖人不交付其中一批标的物或者交付不符合约定，致使之后其他各批标的物的交付不能实现合同目的的，买受人可以就该批以及之后其他各批标的物解除。

买受人如果就其中一批标的物解除，该批标的物与其他各批标的物相互依存的，可以就已经交付和未交付的各批标的物解除。

第六百三十四条【分期付款买卖合同】 分期付款的买受人未支付到期价款的数额达到全部价款的五分之一，经催告后在合理期限内仍未支付到期价款的，出卖人可以请求买受人支付全部价款或者解除合同。

出卖人解除合同的，可以向买受人请求支付该标的物的使用费。

第六百三十五条【凭样品买卖合同】 凭样品买卖的当事人应当封存样品，并可以对样品质量予以说明。出卖人交付的标的物应当与样品及其说明的质量相同。

第六百三十六条【凭样品买卖合同的隐蔽瑕疵处理】 凭样品买卖的买受人不知道样品有隐蔽瑕疵的，即使交付的标的物与样品相同，出卖人交付的标的物的质量仍然应当符合同种物的通常标准。

第六百三十七条【试用买卖的试用期限】 试用买卖的当事人可以约定标的物的试用期限。对试用期限没有约定或者约定不明确，依据本法第五百一十条的规定仍不能确定的，由出卖人确定。

第六百三十八条【试用买卖的效力】 试用买卖的买受人在试用期内可以购买标的物，也可以拒绝购买。试用期限届满，买受人对是否购买标的物未作表示的，视为购买。

试用买卖的买受人在试用期内已经支付部分价款或者对标的物实施出卖、出租、设立担保物权等行为的，视为同意购买。

第六百三十九条【试用买卖使用费的负担】 试用买卖的当事人对标的物使用费没有约定或者约定不明确的，出卖人无权请求买受人支付。

第六百四十条【试用期间标的物灭失风险的承担】 标的物在试用期内毁损、灭失的风险由出卖人承担。

第六百四十一条【所有权保留】 当事人可以在买卖合同中约定买受人未履行支付价款或者其他义务的，标的物的所有权属于出卖人。

出卖人对标的物保留的所有权，未经登记，不得对抗善意第三人

第六百四十二条【出卖人的取回权】 当事人约定出卖人保留合同标的物的所有权，在标的物所有权转移前，买受人有下列情形之一，造成出卖人损害的，除当事人另有约定外，出卖人有权取回标的物：

（一）未按照约定支付价款，经催告后在合理期限内仍未支付；

（二）未按照约定完成特定条件；

（三）将标的物出卖、出质或者作出其他不当处分。

出卖人可以与买受人协商取回标的物；协商不成的，可以参照适用担保物权的实现程序。

第六百四十三条【买受人的回赎权】 出卖人依据前条第一款的规定取回标的物后，买受人在双方约定或者出卖人指定的合理回赎期限内，消除出卖人取回标的物的事由的，可以请求回赎标的物。

买受人在回赎期限内没有回赎标的物，出卖人可以以合理价格将标的物出卖给第三人，出卖所得价款扣除买受人未支付的价款以及必要费用后仍有剩余的，应当返还买受人；不足部分由买受人清偿。

第六百四十四条【招标投标买卖】 招标投标买卖的当事人的权利和义务以及招标投标程序等，依照有关法律、行政法规的规定。

第六百四十五条【拍卖】 拍卖的当事人的权利和义务以及拍卖程序等，依照有关法律、行政法规的规定。

第六百四十六条【买卖合同准用于有偿合同】 法律对其他有偿合同有规定的，依照其规定；没有规定的，参照适用买卖合同的有关规定。

第六百四十七条【互易合同】 当事人约定易货交易，转移标的物的所有权的，参照适用买卖合同的有关规定。

《中华人民共和国电子商务法》（2018 年）

第四十九条 电子商务经营者发布的商品或者服务信息符合要约条件的，用户选择该商品或者服务并提交订单成功，合同成立。当事人另有约定的，从其约定。

电子商务经营者不得以格式条款等方式约定消费者支付价款后合同不成立；格式条款等含有该内容的，其内容无效。

第五十二条 电子商务当事人可以约定采用快递物流方式交付商品。

快递物流服务提供者为电子商务提供快递物流服务，应当遵守法律、行政法规，并应当符合承诺的服务规范和时限。快递物流服务提供者在交付商品时，应当提示收货人当面查验；交由他人代收的，应当经收货人同意。

快递物流服务提供者应当按照规定使用环保包装材料，实现包装材料的减量化和再利用。

快递物流服务提供者在提供快递物流服务的同时，可以接受电子商务经营者的委托提供代收货款服务。

第五十三条 电子商务当事人可以约定采用电子支付方式支付价款。

电子支付服务提供者为电子商务提供电子支付服务，应当遵守国家规定，告知用户电子支付服务的功能、使用方法、注意事项、相关风险和收费标准等事项，不得附加不合理交易条件。电子支付服务提供者应当确保电子支付指令的完整性、一致性、可跟踪稽核和不可篡改。

电子支付服务提供者应当向用户免费提供对账服务以及最近三年的交易记录。

第五十四条　电子支付服务提供者提供电子支付服务不符合国家有关支付安全管理要求，造成用户损失的，应当承担赔偿责任。

《最高人民法院关于审理买卖合同纠纷案件适用法律问题的解释》（2020年12月23日修正）

第一条　当事人之间没有书面合同，一方以送货单、收货单、结算单、发票等主张存在买卖合同关系的，人民法院应当结合当事人之间的交易方式、交易习惯以及其他相关证据，对买卖合同是否成立作出认定。

对账确认函、债权确认书等函件、凭证没有记载债权人名称，买卖合同当事人一方以此证明存在买卖合同关系的，人民法院应予支持，但有相反证据足以推翻的除外。

第二条　标的物为无需以有形载体交付的电子信息产品，当事人对交付方式约定不明确，且依照民法典第五百一十条的规定仍不能确定的，买受人收到约定的电子信息产品或者权利凭证即为交付。

第六条　出卖人就同一普通动产订立多重买卖合同，在买卖合同均有效的情况下，买受人均要求实际履行合同的，应当按照以下情形分别处理：

（一）先行受领交付的买受人请求确认所有权已经转移的，人民法院应予支持；

（二）均未受领交付，先行支付价款的买受人请求出卖人履行交付标的物等合同义务的，人民法院应予支持；

（三）均未受领交付，也未支付价款，依法成立在先合同的买受人请求出卖人履行交付标的物等合同义务的，人民法院应予支持。

第七条　出卖人就同一船舶、航空器、机动车等特殊动产订立多重买卖合同，在买卖合同均有效的情况下，买受人均要求实际履行合同的，应当按照以下情形分别处理：

（一）先行受领交付的买受人请求出卖人履行办理所有权转移登记手续等合同义务的，人民法院应予支持；

（二）均未受领交付，先行办理所有权转移登记手续的买受人请求出卖人履行交付标的物等合同义务的，人民法院应予支持；

（三）均未受领交付，也未办理所有权转移登记手续，依法成立在先合同的买受人请求出卖人履行交付标的物和办理所有权转移登记手续等合同义务的，人民法院应予支持；

（四）出卖人将标的物交付给买受人之一，又为其他买受人办理所有权转移登记，已受领交付的买受人请求将标的物所有权登记在自己名下的，人民法院应予支持。

第十五条 买受人依约保留部分价款作为质量保证金，出卖人在质量保证期未及时解决质量问题而影响标的物的价值或者使用效果，出卖人主张支付该部分价款的，人民法院不予支持。

第十八条 买卖合同对付款期限作出的变更，不影响当事人关于逾期付款违约金的约定，但该违约金的起算点应当随之变更。

买卖合同约定逾期付款违约金，买受人以出卖人接受价款时未主张逾期付款违约金为由拒绝支付该违约金的，人民法院不予支持。

买卖合同约定逾期付款违约金，但对账单、还款协议等未涉及逾期付款责任，出卖人根据对账单、还款协议等主张欠款时请求买受人依约支付逾期付款违约金的，人民法院应予支持，但对账单、还款协议等明确载有本金及逾期付款利息数额或者已经变更买卖合同中关于本金、利息等约定内容的除外。

买卖合同没有约定逾期付款违约金或者该违约金的计算方法，出卖人以买受人违约为由主张赔偿逾期付款损失，违约行为发生在2019年8月19日之前的，人民法院可以中国人民银行同期同类人民币贷款基准利率为基础，参照逾期罚息利率标准计算；违约行为发生在2019年8月20日之后的，人民法院可以违约行为发生时中国人民银行授权全国银行间同业拆借中心公布的一年期贷款市场报价利率（LPR）标准为基础，加计30—50%计算逾期付款损失。

第十九条 出卖人没有履行或者不当履行从给付义务，致使买受人不能实现合同目的，买受人主张解除合同的，人民法院应当根据民法典第五百六十三条第一款第四项的规定，予以支持。

第二十条 买卖合同因违约而解除后，守约方主张继续适用违约金条款的，人民法院应予支持；但约定的违约金过分高于造成的损失的，人民法院可以参照民法典第五百八十五条第二款的规定处理。

第二十二条 买卖合同当事人一方违约造成对方损失，对方主张赔偿可得利益损失的，人民法院在确定违约责任范围时，应当根据当事人的主张，依据民法典第五百八十四条、第五百九十一条、第五百九十二条、本解释第二十三条等规定进行认定。

第二十五条 买卖合同当事人主张民法典第六百四十一条关于标的物所有权保留的规定适用于不动产的，人民法院不予支持。

第二十六条 买受人已经支付标的物总价款的百分之七十五以上，出卖人主张取回标的物的，人民法院不予支持。

在民法典第六百四十二条第一款第三项情形下，第三人依据民法典第三百一十一条的规定已经善意取得标的物所有权或者其他物权，出卖人主张取回标的物的，人民法院不予支持。

第二十九条 合同约定的样品质量与文字说明不一致且发生纠纷时当事人不能达成合意，样品封存后外观和内在品质没有发生变化的，人民法院应当以样品为准；外观和内在品质发生变化，或者当事人对是否发生变化有争议而又无法查明的，人民法院应当以文字说明为准。

第三十条 买卖合同存在下列约定内容之一的，不属于试用买卖。买受人主张属于试用买卖的，人民法院不予支持：

（一）约定标的物经过试用或者检验符合一定要求时，买受人应当购买标的物；

（二）约定第三人经试验对标的物认可时，买受人应当购买标的物；

（三）约定买受人在一定期限内可以调换标的物；

（四）约定买受人在一定期限内可以退还标的物。

第三十一条 出卖人履行交付义务后诉请买受人支付价款，买受人以出卖人违约在先为由提出异议的，人民法院应当按照下列情况分别处理：

（一）买受人拒绝支付违约金、拒绝赔偿损失或者主张出卖人应当采取减少价款等补救措施的，属于提出抗辩；

（二）买受人主张出卖人应支付违约金、赔偿损失或者要求解除合同的，应当提起反诉。

《最高人民法院关于适用〈中华人民共和国民法典〉有关担保制度的解释》（法释〔2020〕28号 2020年12月31日）

第一条 因抵押、质押、留置、保证等担保发生的纠纷，适用本解释。所有权保留买卖、融资租赁、保理等涉及担保功能发生的纠纷，适用本解释的有关规定。

第六十四条 在所有权保留买卖中，出卖人依法有权取回标的物，但是与买受人协商不成，当事人请求参照民事诉讼法“实现担保物权案件”的有关规定，拍卖、变卖标的物的，人民法院应予准许。

出卖人请求取回标的物，符合民法典第六百四十二条规定的，人民法院应予支持；买受人以抗辩或者反诉的方式主张拍卖、变卖标的物，并在扣除买受人未支付的价款以及必要费用后返还剩余款项的，人民法院应当一并处理。

第六十七条 在所有权保留买卖、融资租赁等合同中，出卖人、出租人的所有权未经登记不得对抗的“善意第三人”的范围及其效力，参照本解释第五十四条的规定处理。

《最高人民法院关于审理网络消费纠纷案件适用法律若干问题的规定（一）》（法释〔2022〕8号 2022年3月1日）

第二条 电子商务经营者就消费者权益保护法第二十五条第一款规定的

四项除外商品做出七日内无理由退货承诺，消费者主张电子商务经营者应当遵守其承诺的，人民法院应予支持。

第三条 消费者因检查商品的必要对商品进行拆封查验且不影响商品完好，电子商务经营者以商品已拆封为由主张不适用消费者权益保护法第二十五条规定的无理由退货制度的，人民法院不予支持，但法律另有规定的除外。

第四条 电子商务平台经营者以标记自营业务方式或者虽未标记自营但实际开展自营业务所销售的商品或者提供的服务损害消费者合法权益，消费者主张电子商务平台经营者承担商品销售者或者服务提供者责任的，人民法院应予支持。

电子商务平台经营者虽非实际开展自营业务，但其所作标识等足以误导消费者使消费者相信系电子商务平台经营者自营，消费者主张电子商务平台经营者承担商品销售者或者服务提供者责任的，人民法院应予支持。

第五条 平台内经营者出售商品或者提供服务过程中，其工作人员引导消费者通过交易平台提供的支付方式以外的方式进行支付，消费者主张平台内经营者承担商品销售者或者服务提供者责任，平台内经营者以未经过交易平台支付为由抗辩的，人民法院不予支持。

第七条 消费者在二手商品网络交易平台购买商品受到损害，人民法院综合销售者出售商品的性质、来源、数量、价格、频率、是否有其他销售渠道、收入等情况，能够认定销售者系从事商业经营活动，消费者主张销售者依据消费者权益保护法承担经营者责任的，人民法院应予支持。

第九条 电子商务经营者与他人签订的以虚构交易、虚构点击量、编造用户评价等方式进行虚假宣传的合同，人民法院应当依法认定无效。

第十条 平台内经营者销售商品或者提供服务损害消费者合法权益，其向消费者承诺的赔偿标准高于相关法定赔偿标准，消费者主张平台内经营者按照承诺赔偿的，人民法院应依法予以支持。

第十一条 平台内经营者开设网络直播间销售商品，其工作人员在网络直播中因虚假宣传等给消费者造成损害，消费者主张平台内经营者承担赔偿责任的，人民法院应予支持。

《最高人民法院关于大型企业与中小企业约定以第三方支付款项为付款前提条款效力问题的批复》（法释〔2024〕11号　2024年8月27日）

一、大型企业在建设工程施工、采购货物或者服务过程中，与中小企业约定以收到第三方向其支付的款项为付款前提的，因其内容违反《保障中小企业款项支付条例》第六条、第八条的规定，人民法院应当根据民法典第一百五十三条第一款的规定，认定该约定条款无效。

二、在认定合同约定条款无效后，人民法院应当根据案件具体情况，结合行业规范、双方交易习惯等，合理确定大型企业的付款期限及相应的违约责任。双方对欠付款项利息计付标准有约定的，按约定处理；约定违法或者没有约定的，按照全国银行间同业拆借中心公布的一年期贷款市场报价利率计息。大型企业以合同价款已包含对逾期付款补偿为由要求减轻违约责任，经审查抗辩理由成立的，人民法院可予支持。

《最高人民法院关于印发〈全国法院贯彻实施民法典工作会议纪要〉的通知》（法〔2021〕94号　2021年4月6日）

6. 当事人对于合同是否成立发生争议，人民法院应当本着尊重合同自由，鼓励和促进交易的精神依法处理。能够确定当事人名称或者姓名、标的和数量的，人民法院一般应当认定合同成立，但法律另有规定或者当事人另有约定的除外。

对合同欠缺的当事人名称或者姓名、标的和数量以外的其他内容，当事人达不成协议的，人民法院依照民法典第四百六十六条、第五百一十条、第五百一十一条等规定予以确定。

11. 民法典第五百八十五条第二款规定的损失范围应当按照民法典第五百八十四条规定确定，包括合同履行后可以获得的利益，但不得超过违约一方订立合同时预见到或者应当预见到的因违约可能造成的损失。

当事人请求人民法院增加违约金的，增加后的违约金数额以不超过民法典第五百八十四条规定的损失为限。增加违约金以后，当事人又请求对方赔偿损失的，人民法院不予支持。

当事人请求人民法院减少违约金的，人民法院应当以民法典第五百八十四条规定的损失为基础，兼顾合同的履行情况、当事人的过错程度等综合因素，根据公平原则和诚信原则予以衡量，并作出裁判。约定的违约金超过根据民法典第五百八十四条规定确定的损失的百分之三十的，一般可以认定为民法典第五百八十五条第二款规定的"过分高于造成的损失"。当事人主张约定的违约金过高请求予以适当减少的，应当承担举证责任；相对人主张违约金约定合理的，也应提供相应的证据。

《最高人民法院关于为促进消费提供司法服务和保障的意见》（法发〔2022〕35号　2022年12月26日）

5. 依法整治消费领域"霸王条款"。提供格式条款的经营者未依法履行提示或者说明义务，致使消费者没有注意或者理解与其有重大利害关系的条款的，消费者有权主张该条款不成为合同的内容。消费者主张经营者提供的排除或者不合理地限制消费者主要权利的格式条款，以及不合理地免除或者减轻经营者责任的格式条款无效的，人民法院应当依法支持。对格式条款的理解发生争议，消费者主张依照民法典第四百九十八条规定进行解释，经营者以其享有最终解释权为由进行抗辩的，人民法院对其抗辩不予支持。

7. 加强新业态下消费者权益保护。消费者通过网络购买商品，有权依法自收到商品之日起七日内退货，无需说明理由，但是法律另有规定的除外。消费者因检查商品的必要对商品进行拆封查验且不影响商品完好，电子商务经营者不得以商品已拆封为由主张不适用七日无理由退货制度。电子商务经营者作出更优承诺的，应当遵守。收到商品七日后符合法定或者约定的合同解除条件，消费者主张及时退货的，人民法院应当依法支持。

85. 拍卖合同纠纷

案由适用要点

［**释义**］拍卖合同是指出卖人通过公开竞价的形式，将特定物品或者财产权利转让给最高应价者的买卖合同。

［**管辖**］拍卖合同是特殊的买卖合同，管辖法院的确定也与因买卖合同纠纷提起的诉讼一样，应根据《民事诉讼法》第24条的规定，由被告住所地或者合同履行地人民法院管辖。

［**应注意的问题**］在确定案由时需要注意，对拍卖合同纠纷作为独立案由规定后，拍卖过程中产生的各类纠纷，都应按拍卖合同纠纷确定案由。拍卖未成功的相关纠纷不应将案由确定为缔约过失责任纠纷，拍卖成功后履行过程中的纠纷也不应将案由确定为买卖合同纠纷。另，就拍卖委托合同发生争议的，也只能按委托合同纠纷确定案由，而不采用本案由。

请求权基础规范指引

《中华人民共和国民法典》（2020年）

第五百六十三条【合同法定解除】 有下列情形之一的，当事人可以解除合同：

（一）因不可抗力致使不能实现合同目的；

（二）在履行期限届满前，当事人一方明确表示或者以自己的行为表明不履行主要债务；

（三）当事人一方迟延履行主要债务，经催告后在合理期限内仍未履行；

（四）当事人一方迟延履行债务或者有其他违约行为致使不能实现合同目的；

（五）法律规定的其他情形。

以持续履行的债务为内容的不定期合同，当事人可以随时解除合同，但是应当在合理期限之前通知对方。

第九百三十三条【委托合同解除】 委托人或者受托人可以随时解除委托合同。因解除合同造成对方损失的，除不可归责于该当事人的事由外，无偿委托合同的解除方应当赔偿因解除时间不当造成的直接损失，有偿委托合同的解除方应当赔偿对方的直接损失和合同履行后可以获得的利益。

《中华人民共和国拍卖法》（2015 年修正）

第六条 拍卖标的应当是委托人所有或者依法可以处分的物品或者财产权利。

第七条 法律、行政法规禁止买卖的物品或者财产权利，不得作为拍卖标的。

第八条 依照法律或者按照国务院规定需经审批才能转让的物品或者财产权利，在拍卖前，应当依法办理审批手续。

委托拍卖的文物，在拍卖前，应当经拍卖人住所地的文物行政管理部门依法鉴定、许可。

第四十一条 委托人委托拍卖物品或者财产权利，应当提供身份证明和拍卖人要求提供的拍卖标的的所有权证明或者依法可以处分拍卖标的的证明及其他资料。

第四十二条 拍卖人应当对委托人提供的有关文件、资料进行核实。拍卖人接受委托的，应当与委托人签订书面委托拍卖合同。

第四十三条 拍卖人认为需要对拍卖标的进行鉴定的，可以进行鉴定。

鉴定结论与委托拍卖合同载明的拍卖标的状况不相符的，拍卖人有权要求变更或者解除合同。

第四十四条 委托拍卖合同应当载明以下事项：

（一）委托人、拍卖人的姓名或者名称、住所；

（二）拍卖标的的名称、规格、数量、质量；

（三）委托人提出的保留价；

（四）拍卖的时间、地点；

（五）拍卖标的交付或者转移的时间、方式；

（六）佣金及其支付的方式、期限；

（七）价款的支付方式、期限；

（八）违约责任；

（九）双方约定的其他事项。

86. 建设用地使用权合同纠纷

（1）建设用地使用权出让合同纠纷

（2）建设用地使用权转让合同纠纷

案由适用要点

［**释义**］建设用地使用权合同是指当事人为建设用地使用权的设立、转让、互换、出资、赠与等签订的合同。

建设用地使用权出让合同是指市、县人民政府自然资源主管部门作为出让方将国有土地使用权在一定年限内让与受让方，受让方支付土地使用权出让金的合同。

建设用地使用权转让合同是指建设用地使用权人将建设用地使用权转让给受让人，受让人支付价款的合同。

［**管辖**］之前有观点认为，从“两便”原则出发，建设用地使用权合同纠纷应根据《民事诉讼法》第 34 条第 1 项规定，由不动产所在地人民法院管辖，即由相关土地所在地人民法院管辖。2022 年，《民事诉讼法解释》第 28 条进一步明确了“不动产纠纷”的范围。《民事诉讼法》第 34 条第 1 项规定的不动产纠纷是指因不动产的权利确认、分割、相邻关系等引起的物权纠纷。但是，四类特殊合同纠纷按照不动产纠纷确定管辖，这四类合同纠纷分别为：农村土地承包经营合同纠纷、房屋租赁合同纠纷、建设工程施工合同纠纷、政策性房屋买卖合同纠纷。这四类合同纠纷并未包括建设用地使用权合同纠纷，因此建设用地使用权出让合同纠纷和转让合同纠纷，并不适用不动产专属管辖，而应适用《民事诉讼法》第 24 条的规定，由被告住所地或合同履行地人民法院管辖；对于有协议管辖的，优先按照协议确定管辖。

［**应注意的问题**］在确定本案由时需要注意：集体所有土地作为建设用地的，不属于《民法典》物权编第 12 章所规范的建设用地使用权，相关合同纠纷不适用本案由；建设用地使用权抵押合同纠纷，因有专门的抵押合同纠纷的案由，不适用本案由；建设用地使用权采用拍卖、招标方式出让的，相关纠纷应适用本案由，而不适用拍卖合同纠纷和招标投标买卖合同纠纷的案由；建设用地使用权的互换、赠与、出资等合同纠纷，适用第三级案由建设用地使用权合同纠纷，不适用第四级案由建设用地使用权转让合同纠纷。

请求权基础规范指引

《中华人民共和国民法典》（2020 年）

第三百四十四条【建设用地使用权的定义】 建设用地使用权人依法对国

家所有的土地享有占有、使用和收益的权利，有权利用该土地建造建筑物、构筑物及其附属设施。

第三百四十五条【建设用地使用权的分层设立】 建设用地使用权可以在土地的地表、地上或者地下分别设立。

第三百四十六条【建设用地使用权的设立原则】 设立建设用地使用权，应当符合节约资源、保护生态环境的要求，遵守法律、行政法规关于土地用途的规定，不得损害已经设立的用益物权。

第三百四十七条【建设用地使用权的设立方式】 设立建设用地使用权，可以采取出让或者划拨等方式。

工业、商业、旅游、娱乐和商品住宅等经营性用地以及同一土地有两个以上意向用地者的，应当采取招标、拍卖等公开竞价的方式出让。

严格限制以划拨方式设立建设用地使用权。

第三百四十八条【建设用地使用权出让合同】 通过招标、拍卖、协议等出让方式设立建设用地使用权的，当事人应当采用书面形式订立建设用地使用权出让合同。

建设用地使用权出让合同一般包括下列条款：

（一）当事人的名称和住所；

（二）土地界址、面积等；

（三）建筑物、构筑物及其附属设施占用的空间；

（四）土地用途、规划条件；

（五）建设用地使用权期限；

（六）出让金等费用及其支付方式；

（七）解决争议的方法。

第三百四十九条【建设用地使用权的登记】 设立建设用地使用权的，应当向登记机构申请建设用地使用权登记。建设用地使用权自登记时设立。登记机构应当向建设用地使用权人发放权属证书。

第三百五十条【土地用途管制制度】 建设用地使用权人应当合理利用土地，不得改变土地用途；需要改变土地用途的，应当依法经有关行政主管部门批准。

第三百五十一条【建设用地使用权人支付出让金等费用的义务】 建设用地使用权人应当依照法律规定以及合同约定支付出让金等费用。

第三百五十二条【建设用地使用权人建造的建筑物等设施的权属】 建设用地使用权人建造的建筑物、构筑物及其附属设施的所有权属于建设用地使用权人，但是有相反证据证明的除外。

第三百五十三条【建设用地使用权的流转方式】 建设用地使用权人有权

将建设用地使用权转让、互换、出资、赠与或者抵押，但是法律另有规定的除外。

第三百五十四条【处分建设用地使用权的合同形式和期限】 建设用地使用权转让、互换、出资、赠与或者抵押的，当事人应当采用书面形式订立相应的合同。使用期限由当事人约定，但是不得超过建设用地使用权的剩余期限。

第三百五十五条【建设用地使用权流转后变更登记】 建设用地使用权转让、互换、出资或者赠与的，应当向登记机构申请变更登记。

第三百五十六条【建筑物等设施随建设用地使用权的流转而一并处分】 建设用地使用权转让、互换、出资或者赠与的，附着于该土地上的建筑物、构筑物及其附属设施一并处分。

第三百五十七条【建设用地使用权随建筑物等设施的流转而一并处分】 建筑物、构筑物及其附属设施转让、互换、出资或者赠与的，该建筑物、构筑物及其附属设施占用范围内的建设用地使用权一并处分。

第三百五十八条【建设用地使用权提前收回及其补偿】 建设用地使用权期限届满前，因公共利益需要提前收回该土地的，应当依据本法第二百四十三条的规定对该土地上的房屋以及其他不动产给予补偿，并退还相应的出让金。

第三百五十九条【建设用地使用权的续期】 住宅建设用地使用权期限届满的，自动续期。续期费用的缴纳或者减免，依照法律、行政法规的规定办理。

非住宅建设用地使用权期限届满后的续期，依照法律规定办理。该土地上的房屋以及其他不动产的归属，有约定的，按照约定；没有约定或者约定不明确的，依照法律、行政法规的规定办理。

第三百六十条【建设用地使用权注销登记】 建设用地使用权消灭的，出让人应当及时办理注销登记。登记机构应当收回权属证书。

第三百六十一条【集体所有土地作为建设用地的法律适用】 集体所有的土地作为建设用地的，应当依照土地管理的法律规定办理。

《中华人民共和国土地管理法》（2019年修正）

第十条 国有土地和农民集体所有的土地，可以依法确定给单位或者个人使用。使用土地的单位和个人，有保护、管理和合理利用土地的义务。

第十四条 土地所有权和使用权争议，由当事人协商解决；协商不成的，由人民政府处理。

单位之间的争议，由县级以上人民政府处理；个人之间、个人与单位之间的争议，由乡级人民政府或者县级以上人民政府处理。

当事人对有关人民政府的处理决定不服的，可以自接到处理决定通知之日起三十日内，向人民法院起诉。

在土地所有权和使用权争议解决前，任何一方不得改变土地利用现状。

《中华人民共和国城市房地产管理法》（2019 年修正）

第三十九条 以出让方式取得土地使用权的，转让房地产时，应当符合下列条件：

（一）按照出让合同约定已经支付全部土地使用权出让金，并取得土地使用权证书；

（二）按照出让合同约定进行投资开发，属于房屋建设工程的，完成开发投资总额的百分之二十五以上，属于成片开发土地的，形成工业用地或者其他建设用地条件。

转让房地产时房屋已经建成的，还应当持有房屋所有权证书。

《最高人民法院关于审理涉及国有土地使用权合同纠纷案件适用法律问题的解释》（2020 年 12 月 23 日修正）

第二条 开发区管理委员会作为出让方与受让方订立的土地使用权出让合同，应当认定无效。

本解释实施前，开发区管理委员会作为出让方与受让方订立的土地使用权出让合同，起诉前经市、县人民政府自然资源主管部门追认的，可以认定合同有效。

第三条 经市、县人民政府批准同意以协议方式出让的土地使用权，土地使用权出让金低于订立合同时当地政府按照国家规定确定的最低价的，应当认定土地使用权出让合同约定的价格条款无效。

当事人请求按照订立合同时的市场评估价格交纳土地使用权出让金的，应予支持；受让方不同意按照市场评估价格补足，请求解除合同的，应予支持。因此造成的损失，由当事人按照过错承担责任。

第四条 土地使用权出让合同的出让方因未办理土地使用权出让批准手续而不能交付土地，受让方请求解除合同的，应予支持。

第五条 受让方经出让方和市、县人民政府城市规划行政主管部门同意，改变土地使用权出让合同约定的土地用途，当事人请求按照起诉时同种用途的土地出让金标准调整土地出让金的，应予支持。

第六条 受让方擅自改变土地使用权出让合同约定的土地用途，出让方请求解除合同的，应予支持。

第八条 土地使用权人作为转让方与受让方订立土地使用权转让合同后，当事人一方以双方之间未办理土地使用权变更登记手续为由，请求确认合同无效的，不予支持。

第九条 土地使用权人作为转让方就同一出让土地使用权订立数个转让合同，在转让合同有效的情况下，受让方均要求履行合同的，按照以下情形分别处理：

（一）已经办理土地使用权变更登记手续的受让方，请求转让方履行交付土地等合同义务的，应予支持；

（二）均未办理土地使用权变更登记手续，已先行合法占有投资开发土地的受让方请求转让方履行土地使用权变更登记等合同义务的，应予支持；

（三）均未办理土地使用权变更登记手续，又未合法占有投资开发土地，先行支付土地转让款的受让方请求转让方履行交付土地和办理土地使用权变更登记等合同义务的，应予支持；

（四）合同均未履行，依法成立在先的合同受让方请求履行合同的，应予支持。

未能取得土地使用权的受让方请求解除合同、赔偿损失的，依照民法典的有关规定处理。

第十条 土地使用权人与受让方订立合同转让划拨土地使用权，起诉前经有批准权的人民政府同意转让，并由受让方办理土地使用权出让手续的，土地使用权人与受让方订立的合同可以按照补偿性质的合同处理。

第十一条 土地使用权人与受让方订立合同转让划拨土地使用权，起诉前经有批准权的人民政府决定不办理土地使用权出让手续，并将该划拨土地使用权直接划拨给受让方使用的，土地使用权人与受让方订立的合同可以按照补偿性质的合同处理。

《第八次全国法院民事商事审判工作会议（民事部分）纪要》（法〔2016〕399号 2016年11月21日）

13. 城市房地产管理法第三十九条第一款第二项规定并非效力性强制性规定，当事人仅以转让国有土地使用权未达到该项规定条件为由，请求确认转让合同无效的，不予支持。

87. 临时用地合同纠纷

案由适用要点

［释义］ 临时用地合同是指建设项目施工和地质勘探需要临时使用国有土地或者农民集体所有的土地，土地使用者与有关自然资源主管部门或者农村集体经济组织、村民委员会签订临时使用土地合同。

［管辖］ 有观点认为，依据《民事诉讼法》第34条第1项的规定，因不动产纠纷提起的诉讼，由不动产所在地人民法院管辖。临时用地合同标的为

土地，属于不动产，应由相关土地所在地人民法院管辖。这种观点是不正确的。《民事诉讼法解释》第28条第1、2款规定："民事诉讼法第三十四条第一项规定的不动产纠纷是指因不动产的权利确认、分割、相邻关系等引起的物权纠纷。农村土地承包经营合同纠纷、房屋租赁合同纠纷、建设工程施工合同纠纷、政策性房屋买卖合同纠纷，按照不动产纠纷确定管辖。"《民法典》第114条第2款规定："物权是权利人依法对特定的物享有直接支配和排他的权利，包括所有权、用益物权和担保物权。"临时用地合同本身是设定临时用地的债权合同，不属于物权纠纷，应适用合同纠纷的管辖。

依据《民事诉讼法》第24条，因合同纠纷提起的诉讼，由被告住所地或者合同履行地人民法院管辖。关于被告住所地，《民事诉讼法》第22条第1款规定，对公民提起的民事诉讼，由被告住所地人民法院管辖；被告住所地与经常居住地不一致的，由经常居住地人民法院管辖。《民事诉讼法解释》第3条规定，公民的住所地是指公民的户籍所在地，法人或者其他组织的住所地是指法人或者其他组织的主要办事机构所在地。法人或者其他组织的主要办事机构所在地不能确定的，法人或者其他组织的注册地或者登记地为住所地。

关于合同履行地，《民事诉讼法解释》第18条规定，合同约定履行地点的，以约定的履行地点为合同履行地。合同对履行地点没有约定或者约定不明确，争议标的为给付货币的，接收货币一方所在地为合同履行地；交付不动产的，不动产所在地为合同履行地；其他标的，履行义务一方所在地为合同履行地。即时结清的合同，交易行为地为合同履行地。合同没有实际履行，当事人双方住所地都不在合同约定的履行地的，由被告住所地人民法院管辖。

［**应注意的问题**］自2008年《民事案件案由规定》就将临时用地合同作为一个第四级案由，规定在房地产开发经营活动纠纷项下，而临时用地不限于房地产开发经营活动中，其他的建设活动以及地质勘查等活动也涉及临时用地问题，故《最高人民法院关于修改〈民事案件案由规定〉的决定》（法〔2011〕41号）将本案由作为一个独立的第三级案由予以规定，2020年的修正仍将之保留为一个独立的第三级案由。

请求权基础规范指引

《中华人民共和国土地管理法》（2019年修正）

第五十七条　建设项目施工和地质勘查需要临时使用国有土地或者农民集体所有的土地的，由县级以上人民政府自然资源主管部门批准。其中，在城市规划区内的临时用地，在报批前，应当先经有关城市规划行政主管部门同意。土地使用者应当根据土地权属，与有关自然资源主管部门或者农村集体经济组织、村民委员会签订临时使用土地合同，并按照合同的约定支付临时使用土地补偿费。

临时使用土地的使用者应当按照临时使用土地合同约定的用途使用土地，并不得修建永久性建筑物。

临时使用土地期限一般不超过二年。

88. 探矿权转让合同纠纷

案由适用要点

［**释义**］探矿权转让合同是指探矿权人将依法取得的探矿权转让给他人，他人支付价款的合同。

［**管辖**］依据《民事诉讼法》第24条，因合同纠纷提起的诉讼，由被告住所地或者合同履行地人民法院管辖。关于被告住所地，《民事诉讼法》第22条第1款规定，对公民提起的民事诉讼，由被告住所地人民法院管辖；被告住所地与经常居住地不一致的，由经常居住地人民法院管辖。《民事诉讼法解释》第3条规定，公民的住所地是指公民的户籍所在地，法人或者其他组织的住所地是指法人或者其他组织的主要办事机构所在地。法人或者其他组织的主要办事机构所在地不能确定的，法人或者其他组织的注册地或者登记地为住所地。

关于合同履行地，《民事诉讼法解释》第18条规定，合同约定履行地点的，以约定的履行地点为合同履行地。合同对履行地点没有约定或者约定不明确，争议标的为给付货币的，接收货币一方所在地为合同履行地；交付不动产的，不动产所在地为合同履行地；其他标的，履行义务一方所在地为合同履行地。即时结清的合同，交易行为地为合同履行地。合同没有实际履行，当事人双方住所地都不在合同约定的履行地的，由被告住所地人民法院管辖。

［**应注意的问题**］在确定本案由时，需注意与探矿权纠纷案由的区分，探矿权权属争议和侵权类的纠纷，应适用探矿权纠纷案由，而探矿权转让合同引起的纠纷，适用本案由。

请求权基础规范指引

《中华人民共和国矿产资源法》（2024年修订）

第二十二条 设立矿业权的，应当向矿业权出让部门申请矿业权登记。符合登记条件的，矿业权出让部门应当将相关事项记载于矿业权登记簿，并向矿业权人发放矿业权证书。

矿业权变更、转让、抵押和消灭的，应当依法办理登记。

矿业权的设立、变更、转让、抵押和消灭，经依法登记，发生效力；未经登记，不发生效力，法律另有规定的除外。

矿业权登记的具体办法由国务院自然资源主管部门制定。

第二十七条　矿业权可以依法转让或者出资、抵押等，国家另有规定或者矿业权出让合同另有约定的除外。

矿业权转让的，矿业权出让合同和矿业权登记簿所载明的权利、义务随之转移，国家另有规定或者矿业权出让、转让合同另有约定的除外。

矿业权转让的具体管理办法由国务院制定。

《探矿权采矿权转让管理办法》（2014年修订）

第三条　除按照下列规定可以转让外，探矿权、采矿权不得转让：

（一）探矿权人有权在划定的勘查作业区内进行规定的勘查作业，有权优先取得勘查作业区内矿产资源的采矿权。探矿权人在完成规定的最低勘查投入后，经依法批准，可以将探矿权转让他人。

（二）已经取得采矿权的矿山企业，因企业合并、分立，与他人合资、合作经营，或者因企业资产出售以及有其他变更企业资产产权的情形，需要变更采矿权主体的，经依法批准，可以将采矿权转让他人采矿。

第四条　国务院地质矿产主管部门和省、自治区、直辖市人民政府地质矿产主管部门是探矿权、采矿权转让的审批管理机关。

国务院地质矿产主管部门负责由其审批发证的探矿权、采矿权转让的审批。

省、自治区、直辖市人民政府地质矿产主管部门负责本条第二款规定以外的探矿权、采矿权转让的审批。

第五条　转让探矿权，应当具备下列条件：

（一）自颁发勘查许可证之日起满2年，或者在勘查作业区内发现可供进一步勘查或者开采的矿产资源；

（二）完成规定的最低勘查投入；

（三）探矿权属无争议；

（四）按照国家有关规定已经缴纳探矿权使用费、探矿权价款；

（五）国务院地质矿产主管部门规定的其他条件。

《最高人民法院关于审理矿业权纠纷案件适用法律若干问题的解释》（2020年12月23日修正）

第二条　县级以上人民政府自然资源主管部门作为出让人与受让人签订的矿业权出让合同，除法律、行政法规另有规定的情形外，当事人请求确认自依法成立之日起生效的，人民法院应予支持。

第三条　受让人请求自矿产资源勘查许可证、采矿许可证载明的有效期起始日确认其探矿权、采矿权的，人民法院应予支持。

矿业权出让合同生效后、矿产资源勘查许可证或者采矿许可证颁发前，第三人越界或者以其他方式非法勘查开采，经出让人同意已实际占有勘查作业区或者矿区的受让人，请求第三人承担停止侵害、排除妨碍、赔偿损失等侵权责任的，人民法院应予支持。

第四条 出让人未按照出让合同的约定移交勘查作业区或者矿区、颁发矿产资源勘查许可证或者采矿许可证，受让人请求解除出让合同的，人民法院应予支持。

受让人勘查开采矿产资源未达到自然资源主管部门批准的矿山地质环境保护与土地复垦方案要求，在自然资源主管部门规定的期限内拒不改正，或者因违反法律法规被吊销矿产资源勘查许可证、采矿许可证，或者未按照出让合同的约定支付矿业权出让价款，出让人解除出让合同的，人民法院应予支持。

第五条 未取得矿产资源勘查许可证、采矿许可证，签订合同将矿产资源交由他人勘查开采的，人民法院应依法认定合同无效。

第六条 矿业权转让合同自依法成立之日起具有法律约束力。矿业权转让申请未经自然资源主管部门批准，受让人请求转让人办理矿业权变更登记手续的，人民法院不予支持。

当事人仅以矿业权转让申请未经自然资源主管部门批准为由请求确认转让合同无效的，人民法院不予支持。

第七条 矿业权转让合同依法成立后，在不具有法定无效情形下，受让人请求转让人履行报批义务或者转让人请求受让人履行协助报批义务的，人民法院应予支持，但法律上或者事实上不具备履行条件的除外。

人民法院可以依据案件事实和受让人的请求，判决受让人代为办理报批手续，转让人应当履行协助义务，并承担由此产生的费用。

第八条 矿业权转让合同依法成立后，转让人无正当理由拒不履行报批义务，受让人请求解除合同、返还已付转让款及利息，并由转让人承担违约责任的，人民法院应予支持。

第九条 矿业权转让合同约定受让人支付全部或者部分转让款后办理报批手续，转让人在办理报批手续前请求受让人先履行付款义务的，人民法院应予支持，但受让人有确切证据证明存在转让人将同一矿业权转让给第三人、矿业权人将被兼并重组等符合民法典第五百二十七条规定情形的除外。

第十条 自然资源主管部门不予批准矿业权转让申请致使矿业权转让合同被解除，受让人请求返还已付转让款及利息，采矿权人请求受让人返还获得的矿产品及收益，或者探矿权人请求受让人返还勘查资料和勘查中回收的矿产品及收益的，人民法院应予支持，但受让人可请求扣除相关的成本费用。

当事人一方对矿业权转让申请未获批准有过错的，应赔偿对方因此受到的损失；双方均有过错的，应当各自承担相应的责任。

第十一条　矿业权转让合同依法成立后、自然资源主管部门批准前，矿业权人又将矿业权转让给第三人并经自然资源主管部门批准、登记，受让人请求解除转让合同、返还已付转让款及利息，并由矿业权人承担违约责任的，人民法院应予支持。

89. 采矿权转让合同纠纷

案由适用要点

[**释义**] 采矿权转让合同是指采矿权人将依法取得的采矿权转让给他人，他人支付价款的合同。

[**管辖**] 依据《民事诉讼法》第 24 条，因合同纠纷提起的诉讼，由被告住所地或者合同履行地人民法院管辖。关于被告住所地，《民事诉讼法》第 22 条第 1 款规定，对公民提起的民事诉讼，由被告住所地人民法院管辖；被告住所地与经常居住地不一致的，由经常居住地人民法院管辖。《民事诉讼法解释》第 3 条规定，公民的住所地是指公民的户籍所在地，法人或者其他组织的住所地是指法人或者其他组织的主要办事机构所在地。法人或者其他组织的主要办事机构所在地不能确定的，法人或者其他组织的注册地或者登记地为住所地。

关于合同履行地，《民事诉讼法解释》第 18 条规定，合同约定履行地点的，以约定的履行地点为合同履行地。合同对履行地点没有约定或者约定不明确，争议标的为给付货币的，接收货币一方所在地为合同履行地；交付不动产的，不动产所在地为合同履行地；其他标的，履行义务一方所在地为合同履行地。即时结清的合同，交易行为地为合同履行地。合同没有实际履行，当事人双方住所地都不在合同约定的履行地的，由被告住所地人民法院管辖。

[**应注意的问题**] 在确定本案由时，需注意与采矿权纠纷案由的区分，采矿权权属的纠纷，应适用采矿权纠纷案由，采矿权转让合同引起的纠纷，则用本案由。

请求权基础规范指引

《中华人民共和国矿产资源法》（2024 年修订）

第二十二条　设立矿业权的，应当向矿业权出让部门申请矿业权登记。

符合登记条件的，矿业权出让部门应当将相关事项记载于矿业权登记簿，并向矿业权人发放矿业权证书。

矿业权变更、转让、抵押和消灭的，应当依法办理登记。

矿业权的设立、变更、转让、抵押和消灭，经依法登记，发生效力；未经登记，不发生效力，法律另有规定的除外。

矿业权登记的具体办法由国务院自然资源主管部门制定。

第二十七条 矿业权可以依法转让或者出资、抵押等，国家另有规定或者矿业权出让合同另有约定的除外。

矿业权转让的，矿业权出让合同和矿业权登记簿所载明的权利、义务随之转移，国家另有规定或者矿业权出让、转让合同另有约定的除外。

矿业权转让的具体管理办法由国务院制定。

《探矿权采矿权转让管理办法》（2014 年修订）

第三条 除按照下列规定可以转让外，探矿权、采矿权不得转让：

（一）探矿权人有权在划定的勘查作业区内进行规定的勘查作业，有权优先取得勘查作业区内矿产资源的采矿权。探矿权人在完成规定的最低勘查投入后，经依法批准，可以将探矿权转让他人。

（二）已经取得采矿权的矿山企业，因企业合并、分立，与他人合资、合作经营，或者因企业资产出售以及有其他变更企业资产产权的情形，需要变更采矿权主体的，经依法批准，可以将采矿权转让他人采矿。

第四条 国务院地质矿产主管部门和省、自治区、直辖市人民政府地质矿产主管部门是探矿权、采矿权转让的审批管理机关。

国务院地质矿产主管部门负责由其审批发证的探矿权、采矿权转让的审批。

省、自治区、直辖市人民政府地质矿产主管部门负责本条第二款规定以外的探矿权、采矿权转让的审批。

第五条 转让探矿权，应当具备下列条件：

（一）自颁发勘查许可证之日起满 2 年，或者在勘查作业区内发现可供进一步勘查或者开采的矿产资源；

（二）完成规定的最低勘查投入；

（三）探矿权属无争议；

（四）按照国家有关规定已经缴纳探矿权使用费、探矿权价款；

（五）国务院地质矿产主管部门规定的其他条件。

《最高人民法院关于审理矿业权纠纷案件适用法律若干问题的解释》（2020 年 12 月 23 日修正）

第二条 县级以上人民政府自然资源主管部门作为出让人与受让人签订

的矿业权出让合同，除法律、行政法规另有规定的情形外，当事人请求确认自依法成立之日起生效的，人民法院应予支持。

第三条　受让人请求自矿产资源勘查许可证、采矿许可证载明的有效期起始日确认其探矿权、采矿权的，人民法院应予支持。

矿业权出让合同生效后、矿产资源勘查许可证或者采矿许可证颁发前，第三人越界或者以其他方式非法勘查开采，经出让人同意已实际占有勘查作业区或者矿区的受让人，请求第三人承担停止侵害、排除妨碍、赔偿损失等侵权责任的，人民法院应予支持。

第四条　出让人未按照出让合同的约定移交勘查作业区或者矿区、颁发矿产资源勘查许可证或者采矿许可证，受让人请求解除出让合同的，人民法院应予支持。

受让人勘查开采矿产资源未达到自然资源主管部门批准的矿山地质环境保护与土地复垦方案要求，在自然资源主管部门规定的期限内拒不改正，或者因违反法律法规被吊销矿产资源勘查许可证、采矿许可证，或者未按照出让合同的约定支付矿业权出让价款，出让人解除出让合同的，人民法院应予支持。

90. 房地产开发经营合同纠纷

（1）委托代建合同纠纷

（2）合资、合作开发房地产合同纠纷

（3）项目转让合同纠纷

案由适用要点

［释义］房地产开发经营，仅指建设前期的经营活动，特别是房地产经营者之间进行项目转让、合作开发、委托代建的活动。房地产经营者之间因项目的转让、合作开发、委托代建等形成的合同，就是此处所称的房地产开发经营合同。

委托代建合同是指建房人获得国有土地使用权后委托房地产建设企业代建房屋，并向受托房地产建设企业支付酬金的协议。

合资、合作开发房地产合同是指当事人订立的以提供出让土地使用权、资金作为共同投资，共享利润、共担风险合作开发房地产为基本内容的协议。

项目转让合同是指房地产开发企业将其房地产开发项目转移给他人的合同。

［管辖］有观点认为，依据《民事诉讼法》第 34 条第 1 项的规定，因不动产纠纷提起的诉讼，由不动产所在地人民法院管辖。房地产开发经营合同标的为房地产，属于不动产，应由相关房地产所在地人民法院管辖。这种观

点是不正确的。《民事诉讼法解释》第 28 条第 1、2 款规定：“民事诉讼法第三十四条第一项规定的不动产纠纷是指因不动产的权利确认、分割、相邻关系等引起的物权纠纷。农村土地承包经营合同纠纷、房屋租赁合同纠纷、建设工程施工合同纠纷、政策性房屋买卖合同纠纷，按照不动产纠纷确定管辖。”《民法典》第 114 条第 2 款规定：“物权是权利人依法对特定的物享有直接支配和排他的权利，包括所有权、用益物权和担保物权。”房地产开发经营权不属于不动产物权，因房地产开发经营权引起的纠纷不属于不动产物权纠纷，亦不属于应按照不动产纠纷确定管辖的案件类型，故不适用专属管辖。

根据《民事诉讼法》第 24 条的规定，因合同纠纷提起的诉讼，由被告住所地或者合同履行地人民法院管辖。关于被告住所地，《民事诉讼法》第 22 条第 1 款规定，对公民提起的民事诉讼，由被告住所地人民法院管辖；被告住所地与经常居住地不一致的，由经常居住地人民法院管辖。《民事诉讼法解释》第 3 条规定，公民的住所地是指公民的户籍所在地，法人或者其他组织的住所地是指法人或者其他组织的主要办事机构所在地。法人或者其他组织的主要办事机构所在地不能确定的，法人或者其他组织的注册地或者登记地为住所地。

关于合同履行地，《民事诉讼法解释》第 18 条规定，合同约定履行地点的，以约定的履行地点为合同履行地。合同对履行地点没有约定或者约定不明确，争议标的为给付货币的，接收货币一方所在地为合同履行地；交付不动产的，不动产所在地为合同履行地；其他标的，履行义务一方所在地为合同履行地。即时结清的合同，交易行为地为合同履行地。合同没有实际履行，当事人双方住所地都不在合同约定的履行地的，由被告住所地人民法院管辖。

[**应注意的问题**]《城市房地产管理法》以及《城市房地产开发经营管理条例》中的房地产开发经营是广义的概念，包括了房地产开发经营的所有活动。2008 年《民事案件案由规定》采用了广义的概念，将全部的房地产开发经营活动都规定在同一个第三级案由之下，内容过于庞杂。2011 年《民事案件案由规定》第一次修正时，采用狭义概念，对原房地产开发经营合同纠纷案由进行拆分，将土地使用权合同纠纷，用建设用地使用权合同纠纷、临时用地合同纠纷两个第三级案由进行规范；将房地产经营者与被拆迁人之间的纠纷，用房屋拆迁安置补偿合同纠纷作为第三级案由进行规范；将房地产经营者与消费者之间纠纷，用房屋买卖合同纠纷作为第三级案由进行规范；而对房地产经营者之间就房地产项目转让、合作等活动形成的纠纷用本案由进行规范。2020 年《民事案件案由规定》第二次修正，将房屋拆迁安置补偿合同纠纷变更为民事主体间房屋拆迁补偿合同纠纷，保留了 2011 年《民事案件

案由规定》的其他做法。

请求权基础规范指引

《最高人民法院关于审理涉及国有土地使用权合同纠纷案件适用法律问题的解释》（2020年12月23日修正）

第十二条　本解释所称的合作开发房地产合同，是指当事人订立的以提供出让土地使用权、资金等作为共同投资，共享利润、共担风险合作开发房地产为基本内容的合同。

第十三条　合作开发房地产合同的当事人一方具备房地产开发经营资质的，应当认定合同有效。

当事人双方均不具备房地产开发经营资质的，应当认定合同无效。但起诉前当事人一方已经取得房地产开发经营资质或者已依法合作成立具有房地产开发经营资质的房地产开发企业的，应当认定合同有效。

第十四条　投资数额超出合作开发房地产合同的约定，对增加的投资数额的承担比例，当事人协商不成的，按照当事人的违约情况确定；因不可归责于当事人的事由或者当事人的违约情况无法确定的，按照约定的投资比例确定；没有约定投资比例的，按照约定的利润分配比例确定。

第十五条　房屋实际建筑面积少于合作开发房地产合同的约定，对房屋实际建筑面积的分配比例，当事人协商不成的，按照当事人的违约情况确定；因不可归责于当事人的事由或者当事人违约情况无法确定的，按照约定的利润分配比例确定。

第十六条　在下列情形下，合作开发房地产合同的当事人请求分配房地产项目利益的，不予受理；已经受理的，驳回起诉：

（一）依法需经批准的房地产建设项目未经有批准权的人民政府主管部门批准；

（二）房地产建设项目未取得建设工程规划许可证；

（三）擅自变更建设工程规划。

因当事人隐瞒建设工程规划变更的事实所造成的损失，由当事人按照过错承担。

第十八条　当事人违反规划开发建设的房屋，被有批准权的人民政府主管部门认定为违法建筑责令拆除，当事人对损失承担协商不成的，按照当事人过错确定责任；过错无法确定的，按照约定的投资比例确定责任；没有约定投资比例的，按照约定的利润分配比例确定责任。

第十九条　合作开发房地产合同约定仅以投资数额确定利润分配比例，当事人未足额交纳出资的，按照当事人的实际投资比例分配利润。

第二十条　合作开发房地产合同的当事人要求将房屋预售款充抵投资参

与利润分配的，不予支持。

第二十一条 合作开发房地产合同约定提供土地使用权的当事人不承担经营风险，只收取固定利益的，应当认定为土地使用权转让合同。

第二十二条 合作开发房地产合同约定提供资金的当事人不承担经营风险，只分配固定数量房屋的，应当认定为房屋买卖合同。

第二十三条 合作开发房地产合同约定提供资金的当事人不承担经营风险，只收取固定数额货币的，应当认定为借款合同。

第二十四条 合作开发房地产合同约定提供资金的当事人不承担经营风险，只以租赁或者其他形式使用房屋的，应当认定为房屋租赁合同。

91. 房屋买卖合同纠纷

（1）商品房预约合同纠纷
（2）商品房预售合同纠纷
（3）商品房销售合同纠纷
（4）商品房委托代理销售合同纠纷
（5）经济适用房转让合同纠纷
（6）农村房屋买卖合同纠纷

案由适用要点

［**释义**］房屋买卖合同是指出卖人将房屋所有权转移给买受人，买受人支付价款的合同。此处的房屋，包括了商品房、经济适用房、房改房、农村房屋等各类性质的房屋。

商品房预约合同是指房地产开发商与购房者就双方在一定期限内签订商品房买卖合同的协议，一般以“认购书”“订购单”“意向书”等形式表现，且多约定了定金。

商品房预售合同是指房地产开发企业将正在建设中的房屋预先出售给承购人，承购人支付定金或房屋价款的合同。

商品房销售合同是房地产开发企业将已竣工的房屋向社会销售所有权于买受人，买受人支付价款的合同。

商品房委托代理销售合同是指房地产开发企业将开发的商品房委托给中介机构代理销售，并向中介机构支付酬金的合同。

经济适用房转让合同是指经济适用房所有者将经济适用房所有权转让给他人，他人支付价款的合同。

农村房屋买卖合同是指农民将农村自有居住性房屋转让给他人，他人支付价款的合同。

［**管辖**］根据《民事诉讼法》第 24 条的规定，因合同纠纷提起的诉讼，由被告住所地或者合同履行地人民法院管辖。关于被告住所地，《民事诉讼法》第 22 条第 1 款规定，对公民提起的民事诉讼，由被告住所地人民法院管辖；被告住所地与经常居住地不一致的，由经常居住地人民法院管辖。《民事诉讼法解释》第 3 条规定，公民的住所地是指公民的户籍所在地，法人或者其他组织的住所地是指法人或者其他组织的主要办事机构所在地。法人或者其他组织的主要办事机构所在地不能确定的，法人或者其他组织的注册地或者登记地为住所地。

关于合同履行地，《民事诉讼法解释》第 18 条规定，合同约定履行地点的，以约定的履行地点为合同履行地。合同对履行地点没有约定或者约定不明确，争议标的为给付货币的，接收货币一方所在地为合同履行地；交付不动产的，不动产所在地为合同履行地；其他标的，履行义务一方所在地为合同履行地。即时结清的合同，交易行为地为合同履行地。合同没有实际履行，当事人双方住所地都不在合同约定的履行地的，由被告住所地人民法院管辖。依据《民事诉讼法》第 34 条第 1 项的规定，因不动产纠纷提起的诉讼，由不动产所在地人民法院管辖。《民事诉讼法解释》第 28 条规定："民事诉讼法第三十四条第一项规定的不动产纠纷是指因不动产的权利确认、分割、相邻关系等引起的物权纠纷。农村土地承包经营合同纠纷、房屋租赁合同纠纷、建设工程施工合同纠纷、政策性房屋买卖合同纠纷，按照不动产纠纷确定管辖。不动产已登记的，以不动产登记簿记载的所在地为不动产所在地；不动产未登记的，以不动产实际所在地为不动产所在地。"根据上述规定，只有政策性房屋买卖合同纠纷适用专属管辖，其他属于债权纠纷的房屋买卖合同纠纷，适用合同纠纷的管辖规定，不适用专属管辖。

［**应注意的问题**］商品房、经济适用房、"两限房"、房改房以及其他各类房屋的买卖合同纠纷都可适用本案由；而签订商品房预约合同后，未签订正式的房屋买卖合同因此而发生纠纷的，就不适用缔约过失责任纠纷的案由。对于因商品房预约合同发生的纠纷，优先适用第四级案由"商品房预约合同纠纷"，而不适用"预约合同纠纷"。商品房委托代理销售合同属于特殊的委托代理合同，已将其作为独立的第四级案由，不应适用一般的委托合同纠纷的案由。

请求权基础规范指引

《中华人民共和国民法典》（2020 年）

第四百九十五条【预约合同】 当事人约定在将来一定期限内订立合同的认购书、订购书、预订书等，构成预约合同。

当事人一方不履行预约合同约定的订立合同义务的，对方可以请求其承担预约合同的违约责任。

《最高人民法院关于适用〈中华人民共和国民法典〉合同编通则若干问题的解释》（法释〔2023〕13号 2023年12月4日）

第六条 当事人以认购书、订购书、预订书等形式约定在将来一定期限内订立合同，或者为担保在将来一定期限内订立合同交付了定金，能够确定将来所要订立合同的主体、标的等内容的，人民法院应当认定预约合同成立。

当事人通过签订意向书或者备忘录等方式，仅表达交易的意向，未约定在将来一定期限内订立合同，或者虽然有约定但是难以确定将来所要订立合同的主体、标的等内容，一方主张预约合同成立的，人民法院不予支持。

当事人订立的认购书、订购书、预订书等已就合同标的、数量、价款或者报酬等主要内容达成合意，符合本解释第三条第一款规定的合同成立条件，未明确约定在将来一定期限内另行订立合同，或者虽然有约定但是当事人一方已实施履行行为且对方接受的，人民法院应当认定本约合同成立。

第七条 预约合同生效后，当事人一方拒绝订立本约合同或者在磋商订立本约合同时违背诚信原则导致未能订立本约合同的，人民法院应当认定该当事人不履行预约合同约定的义务。

人民法院认定当事人一方在磋商订立本约合同时是否违背诚信原则，应当综合考虑该当事人在磋商时提出的条件是否明显背离预约合同约定的内容以及是否已尽合理努力进行协商等因素。

第八条 预约合同生效后，当事人一方不履行订立本约合同的义务，对方请求其赔偿因此造成的损失的，人民法院依法予以支持。

前款规定的损失赔偿，当事人有约定的，按照约定；没有约定的，人民法院应当综合考虑预约合同在内容上的完备程度以及订立本约合同的条件的成就程度等因素酌定。

《城市房地产开发经营管理条例》（2020年修订）①

第二十三条 房地产开发企业申请办理商品房预售登记，应当提交下列文件：

（一）本条例第二十二条第（一）项至第（三）项规定的证明材料；

（二）营业执照和资质等级证书；

（三）工程施工合同；

---

① 《城市房地产开发经营管理条例》于1998年7月20日中华人民共和国国务院令第248号发布，根据2011年1月8日《国务院关于废止和修改部分行政法规的决定》第一次修订，根据2018年3月19日《国务院关于修改和废止部分行政法规的决定》第二次修订，根据2019年3月24日《国务院关于修改部分行政法规的决定》第三次修订，根据2020年3月27日《国务院关于修改和废止部分行政法规的决定》第四次修订，根据2020年11月29日《国务院关于修改和废止部分行政法规的决定》第五次修订。

（四）预售商品房分层平面图；

（五）商品房预售方案。

第二十六条　房地产开发企业预售商品房时，应当向预购人出示商品房预售许可证明。

房地产开发企业应当自商品房预售合同签订之日起30日内，到商品房所在地的县级以上人民政府房地产开发主管部门和负责土地管理工作的部门备案。

第二十七条　商品房销售，当事人双方应当签订书面合同。合同应当载明商品房的建筑面积和使用面积、价格、交付日期、质量要求、物业管理方式以及双方的违约责任。

第二十八条　房地产开发企业委托中介机构代理销售商品房的，应当向中介机构出具委托书。中介机构销售商品房时，应当向商品房购买人出示商品房的有关证明文件和商品房销售委托书。

第三十一条　商品房交付使用后，购买人认为主体结构质量不合格的，可以向工程质量监督单位申请重新核验。经核验，确属主体结构质量不合格的，购买人有权退房；给购买人造成损失的，房地产开发企业应当依法承担赔偿责任。

第三十二条　预售商品房的购买人应当自商品房交付使用之日起90日内，办理土地使用权变更和房屋所有权登记手续；现售商品房的购买人应当自销售合同签订之日起90日内，办理土地使用权变更和房屋所有权登记手续。房地产开发企业应当协助商品房购买人办理土地使用权变更和房屋所有权登记手续，并提供必要的证明文件。

《最高人民法院关于审理商品房买卖合同纠纷案件适用法律若干问题的解释》（2020年12月23日修正）

第二条　出卖人未取得商品房预售许可证明，与买受人订立的商品房预售合同，应当认定无效，但是在起诉前取得商品房预售许可证明的，可以认定有效。

第三条　商品房的销售广告和宣传资料为要约邀请，但是出卖人就商品房开发规划范围内的房屋及相关设施所作的说明和允诺具体确定，并对商品房买卖合同的订立以及房屋价格的确定有重大影响的，构成要约。该说明和允诺即使未载入商品房买卖合同，亦应当为合同内容，当事人违反的，应当承担违约责任。

第四条　出卖人通过认购、订购、预订等方式向买受人收受定金作为订立商品房买卖合同担保的，如果因当事人一方原因未能订立商品房买卖合同，应当按照法律关于定金的规定处理；因不可归责于当事人双方的事由，导致商品房买卖合同未能订立的，出卖人应当将定金返还买受人。

第五条 商品房的认购、订购、预订等协议具备《商品房销售管理办法》第十六条规定的商品房买卖合同的主要内容，并且出卖人已经按照约定收受购房款的，该协议应当认定为商品房买卖合同。

第六条 当事人以商品房预售合同未按照法律、行政法规规定办理登记备案手续为由，请求确认合同无效的，不予支持。

当事人约定以办理登记备案手续为商品房预售合同生效条件的，从其约定，但当事人一方已经履行主要义务，对方接受的除外。

第七条 买受人以出卖人与第三人恶意串通，另行订立商品房买卖合同并将房屋交付使用，导致其无法取得房屋为由，请求确认出卖人与第三人订立的商品房买卖合同无效的，应予支持。

第八条 对房屋的转移占有，视为房屋的交付使用，但当事人另有约定的除外。

房屋毁损、灭失的风险，在交付使用前由出卖人承担，交付使用后由买受人承担；买受人接到出卖人的书面交房通知，无正当理由拒绝接收的，房屋毁损、灭失的风险自书面交房通知确定的交付使用之日起由买受人承担，但法律另有规定或者当事人另有约定的除外。

第九条 因房屋主体结构质量不合格不能交付使用，或者房屋交付使用后，房屋主体结构质量经核验确属不合格，买受人请求解除合同和赔偿损失的，应予支持。

第十条 因房屋质量问题严重影响正常居住使用，买受人请求解除合同和赔偿损失的，应予支持。

交付使用的房屋存在质量问题，在保修期内，出卖人应当承担修复责任；出卖人拒绝修复或者在合理期限内拖延修复的，买受人可以自行或者委托他人修复。修复费用及修复期间造成的其他损失由出卖人承担。

第十一条 根据民法典第五百六十三条的规定，出卖人迟延交付房屋或者买受人迟延支付购房款，经催告后在三个月的合理期限内仍未履行，解除权人请求解除合同的，应予支持，但当事人另有约定的除外。

法律没有规定或者当事人没有约定，经对方当事人催告后，解除权行使的合理期限为三个月。对方当事人没有催告的，解除权人自知道或者应当知道解除事由之日起一年内行使。逾期不行使的，解除权消灭。

第十四条 由于出卖人的原因，买受人在下列期限届满未能取得不动产权属证书的，除当事人有特殊约定外，出卖人应当承担违约责任：

（一）商品房买卖合同约定的办理不动产登记的期限；

（二）商品房买卖合同的标的物为尚未建成房屋的，自房屋交付使用之日起90日；

（三）商品房买卖合同的标的物为已竣工房屋的，自合同订立之日起90日。

合同没有约定违约金或者损失数额难以确定的，可以按照已付购房款总额，参照中国人民银行规定的金融机构计收逾期贷款利息的标准计算。

第十五条 商品房买卖合同约定或者《城市房地产开发经营管理条例》第三十二条规定的办理不动产登记的期限届满后超过一年，由于出卖人的原因，导致买受人无法办理不动产登记，买受人请求解除合同和赔偿损失的，应予支持。

第十六条 出卖人与包销人订立商品房包销合同，约定出卖人将其开发建设的房屋交由包销人以出卖人的名义销售的，包销期满未销售的房屋，由包销人按照合同约定的包销价格购买，但当事人另有约定的除外。

第十七条 出卖人自行销售已经约定由包销人包销的房屋，包销人请求出卖人赔偿损失的，应予支持，但当事人另有约定的除外。

第十八条 对于买受人因商品房买卖合同与出卖人发生的纠纷，人民法院应当通知包销人参加诉讼；出卖人、包销人和买受人对各自的权利义务有明确约定的，按照约定的内容确定各方的诉讼地位。

第十九条 商品房买卖合同约定，买受人以担保贷款方式付款、因当事人一方原因未能订立商品房担保贷款合同并导致商品房买卖合同不能继续履行的，对方当事人可以请求解除合同和赔偿损失。因不可归责于当事人双方的事由未能订立商品房担保贷款合同并导致商品房买卖合同不能继续履行的，当事人可以请求解除合同，出卖人应当将收受的购房款本金及其利息或者定金返还买受人。

第二十一条 以担保贷款为付款方式的商品房买卖合同的当事人一方请求确认商品房买卖合同无效或者撤销、解除合同的，如果担保权人作为有独立请求权第三人提出诉讼请求，应当与商品房担保贷款合同纠纷合并审理；未提出诉讼请求的，仅处理商品房买卖合同纠纷。担保权人就商品房担保贷款合同纠纷另行起诉的，可以与商品房买卖合同纠纷合并审理。

商品房买卖合同被确认无效或者被撤销、解除后，商品房担保贷款合同也被解除的，出卖人应当将收受的购房贷款和购房款的本金及利息分别返还担保权人和买受人。

92. 民事主体间房屋拆迁补偿合同纠纷

案由适用要点

[释义] 民事主体间房屋拆迁补偿合同纠纷是指作为平等民事主体的拆迁人与被拆迁人就被拆迁房屋的补偿方式和补偿金额、安置用房面积和安置地点、搬迁期限、搬迁过渡方式和过渡期限等事项订立的协议。

[管辖] 之前有观点认为，从“两便”原则出发，民事主体间房屋拆迁补偿合同纠纷应根据《民事诉讼法》第34条第1项规定，由不动产所在地人民法院管辖，即由拆迁房屋所在地人民法院管辖。2015年1月30日公布的《民事诉讼法解释》第28条进一步明确了“不动产纠纷”的范围。《民事诉讼法》第34条第1项规定的不动产纠纷是指因不动产的权利确认、分割、相邻关系等引起的物权纠纷。但是，四类特殊合同纠纷按照不动产纠纷确定管辖，这四类合同纠纷分别为：农村土地承包经营合同纠纷、房屋租赁合同纠纷、建设工程施工合同纠纷、政策性房屋买卖合同纠纷。这四类合同纠纷并未包括房屋拆迁补偿合同纠纷，因此不能适用不动产专属管辖，而应适用《民事诉讼法》第24条的规定，由被告住所地或合同履行地法院管辖；对于有管辖协议的，优先按照协议确定管辖。

[应注意的问题] 根据《国有土地上房屋征收与补偿条例》规定，征收国有土地上的房屋可以采取订立补偿协议的方式。房屋征收部门与被征收人依照条例的规定，就补偿方式、补偿金额和支付期限、用于产权调换房屋的地点和面积、搬迁费、临时安置费或者周转用房、停产停业损失、搬迁期限、过渡方式和期限等事项，订立补偿协议。国有土地上房屋的征收征用补偿协议属于行政协议，由此引发的纠纷，属于行政诉讼的受案范围，不属于民事诉讼受案范围。对于实践中大量存在的平等民事主体之间因拆迁补偿合同引发的纠纷，因无法纳入行政诉讼受案范围，可作为民事案件受理，适用本案由。

请求权基础规范指引

《中华人民共和国民法典》（2020年）

第四百六十三条【合同编的调整范围】 本编调整因合同产生的民事关系。

第四百六十四条【合同的定义和身份关系协议的法律适用】 合同是民事主体之间设立、变更、终止民事法律关系的协议。

婚姻、收养、监护等有关身份关系的协议，适用有关该身份关系的法律规定；没有规定的，可以根据其性质参照适用本编规定。

第四百六十五条【依法成立的合同效力】 依法成立的合同，受法律保护。

依法成立的合同，仅对当事人具有法律约束力，但是法律另有规定的除外。

第四百六十八条【非因合同产生的债权债务关系的法律适用】 非因合同产生的债权债务关系，适用有关该债权债务关系的法律规定；没有规定的，适用本编通则的有关规定，但是根据其性质不能适用的除外。

第四百九十七条【格式条款无效的情形】 有下列情形之一的，该格式条款无效：

（一）具有本法第一编第六章第三节和本法第五百零六条规定的无效情形；

（二）提供格式条款一方不合理地免除或者减轻其责任、加重对方责任、限制对方主要权利；

（三）提供格式条款一方排除对方主要权利。

《中华人民共和国土地管理法》（2019 年修正）

第四十八条 征收土地应当给予公平、合理的补偿，保障被征地农民原有生活水平不降低、长远生计有保障。

征收土地应当依法及时足额支付土地补偿费、安置补助费以及农村村民住宅、其他地上附着物和青苗等的补偿费用，并安排被征地农民的社会保障费用。

征收农用地的土地补偿费、安置补助费标准由省、自治区、直辖市通过制定公布区片综合地价确定。制定区片综合地价应当综合考虑土地原用途、土地资源条件、土地产值、土地区位、土地供求关系、人口以及经济社会发展水平等因素，并至少每三年调整或者重新公布一次。

征收农用地以外的其他土地、地上附着物和青苗等的补偿标准，由省、自治区、直辖市制定。对其中的农村村民住宅，应当按照先补偿后搬迁、居住条件有改善的原则，尊重农村村民意愿，采取重新安排宅基地建房、提供安置房或者货币补偿等方式给予公平、合理的补偿，并对因征收造成的搬迁、临时安置等费用予以补偿，保障农村村民居住的权利和合法的住房财产权益。

县级以上地方人民政府应当将被征地农民纳入相应的养老等社会保障体系。被征地农民的社会保障费用主要用于符合条件的被征地农民的养老保险等社会保险缴费补贴。被征地农民社会保障费用的筹集、管理和使用办法，由省、自治区、直辖市制定。

《国有土地上房屋征收与补偿条例》（2011年）

第十七条 作出房屋征收决定的市、县级人民政府对被征收人给予的补偿包括：

（一）被征收房屋价值的补偿；

（二）因征收房屋造成的搬迁、临时安置的补偿；

（三）因征收房屋造成的停产停业损失的补偿。

市、县级人民政府应当制定补助和奖励办法，对被征收人给予补助和奖励。

第十九条 对被征收房屋价值的补偿，不得低于房屋征收决定公告之日被征收房屋类似房地产的市场价格。被征收房屋的价值，由具有相应资质的房地产价格评估机构按照房屋征收评估办法评估确定。

对评估确定的被征收房屋价值有异议的，可以向房地产价格评估机构申请复核评估。对复核结果有异议的，可以向房地产价格评估专家委员会申请鉴定。

房屋征收评估办法由国务院住房城乡建设主管部门制定，制定过程中，应当向社会公开征求意见。

第二十条 房地产价格评估机构由被征收人协商选定；协商不成的，通过多数决定、随机选定等方式确定，具体办法由省、自治区、直辖市制定。

房地产价格评估机构应当独立、客观、公正地开展房屋征收评估工作，任何单位和个人不得干预。

第二十一条 被征收人可以选择货币补偿，也可以选择房屋产权调换。

被征收人选择房屋产权调换的，市、县级人民政府应当提供用于产权调换的房屋，并与被征收人计算、结清被征收房屋价值与用于产权调换房屋价值的差价。

因旧城区改建征收个人住宅，被征收人选择在改建地段进行房屋产权调换的，作出房屋征收决定的市、县级人民政府应当提供改建地段或者就近地段的房屋。

第二十五条 房屋征收部门与被征收人依照本条例的规定，就补偿方式、补偿金额和支付期限、用于产权调换房屋的地点和面积、搬迁费、临时安置费或者周转用房、停产停业损失、搬迁期限、过渡方式和过渡期限等事项，订立补偿协议。

补偿协议订立后，一方当事人不履行补偿协议约定的义务的，另一方当事人可以依法提起诉讼。

93. 供用电合同纠纷

案由适用要点

[**释义**] 供用电合同是指供电人向用电人供电，用电人支付电费的合同。

[**管辖**] 供用电合同纠纷应根据《民事诉讼法》第24条的规定，由被告住所地或者合同履行地人民法院管辖。关于被告住所地，《民事诉讼法》第22条第1款规定，对公民提起的民事诉讼，由被告住所地人民法院管辖；被告住所地与经常居住地不一致的，由经常居住地人民法院管辖。《民事诉讼法解释》第3条规定，公民的住所地是指公民的户籍所在地，法人或者其他组织的住所地是指法人或者其他组织的主要办事机构所在地。法人或者其他组织的主要办事机构所在地不能确定的，法人或者其他组织的注册地或者登记地为住所地。

关于合同履行地，《民法典》第511条第3项规定，当事人就有关合同内容约定不明确，依据前条规定仍不能确定的，适用下列规定：履行地点不明确，给付货币的，在接受货币一方所在地履行；交付不动产的，在不动产所在地履行；其他标的，在履行义务一方所在地履行。该条规定与《民事诉讼法解释》第18条规定一致。按照《民法典》第511条和《民事诉讼法解释》第18条规定，如果供用电合同双方就履行地没有约定或约定不明，且未能达成补充协议的，则应当以履行义务一方（也即供电企业）所在地为履行地。

但是，根据《民法典》第650条的规定，供用电合同的履行地点，按照当事人约定；当事人没有约定或者约定不明确的，供电设施的产权分界处为履行地点。这是考虑到供用电合同标的物的独特属性所作的特殊规定，根据本条规定，在供用电双方就合同履行地点没有约定或约定不明，且未能达成补充协议的，以供电设施的产权分界处为合同履行地点。

[**应注意的问题**] 供用电、供用水、供用气、供用热力合同具有共性，如都有公用性、公益性、继续性等特点，《民法典》合同编第10章也将它们统称为供用电、水、气、热力合同，但它们毕竟都是独立的合同类型，将统称的合同分开列明，可以避免统称对确定案由带来的困扰。

请求权基础规范指引

《中华人民共和国民法典》（2020年）

第六百四十九条【供用电合同内容】 供用电合同的内容一般包括供电的方式、质量、时间，用电容量、地址、性质，计量方式，电价、电费的结算方式，供用电设施的维护责任等条款。

第六百五十条【供用电合同履行地】 供用电合同的履行地点，按照当事人约定；当事人没有约定或者约定不明确的，供电设施的产权分界处为履行地点。

第六百五十一条【供电人的安全供电义务】 供电人应当按照国家规定的供电质量标准和约定安全供电。供电人未按照国家规定的供电质量标准和约定安全供电，造成用电人损失的，应当承担赔偿责任。

第六百五十二条【供电人中断供电时的通知义务】 供电人因供电设施计划检修、临时检修、依法限电或者用电人违法用电等原因，需要中断供电时，应当按照国家有关规定事先通知用电人；未事先通知用电人中断供电，造成用电人损失的，应当承担赔偿责任。

第六百五十三条【供电人的抢修义务】 因自然灾害等原因断电，供电人应当按照国家有关规定及时抢修；未及时抢修，造成用电人损失的，应当承担赔偿责任。

第六百五十四条【用电人的交付电费义务】 用电人应当按照国家有关规定和当事人的约定及时支付电费。用电人逾期不支付电费的，应当按照约定支付违约金。经催告用电人在合理期限内仍不支付电费和违约金的，供电人可以按照国家规定的程序中止供电。

供电人依据前款规定中止供电的，应当事先通知用电人。

第六百五十五条【用电人的安全用电义务】 用电人应当按照国家有关规定和当事人的约定安全、节约和计划用电。用电人未按照国家有关规定和当事人的约定用电，造成供电人损失的，应当承担赔偿责任。

《中华人民共和国电力法》（2018 年修正）

第二十六条 供电营业区内的供电营业机构，对本营业区内的用户有按照国家规定供电的义务；不得违反国家规定对其营业区内申请用电的单位和个人拒绝供电。

申请新装用电、临时用电、增加用电容量、变更用电和终止用电，应当依照规定的程序办理手续。

供电企业应当在其营业场所公告用电的程序、制度和收费标准，并提供用户须知资料。

第二十七条 电力供应与使用双方应当根据平等自愿、协商一致的原则，按照国务院制定的电力供应与使用办法签订供用电合同，确定双方的权利和义务。

第二十八条 供电企业应当保证供给用户的供电质量符合国家标准。对公用供电设施引起的供电质量问题，应当及时处理。

用户对供电质量有特殊要求的，供电企业应当根据其必要性和电网的可能，提供相应的电力。

《电力供应与使用条例》（2019 年修订）

第三十二条　供电企业和用户应当在供电前根据用户需要和供电企业的供电能力签订供用电合同。

第三十三条　供用电合同应当具备以下条款：

（一）供电方式、供电质量和供电时间；

（二）用电容量和用电地址、用电性质；

（三）计量方式和电价、电费结算方式；

（四）供用电设施维护责任的划分；

（五）合同的有效期限；

（六）违约责任；

（七）双方共同认为应当约定的其他条款。

第三十四条　供电企业应当按照合同约定的数量、质量、时间、方式，合理调度和安全供电。

用户应当按照合同约定的数量、条件用电，交付电费和国家规定的其他费用。

第三十五条　供用电合同的变更或者解除，应当依照有关法律、行政法规和本条例的规定办理。

94. 供用水合同纠纷

案由适用要点

［释义］ 供用水合同是指供水人向用水人提供自来水，用水人支付水费的合同。

［管辖］ 供用水合同纠纷应根据《民事诉讼法》第 24 条的规定，由被告住所地或者合同履行地人民法院管辖。关于被告住所地，《民事诉讼法》第 22 条第 1 款规定，对公民提起的民事诉讼，由被告住所地人民法院管辖；被告住所地与经常居住地不一致的，由经常居住地人民法院管辖。《民事诉讼法解释》第 3 条规定，公民的住所地是指公民的户籍所在地，法人或者其他组织的住所地是指法人或者其他组织的主要办事机构所在地。法人或者其他组织的主要办事机构所在地不能确定的，法人或者其他组织的注册地或者登记地为住所地。

关于合同履行地，《民法典》第 511 条第 3 项规定，当事人就有关合同内容约定不明确，依据前条规定仍不能确定的，适用下列规定：履行地点不明确，给付货币的，在接受货币一方所在地履行；交付不动产的，在不动产所在地履行；其他标的，在履行义务一方所在地履行。该条规定与《民事诉讼法解释》第 18 条规定一致。按照《民法典》第 511 条和《民事诉讼法解释》第 18 条规定，如果供用水合同双方就履行地没有约定或约定不明，且未能达成补充协议的，则应当以履行义务一方（也即供水企业）所在地为履行地。

但是，根据《民法典》第 650 条的规定，供用电合同的履行地点，按照当事人约定；当事人没有约定或者约定不明确的，供电设施的产权分界处为履行地点。《民法典》第 656 条规定，供用水、供用气、供用热力合同，参照适用供用电合同的有关规定。这是考虑到供用水合同标的物的独特属性所作的特殊规定，根据上述规定，在供用水双方就合同履行地点没有约定或约定不明，且未能达成补充协议的，以供水设施的产权分界处为合同履行地点。

［**应注意的问题**］随着生活水平的不断提升，市民对饮用水的质量要求越来越高，提供桶装水、通过小型净化设备提供净化水的情形也越来越多，相关纠纷也会相应进入诉讼中。对此应注意，这类提供净化水、饮用水合同与自来水供应合同的权利义务存在较大差异，就不宜按供用水合同纠纷确定案由，而应将案由确定为买卖合同纠纷。

请求权基础规范指引

《中华人民共和国民法典》（2020 年）

第六百四十八条【供用电合同定义及强制缔约义务】 供用电合同是供电人向用电人供电，用电人支付电费的合同。

向社会公众供电的供电人，不得拒绝用电人合理的订立合同要求。

第六百四十九条【供用电合同内容】 供用电合同的内容一般包括供电的方式、质量、时间，用电容量、地址、性质，计量方式，电价、电费的结算方式，供用电设施的维护责任等条款。

第六百五十条【供用电合同履行地】 供用电合同的履行地点，按照当事人约定；当事人没有约定或者约定不明确的，供电设施的产权分界处为履行地点。

第六百五十一条【供电人的安全供电义务】 供电人应当按照国家规定的供电质量标准和约定安全供电。供电人未按照国家规定的供电质量标准和约定安全供电，造成用电人损失的，应当承担赔偿责任。

第六百五十二条【供电人中断供电时的通知义务】 供电人因供电设施计划检修、临时检修、依法限电或者用电人违法用电等原因，需要中断供电时，应当按照国家有关规定事先通知用电人；未事先通知用电人中断供电，造成用电人损失的，应当承担赔偿责任。

第六百五十三条【供电人的抢修义务】 因自然灾害等原因断电，供电人应当按照国家有关规定及时抢修；未及时抢修，造成用电人损失的，应当承担赔偿责任。

第六百五十四条【用电人的交付电费义务】 用电人应当按照国家有关规定和当事人的约定及时支付电费。用电人逾期不支付电费的，应当按照约定支付违约金。经催告用电人在合理期限内仍不支付电费和违约金的，供电人可以按照国家规定的程序中止供电。

供电人依据前款规定中止供电的，应当事先通知用电人。

第六百五十五条【用电人的安全用电义务】 用电人应当按照国家有关规定和当事人的约定安全、节约和计划用电。用电人未按照国家有关规定和当事人的约定用电，造成供电人损失的，应当承担赔偿责任。

第六百五十六条【供用水、供用气、供用热力合同的参照适用】 供用水、供用气、供用热力合同，参照适用供用电合同的有关规定。

《城市供水条例》（2020 年修订）

第十九条 城市自来水供水企业和自建设施对外供水的企业，经工商行政管理机关登记注册后，方可从事经营活动。

第二十二条 城市自来水供水企业和自建设施对外供水的企业应当保持不间断供水。由于工程施工、设备维修等原因确需停止供水的，应当经城市供水行政主管部门批准并提前 24 小时通知用水单位和个人；因发生灾害或者紧急事故，不能提前通知的，应当在抢修的同时通知用水单位和个人，尽快恢复正常供水，并报告城市供水行政主管部门。

第二十四条 用水单位和个人应当按照规定的计量标准和水价标准按时缴纳水费。

95. 供用气合同纠纷

案由适用要点

［**释义**］供用气合同是指供气人向用气人提供煤气（天然气），用气人支付燃气费的合同。

［**管辖**］供用气合同纠纷应根据《民事诉讼法》第 24 条的规定，由被告住所地或者合同履行地人民法院管辖。关于被告住所地，《民事诉讼法》第 22 条第 1 款规定，对公民提起的民事诉讼，由被告住所地人民法院管辖；被告住所地与经常居住地不一致的，由经常居住地人民法院管辖。《民事诉讼法解释》第 3 条规定，公民的住所地是指公民的户籍所在地，法人或者其他组织的住所地是指法人或者其他组织的主要办事机构所在地。法人或者其他组织的主要办事机构所在地不能确定的，法人或者其他组织的注册地或者登记地为住所地。

关于合同履行地，《民法典》第 511 条第 3 项规定，当事人就有关合同内容约定不明确，依据前条规定仍不能确定的，适用下列规定：履行地点不明确，给付货币的，在接受货币一方所在地履行；交付不动产的，在不动产所在地履行；其他标的，在履行义务一方所在地履行。该条规定与《民事诉讼法解释》第 18 条规定一致。按照《民法典》第 511 条和《民事诉讼法解释》第 18 条规定，如果供用气合同双方就履行地没有约定或约定不明，且未能达成补充协议的，则应当以履行义务一方（也即供气企业）所在地为履行地。

但是，根据《民法典》第 650 条的规定，供用电合同的履行地点，按照当事人约定；当事人没有约定或者约定不明确的，供电设施的产权分界处为履行地点。《民法典》第 656 条规定，供用水、供用气、供用热力合同，参照适用供用电合同的有关规定。这是考虑到供用气合同标的物的独特属性所作的特殊规定，根据上述规定，在供用气双方就合同履行地点没有约定或约定不明，且未能达成补充协议的，以供气设施的产权分界处为合同履行地点。

[**应注意的问题**] 需要注意的是，只有供气人通过管道将煤气（天然气）直接输送至用气人用气处，因此而发生的纠纷才适用本案由，因出售罐装液化气、加气站给汽车加天然气而发生的纠纷，只能将案由确定为买卖合同纠纷。

请求权基础规范指引

《中华人民共和国民法典》（2020 年）

第六百四十八条【供用电合同定义及强制缔约义务】 供用电合同是供电人向用电人供电，用电人支付电费的合同。

向社会公众供电的供电人，不得拒绝用电人合理的订立合同要求。

第六百四十九条【供用电合同内容】 供用电合同的内容一般包括供电的方式、质量、时间，用电容量、地址、性质，计量方式，电价、电费的结算方式，供用电设施的维护责任等条款。

第六百五十条【供用电合同履行地】 供用电合同的履行地点，按照当事人约定；当事人没有约定或者约定不明确的，供电设施的产权分界处为履行地点。

第六百五十一条【供电人的安全供电义务】 供电人应当按照国家规定的供电质量标准和约定安全供电。供电人未按照国家规定的供电质量标准和约定安全供电，造成用电人损失的，应当承担赔偿责任。

第六百五十二条【供电人中断供电时的通知义务】 供电人因供电设施计划检修、临时检修、依法限电或者用电人违法用电等原因，需要中断供电时，应当按照国家有关规定事先通知用电人；未事先通知用电人中断供电，造成用电人损失的，应当承担赔偿责任。

第六百五十三条【供电人的抢修义务】 因自然灾害等原因断电，供电人应当按照国家有关规定及时抢修；未及时抢修，造成用电人损失的，应当承担赔偿责任。

第六百五十四条【用电人的交付电费义务】 用电人应当按照国家有关规定和当事人的约定及时支付电费。用电人逾期不支付电费的，应当按照约定支付违约金。经催告用电人在合理期限内仍不支付电费和违约金的，供电人可以按照国家规定的程序中止供电。

供电人依据前款规定中止供电的，应当事先通知用电人。

第六百五十五条【用电人的安全用电义务】 用电人应当按照国家有关规定和当事人的约定安全、节约和计划用电。用电人未按照国家有关规定和当事人的约定用电，造成供电人损失的，应当承担赔偿责任。

第六百五十六条【供用水、供用气、供用热力合同的参照适用】 供用水、供用气、供用热力合同，参照适用供用电合同的有关规定。

《城镇燃气管理条例》（2016 年修订）

第十五条 国家对燃气经营实行许可证制度。从事燃气经营活动的企业，应当具备下列条件：

（一）符合燃气发展规划要求；

（二）有符合国家标准的燃气气源和燃气设施；

（三）有固定的经营场所、完善的安全管理制度和健全的经营方案；

（四）企业的主要负责人、安全生产管理人员以及运行、维护和抢修人员经专业培训并考核合格；

（五）法律、法规规定的其他条件。

符合前款规定条件的，由县级以上地方人民政府燃气管理部门核发燃气经营许可证。

第十七条 燃气经营者应当向燃气用户持续、稳定、安全供应符合国家质量标准的燃气，指导燃气用户安全用气、节约用气，并对燃气设施定期进行安全检查。

燃气经营者应当公示业务流程、服务承诺、收费标准和服务热线等信息，并按照国家燃气服务标准提供服务。

第十八条 燃气经营者不得有下列行为：

（一）拒绝向市政燃气管网覆盖范围内符合用气条件的单位或者个人供气；

（二）倒卖、抵押、出租、出借、转让、涂改燃气经营许可证；

（三）未履行必要告知义务擅自停止供气、调整供气量，或者未经审批擅自停业或者歇业；

（四）向未取得燃气经营许可证的单位或者个人提供用于经营的燃气；

（五）在不具备安全条件的场所储存燃气；

（六）要求燃气用户购买其指定的产品或者接受其提供的服务；

（七）擅自为非自有气瓶充装燃气；

（八）销售未经许可的充装单位充装的瓶装燃气或者销售充装单位擅自为非自有气瓶充装的瓶装燃气；

（九）冒用其他企业名称或者标识从事燃气经营、服务活动。

96. 供用热力合同纠纷

案由适用要点

［**释义**］供用热力合同是指供暖单位向热力用户提供热力，热力用户支付暖气费的合同。

［**管辖**］供用热力合同纠纷应根据《民事诉讼法》第 24 条的规定，由被告住所地或者合同履行地人民法院管辖。关于被告住所地，《民事诉讼法》第 22 条第 1 款规定，对公民提起的民事诉讼，由被告住所地人民法院管辖；被告住所地与经常居住地不一致的，由经常居住地人民法院管辖。《民事诉讼法解释》第 3 条规定，公民的住所地是指公民的户籍所在地，法人或者其他组织的住所地是指法人或者其他组织的主要办事机构所在地。法人或者其他组织的主要办事机构所在地不能确定的，法人或者其他组织的注册地或者登记地为住所地。

关于合同履行地，《民法典》第 511 条第 3 项规定，当事人就有关合同内容约定不明确，依据前条规定仍不能确定的，适用下列规定：履行地点不明确，给付货币的，在接受货币一方所在地履行；交付不动产的，在不动产所在地履行；其他标的，在履行义务一方所在地履行。该条规定与《民事诉讼法解释》第 18 条规定一致。按照《民法典》第 511 条和《民事诉讼法解释》第 18 条规定，如果供用热力合同双方就履行地没有约定或约定不明，且未能达成补充协议的，则应当以履行义务一方（也即供热企业）所在地为履行地。

但是，根据《民法典》第 650 条的规定，供用电合同的履行地点，按照当事人约定；当事人没有约定或者约定不明确的，供电设施的产权分界处为履行地点。《民法典》第 656 条规定，供用水、供用气、供用热力合同，参照适用供用电合同的有关规定。这是考虑到供用热力合同标的物的独特属性所作的特殊规定，根据上述规定，在供用热力双方就合同履行地点没有约定或约定不明，且未能达成补充协议的，以供热设施的产权分界处为合同履行地点。

[应注意的问题] 随着城市化的发展以及供热方式的不断改革，市政统一供热的模式逐渐被打破，供热主体逐渐多元化，但这都不影响发生纠纷诉至法院时，按供用热力合同纠纷确定案由。

请求权基础规范指引

《中华人民共和国民法典》（2020年）

第六百四十八条【供用电合同定义及强制缔约义务】 供用电合同是供电人向用电人供电，用电人支付电费的合同。

向社会公众供电的供电人，不得拒绝用电人合理的订立合同要求。

第六百四十九条【供用电合同内容】 供用电合同的内容一般包括供电的方式、质量、时间，用电容量、地址、性质，计量方式，电价、电费的结算方式，供用电设施的维护责任等条款。

第六百五十条【供用电合同履行地】 供用电合同的履行地点，按照当事人约定；当事人没有约定或者约定不明确的，供电设施的产权分界处为履行地点。

第六百五十一条【供电人的安全供电义务】 供电人应当按照国家规定的供电质量标准和约定安全供电。供电人未按照国家规定的供电质量标准和约定安全供电，造成用电人损失的，应当承担赔偿责任。

第六百五十二条【供电人中断供电时的通知义务】 供电人因供电设施计划检修、临时检修、依法限电或者用电人违法用电等原因，需要中断供电时，应当按照国家有关规定事先通知用电人；未事先通知用电人中断供电，造成用电人损失的，应当承担赔偿责任。

第六百五十三条【供电人的抢修义务】 因自然灾害等原因断电，供电人应当按照国家有关规定及时抢修；未及时抢修，造成用电人损失的，应当承担赔偿责任。

第六百五十四条【用电人的交付电费义务】 用电人应当按照国家有关规定和当事人的约定及时支付电费。用电人逾期不支付电费的，应当按照约定支付违约金。经催告用电人在合理期限内仍不支付电费和违约金的，供电人可以按照国家规定的程序中止供电。

供电人依据前款规定中止供电的，应当事先通知用电人。

第六百五十五条【用电人的安全用电义务】 用电人应当按照国家有关规定和当事人的约定安全、节约和计划用电。用电人未按照国家有关规定和当事人的约定用电，造成供电人损失的，应当承担赔偿责任。

第六百五十六条【供用水、供用气、供用热力合同的参照适用】 供用水、供用气、供用热力合同，参照适用供用电合同的有关规定。

97. 排污权交易纠纷

案由适用要点

［**释义**］排污权交易，是指在一定的区域内，在满足区域主要污染物排放总量控制和生态环境质量要求的前提下，排污单位之间或排污单位与排污权交易管理机构之间，在指定交易平台上对依法取得的主要污染物年度许可排放量进行公开买卖相互调剂排污量的行为。通过交易获得主要污染物排污权的排污单位，不免除生态环境保护的其他法定义务。实践中开展较多的是大气污染物排污权交易、水污染物排污权交易。

在二级市场上发生的纠纷即本案由所规范的排污权交易纠纷。

［**管辖**］排污权交易纠纷适用《民事诉讼法》第 24 条的规定，由被告住所地或者合同履行地人民法院管辖；对于有管辖协议的，适用《民事诉讼法》第 35 条规定，优先按照协议确定管辖。因区域内实行环境资源案件跨行政区划集中管辖的，根据集中管辖的环境资源案件范围确定是否由集中管辖地人民法院管辖。

［**应注意的问题**］1. 本案由所规定的排污权交易，如果发生在排污单位与排污权交易管理机构之间，则仅指排污权交易管理机构的回购，不包括排污权指标的出让。

2. 有的地方规范性文件将排污权租赁行为视作排污单位之间进行排污权交易的特殊形式纳入管理范围。排污权租赁是指承租方向出租方临时租赁排污指标，并向其支付一定费用的行为。因排污权租赁签订、履行合同产生纠纷的，案由可确定为租赁合同纠纷。

3. 在排污权交易过程中，两个排污单位未按有关法律法规等规定在排污权交易机构进行交易的，或者转让方不履行相应的批准程序或者超越权限、擅自转让排污权的，或者转让方或受让方相互串通等情形的，环境保护行政主管部门可能会依法提起确认无效之诉。因两个排污单位之间的排污权交易合同并非行政协议，即并非行政机关为了实现行政管理或者公共服务目标，与自然人、法人或者非法人组织协商订立的具有行政法上权利义务内容的协议，故此类案件并非行政协议之诉。

请求权基础规范指引

《排污权出让收入管理暂行办法》（2015 年）

第二条　经财政部、环境保护部、国家发展改革委确认及有关省、自治区、直辖市自行确定开展排污权有偿使用和交易试点地区（以下简称试点地区）的排污权出让收入征收、使用和管理，适用本办法。

第四条　本办法所称排污权，是指排污单位按照国家或者地方规定的污染物排放标准，以及污染物排放总量控制要求，经核定允许其在一定期限内排放污染物的种类和数量。

排污权由试点地区县级以上地方环境保护主管部门（以下简称地方环境保护部门）按照污染源管理权限核定，并以排污许可证形式予以确认。

第五条　本办法所称排污权出让收入，是指政府以有偿出让方式配置排污权取得的收入，包括采取定额出让方式出让排污权收取的排污权使用费和通过公开拍卖等方式出让排污权取得的收入。

第七条　排污权出让收入属于政府非税收入，全额上缴地方国库，纳入地方财政预算管理。

第八条　排污权出让收入的征收、使用和管理应当接受财政、价格、审计部门和上级环境保护部门的监督检查。

98. 用能权交易纠纷

案由适用要点

[**释义**] 用能权是指用能单位经国家初始分配或二级市场交易获得的、以单位时间内（通常为一年）用能权指标为主要内容的复合性财产权利。用能权交易，指的是在地区能源消费总量控制的背景下，用能权交易主体之间出售、购买用能权指标的行为。

[**管辖**] 用能权交易纠纷适用《民事诉讼法》第24条的规定，由被告住所地或者合同履行地人民法院管辖；对于有协议管辖的，适用《民事诉讼法》第35条规定，优先按照协议确定管辖。因区域内实行环境资源案件跨行政区划集中管辖的，根据集中管辖的环境资源案件范围确定是否由集中管辖地人民法院管辖。

[**应注意的问题**] 与“97. 排污权交易纠纷”下［应注意的问题］类似。

请求权基础规范指引

《中华人民共和国环境保护法》（2014年修订）

第四十条　国家促进清洁生产和资源循环利用。

国务院有关部门和地方各级人民政府应当采取措施，推广清洁能源的生产和使用。

企业应当优先使用清洁能源，采用资源利用率高、污染物排放量少的工艺、设备以及废弃物综合利用技术和污染物无害化处理技术，减少污染物的产生。

第四十二条 排放污染物的企业事业单位和其他生产经营者，应当采取措施，防治在生产建设或者其他活动中产生的废气、废水、废渣、医疗废物、粉尘、恶臭气体、放射性物质以及噪声、振动、光辐射、电磁辐射等对环境的污染和危害。

排放污染物的企业事业单位，应当建立环境保护责任制度，明确单位负责人和相关人员的责任。

重点排污单位应当按照国家有关规定和监测规范安装使用监测设备，保证监测设备正常运行，保存原始监测记录。

严禁通过暗管、渗井、渗坑、灌注或者篡改、伪造监测数据，或者不正常运行防治污染设施等逃避监管的方式违法排放污染物。

第四十三条 排放污染物的企业事业单位和其他生产经营者，应当按照国家有关规定缴纳排污费。排污费应当全部专项用于环境污染防治，任何单位和个人不得截留、挤占或者挪作他用。

依照法律规定征收环境保护税的，不再征收排污费。

第四十四条 国家实行重点污染物排放总量控制制度。重点污染物排放总量控制指标由国务院下达，省、自治区、直辖市人民政府分解落实。企业事业单位在执行国家和地方污染物排放标准的同时，应当遵守分解落实到本单位的重点污染物排放总量控制指标。

对超过国家重点污染物排放总量控制指标或者未完成国家确定的环境质量目标的地区，省级以上人民政府环境保护主管部门应当暂停审批其新增重点污染物排放总量的建设项目环境影响评价文件。

第四十五条 国家依照法律规定实行排污许可管理制度。

实行排污许可管理的企业事业单位和其他生产经营者应当按照排污许可证的要求排放污染物；未取得排污许可证的，不得排放污染物。

第四十六条 国家对严重污染环境的工艺、设备和产品实行淘汰制度。任何单位和个人不得生产、销售或者转移、使用严重污染环境的工艺、设备和产品。

禁止引进不符合我国环境保护规定的技术、设备、材料和产品。

《国家发展改革委关于开展用能权有偿使用和交易试点工作的函》（2016 年）

（六）科学合理确定用能权指标。试点地区要根据国家下达的能源消费总量控制目标，结合本地区经济社会发展水平和阶段、产业结构和布局、节能潜力和资源禀赋等因素，合理确定各地市能源消费总量控制目标。在能源消费总量控制目标的“天花板”下，合理确定用能单位初始用能权。制定科学的初始用能权确权方法，区分产能过剩行业和其他行业、高耗能行业和非高耗能行业、重点用能单位和非重点用能单位、现有产能和新增产能，实施分类指导。产能严重过剩行业、高耗能行业可采用基准法，即结合近几年产量、行业能效“领跑者”水平以及化解过剩产能目标任务，确定初始用能权；其他用能单位可采取历史法，即近几年综合能源消费量平均值确定初始用能权；结合节能评估审查制度，从严确定新增产能的初始用能权。鼓励可再生能源生产和使用，用能单位自产自用可再生能源不计入其综合能源消费量。规范初始用能权确权行为，做到公平、公开、透明、有序，减少自由裁量权，建立争端解决机制。

（七）推进用能权有偿使用。用能权有偿使用的主体为试点地区用能单位特别是重点用能单位。设计用能权有偿使用制度应兼顾公平和效益，平衡现有产能和新增产能的利益，既有利于鼓励先进，推进结构调整，推动能源要素高效配置，又不大幅增加现有企业负担。配额内的用能权以免费为主，超限额用能有偿使用。用能权有偿使用的收入应专款专用，主要用于本地区节能减排的投入以及相关工作。

（八）建立能源消费报告、审核和核查制度。试点地区要制定发布能源消费报告、审核、核查指南、标准等技术规范，明确能源消费统计、计量、计算的范围、方法、流程和操作规范，确保能源消费数据的准确性和可追溯、可核查。制定审核机构管理办法，公告机构名单，规范机构行为，建立用能单位能源消费数据平台。用能单位年综合能源消费量通过自我报告、第三方审核、政府抽查（核查）等方式予以确认。用能单位、审核机构对出具的能源消费报告、第三方审核报告的准确性和真实性负责。

（九）明确交易要素。交易主体一般为试点地区用能单位，也可以选择其他能源消耗总量和强度“双控”目标责任主体作为交易主体。交易主体可以将所持有的用能权指标在交易市场中进行交易。交易标的为用能权指标，以吨标准煤为单位。用能权指标每年清算一次，卖出的用能权从当年或上一年度用能权指标中扣除，但不影响下一年度的用能权指标；买入的用能权计入当年或上一年度用能权指标，但不计入下一年度；剩余的用能权指标不计入下一年度。

（十）完善交易系统。交易实施登记注册制，交易主体需在交易所开设交易账户。不断完善交易活动所需的登记、交易和结算系统和软硬件设施，确保交易活动安全、可靠、便捷。研究推动用能权交易平台与统一的公共资源交易平台有效对接。

（十一）构建公平有序的市场环境。试点地区要制定用能权交易管理办法，明确交易规则及流程等，完善交易争议解决机制。建立公平、公开、透明的市场环境，及时发布用能权供需信息，建立预测预警机制。完善价格形成机制，用能权初始交易价格由试点地区确定，伴随市场发展，逐步过渡到由交易方集合竞价方式形成交易价格。探索研究设立交易调节基金，用于引导市场预期，交易初期驱动市场，平抑市场价格异常波动，维护市场秩序。

（十二）落实履约机制。试点地区要建立奖惩机制，确保责任主体及时履行履约义务。公布用能单位履约情况，树立履约单位履行社会责任的良好形象，曝光拒不履约单位名单。加大处罚力度，将拒不履约的单位纳入失信企业黑名单，纳入当地信用信息共享平台，并与全国信用信息共享平台对接。探索对严重失信主体实施跨部门联合惩戒，维护制度的权威性和公信力。

99. 用水权交易纠纷

案由适用要点

［**释义**］用水权是依法对地表水和地下水取得使用或收益的权利。

用水权交易是“十三五”规划提出的四个新型权属交易之一。《中共中央关于制定国民经济和社会发展第十三个五年规划的建议》提出：“发展用能权、用水权、排污权和碳排放权交易市场。”随着新四权制度的不断完善，相应的用水权交易纠纷也会越来越多。

［**管辖**］用水权交易纠纷适用《民事诉讼法》第 24 条的规定，由被告住所地或者合同履行地人民法院管辖；对于有管辖协议的，适用《民事诉讼法》第 35 条规定，优先按照协议确定管辖。因区域内实行环境资源案件跨行政区划集中管辖的，根据集中管辖的环境资源案件范围确定是否由集中管辖地人民法院管辖。

［**应注意的问题**］注意与供用水合同纠纷进行区分，后者的“水”指的是经过处理的自来水。

请求权基础规范指引

《中华人民共和国环境保护法》（2014 年修订）

第五十条　各级人民政府应当在财政预算中安排资金，支持农村饮用水水源地保护、生活污水和其他废弃物处理、畜禽养殖和屠宰污染防治、土壤污染防治和农村工矿污染治理等环境保护工作。

第五十一条　各级人民政府应当统筹城乡建设污水处理设施及配套管网，固体废物的收集、运输和处置等环境卫生设施，危险废物集中处置设施、场所以及其他环境保护公共设施，并保障其正常运行。

《中华人民共和国水法》（2016 年修正）

第五十六条　不同行政区域之间发生水事纠纷的，应当协商处理；协商不成的，由上一级人民政府裁决，有关各方必须遵照执行。在水事纠纷解决前，未经各方达成协议或者共同的上一级人民政府批准，在行政区域交界线两侧一定范围内，任何一方不得修建排水、阻水、取水和截（蓄）水工程，不得单方面改变水的现状。

第五十七条 单位之间、个人之间、单位与个人之间发生的水事纠纷，应当协商解决；当事人不愿协商或者协商不成的，可以申请县级以上地方人民政府或者其授权的部门调解，也可以直接向人民法院提起民事诉讼。县级以上地方人民政府或者其授权的部门调解不成的，当事人可以向人民法院提起民事诉讼。

在水事纠纷解决前，当事人不得单方面改变现状。

《最高人民法院行政审判庭关于用水单位从水库取水应否缴纳水资源费问题的答复》（〔2004〕行他字第24号 2004年4月25日）

水法对水资源属于国有和水资源实行有偿使用只作了原则性规定，在国务院制定水资源费征收办法前，除法律、行政法规明确规定不得征收水资源费的情况外，水资源费征收范围应暂按省、自治区、直辖市的规定执行。目前水库分为设计有供水功能的水库和没有供水功能的水库。有供水功能的水库，且水库管理单位已向水行政主管部门申请取水许可证并缴纳水资源费的，用水户仅需按用水量和水利工程供水价格向水库管理单位支付水利工程水费，无需再向国家缴纳水资源费；没有供水功能的水库，则用水户应当依法直接向水行政主管部门申请取水许可并缴纳水资源费。

100. 碳排放权交易纠纷

案由适用要点

[**释义**] 碳排放权交易，是指交易主体按照生态环境部《碳排放权交易管理办法（试行）》开展的排放配额和国家核证自愿减排量的交易活动。为了达到特定区域环境质量标准，碳排放权拥有者在政府主管部门的指导和监管下，依据相关法律法规，将自身富余的碳排放权份额在碳交易市场上通过协议转让的形式，平等、有偿、自愿地转让给碳排放权需求者。碳排放权交易的产品包括碳排放配额、国家核证自愿减排量（CCER）以及地区鼓励探索创新的碳排放权交易相关产品等。

[**管辖**] 碳排放权交易纠纷适用《民事诉讼法》第24条的规定，由被告住所地或者合同履行地人民法院管辖；对于有管辖协议的，适用《民事诉讼法》第35条规定，优先按照协议确定管辖。因区域内实行环境资源案件跨行政区划集中管辖的，根据集中管辖的环境资源案件范围确定是否由集中管辖

地人民法院管辖。

[应注意的问题] 需要注意的是，这里的碳排放权交易纠纷仅指国内的碳排放权交易纠纷。在国际碳交易的语境中，管理机构根据各个国家不同的情况以及他们承诺的减排目标，把不同的碳排放配额分配给各个国家，在排放额度用尽时或有剩余时，国际碳排放权主体遵循国际和国内相关法律法规规定的交易规则，对碳排放权指标和基于项目产生的减排信用进行有偿买卖，这样在总体上就维持了全球的减排总目标。国家之间的碳排放权交易不属于本案由调整范围。

请求权基础规范指引

《中华人民共和国环境保护法》（2014 年修订）

第四十条 国家促进清洁生产和资源循环利用。

国务院有关部门和地方各级人民政府应当采取措施，推广清洁能源的生产和使用。

企业应当优先使用清洁能源，采用资源利用率高、污染物排放量少的工艺、设备以及废弃物综合利用技术和污染物无害化处理技术，减少污染物的产生。

第四十五条 国家依照法律规定实行排污许可管理制度。

实行排污许可管理的企业事业单位和其他生产经营者应当按照排污许可证的要求排放污染物；未取得排污许可证的，不得排放污染物。

《温室气体自愿减排交易管理暂行办法》（2012 年）

第二十三条 温室气体自愿减排量应在经国家主管部门备案的交易机构内，依据交易机构制定的交易细则进行交易。

经备案的交易机构的交易系统与国家登记簿连接，实时记录减排量变更情况。

《碳排放权交易管理办法（试行）》（2020 年）

第二十条 全国碳排放权交易市场的交易产品为碳排放配额，生态环境部可以根据国家有关规定适时增加其他交易产品。

第二十一条 重点排放单位以及符合国家有关交易规则的机构和个人，是全国碳排放权交易市场的交易主体。

第二十二条 碳排放权交易应当通过全国碳排放权交易系统进行，可以采取协议转让、单向竞价或者其他符合规定的方式。

全国碳排放权交易机构应当按照生态环境部有关规定，采取有效措施，发挥全国碳排放权交易市场引导温室气体减排的作用，防止过度投机的交易行为，维护市场健康发展。

第二十三条 全国碳排放权注册登记机构应当根据全国碳排放权交易机

构提供的成交结果，通过全国碳排放权注册登记系统为交易主体及时更新相关信息。

第二十四条　全国碳排放权注册登记机构和全国碳排放权交易机构应当按照国家有关规定，实现数据及时、准确、安全交换。

《最高人民法院关于为加快建设全国统一大市场提供司法服务和保障的意见》（法发〔2022〕22号　2022年7月14日）

11. 支持建设全国统一的能源和生态环境市场。依法审理涉油气期货产品、天然气、电力、煤炭交易等纠纷案件，依法严惩油气、天然气、电力、煤炭非法开采开发、非法交易等违法犯罪行为，推动资源合法有序开发利用。研究发布司法助力实现碳达峰碳中和目标的司法政策，妥善审理涉碳排放配额、核证自愿减排量交易、碳交易产品担保以及企业环境信息公开、涉碳绿色信贷、绿色金融等纠纷案件，助力完善碳排放权交易机制。全面准确适用民法典绿色原则、绿色条款，梳理碳排放领域出现的新业态、新权属、新问题，健全涉碳排放权、用水权、排污权、用能权交易纠纷裁判规则。研究适用碳汇认购、技改抵扣等替代性赔偿方式，引导企业对生产设备和生产技术进行绿色升级。

《最高人民法院关于完整准确全面贯彻新发展理念　为积极稳妥推进碳达峰碳中和提供司法服务的意见》（法发〔2023〕5号　2023年2月16日）

五、推进完善碳市场交易机制

17. 依法审理碳排放配额、核证自愿减排量交易纠纷案件。重点排放单位、其他符合国家有关交易规则规定的机构或个人等碳排放权交易主体主张通过协议转让、单向竞价等方式订立的交易合同有效的，依法予以支持。审理碳排放配额、核证自愿减排量交易合同案件，依照法律法规，参照行政规章，结合碳市场业务规则、交易合同约定，全面、客观审核碳排放权注册登记系统、碳排放权交易系统以及核证自愿减排注册登记系统、核证自愿减排交易系统记载的分配、持有、交易、变更、注销等信息、数据，依法确定碳交易产品的归属。交易主体主张碳排放权、核证自愿减排注册登记机构、交易机构承担相关民事责任的，应当依照法律法规，参照行政规章关于注册登记机构与交易机构之间的职能划分和风险防范制度、结算风险准备金制度等规定，结合碳市场业务规则、交易合同约定等，依法予以认定，保障碳市场健康有序发展。

101. 碳汇交易纠纷

案由适用要点

［释义］碳汇是指从大气中清除温室气体、温室气体前体或气溶胶的过

程、活动或机制。

碳汇交易，即通过增加碳汇，抵消碳排放，降低本身碳排量的目标，是一种市场为基础旨在减缓气候变化的手段。

[管辖] 碳汇交易纠纷适用《民事诉讼法》第 24 条的规定，由被告住所地或者合同履行地人民法院管辖；对于有协议管辖的，适用《民事诉讼法》第 35 条规定，优先按照协议确定管辖。因区域内实行环境资源案件跨行政区划集中管辖的，根据集中管辖的环境资源案件范围确定是否由集中管辖地人民法院管辖。

[应注意的问题] 与“97. 排污权交易纠纷”下［应注意的问题］类似。

请求权基础规范指引

《中华人民共和国环境保护法》（2014 年修订）

第四十条 国家促进清洁生产和资源循环利用。

国务院有关部门和地方各级人民政府应当采取措施，推广清洁能源的生产和使用。

企业应当优先使用清洁能源，采用资源利用率高、污染物排放量少的工艺、设备以及废弃物综合利用技术和污染物无害化处理技术，减少污染物的产生。

第四十一条 建设项目中防治污染的设施，应当与主体工程同时设计、同时施工、同时投产使用。防治污染的设施应当符合经批准的环境影响评价文件的要求，不得擅自拆除或者闲置。

第四十二条 排放污染物的企业事业单位和其他生产经营者，应当采取措施，防治在生产建设或者其他活动中产生的废气、废水、废渣、医疗废物、粉尘、恶臭气体、放射性物质以及噪声、振动、光辐射、电磁辐射等对环境的污染和危害。

排放污染物的企业事业单位，应当建立环境保护责任制度，明确单位负责人和相关人员的责任。

重点排污单位应当按照国家有关规定和监测规范安装使用监测设备，保证监测设备正常运行，保存原始监测记录。

严禁通过暗管、渗井、渗坑、灌注或者篡改、伪造监测数据，或者不正常运行防治污染设施等逃避监管的方式违法排放污染物。

第四十三条 排放污染物的企业事业单位和其他生产经营者，应当按照国家有关规定缴纳排污费。排污费应当全部专项用于环境污染防治，任何单位和个人不得截留、挤占或者挪作他用。

依照法律规定征收环境保护税的，不再征收排污费。

《最高人民法院关于审理森林资源民事纠纷案件适用法律若干问题的解释》（法释〔2022〕16 号 2022 年 6 月 13 日）

第十六条 以森林生态效益补偿收益、林业碳汇等提供担保，债务人不履行到期债务或者发生当事人约定的实现担保物权的情形，担保物权人请求就担保财产优先受偿的，人民法院依法予以支持。

《最高人民法院关于为加快建设全国统一大市场提供司法服务和保障的意见》（法发〔2022〕22 号 2022 年 7 月 14 日）

11. 支持建设全国统一的能源和生态环境市场。依法审理涉油气期货产品、天然气、电力、煤炭交易等纠纷案件，依法严惩油气、天然气、电力、煤炭非法开采开发、非法交易等违法犯罪行为，推动资源合法有序开发利用。研究发布司法助力实现碳达峰碳中和目标的司法政策，妥善审理涉碳排放配额、核证自愿减排量交易、碳交易产品担保以及企业环境信息公开、涉碳绿色信贷、绿色金融等纠纷案件，助力完善碳排放权交易机制。全面准确适用民法典绿色原则、绿色条款，梳理碳排放领域出现的新业态、新权属、新问题，健全涉碳排放权、用水权、排污权、用能权交易纠纷裁判规则。研究适用碳汇认购、技改抵扣等替代性赔偿方式，引导企业对生产设备和生产技术进行绿色升级。

102. 赠与合同纠纷

（1）公益事业捐赠合同纠纷

（2）附义务赠与合同纠纷

案由适用要点

［**释义**］赠与合同是指赠与人将自己的财产无偿给予受赠人，受赠人表示接受赠与的合同。

公益事业捐赠是指捐赠人为了公益事业，自愿无偿向依法成立的公益性社会团体和公益性非营利的事业单位赠与财产的行为。

附义务赠与合同是指赠与人以受赠人向赠与人或第三人负担一定义务为条件的赠与合同。

［**管辖**］因赠与合同引起的纠纷，依据《民事诉讼法》第 24 条，因合同纠纷提起的诉讼，由被告住所地或者合同履行地人民法院管辖。关于被告住所地，《民事诉讼法》第 22 条第 1 款规定，对公民提起的民事诉讼，由被告住所地人民法院管辖；被告住所地与经常居住地不一致的，由经常居住地人民法院管辖。《民事诉讼法解释》第 3 条规定，公民的住所地是指公民的户籍所在地，法人或者其他组织的住所地是指法人或者其他组织的主要办事机构

所在地。法人或者其他组织的主要办事机构所在地不能确定的，法人或者其他组织的注册地或者登记地为住所地。

关于合同履行地，《民事诉讼法解释》第18条规定，合同约定履行地点的，以约定的履行地点为合同履行地。合同对履行地点没有约定或者约定不明确，争议标的为给付货币的，接收货币一方所在地为合同履行地；交付不动产的，不动产所在地为合同履行地；其他标的，履行义务一方所在地为合同履行地。即时结清的合同，交易行为地为合同履行地。合同没有实际履行，当事人双方住所地都不在合同约定的履行地的，由被告住所地人民法院管辖。

［**应注意的问题**］赠与合同是《民法典》合同编专章规定的合同类型，日常经济生活中也很多见，将之列为第三级案由。而公益事业捐赠合同和附义务赠与合同是赠与合同中较为特殊的两类，公益事业捐赠合同还有其他法律对之专门规范，故将它们单列为第四级案由。在确定案由时需要注意，遗赠和遗赠扶养协议也是特殊的赠与合同，遗赠是死因赠与，遗赠扶养协议是附义务的死因赠与，但因遗赠纠纷、遗赠扶养协议纠纷已作为独立的第三级案由规定在继承纠纷部分，就不能再确定为本案由。

请求权基础规范指引

《中华人民共和国民法典》（2020年）

第六百五十七条【赠与合同定义】 赠与合同是赠与人将自己的财产无偿给予受赠人，受赠人表示接受赠与的合同。

第六百五十八条【赠与人任意撤销权及其限制】 赠与人在赠与财产的权利转移之前可以撤销赠与。

经过公证的赠与合同或者依法不得撤销的具有救灾、扶贫、助残等公益、道德义务性质的赠与合同，不适用前款规定。

第六百五十九条【赠与财产办理有关法律手续】 赠与的财产依法需要办理登记或者其他手续的，应当办理有关手续。

第六百六十条【受赠人的交付请求权以及赠与人的赔偿责任】 经过公证的赠与合同或者依法不得撤销的具有救灾、扶贫、助残等公益、道德义务性质的赠与合同，赠与人不交付赠与财产的，受赠人可以请求交付。

依据前款规定应当交付的赠与财产因赠与人故意或者重大过失致使毁损、灭失的，赠与人应当承担赔偿责任。

第六百六十一条【附义务赠与合同】 赠与可以附义务。

赠与附义务的，受赠人应当按照约定履行义务。

第六百六十二条【赠与人瑕疵担保责任】 赠与的财产有瑕疵的，赠与人不承担责任。附义务的赠与，赠与的财产有瑕疵的，赠与人在附义务的限度内承担与出卖人相同的责任。

赠与人故意不告知瑕疵或者保证无瑕疵，造成受赠人损失的，应当承担赔偿责任。

第六百六十三条【赠与人的法定撤销权及其行使期间】 受赠人有下列情形之一的，赠与人可以撤销赠与：

（一）严重侵害赠与人或者赠与人近亲属的合法权益；

（二）对赠与人有扶养义务而不履行；

（三）不履行赠与合同约定的义务。

赠与人的撤销权，自知道或者应当知道撤销事由之日起一年内行使。

第六百六十四条【赠与人的继承人或者法定代理人的撤销权】 因受赠人的违法行为致使赠与人死亡或者丧失民事行为能力的，赠与人的继承人或者法定代理人可以撤销赠与。

赠与人的继承人或者法定代理人的撤销权，自知道或者应当知道撤销事由之日起六个月内行使。

第六百六十五条【撤销赠与的法律后果】 撤销权人撤销赠与的，可以向受赠人请求返还赠与的财产。

第六百六十六条【赠与人穷困抗辩】 赠与人的经济状况显著恶化，严重影响其生产经营或者家庭生活的，可以不再履行赠与义务。

《中华人民共和国公益事业捐赠法》（1999 年）

第九条　自然人、法人或者其他组织可以选择符合其捐赠意愿的公益性社会团体和公益性非营利的事业单位进行捐赠。捐赠的财产应当是其有权处分的合法财产。

第十条　公益性社会团体和公益性非营利的事业单位可以依照本法接受捐赠。

本法所称公益性社会团体是指依法成立的，以发展公益事业为宗旨的基金会、慈善组织等社会团体。

本法所称公益性非营利的事业单位是指依法成立的，从事公益事业的不以营利为目的的教育机构、科学研究机构、医疗卫生机构、社会公共文化机构、社会公共体育机构和社会福利机构等。

第十一条　在发生自然灾害时或者境外捐赠人要求县级以上人民政府及其部门作为受赠人时，县级以上人民政府及其部门可以接受捐赠，并依照本法的有关规定对捐赠财产进行管理。

县级以上人民政府及其部门可以将受赠财产转交公益性社会团体或者公益性非营利的事业单位；也可以按照捐赠人的意愿分发或者兴办公益事业，但是不得以本机关为受益对象。

第十二条 捐赠人可以与受赠人就捐赠财产的种类、质量、数量和用途等内容订立捐赠协议。捐赠人有权决定捐赠的数量、用途和方式。

捐赠人应当依法履行捐赠协议，按照捐赠协议约定的期限和方式将捐赠财产转移给受赠人。

第十三条 捐赠人捐赠财产兴建公益事业工程项目，应当与受赠人订立捐赠协议，对工程项目的资金、建设、管理和使用作出约定。

捐赠的公益事业工程项目由受赠单位按照国家有关规定办理项目审批手续，并组织施工或者由受赠人和捐赠人共同组织施工。工程质量应当符合国家质量标准。

捐赠的公益事业工程项目竣工后，受赠单位应当将工程建设、建设资金的使用和工程质量验收情况向捐赠人通报。

《中华人民共和国慈善法》（2023 年修正）

第三十五条 捐赠人可以通过慈善组织捐赠，也可以直接向受益人捐赠。

第三十六条 捐赠人捐赠的财产应当是其有权处分的合法财产。捐赠财产包括货币、实物、房屋、有价证券、股权、知识产权等有形和无形财产。

捐赠人捐赠的实物应当具有使用价值，符合安全、卫生、环保等标准。

捐赠人捐赠本企业产品的，应当依法承担产品质量责任和义务。

第三十七条 自然人、法人和非法人组织开展演出、比赛、销售、拍卖等经营性活动，承诺将全部或者部分所得用于慈善目的的，应当在举办活动前与慈善组织或者其他接受捐赠的人签订捐赠协议，活动结束后按照捐赠协议履行捐赠义务，并将捐赠情况向社会公开。

第三十八条 慈善组织接受捐赠，应当向捐赠人开具由财政部门统一监（印）制的捐赠票据。捐赠票据应当载明捐赠人、捐赠财产的种类及数量、慈善组织名称和经办人姓名、票据日期等。捐赠人匿名或者放弃接受捐赠票据的，慈善组织应当做好相关记录。

第三十九条 慈善组织接受捐赠，捐赠人要求签订书面捐赠协议的，慈善组织应当与捐赠人签订书面捐赠协议。

书面捐赠协议包括捐赠人和慈善组织名称，捐赠财产的种类、数量、质量、用途、交付时间等内容。

103. 借款合同纠纷

（1）金融借款合同纠纷
（2）同业拆借纠纷
（3）民间借贷纠纷
（4）小额借款合同纠纷
（5）金融不良债权转让合同纠纷
（6）金融不良债权追偿纠纷

案由适用要点

［**释义**］借款合同是指借款人向贷款人借款，到期返还借款并支付利息的合同，自然人之间的借款合同，自贷款人提供借款时成立。

金融借款是指借款人向金融机构或银行借取资金的行为。

同业拆借是指具有市场准入资格的金融机构之间，为了调剂头寸和临时性资金余缺，进行短期资金融通的活动。

民间借贷是指自然人、法人和非法人组织之间进行资金融通的行为。

小额借款合同是指借款人向金融机构或小额贷款公司借小额款项，到期返还借款并支付利息的合同。

金融不良债权转让合同是指当事人就金融不良债权的转让签订的合同。金融不良债权是指处于非良好经营状态，不能按时支付银行利息，甚至不能偿还贷款本金的银行借款债权。

金融不良债权追偿是指金融不良债权受让人在受让债权后，向原金融借款合同的债务人、担保人主张权利，以实现债权的行为。

［**管辖**］借款合同纠纷属于合同纠纷的一种，依据《民事诉讼法》第 24 条，因合同纠纷提起的诉讼，由被告住所地或者合同履行地人民法院管辖。关于被告住所地，《民事诉讼法》第 22 条第 1 款规定，对公民提起的民事诉讼，由被告住所地人民法院管辖；被告住所地与经常居住地不一致的，由经常居住地人民法院管辖。《民事诉讼法解释》第 3 条规定，公民的住所地是指公民的户籍所在地，法人或者其他组织的住所地是指法人或者其他组织的主要办事机构所在地。法人或者其他组织的主要办事机构所在地不能确定的，法人或者其他组织的注册地或者登记地为住所地。

关于合同履行地，《民事诉讼法解释》第 18 条规定，合同约定履行地点的，以约定的履行地点为合同履行地。合同对履行地点没有约定或者约定不明确，争议标的为给付货币的，接收货币一方所在地为合同履行地；交付不动产的，不动产所在地为合同履行地；其他标的，履行义务一方所在地为合同履行地。即时结清的合同，交易行为地为合同履行地。合同没有实际履行，当事人双方住所地都不在合同约定的履行地的，由被告住所地人民法院管辖。

[应注意的问题] 借款合同是《民法典》合同编专章规定的合同类型之一，在经济生活中具有较重要的地位，相关争议也较多，《民事案件案由规定》将之作为独立的第三级案由。借款合同主要包括金融借款和民间借贷，《民事案件案由规定》将它们作为第四级案由。随着金融体制改革过程的推进，金融不良资产处置工作进入攻坚阶段，金融不良债权转让及追偿等相关纠纷也呈增多之势，且相关纠纷的处理有其自身特色和统计意义，《民事案件案由规定》也将之作为第四级案由。近年来，国家加大了对小额贷款的引导和政策倾斜，小额借款增多，相关纠纷也随之增多，《民事案件案由规定》将之也作为第四级案由。在确定案由时需要注意，如果相关行为涉及非法集资，则不能依民事案件受理，自不能适用本案由。金融不良债权的转让，属于特殊的债权转让，此处单独作为第四级案由，相关纠纷就不能再将案由定为债权转让合同纠纷。同样的，金融不良债权追偿，虽然起诉的依据和审理的对象主要是原金融借款合同，但相关纠纷已因其特殊性作为单独的第四级案由规定了，就不能将案由再定为金融借款合同纠纷。

2020年《民事案件案由规定》修正，将民间借贷作为第四级案由加以规定，并取消了四级案由企业借贷纠纷，将企业借贷纠纷纳入民间借贷范畴内。《最高人民法院关于审理民间借贷案件适用法律若干问题的规定》（2020年第二次修正）第1条第1款规定，本规定所称的民间借贷，是指自然人、法人和非法人组织之间进行资金融通的行为。也就是说，企业借贷即法人和非法人组织之间的借贷属于民间借贷的范畴，企业借贷属于民间借贷的一类，不能与民间借贷并列为四级案由。

请求权基础规范指引

《中华人民共和国民法典》（2020年）

第六百六十八条【借款合同形式和内容】 借款合同应当采用书面形式，但是自然人之间借款另有约定的除外。

借款合同的内容一般包括借款种类、币种、用途、数额、利率、期限和还款方式等条款。

第六百六十九条【借款人应当提供真实情况义务】 订立借款合同，借款人应当按照贷款人的要求提供与借款有关的业务活动和财务状况的真实情况。

第六百七十条【借款利息不得预先扣除】 借款的利息不得预先在本金中扣除。利息预先在本金中扣除的，应当按照实际借款数额返还借款并计算利息。

第六百七十一条【贷款人未按照约定提供借款以及借款人未按照约定收取借款的后果】 贷款人未按照约定的日期、数额提供借款，造成借款人损失的，应当赔偿损失。

借款人未按照约定的日期、数额收取借款的，应当按照约定的日期、数额支付利息。

第六百七十二条【贷款人的监督、检查权】 贷款人按照约定可以检查、监督借款的使用情况。借款人应当按照约定向贷款人定期提供有关财务会计报表或者其他资料。

第六百七十三条【借款人未按照约定用途使用借款的责任】 借款人未按照约定的借款用途使用借款的，贷款人可以停止发放借款、提前收回借款或者解除合同。

第六百七十四条【借款人支付利息的期限】 借款人应当按照约定的期限支付利息。对支付利息的期限没有约定或者约定不明确，依据本法第五百一十条的规定仍不能确定，借款期间不满一年的，应当在返还借款时一并支付；借款期间一年以上的，应当在每届满一年时支付，剩余期间不满一年的，应当在返还借款时一并支付。

第六百七十五条【借款人返还借款的期限】 借款人应当按照约定的期限返还借款。对借款期限没有约定或者约定不明确，依据本法第五百一十条的规定仍不能确定的，借款人可以随时返还；贷款人可以催告借款人在合理期限内返还。

第六百七十六条【借款人逾期返还借款的责任】 借款人未按照约定的期限返还借款的，应当按照约定或者国家有关规定支付逾期利息。

第六百七十七条【借款人提前返还借款】 借款人提前返还借款的，除当事人另有约定外，应当按照实际借款的期间计算利息。

第六百七十八条【借款展期】 借款人可以在还款期限届满前向贷款人申请展期；贷款人同意的，可以展期。

第六百七十九条【自然人之间借款合同的成立时间】 自然人之间的借款合同，自贷款人提供借款时成立。

第六百八十条【禁止高利放贷以及对借款利息的确定】 禁止高利放贷，借款的利率不得违反国家有关规定。

借款合同对支付利息没有约定的，视为没有利息。

借款合同对支付利息约定不明确，当事人不能达成补充协议的，按照当地或者当事人的交易方式、交易习惯、市场利率等因素确定利息；自然人之间借款的，视为没有利息。

《中华人民共和国商业银行法》（2015 年修正）

第三十五条 商业银行贷款，应当对借款人的借款用途、偿还能力、还款方式等情况进行严格审查。

商业银行贷款，应当实行审贷分离、分级审批的制度。

第三十六条 商业银行贷款，借款人应当提供担保。商业银行应当对保证人的偿还能力，抵押物、质物的权属和价值以及实现抵押权、质权的可行性进行严格审查。

经商业银行审查、评估，确认借款人资信良好，确能偿还贷款的，可以不提供担保。

第三十七条 商业银行贷款，应当与借款人订立书面合同。合同应当约定贷款种类、借款用途、金额、利率、还款期限、还款方式、违约责任和双方认为需要约定的其他事项。

第三十八条 商业银行应当按照中国人民银行规定的贷款利率的上下限，确定贷款利率。

第四十二条 借款人应当按期归还贷款的本金和利息。

借款人到期不归还担保贷款的，商业银行依法享有要求保证人归还贷款本金和利息或者就该担保物优先受偿的权利。商业银行因行使抵押权、质权而取得的不动产或者股权，应当自取得之日起二年内予以处分。

借款人到期不归还信用贷款的，应当按照合同约定承担责任。

第四十六条 同业拆借，应当遵守中国人民银行的规定。禁止利用拆入资金发放固定资产贷款或者用于投资。

拆出资金限于交足存款准备金、留足备付金和归还中国人民银行到期贷款之后的闲置资金。拆入资金用于弥补票据结算、联行汇差头寸的不足和解决临时性周转资金的需要。

《最高人民法院关于审理民间借贷案件适用法律若干问题的规定》（2020 年 12 月 23 日修正）

第一条 本规定所称的民间借贷，是指自然人、法人和非法人组织之间进行资金融通的行为。

经金融监管部门批准设立的从事贷款业务的金融机构及其分支机构，因发放贷款等相关金融业务引发的纠纷，不适用本规定。

第二条 出借人向人民法院提起民间借贷诉讼时，应当提供借据、收据、欠条等债权凭证以及其他能够证明借贷法律关系存在的证据。

当事人持有的借据、收据、欠条等债权凭证没有载明债权人，持有债权凭证的当事人提起民间借贷诉讼的，人民法院应予受理。被告对原告的债权人资格提出有事实依据的抗辩，人民法院经审查认为原告不具有债权人资格的，裁定驳回起诉。

第三条 借贷双方就合同履行地未约定或者约定不明确，事后未达成补充协议，按照合同相关条款或者交易习惯仍不能确定的，以接受货币一方所在地为合同履行地。

第四条 保证人为借款人提供连带责任保证，出借人仅起诉借款人的，人民法院可以不追加保证人为共同被告；出借人仅起诉保证人的，人民法院可以追加借款人为共同被告。

保证人为借款人提供一般保证，出借人仅起诉保证人的，人民法院应当追加借款人为共同被告；出借人仅起诉借款人的，人民法院可以不追加保证人为共同被告。

第五条 人民法院立案后，发现民间借贷行为本身涉嫌非法集资等犯罪的，应当裁定驳回起诉，并将涉嫌非法集资等犯罪的线索、材料移送公安或者检察机关。

公安或者检察机关不予立案，或者立案侦查后撤销案件，或者检察机关作出不起诉决定，或者经人民法院生效判决认定不构成非法集资等犯罪，当事人又以同一事实向人民法院提起诉讼的，人民法院应予受理。

第六条 人民法院立案后，发现与民间借贷纠纷案件虽有关联但不是同一事实的涉嫌非法集资等犯罪的线索、材料的，人民法院应当继续审理民间借贷纠纷案件，并将涉嫌非法集资等犯罪的线索、材料移送公安或者检察机关。

第七条 民间借贷纠纷的基本案件事实必须以刑事案件的审理结果为依据，而该刑事案件尚未审结的，人民法院应当裁定中止诉讼。

第八条 借款人涉嫌犯罪或者生效判决认定其有罪，出借人起诉请求担保人承担民事责任的，人民法院应予受理。

第九条 自然人之间的借款合同具有下列情形之一的，可以视为合同成立：

（一）以现金支付的，自借款人收到借款时；

（二）以银行转账、网上电子汇款等形式支付的，自资金到达借款人账户时；

（三）以票据交付的，自借款人依法取得票据权利时；

（四）出借人将特定资金账户支配权授权给借款人的，自借款人取得对该账户实际支配权时；

（五）出借人以与借款人约定的其他方式提供借款并实际履行完成时。

第十条 法人之间、非法人组织之间以及它们相互之间为生产、经营需要订立的民间借贷合同，除存在民法典第一百四十六条、第一百五十三条、

第一百五十四条以及本规定第十三条规定的情形外，当事人主张民间借贷合同有效的，人民法院应予支持。

第十一条 法人或者非法人组织在本单位内部通过借款形式向职工筹集资金，用于本单位生产、经营，且不存在民法典第一百四十四条、第一百四十六条、第一百五十三条、第一百五十四条以及本规定第十三条规定的情形，当事人主张民间借贷合同有效的，人民法院应予支持。

第十二条 借款人或者出借人的借贷行为涉嫌犯罪，或者已经生效的裁判认定构成犯罪，当事人提起民事诉讼的，民间借贷合同并不当然无效。人民法院应当依据民法典第一百四十四条、第一百四十六条、第一百五十三条、第一百五十四条以及本规定第十三条之规定，认定民间借贷合同的效力。

担保人以借款人或者出借人的借贷行为涉嫌犯罪或者已经生效的裁判认定构成犯罪为由，主张不承担民事责任的，人民法院应当依据民间借贷合同与担保合同的效力、当事人的过错程度，依法确定担保人的民事责任。

第十三条 具有下列情形之一的，人民法院应当认定民间借贷合同无效：

（一）套取金融机构贷款转贷的；

（二）以向其他营利法人借贷、向本单位职工集资，或者以向公众非法吸收存款等方式取得的资金转贷的；

（三）未依法取得放贷资格的出借人，以营利为目的向社会不特定对象提供借款的；

（四）出借人事先知道或者应当知道借款人借款用于违法犯罪活动仍然提供借款的；

（五）违反法律、行政法规强制性规定的；

（六）违背公序良俗的。

第十四条 原告以借据、收据、欠条等债权凭证为依据提起民间借贷诉讼，被告依据基础法律关系提出抗辩或者反诉，并提供证据证明债权纠纷非民间借贷行为引起的，人民法院应当依据查明的案件事实，按照基础法律关系审理。

当事人通过调解、和解或者清算达成的债权债务协议，不适用前款规定。

第十五条 原告仅依据借据、收据、欠条等债权凭证提起民间借贷诉讼，被告抗辩已经偿还借款的，被告应当对其主张提供证据证明。被告提供相应证据证明其主张后，原告仍应就借贷关系的存续承担举证责任。

被告抗辩借贷行为尚未实际发生并能作出合理说明的，人民法院应当结合借贷金额、款项交付、当事人的经济能力、当地或者当事人之间的交易方式、交易习惯、当事人财产变动情况以及证人证言等事实和因素，综合判断查证借贷事实是否发生。

第十六条 原告仅依据金融机构的转账凭证提起民间借贷诉讼，被告抗辩转账系偿还双方之前借款或者其他债务的，被告应当对其主张提供证据证明。被告提供相应证据证明其主张后，原告仍应就借贷关系的成立承担举证责任。

第十七条 依据《最高人民法院关于适用〈中华人民共和国民事诉讼法〉的解释》第一百七十四条第二款之规定，负有举证责任的原告无正当理由拒不到庭，经审查现有证据无法确认借贷行为、借贷金额、支付方式等案件主要事实的，人民法院对原告主张的事实不予认定。

第十八条 人民法院审理民间借贷纠纷案件时发现有下列情形之一的，应当严格审查借贷发生的原因、时间、地点、款项来源、交付方式、款项流向以及借贷双方的关系、经济状况等事实，综合判断是否属于虚假民事诉讼：

（一）出借人明显不具备出借能力；

（二）出借人起诉所依据的事实和理由明显不符合常理；

（三）出借人不能提交债权凭证或者提交的债权凭证存在伪造的可能；

（四）当事人双方在一定期限内多次参加民间借贷诉讼；

（五）当事人无正当理由拒不到庭参加诉讼，委托代理人对借贷事实陈述不清或者陈述前后矛盾；

（六）当事人双方对借贷事实的发生没有任何争议或者诉辩明显不符合常理；

（七）借款人的配偶或者合伙人、案外人的其他债权人提出有事实依据的异议；

（八）当事人在其他纠纷中存在低价转让财产的情形；

（九）当事人不正当放弃权利；

（十）其他可能存在虚假民间借贷诉讼的情形。

第十九条 经查明属于虚假民间借贷诉讼，原告申请撤诉的，人民法院不予准许，并应当依据民事诉讼法第一百一十二条之规定，判决驳回其请求。

诉讼参与人或者其他人恶意制造、参与虚假诉讼，人民法院应当依据民事诉讼法第一百一十一条、第一百一十二条和第一百一十三条之规定，依法予以罚款、拘留；构成犯罪的，应当移送有管辖权的司法机关追究刑事责任。

单位恶意制造、参与虚假诉讼的，人民法院应当对该单位进行罚款，并可以对其主要负责人或者直接责任人员予以罚款、拘留；构成犯罪的，应当移送有管辖权的司法机关追究刑事责任。

第二十条 他人在借据、收据、欠条等债权凭证或者借款合同上签名或者盖章，但是未表明其保证人身份或者承担保证责任，或者通过其他事实不能推定其为保证人，出借人请求其承担保证责任的，人民法院不予支持。

第二十一条 借贷双方通过网络贷款平台形成借贷关系，网络贷款平台的提供者仅提供媒介服务，当事人请求其承担担保责任的，人民法院不予支持。

网络贷款平台的提供者通过网页、广告或者其他媒介明示或者有其他证据证明其为借贷提供担保，出借人请求网络贷款平台的提供者承担担保责任的，人民法院应予支持。

第二十二条 法人的法定代表人或者非法人组织的负责人以单位名义与出借人签订民间借贷合同，有证据证明所借款项系法定代表人或者负责人个人使用，出借人请求将法定代表人或者负责人列为共同被告或者第三人的，人民法院应予准许。

法人的法定代表人或者非法人组织的负责人以个人名义与出借人订立民间借贷合同，所借款项用于单位生产经营，出借人请求单位与个人共同承担责任的，人民法院应予支持。

第二十三条 当事人以订立买卖合同作为民间借贷合同的担保，借款到期后借款人不能还款，出借人请求履行买卖合同的，人民法院应当按照民间借贷法律关系审理。当事人根据法庭审理情况变更诉讼请求的，人民法院应当准许。

按照民间借贷法律关系审理作出的判决生效后，借款人不履行生效判决确定的金钱债务，出借人可以申请拍卖买卖合同标的物，以偿还债务。就拍卖所得的价款与应偿还借款本息之间的差额，借款人或者出借人有权主张返还或者补偿。

第二十四条 借贷双方没有约定利息，出借人主张支付利息的，人民法院不予支持。

自然人之间借贷对利息约定不明，出借人主张支付利息的，人民法院不予支持。除自然人之间借贷的外，借贷双方对借贷利息约定不明，出借人主张利息的，人民法院应当结合民间借贷合同的内容，并根据当地或者当事人的交易方式、交易习惯、市场报价利率等因素确定利息。

第二十五条 出借人请求借款人按照合同约定利率支付利息的，人民法院应予支持，但是双方约定的利率超过合同成立时一年期贷款市场报价利率四倍的除外。

前款所称“一年期贷款市场报价利率”，是指中国人民银行授权全国银行间同业拆借中心自2019年8月20日起每月发布的一年期贷款市场报价利率。

第二十六条 借据、收据、欠条等债权凭证载明的借款金额，一般认定为本金。预先在本金中扣除利息的，人民法院应当将实际出借的金额认定为本金。

第二十七条　借贷双方对前期借款本息结算后将利息计入后期借款本金并重新出具债权凭证，如果前期利率没有超过合同成立时一年期贷款市场报价利率四倍，重新出具的债权凭证载明的金额可认定为后期借款本金。超过部分的利息，不应认定为后期借款本金。

按前款计算，借款人在借款期间届满后应当支付的本息之和，超过以最初借款本金与以最初借款本金为基数、以合同成立时一年期贷款市场报价利率四倍计算的整个借款期间的利息之和的，人民法院不予支持。

第二十八条　借贷双方对逾期利率有约定的，从其约定，但是以不超过合同成立时一年期贷款市场报价利率四倍为限。

未约定逾期利率或者约定不明的，人民法院可以区分不同情况处理：

（一）既未约定借期内利率，也未约定逾期利率，出借人主张借款人自逾期还款之日起参照当时一年期贷款市场报价利率标准计算的利息承担逾期还款违约责任的，人民法院应予支持；

（二）约定了借期内利率但是未约定逾期利率，出借人主张借款人自逾期还款之日起按照借期内利率支付资金占用期间利息的，人民法院应予支持。

第二十九条　出借人与借款人既约定了逾期利率，又约定了违约金或者其他费用，出借人可以选择主张逾期利息、违约金或者其他费用，也可以一并主张，但是总计超过合同成立时一年期贷款市场报价利率四倍的部分，人民法院不予支持。

第三十条　借款人可以提前偿还借款，但是当事人另有约定的除外。

借款人提前偿还借款并主张按照实际借款期限计算利息的，人民法院应予支持。

第三十一条　本规定施行后，人民法院新受理的一审民间借贷纠纷案件，适用本规定。

2020年8月20日之后新受理的一审民间借贷案件，借贷合同成立于2020年8月20日之前，当事人请求适用当时的司法解释计算自合同成立到2020年8月19日的利息部分的，人民法院应予支持；对于自2020年8月20日到借款返还之日的利息部分，适用起诉时本规定的利率保护标准计算。

本规定施行后，最高人民法院以前作出的相关司法解释与本规定不一致的，以本规定为准。

《最高人民法院关于新民间借贷司法解释适用范围问题的批复》（法释〔2020〕27号　2020年12月29日）

广东省高级人民法院：

你院《关于新民间借贷司法解释有关法律适用问题的请示》（粤高法

〔2020〕108号）收悉。经研究，批复如下：

一、关于适用范围问题。经征求金融监管部门意见，由地方金融监管部门监管的小额贷款公司、融资担保公司、区域性股权市场、典当行、融资租赁公司、商业保理公司、地方资产管理公司等七类地方金融组织，属于经金融监管部门批准设立的金融机构，其因从事相关金融业务引发的纠纷，不适用新民间借贷司法解释。

二、其他两问题已在修订后的司法解释中予以明确，请遵照执行。

三、本批复自2021年1月1日起施行。

《最高人民法院关于适用〈中华人民共和国民法典〉有关担保制度的解释》（法释〔2020〕28号　2020年12月31日）

第十六条　主合同当事人协议以新贷偿还旧贷，债权人请求旧贷的担保人承担担保责任的，人民法院不予支持；债权人请求新贷的担保人承担担保责任的，按照下列情形处理：

（一）新贷与旧贷的担保人相同的，人民法院应予支持；

（二）新贷与旧贷的担保人不同，或者旧贷无担保新贷有担保的，人民法院不予支持，但是债权人有证据证明新贷的担保人提供担保时对以新贷偿还旧贷的事实知道或者应当知道的除外。

主合同当事人协议以新贷偿还旧贷，旧贷的物的担保人在登记尚未注销的情形下同意继续为新贷提供担保，在订立新的贷款合同前又以该担保财产为其他债权人设立担保物权，其他债权人主张其担保物权顺位优先于新贷债权人的，人民法院不予支持。

《最高人民法院关于审理涉及金融不良债权转让案件工作座谈会纪要》（法发〔2009〕19号　2009年3月30日）

三、关于债权转让生效条件的法律适用和自行约定的效力

会议认为，不良债权成立在合同法施行之前，转让于合同法施行之后的，该债权转让对债务人生效的条件应适用合同法第八十条第一款的规定。

金融资产管理公司受让不良债权后，自行与债务人约定或重新约定诉讼管辖的，如不违反法律规定，人民法院应当认定该约定有效。金融资产管理公司在不良债权转让合同中订有禁止转售、禁止向国有银行、各级人民政府、国家机构等追偿、禁止转让给特定第三人等要求受让人放弃部分权利条款的，人民法院应认定该条款有效。国有银行向金融资产管理公司转让不良债权，或者金融资产管理公司收购、处置不良债权的，担保债权同时转让，无须征得担保人的同意，担保人仍应在原担保范围内对受让人继续承担担保责任。担保合同中关于合同变更需经担保人同意或者禁止转让主债权的约定，对主债权和担保权利转让没有约束力。

四、关于地方政府等的优先购买权

会议认为，为了防止在通过债权转让方式处置不良债权过程中发生国有资产流失，相关地方人民政府或者代表本级人民政府履行出资人职责的机构、部门或者持有国有企业债务人国有资本的集团公司可以对不良债权行使优先购买权。

金融资产管理公司向非国有金融机构法人转让不良债权的处置方案、交易条件以及处置程序、方式确定后，单笔（单户）转让不良债权的，金融资产管理公司应当通知国有企业债务人注册登记地的优先购买权人。以整体“资产包”的形式转让不良债权的，如资产包中主要债务人注册登记地属同一辖区，应当通知该辖区的优先购买权人；如资产包中主要债务人注册登记地属不同辖区，应当通知主要债务人共同的上级行政区域的优先购买权人。

按照确定的处置方案、交易条件以及处置程序、方式，上述优先购买权人在同等条件下享有优先购买权。优先购买权人收到通知后明确表示不予购买或者在收到通知之日起三十日内未就是否行使优先购买权做出书面答复，或者未在公告确定的拍卖、招标日之前做出书面答复或者未按拍卖公告、招标公告的规定时间和条件参加竞拍、竞标的，视为放弃优先购买权。

金融资产管理公司在《纪要》发布之前已经完成不良债权转让，上述优先购买权人主张行使优先购买权的，人民法院不予支持。

债务人主张优先购买不良债权的，人民法院不予支持。

五、关于国有企业的诉权及相关诉讼程序

会议认为，为避免当事人滥用诉权，在受让人向国有企业债务人主张债权的诉讼中，国有企业债务人以不良债权转让行为损害国有资产等为由，提出不良债权转让合同无效抗辩的，人民法院应告知其向同一人民法院另行提起不良债权转让合同无效的诉讼；国有企业债务人不另行起诉的，人民法院对其抗辩不予支持。国有企业债务人另行提起不良债权转让合同无效诉讼的，人民法院应中止审理受让人向国有企业债务人主张债权的诉讼，在不良债权转让合同无效诉讼被受理后，两案合并审理。国有企业债务人在二审期间另行提起不良债权转让合同无效诉讼的，人民法院应中止审理受让人向国有企业债务人主张债权的诉讼，在不良债权转让合同无效诉讼被受理且做出一审裁判后再行审理。

国有企业债务人提出的不良债权转让合同无效诉讼被受理后，对于受让人的债权系直接从金融资产管理公司处受让的，人民法院应当将金融资产管理公司和受让人列为案件当事人；如果受让人的债权系金融资产管理公司转让给其他受让人后，因该受让人再次转让或多次转让而取得的，人民法院应当将金融资产管理公司和该转让人以及后手受让人列为案件当事人。

六、关于不良债权转让合同无效和可撤销事由的认定

会议认为，在审理不良债权转让合同效力的诉讼中，人民法院应当根据合同法和《金融资产管理公司条例》等法律法规，并参照国家相关政策规定，重点审查不良债权的可转让性、受让人的适格性以及转让程序的公正性和合法性。金融资产管理公司转让不良债权存在下列情形的，人民法院应当认定转让合同损害国家利益或社会公共利益或者违反法律、行政法规强制性规定而无效。

（一）债务人或者担保人为国家机关的；

（二）被有关国家机关依法认定为涉及国防、军工等国家安全和敏感信息的以及其他依法禁止转让或限制转让情形的；

（三）与受让人恶意串通转让不良债权的；

（四）转让不良债权公告违反《金融资产管理公司资产处置公告管理办法（修订）》规定，对依照公开、公平、公正和竞争、择优原则处置不良资产造成实质性影响的；

（五）实际转让的资产包与转让前公告的资产包内容严重不符，且不符合《金融资产管理公司资产处置公告管理办法（修订）》规定的；

（六）根据有关规定应经合法、独立的评估机构评估，但未经评估的；或者金融资产管理公司与评估机构、评估机构与债务人、金融资产管理公司和债务人以及三方之间恶意串通，低估、漏估不良债权的；

（七）根据有关规定应当采取公开招标、拍卖等方式处置，但未公开招标、拍卖的；或者公开招标中的投标人少于三家（不含三家）的；或者以拍卖方式转让不良债权时，未公开选择有资质的拍卖中介机构的；或者未依照《中华人民共和国拍卖法》的规定进行拍卖的；

（八）根据有关规定应当向行政主管部门办理相关报批或者备案、登记手续而未办理，且在一审法庭辩论终结前仍未能办理的；

（九）受让人为国家公务员、金融监管机构工作人员、政法干警、金融资产管理公司工作人员、国有企业债务人管理人员、参与资产处置工作的律师、会计师、评估师等中介机构等关联人或者上述关联人参与的非金融机构法人的；

（十）受让人与参与不良债权转让的金融资产管理公司工作人员、国有企业债务人或者受托资产评估机构负责人员等有直系亲属关系的；

（十一）存在其他损害国家利益或社会公共利益的转让情形的。

在金融资产管理公司转让不良债权后，国有企业债务人有证据证明不良债权根本不存在或者已经全部或部分归还而主张撤销不良债权转让合同的，人民法院应当撤销或者部分撤销不良债权转让合同；不良债权转让合同

被撤销或者部分撤销后，受让人可以请求金融资产管理公司承担相应的缔约过失责任。

七、关于不良债权转让无效合同的处理

会议认为，人民法院认定金融不良债权转让合同无效后，对于受让人直接从金融资产管理公司受让不良债权的，人民法院应当判决金融资产管理公司与受让人之间的债权转让合同无效；受让人通过再次转让而取得债权的，人民法院应当判决金融资产管理公司与转让人、转让人与后手受让人之间的系列债权转让合同无效。债权转让合同被认定无效后，人民法院应当按照合同法的相关规定处理；受让人要求转让人赔偿损失，赔偿损失数额应以受让人实际支付的价金之利息损失为限。相关不良债权的诉讼时效自金融不良债权转让合同被认定无效之日起重新计算。

金融资产管理公司以整体“资产包”的形式转让不良债权中出现单笔或者数笔债权无效情形、或者单笔或数笔不良债权的债务人为非国有企业，受让人请求认定合同全部无效的，人民法院应当判令金融资产管理公司与转让人之间的资产包债权转让合同无效；受让人请求认定已履行或已清结部分有效的，人民法院应当认定尚未履行或尚未清结部分无效，并判令受让人将尚未履行部分或尚未清结部分返还给金融资产管理公司，金融资产管理公司不再向受让人返还相应价金。

《最高人民法院关于印发〈全国法院民商事审判工作会议纪要〉的通知》（法〔2019〕254号　2019年11月8日）

人民法院在审理借款合同纠纷案件过程中，要根据防范化解重大金融风险、金融服务实体经济、降低融资成本的精神，区别对待金融借贷与民间借贷，并适用不同规则与利率标准。要依法否定高利转贷行为、职业放贷行为的效力，充分发挥司法的示范、引导作用，促进金融服务实体经济。要注意到，为深化利率市场化改革，推动降低实体利率水平，自2019年8月20日起，中国人民银行已经授权全国银行间同业拆借中心于每月20日（遇节假日顺延）9时30分公布贷款市场报价利率（LPR），中国人民银行贷款基准利率这一标准已经取消。因此，自此之后人民法院裁判贷款利息的基本标准应改为全国银行间同业拆借中心公布的贷款市场报价利率。应予注意的是，贷款利率标准尽管发生了变化，但存款基准利率并未发生相应变化，相关标准仍可适用。

51.【变相利息的认定】金融借款合同纠纷中，借款人认为金融机构以服务费、咨询费、顾问费、管理费等为名变相收取利息，金融机构或者由其指定的人收取的相关费用不合理的，人民法院可以根据提供服务的实际情况确定借款人应否支付或者酌减相关费用。

52.【高利转贷】民间借贷中，出借人的资金必须是自有资金。出借人套取金融机构信贷资金又高利转贷给借款人的民间借贷行为，既增加了融资成本，又扰乱了信贷秩序，根据民间借贷司法解释第14条①第1项的规定，应当认定此类民间借贷行为无效。人民法院在适用该条规定时，应当注意把握以下几点：一是要审查出借人的资金来源。借款人能够举证证明在签订借款合同时出借人尚欠银行贷款未还的，一般可以推定为出借人套取信贷资金，但出借人能够举反证予以推翻的除外；二是从宽认定“高利”转贷行为的标准，只要出借人通过转贷行为牟利的，就可以认定为是“高利”转贷行为；三是对该条规定的“借款人事先知道或者应当知道的”要件，不宜把握过苛。实践中，只要出借人在签订借款合同时存在尚欠银行贷款未还事实的，一般可以认为满足了该条规定的“借款人事先知道或者应当知道”这一要件。

53.【职业放贷人】未依法取得放贷资格的以民间借贷为业的法人，以及以民间借贷为业的非法人组织或者自然人从事的民间借贷行为，应当依法认定无效。同一出借人在一定期间内多次反复从事有偿民间借贷行为的，一般可以认定为是职业放贷人。民间借贷比较活跃的地方的高级人民法院或者经其授权的中级人民法院，可以根据本地区的实际情况制定具体的认定标准。

《最高人民法院、国家发展和改革委员会关于为新时代加快完善社会主义市场经济体制提供司法服务和保障的意见》（法发〔2020〕25号　2020年7月20日）

13. 促进金融和民间资本为实体经济服务。依法支持能够降低交易成本、实现普惠金融、合法合规的交易模式，为解决中小微企业融资难、融资贵问题提供司法保障。统筹兼顾利率市场化改革与维护正常金融秩序的关系，对于借贷合同中一方主张的利息、复利、罚息、违约金和其他费用总和超出司法保护上限的，不予支持。对于当事人以预扣利息、租金、保证金或加收中介费、服务费等方式变相提高实体经济融资成本、规避民间借贷利率司法保护上限的行为，按照实际形成的借款关系确定各方权利义务。规范、遏制国有企业贷款通道业务，引导其回归实体经济。抓紧修改完善关于审理民间借贷案件适用法律问题的司法解释，大幅度降低民间借贷利率的司法保护上

---

① 现为《最高人民法院关于审理民间借贷案件适用法律若干问题的规定》（2020年第二次修正）第13条。《最高人民法院关于审理民间借贷案件适用法律若干问题的规定》于2015年6月23日最高人民法院审判委员会第1655次会议通过，根据2020年8月18日最高人民法院审判委员会第1809次会议通过的《最高人民法院关于修改〈关于审理民间借贷案件适用法律若干问题的规定〉的决定》第一次修正，根据2020年12月23日最高人民法院审判委员会第1823次会议通过的《最高人民法院关于修改〈最高人民法院关于在民事审判工作中适用《中华人民共和国工会法》若干问题的解释〉等二十七件民事类司法解释的决定》第二次修正。

限，坚决否定高利转贷行为、违法放贷行为的效力，维护金融市场秩序，服务实体经济发展。

《最高人民法院关于为稳定就业提供司法服务和保障的意见》（法发〔2022〕36号　2022年12月26日）

3. 推动落实金融支持政策，增强服务行业就业吸纳能力。依法审理金融借款合同纠纷案件，充分考虑延期还本付息、加大普惠小微贷款支持等金融支持政策，对金融机构违反金融支持政策提出的借款提前到期、解除合同等诉讼请求，人民法院不予支持。批发零售、住宿餐饮、物流运输、文化旅游等服务行业企业、个体工商户等，因受疫情影响生产经营、复工复产暂时困难、无力还款，主张延期还款、分期还款、减免逾期利息、降低利率的，应当积极引导当事人双方协商解决纠纷；协商解决不成，借款人的主张依据充分或者符合政策条件的，人民法院应当依法支持。

104. 保证合同纠纷

案由适用要点

［**释义**］保证合同是指为保障债权的实现，保证人和债权人约定，当债务人不履行到期债务或者发生当事人约定的情形时，保证人履行债务或者承担责任的合同。

［**管辖**］保证合同纠纷是因合同纠纷提起的诉讼，依据《民事诉讼法》第24条，因合同纠纷提起的诉讼，由被告住所地或者合同履行地人民法院管辖。关于被告住所地，《民事诉讼法》第22条第1款规定，对公民提起的民事诉讼，由被告住所地人民法院管辖；被告住所地与经常居住地不一致的，由经常居住地人民法院管辖。《民事诉讼法解释》第3条规定，公民的住所地是指公民的户籍所在地，法人或者其他组织的住所地是指法人或者其他组织的主要办事机构所在地。法人或者其他组织的主要办事机构所在地不能确定的，法人或者其他组织的注册地或者登记地为住所地。

关于合同履行地，《民事诉讼法解释》第18条规定，合同约定履行地点的，以约定的履行地点为合同履行地。合同对履行地点没有约定或者约定不明确，争议标的为给付货币的，接收货币一方所在地为合同履行地；交付不动产的，不动产所在地为合同履行地；其他标的，履行义务一方所在地为合同履行地。即时结清的合同，交易行为地为合同履行地。合同没有实际履行，当事人双方住所地都不在合同约定的履行地的，由被告住所地人民法院管辖。

［**应注意的问题**］保证合同是主合同的从合同，除法律另有规定外，以主

合同的存在为前提，随主合同的消灭而消灭。当然，主合同无效，保证合同也无效，但是保证合同无效后，保证人并不当然无责，也要按照《最高人民法院关于适用〈中华人民共和国民法典〉有关担保制度的解释》等相关规定确定各方的责任。同时，保证合同仍具有一定独立性，保证合同可以约定保证债务仅担保主合同债务的一部分，可以有自己独立的变更或消灭原因，当事人还可以单就保证法律关系形成诉讼，故《民事案件案由规定》将之作为一个独立的第三级案由。在确定案由时需要注意，当事人同时就主合同和保证合同提起诉讼的，应以主合同确定案由，不再列保证合同纠纷。

请求权基础规范指引

《中华人民共和国民法典》（2020 年）

第六百八十四条【保证合同内容】 保证合同的内容一般包括被保证的主债权的种类、数额，债务人履行债务的期限，保证的方式、范围和期间等条款。

第六百八十五条【保证合同形式】 保证合同可以是单独订立的书面合同，也可以是主债权债务合同中的保证条款。

第三人单方以书面形式向债权人作出保证，债权人接收且未提出异议的，保证合同成立。

第六百八十六条【保证方式】 保证的方式包括一般保证和连带责任保证。

当事人在保证合同中对保证方式没有约定或者约定不明确的，按照一般保证承担保证责任。

第六百八十七条【一般保证人先诉抗辩权】 当事人在保证合同中约定，债务人不能履行债务时，由保证人承担保证责任的，为一般保证。

一般保证的保证人在主合同纠纷未经审判或者仲裁，并就债务人财产依法强制执行仍不能履行债务前，有权拒绝向债权人承担保证责任，但是有下列情形之一的除外：

（一）债务人下落不明，且无财产可供执行；

（二）人民法院已经受理债务人破产案件；

（三）债权人有证据证明债务人的财产不足以履行全部债务或者丧失履行债务能力；

（四）保证人书面表示放弃本款规定的权利。

第六百八十八条【连带责任保证】 当事人在保证合同中约定保证人和债务人对债务承担连带责任的，为连带责任保证。

连带责任保证的债务人不履行到期债务或者发生当事人约定的情形时，债权人可以请求债务人履行债务，也可以请求保证人在其保证范围内承担保证责任。

第六百九十条【最高额保证合同】 保证人与债权人可以协商订立最高额保证的合同，约定在最高债权额限度内就一定期间连续发生的债权提供保证。

最高额保证除适用本章规定外，参照适用本法第二编最高额抵押权的有关规定。

第六百九十一条【保证范围】 保证的范围包括主债权及其利息、违约金、损害赔偿金和实现债权的费用。当事人另有约定的，按照其约定。

第六百九十二条【保证期间】 保证期间是确定保证人承担保证责任的期间，不发生中止、中断和延长。

债权人与保证人可以约定保证期间，但是约定的保证期间早于主债务履行期限或者与主债务履行期限同时届满的，视为没有约定；没有约定或者约定不明确的，保证期间为主债务履行期限届满之日起六个月。

债权人与债务人对主债务履行期限没有约定或者约定不明确的，保证期间自债权人请求债务人履行债务的宽限期届满之日起计算。

第六百九十三条【保证责任免除】 一般保证的债权人未在保证期间对债务人提起诉讼或者申请仲裁的，保证人不再承担保证责任。

连带责任保证的债权人未在保证期间请求保证人承担保证责任的，保证人不再承担保证责任。

第六百九十四条【保证债务诉讼时效】 一般保证的债权人在保证期间届满前对债务人提起诉讼或者申请仲裁的，从保证人拒绝承担保证责任的权利消灭之日起，开始计算保证债务的诉讼时效。

连带责任保证的债权人在保证期间届满前请求保证人承担保证责任的，从债权人请求保证人承担保证责任之日起，开始计算保证债务的诉讼时效。

第六百九十五条【主合同变更对保证责任影响】 债权人和债务人未经保证人书面同意，协商变更主债权债务合同内容，减轻债务的，保证人仍对变更后的债务承担保证责任；加重债务的，保证人对加重的部分不承担保证责任。

债权人和债务人变更主债权债务合同的履行期限，未经保证人书面同意的，保证期间不受影响。

第六百九十六条【债权转让对保证责任影响】 债权人转让全部或者部分债权，未通知保证人的，该转让对保证人不发生效力。

保证人与债权人约定禁止债权转让，债权人未经保证人书面同意转让债权的，保证人对受让人不再承担保证责任。

第六百九十七条【债务承担对保证责任影响】 债权人未经保证人书面同

意，允许债务人转移全部或者部分债务，保证人对未经其同意转移的债务不再承担保证责任，但是债权人和保证人另有约定的除外。

第三人加入债务的，保证人的保证责任不受影响。

第六百九十八条【一般保证人保证责任免除】 一般保证的保证人在主债务履行期限届满后，向债权人提供债务人可供执行财产的真实情况，债权人放弃或者怠于行使权利致使该财产不能被执行的，保证人在其提供可供执行财产的价值范围内不再承担保证责任。

第六百九十九条【共同保证】 同一债务有两个以上保证人的，保证人应当按照保证合同约定的保证份额，承担保证责任；没有约定保证份额的，债权人可以请求任何一个保证人在其保证范围内承担保证责任。

第七百条【保证人追偿权】 保证人承担保证责任后，除当事人另有约定外，有权在其承担保证责任的范围内向债务人追偿，享有债权人对债务人的权利，但是不得损害债权人的利益。

第七百零一条【保证人抗辩权】 保证人可以主张债务人对债权人的抗辩。债务人放弃抗辩的，保证人仍有权向债权人主张抗辩。

第七百零二条【保证人拒绝履行权】 债务人对债权人享有抵销权或者撤销权的，保证人可以在相应范围内拒绝承担保证责任。

《最高人民法院关于适用〈中华人民共和国民法典〉时间效力的若干规定》（法释〔2020〕15号 2020年12月29日）

第二十七条 民法典施行前成立的保证合同，当事人对保证期间约定不明确，主债务履行期限届满至民法典施行之日不满二年，当事人主张保证期间为主债务履行期限届满之日起二年的，人民法院依法予以支持；当事人对保证期间没有约定，主债务履行期限届满至民法典施行之日不满六个月，当事人主张保证期间为主债务履行期限届满之日起六个月的，人民法院依法予以支持。

《最高人民法院关于适用〈中华人民共和国民法典〉有关担保制度的解释》（法释〔2020〕28号 2020年12月31日）

第二十五条 当事人在保证合同中约定了保证人在债务人不能履行债务或者无力偿还债务时才承担保证责任等类似内容，具有债务人应当先承担责任的意思表示的，人民法院应当将其认定为一般保证。

当事人在保证合同中约定了保证人在债务人不履行债务或者未偿还债务时即承担保证责任、无条件承担保证责任等类似内容，不具有债务人应当先承担责任的意思表示的，人民法院应当将其认定为连带责任保证。

第二十六条 一般保证中，债权人以债务人为被告提起诉讼的，人民法院应予受理。债权人未就主合同纠纷提起诉讼或者申请仲裁，仅起诉一般保证人的，人民法院应当驳回起诉。

一般保证中，债权人一并起诉债务人和保证人的，人民法院可以受理，但是在作出判决时，除有民法典第六百八十七条第二款但书规定的情形外，应当在判决书主文中明确，保证人仅对债务人财产依法强制执行后仍不能履行的部分承担保证责任。

债权人未对债务人的财产申请保全，或者保全的债务人的财产足以清偿债务，债权人申请对一般保证人的财产进行保全的，人民法院不予准许。

第二十七条　一般保证的债权人取得对债务人赋予强制执行效力的公证债权文书后，在保证期间内向人民法院申请强制执行，保证人以债权人未在保证期间内对债务人提起诉讼或者申请仲裁为由主张不承担保证责任的，人民法院不予支持。

第二十八条　一般保证中，债权人依据生效法律文书对债务人的财产依法申请强制执行，保证债务诉讼时效的起算时间按照下列规则确定：

（一）人民法院作出终结本次执行程序裁定，或者依照民事诉讼法第二百五十七条第三项、第五项的规定作出终结执行裁定的，自裁定送达债权人之日起开始计算；

（二）人民法院自收到申请执行书之日起一年内未作出前项裁定的，自人民法院收到申请执行书满一年之日起开始计算，但是保证人有证据证明债务人仍有财产可供执行的除外。

一般保证的债权人在保证期间届满前对债务人提起诉讼或者申请仲裁，债权人举证证明存在民法典第六百八十七条第二款但书规定情形的，保证债务的诉讼时效自债权人知道或者应当知道该情形之日起开始计算。

第二十九条　同一债务有两个以上保证人，债权人以其已经在保证期间内依法向部分保证人行使权利为由，主张已经在保证期间内向其他保证人行使权利的，人民法院不予支持。

同一债务有两个以上保证人，保证人之间相互有追偿权，债权人未在保证期间内依法向部分保证人行使权利，导致其他保证人在承担保证责任后丧失追偿权，其他保证人主张在其不能追偿的范围内免除保证责任的，人民法院应予支持。

第三十条　最高额保证合同对保证期间的计算方式、起算时间等有约定的，按照其约定。

最高额保证合同对保证期间的计算方式、起算时间等没有约定或者约定不明，被担保债权的履行期限均已届满的，保证期间自债权确定之日起开始计算；被担保债权的履行期限尚未届满的，保证期间自最后到期债权的履行期限届满之日起开始计算。

前款所称债权确定之日，依照民法典第四百二十三条的规定认定。

第三十一条 一般保证的债权人在保证期间内对债务人提起诉讼或者申请仲裁后，又撤回起诉或者仲裁申请，债权人在保证期间届满前未再行提起诉讼或者申请仲裁，保证人主张不再承担保证责任的，人民法院应予支持。

连带责任保证的债权人在保证期间内对保证人提起诉讼或者申请仲裁后，又撤回起诉或者仲裁申请，起诉状副本或者仲裁申请书副本已经送达保证人的，人民法院应当认定债权人已经在保证期间内向保证人行使了权利。

第三十二条 保证合同约定保证人承担保证责任直至主债务本息还清时为止等类似内容的，视为约定不明，保证期间为主债务履行期限届满之日起六个月。

第三十三条 保证合同无效，债权人未在约定或者法定的保证期间内依法行使权利，保证人主张不承担赔偿责任的，人民法院应予支持。

第三十四条 人民法院在审理保证合同纠纷案件时，应当将保证期间是否届满、债权人是否在保证期间内依法行使权利等事实作为案件基本事实予以查明。

债权人在保证期间内未依法行使权利的，保证责任消灭。保证责任消灭后，债权人书面通知保证人要求承担保证责任，保证人在通知书上签字、盖章或者按指印，债权人请求保证人继续承担保证责任的，人民法院不予支持，但是债权人有证据证明成立了新的保证合同的除外。

第三十五条 保证人知道或者应当知道主债权诉讼时效期间届满仍然提供保证或者承担保证责任，又以诉讼时效期间届满为由拒绝承担保证责任或者请求返还财产的，人民法院不予支持；保证人承担保证责任后向债务人追偿的，人民法院不予支持，但是债务人放弃诉讼时效抗辩的除外。

第三十六条 第三人向债权人提供差额补足、流动性支持等类似承诺文件作为增信措施，具有提供担保的意思表示，债权人请求第三人承担保证责任的，人民法院应当依照保证的有关规定处理。

第三人向债权人提供的承诺文件，具有加入债务或者与债务人共同承担债务等意思表示的，人民法院应当认定为民法典第五百五十二条规定的债务加入。

前两款中第三人提供的承诺文件难以确定是保证还是债务加入的，人民法院应当将其认定为保证。

第三人向债权人提供的承诺文件不符合前三款规定的情形，债权人请求第三人承担保证责任或者连带责任的，人民法院不予支持，但是不影响其依据承诺文件请求第三人履行约定的义务或者承担相应的民事责任。

105. 抵押合同纠纷

案由适用要点

[**释义**] 抵押是指为担保债务的履行，债务人或者第三人不转移财产的占有，将该财产抵押给债权人的，债务人不履行到期债务或者发生当事人约定的实现抵押权的情形，债权人有权就该财产优先受偿。而抵押合同就是抵押人与抵押权人订立的关于设定抵押权的合同。

[**管辖**] 抵押合同纠纷是因合同纠纷提起的诉讼，依据《民事诉讼法》第24条，因合同纠纷提起的诉讼，由被告住所地或者合同履行地人民法院管辖。关于被告住所地，《民事诉讼法》第22条第1款规定，对公民提起的民事诉讼，由被告住所地人民法院管辖；被告住所地与经常居住地不一致的，由经常居住地人民法院管辖。《民事诉讼法解释》第3条规定，公民的住所地是指公民的户籍所在地，法人或者其他组织的住所地是指法人或者其他组织的主要办事机构所在地。法人或者其他组织的主要办事机构所在地不能确定的，法人或者其他组织的注册地或者登记地为住所地。

关于合同履行地，《民事诉讼法解释》第18条规定，合同约定履行地点的，以约定的履行地点为合同履行地。合同对履行地点没有约定或者约定不明确，争议标的为给付货币的，接收货币一方所在地为合同履行地；交付不动产的，不动产所在地为合同履行地；其他标的，履行义务一方所在地为合同履行地。即时结清的合同，交易行为地为合同履行地。合同没有实际履行，当事人双方住所地都不在合同约定的履行地的，由被告住所地人民法院管辖。

[**应注意的问题**] 在确定案由时需要注意，当事人同时就主合同和抵押合同提起诉讼的，应以主合同确定案由，不再列抵押合同纠纷。另，关于抵押合同的性质，主流观点采债权行为说，抵押合同只是设立抵押权的合同，合同成立并不必然导致抵押权产生，抵押权的产生还得依赖公示登记。因此，确定案由时还需注意抵押合同纠纷与抵押权纠纷的区别，抵押权纠纷是物权纠纷，抵押合同纠纷是债权纠纷，两者不能混同。

请求权基础规范指引

《中华人民共和国民法典》（2020年）

第三百九十四条【抵押权的定义】 为担保债务的履行，债务人或者第三人不转移财产的占有，将该财产抵押给债权人的，债务人不履行到期债务或者发生当事人约定的实现抵押权的情形，债权人有权就该财产优先受偿。

前款规定的债务人或者第三人为抵押人，债权人为抵押权人，提供担保的财产为抵押财产。

第三百九十五条【抵押财产的范围】 债务人或者第三人有权处分的下列财产可以抵押：

（一）建筑物和其他土地附着物；

（二）建设用地使用权；

（三）海域使用权；

（四）生产设备、原材料、半成品、产品；

（五）正在建造的建筑物、船舶、航空器；

（六）交通运输工具；

（七）法律、行政法规未禁止抵押的其他财产。

抵押人可以将前款所列财产一并抵押。

第三百九十六条【浮动抵押】 企业、个体工商户、农业生产经营者可以将现有的以及将有的生产设备、原材料、半成品、产品抵押，债务人不履行到期债务或者发生当事人约定的实现抵押权的情形，债权人有权就抵押财产确定时的动产优先受偿。

第三百九十七条【建筑物与建设用地使用权同时抵押规则】 以建筑物抵押的，该建筑物占用范围内的建设用地使用权一并抵押。以建设用地使用权抵押的，该土地上的建筑物一并抵押。

抵押人未依据前款规定一并抵押的，未抵押的财产视为一并抵押。

第三百九十八条【乡镇、村企业的建设用地使用权抵押限制】 乡镇、村企业的建设用地使用权不得单独抵押。以乡镇、村企业的厂房等建筑物抵押的，其占用范围内的建设用地使用权一并抵押。

第三百九十九条【禁止抵押的财产范围】 下列财产不得抵押：

（一）土地所有权；

（二）宅基地、自留地、自留山等集体所有土地的使用权，但是法律规定可以抵押的除外；

（三）学校、幼儿园、医疗机构等为公益目的成立的非营利法人的教育设施、医疗卫生设施和其他公益设施；

（四）所有权、使用权不明或者有争议的财产；

（五）依法被查封、扣押、监管的财产；

（六）法律、行政法规规定不得抵押的其他财产。

第四百条【抵押合同】 设立抵押权，当事人应当采用书面形式订立抵押合同。

抵押合同一般包括下列条款：

（一）被担保债权的种类和数额；

（二）债务人履行债务的期限；

（三）抵押财产的名称、数量等情况；

（四）担保的范围。

第四百零一条【流押】 抵押权人在债务履行期限届满前，与抵押人约定债务人不履行到期债务时抵押财产归债权人所有的，只能依法就抵押财产优先受偿。

第四百零二条【不动产抵押登记】 以本法第三百九十五条第一款第一项至第三项规定的财产或者第五项规定的正在建造的建筑物抵押的，应当办理抵押登记。抵押权自登记时设立。

第四百零三条【动产抵押的效力】 以动产抵押的，抵押权自抵押合同生效时设立；未经登记，不得对抗善意第三人。

第四百零四条【动产抵押权无追及效力】 以动产抵押的，不得对抗正常经营活动中已经支付合理价款并取得抵押财产的买受人。

第四百零五条【抵押权与租赁权的关系】 抵押权设立前，抵押财产已经出租并转移占有的，原租赁关系不受该抵押权的影响。

第四百零六条【抵押财产的处分】 抵押期间，抵押人可以转让抵押财产。当事人另有约定的，按照其约定。抵押财产转让的，抵押权不受影响。

抵押人转让抵押财产的，应当及时通知抵押权人。抵押权人能够证明抵押财产转让可能损害抵押权的，可以请求抵押人将转让所得的价款向抵押权人提前清偿债务或者提存。转让的价款超过债权数额的部分归抵押人所有，不足部分由债务人清偿。

第四百零七条【抵押权处分的从属性】 抵押权不得与债权分离而单独转让或者作为其他债权的担保。债权转让的，担保该债权的抵押权一并转让，但是法律另有规定或者当事人另有约定的除外。

第四百零八条【抵押权的保护】 抵押人的行为足以使抵押财产价值减少的，抵押权人有权请求抵押人停止其行为；抵押财产价值减少的，抵押权人有权请求恢复抵押财产的价值，或者提供与减少的价值相应的担保。抵押人不恢复抵押财产的价值，也不提供担保的，抵押权人有权请求债务人提前清偿债务。

第四百零九条【抵押权及其顺位的处分】 抵押权人可以放弃抵押权或者抵押权的顺位。抵押权人与抵押人可以协议变更抵押权顺位以及被担保的债权数额等内容。但是，抵押权的变更未经其他抵押权人书面同意的，不得对其他抵押权人产生不利影响。

债务人以自己的财产设定抵押，抵押权人放弃该抵押权、抵押权顺位或者变更抵押权的，其他担保人在抵押权人丧失优先受偿权益的范围内免除担保责任，但是其他担保人承诺仍然提供担保的除外。

第四百一十条【抵押权的实现】 债务人不履行到期债务或者发生当事人约定的实现抵押权的情形，抵押权人可以与抵押人协议以抵押财产折价或者以拍卖、变卖该抵押财产所得的价款优先受偿。协议损害其他债权人利益的，其他债权人可以请求人民法院撤销该协议。

抵押权人与抵押人未就抵押权实现方式达成协议的，抵押权人可以请求人民法院拍卖、变卖抵押财产。

抵押财产折价或者变卖的，应当参照市场价格。

第四百一十一条【浮动抵押财产的确定】 依据本法第三百九十六条规定设定抵押的，抵押财产自下列情形之一发生时确定：

（一）债务履行期限届满，债权未实现；

（二）抵押人被宣告破产或者解散；

（三）当事人约定的实现抵押权的情形；

（四）严重影响债权实现的其他情形。

第四百一十二条【抵押权对抵押财产孳息的效力】 债务人不履行到期债务或者发生当事人约定的实现抵押权的情形，致使抵押财产被人民法院依法扣押的，自扣押之日起，抵押权人有权收取该抵押财产的天然孳息或者法定孳息，但是抵押权人未通知应当清偿法定孳息义务人的除外。

前款规定的孳息应当先充抵收取孳息的费用。

第四百一十三条【抵押财产变价后的处理】 抵押财产折价或者拍卖、变卖后，其价款超过债权数额的部分归抵押人所有，不足部分由债务人清偿。

第四百一十四条【数个抵押权的清偿顺序】 同一财产向两个以上债权人抵押的，拍卖、变卖抵押财产所得的价款依照下列规定清偿：

（一）抵押权已经登记的，按照登记的时间先后确定清偿顺序；

（二）抵押权已经登记的先于未登记的受偿；

（三）抵押权未登记的，按照债权比例清偿。

其他可以登记的担保物权，清偿顺序参照适用前款规定。

第四百一十五条【抵押权与质权的清偿顺序】 同一财产既设立抵押权又设立质权的，拍卖、变卖该财产所得的价款按照登记、交付的时间先后确定清偿顺序。

第四百一十六条【动产购买价款抵押担保的优先权】 动产抵押担保的主债权是抵押物的价款，标的物交付后十日内办理抵押登记的，该抵押权人优先于抵押物买受人的其他担保物权人受偿，但是留置权人除外。

第四百一十七条【抵押权对新增建筑物的效力】 建设用地使用权抵押

后，该土地上新增的建筑物不属于抵押财产。该建设用地使用权实现抵押权时，应当将该土地上新增的建筑物与建设用地使用权一并处分。但是，新增建筑物所得的价款，抵押权人无权优先受偿。

第四百一十八条【集体所有土地使用权抵押权的实行效果】 以集体所有土地的使用权依法抵押的，实现抵押权后，未经法定程序，不得改变土地所有权的性质和土地用途。

第四百一十九条【抵押权存续期间】 抵押权人应当在主债权诉讼时效期间行使抵押权；未行使的，人民法院不予保护。

第四百二十条【最高额抵押权的定义】 为担保债务的履行，债务人或者第三人对一定期间内将要连续发生的债权提供担保财产的，债务人不履行到期债务或者发生当事人约定的实现抵押权的情形，抵押权人有权在最高债权额限度内就该担保财产优先受偿。

最高额抵押权设立前已经存在的债权，经当事人同意，可以转入最高额抵押担保的债权范围。

第四百二十一条【最高额抵押权担保的债权转让】 最高额抵押担保的债权确定前，部分债权转让的，最高额抵押权不得转让，但是当事人另有约定的除外。

第四百二十二条【最高额抵押合同条款变更】 最高额抵押担保的债权确定前，抵押权人与抵押人可以通过协议变更债权确定的期间、债权范围以及最高债权额。但是，变更的内容不得对其他抵押权人产生不利影响。

第四百二十三条【最高额抵押权所担保的债权确定】 有下列情形之一的，抵押权人的债权确定：

（一）约定的债权确定期间届满；

（二）没有约定债权确定期间或者约定不明确，抵押权人或者抵押人自最高额抵押权设立之日起满二年后请求确定债权；

（三）新的债权不可能发生；

（四）抵押权人知道或者应当知道抵押财产被查封、扣押；

（五）债务人、抵押人被宣告破产或者解散；

（六）法律规定债权确定的其他情形。

第四百二十四条【最高额抵押权的法律适用】 最高额抵押权除适用本节规定外，适用本章第一节的有关规定。

《中华人民共和国城市房地产管理法》（2019年修正）

第四十八条 依法取得的房屋所有权连同该房屋占用范围内的土地使用权，可以设定抵押权。

以出让方式取得的土地使用权，可以设定抵押权。

第四十九条 房地产抵押，应当凭土地使用权证书、房屋所有权证书办理。

《中华人民共和国民用航空法》（2021年修正）

第十六条 设定民用航空器抵押权，由抵押权人和抵押人共同向国务院民用航空主管部门办理抵押权登记；未经登记的，不得对抗第三人。

《最高人民法院关于审理矿业权纠纷案件适用法律若干问题的解释》（2020年12月23日修正）

第十四条 矿业权人为担保自己或者他人债务的履行，将矿业权抵押给债权人的，抵押合同自依法成立之日起生效，但法律、行政法规规定不得抵押的除外。

当事人仅以未经主管部门批准或者登记、备案为由请求确认抵押合同无效的，人民法院不予支持。

第十五条 当事人请求确认矿业权之抵押权自依法登记时设立的，人民法院应予支持。

颁发矿产资源勘查许可证或者采矿许可证的自然资源主管部门根据相关规定办理的矿业权抵押备案手续，视为前款规定的登记。

《最高人民法院关于适用〈中华人民共和国民法典〉有关担保制度的解释》（法释〔2020〕28号 2020年12月31日）

第四十六条 不动产抵押合同生效后未办理抵押登记手续，债权人请求抵押人办理抵押登记手续的，人民法院应予支持。

抵押财产因不可归责于抵押人自身的原因灭失或者被征收等导致不能办理抵押登记，债权人请求抵押人在约定的担保范围内承担责任的，人民法院不予支持；但是抵押人已经获得保险金、赔偿金或者补偿金等，债权人请求抵押人在其所获金额范围内承担赔偿责任的，人民法院依法予以支持。

因抵押人转让抵押财产或者其他可归责于抵押人自身的原因导致不能办理抵押登记，债权人请求抵押人在约定的担保范围内承担责任的，人民法院依法予以支持，但是不得超过抵押权能够设立时抵押人应当承担的责任范围。

第四十七条 不动产登记簿就抵押财产、被担保的债权范围等所作的记载与抵押合同约定不一致的，人民法院应当根据登记簿的记载确定抵押财产、被担保的债权范围等事项。

第四十九条 以违法的建筑物抵押的，抵押合同无效，但是一审法庭辩论终结前已经办理合法手续的除外。抵押合同无效的法律后果，依照本解释第十七条的有关规定处理。

当事人以建设用地使用权依法设立抵押，抵押人以土地上存在违法的建筑物为由主张抵押合同无效的，人民法院不予支持。

第五十条　抵押人以划拨建设用地上的建筑物抵押，当事人以该建设用地使用权不能抵押或者未办理批准手续为由主张抵押合同无效或者不生效的，人民法院不予支持。抵押权依法实现时，拍卖、变卖建筑物所得的价款，应当优先用于补缴建设用地使用权出让金。

当事人以划拨方式取得的建设用地使用权抵押，抵押人以未办理批准手续为由主张抵押合同无效或者不生效的，人民法院不予支持。已经依法办理抵押登记，抵押权人主张行使抵押权的，人民法院应予支持。抵押权依法实现时所得的价款，参照前款有关规定处理。

第五十三条　当事人在动产和权利担保合同中对担保财产进行概括描述，该描述能够合理识别担保财产的，人民法院应当认定担保成立。

第五十四条　动产抵押合同订立后未办理抵押登记，动产抵押权的效力按照下列情形分别处理：

（一）抵押人转让抵押财产，受让人占有抵押财产后，抵押权人向受让人请求行使抵押权的，人民法院不予支持，但是抵押权人能够举证证明受让人知道或者应当知道已经订立抵押合同的除外；

（二）抵押人将抵押财产出租给他人并移转占有，抵押权人行使抵押权的，租赁关系不受影响，但是抵押权人能够举证证明承租人知道或者应当知道已经订立抵押合同的除外；

（三）抵押人的其他债权人向人民法院申请保全或者执行抵押财产，人民法院已经作出财产保全裁定或者采取执行措施，抵押权人主张对抵押财产优先受偿的，人民法院不予支持；

（四）抵押人破产，抵押权人主张对抵押财产优先受偿的，人民法院不予支持。

第五十七条　担保人在设立动产浮动抵押并办理抵押登记后又购入或者以融资租赁方式承租新的动产，下列权利人为担保价款债权或者租金的实现而订立担保合同，并在该动产交付后十日内办理登记，主张其权利优先于在先设立的浮动抵押权的，人民法院应予支持：

（一）在该动产上设立抵押权或者保留所有权的出卖人；

（二）为价款支付提供融资而在该动产上设立抵押权的债权人；

（三）以融资租赁方式出租该动产的出租人。

买受人取得动产但未付清价款或者承租人以融资租赁方式占有租赁物但是未付清全部租金，又以标的物为他人设立担保物权，前款所列权利人为担保价款债权或者租金的实现而订立担保合同，并在该动产交付后十日内办理登记，主张其权利优先于买受人为他人设立的担保物权的，人民法院应予支持。

同一动产上存在多个价款优先权的，人民法院应当按照登记的时间先后确定清偿顺序。

106. 质押合同纠纷

案由适用要点

[**释义**] 质押是为担保债务的履行，债务人或者第三人将其动产出质给债权人占有的，债务人不履行到期债务或者发生当事人约定的实现质权的情形，债权人有权就该动产优先受偿。质押合同是指出质人与质权人订立的关于设定质押的合同。

[**管辖**] 质押合同纠纷是因合同纠纷提起的诉讼，依据《民事诉讼法》第 24 条，因合同纠纷提起的诉讼，由被告住所地或者合同履行地人民法院管辖。关于被告住所地，《民事诉讼法》第 22 条第 1 款规定，对公民提起的民事诉讼，由被告住所地人民法院管辖；被告住所地与经常居住地不一致的，由经常居住地人民法院管辖。《民事诉讼法解释》第 3 条规定，公民的住所地是指公民的户籍所在地，法人或者其他组织的住所地是指法人或者其他组织的主要办事机构所在地。法人或者其他组织的主要办事机构所在地不能确定的，法人或者其他组织的注册地或者登记地为住所地。

关于合同履行地，《民事诉讼法解释》第 18 条规定，合同约定履行地点的，以约定的履行地点为合同履行地。合同对履行地点没有约定或者约定不明确，争议标的为给付货币的，接收货币一方所在地为合同履行地；交付不动产的，不动产所在地为合同履行地；其他标的，履行义务一方所在地为合同履行地。即时结清的合同，交易行为地为合同履行地。合同没有实际履行，当事人双方住所地都不在合同约定的履行地的，由被告住所地人民法院管辖。

[**应注意的问题**] 在确定案由时需要注意，只有当事人单独就质押合同提起诉讼的，才将纠纷确定为本案由。应当特别注意的是，质押合同生效要件与质权不同，质押合同的生效要件与一般合同的生效要件相同，质权自权利凭证交付质权人时或办理出质登记时设立，法律另有规定的，依照其规定。因此，确定案由时还需注意质押合同纠纷与质权纠纷的区别，质权纠纷是物权纠纷，质押合同纠纷是债权纠纷，两者不能混同。

请求权基础规范指引

《中华人民共和国民法典》（2020 年）

第四百二十七条【质押合同】 设立质权，当事人应当采用书面形式订立质押合同。

质押合同一般包括下列条款：

（一）被担保债权的种类和数额；

（二）债务人履行债务的期限；

（三）质押财产的名称、数量等情况；

（四）担保的范围；

（五）质押财产交付的时间、方式。

第四百二十八条【流质】 质权人在债务履行期限届满前，与出质人约定债务人不履行到期债务时质押财产归债权人所有的，只能依法就质押财产优先受偿。

第四百二十九条【质权生效时间】 质权自出质人交付质押财产时设立。

第四百三十条【质权人孳息收取权及孳息首要清偿用途】 质权人有权收取质押财产的孳息，但是合同另有约定的除外。

前款规定的孳息应当先充抵收取孳息的费用。

第四百三十一条【质权人擅自使用、处分质押财产的责任】 质权人在质权存续期间，未经出质人同意，擅自使用、处分质押财产，造成出质人损害的，应当承担赔偿责任。

第四百三十二条【质权人的保管义务和赔偿责任】 质权人负有妥善保管质押财产的义务；因保管不善致使质押财产毁损、灭失的，应当承担赔偿责任。

质权人的行为可能使质押财产毁损、灭失的，出质人可以请求质权人将质押财产提存，或者请求提前清偿债务并返还质押财产。

第四百三十三条【质权的保护】 因不可归责于质权人的事由可能使质押财产毁损或者价值明显减少，足以危害质权人权利的，质权人有权请求出质人提供相应的担保；出质人不提供的，质权人可以拍卖、变卖质押财产，并与出质人协议将拍卖、变卖所得的价款提前清偿债务或者提存。

第四百三十四条【责任转质】 质权人在质权存续期间，未经出质人同意转质，造成质押财产毁损、灭失的，应当承担赔偿责任。

第四百三十五条【质权的放弃】 质权人可以放弃质权。债务人以自己的财产出质，质权人放弃该质权的，其他担保人在质权人丧失优先受偿权益的范围内免除担保责任，但是其他担保人承诺仍然提供担保的除外。

《最高人民法院关于适用〈中华人民共和国民法典〉有关担保制度的解释》（法释〔2020〕28号 2020年12月31日）

第一条 因抵押、质押、留置、保证等担保发生的纠纷，适用本解释。所有权保留买卖、融资租赁、保理等涉及担保功能发生的纠纷，适用本解释的有关规定。

第二条 当事人在担保合同中约定担保合同的效力独立于主合同，或者约定担保人对主合同无效的法律后果承担担保责任，该有关担保独立性的约定无效。主合同有效的，有关担保独立性的约定无效不影响担保合同的效力；主合同无效的，人民法院应当认定担保合同无效，但是法律另有规定的除外。

因金融机构开立的独立保函发生的纠纷，适用《最高人民法院关于审理独立保函纠纷案件若干问题的规定》。

第三条 当事人对担保责任的承担约定专门的违约责任，或者约定的担保责任范围超出债务人应当承担的责任范围，担保人主张仅在债务人应当承担的责任范围内承担责任的，人民法院应予支持。

担保人承担的责任超出债务人应当承担的责任范围，担保人向债务人追偿，债务人主张仅在其应当承担的责任范围内承担责任的，人民法院应予支持；担保人请求债权人返还超出部分的，人民法院依法予以支持。

第五十五条 债权人、出质人与监管人订立三方协议，出质人以通过一定数量、品种等概括描述能够确定范围的货物为债务的履行提供担保，当事人有证据证明监管人系受债权人的委托监管并实际控制该货物的，人民法院应当认定质权于监管人实际控制货物之日起设立。监管人违反约定向出质人或者其他人放货、因保管不善导致货物毁损灭失，债权人请求监管人承担违约责任的，人民法院依法予以支持。

在前款规定情形下，当事人有证据证明监管人系受出质人委托监管该货物，或者虽然受债权人委托但是未实际履行监管职责，导致货物仍由出质人实际控制的，人民法院应当认定质权未设立。债权人可以基于质押合同的约定请求出质人承担违约责任，但是不得超过质权有效设立时出质人应当承担的责任范围。监管人未履行监管职责，债权人请求监管人承担责任的，人民法院依法予以支持。

第五十八条 以汇票出质，当事人以背书记载“质押”字样并在汇票上签章，汇票已经交付质权人的，人民法院应当认定质权自汇票交付质权人时设立。

第五十九条 存货人或者仓单持有人在仓单上以背书记载“质押”字样，并经保管人签章，仓单已经交付质权人的，人民法院应当认定质权自仓单交付质权人时设立。没有权利凭证的仓单，依法可以办理出质登记的，仓单质权自办理出质登记时设立。

出质人既以仓单出质，又以仓储物设立担保，按照公示的先后确定清偿顺序；难以确定先后的，按照债权比例清偿。

保管人为同一货物签发多份仓单，出质人在多份仓单上设立多个质权，按照公示的先后确定清偿顺序；难以确定先后的，按照债权比例受偿。

存在第二款、第三款规定的情形，债权人举证证明其损失系由出质人与保管人的共同行为所致，请求出质人与保管人承担连带赔偿责任的，人民法院应予支持。

第六十六条 同一应收账款同时存在保理、应收账款质押和债权转让，当事人主张参照民法典第七百六十八条的规定确定优先顺序的，人民法院应予支持。

在有追索权的保理中，保理人以应收账款债权人或者应收账款债务人为被告提起诉讼，人民法院应予受理；保理人一并起诉应收账款债权人和应收账款债务人的，人民法院可以受理。

应收账款债权人向保理人返还保理融资款本息或者回购应收账款债权后，请求应收账款债务人向其履行应收账款债务的，人民法院应予支持。

107. 定金合同纠纷

案由适用要点

［**释义**］当事人可以约定一方向对方给付定金作为债权的担保。定金合同为要物合同，定金合同自实际交付定金时成立。定金的数额由当事人约定；但是，不得超过主合同标的额的百分之二十，超过部分不产生定金的效力。实际交付的定金数额多于或者少于约定数额的，视为变更约定的定金数额。债务人履行债务的，定金应当抵作价款或者收回。

［**管辖**］定金合同纠纷是因合同纠纷提起的诉讼，依据《民事诉讼法》第24条，因合同纠纷提起的诉讼，由被告住所地或者合同履行地人民法院管辖。关于被告住所地，《民事诉讼法》第22条第1款规定，对公民提起的民事诉讼，由被告住所地人民法院管辖；被告住所地与经常居住地不一致的，由经常居住地人民法院管辖。《民事诉讼法解释》第3条规定，公民的住所地是指公民的户籍所在地，法人或者其他组织的住所地是指法人或者其他组织的主要办事机构所在地。法人或者其他组织的主要办事机构所在地不能确定的，法人或者其他组织的注册地或者登记地为住所地。

关于合同履行地，《民事诉讼法解释》第18条规定，合同约定履行地点的，以约定的履行地点为合同履行地。合同对履行地点没有约定或者约定不明确，争议标的为给付货币的，接收货币一方所在地为合同履行地；交付不动产的，不动产所在地为合同履行地；其他标的，履行义务一方所在地为合同履行地。即时结清的合同，交易行为地为合同履行地。合同没有实际履行，当事人双方住所地都不在合同约定的履行地的，由被告住所地人民法院管辖。

[**应注意的问题**] 在确定案由时需要注意，只有当事人单独就定金合同提起诉讼的，才将纠纷确定为本案由。当事人在合同中约定留置金、担保金、保证金、订约金、押金或订金等，但没有约定定金性质的，不能依据定金处理。在确定案由时还需要注意，商品房预约合同纠纷的主要争议实质是立约定金纠纷，但因相关纠纷的案由已有了特别规定，就不能适用本案由。

请求权基础规范指引

《中华人民共和国民法典》（2020年）

第五百八十六条【定金担保】 当事人可以约定一方向对方给付定金作为债权的担保。定金合同自实际交付定金时成立。

定金的数额由当事人约定；但是，不得超过主合同标的额的百分之二十，超过部分不产生定金的效力。实际交付的定金数额多于或者少于约定数额的，视为变更约定的定金数额。

第五百八十七条【定金罚则】 债务人履行债务的，定金应当抵作价款或者收回。给付定金的一方不履行债务或者履行债务不符合约定，致使不能实现合同目的的，无权请求返还定金；收受定金的一方不履行债务或者履行债务不符合约定，致使不能实现合同目的的，应当双倍返还定金。

第五百八十八条【违约金与定金竞合时的责任】 当事人既约定违约金，又约定定金的，一方违约时，对方可以选择适用违约金或者定金条款。

定金不足以弥补一方违约造成的损失的，对方可以请求赔偿超过定金数额的损失。

108. 进出口押汇纠纷

案由适用要点

[**释义**] 进出口押汇是与信用证业务相关联的银行与进出口商之间的一种短期融资，是对进口押汇和出口押汇的简称。关于进口押汇、出口押汇，是银行实务中的一种做法，目前还没有明确的法律规定，也没有统一的定义。银行在与进口商之间办理进口押汇以及在与出口商之间办理出口押汇的过程中形成的纠纷就是进出口押汇纠纷。

[**管辖**] 进出口押汇是银行与进出口商之间形成的一种合同关系，依据《民事诉讼法》第24条，因合同纠纷提起的诉讼，由被告住所地或者合同履行地人民法院管辖。关于被告住所地，《民事诉讼法》第22条第1款规定，对公民提起的民事诉讼，由被告住所地人民法院管辖；被告住所地与经

常居住地不一致的，由经常居住地人民法院管辖。《民事诉讼法解释》第 3 条规定，公民的住所地是指公民的户籍所在地，法人或者其他组织的住所地是指法人或者其他组织的主要办事机构所在地。法人或者其他组织的主要办事机构所在地不能确定的，法人或者其他组织的注册地或者登记地为住所地。

关于合同履行地，《民事诉讼法解释》第 18 条规定，合同约定履行地点的，以约定的履行地点为合同履行地。合同对履行地点没有约定或者约定不明确，争议标的为给付货币的，接收货币一方所在地为合同履行地；交付不动产的，不动产所在地为合同履行地；其他标的，履行义务一方所在地为合同履行地。即时结清的合同，交易行为地为合同履行地。合同没有实际履行，当事人双方住所地都不在合同约定的履行地的，由被告住所地人民法院管辖。

[应注意的问题] 实践中，我国银行在开展进口押汇业务时并没有统一的做法，各自的要求不尽相同。一般认为，进口押汇是开证行给予开证申请人（进口商）的一项短期融资。通常操作是在开证行对外开立信用证后，在受益人提交的信用证项下的单据与信用证的要求相符的情况下，开证行对外付款，由于开证申请人资金短缺或周转困难，无力付款赎单，遂向开证行申请叙作进口押汇，开证行同意后，把信用证项下的单据交给开证申请人处理，开证申请人在规定的期限内向开证行偿还贷款本金及利息。有些银行在开展进口押汇业务时，通常是与信托收据（Trust Receipt，T/R）配套操作的，通常还需要开证申请人提供一定的担保。

出口押汇则是受益人（出口商）在获得开证行付款之前从银行获得的一项短期融资，是在受益人仍对单据拥有所有权的情况下，在信用证规定的付款到期日之前，出于借贷融资的需要以其单据质押，从押汇行取得垫付货款的行为。一般操作是在信用证交易中，信用证受益人按信用证规定装运货物、备好单据，在信用证规定的付款期限到来或实际得到支付之前，以全套单据作质押，从银行提前取得货款的贷款行为，该贷款一般是扣除贷款日到应付货款日期间的较议付还高的利息后的净余额。该款项不是押汇行实际支付的单据的对价，而是借贷关系下的短期融资。

进出口押汇是借贷与担保形成的债的法律关系，司法实践中应当予以注意。

请求权基础规范指引

目前我国没有该类专门法律规范，处理进出品汇押纠纷的法律依据主要是《民法典》物权编、合同编的相关规定。

109. 储蓄存款合同纠纷

案由适用要点

［**释义**］储蓄存款是指个人所有的存入在中国境内储蓄机构的人民币或外币存款。

本案由所指的“储蓄存款合同”，既包括储蓄合同，也包括存款合同，主体既包括自然人，也包括法人和非法人组织。

［**管辖**］1997年的《最高人民法院关于审理存单纠纷案件的若干规定》（法释〔1997〕8号）第4条规定，存单纠纷案件由被告住所地人民法院或出具存单、进账单、对账单或与当事人签订存款合同的金融机构住所地人民法院管辖。实践中，存单纠纷按照该司法解释确定管辖法院。2015年《民事诉讼法解释》对“合同履行地”的确定规则作了重大调整，在第18条第2款规定，合同对履行地点没有约定或者约定不明确，争议标的为给付货币的，接收货币一方所在地为合同履行地；交付不动产的，不动产所在地为合同履行地；其他标的，履行义务一方所在地为合同履行地。即时结清的合同，交易行为地为合同履行地。此后，对于存单纠纷的管辖实践中出现争议，有观点认为，仍应按照《最高人民法院关于审理存单纠纷案件的若干规定》（法释〔1997〕8号）第4条的规定确定管辖法院；有观点认为，应按照2015年《民事诉讼法解释》第18条第2款，原告（存单持有人）作为接收货币一方，其所在地法院有管辖权；当金融机构作为原告时，被告（存单持有人）和金融机构住所地法院都有管辖权。《民法典》施行前，最高人民法院对相关司法解释进行了全面清理，在《最高人民法院关于审理存单纠纷案件的若干规定》（2020年修正）中保留了法释〔1997〕8号第4条的规定，故该解释对存单纠纷的管辖参照了2020年《民事诉讼法解释》第19条至第21条规定的财产租赁等几类特殊合同，例外规定了合同履行地。《最高人民法院关于审理存单纠纷案件的若干规定》（2020年修正）实行后，存单纠纷案件由被告住所地人民法院或出具存单、进账单、对账单或与当事人签订存款合同的金融机构住所地人民法院管辖。

［**应注意的问题**］在实务中，储蓄存款合同一般表现为存折、存单或其他储蓄存款凭证。但是，储蓄存款凭证仅仅是储蓄存款合同关系的证明，而不是储蓄存款合同关系本身。实践中常将《最高人民法院关于审理存单纠纷案件的若干规定》作为审理储蓄存款合同纠纷的法律依据。从广义上讲，储蓄存款合同纠纷包含了存单纠纷，存单纠纷涵盖了以存单、进账单、对账单、存款合同为主要证据起诉的纠纷，广义的储蓄存款合同纠纷却不仅限于

此，还包括以借记卡、信用卡等银行卡为主要证据起诉的纠纷。鉴于本案由规定将银行卡纠纷单列为第三级案由，这里的“储蓄存款合同纠纷”仅指不包括银行卡纠纷在内的狭义储蓄存款合同纠纷，而不将“存单纠纷”单列为一项案由。

请求权基础规范指引

《中华人民共和国商业银行法》（2015 年修正）

第二十九条　商业银行办理个人储蓄存款业务，应当遵循存款自愿、取款自由、存款有息、为存款人保密的原则。

对个人储蓄存款，商业银行有权拒绝任何单位或者个人查询、冻结、扣划，但法律另有规定的除外。

第三十条　对单位存款，商业银行有权拒绝任何单位或者个人查询，但法律、行政法规另有规定的除外；有权拒绝任何单位或者个人冻结、扣划，但法律另有规定的除外。

第三十一条　商业银行应当按照中国人民银行规定的存款利率的上下限，确定存款利率，并予以公告。

第三十三条　商业银行应当保证存款本金和利息的支付，不得拖延、拒绝支付存款本金和利息。

《储蓄管理条例》（2011 年修订）

第二十四条　未到期的定期储蓄存款，全部提前支取的，按支取日挂牌公告的活期储蓄存款利率计付利息；部分提前支取的，提前支取的部分按支取日挂牌公告的活期储蓄存款利率计付利息，其余部分到期时按存单开户日挂牌公告的定期储蓄存款利率计付利息。

第二十五条　逾期支取的定期储蓄存款，其超过原定存期的部分，除约定自动转存的外，按支取日挂牌公告的活期储蓄存款利率计付利息。

第二十六条　定期储蓄存款在存期内遇有利率调整，按存单开户日挂牌公告的相应的定期储蓄存款利率计付利息。

第二十七条　活期储蓄存款在存入期间遇有利率调整，按结息日挂牌公告的活期储蓄存款利率计付利息。全部支取活期储蓄存款，按清户日挂牌公告的活期储蓄存款利率计付利息。

第二十八条　储户认为储蓄存款利息支付有错误时，有权向经办的储蓄机构申请复核；经办的储蓄机构应当及时受理、复核。

第二十九条　未到期的定期储蓄存款，储户提前支取的，必须持存单和存款人的身份证明办理；代储户支取的，代支取人还必须持其身份证明。

第三十条　存单、存折分为记名式和不记名式。记名式的存单、存折可以挂失，不记名式的存单、存折不能挂失。

第三十一条 储户遗失存单、存折或者预留印鉴的印章的，必须立即持本人身份证明，并提供储户的姓名、开户时间、储蓄种类、金额、账号及住址等有关情况，向其开户的储蓄机构书面申请挂失。在特殊情况下，储户可以用口头或者函电形式申请挂失，但必须在五天内补办书面申请挂失手续。

储蓄机构受理挂失后，必须立即停止支付该储蓄存款；受理挂失前该储蓄存款已被他人支取的，储蓄机构不负赔偿责任。

第三十二条 储蓄机构及其工作人员对储户的储蓄情况负有保密责任。

储蓄机构不代任何单位和个人查询、冻结或者划拨储蓄存款，国家法律、行政法规另有规定的除外。

第三十三条 储蓄存款的所有权发生争议，涉及办理过户的，储蓄机构依据人民法院发生法律效力的判决书、裁定书或者调解书办理过户手续。

《最高人民法院关于审理存单纠纷案件的若干规定》（2020 年 12 月 23 日修正）

第五条 对一般存单纠纷案件的认定和处理

（一）认定

当事人以存单或进账单、对账单、存款合同等凭证为主要证据向人民法院提起诉讼的存单纠纷案件和金融机构向人民法院提起的确认存单或进账单、对账单、存款合同等凭证无效的存单纠纷案件，为一般存单纠纷案件。

（二）处理

人民法院在审理一般存单纠纷案件中，除应审查存单、进账单、对账单、存款合同等凭证的真实性外，还应审查持有人与金融机构间存款关系的真实性，并以存单、进账单、对账单、存款合同等凭证的真实性以及存款关系的真实性为依据，作出正确处理。

1. 持有人以上述真实凭证为证据提起诉讼的，金融机构应当对持有人与金融机构间是否存在存款关系负举证责任。如金融机构有充分证据证明持有人未向金融机构交付上述凭证所记载的款项的，人民法院应当认定持有人与金融机构间不存在存款关系，并判决驳回原告的诉讼请求。

2. 持有人以上述真实凭证为证据提起诉讼的，如金融机构不能提供证明存款关系不真实的证据，或仅以金融机构底单的记载内容与上述凭证记载内容不符为由进行抗辩的，人民法院应认定持有人与金融机构间存款关系成立，金融机构应当承担兑付款项的义务。

3. 持有人以在样式、印鉴、记载事项上有别于真实凭证，但无充分证据证明系伪造或变造的瑕疵凭证提起诉讼的，持有人应对瑕疵凭证的取得提供合理的陈述。如持有人对瑕疵凭证的取得提供了合理陈述，而金融机构否认存款关系存在的，金融机构应当对持有人与金融机构间是否存在存款关系负举证责任。如金融机构有充分证据证明持有人未向金融机构交付上述凭证所记载的款项的，人民法院应当认定持有人与金融机构间不存在存款关系，判决驳回原告的诉讼请求；如金融机构不能提供证明存款关系不真实的证据，或仅以金融机构底单的记载内容与上述凭证记载内容不符为由进行抗辩的，人民法院应认定持有人与金融机构间存款关系成立，金融机构应当承担兑付款项的义务。

4. 存单纠纷案件的审理中，如有充足证据证明存单、进账单、对账单、存款合同等凭证系伪造、变造，人民法院应在查明案件事实的基础上，依法确认上述凭证无效，并可驳回持上述凭证起诉的原告的诉讼请求或根据实际存款数额进行判决。如有本规定第三条中止审理情形的，人民法院应当中止审理。

110. 银行卡纠纷

（1）借记卡纠纷

（2）信用卡纠纷

案由适用要点

［**释义**］银行卡是指由商业银行（含邮政金融机构）向社会发行的具有消费信用、转账结算、存取现金等全部或部分功能的信用支付工具。银行卡民事纠纷，包括借记卡纠纷和信用卡纠纷。

［**管辖**］有观点认为，银行卡纠纷既可能属于合同纠纷也可能属于侵权纠纷，合同纠纷根据《民事诉讼法》第 24 条的规定，由被告住所地或合同履行地人民法院管辖；侵权纠纷根据《民事诉讼法》第 29 条的规定，由侵权行为地或被告住所地人民法院管辖。

但是，根据《最高人民法院关于审理银行卡民事纠纷案件若干问题的规定》第 1 条的规定，银行卡纠纷属于合同纠纷，依据《民事诉讼法》第 24 条，因合同纠纷提起的诉讼，由被告住所地或者合同履行地人民法院管辖。关于被告住所地，《民事诉讼法》第 22 条第 1 款规定，对公民提起的民事诉讼，由被告住所地人民法院管辖；被告住所地与经常居住地不一致的，由经常居住地人民法院管辖。《民事诉讼法解释》第 3 条规定，公民的住所地是指公民的户籍所在地，法人或者其他组织的住所地是指法人或者其他组织的主要办事机构所在地。法人或者其他组织的主要办事机构所在地不能确定的，法人或者其他组织的注册地或者登记地为住所地。

关于合同履行地，《民事诉讼法解释》第 18 条规定，合同约定履行地点的，以约定的履行地点为合同履行地。合同对履行地点没有约定或者约定不明确，争议标的为给付货币的，接收货币一方所在地为合同履行地；交付不动产的，不动产所在地为合同履行地；其他标的，履行义务一方所在地为合同履行地。即时结清的合同，交易行为地为合同履行地。合同没有实际履行，当事人双方住所地都不在合同约定的履行地的，由被告住所地人民法院管辖。

[应注意的问题] 银行卡纠纷中，相关主体包括持卡人、发卡行、非银行支付机构、特约商户等，一般认为，关于它们之间的法律关系为：(1) 发卡行和持卡人之间：若所持为借记卡，构成储蓄存款合同关系；若所持为信用卡，当持卡人在信用卡账户中存有溢缴款，足以支付取现金额或者消费金额时，双方法律关系性质与借记卡无异；当持卡人的信用卡账户不足以支付取现金额或消费金额时，双方就该不足以支付的款项部分所发生的法律关系则实为金融借款合同关系。而在银行卡消费交易活动中，持卡人刷卡消费的行为，是发卡行接受持卡人的委托，为持卡人提供代理结算付款服务，因此双方又构成委托代理关系。(2) 持卡人和特约商户之间：构成买卖、服务等合同关系。(3) 持卡人和非银行金融机构之间一般为金融服务关系。

请求权基础规范指引

《中华人民共和国商业银行法》（2015 年修正）

第三条 商业银行可以经营下列部分或者全部业务：

（一）吸收公众存款；

（二）发放短期、中期和长期贷款；

（三）办理国内外结算；

（四）办理票据承兑与贴现；

（五）发行金融债券；

（六）代理发行、代理兑付、承销政府债券；

（七）买卖政府债券、金融债券；

（八）从事同业拆借；

（九）买卖、代理买卖外汇；

（十）从事银行卡业务；

（十一）提供信用证服务及担保；

（十二）代理收付款项及代理保险业务；

（十三）提供保管箱服务；

（十四）经国务院银行业监督管理机构批准的其他业务。

经营范围由商业银行章程规定，报国务院银行业监督管理机构批准。

商业银行经中国人民银行批准，可以经营结汇、售汇业务。

《中国人民银行银行卡业务管理办法》（1999年）

第五十一条 发卡银行的权利：

（一）发卡银行有权审查申请人的资信状况、索取申请人的个人资料，并有权决定是否向申请人发卡及确定信用卡持卡人的透支额度。

（二）发卡银行对持卡人透支有追偿权。对持卡人不在规定期限内归还透支款项的，发卡银行有权申请法律保护并依法追究持卡人或有关当事人的法律责任。

（三）发卡银行对不遵守其章程规定的持卡人，有权取消其持卡人资格，并可授权有关单位收回其银行卡。

（四）发卡银行对储值卡和IC卡内的电子钱包可不予挂失。

第五十二条 发卡银行的义务：

（一）发卡银行应当向银行卡申请人提供有关银行卡的使用说明资料，包括章程、使用说明及收费标准。现有持卡人亦可索取上述资料。

（二）发卡银行应当设立针对银行卡服务的公平、有效的投诉制度，并公开投诉程序和投诉电话。发卡银行对持卡人关于帐务情况的查询和改正要求应当在30天内给予答复。

（三）发卡银行应当向持卡人提供对帐服务。按月向持卡人提供帐户结单，在下列情况下发卡银行可不向持卡人提供帐户结单：

1. 已向持卡人提供存折或其他交易记录；

2. 自上一份月结单后，没有进行任何交易，帐户没有任何未偿还余额；

3. 已与持卡人另行商定。

（四）发卡银行向持卡人提供的银行卡对帐单应当列出以下内容：

1. 交易金额、帐户余额（贷记卡还应列出到期还款日、最低还款额、可信用额度）；

2. 交易金额记入有关帐户或自有关帐户扣除的日期；

3. 交易日期与类别；

4. 交易记录号码；

5. 作为支付对象的商户名称或代号（异地交易除外）；

6. 查询或报告不符帐务的地址或电话号码。

（五）发卡银行应当向持卡人提供银行卡挂失服务，应当设立24小时挂失服务电话，提供电话和书面两种挂失方式，书面挂失为正式挂失方式。并在章程或有关协议中明确发卡银行与持卡人之间的挂失责任。

（六）发卡银行应当在有关卡的章程或使用说明中向持卡人说明密码的重要性及丢失的责任。

（七）发卡银行对持卡人的资信资料负有保密的责任。

第五十三条　持卡人的权利：

（一）持卡人享有发卡银行对其银行卡所承诺的各项服务的权利，有权监督服务质量并对不符服务质量进行投诉。

（二）申请人、持卡人有权知悉其选用的银行卡的功能、使用方法、收费项目、收费标准、适用利率及有关的计算公式。

（三）持卡人有权在规定时间内向发卡银行索取对帐单，并有权要求对不符帐务内容进行查询或改正。

（四）借记卡的挂失手续办妥后，持卡人不再承担相应卡帐户资金变动的责任，司法机关、仲裁机关另有判决的除外。

（五）持卡人有权索取信用卡领用合约，并应妥善保管。

第五十四条　持卡人的义务：

（一）申请人应当向发卡银行提供真实的申请资料并按照发卡银行规定向其提供符合条件的担保。

（二）持卡人应当遵守发卡银行的章程及《领用合约》的有关条款。

（三）持卡人或保证人通讯地址、职业等发生变化，应当及时书面通知发卡银行。

（四）持卡人不得以和商户发生纠纷为由拒绝支付所欠银行款项。

第五十五条　商业银行发展受理银行卡的商户，应当与商户签订受理合约，受理合约不得包括排他性条款。受理合约中的手续费率标准低于本办法规定标准的不受法律保护。

《最高人民法院关于审理银行卡民事纠纷案件若干问题的规定》（法释〔2021〕10号　2021年5月24日）

第一条　持卡人与发卡行、非银行支付机构、收单行、特约商户等当事人之间因订立银行卡合同、使用银行卡等产生的民事纠纷，适用本规定。

本规定所称银行卡民事纠纷，包括借记卡纠纷和信用卡纠纷。

第二条　发卡行在与持卡人订立银行卡合同时，对收取利息、复利、费用、违约金等格式条款未履行提示或者说明义务，致使持卡人没有注意或者理解该条款，持卡人主张该条款不成为合同的内容、对其不具有约束力的，人民法院应予支持。

发卡行请求持卡人按照信用卡合同的约定给付透支利息、复利、违约金等，或者给付分期付款手续费、利息、违约金等，持卡人以发卡行主张的总额过高为由请求予以适当减少的，人民法院应当综合考虑国家有关金融监管规定、未还款的数额及期限、当事人过错程度、发卡行的实际损失等因素，根据公平原则和诚信原则予以衡量，并作出裁决。

第三条　具有下列情形之一的，应当认定发卡行对持卡人享有的债权请求权诉讼时效中断：

（一）发卡行按约定在持卡人账户中扣划透支款本息、违约金等；

（二）发卡行以向持卡人预留的电话号码、通讯地址、电子邮箱发送手机短信、书面信件、电子邮件等方式催收债权；

（三）发卡行以持卡人恶意透支存在犯罪嫌疑为由向公安机关报案；

（四）其他可以认定为诉讼时效中断的情形。

第四条 持卡人主张争议交易为伪卡盗刷交易或者网络盗刷交易的，可以提供生效法律文书、银行卡交易时真卡所在地、交易行为地、账户交易明细、交易通知、报警记录、挂失记录等证据材料进行证明。

发卡行、非银行支付机构主张争议交易为持卡人本人交易或者其授权交易的，应当承担举证责任。发卡行、非银行支付机构可以提供交易单据、对账单、监控录像、交易身份识别信息、交易验证信息等证据材料进行证明。

第五条 在持卡人告知发卡行其账户发生非因本人交易或者本人授权交易导致的资金或者透支数额变动后，发卡行未及时向持卡人核实银行卡的持有及使用情况，未及时提供或者保存交易单据、监控录像等证据材料，导致有关证据材料无法取得的，应承担举证不能的法律后果。

第六条 人民法院应当全面审查当事人提交的证据，结合银行卡交易行为地与真卡所在地距离、持卡人是否进行了基础交易、交易时间和报警时间、持卡人用卡习惯、银行卡被盗刷的次数及频率、交易系统、技术和设备是否具有安全性等事实，综合判断是否存在伪卡盗刷交易或者网络盗刷交易。

第七条 发生伪卡盗刷交易或者网络盗刷交易，借记卡持卡人基于借记卡合同法律关系请求发卡行支付被盗刷存款本息并赔偿损失的，人民法院依法予以支持。

发生伪卡盗刷交易或者网络盗刷交易，信用卡持卡人基于信用卡合同法律关系请求发卡行返还扣划的透支款本息、违约金并赔偿损失的，人民法院依法予以支持；发卡行请求信用卡持卡人偿还透支款本息、违约金等的，人民法院不予支持。

前两款情形，持卡人对银行卡、密码、验证码等身份识别信息、交易验证信息未尽妥善保管义务具有过错，发卡行主张持卡人承担相应责任的，人民法院应予支持。

持卡人未及时采取挂失等措施防止损失扩大，发卡行主张持卡人自行承担扩大损失责任的，人民法院应予支持。

第八条 发卡行在与持卡人订立银行卡合同或者在开通网络支付业务功能时，未履行告知持卡人银行卡具有相关网络支付功能义务，持卡人以其未与发卡行就争议网络支付条款达成合意为由请求不承担因使用该功能而导致网络盗刷责任的，人民法院应予支持，但有证据证明持卡人同意使用该网络支付功能的，适用本规定第七条规定。

非银行支付机构新增网络支付业务类型时，未向持卡人履行前款规定义务的，参照前款规定处理。

第九条 发卡行在与持卡人订立银行卡合同或者新增网络支付业务时，未完全告知某一网络支付业务持卡人身份识别方式、交易验证方式、交易规则等足以影响持卡人决定是否使用该功能的内容，致使持卡人没有全面准确理解该功能，持卡人以其未与发卡行就相关网络支付条款达成合意为由请求不承担因使用该功能而导致网络盗刷责任的，人民法院应予支持，但持卡人对于网络盗刷具有过错的，应当承担相应过错责任。发卡行虽然未尽前述义务，但是有证据证明持卡人知道并理解该网络支付功能的，适用本规定第七条规定。

非银行支付机构新增网络支付业务类型时，存在前款未完全履行告知义务情形，参照前款规定处理。

第十条 发卡行或者非银行支付机构向持卡人提供的宣传资料载明其承担网络盗刷先行赔付责任，该允诺具体明确，应认定为合同的内容。持卡人据此请求发卡行或者非银行支付机构承担先行赔付责任的，人民法院应予支持。

因非银行支付机构相关网络支付业务系统、设施和技术不符合安全要求导致网络盗刷，持卡人请求判令该机构承担先行赔付责任的，人民法院应予支持。

第十一条 在收单行与发卡行不是同一银行的情形下，因收单行未尽保障持卡人用卡安全义务或者因特约商户未尽审核持卡人签名真伪、银行卡真伪等审核义务导致发生伪卡盗刷交易，持卡人请求收单行或者特约商户承担赔偿责任的，人民法院应予支持，但持卡人对伪卡盗刷交易具有过错，可以减轻或者免除收单行或者特约商户相应责任。

持卡人请求发卡行承担责任，发卡行申请追加收单行或者特约商户作为第三人参加诉讼的，人民法院可以准许。

发卡行承担责任后，可以依法主张存在过错的收单行或者特约商户承担相应责任。

第十二条 发卡行、非银行支付机构、收单行、特约商户承担责任后，请求盗刷者承担侵权责任的，人民法院应予支持。

第十三条 因同一伪卡盗刷交易或者网络盗刷交易，持卡人向发卡行、非银行支付机构、收单行、特约商户、盗刷者等主体主张权利，所获赔偿数额不应超过其因银行卡被盗刷所致损失总额。

第十四条　持卡人依据其对伪卡盗刷交易或者网络盗刷交易不承担或者不完全承担责任的事实，请求发卡行及时撤销相应不良征信记录的，人民法院应予支持。

第十五条　本规定所称伪卡盗刷交易，是指他人使用伪造的银行卡刷卡进行取现、消费、转账等，导致持卡人账户发生非基于本人意思的资金减少或者透支数额增加的行为。

本规定所称网络盗刷交易，是指他人盗取并使用持卡人银行卡网络交易身份识别信息和交易验证信息进行网络交易，导致持卡人账户发生非因本人意思的资金减少或者透支数额增加的行为。

111. 租赁合同纠纷

(1) 土地租赁合同纠纷
(2) 房屋租赁合同纠纷
(3) 车辆租赁合同纠纷
(4) 建筑设备租赁合同纠纷

案由适用要点

[**释义**] 租赁合同是出租人将租赁物交付承租人使用、收益，承租人支付租金的合同。

土地租赁合同是指国家将国有土地出租给使用者使用，由使用者支付租金的合同。

房屋租赁合同是指房屋出租人将房屋提供给承租人使用，承租人定期给付约定租金，并于合同终止时将房屋完好地归还出租人的合同。

车辆租赁合同是指车辆出租人将车辆提供给承租人使用、收益，承租人定期给付约定租金，并于合同终止时将车辆完好地归还出租人的合同。

建筑设备租赁合同是指建筑设备出租人将建筑设备提供给承租人使用、收益，承租人定期给付约定租金，并于合同终止时将设备完好地归还出租人的合同。

[**管辖**] 根据租赁合同标的物的不同，租赁合同的管辖有两种情形：一是租赁标的物是房屋等不动产，《民事诉讼法》第34条第1项规定，因不动产纠纷提起的诉讼，由不动产所在地人民法院管辖；《民事诉讼法解释》第28条第1、2款以及《民事诉讼法》第34条第1项规定的不动产纠纷是指因不动产的权利确认、分割、相邻关系等引起的物权纠纷。农村土地承包经营合同纠纷、房屋租赁合同纠纷、建设工程施工合同纠纷、政策性房屋买卖合同纠纷，按照不动产纠纷确定管辖。故此时适用不动产专属管辖。二是租赁物

为车辆等动产的，适用合同纠纷的管辖规定，由被告住所地或者合同履行地法院管辖。关于被告住所地，《民事诉讼法》第22条第1款规定，对公民提起的民事诉讼，由被告住所地人民法院管辖；被告住所地与经常居住地不一致的，由经常居住地人民法院管辖。《民事诉讼法解释》第3条规定，公民的住所地是指公民的户籍所在地，法人或者其他组织的住所地是指法人或者其他组织的主要办事机构所在地。法人或者其他组织的主要办事机构所在地不能确定的，法人或者其他组织的注册地或者登记地为住所地。关于合同履行地，《民事诉讼法解释》第18条规定，合同约定履行地点的，以约定的履行地点为合同履行地。合同对履行地点没有约定或者约定不明确，争议标的为给付货币的，接收货币一方所在地为合同履行地；交付不动产的，不动产所在地为合同履行地；其他标的，履行义务一方所在地为合同履行地。即时结清的合同，交易行为地为合同履行地。合同没有实际履行，当事人双方住所地都不在合同约定的履行地的，由被告住所地人民法院管辖。

［**应注意的问题**］当事人依照国家福利政策租赁公有住房、廉租住房、经济适用住房产生的纠纷案件，不适用《民法典》合同编“租赁合同”一章的规定。依据原建设部发布的《城市公有住房管理规定》及原建设部等部门联合发布的《廉租住房保障办法》《经济适用住房管理办法》的规定，公有住房、廉租住房、经济适用住房具有政府福利性与保障性，通常由政府投资或者给予补贴，承租人必须具备特定的条件（例如，廉租住房只出租给城市低收入住房困难家庭），不是所有的民事主体都可以成为承租人。因此，依照国家福利政策订立的租赁合同，出租人与承租人之间不属于平等的民事法律关系，不适用“租赁合同”一章的规定。

请求权基础规范指引

《中华人民共和国民法典》（2020年）

第七百零三条【租赁合同定义】 租赁合同是出租人将租赁物交付承租人使用、收益，承租人支付租金的合同。

第七百零四条【租赁合同主要内容】 租赁合同的内容一般包括租赁物的名称、数量、用途、租赁期限、租金及其支付期限和方式、租赁物维修等条款。

第七百零五条【租赁最长期限】 租赁期限不得超过二十年。超过二十年的，超过部分无效。

租赁期限届满，当事人可以续订租赁合同；但是，约定的租赁期限自续订之日起不得超过二十年。

第七百零六条【租赁合同的登记备案手续对合同效力影响】 当事人未依照法律、行政法规规定办理租赁合同登记备案手续的，不影响合同的效力。

第七百零七条【租赁合同形式】 租赁期限六个月以上的，应当采用书面形式。当事人未采用书面形式，无法确定租赁期限的，视为不定期租赁。

第七百零八条【出租人交付租赁物义务和适租义务】 出租人应当按照约定将租赁物交付承租人，并在租赁期限内保持租赁物符合约定的用途。

第七百零九条【承租人按约定使用租赁物的义务】 承租人应当按照约定的方法使用租赁物。对租赁物的使用方法没有约定或者约定不明确，依据本法第五百一十条的规定仍不能确定的，应当根据租赁物的性质使用。

第七百一十条【承租人按约定使用租赁物的免责义务】 承租人按照约定的方法或者根据租赁物的性质使用租赁物，致使租赁物受到损耗的，不承担赔偿责任。

第七百一十一条【租赁人未按约定使用租赁物的责任】 承租人未按照约定的方法或者未根据租赁物的性质使用租赁物，致使租赁物受到损失的，出租人可以解除合同并请求赔偿损失。

第七百一十二条【出租人维修义务】 出租人应当履行租赁物的维修义务，但是当事人另有约定的除外。

第七百一十三条【出租人不履行维修义务的法律后果】 承租人在租赁物需要维修时可以请求出租人在合理期限内维修。出租人未履行维修义务的，承租人可以自行维修，维修费用由出租人负担。因维修租赁物影响承租人使用的，应当相应减少租金或者延长租期。

因承租人的过错致使租赁物需要维修的，出租人不承担前款规定的维修义务。

第七百一十四条【承租人妥善保管租赁物义务】 承租人应当妥善保管租赁物，因保管不善造成租赁物毁损、灭失的，应当承担赔偿责任。

第七百一十五条【承租人对租赁物进行改善或增设他物】 承租人经出租人同意，可以对租赁物进行改善或者增设他物。

承租人未经出租人同意，对租赁物进行改善或者增设他物的，出租人可以请求承租人恢复原状或者赔偿损失。

第七百一十六条【承租人对租赁物转租】 承租人经出租人同意，可以将租赁物转租给第三人。承租人转租的，承租人与出租人之间的租赁合同继续有效；第三人造成租赁物损失的，承租人应当赔偿损失。

承租人未经出租人同意转租的，出租人可以解除合同。

第七百一十七条【超过承租人剩余租赁期限的转租期间效力】 承租人经出租人同意将租赁物转租给第三人，转租期限超过承租人剩余租赁期限的，超过部分的约定对出租人不具有法律约束力，但是出租人与承租人另有约定的除外。

第七百一十八条【推定出租人同意转租】 出租人知道或者应当知道承租人转租，但是在六个月内未提出异议的，视为出租人同意转租。

第七百一十九条【次承租人代位求偿权】 承租人拖欠租金的，次承租人可以代承租人支付其欠付的租金和违约金，但是转租合同对出租人不具有法律约束力的除外。

次承租人代为支付的租金和违约金，可以充抵次承租人应当向承租人支付的租金；超出其应付的租金数额的，可以向承租人追偿。

第七百二十条【租赁物收益归属】 在租赁期限内因占有、使用租赁物获得的收益，归承租人所有，但是当事人另有约定的除外。

第七百二十一条【租金支付期限】 承租人应当按照约定的期限支付租金。对支付租金的期限没有约定或者约定不明确，依据本法第五百一十条的规定仍不能确定，租赁期限不满一年的，应当在租赁期限届满时支付；租赁期限一年以上的，应当在每届满一年时支付，剩余期限不满一年的，应当在租赁期限届满时支付。

第七百二十二条【承租人违反支付租金义务的法律后果】 承租人无正当理由未支付或者迟延支付租金的，出租人可以请求承租人在合理期限内支付；承租人逾期不支付的，出租人可以解除合同。

第七百二十三条【出租人权利瑕疵担保责任】 因第三人主张权利，致使承租人不能对租赁物使用、收益的，承租人可以请求减少租金或者不支付租金。

第三人主张权利的，承租人应当及时通知出租人。

第七百二十四条【非承租人构成根本性违约承租人可以解除合同】 有下列情形之一，非因承租人原因致使租赁物无法使用的，承租人可以解除合同：

（一）租赁物被司法机关或者行政机关依法查封、扣押；

（二）租赁物权属有争议；

（三）租赁物具有违反法律、行政法规关于使用条件的强制性规定情形。

第七百二十五条【所有权变动不破租赁】 租赁物在承租人按照租赁合同占有期限内发生所有权变动的，不影响租赁合同的效力。

第七百二十六条【房屋承租人优先购买权】 出租人出卖租赁房屋的，应当在出卖之前的合理期限内通知承租人，承租人享有以同等条件优先购买的权利；但是，房屋按份共有人行使优先购买权或者出租人将房屋出卖给近亲属的除外。

出租人履行通知义务后，承租人在十五日内未明确表示购买的，视为承租人放弃优先购买权。

第七百二十七条【委托拍卖情况下房屋承租人优先购买权】 出租人委托

拍卖人拍卖租赁房屋的，应当在拍卖五日前通知承租人。承租人未参加拍卖的，视为放弃优先购买权。

第七百二十八条【房屋承租人优先购买权受到侵害的法律后果】 出租人未通知承租人或者有其他妨害承租人行使优先购买权情形的，承租人可以请求出租人承担赔偿责任。但是，出租人与第三人订立的房屋买卖合同的效力不受影响。

第七百二十九条【不可归责于承租人的租赁物毁损、灭失的法律后果】 因不可归责于承租人的事由，致使租赁物部分或者全部毁损、灭失的，承租人可以请求减少租金或者不支付租金；因租赁物部分或者全部毁损、灭失，致使不能实现合同目的的，承租人可以解除合同。

第七百三十条【租赁期限没有约定或约定不明确时的法律后果】 当事人对租赁期限没有约定或者约定不明确，依据本法第五百一十条的规定仍不能确定的，视为不定期租赁；当事人可以随时解除合同，但是应当在合理期限之前通知对方。

第七百三十一条【租赁物质量不合格时承租人解除权】 租赁物危及承租人的安全或者健康的，即使承租人订立合同时明知该租赁物质量不合格，承租人仍然可以随时解除合同。

第七百三十二条【房屋承租人死亡的租赁关系的处理】 承租人在房屋租赁期限内死亡的，与其生前共同居住的人或者共同经营人可以按照原租赁合同租赁该房屋。

第七百三十三条【租赁期限届满承租人返还租赁物】 租赁期限届满，承租人应当返还租赁物。返还的租赁物应当符合按照约定或者根据租赁物的性质使用后的状态。

第七百三十四条【租赁期限届满承租人继续使用租赁物及房屋承租人的优先承租权】 租赁期限届满，承租人继续使用租赁物，出租人没有提出异议的，原租赁合同继续有效，但是租赁期限为不定期。

租赁期限届满，房屋承租人享有以同等条件优先承租的权利。

《中华人民共和国城市房地产管理法》（2019年修正）

第五十三条 房屋租赁，是指房屋所有权人作为出租人将其房屋出租给承租人使用，由承租人向出租人支付租金的行为。

第五十四条 房屋租赁，出租人和承租人应当签订书面租赁合同，约定租赁期限、租赁用途、租赁价格、修缮责任等条款，以及双方的其他权利和义务，并向房产管理部门登记备案。

第五十五条 住宅用房的租赁，应当执行国家和房屋所在城市人民政府规定的租赁政策。租用房屋从事生产、经营活动的，由租赁双方协商议定租金和其他租赁条款。

第五十六条 以营利为目的，房屋所有权人将以划拨方式取得使用权的国有土地上建成的房屋出租的，应当将租金中所含土地收益上缴国家。具体办法由国务院规定。

《中华人民共和国城镇国有土地使用权出让和转让暂行条例》（2020年修订）

第二十八条 土地使用权出租是指土地使用者作为出租人将土地使用权随同地上建筑物、其他附着物租赁给承租人使用，由承租人向出租人支付租金的行为。

未按土地使用权出让合同规定的期限和条件投资开发、利用土地的，土地使用权不得出租。

第二十九条 土地使用权出租，出租人与承租人应当签订租赁合同。

租赁合同不得违背国家法律、法规和土地使用权出让合同的规定。

第三十条 土地使用权出租后，出租人必须继续履行土地使用权出让合同。

第三十一条 土地使用权和地上建筑物、其他附着物出租，出租人应当依照规定办理登记。

《最高人民法院关于审理城镇房屋租赁合同纠纷案件具体应用法律若干问题的解释》（2020年12月23日修正）

第一条 本解释所称城镇房屋，是指城市、镇规划区内的房屋。

乡、村庄规划区内的房屋租赁合同纠纷案件，可以参照本解释处理。但法律另有规定的，适用其规定。

当事人依照国家福利政策租赁公有住房、廉租住房、经济适用住房产生的纠纷案件，不适用本解释。

第二条 出租人就未取得建设工程规划许可证或者未按照建设工程规划许可证的规定建设的房屋，与承租人订立的租赁合同无效。但在一审法庭辩论终结前取得建设工程规划许可证或者经主管部门批准建设的，人民法院应当认定有效。

第三条 出租人就未经批准或者未按照批准内容建设的临时建筑，与承租人订立的租赁合同无效。但在一审法庭辩论终结前经主管部门批准建设的，人民法院应当认定有效。

租赁期限超过临时建筑的使用期限，超过部分无效。但在一审法庭辩论终结前经主管部门批准延长使用期限的，人民法院应当认定延长使用期限内的租赁期间有效。

第四条 房屋租赁合同无效，当事人请求参照合同约定的租金标准支付房屋占有使用费的，人民法院一般应予支持。

当事人请求赔偿因合同无效受到的损失，人民法院依照民法典第一百五十七条和本解释第七条、第十一条、第十二条的规定处理。

第五条　出租人就同一房屋订立数份租赁合同，在合同均有效的情况下，承租人均主张履行合同的，人民法院按照下列顺序确定履行合同的承租人：

（一）已经合法占有租赁房屋的；

（二）已经办理登记备案手续的；

（三）合同成立在先的。

不能取得租赁房屋的承租人请求解除合同、赔偿损失的，依照民法典的有关规定处理。

第六条　承租人擅自变动房屋建筑主体和承重结构或者扩建，在出租人要求的合理期限内仍不予恢复原状，出租人请求解除合同并要求赔偿损失的，人民法院依照民法典第七百一十一条的规定处理。

第七条　承租人经出租人同意装饰装修，租赁合同无效时，未形成附合的装饰装修物，出租人同意利用的，可折价归出租人所有；不同意利用的，可由承租人拆除。因拆除造成房屋毁损的，承租人应当恢复原状。

已形成附合的装饰装修物，出租人同意利用的，可折价归出租人所有；不同意利用的，由双方各自按照导致合同无效的过错分担现值损失。

第八条　承租人经出租人同意装饰装修，租赁期间届满或者合同解除时，除当事人另有约定外，未形成附合的装饰装修物，可由承租人拆除。因拆除造成房屋毁损的，承租人应当恢复原状。

第九条　承租人经出租人同意装饰装修，合同解除时，双方对已形成附合的装饰装修物的处理没有约定的，人民法院按照下列情形分别处理：

（一）因出租人违约导致合同解除，承租人请求出租人赔偿剩余租赁期内装饰装修残值损失的，应予支持；

（二）因承租人违约导致合同解除，承租人请求出租人赔偿剩余租赁期内装饰装修残值损失的，不予支持。但出租人同意利用的，应在利用价值范围内予以适当补偿；

（三）因双方违约导致合同解除，剩余租赁期内的装饰装修残值损失，由双方根据各自的过错承担相应的责任；

（四）因不可归责于双方的事由导致合同解除的，剩余租赁期内的装饰装修残值损失，由双方按照公平原则分担。法律另有规定的，适用其规定。

第十条　承租人经出租人同意装饰装修，租赁期间届满时，承租人请求出租人补偿附合装饰装修费用的，不予支持。但当事人另有约定的除外。

第十一条　承租人未经出租人同意装饰装修或者扩建发生的费用，由承租人负担。出租人请求承租人恢复原状或者赔偿损失的，人民法院应予支持。

第十二条 承租人经出租人同意扩建，但双方对扩建费用的处理没有约定的，人民法院按照下列情形分别处理：

（一）办理合法建设手续的，扩建造价费用由出租人负担；

（二）未办理合法建设手续的，扩建造价费用由双方按照过错分担。

第十三条 房屋租赁合同无效、履行期限届满或者解除，出租人请求负有腾房义务的次承租人支付逾期腾房占有使用费的，人民法院应予支持。

第十四条 租赁房屋在承租人按照租赁合同占有期限内发生所有权变动，承租人请求房屋受让人继续履行原租赁合同的，人民法院应予支持。但租赁房屋具有下列情形或者当事人另有约定的除外：

（一）房屋在出租前已设立抵押权，因抵押权人实现抵押权发生所有权变动的；

（二）房屋在出租前已被人民法院依法查封的。

第十五条 出租人与抵押权人协议折价、变卖租赁房屋偿还债务，应当在合理期限内通知承租人。承租人请求以同等条件优先购买房屋的，人民法院应予支持。

《最高人民法院关于适用〈中华人民共和国民法典〉时间效力的若干规定》（法释〔2020〕15号 2020年12月29日）

第二十一条 民法典施行前租赁期限届满，当事人主张适用民法典第七百三十四条第二款规定的，人民法院不予支持；租赁期限在民法典施行后届满，当事人主张适用民法典第七百三十四条第二款规定的，人民法院依法予以支持。

《最高人民法院关于为促进消费提供司法服务和保障的意见》（法发〔2022〕35号 2022年12月26日）

22. 妥善处理房屋租赁合同纠纷。疫情或者疫情防控措施导致小微企业、个体工商户等承租人没有收入或者收入明显减少，造成支付租金困难，出租人请求解除房屋租赁合同、由承租人承担违约责任的，人民法院应当加强调解，引导出租人和承租人合理分担损失，共克时艰。对国有房屋租金数额发生争议，承租人请求按照有关政府机关的规定减免租金的，人民法院应当依法支持。出租人减免租金后主张税务机关按照相关规定减免当年房产税、城镇土地使用税，符合法律规定或者国家税收政策的，人民法院应当依法支持。

《最高人民法院关于为稳定就业提供司法服务和保障的意见》（法发〔2022〕36号 2022年12月26日）

2. 推动落实阶段性减免房产租金等助企纾困政策，支持中小微企业稳就业规模。依法妥善审理房屋租赁合同纠纷等案件，推动落实阶段性减免国有房产租金等政策，引导出租人减免或者缓收租金，依法减轻中小微企业、个体工商户等负担，稳住中小微企业就业规模。承租国有企业房屋或者行政事业单位房屋用于经营，符合政策条件的服务业中小微企业、个体工商户等请求按照国家有关政策减免一定期限内租金的，人民法院应当依法支持。承租非国有房屋的承租人请求减免或者延期支付租金的，可以引导当事人参照有关租金减免政策、条件进行和解；和解不成的，结合案件实际情况，依照民法典有关规定处理。

112. 融资租赁合同纠纷

案由适用要点

[释义] 融资租赁合同是出租人根据承租人对出卖人、租赁物的选择，向出卖人购买租赁物，提供给承租人使用，承租人支付租金的合同。

[管辖] 融资租赁合同纠纷是因合同纠纷提起的诉讼，依据《民事诉讼法》第24条，因合同纠纷提起的诉讼，由被告住所地或者合同履行地人民法院管辖。关于被告住所地，《民事诉讼法》第22条第1款规定，对公民提起的民事诉讼，由被告住所地人民法院管辖；被告住所地与经常居住地不一致的，由经常居住地人民法院管辖。《民事诉讼法解释》第3条规定，公民的住所地是指公民的户籍所在地，法人或者其他组织的住所地是指法人或者其他组织的主要办事机构所在地。法人或者其他组织的主要办事机构所在地不能确定的，法人或者其他组织的注册地或者登记地为住所地。

关于合同履行地，《民事诉讼法解释》第18条规定，合同约定履行地点的，以约定的履行地点为合同履行地。合同对履行地点没有约定或者约定不明确，争议标的为给付货币的，接收货币一方所在地为合同履行地；交付不动产的，不动产所在地为合同履行地；其他标的，履行义务一方所在地为合同履行地。即时结清的合同，交易行为地为合同履行地。合同没有实际履行，当事人双方住所地都不在合同约定的履行地的，由被告住所地人民法院管辖。《民事诉讼法解释》第19条规定，财产租赁合同、融资租赁合同以租赁物使用地为合同履行地。合同对履行地有约定的，从其约定。因此，关于融资租赁合同的履行地，首先以当事人约定的履行地为合同履行地；没有约定或约定不明的，原则上以租赁物时使用地为合同履行地；合同没有实际履行，当事人双方住所地都不在合同约定的履行地的，由被告住所地人民法院管辖。

[应注意的问题] 适用本案由需要准确把握融资租赁法律关系的定性。《最高人民法院关于审理融资租赁合同纠纷案件适用法律问题的解释》第1条

规定："人民法院应当根据民法典第七百三十五条的规定，结合标的物的性质、价值、租金的构成以及当事人的合同权利和义务，对是否构成融资租赁法律关系作出认定。对名为融资租赁合同，但实际不构成融资租赁法律关系的，人民法院应按照其实际构成的法律关系处理。"《民法典》第 737 条规定，当事人以虚构租赁物方式订立的融资租赁合同无效。例如，对租赁物的价值显著低于融资金额的交易，因租赁物不具有物权的担保价值，不应认定为融资租赁合同关系。

此外，在第二级案由"海事海商纠纷"项下，设有"船舶融资租赁合同纠纷"这一第三级案由，其与本条案由的区别在于，船舶融资租赁合同是专指租赁物为船舶的融资租赁合同，其实质为融资租赁合同的一种。当融资租赁中的租赁物为船舶时，因合同订立、履行、变更和终止而产生的纠纷应适用船舶融资租赁合同纠纷这一案由，同时受《海商法》相关规定调整。但关于民用航空器的融资租赁并未单列，仍适用本案由。

请求权基础规范指引

《中华人民共和国民法典》（2020 年）

第七百三十六条【融资租赁合同内容和形式】 融资租赁合同的内容一般包括租赁物的名称、数量、规格、技术性能、检验方法，租赁期限，租金构成及其支付期限和方式、币种，租赁期限届满租赁物的归属等条款。

融资租赁合同应当采用书面形式。

第七百三十七条【融资租赁合同无效】 当事人以虚构租赁物方式订立的融资租赁合同无效。

第七百三十八条【租赁物经营许可对合同效力影响】 依照法律、行政法规的规定，对于租赁物的经营使用应当取得行政许可的，出租人未取得行政许可不影响融资租赁合同的效力。

第七百三十九条【融资租赁标的物交付】 出租人根据承租人对出卖人、租赁物的选择订立的买卖合同，出卖人应当按照约定向承租人交付标的物，承租人享有与受领标的物有关的买受人的权利。

第七百四十条【承租人拒绝受领标的物的条件】 出卖人违反向承租人交付标的物的义务，有下列情形之一的，承租人可以拒绝受领出卖人向其交付的标的物：

（一）标的物严重不符合约定；

（二）未按照约定交付标的物，经承租人或者出租人催告后在合理期限内仍未交付。

承租人拒绝受领标的物的，应当及时通知出租人。

第七百四十一条【承租人行使索赔权】 出租人、出卖人、承租人可以约定，出卖人不履行买卖合同义务的，由承租人行使索赔的权利。承租人行使索赔权利的，出租人应当协助。

第七百四十二条【承租人行使索赔权不影响支付租金义务】 承租人对出卖人行使索赔权利，不影响其履行支付租金的义务。但是，承租人依赖出租人的技能确定租赁物或者出租人干预选择租赁物的，承租人可以请求减免相应租金。

第七百四十三条【索赔失败的责任承担】 出租人有下列情形之一，致使承租人对出卖人行使索赔权利失败的，承租人有权请求出租人承担相应的责任：

（一）明知租赁物有质量瑕疵而不告知承租人；

（二）承租人行使索赔权利时，未及时提供必要协助。

出租人怠于行使只能由其对出卖人行使的索赔权利，造成承租人损失的，承租人有权请求出租人承担赔偿责任。

第七百四十四条【出租人不得擅自变更买卖合同内容】 出租人根据承租人对出卖人、租赁物的选择订立的买卖合同，未经承租人同意，出租人不得变更与承租人有关的合同内容。

第七百四十五条【租赁物的所有权】 出租人对租赁物享有的所有权，未经登记，不得对抗善意第三人。

第七百四十六条【融资租赁合同租金的确定】 融资租赁合同的租金，除当事人另有约定外，应当根据购买租赁物的大部分或者全部成本以及出租人的合理利润确定。

第七百四十七条【租赁物质量瑕疵担保责任】 租赁物不符合约定或者不符合使用目的的，出租人不承担责任。但是，承租人依赖出租人的技能确定租赁物或者出租人干预选择租赁物的除外。

第七百四十八条【出租人保证承租人占有和使用租赁物】 出租人应当保证承租人对租赁物的占有和使用。

出租人有下列情形之一的，承租人有权请求其赔偿损失：

（一）无正当理由收回租赁物；

（二）无正当理由妨碍、干扰承租人对租赁物的占有和使用；

（三）因出租人的原因致使第三人对租赁物主张权利；

（四）不当影响承租人对租赁物占有和使用的其他情形。

第七百四十九条【租赁物致人损害的责任承担】 承租人占有租赁物期间，租赁物造成第三人人身损害或者财产损失的，出租人不承担责任。

第七百五十条【承租人对租赁物的保管、使用和维修义务】 承租人应当妥善保管、使用租赁物。

承租人应当履行占有租赁物期间的维修义务。

第七百五十一条【租赁物毁损、灭失对租金给付义务的影响】 承租人占有租赁物期间，租赁物毁损、灭失的，出租人有权请求承租人继续支付租金，但是法律另有规定或者当事人另有约定的除外。

第七百五十二条【承租人支付租金义务】 承租人应当按照约定支付租金。承租人经催告后在合理期限内仍不支付租金的，出租人可以请求支付全部租金；也可以解除合同，收回租赁物。

第七百五十三条【出租人解除融资租赁合同】 承租人未经出租人同意，将租赁物转让、抵押、质押、投资入股或者以其他方式处分的，出租人可以解除融资租赁合同。

第七百五十四条【出租人或承租人解除融资租赁合同】 有下列情形之一的，出租人或者承租人可以解除融资租赁合同：

（一）出租人与出卖人订立的买卖合同解除、被确认无效或者被撤销，且未能重新订立买卖合同；

（二）租赁物因不可归责于当事人的原因毁损、灭失，且不能修复或者确定替代物；

（三）因出卖人的原因致使融资租赁合同的目的不能实现。

第七百五十五条【承租人承担赔偿责任】 融资租赁合同因买卖合同解除、被确认无效或者被撤销而解除，出卖人、租赁物系由承租人选择的，出租人有权请求承租人赔偿相应损失；但是，因出租人原因致使买卖合同解除、被确认无效或者被撤销的除外。

出租人的损失已经在买卖合同解除、被确认无效或者被撤销时获得赔偿的，承租人不再承担相应的赔偿责任。

第七百五十六条【租赁物意外毁损灭失】 融资租赁合同因租赁物交付承租人后意外毁损、灭失等不可归责于当事人的原因解除的，出租人可以请求承租人按照租赁物折旧情况给予补偿。

第七百五十七条【租赁期限届满租赁物归属】 出租人和承租人可以约定租赁期限届满租赁物的归属；对租赁物的归属没有约定或者约定不明确，依据本法第五百一十条的规定仍不能确定的，租赁物的所有权归出租人。

第七百五十八条【租赁物价值返还及租赁物无法返还】 当事人约定租赁期限届满租赁物归承租人所有，承租人已经支付大部分租金，但是无力支付剩余租金，出租人因此解除合同收回租赁物，收回的租赁物的价值超过承租人欠付的租金以及其他费用的，承租人可以请求相应返还。

当事人约定租赁期限届满租赁物归出租人所有，因租赁物毁损、灭失或者附合、混合于他物致使承租人不能返还的，出租人有权请求承租人给予合理补偿。

第七百五十九条【支付象征性价款后租赁物归属】 当事人约定租赁期限届满，承租人仅需向出租人支付象征性价款的，视为约定的租金义务履行完毕后租赁物的所有权归承租人。

第七百六十条【融资租赁合同无效租赁物归属】 融资租赁合同无效，当事人就该情形下租赁物的归属有约定的，按照其约定；没有约定或者约定不明确的，租赁物应当返还出租人。但是，因承租人原因致使合同无效，出租人不请求返还或者返还后会显著降低租赁物效用的，租赁物的所有权归承租人，由承租人给予出租人合理补偿。

《中华人民共和国民用航空法》（2021 年修正）

第二十六条 民用航空器租赁合同，包括融资租赁合同和其他租赁合同，应当以书面形式订立。

第二十七条 民用航空器的融资租赁，是指出租人按照承租人对供货方和民用航空器的选择，购得民用航空器，出租给承租人使用，由承租人定期交纳租金。

第二十八条 融资租赁期间，出租人依法享有民用航空器所有权，承租人依法享有民用航空器的占有、使用、收益权。

第二十九条 融资租赁期间，出租人不得干扰承租人依法占有、使用民用航空器；承租人应当适当地保管民用航空器，使之处于原交付时的状态，但是合理损耗和经出租人同意的对民用航空器的改变除外。

第三十条 融资租赁期满，承租人应当将符合本法第二十九条规定状态的民用航空器退还出租人；但是，承租人依照合同行使购买民用航空器的权利或者为继续租赁而占有民用航空器的除外。

第三十一条 民用航空器融资租赁中的供货方，不就同一损害同时对出租人和承租人承担责任。

第三十二条 融资租赁期间，经出租人同意，在不损害第三人利益的情况下，承租人可以转让其对民用航空器的占有权或者租赁合同约定的其他权利。

第三十三条 民用航空器的融资租赁和租赁期限为六个月以上的其他租赁，承租人应当就其对民用航空器的占有权向国务院民用航空主管部门办理登记；未经登记的，不得对抗第三人。

《最高人民法院关于审理融资租赁合同纠纷案件适用法律问题的解释》（2020 年 12 月 23 日修正）

第一条 人民法院应当根据民法典第七百三十五条的规定，结合标的物的性质、价值、租金的构成以及当事人的合同权利和义务，对是否构成融资租赁法律关系作出认定。

对名为融资租赁合同，但实际不构成融资租赁法律关系的，人民法院应按照其实际构成的法律关系处理。

第二条 承租人将其自有物出卖给出租人，再通过融资租赁合同将租赁物从出租人处租回的，人民法院不应仅以承租人和出卖人系同一人为由认定不构成融资租赁法律关系。

第三条 承租人拒绝受领租赁物，未及时通知出租人，或者无正当理由拒绝受领租赁物，造成出租人损失，出租人向承租人主张损害赔偿的，人民法院应予支持。

第四条 出租人转让其在融资租赁合同项下的部分或者全部权利，受让方以此为由请求解除或者变更融资租赁合同的，人民法院不予支持。

第五条 有下列情形之一，出租人请求解除融资租赁合同的，人民法院应予支持：

（一）承租人未按照合同约定的期限和数额支付租金，符合合同约定的解除条件，经出租人催告后在合理期限内仍不支付的；

（二）合同对于欠付租金解除合同的情形没有明确约定，但承租人欠付租金达到两期以上，或者数额达到全部租金百分之十五以上，经出租人催告后在合理期限内仍不支付的；

（三）承租人违反合同约定，致使合同目的不能实现的其他情形。

第六条 因出租人的原因致使承租人无法占有、使用租赁物，承租人请求解除融资租赁合同的，人民法院应予支持。

第七条 当事人在一审诉讼中仅请求解除融资租赁合同，未对租赁物的归属及损失赔偿提出主张的，人民法院可以向当事人进行释明。

第八条 租赁物不符合融资租赁合同的约定且出租人实施了下列行为之一，承租人依照民法典第七百四十四条、第七百四十七条的规定，要求出租人承担相应责任的，人民法院应予支持：

（一）出租人在承租人选择出卖人、租赁物时，对租赁物的选定起决定作用的；

（二）出租人干预或者要求承租人按照出租人意愿选择出卖人或者租赁物的；

（三）出租人擅自变更承租人已经选定的出卖人或者租赁物的。

承租人主张其系依赖出租人的技能确定租赁物或者出租人干预选择租赁物的，对上述事实承担举证责任。

第九条 承租人逾期履行支付租金义务或者迟延履行其他付款义务，出租人按照融资租赁合同的约定要求承租人支付逾期利息、相应违约金的，人民法院应予支持。

第十条　出租人既请求承租人支付合同约定的全部未付租金又请求解除融资租赁合同的，人民法院应告知其依照民法典第七百五十二条的规定作出选择。

出租人请求承租人支付合同约定的全部未付租金，人民法院判决后承租人未予履行，出租人再行起诉请求解除融资租赁合同、收回租赁物的，人民法院应予受理。

第十一条　出租人依照本解释第五条的规定请求解除融资租赁合同，同时请求收回租赁物并赔偿损失的，人民法院应予支持。

前款规定的损失赔偿范围为承租人全部未付租金及其他费用与收回租赁物价值的差额。合同约定租赁期间届满后租赁物归出租人所有的，损失赔偿范围还应包括融资租赁合同到期后租赁物的残值。

第十二条　诉讼期间承租人与出租人对租赁物的价值有争议的，人民法院可以按照融资租赁合同的约定确定租赁物价值；融资租赁合同未约定或者约定不明的，可以参照融资租赁合同约定的租赁物折旧以及合同到期后租赁物的残值确定租赁物价值。

承租人或者出租人认为依前款确定的价值严重偏离租赁物实际价值的，可以请求人民法院委托有资质的机构评估或者拍卖确定。

第十三条　出卖人与买受人因买卖合同发生纠纷，或者出租人与承租人因融资租赁合同发生纠纷，当事人仅对其中一个合同关系提起诉讼，人民法院经审查后认为另一合同关系的当事人与案件处理结果有法律上的利害关系的，可以通知其作为第三人参加诉讼。

承租人与租赁物的实际使用人不一致，融资租赁合同当事人未对租赁物的实际使用人提起诉讼，人民法院经审查后认为租赁物的实际使用人与案件处理结果有法律上的利害关系的，可以通知其作为第三人参加诉讼。

承租人基于买卖合同和融资租赁合同直接向出卖人主张受领租赁物、索赔等买卖合同权利的，人民法院应通知出租人作为第三人参加诉讼。

第十四条　当事人因融资租赁合同租金欠付争议向人民法院请求保护其权利的诉讼时效期间为三年，自租赁期限届满之日起计算。

《最高人民法院关于适用〈中华人民共和国民法典〉有关担保制度的解释》（法释〔2020〕28号　2020年12月31日）

第五十七条　担保人在设立动产浮动抵押并办理抵押登记后又购入或者以融资租赁方式承租新的动产，下列权利人为担保价款债权或者租金的实现而订立担保合同，并在该动产交付后十日内办理登记，主张其权利优先于在先设立的浮动抵押权的，人民法院应予支持：

（一）在该动产上设立抵押权或者保留所有权的出卖人；

（二）为价款支付提供融资而在该动产上设立抵押权的债权人；

（三）以融资租赁方式出租该动产的出租人。

买受人取得动产但未付清价款或者承租人以融资租赁方式占有租赁物但是未付清全部租金，又以标的物为他人设立担保物权，前款所列权利人为担保价款债权或者租金的实现而订立担保合同，并在该动产交付后十日内办理登记，主张其权利优先于买受人为他人设立的担保物权的，人民法院应予支持。

同一动产上存在多个价款优先权的，人民法院应当按照登记的时间先后确定清偿顺序。

第六十五条 在融资租赁合同中，承租人未按照约定支付租金，经催告后在合理期限内仍不支付，出租人请求承租人支付全部剩余租金，并以拍卖、变卖租赁物所得的价款受偿的，人民法院应予支持；当事人请求参照民事诉讼法“实现担保物权案件”的有关规定，以拍卖、变卖租赁物所得价款支付租金的，人民法院应予准许。

出租人请求解除融资租赁合同并收回租赁物，承租人以抗辩或者反诉的方式主张返还租赁物价值超过欠付租金以及其他费用的，人民法院应当一并处理。当事人对租赁物的价值有争议的，应当按照下列规则确定租赁物的价值：

（一）融资租赁合同有约定的，按照其约定；

（二）融资租赁合同未约定或者约定不明的，根据约定的租赁物折旧以及合同到期后租赁物的残值来确定；

（三）根据前两项规定的方法仍然难以确定，或者当事人认为根据前两项规定的方法确定的价值严重偏离租赁物实际价值的，根据当事人的申请委托有资质的机构评估。

第六十七条 在所有权保留买卖、融资租赁等合同中，出卖人、出租人的所有权未经登记不得对抗的“善意第三人”的范围及其效力，参照本解释第五十四条的规定处理。

113. 保理合同纠纷

案由适用要点

［释义］ 保理合同是应收账款债权人将现有的或者将有的应收账款转让给保理人，保理人提供资金融通、应收账款管理或者催收、应收账款债务人付款担保等服务的合同。

［**管辖**］保理合同的管辖，适用《民事诉讼法》关于合同纠纷案件管辖的一般规定。具体而言，在地域管辖方面，有合法有效书面管辖协议的，按照《民事诉讼法》第35条的规定确定管辖，没有书面管辖协议的，按照《民事诉讼法》第24条的规定确定管辖。因此，保理人和应收账款债权人可以按照《民事诉讼法》第35条的规定，通过在订立保理合同时约定管辖条款或者另行约定管辖协议的方式，选择被告住所地、合同履行地、合同签订地、原告住所地等与争议有实际联系的地点的人民法院管辖。但该约定不得违反级别管辖和专属管辖的规定。未约定管辖的保理合同纠纷，依照《民事诉讼法》第24条的规定，由被告住所地或者合同履行地人民法院管辖。同时，《民事诉讼法解释》第3条、第18条等对住所地、合同履行地的认定作了细化规定，在确定管辖时，应当按照《民事诉讼法解释》的相关规定执行。

另外，保理合同纠纷属于新型的金融纠纷。我国在北京、上海设立了金融法院。按照有关的管辖规定，对于保理合同纠纷中应由中级人民法院受理的一审案件，由相应的金融法院管辖。

需要注意的是，不能将保理法律关系的管辖和基础法律关系的管辖混淆。保理法律关系的管辖问题在保理人和应收账款债权人之间因保理合同发生纠纷而起诉至人民法院时产生；基础法律关系的管辖问题在保理人受让应收账款债权后与债务人就债务履行问题发生纠纷并起诉至人民法院时产生。基础法律关系的管辖除了适用合同的一般地域管辖规定和协议管辖规定外，还有可能适用专属管辖的规定。而保理合同的管辖一般不涉及专属管辖问题。实践中，有可能保理合同关系有纠纷，有可能基础合同关系有纠纷，也有可能两个法律关系均有纠纷。因此，在实践中要注意区分。

［**应注意的问题**］确定本案由时应当注意与债权转让合同纠纷或者基础交易合同纠纷的相关案由相互区分。保理合同与债权转让合同的根本区别在于，保理合同除了要具备应收账款债权转让的内容之外，还应当具备由保理人提供资金融通、应收账款管理或者催收、应收账款债务人付款担保等服务的内容。只有应收账款债权转让而无相应的保理服务内容的，应当按照债权转让合同纠纷确定案由。如果纠纷不是保理人与应收账款债权人之间因履行保理合同而发生，而是作为债权受让人的保理人与应收账款债务人因履行基础交易合同而发生，则应当按照基础交易合同，如买卖合同、借款合同等确定相应的案由。

请求权基础规范指引

《中华人民共和国民法典》（2020年）

第五百四十五条【债权转让】 债权人可以将债权的全部或者部分转让给第三人，但是有下列情形之一的除外：

（一）根据债权性质不得转让；

（二）按照当事人约定不得转让；

（三）依照法律规定不得转让。

当事人约定非金钱债权不得转让的，不得对抗善意第三人。当事人约定金钱债权不得转让的，不得对抗第三人。

第五百四十六条【债权转让通知】 债权人转让债权，未通知债务人的，该转让对债务人不发生效力。

债权转让的通知不得撤销，但是经受让人同意的除外。

第五百四十七条【债权转让时从权利一并变动】 债权人转让债权的，受让人取得与债权有关的从权利，但是该从权利专属于债权人自身的除外。

受让人取得从权利不因该从权利未办理转移登记手续或者未转移占有而受到影响。

第五百四十八条【债权转让时债务人抗辩权】 债务人接到债权转让通知后，债务人对让与人的抗辩，可以向受让人主张。

第五百四十九条【债权转让时债务人抵销权】 有下列情形之一的，债务人可以向受让人主张抵销：

（一）债务人接到债权转让通知时，债务人对让与人享有债权，且债务人的债权先于转让的债权到期或者同时到期；

（二）债务人的债权与转让的债权是基于同一合同产生。

第五百五十条【债权转让增加的履行费用的负担】 因债权转让增加的履行费用，由让与人负担。

第七百六十一条【保理合同定义】 保理合同是应收账款债权人将现有的或者将有的应收账款转让给保理人，保理人提供资金融通、应收账款管理或者催收、应收账款债务人付款担保等服务的合同。

第七百六十二条【保理合同内容和形式】 保理合同的内容一般包括业务类型、服务范围、服务期限、基础交易合同情况、应收账款信息、保理融资款或者服务报酬及其支付方式等条款。

保理合同应当采用书面形式。

第七百六十三条【虚构应收账款的法律后果】 应收账款债权人与债务人虚构应收账款作为转让标的，与保理人订立保理合同的，应收账款债务人不得以应收账款不存在为由对抗保理人，但是保理人明知虚构的除外。

第七百六十四条【保理人表明身份义务】 保理人向应收账款债务人发出应收账款转让通知的，应当表明保理人身份并附有必要凭证。

第七百六十五条【无正当理由变更或者终止基础交易合同行为对保理人的效力】 应收账款债务人接到应收账款转让通知后，应收账款债权人与债务人无正当理由协商变更或者终止基础交易合同，对保理人产生不利影响的，对保理人不发生效力。

第七百六十六条【有追索权保理】 当事人约定有追索权保理的，保理人可以向应收账款债权人主张返还保理融资款本息或者回购应收账款债权，也可以向应收账款债务人主张应收账款债权。保理人向应收账款债务人主张应收账款债权，在扣除保理融资款本息和相关费用后有剩余的，剩余部分应当返还给应收账款债权人。

第七百六十七条【无追索权保理】 当事人约定无追索权保理的，保理人应当向应收账款债务人主张应收账款债权，保理人取得超过保理融资款本息和相关费用的部分，无需向应收账款债权人返还。

第七百六十八条【多重保理的清偿顺序】 应收账款债权人就同一应收账款订立多个保理合同，致使多个保理人主张权利的，已经登记的先于未登记的取得应收账款；均已经登记的，按照登记时间的先后顺序取得应收账款；均未登记的，由最先到达应收账款债务人的转让通知中载明的保理人取得应收账款；既未登记也未通知的，按照保理融资款或者服务报酬的比例取得应收账款。

第七百六十九条【适用债权转让规定】 本章没有规定的，适用本编第六章债权转让的有关规定。

《最高人民法院关于适用〈中华人民共和国民法典〉时间效力的若干规定》（法释〔2020〕15号　2020年12月29日）

第十二条　民法典施行前订立的保理合同发生争议的，适用民法典第三编第十六章的规定。

《最高人民法院关于适用〈中华人民共和国民法典〉有关担保制度的解释》（法释〔2020〕28号　2020年12月31日）

第六十六条　同一应收账款同时存在保理、应收账款质押和债权转让，当事人主张参照民法典第七百六十八条的规定确定优先顺序的，人民法院应予支持。

在有追索权的保理中，保理人以应收账款债权人或者应收账款债务人为被告提起诉讼，人民法院应予受理；保理人一并起诉应收账款债权人和应收账款债务人的，人民法院可以受理。

应收账款债权人向保理人返还保理融资款本息或者回购应收账款债权后，请求应收账款债务人向其履行应收账款债务的，人民法院应予支持。

114. 承揽合同纠纷

（1）加工合同纠纷

（2）定作合同纠纷

（3）修理合同纠纷

（4）复制合同纠纷

（5）测试合同纠纷

（6）检验合同纠纷

（7）铁路机车、车辆建造合同纠纷

案由适用要点

[**释义**] 承揽合同是承揽人按照定作人的要求完成工作，交付工作成果，定作人支付报酬的合同。

加工合同是指承揽人按照定作人的要求，以自己的技能、设备和劳力，将定作人提供的原材料加工为成品，定作人接受该成品并支付报酬的合同。

定作合同是指承揽人按照定作人的要求，以自己的技能、设备和劳力，用自己的材料为定作人制作成品，定作人接受该成品并给付报酬的合同。

修理合同是指承揽人为定作人修理已损坏的物品，使其恢复原状，定作人向承揽人支付报酬的合同。

复制合同是指承揽人按照定作人的要求，根据定作人提供的样品，重新制作类似的成品，定作人接受复制品并支付报酬的合同。

测试合同是指承揽人根据定作人的要求，利用自己的技术和设备为定作人完成某一项目的性能检测试验，定作人接受测试成果并支付报酬的合同。

检验合同是指承揽人以自己的技术和仪器、设备等为定作人提供的特定事物的性能、问题、质量等进行检查化验，定作人接受检验成果并支付报酬的合同。

铁路机车、车辆建造合同是指铁路机车、车辆制造企业与铁路运输企业签订的，根据铁路运输企业的要求，由铁路机车、车辆制造企业为其建造铁路机车、车辆的合同。

[**管辖**] 承揽合同纠纷的地域管辖按照合同纠纷地域管辖的一般规则确定。即当事人之间有书面管辖协议的，按照《民事诉讼法》第 35 条的规定确定管辖，没有书面管辖协议的，按照《民事诉讼法》第 24 条的规定由被告住所地、合同履行地人民法院管辖。

[**应注意的问题**] 1. 注意承揽合同不包括建设工程合同。从广义上

看，建设工程合同是一种特殊的承揽合同，因此法律对于建设工程合同未作特别规定的事项，可以适用承揽合同的有关规定。但是，建设工程合同属于《民法典》规定的单独的一类有名合同，相应地在民事案由规定中列为单独的第三级案由。需要注意的是，对于不动产的修缮引发的纠纷，属于本级案由的四级案由修理合同纠纷的范围。2. 承揽合同与买卖合同的区分。承揽合同中的定作合同系由承揽人提供材料，完成工作后转移所有权于定作人，较容易与买卖合同混淆。二者区别关键在于：承揽合同是以完成一定的工作为目的的合同，双方当事人的权利义务所指向的对象是加工、修理、定作等特定的行为；买卖合同则是以转移所有权为目的的合同，双方当事人的权利义务所指向的对象是交付一定的物的行为。

请求权基础规范指引

《中华人民共和国民法典》（2020 年）

第七百七十条【承揽合同定义和承揽主要类型】 承揽合同是承揽人按照定作人的要求完成工作，交付工作成果，定作人支付报酬的合同。

承揽包括加工、定作、修理、复制、测试、检验等工作。

第七百七十一条【承揽合同主要内容】 承揽合同的内容一般包括承揽的标的、数量、质量、报酬，承揽方式，材料的提供，履行期限，验收标准和方法等条款。

第七百七十二条【承揽工作主要完成人】 承揽人应当以自己的设备、技术和劳力，完成主要工作，但是当事人另有约定的除外。

承揽人将其承揽的主要工作交由第三人完成的，应当就该第三人完成的工作成果向定作人负责；未经定作人同意的，定作人也可以解除合同。

第七百七十三条【承揽辅助工作转交】 承揽人可以将其承揽的辅助工作交由第三人完成。承揽人将其承揽的辅助工作交由第三人完成的，应当就该第三人完成的工作成果向定作人负责。

第七百七十四条【承揽人提供材料时的义务】 承揽人提供材料的，应当按照约定选用材料，并接受定作人检验。

第七百七十五条【定作人提供材料时双方当事人的义务】 定作人提供材料的，应当按照约定提供材料。承揽人对定作人提供的材料应当及时检验，发现不符合约定时，应当及时通知定作人更换、补齐或者采取其他补救措施。

承揽人不得擅自更换定作人提供的材料，不得更换不需要修理的零部件。

第七百七十六条【定作人要求不合理时双方当事人的义务】 承揽人发现定作人提供的图纸或者技术要求不合理的，应当及时通知定作人。因定作人怠于答复等原因造成承揽人损失的，应当赔偿损失。

第七百七十七条【定作人变更工作要求的法律后果】 定作人中途变更承揽工作的要求，造成承揽人损失的，应当赔偿损失。

第七百七十八条【定作人协助义务】 承揽工作需要定作人协助的，定作人有协助的义务。定作人不履行协助义务致使承揽工作不能完成的，承揽人可以催告定作人在合理期限内履行义务，并可以顺延履行期限；定作人逾期不履行的，承揽人可以解除合同。

第七百七十九条【定作人监督检验】 承揽人在工作期间，应当接受定作人必要的监督检验。定作人不得因监督检验妨碍承揽人的正常工作。

第七百八十条【承揽人工作成果交付】 承揽人完成工作的，应当向定作人交付工作成果，并提交必要的技术资料和有关质量证明。定作人应当验收该工作成果。

第七百八十一条【工作成果不符合质量要求时的违约责任】 承揽人交付的工作成果不符合质量要求的，定作人可以合理选择请求承揽人承担修理、重作、减少报酬、赔偿损失等违约责任。

第七百八十二条【定作人支付报酬的期限】 定作人应当按照约定的期限支付报酬。对支付报酬的期限没有约定或者约定不明确，依据本法第五百一十条的规定仍不能确定的，定作人应当在承揽人交付工作成果时支付；工作成果部分交付的，定作人应当相应支付。

第七百八十三条【定作人未履行付款义务时承揽人权利】 定作人未向承揽人支付报酬或者材料费等价款的，承揽人对完成的工作成果享有留置权或者有权拒绝交付，但是当事人另有约定的除外。

第七百八十四条【承揽人保管义务】 承揽人应当妥善保管定作人提供的材料以及完成的工作成果，因保管不善造成毁损、灭失的，应当承担赔偿责任。

第七百八十五条【承揽人保密义务】 承揽人应当按照定作人的要求保守秘密，未经定作人许可，不得留存复制品或者技术资料。

第七百八十六条【共同承揽人连带责任】 共同承揽人对定作人承担连带责任，但是当事人另有约定的除外。

第七百八十七条【定作人任意解除权】 定作人在承揽人完成工作前可以随时解除合同，造成承揽人损失的，应当赔偿损失。

《最高人民法院关于适用〈中华人民共和国民法典〉侵权责任编的解释（一）》（法释〔2024〕12 号　2024 年 9 月 25 日）

第十八条 承揽人在完成工作过程中造成第三人损害的，人民法院依照民法典第一千一百六十五条的规定认定承揽人的民事责任。

被侵权人合并请求定作人和承揽人承担侵权责任的，依照民法典第一千一百六十五条、第一千一百九十三条的规定，造成损害的承揽人承担侵权人应承担的全部责任；定作人在定作、指示或者选任过错范围内与承揽人共同承担责任，但责任主体实际支付的赔偿费用总和不应超出被侵权人应受偿的损失数额。

定作人先行支付赔偿费用后，就超过自己相应责任的部分向承揽人追偿的，人民法院应予支持，但双方另有约定的除外。

115. 建设工程合同纠纷

（1）建设工程勘察合同纠纷
（2）建设工程设计合同纠纷
（3）建设工程施工合同纠纷
（4）建设工程价款优先受偿权纠纷
（5）建设工程分包合同纠纷
（6）建设工程监理合同纠纷
（7）装饰装修合同纠纷
（8）铁路修建合同纠纷
（9）农村建房施工合同纠纷

案由适用要点

[释义] 建设工程合同是承包人进行工程建设，发包人支付价款的合同。建设工程合同包括工程勘察、设计、施工合同。

建设工程勘察合同是指发包人与勘察人就完成建设工程地理、地质状况的调查研究工作而达成的协议。

建设工程设计合同是指发包人与设计人就完成建设工程设计工作而达成的协议。

建设工程施工合同是指发包人与施工单位就完成建设工程的一定施工活动而达成的协议。

建设工程价款优先受偿权是指建设工程承包人的优先受偿权。所谓优先受偿权，是指债务人同时存在数个债权人，其中一债权人就债务人的财产优先于其他债权人受清偿的权利。

建设工程分包合同是指工程总承包人、勘察承包人、设计承包人、施工承包人承包建设工程后，经发包人同意，将其承包的某一部分工程或若干部分工程，再发包给其他承包人，与其签订承包合同项下的合同。

建设工程监理合同是指由具有法定资质条件的工程监理单位与发包人签订的明确建设工程监理中双方权利义务的协议。

装饰装修合同是指建筑装饰装修企业与发包方订立的明确装饰装修中双方权利义务的协议。

铁路修建合同，又叫铁路建设工程施工合同，是指承包人与发包人为建设或修整铁路而签订的明确双方权利义务的协议。

农村建房施工合同是指农村建房户与施工方为建设房屋而签订的明确双方权利义务的协议。

[管辖] 本案由的管辖需要特别注意，根据《民事诉讼法》第 24 条规定，因合同纠纷提起的诉讼，由被告住所地或者合同履行地人民法院管辖。根据《民事诉讼法》第 34 条第 1 项规定，因不动产纠纷提起的诉讼，由不动产所在地人民法院专属管辖。根据《民事诉讼法解释》第 28 条精神，“建设工程施工合同纠纷”并不限于本案由中的第四级案由“建设工程施工合同纠纷”，还包括第四级案由“建设工程价款优先受偿权纠纷”“建设工程分包合同纠纷”“建设工程监理合同纠纷”“装饰装修合同纠纷”“铁路修建合同纠纷”“农村建房施工合同纠纷”。其中，按照不动产纠纷确定管辖的“建设工程分包合同纠纷”主要针对的是施工承包人承包建设工程后的分包合同，对于勘察承包人、设计承包人承包建设工程后的分包合同应按照合同纠纷确定管辖。

[应注意的问题] 曾有意见提出，建议删除第三级案由“建设工程合同纠纷”，将“建设工程勘察合同纠纷”“建设工程设计合同纠纷”“建设工程施工合同纠纷”升级为第三级案由，其他第四级案由作为第三级案由“建设工程施工合同纠纷”项下的第四级案由。理由是 2015 年《民事诉讼法解释》明确，建设工程施工合同纠纷按照不动产纠纷确定管辖。将“建设工程施工合同纠纷”案由升级为第三级案由，下设：（1）建设工程价款优先受偿权纠纷；（2）建设工程分包合同纠纷；（3）装饰装修合同纠纷；（4）铁路修建合同纠纷；（5）建设工程监理合同纠纷；（6）农村建房施工合同纠纷。这样更加容易确定管辖，避免司法实践发生争议。这种意见有一点道理。但是，《民法典》合同编专章规定了“建设工程合同纠纷”，如果将该第三级案由删去，实在不妥。经慎重研究，此次修正不对该案由进行调整，但是需要对管辖问题予以明确，统一司法实践认识。

请求权基础规范指引

《中华人民共和国民法典》（2020 年）

第七百八十八条【建设工程合同定义和种类】 建设工程合同是承包人进行工程建设，发包人支付价款的合同。

建设工程合同包括工程勘察、设计、施工合同。

第七百八十九条【建设工程合同的形式】 建设工程合同应当采用书面

形式。

第七百九十条【建设工程招投标活动的原则】 建设工程的招标投标活动，应当依照有关法律的规定公开、公平、公正进行。

第七百九十一条【建设工程的发包、承包、分包】 发包人可以与总承包人订立建设工程合同，也可以分别与勘察人、设计人、施工人订立勘察、设计、施工承包合同。发包人不得将应当由一个承包人完成的建设工程支解成若干部分发包给数个承包人。

总承包人或者勘察、设计、施工承包人经发包人同意，可以将自己承包的部分工作交由第三人完成。第三人就其完成的工作成果与总承包人或者勘察、设计、施工承包人向发包人承担连带责任。承包人不得将其承包的全部建设工程转包给第三人或者将其承包的全部建设工程支解以后以分包的名义分别转包给第三人。

禁止承包人将工程分包给不具备相应资质条件的单位。禁止分包单位将其承包的工程再分包。建设工程主体结构的施工必须由承包人自行完成。

第七百九十二条【订立国家重大建设工程合同】 国家重大建设工程合同，应当按照国家规定的程序和国家批准的投资计划、可行性研究报告等文件订立。

第七百九十三条【建设工程合同无效、验收不合格的处理】 建设工程施工合同无效，但是建设工程经验收合格的，可以参照合同关于工程价款的约定折价补偿承包人。

建设工程施工合同无效，且建设工程经验收不合格的，按照以下情形处理：

（一）修复后的建设工程经验收合格的，发包人可以请求承包人承担修复费用；

（二）修复后的建设工程经验收不合格的，承包人无权请求参照合同关于工程价款的约定折价补偿。

发包人对因建设工程不合格造成的损失有过错的，应当承担相应的责任。

第七百九十四条【勘察、设计合同的内容】 勘察、设计合同的内容一般包括提交有关基础资料和概预算等文件的期限、质量要求、费用以及其他协作条件等条款。

第七百九十五条【施工合同的内容】 施工合同的内容一般包括工程范围、建设工期、中间交工工程的开工和竣工时间、工程质量、工程造价、技术资料交付时间、材料和设备供应责任、拨款和结算、竣工验收、质量保修范围和质量保证期、相互协作等条款。

第七百九十六条【建设工程监理】 建设工程实行监理的，发包人应当与监理人采用书面形式订立委托监理合同。发包人与监理人的权利和义务以及法律责任，应当依照本编委托合同以及其他有关法律、行政法规的规定。

第七百九十七条【发包人的检查权】 发包人在不妨碍承包人正常作业的情况下，可以随时对作业进度、质量进行检查。

第七百九十八条【隐蔽工程】 隐蔽工程在隐蔽以前，承包人应当通知发包人检查。发包人没有及时检查的，承包人可以顺延工程日期，并有权请求赔偿停工、窝工等损失。

第七百九十九条【建设工程的竣工验收】 建设工程竣工后，发包人应当根据施工图纸及说明书、国家颁发的施工验收规范和质量检验标准及时进行验收。验收合格的，发包人应当按照约定支付价款，并接收该建设工程。

建设工程竣工经验收合格后，方可交付使用；未经验收或者验收不合格的，不得交付使用。

第八百条【勘察人、设计人对勘察、设计的责任】 勘察、设计的质量不符合要求或者未按照期限提交勘察、设计文件拖延工期，造成发包人损失的，勘察人、设计人应当继续完善勘察、设计，减收或者免收勘察、设计费并赔偿损失。

第八百零一条【施工人对建设工程质量承担的民事责任】 因施工人的原因致使建设工程质量不符合约定的，发包人有权请求施工人在合理期限内无偿修理或者返工、改建。经过修理或者返工、改建后，造成逾期交付的，施工人应当承担违约责任。

第八百零二条【合理使用期限内质量保证责任】 因承包人的原因致使建设工程在合理使用期限内造成人身损害和财产损失的，承包人应当承担赔偿责任。

第八百零三条【发包人未按约定的时间和要求提供相关物资的违约责任】 发包人未按照约定的时间和要求提供原材料、设备、场地、资金、技术资料的，承包人可以顺延工程日期，并有权请求赔偿停工、窝工等损失。

第八百零四条【因发包人原因造成工程停建、缓建所应承担责任】 因发包人的原因致使工程中途停建、缓建的，发包人应当采取措施弥补或者减少损失，赔偿承包人因此造成的停工、窝工、倒运、机械设备调迁、材料和构件积压等损失和实际费用。

第八百零五条【因发包人原因造成勘察、设计的返工、停工或者修改设计所应承担责任】 因发包人变更计划，提供的资料不准确，或者未按照期限提供必需的勘察、设计工作条件而造成勘察、设计的返工、停工或者修改设计，发包人应当按照勘察人、设计人实际消耗的工作量增付费用。

第八百零六条【合同解除及后果处理的规定】 承包人将建设工程转包、

违法分包的，发包人可以解除合同。

发包人提供的主要建筑材料、建筑构配件和设备不符合强制性标准或者不履行协助义务，致使承包人无法施工，经催告后在合理期限内仍未履行相应义务的，承包人可以解除合同。

合同解除后，已经完成的建设工程质量合格的，发包人应当按照约定支付相应的工程价款；已经完成的建设工程质量不合格的，参照本法第七百九十三条的规定处理。

第八百零七条【发包人未支付工程价款的责任】 发包人未按照约定支付价款的，承包人可以催告发包人在合理期限内支付价款。发包人逾期不支付的，除根据建设工程的性质不宜折价、拍卖外，承包人可以与发包人协议将该工程折价，也可以请求人民法院将该工程依法拍卖。建设工程的价款就该工程折价或者拍卖的价款优先受偿。

第八百零八条【适用承揽合同】 本章没有规定的，适用承揽合同的有关规定。

《中华人民共和国建筑法》（2019年修正）

第十五条 建筑工程的发包单位与承包单位应当依法订立书面合同，明确双方的权利和义务。

发包单位和承包单位应当全面履行合同约定的义务。不按照合同约定履行义务的，依法承担违约责任。

第十八条 建筑工程造价应当按照国家有关规定，由发包单位与承包单位在合同中约定。公开招标发包的，其造价的约定，须遵守招标投标法律的规定。

发包单位应当按照合同的约定，及时拨付工程款项。

第二十条 建筑工程实行公开招标的，发包单位应当依照法定程序和方式，发布招标公告，提供载有招标工程的主要技术要求、主要的合同条款、评标的标准和方法以及开标、评标、定标的程序等内容的招标文件。

开标应当在招标文件规定的时间、地点公开进行。开标后应当按照招标文件规定的评标标准和程序对标书进行评价、比较，在具备相应资质条件的投标者中，择优选定中标者。

第二十五条 按照合同约定，建筑材料、建筑构配件和设备由工程承包单位采购的，发包单位不得指定承包单位购入用于工程的建筑材料、建筑构配件和设备或者指定生产厂、供应商。

第二十七条 大型建筑工程或者结构复杂的建筑工程，可以由两个以上的承包单位联合共同承包。共同承包的各方对承包合同的履行承担连带责任。

两个以上不同资质等级的单位实行联合共同承包的，应当按照资质等级低的单位的业务许可范围承揽工程。

第二十八条 禁止承包单位将其承包的全部建筑工程转包给他人，禁止承包单位将其承包的全部建筑工程肢解以后以分包的名义分别转包给他人。

第二十九条 建筑工程总承包单位可以将承包工程中的部分工程发包给具有相应资质条件的分包单位；但是，除总承包合同中约定的分包外，必须经建设单位认可。施工总承包的，建筑工程主体结构的施工必须由总承包单位自行完成。

建筑工程总承包单位按照总承包合同的约定对建设单位负责；分包单位按照分包合同的约定对总承包单位负责。总承包单位和分包单位就分包工程对建设单位承担连带责任。

禁止总承包单位将工程分包给不具备相应资质条件的单位。禁止分包单位将其承包的工程再分包。

《最高人民法院关于审理建设工程施工合同纠纷案件适用法律问题的解释（一）》（法释〔2020〕25号 2020年12月29日）

第一条 建设工程施工合同具有下列情形之一的，应当依据民法典第一百五十三条第一款的规定，认定无效：

（一）承包人未取得建筑业企业资质或者超越资质等级的；

（二）没有资质的实际施工人借用有资质的建筑施工企业名义的；

（三）建设工程必须进行招标而未招标或者中标无效的。

承包人因转包、违法分包建设工程与他人签订的建设工程施工合同，应当依据民法典第一百五十三条第一款及第七百九十一条第二款、第三款的规定，认定无效。

第二条 招标人和中标人另行签订的建设工程施工合同约定的工程范围、建设工期、工程质量、工程价款等实质性内容，与中标合同不一致，一方当事人请求按照中标合同确定权利义务的，人民法院应予支持。

招标人和中标人在中标合同之外就明显高于市场价格购买承建房产、无偿建设住房配套设施、让利、向建设单位捐赠财物等另行签订合同，变相降低工程价款，一方当事人以该合同背离中标合同实质性内容为由请求确认无效的，人民法院应予支持。

第三条 当事人以发包人未取得建设工程规划许可证等规划审批手续为由，请求确认建设工程施工合同无效的，人民法院应予支持，但发包人在起诉前取得建设工程规划许可证等规划审批手续的除外。

发包人能够办理审批手续而未办理，并以未办理审批手续为由请求确认建设工程施工合同无效的，人民法院不予支持。

第四条 承包人超越资质等级许可的业务范围签订建设工程施工合

同，在建设工程竣工前取得相应资质等级，当事人请求按照无效合同处理的，人民法院不予支持。

第五条　具有劳务作业法定资质的承包人与总承包人、分包人签订的劳务分包合同，当事人请求确认无效的，人民法院依法不予支持。

第六条　建设工程施工合同无效，一方当事人请求对方赔偿损失的，应当就对方过错、损失大小、过错与损失之间的因果关系承担举证责任。

损失大小无法确定，一方当事人请求参照合同约定的质量标准、建设工期、工程价款支付时间等内容确定损失大小的，人民法院可以结合双方过错程度、过错与损失之间的因果关系等因素作出裁判。

第七条　缺乏资质的单位或者个人借用有资质的建筑施工企业名义签订建设工程施工合同，发包人请求出借方与借用方对建设工程质量不合格等因出借资质造成的损失承担连带赔偿责任的，人民法院应予支持。

第八条　当事人对建设工程开工日期有争议的，人民法院应当分别按照以下情形予以认定：

（一）开工日期为发包人或者监理人发出的开工通知载明的开工日期；开工通知发出后，尚不具备开工条件的，以开工条件具备的时间为开工日期；因承包人原因导致开工时间推迟的，以开工通知载明的时间为开工日期。

（二）承包人经发包人同意已经实际进场施工的，以实际进场施工时间为开工日期。

（三）发包人或者监理人未发出开工通知，亦无相关证据证明实际开工日期的，应当综合考虑开工报告、合同、施工许可证、竣工验收报告或者竣工验收备案表等载明的时间，并结合是否具备开工条件的事实，认定开工日期。

第九条　当事人对建设工程实际竣工日期有争议的，人民法院应当分别按照以下情形予以认定：

（一）建设工程经竣工验收合格的，以竣工验收合格之日为竣工日期；

（二）承包人已经提交竣工验收报告，发包人拖延验收的，以承包人提交验收报告之日为竣工日期；

（三）建设工程未经竣工验收，发包人擅自使用的，以转移占有建设工程之日为竣工日期。

第十条　当事人约定顺延工期应当经发包人或者监理人签证等方式确认，承包人虽未取得工期顺延的确认，但能够证明在合同约定的期限内向发包人或者监理人申请过工期顺延且顺延事由符合合同约定，承包人以此为由主张工期顺延的，人民法院应予支持。

当事人约定承包人未在约定期限内提出工期顺延申请视为工期不顺延的，按照约定处理，但发包人在约定期限后同意工期顺延或者承包人提出合理抗辩的除外。

第十一条　建设工程竣工前，当事人对工程质量发生争议，工程质量经鉴定合格的，鉴定期间为顺延工期期间。

第十二条　因承包人的原因造成建设工程质量不符合约定，承包人拒绝修理、返工或者改建，发包人请求减少支付工程价款的，人民法院应予支持。

第十三条　发包人具有下列情形之一，造成建设工程质量缺陷，应当承担过错责任：

（一）提供的设计有缺陷；

（二）提供或者指定购买的建筑材料、建筑构配件、设备不符合强制性标准；

（三）直接指定分包人分包专业工程。

承包人有过错的，也应当承担相应的过错责任。

第十四条　建设工程未经竣工验收，发包人擅自使用后，又以使用部分质量不符合约定为由主张权利的，人民法院不予支持；但是承包人应当在建设工程的合理使用寿命内对地基基础工程和主体结构质量承担民事责任。

第十五条　因建设工程质量发生争议的，发包人可以以总承包人、分包人和实际施工人为共同被告提起诉讼。

第十六条　发包人在承包人提起的建设工程施工合同纠纷案件中，以建设工程质量不符合合同约定或者法律规定为由，就承包人支付违约金或者赔偿修理、返工、改建的合理费用等损失提出反诉的，人民法院可以合并审理。

第十七条　有下列情形之一，承包人请求发包人返还工程质量保证金的，人民法院应予支持：

（一）当事人约定的工程质量保证金返还期限届满；

（二）当事人未约定工程质量保证金返还期限的，自建设工程通过竣工验收之日起满二年；

（三）因发包人原因建设工程未按约定期限进行竣工验收的，自承包人提交工程竣工验收报告九十日后当事人约定的工程质量保证金返还期限届满；当事人未约定工程质量保证金返还期限的，自承包人提交工程竣工验收报告九十日后起满二年。

发包人返还工程质量保证金后，不影响承包人根据合同约定或者法律规定履行工程保修义务。

第十八条　因保修人未及时履行保修义务，导致建筑物毁损或者造成人身损害、财产损失的，保修人应当承担赔偿责任。

保修人与建筑物所有人或者发包人对建筑物毁损均有过错的，各自承担相应的责任。

第十九条 当事人对建设工程的计价标准或者计价方法有约定的，按照约定结算工程价款。

因设计变更导致建设工程的工程量或者质量标准发生变化，当事人对该部分工程价款不能协商一致的，可以参照签订建设工程施工合同时当地建设行政主管部门发布的计价方法或者计价标准结算工程价款。

建设工程施工合同有效，但建设工程经竣工验收不合格的，依照民法典第五百七十七条规定处理。

第二十条 当事人对工程量有争议的，按照施工过程中形成的签证等书面文件确认。承包人能够证明发包人同意其施工，但未能提供签证文件证明工程量发生的，可以按照当事人提供的其他证据确认实际发生的工程量。

第二十一条 当事人约定，发包人收到竣工结算文件后，在约定期限内不予答复，视为认可竣工结算文件的，按照约定处理。承包人请求按照竣工结算文件结算工程价款的，人民法院应予支持。

第二十二条 当事人签订的建设工程施工合同与招标文件、投标文件、中标通知书载明的工程范围、建设工期、工程质量、工程价款不一致，一方当事人请求将招标文件、投标文件、中标通知书作为结算工程价款的依据的，人民法院应予支持。

第二十三条 发包人将依法不属于必须招标的建设工程进行招标后，与承包人另行订立的建设工程施工合同背离中标合同的实质性内容，当事人请求以中标合同作为结算建设工程价款依据的，人民法院应予支持，但发包人与承包人因客观情况发生了在招标投标时难以预见的变化而另行订立建设工程施工合同的除外。

第二十四条 当事人就同一建设工程订立的数份建设工程施工合同均无效，但建设工程质量合格，一方当事人请求参照实际履行的合同关于工程价款的约定折价补偿承包人的，人民法院应予支持。

实际履行的合同难以确定，当事人请求参照最后签订的合同关于工程价款的约定折价补偿承包人的，人民法院应予支持。

第二十五条 当事人对垫资和垫资利息有约定，承包人请求按照约定返还垫资及其利息的，人民法院应予支持，但是约定的利息计算标准高于垫资时的同类贷款利率或者同期贷款市场报价利率的部分除外。

当事人对垫资没有约定的，按照工程欠款处理。

当事人对垫资利息没有约定，承包人请求支付利息的，人民法院不予支持。

第二十六条 当事人对欠付工程价款利息计付标准有约定的，按照约定处理。没有约定的，按照同期同类贷款利率或者同期贷款市场报价利率计息。

第二十七条 利息从应付工程价款之日开始计付。当事人对付款时间没有约定或者约定不明的，下列时间视为应付款时间：

（一）建设工程已实际交付的，为交付之日；

（二）建设工程没有交付的，为提交竣工结算文件之日；

（三）建设工程未交付，工程价款也未结算的，为当事人起诉之日。

第二十八条 当事人约定按照固定价结算工程价款，一方当事人请求对建设工程造价进行鉴定的，人民法院不予支持。

第二十九条 当事人在诉讼前已经对建设工程价款结算达成协议，诉讼中一方当事人申请对工程造价进行鉴定的，人民法院不予准许。

第三十条 当事人在诉讼前共同委托有关机构、人员对建设工程造价出具咨询意见，诉讼中一方当事人不认可该咨询意见申请鉴定的，人民法院应予准许，但双方当事人明确表示受该咨询意见约束的除外。

第三十一条 当事人对部分案件事实有争议的，仅对有争议的事实进行鉴定，但争议事实范围不能确定，或者双方当事人请求对全部事实鉴定的除外。

第三十二条 当事人对工程造价、质量、修复费用等专门性问题有争议，人民法院认为需要鉴定的，应当向负有举证责任的当事人释明。当事人经释明未申请鉴定，虽申请鉴定但未支付鉴定费用或者拒不提供相关材料的，应当承担举证不能的法律后果。

一审诉讼中负有举证责任的当事人未申请鉴定，虽申请鉴定但未支付鉴定费用或者拒不提供相关材料，二审诉讼中申请鉴定，人民法院认为确有必要的，应当依照民事诉讼法第一百七十条第一款第三项的规定处理。

第三十三条 人民法院准许当事人的鉴定申请后，应当根据当事人申请及查明案件事实的需要，确定委托鉴定的事项、范围、鉴定期限等，并组织当事人对争议的鉴定材料进行质证。

第三十四条 人民法院应当组织当事人对鉴定意见进行质证。鉴定人将当事人有争议且未经质证的材料作为鉴定依据的，人民法院应当组织当事人就该部分材料进行质证。经质证认为不能作为鉴定依据的，根据该材料作出的鉴定意见不得作为认定案件事实的依据。

第三十五条 与发包人订立建设工程施工合同的承包人，依据民法典第八百零七条的规定请求其承建工程的价款就工程折价或者拍卖的价款优先受偿的，人民法院应予支持。

第三十六条 承包人根据民法典第八百零七条规定享有的建设工程价款优先受偿权优于抵押权和其他债权。

第三十七条 装饰装修工程具备折价或者拍卖条件，装饰装修工程的承包人请求工程价款就该装饰装修工程折价或者拍卖的价款优先受偿的，人民法院应予支持。

第三十八条　建设工程质量合格，承包人请求其承建工程的价款就工程折价或者拍卖的价款优先受偿的，人民法院应予支持。

第三十九条　未竣工的建设工程质量合格，承包人请求其承建工程的价款就其承建工程部分折价或者拍卖的价款优先受偿的，人民法院应予支持。

第四十条　承包人建设工程价款优先受偿的范围依照国务院有关行政主管部门关于建设工程价款范围的规定确定。

承包人就逾期支付建设工程价款的利息、违约金、损害赔偿金等主张优先受偿的，人民法院不予支持。

第四十一条　承包人应当在合理期限内行使建设工程价款优先受偿权，但最长不得超过十八个月，自发包人应当给付建设工程价款之日起算。

第四十二条　发包人与承包人约定放弃或者限制建设工程价款优先受偿权，损害建筑工人利益，发包人根据该约定主张承包人不享有建设工程价款优先受偿权的，人民法院不予支持。

第四十三条　实际施工人以转包人、违法分包人为被告起诉的，人民法院应当依法受理。

实际施工人以发包人为被告主张权利的，人民法院应当追加转包人或者违法分包人为本案第三人，在查明发包人欠付转包人或者违法分包人建设工程价款的数额后，判决发包人在欠付建设工程价款范围内对实际施工人承担责任。

第四十四条　实际施工人依据民法典第五百三十五条规定，以转包人或者违法分包人怠于向发包人行使到期债权或者与该债权有关的从权利，影响其到期债权实现，提起代位权诉讼的，人民法院应予支持。

《最高人民法院关于大型企业与中小企业约定以第三方支付款项为付款前提条款效力问题的批复》（法释〔2024〕11号　2024年8月27日）

一、大型企业在建设工程施工、采购货物或者服务过程中，与中小企业约定以收到第三方向其支付的款项为付款前提的，因其内容违反《保障中小企业款项支付条例》第六条、第八条的规定，人民法院应当根据民法典第一百五十三条第一款的规定，认定该约定条款无效。

二、在认定合同约定条款无效后，人民法院应当根据案件具体情况，结合行业规范、双方交易习惯等，合理确定大型企业的付款期限及相应的违约责任。双方对欠付款项利息计付标准有约定的，按约定处理；约定违法或者没有约定的，按照全国银行间同业拆借中心公布的一年期贷款市场报价利率计息。大型企业以合同价款已包含对逾期付款补偿为由要求减轻违约责任，经审查抗辩理由成立的，人民法院可予支持。

116. 运输合同纠纷

(1) 公路旅客运输合同纠纷
(2) 公路货物运输合同纠纷
(3) 水路旅客运输合同纠纷
(4) 水路货物运输合同纠纷
(5) 航空旅客运输合同纠纷
(6) 航空货物运输合同纠纷
(7) 出租汽车运输合同纠纷
(8) 管道运输合同纠纷
(9) 城市公交运输合同纠纷
(10) 联合运输合同纠纷
(11) 多式联运合同纠纷
(12) 铁路货物运输合同纠纷
(13) 铁路旅客运输合同纠纷
(14) 铁路行李运输合同纠纷
(15) 铁路包裹运输合同纠纷
(16) 国际铁路联运合同纠纷

案由适用要点

[**释义**] 运输合同是指承运人将旅客或者货物从起运地点运输到约定地点，旅客、托运人或者收货人支付票款或者运输费用的合同。

公路旅客运输合同是指承运人在公路上使用汽车和其他运输工具从事旅客运输的合同。也称城乡道路运输，不包括城镇内公共汽车的运输。

公路货物运输合同是指承运人在公路上使用汽车和其他运输工具将托运人的货物安全运送至指定地点交付收货人的合同。

水路旅客运输合同是指承运人以适合运送旅客的船舶经水路将旅客及其自带行李从一港运送至另一港，由旅客支付票款的合同。

水路货物运输合同是指承运人以船舶经水路将货物从一港运送至另一港的合同。水路货物运输合同纠纷仅指因经营性运输行为引起的纠纷，因非营业性水路运输引起的争议不适用本案由。

航空旅客运输合同是指承运人以航空器作为运输工具将旅客及其行李安全运送至目的地的合同。

航空货物运输合同是指承运人使用航空器和其他设备作为运输工具，将托运人的货物安全以航空运输方式运抵指定地点交给收货人的合同。

出租汽车运输合同是指承运人以出租汽车为运输工具，将乘客及其随身物品运送到约定地点并收取运费的合同。

管道运输合同，是指以管道作为运输方式运输货物的合同。管道运输通常是指石油、天然气等液体、气体或者其他易于流动的货物的运输。

城市公交运输合同是指一个城镇内的公共运输企业利用供公众乘用的公共汽车、电车、地铁列车、索道缆车以及城市水上客运船运送旅客的合同。这里所指的公交不包括出租汽车。

联合运输合同是指多个承运人以同一种运输方式共同完成货物运输的一种方式，托运人只与数个承运人当中的一个承运人，通常是第一个承运人签订运输合同。联合运输合同也叫相继运输合同。

多式联运合同是指多式联运经营人以两种以上的不同运输方式，负责将货物从接收地运至目的地交付收货人，并收取全程运费的合同。

铁路货物运输合同是指作为承运人的铁路运输企业按照约定期限或国务院铁路主管部门规定的期限，将货物运输到目的地，由托运人或收货人支付运费的合同。

铁路旅客运输合同是指作为承运人的铁路运输企业按照车票载明的日期、车次将旅客运送到目的地，由旅客支付票款的合同。

铁路行李运输合同是指作为承运人的铁路运输企业将旅客自用的被褥、衣服及其他旅行必需品运送到目的地的合同。

铁路包裹运输合同是指作为承运人的铁路运输企业将小件货物放置于旅客列车行李车内随车运送到目的地的合同。

国际铁路联运合同是指国际联运承运人按照与托运人的约定，通过铁路跨国运送货物的合同。

[**管辖**] 根据《民事诉讼法》第 28 条规定，因铁路、公路、水上、航空运输和联合运输合同纠纷提起的诉讼，由运输始发地、目的地或者被告住所地人民法院管辖。确定运输合同纠纷的管辖时，还要注意铁路运输合同和水路运输合同纠纷的管辖法院。

关于铁路运输合同相关纠纷的管辖，根据《最高人民法院关于铁路运输法院案件管辖范围的若干规定》第 3 条的规定，铁路旅客和行李、包裹运输合同纠纷，铁路货物运输合同纠纷，国际铁路联运合同和铁路运输企业作为经营人的多式联运合同纠纷由铁路运输法院管辖。

关于水路旅客、货物运输合同纠纷的管辖，确定管辖的关键在于将水路旅客运输合同纠纷、水路货物运输合同纠纷与海上、通海水域货物运输合同纠纷、海上、通海水域旅客运输合同纠纷、海上、通海水域行李运输合同纠纷相互区分。一般而言，属于海上、通海水域相关运输合同的，发生纠纷起诉至人民法院时优先按照相关的海上、通海水域运输合同纠纷确定案由，由相应的海事法院管辖。不属于海上、通海水域相关运输合同的，则按照相关的水路运输合同纠纷确定案由，由普通法院管辖。

[**应注意的问题**] 一是应当注意水路运输与海上、通海水域运输的区分。本案由中的水路运输指的是国内水路运输。按照《国内水路运输管理条例》第 2 条第 2 款的规定，国内水路运输，是指始发港、挂靠港和目的港均在中华人民共和国管辖的通航水域内的经营性旅客运输和货物运输。在案由的确定上，可以考虑不属于海上、通海水域运输合同纠纷的才确立为水路运输合同纠纷。具体如前所述。

二是注意联合运输与多式联运的区别。联合运输只有一种运输方式；责任承担的首要原则是由与托运人订立合同的承运人对全程运输承担责任，但如果明确损失发生在某一运输区段，则由该区段承运人与订立合同的承运人承担连带责任；由于运输方式单一，承运人的赔偿责任和责任限额的适用法律也是单一的。多式联运运输方式多样化，在两种以上；不管多式联运经营人与其他承运人如何约定，均由多式联运经营人对全程运输负责任；其赔偿责任和责任限额因运输区段的不同而适用不同法律。

请求权基础规范指引

《中华人民共和国民法典》（2020 年）

第八百一十条【承运人强制缔约义务】 从事公共运输的承运人不得拒绝旅客、托运人通常、合理的运输要求。

第八百一十一条【承运人安全运输义务】 承运人应当在约定期限或者合理期限内将旅客、货物安全运输到约定地点。

第八百一十二条【承运人合理运输义务】 承运人应当按照约定的或者通常的运输路线将旅客、货物运输到约定地点。

第八百一十三条【支付票款或者运输费用】 旅客、托运人或者收货人应当支付票款或者运输费用。承运人未按照约定路线或者通常路线运输增加票款或者运输费用的，旅客、托运人或者收货人可以拒绝支付增加部分的票款或者运输费用。

第八百一十四条【客运合同成立时间】 客运合同自承运人向旅客出具客票时成立，但是当事人另有约定或者另有交易习惯的除外。

第八百一十五条【旅客乘运义务的一般规定】 旅客应当按照有效客票记载的时间、班次和座位号乘坐。旅客无票乘坐、超程乘坐、越级乘坐或者持不符合减价条件的优惠客票乘坐的，应当补交票款，承运人可以按照规定加收票款；旅客不支付票款的，承运人可以拒绝运输。

实名制客运合同的旅客丢失客票的，可以请求承运人挂失补办，承运人不得再次收取票款和其他不合理费用。

第八百一十六条【旅客办理退票或者变更乘运手续】 旅客因自己的原因不能按照客票记载的时间乘坐的，应当在约定的期限内办理退票或者变更手续；逾期办理的，承运人可以不退票款，并不再承担运输义务。

第八百一十七条【行李携带及托运要求】 旅客随身携带行李应当符合约定的限量和品类要求；超过限量或者违反品类要求携带行李的，应当办理托运手续。

第八百一十八条【禁止旅客携带危险物品、违禁物品】 旅客不得随身携带或者在行李中夹带易燃、易爆、有毒、有腐蚀性、有放射性以及可能危及运输工具上人身和财产安全的危险物品或者违禁物品。

旅客违反前款规定的，承运人可以将危险物品或者违禁物品卸下、销毁或者送交有关部门。旅客坚持携带或者夹带危险物品或者违禁物品的，承运人应当拒绝运输。

第八百一十九条【承运人的告知义务和旅客的协助义务】 承运人应当严格履行安全运输义务，及时告知旅客安全运输应当注意的事项。旅客对承运人为安全运输所作的合理安排应当积极协助和配合。

第八百二十条【承运人按照约定运输的义务】 承运人应当按照有效客票记载的时间、班次和座位号运输旅客。承运人迟延运输或者有其他不能正常运输情形的，应当及时告知和提醒旅客，采取必要的安置措施，并根据旅客的要求安排改乘其他班次或者退票；由此造成旅客损失的，承运人应当承担赔偿责任，但是不可归责于承运人的除外。

第八百二十一条【承运人擅自降低或者提高服务标准的后果】 承运人擅自降低服务标准的，应当根据旅客的请求退票或者减收票款；提高服务标准的，不得加收票款。

第八百二十二条【承运人救助义务】 承运人在运输过程中，应当尽力救助患有急病、分娩、遇险的旅客。

第八百二十三条【旅客人身伤亡责任】 承运人应当对运输过程中旅客的伤亡承担赔偿责任；但是，伤亡是旅客自身健康原因造成的或者承运人证明伤亡是旅客故意、重大过失造成的除外。

前款规定适用于按照规定免票、持优待票或者经承运人许可搭乘的无票旅客。

第八百二十四条【旅客随身携带物品毁损、灭失的责任承担】 在运输过程中旅客随身携带物品毁损、灭失，承运人有过错的，应当承担赔偿责任。

旅客托运的行李毁损、灭失的，适用货物运输的有关规定。

第八百二十五条【托运人如实申报义务】 托运人办理货物运输，应当向承运人准确表明收货人的姓名、名称或者凭指示的收货人，货物的名称、性质、重量、数量，收货地点等有关货物运输的必要情况。

因托运人申报不实或者遗漏重要情况，造成承运人损失的，托运人应当承担赔偿责任。

第八百二十六条【托运人提交有关文件义务】 货物运输需要办理审批、检验等手续的，托运人应当将办理完有关手续的文件提交承运人。

第八百二十七条【托运人货物包装义务】 托运人应当按照约定的方式包装货物。对包装方式没有约定或者约定不明确的，适用本法第六百一十九条的规定。

托运人违反前款规定的，承运人可以拒绝运输。

第八百二十八条【运输危险货物】 托运人托运易燃、易爆、有毒、有腐蚀性、有放射性等危险物品的，应当按照国家有关危险物品运输的规定对危险物品妥善包装，做出危险物品标志和标签，并将有关危险物品的名称、性质和防范措施的书面材料提交承运人。

托运人违反前款规定的，承运人可以拒绝运输，也可以采取相应措施以避免损失的发生，因此产生的费用由托运人负担。

第八百二十九条【托运人变更或者解除运输合同权利】 在承运人将货物交付收货人之前，托运人可以要求承运人中止运输、返还货物、变更到达地或者将货物交给其他收货人，但是应当赔偿承运人因此受到的损失。

第八百三十条【提货】 货物运输到达后，承运人知道收货人的，应当及时通知收货人，收货人应当及时提货。收货人逾期提货的，应当向承运人支付保管费等费用。

第八百三十一条【收货人检验货物】 收货人提货时应当按照约定的期限检验货物。对检验货物的期限没有约定或者约定不明确，依据本法第五百一十条的规定仍不能确定的，应当在合理期限内检验货物。收货人在约定的期限或者合理期限内对货物的数量、毁损等未提出异议的，视为承运人已经按照运输单证的记载交付的初步证据。

第八百三十二条【运输过程中货物毁损、灭失的责任承担】 承运人对运输过程中货物的毁损、灭失承担赔偿责任。但是，承运人证明货物的毁损、灭失是因不可抗力、货物本身的自然性质或者合理损耗以及托运人、收货人的过错造成的，不承担赔偿责任。

第八百三十三条【确定货物赔偿额】 货物的毁损、灭失的赔偿额，当事人有约定的，按照其约定；没有约定或者约定不明确，依据本法第五百一十条的规定仍不能确定的，按照交付或者应当交付时货物到达地的市场价格计算。法律、行政法规对赔偿额的计算方法和赔偿限额另有规定的，依照其规定。

第八百三十四条【相继运输】 两个以上承运人以同一运输方式联运的，与托运人订立合同的承运人应当对全程运输承担责任；损失发生在某一运输区段的，与托运人订立合同的承运人和该区段的承运人承担连带责任。

第八百三十五条【货物因不可抗力灭失的运费处理】 货物在运输过程中因不可抗力灭失，未收取运费的，承运人不得请求支付运费；已经收取运费的，托运人可以请求返还。法律另有规定的，依照其规定。

第八百三十六条【承运人留置权】 托运人或者收货人不支付运费、保管费或者其他费用的，承运人对相应的运输货物享有留置权，但是当事人另有约定的除外。

第八百三十七条【承运人提存货物】 收货人不明或者收货人无正当理由拒绝受领货物的，承运人依法可以提存货物。

第八百三十八条【多式联运经营人应当负责履行或者组织履行合同】 多式联运经营人负责履行或者组织履行多式联运合同，对全程运输享有承运人的权利，承担承运人的义务。

第八百三十九条【多式联运合同责任制度】 多式联运经营人可以与参加多式联运的各区段承运人就多式联运合同的各区段运输约定相互之间的责任；但是，该约定不影响多式联运经营人对全程运输承担的义务。

第八百四十条【多式联运单据】 多式联运经营人收到托运人交付的货物时，应当签发多式联运单据。按照托运人的要求，多式联运单据可以是可转让单据，也可以是不可转让单据。

第八百四十一条【托运人承担过错责任】 因托运人托运货物时的过错造成多式联运经营人损失的，即使托运人已经转让多式联运单据，托运人仍然应当承担赔偿责任。

第八百四十二条【多式联运经营人赔偿责任的法律适用】 货物的毁损、灭失发生于多式联运的某一运输区段的，多式联运经营人的赔偿责任和责任限额，适用调整该区段运输方式的有关法律规定；货物毁损、灭失发生的运输区段不能确定的，依照本章规定承担赔偿责任。

《中华人民共和国海商法》（1992 年）

第一百零二条 本法所称多式联运合同，是指多式联运经营人以两种以上的不同运输方式，其中一种是海上运输方式，负责将货物从接收地运至目的地交付收货人，并收取全程运费的合同。

前款所称多式联运经营人，是指本人或者委托他人以本人名义与托运人订立多式联运合同的人。

第一百零三条 多式联运经营人对多式联运货物的责任期间，自接收货物时起至交付货物时止。

第一百零四条 多式联运经营人负责履行或者组织履行多式联运合同，并对全程运输负责。

多式联运经营人与参加多式联运的各区段承运人，可以就多式联运合同的各区段运输，另以合同约定相互之间的责任。但是，此项合同不得影响多式联运经营人对全程运输所承担的责任。

第一百零五条 货物的灭失或者损坏发生于多式联运的某一运输区段的，多式联运经营人的赔偿责任和责任限额，适用调整该区段运输方式的有关法律规定。

第一百零六条 货物的灭失或者损坏发生的运输区段不能确定的，多式联运经营人应当依照本章关于承运人赔偿责任和责任限额的规定负赔偿责任。

《中华人民共和国铁路法》（2015 年修正）

第十一条 铁路运输合同是明确铁路运输企业与旅客、托运人之间权利义务关系的协议。

旅客车票、行李票、包裹票和货物运单是合同或者合同的组成部分。

第十二条 铁路运输企业应当保证旅客按车票载明的日期、车次乘车，并到达目的站。因铁路运输企业的责任造成旅客不能按车票载明的日期、车次乘车的，铁路运输企业应当按照旅客的要求，退还全部票款或者安排改乘到达相同目的站的其他列车。

第十三条 铁路运输企业应当采取有效措施做好旅客运输服务工作，做到文明礼貌、热情周到，保持车站和车厢内的清洁卫生，提供饮用开水，做好列车上的饮食供应工作。

铁路运输企业应当采取措施，防止对铁路沿线环境的污染。

第十四条 旅客乘车应当持有效车票。对无票乘车或者持失效车票乘车的，应当补收票款，并按照规定加收票款；拒不交付的，铁路运输企业可以责令下车。

《中华人民共和国民用航空法》（2021 年修正）

第一百零七条 本法所称国内航空运输，是指根据当事人订立的航空运输合同，运输的出发地点、约定的经停地点和目的地点均在中华人民共和国境内的运输。

本法所称国际航空运输，是指根据当事人订立的航空运输合同，无论运输有无间断或者有无转运，运输的出发地点、目的地点或者约定的经停地点之一不在中华人民共和国境内的运输。

第一百零八条 航空运输合同各方认为几个连续的航空运输承运人办理

的运输是一项单一业务活动的，无论其形式是以一个合同订立或者数个合同订立，应当视为一项不可分割的运输。

《国内水路运输管理条例》（2023 年修订）

第十七条　水路运输经营者应当在依法取得许可的经营范围内从事水路运输经营。

第十八条　水路运输经营者应当使用符合本条例规定条件、配备合格船员的船舶，并保证船舶处于适航状态。

水路运输经营者应当按照船舶核定载客定额或者载重量载运旅客、货物，不得超载或者使用货船载运旅客。

第十九条　水路运输经营者应当依照法律、行政法规和国务院交通运输主管部门关于水路旅客、货物运输的规定、质量标准以及合同的约定，为旅客、货主提供安全、便捷、优质的服务，保证旅客、货物运输安全。

水路旅客运输业务经营者应当为其客运船舶投保承运人责任保险或者取得相应的财务担保。

第二十条　水路运输经营者运输危险货物，应当遵守法律、行政法规以及国务院交通运输主管部门关于危险货物运输的规定，使用依法取得危险货物适装证书的船舶，按照规定的安全技术规范进行配载和运输，保证运输安全。

第二十八条　船舶管理业务经营者接受委托提供船舶管理服务，应当与委托人订立书面合同，并将合同报所在地海事管理机构备案。

船舶管理业务经营者应当按照国家有关规定和合同约定履行有关船舶安全和防止污染的管理义务。

第二十九条　水路运输经营者可以委托船舶代理、水路旅客运输代理、水路货物运输代理业务的经营者，代办船舶进出港手续等港口业务，代为签订运输合同，代办旅客、货物承揽业务以及其他水路运输代理业务。

第三十条　船舶代理、水路旅客运输代理业务的经营者应当自企业设立登记之日起 15 个工作日内，向所在地设区的市级人民政府负责水路运输管理的部门备案。

第三十一条　船舶代理、水路旅客运输代理、水路货物运输代理业务的经营者接受委托提供代理服务，应当与委托人订立书面合同，按照国家有关规定和合同约定办理代理业务，不得强行代理，不得为未依法取得水路运输业务经营许可或者超越许可范围的经营者办理代理业务。

《最高人民法院关于国内水路货物运输纠纷案件法律问题的指导意见》（法发〔2012〕28 号　2012 年 12 月 24 日）

4. 国内水路货物运输合同无效，但是承运人已经按照运输合同的约定将货物安全运输到约定地点，承运人请求托运人或者收货人参照合同的约定支付运费，人民法院可以适当予以保护。

国内水路货物运输合同无效，而且运输过程中货物发生了毁损、灭失，托运人或者收货人向承运人主张损失赔偿的，人民法院可以综合考虑托运人或者收货人和承运人对合同无效和货物损失的过错程度，依法判定相应的民事责任。

《最高人民法院关于为促进消费提供司法服务和保障的意见》（法发〔2022〕35号　2022年12月26日）

11. 妥善处理消费者出行纠纷。疫情或者疫情防控措施导致消费者不能履行旅游、客运、住宿等合同，消费者请求解除合同、退还定金和价款等费用的，人民法院应当依法支持。消费者请求变更经营者提供服务的时间等合同内容的，人民法院应当加强调解；调解不成的，人民法院可综合考虑交易习惯、合同目的、案件具体情况等因素作出裁判。经营者仅以消费者超出其公布的退款时间为由，主张拒退、少退定金和价款等费用的，人民法院不予支持。充分发挥旅游巡回法庭作用，就地、快速解决旅游纠纷，方便消费者景区维权。

117. 保管合同纠纷

案由适用要点

［**释义**］保管合同是保管人保管寄存人交付的保管物，并返还该物的合同。

［**管辖**］保管合同纠纷的管辖，适用《民事诉讼法》关于合同纠纷管辖的一般规定，即当事人按照《民事诉讼法》第35条规定约定了管辖协议，按照合法有效的管辖协议确定管辖，反之按照《民事诉讼法》第24条规定由被告住所地或合同履行地人民法院管辖。但当保管物为不动产时，应适用关于不动产纠纷的专属管辖，由不动产所在地人民法院管辖。

［**应注意的问题**］一是注意保管合同与其他合同的区别。区分的关键是看合同目的。保管合同的根本目的是对标的物的保管；而其他有关合同如借用合同、租赁合同、承揽合同等，一方当事人虽然有妥善保管标的物的义务，但保管只是实现合同目的的过程或手段，使用标的物或者完成承揽任务才是合同目的。

二是关于保管物是否限于动产的问题。从《民法典》的立法精神和我国的实际情况来看，保管物既包括动产也包括不动产。在现实生活中，房屋、果园、池塘等都可以成为保管物。特别是在我国城镇化的发展过程中，农村出现了大量的闲置房屋，为避免房屋因无人居住而老化破损，并得到必要的维护修缮，房主往往需要将房屋交由亲朋保管。三是在购物中心、饭店、宾馆存放车辆及其他物品发生纠纷的案由确定。如前所述，根据《民法典》第888条第2款规定，此类行为视为保管。故如果不是另有约定或者另有交易习惯，因此类行为发生纠纷的，应当适用保管合同纠纷案由。

请求权基础规范指引

《中华人民共和国民法典》（2020年）

第八百八十八条【保管合同定义】 保管合同是保管人保管寄存人交付的保管物，并返还该物的合同。

寄存人到保管人处从事购物、就餐、住宿等活动，将物品存放在指定场所的，视为保管，但是当事人另有约定或者另有交易习惯的除外。

第九百条【返还保管物及其孳息】 保管期限届满或者寄存人提前领取保管物的，保管人应当将原物及其孳息归还寄存人。

第九百零二条【保管费支付期限】 有偿的保管合同，寄存人应当按照约定的期限向保管人支付保管费。

当事人对支付期限没有约定或者约定不明确，依据本法第五百一十条的规定仍不能确定的，应当在领取保管物的同时支付。

118. 仓储合同纠纷

案由适用要点

［**释义**］仓储合同是保管人储存存货人交付的仓储物，存货人支付仓储费的合同。

［**管辖**］仓储合同纠纷的管辖，适用《民事诉讼法》关于合同纠纷管辖的一般规定，即当事人按照《民事诉讼法》第35条规定约定了管辖协议，按照合法有效的管辖协议确定管辖，没有协议管辖或者协议管辖无效的，按照《民事诉讼法》第24条规定由被告住所地或合同履行地人民法院管辖。

［**应注意的问题**］确定该案由的关键点是准确识别仓储合同与保管合同。仓储合同和保管合同虽然都是保管人为他人保管存放物品的合同，但两者在法律意义上有着重要不同之处。二者的显著区别在于仓储合同具有以下特殊性：（1）合同主体上的特殊性。仓储合同的保管人必须是具有仓库营业资质的人，即具有仓储设施、仓储设备，专事仓储保管业务的人。而保管合同的主体无特殊资质要求。（2）合同标的物上的特殊性。仓储合同的标的物仅限于动产，不动产不能成为仓储合同的标的物。而保管合同的标的物如前所

述，可以是动产也可以是不动产。（3）合同成立上的特殊性。仓储合同是诺成合同，自保管人和存货人意思表示一致时成立；而保管合同原则上为实践合同。（4）合同内容上的特殊性。仓储合同为双务、有偿合同。保管人提供储存、保管的义务，存货人承担支付仓储费的义务。而保管合同可以是双务、有偿合同，也可以是单务、无偿合同。（5）合同形式上的特殊性。虽然仓储合同与保管合同均为不要式合同，但有仓单作为仓储合同的凭证。所谓仓单，是指出于方便存货人取回或处分其仓储物的目的，由保管人在收到仓储物后给存货人开付的提取仓储物的凭证。仓单是一种有价证券，可以通过背书转让仓单项下货物的所有权，也可以用于出质。可以说，仓单是仓储合同的重要特征。

除此之外，仓储合同和保管合同还有以下区别：（1）不交付保管物是否构成违约不同。对仓储合同而言，双方当事人达成合意后，存货人不将货物交付给保管人或保管人无正当理由拒绝接收保管货物都构成违约。而保管合同原则上自保管物交付时成立，故寄存人没有将物品交给保管人保管，或者保管人对寄存人交来寄存的物品不接受的，因为合同未成立，故不构成违约。（2）保管人对保管物的验收和赔偿责任不同。按照《民法典》第907条的规定，仓储合同中保管人应当按照约定对入库仓储物进行验收，保管人在验收时发现仓储物与约定不符的，应当及时通知存货人。保管人验收后，发生入库仓储物的品种、数量、质量不符合约定的，由保管人承担赔偿责任。而在保管合同中，按照《民法典》第893条的规定，对交付的保管物有瑕疵或者按照保管物的性质需要采取特殊保管措施的，应由寄存人将有关情况告知保管人。如果寄存人没有履行告知义务，致使保管物受损的，保管人不承担损害赔偿责任。（3）保管人对保管物的毁损、灭失的责任不同。按照《民法典》第917条的规定，在仓储合同中，如果造成仓储货物毁损、灭失，除了出于仓储物品的性质、包装不符合约定或超过有效储存期而造成仓储物变质、损坏的原因之外，保管人均应对保管不善承担损害赔偿责任。按照《民法典》第897条的规定，在保管合同中，保管人因保管不善造成保管物毁损、灭失的，视保管为有偿或无偿而有所不同。有偿保管的，保管人应承担损害赔偿责任；无偿保管的，保管人能证明自己没有故意或者重大过失的，则无须承担损害赔偿责任。

请求权基础规范指引

《中华人民共和国民法典》（2020年）

第九百零六条【危险物品和易变质物品的储存】 储存易燃、易爆、有毒、有腐蚀性、有放射性等危险物品或者易变质物品的，存货人应当说明该物品的性质，提供有关资料。

存货人违反前款规定的，保管人可以拒收仓储物，也可以采取相应措施以避免损失的发生，因此产生的费用由存货人负担。

保管人储存易燃、易爆、有毒、有腐蚀性、有放射性等危险物品的，应当具备相应的保管条件。

第九百零七条【保管人验收义务以及损害赔偿】 保管人应当按照约定对入库仓储物进行验收。保管人验收时发现入库仓储物与约定不符合的，应当及时通知存货人。保管人验收后，发生仓储物的品种、数量、质量不符合约定的，保管人应当承担赔偿责任。

第九百零八条【保管人出具仓单、入库单义务】 存货人交付仓储物的，保管人应当出具仓单、入库单等凭证。

第九百零九条【仓单】 保管人应当在仓单上签名或者盖章。仓单包括下列事项：

（一）存货人的姓名或者名称和住所；

（二）仓储物的品种、数量、质量、包装及其件数和标记；

（三）仓储物的损耗标准；

（四）储存场所；

（五）储存期限；

（六）仓储费；

（七）仓储物已经办理保险的，其保险金额、期间以及保险人的名称；

（八）填发人、填发地和填发日期。

第九百一十条【仓单性质和转让】 仓单是提取仓储物的凭证。存货人或者仓单持有人在仓单上背书并经保管人签名或者盖章的，可以转让提取仓储物的权利。

第九百一十一条【存货人或者仓单持有人有权检查仓储物或者提取样品】 保管人根据存货人或者仓单持有人的要求，应当同意其检查仓储物或者提取样品。

第九百一十二条【保管人危险通知义务】 保管人发现入库仓储物有变质或者其他损坏的，应当及时通知存货人或者仓单持有人。

第九百一十三条【保管人危险催告义务和紧急处置权】 保管人发现入库仓储物有变质或者其他损坏，危及其他仓储物的安全和正常保管的，应当催告存货人或者仓单持有人作出必要的处置。因情况紧急，保管人可以作出必要的处置；但是，事后应当将该情况及时通知存货人或者仓单持有人。

第九百一十四条【储存期限不明确时仓储物提取】 当事人对储存期限没有约定或者约定不明确的，存货人或者仓单持有人可以随时提取仓储物，保管人也可以随时请求存货人或者仓单持有人提取仓储物，但是应当给予必要的准备时间。

第九百一十五条【储存期限届满仓储物提取】 储存期限届满，存货人或者仓单持有人应当凭仓单、入库单等提取仓储物。存货人或者仓单持有人逾期提取的，应当加收仓储费；提前提取的，不减收仓储费。

第九百一十六条【逾期提取仓储物】 储存期限届满，存货人或者仓单持有人不提取仓储物的，保管人可以催告其在合理期限内提取；逾期不提取的，保管人可以提存仓储物。

第九百一十七条【保管人的损害赔偿责任】 储存期内，因保管不善造成仓储物毁损、灭失的，保管人应当承担赔偿责任。因仓储物本身的自然性质、包装不符合约定或者超过有效储存期造成仓储物变质、损坏的，保管人不承担赔偿责任。

第九百一十八条【适用保管合同】 本章没有规定的，适用保管合同的有关规定。

119. 委托合同纠纷

（1）进出口代理合同纠纷
（2）货运代理合同纠纷
（3）民用航空运输销售代理合同纠纷
（4）诉讼、仲裁、人民调解代理合同纠纷
（5）销售代理合同纠纷

案由适用要点

［**释义**］委托合同是委托人和受托人约定，由受托人处理委托人事务的合同。委托合同又称委任合同，是指当事人双方约定一方委托他人处理事务，他人同意为其处理事务的协议。

［**管辖**］若委托合同当事人就管辖问题存在约定，且该约定符合《民事诉讼法》第35条关于协议管辖的规定，则按照约定确定管辖。若合同中没有协议管辖或者协议管辖无效的，则适用关于合同纠纷管辖的一般规定，由被告住所地或合同履行地人民法院管辖。

［**应注意的问题**］司法实践中，存在很多名称中包含“委托”的无名合同，并非凡是包含“委托”二字的合同都是委托合同，必须根据合同双方当事人所约定的权利义务内容来确定。例如，当事人就商铺、产权式酒店等订立的委托经营合同，不应一概定性为委托合同。如果“委托”合同明确约定委托人将商铺、房屋交由受托人经营，经营收益和风险均由受托人承担，受托人支付固定金额的“租金”或“投资回报”的，应认定为租赁合同；如果

"委托"合同约定委托人将商铺、房屋交予受托人经营，经营收益和风险均由委托人承担，委托人支付一定的报酬给受托人的，则可以认定为委托合同。当然，还有很多"委托"合同，既包含委托合同性质，又兼具买卖、建筑工程等合同性质，属混合合同。对于此类合同，可以适用上一级案由。

货运代理合同与货物运输合同不同，货物运输合同的标的是运输行为，其直接目的是运送货物；而货运代理合同的标的是处理事务。本案由中的货运代理，不包括国际海上货运代理，海上、通海水域货运代理合同作为特殊的货运代理合同，由海事海商纠纷项下独立的第三级案由专门调整。

请求权基础规范指引

《中华人民共和国民法典》（2020年）

第九百二十条【委托权限】　委托人可以特别委托受托人处理一项或者数项事务，也可以概括委托受托人处理一切事务。

第九百二十一条【委托费用的预付和垫付】　委托人应当预付处理委托事务的费用。受托人为处理委托事务垫付的必要费用，委托人应当偿还该费用并支付利息。

第九百二十二条【受托人应当按照委托人的指示处理委托事务】　受托人应当按照委托人的指示处理委托事务。需要变更委托人指示的，应当经委托人同意；因情况紧急，难以和委托人取得联系的，受托人应当妥善处理委托事务，但是事后应当将该情况及时报告委托人。

第九百二十三条【受托人亲自处理委托事务】　受托人应当亲自处理委托事务。经委托人同意，受托人可以转委托。转委托经同意或者追认的，委托人可以就委托事务直接指示转委托的第三人，受托人仅就第三人的选任及其对第三人的指示承担责任。转委托未经同意或者追认的，受托人应当对转委托的第三人的行为承担责任；但是，在紧急情况下受托人为了维护委托人的利益需要转委托第三人的除外。

第九百二十四条【受托人的报告义务】　受托人应当按照委托人的要求，报告委托事务的处理情况。委托合同终止时，受托人应当报告委托事务的结果。

第九百二十五条【委托人介入权】　受托人以自己的名义，在委托人的授权范围内与第三人订立的合同，第三人在订立合同时知道受托人与委托人之间的代理关系的，该合同直接约束委托人和第三人；但是，有确切证据证明该合同只约束受托人和第三人的除外。

第九百二十六条【委托人对第三人的权利和第三人选择权】　受托人以自己的名义与第三人订立合同时，第三人不知道受托人与委托人之间的代理关系的，受托人因第三人的原因对委托人不履行义务，受托人应当向委托人披露第三人，委托人因此可以行使受托人对第三人的权利。但是，第三人与受托人订立合同时如果知道该委托人就不会订立合同的除外。

受托人因委托人的原因对第三人不履行义务，受托人应当向第三人披露委托人，第三人因此可以选择受托人或者委托人作为相对人主张其权利，但是第三人不得变更选定的相对人。

委托人行使受托人对第三人的权利的，第三人可以向委托人主张其对受托人的抗辩。第三人选定委托人作为其相对人的，委托人可以向第三人主张其对受托人的抗辩以及受托人对第三人的抗辩。

第九百二十七条【受托人转移利益】 受托人处理委托事务取得的财产，应当转交给委托人。

第九百二十八条【委托人支付报酬】 受托人完成委托事务的，委托人应当按照约定向其支付报酬。

因不可归责于受托人的事由，委托合同解除或者委托事务不能完成的，委托人应当向受托人支付相应的报酬。当事人另有约定的，按照其约定。

第九百二十九条【受托人的赔偿责任】 有偿的委托合同，因受托人的过错造成委托人损失的，委托人可以请求赔偿损失。无偿的委托合同，因受托人的故意或者重大过失造成委托人损失的，委托人可以请求赔偿损失。

受托人超越权限造成委托人损失的，应当赔偿损失。

第九百三十条【委托人的赔偿责任】 受托人处理委托事务时，因不可归责于自己的事由受到损失的，可以向委托人请求赔偿损失。

第九百三十一条【委托人另行委托他人处理事务】 委托人经受托人同意，可以在受托人之外委托第三人处理委托事务。因此造成受托人损失的，受托人可以向委托人请求赔偿损失。

第九百三十二条【共同委托】 两个以上的受托人共同处理委托事务的，对委托人承担连带责任。

第九百三十三条【委托合同解除】 委托人或者受托人可以随时解除委托合同。因解除合同造成对方损失的，除不可归责于该当事人的事由外，无偿委托合同的解除方应当赔偿因解除时间不当造成的直接损失，有偿委托合同的解除方应当赔偿对方的直接损失和合同履行后可以获得的利益。

第九百三十四条【委托合同终止】 委托人死亡、终止或者受托人死亡、丧失民事行为能力、终止的，委托合同终止；但是，当事人另有约定或者根据委托事务的性质不宜终止的除外。

第九百三十五条【受托人继续处理委托事务】 因委托人死亡或者被宣告破产、解散，致使委托合同终止将损害委托人利益的，在委托人的继承人、遗产管理人或者清算人承受委托事务之前，受托人应当继续处理委托事务。

第九百三十六条【受托人的继承人等的义务】 因受托人死亡、丧失民事行为能力或者被宣告破产、解散，致使委托合同终止的，受托人的继承人、遗产管理人、法定代理人或者清算人应当及时通知委托人。因委托合同终止将损害委托人利益的，在委托人作出善后处理之前，受托人的继承人、遗产管理人、法定代理人或者清算人应当采取必要措施。

《中华人民共和国仲裁法》（2017 年修正）

第二十九条 当事人、法定代理人可以委托律师和其他代理人进行仲裁活动。委托律师和其他代理人进行仲裁活动的，应当向仲裁委员会提交授权委托书。

《中华人民共和国民事诉讼法》（2023 年修正）

第六十一条 当事人、法定代理人可以委托一至二人作为诉讼代理人。

下列人员可以被委托为诉讼代理人：

（一）律师、基层法律服务工作者；

（二）当事人的近亲属或者工作人员；

（三）当事人所在社区、单位以及有关社会团体推荐的公民。

《最高人民法院关于适用〈中华人民共和国民法典〉总则编若干问题的解释》（法释〔2022〕6 号 2022 年 2 月 24 日）

第二十五条 数个委托代理人共同行使代理权，其中一人或者数人未与其他委托代理人协商，擅自行使代理权的，依据民法典第一百七十一条、第一百七十二条等规定处理。

第二十六条 由于急病、通讯联络中断、疫情防控等特殊原因，委托代理人自己不能办理代理事项，又不能与被代理人及时取得联系，如不及时转委托第三人代理，会给被代理人的利益造成损失或者扩大损失的，人民法院应当认定为民法典第一百六十九条规定的紧急情况。

第二十七条 无权代理行为未被追认，相对人请求行为人履行债务或者赔偿损失的，由行为人就相对人知道或者应当知道行为人无权代理承担举证责任。行为人不能证明的，人民法院依法支持相对人的相应诉讼请求；行为人能够证明的，人民法院应当按照各自的过错认定行为人与相对人的责任。

第二十九条 法定代理人、被代理人依据民法典第一百四十五条、第一百七十一条的规定向相对人作出追认的意思表示的，人民法院应当依据民法典第一百三十七条的规定确认其追认意思表示的生效时间。

120. 委托理财合同纠纷

（1）金融委托理财合同纠纷

（2）民间委托理财合同纠纷

案由适用要点

[释义] 委托理财是委托人将其资金、证券等资产委托给受托人，由受托人将该资产投资于期货、证券等交易市场或通过其他金融形式进行管理，所得收益由双方按约定进行分配或由受托人收取代理费的经济活动。

金融委托理财，又称金融机构委托理财，是指客户将资产交给金融机构，由金融机构作为受托人的委托理财形式。

民间委托理财，又称非金融机构委托理财，是指客户将资产交给资产管理公司、投资咨询公司、一般企事业单位等非金融机构或自然人，由非金融机构作为受托人的委托理财形式。

[管辖] 委托理财合同纠纷适用民事诉讼法关于合同纠纷管辖的一般规定，即当事人按照《民事诉讼法》第35条规定约定了管辖协议，按照合法有效的管辖协议确定管辖，没有协议管辖或者协议管辖无效的，按照《民事诉讼法》第24条规定由被告住所地或合同履行地人民法院管辖。

另外，我国在上海、北京设立了金融法院，对于北京、上海市辖区内应由中级人民法院受理第一审民商事案件中的委托理财纠纷案件，应由相关金融法院管辖。

[应注意的问题] 委托理财合同属于委托合同的一种，也是委托他人处理事务。区分委托理财合同纠纷与委托合同纠纷两类案由的关键在于把握委托理财合同的特殊性。二者最根本的区别是合同标的，委托理财合同中的委托事务仅限于由受托人代为理财。而委托合同的标的广泛得多。关于委托事务的范围，我国民法未作明确规定。因此，只要能够产生民事权利义务关系的任何事务，包括买卖、租赁、办理登记、批准，以及代理诉讼等。一般认为，委托合同的标的还包括代为实施事实行为，如帮忙代取快递。可见，委托事务的范围十分广泛，除依照法律规定或者公序良俗不得委托的事务，以及依照事务本身的性质不得委托的事务（如收养子女、婚姻登记等），均可委托他人办理。因此，委托事务为理财的，适用委托理财合同纠纷，而不应适用委托合同纠纷。

除此之外，二者还有以下显著区别。具体包括以下几个方面：（1）是否有偿。委托合同属于传统的民事合同，是《民法典》所明确规定的有名合同，可以是有偿合同也可以是无偿合同。而委托理财合同是一种新兴的金融合同，受托人往往是专业金融机构，通过代客理财获取报酬或收益。（2）合同的成立。委托合同为诺成。而委托理财合同因属无名合同，缺少直接的法律依据，但一般认为属实践合同，受托人交付资金或证券时合同成立。（3）是否涉及第三方。委托合同一般不涉及第三方，而在委托理财合同中，通常还存在第三方监管人。（4）委托后果的承担。委托合同以委托人承担处理事务后果作为一般原则。而委托理财合同中双方经常约定委托人不承担因受托人的理财行为所造成的损失。

请求权基础规范指引

《中华人民共和国民法典》（2020年）

第九百二十条【委托权限】　委托人可以特别委托受托人处理一项或者数项事务，也可以概括委托受托人处理一切事务。

《中华人民共和国信托法》（2001年）

第二十六条　受托人除依照本法规定取得报酬外，不得利用信托财产为自己谋取利益。

受托人违反前款规定，利用信托财产为自己谋取利益的，所得利益归入信托财产。

第二十七条　受托人不得将信托财产转为其固有财产。受托人将信托财产转为其固有财产的，必须恢复该信托财产的原状；造成信托财产损失的，应当承担赔偿责任。

第二十八条　受托人不得将其固有财产与信托财产进行交易或者将不同委托人的信托财产进行相互交易，但信托文件另有规定或者经委托人或者受益人同意，并以公平的市场价格进行交易的除外。

受托人违反前款规定，造成信托财产损失的，应当承担赔偿责任。

第二十九条　受托人必须将信托财产与其固有财产分别管理、分别记帐，并将不同委托人的信托财产分别管理、分别记帐。

第三十条　受托人应当自己处理信托事务，但信托文件另有规定或者有不得已事由的，可以委托他人代为处理。

受托人依法将信托事务委托他人代理的，应当对他人处理信托事务的行为承担责任。

第三十一条　同一信托的受托人有两个以上的，为共同受托人。

共同受托人应当共同处理信托事务，但信托文件规定对某些具体事务由受托人分别处理的，从其规定。

共同受托人共同处理信托事务，意见不一致时，按信托文件规定处理；信托文件未规定的，由委托人、受益人或者其利害关系人决定。

第三十二条　共同受托人处理信托事务对第三人所负债务，应当承担连带清偿责任。第三人对共同受托人之一所作的意思表示，对其他受托人同样有效。

共同受托人之一违反信托目的处分信托财产或者因违背管理职责、处理信托事务不当致使信托财产受到损失的，其他受托人应当承担连带赔偿责任。

《中华人民共和国证券法》（2019 年修订）

第一百三十三条 证券公司接受证券买卖的委托，应当根据委托书载明的证券名称、买卖数量、出价方式、价格幅度等，按照交易规则代理买卖证券，如实进行交易记录；买卖成交后，应当按照规定制作买卖成交报告单交付客户。

证券交易中确认交易行为及其交易结果的对账单必须真实，保证账面证券余额与实际持有的证券相一致。

第一百三十四条 证券公司办理经纪业务，不得接受客户的全权委托而决定证券买卖、选择证券种类、决定买卖数量或者买卖价格。

证券公司不得允许他人以证券公司的名义直接参与证券的集中交易。

《最高人民法院关于适用〈中华人民共和国民法典〉总则编若干问题的解释》（法释〔2022〕6 号 2022 年 2 月 24 日）

第二十五条 数个委托代理人共同行使代理权，其中一人或者数人未与其他委托代理人协商，擅自行使代理权的，依据民法典第一百七十一条、第一百七十二条等规定处理。

第二十六条 由于急病、通讯联络中断、疫情防控等特殊原因，委托代理人自己不能办理代理事项，又不能与被代理人及时取得联系，如不及时转委托第三人代理，会给被代理人的利益造成损失或者扩大损失的，人民法院应当认定为民法典第一百六十九条规定的紧急情况。

第二十七条 无权代理行为未被追认，相对人请求行为人履行债务或者赔偿损失的，由行为人就相对人知道或者应当知道行为人无权代理承担举证责任。行为人不能证明的，人民法院依法支持相对人的相应诉讼请求；行为人能够证明的，人民法院应当按照各自的过错认定行为人与相对人的责任。

第二十八条 同时符合下列条件的，人民法院可以认定为民法典第一百七十二条规定的相对人有理由相信行为人有代理权：

（一）存在代理权的外观；

（二）相对人不知道行为人行为时没有代理权，且无过失。

因是否构成表见代理发生争议的，相对人应当就无权代理符合前款第一项规定的条件承担举证责任；被代理人应当就相对人不符合前款第二项规定的条件承担举证责任。

第二十九条 法定代理人、被代理人依据民法典第一百四十五条、第一百七十一条的规定向相对人作出追认的意思表示的，人民法院应当依据民法典第一百三十七条的规定确认其追认意思表示的生效时间。

121. 物业服务合同纠纷

案由适用要点

［**释义**］物业服务合同是物业服务人在物业服务区域内，为业主提供建筑物及其附属设施的维修养护、环境卫生和相关秩序的管理维护等物业服务，业主支付物业费的合同。

［**管辖**］物业服务合同纠纷适用《民事诉讼法》关于合同纠纷管辖的一般规定，即当事人按照《民事诉讼法》第35条规定约定了管辖协议，按照合法有效的管辖协议确定管辖，反之按照《民事诉讼法》第24条规定由被告住所地或合同履行地人民法院管辖。

需要注意的是，物业服务合同纠纷虽然涉及不动产，但不适用《民事诉讼法》第34条关于专属管辖的规定。《民事诉讼法解释》第28条对《民事诉讼法》第34条第1项规定的不动产纠纷作了解释，即不动产纠纷是指因不动产的权利确认、分割、相邻关系等引起的物权纠纷。农村土地承包经营合同纠纷、房屋租赁合同纠纷、建设工程施工合同纠纷、政策性房屋买卖合同纠纷，按照不动产纠纷确定管辖。因此，物业服务合同纠纷不适用专属管辖的规定。

［**应注意的问题**］要注意物业服务合同纠纷与委托合同、承揽合同等近似合同纠纷的区别。重点是要区分物业服务合同与委托合同。二者主要区别如下：（1）是否双务有偿。物业服务合同是双务有偿合同，委托合同可以是双务有偿合同，也可以是单务无偿合同。（2）是否只能以自己的名义处理事务。物业服务合同只能以自己的名义提供物业服务，委托合同可以以委托人的名义，也可以以自己的名义处理委托事务。（3）合同标的与内容。物业服务合同的服务内容十分广泛庞杂，委托合同一般只委托处理一致数项特定事务。（4）是否需要按指示处理事务。物业服务合同中物业服务人一般不需要按照业主的指示处理事务，只要按照合同约定并遵守法律法规和行业规范即可。实践中业主往往会作出具体指示，如维修公共道路、共同区域照明等，但这些事务不待指示，物业服务企业也必须依约提供。（5）合同解除权。物业服务合同中，业主一方享有任意解除权，可以通过法定程序共同决定解聘物业服务人；但物业服务人一般不得随意解除合同。委托合同的委托人和受托人都有任意解除权。（6）事务法律后果的承担。物业服务合同中物业服务人从事的民事法律行为，业主不承担法律后果；委托合同中受托人实施的代理行

为的后果直接由委托人承担。（7）是否可以聘请第三人提供服务。物业服务合同中，业主不能在物业服务人之外另行聘请其他人从事物业服务。委托合同中，委托人经受托人同意可以同时委托其他人从事委托事务。

请求权基础规范指引

《中华人民共和国民法典》（2020年）

第二百八十二条【共有部分的收入分配】 建设单位、物业服务企业或者其他管理人等利用业主的共有部分产生的收入，在扣除合理成本之后，属于业主共有。

第二百八十三条【建筑物及其附属设施的费用分担和收益分配】 建筑物及其附属设施的费用分摊、收益分配等事项，有约定的，按照约定；没有约定或者约定不明确的，按照业主专有部分面积所占比例确定。

第二百八十四条【建筑物及其附属设施的管理主体】 业主可以自行管理建筑物及其附属设施，也可以委托物业服务企业或者其他管理人管理。

对建设单位聘请的物业服务企业或者其他管理人，业主有权依法更换。

第二百八十五条【业主和物业服务企业或其他管理人的关系】 物业服务企业或者其他管理人根据业主的委托，依照本法第三编有关物业服务合同的规定管理建筑区划内的建筑物及其附属设施，接受业主的监督，并及时答复业主对物业服务情况提出的询问。

物业服务企业或者其他管理人应当执行政府依法实施的应急处置措施和其他管理措施，积极配合开展相关工作。

第二百八十六条【业主的相关义务及责任】 业主应当遵守法律、法规以及管理规约，相关行为应当符合节约资源、保护生态环境的要求。对于物业服务企业或者其他管理人执行政府依法实施的应急处置措施和其他管理措施，业主应当依法予以配合。

业主大会或者业主委员会，对任意弃置垃圾、排放污染物或者噪声、违反规定饲养动物、违章搭建、侵占通道、拒付物业费等损害他人合法权益的行为，有权依照法律、法规以及管理规约，请求行为人停止侵害、排除妨碍、消除危险、恢复原状、赔偿损失。

业主或者其他行为人拒不履行相关义务的，有关当事人可以向有关行政主管部门报告或者投诉，有关行政主管部门应当依法处理。

第二百八十七条【业主合法权益的保护】 业主对建设单位、物业服务企业或者其他管理人以及其他业主侵害自己合法权益的行为，有权请求其承担民事责任。

第九百三十七条【物业服务合同定义】 物业服务合同是物业服务人在物业服务区域内，为业主提供建筑物及其附属设施的维修养护、环境卫生和相关秩序的管理维护等物业服务，业主支付物业费的合同。

物业服务人包括物业服务企业和其他管理人。

第九百三十八条【物业服务合同内容和形式】 物业服务合同的内容一般包括服务事项、服务质量、服务费用的标准和收取办法、维修资金的使用、服务用房的管理和使用、服务期限、服务交接等条款。

物业服务人公开作出的有利于业主的服务承诺，为物业服务合同的组成部分。

物业服务合同应当采用书面形式。

第九百三十九条【物业服务合同的效力】 建设单位依法与物业服务人订立的前期物业服务合同，以及业主委员会与业主大会依法选聘的物业服务人订立的物业服务合同，对业主具有法律约束力。

第九百四十条【前期物业服务合同法定终止条件】 建设单位依法与物业服务人订立的前期物业服务合同约定的服务期限届满前，业主委员会或者业主与新物业服务人订立的物业服务合同生效的，前期物业服务合同终止。

第九百四十一条【物业服务转委托的条件和限制性条款】 物业服务人将物业服务区域内的部分专项服务事项委托给专业性服务组织或者其他第三人的，应当就该部分专项服务事项向业主负责。

物业服务人不得将其应当提供的全部物业服务转委托给第三人，或者将全部物业服务支解后分别转委托给第三人。

第九百四十二条【物业服务人的一般义务】 物业服务人应当按照约定和物业的使用性质，妥善维修、养护、清洁、绿化和经营管理物业服务区域内的业主共有部分，维护物业服务区域内的基本秩序，采取合理措施保护业主的人身、财产安全。

对物业服务区域内违反有关治安、环保、消防等法律法规的行为，物业服务人应当及时采取合理措施制止、向有关行政主管部门报告并协助处理。

第九百四十三条【物业服务人信息公开义务】 物业服务人应当定期将服务的事项、负责人员、质量要求、收费项目、收费标准、履行情况，以及维修资金使用情况、业主共有部分的经营与收益情况等以合理方式向业主公开并向业主大会、业主委员会报告。

第九百四十四条【业主支付物业费义务】 业主应当按照约定向物业服务人支付物业费。物业服务人已经按照约定和有关规定提供服务的，业主不得以未接受或者无需接受相关物业服务为由拒绝支付物业费。

业主违反约定逾期不支付物业费的，物业服务人可以催告其在合理期限内支付；合理期限届满仍不支付的，物业服务人可以提起诉讼或者申请仲裁。

物业服务人不得采取停止供电、供水、供热、供燃气等方式催交物业费。

第九百四十五条【业主告知、协助义务】 业主装饰装修房屋的，应当事先告知物业服务人，遵守物业服务人提示的合理注意事项，并配合其进行必要的现场检查。

业主转让、出租物业专有部分、设立居住权或者依法改变共有部分用途的，应当及时将相关情况告知物业服务人。

第九百四十六条【业主合同任意解除权】 业主依照法定程序共同决定解聘物业服务人的，可以解除物业服务合同。决定解聘的，应当提前六十日书面通知物业服务人，但是合同对通知期限另有约定的除外。

依据前款规定解除合同造成物业服务人损失的，除不可归责于业主的事由外，业主应当赔偿损失。

第九百四十七条【物业服务合同的续订】 物业服务期限届满前，业主依法共同决定续聘的，应当与原物业服务人在合同期限届满前续订物业服务合同。

物业服务期限届满前，物业服务人不同意续聘的，应当在合同期限届满前九十日书面通知业主或者业主委员会，但是合同对通知期限另有约定的除外。

第九百四十八条【不定期物业服务合同】 物业服务期限届满后，业主没有依法作出续聘或者另聘物业服务人的决定，物业服务人继续提供物业服务的，原物业服务合同继续有效，但是服务期限为不定期。

当事人可以随时解除不定期物业服务合同，但是应当提前六十日书面通知对方。

第九百四十九条【物业服务人的移交义务及法律责任】 物业服务合同终止的，原物业服务人应当在约定期限或者合理期限内退出物业服务区域，将物业服务用房、相关设施、物业服务所必需的相关资料等交还给业主委员会、决定自行管理的业主或者其指定的人，配合新物业服务人做好交接工作，并如实告知物业的使用和管理状况。

原物业服务人违反前款规定的，不得请求业主支付物业服务合同终止后的物业费；造成业主损失的，应当赔偿损失。

第九百五十条【物业服务人的后合同义务】 物业服务合同终止后，在业主或者业主大会选聘的新物业服务人或者决定自行管理的业主接管之前，原物业服务人应当继续处理物业服务事项，并可以请求业主支付该期间的物业费。

《物业管理条例》（2018年修订）

第二条 本条例所称物业管理，是指业主通过选聘物业服务企业，由业主和物业服务企业按照物业服务合同约定，对房屋及配套的设施设备和相关场地进行维修、养护、管理，维护物业管理区域内的环境卫生和相关秩序的活动。

第六条　房屋的所有权人为业主。

业主在物业管理活动中，享有下列权利：

（一）按照物业服务合同的约定，接受物业服务企业提供的服务；

（二）提议召开业主大会会议，并就物业管理的有关事项提出建议；

（三）提出制定和修改管理规约、业主大会议事规则的建议；

（四）参加业主大会会议，行使投票权；

（五）选举业主委员会成员，并享有被选举权；

（六）监督业主委员会的工作；

（七）监督物业服务企业履行物业服务合同；

（八）对物业共用部位、共用设施设备和相关场地使用情况享有知情权和监督权；

（九）监督物业共用部位、共用设施设备专项维修资金（以下简称专项维修资金）的管理和使用；

（十）法律、法规规定的其他权利。

第十五条　业主委员会执行业主大会的决定事项，履行下列职责：

（一）召集业主大会会议，报告物业管理的实施情况；

（二）代表业主与业主大会选聘的物业服务企业签订物业服务合同；

（三）及时了解业主、物业使用人的意见和建议，监督和协助物业服务企业履行物业服务合同；

（四）监督管理规约的实施；

（五）业主大会赋予的其他职责。

第二十一条　在业主、业主大会选聘物业服务企业之前，建设单位选聘物业服务企业的，应当签订书面的前期物业服务合同。

第二十五条　建设单位与物业买受人签订的买卖合同应当包含前期物业服务合同约定的内容。

第二十六条　前期物业服务合同可以约定期限；但是，期限未满、业主委员会与物业服务企业签订的物业服务合同生效的，前期物业服务合同终止。

第三十四条　业主委员会应当与业主大会选聘的物业服务企业订立书面的物业服务合同。

物业服务合同应当对物业管理事项、服务质量、服务费用、双方的权利义务、专项维修资金的管理与使用、物业管理用房、合同期限、违约责任等内容进行约定。

第三十五条　物业服务企业应当按照物业服务合同的约定，提供相应的服务。

物业服务企业未能履行物业服务合同的约定，导致业主人身、财产安全受到损害的，应当依法承担相应的法律责任。

第三十八条 物业服务合同终止时，物业服务企业应当将物业管理用房和本条例第二十九条第一款规定的资料交还给业主委员会。

物业服务合同终止时，业主大会选聘了新的物业服务企业的，物业服务企业之间应当做好交接工作。

第四十条 物业服务收费应当遵循合理、公开以及费用与服务水平相适应的原则，区别不同物业的性质和特点，由业主和物业服务企业按照国务院价格主管部门会同国务院建设行政主管部门制定的物业服务收费办法，在物业服务合同中约定。

第四十一条 业主应当根据物业服务合同的约定交纳物业服务费用。业主与物业使用人约定由物业使用人交纳物业服务费用的，从其约定，业主负连带交纳责任。

已竣工但尚未出售或者尚未交给物业买受人的物业，物业服务费用由建设单位交纳。

第六十四条 违反物业服务合同约定，业主逾期不交纳物业服务费用的，业主委员会应当督促其限期交纳；逾期仍不交纳的，物业服务企业可以向人民法院起诉。

《最高人民法院关于审理物业服务纠纷案件适用法律若干问题的解释》（2020年12月23日修正）

第一条 业主违反物业服务合同或者法律、法规、管理规约，实施妨碍物业服务与管理的行为，物业服务人请求业主承担停止侵害、排除妨碍、恢复原状等相应民事责任的，人民法院应予支持。

第二条 物业服务人违反物业服务合同约定或者法律、法规、部门规章规定，擅自扩大收费范围、提高收费标准或者重复收费，业主以违规收费为由提出抗辩的，人民法院应予支持。

业主请求物业服务人退还其已经收取的违规费用的，人民法院应予支持。

第三条 物业服务合同的权利义务终止后，业主请求物业服务人退还已经预收，但尚未提供物业服务期间的物业费的，人民法院应予支持。

第四条 因物业的承租人、借用人或者其他物业使用人实施违反物业服务合同，以及法律、法规或者管理规约的行为引起的物业服务纠纷，人民法院可以参照关于业主的规定处理。

122. 行纪合同纠纷

案由适用要点

［**释义**］行纪合同，也称信托合同，是行纪人以自己的名义为委托人从事贸易活动，委托人支付报酬的合同。

［**管辖**］行纪合同纠纷没有特殊的管辖规定，适用《民事诉讼法》关于合同纠纷管辖的一般规定，即当事人按照《民事诉讼法》第35条规定约定了管辖协议，按照合法有效的管辖协议确定管辖，反之按照《民事诉讼法》第24条规定由被告住所地或合同履行地人民法院管辖。

［**应注意的问题**］行纪合同与委托合同极为相似，因此《民法典》第960条规定，对行纪合同没有规定的，参照适用委托合同的有关规定。因此，确定该案由应当注意与委托合同区分。

行纪合同与委托合同的主要区别在于：（1）合同主体不同。行纪合同的行纪人应为经许可或批准经营行纪业务的主体；而委托合同的委托人则只要是具有民事行为能力的自然人、法人或非法人组织均可。（2）适用范围不同。行纪合同中委托的事务是特定的，仅限于贸易活动，一般是法律行为；而委托合同可适用于法律禁止委托或者依性质不得委托的事务之外的任何事务，所委托的事务，既可以是法律行为，也可以是事实行为。（3）办理委托事务的名义不同。行纪人只能以自己的名义进行活动；而委托合同的受托人处理委托事务，既可以以自己名义，也可以以委托人名义。（4）处理委托事务的费用负担不同。行纪人为委托人处理事务所支出的费用，除当事人另有约定外，由行纪人负担；而委托合同中受托人为委托人处理事务所支出的费用，由委托人负担。（5）是否双务有偿不同。行纪合同是双务、有偿合同，委托合同既可能是双务、有偿合同，又可能是单务、无偿合同。

请求权基础规范指引

《中华人民共和国民法典》（2020年）

第九百五十二条【行纪人承担费用的义务】 行纪人处理委托事务支出的费用，由行纪人负担，但是当事人另有约定的除外。

第九百五十三条【行纪人的保管义务】 行纪人占有委托物的，应当妥善保管委托物。

第九百五十四条【行纪人处置委托物的义务】 委托物交付给行纪人时有瑕疵或者容易腐烂、变质的，经委托人同意，行纪人可以处分该物；不能与委托人及时取得联系的，行纪人可以合理处分。

第九百五十五条【行纪人依照委托人指定价格买卖的义务】 行纪人低于委托人指定的价格卖出或者高于委托人指定的价格买入的，应当经委托人同意；未经委托人同意，行纪人补偿其差额的，该买卖对委托人发生效力。

行纪人高于委托人指定的价格卖出或者低于委托人指定的价格买入的，可以按照约定增加报酬；没有约定或者约定不明确，依据本法第五百一十条的规定仍不能确定的，该利益属于委托人。

委托人对价格有特别指示的，行纪人不得违背该指示卖出或者买入。

第九百五十六条【行纪人的介入权】 行纪人卖出或者买入具有市场定价的商品，除委托人有相反的意思表示外，行纪人自己可以作为买受人或者出卖人。

行纪人有前款规定情形的，仍然可以请求委托人支付报酬。

第九百五十七条【委托人及时受领、取回和处分委托物及行纪人提存委托物】 行纪人按照约定买入委托物，委托人应当及时受领。经行纪人催告，委托人无正当理由拒绝受领的，行纪人依法可以提存委托物。

委托物不能卖出或者委托人撤回出卖，经行纪人催告，委托人不取回或者不处分该物的，行纪人依法可以提存委托物。

第九百五十八条【行纪人的直接履行义务】 行纪人与第三人订立合同的，行纪人对该合同直接享有权利、承担义务。

第三人不履行义务致使委托人受到损害的，行纪人应当承担赔偿责任，但是行纪人与委托人另有约定的除外。

第九百五十九条【行纪人的报酬请求权及留置权】 行纪人完成或者部分完成委托事务的，委托人应当向其支付相应的报酬。委托人逾期不支付报酬的，行纪人对委托物享有留置权，但是当事人另有约定的除外。

第九百六十条【参照适用委托合同】 本章没有规定的，参照适用委托合同的有关规定。

123. 中介合同纠纷

案由适用要点

[释义] 中介合同是中介人向委托人报告订立合同的机会或者提供订立合同的媒介服务，委托人支付报酬的合同。

[管辖] 中介合同纠纷没有特殊的管辖规定，适用《民事诉讼法》关于合同纠纷管辖的一般规定，即当事人按照《民事诉讼法》第35条规定约定了管辖协议，按照合法有效的管辖协议确定管辖，反之按照《民事诉讼法》第24条规定由被告住所地或合同履行地人民法院管辖。

[应注意的问题] 确定本案由要注意以下问题：

（1）注意与委托、行纪等类似合同的区分。无论报告中介还是媒介中介，中介人都不是委托人的代理人，而只是居于交易双方当事人之间起介绍、协助作用的中间人，其服务范围有限制，不参与委托人与第三人之间的合同。这是中介合同与委托合同、行纪合同的最主要区别。但是，根据《民法典》第966条规定，对于中介合同无特别规定之处，则参照适用委托合同的有关规定。（2）注意本案由中所指的中介行为，不包括技术中介。技术中介合同纠纷属于技术合同纠纷项下的第四级案由。（3）注意本案由中所指的中介行为不包括婚姻中介。按照《民法典》第961条关于中介合同的定义，本案由所指的中介仅限于报告订立合同的机会或者提供订立合同的媒介服务，婚姻关系不属于合同关系，婚介所提供的婚介服务也不属于订立合同，因而不属于中介合同的范畴。

请求权基础规范指引

《中华人民共和国民法典》（2020年）

第九百六十一条【中介合同定义】 中介合同是中介人向委托人报告订立合同的机会或者提供订立合同的媒介服务，委托人支付报酬的合同。

第九百六十二条【中介人报告义务】 中介人应当就有关订立合同的事项向委托人如实报告。

中介人故意隐瞒与订立合同有关的重要事实或者提供虚假情况，损害委托人利益的，不得请求支付报酬并应当承担赔偿责任。

第九百六十三条【中介人报酬请求权】 中介人促成合同成立的，委托人应当按照约定支付报酬。对中介人的报酬没有约定或者约定不明确，依据本法第五百一十条的规定仍不能确定的，根据中介人的劳务合理确定。因中介人提供订立合同的媒介服务而促成合同成立的，由该合同的当事人平均负担中介人的报酬。

中介人促成合同成立的，中介活动的费用，由中介人负担。

第九百六十四条【中介人必要费用请求权】 中介人未促成合同成立的，不得请求支付报酬；但是，可以按照约定请求委托人支付从事中介活动支出的必要费用。

第九百六十五条【委托人私下与第三人订立合同后果】 委托人在接受中介人的服务后，利用中介人提供的交易机会或者媒介服务，绕开中介人直接订立合同的，应当向中介人支付报酬。

第九百六十六条【参照适用委托合同】 本章没有规定的，参照适用委托合同的有关规定

《中华人民共和国城市房地产管理法》（2019 年修正）

第五十七条 房地产中介服务机构包括房地产咨询机构、房地产价格评估机构、房地产经纪机构等。

第五十八条 房地产中介服务机构应当具备下列条件：

（一）有自己的名称和组织机构；

（二）有固定的服务场所；

（三）有必要的财产和经费；

（四）有足够数量的专业人员；

（五）法律、行政法规规定的其他条件。

设立房地产中介服务机构，应当向工商行政管理部门申请设立登记，领取营业执照后，方可开业。

《最高人民法院关于审理期货纠纷案件若干问题的规定》（2020 年 12 月 23 日修正）

第十条 公民、法人受期货公司或者客户的委托，作为居间人为其提供订约的机会或者订立期货经纪合同的中介服务的，期货公司或者客户应当按照约定向居间人支付报酬。居间人应当独立承担基于居间经纪关系所产生的民事责任。

124. 补偿贸易纠纷

案由适用要点

[释义] 补偿贸易，一般是指一方在信贷的基础上，从国外另一方买进机器、设备、技术、原材料或劳务，约定在一定期限内，用其生产的产品、其他商品或劳务，分期清偿贷款的一种贸易方式。补偿贸易双方的关系属于国际贸易范畴内买方与卖方的关系，其法律关系是一种债权债务关系。

[管辖] 补偿贸易纠纷适用《民事诉讼法》关于合同纠纷管辖的一般规定，即当事人按照《民事诉讼法》第 35 条规定约定了管辖协议，按照合法有效的管辖协议确定管辖，反之按照《民事诉讼法》第 24 条规定由被告住所地或合同履行地人民法院管辖。

[应注意的问题] 一是注意与国际货物买卖合同纠纷区别。进行补偿贸易，双方须签订补偿贸易协议书。这一点，与国际货物买卖合同纠纷是一致的。补偿贸易与一般的国际货物买卖相比，具有两个基本特征：（1）以信贷为前提条件；（2）以设备技术供应方承诺回购设备进口方的产品或劳务为必备条件，两个条件缺一不可。

二是注意与现行国际经济法理论中的“三来一补”即来料加工、来样定做、来件装配和补偿贸易的区别，其中“三来”是对外加工装配的别称，是指国外的定作人向国内的承揽人提供原材料、元器件、零配件、辅助材料或必要的技术设备，由承揽人加工生产后将成品交给定作人，承揽人收取相应费用的一种国际经济技术合作方式。“三来一补”是国际贸易的一种特殊形式，“三来”性质上属于国际加工承揽合同，而“一补”即本案由所指的补偿贸易，其带有国际易货贸易的本质特征。

请求权基础规范指引

目前尚无法律规范层面关于补偿贸易的专门规定，审理补偿贸易纠纷案件，可参考有关部门规章和一些地方性法规。

125. 借用合同纠纷

案由适用要点

[释义] 借用合同，又称“使用借贷合同”，是指出借人定期或不定期地将出借物无偿交给借用人使用，借用人在一定期限内或使用完毕后返还给出借人的合同。

[管辖] 借用合同属于无名合同，法律没有关于借用合同管辖的特殊规定，适用《民事诉讼法》关于合同纠纷管辖的一般规定，即当事人按照《民事诉讼法》第35条规定约定了管辖协议，按照合法有效的管辖协议确定管辖，反之按照《民事诉讼法》第24条规定由被告住所地或合同履行地人民法院管辖。

[应注意的问题] 借用关系是实践中经常发生的一种法律关系，确定这一案由时应注意与类似合同的区别。借用合同与赠与合同同属无偿合同，区别在于赠与是变更标的物的所有权，不再返还原主；借用是转移标的物的占有、使用、受益权而不改变所有权，借用物最终要返还原主。借用合同与租赁合同同属暂时转移标的物的占有、使用、受益权的合同，区别在于租赁是有偿使用，借用是无偿使用。借用合同与借款合同同属借取关系，主要的区别在于所借对象不同，借款的对象是货币，借用的对象是物品。

请求权基础规范指引

《中华人民共和国民法典》（2020年）

第四百六十七条【无名合同及涉外合同的法律适用】 本法或者其他法律没有明文规定的合同，适用本编通则的规定，并可以参照适用本编或者其他法律最相类似合同的规定。

在中华人民共和国境内履行的中外合资经营企业合同、中外合作经营企业合同、中外合作勘探开发自然资源合同，适用中华人民共和国法律。

《中华人民共和国文物保护法》（2024年修订）

第五十五条 文物收藏单位应当改善服务条件，提高服务水平，充分发挥馆藏文物的作用，通过举办展览、科学研究、文化创意等活动，加强对中华民族优秀的历史文化和革命传统的宣传教育；通过借用、交换、在线展览等方式，提高馆藏文物利用效率。

文物收藏单位应当为学校、科研机构开展有关教育教学、科学研究等活动提供支持和帮助。

博物馆应当按照国家有关规定向公众开放，合理确定开放时间和接待人数并向社会公布，采用多种形式提供科学、准确、生动的文字说明和讲解服务。

第五十六条 国有文物收藏单位之间因举办展览、科学研究等需借用馆藏文物的，应当报主管的文物行政部门备案；借用馆藏一级文物的，应当同时报国务院文物行政部门备案。

非国有文物收藏单位和其他单位举办展览需借用国有馆藏文物的，应当报主管的文物行政部门批准；借用国有馆藏一级文物的，应当经国务院文物行政部门批准。

文物收藏单位之间借用文物的，应当签订借用协议，协议约定的期限不得超过三年。

第五十九条 依法调拨、交换、借用馆藏文物，取得文物的文物收藏单位可以对提供文物的文物收藏单位给予合理补偿。

文物收藏单位调拨、交换、出借文物所得的补偿费用，必须用于改善文物的收藏条件和收集新的文物，不得挪作他用；任何单位或者个人不得侵占。

调拨、交换、借用的文物必须严格保管，不得丢失、损毁。

第六十五条 文物行政部门和国有文物收藏单位的工作人员不得借用国有文物，不得非法侵占国有文物。

《中华人民共和国文物保护法实施条例》（2017年修订）①

第三十条 文物收藏单位之间借用馆藏文物，借用人应当对借用的馆藏文物采取必要的保护措施，确保文物的安全。

借用的馆藏文物的灭失、损坏风险，除当事人另有约定外，由借用该馆

---

① 《中华人民共和国文物保护法实施条例》于2003年5月18日中华人民共和国国务院令第377号公布，根据2013年12月7日《国务院关于修改部分行政法规的决定》第一次修订，根据2016年2月6日《国务院关于修改部分行政法规的决定》第二次修订，根据2017年3月1日《国务院关于修改和废止部分行政法规的决定》第三次修订，根据2017年10月7日《国务院关于修改部分行政法规的决定》第四次修订。

藏文物的文物收藏单位承担。

第三十一条　国有文物收藏单位未依照文物保护法第三十六条的规定建立馆藏文物档案并将馆藏文物档案报主管的文物行政主管部门备案的，不得交换、借用馆藏文物。

126. 典当纠纷

案由适用要点

[释义] 典当是指当户将其动产、财产权利作为当物质押或者将其房地产作为当物抵押给典当行，交付一定比例费用，取得当金，并在约定期限内支付当金利息、偿还当金、赎回当物的行为。

[管辖] 典当关系属于复合法律关系，是借贷关系与担保关系的有机结合，此点在确定管辖时尤其应当注意。一般而言，典当纠纷可以按照合同纠纷确定关系，即适用《民事诉讼法》关于合同纠纷管辖的一般规定，即当事人按照《民事诉讼法》第 35 条规定约定了管辖协议，按照合法有效的管辖协议确定管辖，反之按照《民事诉讼法》第 24 条规定由被告住所地或合同履行地人民法院管辖。但如果是房屋的典当，构成物权纠纷的，应当按照《民事诉讼法解释》第 28 条的规定由不动产所在地人民法院专属管辖。

另外，典当纠纷属于金融纠纷，在北京、上海发生的典当纠纷，应由中级人民法院一审的，由相应的金融法院管辖。

[应注意的问题] 典当法律关系是复合法律关系，即借贷关系与担保关系混合在一起，彼此之间发生有机的结合，没有主次之分，并且应当适用统一的典当法律规则来处理。而一般借贷与担保法律关系之间是两个法律关系，借贷关系是主法律关系，担保关系属于从法律关系，原则上借贷合同的效力会影响到担保合同的效力，另外借贷合同法律关系主要适用《民法典》合同编的有关规定，而其担保合同主要涉及《民法典》物权编等有关规定。作为具有我国悠久历史特色的一项法律制度，尽管《民法典》对典当法律制度没有规定，但这类法律关系如上述分析具有特殊性，应当适用统一的法律规则来处理，这类纠纷在社会生活中也较为常见，因此将其列为第三级案由。

请求权基础规范指引

《中华人民共和国民法典》（2020 年）

第一百五十三条【违反强制性规定及违背公序良俗的民事法律行为的效力】　违反法律、行政法规的强制性规定的民事法律行为无效。但是，该强制性规定不导致该民事法律行为无效的除外。

违背公序良俗的民事法律行为无效。

第一百五十四条【恶意串通的民事法律行为的效力】 行为人与相对人恶意串通，损害他人合法权益的民事法律行为无效。

第五百零六条【免责条款效力】 合同中的下列免责条款无效：

（一）造成对方人身损害的；

（二）因故意或者重大过失造成对方财产损失的。

第五百六十六条【合同解除的效力】 合同解除后，尚未履行的，终止履行；已经履行的，根据履行情况和合同性质，当事人可以请求恢复原状或者采取其他补救措施，并有权请求赔偿损失。

合同因违约解除的，解除权人可以请求违约方承担违约责任，但是当事人另有约定的除外。

主合同解除后，担保人对债务人应当承担的民事责任仍应当承担担保责任，但是担保合同另有约定的除外。

第五百八十五条【违约金】 当事人可以约定一方违约时应当根据违约情况向对方支付一定数额的违约金，也可以约定因违约产生的损失赔偿额的计算方法。

约定的违约金低于造成的损失的，人民法院或者仲裁机构可以根据当事人的请求予以增加；约定的违约金过分高于造成的损失的，人民法院或者仲裁机构可以根据当事人的请求予以适当减少。

当事人就迟延履行约定违约金的，违约方支付违约金后，还应当履行债务。

《典当管理办法》（2005年）

第三十条 当票是典当行与当户之间的借贷契约，是典当行向当户支付当金的付款凭证。

典当行和当户就当票以外事项进行约定的，应当补充订立书面合同，但约定的内容不得违反有关法律、法规和本办法的规定。

第三十二条 典当行和当户不得将当票转让、出借或者质押给第三人。

第三十三条 典当行和当户应当真实记录并妥善保管当票。

当票遗失，当户应当及时向典当行办理挂失手续。未办理挂失手续或者挂失前被他人赎当，典当行无过错的，典当行不负赔偿责任。

第三十五条 办理出当与赎当，当户均应当出具本人的有效身份证件。当户为单位的，经办人员应当出具单位证明和经办人的有效身份证件；委托典当中，被委托人应当出具典当委托书、本人和委托人的有效身份证件。

除前款所列证件外，出当时，当户应当如实向典当行提供当物的来源及相关证明材料。赎当时，当户应当出示当票。

典当行应当查验当户出具的本条第二款所列证明文件。

第三十六条 当物的估价金额及当金数额应当由双方协商确定。

房地产的当金数额经协商不能达成一致的，双方可以委托有资质的房地产价格评估机构进行评估，估价金额可以作为确定当金数额的参考。

典当期限由双方约定，最长不得超过6个月。

第三十八条 典当综合费用包括各种服务及管理费用。

动产质押典当的月综合费率不得超过当金的42‰。

房地产抵押典当的月综合费率不得超过当金的27‰。

财产权利质押典当的月综合费率不得超过当金的24‰。

当期不足5日的，按5日收取有关费用。

第三十九条 典当期内或典当期限届满后5日内，经双方同意可以续当，续当一次的期限最长为6个月。续当期自典当期限或者前一次续当期限届满日起算。续当时，当户应当结清前期利息和当期费用。

第四十条 典当期限或者续当期限届满后，当户应当在5日内赎当或者续当。逾期不赎当也不续当的，为绝当。

当户于典当期限或者续当期限届满至绝当前赎当的，除须偿还当金本息、综合费用外，还应当根据中国人民银行规定的银行等金融机构逾期贷款罚息水平、典当行制定的费用标准和逾期天数，补交当金利息和有关费用。

第四十一条 典当行在当期内不得出租、质押、抵押和使用当物。

质押当物在典当期内或者续当期内发生遗失或者损毁的，典当行应当按照估价金额进行赔偿。遇有不可抗力导致质押当物损毁的，典当行不承担赔偿责任。

第四十二条 典当行经营房地产抵押典当业务，应当和当户依法到有关部门先行办理抵押登记，再办理抵押典当手续。

典当行经营机动车质押典当业务，应当到车辆管理部门办理质押登记手续。

典当行经营其他典当业务，有关法律、法规要求登记的，应当依法办理登记手续。

《最高人民法院关于印发〈全国法院贯彻实施民法典工作会议纪要〉的通知》（法〔2021〕94号 2021年4月6日）

11. 民法典第五百八十五条第二款规定的损失范围应当按照民法典第五百八十四条规定确定，包括合同履行后可以获得的利益，但不得超过违约一方订立合同时预见到或者应当预见到的因违约可能造成的损失。

当事人请求人民法院增加违约金的，增加后的违约金数额以不超过民法典第五百八十四条规定的损失为限。增加违约金以后，当事人又请求对方赔偿损失的，人民法院不予支持。

当事人请求人民法院减少违约金的，人民法院应当以民法典第五百八十四条规定的损失为基础，兼顾合同的履行情况、当事人的过错程度等综合因素，根据公平原则和诚信原则予以衡量，并作出裁判。约定的违约金超过根据民法典第五百八十四条规定确定的损失的百分之三十的，一般可以认定为民法典第五百八十五条第二款规定的“过分高于造成的损失”。当事人主张约定的违约金过高请求予以适当减少的，应当承担举证责任；相对人主张违约金约定合理的，也应提供相应的证据。

127. 合伙合同纠纷

案由适用要点

［**释义**］合伙合同是指两个以上的合伙人为了共同的事业目的，订立的共享利益、共担风险的协议。

［**管辖**］合伙合同纠纷适用《民事诉讼法》关于合同纠纷管辖的一般规定，即当事人按照《民事诉讼法》第35条规定约定了管辖协议，按照合法有效的管辖协议确定管辖，反之按照《民事诉讼法》第24条规定由被告住所地或合同履行地人民法院管辖。

［**应注意的问题**］确定该案由应当注意与合伙企业纠纷相互区别。有关立法资料认为，《民法总则》删除《民法通则》关于“个人合伙”和“联营”的内容，主要考虑是作为商事主体的合伙企业由《合伙企业法》进行调整，而未成立合伙企业的民事合伙，则可以由《民法典》合同编进行规定。就合伙法律制度而言，由此形成了《民法典》《合伙企业法》分别调整的模式。《民法典》的合伙合同一章，主要调整契约型民事合伙，包括合伙合同定义、合伙人出资、合伙财产、合伙事务执行、合伙债务承担等，侧重于合伙的内部关系。因此，当事人之间只订立合伙协议，但不登记为合伙企业的，相关的纠纷应适用合伙合同纠纷案由。当事人之间设立合伙企业发生的纠纷，适用合伙企业纠纷项下的“入伙纠纷”“退伙纠纷”“合伙企业财产份额转让纠纷”案由。

请求权基础规范指引

《中华人民共和国民法典》（2020年）

第九百六十七条【合伙合同定义】 合伙合同是两个以上合伙人为了共同的事业目的，订立的共享利益、共担风险的协议。

第九百六十八条【合伙人履行出资义务】 合伙人应当按照约定的出资方

式、数额和缴付期限，履行出资义务。

第九百六十九条【合伙财产】 合伙人的出资、因合伙事务依法取得的收益和其他财产，属于合伙财产。

合伙合同终止前，合伙人不得请求分割合伙财产。

第九百七十条【合伙事务的执行】 合伙人就合伙事务作出决定的，除合伙合同另有约定外，应当经全体合伙人一致同意。

合伙事务由全体合伙人共同执行。按照合伙合同的约定或者全体合伙人的决定，可以委托一个或者数个合伙人执行合伙事务；其他合伙人不再执行合伙事务，但是有权监督执行情况。

合伙人分别执行合伙事务的，执行事务合伙人可以对其他合伙人执行的事务提出异议；提出异议后，其他合伙人应当暂停该项事务的执行。

第九百七十一条【执行合伙事务报酬】 合伙人不得因执行合伙事务而请求支付报酬，但是合伙合同另有约定的除外。

第九百七十二条【合伙的利润分配与亏损分担】 合伙的利润分配和亏损分担，按照合伙合同的约定办理；合伙合同没有约定或者约定不明确的，由合伙人协商决定；协商不成的，由合伙人按照实缴出资比例分配、分担；无法确定出资比例的，由合伙人平均分配、分担。

第九百七十三条【合伙人的连带责任及追偿权】 合伙人对合伙债务承担连带责任。清偿合伙债务超过自己应当承担份额的合伙人，有权向其他合伙人追偿。

第九百七十四条【合伙人转让其财产份额】 除合伙合同另有约定外，合伙人向合伙人以外的人转让其全部或者部分财产份额的，须经其他合伙人一致同意。

第九百七十五条【合伙人权利代位】 合伙人的债权人不得代位行使合伙人依照本章规定和合伙合同享有的权利，但是合伙人享有的利益分配请求权除外。

第九百七十六条【合伙期限】 合伙人对合伙期限没有约定或者约定不明确，依据本法第五百一十条的规定仍不能确定的，视为不定期合伙。

合伙期限届满，合伙人继续执行合伙事务，其他合伙人没有提出异议的，原合伙合同继续有效，但是合伙期限为不定期。

合伙人可以随时解除不定期合伙合同，但是应当在合理期限之前通知其他合伙人。

第九百七十七条【合伙合同终止】 合伙人死亡、丧失民事行为能力或者终止的，合伙合同终止；但是，合伙合同另有约定或者根据合伙事务的性质不宜终止的除外。

第九百七十八条【合伙剩余财产分配顺序】 合伙合同终止后，合伙财产在支付因终止而产生的费用以及清偿合伙债务后有剩余的，依据本法第九百七十二条的规定进行分配。

《中华人民共和国合伙企业法》（2006 年修订）

第十六条 合伙人可以用货币、实物、知识产权、土地使用权或者其他财产权利出资，也可以用劳务出资。

合伙人以实物、知识产权、土地使用权或者其他财产权利出资，需要评估作价的，可以由全体合伙人协商确定，也可以由全体合伙人委托法定评估机构评估。

合伙人以劳务出资的，其评估办法由全体合伙人协商确定，并在合伙协议中载明。

第十七条 合伙人应当按照合伙协议约定的出资方式、数额和缴付期限，履行出资义务。

以非货币财产出资的，依照法律、行政法规的规定，需要办理财产权转移手续的，应当依法办理。

第二十二条 除合伙协议另有约定外，合伙人向合伙人以外的人转让其在合伙企业中的全部或者部分财产份额时，须经其他合伙人一致同意。

合伙人之间转让在合伙企业中的全部或者部分财产份额时，应当通知其他合伙人。

第三十三条 合伙企业的利润分配、亏损分担，按照合伙协议的约定办理；合伙协议未约定或者约定不明确的，由合伙人协商决定；协商不成的，由合伙人按照实缴出资比例分配、分担；无法确定出资比例的，由合伙人平均分配、分担。

合伙协议不得约定将全部利润分配给部分合伙人或者由部分合伙人承担全部亏损。

第三十九条 合伙企业不能清偿到期债务的，合伙人承担无限连带责任。

128. 种植、养殖回收合同纠纷

案由适用要点

［释义］ 种植、养殖回收合同是指一方提供技术指导、技术或者种苗产品（种子、动物家禽幼苗），甚至种植、养殖饲料，保证成品达到一定标准，另一方负责喂养、种植，成品由提供技术方保价回收的合同。

［管辖］ 种植、养殖回收合同纠纷适用《民事诉讼法》关于合同纠纷管辖的一般规定，即当事人按照《民事诉讼法》第 35 条规定约定了管辖协

议，按照合法有效的管辖协议确定管辖，反之按照《民事诉讼法》第 24 条规定由被告住所地或合同履行地人民法院管辖。

［**应注意的问题**］确定本案由应当注意与买卖合同纠纷案由和农业技术服务合同纠纷案由相区分。种植、养殖回收合同往往是将买卖合同、技术服务合同等混合在一起。《民法典》没有规定这类合同，但在农村，存在大量的种植、养殖回收合同，因此将其列为第三级案由，有利于法院审理这类案件。

请求权基础规范指引

《中华人民共和国民法典》（2020 年）

第八百四十三条【技术合同定义】 技术合同是当事人就技术开发、转让、许可、咨询或者服务订立的确立相互之间权利和义务的合同。

第八百四十四条【技术合同订立的目的】 订立技术合同，应当有利于知识产权的保护和科学技术的进步，促进科学技术成果的研发、转化、应用和推广。

《中华人民共和国烟草专卖法实施条例》（2023 年修订）

第十五条 国务院烟草专卖行政主管部门按照合理布局的要求，会同有关省、自治区、直辖市人民政府依据国家计划，根据良种化、区域化、规范化的原则制定烟叶种植规划。

第十六条 烟叶由烟草公司或其委托单位依法统一收购。烟草公司或其委托单位根据需要，可以在国家下达烟叶收购计划的地区设立烟叶收购站（点）收购烟叶。设立烟叶收购站（点），应当经设区的市级烟草专卖行政主管部门批准。未经批准，任何单位和个人不得收购烟叶。

《烟叶种植收购合同管理暂行办法》（2007 年）

第二条 合同是烟草公司与种植烟叶（指生产烟草制品所需的烤烟和名晾晒烟，包括白肋烟和香料烟，下同）的农户签订的、明确双方权利义务的书面形式合同。合同须经双方盖章或签字后方能生效。

第三条 本办法适用于合同签订与履行全过程的管理与监督。

第四条 合同签订依据。

国家发展和改革委员会下达年度烟叶收购计划（以下简称国家计划），国家烟草专卖局以正式文件形式将国家计划转发到各省级烟草公司。

1. 省、地市、县级烟草公司要严格按照国家计划，以正式文件形式逐级分解落实烟叶收购计划，安排指导性种植面积。

2. 地市级烟草公司（或被授权的县级烟草公司）在上级烟草公司分解的国家计划和安排的指导性种植面积总量内，与符合条件的种烟农户户主签订合同。

第五条 合同签订原则。地市级烟草公司（或被授权的县级烟草公司）为合同甲方，种烟农户为合同乙方，双方本着平等、自愿的原则协商签订合同。

第六条 合同签订程序。

1. 农户申请。种烟农户需向地市级烟草公司（或被授权的县级烟草公司）提出种烟申请，填写《种烟农户基本情况登记表》。《种烟农户基本情况登记表》由地市级烟草公司统一印制。

2. 资格审核。地市级烟草公司（或被授权的县级烟草公司）要认真核实申请种烟农户的土地条件、基础设施、技术水平及往年合同履约率等基本情况，建立种烟农户基础信息档案。

3. 签订合同。地市级烟草公司（或被授权的县级烟草公司）与通过资格审核的种烟农户签订合同，约定烟叶收购数量、种植面积及种植株数。

4. 建立档案。地市级烟草公司（或被授权的县级烟草公司）要将合同录入烟叶信息管理基础软件，建立合同档案。合同档案内容要包括户主姓名、身份证号、合同编码、IC 卡号、种植面积、种植株数、收购数量、生产投入补贴标准等信息。

第七条 合同格式。国家烟草专卖局统一制定合同式样（见附件 1、附件 2），省级烟草公司（或地市级烟草公司）统一组织印制本辖区合同。

第八条 合同编码。国家烟草专卖局统一制定合同编码规则，合同编码共 15 位，格式为：

（年度编码 4 位）+（省级编码 2 位）+（地市级编码 2 位）+（县级编码 2 位）+（流水号编码 5 位）。

省级编码号、地市级编码号、县级编码号执行《烟草行业组织机构代码编制规则》（YC/T190—2005），年际间不变；流水号在县级烟草公司范围内统一编码，按签订合同的顺序从 00001 开始，上限为 99999。

合同签订时要保证合同编码号的连续性。未签与错签的合同编码号要统一注销。

第九条 合同主要内容。

1. 收购数量。根据上级烟草公司分解的当年收购计划及种烟农户条件，确定每个种烟农户的烟叶收购数量（其中包括出口备货数量）。

2. 指导性种植面积、种植株数。按照约定的收购数量和实际单产水平确定。

3. 种植品种。根据客户需求，从全国或省级烟草品种审定委员会审定的品种资源中确定。

4. 种烟地块所属基本烟田编号。根据基本烟田规划，按国家烟草专卖局确定的基本烟田编码规则对烟田进行编号。

5. 调制设施编号及其容量。根据基础设施建设规划，按国家烟草专卖局确定的烟叶基础设施编码规则对在用调制设施进行编号。

6. 收购烟叶的烟叶工作站名称及收购时间。约定种烟农户交售烟叶的烟叶工作站名称和交售时间。

7. 收购价格。执行国家发展改革委会同国家烟草专卖局制订的当年烟叶收购价格。

8. 烟叶生产投入补贴政策。省级烟草公司根据国家烟草专卖局的批复，制订具体补贴项目、补贴标准。地市级烟草公司根据省级烟草公司有关规定和本辖区烟叶生产实际情况，确定生产投入补贴兑现时间、兑现方式。

第十条　双方责任。

1. 甲方责任：向乙方有偿（或无偿）供应烟叶生产物资；兑现本年度烟叶生产投入补贴政策；提供生产技术培训和技术咨询服务；执行国家烟叶标准和收购价格，按合同收购烟叶；以现金方式、委托金融部门付款或电子结算方式支付乙方烟叶货款。

2. 乙方责任：按技术方案要求使用烟叶生产物资；按技术方案要求进行农事操作；按技术指导进行烟叶分级；按照约定的时间、地点、等级和数量向甲方出售烟叶，不跨站交售烟叶，不倒买倒卖烟叶，不转借合同或IC卡。

第十一条　违约责任。

1. 甲方未履行合同规定的相关条款，乙方有权如实向上一级烟草专卖局举报。甲方是地市级烟草公司，合同中要公布省级烟草专卖局举报电话；甲方是地市级烟草公司授权的县级烟草公司，合同中要公布地市级烟草专卖局举报电话。

2. 甲方不履行合同，要视后果适当赔偿乙方经济损失。

3. 乙方不履行合同，要返还甲方提供的本年度烟叶生产投入补贴物资或资金。

4. 乙方无正当理由，连续两年违约弃种，甲方将不再与之签订合同。

129. 彩票、奖券纠纷

案由适用要点

[**释义**] 彩票是指国家为筹集社会公益资金，促进社会公益事业发展而特许发行、依法销售，自然人自愿购买，并按照特定规则获得中奖机会的凭证。奖券一般是指除了彩票以外的有奖凭证，通常为经营者销售商品或提供服务，附带性地向购买者提供物品、金钱或者其他经济上的利益的凭证。

[**管辖**] 彩票、奖券纠纷属于合同纠纷，根据《民事诉讼法》第24条的

规定，因彩票、奖券纠纷提起的诉讼，由被告住所地或者合同履行地人民法院管辖。

［**应注意的问题**］从本质上来讲，彩票业并不能创造价值，但作为一种社会资源重新配置的手段，彩票业已成为政府筹集社会公益资金的一个重要渠道，许多学者称其为“第二财政”。在彩票业快速发展的同时，与彩票相关的纠纷也随之增多，因此将其列为第三级案由。

请求权基础规范指引

《中华人民共和国民法典》（2020年）

第四百六十七条【无名合同及涉外合同的法律适用】 本法或者其他法律没有明文规定的合同，适用本编通则的规定，并可以参照适用本编或者其他法律最相类似合同的规定。

在中华人民共和国境内履行的中外合资经营企业合同、中外合作经营企业合同、中外合作勘探开发自然资源合同，适用中华人民共和国法律。

《彩票管理条例》（2009年）

第二条 本条例所称彩票，是指国家为筹集社会公益资金，促进社会公益事业发展而特许发行、依法销售，自然人自愿购买，并按照特定规则获得中奖机会的凭证。

彩票不返还本金、不计付利息。

第二十五条 彩票中奖者应当自开奖之日起60个自然日内，持中奖彩票到指定的地点兑奖，彩票品种的规则规定需要出示身份证件的，还应当出示本人身份证件。逾期不兑奖的视为弃奖。

禁止使用伪造、变造的彩票兑奖。

第二十六条 彩票发行机构、彩票销售机构、彩票代销者应当按照彩票品种的规则和兑奖操作规程兑奖。

彩票中奖奖金应当以人民币现金或者现金支票形式一次性兑付。

不得向未成年人兑奖。

第二十七条 彩票发行机构、彩票销售机构、彩票代销者以及其他因职务或者业务便利知悉彩票中奖者个人信息的人员，应当对彩票中奖者个人信息予以保密。

130. 中外合作勘探开发自然资源合同纠纷

案由适用要点

［**释义**］中外合作勘探开发自然资源合同是指外国企业依据中国法律同中

国企业合作进行石油等自然资源的勘探开发而订立的明确双方权利义务关系的合同。

［**管辖**］根据《民事诉讼法》第279条第3项的规定，因在中华人民共和国境内履行中外合作勘探开发自然资源合同发生纠纷提起的诉讼，由中华人民共和国法院专属管辖。当事人不能选择境外法院管辖此类纠纷案件。

在选择中国法院的前提下，此类纠纷的管辖适用合同纠纷管辖的一般规则。即如果当事人按照《民事诉讼法》第35条规定约定了合法有效的管辖协议，应当依照管辖协议确定管辖；反之按照《民事诉讼法》第24条规定由被告住所地或合同履行地人民法院管辖。

［**应注意的问题**］合作开发是国际上在自然资源领域广泛采用的一种经济合作方式，其最大的特点是高风险、高投入、高收益。我国在石油资源开采领域的对外合作中都采用这种方式。我国《对外合作开采海洋石油资源条例》（2013年修订）和《对外合作开采陆上石油资源条例》（2013年修订），明确规定在维护国家主权和经济利益的前提下，允许外国企业参与合作开采中国的石油资源。中外合作开发一般都采用国际招标方式，外国企业可以单独也可以组成集团参与投标。中标者与中方签订中外合作勘探开发合同，确定双方的权利和义务，合同期限一般在30年以内。中外合作勘探开发合同经外经贸主管部门批准后生效，整个开发周期一般分为勘探、开发和生产三个阶段。在中外合作勘探开采自然资源过程中，中国政府对自然资源享有永久主权。中外合作双方一般是采取契约式合营，即并不组成一个具有法人资格的企业，而是在平等互利的基础上，按照中外合资勘探开发自然资源合同所规定的权利和义务进行合作，中外双方仍是两个独立的法人实体，双方之间仅为合同关系。实践中，由于这类合同发生的纠纷，在当事人向人民法院提起诉讼时，人民法院在有管辖权的情况下即应当立案受理，确定案由为中外合作勘探开发自然资源合同纠纷。

请求权基础规范指引

《中华人民共和国民法典》（2020年）

第四百六十七条【无名合同及涉外合同的法律适用】　本法或者其他法律没有明文规定的合同，适用本编通则的规定，并可以参照适用本编或者其他法律最相类似合同的规定。

在中华人民共和国境内履行的中外合资经营企业合同、中外合作经营企业合同、中外合作勘探开发自然资源合同，适用中华人民共和国法律。

《中华人民共和国矿产资源法》（2024年修订）

第七十七条　外商投资勘查、开采矿产资源，法律、行政法规另有规定的，依照其规定。

《中华人民共和国对外合作开采海洋石油资源条例》（2013 年修订）

第七条 中国海洋石油总公司就对外合作开采石油的海区、面积、区块，通过组织招标，确定合作开采海洋石油资源的外国企业，签订合作开采石油合同或者其他合作合同，并向中华人民共和国商务部报送合同有关情况。

第八条 中国海洋石油总公司通过订立石油合同同外国企业合作开采海洋石油资源，除法律、行政法规另有规定或者石油合同另有约定外，应当由石油合同中的外国企业一方（以下称外国合同者）投资进行勘探，负责勘探作业，并承担全部勘探风险；发现商业性油（气）田后，由外国合同者同中国海洋石油总公司双方投资合作开发，外国合同者并应负责开发作业和生产作业，直至中国海洋石油总公司按照石油合同规定在条件具备的情况下接替生产作业。外国合同者可以按照石油合同规定，从生产的石油中回收其投资和费用，并取得报酬。

第九条 外国合同者可以将其应得的石油和购买的石油运往国外，也可以依法将其回收的投资、利润和其他正当收益汇往国外。

《中华人民共和国对外合作开采陆上石油资源条例》（2013 年修订）

第八条 中方石油公司在国务院批准的对外合作开采陆上石油资源的区域内，按划分的合作区块，通过招标或者谈判，确定合作开采陆上石油资源的外国企业，签订合作开采石油合同或者其他合作合同，并向中华人民共和国商务部报送合同有关情况。

第九条 对外合作区块公布后，除中方石油公司与外国企业进行合作开采陆上石油资源活动外，其他企业不得进入该区块内进行石油勘查活动，也不得与外国企业签订在该区块内进行石油开采的经济技术合作协议。

对外合作区块公布前，已进入该区块进行石油勘查（尚处于区域评价勘查阶段）的企业，在中方石油公司与外国企业签订合同后，应当撤出。该企业所取得的勘查资料，由中方石油公司负责销售，以适当补偿其投资。该区块发现有商业开采价值的油（气）田后，从该区块撤出的企业可以通过投资方式参与开发。

国务院指定的部门应当根据合同的签订和执行情况，定期对所确定的对外合作区块进行调整。

第十条 对外合作开采陆上石油资源，应当遵循兼顾中央与地方利益的原则，通过吸收油（气）田所在地的资金对有商业开采价值的油（气）田的开发进行投资等方式，适当照顾地方利益。

有关地方人民政府应当依法保护合作区域内正常的生产经营活动，并在土地使用、道路通行、生活服务等方面给予有效协助。

131. 农业承包合同纠纷

案由适用要点

[释义] 农业承包合同是指发包方就开发、经营和利用本集体经济组织所有的自然资源和其他资产，以及依法取得使用权的国家资源，与承包方所签订的承包合同，以及各承包方之间所签订的转让、转包和互换承包经营标的物的合同。

[管辖] 农业承包合同纠纷适用合同管辖的一般规则，即按照《民事诉讼法》第24条规定由被告住所地或者合同履行地人民法院管辖。

[应注意的问题] 注意农业承包合同纠纷与林业承包合同纠纷、渔业承包合同纠纷、牧业承包合同纠纷的区别。林业、渔业、牧业一般理解属于大农业的范围，在列举案由时，为了更加明确，作了区分。因此，原则上符合适用林业、渔业、牧业合同纠纷案由的情形的，可以优先适用该案由，无法适用上述三个案由的，可以归入农业承包合同纠纷案由。

请求权基础规范指引

《中华人民共和国农村土地承包法》（2018年修正）

第十三条 农民集体所有的土地依法属于村农民集体所有的，由村集体经济组织或者村民委员会发包；已经分别属于村内两个以上农村集体经济组织的农民集体所有的，由村内各该农村集体经济组织或者村民小组发包。村集体经济组织或者村民委员会发包的，不得改变村内各集体经济组织农民集体所有的土地的所有权。

国家所有依法由农民集体使用的农村土地，由使用该土地的农村集体经济组织、村民委员会或者村民小组发包。

第十四条 发包方享有下列权利：

（一）发包本集体所有的或者国家所有依法由本集体使用的农村土地；

（二）监督承包方依照承包合同约定的用途合理利用和保护土地；

（三）制止承包方损害承包地和农业资源的行为；

（四）法律、行政法规规定的其他权利。

第十五条 发包方承担下列义务：

（一）维护承包方的土地承包经营权，不得非法变更、解除承包合同；

（二）尊重承包方的生产经营自主权，不得干涉承包方依法进行正常的生产经营活动；

（三）依照承包合同约定为承包方提供生产、技术、信息等服务；

（四）执行县、乡（镇）土地利用总体规划，组织本集体经济组织内的农业基础设施建设；

（五）法律、行政法规规定的其他义务。

第十六条 家庭承包的承包方是本集体经济组织的农户。

农户内家庭成员依法平等享有承包土地的各项权益。

第十七条 承包方享有下列权利：

（一）依法享有承包地使用、收益的权利，有权自主组织生产经营和处置产品；

（二）依法互换、转让土地承包经营权；

（三）依法流转土地经营权；

（四）承包地被依法征收、征用、占用的，有权依法获得相应的补偿；

（五）法律、行政法规规定的其他权利。

第十八条 承包方承担下列义务：

（一）维持土地的农业用途，未经依法批准不得用于非农建设；

（二）依法保护和合理利用土地，不得给土地造成永久性损害；

（三）法律、行政法规规定的其他义务。

第二十二条 发包方应当与承包方签订书面承包合同。

承包合同一般包括以下条款：

（一）发包方、承包方的名称，发包方负责人和承包方代表的姓名、住所；

（二）承包土地的名称、坐落、面积、质量等级；

（三）承包期限和起止日期；

（四）承包土地的用途；

（五）发包方和承包方的权利和义务；

（六）违约责任。

《中华人民共和国土地管理法》（2019年修正）

第十三条 农民集体所有和国家所有依法由农民集体使用的耕地、林地、草地，以及其他依法用于农业的土地，采取农村集体经济组织内部的家庭承包方式承包，不宜采取家庭承包方式的荒山、荒沟、荒丘、荒滩等，可以采取招标、拍卖、公开协商等方式承包，从事种植业、林业、畜牧业、渔业生产。家庭承包的耕地的承包期为三十年，草地的承包期为三十年至五十年，林地的承包期为三十年至七十年；耕地承包期届满后再延长三十年，草地、林地承包期届满后依法相应延长。

国家所有依法用于农业的土地可以由单位或者个人承包经营，从事种植业、林业、畜牧业、渔业生产。

发包方和承包方应当依法订立承包合同，约定双方的权利和义务。承包经营土地的单位和个人，有保护和按照承包合同约定的用途合理利用土地的义务。

《最高人民法院关于审理涉及农村土地承包纠纷案件适用法律问题的解释》（2020年12月23日修正）

第一条　下列涉及农村土地承包民事纠纷，人民法院应当依法受理：

（一）承包合同纠纷；

（二）承包经营权侵权纠纷；

（三）土地经营权侵权纠纷；

（四）承包经营权互换、转让纠纷；

（五）土地经营权流转纠纷；

（六）承包地征收补偿费用分配纠纷；

（七）承包经营权继承纠纷；

（八）土地经营权继承纠纷。

农村集体经济组织成员因未实际取得土地承包经营权提起民事诉讼的，人民法院应当告知其向有关行政主管部门申请解决。

农村集体经济组织成员就用于分配的土地补偿费数额提起民事诉讼的，人民法院不予受理。

第二条　当事人自愿达成书面仲裁协议的，受诉人民法院应当参照《最高人民法院关于适用〈中华人民共和国民事诉讼法〉的解释》第二百一十五条、第二百一十六条①的规定处理。

当事人未达成书面仲裁协议，一方当事人向农村土地承包仲裁机构申请仲裁，另一方当事人提起诉讼的，人民法院应予受理，并书面通知仲裁机构。但另一方当事人接受仲裁管辖后又起诉的，人民法院不予受理。

当事人对仲裁裁决不服并在收到裁决书之日起三十日内提起诉讼的，人民法院应予受理。

第三条　承包合同纠纷，以发包方和承包方为当事人。

前款所称承包方是指以家庭承包方式承包本集体经济组织农村土地的农户，以及以其他方式承包农村土地的组织或者个人。

第四条　农户成员为多人的，由其代表人进行诉讼。

农户代表人按照下列情形确定：

（一）土地承包经营权证等证书上记载的人；

（二）未依法登记取得土地承包经营权证等证书的，为在承包合同上签名

---

①　现为《民事诉讼法解释》第二百一十五、二百一十六条。

的人；

（三）前两项规定的人死亡、丧失民事行为能力或者因其他原因无法进行诉讼的，为农户成员推选的人。

132. 林业承包合同纠纷

案由适用要点

［**释义**］林业承包合同是指发包方就开发、经营和利用本集体经济组织所有的林业资源，以及依法取得使用权的国家林业资源，与承包方所签订的承包合同，以及各承包方之间所签订的转让、转包和互换承包经营标的物的合同。

［**管辖**］林业承包合同纠纷适用合同管辖的一般规则，即按照《民事诉讼法》第24条规定由被告住所地或者合同履行地人民法院管辖。

［**应注意的问题**］林业、渔业、牧业一般理解属于大农业的范围，在列举案由时，为了更加明确，作了区分。因此，分别列出了林业承包合同纠纷、渔业承包合同纠纷和牧业承包合同纠纷案由。

请求权基础规范指引

《中华人民共和国农村土地承包法》（2018年修正）

第十三条 农民集体所有的土地依法属于村农民集体所有的，由村集体经济组织或者村民委员会发包；已经分别属于村内两个以上农村集体经济组织的农民集体所有的，由村内各该农村集体经济组织或者村民小组发包。村集体经济组织或者村民委员会发包的，不得改变村内各集体经济组织农民集体所有的土地的所有权。

国家所有依法由农民集体使用的农村土地，由使用该土地的农村集体经济组织、村民委员会或者村民小组发包。

第十四条 发包方享有下列权利：

（一）发包本集体所有的或者国家所有依法由本集体使用的农村土地；

（二）监督承包方依照承包合同约定的用途合理利用和保护土地；

（三）制止承包方损害承包地和农业资源的行为；

（四）法律、行政法规规定的其他权利。

第十五条 发包方承担下列义务：

（一）维护承包方的土地承包经营权，不得非法变更、解除承包合同；

（二）尊重承包方的生产经营自主权，不得干涉承包方依法进行正常的生产经营活动；

（三）依照承包合同约定为承包方提供生产、技术、信息等服务；

（四）执行县、乡（镇）土地利用总体规划，组织本集体经济组织内的农业基础设施建设；

（五）法律、行政法规规定的其他义务。

第十六条 家庭承包的承包方是本集体经济组织的农户。

农户内家庭成员依法平等享有承包土地的各项权益。

第十七条 承包方享有下列权利：

（一）依法享有承包地使用、收益的权利，有权自主组织生产经营和处置产品；

（二）依法互换、转让土地承包经营权；

（三）依法流转土地经营权；

（四）承包地被依法征收、征用、占用的，有权依法获得相应的补偿；

（五）法律、行政法规规定的其他权利。

第十八条 承包方承担下列义务：

（一）维持土地的农业用途，未经依法批准不得用于非农建设；

（二）依法保护和合理利用土地，不得给土地造成永久性损害；

（三）法律、行政法规规定的其他义务。

第二十二条 发包方应当与承包方签订书面承包合同。

承包合同一般包括以下条款：

（一）发包方、承包方的名称，发包方负责人和承包方代表的姓名、住所；

（二）承包土地的名称、坐落、面积、质量等级；

（三）承包期限和起止日期；

（四）承包土地的用途；

（五）发包方和承包方的权利和义务；

（六）违约责任。

第二十三条 承包合同自成立之日起生效。承包方自承包合同生效时取得土地承包经营权。

第二十四条 国家对耕地、林地和草地等实行统一登记，登记机构应当向承包方颁发土地承包经营权证或者林权证等证书，并登记造册，确认土地承包经营权。

土地承包经营权证或者林权证等证书应当将具有土地承包经营权的全部家庭成员列入。

登记机构除按规定收取证书工本费外，不得收取其他费用。

第二十五条 承包合同生效后，发包方不得因承办人或者负责人的变动而变更或者解除，也不得因集体经济组织的分立或者合并而变更或者解除。

第二十六条 国家机关及其工作人员不得利用职权干涉农村土地承包或者变更、解除承包合同。

第四十条 土地经营权流转，当事人双方应当签订书面流转合同。

土地经营权流转合同一般包括以下条款：

（一）双方当事人的姓名、住所；

（二）流转土地的名称、坐落、面积、质量等级；

（三）流转期限和起止日期；

（四）流转土地的用途；

（五）双方当事人的权利和义务；

（六）流转价款及支付方式；

（七）土地被依法征收、征用、占用时有关补偿费的归属；

（八）违约责任。

承包方将土地交由他人代耕不超过一年的，可以不签订书面合同。

第四十八条 不宜采取家庭承包方式的荒山、荒沟、荒丘、荒滩等农村土地，通过招标、拍卖、公开协商等方式承包的，适用本章规定。

第四十九条 以其他方式承包农村土地的，应当签订承包合同，承包方取得土地经营权。当事人的权利和义务、承包期限等，由双方协商确定。以招标、拍卖方式承包的，承包费通过公开竞标、竞价确定；以公开协商等方式承包的，承包费由双方议定。

《最高人民法院关于审理森林资源民事纠纷案件适用法律若干问题的解释》（法释〔2022〕16号 2022年6月13日）

第一条 人民法院审理涉及森林、林木、林地等森林资源的民事纠纷案件，应当贯彻民法典绿色原则，尊重自然、尊重历史、尊重习惯，依法推动森林资源保护和利用的生态效益、经济效益、社会效益相统一，促进人与自然和谐共生。

第二条 当事人因下列行为，对林地、林木的物权归属、内容产生争议，依据民法典第二百三十四条的规定提起民事诉讼，请求确认权利的，人民法院应当依法受理：

（一）林地承包；

（二）林地承包经营权互换、转让；

（三）林地经营权流转；

（四）林木流转；

（五）林地、林木担保；

（六）林地、林木继承；

（七）其他引起林地、林木物权变动的行为。

当事人因对行政机关作出的林地、林木确权、登记行为产生争议，提起民事诉讼的，人民法院告知其依法通过行政复议、行政诉讼程序解决。

第三条　当事人以未办理批准、登记、备案、审查、审核等手续为由，主张林地承包、林地承包经营权互换或者转让、林地经营权流转、林木流转、森林资源担保等合同无效的，人民法院不予支持。

因前款原因，不能取得相关权利的当事人请求解除合同、由违约方承担违约责任的，人民法院依法予以支持。

第四条　当事人一方未依法经林权证等权利证书载明的共有人同意，擅自处分林地、林木，另一方主张取得相关权利的，人民法院不予支持。但符合民法典第三百一十一条关于善意取得规定的除外。

第五条　当事人以违反法律规定的民主议定程序为由，主张集体林地承包合同无效的，人民法院应予支持。但下列情形除外：

（一）合同订立时，法律、行政法规没有关于民主议定程序的强制性规定的；

（二）合同订立未经民主议定程序讨论决定，或者民主议定程序存在瑕疵，一审法庭辩论终结前已经依法补正的；

（三）承包方对村民会议或者村民代表会议决议进行了合理审查，不知道且不应当知道决议系伪造、变造，并已经对林地大量投入的。

第六条　家庭承包林地的承包方转让林地承包经营权未经发包方同意，或者受让方不是本集体经济组织成员，受让方主张取得林地承包经营权的，人民法院不予支持。但发包方无法定理由不同意或者拖延表态的除外。

第七条　当事人就同一集体林地订立多个经营权流转合同，在合同有效的情况下，受让方均主张取得林地经营权的，由具有下列情形的受让方取得：

（一）林地经营权已经依法登记的；

（二）林地经营权均未依法登记，争议发生前已经合法占有使用林地并大量投入的；

（三）无前两项规定情形，合同生效在先的。

未取得林地经营权的一方请求解除合同、由违约方承担违约责任的，人民法院依法予以支持。

第八条　家庭承包林地的承包方以林地经营权人擅自再流转林地经营权为由，请求解除林地经营权流转合同、收回林地的，人民法院应予支持。但林地经营权人能够证明林地经营权再流转已经承包方书面同意的除外。

第九条　本集体经济组织成员以其在同等条件下享有的优先权受到侵害为由，主张家庭承包林地经营权流转合同无效的，人民法院不予支持；其请求赔偿损失的，依法予以支持。

第十条 林地承包期内，因林地承包经营权互换、转让、继承等原因，承包方发生变动，林地经营权人请求新的承包方继续履行原林地经营权流转合同的，人民法院应予支持。但当事人另有约定的除外。

第十一条 林地经营权流转合同约定的流转期限超过承包期的剩余期限，或者林地经营权再流转合同约定的流转期限超过原林地经营权流转合同的剩余期限，林地经营权流转、再流转合同当事人主张超过部分无效的，人民法院不予支持。

第十二条 林地经营权流转合同约定的流转期限超过承包期的剩余期限，发包方主张超过部分的约定对其不具有法律约束力的，人民法院应予支持。但发包方对此知道或者应当知道的除外。

林地经营权再流转合同约定的流转期限超过原林地经营权流转合同的剩余期限，承包方主张超过部分的约定对其不具有法律约束力的，人民法院应予支持。但承包方对此知道或者应当知道的除外。

因前两款原因，致使林地经营权流转合同、再流转合同不能履行，当事人请求解除合同、由违约方承担违约责任的，人民法院依法予以支持。

第十三条 林地经营权流转合同终止时，对于林地经营权人种植的地上林木，按照下列情形处理：

（一）合同有约定的，按照约定处理，但该约定依据民法典第一百五十三条的规定应当认定无效的除外；

（二）合同没有约定或者约定不明，当事人协商一致延长合同期限至轮伐期或者其他合理期限届满，承包方请求由林地经营权人承担林地使用费的，对其合理部分予以支持；

（三）合同没有约定或者约定不明，当事人未能就延长合同期限协商一致，林地经营权人请求对林木价值进行补偿的，对其合理部分予以支持。

林地承包合同终止时，承包方种植的地上林木的处理，参照适用前款规定。

第十四条 人民法院对于当事人为利用公益林林地资源和森林景观资源开展林下经济、森林旅游、森林康养等经营活动订立的合同，应当综合考虑公益林生态区位保护要求、公益林生态功能及是否经科学论证的合理利用等因素，依法认定合同效力。

当事人仅以涉公益林为由主张经营合同无效的，人民法院不予支持。

133. 渔业承包合同纠纷

案由适用要点

［**释义**］渔业承包合同是指发包方就开发、经营和利用本集体经济组织所有的渔业资源，以及依法取得使用权的国家渔业资源，与承包方所签订的承包合同，以及各承包方之间所签订的转让、转包和互换承包经营标的物的合同。

［**管辖**］根据《民事诉讼法》的规定，因渔业承包合同纠纷提起的诉讼应按照《民事诉讼法》第24条规定，由被告住所地或者合同履行地人民法院管辖。

［**应注意的问题**］林业、渔业、牧业一般理解属于大农业的范围，在列举案由时，为了更加明确，作了区分。因此，分别列出了林业承包合同纠纷、渔业承包合同纠纷和牧业承包合同纠纷案由。

请求权基础规范指引

《中华人民共和国农村土地承包法》（2018年修正）

第十四条 发包方享有下列权利：

（一）发包本集体所有的或者国家所有依法由本集体使用的农村土地；

（二）监督承包方依照承包合同约定的用途合理利用和保护土地；

（三）制止承包方损害承包地和农业资源的行为；

（四）法律、行政法规规定的其他权利。

第十五条 发包方承担下列义务：

（一）维护承包方的土地承包经营权，不得非法变更、解除承包合同；

（二）尊重承包方的生产经营自主权，不得干涉承包方依法进行正常的生产经营活动；

（三）依照承包合同约定为承包方提供生产、技术、信息等服务；

（四）执行县、乡（镇）土地利用总体规划，组织本集体经济组织内的农业基础设施建设；

（五）法律、行政法规规定的其他义务。

第十六条 家庭承包的承包方是本集体经济组织的农户。

农户内家庭成员依法平等享有承包土地的各项权益。

第十七条 承包方享有下列权利：

（一）依法享有承包地使用、收益的权利，有权自主组织生产经营和处置产品；

（二）依法互换、转让土地承包经营权；

（三）依法流转土地经营权；

（四）承包地被依法征收、征用、占用的，有权依法获得相应的补偿；

（五）法律、行政法规规定的其他权利。

第十八条 承包方承担下列义务：

（一）维持土地的农业用途，未经依法批准不得用于非农建设；

（二）依法保护和合理利用土地，不得给土地造成永久性损害；

（三）法律、行政法规规定的其他义务。

第二十二条 发包方应当与承包方签订书面承包合同。

承包合同一般包括以下条款：

（一）发包方、承包方的名称，发包方负责人和承包方代表的姓名、住所；

（二）承包土地的名称、坐落、面积、质量等级；

（三）承包期限和起止日期；

（四）承包土地的用途；

（五）发包方和承包方的权利和义务；

（六）违约责任。

第二十三条 承包合同自成立之日起生效。承包方自承包合同生效时取得土地承包经营权。

第二十四条 国家对耕地、林地和草地等实行统一登记，登记机构应当向承包方颁发土地承包经营权证或者林权证等证书，并登记造册，确认土地承包经营权。

土地承包经营权证或者林权证等证书应当将具有土地承包经营权的全部家庭成员列入。

登记机构除按规定收取证书工本费外，不得收取其他费用。

134. 牧业承包合同纠纷

案由适用要点

[释义] 牧业承包合同是指发包方就开发、经营和利用本集体经济组织所有的牧业资源，以及依法取得使用权的国家牧业资源，与承包方所签订的承包合同，以及各承包方之间所签订的转让、转包和互换承包经营标的物的合同。

[管辖] 牧业承包合同纠纷适用合同管辖的一般规则，即按照《民事诉讼法》第24条规定由被告住所地或者合同履行地人民法院管辖。

[应注意的问题] 林业、渔业、牧业一般理解属于大农业的范围，在列举案由时，为了更加明确，作了区分。因此，分别列出了林业承包合同纠纷、

渔业承包合同纠纷和牧业承包合同纠纷案由。

请求权基础规范指引

《中华人民共和国农村土地承包法》（2018 年修正）

第十六条　家庭承包的承包方是本集体经济组织的农户。

农户内家庭成员依法平等享有承包土地的各项权益。

第二十三条　承包合同自成立之日起生效。承包方自承包合同生效时取得土地承包经营权。

135. 土地承包经营权合同纠纷

（1）土地承包经营权转让合同纠纷

（2）土地承包经营权互换合同纠纷

（3）土地经营权入股合同纠纷

（4）土地经营权抵押合同纠纷

（5）土地经营权出租合同纠纷

案由适用要点

［释义］ 农村土地承包合同是指以农村集体经济组织成员家庭承包或者不宜采取家庭承包方式的荒山、荒沟、荒丘、荒滩等农村土地以招标、拍卖、公开协商等方式，承包农民集体所有和国家所有依法由农民集体使用的耕地、林地、草地，以及其他依法用于农业的土地的合同。

土地承包经营权转让合同是指农村土地承包人依法将农村土地承包经营权转让给他人经营而签订的合同。

土地承包经营权互换合同是指农村土地承包人将通过家庭承包方式取得的农村土地承包经营权与他人互换而签订的合同。

土地经营权入股合同是指农村土地承包人将农村土地经营权作为股份加入其他经济组织进行经营而签订的合同。

土地经营权抵押合同是指农村土地承包人依法将农村土地经营权进行抵押而签订的合同。

土地经营权出租合同是指农村土地承包人依法将农村土地经营权出租给他人经营而签订的合同。

［管辖］ 根据《民事诉讼法》及《民事诉讼法解释》第 28 条规定，因农村土地承包合同纠纷提起的诉讼，按照不动产纠纷确定管辖，即由不动产所在地人民法院管辖。

［应注意的问题］ 农村土地承包经营权合同以及流转土地经营权而签订的

合同，作为债权合同，其自身仍旧存在着围绕合同成立、效力、违约等产生的各种纠纷。人民法院在审理土地承包经营权纠纷案件，确定案由时，应根据当事人的诉讼请求和案件具体情况，正确适用本案由和土地承包经营权纠纷、土地经营权纠纷以及相关抵押权纠纷等案由。因土地承包经营权互换、转让合同以及土地经营权的流转合同效力引发的纠纷适用本案由。针对土地承包经营权和土地经营权的确认纠纷、物权保护纠纷，依次适用土地承包经营权纠纷、土地经营权纠纷。因土地经营权抵押权引发的纠纷，适用土地经营权抵押权纠纷。

请求权基础规范指引

《中华人民共和国民法典》（2020年）

第三百三十四条【土地承包经营权的互换、转让】 土地承包经营权人依照法律规定，有权将土地承包经营权互换、转让。未经依法批准，不得将承包地用于非农建设。

第三百三十五条【土地承包经营权互换、转让的登记】 土地承包经营权互换、转让的，当事人可以向登记机构申请登记；未经登记，不得对抗善意第三人。

《中华人民共和国农村土地承包法》（2018年修正）

第十三条 农民集体所有的土地依法属于村农民集体所有的，由村集体经济组织或者村民委员会发包；已经分别属于村内两个以上农村集体经济组织的农民集体所有的，由村内各该农村集体经济组织或者村民小组发包。村集体经济组织或者村民委员会发包的，不得改变村内各集体经济组织农民集体所有的土地的所有权。

国家所有依法由农民集体使用的农村土地，由使用该土地的农村集体经济组织、村民委员会或者村民小组发包。

第十四条 发包方享有下列权利：

（一）发包本集体所有的或者国家所有依法由本集体使用的农村土地；

（二）监督承包方依照承包合同约定的用途合理利用和保护土地；

（三）制止承包方损害承包地和农业资源的行为；

（四）法律、行政法规规定的其他权利。

第十五条 发包方承担下列义务：

（一）维护承包方的土地承包经营权，不得非法变更、解除承包合同；

（二）尊重承包方的生产经营自主权，不得干涉承包方依法进行正常的生产经营活动；

（三）依照承包合同约定为承包方提供生产、技术、信息等服务；

（四）执行县、乡（镇）土地利用总体规划，组织本集体经济组织内的农业基础设施建设；

（五）法律、行政法规规定的其他义务。

第十六条　家庭承包的承包方是本集体经济组织的农户。

农户内家庭成员依法平等享有承包土地的各项权益。

第十七条　承包方享有下列权利：

（一）依法享有承包地使用、收益的权利，有权自主组织生产经营和处置产品；

（二）依法互换、转让土地承包经营权；

（三）依法流转土地经营权；

（四）承包地被依法征收、征用、占用的，有权依法获得相应的补偿；

（五）法律、行政法规规定的其他权利。

第三十六条　承包方可以自主决定依法采取出租（转包）、入股或者其他方式向他人流转土地经营权，并向发包方备案。

第三十九条　土地经营权流转的价款，应当由当事人双方协商确定。流转的收益归承包方所有，任何组织和个人不得擅自截留、扣缴。

第四十条　土地经营权流转，当事人双方应当签订书面流转合同。

土地经营权流转合同一般包括以下条款：

（一）双方当事人的姓名、住所；

（二）流转土地的名称、坐落、面积、质量等级；

（三）流转期限和起止日期；

（四）流转土地的用途；

（五）双方当事人的权利和义务；

（六）流转价款及支付方式；

（七）土地被依法征收、征用、占用时有关补偿费的归属；

（八）违约责任。

承包方将土地交由他人代耕不超过一年的，可以不签订书面合同。

第四十九条　以其他方式承包农村土地的，应当签订承包合同，承包方取得土地经营权。当事人的权利和义务、承包期限等，由双方协商确定。以招标、拍卖方式承包的，承包费通过公开竞标、竞价确定；以公开协商等方式承包的，承包费由双方议定。

第五十三条　通过招标、拍卖、公开协商等方式承包农村土地，经依法登记取得权属证书的，可以依法采取出租、入股、抵押或者其他方式流转土地经营权。

《最高人民法院关于审理涉及农村土地承包纠纷案件适用法律问题的解释》（2020年12月23日修正）

第一条 下列涉及农村土地承包民事纠纷，人民法院应当依法受理：

（一）承包合同纠纷；

（二）承包经营权侵权纠纷；

（三）土地经营权侵权纠纷；

（四）承包经营权互换、转让纠纷；

（五）土地经营权流转纠纷；

（六）承包地征收补偿费用分配纠纷；

（七）承包经营权继承纠纷；

（八）土地经营权继承纠纷。

农村集体经济组织成员因未实际取得土地承包经营权提起民事诉讼的，人民法院应当告知其向有关行政主管部门申请解决。

农村集体经济组织成员就用于分配的土地补偿费数额提起民事诉讼的，人民法院不予受理。

第四条 农户成员为多人的，由其代表人进行诉讼。

农户代表人按照下列情形确定：

（一）土地承包经营权证等证书上记载的人；

（二）未依法登记取得土地承包经营权证等证书的，为在承包合同上签名的人；

（三）前两项规定的人死亡、丧失民事行为能力或者因其他原因无法进行诉讼的，为农户成员推选的人。

第七条 承包合同约定或者土地承包经营权证等证书记载的承包期限短于农村土地承包法规定的期限，承包方请求延长的，应予支持。

第八条 承包方违反农村土地承包法第十八条规定，未经依法批准将承包地用于非农建设或者对承包地造成永久性损害，发包方请求承包方停止侵害、恢复原状或者赔偿损失的，应予支持。

第九条 发包方根据农村土地承包法第二十七条规定收回承包地前，承包方已经以出租、入股或者其他形式将其土地经营权流转给第三人，且流转期限尚未届满，因流转价款收取产生的纠纷，按照下列情形，分别处理：

（一）承包方已经一次性收取了流转价款，发包方请求承包方返还剩余流转期限的流转价款的，应予支持；

（二）流转价款为分期支付，发包方请求第三人按照流转合同的约定支付流转价款的，应予支持。

第十条 承包方交回承包地不符合农村土地承包法第三十条规定程序

的，不得认定其为自愿交回。

第十一条　土地经营权流转中，本集体经济组织成员在流转价款、流转期限等主要内容相同的条件下主张优先权的，应予支持。但下列情形除外：

（一）在书面公示的合理期限内未提出优先权主张的；

（二）未经书面公示，在本集体经济组织以外的人开始使用承包地两个月内未提出优先权主张的。

第十二条　发包方胁迫承包方将土地经营权流转给第三人，承包方请求撤销其与第三人签订的流转合同的，应予支持。

发包方阻碍承包方依法流转土地经营权，承包方请求排除妨碍、赔偿损失的，应予支持。

第十三条　承包方未经发包方同意，转让其土地承包经营权的，转让合同无效。但发包方无法定理由不同意或者拖延表态的除外。

第十四条　承包方依法采取出租、入股或者其他方式流转土地经营权，发包方仅以该土地经营权流转合同未报其备案为由，请求确认合同无效的，不予支持。

第十七条　发包方或者其他组织、个人擅自截留、扣缴承包收益或者土地经营权流转收益，承包方请求返还的，应予支持。

发包方或者其他组织、个人主张抵销的，不予支持。

第十九条　发包方就同一土地签订两个以上承包合同，承包方均主张取得土地经营权的，按照下列情形，分别处理：

（一）已经依法登记的承包方，取得土地经营权；

（二）均未依法登记的，生效在先合同的承包方取得土地经营权；

（三）依前两项规定无法确定的，已经根据承包合同合法占有使用承包地的人取得土地经营权，但争议发生后一方强行先占承包地的行为和事实，不得作为确定土地经营权的依据。

136. 居住权合同纠纷

案由适用要点

［释义］居住权合同是指住宅所有权人与居住人之间为设立居住权而签订的合同。

［管辖］根据《民事诉讼法》第24条的规定，居住权合同纠纷由被告住所地或者合同履行地人民法院管辖。如存在有效的协议管辖，则协议管辖有优先。

［应注意的问题］居住权是《民法典》新增亮点内容，为切实实施《民

法典》，2020 年《关于修改〈民事案件案由规定〉的决定》专门增加了“65. 居住权纠纷”和“136. 居住权合同纠纷”。居住权是指居住人对他人所有住宅的全部或者部分机器附属设施，享有占有、使用的权利。居住权合同一般包括下列条款：（1）当事人的姓名或者名称和住所。居住权合同的当事人一般为住宅的所有权人和居住权人。所有权人包括法人或者非法人组织。（2）住宅的位置。居住权合同中应当明确住宅的具体位置，以确定当事人设立居住权的住宅。一般情况下，合同中明确的住宅的位置应与住宅房屋产权证上的位置一致。（3）居住的条件和要求。设立居住权的合同应当尽可能清晰地确定当事人之间的权利义务关系。（4）居住权期限。居住权制度设立的初衷是为了赋予长期性居住的权利。但是，为了扩大居住权制度的适用性，《民法典》规定，当事人可以约定居住权期限，未对居住权期限作出约定的，居住权人死亡的，居住权消灭。（5）解决争议的方法等。因居住权合同的订立、效力、履行等引发的纠纷案件，适用本案由。因居住权的设立、权属、使用、消灭等引发的民事纠纷，不适用本案由。

请求权基础规范指引

《中华人民共和国民法典》（2020 年）

第三百六十六条【居住权的定义】 居住权人有权按照合同约定，对他人的住宅享有占有、使用的用益物权，以满足生活居住的需要。

第三百六十七条【居住权合同】 设立居住权，当事人应当采用书面形式订立居住权合同。

居住权合同一般包括下列条款：

（一）当事人的姓名或者名称和住所；

（二）住宅的位置；

（三）居住的条件和要求；

（四）居住权期限；

（五）解决争议的方法。

第三百六十八条【居住权的设立】 居住权无偿设立，但是当事人另有约定的除外。设立居住权的，应当向登记机构申请居住权登记。居住权自登记时设立。

第三百六十九条【居住权的转让、继承和设立居住权的住宅出租】 居住权不得转让、继承。设立居住权的住宅不得出租，但是当事人另有约定的除外。

第三百七十条【居住权的消灭】 居住权期限届满或者居住权人死亡的，居住权消灭。居住权消灭的，应当及时办理注销登记。

第三百七十一条【以遗嘱方式设立居住权的参照适用】 以遗嘱方式设立

居住权的，参照适用本章的有关规定。

137. 服务合同纠纷

(1) 电信服务合同纠纷
(2) 邮政服务合同纠纷
(3) 快递服务合同纠纷
(4) 医疗服务合同纠纷
(5) 法律服务合同纠纷
(6) 旅游合同纠纷
(7) 房地产咨询合同纠纷
(8) 房地产价格评估合同纠纷
(9) 旅店服务合同纠纷
(10) 财会服务合同纠纷
(11) 餐饮服务合同纠纷
(12) 娱乐服务合同纠纷
(13) 有线电视服务合同纠纷
(14) 网络服务合同纠纷
(15) 教育培训合同纠纷
(16) 家政服务合同纠纷
(17) 庆典服务合同纠纷
(18) 殡葬服务合同纠纷
(19) 农业技术服务合同纠纷
(20) 农机作业服务合同纠纷
(21) 保安服务合同纠纷
(22) 银行结算合同纠纷

案由适用要点

[释义] 服务合同是指服务提供者与服务接受者之间约定的有关权利义务关系的协议。

电信服务合同是指电信运营公司向电信用户提供语音和文字通信、网络以及与上述业务相关的服务，用户向电信运营公司支付费用的双务有偿合同。

邮政服务合同是指明确邮政企业与用户之间相互权利义务关系的协议，主要包括邮政普遍服务范围的邮件寄递、报刊发行、邮品买卖等合同。

快递服务合同是指明确经营快递业务的企业与寄件人之间权利义务关系的协议。

医疗服务合同是指医疗机构与患者之间就明确相互权利义务关系的合同。

法律服务合同是指律师、律师事务所等专业人员和机构接受当事人委托，为当事人提供非诉讼法律帮助，明确双方权利义务的合同。

旅游合同是指旅行社等旅游服务机构与游客之间签订的明确双方权利义务关系的合同。

房地产咨询合同是指在房地产市场中房地产中介机构与客户签订的提供信息、技术和政策法规咨询服务并收取佣金的合同。

房地产价格评估合同是指具有资质的房地产价格评估机构与客户签订的合同，提供对土地、建筑物、构筑物、在建工程、以房地产为主的企业整体资产、企业整体资产中的房地产等，以及因转让、抵押、城镇房屋拆迁、司法鉴定、课税、公司上市、企业改制、企业清算、资产重组、资产处置等需要进行的房地产价格评估服务。

旅店服务合同是指旅店向旅客和其他人员提供房屋住宿、设备和其他服务活动并向旅客或其他人员收取费用的协议。

财会服务合同是指注册会计师、注册审计师等专业财会人员及其所在机构与当事人之间约定的在提供审计服务、会计咨询、会计服务过程中的权利义务关系的合同。

餐饮服务合同是指餐饮服务机构和人员与消费者约定的一方提供食品（饮料）、消费场所和设施，另一方支付费用的合同。

娱乐服务合同是指娱乐场所提供歌舞、游艺等娱乐活动，消费者支付费用的合同。

有线电视服务合同是指有线电视网络经营者与有线电视用户签订的由有线电视网络经营者提供有线电视服务、有线电视用户支付费用的合同。

网络服务合同是指网络服务商给消费者提供通路以使消费者与因特网连线的中介服务或者提供内容服务的合同。

教育培训合同是指受教育者交纳学习培训费用到学校等培训机构接受教育，两者之间形成的一种民事法律关系。

家政服务合同是指家政服务机构与家政服务人员之间、家政服务人员与家政服务对象之间、家政服务对象与家政服务机构之间达成的关于相互之间权利义务关系的合同。

庆典服务合同是指庆典服务机构与客户之间签订的提供各种庆祝礼仪式的服务合同。

殡葬服务合同是指殡葬服务机构与客户之间签订的对死者遗体进行处理的服务协议。

农业技术服务合同是指农业技术服务组织与农户等对象签订的以农业技

术培训、农业技术指导和农业技术咨询等为内容的合同。

农机作业服务合同是指农机作业单位与其服务的对象之间为按时、按质、按量完成农机作业任务而订立的协议。

保安服务合同是指保安服务公司与客户签订的以派出保安员为客户单位提供的门卫、巡逻、守护、押运、随身护卫、安全检查以及安全技术防范、安全风险评估等服务为内容的合同。

银行结算合同是指银行与客户签订的以提供信用收付代替现金收付业务的合同。

[**管辖**] 因服务合同纠纷提起的诉讼，除当事人另有约定外，根据《民事诉讼法》第 24 条的规定，由被告住所地或者合同履行地人民法院管辖。

[**应注意的问题**] 服务业是随着社会化大生产和社会分工的发展，继商业之后产生的一个行业。随着城市的繁荣，居民的日益增多，服务业在经济活动中和人们的日常生活中占据越来越重要的地位。适应服务业发展的需要，服务合同在经济社会生活中普遍存在。由此，引发的争议也日益增多，因此将其列为第三级案由。根据服务内容的不同和现行法律法规的规定，又单独列出了 22 类第四级案由，与买卖合同不同，服务合同的标的是服务产品，服务产品具有非实物性、不可储存性和生产与消费同时性等特征。适用服务合同案由时应注意上述区别。

此外，“物业服务合同纠纷”原是“120. 服务合同纠纷”项下的第四级案由。《民法典》合同编专章规定了“物业服务合同纠纷”，这也是《民法典》的亮点之一，关系社会民生，意义重大。本次修改案由规定将第四级案由“物业服务合同纠纷”升级为第三级案由，并按照《民法典》的编章顺序排列，具有典型宣示意义。

请求权基础规范指引

《中华人民共和国民法典》（2020 年）

第九百三十七条【物业服务合同定义】 物业服务合同是物业服务人在物业服务区域内，为业主提供建筑物及其附属设施的维修养护、环境卫生和相关秩序的管理维护等物业服务，业主支付物业费的合同。

物业服务人包括物业服务企业和其他管理人。

第九百三十八条【物业服务合同内容和形式】 物业服务合同的内容一般包括服务事项、服务质量、服务费用的标准和收取办法、维修资金的使用、服务用房的管理和使用、服务期限、服务交接等条款。

物业服务人公开作出的有利于业主的服务承诺，为物业服务合同的组成部分。

物业服务合同应当采用书面形式。

第九百四十九条【物业服务人的移交义务及法律责任】 物业服务合同终止的，原物业服务人应当在约定期限或者合理期限内退出物业服务区域，将物业服务用房、相关设施、物业服务所必需的相关资料等交还给业主委员会、决定自行管理的业主或者其指定的人，配合新物业服务人做好交接工作，并如实告知物业的使用和管理状况。

原物业服务人违反前款规定的，不得请求业主支付物业服务合同终止后的物业费；造成业主损失的，应当赔偿损失。

第九百五十条【物业服务人的后合同义务】 物业服务合同终止后，在业主或者业主大会选聘的新物业服务人或者决定自行管理的业主接管之前，原物业服务人应当继续处理物业服务事项，并可以请求业主支付该期间的物业费。

《中华人民共和国农业技术推广法》（2024 年修正）

第十条 农业技术推广，实行国家农业技术推广机构与农业科研单位、有关学校、农民专业合作社、涉农企业、群众性科技组织、农民技术人员等相结合的推广体系。

国家鼓励和支持供销合作社、其他企业事业单位、社会团体以及社会各界的科技人员，开展农业技术推广服务。

第十一条 各级国家农业技术推广机构属于公共服务机构，履行下列公益性职责：

（一）各级人民政府确定的关键农业技术的引进、试验、示范；

（二）植物病虫害、动物疫病及农业灾害的监测、预报和预防；

（三）农产品生产过程中的检验、检测、监测咨询技术服务；

（四）农业资源、森林资源、农业生态安全和农业投入品使用的监测服务；

（五）水资源管理、防汛抗旱和农田水利建设技术服务；

（六）农业公共信息和农业技术宣传教育、培训服务；

（七）法律、法规规定的其他职责。

《中华人民共和国消费者权益保护法》（2013 年修正）

第二十四条 经营者提供的商品或者服务不符合质量要求的，消费者可以依照国家规定、当事人约定退货，或者要求经营者履行更换、修理等义务。没有国家规定和当事人约定的，消费者可以自收到商品之日起七日内退货；七日后符合法定解除合同条件的，消费者可以及时退货，不符合法定解除合同条件的，可以要求经营者履行更换、修理等义务。

依照前款规定进行退货、更换、修理的，经营者应当承担运输等必要费用。

《中华人民共和国注册会计师法》（2014 年修正）

第十六条　注册会计师承办业务，由其所在的会计师事务所统一受理并与委托人签订委托合同。

会计师事务所对本所注册会计师依照前款规定承办的业务，承担民事责任。

第十七条　注册会计师执行业务，可以根据需要查阅委托人的有关会计资料和文件，查看委托人的业务现场和设施，要求委托人提供其他必要的协助。

第四十二条　会计师事务所违反本法规定，给委托人、其他利害关系人造成损失的，应当依法承担赔偿责任。

《中华人民共和国邮政法》（2015 年修正）

第四十六条　邮政企业对平常邮件的损失不承担赔偿责任。但是，邮政企业因故意或者重大过失造成平常邮件损失的除外。

第四十七条　邮政企业对给据邮件的损失依照下列规定赔偿：

（一）保价的给据邮件丢失或者全部损毁的，按照保价额赔偿；部分损毁或者内件短少的，按照保价额与邮件全部价值的比例对邮件的实际损失予以赔偿。

（二）未保价的给据邮件丢失、损毁或者内件短少的，按照实际损失赔偿，但最高赔偿额不超过所收取资费的三倍；挂号信件丢失、损毁的，按照所收取资费的三倍予以赔偿。

邮政企业应当在营业场所的告示中和提供给用户的给据邮件单据上，以足以引起用户注意的方式载明前款规定。

邮政企业因故意或者重大过失造成给据邮件损失，或者未履行前款规定义务的，无权援用本条第一款的规定限制赔偿责任。

第四十八条　因下列原因之一造成的给据邮件损失，邮政企业不承担赔偿责任：

（一）不可抗力，但因不可抗力造成的保价的给据邮件的损失除外；

（二）所寄物品本身的自然性质或者合理损耗；

（三）寄件人、收件人的过错。

《中华人民共和国律师法》（2017 年修正）

第五十四条　律师违法执业或者因过错给当事人造成损失的，由其所在的律师事务所承担赔偿责任。律师事务所赔偿后，可以向有故意或者重大过失行为的律师追偿。

《中华人民共和国旅游法》（2018 年修正）

第二条　在中华人民共和国境内的和在中华人民共和国境内组织到境外

的游览、度假、休闲等形式的旅游活动以及为旅游活动提供相关服务的经营活动，适用本法。

第五十七条 旅行社组织和安排旅游活动，应当与旅游者订立合同。

第五十九条 旅行社应当在旅游行程开始前向旅游者提供旅游行程单。旅游行程单是包价旅游合同的组成部分。

第六十条 旅行社委托其他旅行社代理销售包价旅游产品并与旅游者订立包价旅游合同的，应当在包价旅游合同中载明委托社和代理社的基本信息。

旅行社依照本法规定将包价旅游合同中的接待业务委托给地接社履行的，应当在包价旅游合同中载明地接社的基本信息。

安排导游为旅游者提供服务的，应当在包价旅游合同中载明导游服务费用。

《中华人民共和国电子商务法》（2018年）

第四十八条 电子商务当事人使用自动信息系统订立或者履行合同的行为对使用该系统的当事人具有法律效力。

在电子商务中推定当事人具有相应的民事行为能力。但是，有相反证据足以推翻的除外。

第四十九条 电子商务经营者发布的商品或者服务信息符合要约条件的，用户选择该商品或者服务并提交订单成功，合同成立。当事人另有约定的，从其约定。

电子商务经营者不得以格式条款等方式约定消费者支付价款后合同不成立；格式条款等含有该内容的，其内容无效。

《中华人民共和国食品安全法》（2021年修正）

第二条 在中华人民共和国境内从事下列活动，应当遵守本法：

（一）食品生产和加工（以下称食品生产），食品销售和餐饮服务（以下称食品经营）；

（二）食品添加剂的生产经营；

（三）用于食品的包装材料、容器、洗涤剂、消毒剂和用于食品生产经营的工具、设备（以下称食品相关产品）的生产经营；

（四）食品生产经营者使用食品添加剂、食品相关产品；

（五）食品的贮存和运输；

（六）对食品、食品添加剂、食品相关产品的安全管理。

供食用的源于农业的初级产品（以下称食用农产品）的质量安全管理，遵守《中华人民共和国农产品质量安全法》的规定。但是，食用农产品的市场销售、有关质量安全标准的制定、有关安全信息的公布和本法对农业投入品作出规定的，应当遵守本法的规定。

第五十五条　餐饮服务提供者应当制定并实施原料控制要求，不得采购不符合食品安全标准的食品原料。倡导餐饮服务提供者公开加工过程，公示食品原料及其来源等信息。

餐饮服务提供者在加工过程中应当检查待加工的食品及原料，发现有本法第三十四条第六项规定情形的，不得加工或者使用。

第五十六条　餐饮服务提供者应当定期维护食品加工、贮存、陈列等设施、设备；定期清洗、校验保温设施及冷藏、冷冻设施。

餐饮服务提供者应当按照要求对餐具、饮具进行清洗消毒，不得使用未经清洗消毒的餐具、饮具；餐饮服务提供者委托清洗消毒餐具、饮具的，应当委托符合本法规定条件的餐具、饮具集中消毒服务单位。

《有线电视基本收视维护费管理暂行办法》（2004 年）

第四条　有线电视基本收视维护费是有线电视网络经营者通过电缆、光缆等方式，向有线电视用户提供经国家广播电视行政部门批准的基本收视频道传送服务，按价格主管部门制定的收费标准向用户收取的费用。

第五条　有线电视网络经营者对用户遵循入网自愿、退网自由的原则。

第六条　有线电视网络经营者应按照国家广播电视行政部门制定的有线电视服务标准和规范向有线电视用户提供服务。

第十一条　有线电视网络经营者采用新技术，应充分考虑技术的可行性，并与当地的经济发展水平和社会承受能力相适应。

有线电视网络经营者采用新技术和提高服务质量导致经营成本或支出发生明显变化的，可以申请调整有线电视基本收视维护费的收费标准。因采用新技术和提高服务质量需要调整有线电视基本收视维护费收费标准，有线电视网络经营者应采取妥善过渡措施保护有线电视用户的权益。

《殡葬管理条例》（2012 年修订）

第十二条　殡葬服务单位应当加强对殡葬服务设施的管理，更新、改造陈旧的火化设备，防止污染环境。

殡仪服务人员应当遵守操作规程和职业道德，实行规范化的文明服务，不得利用工作之便索取财物。

《中华人民共和国电信条例》（2016 年修订）

第三十条　电信业务经营者应当按照国家规定的电信服务标准向电信用户提供服务。电信业务经营者提供服务的种类、范围、资费标准和时限，应当向社会公布，并报省、自治区、直辖市电信管理机构备案。

电信用户有权自主选择使用依法开办的各类电信业务。

第三十一条　电信用户申请安装、移装电信终端设备的，电信业务经营者应当在其公布的时限内保证装机开通；由于电信业务经营者的原因逾期未能装机开通的，应当每日按照收取的安装费、移装费或者其他费用数额1%的比例，向电信用户支付违约金。

第三十二条 电信用户申告电信服务障碍的，电信业务经营者应当自接到申告之日起，城镇48小时、农村72小时内修复或者调通；不能按期修复或者调通的，应当及时通知电信用户，并免收障碍期间的月租费用。但是，属于电信终端设备的原因造成电信服务障碍的除外。

第三十三条 电信业务经营者应当为电信用户交费和查询提供方便。电信用户要求提供国内长途通信、国际通信、移动通信和信息服务等收费清单的，电信业务经营者应当免费提供。

电信用户出现异常的巨额电信费用时，电信业务经营者一经发现，应当尽可能迅速告知电信用户，并采取相应的措施。

前款所称巨额电信费用，是指突然出现超过电信用户此前3个月平均电信费用5倍以上的费用。

《快递暂行条例》（2019年修订）

第二十一条 经营快递业务的企业在寄件人填写快递运单前，应当提醒其阅读快递服务合同条款、遵守禁止寄递和限制寄递物品的有关规定，告知相关保价规则和保险服务项目。

寄件人交寄贵重物品的，应当事先声明；经营快递业务的企业可以要求寄件人对贵重物品予以保价。

第二十二条 寄件人交寄快件，应当如实提供以下事项：

（一）寄件人姓名、地址、联系电话；

（二）收件人姓名（名称）、地址、联系电话；

（三）寄递物品的名称、性质、数量。

除信件和已签订安全协议用户交寄的快件外，经营快递业务的企业收寄快件，应当对寄件人身份进行查验，并登记身份信息，但不得在快递运单上记录除姓名（名称）、地址、联系电话以外的用户身份信息。寄件人拒绝提供身份信息或者提供身份信息不实的，经营快递业务的企业不得收寄。

第二十四条 经营快递业务的企业应当规范操作，防止造成快件损毁。

法律法规对食品、药品等特定物品的运输有特殊规定的，寄件人、经营快递业务的企业应当遵守相关规定。

第二十五条 经营快递业务的企业应当将快件投递到约定的收件地址、收件人或者收件人指定的代收人，并告知收件人或者代收人当面验收。收件人或者代收人有权当面验收。

《保安服务管理条例》（2020年修订）

第二十一条 保安服务公司提供保安服务应当与客户单位签订保安服务

合同，明确规定服务的项目、内容以及双方的权利义务。保安服务合同终止后，保安服务公司应当将保安服务合同至少留存2年备查。

保安服务公司应当对客户单位要求提供的保安服务的合法性进行核查，对违法的保安服务要求应当拒绝，并向公安机关报告。

第二十四条　保安服务公司应当按照保安服务业服务标准提供规范的保安服务，保安服务公司派出的保安员应当遵守客户单位的有关规章制度。客户单位应当为保安员从事保安服务提供必要的条件和保障。

第二十五条　保安服务中使用的技术防范产品，应当符合有关的产品质量要求。保安服务中安装监控设备应当遵守国家有关技术规范，使用监控设备不得侵犯他人合法权益或者个人隐私。

保安服务中形成的监控影像资料、报警记录，应当至少留存30日备查，保安从业单位和客户单位不得删改或者扩散。

《娱乐场所管理条例》（2020年修订）

第十四条　娱乐场所及其从业人员不得实施下列行为，不得为进入娱乐场所的人员实施下列行为提供条件：

（一）贩卖、提供毒品，或者组织、强迫、教唆、引诱、欺骗、容留他人吸食、注射毒品；

（二）组织、强迫、引诱、容留、介绍他人卖淫、嫖娼；

（三）制作、贩卖、传播淫秽物品；

（四）提供或者从事以营利为目的的陪侍；

（五）赌博；

（六）从事邪教、迷信活动；

（七）其他违法犯罪行为。

娱乐场所的从业人员不得吸食、注射毒品，不得卖淫、嫖娼；娱乐场所及其从业人员不得为进入娱乐场所的人员实施上述行为提供条件。

第十八条　娱乐场所使用的音像制品或者电子游戏应当是依法出版、生产或者进口的产品。

歌舞娱乐场所播放的曲目和屏幕画面以及游艺娱乐场所的电子游戏机内的游戏项目，不得含有本条例第十三条禁止的内容；歌舞娱乐场所使用的歌曲点播系统不得与境外的曲库联接。

第十九条　游艺娱乐场所不得设置具有赌博功能的电子游戏机机型、机种、电路板等游戏设施设备，不得以现金或者有价证券作为奖品，不得回购奖品。

第二十条　娱乐场所的法定代表人或者主要负责人应当对娱乐场所的消防安全和其他安全负责。

娱乐场所应当确保其建筑、设施符合国家安全标准和消防技术规范，定期检查消防设施状况，并及时维护、更新。

娱乐场所应当制定安全工作方案和应急疏散预案。

《最高人民法院关于审理旅游纠纷案件适用法律若干问题的规定》（2020 年 12 月 23 日修正）

第二条 以单位、家庭等集体形式与旅游经营者订立旅游合同，在履行过程中发生纠纷，除集体以合同一方当事人名义起诉外，旅游者个人提起旅游合同纠纷诉讼的，人民法院应予受理。

第三条 因旅游经营者方面的同一原因造成旅游者人身损害、财产损失，旅游者选择请求旅游经营者承担违约责任或者侵权责任的，人民法院应当根据当事人选择的案由进行审理。

第四条 因旅游辅助服务者的原因导致旅游经营者违约，旅游者仅起诉旅游经营者的，人民法院可以将旅游辅助服务者追加为第三人。

第七条 旅游经营者、旅游辅助服务者未尽到安全保障义务，造成旅游者人身损害、财产损失，旅游者请求旅游经营者、旅游辅助服务者承担责任的，人民法院应予支持。

因第三人的行为造成旅游者人身损害、财产损失，由第三人承担责任；旅游经营者、旅游辅助服务者未尽安全保障义务，旅游者请求其承担相应补充责任的，人民法院应予支持。

《最高人民法院关于审理侵害信息网络传播权民事纠纷案件适用法律若干问题的规定》（2020 年 12 月 23 日修正）

第三条 网络用户、网络服务提供者未经许可，通过信息网络提供权利人享有信息网络传播权的作品、表演、录音录像制品，除法律、行政法规另有规定外，人民法院应当认定其构成侵害信息网络传播权行为。

通过上传到网络服务器、设置共享文件或者利用文件分享软件等方式，将作品、表演、录音录像制品置于信息网络中，使公众能够在个人选定的时间和地点以下载、浏览或者其他方式获得的，人民法院应当认定其实施了前款规定的提供行为。

第四条 有证据证明网络服务提供者与他人以分工合作等方式共同提供作品、表演、录音录像制品，构成共同侵权行为的，人民法院应当判令其承担连带责任。网络服务提供者能够证明其仅提供自动接入、自动传输、信息存储空间、搜索、链接、文件分享技术等网络服务，主张其不构成共同侵权行为的，人民法院应予支持。

第五条 网络服务提供者以提供网页快照、缩略图等方式实质替代其他网络服务提供者向公众提供相关作品的，人民法院应当认定其构成提供行为。

前款规定的提供行为不影响相关作品的正常使用，且未不合理损害权利人对该作品的合法权益，网络服务提供者主张其未侵害信息网络传播权的，人民法院应予支持。

《最高人民法院关于为促进消费提供司法服务和保障的意见》（法发〔2022〕35号　2022年12月26日）

8. 加强快递服务消费者权益保护。因快递人员擅自使用快递商品、违规打开快递包装、暴力分拣快递等故意或者重大过失行为导致快递商品丢失、毁损，消费者请求赔偿损失，快递服务提供者依据免责条款提出免责抗辩的，人民法院对其抗辩不予支持。经营者向消费者盲发快递，消费者请求无条件退货的，人民法院应当依法支持。

11. 妥善处理消费者出行纠纷。疫情或者疫情防控措施导致消费者不能履行旅游、客运、住宿等合同，消费者请求解除合同、退还定金和价款等费用的，人民法院应当依法支持。消费者请求变更经营者提供服务的时间等合同内容的，人民法院应当加强调解；调解不成的，人民法院可综合考虑交易习惯、合同目的、案件具体情况等因素作出裁判。经营者仅以消费者超出其公布的退款时间为由，主张拒退、少退定金和价款等费用的，人民法院不予支持。充分发挥旅游巡回法庭作用，就地、快速解决旅游纠纷，方便消费者景区维权。

14. 加强未成年消费者权益保护。妥善处理生育、托育、教育等服务合同纠纷，促进育幼服务消费发展，助力提升教育服务质量。学校、托幼机构等单位的食堂未严格遵守法律、行政法规和食品安全标准，未从取得食品生产经营许可的企业订餐，或者未按照要求对订购的食品进行查验，导致提供的食品不符合食品安全标准，消费者请求其承担赔偿责任的，人民法院应当依法支持。依法办理危害食品安全刑事案件，将“危害专供婴幼儿的主辅食品安全”作为加重处罚情节，加强对未成年人食品安全的特殊保护。网络游戏、网络直播服务提供者违反法律规定向未成年人提供网络游戏、网络直播服务，收取充值费用、接受直播打赏，消费者请求返还游戏充值费、打赏费的，人民法院应当依法支持。限制民事行为能力人未经其监护人同意，通过参与网络付费游戏或者网络直播平台打赏等方式支出与其年龄、智力不相适应的款项，消费者请求返还该款项的，人民法院应当依法支持。加大对网络违法行为整治力度，积极营造健康、清朗、有利于未成年人成长的网络环境。

《最高人民法院关于大型企业与中小企业约定以第三方支付款项为付款前提条款效力问题的批复》（法释〔2024〕11号　2024年8月27日）

一、大型企业在建设工程施工、采购货物或者服务过程中，与中小企业约定以收到第三方向其支付的款项为付款前提的，因其内容违反《保障中小企业款项支付条例》第六条、第八条的规定，人民法院应当根据民法典第一百五十三条第一款的规定，认定该约定条款无效。

二、在认定合同约定条款无效后，人民法院应当根据案件具体情况，结合行业规范、双方交易习惯等，合理确定大型企业的付款期限及相应的违约责任。双方对欠付款项利息计付标准有约定的，按约定处理；约定违法或者没有约定的，按照全国银行间同业拆借中心公布的一年期贷款市场报价利率计息。大型企业以合同价款已包含对逾期付款补偿为由要求减轻违约责任，经审查抗辩理由成立的，人民法院可予支持。

138. 演出合同纠纷

案由适用要点

［**释义**］演出合同是指演出组织者与表演者约定由表演者演出文艺节目等，演出组织者支付报酬的合同。

［**管辖**］因演出合同纠纷提起的诉讼，除当事人另有约定外，适用合同纠纷案件管辖的一般原则确定管辖法院，即根据《民事诉讼法》第 24 条规定由被告住所地或者合同履行地人民法院管辖。

［**应注意的问题**］引起演出合同纠纷的原因主要有两种类型：一是演出组织者违反合同约定，损害表演者享有的合同权利引起的纠纷，主要为不按约定支付演出报酬等；二是表演者不按约定提供表演服务引起的纠纷，包括演出时间、地点、质量违反合同约定、由他人代为表演以及存在假唱、假演奏等虚假演出行为。需要注意的是，基于演出合同的人身属性，如表演者存在违约行为，一般不宜强制继续履行。

审判实践中，应注意区分演出合同纠纷与第 146 条第 6 项表演合同纠纷、第 158 条第 24 项侵害表演者权纠纷。表演合同纠纷指双方当事人为演奏乐曲、上演剧本、朗诵诗词作品等事项所订立的合同而发生的纠纷，属于著作权合同纠纷下的第四级案由。侵害表演者权纠纷，是侵害表演者依据《著作权法》第 39 条等规定享有的表演者权引起的纠纷，属于著作权权属、侵权纠纷下的第四级案由。演出合同纠纷属于一般民事纠纷，适用普通合同纠纷管辖的规定，而表演合同纠纷、侵害表演者权属于知识产权纠纷，应当根据《最高人民法院关于审理著作权民事纠纷案件适用法律若干问题的解释》等规定确定管辖法院。

请求权基础规范指引

《营业性演出管理条例》（2020 年修订）

第二十五条　营业性演出不得有下列情形：

（一）反对宪法确定的基本原则的；

（二）危害国家统一、主权和领土完整，危害国家安全，或者损害国家荣誉和利益的；

（三）煽动民族仇恨、民族歧视，侵害民族风俗习惯，伤害民族感情，破坏民族团结，违反宗教政策的；

（四）扰乱社会秩序，破坏社会稳定的；

（五）危害社会公德或者民族优秀文化传统的；

（六）宣扬淫秽、色情、邪教、迷信或者渲染暴力的；

（七）侮辱或者诽谤他人，侵害他人合法权益的；

（八）表演方式恐怖、残忍，摧残演员身心健康的；

（九）利用人体缺陷或者以展示人体变异等方式招徕观众的；

（十）法律、行政法规禁止的其他情形。

第二十七条　参加营业性演出的文艺表演团体、主要演员或者主要节目内容等发生变更的，演出举办单位应当及时告知观众并说明理由。观众有权退票。

演出过程中，除因不可抗力不能演出的外，演出举办单位不得中止或者停止演出，演员不得退出演出。

《营业性演出管理条例实施细则》（2022 年修订）

第十八条　经批准到艺术院校从事教学、研究工作的外国或者港澳台艺术人员从事营业性演出的，应当委托演出经纪机构承办。

第十九条　歌舞娱乐场所、旅游景区、主题公园、游乐园、宾馆、饭店、酒吧、餐饮场所等非演出场所经营单位需要在本场所内举办营业性演出的，应当委托演出经纪机构承办。

在上述场所举办驻场涉外演出，应当报演出所在地省级人民政府文化旅游主管部门审批。

第二十二条　举办募捐义演，应当依照《条例》和本实施细则的规定办理审批手续。

参加募捐义演的演职人员不得获取演出报酬；演出举办单位或者演员应当将扣除成本后的演出收入捐赠给社会公益事业，不得从中获取利润。

演出收入是指门票收入、捐赠款物、赞助收入等与演出活动相关的全部收入。演出成本是指演职员食、宿、交通费用和舞台灯光音响、服装道具、场地、宣传等费用。

募捐义演结束后10日内，演出举办单位或者演员应当将演出收支结算报审批机关备案。

举办其他符合本实施细则第二条所述方式的公益性演出，参照本条规定执行。

第二十五条 营业性演出经营主体举办营业性演出，应当履行下列义务：

（一）办理演出申报手续；

（二）安排演出节目内容；

（三）安排演出场地并负责演出现场管理；

（四）确定演出票价并负责演出活动的收支结算；

（五）依法缴纳或者代扣代缴有关税费；

（六）接受文化主管部门的监督管理；

（七）其他依法需要承担的义务。

139. 劳务合同纠纷

案由适用要点

［**释义**］劳务合同是指提供劳务一方与接受劳务一方以书面、口头或者其他形式达成协议，由一方当事人提供劳务，另一方按照约定给付报酬的合同。劳务合同纠纷即为以一方当事人提供劳务为合同标的，在履行合同过程中，因劳务关系发生的纠纷。

［**管辖**］因劳务合同纠纷提起的诉讼，适用合同纠纷案件管辖的一般原则确定管辖法院。除当事人另有约定外，根据《民事诉讼法》第24条的规定，由被告住所地或者合同履行地人民法院管辖。

［**应注意的问题**］审判实践中，要注意劳务关系与劳动关系的区别：（1）调整的法律不同。企业和个体经济组织与劳动者之间的劳动关系，由《劳动法》和《劳动合同法》规范和调整。劳动法属于社会法的范畴，其立法宗旨是保护劳动者弱者的合法权益，在法律制度的设计上，突出对劳动者的保护。而劳务关系受民事法律规范调整，民法属于私法范畴，对当事人的权利予以平等保护。（2）主体资格不同。劳务关系的主体可以是两个自然人或者自然人与单位之间，劳动关系中的一方应是符合法定条件的用人单位，另一方必须是符合劳动年龄条件，且具有与履行劳动合同义务相适应的能力的自然人。（3）主体关系不同。劳动关系的双方主体间存在着经济关系，还存在着人身关系，即行政隶属关系，劳动者除提供劳动之外，还要接受用人单位的管理，服从其安排，遵守其规章制度等，成为用人单位的内部职工。但劳务关系的双方主体之间存在经济关系，不存在行政隶属关系，劳

动者提供劳务服务，用人单位支付劳务报酬，各自独立、法律地位平等。（4）给付报酬的规定不同。劳动关系中，用人单位对职工有工资、奖金等方面的分配权利。用人单位向员工支付的工资应遵循按劳分配、同工同酬的原则，并遵守当地有关最低工资标准的规定。而劳务关系的报酬完全由双方当事人协商确定。（5）雇主的义务不同。劳务关系中，接受劳务一方可以不承担提供劳务一方的社会保险。例如，法律没有规定居民必须为其雇用的保姆缴纳社会保险。但在劳动关系中，为了保护劳动者的合法权益，法律法规对用人单位的义务作出强制性规定，如用人单位必须按照相关规定为职工购买社会保险等。（6）不履行合同的法律责任不同。劳务合同所产生的责任只有民事责任，不存在行政责任。而不履行劳动合同所产生的责任不仅有民事上的责任，还有行政上的责任，如用人单位支付劳动者的工资低于当地的最低工资标准，劳动行政部门限期用人单位补足低于标准部分的工资，拒绝支付的，劳动行政部门同时还可以对用人单位采取警告、罚款等行政处分。（7）纠纷的处理方式不同。劳动关系的双方当事人发生劳动争议的，法律规定了处理劳动争议的特定程序，即调解、仲裁和诉讼。而因劳务关系发生纠纷的解决方式适用于民事争议的处理方式，当事人可以直接向人民法院提起民事诉讼。

请求权基础规范指引

《中华人民共和国民法典》（2020 年）

第一千一百七十九条【人身损害赔偿范围】 侵害他人造成人身损害的，应当赔偿医疗费、护理费、交通费、营养费、住院伙食补助费等为治疗和康复支出的合理费用，以及因误工减少的收入。造成残疾的，还应当赔偿辅助器具费和残疾赔偿金；造成死亡的，还应当赔偿丧葬费和死亡赔偿金。

第一千一百九十二条【个人劳务关系中的侵权责任】 个人之间形成劳务关系，提供劳务一方因劳务造成他人损害的，由接受劳务一方承担侵权责任。接受劳务一方承担侵权责任后，可以向有故意或者重大过失的提供劳务一方追偿。提供劳务一方因劳务受到损害的，根据双方各自的过错承担相应的责任。

提供劳务期间，因第三人的行为造成提供劳务一方损害的，提供劳务一方有权请求第三人承担侵权责任，也有权请求接受劳务一方给予补偿。接受劳务一方补偿后，可以向第三人追偿。

140. 离退休人员返聘合同纠纷

案由适用要点

［**释义**］离退休人员返聘合同是指离退休人员在离退休后，离开工作岗位又被原单位返聘或者到其他单位工作签订的合同。离退休人员返聘合同纠纷是指离退休人员与用人单位因履行返聘合同发生争议引起的纠纷。

［**管辖**］因离退休人员返聘合同纠纷提起的诉讼，适用合同纠纷案件管辖的一般原则确定管辖法院。除当事人另有约定外，根据《民事诉讼法》第 24 条的规定，由被告住所地或者合同履行地人民法院管辖。

［**应注意的问题**］已享受养老保险待遇的离退休人员被再次聘用的，与用人单位不订立劳动合同，而是订立聘用协议，双方关系为劳务合同关系，受民法的调整。主要原因是：（1）离退休人员不同于一般劳动者，其享有相应的社会生活保障，而一般劳动者不享有，法律没有必要对已有保障的离退休人员再提供额外的最基本保障。（2）根据《劳动合同法》第 44 条第 2 项以及《劳动合同法实施条例》第 21 条的规定，劳动者达到规定的法定退休年龄后，劳动合同按照法律规定终止。在劳动者未达到法定退休年龄的时候，劳动合同出现其他法定终止的情形，劳动者依然可以与用人单位再次签订新的劳动合同。但是当劳动者达到法定退休年龄后，则不能再签订新的劳动合同，被返聘或至其他单位工作继续提供劳务的，不再适用劳动法律调整，双方建立的是劳务合同关系。

原劳动部《关于实行劳动合同制度若干问题的通知》（劳部发〔1996〕354 号）第 13 条规定，已享受养老保险待遇的离退休人员被再次聘用时，用人单位应与其签订书面协议，明确聘用期内的工作内容、报酬、医疗、劳保待遇等权利和义务。离退休人员与用人单位应当按照聘用协议的约定履行义务，聘用协议约定提前解除书面协议的，应当按照双方约定办理，未约定的，应当协商解决，离退休人员聘用协议的解除不能依据《劳动法》第 28 条执行。双方因履行返聘合同发生争议，向人民法院提起诉讼的，人民法院应当按劳务关系处理。

请求权基础规范指引

《中华人民共和国民法典》（2020 年）

第一千一百七十九条【人身损害赔偿范围】 侵害他人造成人身损害的，应当赔偿医疗费、护理费、交通费、营养费、住院伙食补助费等为治疗和康复支出的合理费用，以及因误工减少的收入。造成残疾的，还应当赔偿辅助器具费和残疾赔偿金；造成死亡的，还应当赔偿丧葬费和死亡赔偿金。

第一千一百九十二条【个人劳务关系中的侵权责任】 个人之间形成劳务关系，提供劳务一方因劳务造成他人损害的，由接受劳务一方承担侵权责任。接受劳务一方承担侵权责任后，可以向有故意或者重大过失的提供劳务一方追偿。提供劳务一方因劳务受到损害的，根据双方各自的过错承担相应的责任。

提供劳务期间，因第三人的行为造成提供劳务一方损害的，提供劳务一方有权请求第三人承担侵权责任，也有权请求接受劳务一方给予补偿。接受劳务一方补偿后，可以向第三人追偿。

《中华人民共和国劳动合同法》（2012年修正）

第四十四条 有下列情形之一的，劳动合同终止：

（一）劳动合同期满的；

（二）劳动者开始依法享受基本养老保险待遇的；

（三）劳动者死亡，或者被人民法院宣告死亡或者宣告失踪的；

（四）用人单位被依法宣告破产的；

（五）用人单位被吊销营业执照、责令关闭、撤销或者用人单位决定提前解散的；

（六）法律、行政法规规定的其他情形。

141. 广告合同纠纷

案由适用要点

［**释义**］广告合同是指广告客户与广告经营者（含广告发布者）之间、广告经营者与广告经营者之间确立、变更、终止广告承办或代理关系等的协议。

［**管辖**］因广告合同纠纷提起的诉讼，适用合同纠纷案件管辖的一般原则确定管辖法院。除当事人另有约定外，根据《民事诉讼法》第24条的规定，由被告住所地或者合同履行地人民法院管辖。

［**应注意的问题**］广告合同包括设计合同、拍摄合同、制作合同、发布合同、委托调查合同、代理合同等类型，其标的主要可以分为两类：一类是广告经营者根据广告客户的要求完成设计、拍摄、制作等工作成果；一类是广告经营者为广告客户完成广告发布、广告活动实施等行为。由于广告合同的标的一般表现为脑力劳动的成果，难以规定精确的标准。因此，双方当事人应当在合同中尽可能对质量条款作出具体的规定，并明确检验的标准和方法，以保证合同正确、全面地履行。根据《广告法》及《广告管理条例》的

规定，广告合同为要式合同，双方当事人在签订合同时，应当注意以下问题：作为广告客户，应当首先审查广告经营者是否在工商行政管理机关核准登记注册、领有营业执照或广告经营许可证，是否具有承办或代理广告业务的经营范围。作为广告经营者，首先应当审查广告客户有无做广告和做某项内容广告的合法资格，并要求对方提供相应的证明文件，对没有合法资格以及不能提供证明文件的，不应与之签订合同。

请求权基础规范指引

《中华人民共和国广告法》（2021 年修正）

第二条 在中华人民共和国境内，商品经营者或者服务提供者通过一定媒介和形式直接或者间接地介绍自己所推销的商品或者服务的商业广告活动，适用本法。

本法所称广告主，是指为推销商品或者服务，自行或者委托他人设计、制作、发布广告的自然人、法人或者其他组织。

本法所称广告经营者，是指接受委托提供广告设计、制作、代理服务的自然人、法人或者其他组织。

本法所称广告发布者，是指为广告主或者广告主委托的广告经营者发布广告的自然人、法人或者其他组织。

本法所称广告代言人，是指广告主以外的，在广告中以自己的名义或者形象对商品、服务作推荐、证明的自然人、法人或者其他组织。

第三十条 广告主、广告经营者、广告发布者之间在广告活动中应当依法订立书面合同。

第三十一条 广告主、广告经营者、广告发布者不得在广告活动中进行任何形式的不正当竞争。

第三十二条 广告主委托设计、制作、发布广告，应当委托具有合法经营资格的广告经营者、广告发布者。

142. 展览合同纠纷

案由适用要点

［**释义**］展览合同，实践中也称展会合同，是指一方与他方约定，由一方提供美术作品、摄影图片、书法碑帖、篆刻、古代和传统服饰、艺术收藏品、专题性文化艺术，以及物品、技术或者服务等，他方负责布展、展品运输、安全保卫以及其他具体展览事项并取得报酬的合同。

［**管辖**］因展览合同纠纷提起的诉讼，适用合同纠纷案件管辖的一般原则

确定管辖法院。除当事人另有约定外，根据《民事诉讼法》第 24 条的规定，由被告住所地或者合同履行地人民法院管辖。

[**应注意的问题**] 审判实践中，在确定本案由时需要注意对合同内容进行审查，区分展览合同纠纷与租赁合同纠纷，如果一方当事人只是提供展览场地，由租赁展览场地的一方负责相关布展、推介、宣传等事宜，则此类案件实为租赁合同纠纷案件。

请求权基础规范指引

《国务院办公厅关于对在我国境内举办对外经济技术展览会加强管理的通知》（1997 年）

二、对外经济技术展览会的主办和承办单位，必须具有外经贸主管部门批准的主办和承办资格；境外机构在华举办经济技术展览会，必须联合或委托我国境内有主办资格的单位进行。

（一）境内主办单位：

1. 具有组织招商招展能力和承担举办展览的民事责任能力，设有专门从事办展的部门或机构并有相应的展览专业（包括策划、设计、组织、管理及外语）人员，具有完善的办展规章制度，曾参与协办或承办 5 个以上较大规模的国际性展览会的展览公司或外经贸公司，省级经济贸易促进机构或行业（专业）协会、商会可获得主办资格。

对外贸易经济合作部应会同有关部门，近期内重新清理审核主办单位，对符合条件的单位授予主办资格，并分期公布名单。工商行政管理机关凭对外贸易经济合作部的批准文件，重新核定有关单位的经营范围。

2. 省级、副省级市人民政府，或省级外经贸主管部门可以主办对外经济贸易洽谈会和出口商品交易会。

3. 国务院部门可以部门名义主办与其主管业务有关的国际性展览会。

（二）来华办展的境外主办单位应是具有相当规模和办展实力，在国际上影响良好的展览机构、大型跨国公司、经济团体或组织（包括经济贸易促进机构、商会、行业协会等）。

（三）主办单位主要负责制定并实施展览方案和计划，组织招商招展。

（四）承办单位主要负责布展、安全保卫及会务事项。具有主办资格的单位均具有相应的承办资格；受主办单位委托，有关公司可以承办展览的单项业务（包括设计、布展、展览施工、广告）。

（五）国家间双边、多边及国内外友好省市间的展览（含交流展），按对等原则和实际需要由相应单位主办和承办。

《建设部关于展览会管理若干规定》（2000 年）

第二条　本规定所指的展览会，包括由部机关、直属单位及部属社团组织在境内外主办、协办、合办和支持的各种类型的展览会、展销会、洽谈会、博览会等。

第六条 展览会的举办单位应具有法人资格，能够独立承担民事责任。

举办单位应具有制定并组织实施展览会的方案、组织招展、布展及财务管理的能力和条件。

第十条 未经批准，任何单位不得擅自以部指导、支持、赞助的名义进行招展；展览过程中，不得进行各种名目的评比活动；不得转包展览会。

对违反上述规定的，部将视情节作出处理。

143. 追偿权纠纷

案由适用要点

［**释义**］追偿权纠纷包含两种情况：一是担保责任追偿权纠纷；二是合伙债务追偿权纠纷。担保责任追偿权，又称为代位求偿权，是指为债务人提供担保的第三人，在承担了担保责任后，享有的向债务人追偿的权利。合伙债务追偿权是指清偿了合伙债务的合伙人对超过自己应当承担数额的部分向其他合伙人追偿的权利。

［**管辖**］根据《民事诉讼法》第22条的规定，因担保责任或合伙债务产生的追偿权纠纷提起的诉讼，由被告住所地或者合同履行地人民法院管辖。

［**应注意的问题**］担保人行使追偿权需要以实际承担了担保责任为前提。由此可见，追偿权属于未来可行使的权利，其行使受一定条件制约，也可以称之为附条件的权利。担保人的追偿权行使范围以担保人实际承担的担保责任为限，所以追偿权的权利范围在担保人实际承担责任前为不确定，并仅在实际承担责任时确定。但也有例外，当债务人进入破产程序后，担保人可以预先行使追偿权。担保人在实际承担责任前，即可以以未来应承担的责任为依据向人民法院申报债权，不以是否已实际承担责任为条件。担保人对反担保人行使追偿权与对债务人行使追偿权的条件相同，反担保人对担保人实际承担的债务承担反担保责任。因此，司法实务中，在担保责任追偿的情况下，适用追偿权纠纷案由时，既要注意本案由只适用于当事人单独就追偿权提起诉讼的情形，同时还应当审查原告是否履行了担保责任或具备提起追偿权之诉的法定条件。

在合伙债务追偿的情况下，适用追偿权纠纷案由注意与合伙合同纠纷案由、联营合同纠纷案由及合伙企业纠纷案由的区别。

请求权基础规范指引

《中华人民共和国民法典》（2020年）

第三百九十二条【人保和物保并存时担保权的实行规则】 被担保的债权既有物的担保又有人的担保的，债务人不履行到期债务或者发生当事人约定的实现担保物权的情形，债权人应当按照约定实现债权；没有约定或者约定不明确，债务人自己提供物的担保的，债权人应当先就该物的担保实现债权；第三人提供物的担保的，债权人可以就物的担保实现债权，也可以请求保证人承担保证责任。提供担保的第三人承担担保责任后，有权向债务人追偿。

第六百九十九条【共同保证】 同一债务有两个以上保证人的，保证人应当按照保证合同约定的保证份额，承担保证责任；没有约定保证份额的，债权人可以请求任何一个保证人在其保证范围内承担保证责任。

第七百条【保证人追偿权】 保证人承担保证责任后，除当事人另有约定外，有权在其承担保证责任的范围内向债务人追偿，享有债权人对债务人的权利，但是不得损害债权人的利益。

第九百七十三条【合伙人的连带责任及追偿权】 合伙人对合伙债务承担连带责任。清偿合伙债务超过自己应当承担份额的合伙人，有权向其他合伙人追偿。

《中华人民共和国合伙企业法》（2006年修订）

第四十条 合伙人由于承担无限连带责任，清偿数额超过本法第三十三条第一款规定的其亏损分担比例的，有权向其他合伙人追偿。

《最高人民法院关于适用〈中华人民共和国民法典〉有关担保制度的解释》（法释〔2020〕28号 2020年12月31日）

第十三条 同一债务有两个以上第三人提供担保，担保人之间约定相互追偿及分担份额，承担了担保责任的担保人请求其他担保人按照约定分担份额的，人民法院应予支持；担保人之间约定承担连带共同担保，或者约定相互追偿但是未约定分担份额的，各担保人按照比例分担向债务人不能追偿的部分。

同一债务有两个以上第三人提供担保，担保人之间未对相互追偿作出约定且未约定承担连带共同担保，但是各担保人在同一份合同书上签字、盖章或者按指印，承担了担保责任的担保人请求其他担保人按照比例分担向债务人不能追偿部分的，人民法院应予支持。

除前两款规定的情形外，承担了担保责任的担保人请求其他担保人分担向债务人不能追偿部分的，人民法院不予支持。

第十八条 承担了担保责任或者赔偿责任的担保人，在其承担责任的范围内向债务人追偿的，人民法院应予支持。

同一债权既有债务人自己提供的物的担保，又有第三人提供的担保，承担了担保责任或者赔偿责任的第三人，主张行使债权人对债务人享有的担保物权的，人民法院应予支持。

第二十九条 同一债务有两个以上保证人，债权人以其已经在保证期间内依法向部分保证人行使权利为由，主张已经在保证期间内向其他保证人行使权利的，人民法院不予支持。

同一债务有两个以上保证人，保证人之间相互有追偿权，债权人未在保证期间内依法向部分保证人行使权利，导致其他保证人在承担保证责任后丧失追偿权，其他保证人主张在其不能追偿的范围内免除保证责任的，人民法院应予支持

《最高人民法院关于适用〈中华人民共和国民法典〉合同编通则若干问题的解释》（法释〔2023〕13号 2023年12月4日）

第五十一条 第三人加入债务并与债务人约定了追偿权，其履行债务后主张向债务人追偿的，人民法院应予支持；没有约定追偿权，第三人依照民法典关于不当得利等的规定，在其已经向债权人履行债务的范围内请求债务人向其履行的，人民法院应予支持，但是第三人知道或者应当知道加入债务会损害债务人利益的除外。

债务人就其对债权人享有的抗辩向加入债务的第三人主张的，人民法院应予支持。

十一、不当得利纠纷

144. 不当得利纠纷

案由适用要点

［释义］ 不当得利，是指没有法律上的根据而取得不当利益，造成他人损失的法律事实。不当得利纠纷是因不当得利的事实而引起的权利义务争议。

［管辖］ 根据《民事诉讼法》第22条的规定，因不当得利纠纷提起的诉讼适用一般地域管辖，由被告住所地人民法院管辖；被告住所地与经常居住地不一致的，由经常居住地人民法院管辖。

［应注意的问题］ 不当得利制度规范的目的是去除得利人无法律上原因而受有的利益，而非在于赔偿受损人所受的损害，法律规定不当得利制度并不是要制裁受益人的“得利行为”，而是要纠正受益人“得利”这一不正常、不合理的现象。因此，在实践中判断不当得利请求权是否成立时，不需要考虑受益人是否有故意或过失其行为是否具有违法性。

在司法实践中还需要注意的是不当得利请求权与其他请求权之间的区别，比如不当得利返还请求权与物权请求权中的原物返还请求权。原物返还请求权旨在恢复物的圆满状态，保护物权人的利益，原物返还请求权作为物权请求权的一种类型不能脱离物权而存在，不能转让，而不当得利返还请求权作为债权请求权，原则上是可以让与的；不当得利返还请求权的标的包括金钱、物、孳息等，而原物返还请求权的标的仅指物和物的孳息；原物返还请求权作为物权请求权的一种类型，原则上不受诉讼时效之限制，不当得利返还请求权作为债权请求权的一种类型，应当适用诉讼时效的相关规定。

另外，就是要注意不当得利与民事行为、无因管理以及侵权行为等同为债的发生根据，但它们之间是不同的。未生效的民事行为取得的利益是合法的、正当的，当然不成立不当得利；如果民事行为无效、被获得的利益未移交本人，而是由自己占有，则构成不当得利；侵权行为人侵害他人的合法权益，也可能从中得到利益，这种得利构成不当得利，但在这种情况下，产生侵权行为请求权与不当得利请求权的竞合。

请求权基础规范指引

《中华人民共和国民法典》（2020年）

第一百二十二条【不当得利】 因他人没有法律根据，取得不当利益，受损失的人有权请求其返还不当利益。

第九百八十五条【不当得利定义】 得利人没有法律根据取得不当利益的，受损失的人可以请求得利人返还取得的利益，但是有下列情形之一的除外：

（一）为履行道德义务进行的给付；

（二）债务到期之前的清偿；

（三）明知无给付义务而进行的债务清偿。

第九百八十六条【善意得利人返还义务免除】 得利人不知道且不应当知道取得的利益没有法律根据，取得的利益已经不存在的，不承担返还该利益的义务。

第九百八十七条【恶意得利人返还义务】 得利人知道或者应当知道取得的利益没有法律根据的，受损失的人可以请求得利人返还其取得的利益并依法赔偿损失。

第九百八十八条【第三人返还义务】 得利人已经将取得的利益无偿转让给第三人的，受损失的人可以请求第三人在相应范围内承担返还义务。

《中华人民共和国涉外民事关系法律适用法》（2010年）

第四十七条 不当得利、无因管理，适用当事人协议选择适用的法律。当事人没有选择的，适用当事人共同经常居所地法律；没有共同经常居所地的，适用不当得利、无因管理发生地法律。

《最高人民法院关于审理民事案件适用诉讼时效制度若干问题的规定》（2020年12月23日修正）

第六条 返还不当得利请求权的诉讼时效期间，从当事人一方知道或者应当知道不当得利事实及对方当事人之日起计算。

《最高人民法院关于适用〈中华人民共和国民法典〉合同编通则若干问题的解释》（法释〔2023〕13号 2023年12月4日）

第五十一条 第三人加入债务并与债务人约定了追偿权，其履行债务后主张向债务人追偿的，人民法院应予支持；没有约定追偿权，第三人依照民法典关于不当得利等的规定，在其已经向债权人履行债务的范围内请求债务人向其履行的，人民法院应予支持，但是第三人知道或者应当知道加入债务会损害债务人利益的除外。

债务人就其对债权人享有的抗辩向加入债务的第三人主张的，人民法院应予支持。

十二、无因管理纠纷

145. 无因管理纠纷

案由适用要点

[释义] 无因管理是指没有法定的或者约定的义务，为了避免他人的利益受损而自愿管理他人事务或者提供服务的行为。无因管理纠纷是指因无因管理这一事实行为而引起的权利义务争议。

[管辖] 根据《民事诉讼法》第22条的规定，因无因管理纠纷提起的诉讼，适用一般地域管辖，即对公民提起的民事诉讼，由被告住所地人民法院管辖，被告住所地与经常居住地不一致的，由经常居住地人民法院管辖。

[应注意的问题] 关于管理人是否应当具备行为能力。《民法典》并未明确规定无因管理是否要求管理人具有行为能力。从法律性质上看，通说认为，无因管理是事实行为，因此，并不要求管理人具有行为能力，无民事行为能力人或者限制民事行为能力人只要具备管理事务的能力，能够辨别是为了他人利益而实施管理行为，就可以成立无因管理。

关于无因管理与委托合同的衔接。现实中很多情况下，无因管理和委托合同是存在衔接关系的：在没有法定义务的前提下，如果民事主体之间存在委托合同，一方委托另一方管理事务，即另一方负有约定义务，此时另一方管理他人事务的行为不构成无因管理；但是随着委托合同终止，另一方在不存在法定义务和约定义务的前提下继续管理他人事务的，则继续管理他人事务的行为可能构成无因管理。也就是说，很多情况下，委托终结之时即是无因管理开始之时。反过来，无因管理在特定情形下也可能转化为委托合同关系，如管理人在开始管理他人事务后及时通知了本人，本人授权管理人继续管理的，则可能构成委托合同关系。

请求权基础规范指引

《中华人民共和国民法典》（2020年）

第一百二十一条【无因管理】 没有法定的或者约定的义务，为避免他人利益受损失而进行管理的人，有权请求受益人偿还由此支出的必要费用。

第四百六十八条【非因合同产生的债权债务关系的法律适用】 非因合同产生的债权债务关系，适用有关该债权债务关系的法律规定；没有规定的，适用本编通则的有关规定，但是根据其性质不能适用的除外。

第九百七十九条【无因管理定义】 管理人没有法定的或者约定的义务，为避免他人利益受损失而管理他人事务的，可以请求受益人偿还因管理事务而支出的必要费用；管理人因管理事务受到损失的，可以请求受益人给予适当补偿。

管理事务不符合受益人真实意思的，管理人不享有前款规定的权利；但是，受益人的真实意思违反法律或者违背公序良俗的除外。

第九百八十条【受益人享有管理利益时的法律适用】 管理人管理事务不属于前条规定的情形，但是受益人享有管理利益的，受益人应当在其获得的利益范围内向管理人承担前条第一款规定的义务。

第九百八十一条【管理人适当管理义务】 管理人管理他人事务，应当采取有利于受益人的方法。中断管理对受益人不利的，无正当理由不得中断。

第九百八十二条【管理人通知义务】 管理人管理他人事务，能够通知受益人的，应当及时通知受益人。管理的事务不需要紧急处理的，应当等待受益人的指示。

第九百八十三条【管理人报告和交付义务】 管理结束后，管理人应当向受益人报告管理事务的情况。管理人管理事务取得的财产，应当及时转交给受益人。

第九百八十四条【受益人追认的法律效果】 管理人管理事务经受益人事后追认的，从管理事务开始时起，适用委托合同的有关规定，但是管理人另有意思表示的除外。

《中华人民共和国涉外民事关系法律适用法》（2010年）

第四十七条 不当得利、无因管理，适用当事人协议选择适用的法律。当事人没有选择的，适用当事人共同经常居所地法律；没有共同经常居所地的，适用不当得利、无因管理发生地法律。

第五部分

知识产权与竞争纠纷

十三、知识产权合同纠纷

146. 著作权合同纠纷

（1）委托创作合同纠纷
（2）合作创作合同纠纷
（3）著作权转让合同纠纷
（4）著作权许可使用合同纠纷
（5）出版合同纠纷
（6）表演合同纠纷
（7）音像制品制作合同纠纷
（8）广播电视播放合同纠纷
（9）邻接权转让合同纠纷
（10）邻接权许可使用合同纠纷
（11）计算机软件开发合同纠纷
（12）计算机软件著作权转让合同纠纷
（13）计算机软件著作权许可使用合同纠纷

案由适用要点

[释义] 著作权合同纠纷是指当事人之间就著作权和与著作权有关的权利的归属、转让、许可使用等事宜所订立的合同而发生的纠纷。

委托创作合同纠纷是指当事人约定由委托人就特定作品委托他人创作，受托人按照约定完成作品创作所订立的合同而发生的纠纷。

合作创作合同纠纷是指两个以上的当事人以共同创作某一作品为目的所订立的合同而发生的纠纷。

著作权转让合同纠纷是指双方当事人就著作权中的一项或者多项财产权利转移给另一方所有所订立的合同而发生的纠纷。

著作权许可使用合同纠纷是指双方当事人就著作权中的一项或者多项财产权利许可另一方以约定的时间、范围、方式行使所订立的合同而发生的纠纷。

出版合同纠纷是指著作权人与出版者之间，就著作权的一项或多项权利，许可出版者使用所订立的合同而发生的纠纷。

表演合同纠纷是指双方当事人为演奏乐曲、上演剧本、朗诵诗词作品等事项所订立的合同而发生的纠纷。

音像制品制作合同纠纷是指双方当事人为制作录音、录像制品所订立的合同而发生的纠纷。

广播电视播放合同纠纷是指双方当事人为广播电台、电视台播放录音制品、录像制品等事项所订立的合同而发生的纠纷。

邻接权转让合同纠纷是指双方当事人就图书出版者、表演者、录音录像制作者及广播组织（广播电台、电视台）各自依法享有的与著作权有关的权利转移给另一方所有所订立的合同而发生的纠纷。

邻接权许可使用合同纠纷是指双方当事人就图书出版者、表演者、录音录像制作者及广播组织（广播电台、电视台）各自依法享有的与著作权有关的权利许可另一方以约定的时间、范围、方式行使所订立的合同而发生的纠纷。

计算机软件开发合同纠纷是指双方当事人就计算机软件开发等相关事宜达成的协议而发生的纠纷，包括就计算机软件的委托开发合同、合作开发合同而发生的纠纷。

计算机软件著作权转让合同纠纷是指双方当事人就计算机软件著作权中的一项或者多项财产权利转移给另一方所有所订立的合同而发生的纠纷。

计算机软件著作权许可使用合同纠纷是指双方当事人就计算机软件著作权中的一项或者多项财产权利许可另一方以约定的时间、范围、方式行使所订立的合同而发生的纠纷。

［**管辖**］著作权合同纠纷本质上属于合同纠纷，应按照一般合同管辖确定管辖法院，即由被告住所地或者合同履行地人民法院管辖。同时，由于合同标的物所涉著作权的特殊性，最高人民法院对著作权合同纠纷级别管辖作出了特殊规定，即知识产权案件的受理必须遵守司法解释关于著作权案件指定管辖和级别管辖的相关规定。《最高人民法院关于审理著作权民事纠纷案件适用法律若干问题的解释》第 2 条规定，著作权民事纠纷案件，由中级以上人民法院管辖。各高级人民法院根据本辖区的实际情况，可以报请最高人民法院批准，由若干基层人民法院管辖第一审著作权民事纠纷案件。

［**应注意的问题**］著作权合同是作品创作和版权交易中的常用的法律形式，文字、音乐、美术、摄影、视听、设计图纸、软件等作品都可以作为著作权合同的标的物。《著作权法》是调整著作权人及与著作权有关的权利人的权利义务关系的法律规范。所谓“与著作权有关的权利”在学术上和实践中普遍称为邻接权，也有人称之为相关权，主要是指表演者对其表演活动、录音录像制作者对其制作的录音录像、广播组织者对其播放的广播电视节目以及出版者对其版式设计所享有的专有权利。为表述简便，《民事案件案由规定》也采用邻接权这一概念。

广义的著作权合同应包括邻接权合同。邻接权合同包括：图书出版者就其出版的图书、期刊的版式设计与他人签订的合同；表演者就其现场表演许可他人通过各种方式传播、录音录像，并复制、发行录有其表演的录音录像制品签订的合同；录音录像制作者就其录音录像制品的复制、发行、出租、通过信息网络传播与他人签订的合同；广播组织（广播电台、电视台）就其播放的广播、电视节目转播，及将其播放的广播、电视节目复制与他人签订的合同。

因委托创作合同、合作创作合同、著作权转让和著作权许可使用合同纠纷在实践中大量存在，故《民事案件案由规定》将其列为第四级案由。实践中，邻接权人特别是录音录像制作者因转让或者许可他人使用其制作的录音录像制品引发的合同纠纷也占了相当的比重，《民事案件案由规定》予以单列。计算机软件开发合同、计算机软件著作权转让与计算机软件著作权许可使用合同也具有典型性，《民事案件案由规定》也予以单列。

《著作权集体管理条例》还明确规定了一类著作权合同，即著作权集体管理合同。该条例第 19 条第 1 款中规定："权利人可以与著作权集体管理组织以书面形式订立著作权集体管理合同，授权该组织对其依法享有的著作权或者与著作权有关的权利进行管理。"所谓著作权集体管理，根据该条例第 2 条规定，是指著作权集体管理组织经权利人授权，集中行使权利人的有关权利并以自己的名义进行的下列活动：（1）与使用者订立著作权或者与著作权有关的权利许可使用合同；（2）向使用者收取使用费；（3）向权利人转付使用费；（4）进行涉及著作权或者与著作权有关的权利的诉讼、仲裁等。由于此类纠纷数量较少，《民事案件案由规定》未在著作权合同纠纷中单列著作权集体管理合同纠纷案由，留待以后条件成熟时再予以充实完善，与此有关案件案由可以直接确定为著作权合同纠纷。

请求权基础规范指引

《中华人民共和国民法典》（2020 年）

第一百二十三条【知识产权的定义】 民事主体依法享有知识产权。

知识产权是权利人依法就下列客体享有的专有的权利：

（一）作品；

（二）发明、实用新型、外观设计；

（三）商标；

（四）地理标志；

（五）商业秘密；

（六）集成电路布图设计；

（七）植物新品种；

（八）法律规定的其他客体。

第八百七十六条【其他知识产权的转让和许可】 集成电路布图设计专有

权、植物新品种权、计算机软件著作权等其他知识产权的转让和许可，参照适用本节的有关规定。

《中华人民共和国著作权法》（2020年修正）

第十条　著作权包括下列人身权和财产权：

（一）发表权，即决定作品是否公之于众的权利；

（二）署名权，即表明作者身份，在作品上署名的权利；

（三）修改权，即修改或者授权他人修改作品的权利；

（四）保护作品完整权，即保护作品不受歪曲、篡改的权利；

（五）复制权，即以印刷、复印、拓印、录音、录像、翻录、翻拍、数字化等方式将作品制作一份或者多份的权利；

（六）发行权，即以出售或者赠与方式向公众提供作品的原件或者复制件的权利；

（七）出租权，即有偿许可他人临时使用视听作品、计算机软件的原件或者复制件的权利，计算机软件不是出租的主要标的的除外；

（八）展览权，即公开陈列美术作品、摄影作品的原件或者复制件的权利；

（九）表演权，即公开表演作品，以及用各种手段公开播送作品的表演的权利；

（十）放映权，即通过放映机、幻灯机等技术设备公开再现美术、摄影、视听作品等的权利；

（十一）广播权，即以有线或者无线方式公开传播或者转播作品，以及通过扩音器或者其他传送符号、声音、图像的类似工具向公众传播广播的作品的权利，但不包括本款第十二项规定的权利；

（十二）信息网络传播权，即以有线或者无线方式向公众提供，使公众可以在其选定的时间和地点获得作品的权利；

（十三）摄制权，即以摄制视听作品的方法将作品固定在载体上的权利；

（十四）改编权，即改变作品，创作出具有独创性的新作品的权利；

（十五）翻译权，即将作品从一种语言文字转换成另一种语言文字的权利；

（十六）汇编权，即将作品或者作品的片段通过选择或者编排，汇集成新作品的权利；

（十七）应当由著作权人享有的其他权利。

著作权人可以许可他人行使前款第五项至第十七项规定的权利，并依照约定或者本法有关规定获得报酬。

著作权人可以全部或者部分转让本条第一款第五项至第十七项规定的权

利，并依照约定或者本法有关规定获得报酬。

第二十六条　使用他人作品应当同著作权人订立许可使用合同，本法规定可以不经许可的除外。

许可使用合同包括下列主要内容：

（一）许可使用的权利种类；

（二）许可使用的权利是专有使用权或者非专有使用权；

（三）许可使用的地域范围、期间；

（四）付酬标准和办法；

（五）违约责任；

（六）双方认为需要约定的其他内容。

第二十七条　转让本法第十条第一款第五项至第十七项规定的权利，应当订立书面合同。

权利转让合同包括下列主要内容：

（一）作品的名称；

（二）转让的权利种类、地域范围；

（三）转让价金；

（四）交付转让价金的日期和方式；

（五）违约责任；

（六）双方认为需要约定的其他内容。

第二十九条　许可使用合同和转让合同中著作权人未明确许可、转让的权利，未经著作权人同意，另一方当事人不得行使。

第三十条　使用作品的付酬标准可以由当事人约定，也可以按照国家著作权主管部门会同有关部门制定的付酬标准支付报酬。当事人约定不明确的，按照国家著作权主管部门会同有关部门制定的付酬标准支付报酬。

第三十一条　出版者、表演者、录音录像制作者、广播电台、电视台等依照本法有关规定使用他人作品的，不得侵犯作者的署名权、修改权、保护作品完整权和获得报酬的权利。

《中华人民共和国著作权法实施条例》（2013年修订）

第二十三条　使用他人作品应当同著作权人订立许可使用合同，许可使用的权利是专有使用权的，应当采取书面形式，但是报社、期刊社刊登作品除外。

第二十四条　著作权法第二十四条规定的专有使用权的内容由合同约定，合同没有约定或者约定不明的，视为被许可人有权排除包括著作权人在内的任何人以同样的方式使用作品；除合同另有约定外，被许可人许可第三人行使同一权利，必须取得著作权人的许可。

第二十五条 与著作权人订立专有许可使用合同、转让合同的，可以向著作权行政管理部门备案。

第二十八条 图书出版合同中约定图书出版者享有专有出版权但没有明确其具体内容的，视为图书出版者享有在合同有效期限内和在合同约定的地域范围内以同种文字的原版、修订版出版图书的专有权利。

第二十九条 著作权人寄给图书出版者的两份订单在6个月内未能得到履行，视为著作权法第三十一条所称图书脱销。

《计算机软件保护条例》（2013年修订）

第八条 软件著作权人享有下列各项权利：

（一）发表权，即决定软件是否公之于众的权利；

（二）署名权，即表明开发者身份，在软件上署名的权利；

（三）修改权，即对软件进行增补、删节，或者改变指令、语句顺序的权利；

（四）复制权，即将软件制作一份或者多份的权利；

（五）发行权，即以出售或者赠与方式向公众提供软件的原件或者复制件的权利；

（六）出租权，即有偿许可他人临时使用软件的权利，但是软件不是出租的主要标的的除外；

（七）信息网络传播权，即以有线或者无线方式向公众提供软件，使公众可以在其个人选定的时间和地点获得软件的权利；

（八）翻译权，即将原软件从一种自然语言文字转换成另一种自然语言文字的权利；

（九）应当由软件著作权人享有的其他权利。

软件著作权人可以许可他人行使其软件著作权，并有权获得报酬。

软件著作权人可以全部或者部分转让其软件著作权，并有权获得报酬。

《信息网络传播权保护条例》（2013年修订）

第二条 权利人享有的信息网络传播权受著作权法和本条例保护。除法律、行政法规另有规定的外，任何组织或者个人将他人的作品、表演、录音录像制品通过信息网络向公众提供，应当取得权利人许可，并支付报酬。

第三条 依法禁止提供的作品、表演、录音录像制品，不受本条例保护。

权利人行使信息网络传播权，不得违反宪法和法律、行政法规，不得损害公共利益。

第四条 为了保护信息网络传播权，权利人可以采取技术措施。

任何组织或者个人不得故意避开或者破坏技术措施，不得故意制造、进口或者向公众提供主要用于避开或者破坏技术措施的装置或者部件，不得故意为他人避开或者破坏技术措施提供技术服务。但是，法律、行政法规规定可以避开的除外。

第五条　未经权利人许可，任何组织或者个人不得进行下列行为：

（一）故意删除或者改变通过信息网络向公众提供的作品、表演、录音录像制品的权利管理电子信息，但由于技术上的原因无法避免删除或者改变的除外；

（二）通过信息网络向公众提供明知或者应知未经权利人许可被删除或者改变权利管理电子信息的作品、表演、录音录像制品。

《最高人民法院关于审理著作权民事纠纷案件适用法律若干问题的解释》（2020 年 12 月 23 日修正）

第一条　人民法院受理以下著作权民事纠纷案件：

（一）著作权及与著作权有关权益权属、侵权、合同纠纷案件；

（二）申请诉前停止侵害著作权、与著作权有关权益行为，申请诉前财产保全、诉前证据保全案件；

（三）其他著作权、与著作权有关权益纠纷案件。

第二十二条　著作权转让合同未采取书面形式的，人民法院依据民法典第四百九十条的规定审查合同是否成立。

第二十三条　出版者将著作权人交付出版的作品丢失、毁损致使出版合同不能履行的，著作权人有权依据民法典第一百八十六条、第二百三十八条、第一千一百八十四条等规定要求出版者承担相应的民事责任。

147. 商标合同纠纷

（1）商标权转让合同纠纷

（2）商标使用许可合同纠纷

（3）商标代理合同纠纷

案由适用要点

［**释义**］商标合同纠纷是指当事人之间就商标的权利归属、转让、许可使用和商标代理等事宜所订立的合同而发生的纠纷。

商标权转让合同纠纷是指商标所有人与受让人就商标权的转让所订立的合同而发生的纠纷。

商标使用许可合同纠纷是指商标所有人与被许可人就商标的许可使用所订立的合同而发生的纠纷。商标使用许可合同包括独占使用许可合同、排他使用许可合同、普通使用许可合同。

商标代理合同纠纷是指商标所有人与商标代理人就办理商标注册申请及

其他有关商标事宜所订立的合同而发生的纠纷。

［**管辖**］商标合同纠纷实质上仍属于合同纠纷，因此，因商标合同纠纷提起的诉讼，依照《民事诉讼法》第24条规定，由被告住所地或者合同履行地人民法院管辖。

由于合同标的物所涉商标权的特殊性，最高人民法院对商标合同纠纷管辖作出了特殊规定，即知识产权案件的受理必须遵守司法解释关于商标案件指定管辖和级别管辖的相关规定。《最高人民法院关于审理商标案件有关管辖和法律适用范围问题的解释》第2条第3、4款规定，商标民事纠纷第一审案件，由中级以上人民法院管辖。各高级人民法院根据本辖区的实际情况，经最高人民法院批准，可以在较大城市确定1至2个基层人民法院受理第一审商标民事纠纷案件。

北京、上海、广州、海南自由贸易港辖区，商标合同纠纷案件的管辖又具有特殊性。《最高人民法院关于北京、上海、广州知识产权法院案件管辖的规定》第3条规定，北京市、上海市各中级人民法院和广州市中级人民法院不再受理知识产权民事和行政案件。因此，有关第一审商标合同纠纷的案件，在北京、上海、广州辖区，全部由当地高级人民法院指定的基层人民法院受理。依照上述规定第6条规定及《全国人民代表大会常务委员会关于设立海南自由贸易港知识产权法院的决定》第2条规定，当事人对北京、上海、广州知识产权法院所在市的基层人民法院、海南省辖区基层人民法院作出的第一审商标合同纠纷案件民事判决、裁定提起的上诉案件，由相应的北京、上海、广州、海南自由贸易港知识产权法院审理。

［**应注意的问题**］依照我国现行的《商标法》及相关行政法规、部门规章的规定，注册商标权人对经国家市场监督管理总局商标局核准注册的商品商标、服务商标、集体商标、证明商标享有专用权，当事人之间以上述商标作为标的物签订的相关合同一般都属于商标合同。商标代理机构作为法律中介服务部门，可以根据商标所有人的授权行使代理权。

鉴于商标合同纠纷多因商标权转让合同和商标使用许可合同发生纠纷，故将其列为第四级案由。商标代理合同纠纷是近年来出现的一类纠纷，数量较大且有别于商标权转让合同和商标使用许可合同纠纷，所以《民事案件案由规定》予以单列。

请求权基础规范指引

《中华人民共和国民法典》（2020年）

第一百二十三条【知识产权的定义】 民事主体依法享有知识产权。

知识产权是权利人依法就下列客体享有的专有的权利：

（一）作品；

（二）发明、实用新型、外观设计；

（三）商标；

（四）地理标志；

（五）商业秘密；

（六）集成电路布图设计；

（七）植物新品种；

（八）法律规定的其他客体。

《中华人民共和国商标法》（2019 年修正）

第四十二条　转让注册商标的，转让人和受让人应当签订转让协议，并共同向商标局提出申请。受让人应当保证使用该注册商标的商品质量。

转让注册商标的，商标注册人对其在同一种商品上注册的近似的商标，或者在类似商品上注册的相同或者近似的商标，应当一并转让。

对容易导致混淆或者有其他不良影响的转让，商标局不予核准，书面通知申请人并说明理由。

转让注册商标经核准后，予以公告。受让人自公告之日起享有商标专用权。

第四十三条　商标注册人可以通过签订商标使用许可合同，许可他人使用其注册商标。许可人应当监督被许可人使用其注册商标的商品质量。被许可人应当保证使用该注册商标的商品质量。

经许可使用他人注册商标的，必须在使用该注册商标的商品上标明被许可人的名称和商品产地。

许可他人使用其注册商标的，许可人应当将其商标使用许可报商标局备案，由商标局公告。商标使用许可未经备案不得对抗善意第三人。

《中华人民共和国商标法实施条例》（2014 年修订）

第五条　当事人委托商标代理机构申请商标注册或者办理其他商标事宜，应当提交代理委托书。代理委托书应当载明代理内容及权限；外国人或者外国企业的代理委托书还应当载明委托人的国籍。

外国人或者外国企业的代理委托书及与其有关的证明文件的公证、认证手续，按照对等原则办理。

申请商标注册或者转让商标，商标注册申请人或者商标转让受让人为外国人或者外国企业的，应当在申请书中指定中国境内接收人负责接收商标局、商标评审委员会后继商标业务的法律文件。商标局、商标评审委员会后继商标业务的法律文件向中国境内接收人送达。

商标法第十八条所称外国人或者外国企业，是指在中国没有经常居所或者营业所的外国人或者外国企业。

第三十一条 转让注册商标的，转让人和受让人应当向商标局提交转让注册商标申请书。转让注册商标申请手续应当由转让人和受让人共同办理。商标局核准转让注册商标申请的，发给受让人相应证明，并予以公告。

转让注册商标，商标注册人对其在同一种或者类似商品上注册的相同或者近似的商标未一并转让的，由商标局通知其限期改正；期满未改正的，视为放弃转让该注册商标的申请，商标局应当书面通知申请人。

第三十二条 注册商标专用权因转让以外的继承等其他事由发生移转的，接受该注册商标专用权的当事人应当凭有关证明文件或者法律文书到商标局办理注册商标专用权移转手续。

注册商标专用权移转的，注册商标专用权人在同一种或者类似商品上注册的相同或者近似的商标，应当一并移转；未一并移转的，由商标局通知其限期改正；期满未改正的，视为放弃该移转注册商标的申请，商标局应当书面通知申请人。

商标移转申请经核准的，予以公告。接受该注册商标专用权移转的当事人自公告之日起享有商标专用权。

《最高人民法院关于审理商标民事纠纷案件适用法律若干问题的解释》（2020年12月23日修正）

第十九条 商标使用许可合同未经备案的，不影响该许可合同的效力，但当事人另有约定的除外。

第二十条 注册商标的转让不影响转让前已经生效的商标使用许可合同的效力，但商标使用许可合同另有约定的除外。

148. 专利合同纠纷

（1）专利申请权转让合同纠纷

（2）专利权转让合同纠纷

（3）发明专利实施许可合同纠纷

（4）实用新型专利实施许可合同纠纷

（5）外观设计专利实施许可合同纠纷

（6）专利代理合同纠纷

案由适用要点

［释义］ 专利合同纠纷是指当事人就专利权或者专利申请权的转让、专利实施许可、专利代理等事项所订立的合同而发生的纠纷。

专利申请权转让合同纠纷是指当事人就专利申请权的转让所订立的合同而发生的纠纷。

专利权转让合同纠纷是指当事人就专利权的转让所订立的合同而发生的纠纷。

发明专利实施许可合同纠纷是指当事人就发明专利权的实施许可所订立的合同而发生的纠纷。

实用新型专利实施许可合同纠纷是指当事人就实用新型专利权的实施许可所订立的合同而发生的纠纷。

外观设计专利实施许可合同纠纷是指当事人就外观设计专利权的实施许可所订立的合同而发生的纠纷。

专利代理合同纠纷是指专利代理机构作为受托人与委托人就办理专利申请或者办理其他专利事务所订立的合同而发生的纠纷。

[**管辖**] 在确定专利合同纠纷案件的管辖时要注意，四级案由下的各类专利合同纠纷管辖法院并不一致。法律、司法解释未作出明确规定的，如专利代理合同纠纷案件的管辖，因不属于专属管辖的范畴，鉴于其专业技术性并不特殊，在本质上属于服务合同，应按照一般合同管辖确定管辖法院，即依照《民事诉讼法》第 24 条规定，由被告住所地或者合同履行地人民法院管辖。且专利代理合同纠纷属于专利合同纠纷，应同时适用专利合同纠纷案件的管辖规定。其他专利合同纠纷案件，法律、司法解释作出明确规定的，则按照规定执行。

专利申请权转让合同纠纷、专利权转让合同纠纷、发明专利实施许可合同纠纷应当按照《最高人民法院关于审理技术合同纠纷案件适用法律若干问题的解释》第 43 条第 1 款至第 3 款的规定确定管辖，即一般由各地中级以上人民法院管辖，各高级人民法院根据本辖区的实际情况并报经最高人民法院批准，可以指定若干基层人民法院管辖第一审技术合同纠纷案件，其他司法解释对技术合同纠纷案件管辖另有规定的，从其规定；依照《民事诉讼法解释》第 2 条规定，即专利纠纷案件由知识产权法院、最高人民法院确定的中级人民法院和基层人民法院管辖。

对于北京、上海、广州、海南自由贸易港而言，专利合同纠纷案件的管辖，又有一定的特殊性。依照《最高人民法院关于北京、上海、广州知识产权法院案件管辖的规定》第 1 条规定，知识产权法院所在市辖区内有关专利合同纠纷第一审案件，全部由相应的北京、上海、广州知识产权法院管辖；依照上述规定第 7 条规定，当事人对北京、上海、广州知识产权法院作出的专利合同纠纷案件第一审判决、裁定提起的上诉案件和依法申请上一级法院复议的案件，由相应的北京、上海、广州知识产权法院所在地的高级人民法院知识产权审判庭审理，但依法应由最高人民法院审理的除外。另外，依照《全国人民代表大会常务委员会关于设立海南自由贸易港知识产权法院的决定》第 2 条规定，海南自由贸易港知识产权法院有权管辖海南省有关专利纠纷等专业性、技术性较强的第一审知识产权民事案件及海南省基层人民法院第一审知识产权民事判决、裁定的上诉案件，这其中包含专利合同纠纷。

依照《最高人民法院关于知识产权法庭若干问题的规定》第 2 条第 1 款的规定，（1）专利、植物新品种、集成电路布图设计授权确权行政上诉案件；（2）发明专利、植物新品种、集成电路布图设计权属、侵权民事和行政上诉案件；（3）重大、复杂的实用新型专利、技术秘密、计算机软件权属、侵权民事和行政上诉案件；（4）垄断民事和行政上诉案件，由最高人民法院知识产权法庭审理。

［**应注意的问题**］本部分规定的专利合同纠纷，是指当事人就已经成果化和特定化的专利权、专利申请权所订立的合同发生的纠纷，包括与专利权、专利申请权有关的专利代理合同纠纷。《民法典》第 862 条规定："技术转让合同是合法拥有技术的权利人，将现有特定的专利、专利申请、技术秘密的相关权利让与他人所订立的合同。技术许可合同是合法拥有技术的权利人，将现有特定的专利、技术秘密的相关权利许可他人实施、使用所订立的合同。技术转让合同和技术许可合同中关于提供实施技术的专用设备、原材料或者提供有关的技术咨询、技术服务的约定，属于合同的组成部分。"第 863 条第 1、2 款规定："技术转让合同包括专利权转让、专利申请权转让、技术秘密转让等合同。技术许可合同包括专利实施许可、技术秘密使用许可等合同。"第 877 条规定："法律、行政法规对技术进出口合同或者专利、专利申请合同另有规定的，依照其规定。"这里明确出现了专利合同和专利申请合同的概念。《民事案件案由规定》为了实践操作的便利，将所谓的专利申请合同一并纳入专利合同纠纷案由。对于专利合同纠纷项下列举第四级案由的理解，需要注意以下一些问题：

专利申请权转让合同是指当事人就已经向国家知识产权局提出专利申请的技术成果所订立的涉及该成果的专利申请权转让的合同，对于就尚未成为专利申请的技术成果订立的有关成果权益整体转让的合同，应当作为技术秘密转让合同处理。也就是说，对于同一技术成果，在不同的阶段的转让，在法律上有不同的概念和定性。在尚未提出专利申请之前，属于技术秘密让与；在提出专利申请之后授予专利之前，按照专利申请权转让处理；在获得专利之后，作为专利权转让对待。

专利申请权转让合同包括发明专利申请权转让、实用新型专利申请权转让和外观设计专利申请权转让三种具体合同。同样，专利权转让合同也包括发明专利权转让、实用新型专利权转让和外观设计专利权转让三种具体合同。实践中，专利申请权转让合同和专利权转让合同并不是很多，因此发生的纠纷也比较少，《民事案件案由规定》未就有关案由作出进一步的细化。

实践中大量的专利合同是专利实施许可合同，发生的纠纷也较多。为了司法统计分析研究的需要，《民事案件案由规定》未将专利实施许可合同纠纷与专利申请权转让合同纠纷和专利权转让合同纠纷平行列为第四级案由，而是直接按照《专利法》规定的三种专利，分列发明专利实施许可合同纠纷、实用新型专利实施许可合同纠纷和外观设计专利实施许可合同纠纷 3 个第四级案由。

需要注意的是，依照《民法典》第 877 条和《技术进出口管理条例》第 2 条的规定，涉及技术跨境转移的涉外专利权转让、专利申请权转让和专利实施许可合同纠纷，案由应当确定为技术进口合同纠纷或者技术出口合同纠纷。

《最高人民法院关于审理技术合同纠纷案件适用法律若干问题的解释》第 29 条第 1 款规定："当事人之间就申请专利的技术成果所订立的许可使用合同，专利申请公开以前，适用技术秘密许可合同的有关规定；发明专利申请公开以后、授权以前，参照适用专利实施许可合同的有关规定；授权以后，原合同即为专利实施许可合同，适用专利实施许可合同的有关规定。"因此，要注意根据当事人争议的法律事实发生时的技术成果的法律状态确定有关技术成果实施许可合同纠纷的案由。

要强调的是，涉及专利的合同除非合同主要权利义务是关于利用专利技术提供咨询、服务和培训，否则不应将有关争议确定为《民事案件案由规定》中的技术合同纠纷。

专利代理合同在本质上属于服务合同，但是由于专利代理本身的技术性和特殊性以及有关纠纷涉及审理的专业性，《民事案件案由规定》将这类合同纠纷统一归入知识产权纠纷案由。《专利代理条例》第 2 条规定："本条例所称专利代理，是指专利代理机构接受委托，以委托人的名义在代理权限范围内办理专利申请、宣告专利权无效等专利事务的行为。"凡是专利代理机构与委托人发生的需要适用该条例处理的合同纠纷，均应当作为专利代理合同纠纷确定案由。

请求权基础规范指引

《中华人民共和国民法典》（2020 年）

第一百二十三条【知识产权的定义】 民事主体依法享有知识产权。

知识产权是权利人依法就下列客体享有的专有的权利：

（一）作品；

（二）发明、实用新型、外观设计；

（三）商标；

（四）地理标志；

（五）商业秘密；

（六）集成电路布图设计；

（七）植物新品种；

（八）法律规定的其他客体。

第八百六十二条【技术转让合同和技术许可合同定义】 技术转让合同是合法拥有技术的权利人，将现有特定的专利、专利申请、技术秘密的相关权利让与他人所订立的合同。

技术许可合同是合法拥有技术的权利人，将现有特定的专利、技术秘密的相关权利许可他人实施、使用所订立的合同。

技术转让合同和技术许可合同中关于提供实施技术的专用设备、原材料或者提供有关的技术咨询、技术服务的约定，属于合同的组成部分。

第八百六十三条【技术转让合同和技术许可合同类型和形式】 技术转让合同包括专利权转让、专利申请权转让、技术秘密转让等合同。

技术许可合同包括专利实施许可、技术秘密使用许可等合同。

技术转让合同和技术许可合同应当采用书面形式。

第八百六十四条【技术转让合同和技术许可合同的限制性条款】 技术转让合同和技术许可合同可以约定实施专利或者使用技术秘密的范围，但是不得限制技术竞争和技术发展。

第八百六十五条【专利实施许可合同限制】 专利实施许可合同仅在该专利权的存续期限内有效。专利权有效期限届满或者专利权被宣告无效的，专利权人不得就该专利与他人订立专利实施许可合同。

第八百六十六条【专利实施许可合同许可人主要义务】 专利实施许可合同的许可人应当按照约定许可被许可人实施专利，交付实施专利有关的技术资料，提供必要的技术指导。

第八百六十七条【专利实施许可合同被许可人主要义务】 专利实施许可合同的被许可人应当按照约定实施专利，不得许可约定以外的第三人实施该专利，并按照约定支付使用费。

第八百六十八条【技术秘密让与人和许可人主要义务】 技术秘密转让合同的让与人和技术秘密使用许可合同的许可人应当按照约定提供技术资料，进行技术指导，保证技术的实用性、可靠性，承担保密义务。

前款规定的保密义务，不限制许可人申请专利，但是当事人另有约定的除外。

第八百六十九条【技术秘密受让人和被许可人主要义务】 技术秘密转让合同的受让人和技术秘密使用许可合同的被许可人应当按照约定使用技术，支付转让费、使用费，承担保密义务。

第八百七十条【技术转让合同让与人和技术许可合同许可人保证义务】 技术转让合同的让与人和技术许可合同的许可人应当保证自己是所提供的技术的合法拥有者，并保证所提供的技术完整、无误、有效，能够达到约定的目标。

第八百七十一条【技术转让合同受让人和技术许可合同被许可人保密义务】 技术转让合同的受让人和技术许可合同的被许可人应当按照约定的范围和期限，对让与人、许可人提供的技术中尚未公开的秘密部分，承担保密义务。

第八百七十二条【许可人和让与人违约责任】 许可人未按照约定许可技术的，应当返还部分或者全部使用费，并应当承担违约责任；实施专利或者使用技术秘密超越约定的范围的，违反约定擅自许可第三人实施该项专利或者使用该项技术秘密的，应当停止违约行为，承担违约责任；违反约定的保密义务的，应当承担违约责任。

让与人承担违约责任，参照适用前款规定。

第八百七十三条【被许可人和受让人违约责任】 被许可人未按照约定支付使用费的，应当补交使用费并按照约定支付违约金；不补交使用费或者支付违约金的，应当停止实施专利或者使用技术秘密，交还技术资料，承担违约责任；实施专利或者使用技术秘密超越约定的范围的，未经许可人同意擅自许可第三人实施该专利或者使用该技术秘密的，应当停止违约行为，承担违约责任；违反约定的保密义务的，应当承担违约责任。

受让人承担违约责任，参照适用前款规定。

第八百七十四条【受让人和被许可人侵权责任】 受让人或者被许可人按照约定实施专利、使用技术秘密侵害他人合法权益的，由让与人或者许可人承担责任，但是当事人另有约定的除外。

第八百七十五条【后续技术成果的归属与分享】 当事人可以按照互利的原则，在合同中约定实施专利、使用技术秘密后续改进的技术成果的分享办法；没有约定或者约定不明确，依据本法第五百一十条的规定仍不能确定的，一方后续改进的技术成果，其他各方无权分享。

第八百七十六条【其他知识产权的转让和许可】 集成电路布图设计专有权、植物新品种权、计算机软件著作权等其他知识产权的转让和许可，参照适用本节的有关规定。

第八百七十七条【技术进出口合同或者专利、专利申请合同法律适用】 法律、行政法规对技术进出口合同或者专利、专利申请合同另有规定的，依照其规定。

《中华人民共和国专利法》（2020年修正）

第十条　专利申请权和专利权可以转让。

中国单位或者个人向外国人、外国企业或者外国其他组织转让专利申请权或者专利权的，应当依照有关法律、行政法规的规定办理手续。

转让专利申请权或者专利权的，当事人应当订立书面合同，并向国务院专利行政部门登记，由国务院专利行政部门予以公告。专利申请权或者专利权的转让自登记之日起生效。

第十二条 任何单位或者个人实施他人专利的，应当与专利权人订立实施许可合同，向专利权人支付专利使用费。被许可人无权允许合同规定以外的任何单位或者个人实施该专利。

第十九条 任何单位或者个人将在中国完成的发明或者实用新型向外国申请专利的，应当事先报经国务院专利行政部门进行保密审查。保密审查的程序、期限等按照国务院的规定执行。

中国单位或者个人可以根据中华人民共和国参加的有关国际条约提出专利国际申请。申请人提出专利国际申请的，应当遵守前款规定。

国务院专利行政部门依照中华人民共和国参加的有关国际条约、本法和国务院有关规定处理专利国际申请。

对违反本条第一款规定向外国申请专利的发明或者实用新型，在中国申请专利的，不授予专利权。

《中华人民共和国专利法实施细则》（2023 年修订）

第十五条 除依照专利法第十条规定转让专利权外，专利权因其他事由发生转移的，当事人应当凭有关证明文件或者法律文书向国务院专利行政部门办理专利权转移手续。

专利权人与他人订立的专利实施许可合同，应当自合同生效之日起 3 个月内向国务院专利行政部门备案。

以专利权出质的，由出质人和质权人共同向国务院专利行政部门办理出质登记。

《专利代理条例》（2018 修订）

第十三条 专利代理机构可以接受委托，代理专利申请、宣告专利权无效、转让专利申请权或者专利权以及订立专利实施许可合同等专利事务，也可以应当事人要求提供专利事务方面的咨询。

第十四条 专利代理机构接受委托，应当与委托人订立书面委托合同。专利代理机构接受委托后，不得就同一专利申请或者专利权的事务接受有利益冲突的其他当事人的委托。

专利代理机构应当指派在本机构执业的专利代理师承办专利代理业务，指派的专利代理师本人及其近亲属不得与其承办的专利代理业务有利益冲突。

第十五条　专利代理机构解散或者被撤销、吊销执业许可证的，应当妥善处理各种尚未办结的专利代理业务。

第十六条　专利代理师应当根据专利代理机构的指派承办专利代理业务，不得自行接受委托。

专利代理师不得同时在两个以上专利代理机构从事专利代理业务。

专利代理师对其签名办理的专利代理业务负责。

第十七条　专利代理机构和专利代理师对其在执业过程中了解的发明创造的内容，除专利申请已经公布或者公告的以外，负有保守秘密的义务。

《最高人民法院关于审理技术合同纠纷案件适用法律若干问题的解释》（2020年12月23日修正）

第二十三条　专利申请权转让合同当事人以专利申请被驳回或者被视为撤回为由请求解除合同，该事实发生在依照专利法第十条第三款的规定办理专利申请权转让登记之前的，人民法院应当予以支持；发生在转让登记之后的，不予支持，但当事人另有约定的除外。

专利申请因专利申请权转让合同成立时即存在尚未公开的同样发明创造的在先专利申请被驳回，当事人依据民法典第五百六十三条第一款第（四）项的规定请求解除合同的，人民法院应当予以支持。

第二十四条　订立专利权转让合同或者专利申请权转让合同前，让与人自己已经实施发明创造，在合同生效后，受让人要求让与人停止实施的，人民法院应当予以支持，但当事人另有约定的除外。

让与人与受让人订立的专利权、专利申请权转让合同，不影响在合同成立前让与人与他人订立的相关专利实施许可合同或者技术秘密转让合同的效力。

第二十六条　专利实施许可合同许可人负有在合同有效期内维持专利权有效的义务，包括依法缴纳专利年费和积极应对他人提出宣告专利权无效的请求，但当事人另有约定的除外。

第二十七条　排他实施许可合同许可人不具备独立实施其专利的条件，以一个普通许可的方式许可他人实施专利的，人民法院可以认定为许可人自己实施专利，但当事人另有约定的除外。

第二十八条　民法典第八百六十四条所称“实施专利或者使用技术秘密的范围”，包括实施专利或者使用技术秘密的期限、地域、方式以及接触技术秘密的人员等。

当事人对实施专利或者使用技术秘密的期限没有约定或者约定不明确的，受让人、被许可人实施专利或者使用技术秘密不受期限限制。

第二十九条　当事人之间就申请专利的技术成果所订立的许可使用合

同，专利申请公开以前，适用技术秘密许可合同的有关规定；发明专利申请公开以后、授权以前，参照适用专利实施许可合同的有关规定；授权以后，原合同即为专利实施许可合同，适用专利实施许可合同的有关规定。

人民法院不以当事人就已经申请专利但尚未授权的技术订立专利实施许可合同为由，认定合同无效。

149. 植物新品种合同纠纷

（1）植物新品种育种合同纠纷

（2）植物新品种申请权转让合同纠纷

（3）植物新品种权转让合同纠纷

（4）植物新品种实施许可合同纠纷

案由适用要点

[**释义**] 植物新品种合同纠纷是指当事人之间就植物新品种育种、申请权和品种权转让、植物新品种许可使用等所订立的合同而发生的纠纷。

植物新品种育种合同纠纷是指当事人之间就人工培育或者对发现的野生植物加以开发，培育新的植物品种所订立的合同而发生的纠纷。

植物新品种申请权转让合同纠纷是指双方当事人就植物新品种的申请权转移给另外一方所有所订立的合同而发生的纠纷。

植物新品种权转让合同纠纷是指双方当事人就植物新品种权转移给另外一方所有所订立的合同而发生的纠纷。

植物新品种实施许可合同纠纷是指植物新品种权利人许可他人以商业目的生产或者销售授权品种的繁殖材料所订立的合同而发生的纠纷。

[**管辖**] 在确定植物新品种合同纠纷案件的管辖时要注意，四级案由下的各类植物新品种合同纠纷管辖法院并不一致。法律、司法解释未作出明确规定的，如植物新品种育种合同纠纷案件的管辖，因不属于专属管辖的范畴，应按照一般合同管辖确定管辖法院，即依照《民事诉讼法》第24条规定，由被告住所地或者合同履行地人民法院管辖。其他植物新品种合同纠纷案件，法律、司法解释作出明确规定的，则按照规定执行。

植物新品种申请权转让合同纠纷、植物新品种权转让合同纠纷第一审案件，依照《最高人民法院关于审理植物新品种纠纷案件若干问题的解释》（2020年修正）第1条、第3条规定，由知识产权法院，各省、自治区、直辖市人民政府所在地和最高人民法院指定的中级人民法院作为第一审人民法院审理。并且当事人对植物新品种纠纷民事、行政案件第一审判决、裁定不服，提起上诉的，由最高人民法院审理。

植物新品种实施许可合同纠纷案件，则应当依照《最高人民法院关于审理技术合同纠纷案件适用法律若干问题的解释》第 43 条第 1 款至第 3 款的规定确定管辖，即一般由各地中级以上人民法院管辖，各高级人民法院根据本辖区的实际情况并报经最高人民法院批准，可以指定若干基层人民法院管辖第一审技术合同纠纷案件。其他司法解释对技术合同纠纷案件管辖另有规定的，从其规定。

对于北京、上海、广州、海南自由贸易港而言，植物新品种权合同纠纷案件的管辖，又有一定的特殊性。依照《最高人民法院关于北京、上海、广州知识产权法院案件管辖的规定》第 1 条规定，知识产权法院所在市辖区内有关植物新品种合同纠纷第一审案件，全部由相应的北京、上海、广州知识产权法院管辖；依照上述规定第 7 条规定，当事人对北京、上海、广州知识产权法院作出的植物新品种合同纠纷案件第一审判决、裁定提起的上诉案件和依法申请上一级法院复议的案件，由相应的北京、上海、广州知识产权法院所在地的高级人民法院知识产权审判庭审理，但依法应由最高人民法院审理的除外。另外，依照《全国人民代表大会常务委员会关于设立海南自由贸易港知识产权法院的决定》第 2 条规定，海南自由贸易港知识产权法院有权管辖海南省有关植物新品种纠纷的第一审知识产权民事案件。

依照《最高人民法院关于知识产权法庭若干问题的规定》第 2 条第 1 款的规定，（1）专利、植物新品种、集成电路布图设计授权确权行政上诉案件；（2）发明专利、植物新品种、集成电路布图设计权属、侵权民事和行政上诉案件；（3）重大、复杂的实用新型专利、技术秘密、计算机软件权属、侵权民事和行政上诉案件；（4）垄断民事和行政上诉案件，由最高人民法院知识产权法庭审理。

[应注意的问题] 实践中，还存在一种植物新品种代理合同。植物新品种代理合同是委托人与植物新品种代理机构就办理植物新品种申请或者办理其他植物新品种事务达成的协议。对于植物新品种代理合同纠纷，《民事案件案由规定》未作出具体列举，但参照专利和商标代理合同纠纷的案由归类，也应当作为植物新品种合同纠纷受理。

对因职务育种完成人奖励报酬纠纷和育种完成人署名权、荣誉权奖励纠纷，按照案由确定规则并参照有关专利纠纷案由，应当确定为植物新品种权权属纠纷。

《最高人民法院关于审理技术合同纠纷案件适用法律若干问题的解释》中，对技术成果的内涵进行了界定，明确技术成果包括植物新品种。为保证植物新品种这种技术成果的合同纠纷准确适用法律，依照《民法典》第 876 条规定，植物新品种权等其他知识产权的转让和许可，参照适用本节的有关规定。

请求权基础规范指引

《中华人民共和国民法典》（2020年）

第一百二十三条【知识产权的定义】 民事主体依法享有知识产权。

知识产权是权利人依法就下列客体享有的专有的权利：

（一）作品；

（二）发明、实用新型、外观设计；

（三）商标；

（四）地理标志；

（五）商业秘密；

（六）集成电路布图设计；

（七）植物新品种；

（八）法律规定的其他客体。

第八百七十六条【其他知识产权的转让和许可】 集成电路布图设计专有权、植物新品种权、计算机软件著作权等其他知识产权的转让和许可，参照适用本节的有关规定。

《中华人民共和国植物新品种保护条例》（2014年修订）

第七条 执行本单位的任务或者主要是利用本单位的物质条件所完成的职务育种，植物新品种的申请权属于该单位；非职务育种，植物新品种的申请权属于完成育种的个人。申请被批准后，品种权属于申请人。

委托育种或者合作育种，品种权的归属由当事人在合同中约定；没有合同约定的，品种权属于受委托完成或者共同完成育种的单位或者个人。

第九条 植物新品种的申请权和品种权可以依法转让。

中国的单位或者个人就其在国内培育的植物新品种向外国人转让申请权或者品种权的，应当经审批机关批准。

国有单位在国内转让申请权或者品种权的，应当按照国家有关规定报经有关行政主管部门批准。

转让申请权或者品种权的，当事人应当订立书面合同，并向审批机关登记，由审批机关予以公告。

《最高人民法院关于审理侵害植物新品种权纠纷案件具体应用法律问题的若干规定》（2020年12月23日修正）

第一条 植物新品种权所有人（以下称品种权人）或者利害关系人认为植物新品种权受到侵害的，可以依法向人民法院提起诉讼。

前款所称利害关系人，包括植物新品种实施许可合同的被许可人、品种权财产权利的合法继承人等。

独占实施许可合同的被许可人可以单独向人民法院提起诉讼；排他实施

许可合同的被许可人可以和品种权人共同起诉，也可以在品种权人不起诉时，自行提起诉讼；普通实施许可合同的被许可人经品种权人明确授权，可以提起诉讼。

《最高人民法院关于审理植物新品种纠纷案件若干问题的解释》（2020年12月23日修正）

第一条　人民法院受理的植物新品种纠纷案件主要包括以下几类：

（一）植物新品种申请驳回复审行政纠纷案件；

（二）植物新品种权无效行政纠纷案件；

（三）植物新品种权更名行政纠纷案件；

（四）植物新品种权强制许可纠纷案件；

（五）植物新品种权实施强制许可使用费纠纷案件；

（六）植物新品种申请权权属纠纷案件；

（七）植物新品种权权属纠纷案件；

（八）植物新品种申请权转让合同纠纷案件；

（九）植物新品种权转让合同纠纷案件；

（十）侵害植物新品种权纠纷案件；

（十一）假冒他人植物新品种权纠纷案件；

（十二）植物新品种培育人署名权纠纷案件；

（十三）植物新品种临时保护期使用费纠纷案件；

（十四）植物新品种行政处罚纠纷案件；

（十五）植物新品种行政复议纠纷案件；

（十六）植物新品种行政赔偿纠纷案件；

（十七）植物新品种行政奖励纠纷案件；

（十八）其他植物新品种权纠纷案件。

第五条　关于植物新品种申请驳回复审行政纠纷案件、植物新品种权无效或者更名行政纠纷案件，应当以植物新品种审批机关为被告；关于植物新品种强制许可纠纷案件，应当以植物新品种审批机关为被告；关于实施强制许可使用费纠纷案件，应当根据原告所请求的事项和所起诉的当事人确定被告。

《最高人民法院关于审理侵害植物新品种权纠纷案件具体应用法律问题的若干规定（二）》（法释〔2021〕14号　2021年7月5日）

第一条　植物新品种权（以下简称品种权）或者植物新品种申请权的共有人对权利行使有约定的，人民法院按照其约定处理。没有约定或者约定不明的，共有人主张其可以单独实施或者以普通许可方式许可他人实施的，人民法院应予支持。

共有人单独实施该品种权，其他共有人主张该实施收益在共有人之间分配的，人民法院不予支持，但是其他共有人有证据证明其不具备实施能力或者实施条件的除外。

共有人之一许可他人实施该品种权，其他共有人主张收取的许可费在共有人之间分配的，人民法院应予支持。

150. 集成电路布图设计合同纠纷

（1）集成电路布图设计创作合同纠纷

（2）集成电路布图设计专有权转让合同纠纷

（3）集成电路布图设计许可使用合同纠纷

案由适用要点

［**释义**］集成电路布图设计合同纠纷是指当事人就集成电路布图设计的创作、有关权利的转让和许可使用等内容所订立的合同而发生的纠纷。

集成电路布图设计创作合同纠纷是指当事人就集成电路布图设计的创作所订立的合同而发生的纠纷。包括委托创作合同纠纷和合作创作合同纠纷。

集成电路布图设计专有权转让合同纠纷是指当事人就集成电路布图设计专有权的转让所订立的合同而发生的纠纷。

集成电路布图设计许可使用合同纠纷是指当事人就集成电路布图设计的许可使用所订立的合同而发生的纠纷。

［**管辖**］在确定集成电路布图设计合同纠纷案件的管辖时要注意，四级案由下的各类集成电路布图设计合同纠纷管辖法院并不一致。法律、司法解释未作出明确规定的，如集成电路布图设计创作合同纠纷案件的管辖，因不属于专属管辖的范畴，应按照一般合同管辖确定管辖法院。即依照《民事诉讼法》第 24 条规定，由被告住所地或者合同履行地人民法院管辖。且集成电路布图设计创作合同纠纷属于知识产权技术类合同纠纷，应同时适用知识产权技术类合同纠纷案件的管辖规定。其他集成电路布图设计合同纠纷案件，法律、司法解释作出明确规定的，则按照规定执行。

集成电路布图设计专有权转让合同纠纷第一审案件，依照《最高人民法院关于开展涉及集成电路布图设计案件审判工作的通知》第 1、2 条的规定，各省、自治区、直辖市人民政府所在地，经济特区所在地和大连、青岛、温州、佛山、烟台市的中级人民法院作为第一审人民法院审理。

集成电路布图设计许可使用合同纠纷案件，则应当依照《最高人民法院关于审理技术合同纠纷案件适用法律若干问题的解释》第 43 条第 1、2 款的规定确定管辖，即一般由各地中级以上人民法院管辖，各高级人民法院根据本辖区的实际情况并报经最高人民法院批准，可以指定若干基层人民法院管辖第一审技术合同纠纷案件。

对于北京、上海、广州、海南自由贸易港而言，集成电路布图设计合同纠纷案件的管辖，又有一定的特殊性。依照《最高人民法院关于北京、上海、广州知识产权法院案件管辖的规定》第 1 条规定，知识产权法院所在市辖区内有关集成电路布图设计合同纠纷第一审案件，全部由相应的北京、上海、广州知识产权法院管辖；依照上述规定第 7 条规定，当事人对知识产权法院作出的第一审判决、裁定提起的上诉案件和依法申请上一级法院复议的案件，由知识产权法院所在地的高级人民法院知识产权审判庭审理，但依法应由最高人民法院审理的除外。另外，依照《全国人民代表大会常务委员会关于设立海南自由贸易港知识产权法院的决定》第 2 条规定，海南自由贸易港知识产权法院有权管辖海南省有关集成电路布图设计纠纷的第一审知识产权民事案件。

依照《最高人民法院关于知识产权法庭若干问题的规定》第 2 条第 1 款的规定，（1）专利、植物新品种、集成电路布图设计授权确权行政上诉案件；（2）发明专利、植物新品种、集成电路布图设计权属、侵权民事和行政上诉案件；（3）重大、复杂的实用新型专利、技术秘密、计算机软件权属、侵权民事和行政上诉案件；（4）垄断民事和行政上诉案件，由最高人民法院知识产权法庭审理。

［**应注意的问题**］《民法典》第 876 条规定，集成电路布图设计专有权等其他知识产权的转让和许可，参照适用本节的有关规定。该款规定只涉及集成电路布图设计转让和许可合同案件的法律适用问题，不涉及案由确定问题。除非合同主要权利义务是关于利用集成电路布图设计提供咨询、服务和培训，不应将有关争议确定为《民事案件案由规定》中的技术合同纠纷。

集成电路布图设计创作合同纠纷包括因合作创作和委托创作发生的合同纠纷，但涉及专有权权属纠纷的除外。对于当事人之间因集成电路布图设计专有权权属发生的争议，应当按照《民事案件案由规定》中集成电路布图设计专有权权属纠纷确定案由。

实践中，还存在一种集成电路布图设计代理合同。集成电路布图设计代理合同是委托人与集成电路布图设计代理机构就办理集成电路布图设计登记申请或者办理其他与集成电路布图设计有关事务达成的协议。对于集成电路布图设计代理合同纠纷，《民事案件案由规定》未作出具体列举，但参照专利和商标代理合同纠纷的案由归类，也应当作为集成电路布图设计合同纠纷受理。

请求权基础规范指引

《中华人民共和国民法典》（2020 年）

第一百二十三条【知识产权的定义】　民事主体依法享有知识产权。

知识产权是权利人依法就下列客体享有的专有的权利：

（一）作品；

（二）发明、实用新型、外观设计；

（三）商标；

（四）地理标志；

（五）商业秘密；

（六）集成电路布图设计；

（七）植物新品种；

（八）法律规定的其他客体。

第八百七十六条【其他知识产权的转让和许可】 集成电路布图设计专有权、植物新品种权、计算机软件著作权等其他知识产权的转让和许可，参照适用本节的有关规定。

《集成电路布图设计保护条例》（2001年）

第十条 两个以上自然人、法人或者其他组织合作创作的布图设计，其专有权的归属由合作者约定；未作约定或者约定不明的，其专有权由合作者共同享有。

第十一条 受委托创作的布图设计，其专有权的归属由委托人和受托人双方约定；未作约定或者约定不明的，其专有权由受托人享有。

第二十二条 布图设计权利人可以将其专有权转让或者许可他人使用其布图设计。

转让布图设计专有权的，当事人应当订立书面合同，并向国务院知识产权行政部门登记，由国务院知识产权行政部门予以公告。布图设计专有权的转让自登记之日起生效。

许可他人使用其布图设计的，当事人应当订立书面合同。

《集成电路布图设计保护条例实施细则》（2001年）

第四条 中国单位或者个人在国内申请布图设计登记和办理其他与布图设计有关的事务的，可以委托专利代理机构办理。

在中国没有经常居所或者营业所的外国人、外国企业或者外国其他组织在中国申请布图设计登记和办理其他与布图设计有关的事务的，应当委托国家知识产权局指定的专利代理机构办理。

第十条 布图设计是2个以上单位或者个人合作创作的，创作者应当共同申请布图设计登记；有合同约定的，从其约定。

涉及共有的布图设计专有权的，每一个共同布图设计权利人在没有征得其他共同布图设计权利人同意的情况下，不得将其所持有的那一部分权利进行转让、出质或者与他人订立独占许可合同或者排他许可合同。

第十一条　中国单位或者个人向外国人转让布图设计专有权的，在向国家知识产权局办理转让登记时应当提交国务院有关主管部门允许其转让的证明文件。

布图设计专有权发生转移的，当事人应当凭有关证明文件或者法律文书向国家知识产权局办理著录项目变更手续。

151. 商业秘密合同纠纷

（1）技术秘密让与合同纠纷

（2）技术秘密许可使用合同纠纷

（3）经营秘密让与合同纠纷

（4）经营秘密许可使用合同纠纷

案由适用要点

[释义] 商业秘密合同纠纷是指当事人就商业秘密整体权利的让与或者有关权利的许可使用所订立的合同而发生的纠纷。

技术秘密让与合同纠纷是指当事人就技术秘密整体权利的让与所订立的合同而发生的纠纷。

技术秘密许可使用合同纠纷是指当事人就技术秘密的许可使用所订立的合同而发生的纠纷。

经营秘密让与合同纠纷是指当事人就经营秘密整体权利的让与所订立的合同而发生的纠纷。

经营秘密许可使用合同纠纷是指当事人就经营秘密的许可使用所订立的合同而发生的纠纷。

[管辖] 商业秘密合同纠纷本质上属于合同纠纷，在管辖问题上，原则适用《民事诉讼法》第24条关于合同纠纷管辖的规定，即因合同纠纷提起的诉讼，由被告住所地或者合同履行地人民法院管辖。但由于合同标的物为商业秘密，具有一定的特殊性，最高人民法院对商业秘密合同纠纷等知识产权案件的管辖作出了特殊规定，即知识产权案件的受理必须遵守最高人民法院关于指定管辖和级别管辖的相关规定。

需要注意的是，根据《最高人民法院关于北京、上海、广州知识产权法院案件管辖的规定》《最高人民法院关于知识产权法庭若干问题的规定》，商业秘密要进一步区分技术秘密和经营秘密。技术秘密相关纠纷的一审管辖权原则上由中级人民法院受理或者高级人民法院确定的基层人民法院受理，部分地区为北京、上海、广州知识产权法院受理。与技术秘密相关纠纷的二审程序统一上诉到最高人民法院知识产权法庭，而经营秘密相关纠纷仍沿用原有的管辖确立上诉法院。

[应注意的问题] 世界贸易组织《与贸易有关的知识产权协定》第 39 条专门就“对未披露信息的保护”作出了规定，实际上是通过国际条约明确将所谓的“未披露信息”作为一类知识产权来保护。所谓的“未披露信息”，在我国国内法上称为商业秘密。《民法典》本身并无商业秘密的概念，但对其中的技术秘密在第 3 编合同的第 2 分编第 20 章技术合同部分作出了规定，特别是其中规定的技术秘密转让合同，不仅包括技术秘密让与合同，也包括技术秘密许可使用合同，对整体权利的让与和许可使用进行了区分。根据《反不正当竞争法》第 9 条第 4 款和《刑法》第 219 条第 3 款的规定以及《最高人民法院关于审理侵犯商业秘密民事案件适用法律若干问题的规定》第 1 条，商业秘密包括技术信息和经营信息两大类。与技术有关的结构、原料、组分、配方、材料、样品、样式、植物新品种繁殖材料、工艺、方法或其步骤、算法、数据、计算机程序及其有关文档等信息，人民法院可以认定构成《反不正当竞争法》第 9 条第 4 款所称的技术信息。与经营活动有关的创意、管理、销售、财务、计划、样本、招投标材料、客户信息、数据等信息，人民法院可以认定构成《反不正当竞争法》第 9 条第 4 款所称的经营信息。前款所称的客户信息，包括客户的名称、地址、联系方式以及交易习惯、意向、内容等信息。根据《最高人民法院关于审理技术合同纠纷案件适用法律若干问题的解释》第 1 条第 2 款的规定，技术秘密是指不为公众所知悉、具有商业价值并经权利人采取保密措施的技术信息。《最高人民法院关于审理不正当竞争民事案件应用法律若干问题的解释》第 9 条至第 13 条也对商业秘密的构成要件作出了具体规定。

鉴于商业秘密作为一类知识产权的特殊性，对于商业秘密让与合同纠纷和许可使用合同纠纷，不适用《民事案件案由规定》中的技术合同纠纷案由，而应定为相应的技术秘密让与合同纠纷或者许可使用合同纠纷以及经营秘密让与合同纠纷或者许可使用合同纠纷。

技术秘密让与合同和经营秘密让与合同均涉及商业秘密整体权利的让与（即俗语所称买断或者卖断），即商业秘密的所有人发生转移。技术秘密许可使用合同和经营秘密许可使用合同中，商业秘密的所有人并不发生转移，而是商业秘密的所有人和经商业秘密所有人许可的商业秘密使用人之间就商业秘密许可使用内容所订立的合同。

关于因技术秘密跨境让与和使用合同发生的纠纷的案由确定，参见对《民事案件案由规定》专利合同纠纷和技术合同纠纷的相关解释。

请求权基础规范指引

《中华人民共和国民法典》(2020 年)

第一百二十三条【知识产权的定义】 民事主体依法享有知识产权。

知识产权是权利人依法就下列客体享有的专有的权利:

(一)作品;

(二)发明、实用新型、外观设计;

(三)商标;

(四)地理标志;

(五)商业秘密;

(六)集成电路布图设计;

(七)植物新品种;

(八)法律规定的其他客体。

第八百六十八条【技术秘密让与人和许可人主要义务】 技术秘密转让合同的让与人和技术秘密使用许可合同的许可人应当按照约定提供技术资料,进行技术指导,保证技术的实用性、可靠性,承担保密义务。

前款规定的保密义务,不限制许可人申请专利,但是当事人另有约定的除外。

第八百六十九条【技术秘密受让人和被许可人主要义务】 技术秘密转让合同的受让人和技术秘密使用许可合同的被许可人应当按照约定使用技术,支付转让费、使用费,承担保密义务。

第八百七十条【技术转让合同让与人和技术许可合同许可人保证义务】 技术转让合同的让与人和技术许可合同的许可人应当保证自己是所提供的技术的合法拥有者,并保证所提供的技术完整、无误、有效,能够达到约定的目标。

第八百七十一条【技术转让合同受让人和技术许可合同被许可人保密义务】 技术转让合同的受让人和技术许可合同的被许可人应当按照约定的范围和期限,对让与人、许可人提供的技术中尚未公开的秘密部分,承担保密义务。

第八百七十二条【许可人和让与人违约责任】 许可人未按照约定许可技术的,应当返还部分或者全部使用费,并应当承担违约责任;实施专利或者使用技术秘密超越约定的范围的,违反约定擅自许可第三人实施该项专利或者使用该项技术秘密的,应当停止违约行为,承担违约责任;违反约定的保密义务的,应当承担违约责任。

让与人承担违约责任,参照适用前款规定。

第八百七十三条【被许可人和受让人违约责任】 被许可人未按照约定支

付使用费的，应当补交使用费并按照约定支付违约金；不补交使用费或者支付违约金的，应当停止实施专利或者使用技术秘密，交还技术资料，承担违约责任；实施专利或者使用技术秘密超越约定的范围的，未经许可人同意擅自许可第三人实施该专利或者使用该技术秘密的，应当停止违约行为，承担违约责任；违反约定的保密义务的，应当承担违约责任。

受让人承担违约责任，参照适用前款规定。

第八百七十四条【受让人和被许可人侵权责任】 受让人或者被许可人按照约定实施专利、使用技术秘密侵害他人合法权益的，由让与人或者许可人承担责任，但是当事人另有约定的除外。

第八百七十五条【后续技术成果的归属与分享】 当事人可以按照互利的原则，在合同中约定实施专利、使用技术秘密后续改进的技术成果的分享办法；没有约定或者约定不明确，依据本法第五百一十条的规定仍不能确定的，一方后续改进的技术成果，其他各方无权分享。

第八百七十七条【技术进出口合同或者专利、专利申请合同法律适用】 法律、行政法规对技术进出口合同或者专利、专利申请合同另有规定的，依照其规定。

《中华人民共和国反不正当竞争法》（2019 年修正）

第九条 经营者不得实施下列侵犯商业秘密的行为：

（一）以盗窃、贿赂、欺诈、胁迫、电子侵入或者其他不正当手段获取权利人的商业秘密；

（二）披露、使用或者允许他人使用以前项手段获取的权利人的商业秘密；

（三）违反保密义务或者违反权利人有关保守商业秘密的要求，披露、使用或者允许他人使用其所掌握的商业秘密；

（四）教唆、引诱、帮助他人违反保密义务或者违反权利人有关保守商业秘密的要求，获取、披露、使用或者允许他人使用权利人的商业秘密。

经营者以外的其他自然人、法人和非法人组织实施前款所列违法行为的，视为侵犯商业秘密。

第三人明知或者应知商业秘密权利人的员工、前员工或者其他单位、个人实施本条第一款所列违法行为，仍获取、披露、使用或者允许他人使用该商业秘密的，视为侵犯商业秘密。

本法所称的商业秘密，是指不为公众所知悉、具有商业价值并经权利人采取相应保密措施的技术信息、经营信息等商业信息。

《最高人民法院关于审理侵犯商业秘密民事案件适用法律若干问题的规定》（法释〔2020〕7号　2020年9月10日）

第一条　与技术有关的结构、原料、组分、配方、材料、样品、样式、植物新品种繁殖材料、工艺、方法或其步骤、算法、数据、计算机程序及其有关文档等信息，人民法院可以认定构成反不正当竞争法第九条第四款所称的技术信息。

与经营活动有关的创意、管理、销售、财务、计划、样本、招投标材料、客户信息、数据等信息，人民法院可以认定构成反不正当竞争法第九条第四款所称的经营信息。

前款所称的客户信息，包括客户的名称、地址、联系方式以及交易习惯、意向、内容等信息。

152. 技术合同纠纷

（1）技术委托开发合同纠纷
（2）技术合作开发合同纠纷
（3）技术转化合同纠纷
（4）技术转让合同纠纷
（5）技术许可合同纠纷
（6）技术咨询合同纠纷
（7）技术服务合同纠纷
（8）技术培训合同纠纷
（9）技术中介合同纠纷
（10）技术进口合同纠纷
（11）技术出口合同纠纷
（12）职务技术成果完成人奖励、报酬纠纷
（13）技术成果完成人署名权、荣誉权、奖励权纠纷

案由适用要点

［释义］技术合同纠纷是指当事人就技术开发、转让、咨询或者服务订立的确立相互之间权利和义务的合同而发生的纠纷。

技术委托开发合同纠纷是指当事人一方即委托人向研究开发人支付研究开发经费和报酬，另一方即研究开发人接受委托就新技术、新产品、新工艺或者新材料及其系统进行研究开发并向委托人交付研究成果所订立的合同而发生的纠纷。

技术合作开发合同纠纷是指各方当事人共同就新技术、新产品、新工艺

或者新材料及其系统进行研究开发，按照约定进行投资，并分工参与研究开发工作所订立的合同而发生的纠纷。

技术转化合同纠纷是指当事人之间就具有实用价值但尚未实现工业化应用的科技成果包括阶段性技术成果，以实现该科技成果工业化应用为目标，约定后续试验、开发和应用等内容的合同而发生的纠纷。

技术转让合同是指合法拥有技术的权利人，将专利、专利申请、技术秘密、计算机软件、集成电路布图设计、植物新品种以外的其他现有特定的技术成果的相关权利让与他人或者许可他人实施、使用所订立的合同。

技术许可合同纠纷是指合法拥有技术的权利人，将现有特定的专利、技术秘密的相关权利许可他人实施、使用所订立的合同而发生的纠纷。

技术咨询合同纠纷包括就特定技术项目提供可行性论证、技术预测、专题技术调查、分析评价报告等合同而发生的纠纷。

技术服务合同纠纷是指当事人一方以技术知识为另一方解决特定技术问题所订立的合同而发生的纠纷，不包括建设工程合同纠纷和承揽合同纠纷。

技术培训合同纠纷是指当事人一方委托另一方对指定的学员进行特定项目的专业技术训练和技术指导所订立的合同而发生的纠纷，不包括职业培训、文化学习和按照行业、法人或者其他组织的计划进行的职工业余教育纠纷。

技术中介合同纠纷是指当事人一方以知识、技术、经验和信息为另一方与第三人订立技术合同进行联系、介绍以及对履行合同提供专门服务所订立的合同而发生的纠纷。

技术进口合同纠纷是指当事人就从中华人民共和国境外向中华人民共和国境内，通过贸易、投资或者经济技术合作的方式转移技术所订立的合同而发生的纠纷。

技术出口合同纠纷是指当事人就从中华人民共和国境内向中华人民共和国境外，通过贸易、投资或者经济技术合作的方式转移技术所订立的合同而发生的纠纷。

职务技术成果完成人奖励、报酬纠纷是指依据《促进科技成果转化法》以及《专利法》的规定，对职务技术成果完成人给予的奖励或者报酬而发生的纠纷。

技术成果完成人署名权、荣誉权、奖励权纠纷是指完成技术成果的个人为主张在有关技术成果文件上写明自己是技术成果完成者的权利和取得荣誉证书、奖励的权利而发生的纠纷。

[**管辖**] 技术合同纠纷在管辖问题上，原则适用《民事诉讼法》第 24 条关于合同纠纷管辖的规定，即因合同纠纷提起的诉讼，由被告住所地或者合同履行地人民法院管辖。

由于合同标的物所涉技术的特殊性，最高人民法院对技术合同纠纷管辖作出了特殊规定，即知识产权案件的受理需遵守司法解释关于指定管辖和级别管辖的相关规定。《最高人民法院关于审理技术合同纠纷案件适用法律若干问题的解释》第 43 条规定：“技术合同纠纷案件一般由中级以上人民法院管辖。各高级人民法院根据本辖区的实际情况并报经最高人民法院批准，可以指定若干基层人民法院管辖第一审技术合同纠纷案件。其他司法解释对技术合同纠纷案件管辖另有规定的，从其规定。合同中既有技术合同内容，又有其他合同内容，当事人就技术合同内容和其他合同内容均发生争议的，由具有技术合同纠纷案件管辖权的人民法院受理。”

对于本条所列的各类技术合同纠纷，包括职务技术成果完成人奖励、报酬纠纷和技术成果完成人署名权、荣誉权、奖励权纠纷以及技术进出口合同纠纷，均应当按照《最高人民法院关于审理技术合同纠纷案件适用法律若干问题的解释》第 43 条第 1 款至第 2 款的规定确定管辖，即由具有一般的知识产权案件管辖权的中级人民法院受理。

[**应注意的问题**] 考虑到《民事案件案由规定》中有关知识产权合同纠纷案由的体系性，值得注意的是本条所称的技术合同纠纷不包括《民事案件案由规定》在知识产权合同纠纷部分其他案由项下规定的其他与技术有关的知识产权合同。即在其他知识产权合同纠纷中列明的与技术有关的知识产权合同纠纷，按照列明的知识产权合同纠纷确定案由。比如，除应当适用《技术进出口管理条例》的技术进出口合同之外，其他各类技术转让合同纠纷，根据所涉及的技术成果的知识产权类型，相应在各类知识产权合同纠纷项下确定案由。具体而言，计算机软件著作权转让和许可使用合同纠纷、专利申请权转让合同纠纷、专利权转让合同纠纷、三类专利实施许可合同纠纷、植物新品种申请权转让合同纠纷、植物新品种权转让合同纠纷和植物新品种实施许可合同纠纷、集成电路布图设计专有权转让合同纠纷、集成电路布图设计许可使用合同纠纷、技术秘密让与和许可使用合同纠纷，不适用本案由。考虑到技术成果构成的复杂性和知识产权未来发展的开放性，技术成果包括但不限于专利、专利申请、技术秘密、计算机软件、集成电路布图设计、植物新品种等已经明确的知识产权客体，不排除在这些客体之外还会有其他的可以权利化的技术成果存在或者在未来出现。因此，《民事案件案由规定》在“技术合同纠纷”项下保留了“技术转让合同纠纷”这一第四级案由，对于那些不能归类于专利、专利申请、技术秘密、计算机软件、集成电路布图设计、植物新品种合同和技术进出口合同的涉及其他技术成果的转让和许可使用而发生的合同纠纷，可以纳入这一兜底案由。

请求权基础规范指引

《中华人民共和国民法典》（2020年）

第八百四十九条【技术成果的人身权归属】 完成技术成果的个人享有在有关技术成果文件上写明自己是技术成果完成者的权利和取得荣誉证书、奖励的权利。

第八百五十一条【技术开发合同定义及合同形式】 技术开发合同是当事人之间就新技术、新产品、新工艺、新品种或者新材料及其系统的研究开发所订立的合同。

技术开发合同包括委托开发合同和合作开发合同。

技术开发合同应当采用书面形式。

当事人之间就具有实用价值的科技成果实施转化订立的合同，参照适用技术开发合同的有关规定。

第八百五十二条【委托开发合同的委托人义务】 委托开发合同的委托人应当按照约定支付研究开发经费和报酬，提供技术资料，提出研究开发要求，完成协作事项，接受研究开发成果。

第八百五十三条【委托开发合同的研究开发人义务】 委托开发合同的研究开发人应当按照约定制定和实施研究开发计划，合理使用研究开发经费，按期完成研究开发工作，交付研究开发成果，提供有关的技术资料和必要的技术指导，帮助委托人掌握研究开发成果。

第八百五十四条【委托开发合同的违约责任】 委托开发合同的当事人违反约定造成研究开发工作停滞、延误或者失败的，应当承担违约责任。

第八百五十五条【合作开发合同的当事人主要义务】 合作开发合同的当事人应当按照约定进行投资，包括以技术进行投资，分工参与研究开发工作，协作配合研究开发工作。

第八百五十六条【合作开发合同的违约责任】 合作开发合同的当事人违反约定造成研究开发工作停滞、延误或者失败的，应当承担违约责任。

第八百五十七条【技术开发合同解除】 作为技术开发合同标的的技术已经由他人公开，致使技术开发合同的履行没有意义的，当事人可以解除合同。

第八百五十八条【技术开发合同风险负担及通知义务】 技术开发合同履行过程中，因出现无法克服的技术困难，致使研究开发失败或者部分失败的，该风险由当事人约定；没有约定或者约定不明确，依据本法第五百一十条的规定仍不能确定的，风险由当事人合理分担。

当事人一方发现前款规定的可能致使研究开发失败或者部分失败的情形时，应当及时通知另一方并采取适当措施减少损失；没有及时通知并采取适当措施，致使损失扩大的，应当就扩大的损失承担责任。

第八百五十九条【委托开发合同的技术成果归属】 委托开发完成的发明创造，除法律另有规定或者当事人另有约定外，申请专利的权利属于研究开发人。研究开发人取得专利权的，委托人可以依法实施该专利。

研究开发人转让专利申请权的，委托人享有以同等条件优先受让的权利。

第八百六十条【合作开发合同的技术成果归属】 合作开发完成的发明创造，申请专利的权利属于合作开发的当事人共有；当事人一方转让其共有的专利申请权的，其他各方享有以同等条件优先受让的权利。但是，当事人另有约定的除外。

合作开发的当事人一方声明放弃其共有的专利申请权的，除当事人另有约定外，可以由另一方单独申请或者由其他各方共同申请。申请人取得专利权的，放弃专利申请权的一方可以免费实施该专利。

合作开发的当事人一方不同意申请专利的，另一方或者其他各方不得申请专利。

第八百六十一条【技术秘密成果归属与分享】 委托开发或者合作开发完成的技术秘密成果的使用权、转让权以及收益的分配办法，由当事人约定；没有约定或者约定不明确，依据本法第五百一十条的规定仍不能确定的，在没有相同技术方案被授予专利权前，当事人均有使用和转让的权利。但是，委托开发的研究开发人不得在向委托人交付研究开发成果之前，将研究开发成果转让给第三人。

第八百六十二条【技术转让合同和技术许可合同定义】 技术转让合同是合法拥有技术的权利人，将现有特定的专利、专利申请、技术秘密的相关权利让与他人所订立的合同。

技术许可合同是合法拥有技术的权利人，将现有特定的专利、技术秘密的相关权利许可他人实施、使用所订立的合同。

技术转让合同和技术许可合同中关于提供实施技术的专用设备、原材料或者提供有关的技术咨询、技术服务的约定，属于合同的组成部分。

第八百六十三条【技术转让合同和技术许可合同类型和形式】 技术转让合同包括专利权转让、专利申请权转让、技术秘密转让等合同。

技术许可合同包括专利实施许可、技术秘密使用许可等合同。

技术转让合同和技术许可合同应当采用书面形式。

第八百六十九条【技术秘密受让人和被许可人主要义务】 技术秘密转让合同的受让人和技术秘密使用许可合同的被许可人应当按照约定使用技术，支付转让费、使用费，承担保密义务。

第八百七十三条【被许可人和受让人违约责任】 被许可人未按照约定支付使用费的，应当补交使用费并按照约定支付违约金；不补交使用费或者支付违约金的，应当停止实施专利或者使用技术秘密，交还技术资料，承担违约责任；实施专利或者使用技术秘密超越约定的范围的，未经许可人同意擅自许可第三人实施该专利或者使用该技术秘密的，应当停止违约行为，承担违约责任；违反约定的保密义务的，应当承担违约责任。

受让人承担违约责任，参照适用前款规定。

第八百七十七条【技术进出口合同或者专利、专利申请合同法律适用】 法律、行政法规对技术进出口合同或者专利、专利申请合同另有规定的，依照其规定。

《中华人民共和国促进科技成果转化法》（2015 年修正）

第四十四条 职务科技成果转化后，由科技成果完成单位对完成、转化该项科技成果做出重要贡献的人员给予奖励和报酬。

科技成果完成单位可以规定或者与科技人员约定奖励和报酬的方式、数额和时限。单位制定相关规定，应当充分听取本单位科技人员的意见，并在本单位公开相关规定。

《最高人民法院关于审理技术合同纠纷案件适用法律若干问题的解释》（2020 年 12 月 23 日修正）

第十七条 民法典第八百五十一条第一款所称“新技术、新产品、新工艺、新品种或者新材料及其系统”，包括当事人在订立技术合同时尚未掌握的产品、工艺、材料及其系统等技术方案，但对技术上没有创新的现有产品的改型、工艺变更、材料配方调整以及对技术成果的验证、测试和使用除外。

第十八条 民法典第八百五十一条第四款规定的“当事人之间就具有实用价值的科技成果实施转化订立的”技术转化合同，是指当事人之间就具有实用价值但尚未实现工业化应用的科技成果包括阶段性技术成果，以实现该科技成果工业化应用为目标，约定后续试验、开发和应用等内容的合同。

第十九条 民法典第八百五十五条所称“分工参与研究开发工作”，包括当事人按照约定的计划和分工，共同或者分别承担设计、工艺、试验、试制等工作。

技术开发合同当事人一方仅提供资金、设备、材料等物质条件或者承担辅助协作事项，另一方进行研究开发工作的，属于委托开发合同。

第二十条 民法典第八百六十一条所称“当事人均有使用和转让的权利”，包括当事人均有不经对方同意而自己使用或者以普通使用许可的方式许可他人使用技术秘密，并独占由此所获利益的权利。当事人一方将技术秘密成果的转让权让与他人，或者以独占或者排他使用许可的方式许可他人使用技术秘密，未经对方当事人同意或者追认的，应当认定该让与或者许可行为无效。

第二十一条　技术开发合同当事人依照民法典的规定或者约定自行实施专利或使用技术秘密，但因其不具备独立实施专利或者使用技术秘密的条件，以一个普通许可方式许可他人实施或者使用的，可以准许。

第二十二条　就尚待研究开发的技术成果或者不涉及专利、专利申请或者技术秘密的知识、技术、经验和信息所订立的合同，不属于民法典第八百六十二条规定的技术转让合同或者技术许可合同。

技术转让合同中关于让与人向受让人提供实施技术的专用设备、原材料或者提供有关的技术咨询、技术服务的约定，属于技术转让合同的组成部分。因此发生的纠纷，按照技术转让合同处理。

当事人以技术入股方式订立联营合同，但技术入股人不参与联营体的经营管理，并且以保底条款形式约定联营体或者联营对方支付其技术价款或者使用费的，视为技术转让合同或者技术许可合同。

153. 特许经营合同纠纷

案由适用要点

[**释义**] 特许经营合同纠纷是指拥有注册商标、企业标志、专利、专有技术等经营资源（知识产权）的企业（即特许人），将其拥有的经营资源许可其他经营者（即被特许人）使用，被特许人按照合同约定在统一的经营模式下开展经营，并向特许人支付特许经营费用的合同而引起的纠纷。

[**管辖**] 特许经营合同纠纷本质上属于合同纠纷，根据《民事诉讼法》第24条的规定，因合同纠纷提起的诉讼，由被告住所地或者合同履行地人民法院管辖。实践中，当事人往往对管辖问题作出约定，人民法院经审查合法有效的，不违反关于知识产权案件专属管辖和级别管辖规定的，可以按照约定确定管辖法院。

[**应注意的问题**] 特许经营合同在我国是一种比较新型的合同类型。特许经营在实践中往往被称为加盟经营或者特许连锁。在我国，原国内贸易部曾于1997年11月14日颁布《商业特许经营管理办法（试行）》，2004年12月30日商务部令第25号发布了《商业特许经营管理办法》。2007年2月6日国务院令第485号发布了《商业特许经营管理条例》（自2007年5月1日起施行），这个行政法规是我国目前专门规制特许经营的最高层级的规范性文件。

虽然特许经营也被称为特许连锁，但并非连锁经营都构成特许经营，直营连锁因连锁店属于总部自有、非独立经营而不属于特许经营范畴。特许经营与特约经销、特约代理、独家经销（如特约店、代理店、专卖店）也有所不同。特许经营是总部将商标、商号、专利、经营诀窍等的使用许可和经营指导等作为组合提供给加盟店，由此获得加盟店支付的使用费。与此相反，特约店、代理店、专卖店是基于定型合同（格式合同），就附有某一制造商商标的特定商品进行持续性地买入、再卖出，或者受其委托经销该产品。在特许经营中，必须要确保特许经营体系的统一性和产品、服务质量的一致性，即总部对加盟店的经营给予全面的指导、援助；在特约店、代理店、专卖店中，也有制造商对其进行指导、援助的，但这只不过是制造商附随商品的批发销售的二次行为，该行为自身通常不能请求支付使用费。

特许经营是一种合同行为，本质上属于民商事法律的调整范围。特许经营的核心内容是涉及商标、商号、专利和专有技术等的许可使用问题。因此，对于因特许经营引发的纠纷，除了适用《民法典》合同编以外（尽管特许经营合同不属于《民法典》中的有名合同），一般情况下都会涉及《商标法》《专利法》《反不正当竞争法》等知识产权法律的适用问题，而其他相关法律多是偶尔或者附带涉及。可以说，因特许经营产生的纠纷一般情况下都是直接与知识产权有关的合同纠纷或者侵权纠纷。因此，《民事案件案由规定》将之列入知识产权合同纠纷。

请求权基础规范指引

《中华人民共和国民法典》（2020年）

第四百六十七条【无名合同及涉外合同的法律适用】 本法或者其他法律没有明文规定的合同，适用本编通则的规定，并可以参照适用本编或者其他法律最相类似合同的规定。

在中华人民共和国境内履行的中外合资经营企业合同、中外合作经营企业合同、中外合作勘探开发自然资源合同，适用中华人民共和国法律。

《商业特许经营管理条例》（2007年）

第三条 本条例所称商业特许经营（以下简称特许经营），是指拥有注册商标、企业标志、专利、专有技术等经营资源的企业（以下称特许人），以合同形式将其拥有的经营资源许可其他经营者（以下称被特许人）使用，被特许人按照合同约定在统一的经营模式下开展经营，并向特许人支付特许经营费用的经营活动。

企业以外的其他单位和个人不得作为特许人从事特许经营活动。

第十一条 从事特许经营活动，特许人和被特许人应当采用书面形式订立特许经营合同。

特许经营合同应当包括下列主要内容：

（一）特许人、被特许人的基本情况；

（二）特许经营的内容、期限；

（三）特许经营费用的种类、金额及其支付方式；

（四）经营指导、技术支持以及业务培训等服务的具体内容和提供方式；
（五）产品或者服务的质量、标准要求和保证措施；
（六）产品或者服务的促销与广告宣传；
（七）特许经营中的消费者权益保护和赔偿责任的承担；
（八）特许经营合同的变更、解除和终止；
（九）违约责任；
（十）争议的解决方式；
（十一）特许人与被特许人约定的其他事项。

第十二条　特许人和被特许人应当在特许经营合同中约定，被特许人在特许经营合同订立后一定期限内，可以单方解除合同。

第十三条　特许经营合同约定的特许经营期限应当不少于3年。但是，被特许人同意的除外。

特许人和被特许人续签特许经营合同的，不适用前款规定。

第十四条　特许人应当向被特许人提供特许经营操作手册，并按照约定的内容和方式为被特许人持续提供经营指导、技术支持、业务培训等服务。

第十五条　特许经营的产品或者服务的质量、标准应当符合法律、行政法规和国家有关规定的要求。

第十六条　特许人要求被特许人在订立特许经营合同前支付费用的，应当以书面形式向被特许人说明该部分费用的用途以及退还的条件、方式。

第十七条　特许人向被特许人收取的推广、宣传费用，应当按照合同约定的用途使用。推广、宣传费用的使用情况应当及时向被特许人披露。

特许人在推广、宣传活动中，不得有欺骗、误导的行为，其发布的广告中不得含有宣传被特许人从事特许经营活动收益的内容。

第十八条　未经特许人同意，被特许人不得向他人转让特许经营权。

被特许人不得向他人泄露或者允许他人使用其所掌握的特许人的商业秘密。

154. 企业名称（商号）合同纠纷

（1）企业名称（商号）转让合同纠纷
（2）企业名称（商号）使用合同纠纷

案由适用要点

[释义] 企业名称（商号）合同纠纷是指当事人之间就企业名称（商号）的转让、使用等所订立的合同而发生的纠纷。

企业名称（商号）转让合同纠纷是指当事人之间就企业名称（商号）的

转让所订立的合同而发生的纠纷。

企业名称（商号）使用合同纠纷是指当事人之间就企业名称（商号）的使用所订立的合同而发生的纠纷。

[管辖] 企业名称（商号）合同纠纷本质上属于合同纠纷，根据《民事诉讼法》第24条的规定，因合同纠纷提起的诉讼，由被告住所地或者合同履行地人民法院管辖。实践中，当事人往往对管辖问题作出约定，人民法院经审查合法有效的，不违反关于知识产权案件专属管辖和级别管辖规定的，可以按照约定确定管辖法院。

[应注意的问题] 企业名称（包括其中的商号）是我国法律确认的一类知识产权。根据经国务院批准发布的《企业名称登记管理规定》的规定，境内企业的企业名称经核准登记注册后方可使用，在规定的范围内享有专用权。2004年6月14日国家工商行政管理总局令第10号修订的《企业名称登记管理实施办法》也规定，境内企业自成立之日起享有名称权；外国（地区）企业名称，依据我国参加的国际公约、协定、条约等有关规定予以保护。也就是说，境内企业需要经过工商行政管理机关登记而取得企业名称权，而境外企业则要根据《保护工业产权巴黎公约》的规定在我国获得企业名称的保护。

对于企业名称（商号）的保护，《民法典》第110条第2款、《反不正当竞争法》第6条第1款第2项以及《企业名称登记管理规定》等均有所规定。根据《民法典》第110条第2款的规定，法人、非法人组织享有名称权。《企业名称登记管理规定》第23条进一步明确，企业名称可以随企业或者企业的一部分一并转让。对于因企业名称的转让等合同发生的纠纷，应当确定为本条规定的企业名称（商号）合同纠纷。目前法律上已经明确企业名称可以依法转让，而对于企业名称能否许可他人使用，并无十分明确的法律规定。国家工商行政管理总局《关于对企业名称许可使用有关问题的答复》（工商企字〔2002〕第33号）认为，鉴于《民法通则》将企业名称权列在人身权范畴，企业不得许可他人使用自己的企业名称，更不得许可他人使用第三方的企业名称或未经核准登记的企业名称。然而，实际上，《商业特许经营管理条例》中规定的可以许可使用的作为企业经营资源的企业标志，至少可以说已经包括商号在内。企业名称（商号）使用合同在现实生活中实际存在，而且为数不少，不论这种合同的性质和效力如何认定，毕竟是一类客观存在的合同，而且不排除法律将来对此类合同的效力作出进一步的明确界定，对因此发生的纠纷在案由上应当有所反映。因此，《民事案件案由规定》在本案由下除了列举企业名称（商号）转让合同纠纷以外，也把企业名称（商号）使用合同纠纷列举为一项第四级案由。鉴于目前的立法现状，《民事案件案由规定》在此没有采用“企业名称（商号）许可使用合同”的概念，对于凡是因企业名称（商号）的使用行为而发生的合同争议，均可考虑确定为企业名称（商号）使用合同纠纷。

请求权基础规范指引

《中华人民共和国民法典》（2020年）

第一百一十条第二款【民事主体的人格权】 法人、非法人组织享有名称权、名誉权和荣誉权。

第一千零一十三条【名称权】 法人、非法人组织享有名称权，有权依法决定、使用、变更、转让或者许可他人使用自己的名称。

第一千零一十四条【姓名权或名称权不得被非法侵害】 任何组织或者个人不得以干涉、盗用、假冒等方式侵害他人的姓名权或者名称权。

《中华人民共和国反不正当竞争法》（2019年修正）

第六条 经营者不得实施下列混淆行为，引人误认为是他人商品或者与他人存在特定联系：

（一）擅自使用与他人有一定影响的商品名称、包装、装潢等相同或者近似的标识；

（二）擅自使用他人有一定影响的企业名称（包括简称、字号等）、社会组织名称（包括简称等）、姓名（包括笔名、艺名、译名等）；

（三）擅自使用他人有一定影响的域名主体部分、网站名称、网页等；

（四）其他足以引人误认为是他人商品或者与他人存在特定联系的混淆行为。

《企业名称登记管理规定》（2020年修订）

第十九条 企业名称转让或者授权他人使用的，相关企业应当依法通过国家企业信用信息公示系统向社会公示。

第二十三条 使用企业名称应当遵守法律法规，诚实守信，不得损害他人合法权益。

人民法院或者企业登记机关依法认定企业名称应当停止使用的，企业应当自收到人民法院生效的法律文书或者企业登记机关的处理决定之日起30日内办理企业名称变更登记。名称变更前，由企业登记机关以统一社会信用代码代替其名称。企业逾期未办理变更登记的，企业登记机关将其列入经营异常名录；完成变更登记后，企业登记机关将其移出经营异常名录。

《企业名称登记管理规定实施办法》（2023年）

第四十九条 利用企业名称实施不正当竞争等行为的，依照有关法律、行政法规的规定处理。

违反本办法规定，使用企业名称，损害他人合法权益，企业逾期未依法办理变更登记的，由企业登记机关依照《中华人民共和国市场主体登记管理条例》第四十六条规定予以处罚。

155. 特殊标志合同纠纷

案由适用要点

［**释义**］特殊标志合同纠纷是指特殊标志所有人就经国务院工商行政管理部门核准登记的特殊标志的经营使用等与他人所订立的合同而发生的纠纷。

［**管辖**］特殊标志合同纠纷本质上属于合同纠纷，根据《民事诉讼法》第24条的规定，因合同纠纷提起的诉讼，由被告住所地或者合同履行地人民法院管辖。实践中，当事人往往对管辖问题有约定，人民法院经审查合法有效的，不违反关于知识产权案件专属管辖和级别管辖规定的，可以按照约定确定管辖法院。

［**应注意的问题**］人民法院在处理特殊标志合同纠纷案件时，除了依据《民法典》第467条应当适用合同编通则以外，可以参照《商标法》《著作权法》《专利法》《反不正当竞争法》等知识产权法律的规定，也可以参照适用《特殊标志管理条例》《奥林匹克标志保护条例》《世界博览会标志保护条例》的有关规定。当然，特殊标志作为一种标识性知识产权，在性质上更接近于注册商标。因此，必要时需要参照适用《商标法》的有关规定和标准。

请求权基础规范指引

《特殊标志管理条例》（1996年）

第二条　本条例所称特殊标志，是指经国务院批准举办的全国性和国际性的文化、体育、科学研究及其他社会公益活动所使用的，由文字、图形组成的名称及缩写、会徽、吉祥物等标志。

第十三条　特殊标志所有人可以在与其公益活动相关的广告、纪念品及其他物品上使用该标志，并许可他人在国务院工商行政管理部门核准使用该标志的商品或者服务项目上使用。

第十四条　特殊标志的使用人应当是依法成立的企业、事业单位、社会团体、个体工商户。

特殊标志使用人应当同所有人签订书面使用合同。

特殊标志使用人应当自合同签订之日起1个月内，将合同副本报国务院工商行政管理部门备案，并报使用人所在地县级以上人民政府工商行政管理部门存查。

《世界博览会标志保护条例》（2004年）

第二条　本条例所称世界博览会标志，是指：

（一）中国2010年上海世界博览会申办机构的名称（包括全称、简称、译名和缩写，下同）、徽记或者其他标志；

（二）中国2010年上海世界博览会组织机构的名称、徽记或者其他标志；

（三）中国2010年上海世界博览会的名称、会徽、会旗、吉祥物、会歌、主题词、口号；

（四）国际展览局的局旗。

第三条　本条例所称世界博览会标志权利人，是指中国2010年上海世界博览会组织机构和国际展览局。

中国2010年上海世界博览会组织机构为本条例第二条第（一）（二）（三）项规定的世界博览会标志的权利人。中国2010年上海世界博览会组织机构和国际展览局之间关于本条例第二条第（四）项规定的世界博览会标志的权利划分，依照中国2010年上海世界博览会《申办报告》《注册报告》和国际展览局《关于使用国际展览局局旗的规定》确定。

第四条　世界博览会标志权利人依照本条例享有世界博览会标志专有权。

未经世界博览会标志权利人许可，任何人不得为商业目的（含潜在商业目的，下同）使用世界博览会标志。

《奥林匹克标志保护条例》（2018年修订）

第二条　本条例所称奥林匹克标志，是指：

（一）国际奥林匹克委员会的奥林匹克五环图案标志、奥林匹克旗、奥林匹克格言、奥林匹克徽记、奥林匹克会歌；

（二）奥林匹克、奥林匹亚、奥林匹克运动会及其简称等专有名称；

（三）中国奥林匹克委员会的名称、徽记、标志；

（四）中国境内申请承办奥林匹克运动会的机构的名称、徽记、标志；

（五）在中国境内举办的奥林匹克运动会的名称及其简称、吉祥物、会歌、火炬造型、口号、“主办城市名称+举办年份”等标志，以及其组织机构的名称、徽记；

（六）《奥林匹克宪章》和相关奥林匹克运动会主办城市合同中规定的其他与在中国境内举办的奥林匹克运动会有关的标志。

第三条　本条例所称奥林匹克标志权利人，是指国际奥林匹克委员会、中国奥林匹克委员会和中国境内申请承办奥林匹克运动会的机构、在中国境内举办的奥林匹克运动会的组织机构。

国际奥林匹克委员会、中国奥林匹克委员会和中国境内申请承办奥林匹克运动会的机构、在中国境内举办的奥林匹克运动会的组织机构之间的权利划分，依照《奥林匹克宪章》和相关奥林匹克运动会主办城市合同确定。

第四条　奥林匹克标志权利人依照本条例对奥林匹克标志享有专有权。

未经奥林匹克标志权利人许可，任何人不得为商业目的使用奥林匹克标志。

第五条 本条例所称为商业目的使用，是指以营利为目的，以下列方式利用奥林匹克标志：

（一）将奥林匹克标志用于商品、商品包装或者容器以及商品交易文书上；

（二）将奥林匹克标志用于服务项目中；

（三）将奥林匹克标志用于广告宣传、商业展览、营业性演出以及其他商业活动中；

（四）销售、进口、出口含有奥林匹克标志的商品；

（五）制造或者销售奥林匹克标志；

（六）其他以营利为目的利用奥林匹克标志的行为。

第六条 除本条例第五条规定外，利用与奥林匹克运动有关的元素开展活动，足以引人误认为与奥林匹克标志权利人之间有赞助或者其他支持关系，构成不正当竞争行为的，依照《中华人民共和国反不正当竞争法》处理。

第十条 取得奥林匹克标志权利人许可，为商业目的使用奥林匹克标志的，应当同奥林匹克标志权利人订立使用许可合同。奥林匹克标志权利人应当将其许可使用奥林匹克标志的种类、被许可人、许可使用的商品或者服务项目、时限、地域范围等信息及时披露。

被许可人应当在使用许可合同约定的奥林匹克标志种类、许可使用的商品或者服务项目、时限、地域范围内使用奥林匹克标志。

第十二条 未经奥林匹克标志权利人许可，为商业目的擅自使用奥林匹克标志，或者使用足以引人误认的近似标志，即侵犯奥林匹克标志专有权，引起纠纷的，由当事人协商解决；不愿协商或者协商不成的，奥林匹克标志权利人或者利害关系人可以向人民法院提起诉讼，也可以请求市场监督管理部门处理。市场监督管理部门处理时，认定侵权行为成立的，责令立即停止侵权行为，没收、销毁侵权商品和主要用于制造侵权商品或者为商业目的擅自制造奥林匹克标志的工具。违法经营额5万元以上的，可以并处违法经营额5倍以下的罚款，没有违法经营额或者违法经营额不足5万元的，可以并处25万元以下的罚款。当事人对处理决定不服的，可以依照《中华人民共和国行政复议法》申请行政复议，也可以直接依照《中华人民共和国行政诉讼法》向人民法院提起诉讼。进行处理的市场监督管理部门应当事人的请求，可以就侵犯奥林匹克标志专有权的赔偿数额进行调解；调解不成的，当事人可以依照《中华人民共和国民事诉讼法》向人民法院提起诉讼。

利用奥林匹克标志进行诈骗等活动，构成犯罪的，依法追究刑事责任。

156. 网络域名合同纠纷

(1) 网络域名注册合同纠纷
(2) 网络域名转让合同纠纷
(3) 网络域名许可使用合同纠纷

案由适用要点

[释义] 网络域名合同纠纷是指当事人之间就网络域名的注册、转让和使用等所订立的合同而发生的纠纷。

网络域名注册合同纠纷是指域名注册服务机构与域名注册申请者之间签订的域名注册协议而发生的纠纷。

网络域名转让合同纠纷是指域名持有者将其注册的网络域名转让给他人所订立的合同而发生的纠纷。

网络域名许可使用合同纠纷是指域名持有者将其注册的网络域名许可他人使用所订立的合同而发生的纠纷。

[管辖] 网络域名合同纠纷本质上属于合同纠纷，根据《民事诉讼法》第24条的规定，因合同纠纷提起的诉讼，由被告住所地或者合同履行地人民法院管辖。实践中，当事人往往对管辖问题有约定，人民法院经审查合法有效的，不违反关于知识产权案件专属管辖和级别管辖规定的，可以按照约定确定管辖法院。

[应注意的问题] 网络域名能否作为单独一类知识产权，理论上有一定的争议，法律上目前也并未将网络域名作为一种民事权利加以明确规定。但实践中，已经普遍承认域名持有者（注册人）对之享有一定的民事权益，有关的纠纷一般也作为知识产权纠纷来处理。可以说，实际上已经将其作为知识产权来对待。

请求权基础规范指引

《中国互联网络信息中心域名注册实施细则》（2012年修订）

第四条 在中华人民共和国境内提供本实施细则规定的域名注册服务，须经工业和信息化部批准，并与中国互联网络信息中心签订协议。

第五条 从事“.CN”“.中国”“.公司”“.网络”域名的注册服务，应当具备以下条件：

（一）依法取得互联网信息服务增值电信业务经营许可证；

（二）在中华人民共和国境内设置有域名注册服务系统，且有专门从事域名注册服务的技术人员和客户服务人员；

（三）有为用户提供长期服务的信誉或者能力；

（四）有业务发展计划及相关技术方案；

（五）有健全的网络与信息安全保障措施；

（六）有健全的域名注册服务退出机制；

（七）符合国家其他有关规定。

第六条 拟从事“.CN”“.中国”“.公司”“.网络”域名注册服务的，应当与中国互联网络信息中心签署《合作意向书》。

第七条 持与中国互联网络信息中心签署的《合作意向书》向工业和信息化部申请并经批准成为域名注册服务机构的，应当与中国互联网络信息中心签订协议。

第八条 域名注册服务机构应当规范开展域名注册服务，并与申请者签订单独域名注册协议。

《互联网域名管理办法》（2017年）

第二条 在中华人民共和国境内从事互联网域名服务及其运行维护、监督管理等相关活动，应当遵守本办法。

本办法所称互联网域名服务（以下简称域名服务），是指从事域名根服务器运行和管理、顶级域名运行和管理、域名注册、域名解析等活动。

第三条 工业和信息化部对全国的域名服务实施监督管理，主要职责是：

（一）制定互联网域名管理规章及政策；

（二）制定中国互联网域名体系、域名资源发展规划；

（三）管理境内的域名根服务器运行机构和域名注册管理机构；

（四）负责域名体系的网络与信息安全管理；

（五）依法保护用户个人信息和合法权益；

（六）负责与域名有关的国际协调；

（七）管理境内的域名解析服务；

（八）管理其他与域名服务相关的活动。

第四条 各省、自治区、直辖市通信管理局对本行政区域内的域名服务实施监督管理，主要职责是：

（一）贯彻执行域名管理法律、行政法规、规章和政策；

（二）管理本行政区域内的域名注册服务机构；

（三）协助工业和信息化部对本行政区域内的域名根服务器运行机构和域名注册管理机构进行管理；

（四）负责本行政区域内域名系统的网络与信息安全管理；

（五）依法保护用户个人信息和合法权益；

（六）管理本行政区域内的域名解析服务；

（七）管理本行政区域内其他与域名服务相关的活动。

第五条　中国互联网域名体系由工业和信息化部予以公告。根据域名发展的实际情况，工业和信息化部可以对中国互联网域名体系进行调整。

第六条　“.CN”和“.中国”是中国的国家顶级域名。

中文域名是中国互联网域名体系的重要组成部分。国家鼓励和支持中文域名系统的技术研究和推广应用。

第七条　提供域名服务，应当遵守国家相关法律法规，符合相关技术规范和标准。

第八条　任何组织和个人不得妨碍互联网域名系统的安全和稳定运行。

《最高人民法院关于审理涉及计算机网络域名民事纠纷案件适用法律若干问题的解释》（2020年12月23日修正）

第一条　对于涉及计算机网络域名注册、使用等行为的民事纠纷，当事人向人民法院提起诉讼，经审查符合民事诉讼法第一百一十九条规定的，人民法院应当受理。

第二条　涉及域名的侵权纠纷案件，由侵权行为地或者被告住所地的中级人民法院管辖。对难以确定侵权行为地和被告住所地的，原告发现该域名的计算机终端等设备所在地可以视为侵权行为地。

涉外域名纠纷案件包括当事人一方或者双方是外国人、无国籍人、外国企业或组织、国际组织，或者域名注册地在外国的域名纠纷案件。在中华人民共和国领域内发生的涉外域名纠纷案件，依照民事诉讼法第四编的规定确定管辖。

第三条　域名纠纷案件的案由，根据双方当事人争议的法律关系的性质确定，并在其前冠以计算机网络域名；争议的法律关系的性质难以确定的，可以通称为计算机网络域名纠纷案件。

第四条　人民法院审理域名纠纷案件，对符合以下各项条件的，应当认定被告注册、使用域名等行为构成侵权或者不正当竞争：

（一）原告请求保护的民事权益合法有效；

（二）被告域名或其主要部分构成对原告驰名商标的复制、模仿、翻译或音译；或者与原告的注册商标、域名等相同或近似，足以造成相关公众的误认；

（三）被告对该域名或其主要部分不享有权益，也无注册、使用该域名的正当理由；

（四）被告对该域名的注册、使用具有恶意。

第五条　被告的行为被证明具有下列情形之一的，人民法院应当认定其具有恶意：

（一）为商业目的将他人驰名商标注册为域名的；

（二）为商业目的注册、使用与原告的注册商标、域名等相同或近似的域名，故意造成与原告提供的产品、服务或者原告网站的混淆，误导网络用户访问其网站或其他在线站点的；

（三）曾要约高价出售、出租或者以其他方式转让该域名获取不正当利益的；

（四）注册域名后自己并不使用也未准备使用，而有意阻止权利人注册该域名的；

（五）具有其他恶意情形的。

157. 知识产权质押合同纠纷

案由适用要点

［**释义**］知识产权质押合同纠纷是基于出质人和质权人之间以可以转让的注册商标专用权、专利权、著作权等知识产权中的财产权作为出质物订立质押合同而引发的纠纷。

［**管辖**］知识产权质押合同纠纷本质上属于合同纠纷，原则上适用《民事诉讼法》有关合同案件管辖的规定确定管辖。《民事诉讼法》第 24 条的规定，因合同纠纷提起的诉讼，由被告住所地或者合同履行地人民法院管辖。实践中，如果当事人在合同中对管辖问题有明确约定，人民法院经审查，该约定符合《民事诉讼法》第 35 条有关约定管辖的规定，应当尊重当事人的意思自治，按照双方合同的约定确定管辖法院。

［**应注意的问题**］《民法典》第 444 条对以知识产权中的财产权出质的权利质权设立问题和出质人处分知识产权问题进行了限制。按照该条规定，以注册商标专用权、专利权、著作权等知识产权中的财产权出质，必须履行法定程序，办理出质登记手续，质权自有关主管部门办理出质登记时设立。知识产权中的财产权出质后，出质人处分知识产权要受到限制，非经与质权人协商同意，不得擅自转让或者许可他人使用。出质人转让或者许可他人使用出质的知识产权中的财产权所得的价款，应当向质权人提前清偿债务或者提存。

请求权基础规范指引

《中华人民共和国民法典》（2020 年）

第四百四十条【权利质权的范围】 债务人或者第三人有权处分的下列权利可以出质：

（一）汇票、本票、支票；

（二）债券、存款单；

（三）仓单、提单；

（四）可以转让的基金份额、股权；

（五）可以转让的注册商标专用权、专利权、著作权等知识产权中的财产权；

（六）现有的以及将有的应收账款；

（七）法律、行政法规规定可以出质的其他财产权利。

第四百四十四条【以知识产权中的财产权出质的质权的设立及转让限制】 以注册商标专用权、专利权、著作权等知识产权中的财产权出质的，质权自办理出质登记时设立。

知识产权中的财产权出质后，出质人不得转让或者许可他人使用，但是出质人与质权人协商同意的除外。出质人转让或者许可他人使用出质的知识产权中的财产权所得的价款，应当向质权人提前清偿债务或者提存。

《最高人民法院关于适用〈中华人民共和国民法典〉有关担保制度的解释》（法释〔2020〕28号 2020年12月31日）

第五十三条 当事人在动产和权利担保合同中对担保财产进行概括描述，该描述能够合理识别担保财产的，人民法院应当认定担保成立。

第五十五条 债权人、出质人与监管人订立三方协议，出质人以通过一定数量、品种等概括描述能够确定范围的货物为债务的履行提供担保，当事人有证据证明监管人系受债权人的委托监管并实际控制该货物的，人民法院应当认定质权于监管人实际控制货物之日起设立。监管人违反约定向出质人或者其他人放货、因保管不善导致货物毁损灭失，债权人请求监管人承担违约责任的，人民法院依法予以支持。

在前款规定情形下，当事人有证据证明监管人系受出质人委托监管该货物，或者虽然受债权人委托但是未实际履行监管职责，导致货物仍由出质人实际控制的，人民法院应当认定质权未设立。债权人可以基于质押合同的约定请求出质人承担违约责任，但是不得超过质权有效设立时出质人应当承担的责任范围。监管人未履行监管职责，债权人请求监管人承担责任的，人民法院依法予以支持。

《注册商标专用权质押登记程序规定》（2020年）

第二条 自然人、法人或者其他组织以其注册商标专用权出质的，出质人与质权人应当订立书面合同，并向国家知识产权局办理质权登记。

质权登记申请应由质权人和出质人共同提出。质权人和出质人可以直接向国家知识产权局申请，也可以委托商标代理机构代理办理。在中国没有经常居所或者营业所的外国人或者外国企业应当委托代理机构办理。

第三条 办理注册商标专用权质权登记，出质人应当将在相同或者类似商品/服务上注册的相同或者近似商标一并办理质权登记。质权合同和质权登记申请书中应当载明出质的商标注册号。

共有商标办理质权登记的，除全体共有人另有约定的以外，应当取得其他共有人的同意。

第四条 申请注册商标专用权质权登记的，应提交下列文件：

（一）申请人签字或者盖章的《商标专用权质权登记申请书》；

（二）主合同和注册商标专用权质权合同；

（三）申请人签署的承诺书；

（四）委托商标代理机构办理的，还应当提交商标代理委托书。

上述文件为外文的，应当同时提交其中文译文。中文译文应当由翻译单位和翻译人员签字盖章确认。

第五条 注册商标专用权质权合同一般包括以下内容：

（一）出质人、质权人的姓名（名称）及住址；

（二）被担保的债权种类、数额；

（三）债务人履行债务的期限；

（四）出质注册商标的清单（列明注册商标的注册号、类别及专用期）；

（五）担保的范围；

（六）当事人约定的其他事项。

《专利权质押登记办法》（2021年）

第三条 以专利权出质的，出质人与质权人应当订立书面合同。

质押合同可以是单独订立的合同，也可以是主合同中的担保条款。

出质人和质权人应共同向国家知识产权局办理专利权质押登记，专利权质权自国家知识产权局登记时设立。

第八条 当事人提交的专利权质押合同应当包括以下与质押登记相关的内容：

（一）当事人的姓名或名称、地址；

（二）被担保债权的种类和数额；

（三）债务人履行债务的期限；

（四）专利权项数以及每项专利权的名称、专利号、申请日、授权公告日；

（五）质押担保的范围。

第九条 除本办法第八条规定的事项外，当事人可以在专利权质押合同中约定下列事项：

（一）质押期间专利权年费的缴纳；

（二）质押期间专利权的转让、实施许可；

（三）质押期间专利权被宣告无效或者专利权归属发生变更时的处理；

（四）实现质权时，相关技术资料的交付；

（五）已办理质押登记的同一申请人的实用新型有同样的发明创造于同日申请发明专利、质押期间该发明申请被授予专利权的情形处理。

十四、知识产权权属、侵权纠纷

158. 著作权权属、侵权纠纷

（1）著作权权属纠纷

（2）侵害作品发表权纠纷

（3）侵害作品署名权纠纷

（4）侵害作品修改权纠纷

（5）侵害保护作品完整权纠纷

（6）侵害作品复制权纠纷

（7）侵害作品发行权纠纷

（8）侵害作品出租权纠纷

（9）侵害作品展览权纠纷

（10）侵害作品表演权纠纷

（11）侵害作品放映权纠纷

（12）侵害作品广播权纠纷

（13）侵害作品信息网络传播权纠纷

（14）侵害作品摄制权纠纷

（15）侵害作品改编权纠纷

（16）侵害作品翻译权纠纷

（17）侵害作品汇编权纠纷

（18）侵害其他著作财产权纠纷

（19）出版者权权属纠纷

（20）表演者权权属纠纷

（21）录音录像制作者权权属纠纷

（22）广播组织权权属纠纷

（23）侵害出版者权纠纷

(24) 侵害表演者权纠纷

(25) 侵害录音录像制作者权纠纷

(26) 侵害广播组织权纠纷

(27) 计算机软件著作权权属纠纷

(28) 侵害计算机软件著作权纠纷

案由适用要点

[释义] 著作权是指文学、艺术和科学作品的创作者对其所创作的作品享有的权利，或者说排他的独占权，包括人身权利和财产权利，是作者精神权利和经济权利的合一。

作品发表权是指决定作品是否公之于众的权利。

作品署名权是指表明作者身份，在作品上署名的权利。

作品修改权是指修改或者授权他人修改作品的权利。

保护作品完整权是指保护作品不受歪曲、篡改的权利。

作品复制权是指以印刷、复印、拓印、录音、录像、翻录、翻拍、数字化等方式将作品制作一份或者多份的权利。

作品发行权是指以出售或者赠与方式向公众提供作品的原件或者复制件的权利。

作品出租权是指有偿许可他人临时使用视听作品、计算机软件的原件或者复制件的权利，计算机软件不是出租的主要标的的除外。

作品展览权是指公开陈列美术作品、摄影作品的原件或者复制件的权利。

作品表演权是指公开表演作品，以及用各种手段公开播送作品的表演的权利。

作品放映权是指通过放映机、幻灯机等技术设备公开再现美术、摄影、视听作品等的权利。

作品广播权是指除信息网络传播权之外，以有线或者无线方式公开传播或者转播作品，以及通过扩音器或者其他传送符号、声音、图像的类似工具向公众传播广播的作品的权利。

作品信息网络传播权是指以有线或者无线方式向公众提供，使公众可以在其选定的时间和地点获得作品的权利。

作品摄制权是指以摄制视听作品的方法将作品固定在载体上的权利。

作品改编权是指改变作品，创作出具有独创性的新作品的权利。

作品翻译权是指将作品从一种语言文字转换成另一种语言文字的权利。

作品汇编权是指将作品或者作品的片段通过选择或者编排，汇集成新作品的权利。

其他著作财产权是指应当由著作权人享有的其他权利。这是一种兜底性的权利。

出版者权是指图书出版者对著作权人交付出版的作品，按照合同约定享有的专有出版权，出版者（包括图书出版者和报社、期刊社）有权许可或者禁止他人使用其出版的图书、期刊的版式设计的权利。

表演者权是指表演者对其表演享有的下列权利：（1）表明表演者身份；（2）保护表演形象不受歪曲；（3）许可他人从现场直播和公开传送其现场表演，并获得报酬；（4）许可他人录音录像，并获得报酬；（5）许可他人复制、发行、出租录有其表演的录音录像制品，并获得报酬；（6）许可他人通过信息网络向公众传播其表演，并获得报酬。表演者权包括表演者人身权和表演者财产权。

录音录像制作者权是指录音录像制作者对其制作的录音录像制品，享有许可他人复制、发行、出租、通过信息网络向公众传播并获得报酬的权利。

广播组织权是指广播电台、电视台有权禁止未经其许可的下列行为：（1）将其播放的广播、电视以有线或者无线方式转播；（2）将其播放的广播、电视录制以及复制；（3）将其播放的广播、电视通过信息网络向公众传播。

计算机软件著作权是指软件著作权人享有的下列各项权利：（1）发表权，即决定软件是否公之于众的权利；（2）署名权，即表明开发者身份，在软件上署名的权利；（3）修改权，即对软件进行增补、删节，或者改变指令、语句顺序的权利；（4）复制权，即将软件制作一份或者多份的权利；（5）发行权，即以出售或者赠与方式向公众提供软件的原件或者复制件的权利；（6）出租权，即有偿许可他人临时使用软件的权利，但是软件不是出租的主要标的的除外；（7）信息网络传播权，即以有线或者无线方式向公众提供软件，使公众可以在其个人选定的时间和地点获得软件的权利；（8）翻译权，即将原软件从一种自然语言文字转换成另一种自然语言文字的权利；（9）应当由软件著作权人享有的其他权利，以及软件著作权人许可他人行使或者全部、部分转让其软件著作权并有权获得报酬的权利。

[**管辖**] 对于著作权权属纠纷案件的管辖，应当区别权属争议发生的原因即合同关系还是侵权行为，分别根据《民事诉讼法》及其司法解释有关合同和侵权案件的管辖规则来确定案件管辖。

对于一般民事侵权纠纷案件的地域管辖，根据《民事诉讼法》第 29 条的规定，因侵权行为提起的诉讼，由侵权行为地或者被告住所地人民法院管辖；上述侵权行为地，根据《民事诉讼法解释》第 24 条的规定，包括侵权行为实施地和侵权结果发生地。

对于侵害著作权纠纷案件的地域管辖，《最高人民法院关于审理著作权民事纠纷案件适用法律若干问题的解释》对此作出了进一步的明确规定。根据该解释第4条的规定精神，因侵害著作权行为提起的民事诉讼，由《著作权法》第47条、第48条所规定侵权行为的实施地、侵权复制品储藏地或者查封扣押地、被告住所地人民法院管辖。侵权复制品储藏地，是指大量或者经常性储存、隐匿侵权复制品所在地；查封扣押地，是指海关、版权等行政机关依法查封、扣押侵权复制品所在地。根据该解释第5条的规定，对涉及不同侵权行为实施地的多个被告提起的共同诉讼，原告可以选择向其中一个被告的侵权行为实施地人民法院提起诉讼；仅对其中某一被告提起的诉讼，该被告侵权行为实施地的人民法院有管辖权。

对于著作权民事纠纷案件的级别管辖，根据《最高人民法院关于审理著作权民事纠纷案件适用法律若干问题的解释》第2条和参照相关其他知识产权司法解释的规定，第一审著作权民事纠纷案件原则上由中级以上人民法院管辖，各高级人民法院根据本辖区的实际情况，报请最高人民法院批准，可以指定若干基层人民法院管辖。

[应注意的问题] 著作权权属是著作权人行使权利的前提。对于狭义的著作权的归属，即著作权归谁所有而发生的争议，《民事案件案由规定》在第三级案由第158项下作为第1项第四级案由规定为“著作权权属纠纷”。要注意该案由并不包括因与著作权有关的权利权属发生的纠纷，也就是说，因狭义的著作权权属而发生的争议，统一确定为“著作权权属纠纷”，并不存在“署名权权属纠纷”“复制权权属纠纷”等17项著作权具体权项权属纠纷的案由。与著作权有关的权利权属纠纷应当根据权利类型分别按照《民事案件案由规定》确定相应的案由。

计算机软件在我国作为《著作权法》规定的一类非常重要而又特殊的作品，由《著作权法》授权制定的《计算机软件保护条例》予以特别规定。因此，与其他著作权纠纷一起，单列了2个第四级案由。根据《计算机软件保护条例》第8条的规定，软件著作权人享有八项具体权利，考虑到实践中计算机软件纠纷并不很多，对于侵害计算机软件著作权纠纷，《民事案件案由规定》也未再进一步区分，如区分为侵害软件著作权人人身权纠纷和财产权纠纷或者区分为九种具体案由，况且这种区分统计学意义也不大。

信息网络传播权是著作权财产权中的一项重要内容。《信息网络传播权保护条例》对信息网络传播权予以特别规定。目前司法实践中，侵害信息网络传播权纠纷是最多的一类著作权纠纷，从统计学意义上看有进一步细分的需要，但考虑到难以准确界定下一级分类统计指标，而且考虑到与其他著作权权项的体系性，最终仍将之单列为一项独立的第四级案由。

根据案由确定规则，对于因违反《著作权法》第53条第6项和第7

项，故意避开或破坏保护版权的技术措施和擅自删改权利管理电子信息等而引起的纠纷，也应当将案由确定为相应的侵害著作财产权纠纷、侵害著作人身权纠纷或者侵害录音录像制作者权纠纷等。

请求权基础规范指引

《中华人民共和国民法典》（2020年）

第一百三十二条【不得滥用民事权利】 民事主体不得滥用民事权利损害国家利益、社会公共利益或者他人合法权益。

《中华人民共和国涉外民事关系法律适用法》（2010年）

第五十条 知识产权的侵权责任，适用被请求保护地法律，当事人也可以在侵权行为发生后协议选择适用法院地法律。

《中华人民共和国电子商务法》（2018年）

第四十二条 知识产权权利人认为其知识产权受到侵害的，有权通知电子商务平台经营者采取删除、屏蔽、断开链接、终止交易和服务等必要措施。通知应当包括构成侵权的初步证据。

电子商务平台经营者接到通知后，应当及时采取必要措施，并将该通知转送平台内经营者；未及时采取必要措施的，对损害的扩大部分与平台内经营者承担连带责任。

因通知错误造成平台内经营者损害的，依法承担民事责任。恶意发出错误通知，造成平台内经营者损失的，加倍承担赔偿责任。

第四十三条 平台内经营者接到转送的通知后，可以向电子商务平台经营者提交不存在侵权行为的声明。声明应当包括不存在侵权行为的初步证据。

电子商务平台经营者接到声明后，应当将该声明转送发出通知的知识产权权利人，并告知其可以向有关主管部门投诉或者向人民法院起诉。电子商务平台经营者在转送声明到达知识产权权利人后十五日内，未收到权利人已经投诉或者起诉通知的，应当及时终止所采取的措施。

第四十四条 电子商务平台经营者应当及时公示收到的本法第四十二条、第四十三条规定的通知、声明及处理结果。

第四十五条 电子商务平台经营者知道或者应当知道平台内经营者侵犯知识产权的，应当采取删除、屏蔽、断开链接、终止交易和服务等必要措施；未采取必要措施的，与侵权人承担连带责任。

《中华人民共和国著作权法》（2020年修正）

第五十二条 有下列侵权行为的，应当根据情况，承担停止侵害、消除影响、赔礼道歉、赔偿损失等民事责任：

（一）未经著作权人许可，发表其作品的；

（二）未经合作作者许可，将与他人合作创作的作品当作自己单独创作的作品发表的；

（三）没有参加创作，为谋取个人名利，在他人作品上署名的；

（四）歪曲、篡改他人作品的；

（五）剽窃他人作品的；

（六）未经著作权人许可，以展览、摄制视听作品的方法使用作品，或者以改编、翻译、注释等方式使用作品的，本法另有规定的除外；

（七）使用他人作品，应当支付报酬而未支付的；

（八）未经视听作品、计算机软件、录音录像制品的著作权人、表演者或者录音录像制作者许可，出租其作品或者录音录像制品的原件或者复制件的，本法另有规定的除外；

（九）未经出版者许可，使用其出版的图书、期刊的版式设计的；

（十）未经表演者许可，从现场直播或者公开传送其现场表演，或者录制其表演的；

（十一）其他侵犯著作权以及与著作权有关的权利的行为。

第五十三条 有下列侵权行为的，应当根据情况，承担本法第五十二条规定的民事责任；侵权行为同时损害公共利益的，由主管著作权的部门责令停止侵权行为，予以警告，没收违法所得，没收、无害化销毁处理侵权复制品以及主要用于制作侵权复制品的材料、工具、设备等，违法经营额五万元以上的，可以并处违法经营额一倍以上五倍以下的罚款；没有违法经营额、违法经营额难以计算或者不足五万元的，可以并处二十五万元以下的罚款；构成犯罪的，依法追究刑事责任：

（一）未经著作权人许可，复制、发行、表演、放映、广播、汇编、通过信息网络向公众传播其作品的，本法另有规定的除外；

（二）出版他人享有专有出版权的图书的；

（三）未经表演者许可，复制、发行录有其表演的录音录像制品，或者通过信息网络向公众传播其表演的，本法另有规定的除外；

（四）未经录音录像制作者许可，复制、发行、通过信息网络向公众传播其制作的录音录像制品的，本法另有规定的除外；

（五）未经许可，播放、复制或者通过信息网络向公众传播广播、电视的，本法另有规定的除外；

（六）未经著作权人或者与著作权有关的权利人许可，故意避开或者破坏技术措施的，故意制造、进口或者向他人提供主要用于避开、破坏技术措施的装置或者部件的，或者故意为他人避开或者破坏技术措施提供技术服务的，法律、行政法规另有规定的除外；

（七）未经著作权人或者与著作权有关的权利人许可，故意删除或者改变作品、版式设计、表演、录音录像制品或者广播、电视上的权利管理信息的，知道或者应当知道作品、版式设计、表演、录音录像制品或者广播、电视上的权利管理信息未经许可被删除或者改变，仍然向公众提供的，法律、行政法规另有规定的除外；

（八）制作、出售假冒他人署名的作品的。

第五十四条　侵犯著作权或者与著作权有关的权利的，侵权人应当按照权利人因此受到的实际损失或者侵权人的违法所得给予赔偿；权利人的实际损失或者侵权人的违法所得难以计算的，可以参照该权利使用费给予赔偿。对故意侵犯著作权或者与著作权有关的权利，情节严重的，可以在按照上述方法确定数额的一倍以上五倍以下给予赔偿。

权利人的实际损失、侵权人的违法所得、权利使用费难以计算的，由人民法院根据侵权行为的情节，判决给予五百元以上五百万元以下的赔偿。

赔偿数额还应当包括权利人为制止侵权行为所支付的合理开支。

人民法院为确定赔偿数额，在权利人已经尽了必要举证责任，而与侵权行为相关的账簿、资料等主要由侵权人掌握的，可以责令侵权人提供与侵权行为相关的账簿、资料等；侵权人不提供，或者提供虚假的账簿、资料等的，人民法院可以参考权利人的主张和提供的证据确定赔偿数额。

人民法院审理著作权纠纷案件，应权利人请求，对侵权复制品，除特殊情况外，责令销毁；对主要用于制造侵权复制品的材料、工具、设备等，责令销毁，且不予补偿；或者在特殊情况下，责令禁止前述材料、工具、设备等进入商业渠道，且不予补偿。

第五十八条　人民法院审理案件，对于侵犯著作权或者与著作权有关的权利的，可以没收违法所得、侵权复制品以及进行违法活动的财物。

第五十九条　复制品的出版者、制作者不能证明其出版、制作有合法授权的，复制品的发行者或者视听作品、计算机软件、录音录像制品的复制品的出租者不能证明其发行、出租的复制品有合法来源的，应当承担法律责任。

在诉讼程序中，被诉侵权人主张其不承担侵权责任的，应当提供证据证明已经取得权利人的许可，或者具有本法规定的不经权利人许可而可以使用的情形。

《中华人民共和国著作权法实施条例》（2013 年修订）

第九条　合作作品不可以分割使用的，其著作权由各合作作者共同享有，通过协商一致行使；不能协商一致，又无正当理由的，任何一方不得阻止他方行使除转让以外的其他权利，但是所得收益应当合理分配给所有合作作者。

第十条　著作权人许可他人将其作品摄制成电影作品和以类似摄制电影

的方法创作的作品的，视为已同意对其作品进行必要的改动，但是这种改动不得歪曲篡改原作品。

第十二条 职务作品完成两年内，经单位同意，作者许可第三人以与单位使用的相同方式使用作品所获报酬，由作者与单位按约定的比例分配。

作品完成两年的期限，自作者向单位交付作品之日起计算。

第十三条 作者身份不明的作品，由作品原件的所有人行使除署名权以外的著作权。作者身份确定后，由作者或者其继承人行使著作权。

第十四条 合作作者之一死亡后，其对合作作品享有的著作权法第十条第一款第五项至第十七项规定的权利无人继承又无人受遗赠的，由其他合作作者享有。

第十五条 作者死亡后，其著作权中的署名权、修改权和保护作品完整权由作者的继承人或者受遗赠人保护。

著作权无人继承又无人受遗赠的，其署名权、修改权和保护作品完整权由著作权行政管理部门保护。

第十六条 国家享有著作权的作品的使用，由国务院著作权行政管理部门管理。

第十七条 作者生前未发表的作品，如果作者未明确表示不发表，作者死亡后 50 年内，其发表权可由继承人或者受遗赠人行使；没有继承人又无人受遗赠的，由作品原件的所有人行使。

第十八条 作者身份不明的作品，其著作权法第十条第一款第五项至第十七项规定的权利的保护期截止于作品首次发表后第 50 年的 12 月 31 日。作者身份确定后，适用著作权法第二十一条的规定。

第十九条 使用他人作品的，应当指明作者姓名、作品名称；但是，当事人另有约定或者由于作品使用方式的特性无法指明的除外。

第二十条 著作权法所称已经发表的作品，是指著作权人自行或者许可他人公之于众的作品。

第二十一条 依照著作权法有关规定，使用可以不经著作权人许可的已经发表的作品的，不得影响该作品的正常使用，也不得不合理地损害著作权人的合法利益。

第二十三条 使用他人作品应当同著作权人订立许可使用合同，许可使用的权利是专有使用权的，应当采取书面形式，但是报社、期刊社刊登作品除外。

第二十四条 著作权法第二十四条规定的专有使用权的内容由合同约定，合同没有约定或者约定不明的，视为被许可人有权排除包括著作权人在内的任何人以同样的方式使用作品；除合同另有约定外，被许可人许可第三人行使同一权利，必须取得著作权人的许可。

《最高人民法院关于审理著作权民事纠纷案件适用法律若干问题的解释》（2020年12月23日修正）

第十一条 因作品署名顺序发生的纠纷，人民法院按照下列原则处理：有约定的按约定确定署名顺序；没有约定的，可以按照创作作品付出的劳动、作品排列、作者姓氏笔划等确定署名顺序。

第十二条 按照著作权法第十七条规定委托作品著作权属于受托人的情形，委托人在约定的使用范围内享有使用作品的权利；双方没有约定使用作品范围的，委托人可以在委托创作的特定目的范围内免费使用该作品。

第十三条 除著作权法第十一条第三款规定的情形外，由他人执笔，本人审阅定稿并以本人名义发表的报告、讲话等作品，著作权归报告人或者讲话人享有。著作权人可以支付执笔人适当的报酬。

第十四条 当事人合意以特定人物经历为题材完成的自传体作品，当事人对著作权权属有约定的，依其约定；没有约定的，著作权归该特定人物享有，执笔人或整理人对作品完成付出劳动的，著作权人可以向其支付适当的报酬。

第十五条 由不同作者就同一题材创作的作品，作品的表达系独立完成并且有创作性的，应当认定作者各自享有独立著作权。

第十六条 通过大众传播媒介传播的单纯事实消息属于著作权法第五条第（二）项规定的时事新闻。传播报道他人采编的时事新闻，应当注明出处。

第十七条 著作权法第三十三条第二款规定的转载，是指报纸、期刊登载其他报刊已发表作品的行为。转载未注明被转载作品的作者和最初登载的报刊出处的，应当承担消除影响、赔礼道歉等民事责任。

第十八条 著作权法第二十二条第（十）项规定的室外公共场所的艺术作品，是指设置或者陈列在室外社会公众活动处所的雕塑、绘画、书法等艺术作品。

对前款规定艺术作品的临摹、绘画、摄影、录像人，可以对其成果以合理的方式和范围再行使用，不构成侵权。

第十九条 出版者、制作者应当对其出版、制作有合法授权承担举证责任，发行者、出租者应当对其发行或者出租的复制品有合法来源承担举证责任。举证不能的，依据著作权法第四十七条、第四十八条的相应规定承担法律责任。

第二十条 出版物侵害他人著作权的，出版者应当根据其过错、侵权程度及损害后果等承担赔偿损失的责任。

出版者对其出版行为的授权、稿件来源和署名、所编辑出版物的内容等未尽到合理注意义务的，依据著作权法第四十九条的规定，承担赔偿损失的责任。

出版者应对其已尽合理注意义务承担举证责任。

第二十一条 计算机软件用户未经许可或者超过许可范围商业使用计算机软件的，依据著作权法第四十八条第（一）项、《计算机软件保护条例》第二十四条第（一）项的规定承担民事责任。

《最高人民法院关于审理侵害信息网络传播权民事纠纷案件适用法律若干问题的规定》（2020年12月23号修正）

第二条 本规定所称信息网络，包括以计算机、电视机、固定电话机、移动电话机等电子设备为终端的计算机互联网、广播电视网、固定通信网、移动通信网等信息网络，以及向公众开放的局域网络。

第三条 网络用户、网络服务提供者未经许可，通过信息网络提供权利人享有信息网络传播权的作品、表演、录音录像制品，除法律、行政法规另有规定外，人民法院应当认定其构成侵害信息网络传播权行为。

通过上传到网络服务器、设置共享文件或者利用文件分享软件等方式，将作品、表演、录音录像制品置于信息网络中，使公众能够在个人选定的时间和地点以下载、浏览或者其他方式获得的，人民法院应当认定其实施了前款规定的提供行为。

第四条 有证据证明网络服务提供者与他人以分工合作等方式共同提供作品、表演、录音录像制品，构成共同侵权行为的，人民法院应当判令其承担连带责任。网络服务提供者能够证明其仅提供自动接入、自动传输、信息存储空间、搜索、链接、文件分享技术等网络服务，主张其不构成共同侵权行为的，人民法院应予支持。

第五条 网络服务提供者以提供网页快照、缩略图等方式实质替代其他网络服务提供者向公众提供相关作品的，人民法院应当认定其构成提供行为。

前款规定的提供行为不影响相关作品的正常使用，且未不合理损害权利人对该作品的合法权益，网络服务提供者主张其未侵害信息网络传播权的，人民法院应予支持。

第六条 原告有初步证据证明网络服务提供者提供了相关作品、表演、录音录像制品，但网络服务提供者能够证明其仅提供网络服务，且无过错的，人民法院不应认定为构成侵权。

第七条 网络服务提供者在提供网络服务时教唆或者帮助网络用户实施侵害信息网络传播权行为的，人民法院应当判令其承担侵权责任。

网络服务提供者以言语、推介技术支持、奖励积分等方式诱导、鼓励网络用户实施侵害信息网络传播权行为的，人民法院应当认定其构成教唆侵权行为。

网络服务提供者明知或者应知网络用户利用网络服务侵害信息网络传播权，未采取删除、屏蔽、断开链接等必要措施，或者提供技术支持等帮助行为的，人民法院应当认定其构成帮助侵权行为。

第八条 人民法院应当根据网络服务提供者的过错，确定其是否承担教唆、帮助侵权责任。网络服务提供者的过错包括对于网络用户侵害信息网络传播权行为的明知或者应知。

网络服务提供者未对网络用户侵害信息网络传播权的行为主动进行审查的，人民法院不应据此认定其具有过错。

网络服务提供者能够证明已采取合理、有效的技术措施，仍难以发现网络用户侵害信息网络传播权行为的，人民法院应当认定其不具有过错。

第九条 人民法院应当根据网络用户侵害信息网络传播权的具体事实是否明显，综合考虑以下因素，认定网络服务提供者是否构成应知：

（一）基于网络服务提供者提供服务的性质、方式及其引发侵权的可能性大小，应当具备的管理信息的能力；

（二）传播的作品、表演、录音录像制品的类型、知名度及侵权信息的明显程度；

（三）网络服务提供者是否主动对作品、表演、录音录像制品进行了选择、编辑、修改、推荐等；

（四）网络服务提供者是否积极采取了预防侵权的合理措施；

（五）网络服务提供者是否设置便捷程序接收侵权通知并及时对侵权通知作出合理的反应；

（六）网络服务提供者是否针对同一网络用户的重复侵权行为采取了相应的合理措施；

（七）其他相关因素。

第十条 网络服务提供者在提供网络服务时，对热播影视作品等以设置榜单、目录、索引、描述性段落、内容简介等方式进行推荐，且公众可以在其网页上直接以下载、浏览或者其他方式获得的，人民法院可以认定其应知网络用户侵害信息网络传播权。

第十一条 网络服务提供者从网络用户提供的作品、表演、录音录像制品中直接获得经济利益的，人民法院应当认定其对该网络用户侵害信息网络传播权的行为负有较高的注意义务。

网络服务提供者针对特定作品、表演、录音录像制品投放广告获取收益，或者获取与其传播的作品、表演、录音录像制品存在其他特定联系的经济利益，应当认定为前款规定的直接获得经济利益。网络服务提供者因提供网络服务而收取一般性广告费、服务费等，不属于本款规定的情形。

第十二条 有下列情形之一的，人民法院可以根据案件具体情况，认定提供信息存储空间服务的网络服务提供者应知网络用户侵害信息网络传播权：

（一）将热播影视作品等置于首页或者其他主要页面等能够为网络服务提供者明显感知的位置的；

（二）对热播影视作品等的主题、内容主动进行选择、编辑、整理、推荐，或者为其设立专门的排行榜的；

（三）其他可以明显感知相关作品、表演、录音录像制品为未经许可提供，仍未采取合理措施的情形。

第十三条 网络服务提供者接到权利人以书信、传真、电子邮件等方式提交的通知及构成侵权的初步证据，未及时根据初步证据和服务类型采取必要措施的，人民法院应当认定其明知相关侵害信息网络传播权行为。

第十四条 人民法院认定网络服务提供者转送通知、采取必要措施是否及时，应当根据权利人提交通知的形式，通知的准确程度，采取措施的难易程度，网络服务的性质，所涉作品、表演、录音录像制品的类型、知名度、数量等因素综合判断。

第十五条 侵害信息网络传播权民事纠纷案件由侵权行为地或者被告住所地人民法院管辖。侵权行为地包括实施被诉侵权行为的网络服务器、计算机终端等设备所在地。侵权行为地和被告住所地均难以确定或者在境外的，原告发现侵权内容的计算机终端等设备所在地可以视为侵权行为地。

《最高人民法院印发〈关于审理涉电子商务平台知识产权民事案件的指导意见〉的通知》（法发〔2020〕32号　2020年9月10日）

三、电子商务平台经营者知道或者应当知道平台内经营者侵害知识产权的，应当根据权利的性质、侵权的具体情形和技术条件，以及构成侵权的初步证据、服务类型，及时采取必要措施。采取的必要措施应当遵循合理审慎的原则，包括但不限于删除、屏蔽、断开链接等下架措施。平台内经营者多次、故意侵害知识产权的，电子商务平台经营者有权采取终止交易和服务的措施。

四、依据电子商务法第四十一条、第四十二条、第四十三条的规定，电子商务平台经营者可以根据知识产权权利类型、商品或者服务的特点等，制定平台内通知与声明机制的具体执行措施。但是，有关措施不能对当事人依法维护权利的行为设置不合理的条件或者障碍。

五、知识产权权利人依据电子商务法第四十二条的规定，向电子商务平台经营者发出的通知一般包括：知识产权权利证明及权利人的真实身份信息；能够实现准确定位的被诉侵权商品或者服务信息；构成侵权的初步证据；通知真实性的书面保证等。通知应当采取书面形式。

通知涉及专利权的，电子商务平台经营者可以要求知识产权权利人提交技术特征或者设计特征对比的说明、实用新型或者外观设计专利权评价报告等材料。

六、人民法院认定通知人是否具有电子商务法第四十二条第三款所称的“恶意”，可以考量下列因素：提交伪造、变造的权利证明；提交虚假侵权对比的鉴定意见、专家意见；明知权利状态不稳定仍发出通知；明知通知错误仍不及时撤回或者更正；反复提交错误通知等。

电子商务平台经营者、平台内经营者以错误通知、恶意发出错误通知造成其损害为由，向人民法院提起诉讼的，可以与涉电子商务平台知识产权纠纷案件一并审理。

七、平台内经营者依据电子商务法第四十三条的规定，向电子商务平台经营者提交的不存在侵权行为的声明一般包括：平台内经营者的真实身份信息；能够实现准确定位、要求终止必要措施的商品或者服务信息；权属证明、授权证明等不存在侵权行为的初步证据；声明真实性的书面保证等。声明应当采取书面形式。

声明涉及专利权的，电子商务平台经营者可以要求平台内经营者提交技术特征或者设计特征对比的说明等材料。

八、人民法院认定平台内经营者发出声明是否具有恶意，可以考量下列因素：提供伪造或者无效的权利证明、授权证明；声明包含虚假信息或者具有明显误导性；通知已经附有认定侵权的生效裁判或者行政处理决定，仍发出声明；明知声明内容错误，仍不及时撤回或者更正等。

九、因情况紧急，电子商务平台经营者不立即采取商品下架等措施将会使其合法利益受到难以弥补的损害的，知识产权权利人可以依据《中华人民共和国民事诉讼法》第一百条、第一百零一条①的规定，向人民法院申请采取保全措施。

因情况紧急，电子商务平台经营者不立即恢复商品链接、通知人不立即撤回通知或者停止发送通知等行为将会使其合法利益受到难以弥补的损害的，平台内经营者可以依据前款所述法律规定，向人民法院申请采取保全措施。

知识产权权利人、平台内经营者的申请符合法律规定的，人民法院应当依法予以支持。

十、人民法院判断电子商务平台经营者是否采取了合理的措施，可以考量下列因素：构成侵权的初步证据；侵权成立的可能性；侵权行为的影响范围；侵权行为的具体情节，包括是否存在恶意侵权、重复侵权情形；防止损

① 现为《民事诉讼法》（2023年修正）第一百零三、一百零四条。

害扩大的有效性；对平台内经营者利益可能的影响；电子商务平台的服务类型和技术条件等。

平台内经营者有证据证明通知所涉专利权已经被国家知识产权局宣告无效，电子商务平台经营者据此暂缓采取必要措施，知识产权权利人请求认定电子商务平台经营者未及时采取必要措施的，人民法院不予支持。

十一、电子商务平台经营者存在下列情形之一的，人民法院可以认定其“应当知道”侵权行为的存在：

（一）未履行制定知识产权保护规则、审核平台内经营者经营资质等法定义务；

（二）未审核平台内店铺类型标注为“旗舰店”“品牌店”等字样的经营者的权利证明；

（三）未采取有效技术手段，过滤和拦截包含“高仿”“假货”等字样的侵权商品链接、被投诉成立后再次上架的侵权商品链接；

（四）其他未履行合理审查和注意义务的情形。

《最高人民法院关于加强中医药知识产权司法保护的意见》（法发〔2022〕34号 2022年12月21日）

8. 加强中医药著作权及相关权利保护。依法把握作品认定标准，加强对中医药配方、秘方、诊疗技术收集考证、挖掘整理形成的智力成果保护和创作者权益保护。依法保护对中医药古籍版本整理形成的成果，鼓励创作中医药文化和科普作品，推动中医药文化传承发展。加强中医药遗传资源、传统文化、传统知识、民间文艺等知识产权保护，促进非物质文化遗产的整理和利用。依法保护对中医药传统知识等进行整理、研究形成的数据资源，支持中医药传统知识保护数据库建设，推进中医药数据开发利用。

159. 商标权权属、侵权纠纷

（1）商标权权属纠纷

（2）侵害商标权纠纷

案由适用要点

［释义］商标权，又称商标专用权，是指商标所有人依据法律规定对其拥有的注册商标或者非注册商标所享有的占有、使用、收益和处分的权利，或者说排他的独占权。有下列行为之一的，均属侵犯注册商标专用权：（1）未经商标注册人的许可，在同一种商品上使用与其注册商标相同的商标的；（2）未经商标注册人的许可，在同一种商品上使用与其注册商标近似的商标，或者在类似商品上使用与其注册商标相同或者近似的商标，容易导致混

淆的；（3）销售侵犯注册商标专用权的商品的；（4）伪造、擅自制造他人注册商标标识或者销售伪造、擅自制造的注册商标标识的；（5）未经商标注册人同意，更换其注册商标并将该更换商标的商品又投入市场的；（6）故意为侵犯他人商标专用权行为提供便利条件，帮助他人实施侵犯商标专用权行为的；（7）给他人的注册商标专用权造成其他损害的。

［**管辖**］在我国，商标专用权因核准注册而产生，一般较少出现权属争议，但不排除当事人因合同等原因发生有关权属争议。如因合同原因发生商标权权属争议，应当根据《民事诉讼法》及其司法解释有关合同案件的管辖规则来确定案件的地域管辖。

对于一般民事侵权纠纷案件的地域管辖，根据《民事诉讼法》第29条的规定，因侵权行为提起的诉讼，由侵权行为地或者被告住所地人民法院管辖；上述侵权行为地，《民事诉讼法解释》第24条规定，《民事诉讼法》第29条规定的侵权行为地，包括侵权行为实施地、侵权结果发生地。对于侵害商标权纠纷案件的地域管辖，《最高人民法院关于审理商标民事纠纷案件适用法律若干问题的解释》作出了明确规定。该解释第6条规定，因侵犯注册商标专用权行为提起的民事诉讼，由《商标法》第13条、第57条所规定的侵权行为的实施地、侵权商品的储藏地或者查封扣押地、被告住所地人民法院管辖；侵权商品的储藏地，是指大量或者经常性储存、隐匿侵权商品所在地；查封扣押地，是指海关等行政机关依法查封、扣押侵权商品所在地。该解释第7条规定，对涉及不同侵权行为实施地的多个被告提起的共同诉讼，原告可以选择其中一个被告的侵权行为实施地人民法院管辖；仅对其中某一被告提起的诉讼，该被告侵权行为实施地的人民法院有管辖权。

对于商标民事纠纷案件的级别管辖，根据《最高人民法院关于审理商标案件有关管辖和法律适用范围问题的解释》第2条第3款、第4款规定，商标民事纠纷第一审案件，由中级以上人民法院管辖。各高级人民法院根据本辖区的实际情况，经最高人民法院批准，可以在较大城市确定1至2个基层人民法院受理第一审商标民事纠纷案件。该解释第3条规定，第一审商标民事纠纷案件，原则上由中级以上人民法院及最高人民法院指定的基层人民法院管辖，各高级人民法院根据本辖区的实际情况，经最高人民法院批准，可以指定基层人民法院管辖。

对于涉及驰名商标认定和保护案件的管辖，根据《最高人民法院关于涉及驰名商标认定的民事纠纷案件管辖问题的通知》，涉及驰名商标认定的民事纠纷案件，由省、自治区人民政府所在地的市、计划单列市中级人民法院，以及直辖市辖区内的中级人民法院管辖。其他中级人民法院管辖此类民事纠纷案件，需报经最高人民法院批准；未经批准的中级人民法院不再受理此类案件。

［**应注意的问题**］ 实践中商标权权属纠纷很少，即使有争议，一般也是涉及注册商标专用权的归属，当事人往往需要按照《商标法》的授权确权程序来解决争议。

实践中的商标民事纠纷一般是侵害商标权纠纷。按照《商标法》，商标可以按照不同标准作出划分，如分为商品商标、服务商标和集体商标、证明商标，或者分为文字商标、图形商标、文字与图形组合商标、立体商标等。鉴于在侵权案由上按照商标分类进一步细分的必要性不大，也难以按照一个标准细分，因此《民事案件案由规定》未对侵害商标专用权纠纷作出进一步细分，而是直接作为一个第四级案由。地理标志作为注册商标时，有关侵权纠纷可以确定为侵害商标专用权纠纷。

请求权基础规范指引

《中华人民共和国民法典》（2020 年）

第一百二十三条【知识产权的定义】 民事主体依法享有知识产权。

知识产权是权利人依法就下列客体享有的专有的权利：

（一）作品；

（二）发明、实用新型、外观设计；

（三）商标；

（四）地理标志；

（五）商业秘密；

（六）集成电路布图设计；

（七）植物新品种；

（八）法律规定的其他客体。

《中华人民共和国涉外民事关系法律适用法》（2010 年）

第五十条 知识产权的侵权责任，适用被请求保护地法律，当事人也可以在侵权行为发生后协议选择适用法院地法律。

《中华人民共和国电子商务法》（2018 年）

第四十二条 知识产权权利人认为其知识产权受到侵害的，有权通知电子商务平台经营者采取删除、屏蔽、断开链接、终止交易和服务等必要措施。通知应当包括构成侵权的初步证据。

电子商务平台经营者接到通知后，应当及时采取必要措施，并将该通知转送平台内经营者；未及时采取必要措施的，对损害的扩大部分与平台内经营者承担连带责任。

因通知错误造成平台内经营者损害的，依法承担民事责任。恶意发出错误通知，造成平台内经营者损失的，加倍承担赔偿责任。

第四十三条 平台内经营者接到转送的通知后，可以向电子商务平台经营者提交不存在侵权行为的声明。声明应当包括不存在侵权行为的初步证据。

电子商务平台经营者接到声明后，应当将该声明转送发出通知的知识产权权利人，并告知其可以向有关主管部门投诉或者向人民法院起诉。电子商务平台经营者在转送声明到达知识产权权利人后十五日内，未收到权利人已经投诉或者起诉通知的，应当及时终止所采取的措施。

第四十四条 电子商务平台经营者应当及时公示收到的本法第四十二条、第四十三条规定的通知、声明及处理结果。

第四十五条 电子商务平台经营者知道或者应当知道平台内经营者侵犯知识产权的，应当采取删除、屏蔽、断开链接、终止交易和服务等必要措施；未采取必要措施的，与侵权人承担连带责任。

《中华人民共和国商标法》（2019 年修正）

第五十六条 注册商标的专用权，以核准注册的商标和核定使用的商品为限。

《中华人民共和国商标法实施条例》（2014 年修订）

第七十五条 为侵犯他人商标专用权提供仓储、运输、邮寄、印制、隐匿、经营场所、网络商品交易平台等，属于商标法第五十七条第六项规定的提供便利条件。

第七十六条 在同一种商品或者类似商品上将与他人注册商标相同或者近似的标志作为商品名称或者商品装潢使用，误导公众的，属于商标法第五十七条第二项规定的侵犯注册商标专用权的行为。

第七十八条 计算商标法第六十条规定的违法经营额，可以考虑下列因素：

（一）侵权商品的销售价格；

（二）未销售侵权商品的标价；

（三）已查清侵权商品实际销售的平均价格；

（四）被侵权商品的市场中间价格；

（五）侵权人因侵权所产生的营业收入；

（六）其他能够合理计算侵权商品价值的因素。

《最高人民法院关于审理商标民事纠纷案件适用法律若干问题的解释》（2020 年 12 月 23 日修正）

第一条 下列行为属于商标法第五十七条第（七）项规定的给他人注册商标专用权造成其他损害的行为：

（一）将与他人注册商标相同或者相近似的文字作为企业的字号在相同或者类似商品上突出使用，容易使相关公众产生误认的；

（二）复制、摹仿、翻译他人注册的驰名商标或其主要部分在不相同或者不相类似商品上作为商标使用，误导公众，致使该驰名商标注册人的利益可能受到损害的；

（三）将与他人注册商标相同或者相近似的文字注册为域名，并且通过该域名进行相关商品交易的电子商务，容易使相关公众产生误认的。

第二条 依据商标法第十三条第二款的规定，复制、摹仿、翻译他人未在中国注册的驰名商标或其主要部分，在相同或者类似商品上作为商标使用，容易导致混淆的，应当承担停止侵害的民事法律责任。

《最高人民法院关于加强中医药知识产权司法保护的意见》（法发〔2022〕34号 2022年12月21日）

4. 加强中医药商业标志保护。加强中医药驰名商标、传统品牌和老字号司法保护，依法妥善处理历史遗留问题，促进中医药品牌传承发展。依法制裁中医药领域商标恶意注册行为，坚决惩治恶意诉讼，遏制权利滥用，努力营造诚实守信的社会环境。严厉打击中医药商标侵权行为，切实保障权利人合法权益，促进中医药品牌建设。

160. 专利权权属、侵权纠纷

（1）专利申请权权属纠纷
（2）专利权权属纠纷
（3）侵害发明专利权纠纷
（4）侵害实用新型专利权纠纷
（5）侵害外观设计专利权纠纷
（6）假冒他人专利纠纷
（7）发明专利临时保护期使用费纠纷
（8）职务发明创造发明人、设计人奖励、报酬纠纷
（9）发明创造发明人、设计人署名权纠纷
（10）标准必要专利使用费纠纷

案由适用要点

［释义］ 专利申请权是指单位就职务发明创造或者设计人、发明人就其非职务发明创造所享有的申请专利的权利和对该专利申请在授权审查程序中依法所享有的权利。专利申请权纠纷通常发生在专利申请尚未授权的阶段。专利权是指作出发明创造的人所依法享有的在法定期限内独占其发明创造的权利，是一种独占权或专有权，能够据以排除他人对该发明创造的利用。

在我国，专利权实际上包含发明专利权、实用新型专利权和外观设计专

利权三种。发明是指对产品、方法或者其改进所提出的新的技术方案，发明专利权即是指对上述新的技术方案所授予的专利权。实用新型是指对产品的形状、构造或者其结合所提出的适于实用的新的技术方案，实用新型专利权即是指对上述新的技术方案所授予的专利权。外观设计是指对产品的形状、图案或者其结合以及色彩与形状、图案的结合所作出的富有美感并适于工业应用的新设计，外观设计专利权即是指对上述新设计所授予的专利权。依据侵害的客体不同，可分别确定为侵害发明专利权纠纷、侵害实用新型专利权纠纷、侵害外观设计专利权纠纷。

假冒他人专利，包括下列行为：（1）在未被授予专利权的产品或者其包装上标注专利标识，专利权被宣告无效后或者终止后继续在产品或者其包装上标注专利标识，或者未经许可在产品或者产品包装上标注他人的专利号；（2）销售第（1）项所述产品；（3）在产品说明书等材料中将未被授予专利权的技术或者设计称为专利技术或者专利设计，将专利申请称为专利，或者未经许可使用他人的专利号，使公众将所涉及的技术或者设计误认为是专利技术或者专利设计；（4）伪造或者变造专利证书、专利文件或者专利申请文件；（5）其他使公众混淆，将未被授予专利权的技术或者设计误认为是专利技术或者专利设计的行为。

发明专利临时保护期使用费，是指专利申请人或者专利权人可以要求实施其发明的单位或个人就其在发明专利申请公布后至授予专利权期间实施该发明支付的适当费用。

职务发明创造发明人、设计人奖励、报酬，是指被授予专利权的单位应当对职务发明创造的发明人或者设计人给予奖励，以及在发明创造专利实施后，应当根据其推广应用的范围和取得的经济效益，对发明人或者设计人给予的合理的报酬。

发明创造发明人、设计人署名权，是指发明人或者设计人享有的在专利文件中写明自己是发明人或者设计人的权利。

所谓标准必要专利，是指包含在国际标准、国家标准和行业标准中，且在实施标准时必须适用的专利。标准必要专利使用费，是专利权人许可他人实施必要专利的许可条件，也即他人实施必要专利时所应当向专利权人支付的费用。

[管辖] 地域管辖方面，专利权权属、侵权纠纷案件的情况较为复杂，需要区分不同的情况。其中，有关专利权权属纠纷，按照发生纠纷的原因，可分为因合同关系引发的纠纷和因侵权行为引发的纠纷。因此，对于专利申请权权属纠纷和专利权权属纠纷案件的地域管辖，应当区分权属争议发生的原因，分别依据《民事诉讼法》及其司法解释有关合同和侵权案件的管辖规则

来确定案件管辖。具体而言，《民事诉讼法》第 24 条规定，因合同纠纷提起的诉讼，由被告住所地或者合同履行地人民法院管辖；第 29 条规定，因侵权行为提起的诉讼，由侵权行为地或者被告住所地人民法院管辖。《民事诉讼法解释》第 18 条规定，合同约定履行地点的，以约定的履行地点为合同履行地。合同对履行地点没有约定或者约定不明确，争议标的为给付货币的，接收货币一方所在地为合同履行地；交付不动产的，不动产所在地为合同履行地；其他标的，履行义务一方所在地为合同履行地；即时结清的合同，交易行为地为合同履行地。合同没有实际履行，当事人双方住所地都不在合同约定的履行地的，由被告住所地人民法院管辖。该解释第 24 条规定，《民事诉讼法》第 29 条规定的侵权行为地，包括侵权行为实施地、侵权结果发生地。

有关侵害发明专利权纠纷、侵害实用新型专利权纠纷和侵害外观设计专利权纠纷案件的地域管辖，应根据《最高人民法院关于审理专利纠纷案件适用法律问题的若干规定》的有关具体规定确定管辖。其中根据第 2 条的规定，因侵犯专利权行为提起的诉讼，由侵权行为地或者被告住所地人民法院管辖。侵权行为地包括：被诉侵犯发明、实用新型专利权的产品的制造、使用、许诺销售、销售、进口等行为的实施地；专利方法使用行为的实施地；依照该专利方法直接获得的产品的使用、许诺销售、销售、进口等行为的实施地；外观设计专利产品的制造、许诺销售、销售、进口等行为的实施地；假冒他人专利的行为实施地，以及上述侵权行为的侵权结果发生地。第 3 条规定，原告仅对侵权产品制造者提起诉讼，未起诉销售者，侵权产品制造地与销售地不一致的，制造地人民法院有管辖权；以制造者与销售者为共同被告起诉的，销售地人民法院有管辖权。销售者是制造者分支机构，原告在销售地起诉侵权产品制造者制造、销售行为的，销售地人民法院有管辖权。

假冒他人专利纠纷的地域管辖，根据《最高人民法院关于审理专利纠纷案件适用法律问题的若干规定》第 2 条的规定，由侵权行为地或者被告住所地人民法院管辖，其中侵权行为地包括假冒他人专利的行为实施地和上述侵权行为的侵权结果发生地。

对于发明专利临时保护期使用费纠纷、职务发明创造发明人、设计人奖励、报酬纠纷和发明创造发明人、设计人署名权纠纷案件的地域管辖，目前尚没有明确的法律规定，原则上可以参照上述有关侵害专利权纠纷案件的管辖规定确定地域管辖。

对于标准必要专利使用费纠纷案件的地域管辖，目前尚没有明确的法律规定。因单纯的标准必要专利使用费纠纷本质上属于合同纠纷，通常可按照合同纠纷管辖的一般原则确立管辖。实践中，许可标的所在地，专利实施地、合同签订地、合同履行地等均可以作为管辖连接点依据。此外，标准必要专利使用费纠纷经常与专利侵权纠纷、垄断纠纷等具有事实上的相互关联，而在同一诉讼中被同时提起，在此情况下，只要符合管辖的基本原则，通常情况下不宜对地域管辖作出严苛的限制，各案由均可作为确立管辖法院的依据。

级别管辖方面，作为技术类知识产权纠纷案件，专利权权属、侵权纠纷案件的级别管辖具有特殊性。修订前的《最高人民法院关于审理专利纠纷案件适用法律问题的若干规定》第2条规定，专利纠纷第一审案件，由各省、自治区、直辖市人民政府所在地的中级人民法院和最高人民法院指定的中级人民法院管辖。最高人民法院根据实际情况，可以指定基层人民法院管辖第一审专利纠纷案件，现该条规定已被删除。《全国人民代表大会常务委员会关于专利等知识产权案件诉讼程序若干问题的决定》第1条规定，当事人对发明专利、实用新型专利等专业技术性较强的知识产权民事案件第一审判决、裁定不服，提起上诉的，由最高人民法院审理。《最高人民法院关于知识产权法庭若干问题的规定》第2条第1款规定，（1）专利、植物新品种、集成电路布图设计授权确权行政上诉案件；（2）发明专利、植物新品种、集成电路布图设计权属、侵权民事和行政上诉案件；（3）重大、复杂的实用新型专利、技术秘密、计算机软件权属、侵权民事和行政上诉案件；（4）垄断民事和行政上诉案件，由最高人民法院知识产权法庭审理。第14条规定，本规定施行前经批准可以受理专利等第一审民事和行政案件的基层人民法院，不再受理上述案件。据此，专利权权属、侵权纠纷第一审民事案件，由各高级人民法院、各知识产权法院、各省、自治区、直辖市人民政府所在地的中级人民法院和最高人民法院指定的中级人民法院管辖，基层法院不再受理上述案件。目前，全国范围内具有专利民事纠纷第一审案件管辖权的高级人民法院、知识产权法院和中级人民法院共计有70余家。

[应注意的问题] 实践中，专利申请人为尽快获得专利权，经常针对同一技术成果同时申请实用新型专利权和发明专利权，因实用新型专利权不需要经过实质审查，通常可较快获得专利权保护。此后，可通过放弃在先获得的实用新型专利权而获得在后的发明专利权授权，以此来获得对专利技术成果的更完备的保护。此时，对于侵权行为发生在实用新型专利获得授权的阶段而持续到发明专利授权之后的纠纷，可以直接确定为侵害发明专利权纠纷。

专利侵权诉讼中还包括一种特殊类型的诉讼，即确认不侵害专利权之诉，该类诉讼从本质上也属于专利侵权诉讼，其实质审查的内容与侵害专利权之诉相同，均为判断产品或方法是否落入专利权保护范围。但在侵害专利权诉讼中，原告通常会提出包括停止侵害、赔偿损失等给付请求，而确认不侵权之诉则不应有给付请求内容。实践中，针对同一专利权的侵权诉讼和确认不侵害专利权诉讼，基于其审查对象的一致性，可合并审理。

专利申请权权属纠纷和专利权权属纠纷是由争议发生时技术成果的法律状态来确定的。如果争议发生在已经提出专利申请但尚未获得授权的阶段，应当确定为专利申请权权属纠纷；如果发生在专利已经获得授权之后的阶段，则应当确定为专利权权属纠纷。实践中，有关权属纠纷多涉及职务发明创造与非职务发明创造的界定以及合作开发或者委托开发完成的发明创造的成果权属认定。在涉及职务发明创造时，值得注意的情况是，如果发明人所完成的技术成果，既属于执行原单位的工作任务，又主要利用现在单位的物质技术条件的时候，应当如何确定权属。对此，《最高人民法院关于审理技术合同纠纷案件适用法律若干问题的解释》第 5 条作出了明确规定，个人完成的技术成果，属于执行原所在法人或者非法人组织的工作任务，又主要利用了现所在法人或者非法人组织的物质技术条件的，应当按照该自然人原所在和现所在法人或者非法人组织达成的协议确认权益。不能达成协议的，根据对完成该项技术成果的贡献大小由双方合理分享。实践中，在处理此类纠纷时，需要依据案件具体情况灵活适用。此外，专利申请权权属纠纷和专利权权属纠纷在性质上并不属于专利侵权纠纷，因此不适用关于侵权人应当赔偿权利人为制止侵权行为所支付的合理开支的相关规定。

假冒他人专利行为一般并不属于侵害专利权的行为，而更多的是一种侵害《专利法》第 16 条第 2 款规定的所谓的专利标记权的行为。如果原告主张被告既存在假冒其专利权的行为，同时也侵害了其专利权，应当分别确定为假冒他人专利纠纷和侵害专利权纠纷。

依据《专利法》第 39 条、第 40 条的规定，专利权自授权公告之日起生效。因此，发明专利临时保护期使用费纠纷只能在发明专利权被公告授予之后才可以提出，但其在性质上不属于侵害专利权纠纷。对于被诉侵权人在专利授权前后存在持续行为的，应当分别确定为发明专利临时保护期使用费纠纷和侵害发明专利权纠纷，但通常应当合并审理。

《专利法》上的职务发明创造与《民法典》第三编第 20 章规定的职务技术成果的概念并不完全一致，而是具有从属关系。职务发明创造的概念仅针对提出专利申请或者获得专利授权的技术成果，职务技术成果则不限于此，而包括所有技术成果。《专利法》有关职务发明创造的规定属于特别法的规定，应当优先适用。但对于《专利法》和《专利法实施细则》中未囊括在内，而《民法典》及《最高人民法院关于审理技术合同纠纷案件适用法律若干问题的解释》等有明确规定的，也当然可以适用相关的明确规定。例如，对于“本单位的物质技术条件”，《专利法实施细则》规定，是指本单位的资金、设备、零部件、原材料或者不对外公开的技术资料等。《最高人民法院关于审理技术合同纠纷案件适用法律若干问题的解释》第 3 条规定，《民法典》第 847 条第 2 款所称“物质技术条件”，包括资金、设备、器材、原材料、未公开的技术信息和资料等。上述解释比《专利法实施细则》的规定更为全面，则认定是否属于本单位的物质技术条件，可以直接适用上述解释的相关规定。职务发明创造发明人、设计人奖励、报酬纠纷和发明创造发明人、设计人署名权纠纷均涉及专利或者专利申请，有关的发明人、设计人的权利主要与身份有关。因此，《民事案件案由规定》将职务发明创造发明人、设计人奖励、报酬纠纷和涉及专利的发明创造发明人、设计人署名权纠纷统一纳入专利权权属、侵权纠纷，而不再作为专利合同纠纷。

标准必要专利使用费纠纷如果因与专利侵权纠纷、垄断纠纷等相互关联而被同时主张，应当同时分别确定案由。

请求权基础规范指引

《中华人民共和国民法典》（2020 年）

第一百二十三条【知识产权的定义】 民事主体依法享有知识产权。

知识产权是权利人依法就下列客体享有的专有的权利：

（一）作品；

（二）发明、实用新型、外观设计；

（三）商标；

（四）地理标志；

（五）商业秘密；

（六）集成电路布图设计；

（七）植物新品种；

（八）法律规定的其他客体。

第一百七十九条【承担民事责任的方式】 承担民事责任的方式主要有：

（一）停止侵害；

（二）排除妨碍；

（三）消除危险；

（四）返还财产；

（五）恢复原状；

（六）修理、重作、更换；

（七）继续履行；

（八）赔偿损失；

（九）支付违约金；

（十）消除影响、恢复名誉；

（十一）赔礼道歉。

法律规定惩罚性赔偿的，依照其规定。

本条规定的承担民事责任的方式，可以单独适用，也可以合并适用。

《中华人民共和国涉外民事关系法律适用法》（2010 年）

第五十条 知识产权的侵权责任，适用被请求保护地法律，当事人也可以在侵权行为发生后协议选择适用法院地法律。

《中华人民共和国电子商务法》（2018 年）

第四十二条 知识产权权利人认为其知识产权受到侵害的，有权通知电子商务平台经营者采取删除、屏蔽、断开链接、终止交易和服务等必要措施。通知应当包括构成侵权的初步证据。

电子商务平台经营者接到通知后，应当及时采取必要措施，并将该通知转送平台内经营者；未及时采取必要措施的，对损害的扩大部分与平台内经营者承担连带责任。

因通知错误造成平台内经营者损害的，依法承担民事责任。恶意发出错误通知，造成平台内经营者损失的，加倍承担赔偿责任。

第四十三条 平台内经营者接到转送的通知后，可以向电子商务平台经营者提交不存在侵权行为的声明。声明应当包括不存在侵权行为的初步证据。

电子商务平台经营者接到声明后，应当将该声明转送发出通知的知识产权权利人，并告知其可以向有关主管部门投诉或者向人民法院起诉。电子商务平台经营者在转送声明到达知识产权权利人后十五日内，未收到权利人已经投诉或者起诉通知的，应当及时终止所采取的措施。

第四十四条 电子商务平台经营者应当及时公示收到的本法第四十二条、第四十三条规定的通知、声明及处理结果。

第四十五条 电子商务平台经营者知道或者应当知道平台内经营者侵犯知识产权的，应当采取删除、屏蔽、断开链接、终止交易和服务等必要措施；未采取必要措施的，与侵权人承担连带责任。

《中华人民共和国专利法》（2020 年修正）

第六条 执行本单位的任务或者主要是利用本单位的物质技术条件所完成的发明创造为职务发明创造。职务发明创造申请专利的权利属于该单位，申请被批准后，该单位为专利权人。该单位可以依法处置其职务发明创造申请专利的权利和专利权，促进相关发明创造的实施和运用。

非职务发明创造，申请专利的权利属于发明人或者设计人；申请被批准后，该发明人或者设计人为专利权人。

利用本单位的物质技术条件所完成的发明创造，单位与发明人或者设计人订有合同，对申请专利的权利和专利权的归属作出约定的，从其约定。

第八条 两个以上单位或者个人合作完成的发明创造、一个单位或者个人接受其他单位或者个人委托所完成的发明创造，除另有协议的以外，申请专利的权利属于完成或者共同完成的单位或者个人；申请被批准后，申请的单位或者个人为专利权人。

第十一条　发明和实用新型专利权被授予后，除本法另有规定的以外，任何单位或者个人未经专利权人许可，都不得实施其专利，即不得为生产经营目的制造、使用、许诺销售、销售、进口其专利产品，或者使用其专利方法以及使用、许诺销售、销售、进口依照该专利方法直接获得的产品。

外观设计专利权被授予后，任何单位或者个人未经专利权人许可，都不得实施其专利，即不得为生产经营目的制造、许诺销售、销售、进口其外观设计专利产品。

第十五条　被授予专利权的单位应当对职务发明创造的发明人或者设计人给予奖励；发明创造专利实施后，根据其推广应用的范围和取得的经济效益，对发明人或者设计人给予合理的报酬。

国家鼓励被授予专利权的单位实行产权激励，采取股权、期权、分红等方式，使发明人或者设计人合理分享创新收益。

第六十五条　未经专利权人许可，实施其专利，即侵犯其专利权，引起纠纷的，由当事人协商解决；不愿协商或者协商不成的，专利权人或者利害关系人可以向人民法院起诉，也可以请求管理专利工作的部门处理。管理专利工作的部门处理时，认定侵权行为成立的，可以责令侵权人立即停止侵权行为，当事人不服的，可以自收到处理通知之日起十五日内依照《中华人民共和国行政诉讼法》向人民法院起诉；侵权人期满不起诉又不停止侵权行为的，管理专利工作的部门可以申请人民法院强制执行。进行处理的管理专利工作的部门应当事人的请求，可以就侵犯专利权的赔偿数额进行调解；调解不成的，当事人可以依照《中华人民共和国民事诉讼法》向人民法院起诉。

第六十六条　专利侵权纠纷涉及新产品制造方法的发明专利的，制造同样产品的单位或者个人应当提供其产品制造方法不同于专利方法的证明。

专利侵权纠纷涉及实用新型专利或者外观设计专利的，人民法院或者管理专利工作的部门可以要求专利权人或者利害关系人出具由国务院专利行政部门对相关实用新型或者外观设计进行检索、分析和评价后作出的专利权评价报告，作为审理、处理专利侵权纠纷的证据；专利权人、利害关系人或者被控侵权人也可以主动出具专利权评价报告。

第六十七条　在专利侵权纠纷中，被控侵权人有证据证明其实施的技术或者设计属于现有技术或者现有设计的，不构成侵犯专利权。

第六十八条　假冒专利的，除依法承担民事责任外，由负责专利执法的部门责令改正并予公告，没收违法所得，可以处违法所得五倍以下的罚款；没有违法所得或者违法所得在五万元以下的，可以处二十五万元以下的罚款；

构成犯罪的，依法追究刑事责任。

第七十一条 侵犯专利权的赔偿数额按照权利人因被侵权所受到的实际损失或者侵权人因侵权所获得的利益确定；权利人的损失或者侵权人获得的利益难以确定的，参照该专利许可使用费的倍数合理确定。对故意侵犯专利权，情节严重的，可以在按照上述方法确定数额的一倍以上五倍以下确定赔偿数额。

权利人的损失、侵权人获得的利益和专利许可使用费均难以确定的，人民法院可以根据专利权的类型、侵权行为的性质和情节等因素，确定给予三万元以上五百万元以下的赔偿。

赔偿数额还应当包括权利人为制止侵权行为所支付的合理开支。

人民法院为确定赔偿数额，在权利人已经尽力举证，而与侵权行为相关的账簿、资料主要由侵权人掌握的情况下，可以责令侵权人提供与侵权行为相关的账簿、资料；侵权人不提供或者提供虚假的账簿、资料的，人民法院可以参考权利人的主张和提供的证据判定赔偿数额。

《中华人民共和国专利法实施细则》（2023 年修订）

第十四条 专利法所称发明人或者设计人，是指对发明创造的实质性特点作出创造性贡献的人。在完成发明创造过程中，只负责组织工作的人、为物质技术条件的利用提供方便的人或者从事其他辅助工作的人，不是发明人或者设计人。

第一百零一条 下列行为属于专利法第六十八条规定的假冒专利的行为：

（一）在未被授予专利权的产品或者其包装上标注专利标识，专利权被宣告无效后或者终止后继续在产品或者其包装上标注专利标识，或者未经许可在产品或者产品包装上标注他人的专利号；

（二）销售第（一）项所述产品；

（三）在产品说明书等材料中将未被授予专利权的技术或者设计称为专利技术或者专利设计，将专利申请称为专利，或者未经许可使用他人的专利号，使公众将所涉及的技术或者设计误认为是专利技术或者专利设计；

（四）伪造或者变造专利证书、专利文件或者专利申请文件；

（五）其他使公众混淆，将未被授予专利权的技术或者设计误认为是专利技术或者专利设计的行为。

专利权终止前依法在专利产品、依照专利方法直接获得的产品或者其包装上标注专利标识，在专利权终止后许诺销售、销售该产品的，不属于假冒专利行为。

销售不知道是假冒专利的产品，并且能够证明该产品合法来源的，由县级以上负责专利执法的部门责令停止销售。

《最高人民法院关于审理侵犯专利权纠纷案件应用法律若干问题的解释》（法释〔2009〕21号　2009年12月28日）

第五条　对于仅在说明书或者附图中描述而在权利要求中未记载的技术方案，权利人在侵犯专利权纠纷案件中将其纳入专利权保护范围的，人民法院不予支持。

第六条　专利申请人、专利权人在专利授权或者无效宣告程序中，通过对权利要求、说明书的修改或者意见陈述而放弃的技术方案，权利人在侵犯专利权纠纷案件中又将其纳入专利权保护范围的，人民法院不予支持。

第十二条　将侵犯发明或者实用新型专利权的产品作为零部件，制造另一产品的，人民法院应当认定属于专利法第十一条规定的使用行为；销售该另一产品的，人民法院应当认定属于专利法第十一条规定的销售行为。

将侵犯外观设计专利权的产品作为零部件，制造另一产品并销售的，人民法院应当认定属于专利法第十一条规定的销售行为，但侵犯外观设计专利权的产品在该另一产品中仅具有技术功能的除外。

对于前两款规定的情形，被诉侵权人之间存在分工合作的，人民法院应当认定为共同侵权。

第十三条　对于使用专利方法获得的原始产品，人民法院应当认定为专利法第十一条规定的依照专利方法直接获得的产品。

对于将上述原始产品进一步加工、处理而获得后续产品的行为，人民法院应当认定属于专利法第十一条规定的使用依照该专利方法直接获得的产品。

第十四条　被诉落入专利权保护范围的全部技术特征，与一项现有技术方案中的相应技术特征相同或者无实质性差异的，人民法院应当认定被诉侵权人实施的技术属于专利法第六十二条规定的现有技术。

被诉侵权设计与一个现有设计相同或者无实质性差异的，人民法院应当认定被诉侵权人实施的设计属于专利法第六十二条规定的现有设计。

第十五条　被诉侵权人以非法获得的技术或者设计主张先用权抗辩的，人民法院不予支持。

有下列情形之一的，人民法院应当认定属于专利法第六十九条第（二）项规定的已经作好制造、使用的必要准备：

（一）已经完成实施发明创造所必需的主要技术图纸或者工艺文件；

（二）已经制造或者购买实施发明创造所必需的主要设备或者原材料。

专利法第六十九条第（二）项规定的原有范围，包括专利申请日前已有的生产规模以及利用已有的生产设备或者根据已有的生产准备可以达到的生产规模。

先用权人在专利申请日后将其已经实施或作好实施必要准备的技术或设

计转让或者许可他人实施，被诉侵权人主张该实施行为属于在原有范围内继续实施的，人民法院不予支持，但该技术或设计与原有企业一并转让或者承继的除外。

第十六条 人民法院依据专利法第六十五条第一款的规定确定侵权人因侵权所获得的利益，应当限于侵权人因侵犯专利权行为所获得的利益；因其他权利所产生的利益，应当合理扣除。

侵犯发明、实用新型专利权的产品系另一产品的零部件的，人民法院应当根据该零部件本身的价值及其在实现成品利润中的作用等因素合理确定赔偿数额。

侵犯外观设计专利权的产品为包装物的，人民法院应当按照包装物本身的价值及其在实现被包装产品利润中的作用等因素合理确定赔偿数额。

第十七条 产品或者制造产品的技术方案在专利申请日以前为国内外公众所知的，人民法院应当认定该产品不属于专利法第六十一条第一款规定的新产品。

第十八条 权利人向他人发出侵犯专利权的警告，被警告人或者利害关系人经书面催告权利人行使诉权，自权利人收到该书面催告之日起一个月内或者自书面催告发出之日起二个月内，权利人不撤回警告也不提起诉讼，被警告人或者利害关系人向人民法院提起请求确认其行为不侵犯专利权的诉讼的，人民法院应当受理。

第十九条 被诉侵犯专利权行为发生在2009年10月1日以前的，人民法院适用修改前的专利法；发生在2009年10月1日以后的，人民法院适用修改后的专利法。

被诉侵犯专利权行为发生在2009年10月1日以前且持续到2009年10月1日以后，依据修改前和修改后的专利法的规定侵权人均应承担赔偿责任的，人民法院适用修改后的专利法确定赔偿数额。

《最高人民法院关于审理专利纠纷案件适用法律问题的若干规定》（2020年12月23日修正）

第四条 对申请日在2009年10月1日前（不含该日）的实用新型专利提起侵犯专利权诉讼，原告可以出具由国务院专利行政部门作出的检索报告；对申请日在2009年10月1日以后的实用新型或者外观设计专利提起侵犯专利权诉讼，原告可以出具由国务院专利行政部门作出的专利权评价报告。根据案件审理需要，人民法院可以要求原告提交检索报告或者专利权评价报告。原告无正当理由不提交的，人民法院可以裁定中止诉讼或者判令原告承担可能的不利后果。

侵犯实用新型、外观设计专利权纠纷案件的被告请求中止诉讼的，应当在答辩期内对原告的专利权提出宣告无效的请求。

第五条　人民法院受理的侵犯实用新型、外观设计专利权纠纷案件，被告在答辩期间内请求宣告该项专利权无效的，人民法院应当中止诉讼，但具备下列情形之一的，可以不中止诉讼：

（一）原告出具的检索报告或者专利权评价报告未发现导致实用新型或者外观设计专利权无效的事由的；

（二）被告提供的证据足以证明其使用的技术已经公知的；

（三）被告请求宣告该项专利权无效所提供的证据或者依据的理由明显不充分的；

（四）人民法院认为不应当中止诉讼的其他情形。

第六条　人民法院受理的侵犯实用新型、外观设计专利权纠纷案件，被告在答辩期间届满后请求宣告该项专利权无效的，人民法院不应当中止诉讼，但经审查认为有必要中止诉讼的除外。

第七条　人民法院受理的侵犯发明专利权纠纷案件或者经国务院专利行政部门审查维持专利权的侵犯实用新型、外观设计专利权纠纷案件，被告在答辩期间内请求宣告该项专利权无效的，人民法院可以不中止诉讼。

第八条　人民法院决定中止诉讼，专利权人或者利害关系人请求责令被告停止有关行为或者采取其他制止侵权损害继续扩大的措施，并提供了担保，人民法院经审查符合有关法律规定的，可以在裁定中止诉讼的同时一并作出有关裁定。

第十一条　人民法院受理的侵犯专利权纠纷案件，涉及权利冲突的，应当保护在先依法享有权利的当事人的合法权益。

第十二条　专利法第二十三条第三款所称的合法权利，包括就作品、商标、地理标志、姓名、企业名称、肖像，以及有一定影响的商品名称、包装、装潢等享有的合法权利或者权益。

第十三条　专利法第五十九条第一款所称的“发明或者实用新型专利权的保护范围以其权利要求的内容为准，说明书及附图可以用于解释权利要求的内容”，是指专利权的保护范围应当以权利要求记载的全部技术特征所确定的范围为准，也包括与该技术特征相等同的特征所确定的范围。

等同特征，是指与所记载的技术特征以基本相同的手段，实现基本相同的功能，达到基本相同的效果，并且本领域普通技术人员在被诉侵权行为发生时无需经过创造性劳动就能够联想到的特征。

第十四条　专利法第六十五条规定的权利人因被侵权所受到的实际损失可以根据专利权人的专利产品因侵权所造成销售量减少的总数乘以每件专利产品的合理利润所得之积计算。权利人销售量减少的总数难以确定的，侵权产品在市场上销售的总数乘以每件专利产品的合理利润所得之积可以视为权利人因被侵权所受到的实际损失。

专利法第六十五条规定的侵权人因侵权所获得的利益可以根据该侵权产品在市场上销售的总数乘以每件侵权产品的合理利润所得之积计算。侵权人因侵权所获得的利益一般按照侵权人的营业利润计算，对于完全以侵权为业的侵权人，可以按照销售利润计算。

第十五条 权利人的损失或者侵权人获得的利益难以确定，有专利许可使用费可以参照的，人民法院可以根据专利权的类型、侵权行为的性质和情节、专利许可的性质、范围、时间等因素，参照该专利许可使用费的倍数合理确定赔偿数额；没有专利许可使用费可以参照或者专利许可使用费明显不合理的，人民法院可以根据专利权的类型、侵权行为的性质和情节等因素，依照专利法第六十五条第二款的规定确定赔偿数额。

第十六条 权利人主张其为制止侵权行为所支付合理开支的，人民法院可以在专利法第六十五条确定的赔偿数额之外另行计算。

第十七条 侵犯专利权的诉讼时效为三年，自专利权人或者利害关系人知道或者应当知道权利受到损害以及义务人之日起计算。权利人超过三年起诉的，如果侵权行为在起诉时仍在继续，在该项专利权有效期内，人民法院应当判决被告停止侵权行为，侵权损害赔偿数额应当自权利人向人民法院起诉之日起向前推算三年计算。

第十八条 专利法第十一条、第六十九条所称的许诺销售，是指以做广告、在商店橱窗中陈列或者在展销会上展出等方式作出销售商品的意思表示。

第十九条 人民法院受理的侵犯专利权纠纷案件，已经过管理专利工作的部门作出侵权或者不侵权认定的，人民法院仍应当就当事人的诉讼请求进行全面审查。

《最高人民法院关于审理侵犯专利权纠纷案件应用法律若干问题的解释（二）》（2020 年 12 月 23 日修正）

第一条 权利要求书有两项以上权利要求的，权利人应当在起诉状中载明据以起诉被诉侵权人侵犯其专利权的权利要求。起诉状对此未记载或者记载不明的，人民法院应当要求权利人明确。经释明，权利人仍不予明确的，人民法院可以裁定驳回起诉。

第二条 权利人在专利侵权诉讼中主张的权利要求被国务院专利行政部门宣告无效的，审理侵犯专利权纠纷案件的人民法院可以裁定驳回权利人基于该无效权利要求的起诉。

有证据证明宣告上述权利要求无效的决定被生效的行政判决撤销的，权利人可以另行起诉。

专利权人另行起诉的，诉讼时效期间从本条第二款所称行政判决书送达之日起计算。

第三条 因明显违反专利法第二十六条第三款、第四款导致说明书无法用于解释权利要求，且不属于本解释第四条规定的情形，专利权因此被请求宣告无效的，审理侵犯专利权纠纷案件的人民法院一般应当裁定中止诉讼；在合理期限内专利权未被请求宣告无效的，人民法院可以根据权利要求的记载确定专利权的保护范围。

第四条 权利要求书、说明书及附图中的语法、文字、标点、图形、符号等存有歧义，但本领域普通技术人员通过阅读权利要求书、说明书及附图可以得出唯一理解的，人民法院应当根据该唯一理解予以认定。

第五条 在人民法院确定专利权的保护范围时，独立权利要求的前序部分、特征部分以及从属权利要求的引用部分、限定部分记载的技术特征均有限定作用。

第六条 人民法院可以运用与涉案专利存在分案申请关系的其他专利及其专利审查档案、生效的专利授权确权裁判文书解释涉案专利的权利要求。

专利审查档案，包括专利审查、复审、无效程序中专利申请人或者专利权人提交的书面材料，国务院专利行政部门制作的审查意见通知书、会晤记录、口头审理记录、生效的专利复审请求审查决定书和专利权无效宣告请求审查决定书等。

第七条 被诉侵权技术方案在包含封闭式组合物权利要求全部技术特征的基础上增加其他技术特征的，人民法院应当认定被诉侵权技术方案未落入专利权的保护范围，但该增加的技术特征属于不可避免的常规数量杂质的除外。

前款所称封闭式组合物权利要求，一般不包括中药组合物权利要求。

第八条 功能性特征，是指对于结构、组分、步骤、条件或其之间的关系等，通过其在发明创造中所起的功能或者效果进行限定的技术特征，但本领域普通技术人员仅通过阅读权利要求即可直接、明确地确定实现上述功能或者效果的具体实施方式的除外。

与说明书及附图记载的实现前款所称功能或者效果不可缺少的技术特征相比，被诉侵权技术方案的相应技术特征是以基本相同的手段，实现相同的功能，达到相同的效果，且本领域普通技术人员在被诉侵权行为发生时无需经过创造性劳动就能够联想到的，人民法院应当认定该相应技术特征与功能性特征相同或者等同。

第九条 被诉侵权技术方案不能适用于权利要求中使用环境特征所限定的使用环境的，人民法院应当认定被诉侵权技术方案未落入专利权的保护范围。

第十条 对于权利要求中以制备方法界定产品的技术特征，被诉侵权产品的制备方法与其不相同也不等同的，人民法院应当认定被诉侵权技术方案未落入专利权的保护范围。

第十一条 方法权利要求未明确记载技术步骤的先后顺序，但本领域普通技术人员阅读权利要求书、说明书及附图后直接、明确地认为该技术步骤应当按照特定顺序实施的，人民法院应当认定该步骤顺序对于专利权的保护范围具有限定作用。

第十二条 权利要求采用“至少”“不超过”等用语对数值特征进行界定，且本领域普通技术人员阅读权利要求书、说明书及附图后认为专利技术方案特别强调该用语对技术特征的限定作用，权利人主张与其不相同的数值特征属于等同特征的，人民法院不予支持。

第十三条 权利人证明专利申请人、专利权人在专利授权确权程序中对权利要求书、说明书及附图的限缩性修改或者陈述被明确否定的，人民法院应当认定该修改或者陈述未导致技术方案的放弃。

第十四条 人民法院在认定一般消费者对于外观设计所具有的知识水平和认知能力时，一般应当考虑被诉侵权行为发生时授权外观设计所属相同或者相近种类产品的设计空间。设计空间较大的，人民法院可以认定一般消费者通常不容易注意到不同设计之间的较小区别；设计空间较小的，人民法院可以认定一般消费者通常更容易注意到不同设计之间的较小区别。

第十五条 对于成套产品的外观设计专利，被诉侵权设计与其一项外观设计相同或者近似的，人民法院应当认定被诉侵权设计落入专利权的保护范围。

第十六条 对于组装关系唯一的组件产品的外观设计专利，被诉侵权设计与其组合状态下的外观设计相同或者近似的，人民法院应当认定被诉侵权设计落入专利权的保护范围。

对于各构件之间无组装关系或者组装关系不唯一的组件产品的外观设计专利，被诉侵权设计与其全部单个构件的外观设计均相同或者近似的，人民法院应当认定被诉侵权设计落入专利权的保护范围；被诉侵权设计缺少其单个构件的外观设计或者与之不相同也不近似的，人民法院应当认定被诉侵权设计未落入专利权的保护范围。

第十七条 对于变化状态产品的外观设计专利，被诉侵权设计与变化状态图所示各种使用状态下的外观设计均相同或者近似的，人民法院应当认定被诉侵权设计落入专利权的保护范围；被诉侵权设计缺少其一种使用状态下的外观设计或者与之不相同也不近似的，人民法院应当认定被诉侵权设计未落入专利权的保护范围。

第十八条 权利人依据专利法第十三条诉请在发明专利申请公布日至授权公告日期间实施该发明的单位或者个人支付适当费用的，人民法院可以参照有关专利许可使用费合理确定。

发明专利申请公布时申请人请求保护的范围与发明专利公告授权时的专利权保护范围不一致，被诉技术方案均落入上述两种范围的，人民法院应当认定被告在前款所称期间内实施了该发明；被诉技术方案仅落入其中一种范围的，人民法院应当认定被告在前款所称期间内未实施该发明。

发明专利公告授权后，未经专利权人许可，为生产经营目的使用、许诺销售、销售在本条第一款所称期间内已由他人制造、销售、进口的产品，且该他人已支付或者书面承诺支付专利法第十三条规定的适当费用的，对于权利人关于上述使用、许诺销售、销售行为侵犯专利权的主张，人民法院不予支持。

第十九条 产品买卖合同依法成立的，人民法院应当认定属于专利法第十一条规定的销售。

第二十条 对于将依照专利方法直接获得的产品进一步加工、处理而获得的后续产品，进行再加工、处理的，人民法院应当认定不属于专利法第十一条规定的“使用依照该专利方法直接获得的产品”。

第二十一条 明知有关产品系专门用于实施专利的材料、设备、零部件、中间物等，未经专利权人许可，为生产经营目的将该产品提供给他人实施了侵犯专利权的行为，权利人主张该提供者的行为属于民法典第一千一百六十九条规定的帮助他人实施侵权行为的，人民法院应予支持。

明知有关产品、方法被授予专利权，未经专利权人许可，为生产经营目的积极诱导他人实施了侵犯专利权的行为，权利人主张该诱导者的行为属于民法典第一千一百六十九条规定的教唆他人实施侵权行为的，人民法院应予支持。

第二十二条 对于被诉侵权人主张的现有技术抗辩或者现有设计抗辩，人民法院应当依照专利申请日时施行的专利法界定现有技术或者现有设计。

第二十三条 被诉侵权技术方案或者外观设计落入在先的涉案专利权的保护范围，被诉侵权人以其技术方案或者外观设计被授予专利权为由抗辩不侵犯涉案专利权的，人民法院不予支持。

第二十四条 推荐性国家、行业或者地方标准明示所涉必要专利的信息，被诉侵权人以实施该标准无需专利权人许可为由抗辩不侵犯该专利权的，人民法院一般不予支持。

推荐性国家、行业或者地方标准明示所涉必要专利的信息，专利权人、被诉侵权人协商该专利的实施许可条件时，专利权人故意违反其在标准制定中承诺的公平、合理、无歧视的许可义务，导致无法达成专利实施许可合同，且被诉侵权人在协商中无明显过错的，对于权利人请求停止标准实施行为的主张，人民法院一般不予支持。

本条第二款所称实施许可条件，应当由专利权人、被诉侵权人协商确定。经充分协商，仍无法达成一致的，可以请求人民法院确定。人民法院在确定上述实施许可条件时，应当根据公平、合理、无歧视的原则，综合考虑专利的创新程度及其在标准中的作用、标准所属的技术领域、标准的性质、标准实施的范围和相关的许可条件等因素。

法律、行政法规对实施标准中的专利另有规定的，从其规定。

《最高人民法院关于审理技术合同纠纷案件适用法律若干问题的解释》（2020 年 12 月 23 日修正）

第一条 技术成果，是指利用科学技术知识、信息和经验作出的涉及产品、工艺、材料及其改进等的技术方案，包括专利、专利申请、技术秘密、计算机软件、集成电路布图设计、植物新品种等。

技术秘密，是指不为公众所知悉、具有商业价值并经权利人采取相应保密措施的技术信息。

第二条 民法典第八百四十七条第二款所称“执行法人或者非法人组织的工作任务”，包括：

（一）履行法人或者非法人组织的岗位职责或者承担其交付的其他技术开发任务；

（二）离职后一年内继续从事与其原所在法人或者非法人组织的岗位职责或者交付的任务有关的技术开发工作，但法律、行政法规另有规定的除外。

法人或者非法人组织与其职工就职工在职期间或者离职以后所完成的技术成果的权益有约定的，人民法院应当依约定确认。

第三条 民法典第八百四十七条第二款所称“物质技术条件”，包括资金、设备、器材、原材料、未公开的技术信息和资料等。

第四条 民法典第八百四十七条第二款所称“主要是利用法人或者非法人组织的物质技术条件”，包括职工在技术成果的研究开发过程中，全部或者大部分利用了法人或者非法人组织的资金、设备、器材或者原材料等物质条件，并且这些物质条件对形成该技术成果具有实质性的影响；还包括该技术成果实质性内容是在法人或者非法人组织尚未公开的技术成果、阶段性技术成果基础上完成的情形。但下列情况除外：

（一）对利用法人或者非法人组织提供的物质技术条件，约定返还资金或者交纳使用费的；

（二）在技术成果完成后利用法人或者非法人组织的物质技术条件对技术方案进行验证、测试的。

《最高人民法院印发〈关于审理涉电子商务平台知识产权民事案件的指导意见〉的通知》（法发〔2020〕32号 2020年9月10日）

三、电子商务平台经营者知道或者应当知道平台内经营者侵害知识产权的，应当根据权利的性质、侵权的具体情形和技术条件，以及构成侵权的初步证据、服务类型，及时采取必要措施。采取的必要措施应当遵循合理审慎的原则，包括但不限于删除、屏蔽、断开链接等下架措施。平台内经营者多次、故意侵害知识产权的，电子商务平台经营者有权采取终止交易和服务的措施。

四、依据电子商务法第四十一条、第四十二条、第四十三条的规定，电子商务平台经营者可以根据知识产权权利类型、商品或者服务的特点等，制定平台内通知与声明机制的具体执行措施。但是，有关措施不能对当事人依法维护权利的行为设置不合理的条件或者障碍。

五、知识产权权利人依据电子商务法第四十二条的规定，向电子商务平台经营者发出的通知一般包括：知识产权权利证明及权利人的真实身份信息；能够实现准确定位的被诉侵权商品或者服务信息；构成侵权的初步证据；通知真实性的书面保证等。通知应当采取书面形式。

通知涉及专利权的，电子商务平台经营者可以要求知识产权权利人提交技术特征或者设计特征对比的说明、实用新型或者外观设计专利权评价报告等材料。

六、人民法院认定通知人是否具有电子商务法第四十二条第三款所称的“恶意”，可以考量下列因素：提交伪造、变造的权利证明；提交虚假侵权对比的鉴定意见、专家意见；明知权利状态不稳定仍发出通知；明知通知错误仍不及时撤回或者更正；反复提交错误通知等。

电子商务平台经营者、平台内经营者以错误通知、恶意发出错误通知造成其损害为由，向人民法院提起诉讼的，可以与涉电子商务平台知识产权纠纷案件一并审理。

七、平台内经营者依据电子商务法第四十三条的规定，向电子商务平台经营者提交的不存在侵权行为的声明一般包括：平台内经营者的真实身份信息；能够实现准确定位、要求终止必要措施的商品或者服务信息；权属证明、授权证明等不存在侵权行为的初步证据；声明真实性的书面保证等。声明应当采取书面形式。

声明涉及专利权的，电子商务平台经营者可以要求平台内经营者提交技术特征或者设计特征对比的说明等材料。

八、人民法院认定平台内经营者发出声明是否具有恶意，可以考量下列因素：提供伪造或者无效的权利证明、授权证明；声明包含虚假信息或者具有明显误导性；通知已经附有认定侵权的生效裁判或者行政处理决定，仍发出声明；明知声明内容错误，仍不及时撤回或者更正等。

九、因情况紧急，电子商务平台经营者不立即采取商品下架等措施将会使其合法利益受到难以弥补的损害的，知识产权权利人可以依据《中华人民共和国民事诉讼法》第一百条、第一百零一条①的规定，向人民法院申请采取保全措施。

因情况紧急，电子商务平台经营者不立即恢复商品链接、通知人不立即撤回通知或者停止发送通知等行为将会使其合法利益受到难以弥补的损害的，平台内经营者可以依据前款所述法律规定，向人民法院申请采取保全措施。

知识产权权利人、平台内经营者的申请符合法律规定的，人民法院应当依法予以支持。

十、人民法院判断电子商务平台经营者是否采取了合理的措施，可以考量下列因素：构成侵权的初步证据；侵权成立的可能性；侵权行为的影响范围；侵权行为的具体情节，包括是否存在恶意侵权、重复侵权情形；防止损害扩大的有效性；对平台内经营者利益可能的影响；电子商务平台的服务类型和技术条件等。

平台内经营者有证据证明通知所涉专利权已经被国家知识产权局宣告无效，电子商务平台经营者据此暂缓采取必要措施，知识产权权利人请求认定电子商务平台经营者未及时采取必要措施的，人民法院不予支持。

十一、电子商务平台经营者存在下列情形之一的，人民法院可以认定其“应当知道”侵权行为的存在：

（一）未履行制定知识产权保护规则、审核平台内经营者经营资质等法定义务；

（二）未审核平台内店铺类型标注为“旗舰店”“品牌店”等字样的经营者的权利证明；

（三）未采取有效技术手段，过滤和拦截包含“高仿”“假货”等字样的侵权商品链接、被投诉成立后再次上架的侵权商品链接；

（四）其他未履行合理审查和注意义务的情形。

《最高人民法院关于涉及发明专利等知识产权合同纠纷案件上诉管辖问题的通知》（法〔2022〕127 号　2022 年 4 月 27 日）

地方各级人民法院（含各知识产权法院）自 2022 年 5 月 1 日起作出的涉

---

① 现为《民事诉讼法》（2023 年修正）第一百零三、一百零四条。

及发明专利、实用新型专利、植物新品种、集成电路布图设计、技术秘密、计算机软件的知识产权合同纠纷第一审裁判，应当在裁判文书中告知当事人，如不服裁判，上诉于上一级人民法院。

《最高人民法院关于加强中医药知识产权司法保护的意见》（法发〔2022〕34号 2022年12月21日）

3. 加强中医药专利保护。遵循中医药发展规律，准确把握中医药创新特点，完善中医药领域专利司法保护规则。正确把握中药组合物、中药提取物、中药剂型、中药制备方法、中医中药设备、医药用途等不同主题专利特点，依法加强中医药专利授权确权行政行为的司法审查，促进行政执法标准与司法裁判标准统一，不断满足中医药专利保护需求。结合中医药传统理论和行业特点，合理确定中医药专利权保护范围，完善侵权判断标准。严格落实药品专利纠纷早期解决机制，促进中药专利侵权纠纷及时解决。

161. 植物新品种权权属、侵权纠纷

（1）植物新品种申请权权属纠纷

（2）植物新品种权权属纠纷

（3）侵害植物新品种权纠纷

（4）植物新品种临时保护期使用费纠纷

案由适用要点

［释义］ 植物新品种是指经过人工培育的或者对发现的野生植物加以开发，具备新颖性、特异性、一致性和稳定性并有适当命名的植物品种。

植物新品种申请权，单位就其职工所完成的职务育种或者完成育种的个人就其非职务育种所享有的申请植物新品种的权利和对该植物新品种申请在授权审查程序中依法所享有的权利。

植物新品种权，是指完成育种的单位或者个人对其授权品种享有的排他的独占权。该纠纷指双方当事人就植物新品种权归谁所有而引发的纠纷。

侵害植物新品种权纠纷，指双方当事人因侵犯植物新品种权及其有关权益而引发的纠纷。

临时保护的前提条件是品种被授权，即在品种被授权的情况下，才对此前公布的该品种给予延伸保护。因此，品种授权后，在临时保护期内未经许可为商业目的生产、销售授权品种繁殖材料的单位或个人应向品种权人支付相应的使用费。因此，相关纠纷应当作为侵害植物新品种权纠纷确定案由。

［管辖］ 对于侵害植物新品种权纠纷案件的级别管辖，依照《最高人民法院关于审理植物新品种纠纷案件若干问题的解释》第3条规定，人民法院受

理的植物新品种申请权权属纠纷、植物新品种权权属纠纷、侵害植物新品种权纠纷、植物新品种临时保护期使用费纠纷等植物新品种权权属、侵权纠纷案件，由知识产权法院，各省、自治区、直辖市人民政府所在地和最高人民法院指定的中级人民法院作为第一审人民法院审理。当事人对植物新品种纠纷民事、行政案件第一审判决、裁定不服，提起上诉的，由最高人民法院审理。

对于北京、上海、广州、海南自由贸易港而言，植物新品种权权属、侵权纠纷案件的管辖，又有一定的特殊性。根据《最高人民法院关于北京、上海、广州知识产权法院案件管辖的规定》第 1 条的规定，有关植物新品种权权属、侵权纠纷第一审案件，在北京、上海、广州辖区，全部由相应的北京、上海、广州知识产权法院受理。依照上述规定第 7 条，当事人对知识产权法院作出的第一审判决、裁定提起的上诉案件和依法申请上一级法院复议的案件，由知识产权法院所在地的高级人民法院知识产权审判庭审理，但依法应由最高人民法院审理的除外。另外，依照《全国人民代表大会常务委员会关于设立海南自由贸易港知识产权法院的决定》第 2 条规定，海南自由贸易港知识产权法院有权管辖海南省有关植物新品种纠纷的第一审知识产权民事案件。

依照《最高人民法院关于知识产权法庭若干问题的规定》第 2 条第 1 款的规定，（1）专利、植物新品种、集成电路布图设计授权确权行政上诉案件；（2）发明专利、植物新品种、集成电路布图设计权属、侵权民事和行政上诉案件；（3）重大、复杂的实用新型专利、技术秘密、计算机软件权属、侵权民事和行政上诉案件；（4）垄断民事和行政上诉案件，由最高人民法院知识产权法庭审理。

对于植物新品种申请权和植物新品种权属纠纷案件的地域管辖，应当区别权属争议发生的原因是合同关系还是侵权行为，分别确定案件管辖。对于一般民事侵权纠纷案件的管辖，依照《民事诉讼法》第 29 条的规定，因侵权行为提起的诉讼，由侵权行为地或者被告住所地人民法院管辖；上述侵权行为地，依照《民事诉讼法解释》第 24 条的规定，包括侵权行为实施地和侵权结果发生地。对于侵害植物新品种权纠纷而言，依照《最高人民法院关于审理植物新品种纠纷案件若干问题的解释》第 4 条规定，以侵权行为地确定人民法院管辖的侵害植物新品种权的民事案件，其所称的侵权行为地，是指未经品种权所有人许可，生产、繁殖或者销售该授权植物新品种的繁殖材料的所在地，或者为商业目的将该授权品种的繁殖材料重复使用于生产另一品种的繁殖材料的所在地。

［**应注意的问题**］《最高人民法院关于审理植物新品种纠纷案件若干问题

的解释》第1条规定了人民法院受理的植物新品种纠纷案件的类型，其中涉及《民事案件案由规定》案由的是第6、7、10、13项。

对于假冒植物新品种的行为，尽管《植物新品种保护条例》未规定民事责任，但有关的纠纷也应当作为侵害植物新品种权纠纷确定案由。

请求权基础规范指引

《中华人民共和国民法典》（2020年）

第一百二十三条【知识产权的定义】 民事主体依法享有知识产权。

知识产权是权利人依法就下列客体享有的专有的权利：

（一）作品；

（二）发明、实用新型、外观设计；

（三）商标；

（四）地理标志；

（五）商业秘密；

（六）集成电路布图设计；

（七）植物新品种；

（八）法律规定的其他客体。

第八百四十七条【职务技术成果的财产权权属】 职务技术成果的使用权、转让权属于法人或者非法人组织的，法人或者非法人组织可以就该项职务技术成果订立技术合同。法人或者非法人组织订立技术合同转让职务技术成果时，职务技术成果的完成人享有以同等条件优先受让的权利。

职务技术成果是执行法人或者非法人组织的工作任务，或者主要是利用法人或者非法人组织的物质技术条件所完成的技术成果。

第八百四十八条【非职务技术成果的财产权权属】 非职务技术成果的使用权、转让权属于完成技术成果的个人，完成技术成果的个人可以就该项非职务技术成果订立技术合同。

第八百五十九条【委托开发合同的技术成果归属】 委托开发完成的发明创造，除法律另有规定或者当事人另有约定外，申请专利的权利属于研究开发人。研究开发人取得专利权的，委托人可以依法实施该专利。

研究开发人转让专利申请权的，委托人享有以同等条件优先受让的权利。

第八百六十条【合作开发合同的技术成果归属】 合作开发完成的发明创造，申请专利的权利属于合作开发的当事人共有；当事人一方转让其共有的专利申请权的，其他各方享有以同等条件优先受让的权利。但是，当事人另有约定的除外。

合作开发的当事人一方声明放弃其共有的专利申请权的，除当事人另有约定外，可以由另一方单独申请或者由其他各方共同申请。申请人取得专利权的，放弃专利申请权的一方可以免费实施该专利。

合作开发的当事人一方不同意申请专利的，另一方或者其他各方不得申请专利。

第八百六十一条【技术秘密成果归属与分享】 委托开发或者合作开发完成的技术秘密成果的使用权、转让权以及收益的分配办法，由当事人约定；没有约定或者约定不明确，依据本法第五百一十条的规定仍不能确定的，在没有相同技术方案被授予专利权前，当事人均有使用和转让的权利。但是，委托开发的研究开发人不得在向委托人交付研究开发成果之前，将研究开发成果转让给第三人。

《中华人民共和国种子法》（2021 年修正）

第二十五条 国家实行植物新品种保护制度。对国家植物品种保护名录内经过人工选育或者发现的野生植物加以改良，具备新颖性、特异性、一致性、稳定性和适当命名的植物品种，由国务院农业农村、林业草原主管部门授予植物新品种权，保护植物新品种权所有人的合法权益。植物新品种权的内容和归属、授予条件、申请和受理、审查与批准，以及期限、终止和无效等依照本法、有关法律和行政法规规定执行。

国家鼓励和支持种业科技创新、植物新品种培育及成果转化。取得植物新品种权的品种得到推广应用的，育种者依法获得相应的经济利益。

第二十六条 一个植物新品种只能授予一项植物新品种权。两个以上的申请人分别就同一个品种申请植物新品种权的，植物新品种权授予最先申请的人；同时申请的，植物新品种权授予最先完成该品种育种的人。

对违反法律，危害社会公共利益、生态环境的植物新品种，不授予植物新品种权。

第二十七条 授予植物新品种权的植物新品种名称，应当与相同或者相近的植物属或者种中已知品种的名称相区别。该名称经授权后即为该植物新品种的通用名称。

下列名称不得用于授权品种的命名：

（一）仅以数字表示的；

（二）违反社会公德的；

（三）对植物新品种的特征、特性或者育种者身份等容易引起误解的。

同一植物品种在申请新品种保护、品种审定、品种登记、推广、销售时只能使用同一个名称。生产推广、销售的种子应当与申请植物新品种保护、品种审定、品种登记时提供的样品相符。

第二十八条 植物新品种权所有人对其授权品种享有排他的独占权。植物新品种权所有人可以将植物新品种权许可他人实施，并按照合同约定收取许可使用费；许可使用费可以采取固定价款、从推广收益中提成等方式收取。

任何单位或者个人未经植物新品种权所有人许可，不得生产、繁殖和为繁殖而进行处理、许诺销售、销售、进口、出口以及为实施上述行为储存该授权品种的繁殖材料，不得为商业目的将该授权品种的繁殖材料重复使用于生产另一品种的繁殖材料。本法、有关法律、行政法规另有规定的除外。

实施前款规定的行为，涉及由未经许可使用授权品种的繁殖材料而获得的收获材料的，应当得到植物新品种权所有人的许可；但是，植物新品种权所有人对繁殖材料已有合理机会行使其权利的除外。

对实质性派生品种实施第二款、第三款规定行为的，应当征得原始品种的植物新品种权所有人的同意。

实质性派生品种制度的实施步骤和办法由国务院规定。

第二十九条 在下列情况下使用授权品种的，可以不经植物新品种权所有人许可，不向其支付使用费，但不得侵犯植物新品种权所有人依照本法、有关法律、行政法规享有的其他权利：

（一）利用授权品种进行育种及其他科研活动；

（二）农民自繁自用授权品种的繁殖材料。

第三十条 为了国家利益或者社会公共利益，国务院农业农村、林业草原主管部门可以作出实施植物新品种权强制许可的决定，并予以登记和公告。

取得实施强制许可的单位或者个人不享有独占的实施权，并且无权允许他人实施。

第七十二条 违反本法第二十八条规定，有侵犯植物新品种权行为的，由当事人协商解决，不愿协商或者协商不成的，植物新品种权所有人或者利害关系人可以请求县级以上人民政府农业农村、林业草原主管部门进行处理，也可以直接向人民法院提起诉讼。

县级以上人民政府农业农村、林业草原主管部门，根据当事人自愿的原则，对侵犯植物新品种权所造成的损害赔偿可以进行调解。调解达成协议的，当事人应当履行；当事人不履行协议或者调解未达成协议的，植物新品种权所有人或者利害关系人可以依法向人民法院提起诉讼。

侵犯植物新品种权的赔偿数额按照权利人因被侵权所受到的实际损失确定；实际损失难以确定的，可以按照侵权人因侵权所获得的利益确定。权利人的损失或者侵权人获得的利益难以确定的，可以参照该植物新品种权许可使用费的倍数合理确定。故意侵犯植物新品种权，情节严重的，可以在按照上述方法确定数额的一倍以上五倍以下确定赔偿数额。

权利人的损失、侵权人获得的利益和植物新品种权许可使用费均难以确定的，人民法院可以根据植物新品种权的类型、侵权行为的性质和情节等因素，确定给予五百万元以下的赔偿。

赔偿数额应当包括权利人为制止侵权行为所支付的合理开支。

县级以上人民政府农业农村、林业草原主管部门处理侵犯植物新品种权案件时，为了维护社会公共利益，责令侵权人停止侵权行为，没收违法所得和种子；货值金额不足五万元的，并处一万元以上二十五万元以下罚款；货值金额五万元以上的，并处货值金额五倍以上十倍以下罚款。

假冒授权品种的，由县级以上人民政府农业农村、林业草原主管部门责令停止假冒行为，没收违法所得和种子；货值金额不足五万元的，并处一万元以上二十五万元以下罚款；货值金额五万元以上的，并处货值金额五倍以上十倍以下罚款。

第七十三条 当事人就植物新品种的申请权和植物新品种权的权属发生争议的，可以向人民法院提起诉讼。

《中华人民共和国植物新品种保护条例》（2014 年修订）

第七条 执行本单位的任务或者主要是利用本单位的物质条件所完成的职务育种，植物新品种的申请权属于该单位；非职务育种，植物新品种的申请权属于完成育种的个人。申请被批准后，品种权属于申请人。

委托育种或者合作育种，品种权的归属由当事人在合同中约定；没有合同约定的，品种权属于受委托完成或者共同完成育种的单位或者个人。

第八条 一个植物新品种只能授予一项品种权。两个以上的申请人分别就同一个植物新品种申请品种权的，品种权授予最先申请的人；同时申请的，品种权授予最先完成该植物新品种育种的人。

第三十三条 品种权被授予后，在自初步审查合格公告之日起至被授予品种权之日止的期间，对未经申请人许可，为商业目的生产或者销售该授权品种的繁殖材料的单位和个人，品种权人享有追偿的权利。

第三十九条 未经品种权人许可，以商业目的生产或者销售授权品种的繁殖材料的，品种权人或者利害关系人可以请求省级以上人民政府农业、林业行政部门依据各自的职权进行处理，也可以直接向人民法院提起诉讼。

省级以上人民政府农业、林业行政部门依据各自的职权，根据当事人自愿的原则，对侵权所造成的损害赔偿可以进行调解。调解达成协议的，当事人应当履行；调解未达成协议的，品种权人或者利害关系人可以依照民事诉讼程序向人民法院提起诉讼。

省级以上人民政府农业、林业行政部门依据各自的职权处理品种权侵权案件时，为维护社会公共利益，可以责令侵权人停止侵权行为，没收违法所得和植物品种繁殖材料；货值金额 5 万元以上的，可处货值金额 1 倍以上 5 倍以下的罚款；没有货值金额或者货值金额 5 万元以下的，根据情节轻重，可处25万元以下的罚款。

第四十条　假冒授权品种的，由县级以上人民政府农业、林业行政部门依据各自的职权责令停止假冒行为，没收违法所得和植物品种繁殖材料；货值金额5万元以上的，处货值金额1倍以上5倍以下的罚款；没有货值金额或者货值金额5万元以下的，根据情节轻重，处25万元以下的罚款；情节严重，构成犯罪的，依法追究刑事责任。

《中华人民共和国植物新品种保护条例实施细则（农业部分）》（2014年修订）

第七条　《条例》第七条所称执行本单位任务所完成的职务育种是指下列情形之一：

（一）在本职工作中完成的育种；

（二）履行本单位交付的本职工作之外的任务所完成的育种；

（三）退职、退休或者调动工作后，3年内完成的与其在原单位承担的工作或者原单位分配的任务有关的育种。

《条例》第七条所称本单位的物质条件是指本单位的资金、仪器设备、试验场地以及单位所有的尚未允许公开的育种材料和技术资料等。

第八条　《条例》第八条所称完成新品种育种的人是指完成新品种育种的单位或者个人（以下简称育种者）。

第九条　完成新品种培育的人员（以下简称培育人）是指对新品种培育作出创造性贡献的人。仅负责组织管理工作、为物质条件的利用提供方便或者从事其他辅助工作的人不能被视为培育人。

第十条　一个植物新品种只能被授予一项品种权。

一个植物新品种由两个以上申请人分别于同一日内提出品种权申请的，由申请人自行协商确定申请权的归属；协商不能达成一致意见的，品种保护办公室可以要求申请人在指定期限内提供证据，证明自己是最先完成该新品种育种的人。逾期未提供证据的，视为撤回申请；所提供证据不足以作为判定依据的，品种保护办公室驳回申请。

《最高人民法院关于审理植物新品种纠纷案件若干问题的解释》（2020年12月23日修正）

第一条　人民法院受理的植物新品种纠纷案件主要包括以下几类：

（一）植物新品种申请驳回复审行政纠纷案件；

（二）植物新品种权无效行政纠纷案件；

（三）植物新品种权更名行政纠纷案件；

（四）植物新品种权强制许可纠纷案件；

（五）植物新品种权实施强制许可使用费纠纷案件；

（六）植物新品种申请权权属纠纷案件；
（七）植物新品种权权属纠纷案件；
（八）植物新品种申请权转让合同纠纷案件；
（九）植物新品种权转让合同纠纷案件；
（十）侵害植物新品种权纠纷案件；
（十一）假冒他人植物新品种权纠纷案件；
（十二）植物新品种培育人署名权纠纷案件；
（十三）植物新品种临时保护期使用费纠纷案件；
（十四）植物新品种行政处罚纠纷案件；
（十五）植物新品种行政复议纠纷案件；
（十六）植物新品种行政赔偿纠纷案件；
（十七）植物新品种行政奖励纠纷案件；
（十八）其他植物新品种权纠纷案件。

162. 集成电路布图设计专有权权属、侵权纠纷

（1）集成电路布图设计专有权权属纠纷
（2）侵害集成电路布图设计专有权纠纷

案由适用要点

[释义] 集成电路布图设计专有权，是指布图设计权利人享有的下列专有权：（1）对受保护的布图设计的全部或者其中任何具有独创性的部分进行复制；（2）将受保护的布图设计、含有该布图设计的集成电路或者含有该集成电路的物品投入商业利用。该纠纷指当事人之间就集成电路布图设计专用权归谁所有而引发的纠纷。

侵害集成电路布图设计专有权纠纷指集成电路布图设计权利人就是否侵害其集成电路布图设计专用权而引发的纠纷。

[管辖] 对于集成电路布图设计专有权权属、侵害集成电路布图设计专有权纠纷案件的级别管辖，依照《最高人民法院关于开展涉及集成电路布图设计案件审判工作的通知》规定，集成电路布图设计专有权权属、侵害集成电路布图设计专有权纠纷案件第一审案件，由各省、自治区、直辖市人民政府所在地、经济特区所在地的中级人民法院和最高人民法院指定的中级人民法院管辖。

对于北京、上海、广州、海南自由贸易港而言，集成电路布图设计专有权权属、侵权纠纷案件的管辖，又有一定的特殊性。依照《最高人民法院关于北京、上海、广州知识产权法院案件管辖的规定》第 1 条的规定，知识产

权法院所在市辖区内有关集成电路布图设计专有权权属、侵权纠纷第一审案件，全部由相应的北京、上海、广州知识产权法院管辖；依照上述规定第7条，当事人对知识产权法院作出的第一审判决、裁定提起的上诉案件和依法申请上一级法院复议的案件，由知识产权法院所在地的高级人民法院知识产权审判庭审理，但依法应由最高人民法院审理的除外。另外，依照《全国人民代表大会常务委员会关于设立海南自由贸易港知识产权法院的决定》第2条规定，海南自由贸易港知识产权法院有权管辖海南省有关集成电路布图设计纠纷的第一审知识产权民事案件。

依照《最高人民法院关于知识产权法庭若干问题的规定》第2条第1款的规定，(1) 专利、植物新品种、集成电路布图设计授权确权行政上诉案件；(2) 发明专利、植物新品种、集成电路布图设计权属、侵权民事和行政上诉案件；(3) 重大、复杂的实用新型专利、技术秘密、计算机软件权属、侵权民事和行政上诉案件；(4) 垄断民事和行政上诉案件，由最高人民法院知识产权法庭审理。

对于集成电路布图设计专有权权属、侵权纠纷案件的地域管辖，应当区别权属争议发生的原因是合同关系还是侵权行为，分别确定案件管辖。对于一般民事侵权纠纷案件的管辖，根据《民事诉讼法》第29条的规定，因侵权行为提起的诉讼，由侵权行为地或者被告住所地人民法院管辖。上述侵权行为地，包括侵权行为实施地和侵权结果发生地。对于侵害集成电路布图设计纠纷而言，目前没有明确的法律规定，可以参照专利纠纷案件确定。

[**应注意的问题**]《最高人民法院关于开展涉及集成电路布图设计案件审判工作的通知》第1条列举了11类集成电路布图设计纠纷。其中，第1项和第3项属于《民事案件案由规定》在本条确定的案由。也就是说，广义上的集成电路布图设计专有权纠纷应当包括所有因集成电路布图设计专有权而发生的纠纷，但本条规定所称的集成电路布图设计专有权权属、侵权纠纷不包括有关的合同纠纷、行政纠纷和临时措施案件。

《集成电路布图设计保护条例》第8条规定："布图设计专有权经国务院知识产权行政部门登记产生。未经登记的布图设计不受本条例保护。"但是，对于集成电路布图设计的保护，在一定意义上讲更接近于对著作权的保护，因此《集成电路布图设计保护条例》也没有规定集成电路布图设计申请权的问题。对因集成电路布图设计有关技术成果权利归属发生的纠纷，可以统一确定为集成电路布图设计专有权权属纠纷。对于未作为第四级案由列出的其他有关集成电路布图设计的纠纷，如创作人的奖励、报酬纠纷和创作人的署名权纠纷等，按照案由确定规则，可以直接确定为集成电路布图设计专有权权属纠纷。

侵害集成电路布图设计专有权的行为包括两种：一种是对受保护的布图设计的全部或者其中任何具有独创性的部分进行复制的行为；另一种是将受保护的布图设计、含有该布图设计的集成电路或者含有该集成电路的物品投入商业利用的行为。

实践中可能也会出现假冒他人集成电路布图设计的纠纷，对此按照案由确定规则，可以直接确定为侵害集成电路布图设计专有权纠纷。

请求权基础规范指引

《中华人民共和国民法典》（2020年）

第一百二十三条【知识产权的定义】 民事主体依法享有知识产权。

知识产权是权利人依法就下列客体享有的专有的权利：

（一）作品；

（二）发明、实用新型、外观设计；

（三）商标；

（四）地理标志；

（五）商业秘密；

（六）集成电路布图设计；

（七）植物新品种；

（八）法律规定的其他客体。

《集成电路布图设计保护条例》（2001年）

第七条 布图设计权利人享有下列专有权：

（一）对受保护的布图设计的全部或者其中任何具有独创性的部分进行复制；

（二）将受保护的布图设计、含有该布图设计的集成电路或者含有该集成电路的物品投入商业利用。

第八条 布图设计专有权经国务院知识产权行政部门登记产生。

未经登记的布图设计不受本条例保护。

第九条 布图设计专有权属于布图设计创作者，本条例另有规定的除外。

由法人或者其他组织主持，依据法人或者其他组织的意志而创作，并由法人或者其他组织承担责任的布图设计，该法人或者其他组织是创作者。

由自然人创作的布图设计，该自然人是创作者。

第十条 两个以上自然人、法人或者其他组织合作创作的布图设计，其专有权的归属由合作者约定；未作约定或者约定不明的，其专有权由合作者共同享有。

第十一条 受委托创作的布图设计，其专有权的归属由委托人和受托人双方约定；未作约定或者约定不明的，其专有权由受托人享有。

第十三条　布图设计专有权属于自然人的，该自然人死亡后，其专有权在本条例规定的保护期内依照继承法的规定转移。

布图设计专有权属于法人或者其他组织的，法人或者其他组织变更、终止后，其专有权在本条例规定的保护期内由承继其权利、义务的法人或者其他组织享有；没有承继其权利、义务的法人或者其他组织的，该布图设计进入公有领域。

第二十三条　下列行为可以不经布图设计权利人许可，不向其支付报酬：

（一）为个人目的或者单纯为评价、分析、研究、教学等目的而复制受保护的布图设计的；

（二）在依据前项评价、分析受保护的布图设计的基础上，创作出具有独创性的布图设计的；

（三）对自己独立创作的与他人相同的布图设计进行复制或者将其投入商业利用的。

第二十七条　取得使用布图设计非自愿许可的自然人、法人或者其他组织不享有独占的使用权，并且无权允许他人使用。

《集成电路布图设计保护条例实施细则》（2001 年）

第十条　共有

布图设计是 2 个以上单位或者个人合作创作的，创作者应当共同申请布图设计登记；有合同约定的，从其约定。

涉及共有的布图设计专有权的，每一个共同布图设计权利人在没有征得其他共同布图设计权利人同意的情况下，不得将其所持有的那一部分权利进行转让、出质或者与他人订立独占许可合同或者排他许可合同。

163. 侵害企业名称（商号）权纠纷

案由适用要点

［释义］企业名称（商号）权是指经核准登记的国内企业对其企业名称在核准登记的区域内享有的专用权利和外国企业依据国际条约在我国境内对其企业名称享有的权利。

［管辖］侵害企业名称（商号）权纠纷案件，在类型上属于侵权案件的一种，其管辖原则上适用《民事诉讼法》有关侵权案件的管辖规定。《民事诉讼法》第 29 条规定，因侵权行为提起的诉讼，由侵权行为地或者被告住所地人民法院管辖；上述侵权行为地，根据《民事诉讼法解释》第 24 条的规定，包括侵权行为实施地和侵权结果发生地。

［应注意的问题］《民事案件案由规定》将侵害企业名称（商号）权纠纷

列在知识产权与竞争纠纷部分，符合企业名称（商号）权实质上属于一类知识产权的权利性质。

实际适用过程中，要注意本案由与第 173 条“仿冒纠纷”第三级案由下的第四级案由“擅自使用他人有一定影响的企业名称、社会组织名称、姓名纠纷”的区分，本案由不包括《反不正当竞争法》第 6 条第 2 项规定的关于“擅自使用他人有一定影响的企业名称”的侵权行为，除此以外的其他侵犯企业名称（商号）权的民事纠纷的案由才应当确定为侵害企业名称（商号）权纠纷。还需注意本案由与第三级案由企业名称（商号）合同纠纷的区别，有关纠纷可以根据争议性质相应确定为侵害企业名称（商号）权纠纷或企业名称（商号）合同纠纷。此外，还需注意，本案由针对的侵害企业名称（商号）的纠纷，侵害企业以外其他法人或者非法人组织的名称而引发的纠纷，应适用“人格权纠纷”项下的第三级案由“名称权纠纷”。

请求权基础规范指引

《中华人民共和国民法典》（2020 年）

第一百一十条【民事主体的人格权】 自然人享有生命权、身体权、健康权、姓名权、肖像权、名誉权、荣誉权、隐私权、婚姻自主权等权利。

法人、非法人组织享有名称权、名誉权和荣誉权。

第一千零一十三条【名称权】 法人、非法人组织享有名称权，有权依法决定、使用、变更、转让或者许可他人使用自己的名称。

第一千零一十四条【姓名权或名称权不得被非法侵害】 任何组织或者个人不得以干涉、盗用、假冒等方式侵害他人的姓名权或者名称权。

《中华人民共和国反不正当竞争法》（2019 年修正）

第六条 经营者不得实施下列混淆行为，引人误认为是他人商品或者与他人存在特定联系：

（一）擅自使用与他人有一定影响的商品名称、包装、装潢等相同或者近似的标识；

（二）擅自使用他人有一定影响的企业名称（包括简称、字号等）、社会组织名称（包括简称等）、姓名（包括笔名、艺名、译名等）；

（三）擅自使用他人有一定影响的域名主体部分、网站名称、网页等；

（四）其他足以引人误认为是他人商品或者与他人存在特定联系的混淆行为。

《最高人民法院关于审理注册商标、企业名称与在先权利冲突的民事纠纷案件若干问题的规定》（2020 年 12 月 23 日修正）

第一条 原告以他人注册商标使用的文字、图形等侵犯其著作权、外观设计专利权、企业名称权等在先权利为由提起诉讼，符合民事诉讼法第一百一十九条[①]规定的，人民法院应当受理。

原告以他人使用在核定商品上的注册商标与其在先的注册商标相同或者近似为由提起诉讼的，人民法院应当根据民事诉讼法第一百二十四条第（三）项[②]的规定，告知原告向有关行政主管机关申请解决。但原告以他人超出核定商品的范围或者以改变显著特征、拆分、组合等方式使用的注册商标，与其注册商标相同或者近似为由提起诉讼的，人民法院应当受理。

第二条　原告以他人企业名称与其在先的企业名称相同或者近似，足以使相关公众对其商品的来源产生混淆，违反反不正当竞争法第六条第（二）项的规定为由提起诉讼，符合民事诉讼法第一百一十九条[③]规定的，人民法院应当受理。

第三条　人民法院应当根据原告的诉讼请求和争议民事法律关系的性质，按照民事案件案由规定，确定注册商标或者企业名称与在先权利冲突的民事纠纷案件的案由，并适用相应的法律。

第四条　被诉企业名称侵犯注册商标专用权或者构成不正当竞争的，人民法院可以根据原告的诉讼请求和案件具体情况，确定被告承担停止使用、规范使用等民事责任。

164. 侵害特殊标志专有权纠纷

案由适用要点

[**释义**] 特殊标志专有权是指特殊标志所有人对特殊标志依法所享有的专用权。所谓特殊标志，是指经国务院批准举办的全国性和国际性的文化、体育、科学研究及其他社会公益活动所使用的、由文字、图形组成的名称及缩写、会徽、吉祥物等标志。

[**管辖**] 侵害特殊标志专有权纠纷案件，属于侵权案件的一类，对此类案件的管辖，应当按照一般民事侵权案件来确定。根据《民事诉讼法》第 29 条的规定，因侵权行为提起的诉讼，由侵权行为地或者被告住所地人民法院管辖。《民事诉讼法解释》第 24 条规定，侵权行为地，包括侵权行为实施地和侵权结果发生地。鉴于特殊标志也属于一类商业标识，司法实践中还可以参照侵害商标权纠纷案件的管辖规则来确定具体案件的管辖。

[**应注意的问题**] 适用该案由，应当注意确认特殊标志的范围。根据《特

---

① 现为《民事诉讼法》（2023 年修正）第一百二十二条。

② 现为《民事诉讼法》（2023 年修正）第一百二十六条第（三）项。

③ 现为《民事诉讼法》（2023 年修正）第一百二十二条。

殊标志管理条例》第2条的规定，能够作为特殊标志受到保护的标志类型较多，并不限于人们熟知的奥运会、亚运会、世博会等有关的标志。该条例第21条规定："经国务院批准代表中国参加国际性文化、体育、科学研究等活动的组织所使用的名称、徽记、吉祥物等标志的保护，参照本条例的规定施行。"也即，不仅我国举办的有关活动的标志可以受到保护，代表我国参加他国举办的类似活动中我国代表使用的标志也可以受到保护，如经国务院批准代表我国参加某项国际赛事的中国体育代表团的标志。

请求权基础规范指引

《中华人民共和国涉外民事关系法律适用法》（2010年）

第五十条 知识产权的侵权责任，适用被请求保护地法律，当事人也可以在侵权行为发生后协议选择适用法院地法律。

《特殊标志管理条例》（1996年）

第十三条 特殊标志所有人可以在与其公益活动相关的广告、纪念品及其他物品上使用该标志，并许可他人在国务院工商行政管理部门核准使用该标志的商品或者服务项目上使用。

《世界博览会标志保护条例》（2004年）

第二条 本条例所称世界博览会标志，是指：

（一）中国2010年上海世界博览会申办机构的名称（包括全称、简称、译名和缩写，下同）、徽记或者其他标志；

（二）中国2010年上海世界博览会组织机构的名称、徽记或者其他标志；

（三）中国2010年上海世界博览会的名称、会徽、会旗、吉祥物、会歌、主题词、口号；

（四）国际展览局的局旗。

第三条 本条例所称世界博览会标志权利人，是指中国2010年上海世界博览会组织机构和国际展览局。

中国2010年上海世界博览会组织机构为本条例第二条第（一）（二）（三）项规定的世界博览会标志的权利人。中国2010年上海世界博览会组织机构和国际展览局之间关于本条例第二条第（四）项规定的世界博览会标志的权利划分，依照中国2010年上海世界博览会《申办报告》《注册报告》和国际展览局《关于使用国际展览局局旗的规定》确定。

第四条 世界博览会标志权利人依照本条例享有世界博览会标志专有权。

未经世界博览会标志权利人许可，任何人不得为商业目的（含潜在商业目的，下同）使用世界博览会标志。

《奥林匹克标志保护条例》（2018年修订）

第二条 本条例所称奥林匹克标志，是指：

（一）国际奥林匹克委员会的奥林匹克五环图案标志、奥林匹克旗、奥林匹克格言、奥林匹克徽记、奥林匹克会歌；

（二）奥林匹克、奥林匹亚、奥林匹克运动会及其简称等专有名称；

（三）中国奥林匹克委员会的名称、徽记、标志；

（四）中国境内申请承办奥林匹克运动会的机构的名称、徽记、标志；

（五）在中国境内举办的奥林匹克运动会的名称及其简称、吉祥物、会歌、火炬造型、口号、"主办城市名称+举办年份"等标志，以及其组织机构的名称、徽记；

（六）《奥林匹克宪章》和相关奥林匹克运动会主办城市合同中规定的其他与在中国境内举办的奥林匹克运动会有关的标志。

第三条　本条例所称奥林匹克标志权利人，是指国际奥林匹克委员会、中国奥林匹克委员会和中国境内申请承办奥林匹克运动会的机构、在中国境内举办的奥林匹克运动会的组织机构。

国际奥林匹克委员会、中国奥林匹克委员会和中国境内申请承办奥林匹克运动会的机构、在中国境内举办的奥林匹克运动会的组织机构之间的权利划分，依照《奥林匹克宪章》和相关奥林匹克运动会主办城市合同确定。

第四条　奥林匹克标志权利人依照本条例对奥林匹克标志享有专有权。

未经奥林匹克标志权利人许可，任何人不得为商业目的使用奥林匹克标志。

165. 网络域名权属、侵权纠纷

（1）网络域名权属纠纷

（2）侵害网络域名纠纷

案由适用要点

［**释义**］网络域名是指互联网上识别和定位计算机的层次结构式的字符标识，与该计算机的互联网协议（IP）地址相对应，简单说，指的是用户在网络上的名称和地址。

网络域名权属纠纷是指因注册域名的归属发生的纠纷。侵害网络域名纠纷通常是指因他人擅自使用权利人已经注册的网络域名而发生的纠纷。

［**管辖**］对于网络域名权属纠纷案件的地域管辖，应当根据权属争议发生的原因确定管辖，即如果是因合同关系发生的纠纷，应当适用《民事诉讼法》及其司法解释有关合同案件管辖的规定确定管辖法院，如果是因侵权行为引发的纠纷，则应根据《民事诉讼法》及其司法解释有关侵权案件的管辖规则来确定案件管辖。

对于侵害网络域名纠纷案件，因此类案件属于侵权类案件，根据《民事诉讼法》第29条的规定，因侵权行为提起的诉讼，由侵权行为地或者被告住所地人民法院管辖。《民事诉讼法解释》第24条规定，侵权行为地，包括侵权行为实施地和侵权结果发生地。《最高人民法院关于审理涉及计算机网络域名民事纠纷案件适用法律若干问题的解释》第2条进一步规定，涉及域名的侵权纠纷案件，由侵权行为地或者被告住所地的中级人民法院管辖；对难以确定侵权行为地和被告住所地的，原告发现该域名的计算机终端等设备所在地可以视为侵权行为地。涉外域名纠纷案件包括当事人一方或者双方是外国人、无国籍人、外国企业或组织、国际组织，或者域名注册地在外国的域名纠纷案件。在中华人民共和国领域内发生的涉外域名纠纷案件，依照《民事诉讼法》第4编的规定确定管辖。对于侵害网络域名纠纷案件的级别管辖，《最高人民法院关于审理涉及计算机网络域名民事纠纷案件适用法律若干问题的解释》第2条已经明确规定为中级人民法院。

[**应注意的问题**] 网络域名，顾名思义，就是网络上的名字，类似于现实中的地址或姓名，用来标识网络上的一个或一组计算机或服务器的位置，以及它们的相应服务资源。网络域名是互联网上最基础的设施之一，是互联网信息传输不可或缺的重要组成部分。实践中，已经明确将网络域名作为单独一类知识产权对待。《最高人民法院关于审理涉及计算机网络域名民事纠纷案件适用法律若干问题的解释》第3条规定："域名纠纷案件的案由，根据双方当事人争议的法律关系的性质确定，并在其前冠以计算机网络域名；争议的法律关系的性质难以确定的，可以通称为计算机网络域名纠纷案件。"据此，对于因使用的域名而引起侵犯他人知识产权的纠纷，应当根据双方当事人争议的法律关系的性质确定案由，如网络域名合同纠纷、网络域名权属纠纷、侵害网络域名纠纷等案由。此外，对原告以域名侵犯其商标权为由或不正当竞争行为为由起诉的，则应确定为侵害商标权纠纷或者依据不正当竞争行为的性质确定案由。

请求权基础规范指引

《中华人民共和国涉外民事关系法律适用法》（2010年）

第五十条 知识产权的侵权责任，适用被请求保护地法律，当事人也可以在侵权行为发生后协议选择适用法院地法律。

《全国人民代表大会常务委员会关于加强网络信息保护的决定》（2012年）

一、国家保护能够识别公民个人身份和涉及公民个人隐私的电子信息。

任何组织和个人不得窃取或者以其他非法方式获取公民个人电子信息，不得出售或者非法向他人提供公民个人电子信息。

二、网络服务提供者和其他企业事业单位在业务活动中收集、使用公民个人电子信息，应当遵循合法、正当、必要的原则，明示收集、使用信息的目的、方式和范围，并经被收集者同意，不得违反法律、法规的规定和双方的约定收集、使用信息。

网络服务提供者和其他企业事业单位收集、使用公民个人电子信息，应当公开其收集、使用规则。

三、网络服务提供者和其他企业事业单位及其工作人员对在业务活动中收集的公民个人电子信息必须严格保密，不得泄露、篡改、毁损，不得出售或者非法向他人提供。

四、网络服务提供者和其他企业事业单位应当采取技术措施和其他必要措施，确保信息安全，防止在业务活动中收集的公民个人电子信息泄露、毁损、丢失。在发生或者可能发生信息泄露、毁损、丢失的情况时，应当立即采取补救措施。

五、网络服务提供者应当加强对其用户发布的信息的管理，发现法律、法规禁止发布或者传输的信息的，应当立即停止传输该信息，采取消除等处置措施，保存有关记录，并向有关主管部门报告。

六、网络服务提供者为用户办理网站接入服务，办理固定电话、移动电话等入网手续，或者为用户提供信息发布服务，应当在与用户签订协议或者确认提供服务时，要求用户提供真实身份信息。

七、任何组织和个人未经电子信息接收者同意或者请求，或者电子信息接收者明确表示拒绝的，不得向其固定电话、移动电话或者个人电子邮箱发送商业性电子信息。

八、公民发现泄露个人身份、散布个人隐私等侵害其合法权益的网络信息，或者受到商业性电子信息侵扰的，有权要求网络服务提供者删除有关信息或者采取其他必要措施予以制止。

九、任何组织和个人对窃取或者以其他非法方式获取、出售或者非法向他人提供公民个人电子信息的违法犯罪行为以及其他网络信息违法犯罪行为，有权向有关主管部门举报、控告；接到举报、控告的部门应当依法及时处理。被侵权人可以依法提起诉讼。

《互联网域名管理办法》（2017 年）

第二条　在中华人民共和国境内从事互联网域名服务及其运行维护、监督管理等相关活动，应当遵守本办法。

本办法所称互联网域名服务（以下简称域名服务），是指从事域名根服务器运行和管理、顶级域名运行和管理、域名注册、域名解析等活动。

第八条　任何组织和个人不得妨碍互联网域名系统的安全和稳定运行。

《最高人民法院关于审理涉及计算机网络域名民事纠纷案件适用法律若干问题的解释》（2020年12月23日修正）

第四条 人民法院审理域名纠纷案件，对符合以下各项条件的，应当认定被告注册、使用域名等行为构成侵权或者不正当竞争：

（一）原告请求保护的民事权益合法有效；

（二）被告域名或其主要部分构成对原告驰名商标的复制、模仿、翻译或音译；或者与原告的注册商标、域名等相同或近似，足以造成相关公众的误认；

（三）被告对该域名或其主要部分不享有权益，也无注册、使用该域名的正当理由；

（四）被告对该域名的注册、使用具有恶意。

第五条 被告的行为被证明具有下列情形之一的，人民法院应当认定其具有恶意：

（一）为商业目的将他人驰名商标注册为域名的；

（二）为商业目的注册、使用与原告的注册商标、域名等相同或近似的域名，故意造成与原告提供的产品、服务或者原告网站的混淆，误导网络用户访问其网站或其他在线站点的；

（三）曾要约高价出售、出租或者以其他方式转让该域名获取不正当利益的；

（四）注册域名后自己并不使用也未准备使用，而有意阻止权利人注册该域名的；

（五）具有其他恶意情形的。

被告举证证明在纠纷发生前其所持有的域名已经获得一定的知名度，且能与原告的注册商标、域名等相区别，或者具有其他情形足以证明其不具有恶意的，人民法院可以不认定被告具有恶意。

第六条 人民法院审理域名纠纷案件，根据当事人的请求以及案件的具体情况，可以对涉及的注册商标是否驰名依法作出认定。

第七条 人民法院认定域名注册、使用等行为构成侵权或者不正当竞争的，可以判令被告停止侵权、注销域名，或者依原告的请求判令由原告注册使用该域名；给权利人造成实际损害的，可以判令被告赔偿损失。

侵权人故意侵权且情节严重，原告有权向人民法院请求惩罚性赔偿。

166. 发现权纠纷

案由适用要点

[释义] 发现权是指对自然的现象、特性或规律等作出的前所未有的阐释而依法取得的权利，一般是指发现人因重大科学发现，经评审而获得荣誉和物质奖励的权利。

[管辖] 发现权纠纷案件，主要指的是侵害他人发现权纠纷，如侵害他人因发现获得荣誉和物质奖励的权利而引发的纠纷，属于侵权案件的一类，应当按照民事侵权案件的管辖原则来确定管辖。《民事诉讼法》第 29 条的规定，因侵权行为提起的诉讼，由侵权行为地或者被告住所地人民法院管辖。《民事诉讼法解释》第 24 条规定，侵权行为地，包括侵权行为实施地和侵权结果发生地。

[应注意的问题] 发现权是指发现人因重大科学发现，经评审而获得荣誉和物质奖励的权利，是一种民事权利，包括财产权和人身权，属于知识产权的一种类型，其主要权利内容包括：发现人有权申请领取发现证书、奖金或者其他奖励，并且在受到剽窃、篡改、假冒等侵害时，有权要求停止侵害，消除影响，赔偿损失。发现人一般可以通过行政程序申请领取发现证书并获得有关奖励。当事人之间关于发现人的署名和奖励的归属以及有关的损害赔偿等纠纷，均可以“发现权纠纷”作为案由提起民事诉讼。

请求权基础规范指引

《中华人民共和国科学技术进步法》（2021 年修订）

第十八条 每年 5 月 30 日为全国科技工作者日。

国家建立和完善科学技术奖励制度，设立国家最高科学技术奖等奖项，对在科学技术进步活动中做出重要贡献的组织和个人给予奖励。具体办法由国务院规定。

国家鼓励国内外的组织或者个人设立科学技术奖项，对科学技术进步活动中做出贡献的组织和个人给予奖励。

《国家科学技术奖励条例》（2024 年修订）

第九条 国家自然科学奖授予在基础研究和应用基础研究中阐明自然现象、特征和规律，做出重大科学发现的个人。

前款所称重大科学发现，应当具备下列条件：

（一）前人尚未发现或者尚未阐明；

（二）具有重大科学价值；

（三）得到国内外自然科学界公认。

第三十条 获奖者剽窃、侵占他人的发现、发明或者其他科学技术成果的，或者以其他不正当手段骗取国家科学技术奖的，由国务院科学技术行政部门报党中央、国务院批准后撤销奖励，追回奖章、证书和奖金，并由所在单位或者有关部门依法给予处分。

167. 发明权纠纷

案由适用要点

［**释义**］发明权是指专利权以外的发明权。

发明权纠纷是指当事人之间因发明权的归属及其有关权益发生的纠纷，不包括因专利和专利申请、植物新品种、集成电路布图设计、计算机软件和技术秘密等法律已有专门规定的知识产权的归属及相关权益发生的纠纷。

［**管辖**］对于发明权纠纷案件的地域管辖，根据《民事诉讼法》第29条的规定，因侵权行为提起的诉讼，由侵权行为地或者被告住所地人民法院管辖；上述侵权行为地，根据《民事诉讼法解释》第24条的规定，包括侵权行为实施地和侵权结果发生地。

对于发明权纠纷案件的级别管辖，虽然目前并无明确的法律和司法解释规定，但作为一类知识产权案件，应当由中级以上人民法院和经最高人民法院批准具有知识产权案件管辖权的基层人民法院管辖。

［**应注意的问题**］《民事案件案由规定》所称的发明权纠纷仅指当事人因对专利或者专利申请以外的其他发明成果的有关权利归属及其有关权益发生的纠纷。凡是涉及专利或者专利申请的发明成果产生的纠纷，应当确定为专利合同纠纷或者专利权权属、侵权纠纷。另外，除了可以确定为第168条的其他科技成果权纠纷以外，凡是可以确定为其他知识产权纠纷案由的，不适用本案由。例如，涉及《民事案件案由规定》第152条技术合同纠纷的案件，特别是该条第12项的职务技术成果完成人奖励、报酬纠纷和第13项的技术成果完成人署名权、荣誉权、奖励权纠纷，不应再适用本案由。

作为发明权客体的发明成果，可以是已经公开甚至是进入公有领域的发明成果。即不论发明人是否公开其发明成果或者是否已进入公有领域，都不影响其依法主张发明权。

请求权基础规范指引

《中华人民共和国科学技术进步法》（2021年修订）

第十八条 每年5月30日为全国科技工作者日。

国家建立和完善科学技术奖励制度，设立国家最高科学技术奖等奖项，对在科学技术进步活动中做出重要贡献的组织和个人给予奖励。具体办法由国务院规定。

国家鼓励国内外的组织或者个人设立科学技术奖项，对科学技术进步活动中做出贡献的组织和个人给予奖励。

《中华人民共和国专利法实施细则》（2023 年修订）

第九十二条 被授予专利权的单位可以与发明人、设计人约定或者在其依法制定的规章制度中规定专利法第十五条规定的奖励、报酬的方式和数额。鼓励被授予专利权的单位实行产权激励，采取股权、期权、分红等方式，使发明人或者设计人合理分享创新收益。

企业、事业单位给予发明人或者设计人的奖励、报酬，按照国家有关财务、会计制度的规定进行处理。

第九十三条 被授予专利权的单位未与发明人、设计人约定也未在其依法制定的规章制度中规定专利法第十五条规定的奖励的方式和数额的，应当自专利权公告之日起 3 个月内发给发明人或者设计人奖金。一项发明专利的奖金最低不少于 4000 元；一项实用新型专利或者外观设计专利的奖金最低不少于 1500 元。

由于发明人或者设计人的建议被其所属单位采纳而完成的发明创造，被授予专利权的单位应当从优发给奖金。

第九十四条 被授予专利权的单位未与发明人、设计人约定也未在其依法制定的规章制度中规定专利法第十五条规定的报酬的方式和数额的，应当依照《中华人民共和国促进科技成果转化法》的规定，给予发明人或者设计人合理的报酬。

《最高人民法院关于加强中医药知识产权司法保护的意见》（法发〔2022〕34 号 2022 年 12 月 21 日）

10. 加强中医药创新主体合法权益保护。准确把握中医药传承与创新关系，依法保护以古代经典名方等为基础的中药新药研发，鼓励开展中医药技术创新活动。准确认定中医药企业提供的物质基础、临床试验条件与中医药研发人员的智力劳动对中医药技术成果形成所发挥的作用，准确界定职务发明与非职务发明的法律界限，依法支持对完成、转化中医药技术成果做出重要贡献的人员获得奖励和报酬的权利，不断激发中医药创新发展的潜力和活力。

168. 其他科技成果权纠纷

案由适用要点

［释义］ 其他科技成果权纠纷是指当事人之间对尚无专门的知识产权法律和行政法规作出规定的、发现和发明之外的其他科学技术成果的权利归属及其有关权益发生的纠纷。

［管辖］ 对于其他科技成果权纠纷案件的地域管辖，根据《民事诉讼法》第29条的规定，因侵权行为提起的诉讼，由侵权行为地或者被告住所地人民法院管辖；上述侵权行为地，根据《民事诉讼法解释》第24条的规定，包括侵权行为实施地和侵权结果发生地。

对于其他科技成果权纠纷案件的级别管辖，虽然目前并无明确的法律和司法解释规定，但作为一类知识产权案件，应当由中级以上人民法院和经最高人民法院批准具有知识产权案件管辖权的基层人民法院管辖。

［应注意的问题］ 凡是涉及已经有专门知识产权法律或者行政法规规定的科技成果（包括技术秘密）的纠纷，均应当确定为相应的知识产权纠纷，不应当确定为其他科技成果权纠纷。只有那些涉及无法归类于某种具体类型的知识产权，也不属于发现权和发明权而又与科学技术有关的智力成果的纠纷，才可以确定为其他科技成果权纠纷。即其他科技成果权是一类涉及科技成果的兜底性的知识产权，其他科技成果权纠纷相应地也可以作为一类涉及科技成果的兜底性的知识产权纠纷案由，只有在《民事案件案由规定》中找不到相应案由的纠纷，才可以考虑是否需要确定为本案由。

作为其他科技成果权客体的科技成果，可以是已经公开甚至是进入公有领域的科技成果。即不论该成果是否已经公开或进入公有领域，都不影响成果权人依法主张权利。

请求权基础规范指引

《中华人民共和国促进科技成果转化法》（2015年修正）

第十六条 科技成果持有者可以采用下列方式进行科技成果转化：

（一）自行投资实施转化；

（二）向他人转让该科技成果；

（三）许可他人使用该科技成果；

（四）以该科技成果作为合作条件，与他人共同实施转化；

（五）以该科技成果作价投资，折算股份或者出资比例；

（六）其他协商确定的方式。

第四十条　科技成果完成单位与其他单位合作进行科技成果转化的，应当依法由合同约定该科技成果有关权益的归属。合同未作约定的，按照下列原则办理：

（一）在合作转化中无新的发明创造的，该科技成果的权益，归该科技成果完成单位；

（二）在合作转化中产生新的发明创造的，该新发明创造的权益归合作各方共有；

（三）对合作转化中产生的科技成果，各方都有实施该项科技成果的权利，转让该科技成果应经合作各方同意。

第四十一条　科技成果完成单位与其他单位合作进行科技成果转化的，合作各方应当就保守技术秘密达成协议；当事人不得违反协议或者违反权利人有关保守技术秘密的要求，披露、允许他人使用该技术。

169. 确认不侵害知识产权纠纷

（1）确认不侵害专利权纠纷

（2）确认不侵害商标权纠纷

（3）确认不侵害著作权纠纷

（4）确认不侵害植物新品种权纠纷

（5）确认不侵害集成电路布图设计专用权纠纷

（6）确认不侵害计算机软件著作权纠纷

案由适用要点

［**释义**］确认不侵害知识产权纠纷是指利益受到特定知识产权影响的行为人，以该知识产权权利人为被告提起的，请求确认其有关行为不侵犯该知识产权的诉讼。

［**管辖**］对于确认不侵害知识产权纠纷案件的地域管辖，近年来，最高人民法院已经通过一些个案批复明确，确认不侵权诉讼在性质上属于侵权类纠纷，但系独立的诉讼，不因对方当事人另行提起侵权诉讼而被吸收。因此，对这类案件应当按照侵权纠纷来确定管辖。根据《民事诉讼法》第 29 条的规定，因侵权行为提起的诉讼，由侵权行为地或者被告住所地人民法院管辖；上述侵权行为地，根据《民事诉讼法解释》第 24 条的规定，包括侵权行为实施地和侵权结果发生地。

对于确认不侵害知识产权纠纷案件的级别管辖，虽然目前并无明确的法律和司法解释规定，但作为一类知识产权案件，应当由中级以上人民法院和经最高人民法院批准具有知识产权案件管辖权的基层人民法院管辖。对于涉及具体知识产权类型的案件，还应当适用有关同类权利案件的管辖规则。如确认不侵害专利权纠纷，还应当适用专利纠纷案件的管辖规则。

最高人民法院通过个案批复明确，对于法院间因管辖发生的争议，包括因同一法律事实或者同一法律关系产生的确认不侵权诉讼、侵权诉讼和诉前临时措施案件，有关法院要及时依法协商或者报请共同上级法院指定，按照受理在先的原则确定管辖，并将在后受理案件依法移送合并审理。

［**应注意的问题**］关于确认不侵害专利权纠纷的起诉或受理条件，《最高人民法院关于审理专利纠纷案件适用法律问题的若干规定》第1条第13项规定，人民法院受理下列专利纠纷案件：确认不侵害专利权纠纷案件。该项是2020年12月修正后的司法解释新增的条款。《最高人民法院关于审理侵犯专利权纠纷案件应用法律若干问题的解释》第18条明确规定："权利人向他人发出侵犯专利权的警告，被警告人或者利害关系人经书面催告权利人行使诉权，自权利人收到该书面催告之日起一个月内或者自书面催告发出之日起二个月内，权利人不撤回警告也不提起诉讼，被警告人或者利害关系人向人民法院提起请求确认其行为不侵犯专利权的诉讼的，人民法院应当受理。"对于涉及其他类型的知识产权所提起的确认不侵害知识产权纠纷，均应当参照执行此规定。

当事人之间对有关行为是否构成侵权已经进入法定的争议解决程序（主要是指权利人已经提起诉讼或者申请诉前临时措施并且有关程序正在进行）的，当事人不能再提出确认不侵害知识产权诉讼，有关不侵权的主张可以作为侵权抗辩事由在已经启动的法定的争议解决程序中提出。

《民事案件案由规定》所称确认不侵害著作权纠纷，是指受到特定著作权或者邻接权影响的行为人，以权利人为被告提起的，请求确认其有关行为不侵犯该著作权或者邻接权的诉讼。也就是说确认不侵害邻接权的，也统一确定为确认不侵害著作权纠纷。

请求权基础规范指引

《最高人民法院关于审理侵犯专利权纠纷案件应用法律若干问题的解释》（法释〔2009〕21号　2009年12月28日）

第十八条　权利人向他人发出侵犯专利权的警告，被警告人或者利害关系人经书面催告权利人行使诉权，自权利人收到该书面催告之日起一个月内或者自书面催告发出之日起二个月内，权利人不撤回警告也不提起诉讼，被警告人或者利害关系人向人民法院提起请求确认其行为不侵犯专利权的诉讼的，人民法院应当受理。

《最高人民法院关于审理专利纠纷案件适用法律问题的若干规定》（2020年12月23日修正）

第一条　人民法院受理下列专利纠纷案件：

1. 专利申请权权属纠纷案件；
2. 专利权权属纠纷案件；
3. 专利合同纠纷案件；
4. 侵害专利权纠纷案件；
5. 假冒他人专利纠纷案件；
6. 发明专利临时保护期使用费纠纷案件；
7. 职务发明创造发明人、设计人奖励、报酬纠纷案件；
8. 诉前申请行为保全纠纷案件；
9. 诉前申请财产保全纠纷案件；
10. 因申请行为保全损害责任纠纷案件；
11. 因申请财产保全损害责任纠纷案件；
12. 发明创造发明人、设计人署名权纠纷案件；
13. 确认不侵害专利权纠纷案件；
14. 专利权宣告无效后返还费用纠纷案件；
15. 因恶意提起专利权诉讼损害责任纠纷案件；
16. 标准必要专利使用费纠纷案件；
17. 不服国务院专利行政部门维持驳回申请复审决定案件；
18. 不服国务院专利行政部门专利权无效宣告请求决定案件；
19. 不服国务院专利行政部门实施强制许可决定案件；
20. 不服国务院专利行政部门实施强制许可使用费裁决案件；
21. 不服国务院专利行政部门行政复议决定案件；
22. 不服国务院专利行政部门作出的其他行政决定案件；
23. 不服管理专利工作的部门行政决定案件；
24. 确认是否落入专利权保护范围纠纷案件；
25. 其他专利纠纷案件。

170. 因申请知识产权临时措施损害责任纠纷

（1）因申请诉前停止侵害专利权损害责任纠纷
（2）因申请诉前停止侵害注册商标专用权损害责任纠纷
（3）因申请诉前停止侵害著作权损害责任纠纷
（4）因申请诉前停止侵害植物新品种权损害责任纠纷
（5）因申请海关知识产权保护措施损害责任纠纷
（6）因申请诉前停止侵害计算机软件著作权损害责任纠纷
（7）因申请诉前停止侵害集成电路布图设计专用权损害责任纠纷

案由适用要点

［**释义**］因申请知识产权临时措施损害责任纠纷是指在人民法院应知识产权权利人的申请而采取临时措施之后，因申请人不起诉或者申请错误造成被申请人损失而发生的损害责任纠纷。

［**管辖**］《最高人民法院关于审查知识产权纠纷行为保全案件适用法律若干问题的规定》第3条规定："申请诉前行为保全，应当向被申请人住所地具有相应知识产权纠纷管辖权的人民法院或者对案件具有管辖权的人民法院提出。当事人约定仲裁的，应当向前款规定的人民法院申请行为保全。"该规定第18条规定，被申请人依据《民事诉讼法》第105条[①]规定提起赔偿诉讼，申请人申请诉前行为保全后没有起诉或者当事人约定仲裁的，由采取保全措施的人民法院管辖；申请人已经起诉的，由受理起诉的人民法院管辖。

根据上述规定，因申请知识产权临时措施损害责任纠纷的地域管辖，可以是受理知识产权临时措施案件的法院，也可以是法院裁定采取知识产权临时措施后知识产权权利人提起相应侵权诉讼的审理法院。

《最高人民法院关于审查知识产权纠纷行为保全案件适用法律若干问题的规定》第1条规定，本规定中的知识产权纠纷是指《民事案件案由规定》中的知识产权与竞争纠纷。故本条项下全部案由纠纷的管辖，应依照上述规定确定案件管辖。

因申请知识产权临时措施损害责任纠纷的级别管辖，应当符合司法解释有关知识产权案件管辖的一般规定。

［**应注意的问题**］因申请知识产权临时措施损害责任纠纷在本质上属于财产损害赔偿纠纷。考虑到这类案件在知识产权案件中比较多见，特别是在现有法律框架下只有在知识产权案件中可以采取诉前临时禁令，诉前证据保全

---

① 现为《民事诉讼法》（2023年修正）第108条。

也主要适用于知识产权案件，有关申请错误的判断也往往涉及一些知识产权专门问题。《民事案件案由规定》在知识产权权属、侵权纠纷第二级案由下单列了因申请知识产权临时措施损害责任纠纷的第三级案由。凡是在知识产权纠纷案件（包括不正当竞争、垄断纠纷）中因申请临时禁令、财产保全和证据保全而引起的损害责任纠纷，无论是因诉前申请、起诉时申请还是诉讼中申请，都应当确定为这一案由；在非知识产权纠纷案件中因申请临时措施而引起的损害责任纠纷，则不适用这一案由。

请求权基础规范指引

《中华人民共和国商标法》（2019年修正）

第六十五条　商标注册人或者利害关系人有证据证明他人正在实施或者即将实施侵犯其注册商标专用权的行为，如不及时制止将会使其合法权益受到难以弥补的损害的，可以依法在起诉前向人民法院申请采取责令停止有关行为和财产保全的措施。

第六十六条　为制止侵权行为，在证据可能灭失或者以后难以取得的情况下，商标注册人或者利害关系人可以依法在起诉前向人民法院申请保全证据。

《中华人民共和国专利法》（2020年修正）

第七十二条　专利权人或者利害关系人有证据证明他人正在实施或者即将实施侵犯专利权、妨碍其实现权利的行为，如不及时制止将会使其合法权益受到难以弥补的损害的，可以在起诉前依法向人民法院申请采取财产保全、责令作出一定行为或者禁止作出一定行为的措施。

第七十三条　为了制止专利侵权行为，在证据可能灭失或者以后难以取得的情况下，专利权人或者利害关系人可以在起诉前依法向人民法院申请保全证据。

《中华人民共和国著作权法》（2020年修正）

第五十六条　著作权人或者与著作权有关的权利人有证据证明他人正在实施或者即将实施侵犯其权利、妨碍其实现权利的行为，如不及时制止将会使其合法权益受到难以弥补的损害的，可以在起诉前依法向人民法院申请采取财产保全、责令作出一定行为或者禁止作出一定行为等措施。

第五十七条　为制止侵权行为，在证据可能灭失或者以后难以取得的情况下，著作权人或者与著作权有关的权利人可以在起诉前依法向人民法院申请保全证据。

《中华人民共和国民事诉讼法》（2023年修正）

第一百零三条　人民法院对于可能因当事人一方的行为或者其他原因，使判决难以执行或者造成当事人其他损害的案件，根据对方当事人的申请，可以裁定对其财产进行保全、责令其作出一定行为或者禁止其作出一定行为；当事人没有提出申请的，人民法院在必要时也可以裁定采取保全措施。

人民法院采取保全措施，可以责令申请人提供担保，申请人不提供担保的，裁定驳回申请。

人民法院接受申请后，对情况紧急的，必须在四十八小时内作出裁定；裁定采取保全措施的，应当立即开始执行。

第一百零四条 利害关系人因情况紧急，不立即申请保全将会使其合法权益受到难以弥补的损害的，可以在提起诉讼或者申请仲裁前向被保全财产所在地、被申请人住所地或者对案件有管辖权的人民法院申请采取保全措施。申请人应当提供担保，不提供担保的，裁定驳回申请。

人民法院接受申请后，必须在四十八小时内作出裁定；裁定采取保全措施的，应当立即开始执行。

申请人在人民法院采取保全措施后三十日内不依法提起诉讼或者申请仲裁的，人民法院应当解除保全。

第一百零五条 保全限于请求的范围，或者与本案有关的财物。

第一百零六条 财产保全采取查封、扣押、冻结或者法律规定的其他方法。人民法院保全财产后，应当立即通知被保全财产的人。

财产已被查封、冻结的，不得重复查封、冻结。

第一百零七条 财产纠纷案件，被申请人提供担保的，人民法院应当裁定解除保全。

第一百零八条 申请有错误的，申请人应当赔偿被申请人因保全所遭受的损失。

《集成电路布图设计保护条例》（2001 年）

第三十二条 布图设计权利人或者利害关系人有证据证明他人正在实施或者即将实施侵犯其专有权的行为，如不及时制止将会使其合法权益受到难以弥补的损害的，可以在起诉前依法向人民法院申请采取责令停止有关行为和财产保全的措施。

《中华人民共和国知识产权海关保护条例》（2018 年修订）

第二十八条 海关接受知识产权保护备案和采取知识产权保护措施的申请后，因知识产权权利人未提供确切情况而未能发现侵权货物、未能及时采取保护措施或者采取保护措施不力的，由知识产权权利人自行承担责任。

知识产权权利人请求海关扣留侵权嫌疑货物后，海关不能认定被扣留的侵权嫌疑货物侵犯知识产权权利人的知识产权，或者人民法院判定不侵犯知识产权权利人的知识产权的，知识产权权利人应当依法承担赔偿责任。

《最高人民法院关于审查知识产权纠纷行为保全案件适用法律若干问题的规定》（法释〔2018〕21号　2018年12月12日）

第二条　知识产权纠纷的当事人在判决、裁定或者仲裁裁决生效前，依据民事诉讼法第一百条、第一百零一条规定申请行为保全的，人民法院应当受理。

知识产权许可合同的被许可人申请诉前责令停止侵害知识产权行为的，独占许可合同的被许可人可以单独向人民法院提出申请；排他许可合同的被许可人在权利人不申请的情况下，可以单独提出申请；普通许可合同的被许可人经权利人明确授权以自己的名义起诉的，可以单独提出申请。

第四条　向人民法院申请行为保全，应当递交申请书和相应证据。申请书应当载明下列事项：

（一）申请人与被申请人的身份、送达地址、联系方式；

（二）申请采取行为保全措施的内容和期限；

（三）申请所依据的事实、理由，包括被申请人的行为将会使申请人的合法权益受到难以弥补的损害或者造成案件裁决难以执行等损害的具体说明；

（四）为行为保全提供担保的财产信息或资信证明，或者不需要提供担保的理由；

（五）其他需要载明的事项。

第五条　人民法院裁定采取行为保全措施前，应当询问申请人和被申请人，但因情况紧急或者询问可能影响保全措施执行等情形除外。

人民法院裁定采取行为保全措施或者裁定驳回申请的，应当向申请人、被申请人送达裁定书。向被申请人送达裁定书可能影响采取保全措施的，人民法院可以在采取保全措施后及时向被申请人送达裁定书，至迟不得超过五日。

当事人在仲裁过程中申请行为保全的，应当通过仲裁机构向人民法院提交申请书、仲裁案件受理通知书等相关材料。人民法院裁定采取行为保全措施或者裁定驳回申请的，应当将裁定书送达当事人，并通知仲裁机构。

第七条　人民法院审查行为保全申请，应当综合考量下列因素：

（一）申请人的请求是否具有事实基础和法律依据，包括请求保护的知识产权效力是否稳定；

（二）不采取行为保全措施是否会使申请人的合法权益受到难以弥补的损害或者造成案件裁决难以执行等损害；

（三）不采取行为保全措施对申请人造成的损害是否超过采取行为保全措施对被申请人造成的损害；

（四）采取行为保全措施是否损害社会公共利益；

（五）其他应当考量的因素。

第八条 人民法院审查判断申请人请求保护的知识产权效力是否稳定，应当综合考量下列因素：

（一）所涉权利的类型或者属性；

（二）所涉权利是否经过实质审查；

（三）所涉权利是否处于宣告无效或者撤销程序中以及被宣告无效或者撤销的可能性；

（四）所涉权利是否存在权属争议；

（五）其他可能导致所涉权利效力不稳定的因素。

《最高人民法院关于涉网络知识产权侵权纠纷几个法律适用问题的批复》（法释〔2020〕9号 2020年9月12日）

一、知识产权权利人主张其权利受到侵害并提出保全申请，要求网络服务提供者、电子商务平台经营者迅速采取删除、屏蔽、断开链接等下架措施的，人民法院应当依法审查并作出裁定。

二、网络服务提供者、电子商务平台经营者收到知识产权权利人依法发出的通知后，应当及时将权利人的通知转送相关网络用户、平台内经营者，并根据构成侵权的初步证据和服务类型采取必要措施；未依法采取必要措施，权利人主张网络服务提供者、电子商务平台经营者对损害的扩大部分与网络用户、平台内经营者承担连带责任的，人民法院可以依法予以支持。

三、在依法转送的不存在侵权行为的声明到达知识产权权利人后的合理期限内，网络服务提供者、电子商务平台经营者未收到权利人已经投诉或者提起诉讼通知的，应当及时终止所采取的删除、屏蔽、断开链接等下架措施。因办理公证、认证手续等权利人无法控制的特殊情况导致的延迟，不计入上述期限，但该期限最长不超过20个工作日。

四、因恶意提交声明导致电子商务平台经营者终止必要措施并造成知识产权权利人损害，权利人依照有关法律规定请求相应惩罚性赔偿的，人民法院可以依法予以支持。

五、知识产权权利人发出的通知内容与客观事实不符，但其在诉讼中主张该通知系善意提交并请求免责，且能够举证证明的，人民法院依法审查属实后应当予以支持。

《最高人民法院关于依法加大知识产权侵权行为惩治力度的意见》（法发〔2020〕33号 2020年9月14日）

1. 对于侵害或者即将侵害涉及核心技术、知名品牌、热播节目等知识产权以及在展会上侵害或者即将侵害知识产权等将会造成难以弥补的损害的行为，权利人申请行为保全的，人民法院应当依法及时审查并作出裁定。

2. 权利人在知识产权侵权诉讼中既申请停止侵权的先行判决，又申请行为保全的，人民法院应当依法一并及时审查。

3. 权利人有初步证据证明存在侵害知识产权行为且证据可能灭失或者以后难以取得的情形，申请证据保全的，人民法院应当依法及时审查并作出裁定。涉及较强专业技术问题的证据保全，可以由技术调查官参与。

4. 对于已经被采取保全措施的被诉侵权产品或者其他证据，被诉侵权人擅自毁损、转移等，致使侵权事实无法查明的，人民法院可以推定权利人就该证据所涉证明事项的主张成立。属于法律规定的妨害诉讼情形的，依法采取强制措施。

171. 因恶意提起知识产权诉讼损害责任纠纷

案由适用要点

［**释义**］因恶意提起知识产权诉讼损害责任纠纷是指因恶意提起知识产权诉讼而引起的损害责任纠纷。

［**管辖**］因恶意提起知识产权诉讼损害责任纠纷本质上属于侵权纠纷。对于侵权纠纷案件的地域管辖，根据《民事诉讼法》第29条的规定，因侵权行为提起的诉讼，由侵权行为地或者被告住所地人民法院管辖；上述侵权行为地，根据《民事诉讼法解释》第24条规定，侵权行为地，包括侵权行为实施地、侵权结果发生地。应当说，恶意诉讼的受理地都属于侵权行为地。

因恶意提起知识产权诉讼损害责任纠纷的级别管辖，虽然尚无法律或者司法解释的明确规定，但应当符合知识产权案件的一般管辖规则。对于涉及专利等特殊类型知识产权问题的案件，为确保案件审理的顺利进行，一般宜由具有特殊知识产权案件管辖权的法院管辖。

［**应注意的问题**］《民法典》第1165条是关于侵权的一般性规定，具体到个案中如何界定恶意诉讼，需要十分谨慎。但作为案件受理环节，不宜对此审查过度，关键是看是否符合《民事诉讼法》第122条的规定。

请求权基础规范指引

《中华人民共和国民法典》（2020年）

第一百七十六条【授权委托书】 委托代理授权采用书面形式的，授权委托书应当载明代理人的姓名或者名称、代理事项、权限和期限，并由被代理人签名或者盖章。

第一千一百六十五条【过错责任原则】 行为人因过错侵害他人民事权益造成损害的，应当承担侵权责任。

依照法律规定推定行为人有过错，其不能证明自己没有过错的，应当承担侵权责任。

《中华人民共和国专利法》（2020年修正）

第四十七条 宣告无效的专利权视为自始即不存在。

宣告专利权无效的决定，对在宣告专利权无效前人民法院作出并已执行的专利侵权的判决、调解书，已经履行或者强制执行的专利侵权纠纷处理决定，以及已经履行的专利实施许可合同和专利权转让合同，不具有追溯力。但是因专利权人的恶意给他人造成的损失，应当给予赔偿。

依照前款规定不返还专利侵权赔偿金、专利使用费、专利权转让费，明显违反公平原则的，应当全部或者部分返还。

《中华人民共和国民事诉讼法》（2023年修正）

第一百一十五条 当事人之间恶意串通，企图通过诉讼、调解等方式侵害他人合法权益的，人民法院应当驳回其请求，并根据情节轻重予以罚款、拘留；构成犯罪的，依法追究刑事责任。

当事人单方捏造民事案件基本事实，向人民法院提起诉讼，企图侵害国家利益、社会公共利益或者他人合法权益的，适用前款规定。

《最高人民法院关于适用〈中华人民共和国民事诉讼法〉的解释》（2022年3月22日修正）

第一百九十条 民事诉讼法第一百一十五条规定的他人合法权益，包括案外人的合法权益、国家利益、社会公共利益。

第三人根据民事诉讼法第五十九条第三款规定提起撤销之诉，经审查，原案当事人之间恶意串通进行虚假诉讼的，适用民事诉讼法第一百一十五条规定处理。

第一百九十一条 单位有民事诉讼法第一百一十五条或者第一百一十六条规定行为的，人民法院应当对该单位进行罚款，并可以对其主要负责人或者直接责任人员予以罚款、拘留；构成犯罪的，依法追究刑事责任。

《最高人民法院关于为促进消费提供司法服务和保障的意见》（法发〔2022〕35号 2022年12月26日）

19. 加强知识产权保护。严格实施知识产权侵权惩罚性赔偿制度，有效遏制知识产权侵权行为，通过加强司法保护促进科技创新成果的产出和运用，助力科技强国建设。依法整治知识产权领域虚假诉讼、恶意诉讼、滥用诉权等不诚信诉讼行为，积极为广大市场主体技术研发和科技创新创造良好法治环境。加大对“专精特新”中小企业关键核心技术和原始创新成果的司法保护力度，支持和引导市场主体通过技术进步和科技创新提升核心竞争力，积极发挥供给侧对消费升级的支撑引领作用。加强文化创意产品著作权保护，鼓励文化创意产品创作，助推优质文化资源开发和中华优秀传统文化创造性转化、创新性发展，助力增加优质文化产品和服务供给。

172. 专利权宣告无效后返还费用纠纷

案由适用要点

[释义] 专利权宣告无效后返还费用纠纷是指因专利权宣告无效后被控专利侵权人、专利被许可人、专利受让人依法要求专利权人返还专利侵权赔偿金、专利使用费、专利权转让费而提起的诉讼纠纷。

[管辖] 对于专利权宣告无效后返还费用纠纷的管辖，应区分基础法律关系系侵权法律关系还是合同法律关系而分别确定管辖。对于因之前存在的专利侵权纠纷而在专利权被宣告无效后被控侵权人提出的返还侵权赔偿金纠纷，一般宜按照专利侵权案件的管辖规则来确定管辖。对于因存在专利权转让合同而在专利权被宣告无效后受让人提出的返还专利权转让费纠纷，可以按照专利权转让合同案件的管辖规则来确定管辖。对于因存在专利实施许可合同而在专利权被宣告无效后被许可人提出的返还专利使用费纠纷，可以按照专利实施许可合同案件的管辖规则来确定管辖。

[应注意的问题] 对于因存在专利权转让合同或专利实施许可合同而在专利权被宣告无效后受让人或被许可人提出的返还专利权转让费或专利使用费纠纷，本可以分别按照专利权转让合同纠纷和专利实施许可合同纠纷来确定案由，但是考虑到《专利法》第47条第3款将专利权宣告无效后返还专利侵权赔偿金与返还专利使用费、专利权转让费一并规定，而专利权宣告无效后返还专利侵权赔偿金纠纷显然难以归入前述的专利侵权纠纷，加之专利无效后的处理有一定的规律性，最终将这三类案件作为一个单独的第三级案由予以规定。

请求权基础规范指引

《中华人民共和国专利法》（2020年修正）

第四十七条　宣告无效的专利权视为自始即不存在。

宣告专利权无效的决定，对在宣告专利权无效前人民法院作出并已执行的专利侵权的判决、调解书，已经履行或者强制执行的专利侵权纠纷处理决定，以及已经履行的专利实施许可合同和专利权转让合同，不具有追溯力。但是因专利权人的恶意给他人造成的损失，应当给予赔偿。

依照前款规定不返还专利侵权赔偿金、专利使用费、专利权转让费，明显违反公平原则的，应当全部或者部分返还。

十五、不正当竞争纠纷

173. 仿冒纠纷

（1）擅自使用与他人有一定影响的商品名称、包装、装潢等相同或者近似的标识纠纷

（2）擅自使用他人有一定影响的企业名称、社会组织名称、姓名纠纷

（3）擅自使用他人有一定影响的域名主体部分、网站名称、网页纠纷

案由适用要点

［**释义**］仿冒纠纷是指因行为人在市场交易中擅自使用与他人有一定影响的知名商品特有名称、包装、装潢或者他人企业名称、社会组织名称、姓名，域名主体部分、网站名称、网页伪造、冒用产品质量标志和伪造产地等不正当竞争手段，损害竞争对手而发生的民事争议。

擅自使用与他人有一定影响的商品名称、装潢等相同或者近似的标识，是指擅自使用与他人有一定影响的商品名称、包装、装潢等相同或者近似的标识的混淆行为，引人误认为是他人商品或者与他人存在特定联系。

擅自使用他人有一定影响的企业名称、社会组织名称、姓名，是指擅自使用他人的企业名称或者姓名，引人误认为是他人商品或者与他人存在特定联系引人误认为是他人的商品。

［**管辖**］对于仿冒纠纷的地域管辖，应当按照一般侵权案件确定管辖，即根据《民事诉讼法》第29条规定由侵权行为地或者被告人住所地人民法院管辖。根据《民事诉讼法解释》第24条规定，上述侵权行为地，包括侵权行为实施地、侵权结果发生地。

［**应注意的问题**］仿冒是《反不正当竞争法》第6条规定的不正当竞争行为，人们在习惯上称为“仿冒行为”。对因假冒他人注册商标发生的纠纷，一般应当按照《民事案件案由规定》确定为侵害商标权纠纷，而不是仿冒纠纷。

对于擅自使用与他人有一定影响的商品名称、包装、装潢等相同或者近似的标识纠纷，擅自使用他人有一定影响的企业名称、社会组织名称、姓名纠纷、擅自使用他人有一定影响的域名主体部分、网站名称、网页纠纷与擅自使用知名商品特有名称、包装、装潢纠纷和擅自使用他人企业名称、姓名纠纷，均属于选择适用案由，原告仅指控侵犯其中部分客体的或者一种行为的，应当根据具体争议内容相应确定具体案由。如仅主张擅自使用知名商品特有名称的，确定为擅自使用知名商品特有名称纠纷；仅主张擅自使用他人

姓名的，确定为擅自使用他人姓名纠纷；仅主张伪造产品质量标志的，确定为伪造产品质量标志纠纷。

对于涉及伪造、冒用产品质量标志和伪造产地的争议，当事人之间作为经营者，存在市场竞争关系的，案由确定为伪造、冒用产品质量标志纠纷和伪造产地纠纷；消费者与经营者因此发生的民事争议，一般可以按照买卖合同纠纷确定案由。

对于擅自使用他人有一定影响的企业名称的行为，一般均属于市场交易行为，当事人之间一般会存在竞争或合作关系。竞争对手之间涉及企业名称使用的争议，往往属于不正当竞争纠纷。需要注意，擅自使用他人有一定影响的企业名称、社会组织名称、姓名，应当是指被告使用了原告的企业名称、社会组织名称或者姓名，用于从事市场经营活动。对于不能归类于《反不正当竞争法》第6条第4项规定的其他侵犯企业名称的行为（即不涉及市场经营活动的使用行为），有关民事案件案由应当确定为侵害企业名称（商号）权纠纷。对于自然人姓名的使用，如果并非在市场交易中使用，也就不存在竞争关系，不属于不正当竞争纠纷，而应当确定为“姓名权纠纷”。

请求权基础规范指引

《中华人民共和国反不正当竞争法》（2019年修正）

第六条　经营者不得实施下列混淆行为，引人误认为是他人商品或者与他人存在特定联系：

（一）擅自使用与他人有一定影响的商品名称、包装、装潢等相同或者近似的标识；

（二）擅自使用他人有一定影响的企业名称（包括简称、字号等）、社会组织名称（包括简称等）、姓名（包括笔名、艺名、译名等）；

（三）擅自使用他人有一定影响的域名主体部分、网站名称、网页等；

（四）其他足以引人误认为是他人商品或者与他人存在特定联系的混淆行为。

《最高人民法院关于适用〈中华人民共和国反不正当竞争法〉若干问题的解释》（法释〔2022〕9号　2022年3月16日）

第四条　具有一定的市场知名度并具有区别商品来源的显著特征的标识，人民法院可以认定为反不正当竞争法第六条规定的“有一定影响的”标识。

人民法院认定反不正当竞争法第六条规定的标识是否具有一定的市场知名度，应当综合考虑中国境内相关公众的知悉程度，商品销售的时间、区域、数额和对象，宣传的持续时间、程度和地域范围，标识受保护的情况等因素。

第五条　反不正当竞争法第六条规定的标识有下列情形之一的，人民法院院应当认定其不具有区别商品来源的显著特征：

（一）商品的通用名称、图形、型号；

（二）仅直接表示商品的质量、主要原料、功能、用途、重量、数量及其他特点的标识；

（三）仅由商品自身的性质产生的形状，为获得技术效果而需有的商品形状以及使商品具有实质性价值的形状；

（四）其他缺乏显著特征的标识。

前款第一项、第二项、第四项规定的标识经过使用取得显著特征，并具有一定的市场知名度，当事人请求依据反不正当竞争法第六条规定予以保护的，人民法院应予支持。

第六条 因客观描述、说明商品而正当使用下列标识，当事人主张属于反不正当竞争法第六条规定的情形的，人民法院不予支持：

（一）含有本商品的通用名称、图形、型号；

（二）直接表示商品的质量、主要原料、功能、用途、重量、数量以及其他特点；

（三）含有地名。

第七条 反不正当竞争法第六条规定的标识或者其显著识别部分属于商标法第十条第一款规定的不得作为商标使用的标志，当事人请求依据反不正当竞争法第六条规定予以保护的，人民法院不予支持。

第八条 由经营者营业场所的装饰、营业用具的式样、营业人员的服饰等构成的具有独特风格的整体营业形象，人民法院可以认定为反不正当竞争法第六条第一项规定的"装潢"。

第九条 市场主体登记管理部门依法登记的企业名称，以及在中国境内进行商业使用的境外企业名称，人民法院可以认定为反不正当竞争法第六条第二项规定的"企业名称"。

有一定影响的个体工商户、农民专业合作社（联合社）以及法律、行政法规规定的其他市场主体的名称（包括简称、字号等），人民法院可以依照反不正当竞争法第六条第二项予以认定。

第十条 在中国境内将有一定影响的标识用于商品、商品包装或者容器以及商品交易文书上，或者广告宣传、展览以及其他商业活动中，用于识别商品来源的行为，人民法院可以认定为反不正当竞争法第六条规定的"使用"。

第十一条 经营者擅自使用与他人有一定影响的企业名称（包括简称、字号等）、社会组织名称（包括简称等）、姓名（包括笔名、艺名、译名等）、域名主体部分、网站名称、网页等近似的标识，引人误认为是他人商品或者与他人存在特定联系，当事人主张属于反不正当竞争法第六条第二项、第三项规定的情形的，人民法院应予支持。

第十二条　人民法院认定与反不正当竞争法第六条规定的“有一定影响的”标识相同或者近似，可以参照商标相同或者近似的判断原则和方法。

反不正当竞争法第六条规定的“引人误认为是他人商品或者与他人存在特定联系”，包括误认为与他人具有商业联合、许可使用、商业冠名、广告代言等特定联系。

在相同商品上使用相同或者视觉上基本无差别的商品名称、包装、装潢等标识，应当视为足以造成与他人有一定影响的标识相混淆。

第十三条　经营者实施下列混淆行为之一，足以引人误认为是他人商品或者与他人存在特定联系的，人民法院可以依照反不正当竞争法第六条第四项予以认定：

（一）擅自使用反不正当竞争法第六条第一项、第二项、第三项规定以外“有一定影响的”标识；

（二）将他人注册商标、未注册的驰名商标作为企业名称中的字号使用，误导公众。

第十四条　经营者销售带有违反反不正当竞争法第六条规定的标识的商品，引人误认为是他人商品或者与他人存在特定联系，当事人主张构成反不正当竞争法第六条规定的情形的，人民法院应予支持。

销售不知道是前款规定的侵权商品，能证明该商品是自己合法取得并说明提供者，经营者主张不承担赔偿责任的，人民法院应予支持。

第十五条　故意为他人实施混淆行为提供仓储、运输、邮寄、印制、隐匿、经营场所等便利条件，当事人请求依据民法典第一千一百六十九条第一款予以认定的，人民法院应予支持。

第二十三条　对于反不正当竞争法第二条、第八条、第十一条、第十二条规定的不正当竞争行为，权利人因被侵权所受到的实际损失、侵权人因侵权所获得的利益难以确定，当事人主张依据反不正当竞争法第十七条第四款确定赔偿数额的，人民法院应予支持。

第二十五条　依据反不正当竞争法第六条的规定，当事人主张判令被告停止使用或者变更其企业名称的诉讼请求依法应予支持的，人民法院应当判令停止使用该企业名称。

174. 商业贿赂不正当竞争纠纷

案由适用要点

[释义] 商业贿赂，是指经营者以排斥竞争对手为目的，为争取交易机会，暗中给予交易对方有关人员和能够影响交易的其他相关人员以财物或其他好处的行为。

[管辖] 对于商业贿赂不正当竞争纠纷案件的地域管辖，法律和司法解释没有作出特别规定，应当按照一般侵权案件确定管辖。即根据《民事诉讼法》第 29 条的规定，因侵权行为提起的诉讼，由侵权行为地或者被告住所地人民法院管辖；上述侵权行为地，根据《民事诉讼法解释》第 24 条规定，《民事诉讼法》第 29 条规定的侵权行为地，包括侵权行为实施地、侵权结果发生地。

对于商业贿赂不正当竞争纠纷案件的级别管辖，法律或司法解释没有作出特别规定，一般由中级人民法院管辖，经最高人民法院批准的基层人民法院也可以受理商业贿赂不正当竞争纠纷案件。

[应注意的问题] 尽管商业贿赂行为一般多通过行政执法或刑事执法程序来追究行政责任或刑事责任，但不排除商业贿赂行为也会给相关经营者造成民事损害，应当承担相应的民事责任，因此《民事案件案由规定》应当明确赋予相关经营者以民事诉权。但为了区别此种商业贿赂与其他贿赂行为和特别提示其民事责任性质，将案由名称定为商业贿赂不正当竞争纠纷而不是商业贿赂纠纷。

请求权基础规范指引

《中华人民共和国反不正当竞争法》（2019 年修正）

第七条 经营者不得采用财物或者其他手段贿赂下列单位或者个人，以谋取交易机会或者竞争优势：

（一）交易相对方的工作人员；

（二）受交易相对方委托办理相关事务的单位或者个人；

（三）利用职权或者影响力影响交易的单位或者个人。

经营者在交易活动中，可以以明示方式向交易相对方支付折扣，或者向中间人支付佣金。经营者向交易相对方支付折扣、向中间人支付佣金的，应当如实入账。接受折扣、佣金的经营者也应当如实入账。

经营者的工作人员进行贿赂的，应当认定为经营者的行为；但是，经营者有证据证明该工作人员的行为与为经营者谋取交易机会或者竞争优势无关的除外。

175. 虚假宣传纠纷

案由适用要点

[**释义**] 所谓虚假宣传，是指经营者对其商品的性能、功能、质量、销售状况、用户评价、曾获荣誉等作虚假或者引人误解的商业宣传，欺骗、误导消费者，或者经营者通过组织虚假交易等方式，帮助其他经营者进行虚假或者引人误解的商业宣传的行为。

[**管辖**] 对于虚假宣传纠纷案件的地域管辖，法律和司法解释没有作出特别规定，应当按照一般侵权案件确定管辖。即根据《民事诉讼法》第29条的规定，因侵权行为提起的诉讼，由侵权行为地或者被告住所地人民法院管辖；上述侵权行为地，根据《民事诉讼法解释》第24条规定，《民事诉讼法》第29条规定的侵权行为地，包括侵权行为实施地、侵权结果发生地。

[**应注意的问题**]《反不正当竞争法》第8条规定了虚假宣传的不正当竞争行为，其本质不在于是否构成“虚假宣传”，而在于是否构成“引人误解”。

请求权基础规范指引

《中华人民共和国反不正当竞争法》（2019年修正）

第八条 经营者不得对其商品的性能、功能、质量、销售状况、用户评价、曾获荣誉等作虚假或者引人误解的商业宣传，欺骗、误导消费者。

经营者不得通过组织虚假交易等方式，帮助其他经营者进行虚假或者引人误解的商业宣传。

《中华人民共和国广告法》（2021年修正）

第八条 广告中对商品的性能、功能、产地、用途、质量、成分、价格、生产者、有效期限、允诺等或者对服务的内容、提供者、形式、质量、价格、允诺等有表示的，应当准确、清楚、明白。

广告中表明推销的商品或者服务附带赠送的，应当明示所附带赠送商品或者服务的品种、规格、数量、期限和方式。

法律、行政法规规定广告中应当明示的内容，应当显著、清晰表示。

第十一条 广告内容涉及的事项需要取得行政许可的，应当与许可的内容相符合。

广告使用数据、统计资料、调查结果、文摘、引用语等引证内容的，应当真实、准确，并表明出处。引证内容有适用范围和有效期限的，应当明确表示。

第二十八条 广告以虚假或者引人误解的内容欺骗、误导消费者的，构成虚假广告。

广告有下列情形之一的，为虚假广告：

（一）商品或者服务不存在的；

（二）商品的性能、功能、产地、用途、质量、规格、成分、价格、生产者、有效期限、销售状况、曾获荣誉等信息，或者服务的内容、提供者、形式、质量、价格、销售状况、曾获荣誉等信息，以及与商品或者服务有关的允诺等信息与实际情况不符，对购买行为有实质性影响的；

（三）使用虚构、伪造或者无法验证的科研成果、统计资料、调查结果、文摘、引用语等信息作证明材料的；

（四）虚构使用商品或者接受服务的效果的；

（五）以虚假或者引人误解的内容欺骗、误导消费者的其他情形。

《最高人民法院关于审理网络消费纠纷案件适用法律若干问题的规定（一）》（法释〔2022〕8号 2022年3月1日）

第九条 电子商务经营者与他人签订的以虚构交易、虚构点击量、编造用户评价等方式进行虚假宣传的合同，人民法院应当依法认定无效。

第十一条 平台内经营者开设网络直播间销售商品，其工作人员在网络直播中因虚假宣传等给消费者造成损害，消费者主张平台内经营者承担赔偿责任的，人民法院应予支持。

《最高人民法院关于适用〈中华人民共和国反不正当竞争法〉若干问题的解释》（法释〔2022〕9号 2022年3月16日）

第十六条 经营者在商业宣传过程中，提供不真实的商品相关信息，欺骗、误导相关公众的，人民法院应当认定为反不正当竞争法第八条第一款规定的虚假的商业宣传。

第十七条 经营者具有下列行为之一，欺骗、误导相关公众的，人民法院可以认定为反不正当竞争法第八条第一款规定的“引人误解的商业宣传”：

（一）对商品作片面的宣传或者对比；

（二）将科学上未定论的观点、现象等当作定论的事实用于商品宣传；

（三）使用歧义性语言进行商业宣传；

（四）其他足以引人误解的商业宣传行为。

人民法院应当根据日常生活经验、相关公众一般注意力、发生误解的事实和被宣传对象的实际情况等因素，对引人误解的商业宣传行为进行认定。

第十八条 当事人主张经营者违反反不正当竞争法第八条第一款的规定并请求赔偿损失的，应当举证证明其因虚假或者引人误解的商业宣传行为受到损失。

《最高人民法院关于加强中医药知识产权司法保护的意见》（法发〔2022〕34号　2022年12月21日）

6. 维护中医药市场公平竞争秩序。坚持规范和发展并重，加强对中医药领域垄断行为的司法规制，维护统一开放、竞争有序的中医药市场。依法制裁虚假宣传、商业诋毁、擅自使用中医药知名企业名称及仿冒中药知名药品名称、包装、装潢等不正当竞争行为，强化中医药行业公平竞争意识，促进中医药事业健康有序发展，切实维护消费者合法权益和社会公共利益。

176. 侵害商业秘密纠纷

（1）侵害技术秘密纠纷

（2）侵害经营秘密纠纷

案由适用要点

［释义］所谓商业秘密，根据修正后的《反不正当竞争法》第9条的规定，是指不为公众所知悉、具有商业价值并经权利人采取相应保密措施的技术信息、经营信息等商业信息。一般认为，商业秘密应当具备秘密性、价值性和保密性三个要件。具备前述三要件的技术信息称为技术秘密；具备前述三要件的经营信息，包括客户信息等，称为经营秘密。

［管辖］对于侵害商业秘密纠纷案件的地域管辖，法律和司法解释没有作出特别规定，应当按照一般侵权案件确定管辖。即根据《民事诉讼法》第29条的规定，因侵权行为提起的诉讼，由侵权行为地或者被告住所地人民法院管辖；上述侵权行为地，根据《民事诉讼法解释》第24条的规定，包括侵权行为实施地和侵权结果发生地。但要注意，商业秘密保护与专利保护不同，商业秘密特别是技术秘密保护的是产品制造过程中所使用的有关信息，并不当然延至对产品本身的保护。因此，不能简单以产品销售商为被告提起诉讼，也不能由产品销售地法院对产品制造者行使管辖权作为，除非表面证据已经表明销售商和制造商构成共同侵权。

［应注意的问题］根据《反不正当竞争法》第9条第3款的规定以及人们的惯常理解，商业秘密包括技术信息和经营信息两大类。《民事案件案由规定》相应分别设置了侵害技术秘密纠纷和侵害经营秘密纠纷两类第四级案由。

2012年修正的《劳动合同法》第23条规定："用人单位与劳动者可以在劳动合同中约定保守用人单位的商业秘密和与知识产权相关的保密事项。对负有保密义务的劳动者，用人单位可以在劳动合同或者保密协议中与劳动者约定竞业限制条款，并约定在解除或者终止劳动合同后，在竞业限制期限内按月给予劳动者经济补偿。劳动者违反竞业限制约定的，应当按照约定向用人单位支付违约金。”对于单纯违反竞业限制条款而不涉及侵犯商业秘密问题的争议，应当按照《民事案件案由规定》第 186 条确定为劳动合同纠纷；而对于既违反竞业限制义务，又导致侵犯商业秘密，即劳动者擅自将其获得的商业秘密投入使用或者向他人披露而发生的侵犯商业秘密争议，性质上属于侵犯商业秘密纠纷，权利人可以侵害商业秘密为由直接向有管辖权的人民法院起诉。

请求权基础规范指引

《中华人民共和国劳动合同法》（2012 年修正）

第二十三条 用人单位与劳动者可以在劳动合同中约定保守用人单位的商业秘密和与知识产权相关的保密事项。

对负有保密义务的劳动者，用人单位可以在劳动合同或者保密协议中与劳动者约定竞业限制条款，并约定在解除或者终止劳动合同后，在竞业限制期限内按月给予劳动者经济补偿。劳动者违反竞业限制约定的，应当按照约定向用人单位支付违约金。

第二十四条 竞业限制的人员限于用人单位的高级管理人员、高级技术人员和其他负有保密义务的人员。竞业限制的范围、地域、期限由用人单位与劳动者约定，竞业限制的约定不得违反法律、法规的规定。

在解除或者终止劳动合同后，前款规定的人员到与本单位生产或者经营同类产品、从事同类业务的有竞争关系的其他用人单位，或者自己开业生产或者经营同类产品、从事同类业务的竞业限制期限，不得超过二年。

《中华人民共和国反不正当竞争法》（2019 年修正）

第九条 经营者不得实施下列侵犯商业秘密的行为：

（一）以盗窃、贿赂、欺诈、胁迫、电子侵入或者其他不正当手段获取权利人的商业秘密；

（二）披露、使用或者允许他人使用以前项手段获取的权利人的商业秘密；

（三）违反保密义务或者违反权利人有关保守商业秘密的要求，披露、使用或者允许他人使用其所掌握的商业秘密；

（四）教唆、引诱、帮助他人违反保密义务或者违反权利人有关保守商业秘密的要求，获取、披露、使用或者允许他人使用权利人的商业秘密。

经营者以外的其他自然人、法人和非法人组织实施前款所列违法行为的，视为侵犯商业秘密。

第三人明知或者应知商业秘密权利人的员工、前员工或者其他单位、个人实施本条第一款所列违法行为，仍获取、披露、使用或者允许他人使用该商业秘密的，视为侵犯商业秘密。

本法所称的商业秘密，是指不为公众所知悉、具有商业价值并经权利人采取相应保密措施的技术信息、经营信息等商业信息。

《最高人民法院关于审理侵犯商业秘密民事案件适用法律若干问题的规定》（法释〔2020〕7号　2020年9月10日）

第三条　权利人请求保护的信息在被诉侵权行为发生时不为所属领域的相关人员普遍知悉和容易获得的，人民法院应当认定为反不正当竞争法第九条第四款所称的不为公众所知悉。

第四条　具有下列情形之一的，人民法院可以认定有关信息为公众所知悉：

（一）该信息在所属领域属于一般常识或者行业惯例的；

（二）该信息仅涉及产品的尺寸、结构、材料、部件的简单组合等内容，所属领域的相关人员通过观察上市产品即可直接获得的；

（三）该信息已经在公开出版物或者其他媒体上公开披露的；

（四）该信息已通过公开的报告会、展览等方式公开的；

（五）所属领域的相关人员从其他公开渠道可以获得该信息的。

将为公众所知悉的信息进行整理、改进、加工后形成的新信息，符合本规定第三条规定的，应当认定该新信息不为公众所知悉。

第五条　权利人为防止商业秘密泄露，在被诉侵权行为发生以前所采取的合理保密措施，人民法院应当认定为反不正当竞争法第九条第四款所称的相应保密措施。

人民法院应当根据商业秘密及其载体的性质、商业秘密的商业价值、保密措施的可识别程度、保密措施与商业秘密的对应程度以及权利人的保密意愿等因素，认定权利人是否采取了相应保密措施。

第六条　具有下列情形之一，在正常情况下足以防止商业秘密泄露的，人民法院应当认定权利人采取了相应保密措施：

（一）签订保密协议或者在合同中约定保密义务的；

（二）通过章程、培训、规章制度、书面告知等方式，对能够接触、获取商业秘密的员工、前员工、供应商、客户、来访者等提出保密要求的；

（三）对涉密的厂房、车间等生产经营场所限制来访者或者进行区分管理的；

（四）以标记、分类、隔离、加密、封存、限制能够接触或者获取的人员范围等方式，对商业秘密及其载体进行区分和管理的；

（五）对能够接触、获取商业秘密的计算机设备、电子设备、网络设备、存储设备、软件等，采取禁止或者限制使用、访问、存储、复制等措施的；

（六）要求离职员工登记、返还、清除、销毁其接触或者获取的商业秘密及其载体，继续承担保密义务的；

（七）采取其他合理保密措施的。

第七条 权利人请求保护的信息因不为公众所知悉而具有现实的或者潜在的商业价值的，人民法院经审查可以认定为反不正当竞争法第九条第四款所称的具有商业价值。

生产经营活动中形成的阶段性成果符合前款规定的，人民法院经审查可以认定该成果具有商业价值。

《最高人民法院关于审理技术合同纠纷案件适用法律若干问题的解释》（2020 年 12 月 23 日修正）

第一条 技术成果，是指利用科学技术知识、信息和经验作出的涉及产品、工艺、材料及其改进等的技术方案，包括专利、专利申请、技术秘密、计算机软件、集成电路布图设计、植物新品种等。

技术秘密，是指不为公众所知悉、具有商业价值并经权利人采取相应保密措施的技术信息。

《最高人民法院关于加强中医药知识产权司法保护的意见》（法发〔2022〕34 号 2022 年 12 月 21 日）

7. 加强中医药商业秘密及国家秘密保护。依法保护中医药商业秘密，有效遏制侵犯中医药商业秘密行为，促进中医药技术传承创新。准确把握信息披露与商业秘密保护的关系，依法保护中药因上市注册、补充申请、药品再注册等原因依法向行政机关披露的中医药信息。妥善处理中医药商业秘密保护与中医药领域从业者合理流动的关系，在依法保护商业秘密的同时，维护中医药领域从业者正当就业创业合法权益。对经依法认定属于国家秘密的传统中药处方组成和生产工艺实行特殊保护，严惩窃取、泄露中医药国家秘密行为。

177. 低价倾销不正当竞争纠纷

案由适用要点

［**释义**］《反垄断法》第 22 条规定：“禁止具有市场支配地位的经营者从事下列滥用市场支配地位的行为：……（二）没有正当理由，以低于成本的价格销售商品……”《反垄断法》意义上的掠夺定价行为，即认定是否构成低价倾销不正当竞争，需界定是否属于滥用市场支配地位。

［**管辖**］对于低价倾销类纠纷案件的地域管辖，法律和司法解释没有作出特别规定，应当按照一般侵权案件确定管辖。即根据《民事诉讼法》第 29 条

的规定，因侵权行为提起的诉讼，由侵权行为地或者被告住所地人民法院管辖；上述侵权行为地，根据《民事诉讼法解释》第24条规定，《民事诉讼法》第29条规定的侵权行为地，包括侵权行为实施地、侵权结果发生地。

对于低价倾销类纠纷案件的级别管辖，法律和司法解释没有作出特别规定，但可以参照原《最高人民法院关于审理不正当竞争民事案件应用法律若干问题的解释》第18条有关仿冒纠纷等知识产权纠纷案件的管辖规定来确定管辖。即一般由中级人民法院管辖，经最高人民法院批准的基层人民法院也可以受理低价倾销纠纷案件。

［**应注意的问题**］对于低价倾销行为，除了行政主管机关可以依法查处以外，受到损害的竞争对手可以直接向人民法院起诉，要求其承担损害赔偿等民事责任。对于这种民事争议，应当确定为低价倾销不正当竞争纠纷。

请求权基础规范指引

《中华人民共和国反垄断法》（2022年修正）

第二十二条　禁止具有市场支配地位的经营者从事下列滥用市场支配地位的行为：

（一）以不公平的高价销售商品或者以不公平的低价购买商品；

（二）没有正当理由，以低于成本的价格销售商品；

（三）没有正当理由，拒绝与交易相对人进行交易；

（四）没有正当理由，限定交易相对人只能与其进行交易或者只能与其指定的经营者进行交易；

（五）没有正当理由搭售商品，或者在交易时附加其他不合理的交易条件；

（六）没有正当理由，对条件相同的交易相对人在交易价格等交易条件上实行差别待遇；

（七）国务院反垄断执法机构认定的其他滥用市场支配地位的行为。

具有市场支配地位的经营者不得利用数据和算法、技术以及平台规则等从事前款规定的滥用市场支配地位的行为。

本法所称市场支配地位，是指经营者在相关市场内具有能够控制商品价格、数量或者其他交易条件，或者能够阻碍、影响其他经营者进入相关市场能力的市场地位。

178. 捆绑销售不正当竞争纠纷

案由适用要点

[释义]《反垄断法》第 22 条规定：“禁止具有市场支配地位的经营者从事下列滥用市场支配地位的行为：……（五）没有正当理由搭售商品，或者在交易时附加其他不合理的交易条件……”《反垄断法》意义上的捆绑交易行为，需界定是否属于滥用市场支配地位。

[管辖] 对于捆绑销售纠纷案件的地域管辖，法律和司法解释没有作出特别规定，应当按照一般侵权案件确定管辖。即根据《民事诉讼法》第 29 条的规定，因侵权行为提起的诉讼，由侵权行为地或者被告住所地人民法院管辖；上述侵权行为地，根据《民事诉讼法解释》第 24 条规定，《民事诉讼法》第 29 条规定的侵权行为地，包括侵权行为实施地、侵权结果发生地。

对于捆绑销售纠纷案件的级别管辖，法律和司法解释没有作出特别规定，但可以参照原《最高人民法院关于审理不正当竞争民事案件应用法律若干问题的解释》第 18 条有关仿冒纠纷等知识产权纠纷案件的管辖规定来确定管辖。即一般由中级人民法院管辖，经最高人民法院批准的基层人民法院也可以受理捆绑销售纠纷案件。

[应注意的问题] 捆绑销售行为引起的纠纷，如果发生在市场经营者之间，即当事人之间具有竞争关系的，应当作为反垄断纠纷受理；如果属于消费者与经营者之间的争议，应当作为《民事案件案由规定》第 84 条规定的买卖合同纠纷受理。

2017 年修改后的《反不正当竞争法》删除了第 12 条的规定，即捆绑销售指经营者在销售商品时，违背购买者的意愿搭售商品或者附加其他不合理的条件的行为。

请求权基础规范指引

《中华人民共和国反垄断法》（2022 年修正）

第二十二条 禁止具有市场支配地位的经营者从事下列滥用市场支配地位的行为：

（一）以不公平的高价销售商品或者以不公平的低价购买商品；

（二）没有正当理由，以低于成本的价格销售商品；

（三）没有正当理由，拒绝与交易相对人进行交易；

（四）没有正当理由，限定交易相对人只能与其进行交易或者只能与其指定的经营者进行交易；

（五）没有正当理由搭售商品，或者在交易时附加其他不合理的交易条件；

（六）没有正当理由，对条件相同的交易相对人在交易价格等交易条件上实行差别待遇；

（七）国务院反垄断执法机构认定的其他滥用市场支配地位的行为。

具有市场支配地位的经营者不得利用数据和算法、技术以及平台规则等从事前款规定的滥用市场支配地位的行为。

本法所称市场支配地位，是指经营者在相关市场内具有能够控制商品价格、数量或者其他交易条件，或者能够阻碍、影响其他经营者进入相关市场能力的市场地位。

179. 有奖销售纠纷

案由适用要点

[释义] 有奖销售，是指经营者销售商品或者提供服务，附带性地向购买者提供物品、金钱或者其他经济上的利益的行为，包括奖励所有购买者的附赠式有奖销售和奖励部分购买者的抽奖式有奖销售。

[管辖] 对于有奖销售纠纷案件的地域管辖，法律和司法解释没有作出特别规定，应当按照一般侵权案件确定管辖。根据《民事诉讼法》第29条的规定，因侵权行为提起的诉讼，由侵权行为地或者被告住所地人民法院管辖；上述侵权行为地，根据《民事诉讼法解释》第24条的规定，《民事诉讼法》第29条规定的侵权行为地，包括侵权行为实施地和侵权结果发生地。

对于有奖销售纠纷案件的级别管辖，法律和司法解释没有作出特别规定，但可以参照原《最高人民法院关于审理不正当竞争民事案件应用法律若干问题的解释》第18条有关仿冒纠纷等知识产权纠纷案件的管辖规定来确定管辖。即一般由中级人民法院管辖，经最高人民法院批准的基层人民法院也可以受理有奖销售纠纷案件。

[应注意的问题]《反不正当竞争法》第10条规定了有奖销售不正当竞争行为，有人也称之为不正当有奖销售。并非所有的有奖销售行为均构成不正当竞争行为而为法律所禁止，只有违反法律规定的有奖销售行为才可能构成不正当竞争。

因有奖销售行为引起的纠纷，如果发生在市场经营者之间，即当事人之间具有竞争关系的，作为《民事案件案由规定》本条的有奖销售纠纷受理；如果属于消费者与经营者之间的争议，应当作为《民事案件案由规定》第84条规定的买卖合同纠纷受理。

请求权基础规范指引

《中华人民共和国反不正当竞争法》（2019年修正）

第十条 经营者进行有奖销售不得存在下列情形：

（一）所设奖的种类、兑奖条件、奖金金额或者奖品等有奖销售信息不明确，影响兑奖；

（二）采用谎称有奖或者故意让内定人员中奖的欺骗方式进行有奖销售；

（三）抽奖式的有奖销售，最高奖的金额超过五万元。

180. 商业诋毁纠纷

案由适用要点

［**释义**］商业诋毁，是指经营者编造、传播虚假信息或者误导性信息，损害竞争对手的商业信誉、商品声誉。

［**管辖**］对于商业诋毁纠纷案件的地域管辖，法律和司法解释没有作出特别规定，应当按照《民事诉讼法》第29条规定的一般侵权案件确定管辖。根据《民事诉讼法解释》第24条规定，《民事诉讼法》第29条规定的侵权行为地，包括侵权行为实施地、侵权结果发生地。

［**应注意的问题**］商业诋毁和虚假宣传是市场上比较多见的两类不正当竞争纠纷。二者的共同之处在于：均属不真实的宣传行为，都会导致引人误解。但二者根本的区别在于：商业诋毁是行为人捏造有关他人和他人经营的商品或服务的不真实的事实，虚假宣传则是行为人散布有关自己和自己经营的商品或服务的不真实或引人误解的事实。虚伪事实包括不存在的事实和片面的事实；商业信誉是指对经营者本身的市场评价；商品声誉是指对经营者所经营的商品或者服务的评价。商业信誉与商品声誉往往相互关联。

请求权基础规范指引

《中华人民共和国反不正当竞争法》（2019年修正）

第十一条 经营者不得编造、传播虚假信息或者误导性信息，损害竞争对手的商业信誉、商品声誉。

《中华人民共和国广告法》（2021年修正）

第十三条 广告不得贬低其他生产经营者的商品或者服务。

《最高人民法院关于适用〈中华人民共和国反不正当竞争法〉若干问题的解释》（法释〔2022〕9号 2022年3月16日）

第十九条 当事人主张经营者实施了反不正当竞争法第十一条规定的商

业诋毁行为的，应当举证证明其为该商业诋毁行为的特定损害对象。

第二十条　经营者传播他人编造的虚假信息或者误导性信息，损害竞争对手的商业信誉、商品声誉的，人民法院应当依照反不正当竞争法第十一条予以认定。

181. 串通投标不正当竞争纠纷

案由适用要点

［**释义**］串通投标，是指投标者相互串通投标报价，损害招标人或者其他投标人利益，或者投标者与招标者串通投标，损害国家、集体、公民的合法权益的行为。

［**管辖**］对于串通投标不正当竞争纠纷案件的地域管辖，法律和司法解释没有作出特别规定，应当按照一般侵权案件确定管辖。即，根据《民事诉讼法》第29条的规定，因侵权行为提起的诉讼，由侵权行为地或者被告住所地人民法院管辖；上述侵权行为地，根据《民事诉讼法解释》第24条规定，《民事诉讼法》第29条规定的侵权行为地，包括侵权行为实施地、侵权结果发生地。

对于串通投标不正当竞争纠纷案件的级别管辖，法律和司法解释没有作出特别规定，但可以参照原《最高人民法院关于审理不正当竞争民事案件应用法律若干问题的解释》第18条有关仿冒纠纷等知识产权纠纷案件的管辖规定来确定管辖。即一般由中级人民法院管辖，经最高人民法院批准的基层人民法院也可以受理串通投标不正当竞争纠纷案件。

［**应注意的问题**］串通投标纠纷包括两类纠纷：一类是全部或者部分投标者之间相互串通投标，抬高标价或者压低标价；另一类是投标者和招标者相互勾结，以排挤竞争对手的公平竞争。根据《招标投标法》第53条的规定，投标人相互串通投标或者与招标人串通投标，给他人造成损失的，依法承担赔偿责任。对于因串通投标行为提起的民事诉讼，按照《民事案件案由规定》应当作为串通投标不正当竞争纠纷受理。

请求权基础规范指引

《中华人民共和国招标投标法》（2017年修正）

第三十二条　投标人不得相互串通投标报价，不得排挤其他投标人的公平竞争，损害招标人或者其他投标人的合法权益。

投标人不得与招标人串通投标，损害国家利益、社会公共利益与他人的合法权益。

禁止投标人以向招标人或者评标委员会成员行贿的手段谋取中标。

第五十三条 投标人相互串通投标或者与招标人串通投标的，投标人以向招标人或者评标委员会成员行贿的手段谋取中标的，中标无效，处中标项目金额千分之五以上千分之十以下的罚款，对单位直接负责的主管人员和其他直接责任人员处单位罚款数额百分之五以上百分之十以下的罚款；有违法所得的，并处没收违法所得；情节严重的，取消其一年至二年内参加依法必须进行招标的项目的投标资格并予以公告，直至由工商行政管理机关吊销营业执照；构成犯罪的，依法追究刑事责任。给他人造成损失的，依法承担赔偿责任。

《中华人民共和国反不正当竞争法》（2019年修正）

第二条 经营者在生产经营活动中，应当遵循自愿、平等、公平、诚信的原则，遵守法律和商业道德。

本法所称的不正当竞争行为，是指经营者在生产经营活动中，违反本法规定，扰乱市场竞争秩序，损害其他经营者或者消费者的合法权益的行为。

本法所称的经营者，是指从事商品生产、经营或者提供服务（以下所称商品包括服务）的自然人、法人和非法人组织。

《最高人民法院关于加强中医药知识产权司法保护的意见》（法发〔2022〕34号 2022年12月21日）

6. 维护中医药市场公平竞争秩序。坚持规范和发展并重，加强对中医药领域垄断行为的司法规制，维护统一开放、竞争有序的中医药市场。依法制裁虚假宣传、商业诋毁、擅自使用中医药知名企业名称及仿冒中药知名药品名称、包装、装潢等不正当竞争行为，强化中医药行业公平竞争意识，促进中医药事业健康有序发展，切实维护消费者合法权益和社会公共利益。

182. 网络不正当竞争纠纷

案由适用要点

［释义］ 网络不正当竞争，是指经营者利用技术手段，通过影响用户选择或者其他方式，实施妨碍、破坏其他经营者合法提供的网络产品或者服务正常运行的行为。

［管辖］ 网络不正当竞争纠纷案件的地域管辖，法律和司法解释没有作出特别规定，应当按照一般侵权案件确定管辖。即根据《民事诉讼法》第29条的规定，因侵权行为提起的诉讼，由侵权行为地或者被告住所地人民法院管辖；上述侵权行为地，根据《民事诉讼法解释》第24条规定，《民事诉讼法》第29条规定的侵权行为地，包括侵权行为实施地、侵权结果发生地。

对于网络不正当竞争纠纷案件的级别管辖，法律和司法解释没有作出特别规定，但可以参照原《最高人民法院关于审理不正当竞争民事案件应用法律若干问题的解释》第18条有关仿冒纠纷等知识产权纠纷案件的管辖规定来确定管辖。即一般由中级人民法院管辖，经最高人民法院批准的基层人民法院也可以受理网络不正当竞争纠纷案件。

[**应注意的问题**] 为了对新形态网络环境中的不正当竞争行为进行规制，避免一般条款的过度适用，2017年修改后的《反不正当竞争法》增设第12条，即互联网专条。第12条对经营者利用网络从事生产经营活动，作出了4项禁止性规定，其中第4项为兜底条款。对于互联网领域特有的、利用技术手段进行的不正当竞争行为，权利人可以网络不正当竞争为由直接向有管辖权的人民法院起诉。

请求权基础规范指引

《中华人民共和国反不正当竞争法》（2019年修正）

第十二条 经营者利用网络从事生产经营活动，应当遵守本法的各项规定。

经营者不得利用技术手段，通过影响用户选择或者其他方式，实施下列妨碍、破坏其他经营者合法提供的网络产品或者服务正常运行的行为：

（一）未经其他经营者同意，在其合法提供的网络产品或者服务中，插入链接、强制进行目标跳转；

（二）误导、欺骗、强迫用户修改、关闭、卸载其他经营者合法提供的网络产品或者服务；

（三）恶意对其他经营者合法提供的网络产品或者服务实施不兼容；

（四）其他妨碍、破坏其他经营者合法提供的网络产品或者服务正常运行的行为。

第二十四条 经营者违反本法第十二条规定妨碍、破坏其他经营者合法提供的网络产品或者服务正常运行的，由监督检查部门责令停止违法行为，处十万元以上五十万元以下的罚款；情节严重的，处五十万元以上三百万元以下的罚款。

《最高人民法院关于适用〈中华人民共和国反不正当竞争法〉若干问题的解释》（法释〔2022〕9号 2022年3月16日）

第二十一条 未经其他经营者和用户同意而直接发生的目标跳转，人民法院应当认定为反不正当竞争法第十二条第二款第一项规定的“强制进行目标跳转”。

仅插入链接，目标跳转由用户触发的，人民法院应当综合考虑插入链接的具体方式、是否具有合理理由以及对用户利益和其他经营者利益的影响等因素，认定该行为是否违反反不正当竞争法第十二条第二款第一项的规定。

第二十二条 经营者事前未明确提示并经用户同意，以误导、欺骗、强迫用户修改、关闭、卸载等方式，恶意干扰或者破坏其他经营者合法提供的网络产品或者服务，人民法院应当依照反不正当竞争法第十二条第二款第二项予以认定。

第二十三条 对于反不正当竞争法第二条、第八条、第十一条、第十二条规定的不正当竞争行为，权利人因被侵权所受到的实际损失、侵权人因侵权所获得的利益难以确定，当事人主张依据反不正当竞争法第十七条第四款确定赔偿数额的，人民法院应予支持。

《最高人民法院印发〈关于审理涉电子商务平台知识产权民事案件的指导意见〉的通知》（法发〔2020〕32号 2020年9月10日）

三、电子商务平台经营者知道或者应当知道平台内经营者侵害知识产权的，应当根据权利的性质、侵权的具体情形和技术条件，以及构成侵权的初步证据、服务类型，及时采取必要措施。采取的必要措施应当遵循合理审慎的原则，包括但不限于删除、屏蔽、断开链接等下架措施。平台内经营者多次、故意侵害知识产权的，电子商务平台经营者有权采取终止交易和服务的措施。

四、依据电子商务法第四十一条、第四十二条、第四十三条的规定，电子商务平台经营者可以根据知识产权权利类型、商品或者服务的特点等，制定平台内通知与声明机制的具体执行措施。但是，有关措施不能对当事人依法维护权利的行为设置不合理的条件或者障碍。

五、知识产权权利人依据电子商务法第四十二条的规定，向电子商务平台经营者发出的通知一般包括：知识产权权利证明及权利人的真实身份信息；能够实现准确定位的被诉侵权商品或者服务信息；构成侵权的初步证据；通知真实性的书面保证等。通知应当采取书面形式。

通知涉及专利权的，电子商务平台经营者可以要求知识产权权利人提交技术特征或者设计特征对比的说明、实用新型或者外观设计专利权评价报告等材料。

六、人民法院认定通知人是否具有电子商务法第四十二条第三款所称的“恶意”，可以考量下列因素：提交伪造、变造的权利证明；提交虚假侵权对比的鉴定意见、专家意见；明知权利状态不稳定仍发出通知；明知通知错误仍不及时撤回或者更正；反复提交错误通知等。

电子商务平台经营者、平台内经营者以错误通知、恶意发出错误通知造成其损害为由，向人民法院提起诉讼的，可以与涉电子商务平台知识产权纠纷案件一并审理。

七、平台内经营者依据电子商务法第四十三条的规定，向电子商务平台经营者提交的不存在侵权行为的声明一般包括：平台内经营者的真实身份信息；能够实现准确定位、要求终止必要措施的商品或者服务信息；权属证明、授权证明等不存在侵权行为的初步证据；声明真实性的书面保证等。声明应当采取书面形式。

声明涉及专利权的，电子商务平台经营者可以要求平台内经营者提交技术特征或者设计特征对比的说明等材料。

八、人民法院认定平台内经营者发出声明是否具有恶意，可以考量下列因素：提供伪造或者无效的权利证明、授权证明；声明包含虚假信息或者具有明显误导性；通知已经附有认定侵权的生效裁判或者行政处理决定，仍发出声明；明知声明内容错误，仍不及时撤回或者更正等。

九、因情况紧急，电子商务平台经营者不立即采取商品下架等措施将会使其合法利益受到难以弥补的损害的，知识产权权利人可以依据《中华人民共和国民事诉讼法》第一百条、第一百零一条①的规定，向人民法院申请采取保全措施。

因情况紧急，电子商务平台经营者不立即恢复商品链接、通知人不立即撤回通知或者停止发送通知等行为将会使其合法利益受到难以弥补的损害的，平台内经营者可以依据前款所述法律规定，向人民法院申请采取保全措施。

知识产权权利人、平台内经营者的申请符合法律规定的，人民法院应当依法予以支持。

十、人民法院判断电子商务平台经营者是否采取了合理的措施，可以考量下列因素：构成侵权的初步证据；侵权成立的可能性；侵权行为的影响范围；侵权行为的具体情节，包括是否存在恶意侵权、重复侵权情形；防止损害扩大的有效性；对平台内经营者利益可能的影响；电子商务平台的服务类型和技术条件等。

平台内经营者有证据证明通知所涉专利权已经被国家知识产权局宣告无效，电子商务平台经营者据此暂缓采取必要措施，知识产权权利人请求认定电子商务平台经营者未及时采取必要措施的，人民法院不予支持。

十一、电子商务平台经营者存在下列情形之一的，人民法院可以认定其“应当知道”侵权行为的存在：

（一）未履行制定知识产权保护规则、审核平台内经营者经营资质等法定义务；

---

① 现为《民事诉讼法》（2023年修正）第一百零三、一百零四条。

（二）未审核平台内店铺类型标注为“旗舰店”“品牌店”等字样的经营者的权利证明；

（三）未采取有效技术手段，过滤和拦截包含“高仿”“假货”等字样的侵权商品链接、被投诉成立后再次上架的侵权商品链接；

（四）其他未履行合理审查和注意义务的情形。

《最高人民法院关于为加快建设全国统一大市场提供司法服务和保障的意见》（法发〔2022〕22号 2022年7月14日）

10. 支持建设统一的技术和数据市场。加强科技成果所有权、使用权、处置权、收益权司法保护，妥善处理因科技成果权属认定、权利转让、权利质押、价值认定和利益分配等产生的纠纷，依法支持科技创新成果市场化应用。依法保护数据权利人对数据控制、处理、收益等合法权益，以及数据要素市场主体以合法收集和自身生成数据为基础开发的数据产品的财产性权益，妥善审理因数据交易、数据市场不正当竞争等产生的各类案件，为培育数据驱动、跨界融合、共创共享、公平竞争的数据要素市场提供司法保障。加强数据产权属性、形态、权属、公共数据共享机制等法律问题研究，加快完善数据产权司法保护规则。

十六、垄断纠纷

183. 垄断协议纠纷

（1）横向垄断协议纠纷

（2）纵向垄断协议纠纷

案由适用要点

［释义］ 垄断协议，是指排除、限制竞争的协议、决定或者其他协同行为。

横向垄断协议，是指具有竞争关系的经营者之间达成的垄断协议。

纵向垄断协议，是指具有经营者与交易相对人之间达成的垄断协议。

［管辖］ 对于经营者集中纠纷案件的地域管辖，根据《最高人民法院关于审理垄断民事纠纷案件适用法律若干问题的解释》第5条的规定，根据案件具体情况，依照《民事诉讼法》及相关司法解释有关侵权纠纷、合同纠纷等的管辖规定确定。一般为“被告住所地管辖”和“侵权行为地管辖”。

对于垄断协议纠纷案件的级别管辖，根据《最高人民法院关于审理垄断民事纠纷案件适用法律若干问题的解释》第4条的规定，第一审垄断民事纠纷案件，由知识产权法院和最高人民法院指定的中级人民法院管辖。

[**应注意的问题**] 垄断协议纠纷是一个较新的民事案由。只有直接且主要是依据《反垄断法》有关垄断协议的规定提起的民事诉讼才可以被确定为垄断协议纠纷。对于垄断协议问题只是案件处理的附带问题的案件，一般不宜确定为垄断协议纠纷，而应按照当事人之间的基础法律关系和诉争的主要内容来确定相应的案由。

请求权基础规范指引

《中华人民共和国反垄断法》（2022年修正）

第十六条　本法所称垄断协议，是指排除、限制竞争的协议、决定或者其他协同行为。

第十七条　禁止具有竞争关系的经营者达成下列垄断协议：

（一）固定或者变更商品价格；

（二）限制商品的生产数量或者销售数量；

（三）分割销售市场或者原材料采购市场；

（四）限制购买新技术、新设备或者限制开发新技术、新产品；

（五）联合抵制交易；

（六）国务院反垄断执法机构认定的其他垄断协议。

第十八条　禁止经营者与交易相对人达成下列垄断协议：

（一）固定向第三人转售商品的价格；

（二）限定向第三人转售商品的最低价格；

（三）国务院反垄断执法机构认定的其他垄断协议。

对前款第一项和第二项规定的协议，经营者能够证明其不具有排除、限制竞争效果的，不予禁止。

经营者能够证明其在相关市场的市场份额低于国务院反垄断执法机构规定的标准，并符合国务院反垄断执法机构规定的其他条件的，不予禁止。

第十九条　经营者不得组织其他经营者达成垄断协议或者为其他经营者达成垄断协议提供实质性帮助。

第六十条　经营者实施垄断行为，给他人造成损失的，依法承担民事责任。

经营者实施垄断行为，损害社会公共利益的，设区的市级以上人民检察院可以依法向人民法院提起民事公益诉讼。

《禁止垄断协议规定》（2023年）

第五条　垄断协议是指排除、限制竞争的协议、决定或者其他协同行为。

协议或者决定可以是书面、口头等形式。

其他协同行为是指经营者之间虽未明确订立协议或者决定，但实质上存在协调一致的行为。

第六条 认定其他协同行为，应当考虑下列因素：

（一）经营者的市场行为是否具有一致性；

（二）经营者之间是否进行过意思联络或者信息交流；

（三）经营者能否对行为的一致性作出合理解释；

（四）相关市场的市场结构、竞争状况、市场变化等情况。

《最高人民法院关于审理垄断民事纠纷案件适用法律若干问题的解释》（法释〔2024〕6号 2024年6月24日）

第七条 案件立案时的案由并非垄断民事纠纷，人民法院受理后经审查发现属于垄断民事纠纷，但受诉人民法院并无垄断民事纠纷案件管辖权的，应当将案件移送有管辖权的人民法院。

第八条 两个以上原告因同一垄断行为向有管辖权的同一人民法院分别提起诉讼的，人民法院可以合并审理。

两个以上原告因同一垄断行为向有管辖权的不同人民法院分别提起诉讼的，后立案的人民法院发现其他有管辖权的人民法院已先立案的，应当裁定将案件移送先立案的人民法院；受移送的人民法院可以合并审理。

人民法院可以要求当事人提供与被诉垄断行为相关的行政执法、仲裁、诉讼等情况。当事人拒不如实提供的，可以作为认定其是否遵循诚信原则和构成滥用权利等的考量因素。

《最高人民法院关于为加快建设全国统一大市场提供司法服务和保障的意见》（法发〔2022〕22号 2022年7月14日）

21. 依法打击垄断和不正当竞争行为。强化司法反垄断和反不正当竞争，依法制止垄断协议、滥用市场支配地位等垄断行为，严厉打击侵犯商业秘密、商标恶意抢注、攀附仿冒等不正当竞争行为，加强科技创新、信息安全、民生保障等重点领域不正当竞争案件审理。加强对平台企业垄断的司法规制，及时制止利用数据、算法、技术手段等方式排除、限制竞争行为，依法严惩强制“二选一”、大数据杀熟、低价倾销、强制搭售等破坏公平竞争、扰乱市场秩序行为，防止平台垄断和资本无序扩张。依法严厉打击自媒体运营者借助舆论影响力对企业进行敲诈勒索行为，以及恶意诋毁商家商业信誉、商品声誉等不正当竞争行为。完善竞争案件裁判规则，适时出台反垄断民事诉讼司法解释。

184. 滥用市场支配地位纠纷

(1) 垄断定价纠纷
(2) 掠夺定价纠纷
(3) 拒绝交易纠纷
(4) 限定交易纠纷
(5) 捆绑交易纠纷
(6) 差别待遇纠纷

案由适用要点

[**释义**] 滥用市场支配地位是指具有市场支配地位的经营者滥用其市场支配地位，排除、限制竞争的行为。

垄断定价，是指具有市场支配地位的经营者滥用其市场支配地位，以不公平的高价销售商品或者以不公平的低价购买商品的行为。

掠夺定价，是指具有市场支配地位的经营者滥用其市场支配地位，没有正当理由，以低于成本的价格销售商品的行为。

拒绝交易，是指具有市场支配地位的经营者滥用其市场支配地位，没有正当理由，拒绝与交易相对人进行交易的行为。

限定交易，是指具有市场支配地位的经营者滥用其市场支配地位，没有正当理由，限定交易相对人只能与其进行交易或者只能与其指定的经营者进行交易的行为。

捆绑交易，是指具有市场支配地位的经营者滥用其市场支配地位，没有正当理由搭售商品，或者在交易时附加其他不合理的交易条件的行为。

差别待遇，是指具有市场支配地位的经营者滥用其市场支配地位，没有正当理由，对条件相同的交易相对人在交易价格等交易条件上实行差别待遇的行为。

[**管辖**] 对于滥用市场支配地位纠纷案件的地域管辖，根据《最高人民法院关于审理垄断民事纠纷案件适用法律若干问题的解释》第 5 条的规定，根据案件具体情况，依照民事诉讼法及相关司法解释有关侵权纠纷、合同纠纷等的管辖规定确定。一般为“被告住所地管辖”和“侵权行为地管辖”。

对于滥用市场支配地位纠纷案件的级别管辖，根据《最高人民法院关于审理垄断民事纠纷案件适用法律若干问题的解释》第 4 条的规定，第一审垄断民事纠纷案件，由知识产权法院和最高人民法院指定的中级人民法院管辖。

[**应注意的问题**] 《反不正当竞争法》规制的独占经营者限定交易行为、低价倾销行为、捆绑销售行为、有奖销售行为、串通投标行为等，与《反垄

断法》所规制的滥用市场支配地位行为有交叉或重叠。在目前《反不正当竞争法》的有关规定未被修改或废止的情况下，人民法院应根据当事人诉请所依据的是《反不正当竞争法》还是《反垄断法》，来分别按照案由规定确定为相应的不正当竞争纠纷或者滥用市场支配地位纠纷。1993 年《反不正当竞争法》第 6 条规定："公用企业或者其他依法具有独占地位的经营者，不得限定他人购买其指定的经营者的商品，以排挤其他经营者的公平竞争。"在 2007 年《反垄断法》出台之前，一般认为 1993 年《反不正当竞争法》的该条规定是唯一明确的关于反垄断的法律规定。在 2007 年《反垄断法》出台之后，可以说，该条规定已为 2007 年《反垄断法》第 3 条第 2 项规定的"经营者滥用市场支配地位"所涵盖。2022 年修正的《反垄断法》此条未有修改。

请求权基础规范指引

《中华人民共和国反垄断法》（2022 年修正）

第二十二条 禁止具有市场支配地位的经营者从事下列滥用市场支配地位的行为：

（一）以不公平的高价销售商品或者以不公平的低价购买商品；

（二）没有正当理由，以低于成本的价格销售商品；

（三）没有正当理由，拒绝与交易相对人进行交易；

（四）没有正当理由，限定交易相对人只能与其进行交易或者只能与其指定的经营者进行交易；

（五）没有正当理由搭售商品，或者在交易时附加其他不合理的交易条件；

（六）没有正当理由，对条件相同的交易相对人在交易价格等交易条件上实行差别待遇；

（七）国务院反垄断执法机构认定的其他滥用市场支配地位的行为。

具有市场支配地位的经营者不得利用数据和算法、技术以及平台规则等从事前款规定的滥用市场支配地位的行为。

本法所称市场支配地位，是指经营者在相关市场内具有能够控制商品价格、数量或者其他交易条件，或者能够阻碍、影响其他经营者进入相关市场能力的市场地位。

第二十三条 认定经营者具有市场支配地位，应当依据下列因素：

（一）该经营者在相关市场的市场份额，以及相关市场的竞争状况；

（二）该经营者控制销售市场或者原材料采购市场的能力；

（三）该经营者的财力和技术条件；

（四）其他经营者对该经营者在交易上的依赖程度；

（五）其他经营者进入相关市场的难易程度；

（六）与认定该经营者市场支配地位有关的其他因素。

第二十四条 有下列情形之一的，可以推定经营者具有市场支配地位：

（一）一个经营者在相关市场的市场份额达到二分之一的；

（二）两个经营者在相关市场的市场份额合计达到三分之二的；

（三）三个经营者在相关市场的市场份额合计达到四分之三的。

有前款第二项、第三项规定的情形，其中有的经营者市场份额不足十分之一的，不应当推定该经营者具有市场支配地位。

被推定具有市场支配地位的经营者，有证据证明不具有市场支配地位的，不应当认定其具有市场支配地位。

第六十条 经营者实施垄断行为，给他人造成损失的，依法承担民事责任。

经营者实施垄断行为，损害社会公共利益的，设区的市级以上人民检察院可以依法向人民法院提起民事公益诉讼。

《最高人民法院关于审理垄断民事纠纷案件适用法律若干问题的解释》（法释〔2024〕6号 2024年6月24日）

第一条 本解释所称垄断民事纠纷案件，是指自然人、法人或者非法人组织因垄断行为受到损失以及因合同内容或者经营者团体的章程、决议、决定等违反反垄断法而发生争议，依据反垄断法向人民法院提起民事诉讼的案件。

本解释所称经营者团体，包括行业协会等由两个以上经营者为了实现共同目的而组成的结合体或者联合体。

第二条 原告依据反垄断法直接向人民法院提起民事诉讼，或者在反垄断执法机构认定构成垄断行为的处理决定作出后向人民法院提起民事诉讼，且符合法律规定的受理条件的，人民法院应予受理。

原告起诉仅请求人民法院确认被告的特定行为构成垄断，而不请求被告承担民事责任的，人民法院不予受理。

第三条 一方当事人向人民法院提起垄断民事诉讼，另一方当事人以双方之间存在合同关系且有仲裁协议为由，主张人民法院不应受理的，人民法院不予支持。

第四条 第一审垄断民事纠纷案件，由知识产权法院和最高人民法院指定的中级人民法院管辖。

第五条 垄断民事纠纷案件的地域管辖，根据案件具体情况，依照民事诉讼法及相关司法解释有关侵权纠纷、合同纠纷等的管辖规定确定。

第六条 原告依据反垄断法对在中华人民共和国境内没有住所的被告提起民事诉讼，主张被告在中华人民共和国境外的垄断行为对境内市场竞争产生排除、限制影响的，根据民事诉讼法第二百七十六条的规定确定管辖法院。

第七条 案件立案时的案由并非垄断民事纠纷，人民法院受理后经审查发现属于垄断民事纠纷，但受诉人民法院并无垄断民事纠纷案件管辖权的，应当将案件移送有管辖权的人民法院。

第八条 两个以上原告因同一垄断行为向有管辖权的同一人民法院分别提起诉讼的，人民法院可以合并审理。

两个以上原告因同一垄断行为向有管辖权的不同人民法院分别提起诉讼的，后立案的人民法院发现其他有管辖权的人民法院已先立案的，应当裁定将案件移送先立案的人民法院；受移送的人民法院可以合并审理。

人民法院可以要求当事人提供与被诉垄断行为相关的行政执法、仲裁、诉讼等情况。当事人拒不如实提供的，可以作为认定其是否遵循诚信原则和构成滥用权利等的考量因素。

第九条 原告无正当理由而根据影响地域、持续时间、实施场合、损害范围等因素对被告的同一垄断行为予以拆分，分别提起数个诉讼的，由最先受理诉讼的人民法院合并审理。

第十条 反垄断执法机构认定构成垄断行为的处理决定在法定期限内未被提起行政诉讼或者已为人民法院生效裁判所确认，原告在相关垄断民事纠纷案件中据此主张该处理决定认定的基本事实为真实的，无需再行举证证明，但有相反证据足以推翻的除外。

必要时，人民法院可以要求作出处理决定的反垄断执法机构对该处理决定的有关情况予以说明。反垄断执法机构提供的信息、材料等尚未公开的，人民法院应当依职权或者依申请采取合理保护措施。

第十一条 当事人可以向人民法院申请一至二名具有案件所涉领域、经济学等专门知识的人员出庭，就案件的专门性问题进行说明。

当事人可以向人民法院申请委托专业机构或者专业人员就案件的专门性问题提出市场调查或者经济分析意见。该专业机构或者专业人员可以由双方当事人协商确定；协商不成的，由人民法院指定。人民法院可以参照民事诉讼法及相关司法解释有关鉴定意见的规定，对该专业机构或者专业人员提出的市场调查或者经济分析意见进行审查判断。

一方当事人就案件的专门性问题自行委托有关专业机构或者专业人员提出市场调查或者经济分析意见，该意见缺乏可靠的事实、数据或者其他必要基础资料佐证，或者缺乏可靠的分析方法，或者另一方当事人提出证据或者理由足以反驳的，人民法院不予采信。

第十二条 经营者实施垄断行为损害社会公共利益，设区的市级以上人民检察院依法提起民事公益诉讼的，适用与公益诉讼有关的法律和司法解释的规定，但本解释另有规定的除外。

第十三条 反垄断执法机构对被诉垄断行为已经立案调查的，人民法院可以根据案件具体情况，裁定中止诉讼。

《最高人民法院关于为加快建设全国统一大市场提供司法服务和保障的意见》（法发〔2022〕22号 2022年7月14日）

21. 依法打击垄断和不正当竞争行为。强化司法反垄断和反不正当竞争，依法制止垄断协议、滥用市场支配地位等垄断行为，严厉打击侵犯商业秘密、商标恶意抢注、攀附仿冒等不正当竞争行为，加强科技创新、信息安全、民生保障等重点领域不正当竞争案件审理。加强对平台企业垄断的司法规制，及时制止利用数据、算法、技术手段等方式排除、限制竞争行为，依法严惩强制“二选一”、大数据杀熟、低价倾销、强制搭售等破坏公平竞争、扰乱市场秩序行为，防止平台垄断和资本无序扩张。依法严厉打击自媒体运营者借助舆论影响力对企业进行敲诈勒索行为，以及恶意诋毁商家商业信誉、商品声誉等不正当竞争行为。完善竞争案件裁判规则，适时出台反垄断民事诉讼司法解释。

《最高人民法院关于为促进消费提供司法服务和保障的意见》（法发〔2022〕35号 2022年12月26日）

24. 维护有利于促进消费的公平竞争市场秩序。依法规制具有市场支配地位的电子商务平台经营者等市场主体实施收取垄断高价、强制“二选一”等滥用市场支配地位行为。积极营造有利于小微企业、个体工商户发展的营商环境，遏制因垄断、不正当竞争导致市场竞争环境恶化而损害消费者权益的行为，充分发挥小微企业、个体工商户在丰富商品和服务供给、增加群众收入、促进消费发展中的作用。依法规范歧视性待遇、虚假宣传、刷单炒信、强制搭售等直接损害消费者权益的垄断和不正当竞争行为，积极营造公平竞争的市场环境。

185. 经营者集中纠纷

案由适用要点

[释义] 经营者集中，是指下列情形：（1）经营者合并；（2）经营者通过取得股权或者资产的方式取得对其他经营者的控制权；（3）经营者通过合同等方式取得对其他经营者的控制权或者能够对其他经营者施加决定性影响。

[管辖] 对于经营者集中纠纷案件的地域管辖，根据《最高人民法院关于审理垄断民事纠纷案件适用法律若干问题的解释》第5条的规定，根据案件具体情况，依照民事诉讼法及相关司法解释有关侵权纠纷、合同纠纷等的管

辖规定确定。一般为“被告住所地管辖”和“侵权行为地管辖”。

对于经营者集中纠纷案件的级别管辖，根据《最高人民法院关于审理垄断民事纠纷案件适用法律若干问题的》第 4 条的规定，第一审垄断民事纠纷案件，由知识产权法院和最高人民法院指定的中级人民法院管辖。

［**应注意的问题**］经营者集中行为要经过行政审查程序，后续可以提起行政诉讼程序，因此发生民事争议的可能性并不大。但并不能说经营者不可以就经营者集中行为提起民事诉讼。事实上，在美国和德国等一些反垄断法比较发达的国家和地区，都允许在特定情形下就经营者集中行为提起民事诉讼。

请求权基础规范指引

《中华人民共和国反垄断法》（2022 年修正）

第二十五条 经营者集中是指下列情形：

（一）经营者合并；

（二）经营者通过取得股权或者资产的方式取得对其他经营者的控制权；

（三）经营者通过合同等方式取得对其他经营者的控制权或者能够对其他经营者施加决定性影响。

第二十六条 经营者集中达到国务院规定的申报标准的，经营者应当事先向国务院反垄断执法机构申报，未申报的不得实施集中。

经营者集中未达到国务院规定的申报标准，但有证据证明该经营者集中具有或者可能具有排除、限制竞争效果的，国务院反垄断执法机构可以要求经营者申报。

经营者未依照前两款规定进行申报的，国务院反垄断执法机构应当依法进行调查。

第二十七条 经营者集中有下列情形之一的，可以不向国务院反垄断执法机构申报：

（一）参与集中的一个经营者拥有其他每个经营者百分之五十以上有表决权的股份或者资产的；

（二）参与集中的每个经营者百分之五十以上有表决权的股份或者资产被同一个未参与集中的经营者拥有的。

第三十三条 审查经营者集中，应当考虑下列因素：

（一）参与集中的经营者在相关市场的市场份额及其对市场的控制力；

（二）相关市场的市场集中度；

（三）经营者集中对市场进入、技术进步的影响；

（四）经营者集中对消费者和其他有关经营者的影响；

（五）经营者集中对国民经济发展的影响；

（六）国务院反垄断执法机构认为应当考虑的影响市场竞争的其他因素。

第三十四条　经营者集中具有或者可能具有排除、限制竞争效果的，国务院反垄断执法机构应当作出禁止经营者集中的决定。但是，经营者能够证明该集中对竞争产生的有利影响明显大于不利影响，或者符合社会公共利益的，国务院反垄断执法机构可以作出对经营者集中不予禁止的决定。

第六十条　经营者实施垄断行为，给他人造成损失的，依法承担民事责任。

经营者实施垄断行为，损害社会公共利益的，设区的市级以上人民检察院可以依法向人民法院提起民事公益诉讼。

《最高人民法院关于审理垄断民事纠纷案件适用法律若干问题的解释》（法释〔2024〕6号　2024年6月24日）

第一条　本解释所称垄断民事纠纷案件，是指自然人、法人或者非法人组织因垄断行为受到损失以及因合同内容或者经营者团体的章程、决议、决定等违反反垄断法而发生争议，依据反垄断法向人民法院提起民事诉讼的案件。

本解释所称经营者团体，包括行业协会等由两个以上经营者为了实现共同目的而组成的结合体或者联合体。

第二条　原告依据反垄断法直接向人民法院提起民事诉讼，或者在反垄断执法机构认定构成垄断行为的处理决定作出后向人民法院提起民事诉讼，且符合法律规定的受理条件的，人民法院应予受理。

原告起诉仅请求人民法院确认被告的特定行为构成垄断，而不请求被告承担民事责任的，人民法院不予受理。

第三条　一方当事人向人民法院提起垄断民事诉讼，另一方当事人以双方之间存在合同关系且有仲裁协议为由，主张人民法院不应受理的，人民法院不予支持。

第四条　第一审垄断民事纠纷案件，由知识产权法院和最高人民法院指定的中级人民法院管辖。

第五条　垄断民事纠纷案件的地域管辖，根据案件具体情况，依照民事诉讼法及相关司法解释有关侵权纠纷、合同纠纷等的管辖规定确定。

第六部分

劳动争议、人事争议

十七、劳动争议

186. 劳动合同纠纷

(1) 确认劳动关系纠纷
(2) 集体合同纠纷
(3) 劳务派遣合同纠纷
(4) 非全日制用工纠纷
(5) 追索劳动报酬纠纷
(6) 经济补偿金纠纷
(7) 竞业限制纠纷

案由适用要点

[释义] 在中国境内的用人单位与劳动者因订立、履行、变更、解除和终止劳动合同发生的争议都属于劳动合同纠纷。

确认劳动关系纠纷，主要是指职工与企业就劳动关系存在与否、劳动关系终止与否和劳动关系有效与否等问题而发生的争议。

集体合同纠纷，是指企业职工一方与企业就劳动报酬、工作时间、休息休假、劳动安全卫生、保险福利等事项，通过平等协商而签订书面协议，由此发生争议引起的纠纷。

劳务派遣合同纠纷，是指因劳务派遣合同发生争议引起的纠纷。

非全日制用工纠纷，是指因非全日制用工形式引发的纠纷。

追索劳动报酬纠纷，是指劳动者与用人单位在履行劳动合同期间，因劳动报酬所发生的争议。

经济补偿金纠纷，是指用人单位与劳动者解除或者终止劳动合同，因依法应当给予劳动者经济补偿而发生的争议。

竞业限制纠纷，是指因竞业限制发生的纠纷。

[管辖] 《最高人民法院关于审理劳动争议案件适用法律问题的解释（一）》第3条规定："劳动争议案件由用人单位所在地或者劳动合同履行地的基层人民法院管辖。劳动合同履行地不明确的，由用人单位所在地的基层人民法院管辖。法律另有规定的，依照其规定。"第4条规定："劳动者与用人单位均不服劳动争议仲裁机构的同一裁决，向同一人民法院起诉的，人民法院应当并案审理，双方当事人互为原告和被告，对双方的诉讼请求，人民法院应当一并作出裁决。在诉讼过程中，一方当事人撤诉的，人民法院应当

根据另一方当事人的诉讼请求继续审理。双方当事人就同一仲裁裁决分别向有管辖权的人民法院起诉的，后受理的人民法院应当将案件移送给先受理的人民法院。”

[应注意的问题] 劳动合同纠纷是比较常见的劳动争议发生原因。审判实践中，对于这类案件应当注意以下几点：（1）人民法院受理此类劳动争议案件应以劳动仲裁程序为前置程序。当事人申请劳动报酬支付令的案件，不受仲裁前置影响。（2）时效问题。《劳动法》规定，应当在发生争议之日起60日内向劳动争议仲裁委员会提起仲裁。《劳动争议调解仲裁法》第27条规定：“劳动争议申请仲裁的时效期间为一年。仲裁时效期间从当事人知道或者应当知道其权利被侵害之日起计算。前款规定的仲裁时效，因当事人一方向对方当事人主张权利，或者向有关部门请求权利救济，或者对方当事人同意履行义务而中断。从中断时起，仲裁时效期间重新计算。因不可抗力或者有其他正当理由，当事人不能在本条第一款规定的仲裁时效期间申请仲裁的，仲裁时效中止。从中止时效的原因消除之日起，仲裁时效期间继续计算。劳动关系存续期间因拖欠劳动报酬发生争议的，劳动者申请仲裁不受本条第一款规定的仲裁时效期间的限制；但是，劳动关系终止的，应当自劳动关系终止之日起一年内提出。”《劳动法》第82条与《劳动争议调解仲裁法》第27条对仲裁时效的起算、中断、中止等规定不一致，在处理相关案件时应当直接援引《劳动争议调解仲裁法》第27条的规定。

劳动合同纠纷不同于劳务合同纠纷。劳务（雇佣）合同纠纷是指以一方当事人提供劳务为合同标的，在履行合同过程中，因劳务（雇佣）关系发生的纠纷。在劳务合同中，雇主处于支配地位，雇员则处于被支配的从属地位；虽然双方当事人的法律主体地位形式上平等，但在合同履行过程中，雇主与雇员之间的主体身份是不平等的。由于雇佣合同在《劳动法》《劳动合同法》和《合同法》中未明文规定，雇佣合同纠纷适用《民法典》，同时因为雇主与雇员之间的关系本质上可以视为一种劳动关系，故可以适用《劳动法》《劳动合同法》所规定的基本原则。现行法律对于保护雇员的合法权益是不够的，还有待于法律的进一步完善。

请求权基础规范指引

《中华人民共和国劳动争议调解仲裁法》（2007年）

第二条 中华人民共和国境内的用人单位与劳动者发生的下列劳动争议，适用本法：

（一）因确认劳动关系发生的争议；

（二）因订立、履行、变更、解除和终止劳动合同发生的争议；

（三）因除名、辞退和辞职、离职发生的争议；

（四）因工作时间、休息休假、社会保险、福利、培训以及劳动保护发生的争议；

（五）因劳动报酬、工伤医疗费、经济补偿或者赔偿金等发生的争议；

（六）法律、法规规定的其他劳动争议。

《中华人民共和国涉外民事关系法律适用法》（2010年）

第四十三条 劳动合同，适用劳动者工作地法律；难以确定劳动者工作地的，适用用人单位主营业地法律。劳务派遣，可以适用劳务派出地法律。

《中华人民共和国劳动合同法》（2012年修正）

第二十三条 用人单位与劳动者可以在劳动合同中约定保守用人单位的商业秘密和与知识产权相关的保密事项。

对负有保密义务的劳动者，用人单位可以在劳动合同或者保密协议中与劳动者约定竞业限制条款，并约定在解除或者终止劳动合同后，在竞业限制期限内按月给予劳动者经济补偿。劳动者违反竞业限制约定的，应当按照约定向用人单位支付违约金。

第二十四条 竞业限制的人员限于用人单位的高级管理人员、高级技术人员和其他负有保密义务的人员。竞业限制的范围、地域、期限由用人单位与劳动者约定，竞业限制的约定不得违反法律、法规的规定。

在解除或者终止劳动合同后，前款规定的人员到与本单位生产或者经营同类产品、从事同类业务的有竞争关系的其他用人单位，或者自己开业生产或者经营同类产品、从事同类业务的竞业限制期限，不得超过二年。

第五十一条 企业职工一方与用人单位通过平等协商，可以就劳动报酬、工作时间、休息休假、劳动安全卫生、保险福利等事项订立集体合同。集体合同草案应当提交职工代表大会或者全体职工讨论通过。

集体合同由工会代表企业职工一方与用人单位订立；尚未建立工会的用人单位，由上级工会指导劳动者推举的代表与用人单位订立。

第五十二条 企业职工一方与用人单位可以订立劳动安全卫生、女职工权益保护、工资调整机制等专项集体合同。

第五十三条 在县级以下区域内，建筑业、采矿业、餐饮服务业等行业可以由工会与企业方面代表订立行业性集体合同，或者订立区域性集体合同。

第五十四条 集体合同订立后，应当报送劳动行政部门；劳动行政部门自收到集体合同文本之日起十五日内未提出异议的，集体合同即行生效。

依法订立的集体合同对用人单位和劳动者具有约束力。行业性、区域性集体合同对当地本行业、本区域的用人单位和劳动者具有约束力。

第五十五条 集体合同中劳动报酬和劳动条件等标准不得低于当地人民政府规定的最低标准；用人单位与劳动者订立的劳动合同中劳动报酬和劳动

条件等标准不得低于集体合同规定的标准。

第五十六条 用人单位违反集体合同，侵犯职工劳动权益的，工会可以依法要求用人单位承担责任；因履行集体合同发生争议，经协商解决不成的，工会可以依法申请仲裁、提起诉讼。

第五十八条 劳务派遣单位是本法所称用人单位，应当履行用人单位对劳动者的义务。劳务派遣单位与被派遣劳动者订立的劳动合同，除应当载明本法第十七条规定的事项外，还应当载明被派遣劳动者的用工单位以及派遣期限、工作岗位等情况。

劳务派遣单位应当与被派遣劳动者订立二年以上的固定期限劳动合同，按月支付劳动报酬；被派遣劳动者在无工作期间，劳务派遣单位应当按照所在地人民政府规定的最低工资标准，向其按月支付报酬。

第五十九条 劳务派遣单位派遣劳动者应当与接受以劳务派遣形式用工的单位（以下称用工单位）订立劳务派遣协议。劳务派遣协议应当约定派遣岗位和人员数量、派遣期限、劳动报酬和社会保险费的数额与支付方式以及违反协议的责任。

用工单位应当根据工作岗位的实际需要与劳务派遣单位确定派遣期限，不得将连续用工期限分割订立数个短期劳务派遣协议。

第六十条 劳务派遣单位应当将劳务派遣协议的内容告知被派遣劳动者。

劳务派遣单位不得克扣用工单位按照劳务派遣协议支付给被派遣劳动者的劳动报酬。

劳务派遣单位和用工单位不得向被派遣劳动者收取费用。

第六十一条 劳务派遣单位跨地区派遣劳动者的，被派遣劳动者享有的劳动报酬和劳动条件，按照用工单位所在地的标准执行。

第六十二条 用工单位应当履行下列义务：

（一）执行国家劳动标准，提供相应的劳动条件和劳动保护；

（二）告知被派遣劳动者的工作要求和劳动报酬；

（三）支付加班费、绩效奖金，提供与工作岗位相关的福利待遇；

（四）对在岗被派遣劳动者进行工作岗位所必需的培训；

（五）连续用工的，实行正常的工资调整机制。

用工单位不得将被派遣劳动者再派遣到其他用人单位。

第六十三条 被派遣劳动者享有与用工单位的劳动者同工同酬的权利。用工单位应当按照同工同酬原则，对被派遣劳动者与单位同类岗位劳动者实行相同的劳动报酬分配办法。单位无同类岗位劳动者的，参照用工单位所在地相同或者相近岗位劳动者的劳动报酬确定。

劳动派遣单位与被派遣劳动者订立的劳动合同和与用工单位订立的劳务

派遣协议载明或者约定的向被派遣劳动者支付的劳动报酬应当符合前款规定。

第六十五条　被派遣劳动者可以依照本法第三十六条、第三十八条的规定与劳务派遣单位解除劳动合同。

被派遣劳动者有本法第三十九条和第四十条第一项、第二项规定情形的，用工单位可以将劳动者退回劳务派遣单位，劳务派遣单位依照本法有关规定，可以与劳动者解除劳动合同。

第六十九条　非全日制用工双方当事人可以订立口头协议。

从事非全日制用工的劳动者可以与一个或者一个以上用人单位订立劳动合同；但是，后订立的劳动合同不得影响先订立的劳动合同的履行。

第七十条　非全日制用工双方当事人不得约定试用期。

第七十一条　非全日制用工双方当事人任何一方都可以随时通知对方终止用工。终止用工，用人单位不向劳动者支付经济补偿。

第七十二条　非全日制用工小时计酬标准不得低于用人单位所在地人民政府规定的最低小时工资标准。

非全日制用工劳动报酬结算支付周期最长不得超过十五日。

《中华人民共和国劳动法》（2018 年修正）

第二十四条　经劳动合同当事人协商一致，劳动合同可以解除。

第二十五条　劳动者有下列情形之一的，用人单位可以解除劳动合同：

（一）在试用期间被证明不符合录用条件的；

（二）严重违反劳动纪律或者用人单位规章制度的；

（三）严重失职，营私舞弊，对用人单位利益造成重大损害的；

（四）被依法追究刑事责任的。

第二十六条　有下列情形之一的，用人单位可以解除劳动合同，但是应当提前三十日以书面形式通知劳动者本人：

（一）劳动者患病或者非因工负伤，医疗期满后，不能从事原工作也不能从事由用人单位另行安排的工作的；

（二）劳动者不能胜任工作，经过培训或者调整工作岗位，仍不能胜任工作的；

（三）劳动合同订立时所依据的客观情况发生重大变化，致使原劳动合同无法履行，经当事人协商不能就变更劳动合同达成协议的。

第二十七条　用人单位濒临破产进行法定整顿期间或者生产经营状况发生严重困难，确需裁减人员的，应当提前三十日向工会或者全体职工说明情况，听取工会或者职工的意见，经向劳动行政部门报告后，可以裁减人员。

用人单位依据本条规定裁减人员，在六个月内录用人员的，应当优先录用被裁减的人员。

第二十八条 用人单位依据本法第二十四条、第二十六条、第二十七条的规定解除劳动合同的，应当依照国家有关规定给予经济补偿。

第三十二条 有下列情形之一的，劳动者可以随时通知用人单位解除劳动合同：

（一）在试用期内的；

（二）用人单位以暴力、威胁或者非法限制人身自由的手段强迫劳动的；

（三）用人单位未按照劳动合同约定支付劳动报酬或者提供劳动条件的。

第七十九条 劳动争议发生后，当事人可以向本单位劳动争议调解委员会申请调解；调解不成，当事人一方要求仲裁的，可以向劳动争议仲裁委员会申请仲裁。当事人一方也可以直接向劳动争议仲裁委员会申请仲裁。对仲裁裁决不服的，可以向人民法院提起诉讼。

第九十一条 用人单位有下列侵害劳动者合法权益情形之一的，由劳动行政部门责令支付劳动者的工资报酬、经济补偿，并可以责令支付赔偿金：

（一）克扣或者无故拖欠劳动者工资的；

（二）拒不支付劳动者延长工作时间工资报酬的；

（三）低于当地最低工资标准支付劳动者工资的；

（四）解除劳动合同后，未依照本法规定给予劳动者经济补偿的。

《最高人民法院关于审理劳动争议案件适用法律问题的解释（一）》（法释〔2020〕26号 2020年12月29日）

第一条 劳动者与用人单位之间发生的下列纠纷，属于劳动争议，当事人不服劳动争议仲裁机构作出的裁决，依法提起诉讼的，人民法院应予受理：

（一）劳动者与用人单位在履行劳动合同过程中发生的纠纷；

（二）劳动者与用人单位之间没有订立书面劳动合同，但已形成劳动关系后发生的纠纷；

（三）劳动者与用人单位因劳动关系是否已经解除或者终止，以及应否支付解除或者终止劳动关系经济补偿金发生的纠纷；

（四）劳动者与用人单位解除或者终止劳动关系后，请求用人单位返还其收取的劳动合同定金、保证金、抵押金、抵押物发生的纠纷，或者办理劳动者的人事档案、社会保险关系等移转手续发生的纠纷；

（五）劳动者以用人单位未为其办理社会保险手续，且社会保险经办机构不能补办导致其无法享受社会保险待遇为由，要求用人单位赔偿损失发生的纠纷；

（六）劳动者退休后，与尚未参加社会保险统筹的原用人单位因追索养老金、医疗费、工伤保险待遇和其他社会保险待遇而发生的纠纷；

（七）劳动者因为工伤、职业病，请求用人单位依法给予工伤保险待遇发生的纠纷；

（八）劳动者依据劳动合同法第八十五条规定，要求用人单位支付加付赔偿金发生的纠纷；

（九）因企业自主进行改制发生的纠纷。

第二条 下列纠纷不属于劳动争议：

（一）劳动者请求社会保险经办机构发放社会保险金的纠纷；

（二）劳动者与用人单位因住房制度改革产生的公有住房转让纠纷；

（三）劳动者对劳动能力鉴定委员会的伤残等级鉴定结论或者对职业病诊断鉴定委员会的职业病诊断鉴定结论的异议纠纷；

（四）家庭或者个人与家政服务人员之间的纠纷；

（五）个体工匠与帮工、学徒之间的纠纷；

（六）农村承包经营户与受雇人之间的纠纷。

第三条 劳动争议案件由用人单位所在地或者劳动合同履行地的基层人民法院管辖。

劳动合同履行地不明确的，由用人单位所在地的基层人民法院管辖。

法律另有规定的，依照其规定。

第四条 劳动者与用人单位均不服劳动争议仲裁机构的同一裁决，向同一人民法院起诉的，人民法院应当并案审理，双方当事人互为原告和被告，对双方的诉讼请求，人民法院应当一并作出裁决。在诉讼过程中，一方当事人撤诉的，人民法院应当根据另一方当事人的诉讼请求继续审理。双方当事人就同一仲裁裁决分别向有管辖权的人民法院起诉的，后受理的人民法院应当将案件移送给先受理的人民法院。

第五条 劳动争议仲裁机构以无管辖权为由对劳动争议案件不予受理，当事人提起诉讼的，人民法院按照以下情形分别处理：

（一）经审查认为该劳动争议仲裁机构对案件确无管辖权的，应当告知当事人向有管辖权的劳动争议仲裁机构申请仲裁；

（二）经审查认为该劳动争议仲裁机构有管辖权的，应当告知当事人申请仲裁，并将审查意见书面通知该劳动争议仲裁机构；劳动争议仲裁机构仍不受理，当事人就该劳动争议事项提起诉讼的，人民法院应予受理。

第六条 劳动争议仲裁机构以当事人申请仲裁的事项不属于劳动争议为由，作出不予受理的书面裁决、决定或者通知，当事人不服依法提起诉讼的，人民法院应当分别情况予以处理：

（一）属于劳动争议案件的，应当受理；

（二）虽不属于劳动争议案件，但属于人民法院主管的其他案件，应当依法受理。

第七条 劳动争议仲裁机构以申请仲裁的主体不适格为由，作出不予受理的书面裁决、决定或者通知，当事人不服依法提起诉讼，经审查确属主体不适格的，人民法院不予受理；已经受理的，裁定驳回起诉。

第八条 劳动争议仲裁机构为纠正原仲裁裁决错误重新作出裁决，当事人不服依法提起诉讼的，人民法院应当受理。

第九条 劳动争议仲裁机构仲裁的事项不属于人民法院受理的案件范围，当事人不服依法提起诉讼的，人民法院不予受理；已经受理的，裁定驳回起诉。

第十条 当事人不服劳动争议仲裁机构作出的预先支付劳动者劳动报酬、工伤医疗费、经济补偿或者赔偿金的裁决，依法提起诉讼的，人民法院不予受理。

用人单位不履行上述裁决中的给付义务，劳动者依法申请强制执行的，人民法院应予受理。

第十一条 劳动争议仲裁机构作出的调解书已经发生法律效力，一方当事人反悔提起诉讼的，人民法院不予受理；已经受理的，裁定驳回起诉。

第十二条 劳动争议仲裁机构逾期未作出受理决定或仲裁裁决，当事人直接提起诉讼的，人民法院应予受理，但申请仲裁的案件存在下列事由的除外：

（一）移送管辖的；

（二）正在送达或者送达延误的；

（三）等待另案诉讼结果、评残结论的；

（四）正在等待劳动争议仲裁机构开庭的；

（五）启动鉴定程序或者委托其他部门调查取证的；

（六）其他正当事由。

当事人以劳动争议仲裁机构逾期未作出仲裁裁决为由提起诉讼的，应当提交该仲裁机构出具的受理通知书或者其他已接受仲裁申请的凭证、证明。

第十三条 劳动者依据劳动合同法第三十条第二款和调解仲裁法第十六条规定向人民法院申请支付令，符合民事诉讼法第十七章督促程序规定的，人民法院应予受理。

依据劳动合同法第三十条第二款规定申请支付令被人民法院裁定终结督促程序后，劳动者就劳动争议事项直接提起诉讼的，人民法院应当告知其先向劳动争议仲裁机构申请仲裁。

依据调解仲裁法第十六条规定申请支付令被人民法院裁定终结督促程序后，劳动者依据调解协议直接提起诉讼的，人民法院应予受理。

第十四条 人民法院受理劳动争议案件后，当事人增加诉讼请求的，如该诉讼请求与讼争的劳动争议具有不可分性，应当合并审理；如属独立的劳动争议，应当告知当事人向劳动争议仲裁机构申请仲裁。

第十五条 劳动者以用人单位的工资欠条为证据直接提起诉讼，诉讼请求不涉及劳动关系其他争议的，视为拖欠劳动报酬争议，人民法院按照普通民事纠纷受理。

第十六条 劳动争议仲裁机构作出仲裁裁决后，当事人对裁决中的部分事项不服，依法提起诉讼的，劳动争议仲裁裁决不发生法律效力。

第十七条 劳动争议仲裁机构对多个劳动者的劳动争议作出仲裁裁决后，部分劳动者对仲裁裁决不服，依法提起诉讼的，仲裁裁决对提起诉讼的劳动者不发生法律效力；对未提起诉讼的部分劳动者，发生法律效力，如其申请执行的，人民法院应当受理。

第十八条 仲裁裁决的类型以仲裁裁决书确定为准。仲裁裁决书未载明该裁决为终局裁决或者非终局裁决，用人单位不服该仲裁裁决向基层人民法院提起诉讼的，应当按照以下情形分别处理：

（一）经审查认为该仲裁裁决为非终局裁决的，基层人民法院应予受理；

（二）经审查认为该仲裁裁决为终局裁决的，基层人民法院不予受理，但应告知用人单位可以自收到不予受理裁定书之日起三十日内向劳动争议仲裁机构所在地的中级人民法院申请撤销该仲裁裁决；已经受理的，裁定驳回起诉。

第十九条 仲裁裁决书未载明该裁决为终局裁决或者非终局裁决，劳动者依据调解仲裁法第四十七条第一项规定，追索劳动报酬、工伤医疗费、经济补偿或者赔偿金，如果仲裁裁决涉及数项，每项确定的数额均不超过当地月最低工资标准十二个月金额的，应当按照终局裁决处理。

第二十条 劳动争议仲裁机构作出的同一仲裁裁决同时包含终局裁决事项和非终局裁决事项，当事人不服该仲裁裁决向人民法院提起诉讼的，应当按照非终局裁决处理。

第二十一条 劳动者依据调解仲裁法第四十八条规定向基层人民法院提起诉讼，用人单位依据调解仲裁法第四十九条规定向劳动争议仲裁机构所在地的中级人民法院申请撤销仲裁裁决的，中级人民法院应当不予受理；已经受理的，应当裁定驳回申请。

被人民法院驳回起诉或者劳动者撤诉的，用人单位可以自收到裁定书之日起三十日内，向劳动争议仲裁机构所在地的中级人民法院申请撤销仲裁裁决。

第二十二条 用人单位依据调解仲裁法第四十九条规定向中级人民法院申请撤销仲裁裁决，中级人民法院作出的驳回申请或者撤销仲裁裁决的裁定为终审裁定。

第二十三条 中级人民法院审理用人单位申请撤销终局裁决的案件，应当组成合议庭开庭审理。经过阅卷、调查和询问当事人，对没有新的事实、证据或者理由，合议庭认为不需要开庭审理的，可以不开庭审理。

中级人民法院可以组织双方当事人调解。达成调解协议的，可以制作调解书。一方当事人逾期不履行调解协议的，另一方可以申请人民法院强制执行。

第二十四条 当事人申请人民法院执行劳动争议仲裁机构作出的发生法律效力的裁决书、调解书，被申请人提出证据证明劳动争议仲裁裁决书、调解书有下列情形之一，并经审查核实的，人民法院可以根据民事诉讼法第二百三十七条规定，裁定不予执行：

（一）裁决的事项不属于劳动争议仲裁范围，或者劳动争议仲裁机构无权仲裁的；

（二）适用法律、法规确有错误的；

（三）违反法定程序的；

（四）裁决所根据的证据是伪造的；

（五）对方当事人隐瞒了足以影响公正裁决的证据的；

（六）仲裁员在仲裁该案时有索贿受贿、徇私舞弊、枉法裁决行为的；

（七）人民法院认定执行该劳动争议仲裁裁决违背社会公共利益的。

人民法院在不予执行的裁定书中，应当告知当事人在收到裁定书之次日起三十日内，可以就该劳动争议事项向人民法院提起诉讼。

第二十五条 劳动争议仲裁机构作出终局裁决，劳动者向人民法院申请执行，用人单位向劳动争议仲裁机构所在地的中级人民法院申请撤销的，人民法院应当裁定中止执行。

用人单位撤回撤销终局裁决申请或者其申请被驳回的，人民法院应当裁定恢复执行。仲裁裁决被撤销的，人民法院应当裁定终结执行。

用人单位向人民法院申请撤销仲裁裁决被驳回后，又在执行程序中以相同理由提出不予执行抗辩的，人民法院不予支持。

第二十六条 用人单位与其他单位合并的，合并前发生的劳动争议，由合并后的单位为当事人；用人单位分立为若干单位的，其分立前发生的劳动争议，由分立后的实际用人单位为当事人。

用人单位分立为若干单位后，具体承受劳动权利义务的单位不明确的，分立后的单位均为当事人。

第二十七条 用人单位招用尚未解除劳动合同的劳动者，原用人单位与劳动者发生的劳动争议，可以列新的用人单位为第三人。

原用人单位以新的用人单位侵权为由提起诉讼的，可以列劳动者为第三人。

原用人单位以新的用人单位和劳动者共同侵权为由提起诉讼的，新的用人单位和劳动者列为共同被告。

第二十八条　劳动者在用人单位与其他平等主体之间的承包经营期间，与发包方和承包方双方或者一方发生劳动争议，依法提起诉讼的，应当将承包方和发包方作为当事人。

第二十九条　劳动者与未办理营业执照、营业执照被吊销或者营业期限届满仍继续经营的用人单位发生争议的，应当将用人单位或者其出资人列为当事人。

第三十条　未办理营业执照、营业执照被吊销或者营业期限届满仍继续经营的用人单位，以挂靠等方式借用他人营业执照经营的，应当将用人单位和营业执照出借方列为当事人。

第三十一条　当事人不服劳动争议仲裁机构作出的仲裁裁决，依法提起诉讼，人民法院审查认为仲裁裁决遗漏了必须共同参加仲裁的当事人的，应当依法追加遗漏的人为诉讼当事人。

被追加的当事人应当承担责任的，人民法院应当一并处理。

第三十二条　用人单位与其招用的已经依法享受养老保险待遇或者领取退休金的人员发生用工争议而提起诉讼的，人民法院应当按劳务关系处理。

企业停薪留职人员、未达到法定退休年龄的内退人员、下岗待岗人员以及企业经营性停产放长假人员，因与新的用人单位发生用工争议而提起诉讼的，人民法院应当按劳动关系处理。

第三十三条　外国人、无国籍人未依法取得就业证件即与中华人民共和国境内的用人单位签订劳动合同，当事人请求确认与用人单位存在劳动关系的，人民法院不予支持。

持有《外国专家证》并取得《外国人来华工作许可证》的外国人，与中华人民共和国境内的用人单位建立用工关系的，可以认定为劳动关系。

第三十四条　劳动合同期满后，劳动者仍在原用人单位工作，原用人单位未表示异议的，视为双方同意以原条件继续履行劳动合同。一方提出终止劳动关系的，人民法院应予支持。

根据劳动合同法第十四条规定，用人单位应当与劳动者签订无固定期限劳动合同而未签订的，人民法院可以视为双方之间存在无固定期限劳动合同关系，并以原劳动合同确定双方的权利义务关系。

第三十五条　劳动者与用人单位就解除或者终止劳动合同办理相关手续、支付工资报酬、加班费、经济补偿或者赔偿金等达成的协议，不违反法律、行政法规的强制性规定，且不存在欺诈、胁迫或者乘人之危情形的，应当认定有效。

前款协议存在重大误解或者显失公平情形，当事人请求撤销的，人民法院应予支持。

第三十六条 当事人在劳动合同或者保密协议中约定了竞业限制，但未约定解除或者终止劳动合同后给予劳动者经济补偿，劳动者履行了竞业限制义务，要求用人单位按照劳动者在劳动合同解除或者终止前十二个月平均工资的30%按月支付经济补偿的，人民法院应予支持。

前款规定的月平均工资的30%低于劳动合同履行地最低工资标准的，按照劳动合同履行地最低工资标准支付。

第三十七条 当事人在劳动合同或者保密协议中约定了竞业限制和经济补偿，当事人解除劳动合同时，除另有约定外，用人单位要求劳动者履行竞业限制义务，或者劳动者履行了竞业限制义务后要求用人单位支付经济补偿的，人民法院应予支持。

第三十八条 当事人在劳动合同或者保密协议中约定了竞业限制和经济补偿，劳动合同解除或者终止后，因用人单位的原因导致三个月未支付经济补偿，劳动者请求解除竞业限制约定的，人民法院应予支持。

第三十九条 在竞业限制期限内，用人单位请求解除竞业限制协议的，人民法院应予支持。

在解除竞业限制协议时，劳动者请求用人单位额外支付劳动者三个月的竞业限制经济补偿的，人民法院应予支持。

第四十条 劳动者违反竞业限制约定，向用人单位支付违约金后，用人单位要求劳动者按照约定继续履行竞业限制义务的，人民法院应予支持。

第四十一条 劳动合同被确认为无效，劳动者已付出劳动的，用人单位应当按照劳动合同法第二十八条、第四十六条、第四十七条的规定向劳动者支付劳动报酬和经济补偿。

由于用人单位原因订立无效劳动合同，给劳动者造成损害的，用人单位应当赔偿劳动者因合同无效所造成的经济损失。

第四十二条 劳动者主张加班费的，应当就加班事实的存在承担举证责任。但劳动者有证据证明用人单位掌握加班事实存在的证据，用人单位不提供的，由用人单位承担不利后果。

第四十三条 用人单位与劳动者协商一致变更劳动合同，虽未采用书面形式，但已经实际履行了口头变更的劳动合同超过一个月，变更后的劳动合同内容不违反法律、行政法规且不违背公序良俗，当事人以未采用书面形式为由主张劳动合同变更无效的，人民法院不予支持。

第四十四条 因用人单位作出的开除、除名、辞退、解除劳动合同、减少劳动报酬、计算劳动者工作年限等决定而发生的劳动争议，用人单位负举证责任。

第四十五条 用人单位有下列情形之一，迫使劳动者提出解除劳动合同的，用人单位应当支付劳动者的劳动报酬和经济补偿，并可支付赔偿金：

（一）以暴力、威胁或者非法限制人身自由的手段强迫劳动的；

（二）未按照劳动合同约定支付劳动报酬或者提供劳动条件的；

（三）克扣或者无故拖欠劳动者工资的；

（四）拒不支付劳动者延长工作时间工资报酬的；

（五）低于当地最低工资标准支付劳动者工资的。

第四十六条 劳动者非因本人原因从原用人单位被安排到新用人单位工作，原用人单位未支付经济补偿，劳动者依据劳动合同法第三十八条规定与新用人单位解除劳动合同，或者新用人单位向劳动者提出解除、终止劳动合同，在计算支付经济补偿或赔偿金的工作年限时，劳动者请求把在原用人单位的工作年限合并计算为新用人单位工作年限的，人民法院应予支持。

用人单位符合下列情形之一的，应当认定属于“劳动者非因本人原因从原用人单位被安排到新用人单位工作”：

（一）劳动者仍在原工作场所、工作岗位工作，劳动合同主体由原用人单位变更为新用人单位；

（二）用人单位以组织委派或任命形式对劳动者进行工作调动；

（三）因用人单位合并、分立等原因导致劳动者工作调动；

（四）用人单位及其关联企业与劳动者轮流订立劳动合同；

（五）其他合理情形。

第四十七条 建立了工会组织的用人单位解除劳动合同符合劳动合同法第三十九条、第四十条规定，但未按照劳动合同法第四十三条规定事先通知工会，劳动者以用人单位违法解除劳动合同为由请求用人单位支付赔偿金的，人民法院应予支持，但起诉前用人单位已经补正有关程序的除外。

第四十八条 劳动合同法施行后，因用人单位经营期限届满不再继续经营导致劳动合同不能继续履行，劳动者请求用人单位支付经济补偿的，人民法院应予支持。

第四十九条 在诉讼过程中，劳动者向人民法院申请采取财产保全措施，人民法院经审查认为申请人经济确有困难，或者有证据证明用人单位存在欠薪逃匿可能的，应当减轻或者免除劳动者提供担保的义务，及时采取保全措施。

人民法院作出的财产保全裁定中，应当告知当事人在劳动争议仲裁机构的裁决书或者在人民法院的裁判文书生效后三个月内申请强制执行。逾期不申请的，人民法院应当裁定解除保全措施。

第五十条 用人单位根据劳动合同法第四条规定，通过民主程序制定的规章制度，不违反国家法律、行政法规及政策规定，并已向劳动者公示的，可以作为确定双方权利义务的依据。

用人单位制定的内部规章制度与集体合同或者劳动合同约定的内容不一致，劳动者请求优先适用合同约定的，人民法院应予支持。

第五十一条 当事人在调解仲裁法第十条规定的调解组织主持下达成的具有劳动权利义务内容的调解协议，具有劳动合同的约束力，可以作为人民法院裁判的根据。

当事人在调解仲裁法第十条规定的调解组织主持下仅就劳动报酬争议达成调解协议，用人单位不履行调解协议确定的给付义务，劳动者直接提起诉讼的，人民法院可以按照普通民事纠纷受理。

第五十二条 当事人在人民调解委员会主持下仅就给付义务达成的调解协议，双方认为有必要的，可以共同向人民调解委员会所在地的基层人民法院申请司法确认。

第五十三条 用人单位对劳动者作出的开除、除名、辞退等处理，或者因其他原因解除劳动合同确有错误的，人民法院可以依法判决予以撤销。

对于追索劳动报酬、养老金、医疗费以及工伤保险待遇、经济补偿金、培训费及其他相关费用等案件，给付数额不当的，人民法院可以予以变更。

《第八次全国法院民事商事审判工作会议（民事部分）纪要》（法〔2016〕399号　2016年11月21日）

26. 劳动人事仲裁机构作出仲裁裁决，当事人在法定期限内未提起诉讼但再次申请仲裁，劳动人事仲裁机构作出不予受理裁决、决定或通知，当事人不服提起诉讼，经审查认为前后两次申请仲裁事项属于不同事项的，人民法院予以受理；经审查认为属于同一事项的，人民法院不予受理，已经受理的裁定驳回起诉。

27. 当事人在仲裁阶段未提出超过仲裁申请期间的抗辩，劳动人事仲裁机构作出实体裁决后，当事人在诉讼阶段又以超过仲裁时效期间为由进行抗辩的，人民法院不予支持。

当事人未按照规定提出仲裁时效抗辩，又以仲裁时效期间届满为由申请再审或者提出再审抗辩的，人民法院不予支持。

《最高人民法院关于为稳定就业提供司法服务和保障的意见》（法发〔2022〕36号　2022年12月26日）

7. 依法合理认定新就业形态劳动关系。平台企业及其用工合作单位与劳动者建立劳动关系的，应当订立书面劳动合同。未订立书面劳动合同，劳动者主张与平台企业或者用工合作单位存在劳动关系的，人民法院应当根据用工事实和劳动管理程度，综合考虑劳动者对工作时间及工作量的自主决定程度、劳动过程受管理控制程度、劳动者是否需要遵守有关工作规则、劳动纪律和奖惩办法、劳动者工作的持续性、劳动者能否决定或者改变交易价格等因素，依法审慎予以认定。平台企业或者用工合作单位要求劳动者登记为个体工商户后再签订承揽、合作等合同，或者以其他方式规避与劳动者建立劳动关系，劳动者请求根据实际履行情况认定劳动关系的，人民法院应当在查明事实的基础上依法作出相应认定。

11. 妥善审理劳动合同纠纷案件。用人单位生产经营困难，按照法定程序经与职工代表大会讨论或者经与工会、职工代表等民主协商，对在合理期限内延迟支付工资、轮岗轮休等事项达成一致意见的，可以作为认定双方权利义务的依据。除依法按协商程序降低劳动报酬外，用人单位安排劳动者通过居家办公或者灵活办公等方式提供正常劳动，劳动者请求按正常工资标准支付其工资的，人民法院应当依法支持。依法妥善审理相关案件，积极引导和支持用人单位与劳动者依法协商，采取协商薪酬、调整工时、轮岗轮休、在岗培训等措施稳定工作岗位。

187. 社会保险纠纷

(1) 养老保险待遇纠纷
(2) 工伤保险待遇纠纷
(3) 医疗保险待遇纠纷
(4) 生育保险待遇纠纷
(5) 失业保险待遇纠纷

案由适用要点

[释义] 社会保险又称劳动保险，是指国家建立基本养老保险、基本医疗保险、工伤保险、失业保险、生育保险等社会保险制度，保障公民在年老、疾病、工伤、失业、生育等情况下依法从国家和社会获得物质帮助的权利的制度。目前劳动保险最主要的有五种：养老保险、医疗保险、工伤保险、失业保险、生育保险。

养老保险，是指劳动者达到国家规定的解除劳动合同的年龄界限或者因丧失劳动能力后依法获得生活保障的保险。

工伤保险，是指劳动者在从事生产劳动或与之相关的工作时，发生意外伤害，包括事故伤残、职业病以及因这两种情况造成死亡时，由政府向劳动者本人或其供养的直系亲属提供物质帮助的一项社会福利制度。

医疗保险，是指向社会范围内的劳动者部分或全部提供预防和治疗疾病的费用，并保证其在病假期间的经济来源，保障其基本生活需求的保险。

生育保险，是指向法定范围内的妇女部分或全部提供怀孕、生产、哺育期间的医护费用，保证产假和哺育假期间的经济来源，使其不至于因生育而基本生活需求没有保障的保险。

失业保险，是指劳动者因失业而丧失经济来源时，按法律规定的时限保障其基本生活需求的保险。

社会保险是维护社会稳定的必要措施，其目标是预防风险。

[**管辖**] 依据《民事诉讼法》关于地域管辖基本原则，即原告就被告原则。劳动争议案件应当由一方当事人住所地人民法院管辖，用人单位住所地相对固定，且用人单位相关管理规章往往依据所在地地方性法规、地方政府规章等文件制定，因此，相对于劳动者住所地，由用人单位所在地法院管辖更为适当。在用人单位所在地与合同履行地不一致的情况下，例如用人单位所在地在上海市黄浦区，合同履行地在北京市通州区，当事人赴用人单位所在地起诉极为不便，因此《最高人民法院关于审理劳动争议案件适用法律问题的解释（一）》第 3 条规定可以由合同履行地的基层人民法院管辖。

[**应注意的问题**] 下列情况，可以作为社会保险纠纷案件受理：

1.《社会保险法》《社会保险费征缴暂行条例》等法律法规既赋予了社会保险经办机构办理缴费登记、催促缴费等职责，同时又赋予了其调查、检查等职能，由此对于那些已经由用人单位办理了社保手续但因用人单位欠缴、拒缴社会保险费或者因缴费年限、缴费基数等发生的争议，由社会保险经办机构处理最为合宜。而对于用人单位没有为劳动者办理社会保险手续且社会保险经办机构不能办理补交手续导致劳动者无法享受社会保险待遇的，由此产生赔偿损失纠纷，则由人民法院处理为宜。

2. 劳动者退休后，虽与原用人单位不存在劳动关系，但他们所享有的养老金、医疗费、工伤保险待遇和其他社会保险待遇，是基于过去在劳动岗位上履行劳动义务为前提条件的，故由此发生的争议可视为劳动争议。至于将用人单位限定为是尚未参加社会保险统筹的，是因为我国实行社会统筹保险制度，保险费统一由税务机关和劳动保障行政部门设立的社会保险经办机构向用人单位及其职工征收、征缴和管理。这就将劳动合同中关于社会保险待遇的劳动权利义务转化为一种行政管理的权力内容，此时因社会保险待遇发生的纠纷应属于行政诉讼，争议双方为社会保险管理机构与用人单位或劳动者，不属于劳动争议范围。因此，本项规定将因社会保险待遇发生争议的主体限定为尚未参加社会保险统筹的用人单位和退休的劳动者。参加了社会统筹保险的，因社会保险费的征收、发放、领取发生的纠纷，属于行政诉讼。

3.《工伤保险条例》第54条规定，职工与用人单位发生工伤待遇方面的争议，按照处理劳动争议的有关规定处理。《工伤保险条例》第62条第2款和第3款规定，依照本条例规定应当参加工伤保险而未参加工伤保险的用人单位职工发生工伤的，由该用人单位按照本条例规定的工伤保险待遇项目和标准支付费用。用人单位参加工伤保险并补缴应当缴纳的工伤保险费、滞纳金后，由工伤保险基金和用人单位依照本条例的规定支付新发生的费用。以上规定则进一步明确，劳动者因为工伤、职业病，请求用人单位依法给予工伤保险待遇发生的纠纷，属于劳动争议。需要说明的是，职业病属于工伤的一种情形，但是鉴于职业病的特殊性，将其单列出来，以示强调。

下列情况，不可以作为社会保险纠纷案件受理：

1.《最高人民法院关于审理劳动争议案件适用法律问题的解释（一）》第2条第1项规定，劳动者请求社会保险经办机构发放社会保险金的纠纷。尽管按照《劳动争议调解仲裁法》第2条第4项、第50条以及《社会保险法》第83条第3款的规定，劳动者与用人单位发生社会保险争议的，可以提起仲裁和诉讼。但是社会保险费争议与一般的劳动争议相比，具有很大的特殊性。其特殊性主要体现在两方面：一方面是在社会保险争议中，司法职能与行政职能相互交叉、重叠，界限不清；另一方面是社会保险纠纷案件的执行离不开社保管理部门的密切配合。对于那些已经由用人单位办理了社保手续，但因用人单位欠缴、拒缴社会保险费或者因缴费年限、缴费基数等发生的争议，由社会保险经办机构处理最为适宜。

2.《最高人民法院关于审理劳动争议案件适用法律问题的解释（一）》第2条第3项规定，劳动者对劳动能力鉴定委员会的伤残等级鉴定结论或者对职业病诊断鉴定委员会的职业病诊断鉴定结论的异议纠纷。依据《工伤保险条例》的规定，劳动能力鉴定的内容主要包括劳动功能障碍程度和生活自理障碍程度的等级鉴定。劳动能力鉴定由用人单位、工伤职工或者其近亲属向设区的市级劳动能力鉴定委员会提出申请。设区的市级劳动能力鉴定委员会收到劳动能力鉴定申请后，应当从其建立的医疗卫生专家库中随机抽取3名或者5名相关专家组成专家组，由专家组提出鉴定意见。申请鉴定的单位或者个人对设区的市级劳动能力鉴定委员会作出的鉴定结论不服的，可以在收到该鉴定结论之日起15日内向省、自治区、直辖市劳动能力鉴定委员会提出再次鉴定申请。省、自治区、直辖市劳动能力鉴定委员会作出的劳动能力鉴定结论为最终结论。职业病鉴定实行两级鉴定制：依据《职业病诊断与鉴定管理办法》第34条第1款的规定，当事人对职业病诊断机构作出的职业病诊断有异议的，可以在接到职业病诊断证明书之日起30日内，向作出诊断的职业病诊断机构所在地设区的市级卫生行政部门申请鉴定。依据本办法第 35 条第 2 款的规定，当事人对设区的市级职业病鉴定结论不服的，可以在接到鉴定书之日起 15 日内，向原鉴定组织所在地省级卫生健康主管部门申请再鉴定，省级职业病鉴定结论为最终鉴定。

从上述关于劳动能力鉴定和职业病诊断鉴定的规定可以看出，这两种鉴定均具有单方意志性。首先，鉴定机构是特定的，不能由申请人自由选择；其次，鉴定结论尤其是省级鉴定部门作出的鉴定结论为最终结论，对申请人、相关单位都具有拘束力。根据《工伤保险条例》第 55 条的规定，对劳动能力鉴定结论不服的，不在可提起行政复议或行政诉讼的范围内。而从民事诉讼的角度观察，上述鉴定结论属于鉴定意见，属于《民事诉讼法》第 66 条规定的证据种类之一，属于事实认定的范畴，既不是具体行政行为，且作出鉴定结论的鉴定机构与被鉴定对象及利害关系人之间也不存在民事法律关系，不具有可诉性。因此，劳动者对劳动能力鉴定委员会的伤残等级鉴定结论或者对职业病诊断鉴定委员会的职业病诊断鉴定结论的异议纠纷不属于劳动争议。

请求权基础规范指引

《中华人民共和国劳动法》（2018 年修正）

第七十二条 社会保险基金按照保险类型确定资金来源，逐步实行社会统筹。用人单位和劳动者必须依法参加社会保险，缴纳社会保险费。

第七十三条 劳动者在下列情形下，依法享受社会保险待遇：

（一）退休；

（二）患病、负伤；

（三）因工伤残或者患职业病；

（四）失业；

（五）生育。

劳动者死亡后，其遗属依法享受遗属津贴。

劳动者享受社会保险待遇的条件和标准由法律、法规规定。

劳动者享受的社会保险金必须按时足额支付。

第七十四条 社会保险基金经办机构依照法律规定收支、管理和运营社会保险基金，并负有使社会保险基金保值增值的责任。

社会保险基金监督机构依照法律规定，对社会保险基金的收支、管理和运营实施监督。

社会保险基金经办机构和社会保险基金监督机构的设立和职能由法律规定。

任何组织和个人不得挪用社会保险基金。

第七十五条 国家鼓励用人单位根据本单位实际情况为劳动者建立补充

保险。

国家提倡劳动者个人进行储蓄性保险。

《中华人民共和国社会保险法》（2018 年修正）

第十条　职工应当参加基本养老保险，由用人单位和职工共同缴纳基本养老保险费。

无雇工的个体工商户、未在用人单位参加基本养老保险的非全日制从业人员以及其他灵活就业人员可以参加基本养老保险，由个人缴纳基本养老保险费。

公务员和参照公务员法管理的工作人员养老保险的办法由国务院规定。

第十二条　用人单位应当按照国家规定的本单位职工工资总额的比例缴纳基本养老保险费，记入基本养老保险统筹基金。

职工应当按照国家规定的本人工资的比例缴纳基本养老保险费，记入个人账户。

无雇工的个体工商户、未在用人单位参加基本养老保险的非全日制从业人员以及其他灵活就业人员参加基本养老保险的，应当按照国家规定缴纳基本养老保险费，分别记入基本养老保险统筹基金和个人账户。

第二十三条　职工应当参加职工基本医疗保险，由用人单位和职工按照国家规定共同缴纳基本医疗保险费。

无雇工的个体工商户、未在用人单位参加职工基本医疗保险的非全日制从业人员以及其他灵活就业人员可以参加职工基本医疗保险，由个人按照国家规定缴纳基本医疗保险费。

第二十七条　参加职工基本医疗保险的个人，达到法定退休年龄时累计缴费达到国家规定年限的，退休后不再缴纳基本医疗保险费，按照国家规定享受基本医疗保险待遇；未达到国家规定年限的，可以缴费至国家规定年限。

第三十三条　职工应当参加工伤保险，由用人单位缴纳工伤保险费，职工不缴纳工伤保险费。

第三十六条　职工因工作原因受到事故伤害或者患职业病，且经工伤认定的，享受工伤保险待遇；其中，经劳动能力鉴定丧失劳动能力的，享受伤残待遇。

工伤认定和劳动能力鉴定应当简捷、方便。

第四十四条　职工应当参加失业保险，由用人单位和职工按照国家规定共同缴纳失业保险费。

第五十三条　职工应当参加生育保险，由用人单位按照国家规定缴纳生育保险费，职工不缴纳生育保险费。

第五十四条　用人单位已经缴纳生育保险费的，其职工享受生育保险待遇；职工未就业配偶按照国家规定享受生育医疗费用待遇。所需资金从生育保险基金中支付。

生育保险待遇包括生育医疗费用和生育津贴。

第五十八条 用人单位应当自用工之日起三十日内为其职工向社会保险经办机构申请办理社会保险登记。未办理社会保险登记的，由社会保险经办机构核定其应当缴纳的社会保险费。

自愿参加社会保险的无雇工的个体工商户、未在用人单位参加社会保险的非全日制从业人员以及其他灵活就业人员，应当向社会保险经办机构申请办理社会保险登记。

国家建立全国统一的个人社会保障号码。个人社会保障号码为公民身份号码。

第六十条 用人单位应当自行申报、按时足额缴纳社会保险费，非因不可抗力等法定事由不得缓缴、减免。职工应当缴纳的社会保险费由用人单位代扣代缴，用人单位应当按月将缴纳社会保险费的明细情况告知本人。

无雇工的个体工商户、未在用人单位参加社会保险的非全日制从业人员以及其他灵活就业人员，可以直接向社会保险费征收机构缴纳社会保险费。

《失业保险条例》（1999 年）

第十四条 具备下列条件的失业人员，可以领取失业保险金：

（一）按照规定参加失业保险，所在单位和本人已按照规定履行缴费义务满 1 年的；

（二）非因本人意愿中断就业的；

（三）已办理失业登记，并有求职要求的。

失业人员在领取失业保险金期间，按照规定同时享受其他失业保险待遇。

第十六条 城镇企业事业单位应当及时为失业人员出具终止或者解除劳动关系的证明，告知其按照规定享受失业保险待遇的权利，并将失业人员的名单自终止或者解除劳动关系之日起 7 日内报社会保险经办机构备案。

城镇企业事业单位职工失业后，应当持本单位为其出具的终止或者解除劳动关系的证明，及时到指定的社会保险经办机构办理失业登记。失业保险金自办理失业登记之日起计算。

失业保险金由社会保险经办机构按月发放。社会保险经办机构为失业人员开具领取失业保险金的单证，失业人员凭单证到指定银行领取失业保险金。

第十七条 失业人员失业前所在单位和本人按照规定累计缴费时间满 1 年不足 5 年的，领取失业保险金的期限最长为 12 个月；累计缴费时间满 5 年不足 10 年的，领取失业保险金的期限最长为 18 个月；累计缴费时间 10 年以上的，领取失业保险金的期限最长为 24 个月。重新就业后，再次失业的，缴费时间重新计算，领取失业保险金的期限可以与前次失业应领取而尚未领取的失业保险金的期限合并计算，但是最长不得超过24个月。

第十八条 失业保险金的标准，按照低于当地最低工资标准、高于城市居民最低生活保障标准的水平，由省、自治区、直辖市人民政府确定。

第十九条 失业人员在领取失业保险金期间患病就医的，可以按照规定向社会保险经办机构申请领取医疗补助金。医疗补助金的标准由省、自治区、直辖市人民政府规定。

第二十条 失业人员在领取失业保险金期间死亡的，参照当地对在职职工的规定，对其家属一次性发给丧葬补助金和抚恤金。

第二十一条 单位招用的农民合同制工人连续工作满1年，本单位并已缴纳失业保险费，劳动合同期满未续订或者提前解除劳动合同的，由社会保险经办机构根据其工作时间长短，对其支付一次性生活补助。补助的办法和标准由省、自治区、直辖市人民政府规定。

《工伤保险条例》（2010修订）

第三十条 职工因工作遭受事故伤害或者患职业病进行治疗，享受工伤医疗待遇。

职工治疗工伤应当在签订服务协议的医疗机构就医，情况紧急时可以先到就近的医疗机构急救。

治疗工伤所需费用符合工伤保险诊疗项目目录、工伤保险药品目录、工伤保险住院服务标准的，从工伤保险基金支付。工伤保险诊疗项目目录、工伤保险药品目录、工伤保险住院服务标准，由国务院社会保险行政部门会同国务院卫生行政部门、食品药品监督管理部门等部门规定。

职工住院治疗工伤的伙食补助费，以及经医疗机构出具证明，报经办机构同意，工伤职工到统筹地区以外就医所需的交通、食宿费用从工伤保险基金支付，基金支付的具体标准由统筹地区人民政府规定。

工伤职工治疗非工伤引发的疾病，不享受工伤医疗待遇，按照基本医疗保险办法处理。

工伤职工到签订服务协议的医疗机构进行工伤康复的费用，符合规定的，从工伤保险基金支付。

第三十三条第一款 职工因工作遭受事故伤害或者患职业病需要暂停工作接受工伤医疗的，在停工留薪期内，原工资福利待遇不变，由所在单位按月支付。

第三十四条 工伤职工已经评定伤残等级并经劳动能力鉴定委员会确认需要生活护理的，从工伤保险基金按月支付生活护理费。

生活护理费按照生活完全不能自理、生活大部分不能自理或者生活部分不能自理3个不同等级支付，其标准分别为统筹地区上年度职工月平均工资的50%、40%或者30%。

《最高人民法院关于审理劳动争议案件适用法律问题的解释（一）》（法释〔2020〕26号 2020年12月29日）

第一条 劳动者与用人单位之间发生的下列纠纷，属于劳动争议，当事人不服劳动争议仲裁机构作出的裁决，依法提起诉讼的，人民法院应予受理：

（一）劳动者与用人单位在履行劳动合同过程中发生的纠纷；

（二）劳动者与用人单位之间没有订立书面劳动合同，但已形成劳动关系后发生的纠纷；

（三）劳动者与用人单位因劳动关系是否已经解除或者终止，以及应否支付解除或者终止劳动关系经济补偿金发生的纠纷；

（四）劳动者与用人单位解除或者终止劳动关系后，请求用人单位返还其收取的劳动合同定金、保证金、抵押金、抵押物发生的纠纷，或者办理劳动者的人事档案、社会保险关系等移转手续发生的纠纷；

（五）劳动者以用人单位未为其办理社会保险手续，且社会保险经办机构不能补办导致其无法享受社会保险待遇为由，要求用人单位赔偿损失发生的纠纷；

（六）劳动者退休后，与尚未参加社会保险统筹的原用人单位因追索养老金、医疗费、工伤保险待遇和其他社会保险待遇而发生的纠纷；

（七）劳动者因为工伤、职业病，请求用人单位依法给予工伤保险待遇发生的纠纷；

（八）劳动者依据劳动合同法第八十五条规定，要求用人单位支付加付赔偿金发生的纠纷；

（九）因企业自主进行改制发生的纠纷。

第二条 下列纠纷不属于劳动争议：

（一）劳动者请求社会保险经办机构发放社会保险金的纠纷；

（二）劳动者与用人单位因住房制度改革产生的公有住房转让纠纷；

（三）劳动者对劳动能力鉴定委员会的伤残等级鉴定结论或者对职业病诊断鉴定委员会的职业病诊断鉴定结论的异议纠纷；

（四）家庭或者个人与家政服务人员之间的纠纷；

（五）个体工匠与帮工、学徒之间的纠纷；

（六）农村承包经营户与受雇人之间的纠纷。

第三十二条 用人单位与其招用的已经依法享受养老保险待遇或者领取退休金的人员发生用工争议而提起诉讼的，人民法院应当按劳务关系处理。

企业停薪留职人员、未达到法定退休年龄的内退人员、下岗待岗人员以及企业经营性停产放长假人员，因与新的用人单位发生用工争议而提起诉讼的，人民法院应当按劳动关系处理。

《第八次全国法院民事商事审判工作会议（民事部分）纪要》（法〔2016〕399号　2016年11月21日）

9. 被侵权人有权获得工伤保险待遇或者其他社会保险待遇的，侵权人的侵权责任不因受害人获得社会保险而减轻或者免除。根据社会保险法第三十条和四十二条①的规定，被侵权人有权请求工伤保险基金或者其他社会保险支付工伤保险待遇或者其他保险待遇。

10. 用人单位未依法缴纳工伤保险费，劳动者因第三人侵权造成人身损害并构成工伤，侵权人已经赔偿的，劳动者有权请求用人单位支付除医疗费之外的工伤保险待遇。用人单位先行支付工伤保险待遇的，可以就医疗费用在第三人应承担的赔偿责任范围内向其追偿。

《最高人民法院关于为稳定就业提供司法服务和保障的意见》（法发〔2022〕36号　2022年12月26日）

9. 推动健全新业态用工综合治理机制。依法妥善审理涉新就业形态社会保险纠纷案件，支持完善基本养老保险、医疗保险参保办法，推动企业引导和支持不完全符合确立劳动关系情形的新就业形态劳动者，根据自身情况参加相应社会保险。依法妥善审理保险合同纠纷案件，促进平台企业通过购买人身意外、雇主责任等商业保险，提升平台灵活就业人员保障水平。妥善审理机动车交通事故责任纠纷、非机动车交通事故责任纠纷等案件，依法合理认定各方责任，推动平台企业制定注重遵守交通规则等社会秩序的算法规则和规章制度，强化外卖快递从业人员遵守交通规则等社会秩序意识。配合有关部门推动行业协会、头部企业或者企业代表与工会组织、职工代表开展协商，签订行业集体合同或者协议，推动制定行业劳动标准；畅通裁审衔接程序，完善多元化解机制，支持各类调解组织、法律援助机构等依法为新就业形态劳动者提供更加便捷、优质高效的纠纷调解、法律咨询、法律援助等服务。

188. 福利待遇纠纷

案由适用要点

［释义］ 福利待遇纠纷，是指用工单位与劳动者因为福利待遇问题而发生的纠纷。

---

① 现为《社会保险法》（2018年修正）第三十、四十二条。

［**管辖**］依据《民事诉讼法》关于地域管辖基本原则，即原告就被告原则，劳动争议案件应当由一方当事人住所地人民法院管辖，用人单位住所地相对固定且用人单位相关管理规章往往依据所在地地方性法规、规章等文件制定。因此，相对于劳动者住所地，由用人单位所在地法院管辖更为适当。在用人单位所在地与合同履行地不一致的情况下，《最高人民法院关于审理劳动争议案件适用法律问题的解释（一）》第 3 条规定可以由合同履行地的基层人民法院管辖。

［**应注意的问题**］根据《最高人民法院关于审理劳动争议案件适用法律问题的解释（一）》第 2 条第 2 项规定，劳动者与用人单位因住房制度改革产生的公有住房转让纠纷不属于劳动争议案件。因住房制度改革发生的公有住房转让纠纷，表面上是劳动者与用人单位之间的涉及住房福利的争议，但是由于公有住房转让实际上是属于产权归属争议，从性质上讲是不动产物权的法律关系，不属于劳动法律关系，所以也就不是劳动争议案件。

与此类似的，一些纠纷从时间上看，确实是发生在劳动合同履行、解除等过程中，但是与劳动合同的履行、解除等并不存在牵连性，与劳动争议主体行使劳动合同项下的劳动权利、履行劳动义务没有关联性，这样的纠纷就不属于劳动争议，而是平等民事主体之间的普通民事纠纷。比如，劳动者在用人单位开办的商店里购买商品，因此发生的买卖合同纠纷，与行使劳动权利、履行劳动义务并无关联，也就不属于劳动争议。又如，劳动者承租了用人单位对外出租的房屋用于居住，而双方的劳动合同对此并无约定，后来双方就房屋租赁发生纠纷，该纠纷因与劳动合同的履行没有牵连性，与行使劳动权利、履行劳动义务并无关联，所以也不属于劳动争议。

请求权基础规范指引

《中华人民共和国劳动合同法》（2012 年修正）

第十七条　劳动合同应当具备以下条款：

（一）用人单位的名称、住所和法定代表人或者主要负责人；

（二）劳动者的姓名、住址和居民身份证或者其他有效身份证件号码；

（三）劳动合同期限；

（四）工作内容和工作地点；

（五）工作时间和休息休假；

（六）劳动报酬；

（七）社会保险；

（八）劳动保护、劳动条件和职业危害防护；

（九）法律、法规规定应当纳入劳动合同的其他事项。

劳动合同除前款规定的必备条款外，用人单位与劳动者可以约定试用期、培训、保守秘密、补充保险和福利待遇等其他事项。

第六十二条　用工单位应当履行下列义务：

（一）执行国家劳动标准，提供相应的劳动条件和劳动保护；

（二）告知被派遣劳动者的工作要求和劳动报酬；

（三）支付加班费、绩效奖金，提供与工作岗位相关的福利待遇；

（四）对在岗被派遣劳动者进行工作岗位所必需的培训；

（五）连续用工的，实行正常的工资调整机制。

用工单位不得将被派遣劳动者再派遣到其他用人单位。

《中华人民共和国妇女权益保障法》（2022年修订）

第四十五条　实行男女同工同酬。妇女在享受福利待遇方面享有与男子平等的权利。

第四十六条　在晋职、晋级、评聘专业技术职称和职务、培训等方面，应当坚持男女平等的原则，不得歧视妇女。

《最高人民法院关于审理劳动争议案件适用法律问题的解释（一）》（法释〔2020〕26号　2020年12月29日）

第二条　下列纠纷不属于劳动争议：

（一）劳动者请求社会保险经办机构发放社会保险金的纠纷；

（二）劳动者与用人单位因住房制度改革产生的公有住房转让纠纷；

（三）劳动者对劳动能力鉴定委员会的伤残等级鉴定结论或者对职业病诊断鉴定委员会的职业病诊断鉴定结论的异议纠纷；

（四）家庭或者个人与家政服务人员之间的纠纷；

（五）个体工匠与帮工、学徒之间的纠纷；

（六）农村承包经营户与受雇人之间的纠纷。

十八、人事争议

189. 聘用合同纠纷

案由适用要点

［释义］聘用合同争议，是指事业单位工作人员因履行聘用合同而与单位发生的争议。

［管辖］聘用合同案件由用人单位或者聘用合同履行地的基层人民法院管辖。依据《民事诉讼法》关于地域管辖基本原则，即原告就被告原则，人事争议案件应当由一方当事人住所地人民法院管辖。用人单位住所地相对固

定，且用人单位相关管理规章往往依据所在地地方性法规、规章等文件制定，因此相对于劳动者住所地，由用人单位所在地法院管辖更为适当。在用人单位所在地与合同履行地不一致的情况下，当事人赴用人单位所在地起诉不方便，可以由合同履行地基层人民法院管辖。

[**应注意的问题**] 详见“192. 辞退纠纷”中的“应注意的问题”。

请求权基础规范指引

《中华人民共和国劳动争议调解仲裁法》（2007年）

第二条 中华人民共和国境内的用人单位与劳动者发生的下列劳动争议，适用本法：

（一）因确认劳动关系发生的争议；

（二）因订立、履行、变更、解除和终止劳动合同发生的争议；

（三）因除名、辞退和辞职、离职发生的争议；

（四）因工作时间、休息休假、社会保险、福利、培训以及劳动保护发生的争议；

（五）因劳动报酬、工伤医疗费、经济补偿或者赔偿金等发生的争议；

（六）法律、法规规定的其他劳动争议。

第二十一条 劳动争议仲裁委员会负责管辖本区域内发生的劳动争议。

劳动争议由劳动合同履行地或者用人单位所在地的劳动争议仲裁委员会管辖。双方当事人分别向劳动合同履行地和用人单位所在地的劳动争议仲裁委员会申请仲裁的，由劳动合同履行地的劳动争议仲裁委员会管辖。

《中华人民共和国劳动法》（2018年修正）

第十七条 订立和变更劳动合同，应当遵循平等自愿、协商一致的原则，不得违反法律、行政法规的规定。

劳动合同依法订立即具有法律约束力，当事人必须履行劳动合同规定的义务。

第十九条 劳动合同应当以书面形式订立，并具备以下条款：

（一）劳动合同期限；

（二）工作内容；

（三）劳动保护和劳动条件；

（四）劳动报酬；

（五）劳动纪律；

（六）劳动合同终止的条件；

（七）违反劳动合同的责任。

劳动合同除前款规定的必备条款外，当事人可以协商约定其他内容。

第二十条 劳动合同的期限分为有固定期限、无固定期限和以完成一定的工作为期限。

劳动者在同一用人单位连续工作满十年以上，当事人双方同意续延劳动合同的，如果劳动者提出订立无固定期限的劳动合同，应当订立无固定期限的劳动合同。

第二十一条 劳动合同可以约定试用期。试用期最长不得超过六个月。

第二十二条 劳动合同当事人可以在劳动合同中约定保守用人单位商业秘密的有关事项。

第二十三条 劳动合同期满或者当事人约定的劳动合同终止条件出现，劳动合同即行终止。

第二十四条 经劳动合同当事人协商一致，劳动合同可以解除。

第二十五条 劳动者有下列情形之一的，用人单位可以解除劳动合同：

（一）在试用期间被证明不符合录用条件的；

（二）严重违反劳动纪律或者用人单位规章制度的；

（三）严重失职，营私舞弊，对用人单位利益造成重大损害的；

（四）被依法追究刑事责任的。

第二十六条 有下列情形之一的，用人单位可以解除劳动合同，但是应当提前三十日以书面形式通知劳动者本人：

（一）劳动者患病或者非因工负伤，医疗期满后，不能从事原工作也不能从事由用人单位另行安排的工作的；

（二）劳动者不能胜任工作，经过培训或者调整工作岗位，仍不能胜任工作的；

（三）劳动合同订立时所依据的客观情况发生重大变化，致使原劳动合同无法履行，经当事人协商不能就变更劳动合同达成协议的。

第二十八条 用人单位依据本法第二十四条、第二十六条、第二十七条的规定解除劳动合同的，应当依照国家有关规定给予经济补偿。

第二十九条 劳动者有下列情形之一的，用人单位不得依据本法第二十六条、第二十七条的规定解除劳动合同：

（一）患职业病或者因工负伤并被确认丧失或者部分丧失劳动能力的；

（二）患病或者负伤，在规定的医疗期内的；

（三）女职工在孕期、产期、哺乳期内的；

（四）法律、行政法规规定的其他情形。

第三十二条 有下列情形之一的，劳动者可以随时通知用人单位解除劳动合同：

（一）在试用期内的；

（二）用人单位以暴力、威胁或者非法限制人身自由的手段强迫劳动的；

（三）用人单位未按照劳动合同约定支付劳动报酬或者提供劳动条件的。

《最高人民法院关于人民法院审理事业单位人事争议案件若干问题的规定》（法释〔2003〕13号 2003年8月27日）

第一条 事业单位与其工作人员之间因辞职、辞退及履行聘用合同所发生的争议，适用《中华人民共和国劳动法》的规定处理。

第二条 当事人对依照国家有关规定设立的人事争议仲裁机构所作的人事争议仲裁裁决不服，自收到仲裁裁决之日起十五日内向人民法院提起诉讼的，人民法院应当依法受理。一方当事人在法定期间内不起诉又不履行仲裁裁决，另一方当事人向人民法院申请执行的，人民法院应当依法执行。

第三条 本规定所称人事争议是指事业单位与其工作人员之间因辞职、辞退及履行聘用合同所发生的争议。

《最高人民法院关于事业单位人事争议案件适用法律等问题的答复》（法函〔2004〕30号 2004年4月30日）

一、《最高人民法院关于人民法院审理事业单位人事争议案件若干问题的规定》第一条规定，"事业单位与其工作人员之间因辞职、辞退及履行聘用合同所发生的争议，适用《中华人民共和国劳动法》。"这里"适用《中华人民共和国劳动法》的规定处理"是指人民法院审理事业单位人事争议案件的程序运用《中华人民共和国劳动法》的相关规定。人民法院对事业单位人事争议案件的实体处理应当适用人事方面的法律规定，但涉及事业单位工作人员劳动权利的内容在人事法律中没有规定，适用《中华人民共和国劳动法》的有关规定。

190. 聘任合同纠纷

案由适用要点

［释义］ 聘任合同纠纷主要是指聘任制公务员与所在机关之间因履行聘任合同发生的争议，军队文职人员与聘用单位之间因履行聘任合同发生的争议，这类纠纷经过人事争议仲裁机构仲裁后，如果当事人不服仲裁向人民法院起诉，人民法院也应当作为人事争议来处理。

［管辖］ 人事争议案件由用人单位或者合同履行地的基层人民法院管辖，这是人事争议案件管辖的一般原则，适用于聘任合同纠纷。

［应注意的问题］ 详见"192. 辞退纠纷"中的"应注意的问题"。

请求权基础规范指引

《中华人民共和国劳动争议调解仲裁法》（2007年）

第二条 中华人民共和国境内的用人单位与劳动者发生的下列劳动争

议，适用本法：

（一）因确认劳动关系发生的争议；

（二）因订立、履行、变更、解除和终止劳动合同发生的争议；

（三）因除名、辞退和辞职、离职发生的争议；

（四）因工作时间、休息休假、社会保险、福利、培训以及劳动保护发生的争议；

（五）因劳动报酬、工伤医疗费、经济补偿或者赔偿金等发生的争议；

（六）法律、法规规定的其他劳动争议。

第二十一条 劳动争议仲裁委员会负责管辖本区域内发生的劳动争议。

劳动争议由劳动合同履行地或者用人单位所在地的劳动争议仲裁委员会管辖。双方当事人分别向劳动合同履行地和用人单位所在地的劳动争议仲裁委员会申请仲裁的，由劳动合同履行地的劳动争议仲裁委员会管辖。

《中华人民共和国劳动法》（2018 年修正）

第十六条 劳动合同是劳动者与用人单位确立劳动关系、明确双方权利和义务的协议。

建立劳动关系应当订立劳动合同。

第十七条 订立和变更劳动合同，应当遵循平等自愿、协商一致的原则，不得违反法律、行政法规的规定。

劳动合同依法订立即具有法律约束力，当事人必须履行劳动合同规定的义务。

《中华人民共和国公务员法》（2018 年修订）

第一百零五条 聘任制公务员与所在机关之间因履行聘任合同发生争议的，可以自争议发生之日起六十日内申请仲裁。

省级以上公务员主管部门根据需要设立人事争议仲裁委员会，受理仲裁申请。人事争议仲裁委员会由公务员主管部门的代表、聘用机关的代表、聘任制公务员的代表以及法律专家组成。

当事人对仲裁裁决不服的，可以自接到仲裁裁决书之日起十五日内向人民法院提起诉讼。仲裁裁决生效后，一方当事人不履行的，另一方当事人可以申请人民法院执行。

191. 辞职纠纷

案由适用要点

［**释义**］辞职争议，是指事业单位工作人员因辞职与单位发生的争议。

［**管辖**］与聘用合同纠纷和聘任合同纠纷一致，由用人单位或者合同履行

地的基层人民法院管辖。

［应注意的问题］ 详见“192. 辞退纠纷”下［应注意的问题］。

请求权基础规范指引

《中华人民共和国劳动争议调解仲裁法》（2007年）

第二条 中华人民共和国境内的用人单位与劳动者发生的下列劳动争议，适用本法：

（一）因确认劳动关系发生的争议；

（二）因订立、履行、变更、解除和终止劳动合同发生的争议；

（三）因除名、辞退和辞职、离职发生的争议；

（四）因工作时间、休息休假、社会保险、福利、培训以及劳动保护发生的争议；

（五）因劳动报酬、工伤医疗费、经济补偿或者赔偿金等发生的争议；

（六）法律、法规规定的其他劳动争议。

第二十一条 劳动争议仲裁委员会负责管辖本区域内发生的劳动争议。

劳动争议由劳动合同履行地或者用人单位所在地的劳动争议仲裁委员会管辖。双方当事人分别向劳动合同履行地和用人单位所在地的劳动争议仲裁委员会申请仲裁的，由劳动合同履行地的劳动争议仲裁委员会管辖。

《中华人民共和国劳动法》（2018年修正）

第三十二条 有下列情形之一的，劳动者可以随时通知用人单位解除劳动合同：

（一）在试用期内的；

（二）用人单位以暴力、威胁或者非法限制人身自由的手段强迫劳动的；

（三）用人单位未按照劳动合同约定支付劳动报酬或者提供劳动条件的。

《最高人民法院关于人民法院审理事业单位人事争议案件若干问题的规定》（法释〔2003〕13号　2003年8月27日）

第一条 事业单位与其工作人员之间因辞职、辞退及履行聘用合同所发生的争议，适用《中华人民共和国劳动法》的规定处理。

第二条 当事人对依照国家有关规定设立的人事争议仲裁机构所作的人事争议仲裁裁决不服，自收到仲裁裁决之日起十五日内向人民法院提起诉讼的，人民法院应当依法受理。一方当事人在法定期间内不起诉又不履行仲裁裁决，另一方当事人向人民法院申请执行的，人民法院应当依法执行。

第三条 本规定所称人事争议是指事业单位与其工作人员之间因辞职、辞退及履行聘用合同所发生的争议。

《最高人民法院关于事业单位人事争议案件适用法律等问题的答复》（法函〔2004〕30号　2004年4月30日）

一、《最高人民法院关于人民法院审理事业单位人事争议案件若干问题的规定》第一条规定，“事业单位与其工作人员之间因辞职、辞退及履行聘用合同所发生的争议，适用《中华人民共和国劳动法》。”这里“适用《中华人民共和国劳动法》的规定处理”是指人民法院审理事业单位人事争议案件的程序运用《中华人民共和国劳动法》的相关规定。人民法院对事业单位人事争议案件的实体处理应当适用人事方面的法律规定，但涉及事业单位工作人员劳动权利的内容在人事法律中没有规定，适用《中华人民共和国劳动法》的有关规定。

192. 辞退纠纷

案由适用要点

［释义］ 辞退争议，是指事业单位工作人员因辞职与单位发生的争议。

［管辖］ 辞退合同纠纷案件由用人单位或者合同履行地的基层人民法院管辖。

［应注意的问题］ 1. 关于人民法院受理人事争议案件的范围问题。目前，基层人民法院对受理人事争议案件的范围有不同理解。有的法院把所有与建立或解除工作关系有关的人事争议以及履行聘用聘任合同过程中的工资福利、工伤待遇、社会保险、行政处分等都纳入审理范围；有的法院则认为自动离职、履行聘用聘任合同过程中的工资福利待遇等争议不属于人民法院的受理范围。由于对人事争议受理范围理解不统一，使得同一类案件是否受理在不同的法院有着不同的处理结果，同时也影响了人事争议仲裁机构受理案件范围的一致性。总体来看，当前人民法院受理的人事争议案件范围，主要有两大类：

（1）基于《最高人民法院关于人民法院审理事业单位人事争议案件若干问题的规定》的规定。该规定第1条规定：“事业单位与其工作人员之间因辞职、辞退及履行聘用合同所发生的争议，适用《中华人民共和国劳动法》的规定处理。”第3条规定：“本规定所称人事争议是指事业单位与其工作人员之间因辞职、辞退及履行聘用合同所发生的争议。”这两条规定与人民法院受理人事争议案件的范围有直接关系。具体而言，正确理解这两条规定需要注意以下几点：

首先，人民法院受理的人事争议案件范围与仅为人事争议仲裁机构受理的案件范围的一部分。根据《人事争议处理规定》第36条的规定，因考核、职务任免、职称评审等发生的人事争议，按照有关规定处理，即不采取人事争议仲裁的方式解决。显然，人民法院受理的人事争议仅仅是人事争议仲裁机构受理的人事争议中的一部分。这是由于人事争议仲裁的特殊性和现有国情及立法状况决定的，人民法院目前难以承担所有的人事争议纠纷的处理。当然，随着国家法治发展和人事争议仲裁制度的完善，人事争议纳入司法救济的范围会不断扩大。

其次，《最高人民法院关于人民法院审理事业单位人事争议案件若干问题的规定》明确了三种人事争议可以诉至法院：辞职、辞退和履行聘用合同纠纷。根据起草司法解释时的考虑，辞职、辞退纠纷是指事业单位与其工作人员未订立聘用合同而发生的争议，履行聘用合同纠纷是指事业单位与其工作人员已经订立了聘用合同而且因履行该聘用合同产生了争议。之所以作这种区分，是因为我国事业单位体制改革正在进行，聘用制度尚未全部推行。在没有全部实行聘用制度的情况下，事业单位与其工作人员之间的纠纷尚不能全部诉至法院。人民法院只能暂就辞职、辞退这两种涉及解除工作关系的纠纷进行审理。在已经实行聘用制度的情况下，事业单位与其工作人员之间的权利义务已经通过合同的形式确定下来，可以作为人民法院审理当事人之间争议的依据。因此，履行聘用合同中产生的各种争议，凡是可以通过诉讼的方式解决的内容，包括工资福利、人员工伤待遇、社会保险等，都可以纳入人民法院受理的范围；凡是不能通过诉讼的方式解决的问题，例如行政处分、年终考评等，人民法院就不应当纳入受理范围。

（2）基于《公务员法》第 105 条的规定。由于《公务员法》第 105 条明确规定，聘任制公务员与所在机关之间因履行聘任合同发生争议的，可以自争议发生之日起 60 日内申请仲裁；当事人对仲裁裁决不服的，可以自接到仲裁裁决书之日起 15 日内向人民法院提起诉讼。因此，专业性强或者辅助性岗位上实行聘任制的公务员因履行聘任合同与单位发生的聘任合同纠纷案件，人民法院应当受理。

2. 关于人事争议案件是否应当作为行政诉讼案件处理的问题。有人认为，将人事争议仲裁行为纳入司法审理范围，有利于促进依法行政和此类“仲裁”制度的完善。

我们认为，目前《公务员法》第 105 条规定和《最高人民法院关于人民法院审理事业单位人事争议案件若干问题的规定》关于人事争议的处理程序更符合实际。理由是：（1）聘任制公务员与其所在机关、事业单位与其工作人员就辞职、辞退及履行聘用合同所发生的争议就其本质而言属于劳动争议。（2）正如我们不能认为劳动争议仲裁行为具有行政管理性质一样，我们也不能认为针对聘任制公务员与其所在机关、事业单位与其工作人员就辞职、辞退及履行聘用合同所发生的争议而进行的人事争议仲裁行为具有行政管理性质。从人事争议仲裁委员会的组成及仲裁员的选聘看，与劳动争议仲裁委员会的组成及仲裁员的选聘具有很大相似性，人事争议仲裁委员会和仲裁员与劳动争议仲裁委员会及仲裁员一样，仲裁行为不是在行使行政权力，不是具体行政行为。（3）从本质上讲，人事争议仲裁权并非来源于人事部门的行政规章或者由行政规章设定，而是与劳动争议仲裁权一样来源于劳动法、公务员法或者由前述法律设定。只是由于现行国家有关企业与事业单位人事管理制度存在差异，才造成必须存在两种仲裁机构的局面。（4）《公务员法》第105条以及《最高人民法院关于人民法院审理事业单位人事争议案件若干问题的规定》有利于规范人事争议仲裁活动，促进人事争议仲裁制度的完善。（5）将人事争议仲裁纳入行政诉讼范围既不便审理，也不能有效处理相关争议。人民法院如果将人事争议仲裁案件作为行政案件审理，审理的重点将是人事争议仲裁机构仲裁裁决的合法性，而不能直接解决聘任制公务员与其所在机关、事业单位与其工作人员之间的人事争议。

《最高人民法院关于适用〈中华人民共和国行政诉讼法〉的解释》第1条也规定，公民、法人或者其他组织对“法律规定的仲裁行为”不服提起诉讼的，不属于人民法院行政诉讼的受案范围。

3. 关于人事争议申请仲裁的时效期间如何计算的问题。关于事业单位人事争议仲裁时效，最新法律规定为《劳动争议调解仲裁法》第27条和第52条。2013年9月12日印发的《最高人民法院关于人事争议申请仲裁的时效期间如何计算的批复》（法释〔2013〕23号）规定，依据《劳动争议调解仲裁法》第27条第1款、第52条的规定，当事人自知道或者应当知道其权利被侵害之日起1年内申请仲裁，仲裁机构予以受理的，人民法院应予认可。2020年司法解释清理后，对《最高人民法院关于审理劳动争议案件适用法律若干问题的解释（一）》（法释〔2001〕14号）第3条关于仲裁申请期间争议案件受理规定予以废止，并对《最高人民法院关于审理劳动争议案件适用法律若干问题的解释（二）》第1条关于劳动争议发生日的规定，以及第2条关于拖欠工资纠纷仲裁时效的规定，亦予以废止，使有关劳动争议司法解释涉仲裁申请期间的规定与《劳动争议调解仲裁法》第27条保持完全一致。

关于聘任制公务员因履行聘任合同产生的聘任合同纠纷，2018年修订的《公务员法》第105条仍然规定，自争议发生之日起60日内申请仲裁。

4. 关于人事争议仲裁机构因不属于受案范围而决定或者裁定不予受理的人事争议案件，诉至人民法院后，应如何处理的问题。根据《劳动争议调解仲裁法》第52条和《公务员法》第105条之规定，仲裁程序是进入人事争议诉讼程序的前置程序。一方面，人事争议仲裁机构以无管辖权为由对人事争议案件不予受理，当事人提起诉讼的，人民法院经审查：认为该人事争议仲裁机构对案件确无管辖权的，应当告知当事人向有管辖权的人事争议仲裁机构申请仲裁；认为该人事争议仲裁机构有管辖权的，应当告知当事人申请仲裁，并将审查意见书面通知该人事争议仲裁机构，人事争议仲裁机构仍不受理，当事人就该人事争议事项提起诉讼的，人民法院应予受理。另一方面，人事争议仲裁机构以当事人申请仲裁的事项不属于人事争议为由，作出不予受理的书面裁决、决定或者通知，当事人不服依法提起诉讼的，人民法院应当分别情况予以处理：属于前述司法解释以及《公务员法》规定的人事争议案件的，应当受理；虽不属于前述应当受理的人事争议案件，但属于人民法院主管的其他案件，应当依法受理。

实践中还存在对经人事争议仲裁裁决的纠纷，人民法院驳回起诉后，人事争议仲裁裁决能否生效的问题。这主要涉及仲裁裁决确定的主体资格错误或仲裁裁决事项不属于人事争议仲裁机构和人民法院受案范围的人事争议。参照《最高人民法院关于人民法院对经劳动争议仲裁裁决的纠纷准予撤诉或驳回起诉后劳动争议仲裁裁决从何时起生效的解释》（法释〔2000〕18号）第3条的规定，因仲裁裁决确定的主体资格错误或仲裁裁决事项不属于劳动争议，被人民法院驳回起诉的，原仲裁裁决不发生法律效力。

请求权基础规范指引

《中华人民共和国劳动合同法》（2012年修正）

第四十八条 用人单位违反本法规定解除或者终止劳动合同，劳动者要求继续履行劳动合同的，用人单位应当继续履行；劳动者不要求继续履行劳动合同或者劳动合同已经不能继续履行的，用人单位应当依照本法第八十七条规定支付赔偿金。

第八十二条 用人单位自用工之日起超过一个月不满一年未与劳动者订立书面劳动合同的，应当向劳动者每月支付二倍的工资。

用人单位违反本法规定不与劳动者订立无固定期限劳动合同的，自应当订立无固定期限劳动合同之日起向劳动者每月支付二倍的工资。

第八十五条 用人单位有下列情形之一的，由劳动行政部门责令限期支付劳动报酬、加班费或者经济补偿；劳动报酬低于当地最低工资标准的，应当支付其差额部分；逾期不支付的，责令用人单位按应付金额百分之五十以上百分之一百以下的标准向劳动者加付赔偿金：

（一）未按照劳动合同的约定或者国家规定及时足额支付劳动者劳动报酬的；

（二）低于当地最低工资标准支付劳动者工资的；

（三）安排加班不支付加班费的；

（四）解除或者终止劳动合同，未依照本法规定向劳动者支付经济补偿的。

《中华人民共和国公务员法》（2018年修订）

第一百零五条　聘任制公务员与所在机关之间因履行聘任合同发生争议的，可以自争议发生之日起六十日内申请仲裁。

省级以上公务员主管部门根据需要设立人事争议仲裁委员会，受理仲裁申请。人事争议仲裁委员会由公务员主管部门的代表、聘用机关的代表、聘任制公务员的代表以及法律专家组成。

当事人对仲裁裁决不服的，可以自接到仲裁裁决书之日起十五日内向人民法院提起诉讼。仲裁裁决生效后，一方当事人不履行的，另一方当事人可以申请人民法院执行。

《中华人民共和国劳动合同法实施条例》（2008年）

第十条　劳动者非因本人原因从原用人单位被安排到新用人单位工作的，劳动者在原用人单位的工作年限合并计算为新用人单位的工作年限。原用人单位已经向劳动者支付经济补偿的，新用人单位在依法解除、终止劳动合同计算支付经济补偿的工作年限时，不再计算劳动者在原用人单位的工作年限。

《事业单位人事管理条例》（2014年）

第三十七条　事业单位工作人员与所在单位发生人事争议的，依照《中华人民共和国劳动争议调解仲裁法》等有关规定处理。

第三十八条　事业单位工作人员对涉及本人的考核结果、处分决定等不服的，可以按照国家有关规定申请复核、提出申诉。

第三十九条　负有事业单位聘用、考核、奖励、处分、人事争议处理等职责的人员履行职责，有下列情形之一的，应当回避：

（一）与本人有利害关系的；

（二）与本人近亲属有利害关系的；

（三）其他可能影响公正履行职责的。

《最高人民法院关于人民法院审理事业单位人事争议案件若干问题的规定》（法释〔2003〕13号　2003年8月27日）

第一条　事业单位与其工作人员之间因辞职、辞退及履行聘用合同所发生的争议，适用《中华人民共和国劳动法》的规定处理。

第二条　当事人对依照国家有关规定设立的人事争议仲裁机构所作的人事争议仲裁裁决不服，自收到仲裁裁决之日起十五日内向人民法院提起诉讼的，人民法院应当依法受理。一方当事人在法定期间内不起诉又不履行仲裁裁决，另一方当事人向人民法院申请执行的，人民法院应当依法执行。

第三条　本规定所称人事争议是指事业单位与其工作人员之间因辞职、

辞退及履行聘用合同所发生的争议。

《最高人民法院关于事业单位人事争议案件适用法律等问题的答复》（法函〔2004〕30号　2004年4月30日）

一、《最高人民法院关于人民法院审理事业单位人事争议案件若干问题的规定》第一条规定，“事业单位与其工作人员之间因辞职、辞退及履行聘用合同所发生的争议，适用《中华人民共和国劳动法》。”这里“适用《中华人民共和国劳动法》的规定处理”是指人民法院审理事业单位人事争议案件的程序运用《中华人民共和国劳动法》的相关规定。人民法院对事业单位人事争议案件的实体处理应当适用人事方面的法律规定，但涉及事业单位工作人员劳动权利的内容在人事法律中没有规定，适用《中华人民共和国劳动法》的有关规定。

最高人民法院
民事案件案由
适用要点与请求权规范指引

（第三版）

下 册

人民法院出版社 编著

人 民 法 院 出 版 社

总 目 录

上 册

下 册

目 录

下 册

第七部分

海事海商纠纷

十九、海事海商纠纷

193. 船舶碰撞损害责任纠纷

案由适用要点

[**释义**] 船舶碰撞损害责任纠纷，是指因船舶与船舶之间在海上或者与海相通的可航水域发生碰撞事故而引起的损害责任纠纷。

[**管辖**] 根据《最高人民法院关于海事法院受理案件范围的规定》第1条的规定，船舶碰撞损害责任纠纷案件，包括浪损等间接碰撞的损害责任纠纷案件，属于海事法院受案范围。船舶碰撞损害责任纠纷属于典型的海事案件，该类纠纷由海事法院专门管辖。根据《民事诉讼法》第31条、《海事诉讼特别程序法》第6条的规定，因船舶碰撞请求损害责任提起的诉讼，由碰撞发生地、碰撞船舶最先到达地、加害船舶被扣留地、被告住所地人民法院及船籍港所在地海事法院管辖。《最高人民法院关于适用〈中华人民共和国海事诉讼特别程序法〉若干问题的解释》第1条进一步明确了在海上或者通海水域发生的与船舶或者运输、生产、作业相关的海事侵权纠纷、海商合同纠纷，以及法律或者相关司法解释规定的其他海事纠纷案件由海事法院及其上级人民法院专门管辖。

[**应注意的问题**] 船舶碰撞的概念在学理上有广义和狭义之分。广义上的船舶碰撞是指一切船舶相互间直接或间接接触，致使一方或双方发生损害的事故；而狭义上的船舶碰撞仅是指海船同海船或者海船同非海船在海上或者与海相通的其他可航水域，在航行中或停泊时发生相互接触，造成人身、船舶或其他财产损害的事故。对此，《1910年统一船舶碰撞若干法律规定的国际公约》第1条规定："渔船与渔船或海船与内河船舶发生碰撞，致使有关船舶或船上人身、财产遭受损害时，不论碰撞发生在任何水域，对这种损害的赔偿按下列规则处理。"其第13条同时规定，本公约扩大适用于一船由于进行或者不进行某种操纵，或由于不遵守规则，而给他船或任一船上的货物、人员造成的损害的赔偿，即使碰撞实际上未曾发生。《海商法》第165条规定的是直接接触的船舶碰撞，并未涉及海船同其他船只之间的间接碰撞问题。而在第170条规定了"船舶因操纵不当或者不遵守航行规章，虽然实际上没有同其他船舶发生碰撞，但是使其他船舶以及船上的人员、货物或者其他财产遭受损失的"，适用有关船舶碰撞的规定。1995年《最高人民法院关于审理船舶碰撞和触碰案件财产损害赔偿的规定》则进一步明确："船舶碰撞"是指

在海上或者与海相通的可航水域，两艘或者两艘以上的船舶之间发生接触或者没有直接接触，造成财产损害的事故。[①]《最高人民法院关于海事法院受理案件范围的若干规定》[②] 进一步明确了“船舶碰撞损害赔偿案件，包括浪损等间接碰撞的损害赔偿纠纷案件”。《最高人民法院关于海事法院受理案件范围的规定》沿袭这一规定，将船舶碰撞损害责任纠纷案件规定为包括浪损等间接碰撞的损害责任纠纷案件。可见，我国也是采用了广义的船舶碰撞概念。

请求权基础规范指引

《中华人民共和国海商法》（1992 年）

第三条 本法所称船舶，是指海船和其他海上移动式装置，但是用于军事的、政府公务的船舶和 20 总吨以下的小型船艇除外。

前款所称船舶，包括船舶属具。

第一百六十五条 船舶碰撞，是指船舶在海上或者与海相通的可航水域发生接触造成损害的事故。

前款所称船舶，包括与本法第三条所指船舶碰撞的任何其他非用于军事的或者政府公务的船艇。

第一百六十六条 船舶发生碰撞，当事船舶的船长在不严重危及本船和船上人员安全的情况下，对于相碰的船舶和船上的人员必须尽力施救。

碰撞船舶的船长应当尽可能将其船舶名称、船籍港、出发港和目的港通知对方。

第一百六十七条 船舶发生碰撞，是由于不可抗力或者其他不能归责于任何一方的原因或者无法查明的原因造成的，碰撞各方互相不负赔偿责任。

第一百六十八条 船舶发生碰撞，是由于一船的过失造成的，由于过失的船舶负赔偿责任。

第一百六十九条 船舶发生碰撞，碰撞的船舶互有过失的，各船按照过

---

① 《最高人民法院关于审理船舶碰撞和触碰案件财产损害赔偿的规定》于 1995 年 10 月 18 日最高人民法院审判委员会第 735 次会议讨论通过，根据 2020 年 12 月 23 日最高人民法院审判委员会第 1823 次会议通过的《最高人民法院关于修改〈最高人民法院关于破产企业国有划拨土地使用权应否列入破产财产等问题的批复〉等二十九件商事类司法解释的决定》修正。该司法解释 2020 年修正时，对“船舶碰撞”的含义并未作出修改。

② 《最高人民法院关于海事法院受理案件范围的规定》（法释〔2016〕4 号）于 2015 年 12 月 28 日最高人民法院审判委员会第 1674 次会议通过，自 2016 年 3 月 1 日起施行。最高人民法院于 2001 年 9 月 11 日公布的《关于海事法院受理案件范围的若干规定》（法释〔2001〕27 号）同时废止。《最高人民法院关于审理船舶碰撞和触碰案件财产损害赔偿的规定》于 1995 年 10 月 18 日最高人民法院审判委员会第 735 次会议讨论通过，根据 2020 年 12 月 23 日最高人民法院审判委员会第 1823 次会议通过的《最高人民法院关于修改〈最高人民法院关于破产企业国有划拨土地使用权应否列入破产财产等问题的批复〉等二十九件商事类司法解释的决定》修正。

失程度的比例负赔偿责任；过失程度相当或者过失程度的比例无法判定的，平均负赔偿责任。

互有过失的船舶，对碰撞造成的船舶以及船上货物和其他财产的损失，依照前款规定的比例负赔偿责任。碰撞造成第三人财产损失的，各船的赔偿责任均不超过其应当承担的比例。

互有过失的船舶，对造成的第三人的人身伤亡，负连带赔偿责任。一船连带支付的赔偿超过本条第一款规定的比例的，有权向其他有过失的船舶追偿。

第一百七十条 船舶因操纵不当或者不遵守航行规章，虽然实际上没有同其他船舶发生碰撞，但是使其他船舶以及船上的人员、货物或者其他财产遭受损失的，适用本章的规定。

《中华人民共和国海事诉讼特别程序法》（1999年）

第八十二条 原告在起诉时、被告在答辩时，应当如实填写《海事事故调查表》。

第八十四条 当事人应当在开庭审理前完成举证。当事人完成举证并向海事法院出具完成举证说明书后，可以申请查阅有关船舶碰撞的事实证据材料。

《最高人民法院关于适用〈中华人民共和国海事诉讼特别程序法〉若干问题的解释》（2008年12月16日修正）

第五十七条 《海事事故调查表》属于当事人对发生船舶碰撞基本事实的陈述。经对方当事人认可或者经法院查证属实，可以作为认定事实的依据。

第五十八条 有关船舶碰撞的事实证据材料指涉及船舶碰撞的经过、碰撞原因等方面的证据材料。

有关船舶碰撞的事实证据材料，在各方当事人完成举证后进行交换。当事人在完成举证前向法院申请查阅有关船舶碰撞的事实证据材料的，海事法院应予驳回。

第五十九条 海事诉讼特别程序法第八十五条规定的新的证据指非当事人所持有，在开庭前尚未掌握或者不能获得，因而在开庭前不能举证的证据。

第六十条 因船舶碰撞以外的海事海商案件需要进行船舶检验或者估价的，适用海事诉讼特别程序法第八十六条的规定。

第六十一条 依据《中华人民共和国海商法》第一百七十条的规定提起的诉讼和因船舶触碰造成损害提起的诉讼，参照海事诉讼特别程序法关于审理船舶碰撞案件的有关规定审理。

《最高人民法院关于审理发生在我国管辖海域相关案件若干问题的规定（二）》（法释〔2016〕17号 2016年8月1日）

第一条 当事人因船舶碰撞、海洋污染等事故受到损害，请求侵权人赔偿渔船、渔具、渔货损失以及收入损失的，人民法院应予支持。

当事人违反渔业法第二十三条，未取得捕捞许可证从事海上捕捞作业，依照前款规定主张收入损失的，人民法院不予支持。

《最高人民法院关于审理船舶碰撞纠纷案件若干问题的规定》（2020年12月23日修正）

第四条 船舶碰撞产生的赔偿责任由船舶所有人承担，碰撞船舶在光船租赁期间并经依法登记的，由光船承租人承担。

第五条 因船舶碰撞发生的船上人员的人身伤亡属于海商法第一百六十九条第三款规定的第三人的人身伤亡。

第六条 碰撞船舶互有过失造成船载货物损失，船载货物的权利人对承运货物的本船提起违约赔偿之诉，或者对碰撞船舶一方或者双方提起侵权赔偿之诉的，人民法院应当依法予以受理。

第七条 船载货物的权利人因船舶碰撞造成其货物损失向承运货物的本船提起诉讼的，承运船舶可以依照海商法第一百六十九条第二款的规定主张按照过失程度的比例承担赔偿责任。

前款规定不影响承运人和实际承运人援用海商法第四章关于承运人抗辩理由和限制赔偿责任的规定。

第八条 碰撞船舶船载货物权利人或者第三人向碰撞船舶一方或者双方就货物或其他财产损失提出赔偿请求的，由碰撞船舶方提供证据证明过失程度的比例。无正当理由拒不提供证据的，由碰撞船舶一方承担全部赔偿责任或者由双方承担连带赔偿责任。

前款规定的证据指具有法律效力的判决书、裁定书、调解书和仲裁裁决书。对于碰撞船舶提交的国外的判决书、裁定书、调解书和仲裁裁决书，依照民事诉讼法第二百八十二条和第二百八十三条规定的程序审查。

第九条 因起浮、清除、拆毁由船舶碰撞造成的沉没、遇难、搁浅或被弃船舶及船上货物或者使其无害的费用提出的赔偿请求，责任人不能依照海商法第十一章的规定享受海事赔偿责任限制。

194. 船舶触碰损害责任纠纷

案由适用要点

[释义] 船舶触碰损害责任纠纷，是指船舶与船舶之外的设施或者障碍物发生触碰事故而引起的损害责任纠纷。

[管辖] 根据《最高人民法院关于海事法院受理案件范围的规定》第2条

的规定，船舶触碰海上、通海可航水域、港口及其岸上的设施或者其他财产的损害责任纠纷案件，包括船舶触碰码头、防波堤、栈桥、船闸、桥梁、航标、钻井平台等设施的损害责任纠纷案件属于海事法院受案范围，由海事法院专门管辖。根据《民事诉讼法》第31条、《海事诉讼特别程序法》第6条的规定，因船舶触碰请求损害责任提起的诉讼，由触碰发生地、触碰船舶最先到达地、触碰船舶被扣留地、被告住所地人民法院及船籍港所在地海事法院管辖。《最高人民法院关于适用〈中华人民共和国海事诉讼特别程序法〉若干问题的解释》第1条进一步明确了海上或者通海水域发生的与船舶或者运输、生产、作业相关的海事侵权纠纷由海事法院及其上级人民法院专门管辖。

[应注意的问题] 在此应该注意区分船舶触碰损害责任纠纷与船舶碰撞损害责任纠纷。船舶触碰是指船舶与非船舶发生碰撞，造成一方或双方损害的事故。这里的非船舶主要是指海上、通海水域及港口的建筑物及构筑物，比如航道设施、桥梁、障碍物等；而船舶碰撞则是船舶与船舶之间在海上或者与海相通的可航水域发生的接触事故。船舶触碰损害责任纠纷通常具有以下明显的特征：（1）主体比较明确。其加害方就是引起船舶触碰事故的船方，即船舶的所有人或经营人等。（2）责任比较容易确定。由于在此类纠纷中，被触碰物体一般都处于静止状态，触碰的原因通常是触碰船舶造成的，因此除非船方能够证明损害的发生是由于不可抗力或者被触碰物体的所有人或使用人的过错造成，否则船方就应该承担全部赔偿责任。（3）损害事故通常涉及面比较广，后果影响比较大，从而导致损害的范围界定以及损失数额确定比较有难度。

在此应当注意的是，如果被触碰的海上设施在事故发生时尚处于移动状态（比如自身有移动能力的海上平台或本身虽无移动能力但当时正利用拖船等航行工具移动的海上设施），则该种触碰应视为船舶碰撞，由此引起的损害责任案件应立船舶碰撞损害责任纠纷案由。

请求权基础规范指引

《中华人民共和国海商法》（1992年）

第一百六十九条　船舶发生碰撞，碰撞的船舶互有过失的，各船按照过失程度的比例负赔偿责任；过失程度相当或者过失程度的比例无法判定的，平均负赔偿责任。

互有过失的船舶，对碰撞造成的船舶以及船上货物和其他财产的损失，依照前款规定的比例负赔偿责任。碰撞造成第三人财产损失的，各船的赔偿责任均不超过其应当承担的比例。

互有过失的船舶，对造成的第三人的人身伤亡，负连带赔偿责任。一船连带支付的赔偿超过本条第一款规定的比例的，有权向其他有过失的船舶追偿。

《中华人民共和国海事诉讼特别程序法》（1999 年）

第六条 海事诉讼的地域管辖，依照《中华人民共和国民事诉讼法》的有关规定。

下列海事诉讼的地域管辖，依照以下规定：

（一）因海事侵权行为提起的诉讼，除依照《中华人民共和国民事诉讼法》第二十九至第三十一条的规定以外，还可以由船籍港所在地海事法院管辖；

……

《最高人民法院关于适用〈中华人民共和国海事诉讼特别程序法〉若干问题的解释》（2008 年 12 月 16 日修正）

第六十一条 依据《中华人民共和国海商法》第一百七十条的规定提起的诉讼和因船舶触碰造成损害提起的诉讼，参照海事诉讼特别程序法关于审理船舶碰撞案件的有关规定审理。

《最高人民法院关于审理发生在我国管辖海域相关案件若干问题的规定（二）》（法释〔2016〕17 号 2016 年 8 月 1 日）

第一条 当事人因船舶碰撞、海洋污染等事故受到损害，请求侵权人赔偿渔船、渔具、渔货损失以及收入损失的，人民法院应予支持。

当事人违反渔业法第二十三条，未取得捕捞许可证从事海上捕捞作业，依照前款规定主张收入损失的，人民法院不予支持。

195. 船舶损坏空中设施、水下设施损害责任纠纷

案由适用要点

［释义］ 船舶损坏空中或水下设施损害责任纠纷，是指船舶在航行或停泊时，毁损在空中架设或者在海底、通海水域水下铺设的设施或者其他财产的纠纷。

［管辖］ 根据《最高人民法院关于海事法院受理案件范围的规定》第 3 条的规定，船舶损坏在空中架设或者在海底、通海可航水域敷设的设施或者其他财产的损害责任纠纷案件属于海事法院受案范围，应由海事法院专门管辖。根据《民事诉讼法》第 31 条、《海事诉讼特别程序法》第 6 条及《最高人民法院关于适用〈中华人民共和国海事诉讼特别程序法〉若干问题的解释》第 1 条的规定，因船舶损坏空中设施、水下设施请求损害责任提起的诉讼，由损坏空中设施、水下设施发生地、加害船舶最先到达地、碰触船舶被扣留地、被告住所地及船籍港所在地海事法院管辖。

［应注意的问题］ 同船舶触碰损害责任纠纷一样，由于被触碰的物体处于

固定状态，避免触碰损害发生的义务基本上都在船方，船舶损坏空中设施、水下设施损害责任纠纷的责任构成往往比较明确。但由于被触碰的物体多是用于输送油、水、电、气、通信等特殊用途，一旦遭受损失，其影响范围巨大，所以此类纠纷审理工作的重点是有关损害范围的确定以及损失数额计算的问题。

请求权基础规范指引

《中华人民共和国海商法》（1992年）

第一百六十九条 船舶发生碰撞，碰撞的船舶互有过失的，各船按照过失程度的比例负赔偿责任；过失程度相当或者过失程度的比例无法判定的，平均负赔偿责任。

互有过失的船舶，对碰撞造成的船舶以及船上货物和其他财产的损失，依照前款规定的比例负赔偿责任。碰撞造成第三人财产损失的，各船的赔偿责任均不超过其应当承担的比例。

互有过失的船舶，对造成的第三人的人身伤亡，负连带赔偿责任。一船连带支付的赔偿超过本条第一款规定的比例的，有权向其他有过失的船舶追偿。

《最高人民法院关于审理船舶碰撞和触碰案件财产损害赔偿的规定》（2020年12月23日修正）

十二、设施损害赔偿的计算：

期限：以实际停止使用期间扣除常规检修的期间为限；

设施部分损坏或者全损，分别以合理的修复费用或者重新建造的费用，扣除已使用年限的折旧费计算；

设施使用的收益损失，以实际减少的净收益，即按停止使用前3个月的平均净盈利计算；部分使用并有收益的，应当扣减。

十六、本规定中下列用语的含义：

……

“设施”是指人为设置的固定或者可移动的构造物，包括固定平台、浮鼓、码头、堤坝、桥梁、敷设或者架设的电缆、管道等。

……

196. 船舶污染损害责任纠纷

案由适用要点

［释义］ 船舶污染损害责任纠纷，是指船舶排放、泄漏、倾倒油类、污水或者其他有害物质，造成有关水域污染或者其他船舶、货物及其他财产损失

的损害责任纠纷。

［**管辖**］根据《最高人民法院关于海事法院受理案件范围的规定》第4条的规定，船舶排放、泄漏、倾倒油类、污水或者其他有害物质，造成水域污染或者他船、货物及其他财产损失的损害责任纠纷案件属于海事法院受案范围，应由海事法院专门管辖。根据《民事诉讼法》第31条、《海事诉讼特别程序法》第7条第2项及《最高人民法院关于适用〈中华人民共和国海事诉讼特别程序法〉若干问题的解释》第1条的规定，因船舶污染损害责任纠纷提起的诉讼，由污染发生地、损害结果地或者采取预防污染措施地海事法院管辖。

［**应注意的问题**］船舶污染是除了海上石油勘探开发作业中固定和移动式平台以外的一切类型的机动和非机动船只造成的环境污染。按污染源的不同，可将其分为营运性排放造成的污染和事故性排放造成的污染两大类。按污染物性质的不同，可将其分为：（1）船舶油类作业和含油污水的排放；（2）船舶装运有毒液体物质的残余物和污水的排放；（3）船舶装运有害物质造成的污染；（4）船舶生活污水的排放；（5）船舶垃圾排放造成的污染；（6）船舶排气、船舶噪声、船舶防腐涂料及疫区载来的压载水等造成的污染。

船舶污染损害责任纠纷属于非常特殊的侵权案件类型，这类纠纷的处理关系到水资源的保护乃至经济社会可持续发展的国计民生的重大问题。基于处理此类纠纷的特殊性和重要性，《民事案件案由规定》将其列为第三级案由。在法律适用上，除了要适用有关专门法律和司法解释外，还要注意与《民法典》及相关配套司法解释的对接。

请求权基础规范指引

《中华人民共和国民法典》（2020年）

第一千二百二十九条【污染环境、破坏生态致损的侵权责任】 因污染环境、破坏生态造成他人损害的，侵权人应当承担侵权责任。

第一千二百三十条【环境污染、生态破坏侵权举证责任】 因污染环境、破坏生态发生纠纷，行为人应当就法律规定的不承担责任或者减轻责任的情形及其行为与损害之间不存在因果关系承担举证责任。

第一千二百三十一条【两个以上侵权人的责任大小确定】 两个以上侵权人污染环境、破坏生态的，承担责任的大小，根据污染物的种类、浓度、排放量，破坏生态的方式、范围、程度，以及行为对损害后果所起的作用等因素确定。

第一千二百三十二条【环境污染、生态破坏侵权的惩罚性赔偿】 侵权人违反法律规定故意污染环境、破坏生态造成严重后果的，被侵权人有权请求相应的惩罚性赔偿。

第一千二百三十三条【因第三人的过错污染环境、破产生态的侵权责任】

因第三人的过错污染环境、破坏生态的，被侵权人可以向侵权人请求赔偿，也可以向第三人请求赔偿。侵权人赔偿后，有权向第三人追偿。

《中华人民共和国环境保护法》（2014年修订）

第六十六条 提起环境损害赔偿诉讼的时效期间为三年，从当事人知道或者应当知道其受到损害时起计算。

《中华人民共和国海洋环境保护法》（2023年修订）

第五十一条 禁止向海域排放油类、酸液、碱液、剧毒废液。

禁止向海域排放污染海洋环境、破坏海洋生态的放射性废水。

严格控制向海域排放含有不易降解的有机物和重金属的废水。

第一百一十四条 对污染海洋环境、破坏海洋生态，造成他人损害的，依照《中华人民共和国民法典》等法律的规定承担民事责任。

对污染海洋环境、破坏海洋生态，给国家造成重大损失的，由依照本法规定行使海洋环境监督管理权的部门代表国家对责任者提出损害赔偿要求。

前款规定的部门不提起诉讼的，人民检察院可以向人民法院提起诉讼。前款规定的部门提起诉讼的，人民检察院可以支持起诉。

第一百一十六条 完全属于下列情形之一，经过及时采取合理措施，仍然不能避免对海洋环境造成污染损害的，造成污染损害的有关责任者免予承担责任：

（一）战争；

（二）不可抗拒的自然灾害；

（三）负责灯塔或者其他助航设备的主管部门，在执行职责时的疏忽，或者其他过失行为。

《最高人民法院关于审理海洋自然资源与生态环境损害赔偿纠纷案件若干问题的规定》（法释〔2017〕23号 2017年12月29日）

第三条 海洋环境保护法第五条规定的行使海洋环境监督管理权的机关，根据其职能分工提起海洋自然资源与生态环境损害赔偿诉讼，人民法院应予受理。

第四条 人民法院受理海洋自然资源与生态环境损害赔偿诉讼，应当在立案之日起五日内公告案件受理情况。

人民法院在审理中发现可能存在下列情形之一的，可以书面告知其他依法行使海洋环境监督管理权的机关：

（一）同一损害涉及不同区域或者不同部门；

（二）不同损害应由其他依法行使海洋环境监督管理权的机关索赔。

本规定所称不同损害，包括海洋自然资源与生态环境损害中不同种类和同种类但可以明确区分属不同机关索赔范围的损害。

第五条 在人民法院依照本规定第四条的规定发布公告之日起三十日内，或者书面告知之日起七日内，对同一损害有权提起诉讼的其他机关申请参加诉讼，经审查符合法定条件的，人民法院应当将其列为共同原告；逾期申请的，人民法院不予准许。裁判生效后另行起诉的，人民法院参照《最高人民法院关于审理环境民事公益诉讼案件适用法律若干问题的解释》第二十八条的规定处理。

对于不同损害，可以由各依法行使海洋环境监督管理权的机关分别提起诉讼；索赔人共同起诉或者在规定期限内申请参加诉讼的，人民法院依照民事诉讼法第五十二条第一款的规定决定是否按共同诉讼进行审理。

第六条 依法行使海洋环境监督管理权的机关请求造成海洋自然资源与生态环境损害的责任者承担停止侵害、排除妨碍、消除危险、恢复原状、赔礼道歉、赔偿损失等民事责任的，人民法院应当根据诉讼请求以及具体案情，合理判定责任者承担民事责任。

第七条 海洋自然资源与生态环境损失赔偿范围包括：

（一）预防措施费用，即为减轻或者防止海洋环境污染、生态恶化、自然资源减少所采取合理应急处置措施而发生的费用；

（二）恢复费用，即采取或者将要采取措施恢复或者部分恢复受损害海洋自然资源与生态环境功能所需费用；

（三）恢复期间损失，即受损害的海洋自然资源与生态环境功能部分或者完全恢复前的海洋自然资源损失、生态环境服务功能损失；

（四）调查评估费用，即调查、勘查、监测污染区域和评估污染等损害风险与实际损害所发生的费用。

197. 海上、通海水域污染损害责任纠纷

案由适用要点

[释义] 海上、通海水域污染损害责任纠纷，是指海上或者通海水域的船舶以外的航运、生产、作业或者船舶建造、修理、拆解或者港口作业、建设，造成水域污染、滩涂污染或者他船、货物及其他财产损失的损害赔偿等责任的纠纷。

[管辖] 根据《最高人民法院关于海事法院受理案件范围的规定》第65条和第66条的规定，污染海洋环境、破坏海洋生态责任纠纷案件以及污染通海可航水域环境、破坏通海可航水域生态责任纠纷案件均属于海事法院受案范围，应由海事法院专门管辖。根据《民事诉讼法》第31条、《海事诉讼特别程序法》第7条第2项及《最高人民法院关于适用〈中华人民共和国海事

诉讼特别程序法〉若干问题的解释》第 1 条的规定，因海上生产、作业或者拆船、修船作业造成海域污染损害提起的诉讼，由污染发生地、损害结果地或者采取预防污染措施地海事法院管辖。需要注意的是，陆源污染源造成海上、通海水域污染的，应由海事法院管辖；陆源污染源未造成海上、通海水域污染的，则不应由海事法院管辖。

[应注意的问题] 海上、通海水域污染损害责任纠纷与船舶污染损害责任纠纷的区别在于污染来源的不同：海上、通海水域污染包括陆源及其他来源的污染，而船舶污染的污染源来自船舶。

请求权基础规范指引

《中华人民共和国民法典》（2020 年）

第一千二百二十九条【污染环境、破坏生态致损的侵权责任】 因污染环境、破坏生态造成他人损害的，侵权人应当承担侵权责任。

第一千二百三十二条【环境污染、生态破坏侵权的惩罚性赔偿】 侵权人违反法律规定故意污染环境、破坏生态造成严重后果的，被侵权人有权请求相应的惩罚性赔偿。

第一千二百三十三条【因第三人的过错污染环境、破坏生态的侵权责任】 因第三人的过错污染环境、破坏生态的，被侵权人可以向侵权人请求赔偿，也可以向第三人请求赔偿。侵权人赔偿后，有权向第三人追偿。

《中华人民共和国海洋环境保护法》（2023 年修正）

第五十一条 禁止向海域排放油类、酸液、碱液、剧毒废液。

禁止向海域排放污染海洋环境、破坏海洋生态的放射性废水。

严格控制向海域排放含有不易降解的有机物和重金属的废水。

第一百一十四条 对污染海洋环境、破坏海洋生态，造成他人损害的，依照《中华人民共和国民法典》等法律的规定承担民事责任。

对污染海洋环境、破坏海洋生态，给国家造成重大损失的，由依照本法规定行使海洋环境监督管理权的部门代表国家对责任者提出损害赔偿要求。

前款规定的部门不提起诉讼的，人民检察院可以向人民法院提起诉讼。前款规定的部门提起诉讼的，人民检察院可以支持起诉。

第一百一十六条 完全属于下列情形之一，经过及时采取合理措施，仍然不能避免对海洋环境造成污染损害的，造成污染损害的有关责任者免予承担责任：

（一）战争；

（二）不可抗拒的自然灾害；

（三）负责灯塔或者其他助航设备的主管部门，在执行职责时的疏忽，或者其他过失行为。

《最高人民法院关于审理海洋自然资源与生态环境损害赔偿纠纷案件若干问题的规定》（法释〔2017〕23号 2017年12月29日）

第三条 海洋环境保护法第五条规定的行使海洋环境监督管理权的机关，根据其职能分工提起海洋自然资源与生态环境损害赔偿诉讼，人民法院应予受理。

第四条 人民法院受理海洋自然资源与生态环境损害赔偿诉讼，应当在立案之日起五日内公告案件受理情况。

人民法院在审理中发现可能存在下列情形之一的，可以书面告知其他依法行使海洋环境监督管理权的机关：

（一）同一损害涉及不同区域或者不同部门；

（二）不同损害应由其他依法行使海洋环境监督管理权的机关索赔。

本规定所称不同损害，包括海洋自然资源与生态环境损害中不同种类和同种类但可以明确区分属不同机关索赔范围的损害。

第五条 在人民法院依照本规定第四条的规定发布公告之日起三十日内，或者书面告知之日起七日内，对同一损害有权提起诉讼的其他机关申请参加诉讼，经审查符合法定条件的，人民法院应当将其列为共同原告；逾期申请的，人民法院不予准许。裁判生效后另行起诉的，人民法院参照《最高人民法院关于审理环境民事公益诉讼案件适用法律若干问题的解释》第二十八条的规定处理。

对于不同损害，可以由各依法行使海洋环境监督管理权的机关分别提起诉讼；索赔人共同起诉或者在规定期限内申请参加诉讼的，人民法院依照民事诉讼法第五十二条第一款的规定决定是否按共同诉讼进行审理。

第六条 依法行使海洋环境监督管理权的机关请求造成海洋自然资源与生态环境损害的责任者承担停止侵害、排除妨碍、消除危险、恢复原状、赔礼道歉、赔偿损失等民事责任的，人民法院应当根据诉讼请求以及具体案情，合理判定责任者承担民事责任。

第七条 海洋自然资源与生态环境损失赔偿范围包括：

（一）预防措施费用，即为减轻或者防止海洋环境污染、生态恶化、自然资源减少所采取合理应急处置措施而发生的费用；

（二）恢复费用，即采取或者将要采取措施恢复或者部分恢复受损害海洋自然资源与生态环境功能所需费用；

（三）恢复期间损失，即受损害的海洋自然资源与生态环境功能部分或者完全恢复前的海洋自然资源损失、生态环境服务功能损失；

（四）调查评估费用，即调查、勘查、监测污染区域和评估污染等损害风险与实际损害所发生的费用。

198. 海上、通海水域养殖损害责任纠纷

案由适用要点

[**释义**] 海上、通海水域养殖损害责任纠纷，是指因船舶航运或其他作业活动造成海上或者通海水域捕捞、养殖设施、水产养殖物损失而引起的损害赔偿等责任的纠纷。

[**管辖**] 根据《最高人民法院关于海事法院受理案件范围的规定》第5条的规定，船舶的航行或者作业损害捕捞、养殖设施及水产养殖物的责任纠纷案件属于海事法院受案范围，应由海事法院专门管辖。根据《民事诉讼法》第31条、《海事诉讼特别程序法》第6条及《最高人民法院关于适用〈中华人民共和国海事诉讼特别程序法〉若干问题的解释》第1条的规定，因海上、通海水域养殖损害责任纠纷提起的诉讼，由损害发生地、加害船舶最先到达地、加害船舶被扣留地、被告住所地及船籍港所在地海事法院管辖。

[**应注意的问题**] 海上、通海水域养殖是海洋及通海水域开发利用的重要形式，是受到法律保护的生产行为。若海上、通海水域养殖的权益受到船舶航运或其他作业活动侵害的，受害人有权提起赔偿诉讼。当然，养殖区应当有合法有效的养殖许可证，并要及时发布有效的航行通告，这样才可保障船舶航行安全和养殖生产的正常进行。

请求权基础规范指引

《中华人民共和国民法典》（2020年）

第一千二百二十九条【污染环境、破坏生态致损的侵权责任】 因污染环境、破坏生态造成他人损害的，侵权人应当承担侵权责任。

第一千二百三十二条【环境污染、生态破坏侵权的惩罚性赔偿】 侵权人违反法律规定故意污染环境、破坏生态造成严重后果的，被侵权人有权请求相应的惩罚性赔偿。

第一千二百三十三条【因第三人的过错污染环境、破产生态的侵权责任】 因第三人的过错污染环境、破坏生态的，被侵权人可以向侵权人请求赔偿，也可以向第三人请求赔偿。侵权人赔偿后，有权向第三人追偿。

《中华人民共和国海洋环境保护法》（2023年修订）

第五十一条 禁止向海域排放油类、酸液、碱液、剧毒废液。

禁止向海域排放污染海洋环境、破坏海洋生态的放射性废水。

严格控制向海域排放含有不易降解的有机物和重金属的废水。

第一百一十四条 对污染海洋环境、破坏海洋生态，造成他人损害

的，依照《中华人民共和国民法典》等法律的规定承担民事责任。

对污染海洋环境、破坏海洋生态，给国家造成重大损失的，由依照本法规定行使海洋环境监督管理权的部门代表国家对责任者提出损害赔偿要求。

前款规定的部门不提起诉讼的，人民检察院可以向人民法院提起诉讼。前款规定的部门提起诉讼的，人民检察院可以支持起诉。

第一百一十六条 完全属于下列情形之一，经过及时采取合理措施，仍然不能避免对海洋环境造成污染损害的，造成污染损害的有关责任者免予承担责任：

（一）战争；

（二）不可抗拒的自然灾害；

（三）负责灯塔或者其他助航设备的主管部门，在执行职责时的疏忽，或者其他过失行为。

《最高人民法院关于审理海洋自然资源与生态环境损害赔偿纠纷案件若干问题的规定》（法释〔2017〕23号 2017年12月29日）

第三条 海洋环境保护法第五条规定的行使海洋环境监督管理权的机关，根据其职能分工提起海洋自然资源与生态环境损害赔偿诉讼，人民法院应予受理。

第四条 人民法院受理海洋自然资源与生态环境损害赔偿诉讼，应当在立案之日起五日内公告案件受理情况。

人民法院在审理中发现可能存在下列情形之一的，可以书面告知其他依法行使海洋环境监督管理权的机关：

（一）同一损害涉及不同区域或者不同部门；

（二）不同损害应由其他依法行使海洋环境监督管理权的机关索赔。

本规定所称不同损害，包括海洋自然资源与生态环境损害中不同种类和同种类但可以明确区分属不同机关索赔范围的损害。

第六条 依法行使海洋环境监督管理权的机关请求造成海洋自然资源与生态环境损害的责任者承担停止侵害、排除妨碍、消除危险、恢复原状、赔礼道歉、赔偿损失等民事责任的，人民法院应当根据诉讼请求以及具体案情，合理判定责任者承担民事责任。

第七条 海洋自然资源与生态环境损失赔偿范围包括：

（一）预防措施费用，即为减轻或者防止海洋环境污染、生态恶化、自然资源减少所采取合理应急处置措施而发生的费用；

（二）恢复费用，即采取或者将要采取措施恢复或者部分恢复受损害海洋自然资源与生态环境功能所需费用；

（三）恢复期间损失，即受损害的海洋自然资源与生态环境功能部分或者完全恢复前的海洋自然资源损失、生态环境服务功能损失；

（四）调查评估费用，即调查、勘查、监测污染区域和评估污染等损害风险与实际损害所发生的费用。

199. 海上、通海水域财产损害责任纠纷

案由适用要点

［释义］ 海上、通海水域财产损害责任纠纷，是指因船舶航行，海上、通海水域进行的生产和作业造成船舶、货物及其他财产损失而产生的民事责任纠纷。

［管辖］ 根据《最高人民法院关于海事法院受理案件范围的规定》第6条的规定，航道中的沉船沉物及其残骸、废弃物，海上或者通海可航水域的临时或者永久性设施、装置，影响船舶航行，造成船舶、货物及其他财产损失的责任纠纷案件，属于海事法院受案范围，应由海事法院专门管辖，此类案件也可定性为海上、通海水域财产损害责任纠纷。根据《民事诉讼法》第31条、《海事诉讼特别程序法》第6条及《最高人民法院关于适用〈中华人民共和国海事诉讼特别程序法〉若干问题的解释》第1条的规定，因海上、通海水域财产损害责任纠纷提起的诉讼，由损害发生地、加害船舶最先到达地、加害船舶被扣留地、被告住所地及船籍港所在地海事法院管辖。

［应注意的问题］ 海上、通海水域财产损害责任纠纷主要包括海上、通海水域航运以及海上、通海水域生产作业过程中，以及船舶建造、修理、拆解，港口作业及建设过程中，对他船、货物及其他财产造成损害的纠纷。此外，由于海上、通海水域中的沉船、沉物及其残骸、废弃物，海上、通海水域的临时或者永久性设施装置不当，而影响船舶航行，造成船舶、货物及其他财产损失而产生的纠纷，也属于海上、通海水域财产损害责任纠纷的范畴。在法律适用上，除了要适用有关专门法律和司法解释外，还要注意与《民法典》及相关配套司法解释的对接。

请求权基础规范指引

《中华人民共和国民法典》（2020年）

第一千一百六十七条【危及他人人身、财产安全的责任承担方式】 侵权行为危及他人人身、财产安全的，被侵权人有权请求侵权人承担停止侵害、排除妨碍、消除危险等侵权责任。

第一千一百八十四条【财产损失计算方式】 侵害他人财产的，财产损失按照损失发生时的市场价格或者其他合理方式计算。

第一千一百八十七条【赔偿费用支付方式】 损害发生后，当事人可以协商赔偿费用的支付方式。协商不一致的，赔偿费用应当一次性支付；一次性支付确有困难的，可以分期支付，但是被侵权人有权请求提供相应的担保。

《中华人民共和国海商法》（1992年）

第一百六十九条 船舶发生碰撞，碰撞的船舶互有过失的，各船按照过失程度的比例负赔偿责任；过失程度相当或者过失程度的比例无法判定的，平均负赔偿责任。

互有过失的船舶，对碰撞造成的船舶以及船上货物和其他财产的损失，依照前款规定的比例负赔偿责任。碰撞造成第三人财产损失的，各船的赔偿责任均不超过其应当承担的比例。

互有过失的船舶，对造成的第三人的人身伤亡，负连带赔偿责任。一船连带支付的赔偿超过本条第一款规定的比例的，有权向其他有过失的船舶追偿。

200. 海上、通海水域人身损害责任纠纷

案由适用要点

［释义］ 海上、通海水域人身损害责任纠纷，是指因船舶航行，海上、通海水域进行的生产和作业造成人身伤害而产生的民事责任纠纷。

［管辖］ 根据《最高人民法院关于海事法院受理案件范围的规定》第6条和第7条的规定，航道中的沉船沉物及其残骸、废弃物，海上或者通海可航水域的临时或者永久性设施、装置，影响船舶航行，造成人身损害的责任纠纷案件，以及船舶航行、营运、作业等活动侵害他人人身权益的责任纠纷案件，都属于海事法院受案范围，应由海事法院专门管辖，此类案件均可定性为海上、通海水域人身损害责任纠纷。根据《民事诉讼法》第31条、《海事诉讼特别程序法》第6条及《最高人民法院关于适用〈中华人民共和国海事诉讼特别程序法〉若干问题的解释》第1条的规定，因海上、通海水域人身损害责任纠纷提起的诉讼，由损害发生地、加害船舶最先到达地、加害船舶被扣留地、被告住所地及船籍港所在地海事法院管辖。

［应注意的问题］ 海上、通海水域人身损害责任纠纷主要包括海上、通海水域航运及海上、通海水域生产作业过程中，以及船舶建造、修理、拆解，港口作业及建设过程中，对他人人身造成损害的纠纷。

与海上、通海水域财产损害责任纠纷一样，海上、通海水域人身损害责任纠纷也属于多发性海上、通海水域的侵权纠纷，具有典型性，《民事案件案由规定》同样将其列为第三级案由。

请求权基础规范指引

《中华人民共和国民法典》（2020 年）

第一千一百七十九条【人身损害赔偿范围】 侵害他人造成人身损害的，应当赔偿医疗费、护理费、交通费、营养费、住院伙食补助费等为治疗和康复支出的合理费用，以及因误工减少的收入。造成残疾的，还应当赔偿辅助器具费和残疾赔偿金；造成死亡的，还应当赔偿丧葬费和死亡赔偿金。

第一千一百八十条【以相同数额确定死亡赔偿金】 因同一侵权行为造成多人死亡的，可以以相同数额确定死亡赔偿金。

第一千一百八十一条【被侵权人死亡时请求权主体的确定】 被侵权人死亡的，其近亲属有权请求侵权人承担侵权责任。被侵权人为组织，该组织分立、合并的，承继权利的组织有权请求侵权人承担侵权责任。

被侵权人死亡的，支付被侵权人医疗费、丧葬费等合理费用的人有权请求侵权人赔偿费用，但是侵权人已经支付该费用的除外。

第一千一百八十二条【侵害人身权益造成财产损失的赔偿数额的确定】 侵害他人人身权益造成财产损失的，按照被侵权人因此受到的损失或者侵权人因此获得的利益赔偿；被侵权人因此受到的损失以及侵权人因此获得的利益难以确定，被侵权人和侵权人就赔偿数额协商不一致，向人民法院提起诉讼的，由人民法院根据实际情况确定赔偿数额。

第一千一百八十三条【精神损害赔偿】 侵害自然人人身权益造成严重精神损害的，被侵权人有权请求精神损害赔偿。

因故意或者重大过失侵害自然人具有人身意义的特定物造成严重精神损害的，被侵权人有权请求精神损害赔偿。

《中华人民共和国海商法》（1992 年）

第一百六十九条 船舶发生碰撞，碰撞的船舶互有过失的，各船按照过失程度的比例负赔偿责任；过失程度相当或者过失程度的比例无法判定的，平均负赔偿责任。

互有过失的船舶，对碰撞造成的船舶以及船上货物和其他财产的损失，依照前款规定的比例负赔偿责任。碰撞造成第三人财产损失的，各船的赔偿责任均不超过其应当承担的比例。

互有过失的船舶，对造成的第三人的人身伤亡，负连带赔偿责任。一船连带支付的赔偿超过本条第一款规定的比例的，有权向其他有过失的船舶追偿。

201. 非法留置船舶、船载货物、船用燃油、船用物料损害责任纠纷

案由适用要点

[释义] 非法留置船舶、船载货物、船用燃油、船用物料损害责任纠纷，是指非法占有船舶、船载货物（包括待运海运货物）、船舶自用燃油和物料，造成船舶、船载货物或其他财产损失而引起的损害责任纠纷。

[管辖] 根据《最高人民法院关于海事法院受理案件范围的规定》第8条的规定，非法留置或者扣留船舶、船载货物和船舶物料、燃油、备品的责任纠纷案件属于海事法院受案范围，应由海事法院专门管辖。根据《民事诉讼法》第31条、《海事诉讼特别程序法》第6条及《最高人民法院关于适用〈中华人民共和国海事诉讼特别程序法〉若干问题的解释》第1条的规定，因非法留置船舶、船载货物、船用燃油、船用物料损害责任纠纷提起的诉讼，由非法留置行为发生地、被告住所地及船籍港所在地海事法院管辖。

[应注意的问题] 在此应当注意，非法留置船舶、船载货物、船用燃油、船用物料要与合法的船舶留置权相区分，其必须以不符合行使留置权的构成要件为前提。此外，在损害的范围以及造成损害的原因方面，其与其他的海事侵权责任也存在不同。

请求权基础规范指引

《中华人民共和国民法典》（2020年）

第四百四十七条【留置权的定义】 债务人不履行到期债务，债权人可以留置已经合法占有的债务人的动产，并有权就该动产优先受偿。

前款规定的债权人为留置权人，占有的动产为留置财产。

《中华人民共和国海商法》（1992年）

第八十七条 应当向承运人支付的运费、共同海损分摊、滞期和费承运人为货物垫付的必要费用以及应当向承运人支付的其他费用没有付清，又没有提供适当担保的，承运人可以在合理的限度内留置货物。

第八十八条 承运人根据本法第八十七条规定留置的货物，自船舶达抵卸货港的次日起满六十日无人提取的，承运人可以申请法院裁定拍卖；货物易腐烂变质或者货物的保管费用可能超过其价值的，可以申请提前拍卖。

拍卖所得价款，用于清偿保管、拍卖货物的费用和运费以及应当向承运人支付的其他有关费用；不足的金额，承运人有权向托运人追偿；剩余的金额，退还托运人；无法退还、自拍卖之日起满一年又无人领取的，上缴国库。

第一百四十一条　承租人未向出租人支付租金或者合同约定的其他款项的，出租人对船上属于承租人的货物和财产以及转租船舶的收入有留置权。

第一百六十一条　被拖方未按照约定支付拖航费和其他合理费用的，承拖方对被拖物有留置权。

202. 海上、通海水域货物运输合同纠纷

案由适用要点

[释义] 海上、通海水域货物运输合同，是指承运人收取运费，负责将托运人托运的货物经海路及通海水域运输的合同。该合同当事人因合同的订立、履行、变更和终止而产生的纠纷，即为海上、通海水域货物运输合同纠纷。

[管辖] 根据《最高人民法院关于海事法院受理案件范围的规定》第25条的规定，海上、通海可航水域货物运输合同纠纷案件，包括含有海运区段的国际多式联运、水陆联运等货物运输合同纠纷案件属于海事法院受案范围，应由海事法院专门管辖。根据《民事诉讼法》第28条、《海事诉讼特别程序法》第6条及《最高人民法院关于适用〈中华人民共和国海事诉讼特别程序法〉若干问题的解释》第1条的规定，因海上、通海水域货物运输合同纠纷提起的诉讼，由运输始发地、目的地或者被告住所地及转运港所在地海事法院管辖。

[应注意的问题] 海上、通海水域货物运输合同是指承运人收取运费，负责将托运人托运的货物经海路及通海水域运输的合同，该合同当事人因合同的订立、履行、变更和终止而产生的纠纷即为本案由，具体包括远洋运输、含有海运区段的国际多式联运、沿海和内河运输，以及水水联运、水陆联运等水上货物运输合同纠纷。还应当注意的是，根据《海商法》第4章的规定，海上货物运输合同纠纷同时还应当包括集装箱运输合同纠纷、航次租船合同纠纷和多式联运合同纠纷。由于航次租船合同纠纷是独立的第三级案由，因此本案由不再包括这一情形。此外，因通海水域货物运输合同而产生的纠纷，包括货损货差、货物灭失、货物交付以及运费、运输单证等纠纷，以及班轮运输等纠纷，应当适用《民法典》合同编、《国内水路运输管理条例》有关货物运输的规定。

请求权基础规范指引

《中华人民共和国民法典》（2020年）

第八百三十二条【运输过程中货物毁损、灭失的责任承担】　承运人对运输过程中货物的毁损、灭失承担赔偿责任。但是，承运人证明货物的毁损、

灭失是因不可抗力、货物本身的自然性质或者合理损耗以及托运人、收货人的过错造成的，不承担赔偿责任。

《中华人民共和国海商法》（1992年）

第四十一条 海上货物运输合同，是指承运人收取运费，负责将托运人托运的货物经海路由一港运至另一港的合同。

第四十二条 本章下列用语的含义：

（一）“承运人”，是指本人或者委托他人以本人名义与托运人订立海上货物运输合同的人。

（二）“实际承运人”，是指接受承运人委托，从事货物运输或者部分运输的人，包括接受转委托从事此项运输的其他人。

（三）“托运人”，是指：

1. 本人或者委托他人以本人名义或者委托他人为本人与承运人订立海上货物运输合同的人；

2. 本人或者委托他人以本人名义或者委托他人为本人将货物交给与海上货物运输合同有关的承运人的人。

（四）“收货人”，是指有权提取货物的人。

（五）“货物”，包括活动物和由托运人提供的用于集装货物的集装箱、货盘或者类似的装动器具。

第四十三条 承运人或者托运人可以要求书面确认海上货物运输合同的成立。但是，航次租船合同应当书面订立。电报、电传和传真具有书面效力。

第四十四条 海上货物运输合同和作为合同凭证的提单或者其他运输单证中的条款，违反本章规定的，无效。此类条款的无效，不影响该合同和提单或者其他运输单证中其他条款的效力。将货物的保险利益转让给承运人的条款或者类似条款，无效。

第四十五条 本法第四十四条的规定不影响承运人在本章规定的承运人责任和义务之外，增加其责任和义务。

《最高人民法院关于国内水路货物运输纠纷案件法律问题的指导意见》（法发〔2012〕28号 2012年12月24日）

3. 根据《国内水路运输管理条例》和《国内水路运输经营资质管理规定》的有关规定，从事国内水路运输的企业和个人，应当达到并保持相应的经营资质条件，并在核定的经营范围内从事水路运输经营活动。没有取得国内水路运输经营资质的承运人签订的国内水路货物运输合同，人民法院应当根据合同法第五十二条第（五）项的规定认定合同无效。

4. 国内水路货物运输合同无效，但是承运人已经按照运输合同的约定将货物安全运输到约定地点，承运人请求托运人或者收货人参照合同的约定支付运费，人民法院可以适当予以保护。

国内水路货物运输合同无效，而且运输过程中货物发生了毁损、灭失，托运人或者收货人向承运人主张损失赔偿的，人民法院可以综合考虑托运人或者收货人和承运人对合同无效和货物损失的过错程度，依法判定相应的民事责任。

5. 人民法院审理国内水路货物运输纠纷案件过程中发现从事国内水路货物运输的承运人没有取得相应的运输经营资质，应及时向相关行政主管机关发出司法建议。

7. 国内水路货物运输合同履行完毕，托运人或者收货人没有按照约定支付运费、保管费或者其他运输费用，依照合同法第三百一十五条的规定，承运人对相应的运输货物享有留置权。人民法院在审查承运人的留置权时，应当重点审查承运人留置货物的数量是否是在合理的限度之内，以及承运人留置的货物是否是其合法占有的货物。债务人对留置货物是否具有所有权并不必然影响承运人留置权的行使，除非运输合同当事人对承运人的留置权另有特殊约定。

8. 没有运营资质的个体运输船舶的实际所有人，为了进入国内水路货物运输市场，规避国家有关水路运输经营资质的管理规定，将船舶所有权登记在具有水路运输经营资质的船舶运输企业名下，向该运输企业交纳管理费，并以该运输企业的名义从事国内水路货物运输活动，是国内水路货物运输中普遍存在的一种挂靠经营方式。这种挂靠经营方式导致挂靠船舶的所有权登记形同虚设，船舶管理混乱，被挂靠企业对挂靠船舶疏于安全管理，严重冲击了航运市场的安全秩序，导致大量国内水路货物运输纠纷的产生。人民法院在审理与船舶挂靠有关的合同纠纷时，应当严格依照现行船舶管理的法律规范确定法律关系，坚持合同相对性的基本原则，根据合同的签订主体和合同的履行等基本事实，准确认定合同当事人。

9. 挂靠船舶的实际所有人以自己的名义签订运输合同，应当认定其为运输合同承运人，承担相应的合同责任。

10. 挂靠船舶的实际所有人以被挂靠企业的名义签订运输合同，被挂靠企业亦签章予以确认，应当认定被挂靠企业为运输合同承运人，承担相应的合同责任。

11. 在没有签订水路货物运输合同的情形下，可以依照运单上承运人的记载判断运输合同的承运人。如果运单上仅仅加盖了承运船舶的船名章，应当认定该承运船舶的登记所有人为运输合同的承运人，承担相应的合同责任。

203. 海上、通海水域旅客运输合同纠纷

案由适用要点

［释义］ 海上旅客运输合同，是指承运人以适合运送旅客的船舶经海上或者通海水域将旅客从一港运送至另一港，由旅客支付票款的合同。该合同当事人因合同订立、履行、变更和终止产生的纠纷，即为海上、通海水域旅客运输合同纠纷。

［管辖］ 根据《最高人民法院关于海事法院受理案件范围的规定》第 26 条的规定，海上、通海可航水域旅客运输合同纠纷案件属于海事法院受案范围，应由海事法院专门管辖。根据《民事诉讼法》第 28 条、《海事诉讼特别程序法》第 6 条及《最高人民法院关于适用〈中华人民共和国海事诉讼特别程序法〉若干问题的解释》第 1 条的规定，因海上、通海水域旅客运输合同纠纷提起的诉讼，由运输始发地、目的地或者被告住所地及转运港所在地海事法院管辖。

［应注意的问题］ 因海上旅客运输合同而产生的纠纷主要适用《海商法》第 5 章的规定。国内港口之间的旅客运输，应当适用《民法典》合同编关于运输合同的规定及其他有关规定，比如合同编通则部分的有关内容。涉及相关具体情形时，要直接适用《国内水路运输管理条例》的规定，并要参照有关交通主管部门规章的规定。

请求权基础规范指引

《中华人民共和国民法典》（2020 年）

第八百二十条【承运人按照约定运输的义务】 承运人应当按照有效客票记载的时间、班次和座位号运输旅客。承运人迟延运输或者有其他不能正常运输情形的，应当及时告知和提醒旅客，采取必要的安置措施，并根据旅客的要求安排改乘其他班次或者退票；由此造成旅客损失的，承运人应当承担赔偿责任，但是不可归责于承运人的除外。

第八百二十一条【承运人擅自降低或者提高服务标准的后果】 承运人擅自降低服务标准的，应当根据旅客的请求退票或者减收票款；提高服务标准的，不得加收票款。

第八百二十三条【旅客人身伤亡责任】 承运人应当对运输过程中旅客的伤亡承担赔偿责任；但是，伤亡是旅客自身健康原因造成的或者承运人证明伤亡是旅客故意、重大过失造成的除外。

前款规定适用于按照规定免票、持优待票或者经承运人许可搭乘的无票

旅客。

《中华人民共和国海商法》（1992年）

第一百零七条 海上旅客运输合同，是指承运人以适合运送旅客的船舶经海路将旅客及其行李从一港运送至另一港，由旅客支付票款的合同。

第一百零八条 本章下列用语的含义：

（一）“承运人”，是指本人或者委托他人以本人名义与旅客订立海上旅客运输合同的人。

（二）“实际承运人”，是指接受承运人委托，从事旅客运送或者部分运送的人，包括接受转委托从事此项运送的其他人。

（三）“旅客”，是指根据海上旅客运输合同运送的人；经承运人同意，根据海上货物运输合同，随船护送货物的人，视为旅客。

（四）“行李”，是指根据海上旅客运输合同由承运人载运的任何物品和车辆，但是活动物除外。

（五）“自带行李”，是指旅客自行携带、保管或者放置在客舱中的行李。

第一百零九条 本章关于承运人责任的规定，适用于实际承运人。本章关于承运人的受雇人代理人责任的规定，适用于实际承运人的受雇人、代理人。

第一百一十条 旅客客票是海上旅客运输合同成立的凭证。

第一百一十一条 海上旅客运输的运送期间，自旅客登船时起至旅客离船时止。客票票价含接送费用的，运送期间并包括承运人经水路将旅客从岸上接到船上和从船上送到岸上的时间，但是不包括旅客在港站内、码头上或者在港口其他设施内的时间。

旅客的自带行李，运送期间同前款规定。旅客自带行李以外的其他行李。运送期间旅客将行李交付承运人或者承运人的受雇人、代理人时起至承运人或者承运人的受雇人、代理人交还旅客时止。

第一百一十二条 旅客无票乘船、越级乘船或者超程乘船，应当按照规定补足票款，承运人可以按照规定加收票款；拒不交付的，船长有权在适当地点令其离船，承运人有权向其追偿。

第一百一十五条 经承运人证明，旅客的人身伤亡或者行李的灭失、损坏，是由于旅客本人的过失或者旅客和承运人的共同过失造成的，可以免除或者相应减轻承运人的赔偿责任。

经承运人证明，旅客的人身伤亡或者行李的灭失、损坏，是由于旅客本人的故意造成的，或者旅客的人身伤亡是由于旅客本人健康状况造成的，承运人不负赔偿责任。

第一百一十六条 承运人对旅客的货币、金银、珠宝、有价证券或者其他贵重物品所发生的灭失、损失，不负赔偿责任。

旅客与承运人约定将前款规定的物品交由承运人保管的，承运人应当依照本法第一百一十七条的规定负赔偿责任；双方以书面约定的赔偿限额高于本法第一百一十七条的规定的，承运人应当按照约定的数额负赔偿责任。

第一百一十七条 除本条第四款规定的情形外，承运人在每次海上旅客运输中的赔偿责任限额，依照下列规定执行：

（一）旅客人身伤亡的，每名旅客不超过 46666 计算单位；

（二）旅客自带行李灭失或者损坏的，每名旅客不超过 833 计算单位；

（三）旅客车辆包括该车辆所载行李灭失或者损坏的，每一车辆不超过 3333 计算单位；

（四）本款第（二）（三）项以外的旅客其他行李灭失或者损坏的，每名旅客不超过 1200 计算单位。

承运人和旅客可以约定，承运人对旅客车辆和旅客车辆以外的其他行李损失的免赔额。但是对每一车辆损失的免赔额不得超过 117 计算单位，对每名旅客的车辆以外的其他行李损失的免赔额不得超过 13 计算单位。在计算每一车辆或者每名旅客的车辆以外的其他行李的损失赔偿数额时，应当扣除约定的承运人免赔额。

承运人和旅客可以书面约定高于本条第一款规定的赔偿责任限额。

中华人民共和国港口之间的海上旅客运输，承运人的赔偿责任限额，由国务院交通主管部门制定，报国务院批准后施行。

第一百一十八条 经证明，旅客的人身伤亡或者行李的灭失、损坏，是由于承运人的故意或者明知可能造成损害而轻率地作为或者不作为造成的，承运人不得援用本法第一百一十六条和第一百一十七条限制赔偿责任的规定。

经证明，旅客的人身伤亡或者行李的灭失、损坏，是由于承运人的受雇人、代理人的故意或者明知可能造成损害而轻率地作为或者不作为造成的，承运人的受雇人、代理人不得援用本法第一百一十六条和第一百一十七条限制赔偿责任的规定。

第一百二十条 向承运人的受雇人、代理人提出的赔偿请求，受雇人或者代理人证明其行为是在受雇或者受委托的范围内的，有权援用本法第一百一十五条、第一百一十六条和第一百一十七条的抗辩理由和赔偿责任限制的规定。

第一百二十一条 承运人将旅客运送或者部分运送委托给实际承运人履行的，仍然应当依照本章规定，对全程运送负责。实际承运人履行运送，承运人应当对实际承运人的行为或者实际承运人的受雇人、代理人在受雇或者受委托的范围内行为负责。

第一百二十二条 承运人承担本章未规定的义务或者放弃本章赋予的权利的任何特别协议，经实际承运人书面明确同意的，对实际承运人发生效力；实际承运人是否同意，不影响此项特别协议对承运人的效力。

第一百二十三条 承运人与实际承运人均负有赔偿责任的，应当在此项责任限度内负连带责任。

第一百二十四条 就旅客的人身伤亡或者行李的灭失、损坏，分别向承运人、实际承运人以及他们的受雇人、代理人提出赔偿请求的，赔偿总额不得超过本法第一百一十七条规定的限额。

第一百二十五条 本法第一百二十一条至第一百二十四条的规定，不影响承运人和实际承运人之间相互追偿。

第一百二十六条 海上旅客运输合同中含有下列内容之一的条款无效：

（一）免除承运人对旅客应当承担的法定责任；

（二）降低本章规定的承运人责任限额；

（三）对本章规定的举证责任作出相反的约定；

（四）限制旅客提出赔偿请求的权利。

前款规定的合同条款的无效，不影响合同其他条款的效力。

第二百一十一条 海上旅客运输的旅客人身伤亡赔偿责任限制，按照46666计算单位乘以船舶证书规定的载客定额计算赔偿限额，但是最高不超过25000000计算单位。

中华人民共和国港口之间海上旅客运输的旅客人身伤亡，赔偿限额由国务院交通主管部门制定，报国务院批准后施行。

204. 海上、通海水域行李运输合同纠纷

案由适用要点

［**释义**］海上行李运输合同，是指承运人以适合运送行李的船舶经海路将行李从一港运送至另一港，由旅客支付票款的合同。海上行李运输合同的当事人因该合同订立、履行、变更和终止而产生的纠纷，即为海上行李运输合同纠纷。

通海水域行李运输合同，是指承运人以适合运送行李的船舶将行李从国内通海水域的港口运至通海水域另一港口，而由旅客支付票款的合同。该合同当事人因合同订立、履行、变更和终止而产生的纠纷，即为通海水域行李运输合同纠纷。

［**管辖**］根据《最高人民法院关于海事法院受理案件范围的规定》第26

条的规定，海上、通海可航水域行李运输合同纠纷案件属于海事法院受案范围，应由海事法院专门管辖。根据《民事诉讼法》第28条、《海事诉讼特别程序法》第6条及《最高人民法院关于适用〈中华人民共和国海事诉讼特别程序法〉若干问题的解释》第1条的规定，因海上、通海水域行李运输合同纠纷提起的诉讼，由运输始发地、目的地或者被告住所地及转运港所在地海事法院管辖。

[**应注意的问题**] 海上、通海水域行李运输与海上、通海水域旅客运输虽然具有密切的关系，但是由于它们在损害后果上存在本质的区别，前者系财产损害而后者则是人身伤害，而且海上、通海水域行李运输合同纠纷也具有多发性，所以有必要将海上、通海水域行李运输合同纠纷单列，将其作为与海上、通海水域旅客运输合同纠纷并列的第三级案由。

请求权基础规范指引

《中华人民共和国民法典》（2020年）

第八百一十七条【行李携带及托运要求】 旅客随身携带行李应当符合约定的限量和品类要求；超过限量或者违反品类要求携带行李的，应当办理托运手续。

第八百一十八条【禁止旅客携带危险物品、违禁物品】 旅客不得随身携带或者在行李中夹带易燃、易爆、有毒、有腐蚀性、有放射性以及可能危及运输工具上人身和财产安全的危险物品或者违禁物品。

旅客违反前款规定的，承运人可以将危险物品或者违禁物品卸下、销毁或者送交有关部门。旅客坚持携带或者夹带危险物品或者违禁物品的，承运人应当拒绝运输。

第八百二十四条【旅客随身携带物品毁损、灭失的责任承担】 在运输过程中旅客随身携带物品毁损、灭失，承运人有过错的，应当承担赔偿责任。

旅客托运的行李毁损、灭失的，适用货物运输的有关规定。

《中华人民共和国海商法》（1992年）

第一百零八条 本章下列用语的含义：

……

（四）“行李”，是指根据海上旅客运输合同由承运人载运的任何物品和车辆，但是活动物除外。

（五）“自带行李”，是指旅客自行携带、保管或者放置在客舱中的行李。

第一百一十三条 旅客不得随身携带或者在行李中夹带违禁品、或者易燃、易爆、有毒、有腐蚀性、有放射性以及有可能危及船上人身和财产安全的其他危险品。

承运人可以在任何时间、任何地点将旅客违反前款规定随身携带或者在行李中夹带的违禁品、危险品卸下、销毁或者使之不能为害，或者送交有关部门，而不负赔偿责任。

旅客违反本条第一款规定，造成损害的，应当负赔偿责任。

第一百一十四条 在本法第一百一十一条规定的旅客及其行李的运送期间，因承运人或者承运人的受雇人、代理人在受雇或者受委托的范围内的过失引起事故，造成旅客人身伤亡或者行李灭失、损坏的，承运人应当负赔偿责任。

请求人对承运人或者承运人的受雇人、代理人的过失，应当负举证责任；但是，本条第三款和第四款规定的情形除外。

旅客的人身伤亡或者自带行李的灭失、损坏，是由于船舶的沉没、碰撞、搁浅、爆炸、火灾所引起或者是由于船舶的缺陷所引起的，承运人或者承运人的受雇人、代理人除非提出反证，应当视为其有过失。

旅客自带行李以外的其他行李的灭失或者损坏，不论由于何种事故所引起，承运人或者承运人的受雇人、代理人除非提出反证，应当视为其有过失。

205. 船舶经营管理合同纠纷

案由适用要点

［**释义**］船舶经营管理合同，是指船舶经营人或管理人与船东签订的，依约定对船舶进行经营和管理，并由船东向船舶经营管理人支付服务费的合同。船舶经营管理合同的当事人因该合同的订立、履行、变更和终止而产生的纠纷，即为船舶经营管理合同纠纷。

［**管辖**］根据《最高人民法院关于海事法院受理案件范围的规定》第 17 条的规定，船舶经营管理合同（含挂靠、合伙、承包等形式）、航线合作经营合同纠纷案件属于海事法院受案范围，应由海事法院专门管辖。根据《民事诉讼法》第 24 条、《海事诉讼特别程序法》第 6 条及《最高人民法院关于适用〈中华人民共和国海事诉讼特别程序法〉若干问题的解释》第 1 条的规定，因船舶经营管理合同纠纷提起的诉讼，由船舶所在地、船籍港所在地、合同履行地、被告住所地海事法院管辖。

［**应注意的问题**］船舶经营管理包含对船舶经营和管理两层含义。在船舶经营活动中，船舶经营人对船舶实际占有或控制，并可获取船舶收益，对外要承担船舶所有人的责任；而在船舶管理活动中，船舶所有人对船舶不享有直接的占有、控制和获取收益的权利，但对外也不必承担船舶所有人的责任。

请求权基础规范指引

《中华人民共和国海商法》（1992年）

第四条 中华人民共和国港口之间的海上运输和拖航，由悬挂中华人民共和国国旗的船舶经营。但是，法律、行政法规另有规定的除外。

非经国务院交通主管部门批准，外国籍船舶不得经营中华人民共和国港口之间的海上运输和拖航。

《国内水路运输管理条例》（2023年修订）

第二十五条 运输船舶的所有人、经营人可以委托船舶管理业务经营者为其提供船舶海务、机务管理等服务。

第二十六条 申请经营船舶管理业务，申请人应当符合下列条件：

（一）取得企业法人资格；

（二）有健全的安全管理制度；

（三）有与其申请管理的船舶运力相适应的海务、机务管理人员；

（四）法律、行政法规规定的其他条件。

第二十七条 经营船舶管理业务，应当经设区的市级以上地方人民政府负责水路运输管理的部门批准。

申请经营船舶管理业务，应当向前款规定的部门提交申请书和证明申请人符合本条例第二十六条规定条件的相关材料。

受理申请的部门应当自受理申请之日起30个工作日内审查完毕，作出准予许可或者不予许可的决定。予以许可的，发给船舶管理业务经营许可证件，并向国务院交通运输主管部门备案；不予许可的，应当书面通知申请人并说明理由。

第二十八条 船舶管理业务经营者接受委托提供船舶管理服务，应当与委托人订立书面合同，并将合同报所在地海事管理机构备案。

船舶管理业务经营者应当按照国家有关规定和合同约定履行有关船舶安全和防止污染的管理义务。

206. 船舶买卖合同纠纷

案由适用要点

［释义］ 船舶买卖合同，是指船舶出卖人交付船舶给买受人，由该买受人取得船舶所有权并支付价款的合同。船舶买卖合同当事人因该合同的订立、履行、变更和终止而产生的纠纷，即为船舶买卖合同纠纷。

［管辖］ 根据《最高人民法院关于海事法院受理案件范围的规定》第

11 条的规定，船舶买卖合同纠纷案件属于海事法院受案范围，应由海事法院专门管辖。根据《民事诉讼法》第 24 条及《最高人民法院关于适用〈中华人民共和国海事诉讼特别程序法〉若干问题的解释》第 1 条的规定，因船舶买卖合同纠纷提起的诉讼，由船舶买卖合同履行地、被告住所地海事法院管辖。

［应注意的问题］ 要把船舶买卖合同纠纷案由与船舶权属纠纷案由区分开来。前者属于物权变动的原因关系，后者则涉及的是物权权属变动的结果意义上的法律关系。按照《民法典》第 215 条关于物权变动原因与结果相区分原则的规定，对于因物权变动的原因关系，即债权性质的合同关系产生的纠纷，应适用债权纠纷部分的案由。人民法院应根据当事人诉争法律关系的性质，查明该法律关系涉及的是物权变动的原因，还是物权变动的结果关系，以正确确定案由。具体到船舶买卖合同纠纷案由，如果当事人是因船舶买卖合同的订立、履行、变更和终止而产生的纠纷，应该适用本案由；如果当事人是对船舶所有权的转让登记或者共有关系以及妨碍船舶所有权行使的情形提起诉讼，则不应适用本案由，而应适用船舶权属纠纷案由。此外，还应注意船舶建造合同和船舶买卖合同的区别。

请求权基础规范指引

《中华人民共和国民法典》（2020 年）

第五百九十五条【买卖合同定义】 买卖合同是出卖人转移标的物的所有权于买受人，买受人支付价款的合同。

第五百九十六条【买卖合同条款】 买卖合同的内容一般包括标的物的名称、数量、质量、价款、履行期限、履行地点和方式、包装方式、检验标准和方法、结算方式、合同使用的文字及其效力等条款。

第五百九十八条【出卖人基本义务】 出卖人应当履行向买受人交付标的物或者交付提取标的物的单证，并转移标的物所有权的义务。

《中华人民共和国海商法》（1992 年）

第九条 船舶所有权的取得、转让和消灭，应当向船舶登记机关登记；未经登记的，不得对抗第三人。

船舶所有权的转让，应当签订书面合同。

第十条 船舶由两个以上的法人或者个人共有的，应当向船舶登记机关登记；未经登记的，不得对抗第三人。

《最高人民法院关于印发〈全国法院贯彻实施民法典工作会议纪要〉的通知》（法〔2021〕94 号　2021 年 4 月 6 日）

6. 当事人对于合同是否成立发生争议，人民法院应当本着尊重合同自由，鼓励和促进交易的精神依法处理。能够确定当事人名称或者姓名、标的和数量的，人民法院一般应当认定合同成立，但法律另有规定或者当事人另有约定的除外。

对合同欠缺的当事人名称或者姓名、标的和数量以外的其他内容，当事人达不成协议的，人民法院依照民法典第四百六十六条、第五百一十条、第五百一十一条等规定予以确定。

207. 船舶建造合同纠纷

案由适用要点

[释义] 船舶建造合同，是指船舶建造人按约定条件建造船舶，由定造人支付价款的合同。该合同当事人因合同的订立、履行、变更和终止而产生的纠纷，即为船舶建造合同纠纷。

[管辖] 根据《最高人民法院关于海事法院受理案件范围的规定》第12条的规定，船舶工程合同纠纷案件属于海事法院受案范围，由海事法院专门管辖。《最高人民法院关于海事法院受理案件范围的规定》第109条进一步指出："本规定中的船舶工程系指船舶的建造、修理、改建、拆解等工程及相关的工程监理；本规定中的船舶关键部件和专用物品，系指舱盖板、船壳、龙骨、甲板、救生艇、船用主机、船用辅机、船用钢板、船用油漆等船舶主体结构、重要标志性部件以及专供船舶或者船舶工程使用的设备和材料。"根据《民事诉讼法》第24条、《海事诉讼特别程序法》第6条及《最高人民法院关于适用〈中华人民共和国海事诉讼特别程序法〉若干问题的解释》第1条的规定，因船舶建造合同纠纷提起的诉讼，由船舶建造合同履行地、被告住所地海事法院管辖。

[应注意的问题] 注意区分船舶建造合同纠纷案由与船舶买卖合同纠纷案由。船舶建造合同中的船舶建造人又称船舶承揽人，通常指造船厂家；船舶定造人，又称购买人，通常指船舶公司。船舶建造合同通常为格式合同。有时，船舶建造合同与船舶买卖合同具有很大的相似性，容易发生混淆。船舶建造合同与船舶买卖合同的本质区别在于：前者有按照约定条件建造船舶的过程，属于广义的承揽合同范畴；而后者仅要求移转船舶的所有权，属于买卖合同的范畴，其指向的标的通常是旧船。人民法院在受理此类案件时要根据当事人诉争的法律关系的性质正确确定案由。

请求权基础规范指引

《中华人民共和国民法典》（2020年）

第四百六十七条【无名合同及涉外合同的法律适用】 本法或者其他法律没有明文规定的合同，适用本编通则的规定，并可以参照适用本编或者其他法律最相类似合同的规定。

在中华人民共和国境内履行的中外合资经营企业合同、中外合作经营企业合同、中外合作勘探开发自然资源合同，适用中华人民共和国法律。

第七百七十条【承揽合同定义和承揽主要类型】 承揽合同是承揽人按照定作人的要求完成工作，交付工作成果，定作人支付报酬的合同。

承揽包括加工、定作、修理、复制、测试、检验等工作。

第七百八十八条【建设工程合同定义和种类】 建设工程合同是承包人进行工程建设，发包人支付价款的合同。

建设工程合同包括工程勘察、设计、施工合同。

第八百零八条【适用承揽合同】 本章没有规定的，适用承揽合同的有关规定。

208. 船舶修理合同纠纷

案由适用要点

［**释义**］船舶修理合同，是指船舶修理人对船舶进行船体修缮及机件更换、增减等补正措施，以使船舶保持可航性和可营运性，由船舶所有人向船舶修理人支付修理费用的合同。船舶修理合同当事人因合同的订立、履行、变更和终止产生的纠纷，即为船舶修理合同纠纷。

［**管辖**］根据《最高人民法院关于海事法院受理案件范围的规定》第12条的规定，船舶工程合同纠纷案件属于海事法院受案范围，由海事法院专门管辖。《最高人民法院关于海事法院受理案件范围的规定》第109条进一步指出："本规定中的船舶工程系指船舶的建造、修理、改建、拆解等工程及相关的工程监理；本规定中的船舶关键部件和专用物品，系指舱盖板、船壳、龙骨、甲板、救生艇、船用主机、船用辅机、船用钢板、船用油漆等船舶主体结构、重要标志性部件以及专供船舶或者船舶工程使用的设备和材料。"根据《民事诉讼法》第24条、《海事诉讼特别程序法》第6条及《最高人民法院关于适用〈中华人民共和国海事诉讼特别程序法〉若干问题的解释》第1条的规定，因船舶修理合同纠纷提起的诉讼，由船舶修理合同履行地、被告住所地海事法院管辖。

［**应注意的问题**］要把船舶修理合同纠纷案由与船舶建造合同纠纷案由区分开来。船舶修理合同与船舶建造合同的本质区别在于，因它们合同项下的权利义务的不同决定的合同性质不同：前者为按照约定条件对已有船舶进行修理以恢复其性能的合同；后者则为按照约定条件建造新的船舶的合同。人民法院在受理此类案件时要根据当事人诉争的法律关系的性质正确确定相应

的案由。

请求权基础规范指引

《中华人民共和国民法典》（2020年）

第四百六十七条【无名合同及涉外合同的法律适用】 本法或者其他法律没有明文规定的合同，适用本编通则的规定，并可以参照适用本编或者其他法律最相类似合同的规定。

在中华人民共和国境内履行的中外合资经营企业合同、中外合作经营企业合同、中外合作勘探开发自然资源合同，适用中华人民共和国法律。

第七百七十条【承揽合同定义和承揽主要类型】 承揽合同是承揽人按照定作人的要求完成工作，交付工作成果，定作人支付报酬的合同。

承揽包括加工、定作、修理、复制、测试、检验等工作。

第七百八十八条【建设工程合同定义和种类】 建设工程合同是承包人进行工程建设，发包人支付价款的合同。

建设工程合同包括工程勘察、设计、施工合同。

209. 船舶改建合同纠纷

案由适用要点

［**释义**］船舶改建合同，是指船舶修造人按约定对船舶的船体及用途等进行改造，由委托人向船舶修造人支付改建费用的合同。船舶改建合同当事人因该合同的订立、履行、变更和终止产生的纠纷，即为船舶改建合同纠纷。

［**管辖**］根据《最高人民法院关于海事法院受理案件范围的规定》第12条的规定，船舶工程合同纠纷案件属于海事法院受案范围，由海事法院专门管辖。《最高人民法院关于海事法院受理案件范围的规定》第109条进一步指出："本规定中的船舶工程系指船舶的建造、修理、改建、拆解等工程及相关的工程监理；本规定中的船舶关键部件和专用物品，系指舱盖板、船壳、龙骨、甲板、救生艇、船用主机、船用辅机、船用钢板、船用油漆等船舶主体结构、重要标志性部件以及专供船舶或者船舶工程使用的设备和材料。"根据《民事诉讼法》第24条、《海事诉讼特别程序法》第6条及《最高人民法院关于适用〈中华人民共和国海事诉讼特别程序法〉若干问题的解释》第1条的规定，因船舶改建合同纠纷提起的诉讼，由船舶改建合同履行地、被告住所地海事法院管辖。

［**应注意的问题**］要把船舶改建合同纠纷案由同船舶修理合同纠纷案由及船舶建造合同纠纷案由区分开来。船舶改建合同纠纷是按照合同约定对已有

船舶的船体及用途等进行改造的合同纠纷；船舶修理合同纠纷是按照合同约定条件，对已有船舶在不改变其船体和用途的范围内进行修理以恢复其性能的合同纠纷；船舶建造合同纠纷则是按照约定条件建造新的船舶的合同纠纷。

请求权基础规范指引

《中华人民共和国民法典》（2020 年）

第四百六十七条【无名合同及涉外合同的法律适用】 本法或者其他法律没有明文规定的合同，适用本编通则的规定，并可以参照适用本编或者其他法律最相类似合同的规定。

在中华人民共和国境内履行的中外合资经营企业合同、中外合作经营企业合同、中外合作勘探开发自然资源合同，适用中华人民共和国法律。

第七百七十条【承揽合同定义和承揽主要类型】 承揽合同是承揽人按照定作人的要求完成工作，交付工作成果，定作人支付报酬的合同。

承揽包括加工、定作、修理、复制、测试、检验等工作。

第七百八十八条【建设工程合同定义和种类】 建设工程合同是承包人进行工程建设，发包人支付价款的合同。

建设工程合同包括工程勘察、设计、施工合同。

第八百零八条【适用承揽合同】 本章没有规定的，适用承揽合同的有关规定。

210. 船舶拆解合同纠纷

案由适用要点

［**释义**］船舶拆解合同，是指船舶拆解人按照船舶所有人的指示拆船，船舶所有人向其支付费用的合同。船舶拆解合同当事人因该合同的订立、履行、变更和终止而产生的纠纷，即为船舶拆解合同纠纷。

［**管辖**］根据《最高人民法院关于海事法院受理案件范围的规定》第 12 条的规定，船舶工程合同纠纷案件属于海事法院受案范围，由海事法院专门管辖。《最高人民法院关于海事法院受理案件范围的规定》第 109 条进一步指出："本规定中的船舶工程系指船舶的建造、修理、改建、拆解等工程及相关的工程监理；本规定中的船舶关键部件和专用物品，系指舱盖板、船壳、龙骨、甲板、救生艇、船用主机、船用辅机、船用钢板、船用油漆等船舶主体结构、重要标志性部件以及专供船舶或者船舶工程使用的设备和材料。"根据《民事诉讼法》第 24 条、《海事诉讼特别程序法》第 6 条及《最高人民法院关于适用〈中华人民共和国海事诉讼特别程序法〉若干问题的解释》第 1 条

的规定，因船舶拆解合同纠纷提起的诉讼，由船舶拆解合同履行地、被告住所地海事法院管辖。

［**应注意的问题**］船舶拆解又被称为“拆船”，是对已经报废的船舶经冲滩后，将其逐步解体的过程。船舶拆解完毕，船舶所有人应申请办理船舶注销登记。在这里要把船舶拆解合同纠纷案由与船舶修理合同纠纷案由区分开来。船舶修理合同纠纷，是按照合同约定条件对已有船舶在不改变其船体和用途的范围内进行修理以恢复其性能的合同纠纷；船舶拆解合同纠纷则恰恰与之相反，它是按照约定条件拆解船舶，从而使船舶在物理上消灭的合同纠纷。

请求权基础规范指引

《中华人民共和国民法典》（2020 年）

第四百六十七条【无名合同及涉外合同的法律适用】 本法或者其他法律没有明文规定的合同，适用本编通则的规定，并可以参照适用本编或者其他法律最相类似合同的规定。

在中华人民共和国境内履行的中外合资经营企业合同、中外合作经营企业合同、中外合作勘探开发自然资源合同，适用中华人民共和国法律。

211. 船舶抵押合同纠纷

案由适用要点

［**释义**］船舶抵押合同，是指为担保债务的履行，债务人或者第三人不转移船舶的占有，将该船舶抵押给债权人，当债务人不履行到期债务或者发生当事人约定的实现抵押权的情形，债权人有权就该船舶优先受偿而设定船舶抵押权的书面合同。船舶抵押合同当事人因该抵押合同的订立、履行、变更和终止而产生的纠纷，即为船舶抵押合同纠纷。

［**管辖**］根据《最高人民法院关于海事法院受理案件范围的规定》第 21 条的规定，船舶抵押合同纠纷案件属于海事法院受案范围，由海事法院专门管辖。根据《民事诉讼法》第 24 条、《海事诉讼特别程序法》第 6 条及《最高人民法院关于适用〈中华人民共和国海事诉讼特别程序法〉若干问题的解释》第 1 条的规定，因船舶抵押合同纠纷提起的诉讼，由抵押船舶所在地、船籍港所在地、被告住所地海事法院管辖。

［**应注意的问题**］在这里要把船舶抵押解合同纠纷案由同抵押权的权属纠纷区分开来。依照《海商法》第 11 条的规定，船舶抵押权是指抵押权人对于抵押人提供的作为债务担保的船舶，在抵押人不履行债务时，可以依法拍

卖，从卖得的价款中优先受偿的权利。船舶抵押权作为一种以船舶为标的物的抵押权，其基本内容是：当债务人不履行债务时，抵押权人有权将其抵押的船舶变卖并优先受偿。抵押合同属于物权变动的原因关系，而抵押权涉及的是物权变动的结果意义上的法律关系。按照物权变动原因与结果相区分的原则，对于因物权变动的原因关系，即债权性质的合同关系产生的纠纷，应立合同纠纷相应的案由。具体到船舶抵押合同纠纷案由，如果当事人是对船舶抵押合同的订立、履行、变更和终止而产生的纠纷，应当适用船舶抵押合同案由；如果当事人是对船舶抵押权的登记或者其他权属关系的纠纷情形提起的诉讼，则不应适用本案由，而应当适用船舶权属纠纷案由。

请求权基础规范指引

《中华人民共和国民法典》（2020年）

第三百九十四条【抵押权的定义】 为担保债务的履行，债务人或者第三人不转移财产的占有，将该财产抵押给债权人的，债务人不履行到期债务或者发生当事人约定的实现抵押权的情形，债权人有权就该财产优先受偿。

前款规定的债务人或者第三人为抵押人，债权人为抵押权人，提供担保的财产为抵押财产。

第三百九十五条【抵押财产的范围】 债务人或者第三人有权处分的下列财产可以抵押：

（一）建筑物和其他土地附着物；

（二）建设用地使用权；

（三）海域使用权；

（四）生产设备、原材料、半成品、产品；

（五）正在建造的建筑物、船舶、航空器；

（六）交通运输工具；

（七）法律、行政法规未禁止抵押的其他财产。

抵押人可以将前款所列财产一并抵押。

第四百六十七条【无名合同及涉外合同的法律适用】 本法或者其他法律没有明文规定的合同，适用本编通则的规定，并可以参照适用本编或者其他法律最相类似合同的规定。

在中华人民共和国境内履行的中外合资经营企业合同、中外合作经营企业合同、中外合作勘探开发自然资源合同，适用中华人民共和国法律。

《中华人民共和国海商法》（1992年）

第十一条 船舶抵押权，是指抵押权人对于抵押人提供的作为债务担保的船舶，在抵押人不履行债务时，可以依法拍卖，从卖得的价款中优先受偿的权利。

第十二条 船舶所有人或者船舶所有人授权的人可以设定船舶抵押权。

船舶抵押权的设定，应当签订书面合同。

第十四条 建造中的船舶可以设定船舶抵押权。

建造中的船舶办理抵押权登记，还应当向船舶登记机关提交船舶建造合同。

212. 航次租船合同纠纷

案由适用要点

［**释义**］航次租船合同，又称为程租合同，是指船舶出租人向承租人提供船舶或者船舶的部分舱位，装运约定的货物，从一港运至另一港，由承租人按约定支付运费的合同。航次租船合同当事人因合同的订立、履行、变更和终止而产生的纠纷，即为航次租船合同纠纷。

［**管辖**］航次租船合同纠纷属于海事法院受案范围，由海事法院专门管辖。需要说明的是，《最高人民法院关于海事法院受理案件范围的规定》第25条所规定的海上、通海可航水域货物运输合同纠纷，包含着航次租船合同纠纷。而该规定第22条所指船舶租用合同，仅包含定期租船合同、光船租赁合同，并不包括航次租船合同纠纷。根据《民事诉讼法》第24条、《海事诉讼特别程序法》第6条及《最高人民法院关于适用〈中华人民共和国海事诉讼特别程序法〉若干问题的解释》第1条的规定，因航次租船合同纠纷提起的诉讼，由交船港、还船港、船籍港所在地，被告住所地海事法院管辖。

［**应注意的问题**］实践中，航次租船合同通常具有以下特点：（1）承租人不负责船舶营运管理及费用，船舶由出租人通过其雇佣的船长和船员占有和控制并由其经营管理；（2）承租人可以租用船舶的全部舱位或者部分舱位，运费通常按货物数量计算；（3）出租人除对船舶负责外，还应对货物负责；（4）规定用于货物装卸的期限和装卸时间计算办法，并计算滞期费和速遣费。

请求权基础规范指引

《中华人民共和国海商法》（1992年）

第四十七条 承运人在船舶开航前和开航当时，应当谨慎处理，使船舶处于适航状态，妥善配备船员、装备船舶和配备供应品，并使货舱、冷藏舱、冷气舱和其他载货处所适于并能安全收受、载运和保管货物。

第四十八条 承运人应当妥善地、谨慎地装载、搬移、积载、运输、保管照料和卸载所运货物。

第四十九条　承运人应当按照约定的或者习惯的或者地理上的船线将货物运往卸货港。

船舶在海上为救助或者企图救助人命或者财产而发生的绕航或者其他合理绕航，不属于违反前款规定的行为。

第九十二条　航次租船合同，是指船舶出租人向承担人提供船舶或者船舶的部分舱位，装运约定的货物，从一港运至另一港，由承租人支付约定运费的合同。

第九十三条　航次租船合同的内容，主要包括出租人和承租人的名称、船名、船籍、载货重量、容积、货名、装货港和目的港、受载期限、装卸期限、运费、滞期费、速遣费以及其他有关事项。

第九十四条　本法第四十七条和第四十九条的规定，适用于航次租船合同的出租人。

本章其他有关合同当事人之间的权利、义务的规定，仅在航次租船合同没有约定或者没有不同约定时，适用于航次租船合同的出租人的承租人。

第九十五条　对按照航次租船合同运输的货物签发的提单，提单持有人不是承租人的，承运人与该提单持有人之间的权利、义务关系适用提单的约定。但是，提单中载明适用航次租船合同条款的，适用该航次租船合同的条款。

第九十六条　出租人应当提供约定的船舶；经承租人同意，可以更换船舶。但是，提供的船舶或者更换的船舶不符合合同的约定的，承租人有权拒绝或者解除合同。

因出租人过失未提供约定的船舶致使承租人遭受损失的，出租人应当负赔偿责任。

第九十七条　出租人在约定的受载期限内未能提供船舶的，承租人有权解除合同。但是，出租人将船舶延误情况和船舶抵达装货港的日期通知承租人的，承租人应当自收到通知时起四十八小时内，将是否解除合同的决定通知出租人。

因出租人过失延误提供船舶致使承租人遭受损失的，出租人应当负赔偿责任。

第九十八条　航次租船合同的装货、卸货期限及其计算办法，超过装货、卸货期限后的滞期费和提前完成装货、卸货的速运费，由双方约定。

第九十九条　承租人可以将其租用的船舶转租；转租后，原合同约定的权利和义务不受影响。

第一百条　承租人应当提供约定的货物；经出租人同意，可以更换货物。但是，更换的货物对出租人不利的，出租人有权拒绝或者解除合同。

因未提供约定的货物致使出租人遭受损失的，承租人应当负赔偿责任。

第一百零一条 出租人应当在合同约定的卸货港卸货。合同订有承租人选择卸货港条款的，在承租人未按照合同约定及时通知确定的卸货港时，船长可以从约定的选卸港中自行选定一港卸货。承租人未按照合同约定及时通知确定的卸货港，致使出租人遭受损失的，应当负赔偿责任。出租人未按照合同约定，擅自选定港口卸货致使承租人遭受损失的，应当负赔偿责任。

213. 船舶租用合同纠纷

（1）定期租船合同纠纷

（2）光船租赁合同纠纷

案由适用要点

[释义] 船舶租用合同包括定期租船合同和光船租赁合同，均应以书面形式订立。定期租船合同，是指船舶出租人向承租人提供约定的由出租人配备船员的船舶，由承租人在约定的期间内按照约定的用途使用，并支付租金的合同。定期租船合同纠纷即为船舶出租人与承租人就租船合同的订立、履行、变更和终止产生的争议。

光船租赁合同，是指船舶出租人向承租人提供不配备船员的船舶，在约定的期间内由承租人占有、使用和营运，并向出租人支付租金的合同。光船租赁合同纠纷即为船舶出租人与承租人就租船合同的订立、履行、变更和终止产生的争议。

[管辖] 依据《最高人民法院关于海事法院受理案件范围的规定》第22条规定，船舶租用合同（含定期租船合同、光船租赁合同等）纠纷案件属于海事法院受案范围。需要说明的是，《最高人民法院关于海事法院受理案件范围的规定》第25条所规定的海上、通海可航水域货物运输合同纠纷，包含着航次租船合同纠纷。而该规定第22条所指船舶租用合同，仅包含定期租船合同、光船租赁合同，不包括航次船合同纠纷。船舶租用合同属于典型的海商案件，依照《海事诉讼特别程序法》第6条第2款第3项规定，因海船租用合同纠纷提起的诉讼，由交船港、还船港、船籍港所在地、被告住所地海事法院管辖。

该类案件属于当事人可以协议选择管辖法院的案件，当事人可依据《民事诉讼法》第35条规定的相关管辖连接点，以及《海事诉讼特别程序法》第6条第2款第3项规定的相关管辖连接点，就被告住所地、合同履行地、合同签订地、原告住所地、标的物所在地、交船港、还船港、船籍港所在地等书面协议选择有管辖权的海事法院管辖。另外，依据《海事诉讼特别程序法》

第8条，海事纠纷的当事人都是外国人、无国籍人、外国企业或者组织，当事人书面协议选择我国海事法院管辖的，即使与纠纷有实际联系的地点不在我国领域内，我国海事法院对该纠纷也具有管辖权。

[应注意的问题] 航次租船合同、定期租船合同和光船租赁合同均属租船合同，三种合同的某些方面具有一定的共性，但区别也比较明显。在确定案由时，需在掌握三种合同不同特征的基础上，着重考察案件的相关法律事实，对案件准确予以定性。

就定期租船合同而言，其主要特征在于：(1) 出租人负责配备船长和船员并负担其工资、伙食和相关费用，负责船舶的航行和船舶事务的管理并承担相关费用。这是定期租船合同与光船租赁合同的最大区别。(2) 承租人按照约定的用途使用船舶，负责船舶的营运，并负担船舶的营运费用。这是定期租船合同与航次租船合同的主要区别。(3) 租金是按照船舶租用的时间和租金率计算。

就光船租赁合同而言，其主要特征在于：(1) 租用期间内由承租人负责雇佣和配备船长和船员并承担相关费用，这是其与定期租船合同的最大区别。(2) 租用期内船舶的占有和使用权从出租人处转移至承租人处，船舶由承租人按约定的用途使用。(3) 光船租赁合同既是债权债务合同，也具有某些物权的特点。“买卖不破租赁”的原则也适用于光船租赁合同。

就航次租船合同而言，其主要特征在于：(1) 租船合同期间承租人不负责船舶的经营管理和费用，出租人通过其雇佣的船长和船员占有和控制船舶，并由其经营和管理。(2) 出租人向承租人提供船舶的全部或部分舱位用于运输货物，运费大多按货物的数量计算，如果出租的是全部舱位，有时则是按整笔运费计算，构成所谓的包船运输。(3) 出租人既对船舶负责，也对货物负责。(4) 合同中一般会约定货物用于装卸的期限和计算滞期费的办法。

请求权基础规范指引

《中华人民共和国海商法》(1992年)

第一百二十七条　本章关于出租人和承租人之间权利、义务的规定，仅在船舶租用合同没有约定或者没有不同的约定时适用。

第一百二十八条　船舶租用合同，包括定期租船合同和光船租赁合同，均应当书面订立。

第一百二十九条　定期租船合同，是指船舶出租人向承租人提供约定的由出租人配备船员的船舶，由承租人在约定的期间内按照约定的用途使用，并支付租金的合同。

第一百三十条　定期租船合同的内容，主要包括出租人和承租人的名称、船名、船籍、船级、吨位、容积、船速、燃料消耗、航区、用途、租船期间、交船和还船的时间和地点以及条件、租金及其支付，以及其他有关事项。

第一百四十四条　光船租赁合同，是指船舶出租人向承租人提供不配备船员的船舶，在约定的期间内由承租人占有、使用和营运，并向出租人支付租金的合同。

第一百四十五条　光船租赁合同的内容，主要包括出租人和承租人的名称、船名、船籍、船级、吨位、容积、航区、用途、租船期间、交船和还船的时间和地点以及条件、船舶检验、船舶的保养维修、租金及其支付、船舶保险、合同解除的时间和条件，以及其他有关事项。

第一百四十七条　在光船租赁期间，承租人负责船舶的保养、维修。

第一百四十八条　在光船租赁期间，承租人应当按照合同约定的船舶价值，以出租人同意的保险方式为船舶进行保险，并负担保险费用。

第一百四十九条　在光船租赁期间，因承租人对船舶占有、使用和营运的原因使出租人的利益受到影响或者遭受损失的，承租人应当负责消除影响或者赔偿损失。

因船舶所有权争议或者出租人所负的债务致使船舶被扣押的，出租人应当保证承租人的利益不受影响；致使承租人遭受损失的，出租人应当负赔偿责任。

第一百五十条　在光船租赁期间，未经出租人书面同意，承租人不得转让合同的权利和义务或者以光船租赁的方式将船舶进行转租。

第一百五十一条　未经承租人事先书面同意，出租人不得在光船租赁期间对船舶设定抵押权。

出租人违反前款规定，致使承租人遭受损失的，应当负赔偿责任。

第一百五十三条　本法第一百三十四条、第一百三十五条第一款、第一百四十二条和第一百四十三条的规定，适用于光船租赁合同。

第一百五十四条　订有租购条款的光船租赁合同，承租人按照合同约定向出租人付清租购费时，船舶所有权即归于承租人。

214. 船舶融资租赁合同纠纷

案由适用要点

［释义］融资租赁合同，是指出租人根据承租人对出卖人、租赁物的选择，向出卖人购买租赁物，提供给承租人使用，承租人支付租金的合同。

船舶融资租赁合同具有融资租赁合同的基本属性，不过是标的物指向了具体的船舶，是指出租人根据承租人对出卖人、船舶的选择，向出卖人购买船舶，提供给承租人使用，承租人支付租金的合同。当事人之间因合同的订立、履行、变更和终止而产生的纠纷为船舶融资租赁合同纠纷。

[**管辖**] 根据《最高人民法院关于海事法院受理案件范围的规定》第23条的规定，船舶融资租赁合同纠纷属于典型的海商案件，该类纠纷由海事法院专门管辖。依据《海事诉讼特别程序法》第6条第1款的规定，海事诉讼的地域管辖应依照《民事诉讼法》有关地域管辖的规定确定有管辖权的海事法院。《民事诉讼法》第24条规定，因合同纠纷提起的诉讼，由被告住所地或者合同履行地人民法院管辖。根据《民事诉讼法解释》第19条的规定，融资租赁合同以租赁物使用地为合同履行地。合同对履行地有约定的，从其约定。因该类案件由海事法院专门管辖，因此，就海事法院的地域管辖而言，纠纷应由被告住所地或者租赁物使用地或约定的履行地相应辖区的海事法院管辖。至于各海事法院的管辖区域，则应依最高人民法院的相关规定予以确定。

如果案件具有涉外因素，应适用《民事诉讼法》涉外编中的第270条、第276条的规定，以及最高人民法院关于海事法院地域管辖划分的相关规定，确定管辖的海事法院。

该类案件属于当事人可以协议选择管辖法院的案件，因此，当事人可以依据《民事诉讼法》第35条规定的相关管辖连接点，就被告住所地、合同履行地、合同签订地、原告住所地、标的物所在地书面协议选择有管辖权的海事法院管辖。另外，依据《海事诉讼特别程序法》第8条规定，海事纠纷的当事人都是外国人、无国籍人、外国企业或者组织，当事人书面协议选择我国海事法院管辖的，即使与纠纷有实际联系的地点不在我国领域内，我国海事法院对该纠纷也具有管辖权。

[**应注意的问题**] 确定该类争议的案由时，应当注意对案涉合同的法律定性。司法实践中，船舶建造、船舶买卖、船舶租赁实务中时常有融资因素的介入，对租金与租赁物价值差距过大的合同，以及约定内容与《民法典》关于融资租赁合同的定义存在些许出入的合同，应如何定性从而确定其案由，是关键所在。应当依据《民法典》以及最高人民法院关于融资租赁合同司法解释的规定，综合船舶的价值、租金的构成及支付方式，船舶最终归属的约定，以及当事人的其他合同权利和义务等情况，区分船舶融资租赁合同关系与船舶建造、船舶买卖和船舶租赁过程中发生的借款合同关系，区分船舶融资租赁合同关系与一般的船舶租用合同关系等，对争议的法律关系是否为融资租赁法律关系作出最终认定。立案阶段作出初步认定后，实体审理阶段如认为不妥，可以依据庭审审理的情况改变立案阶段初步认定的案由。

请求权基础规范指引

《中华人民共和国民法典》（2020 年）

第七百三十六条【融资租赁合同内容和形式】 融资租赁合同的内容一般包括租赁物的名称、数量、规格、技术性能、检验方法，租赁期限，租金构成及其支付期限和方式、币种，租赁期限届满租赁物的归属等条款。

融资租赁合同应当采用书面形式。

《中华人民共和国海商法》（1992 年）

第一百二十七条 本章关于出租人和承租人之间权利、义务的规定，仅在船舶租用合同没有约定或者没有不同的约定时适用。

第一百二十八条 船舶租用合同，包括定期租船合同和光船租赁合同，均应当书面订立。

第一百二十九条 定期租船合同，是指船舶出租人向承租人提供约定的由出租人配备船员的船舶，由承租人在约定的期间内按照约定的用途使用，并支付租金的合同。

第一百三十条 定期租船合同的内容，主要包括出租人和承租人的名称、船名、船籍、船级、吨位、容积、船速、燃料消耗、航区、用途、租船期间、交船和还船的时间和地点以及条件、租金及其支付，以及其他有关事项。

第一百四十一条 承租人未向出租人支付租金或者合同约定的其他款项的，出租人对船上属于承租人的货物和财产以及转租船舶的收入有留置权。

第一百五十条 在光船租赁期间，未经出租人书面同意，承租人不得转让合同的权利和义务或者以光船租赁的方式将船舶进行转租。

第一百五十一条 未经承租人事先书面同意，出租人不得在光船租赁期间对船舶设定抵押权。

出租人违反前款规定，致使承租人遭受损失的，应当负赔偿责任。

第一百五十三条 本法第一百三十四条、第一百三十五条第一款、第一百四十二条和第一百四十三条的规定，适用于光船租赁合同。

第一百五十四条 订有租购条款的光船租赁合同，承租人按照合同约定向出租人付清租购费时，船舶所有权即归于承租人。

215. 海上、通海水域运输船舶承包合同纠纷

案由适用要点

［释义］ 海上、通海水域运输船舶承包合同，是指船舶所有人、船舶的合法占有人将船舶交给承包人进行经营管理，由承包人交纳承包费的合同。当

事人因此类合同的订立、履行、变更和终止而发生的纠纷，为海上、通海水域运输船舶承包合同纠纷。

[**管辖**] 该类纠纷属于由海事法院专门管辖的海商纠纷。依据《海事诉讼特别程序法》第6条第1款的规定，海事诉讼的地域管辖应依照《民事诉讼法》有关地域管辖的规定确定有管辖权的海事法院。《民事诉讼法》第24条规定，因合同纠纷提起的诉讼，由被告住所地或者合同履行地人民法院管辖。因该类案件由海事法院专门管辖，因此，就海事法院的地域管辖而言，纠纷应由被告住所地或者合同履行地相应辖区的海事法院管辖。至于各海事法院的管辖区域，则应依最高人民法院的相关规定予以确定。

该类案件属于当事人可以协议选择管辖法院的案件，因此，当事人可以依据《民事诉讼法》第35条规定的相关管辖连接点，就被告住所地、合同履行地、合同签订地、原告住所地、标的物所在地书面协议选择有管辖权的海事法院管辖。

[**应注意的问题**] 通过订立承包合同，由承包人对运输船舶进行经营管理并向船东或船舶的合法占有人交纳承包费这一经营管理方式，具有一定的时代背景。《民事案件案由规定》中，与承包合同有关的纠纷类型，主要包括农业承包合同、林业承包合同、渔业承包合同、牧业承包合同、农村土地承包合同以及建设工程承包合同纠纷。需注意该类纠纷是否符合其他案由的规定。例如，是否构成船舶经营管理合同纠纷，以及船舶租用合同纠纷、合伙合同纠纷等。另外，2016年发布的《最高人民法院关于海事法院受理案件范围的规定》第14条对船舶工程经营合同将承包与挂靠、合伙等经营方式并列作为其中的一种经营方式予以了规定，根据案件具体事实，在可能的情况下，亦可考虑以《最高人民法院关于海事法院受理案件范围的规定》规定中的措辞表述与此相关的案件案由。

请求权基础规范指引

《中华人民共和国民法典》（2020年）

第四百六十七条【无名合同及涉外合同的法律适用】 本法或者其他法律没有明文规定的合同，适用本编通则的规定，并可以参照适用本编或者其他法律最相类似合同的规定。

在中华人民共和国境内履行的中外合资经营企业合同、中外合作经营企业合同、中外合作勘探开发自然资源合同，适用中华人民共和国法律。

216. 渔船承包合同纠纷

案由适用要点

[释义] 渔船承包合同纠纷，是指渔船的船舶所有人或合法占有渔船的人将渔船交给承包人进行经营管理，由承包人交纳承包费的合同。当事人因此类合同的订立、履行、变更和终止而发生的纠纷，为渔船承包合同纠纷。

[管辖] 该类纠纷属于由海事法院专门管辖的海商纠纷。依据《海事诉讼特别程序法》第 6 条第 1 款的规定，海事诉讼的地域管辖应依照《民事诉讼法》有关地域管辖的规定确定有管辖权的海事法院。《民事诉讼法》第 24 条规定，因合同纠纷提起的诉讼，由被告住所地或者合同履行地人民法院管辖。因该类案件由海事法院专门管辖，因此就海事法院的地域管辖而言，纠纷应由被告住所地或者合同履行地相应辖区的海事法院管辖。至于各海事法院的管辖区域，则应依最高人民法院的相关规定予以确定。

该类案件属于当事人可以协议选择管辖法院的案件，因此当事人可以依据《民事诉讼法》第 35 条规定的相关管辖连接点，就被告住所地、合同履行地、合同签订地、原告住所地、标的物所在地书面协议选择有管辖权的海事法院管辖。

[应注意的问题] 通过订立承包合同，由承包人对渔船进行经营管理并向渔船船东或渔船的合法占有人交纳承包费这一经营管理方式，具有一定的时代背景。目前的《民事案件案由规定》中，与承包合同有关的纠纷类型，主要包括农业承包合同、林业承包合同、渔业承包合同、牧业承包合同、农村土地承包合同以及建设工程承包合同。在确定此类案件的案由时，需注意该类纠纷是否符合其他案由的规定，例如，是否构成船舶经营管理合同纠纷、船舶租用合同纠纷、合伙合同纠纷等。

请求权基础规范指引

《中华人民共和国民法典》（2020 年）

第四百六十七条【无名合同及涉外合同的法律适用】 本法或者其他法律没有明文规定的合同，适用本编通则的规定，并可以参照适用本编或者其他法律最相类似合同的规定。

在中华人民共和国境内履行的中外合资经营企业合同、中外合作经营企业合同、中外合作勘探开发自然资源合同，适用中华人民共和国法律。

217. 船舶属具租赁合同纠纷

案由适用要点

［**释义**］船舶属具租赁合同具有租赁合同的一般属性，是以船舶属具为租赁物的租赁合同，具体而言，是由船舶属具的所有人或合法占有人将船舶属具交付承租人使用、收益，由承租人支付租金，租赁期满承租人将船舶属具完好交付出租人的合同。

［**管辖**］船舶属具租赁合同纠纷属于典型的海商案件，该类纠纷由海事法院专门管辖。依据《海事诉讼特别程序法》第 6 条第 1 款的规定，海事诉讼的地域管辖应依照《民事诉讼法》有关地域管辖的规定确定有管辖权的海事法院。《民事诉讼法》第 24 条规定，因合同纠纷提起的诉讼，由被告住所地或者合同履行地人民法院管辖。根据《民事诉讼法解释》第 19 条的规定，财产租赁合同以租赁物使用地为合同履行地。合同对履行地有约定的从约定。因该类案件由海事法院专门管辖，因此就海事法院的地域管辖而言，纠纷应由被告住所地或者租赁物使用地或约定的履行地相应辖区的海事法院管辖。至于各海事法院的管辖区域，则应依最高人民法院的相关规定予以确定。

如果案件具有涉外因素，应适用《民事诉讼法》涉外编中的第 270 条、第 276 条的规定，以及最高人民法院关于海事法院地域管辖划分的相关规定，确定管辖的海事法院。

该类案件属于当事人可以协议选择管辖法院的案件，因此当事人可以依据《民事诉讼法》第 35 条规定的相关管辖连接点，就被告住所地、合同履行地、合同签订地、原告住所地、标的物所在地书面协议选择有管辖权的海事法院管辖。另外，依据《海事诉讼特别程序法》第 8 条的规定，海事纠纷的当事人都是外国人、无国籍人、外国企业或者组织，当事人书面协议选择我国海事法院管辖的，即使与纠纷有实际联系的地点不在我国领域内，我国海事法院对该纠纷也具有管辖权。

［**应注意的问题**］确定案由时，应注意船舶属具租赁合同与以动产为租赁物的一般租赁合同的区别，其区别主要在于租赁物是否为船舶属具。如果不属于船舶属具，仅为一般动产，因租赁合同的订立、履行、变更和解除等产生的争议，则可能不属于海事法院专门管辖。船舶属具是指船上用于连接、固定、支撑或调整船舶结构抑或是可移动的设备、设施、物品等，是船舶的重要组成部分，对船舶的安全性、稳定性和运行效率具有重要影响。船舶属具的种类很多，包括系泊设备、甲板设备、管道系统、电气设备、救生设备、货物装载设备、导航设备等，只有能够相对独立使用的船舶属具，才具有签

订租赁合同的价值。因此，对租赁物的准确识别，影响到案由的确定，进而可能影响到案件的管辖法院。而租赁物是否为船舶属具，属于带有特定行业背景的事实问题，在立案环节应对此准确查明与把握。

请求权基础规范指引

《中华人民共和国民法典》（2020 年）

第七百零三条【租赁合同定义】 租赁合同是出租人将租赁物交付承租人使用、收益，承租人支付租金的合同。

第七百零四条【租赁合同主要内容】 租赁合同的内容一般包括租赁物的名称、数量、用途、租赁期限、租金及其支付期限和方式、租赁物维修等条款。

《中华人民共和国海商法》（1992 年）

第三条 本法所称船舶，是指海船和其他海上移动式装置，但是用于军事的、政府公务的船舶和 20 总吨以下的小型船艇除外。

前款所称船舶，包括船舶属具。

218. 船舶属具保管合同纠纷

案由适用要点

［**释义**］船舶属具保管合同具有保管合同的一般属性，是以船舶属具为标的物的保管合同，一般为有偿合同。具体而言，是由船舶属具的所有人或合法占有人将锚链、起锚机、绳索、罗经、消防与救生设备等各种船用用具或机械交付保管人保管，由寄存人支付保管费，保管人依据约定向寄存人返还船舶属具。

［**管辖**］船舶属具保管合同纠纷属于典型的海商案件，该类纠纷由海事法院专门管辖。依据《海事诉讼特别程序法》第 6 条第 1 款的规定，海事诉讼的地域管辖应依照《民事诉讼法》有关地域管辖的规定确定有管辖权的海事法院。《民事诉讼法》第 24 条规定，因合同纠纷提起的诉讼，由被告住所地或者合同履行地人民法院管辖。因该类案件由海事法院专门管辖，因此就海事法院的地域管辖而言，纠纷应由被告住所地或者合同履行地相应辖区的海事法院管辖。至于各海事法院的管辖区域，则应依最高人民法院的相关规定予以确定。

如果案件具有涉外因素，应适用《民事诉讼法》涉外编中的第 270 条、第 276 条的规定，以及最高人民法院关于海事法院地域管辖划分的相关规定，确定管辖的海事法院。

该类案件属于当事人可以协议选择管辖法院的案件，因此当事人可以依据《民事诉讼法》第35条规定的相关管辖连接点，就被告住所地、合同履行地、合同签订地、原告住所地、标的物所在地书面协议选择有管辖权的海事法院管辖。另外，依据《海事诉讼特别程序法》第8条的规定，海事纠纷的当事人都是外国人、无国籍人、外国企业或者组织，当事人书面协议选择我国海事法院管辖的，即使与纠纷有实际联系的地点不在我国领域内，我国海事法院对该纠纷也具有管辖权。

［**应注意的问题**］确定案由时，应注意船舶属具保管合同与以其他动产为保管物的一般保管合同的区别，其区别主要在于保管物是否为船舶属具。如果不属于船舶属具，仅为一般动产，因保管而产生的争议，则可能不属于海事法院专门管辖。船舶属具是指船上用于连接、固定、支撑或调整船舶结构抑或是可移动的设备、设施、物品等，是船舶的重要组成部分，对船舶的安全性、稳定性和运行效率具有重要影响。船舶属具的种类很多，包括系泊设备、甲板设备、管道系统、电气设备、救生设备、货物装载设备、导航设备等。因此，对保管物的准确识别，影响到案由的确定，进而可能影响到案件的管辖法院。而保管物是否为船舶属具，属于带有特定行业背景的事实问题，在立案环节应对此准确查明与把握。

请求权基础规范指引

《中华人民共和国民法典》（2020年）

第八百八十八条【保管合同定义】 保管合同是保管人保管寄存人交付的保管物，并返还该物的合同。

寄存人到保管人处从事购物、就餐、住宿等活动，将物品存放在指定场所的，视为保管，但是当事人另有约定或者另有交易习惯的除外。

《中华人民共和国海商法》（1992年）

第三条　本法所称船舶，是指海船和其他海上移动式装置，但是用于军事的、政府公务的船舶和20总吨以下的小型船艇除外。

前款所称船舶，包括船舶属具。

219. 海运集装箱租赁合同纠纷

案由适用要点

［**释义**］海运集装箱租赁合同具有租赁合同的一般属性，是以海运集装箱为租赁物的租赁合同。具体而言，是海运集装箱的所有人或合法占有人与承租人签订租赁合同或用箱协议，由海运集装箱的所有人或合法占有人将海运

集装箱交付承租人使用、收益，由承租人支付租金，租赁期满承租人将海运集装箱完好交还出租人的合同。

[管辖]《最高人民法院关于海事法院受理案件范围的规定》第28条规定，海上、通海可航水域运输集装箱租用合同纠纷案件属于海事法院受案范围。海运集装箱租赁合同纠纷属于典型的海商案件，该类纠纷由海事法院专门管辖。依据《海事诉讼特别程序法》第6条第1款的规定，海事诉讼的地域管辖应依照《民事诉讼法》有关地域管辖的规定确定有管辖权的海事法院。《民事诉讼法》第24条规定，因合同纠纷提起的诉讼，由被告住所地或者合同履行地人民法院管辖。根据《民事诉讼法解释》第19条的规定，财产租赁合同以租赁物使用地为合同履行地。合同对履行地有约定的从约定。因该类案件由海事法院专门管辖。因此，就海事法院的地域管辖而言，纠纷应由被告住所地或者租赁物使用地或约定的履行地相应辖区的海事法院管辖。至于各海事法院的管辖区域，则应依最高人民法院的相关规定予以确定。

如果案件具有涉外因素，应适用《民事诉讼法》涉外编中的第270条、第276条的规定，以及最高人民法院关于海事法院地域管辖划分的相关规定，确定管辖的海事法院。

该类案件属于当事人可以协议选择管辖法院的案件，因此当事人可以依据《民事诉讼法》第35条规定的相关管辖连接点，就被告住所地、合同履行地、合同签订地、原告住所地、标的物所在地书面协议选择有管辖权的海事法院管辖。另外，依据《海事诉讼特别程序法》第8条的规定，海事纠纷的当事人都是外国人、无国籍人、外国企业或者组织，当事人书面协议选择我国海事法院管辖的，即使与纠纷有实际联系的地点不在我国领域内，我国海事法院对该纠纷也具有管辖权。

[应注意的问题] 确定案由时，应注意海运集装箱租赁合同与以动产为租赁物的一般租赁合同的区别，其区别主要在于租赁物是否为海运集装箱。如果不属于海运集装箱，仅为一般动产，因租赁合同的订立、履行、变更和解除等产生的争议则可能不属于海事法院专门管辖。航运实践中，对集装箱与一般动产租赁物通常比较容易识别，在立案环节对此予以查明和把握即可。另外，航运实践中，承运人提供的集装箱如何定性存在一定争议。主流观点认为，集装箱是承运人为履行海上货物运输合同而提供的运输工具的组成部分，在运输过程中直接装载、接触货物，属于《海商法》第47条规定的“其他载货处所”。如果用于集装货物的集装箱、货盘或者类似的装运器具是由托运人提供，依据《海商法》第42条第5项的规定，则集装箱属于货物的范畴。

请求权基础规范指引

《中华人民共和国民法典》（2020 年）

第七百零三条【租赁合同定义】 租赁合同是出租人将租赁物交付承租人使用、收益，承租人支付租金的合同。

第七百零四条【租赁合同主要内容】 租赁合同的内容一般包括租赁物的名称、数量、用途、租赁期限、租金及其支付期限和方式、租赁物维修等条款。

第七百零五条【租赁最长期限】 租赁期限不得超过二十年。超过二十年的，超过部分无效。

租赁期限届满，当事人可以续订租赁合同；但是，约定的租赁期限自续订之日起不得超过二十年。

第七百零六条【租赁合同的登记备案手续对合同效力影响】 当事人未依照法律、行政法规规定办理租赁合同登记备案手续的，不影响合同的效力。

第七百零七条【租赁合同形式】 租赁期限六个月以上的，应当采用书面形式。当事人未采用书面形式，无法确定租赁期限的，视为不定期租赁。

第七百零八条【出租人交付租赁物义务和适租义务】 出租人应当按照约定将租赁物交付承租人，并在租赁期限内保持租赁物符合约定的用途。

第七百零九条【承租人按约定使用租赁物的义务】 承租人应当按照约定的方法使用租赁物。对租赁物的使用方法没有约定或者约定不明确，依据本法第五百一十条的规定仍不能确定的，应当根据租赁物的性质使用。

第七百一十条【承租人按约定使用租赁物的免责义务】 承租人按照约定的方法或者根据租赁物的性质使用租赁物，致使租赁物受到损耗的，不承担赔偿责任。

第七百一十一条【租赁人未按约定使用租赁物的责任】 承租人未按照约定的方法或者未根据租赁物的性质使用租赁物，致使租赁物受到损失的，出租人可以解除合同并请求赔偿损失。

第七百一十二条【出租人维修义务】 出租人应当履行租赁物的维修义务，但是当事人另有约定的除外。

第七百一十三条【出租人不履行维修义务的法律后果】 承租人在租赁物需要维修时可以请求出租人在合理期限内维修。出租人未履行维修义务的，承租人可以自行维修，维修费用由出租人负担。因维修租赁物影响承租人使用的，应当相应减少租金或者延长租期。

因承租人的过错致使租赁物需要维修的，出租人不承担前款规定的维修义务。

第七百一十四条【承租人妥善保管租赁物义务】 承租人应当妥善保管租

赁物，因保管不善造成租赁物毁损、灭失的，应当承担赔偿责任。

第七百一十五条【承租人对租赁物进行改善或增设他物】 承租人经出租人同意，可以对租赁物进行改善或者增设他物。

承租人未经出租人同意，对租赁物进行改善或者增设他物的，出租人可以请求承租人恢复原状或者赔偿损失。

第七百一十六条【承租人对租赁物转租】 承租人经出租人同意，可以将租赁物转租给第三人。承租人转租的，承租人与出租人之间的租赁合同继续有效；第三人造成租赁物损失的，承租人应当赔偿损失。

承租人未经出租人同意转租的，出租人可以解除合同。

第七百一十七条【超过承租人剩余租赁期限的转租期间效力】 承租人经出租人同意将租赁物转租给第三人，转租期限超过承租人剩余租赁期限的，超过部分的约定对出租人不具有法律约束力，但是出租人与承租人另有约定的除外。

第七百一十八条【推定出租人同意转租】 出租人知道或者应当知道承租人转租，但是在六个月内未提出异议的，视为出租人同意转租。

第七百一十九条【次承租人代为清偿权】 承租人拖欠租金的，次承租人可以代承租人支付其欠付的租金和违约金，但是转租合同对出租人不具有法律约束力的除外。

次承租人代为支付的租金和违约金，可以充抵次承租人应当向承租人支付的租金；超出其应付的租金数额的，可以向承租人追偿。

第七百二十条【租赁物收益归属】 在租赁期限内因占有、使用租赁物获得的收益，归承租人所有，但是当事人另有约定的除外。

第七百二十一条【租金支付期限】 承租人应当按照约定的期限支付租金。对支付租金的期限没有约定或者约定不明确，依据本法第五百一十条的规定仍不能确定，租赁期限不满一年的，应当在租赁期限届满时支付；租赁期限一年以上的，应当在每届满一年时支付，剩余期限不满一年的，应当在租赁期限届满时支付。

第七百二十二条【承租人违反支付租金义务的法律后果】 承租人无正当理由未支付或者迟延支付租金的，出租人可以请求承租人在合理期限内支付；承租人逾期不支付的，出租人可以解除合同。

第七百二十三条【出租人权利瑕疵担保责任】 因第三人主张权利，致使承租人不能对租赁物使用、收益的，承租人可以请求减少租金或者不支付租金。

第三人主张权利的，承租人应当及时通知出租人。

第七百二十四条【非承租人构成根本性违约承租人可以解除合同】 有下

列情形之一，非因承租人原因致使租赁物无法使用的，承租人可以解除合同：

（一）租赁物被司法机关或者行政机关依法查封、扣押；

（二）租赁物权属有争议；

（三）租赁物具有违反法律、行政法规关于使用条件的强制性规定情形。

第七百二十五条【所有权变动不破租赁】 租赁物在承租人按照租赁合同占有期限内发生所有权变动的，不影响租赁合同的效力。

第七百二十九条【不可归责于承租人的租赁物毁损、灭失的法律后果】 因不可归责于承租人的事由，致使租赁物部分或者全部毁损、灭失的，承租人可以请求减少租金或者不支付租金；因租赁物部分或者全部毁损、灭失，致使不能实现合同目的的，承租人可以解除合同。

第七百三十条【租赁期限没有约定或约定不明确时的法律后果】 当事人对租赁期限没有约定或者约定不明确，依据本法第五百一十条的规定仍不能确定的，视为不定期租赁；当事人可以随时解除合同，但是应当在合理期限之前通知对方。

第七百三十一条【租赁物质量不合格时承租人解除权】 租赁物危及承租人的安全或者健康的，即使承租人订立合同时明知该租赁物质量不合格，承租人仍然可以随时解除合同。

第七百三十二条【房屋承租人死亡的租赁关系的处理】 承租人在房屋租赁期限内死亡的，与其生前共同居住的人或者共同经营人可以按照原租赁合同租赁该房屋。

第七百三十三条【租赁期限届满承租人返还租赁物】 租赁期限届满，承租人应当返还租赁物。返还的租赁物应当符合按照约定或者根据租赁物的性质使用后的状态。

第七百三十四条【租赁期限届满承租人继续使用租赁物及房屋承租人的优先承租权】 租赁期限届满，承租人继续使用租赁物，出租人没有提出异议的，原租赁合同继续有效，但是租赁期限为不定期。

租赁期限届满，房屋承租人享有以同等条件优先承租的权利。

220. 海运集装箱保管合同纠纷

案由适用要点

［释义］ 海运集装箱保管合同具有保管合同的一般属性，是以海运集装箱为标的物的保管合同，一般为有偿合同。

［管辖］ 根据《最高人民法院关于海事法院受理案件范围的规定》第35条的规定，海运集装箱仓储、堆存、保管合同纠纷属于海商案件，该类纠纷

由海事法院专门管辖。依据《海事诉讼特别程序法》第 6 条第 1 款的规定，海事诉讼的地域管辖应依照《民事诉讼法》有关地域管辖的规定确定有管辖权的海事法院。《民事诉讼法》第 24 条规定，因合同纠纷提起的诉讼，由被告住所地或者合同履行地人民法院管辖。因该类案件由海事法院专门管辖，因此就海事法院的地域管辖而言，纠纷应由被告住所地或者合同履行地相应辖区的海事法院管辖。至于各海事法院的管辖区域，则应依最高人民法院的相关规定予以确定。

如果案件具有涉外因素，应适用《民事诉讼法》涉外编中的第 270 条、第 276 条的规定，以及最高人民法院关于海事法院地域管辖划分的相关规定，确定管辖的海事法院。

该类案件属于当事人可以协议选择管辖法院的案件，因此，当事人可以依据《民事诉讼法》第 35 条规定的相关管辖连接点，就被告住所地、合同履行地、合同签订地、原告住所地、标的物所在地书面协议选择有管辖权的海事法院管辖。另外，依据《海事诉讼特别程序法》第 8 条的规定，海事纠纷的当事人都是外国人、无国籍人、外国企业或者组织，当事人书面协议选择我国海事法院管辖的，即使与纠纷有实际联系的地点不在我国领域内，海事法院对该纠纷也具有管辖权。

［**应注意的问题**］实践中，当事人之间事先专门针对集装箱订立保管合同的情形并不常见。当事人以该案由起诉，较多见于因集装箱堆存费争议导致债权人对集装箱行使留置权拒绝返还集装箱，或因其他原因导致集装箱无法依约返还，集装箱所有人或合法占有人请求返还集装箱引发的纠纷。确定案由时，应注意准确把握案件事实，区分当事人之间的纠纷是承运人与托运人之间的运输合同纠纷、出租人与承租人之间的集装箱租赁合同纠纷，还是相关方与港口经营人之间因集装箱引起的仓储或保管合同纠纷。案由的确定一定程度取决于当事人的诉讼请求。另外，《最高人民法院关于海事法院受理案件范围的规定》第 35 条使用了“海运集装箱仓储、堆存、保管合同纠纷案件”这一表述。“堆存合同”并不构成一类独立的合同，事实上可以被仓储合同或保管合同所涵盖。

请求权基础规范指引

《中华人民共和国民法典》（2020 年）

第八百八十八条【保管合同定义】 保管合同是保管人保管寄存人交付的保管物，并返还该物的合同。

寄存人到保管人处从事购物、就餐、住宿等活动，将物品存放在指定场所的，视为保管，但是当事人另有约定或者另有交易习惯的除外。

第八百八十九条【保管费】 寄存人应当按照约定向保管人支付保管费。

当事人对保管费没有约定或者约定不明确，依据本法第五百一十条的规定仍不能确定的，视为无偿保管。

第八百九十条【保管合同成立时间】 保管合同自保管物交付时成立，但是当事人另有约定的除外。

第八百九十一条【保管人出具保管凭证义务】 寄存人向保管人交付保管物的，保管人应当出具保管凭证，但是另有交易习惯的除外。

第八百九十二条【保管人妥善保管义务】 保管人应当妥善保管保管物。

当事人可以约定保管场所或者方法。除紧急情况或者为维护寄存人利益外，不得擅自改变保管场所或者方法。

第八百九十三条【寄存人告知义务】 寄存人交付的保管物有瑕疵或者根据保管物的性质需要采取特殊保管措施的，寄存人应当将有关情况告知保管人。寄存人未告知，致使保管物受损失的，保管人不承担赔偿责任；保管人因此受损失的，除保管人知道或者应当知道且未采取补救措施外，寄存人应当承担赔偿责任。

第八百九十四条【保管人亲自保管保管物义务】 保管人不得将保管物转交第三人保管，但是当事人另有约定的除外。

保管人违反前款规定，将保管物转交第三人保管，造成保管物损失的，应当承担赔偿责任。

第八百九十五条【保管人不得使用或者许可他人使用保管物的义务】 保管人不得使用或者许可第三人使用保管物，但是当事人另有约定的除外。

第八百九十六条【保管人返还保管物及通知寄存人的义务】 第三人对保管物主张权利的，除依法对保管物采取保全或者执行措施外，保管人应当履行向寄存人返还保管物的义务。

第三人对保管人提起诉讼或者对保管物申请扣押的，保管人应当及时通知寄存人。

第八百九十七条【保管人赔偿责任】 保管期内，因保管人保管不善造成保管物毁损、灭失的，保管人应当承担赔偿责任。但是，无偿保管人证明自己没有故意或者重大过失的，不承担赔偿责任。

第八百九十八条【寄存人声明义务】 寄存人寄存货币、有价证券或者其他贵重物品的，应当向保管人声明，由保管人验收或者封存；寄存人未声明的，该物品毁损、灭失后，保管人可以按照一般物品予以赔偿。

第八百九十九条【领取保管物】 寄存人可以随时领取保管物。

当事人对保管期限没有约定或者约定不明确的，保管人可以随时请求寄存人领取保管物；约定保管期限的，保管人无特别事由，不得请求寄存人提前领取保管物。

第九百条【返还保管物及其孳息】 保管期限届满或者寄存人提前领取保管物的，保管人应当将原物及其孳息归还寄存人。

第九百零一条【消费保管合同】 保管人保管货币的，可以返还相同种类、数量的货币；保管其他可替代物的，可以按照约定返还相同种类、品质、数量的物品。

第九百零二条【保管费支付期限】 有偿的保管合同，寄存人应当按照约定的期限向保管人支付保管费。

当事人对支付期限没有约定或者约定不明确，依据本法第五百一十条的规定仍不能确定的，应当在领取保管物的同时支付。

第九百零三条【保管人留置权】 寄存人未按照约定支付保管费或者其他费用的，保管人对保管物享有留置权，但是当事人另有约定的除外。

221. 港口货物保管合同纠纷

案由适用要点

［**释义**］港口货物保管合同是指港口与委托人签订货物保管合同或仓储合同，或涉及货物保管内容的港口作业合同，约定由其保管委托人交存的货物，并依约定向委托人，或委托人指示的人，或合同约定的其他人交付货物的合同。

［**管辖**］依据《最高人民法院关于海事法院受理案件范围的规定》第32条的规定，港口货物堆存、保管、仓储合同纠纷案件属于海事法院受案范围。港口货物保管合同纠纷属于典型的海事案件，由海事法院专门管辖。虽然港口货物保管合同更多具有保管合同和仓储合同的性质，保管的标的物系货物即动产，但如果当事人之间的争议主要与货物的保管或仓储相关，那么赋予此类案件专属管辖的属性可能存在不同看法。考虑到港口货物保管时常被作为港口作业中的一环，而货物的堆存、保管或仓储在港口，港口所在地海事法院更便于收集和核对证据，确定由港口所在地海事法院管辖，也确实不会给当事人带来更大的不便，故将此类案件确定由港口所在地海事法院管辖亦较为合理。至于案件地域管辖的路径依据，根据《海事诉讼特别程序法》第7条第1项规定，因沿海港口作业纠纷提起的诉讼，由港口所在地海事法院管辖。港口货物保管合同纠纷与港口作业纠纷是两个独立的案由，港口货物保管合同纠纷的地域管辖未作特别规定，考虑到港口作业实践中，当事人之间不时签订有港口作业合同以及案件审理的便利和当事人参与诉讼的便利等，以《海事诉讼特别程序法》第7条第1项的规定，确定沿海港口货物保管合同纠纷由港口所在地海事法院管辖并无不当。如果纠纷并非发生于沿海

的港口，而发生在长江沿岸的港口或其他与海相通的水域的港口，则《海事诉讼特别程序法》第7条第1项的规定不能涵盖此类情形，以《民事诉讼法》第34条第2项为依据，再根据最高人民法院关于各海事法院管辖区分划分的相关规定，确定相应的海事法院管辖亦无不妥。

[**应注意的问题**] 应注意该案由与港口作业纠纷案由的区分。如果委托人与港口签订的合同包含对运抵或运离港口的各类货物进行装卸、驳运、仓储或保管、装拆集装箱等一揽子操作，当事人未将其中某一环节单独予以剥离提起诉讼，此种情形下以将案件定性为港口作业纠纷为宜。如果属于相关人员在操作港口作业机械、设备过程中造成港口设施损坏或者他人人身、财产损害的损害赔偿纠纷，则更应确定为港口作业纠纷。如果当事人将包含有一揽子作业内容中的货物保管或仓储合同单独作为起诉的诉因，则应确定为港口货物保管合同纠纷为宜。如果当事人单独就港口货物订立有保管或仓储合同，则无疑应以本案由对案件进行定性。

请求权基础规范指引

《中华人民共和国民法典》（2020年）

第八百八十八条【保管合同定义】 保管合同是保管人保管寄存人交付的保管物，并返还该物的合同。

寄存人到保管人处从事购物、就餐、住宿等活动，将物品存放在指定场所的，视为保管，但是当事人另有约定或者另有交易习惯的除外。

第八百八十九条【保管费】 寄存人应当按照约定向保管人支付保管费。

当事人对保管费没有约定或者约定不明确，依据本法第五百一十条的规定仍不能确定的，视为无偿保管。

第八百九十条【保管合同成立时间】 保管合同自保管物交付时成立，但是当事人另有约定的除外。

第八百九十一条【保管人出具保管凭证义务】 寄存人向保管人交付保管物的，保管人应当出具保管凭证，但是另有交易习惯的除外。

第八百九十二条【保管人妥善保管义务】 保管人应当妥善保管保管物。

当事人可以约定保管场所或者方法。除紧急情况或者为维护寄存人利益外，不得擅自改变保管场所或者方法。

第八百九十三条【寄存人告知义务】 寄存人交付的保管物有瑕疵或者根据保管物的性质需要采取特殊保管措施的，寄存人应当将有关情况告知保管人。寄存人未告知，致使保管物受损失的，保管人不承担赔偿责任；保管人因此受损失的，除保管人知道或者应当知道且未采取补救措施外，寄存人应当承担赔偿责任。

222. 船舶代理合同纠纷

案由适用要点

［释义］船舶代理合同具有委托合同的一般法律属性，是指船舶代理人接受船方的委托，代为办理与船舶营运有关的事务、船舶进出港手续等事务的合同。该合同当事人因合同的订立、履行、变更和终止而产生的纠纷，即为船舶代理合同纠纷。

［管辖］根据《最高人民法院关于海事法院受理案件范围的规定》第19条的规定，船舶代理合同纠纷案件船舶代理合同纠纷属于海商案件，该类纠纷由海事法院专门管辖。依据《海事诉讼特别程序法》第6条第1款的规定，海事诉讼的地域管辖应依照《民事诉讼法》有关地域管辖的规定确定有管辖权的海事法院。《民事诉讼法》第24条规定，因合同纠纷提起的诉讼，由被告住所地或者合同履行地人民法院管辖。因该类案件由海事法院专门管辖，因此，就海事法院的地域管辖而言，纠纷应由被告住所地或者合同履行地相应辖区的海事法院管辖。至于各海事法院的管辖区域，则应依最高人民法院的相关规定予以确定。

如果案件具有涉外因素，应适用《民事诉讼法》涉外编中的第270条、第276条的规定，以及最高人民法院关于海事法院地域管辖划分的相关规定，确定管辖的海事法院。

该类案件属于当事人可以协议选择管辖法院的案件，因此当事人可以依据《民事诉讼法》第35条规定的相关管辖连接点，就被告住所地、合同履行地、合同签订地、原告住所地、标的物所在地书面协议选择有管辖权的海事法院管辖。另外，依据《海事诉讼特别程序法》第8条，海事纠纷的当事人都是外国人、无国籍人、外国企业或者组织，当事人书面协议选择我国海事法院管辖的，即使与纠纷有实际联系的地点不在我国领域内，我国海事法院对该纠纷也具有管辖权。

［应注意的问题］船舶代理合同的主要特征在于：船舶代理人是接受船方委托，代为办理与船舶营运和进出港手续有关的业务而形成的合同，而船舶代理合同纠纷是指因船舶代理合同的订立、履行、变更和终止所产生的纠纷。实践中存在因未准确理解该案由而将案件错误定性的情况。例如，混淆船舶代理合同和货运代理合同。合同约定由某船务代理公司为货方提供码头货物装卸、物流等事项的代理服务，货方向某船务代理公司支付代理费。虽然请求支付费用的当事人名称包含船务代理的字眼且争议与代理事务的履行和代理费的支付有关，但考察双方在合同中的权利义务，其并不涉及为船舶有关

营运业务和进出港手续等事务，此时不宜确定为船舶代理合同。又如，未注意受托人所代理事务的类型，将受船方委托代为办理的一般性事务混淆为船代业务，认为只要是受船方委托代为办理的事务，均为船代事务，此系对船舶代理合同纠纷这一案由的误解。

请求权基础规范指引

《中华人民共和国民法典》（2020年）

第九百二十条【委托权限】 委托人可以特别委托受托人处理一项或者数项事务，也可以概括委托受托人处理一切事务。

第九百二十一条【委托费用的预付和垫付】 委托人应当预付处理委托事务的费用。受托人为处理委托事务垫付的必要费用，委托人应当偿还该费用并支付利息。

第九百二十二条【受托人应当按照委托人的指示处理委托事务】 受托人应当按照委托人的指示处理委托事务。需要变更委托人指示的，应当经委托人同意；因情况紧急，难以和委托人取得联系的，受托人应当妥善处理委托事务，但是事后应当将该情况及时报告委托人。

第九百二十三条【受托人亲自处理委托事务】 受托人应当亲自处理委托事务。经委托人同意，受托人可以转委托。转委托经同意或者追认的，委托人可以就委托事务直接指示转委托的第三人，受托人仅就第三人的选任及其对第三人的指示承担责任。转委托未经同意或者追认的，受托人应当对转委托的第三人的行为承担责任；但是，在紧急情况下受托人为了维护委托人的利益需要转委托第三人的除外。

第九百二十四条【受托人的报告义务】 受托人应当按照委托人的要求，报告委托事务的处理情况。委托合同终止时，受托人应当报告委托事务的结果。

第九百二十五条【委托人介入权】 受托人以自己的名义，在委托人的授权范围内与第三人订立的合同，第三人在订立合同时知道受托人与委托人之间的代理关系的，该合同直接约束委托人和第三人；但是，有确切证据证明该合同只约束受托人和第三人的除外。

第九百二十六条【委托人对第三人的权利和第三人选择权】 受托人以自己的名义与第三人订立合同时，第三人不知道受托人与委托人之间的代理关系的，受托人因第三人的原因对委托人不履行义务，受托人应当向委托人披露第三人，委托人因此可以行使受托人对第三人的权利。但是，第三人与受托人订立合同时如果知道该委托人就不会订立合同的除外。

受托人因委托人的原因对第三人不履行义务，受托人应当向第三人披露委托人，第三人因此可以选择受托人或者委托人作为相对人主张其权利，但是第三人不得变更选定的相对人。

委托人行使受托人对第三人的权利的，第三人可以向委托人主张其对受托人的抗辩。第三人选定委托人作为其相对人的，委托人可以向第三人主张其对受托人的抗辩以及受托人对第三人的抗辩。

第九百二十七条【受托人转移利益】 受托人处理委托事务取得的财产，应当转交给委托人。

第九百二十八条【委托人支付报酬】 受托人完成委托事务的，委托人应当按照约定向其支付报酬。

因不可归责于受托人的事由，委托合同解除或者委托事务不能完成的，委托人应当向受托人支付相应的报酬。当事人另有约定的，按照其约定。

第九百二十九条【受托人的赔偿责任】 有偿的委托合同，因受托人的过错造成委托人损失的，委托人可以请求赔偿损失。无偿的委托合同，因受托人的故意或者重大过失造成委托人损失的，委托人可以请求赔偿损失。

受托人超越权限造成委托人损失的，应当赔偿损失。

第九百三十条【委托人的赔偿责任】 受托人处理委托事务时，因不可归责于自己的事由受到损失的，可以向委托人请求赔偿损失。

第九百三十一条【委托人另行委托他人处理事务】 委托人经受托人同意，可以在受托人之外委托第三人处理委托事务。因此造成受托人损失的，受托人可以向委托人请求赔偿损失。

第九百三十二条【共同委托】 两个以上的受托人共同处理委托事务的，对委托人承担连带责任。

第九百三十三条【委托合同解除】 委托人或者受托人可以随时解除委托合同。因解除合同造成对方损失的，除不可归责于该当事人的事由外，无偿委托合同的解除方应当赔偿因解除时间不当造成的直接损失，有偿委托合同的解除方应当赔偿对方的直接损失和合同履行后可以获得的利益。

第九百三十四条【委托合同终止】 委托人死亡、终止或者受托人死亡、丧失民事行为能力、终止的，委托合同终止；但是，当事人另有约定或者根据委托事务的性质不宜终止的除外。

第九百三十五条【受托人继续处理委托事务】 因委托人死亡或者被宣告破产、解散，致使委托合同终止将损害委托人利益的，在委托人的继承人、遗产管理人或者清算人承受委托事务之前，受托人应当继续处理委托事务。

第九百三十六条【受托人的继承人等的义务】 因受托人死亡、丧失民事行为能力或者被宣告破产、解散，致使委托合同终止的，受托人的继承人、遗产管理人、法定代理人或者清算人应当及时通知委托人。因委托合同终止将损害委托人利益的，在委托人作出善后处理之前，受托人的继承人、遗产管理人、法定代理人或者清算人应当采取必要措施。

《国内水路运输管理条例》（2023 年修订）

第二十九条 水路运输经营者可以委托船舶代理、水路旅客运输代理、水路货物运输代理业务的经营者，代办船舶进出港手续等港口业务，代为签订运输合同，代办旅客、货物承揽业务以及其他水路运输代理业务。

第三十条 船舶代理、水路旅客运输代理业务的经营者应当自企业设立登记之日起 15 个工作日内，向所在地设区的市级人民政府负责水路运输管理的部门备案。

第三十一条 船舶代理、水路旅客运输代理、水路货物运输代理业务的经营者接受委托提供代理服务，应当与委托人订立书面合同，按照国家有关规定和合同约定办理代理业务，不得强行代理，不得为未依法取得水路运输业务经营许可或者超越许可范围的经营者办理代理业务。

《中华人民共和国国际海运条例》（2023 年修订）

第二十条 国际船舶代理经营者接受船舶所有人或者船舶承租人、船舶经营人的委托，可以经营下列业务：

（一）办理船舶进出港口手续，联系安排引航、靠泊和装卸；

（二）代签提单、运输合同，代办接受订舱业务；

（三）办理船舶、集装箱以及货物的报关手续；

（四）承揽货物、组织货载，办理货物、集装箱的托运和中转；

（五）代收运费，代办结算；

（六）组织客源，办理有关海上旅客运输业务；

（七）其他相关业务。

国际船舶代理经营者应当按照国家有关规定代扣代缴其所代理的外国国际船舶运输经营者的税款。

《中华人民共和国国际海运条例实施细则》（2023 年修正）

第三条 《海运条例》和本实施细则中下列用语的含义是：

……

（六）国际船舶代理经营者，是指依照中国法律设立从事《海运条例》第二十条规定业务的中国企业法人。

……

第二十五条 国际船舶代理经营者、国际船舶管理经营者，不得有下列行为：

（一）以非正常、合理的收费水平提供服务，妨碍公平竞争；

（二）在会计账簿之外暗中给予客户回扣，以承揽业务；

（三）滥用优势地位，限制交易当事人自主选择国际海运辅助业务经营者，或者以其相关产业的垄断地位诱导交易当事人，排斥同业竞争；

（四）其他不正当竞争行为。

223. 海上、通海水域货运代理合同纠纷

案由适用要点

[释义] 海上、通海水域货运代理合同，是指货运代理企业接受委托人的委托，办理与海上、通海水域与货物运输有关的货运代理事务，并就所提供的服务向委托人收取约定报酬的合同。

[管辖] 根据《最高人民法院关于海事法院受理案件范围的规定》第27条的规定，海上、通海可航水域货运代理合同纠纷案件属于典型的海商案件，该类纠纷由海事法院专门管辖。依据《海事诉讼特别程序法》第6条第1款的规定，海事诉讼的地域管辖应依照《民事诉讼法》有关地域管辖的规定确定有管辖权的海事法院。《民事诉讼法》第24条规定，因合同纠纷提起的诉讼，由被告住所地或者合同履行地人民法院管辖。因该类案件由海事法院专门管辖，因此就海事法院的地域管辖而言，纠纷应由被告住所地或者合同履行地相应辖区的海事法院管辖。至于各海事法院的管辖区域，则应依最高人民法院的相关规定予以确定。

如果案件具有涉外因素，应适用《民事诉讼法》涉外编中的第270条、第276条的规定，以及最高人民法院关于海事法院地域管辖划分的相关规定，确定管辖的海事法院。

该类案件属于当事人可以协议选择管辖法院的案件，因此当事人可以依据《民事诉讼法》第35条规定的相关管辖连接点，就被告住所地、合同履行地、合同签订地、原告住所地、标的物所在地书面协议选择有管辖权的海事法院管辖。另外，依据《海事诉讼特别程序法》第8条的规定，海事纠纷的当事人都是外国人、无国籍人、外国企业或者组织，当事人书面协议选择我国海事法院管辖的，即使与纠纷有实际联系的地点不在我国领域内，我国海事法院对该纠纷也具有管辖权。

[应注意的问题] 货运代理企业实际从事的业务范围广泛，在从事货运代理事务时往往存在受托同时从事多项事务的情况，已突破传统意义上的进出口收货人、发货人代理人身份，常以无船承运人、仓储人等当事人身份参与海上货物运输。海事法院审理海上货运代理纠纷案件时，应根据货运代理企业具体从事的事务，认定货运代理企业与委托人之间实际形成的法律关系。如果货运代理企业从事的是代理事务，即使从事的代理事务涉及多项，其与委托人之间仍仅形成代理关系。此时应依据《民法典》合同编关于代理人承

担过错责任之归责原则，依法对代理人的责任进行判断。如果货运代理企业还从事了运输、仓储或保管等业务，则应认定其与委托人之间分别形成运输合同法律关系或仓储、保管合同等不同法律关系。此时应依据《民法典》合同编相关章节判断货运代理企业的责任。总之，货运代理企业与委托人之间法律关系的认定应根据双方合同的约定，并考量货运代理企业实际履行合同的相关行为来综合加以认定。

在立案阶段，往往难以对当事人之间的法律关系作出准确认定，可依据当事人提交的初步证据，结合当事人的诉请确定案件案由，在案件实体审理阶段再根据审理过程中证据所展现的事实，最终对当事人之间的法律关系进行定性，确定案件的案由。

请求权基础规范指引

《中华人民共和国民法典》（2020 年）

第九百二十条【委托权限】 委托人可以特别委托受托人处理一项或者数项事务，也可以概括委托受托人处理一切事务。

《中华人民共和国海商法》（1992 年）

第五十九条 经证明，货物的灭失、损坏或者迟延交付是由于承运人的故意或者明知可能造成损失而轻率地作为或者不作为造成的，承运人不得援用本法第五十六条或者第五十七条限制赔偿责任的规定。

经证明，货物的灭失、损坏或者迟延交付是由于承运人的受雇人、代理人的故意或者明知可能造成损失而轻率地作为或者不作为造成的，承运人的受雇人或者代理人不得援用本法第五十六条或者第五十七条限制赔偿责任的规定。

第六十条 承运人将货物运输或者部分运输委托给实际承运人履行的，承运人仍然应当依照本章规定对全部运输负责。对实际承运人承担的运输，承运人应当对实际承运人的行为或者实际承运人的受雇人、代理人在受雇或者受委托的范围内的行为负责。

虽有前款规定，在海上运输合同中明确约定合同所包括的特定的部分运输由承运人以外的指定的实际承运人履行的，合同可以同时约定，货物在指定的实际承运人掌管期间发生的灭失、损坏或者迟延交付，承运人不负赔偿责任。

第七十条 托运人对承运人、实际承运人所遭受的损失或者船舶所遭受的损坏，不负赔偿责任；但是，此种损失或者损坏是由于托运人或者托运人的受雇人、代理人的过失造成的除外。

托运人的受雇人、代理人对承运人、实际承运人所遭受的损失或者船舶所遭受的损坏，不负赔偿责任；但是，这种损失或者损坏是由于托运人的受雇人、代理人的过失造成的除外。

第一百零二条 本法所称多式联运合同，是指多式联运经营人以两种以上的不同运输方式，其中一种是海上运输方式，负责将货物从接收地运至目的地交付收货人，并收取全程运费的合同。

前款所称多式联运经营人，是指本人或者委托他人以本人名义与托运人订立多式联运合同的人。

《中华人民共和国国际货物运输代理业管理规定实施细则》（2003 年）

第二条 国际货物运输代理企业（以下简称国际货运代理企业）可以作为进出口货物收货人、发货人的代理人，也可以作为独立经营人，从事国际货运代理业务。

国际货运代理企业作为代理人从事国际货运代理业务，是指国际货运代理企业接受进出口货物收货人、发货人或其代理人的委托，以委托人名义或者以自己的名义办理有关业务，收取代理费或佣金的行为。

国际货运代理企业作为独立经营人从事国际货运代理业务，是指国际货运代理企业接受进出口货物收货人、发货人或其代理人的委托，运费以及服务费的行为。

《最高人民法院关于审理海上货运代理纠纷案件若干问题的规定》（2020 年 12 月 23 日修正）

第一条 本规定适用于货运代理企业接受委托人委托处理与海上货物运输有关的货运代理事务时发生的下列纠纷：

（一）因提供订舱、报关、报检、报验、保险服务所发生的纠纷；

（二）因提供货物的包装、监装、监卸、集装箱装拆箱、分拨、中转服务所发生的纠纷；

（三）因缮制、交付有关单证、费用结算所发生的纠纷；

（四）因提供仓储、陆路运输服务所发生的纠纷；

（五）因处理其他海上货运代理事务所发生的纠纷。

第二条 人民法院审理海上货运代理纠纷案件，认定货运代理企业因处理海上货运代理事务与委托人之间形成代理、运输、仓储等不同法律关系的，应分别适用相关的法律规定。

第三条 人民法院应根据书面合同约定的权利义务的性质，并综合考虑货运代理企业取得报酬的名义和方式、开具发票的种类和收费项目、当事人之间的交易习惯以及合同实际履行的其他情况，认定海上货运代理合同关系是否成立。

224. 理货合同纠纷

案由适用要点

[**释义**] 理货合同，是指理货人为船方或货方提供理货服务，船方或货方向理货人支付相应报酬或费用的合同。

[**管辖**] 根据《最高人民法院关于海事法院受理案件范围的规定》第 29 条的规定，海上、通海可航水域理货合同纠纷案件属于典型的海商案件，该类案件由海事法院专门管辖。依据《海事诉讼特别程序法》第 6 条第 1 款的规定，海事诉讼的地域管辖应依照《民事诉讼法》有关地域管辖的规定确定有管辖权的海事法院。《民事诉讼法》第 24 条规定，因合同纠纷提起的诉讼，由被告住所地或者合同履行地人民法院管辖。因该类案件由海事法院专门管辖，因此就海事法院的地域管辖而言，纠纷应由被告住所地或者合同履行地相应辖区的海事法院管辖。至于各海事法院的管辖区域，则应依最高人民法院的相关规定予以确定。

如果案件具有涉外因素，应适用《民事诉讼法》涉外编中的第 270 条、第 276 条的规定，以及最高人民法院关于海事法院地域管辖划分的相关规定，确定管辖的海事法院。

该类案件属于当事人可以协议选择管辖法院的案件，因此当事人可以依据《民事诉讼法》第 35 条规定的相关管辖连接点，就被告住所地、合同履行地、合同签订地、原告住所地、标的物所在地书面协议选择有管辖权的海事法院管辖。另外，依据《海事诉讼特别程序法》第 8 条的规定，海事纠纷的当事人都是外国人、无国籍人、外国企业或者组织，当事人书面协议选择我国海事法院管辖的，即使与纠纷有实际联系的地点不在我国领域内，我国海事法院对该纠纷也具有管辖权。

[**应注意的问题**] 当事人因交接性理货合同发生争议时，需要准确区分当事人之间合同的法律性质，如果讼争的理货合同还包含有仓储、港口作业或者承揽的相关事实，应依据当事人之间合同约定的主要义务和实际履行的主要义务最终确定合同的性质。在立案阶段，可以依据当事人提交的初步证据，结合当事人的诉请初步确定案件案由，在案件实体审理阶段再根据审理过程中当事人提交的证据所展现的事实，最终对当事人之间的法律关系进行定性，确定案件的案由。

关于理货合同的效力，应注意相关行政管理规定对合同效力的影响。根据《交通运输部港口经营管理规定》的规定，行政主管部门已经取消港口理货的经营许可，将经营港口理货业务许可改为备案，取消港口理货业务许可条件和许可程序等相关条款，并相应增加备案管理要求。对港口理货业务经营人以及从事船舶港口服务、港口设施设备和机械租赁维修的经营人未按照有关规定办理备案的，虽应予以行政处罚，对违反规定行为的，纳入信用记录并予以公示。相关行政处罚措施并不必然影响理货合同的效力。

请求权基础规范指引

《中华人民共和国民法典》（2020年）

第四百六十七条【无名合同及涉外合同的法律适用】 本法或者其他法律没有明文规定的合同，适用本编通则的规定，并可以参照适用本编或者其他法律最相类似合同的规定。

在中华人民共和国境内履行的中外合资经营企业合同、中外合作经营企业合同、中外合作勘探开发自然资源合同，适用中华人民共和国法律。

第五百七十七条【违约责任】 当事人一方不履行合同义务或者履行合同义务不符合约定的，应当承担继续履行、采取补救措施或者赔偿损失等违约责任。

第九百二十条【委托权限】 委托人可以特别委托受托人处理一项或者数项事务，也可以概括委托受托人处理一切事务。

第九百二十二条【受托人应当按照委托人的指示处理委托事务】 受托人应当按照委托人的指示处理委托事务。需要变更委托人指示的，应当经委托人同意；因情况紧急，难以和委托人取得联系的，受托人应当妥善处理委托事务，但是事后应当将该情况及时报告委托人。

第九百二十四条【受托人的报告义务】 受托人应当按照委托人的要求，报告委托事务的处理情况。委托合同终止时，受托人应当报告委托事务的结果。

第九百二十八条【委托人支付报酬】 受托人完成委托事务的，委托人应当按照约定向其支付报酬。

因不可归责于受托人的事由，委托合同解除或者委托事务不能完成的，委托人应当向受托人支付相应的报酬。当事人另有约定的，按照其约定。

第九百三十条【委托人的赔偿责任】 受托人处理委托事务时，因不可归责于自己的事由受到损失的，可以向委托人请求赔偿损失。

225. 船舶物料和备品供应合同纠纷

案由适用要点

［释义］ 船舶物料和备品供应合同，是指供应商向船方提供船用物料和备

品，船方向供应商支付货物价款的合同。

［**管辖**］根据《最高人民法院关于海事法院受理案件范围的规定》第18条的规定，与特定船舶营运相关的物料、燃油、备品供应合同纠纷案件属于海商案件，该类案件由海事法院专门管辖。依据《海事诉讼特别程序法》第6条第1款的规定，海事诉讼的地域管辖应依照《民事诉讼法》有关地域管辖的规定确定有管辖权的海事法院。《民事诉讼法》第24条规定，因合同纠纷提起的诉讼，由被告住所地或者合同履行地人民法院管辖。因该类案件由海事法院专门管辖，因此就海事法院的地域管辖而言，纠纷应由被告住所地或者合同履行地相应辖区的海事法院管辖。至于各海事法院的管辖区域，则应依最高人民法院的相关规定予以确定。

如果案件具有涉外因素，应适用《民事诉讼法》涉外编中的第270条、第276条的规定，以及最高人民法院关于海事法院地域管辖划分的相关规定，确定管辖的海事法院。

该类案件属于当事人可以协议选择管辖法院的案件，因此当事人可以依据《民事诉讼法》第35条规定的相关管辖连接点，就被告住所地、合同履行地、合同签订地、原告住所地、标的物所在地书面协议选择有管辖权的海事法院管辖。另外，依据《海事诉讼特别程序法》第8条的规定，海事纠纷的当事人都是外国人、无国籍人、外国企业或者组织，当事人书面协议选择我国海事法院管辖的，即使与纠纷有实际联系的地点不在我国领域内，我国海事法院对该纠纷也具有管辖权。

［**应注意的问题**］船舶物料和备品供应合同性质上属于《民法典》合同编第9章所规定的买卖合同。在船舶营运存在如下情形时，在案件受理和审理阶段，需要准确识别供应商的合同相对方：（1）船舶经营系以光租经营、挂靠经营、合伙经营、承包经营等方式经营；（2）船舶物料和备品是由相关工作人员实际接收和签字，工作人员的行为应视为哪一方的行为或者供货凭据上仅加盖有船舶的船章，加盖船章的行为对哪一方产生约束力；（3）船舶修理或改建时，船方与提供修理或改建服务的承揽人之间因对承揽人的义务是否包括提供物料和配件发生争议，作为承揽合同外第三方的供应商如果与收货方的合同约定不明，也需要准确界定船舶物料和备品供应合同的买受人。

另外，根据《最高人民法院关于海事法院受理案件范围的规定》第13条的规定，船舶关键部件和专用物品的分包施工、委托建造、订制、买卖等合同纠纷案件属于海事法院受案范围。因船舶关键部件和专用物品仅为船舶的组成部分，不是船舶本身，也不属于船舶物料和备品，此类争议可确定为上一级案由。管辖则应根据合同争议的相关管辖规则，确定由相应的海事法院管辖。

在立案阶段，可以依据当事人提交的初步证据，结合当事人的诉请初步确定案件案由，在案件实体审理阶段再根据审理过程中当事人提交的证据所展现的事实，最终对当事人之间的法律关系进行定性，确定案件的案由。

请求权基础规范指引

《中华人民共和国民法典》（2020 年）

第五百七十七条【违约责任】 当事人一方不履行合同义务或者履行合同义务不符合约定的，应当承担继续履行、采取补救措施或者赔偿损失等违约责任。

第五百九十五条【买卖合同定义】 买卖合同是出卖人转移标的物的所有权于买受人，买受人支付价款的合同。

第五百九十八条【出卖人基本义务】 出卖人应当履行向买受人交付标的物或者交付提取标的物的单证，并转移标的物所有权的义务。

第六百零一条【标的物交付期限】 出卖人应当按照约定的时间交付标的物。约定交付期限的，出卖人可以在该交付期限内的任何时间交付。

第六百零二条【标的物交付期限不明时的处理】 当事人没有约定标的物的交付期限或者约定不明确的，适用本法第五百一十条、第五百一十一条第四项的规定。

226. 船员劳务合同纠纷

案由适用要点

[释义] 船员劳务合同，是指船员与船舶所有人（包括光船承租人、船舶管理人、船舶经营人）就船员在船上提供服务，船舶所有人向船员支付工资或报酬的合同。需要强调的是，此处的船员劳务合同是从广义上理解，既包括狭义的船员劳务合同即雇佣合同，也包括船员劳动合同。

[管辖] 依据《最高人民法院关于海事法院受理案件范围的规定》第 24 条的规定，船员劳动合同、劳务合同（含船员劳务派遣协议）项下与船员登船、在船服务、离船遣返相关的报酬给付及人身伤亡赔偿纠纷案件由海事法院专门管辖。

关于船员劳务合同（广义，包括船员劳动合同）纠纷的主管问题，有一个逐步演进的过程。《海事诉讼特别程序法》确定船员劳务合同纠纷由海事法院管辖。2002 年 6 月 10 日颁布实施的《最高人民法院关于国内船员劳务合同纠纷案件是否应劳动仲裁前置的请示的复函》（已失效）进一步明确，船员劳务合同包括国内船员劳务合同纠纷，涉及船员工资等处于第一顺序的船舶优先权请求。此类案件是极具专业特点的海事案件，应当由海事法院审理，不受仲裁前置的限制。《最高人民法院关于适用〈中华人民共和国海事诉讼特别程序法〉若干问题的解释》吸纳了复函的内容，规定船员劳务合同纠纷由海事法院直接受理。

随着实践的发展，逐渐出现了船员劳动合同纠纷中，船员的诉讼请求不涉及船员登船、在船服务、离船遣返，即船员的诉讼请求与船舶优先权无关的情况，此类案件是实行仲裁前置还是由海事法院直接受理，海事司法实践仍不统一。对此，海事审判实践和理论中逐步出现了区分"上船服务"与"非因上船服务"的声音，提出前者与普通劳动争议案件一样实行仲裁前置，首先交由专业劳动仲裁机构先行仲裁，这样反而更有利于快速解决纠纷，更有利于船员利益保护。最高人民法院 2010 年通过电话答复的方式肯定了这一做法。2020 年 9 月 27 日公布的《最高人民法院关于审理涉船员纠纷案件若干问题的规定》正式实施时，对海事审判实践中区分"上船服务"与"非因上船服务"的做法予以吸纳。该司法解释第 1 条明确规定，船员与船舶所有人之间的劳动争议不涉及船员登船、在船工作、离船遣返，当事人直接向海事法院提起诉讼的，海事法院告知当事人依照《劳动争议调解仲裁法》的规定处理。依据该规定，船员劳动合同纠纷与船员登船、在船工作、离船遣返无关、不涉及船舶优先权问题的，争议实质上属于普通的劳动争议，应依《劳动争议调解仲裁法》的规定，按"先裁后审""一裁两审"的程序处理。而对于与船员登船、在船工作、离船遣返有关的劳动争议，以及船员劳务合同纠纷，仍应由有管辖权的海事法院直接受理。

依据《海事诉讼特别程序法》第 6 条第 2 款第 5 项的规定，因海船的船员劳务合同纠纷提起的诉讼，由原告住所地、合同签订地、船员登船港或者离船港所在地、被告住所地海事法院管辖，海事实践中，对于涉内河船船员纠纷的案件管辖，以及与船员登船、在船服务、离船遣返相关的船员劳动合同纠纷，也可参照这一管辖规定办理。

[应注意的问题] 船员劳动合同和船员劳务合同（狭义）的区分是确立案由的难点所在。因目前境外船东与中国船员、境外船东与外国船员无法建立我国劳动法意义上的劳动合同，因此航运实践中狭义的船员劳务合同，主要包括境外船东与中外船员之间的合同。另外，从事沿海内河运输的个人船东、从事渔业捕捞的个人船东等雇用船员提供服务，以及具备用人单位特征的公司临时雇用船员从事短期劳务工作等，实践中较多被认定为劳务合同。

另需注意的是，船员在一个案件中提出的诉讼请求可能同时涵盖与船舶优先权有关的事项和与船舶优先权无关的事项，为方便船员诉讼，避免要求船员拆分诉讼请求分别通过仲裁前置和直接诉讼的方式解决争议，徒增当事人的诉累，海事法院可以考虑对两类请求一并予以受理。

请求权基础规范指引

《中华人民共和国海商法》（1992 年）

第二十二条 下列各项海事请求具有船舶优先权：

（一）船长、船员和在船上工作的其他在编人员根据劳动法律、行政法规或者劳动合同所产生的工资、其他劳动报酬、船员遣返费用和社会保险费用的给付请求；

……

第三十一条 船员，是指包括船长在内的船上一切任职人员。

第三十二条 船长、驾驶员、轮机长、轮机员、电机员、报务员，必须由持有相应适任证书的人担任。

第三十三条 从事国际航行的船舶的中国籍船员，必须持有中华人民共和国港务监督机构颁发的海员证和有关证书。

第三十四条 船员的任用和劳动方面的权利、义务，本法没有规定的，适用有关法律、行政法规的规定。

《中华人民共和国劳动法》（2018 年修正）

第三条 劳动者享有平等就业和选择职业的权利、取得劳动报酬的权利、休息休假的权利、获得劳动安全卫生保护的权利、接受职业技能培训的权利、享受社会保险和福利的权利、提请劳动争议处理的权利以及法律规定的其他劳动权利。

劳动者应当完成劳动任务，提高职业技能，执行劳动安全卫生规程，遵守劳动纪律和职业道德。

第四条 用人单位应当依法建立和完善规章制度，保障劳动者享有劳动权利和履行劳动义务。

《中华人民共和国船员条例》（2023 年修订）

第二十一条 船员用人单位和船员应当按照国家有关规定参加工伤保险、医疗保险、养老保险、失业保险以及其他社会保险，并依法按时足额缴纳各项保险费用。

船员用人单位应当为在驶往或者驶经战区、疫区或者运输有毒、有害物质的船舶上工作的船员，办理专门的人身、健康保险，并提供相应的防护措施。

第二十二条 船舶上船员生活和工作的场所，应当符合国家船舶检验规范中有关船员生活环境、作业安全和防护的要求。

船员用人单位应当为船员提供必要的生活用品、防护用品、医疗用品，建立船员健康档案，并为船员定期进行健康检查，防治职业疾病。

船员在船工作期间患病或者受伤的，船员用人单位应当及时给予救治；船员失踪或者死亡的，船员用人单位应当及时做好相应的善后工作。

第二十三条　船员用人单位应当依照有关劳动合同的法律、法规和中华人民共和国缔结或者加入的有关船员劳动与社会保障国际条约的规定，与船员订立劳动合同。

船员用人单位不得招用未取得本条例规定证件的人员上船工作。

第二十四条　船员工会组织应当加强对船员合法权益的保护，指导、帮助船员与船员用人单位订立劳动合同。

第二十五条　船员用人单位应当根据船员职业的风险性、艰苦性、流动性等因素，向船员支付合理的工资，并按时足额发放给船员。任何单位和个人不得克扣船员的工资。

船员用人单位应当向在劳动合同有效期内的待派船员，支付不低于船员用人单位所在地人民政府公布的最低工资。

第二十六条　船员在船工作时间应当符合国务院交通主管部门规定的标准，不得疲劳值班。

船员除享有国家法定节假日的假期外，还享有在船舶上每工作 2 个月不少于 5 日的年休假。

船员用人单位应当在船员年休假期间，向其支付不低于该船员在船工作期间平均工资的报酬。

第二十七条　船员在船工作期间，有下列情形之一的，可以要求遣返：

（一）船员的劳动合同终止或者依法解除的；

（二）船员不具备履行船上岗位职责能力的；

（三）船舶灭失的；

（四）未经船员同意，船舶驶往战区、疫区的；

（五）由于破产、变卖船舶、改变船舶登记或者其他原因，船员用人单位、船舶所有人不能继续履行对船员的法定或者约定义务的。

第二十八条　船员可以从下列地点中选择遣返地点：

（一）船员接受招用的地点或者上船任职的地点；

（二）船员的居住地、户籍所在地或者船籍登记国；

（三）船员与船员用人单位或者船舶所有人约定的地点。

第二十九条　船员的遣返费用由船员用人单位支付。遣返费用包括船员乘坐交通工具的费用、旅途中合理的食宿及医疗费用和 30 公斤行李的运输费用。

第三十条　船员的遣返权利受到侵害的，船员当时所在地民政部门或者中华人民共和国驻境外领事机构，应当向船员提供援助；必要时，可以直接安排船员遣返。民政部门或者中华人民共和国驻境外领事机构为船员遣返所垫付的费用，船员用人单位应当及时返还。

《最高人民法院关于审理涉船员纠纷案件若干问题的规定》（法释〔2020〕11号 2020年9月27日）

第一条 船员与船舶所有人之间的劳动争议不涉及船员登船、在船工作、离船遣返，当事人直接向海事法院提起诉讼的，海事法院告知当事人依照《中华人民共和国劳动争议调解仲裁法》的规定处理。

第二条 船员与船舶所有人之间的劳务合同纠纷，当事人向原告住所地、合同签订地、船员登船港或者离船港所在地、被告住所地海事法院提起诉讼的，海事法院应予受理。

第三条 船员服务机构仅代理船员办理相关手续，或者仅为船员提供就业信息，且不属于劳务派遣情形，船员服务机构主张其与船员仅成立居间或委托合同关系的，应予支持。

第四条 船舶所有人以被挂靠单位的名义对外经营，船舶所有人未与船员签订书面劳动合同，其聘用的船员因工伤亡，船员主张被挂靠单位为承担工伤保险责任的单位的，应予支持。船舶所有人与船员成立劳动关系的除外。

第五条 与船员登船、在船工作、离船遣返无关的劳动争议提交劳动争议仲裁委员会仲裁，仲裁庭根据船员的申请，就船员工资和其他劳动报酬、工伤医疗费、经济补偿或赔偿金裁决先予执行的，移送地方人民法院审查。

船员申请扣押船舶的，仲裁庭应将扣押船舶申请提交船籍港所在地或者船舶所在地的海事法院审查，或交地方人民法院委托船籍港所在地或者船舶所在地的海事法院审查。

第六条 具有船舶优先权的海事请求，船员未依照《中华人民共和国海商法》第二十八条的规定请求扣押产生船舶优先权的船舶，仅请求确认其在一定期限内对该产生船舶优先权的船舶享有优先权的，应予支持。

前款规定的期限自优先权产生之日起以一年为限。

第七条 具有船舶优先权的海事请求，船员未申请限制船舶继续营运，仅申请对船舶采取限制处分、限制抵押等保全措施的，应予支持。船员主张该保全措施构成《中华人民共和国海商法》第二十八条规定的船舶扣押的，不予支持。

第八条 因登船、在船工作、离船遣返产生的下列工资、其他劳动报酬，船员主张船舶优先权的，应予支持：

（一）正常工作时间的报酬或基本工资；

（二）延长工作时间的加班工资，休息日、法定休假日加班工资；

（三）在船服务期间的奖金、相关津贴和补贴，以及特殊情况下支付的工资等；

（四）未按期支付上述款项产生的孳息。

《中华人民共和国劳动法》和《中华人民共和国劳动合同法》中规定的相关经济补偿金、赔偿金，未依据《中华人民共和国劳动合同法》第八十二条之规定签订书面劳动合同而应支付的双倍工资，以及因未按期支付本款规定的前述费用而产生的孳息，船员主张船舶优先权的，不予支持。

第九条　船员因登船、在船工作、离船遣返而产生的工资、其他劳动报酬、船员遣返费用、社会保险费用，船舶所有人未依约支付，第三方向船员垫付全部或部分费用，船员将相应的海事请求权转让给第三方，第三方就受让的海事请求权请求确认或行使船舶优先权的，应予支持。

第十条　船员境外工作期间被遗弃，或遭遇其他突发事件，船舶所有人或其财务担保人、船员外派机构未承担相应责任，船员请求财务担保人、船员外派机构从财务担保费用、海员外派备用金中先行支付紧急救助所需相关费用的，应予支持。

第十一条　对于船员工资构成是否涵盖船员登船、在船工作、离船遣返期间的工作日加班工资、休息日加班工资、法定休假日加班工资，当事人有约定并主张依据约定确定双方加班工资的，应予支持。但约定标准低于法定最低工资标准的，不予支持。

第十二条　标准工时制度下，船员就休息日加班主张加班工资，船舶所有人举证证明已做补休安排，不应按法定标准支付加班工资的，应予支持。综合计算工时工作制下，船员对综合计算周期内的工作时间总量超过标准工作时间总量的部分主张加班工资的，应予支持。

船员就法定休假日加班主张加班工资，船舶所有人抗辩对法定休假日加班已做补休安排，不应支付法定休假日加班工资的，对船舶所有人的抗辩不予支持。双方另有约定的除外。

第十三条　当事人对船员工资或其他劳动报酬的支付标准、支付方式未作约定或约定不明，当事人主张以同工种、同级别、同时期市场的平均标准确定的，应予支持。

第十四条　船员因受欺诈、受胁迫在禁渔期、禁渔区或使用禁用的工具、方法捕捞水产品，或者捕捞珍稀、濒危海洋生物，或者进行其他违法作业，对船员主张的登船、在船工作、离船遣返期间的船员工资、其他劳动报酬，应予支持。

船舶所有人举证证明船员对违法作业自愿且明知的，对船员的上述请求不予支持。

船舶所有人或者船员的行为应受行政处罚或涉嫌刑事犯罪的，依照相关法定程序处理。

第十五条 船员因劳务受到损害，船舶所有人举证证明船员自身存在过错，并请求判令船员自担相应责任的，对船舶所有人的抗辩予以支持。

第十六条 因第三人的原因遭受工伤，船员对第三人提起民事诉讼请求民事赔偿，第三人以船员已获得工伤保险待遇为由，抗辩其不应承担民事赔偿责任的，对第三人的抗辩不予支持。但船员已经获得医疗费用的，对船员关于医疗费用的诉讼请求不予支持。

第十七条 船员与船舶所有人之间的劳动合同具有涉外因素，当事人请求依照《中华人民共和国涉外民事关系法律适用法》第四十三条确定应适用的法律的，应予支持。

船员与船舶所有人之间的劳务合同，当事人没有选择应适用的法律，当事人主张适用劳务派出地、船舶所有人主营业地、船旗国法律的，应予支持。

船员与船员服务机构之间，以及船员服务机构与船舶所有人之间的居间或委托协议，当事人未选择应适用的法律，当事人主张适用与该合同有最密切联系的法律的，应予支持。

227. 海难救助合同纠纷

案由适用要点

[释义] 海难救助，是指对遭遇海难的船舶、货物和客货运费的全部或组成部分，由外来力量对其进行救助的行为，而不论这种行为发生在任何水域。

海难救助的形式主要包括三种，即纯救助、合同救助（一般采用标准格式合同）和雇佣救助。纯救助情形下救助方与被救助方无救助协议，救助采用“无效果，无报酬”原则。合同救助也采用“无效果，无报酬”原则，但救助方与被救助方一般签订有标准格式合同，因为救助开始时最终的救助效果尚未确定，故合同中对救助报酬的具体数额一般不做约定，或者仅约定救助报酬的支付方式。该种救助方式是当今海难救助最普遍采用的形式。随着航运实践的发展，雇佣救助（又称实际费用救助）形式也越来越多。雇佣救助一般采用书面合同，约定以救助方所实际使用的人力和设备，并根据实际耗费的时间计算报酬。

[管辖] 依据《最高人民法院关于海事法院受理案件范围的规定》第 72 条的规定，海难救助纠纷案件属于海事法院受案范围。由海事法院专门管辖。依据《海事诉讼特别程序法》第 6 条第 1 款的规定，海事诉讼的地域管辖应依照《民事诉讼法》有关地域管辖的规定确定有管辖权的海事法院。《民事诉讼法》第 32 条规定，因海难救助费用提起的诉讼，由救助地或者被救助船舶

最先达到地人民法院管辖。因海难纠纷属于海事法院专门管辖的范畴，此处所指人民法院并非指不从事海事审判的地方法院，而是指作为专门法院的海事法院，即对此类案件具有管辖权的法院为救助地海事法院或者被救助船舶最先达到地的海事法院。这是以船舶为标准所做的规定，但在救助作业中，除了船舶外，被救助的对象还可能包括货物等财产，如果救助地发生在公海，且救助对象是货物，则难以适用《民事诉讼法》第32条来确定管辖地点。根据《最高人民法院关于适用〈中华人民共和国海事诉讼特别程序法〉若干问题的解释》第9条规定，因海难救助费用提起的诉讼，除了依照《民事诉讼法》第32条的规定确定管辖外，还可以由被救助的船舶以外的其他获救财产所在地的海事法院管辖。

该类案件属于当事人可以协议选择管辖法院的案件，因此当事人可以依据《民事诉讼法》第35条规定的相关管辖连接点，就被告住所地、合同履行地、合同签订地、原告住所地、标的物所在地书面协议选择有管辖权的海事法院管辖。另外，依据《海事诉讼特别程序法》第8条的规定，海事纠纷的当事人都是外国人、无国籍人、外国企业或者组织，当事人书面协议选择我国海事法院管辖的，即使与纠纷有实际联系的地点不在我国领域内，我国海事法院对该纠纷也具有管辖权。

［**应注意的问题**］无论是合同救助情形下当事人之间采用的标准格式合同，还是雇佣救助情形下当事人之间采用的能大量体现当事人之间协商内容的合同，因当事人之间存在救助合同关系，确定案件案由时可采用第三级案由即海难救助合同纠纷。但在纯救助的情形下，施救方与被救助方不存在任何协议，海难救助合同这一第三级案由难以涵盖当事人之间因纯救助产生的纠纷，可根据第二级案由即海事海商纠纷确定该类争议的案由。

请求权基础规范指引

《中华人民共和国海商法》（1992年）

第一百七十一条　本章规定适用于在海上或者与海相通的河航水域，对遇险的船舶和其他财产进行救助。

第一百七十二条　本章下列用语的含义：

（一）“船舶”，是指本法第三条所称的船舶和与其发生救助关系的任何其他非用于军事的或者是政府公务的船艇。

（二）“财产”，是指非永久地和非有意地依附于岸线的任何财产，包括有风险的运费。

（三）“救助款项”，是指依照本章规定，被救助方应当向救助方支付的任何救助报酬、酬金或者补偿。

第一百七十三条　本章规定，不适用于海上已经就位的从事海底矿物资源的勘探、开发或者生产的固定式、浮动式平台和移动式近海钻井装置。

第一百七十四条 船长在不严重危及本船和船上人员安全的情况下，有义务尽力救助海上人命。

第一百七十五条 救助方与被救助方就海难救助达成协议，救助合同成立。

遇险船舶的船长有权代表船舶所有人订立救助合同。遇险船舶的船长或者船舶所有人有权代表船上财产所有人订立救助合同。

第一百七十六条 有下列情形之一，经一方当事人起诉或者双方当事人协议仲裁的，受理争议的法院或者仲裁机构可以判决或者裁决变更救助合同：

（一）合同在不正当的或者危险情况的影响下订立，合同条款显失公平的；

（二）根据合同支付的救助款项明显过高或者过低于实际提供的救助服务的。

第一百七十七条 在救助作业过程中，救助方对被救助方负有下列义务：

（一）以应有的谨慎进行救助；

（二）以应有的谨慎防止或者减少环境污染损害；

（三）在合同需要的情况下，寻求其他救助方援助；

（四）当被救助方合理地要求其他救助方参与救助作业时，接受此种要求，但是要求不合理的，原救助方的救助报酬金额不受影响。

第一百七十八条 在救助作业过程中，被救助方对救助方负有以下列义务：

（一）与救助方通力合作；

（二）以应有的谨慎防止或者减少环境污染损害；

（三）当获救的船舶或者其他财产已经被送至安全地点时，及时接受救助方提出的合理的移交要求。

第一百七十九条 救助方对遇险的船舶和其他财产的救助，取得效果的，有权获得救助报酬；救助未取得效果的，除本法第一百八十二条或其他法律另有规定或者合同另有约定外，无权获得救助款项。

第一百八十条 确定救助报酬，应当体现对救助作业的鼓励，并综合考虑下列各项因素：

（一）船舶和其他财产的获救的价值；

（二）救助方在防止或者减少环境污染损害方面的技能和努力；

（三）救助方的救助成效；

（四）危险的性质和程度；

（五）救助方在救助船舶、其他财产和人命方面的技能和努力；

（六）救助方所用的时间、支出的费用和遭受的损失；

（七）救助方或者救助设备所冒的责任风险和其他风险；

（八）救助方提供救助服务的及时性；

（九）用于救助作业的船舶和其他设备的可用性和使用情况；

（十）救助设备的备用状况、效能和设备的价值。

救助报酬不得超过船舶和其他财产的获救价值。

第一百八十一条　船舶和其他财产的获救价值，是指船舶和其他财产获救后的估计价值或者实际出卖的收入，扣除有关税款和海关、检疫、检验费用以及进行卸载、保管、估价、出卖而产生的费用后的价值。

前款规定的价值不包括船员的获救的私人物品和旅客的获救的自带行李的价值。

第一百八十二条　对构成环境污染损害危险的船舶或者船上货物进行的救助，救助方依照本法第一百八十条规定获得的救助报酬，少于依照本条规定可以得到的特别补偿的，救助方有权依照本条规定，从船舶所有人处获得相当于救助费用的特别补偿。

救助人进行前款规定的救助作业，取得防止或者减少环境污染损害效果的，船舶所有人依照前款规定应当向救助方支付的特别补偿可以另行增加，增加的数额可以达到救助费用的百分之三十。受理争议的法院或者仲裁机构认为适当，并且考虑到本法第一百八十条第一款的规定，可以判决或者裁决进一步增加特别数额；但是，在任何情况下，增加部分不得超过救助费用的百分之一百。

本条所称救助费用，是指救助方在救助作业中直接支付的合理费用以及实际使用救助设备、投入救助人员的合理费用。确定救助费用应当考虑本法第一百八十条第一款（八）、（九）、（十）项的规定。

在任何情况下，本条规定的全部特别补偿，只有在超过救助方依照本法第一百八十条规定能够获得的救助报酬时，方可支付，支付金额为特别补偿超过救助报酬的差额部分。

由于救助方的过失未能防止或者减少环境污染损害的，可以全部或者部分地剥夺救助方获得特别补偿的权利。

本条规定不影响船舶所有人对其他被救助方的追偿权。

第一百八十三条　救助报酬的金额，应当由获救的船舶和其他财产的各所有人，按照船舶和其他各项财产各自的获救价值占全部获救价值的比例承担。

第一百八十四条　参加同一救助作业的各救助方的救助报酬，应当根据本法第一百八十条规定的标准。由各方协商确定；协商不成的，可以提请受理争议的法院判决或者经各方协议提请仲裁机构裁决。

第一百八十五条 在救助作业中救助人命的救助方，对获救人员不得请求酬金，但是有权从救助船舶或者其他财产、防止或者减少环境污染损害的救助方获得的救助款项中，获得合理的份额。

第一百八十六条 下列救助行为无权获得救助款项：

（一）正常履行拖航合同或者其服务合同的义务进行救助的，但是提供不属于履行上述义务的特殊劳务除外；

（二）不顾遇险的船舶的船长、船舶所有人或者其他财产所有人明确的和合理的拒绝，仍然进行救助的。

第一百八十七条 由于救助方的过失致使救助作业成为必需或者更加困难的，或者救助方有欺诈或者其他不诚实行为的，应当取消或者减少向救助方支付的救助款项。

第一百八十八条 被救助方在救助作业的结束后，应当根据救助方的要求，对救助款项提供满意的担保。

在不影响前款规定的情况下，获救船舶的船舶所有人应当在获救的货物交还前，尽力使货物的所有人对其应当承担的求助款项提供满意的担保。

在未根据救助人的要求对获救的船舶或者其他财产提供满意的提保以前，未经救助方同意，不得将获救的船舶和其他财产从救助作业完成后最初到达的港口或者地点移走。

228. 海上、通海水域打捞合同纠纷

案由适用要点

［**释义**］海上、通海水域打捞合同，是指打捞人提供人员、技术和设备，对海上、通海水域的沉船、沉物等沉没物及水上漂浮物实施相关打捞，包括扫测、探摸等行为，沉没物和漂浮物的所有人、经营人向打捞人支付相关费用和报酬的合同。

［**管辖**］根据《最高人民法院关于海事法院受理案件范围的规定》第73条的规定，海上、通海可航水域打捞清除纠纷案件属于由海事法院专门管辖的案件，打捞合同纠纷是有关各方依据所订立的民事合同进行打捞清除而发生的纠纷。依据《海事诉讼特别程序法》第6条第1款的规定，海事诉讼的地域管辖应依照《民事诉讼法》有关地域管辖的规定确定有管辖权的海事法院。《民事诉讼法》第24条规定，因合同纠纷提起的诉讼，由被告住所地或者合同履行地人民法院管辖。因该类案件由海事法院专门管辖，因此就海事法院的地域管辖而言，纠纷应由被告住所地或者合同履行地相应辖区的海事

法院管辖。至于各海事法院的管辖区域，则应依最高人民法院的相关规定予以确定。

如果案件具有涉外因素，应适用《民事诉讼法》涉外编中的第270条、第276条的规定，以及最高人民法院关于海事法院地域管辖划分的相关规定，确定管辖的海事法院。

该类案件属于当事人可以协议选择管辖法院的案件，因此当事人可以依据《民事诉讼法》第35条规定的相关管辖连接点，就被告住所地、合同履行地、合同签订地、原告住所地、标的物所在地书面协议选择有管辖权的海事法院管辖。另外，依据《海事诉讼特别程序法》第8条的规定，海事纠纷的当事人都是外国人、无国籍人、外国企业或者组织，当事人书面协议选择我国海事法院管辖的，即使与纠纷有实际联系的地点不在我国领域内，我国海事法院对该纠纷也具有管辖权。

[应注意的问题] 船舶所有人、经营人与打捞人就打捞事宜经平等协商一致订立的打捞合同，以及经海事行政主管机关要求船舶所有人、经营人限期打捞，船舶所有人、经营人与打捞人经协商一致订立的打捞合同，因该两类合同的订立、履行、变更和终止而发生的争议，可以依本案由予以确定。强制打捞情形下，依据目前的相关规定，可考虑将因强制打捞而发生的纠纷确定为海事海商纠纷。

请求权基础规范指引

《中华人民共和国民法典》（2020年）

第四百六十七条【无名合同及涉外合同的法律适用】 本法或者其他法律没有明文规定的合同，适用本编通则的规定，并可以参照适用本编或者其他法律最相类似合同的规定。

在中华人民共和国境内履行的中外合资经营企业合同、中外合作经营企业合同、中外合作勘探开发自然资源合同，适用中华人民共和国法律。

第五百七十七条【违约责任】 当事人一方不履行合同义务或者履行合同义务不符合约定的，应当承担继续履行、采取补救措施或者赔偿损失等违约责任。

《中华人民共和国打捞沉船管理办法》（1957年）

第三条 下列沉船应当进行打捞：

（一）妨碍船舶航行、航道整治或者工程建筑的沉船；

（二）有修复使用价值的沉船；

（三）虽无修复使用价值而有拆卸利用价值的沉船。

第五条 妨碍船舶航行、航道整治或者工程建筑的沉船，有关港（航）务主管机关应当根据具体情况规定申请期限和打捞期限，通知或公告沉船所有人。

沉船所有人必须在规定期限以内提出申请和进行打捞；否则，有关港（航）务主管机关可以进行打捞或者予以解体清除。

第六条 其他不属于第五条规定范围的沉船，沉船所有人应当自船舶沉没之日起一年以内提出打捞计划和完工期限，经有关港（航）务主管机关批准后进行打捞。

第七条 沉船所有人除遇有特殊情况向有关港（航）务主管机关申请延期并经核准外，在下列情况下即丧失各该沉船的所有权：

（一）妨碍船舶航行、航道整治或者工程建筑的沉船，在申请期限以内没有申请或者声明放弃；或者打捞期限届满，而没有完成打捞；

（二）其他不属于第五条规定范围的沉船自沉没之日起一年以内没有申请打捞；或者完工期限已经届满，而没有打捞。

第八条 有关港（航）务主管机关根据第四条规定所捞起的船体、船用器物、货物或者解体所得的钢材、机件等，在无法或者不易保管的情况下，可以作价处理。

沉船所有人自船舶沉没之日起一年以内，可以申请发还捞起的原物或者处理原物所得的价款，过期如不申请即丧失其所有权。

沉船所有人在领回原物或者价款时，应当偿还有关打捞、保管和处理等费用。

229. 海上、通海水域拖航合同纠纷

案由适用要点

[释义] 海上、通海水域拖航合同，是指承托方用拖轮将被拖物经海上、通海水域从一地拖至另一地，由被拖方支付拖航费的合同。

[管辖] 依据《最高人民法院关于海事法院受理案件范围的规定》第30条的规定，海上、通海可航水域拖航合同纠纷案件属于海事法院受案范围，由海事法院专门管辖。依据《海事诉讼特别程序法》第6条第1款的规定，海事诉讼的地域管辖应依照《民事诉讼法》有关地域管辖的规定确定有管辖权的海事法院。依据《民事诉讼法》第24条的规定，由被告住所地或合同履行地人民法院管辖。因海上、通海水域拖航合同属于海事法院专门管辖的范畴，就海事法院的地域管辖而言，纠纷应由被告住所地或者合同履行地相应辖区的海事法院管辖。至于各海事法院的管辖区域，则应依最高人民法院的相关规定予以确定。

如果案件具有涉外因素，应适用《民事诉讼法》涉外编中的第270条、第276条的规定，以及最高人民法院关于海事法院地域管辖划分的相关规

定，确定管辖的海事法院。

该类案件属于当事人可以协议选择管辖法院的案件，因此当事人可以依据《民事诉讼法》第35条规定的相关管辖连接点，就被告住所地、合同履行地、合同签订地、原告住所地、标的物所在地书面协议选择有管辖权的海事法院管辖。另外，依据《海事诉讼特别程序法》第8条的规定，海事纠纷的当事人都是外国人、无国籍人、外国企业或者组织，当事人书面协议选择我国海事法院管辖的，即使与纠纷有实际联系的地点不在我国领域内，我国海事法院对该纠纷也具有管辖权。

[应注意的问题] 典型的海上、通海水域拖航合同是主营拖航业务的企业作为拖航合同的一方当事人，用其自有的或者租用的拖轮为他人提供拖航服务并收取报酬。但航运实践中，有的承托方是专业海商拖航企业，也有的承托方是打捞、救助企业或其他企业。关于实施拖带的船舶，有时会出现拖轮之外的运输船舶，或其他有动力的船舶拖带被拖物的情况。如果当事人之间所约定的和实际履行的具有拖航合同的特点，案由即应确定为海上、通海水域拖航合同。

在对遇险船舶进行救助时，如果相关救助行为涉及对遇险船舶的拖带，确定案由时需考察订立合同的背景和经过，以及双方缔约的主要目的等，最终确定案涉合同的属性，确定其为海上、通海水域拖航合同抑或海难救助合同。

请求权基础规范指引

《中华人民共和国海商法》（1992年）

第一百五十五条 海上拖航合同，是指承拖方用拖轮将被拖物经海路从一地拖至另一地，而由被拖方支付航费的合同。

本章规定不适用于在港区内对船舶提供的拖轮服务。

第一百五十六条 海上拖航合同应当书面订立。海上拖航合同的内容，主要包括承拖方和被拖方的名称和住所、拖轮和被拖物的名称和主要尺度、拖轮马力、起拖地和目的地、起拖日期、拖航费及其支付方式，以及其他有关事项。

第一百五十七条 承拖方在起拖前和起拖当时，应当谨慎处理，使拖轮处于适航、适拖状态，妥善配备船员，配置拖航索具和配备供应品以及该航次必备的其他装置、设备。

被拖方在起拖前和起拖当时，应当做好被拖物的拖航准备，谨慎处理，使被拖物处于适拖状态，并向承拖方如实说明被拖物的情况，提供有关检验机构签发的被拖物适合拖航的证书和有关文件。

第一百五十八条 起拖前，因不可抗力或者其他不能归责于双方的原因致使合同不能履行的，双方均可以解除合同，并互相不负赔偿责任。除合同另有约定处，拖航费已经支付的，承拖方应当退还给被拖方。

第一百五十九条 起拖后，因不可抗力或者其他不能归责于双方的原因致使合同不能继续履行的，双方均可以解除合同，并互相不负赔偿责任。

第一百六十条 因不可抗力或者其他不能归责于双方的原因致使被拖物不能拖至目的地的，除合同另有约定外，承拖方可以在目的地的邻近地点或者拖轮船长选定的安全的港口或者锚泊地，将被拖物移交给被拖方或者其代理人，视为已经履行合同。

第一百六十一条 被拖方未按照约定支付拖航费和其他合理费用的，承拖方对被拖物有留置权。

第一百六十二条 在海上拖航过程中，承拖方或者被拖方遭受的损失，由一方的过失造成的，有过失的一方应当负赔偿责任；由双方过失造成的，各方按照过失程度的比例负赔偿责任。

虽有前款规定，经承拖方证明，被拖方的损失是由于下列原因之一造成的，承拖方不负赔偿责任：

（一）拖轮船长、船员、引航员或者承拖的其他受雇人、代理人在驾驶拖轮或者管理拖轮中的过失；

（二）拖轮在海上救助或者企图救助人命或者财产时的过失。

本条规定仅在海上拖航合同没有约定或者没有不同约定的适用。

第一百六十三条 在海上拖航过程中，由于承拖方或者被拖方的过失，造成第三人人身伤亡或者财产损失的，承拖方和被拖方对第三人负连带赔偿责任。除合同另有约定外，一方连带支付的赔偿超过其应当承担的比例的，对另一方有追偿权。

第一百六十四条 拖轮所有人拖带其所有的或者经营的驳船载运货物，经海路由一港运至另一港的，视为海上货物运输。

230. 海上、通海水域保险合同纠纷

案由适用要点

［**释义**］海上、通海水域保险合同，是指保险人按照约定，对被保险人遭受保险事故造成保险标的的损失和产生的责任负责赔偿，而由被保险人支付保险费的合同。

［**管辖**］依据《最高人民法院关于海事法院受理案件范围的规定》第40条的规定，海上保险合同纠纷案件属于海事法院受案范围，由海事法院专门管辖。依据《海事诉讼特别程序法》第6条第1款，海事诉讼的地域管辖

应依照《民事诉讼法》有关地域管辖的规定确定有管辖权的海事法院。依据《民事诉讼法解释》第21条的规定，因财产保险合同纠纷提起的诉讼，如果保险标的物是运输工具或者运输中的货物，可以由运输工具登记注册地、运输目的地、保险事故发生地人民法院管辖。因海上、通海水域保险合同属于海事法院专门管辖的范畴，就海事法院的地域管辖而言，纠纷应由运输工具登记注册地、运输目的地、保险事故发生地相应辖区的海事法院管辖。至于各海事法院的管辖区域，则应依最高人民法院的相关规定予以确定。

如果案件具有涉外因素，应适用《民事诉讼法》涉外编中的第270条、第276条的规定，以及最高人民法院关于海事法院地域管辖划分的相关规定，确定管辖的海事法院。

该类案件属于当事人可以协议选择管辖法院的案件，因此当事人除可以依据《民事诉讼法》第35条规定的相关管辖连接点，就被告住所地、合同履行地、合同签订地、原告住所地、标的物所在地书面协议选择有管辖权的海事法院管辖外，还可协议选择《民事诉讼法解释》第21条规定的运输工具登记注册地、运输目的地、保险事故发生地有管辖权的海事法院管辖。另外，依据《海事诉讼特别程序法》第8条的规定，海事纠纷的当事人都是外国人、无国籍人、外国企业或者组织，当事人书面协议选择我国海事法院管辖的，即使与纠纷有实际联系的地点不在我国领域内，我国海事法院对该纠纷也具有管辖权。

[应注意的问题] 依据《最高人民法院关于海事法院受理案件范围的规定》的规定，涉及海上、通海水域保险合同纠纷的案件类型还包括：以通海可航水域运输船舶及其营运收入、货物及其预期利润、船员工资和其他报酬、对第三人责任等为保险标的的保险合同纠纷案件（第41条）；以船舶工程的设备设施以及预期收益、对第三人责任为保险标的的保险合同纠纷案件（第42条）；以港口生产经营的设备设施以及预期收益、对第三人责任为保险标的的保险合同纠纷案件（第43条）；以海洋渔业、海洋开发利用、海洋工程建设等活动所用的设备设施以及预期收益、对第三人的责任为保险标的的保险合同纠纷案件（第44条）；以通海可航水域工程建设所用的设备设施以及预期收益、对第三人的责任为保险标的的保险合同纠纷案件（第45条）。这些规定是在本案由下对海上、通海水域保险合同的保险标的进一步细化。这些案件都属于海事法院受案范围，都应由海事法院专门管辖。在争议涉及上述保险标的需确定案由时，仍应确定为海上、通海水域保险合同纠纷。

请求权基础规范指引

《中华人民共和国海商法》（1992年）

第二百一十六条 海上保险合同，是指保险人按照约定，对被保险人遭受保险事故造成保险标的的损失和产生的责任负责赔偿，而由被保险人支付保险费的合同。

前款所称保险事故，是指保险人与被保险人约定的任何海上事故，包括与海上航行有关的发生于内河或者陆上的事故。

第二百一十九条 保险标的的保险价值由保险人与被保险人约定。

保险人与被保险人未约定保险价值的，保险价值依照下列规定计算：

（一）船舶的保险价值，是保险责任开始时船舶的价值，包括船壳、机器、设备的价值，以及船上燃料、物料、索具、给养、淡水的价值和保险费的总和；

（二）货物的保险价值，是保险责任开始时货物在起运地的发票价格或者非贸易商品在起运地的实际价值以及运费和保险费的总和；

（三）运费的保险价值，是保险责任开始时承运人应收运费总额和保险费的总和；

（四）其他保险标的的保险价值，是保险责任开始时保险标的的实际价值和保险费的总和。

第二百二十条 保险金额由保险人与被保险人约定。保险金额不得超过保险价值；超过保险价值的，超过部分无效。

第二百二十一条 被保险人提出保险要求，经保险人同意承保，并就海上保险合同的条款达成协议后，合同成立。保险人应当及时向被保险人签发保险单或者其他保险单证，并在保险单或者其他保险单证中载明当事人双方约定的合同内容。

第二百三十七条 发生保险事故造成损失后，保险人应当及时向被保险人支付保险赔偿。

第二百三十八条 保险人赔偿保险事故造成的损失，以保险金额为限。保险金额低于保险价值的，在保险标的发生部分损失时，保险人按照保险金额与保险价值的比例负赔偿责任。

第二百四十五条 保险标的发生保险事故后灭失，或者受到严重损坏完全失去原有形体、效用，或者不能再归被保险人所拥有的，为实际全损。

第二百四十六条 船舶发生保险事故后，认为实际全损已经不可避免，或者为避免发生实际全损所需支付的费用超过保险价值的，为推定全损。

货物发生保险事故后，认为实际全损已经不可避免，或者为避免发生实际全损所需支付的费用与继续将货物运抵目的地的费用之和超过保险价值的，为推定全损。

第二百四十七条 不属于实际全损和推定全损的损失，为部分损失。

第二百五十一条 保险事故发生后，保险人向被保险人支付保险赔偿前，可以要求被保险人提供与确认保险事故性质和损失程度有关的证明和资料。

第二百五十二条　保险标的发生保险责任范围内的损失是由第三人造成的，被保险人向第三人要求赔偿的权利，自保险人支付赔偿之日起，相应转移给保险人。

被保险人应当向保险人提供必要的文件和其所需要知道的情况，并尽力协助保险人向第三人追偿。

《最高人民法院关于审理海上保险纠纷案件若干问题的规定》（2020 年 12 月 23 日修正）

第一条　审理海上保险合同纠纷案件，适用海商法的规定；海商法没有规定的，适用保险法的有关规定；海商法、保险法均没有规定的，适用民法典等其他相关法律的规定。

第二条　审理非因海上事故引起的港口设施或者码头作为保险标的的保险合同纠纷案件，适用保险法等法律的规定。

第三条　审理保险人因发生船舶触碰港口设施或者码头等保险事故，行使代位请求赔偿权利向造成保险事故的第三人追偿的案件，适用海商法的规定。

第四条　保险人知道被保险人未如实告知海商法第二百二十二条第一款规定的重要情况，仍收取保险费或者支付保险赔偿，保险人又以被保险人未如实告知重要情况为由请求解除合同的，人民法院不予支持。

第五条　被保险人未按照海商法第二百三十四条的规定向保险人支付约定的保险费的，保险责任开始前，保险人有权解除保险合同，但保险人已经签发保险单证的除外；保险责任开始后，保险人以被保险人未支付保险费请求解除合同的，人民法院不予支持。

第六条　保险人以被保险人违反合同约定的保证条款未立即书面通知保险人为由，要求从违反保证条款之日起解除保险合同的，人民法院应予支持。

第七条　保险人收到被保险人违反合同约定的保证条款书面通知后仍支付保险赔偿，又以被保险人违反合同约定的保证条款为由请求解除合同的，人民法院不予支持。

第八条　保险人收到被保险人违反合同约定的保证条款的书面通知后，就修改承保条件、增加保险费等事项与被保险人协商未能达成一致的，保险合同于违反保证条款之日解除。

第九条　在航次之中发生船舶转让的，未经保险人同意转让的船舶保险合同至航次终了时解除。船舶转让时起至航次终了时止的船舶保险合同的权利、义务由船舶出让人享有、承担，也可以由船舶受让人继受。

船舶受让人根据前款规定向保险人请求赔偿时，应当提交有效的保险单证及船舶转让合同的证明。

第十条 保险人与被保险人在订立保险合同时均不知道保险标的已经发生保险事故而遭受损失，或者保险标的已经不可能因发生保险事故而遭受损失的，不影响保险合同的效力。

第十一条 海上货物运输中因承运人无正本提单交付货物造成的损失不属于保险人的保险责任范围。保险合同当事人另有约定的，依约定。

第十二条 发生保险事故后，被保险人为防止或者减少损失而采取的合理措施没有效果，要求保险人支付由此产生的合理费用的，人民法院应予支持。

第十三条 保险人在行使代位请求赔偿权利时，未依照海事诉讼特别程序法的规定，向人民法院提交其已经向被保险人实际支付保险赔偿凭证的，人民法院不予受理；已经受理的，裁定驳回起诉。

第十四条 受理保险人行使代位请求赔偿权利纠纷案件的人民法院应当仅就造成保险事故的第三人与被保险人之间的法律关系进行审理。

第十五条 保险人取得代位请求赔偿权利后，以被保险人向第三人提起诉讼、提交仲裁、申请扣押船舶或者第三人同意履行义务为由主张诉讼时效中断的，人民法院应予支持。

第十六条 保险人取得代位请求赔偿权利后，主张享有被保险人因申请扣押船舶取得的担保权利的，人民法院应予支持。

231. 海上、通海水域保赔合同纠纷

案由适用要点

［释义］ 保赔保险是保障与赔偿责任险的简称，是由船舶所有人、承租人、船舶代理人或货运代理人组成的相互保险的组织（船东互保协会，简称P&IClub)，收取入会船的保险费，为会员可能承担的责任提供保险的一种保险方式。

［管辖］ 依据《最高人民法院关于海事法院受理案件范围的规定》第40条的规定，海上保赔合同纠纷案件属于海事法院受案范围，由海事法院专门管辖。依据《海事诉讼特别程序法》第6条第2款第4项的规定，因海上保赔合同纠纷提起的诉讼，由保赔标的物所在地、事故发生地、被告住所地海事法院管辖。依据《最高人民法院关于适用〈中华人民共和国海事诉讼特别程序法〉若干问题的解释》第6条的规定，保赔标的物所在地是指保赔船舶的所在地。

如果案件具有涉外因素，应适用《民事诉讼法》涉外编中的第270条、第276条的规定，以及最高人民法院关于海事法院地域管辖划分的相关规定，确定管辖的海事法院。

该类案件属于当事人可以协议选择管辖法院的案件，因此当事人除可以依据《民事诉讼法》第35条规定的相关管辖连接点，就被告住所地、合同履行地、合同签订地、原告住所地、标的物所在地书面协议选择有管辖权的海事法院管辖外，当事人还可将《海事诉讼特别程序法》第6条第2款第4项所列举的海事法院作为可协议选择的法院。另外，依据《海事诉讼特别程序法》第8条的规定，海事纠纷的当事人都是外国人、无国籍人、外国企业或者组织，当事人书面协议选择我国海事法院管辖的，即使与纠纷有实际联系的地点不在我国领域内，我国海事法院对该纠纷也具有管辖权。

[应注意的问题] 依据《最高人民法院关于海事法院受理案件范围的规定》第41条的规定，以通海可航水域运输船舶及其营运收入、货物及其预期利润、船员工资和其他报酬、对第三人责任等为保险标的的保赔合同纠纷案件，属于海事法院受案范围，由海事法院专门管辖。当事人之间的争议涉及以通海可航水域运输船舶及其营运收入、货物及其预期利润、船员工资和其他报酬、对第三人责任等为保险标的的保赔合同时，适用本案由。

请求权基础规范指引

《中华人民共和国海商法》（1992年）

第二百一十六条　海上保险合同，是指保险人按照约定，对被保险人遭受保险事故造成保险标的的损失和产生的责任负责赔偿，而由被保险人支付保险费的合同。

前款所称保险事故，是指保险人与被保险人约定的任何海上事故，包括与海上航行有关的发生于内河或者陆上的事故。

第二百一十九条　保险标的的保险价值由保险人与被保险人约定。

保险人与被保险人未约定保险价值的，保险价值依照下列规定计算：

（一）船舶的保险价值，是保险责任开始时船舶的价值，包括船壳、机器、设备的价值，以及船上燃料、物料、索具、给养、淡水的价值和保险费的总和；

（二）货物的保险价值，是保险责任开始时货物在起运地的发票价格或者非贸易商品在起运地的实际价值以及运费和保险费的总和；

（三）运费的保险价值，是保险责任开始时承运人应收运费总额和保险费的总和；

（四）其他保险标的的保险价值，是保险责任开始时保险标的的实际价值和保险费的总和。

232. 海上、通海水域运输联营合同纠纷

案由适用要点

［**释义**］海上、通海水域运输联营合同，是指船舶所有人或经营人、货物所有人、港口经营人、货运代理企业、船舶代理机构等，经平等协商一致，为追求一定的经济利益约定实行联合经营所达成的合同。

［**管辖**］海上、通海水域运输联营合同纠纷属于海商纠纷，由海事法院专门管辖。《海事诉讼特别程序法》第6条第1款的规定，海事诉讼的地域管辖应依照《民事诉讼法》有关地域管辖的规定确定有管辖权的海事法院。《民事诉讼法》第24条规定，因合同纠纷提起的诉讼，由被告住所地或者合同履行地人民法院管辖。因该类案件由海事法院专门管辖，因此就海事法院的地域管辖而言，纠纷应由被告住所地或者合同履行地相应辖区的海事法院管辖。

如果案件具有涉外因素，应适用《民事诉讼法》涉外编中的第276条、第282条的规定，以及最高人民法院关于海事法院地域管辖划分的相关规定，确定管辖的海事法院。

当事人除可以依据《民事诉讼法》第35条规定的相关管辖连接点，就被告住所地、合同履行地、合同签订地、原告住所地、标的物所在地书面协议选择有管辖权的海事法院管辖外，可依据《海事诉讼特别程序法》第8条的规定，海事纠纷的当事人都是外国人、无国籍人、外国企业或者组织，当事人书面协议选择我国海事法院管辖的，即使与纠纷有实际联系的地点不在我国领域内，我国海事法院对该纠纷也具有管辖权。

［**应注意的问题**］如果海上、通海水域运输联营合同中约定的联营事项仅涉及不同运输方式优化、配合，且其中一段运输包含海上运输方式，需注意其与多式联运合同的区别。应依据当事人合同约定的具体内容、合同实际履行的情况，综合判断合同的性质，如争议的合同确应认定为多式联运合同，则应将案由确定为海上、通海水域货物运输合同纠纷。

请求权基础规范指引

《全民所有制工业企业转换经营机制条例》（2011年修订）

第十六条　企业享有联营、兼并权。

企业有权按照下列方式与其他企业、事业单位联营：

（一）与其他企业、事业单位组成新的经济实体，独立承担民事责任、具备法人条件的，经政府有关部门核准登记，取得法人资格；

（二）与其他企业、事业单位共同经营，联营各方按照出资比例或者协议

的约定，承担民事责任；

（三）与其他企业、事业单位订立联营合同，确立各方的权利和义务。联营各方各自独立经营、各自承担民事责任。

企业按照自愿、有偿的原则，可以兼并其他企业，报政府主管部门备案。

233. 船舶营运借款合同纠纷

案由适用要点

[**释义**] 船舶营运借款合同，是指船舶所有人、承租人、经营人、管理人等为船舶的日常经营、运输生产，向贷款人借款，到期返还借款并支付利息的合同。

[**管辖**] 依据《最高人民法院关于海事法院受理案件范围的规定》第49条的规定，为经营特定船舶而发生的借款合同纠纷案件属于海事法院受案范围，应由海事法院专门管辖。该类案件的管辖应依据《民事诉讼法》的规定，由被告住所地或合同履行地有管辖权的海事法院管辖。

如果案件具有涉外因素，应适用《民事诉讼法》涉外编中的第270条、第276条的规定，以及最高人民法院关于海事法院地域管辖划分的相关规定，确定管辖的海事法院。

该类案件属于当事人可以协议选择管辖法院的案件，当事人可以依据《民事诉讼法》第35条规定的相关管辖连接点，就被告住所地、合同履行地、合同签订地、原告住所地、标的物所在地书面协议选择有管辖权的海事法院。另外，依据《海事诉讼特别程序法》第8条的规定，海事纠纷的当事人都是外国人、无国籍人、外国企业或者组织，当事人书面协议选择我国海事法院管辖的，即使与纠纷有实际联系的地点不在我国领域内，我国海事法院对该纠纷也具有管辖权。

[**应注意的问题**] 1. 船舶营运借款合同性质上属于借款合同，如果款项用途与船舶营运无关，则不应将案件确定为船舶营运借款合同纠纷。在立案阶段，对于初步证据表明讼争合同系船舶营运借款合同，或者难以判断所借款项是否用于船舶日常经营，可依据该案由确定，具体案件事实和最终案由在实体审理阶段再加以解决。

2. 在第三级案由之下，还分别存在船舶买卖、建造、修理、改建、拆解、抵押等合同纠纷，如果所借款项系用于船舶修理、改建等，因船舶的修理和改建与维护船舶的日常经营能力密切相关，但在具体案由的确定上，亦应确定为船舶营运借款合同纠纷。如果船舶的修理、改建纠纷不涉及或不主要涉及借款争议，则仍应分别确定为船舶修理、改建合同纠纷。如果所借款项系用于船舶买卖、建造、拆解，因船舶的买卖、建造、拆解与船舶的日常营运无直接关联，因此分别确定为船舶买卖、建造、拆解合同纠纷为宜。

3. 依据《最高人民法院关于海事法院受理案件范围的规定》第48条和第61条的规定，以船舶、海运集装箱、港航设备设施、海洋开发利用设备设施设定担保的借款合同纠纷案件，属于海事法院受案范围，但当事人仅就借款合同纠纷起诉的案件除外。如果以船舶、海运集装箱、港航设备设施、海洋开发利用设备设施设定担保所借款项系用于船舶营运，债权人一并起诉借款人和担保人，基于担保的从属性，在确定案由时，可以确定为船舶营运借款合同纠纷。如果所借款项与船舶营运无关，可以确立为海事担保合同纠纷。

请求权基础规范指引

《中华人民共和国民法典》（2020年）

第六百六十八条【借款合同形式和内容】 借款合同应当采用书面形式，但是自然人之间借款另有约定的除外。

借款合同的内容一般包括借款种类、币种、用途、数额、利率、期限和还款方式等条款。

第六百七十一条【贷款人未按照约定提供借款以及借款人未按照约定收取借款的后果】 贷款人未按照约定的日期、数额提供借款，造成借款人损失的，应当赔偿损失。

借款人未按照约定的日期、数额收取借款的，应当按照约定的日期、数额支付利息。

234. 海事担保合同纠纷

案由适用要点

［**释义**］海事担保合同，是指为保障相关权利人海事债权的实现，由债务人或第三人以其财产向债权人提供担保，依照约定或法定的顺序、方式担保相关权利人的海事债权得到清偿的合同。当事人因该合同的签订、履行、变更、终止而产生的纠纷，即为海事担保合同纠纷。

［**管辖**］依据《最高人民法院关于海事法院受理案件范围的规定》所规定的海事担保，以及独立保函、信用证等纠纷案件，申请实现以船舶、船载货物、船用物料、海运集装箱、港航设备设施、海洋开发利用设备设施等财产为担保物的担保物权案件等，均属于海事法院受案范围，应由海事法院专门管辖。首先，作为一般原则，《最高人民法院关于适用〈中华人民共和国民法典〉有关担保制度的解释》第21条第2款、第3款规定，债权人一并起诉

债务人和担保人的，应当根据主合同确定管辖法院。债权人依法可以单独起诉担保人且仅起诉担保人的，应当根据担保合同确定管辖法院。主合同或者担保合同约定了仲裁条款的，人民法院对约定仲裁条款的合同当事人之间的纠纷无管辖权。《民事诉讼法》第 24 条规定，因合同纠纷提起的诉讼，由被告住所地或者合同履行地人民法院管辖。其次，就具体情形而言，如果是涉及港口货物、海运集装箱、港航设备设施、海洋开发利用设备设施抵押、质押等的海事担保合同纠纷案件，应以担保物所在地的海事法院管辖；涉及以船舶为担保的，还可以由船籍港所在地海事法院管辖；涉及为担保海洋及通海可航水域工程建设、海洋开发利用等海上生产经营相关债权实现而发生独立保函、信用证等纠纷案件，应以最高人民法院关于信用证和独立保函司法解释的相关规定确定地域管辖规则，并最终依据海事法院地域管辖划分的规则确定有管辖权的海事法院。

如果案件具有涉外因素，应适用《民事诉讼法》涉外编中的第 270 条、第 276 条的规定，以及最高人民法院关于海事法院地域管辖划分的相关规定，确定管辖的海事法院。

该类案件属于当事人可以协议选择管辖法院的案件，因此当事人可以依据《民事诉讼法》第 35 条规定的相关管辖连接点，就被告住所地、合同履行地、合同签订地、原告住所地、标的物所在地书面协议选择有管辖权的海事法院管辖。标的物所在地一般可理解为担保物所在地。另外，依据《海事诉讼特别程序法》第 8 条的规定，海事纠纷的当事人都是外国人、无国籍人、外国企业或者组织，当事人书面协议选择我国海事法院管辖的，即使与纠纷有实际联系的地点不在我国领域内，我国海事法院对该纠纷也具有管辖权。

［**应注意的问题**］海事担保通常是对海事请求权的担保，其与《民法典》中担保物权以及保证具有性质上的区别。《民法典》中担保物权及保证是针对债权的担保，其从属于主合同。而海事担保则是一种独立的责任保证，不存在依附于主合同的问题，故其包括正反两方面的担保，即海事请求的被请求人对于保证实现其所负责任而提供的担保，和海事请求人对于避免因申请错误造成被申请人损害而提供的担保。在实务中，需要特别予以重视。首先，应注意海事担保合同纠纷和海事请求担保纠纷两个案由之间的区别。海事请求担保纠纷主要是当事人为申请海事强制措施，包括海事请求保全、海事强制令、海事证据保全等措施提供担保所引发的纠纷。而海事担保合同纠纷主要是当事人从事海商交易中为担保债权人债权的清偿，因担保合同的签订、履行、变更和终止而产生的纠纷。其次，应注意为担保海上运输、船舶买卖、船舶工程、港口生产经营相关债权实现而发生的独立保函、信用证等纠纷案件，虽然独立保函和信用证具有独立于基础交易合同，不具有担保法

所规定的具有从属性特征的担保，但在目前的案由体系下，可以纳入海事担保合同纠纷的范畴。再次，还应注意与船舶抵押合同纠纷的区别。如果所争议的担保形式为船舶抵押合同纠纷，则应以船舶抵押合同纠纷确定案由。

请求权基础规范指引

《中华人民共和国民法典》（2020 年）

第六百八十一条【保证合同定义】 保证合同是为保障债权的实现，保证人和债权人约定，当债务人不履行到期债务或者发生当事人约定的情形时，保证人履行债务或者承担责任的合同。

第六百九十二条【保证期间】 保证期间是确定保证人承担保证责任的期间，不发生中止、中断和延长。

债权人与保证人可以约定保证期间，但是约定的保证期间早于主债务履行期限或者与主债务履行期限同时届满的，视为没有约定；没有约定或者约定不明确的，保证期间为主债务履行期限届满之日起六个月。

债权人与债务人对主债务履行期限没有约定或者约定不明确的，保证期间自债权人请求债务人履行债务的宽限期届满之日起计算。

《中华人民共和国海事诉讼特别程序法》（1999 年）

第六条 海事诉讼的地域管辖，依照《中华人民共和国民事诉讼法》的有关规定。

下列海事诉讼的地域管辖，依照以下规定：

……

（六）因海事担保纠纷提起的诉讼，由担保物所在地、被告住所地海事法院管辖；因船舶抵押纠纷提起的诉讼，还可以由船籍港所在地海事法院管辖；

……

第七十三条 海事担保包括本法规定的海事请求保全、海事强制令、海事证据保全等程序中所涉及的担保。

担保的方式为提供现金或者保证、设置抵押或者质押。

第七十四条 海事请求人的担保应当提交给海事法院；被请求人的担保可以提交给海事法院，也可以提供给海事请求人。

第七十五条 海事请求人提供的担保，其方式、数额由海事法院决定。被请求人提供的担保，其方式、数额由海事请求人和被请求人协商；协商不成的，由海事法院决定。

第七十六条 海事请求人要求被请求人就海事请求保全提供担保的数额，应当与其债权数额相当，但不得超过被保全的财产价值。

海事请求人提供担保的数额，应当相当于因其申请可能给被请求人造成的损失。具体数额由海事法院决定。

第七十八条　海事请求人请求担保的数额过高，造成被请求人损失的，应当承担赔偿责任。

《最高人民法院关于适用〈中华人民共和国民法典〉有关担保制度的解释》（法释〔2020〕28号　2020年12月31日）

第四十一条　抵押权依法设立后，抵押财产被添附，添附物归第三人所有，抵押权人主张抵押权效力及于补偿金的，人民法院应予支持。

抵押权依法设立后，抵押财产被添附，抵押人对添附物享有所有权，抵押权人主张抵押权的效力及于添附物的，人民法院应予支持，但是添附导致抵押财产价值增加的，抵押权的效力不及于增加的价值部分。

抵押权依法设立后，抵押人与第三人因添附成为添附物的共有人，抵押权人主张抵押权的效力及于抵押人对共有物享有的份额的，人民法院应予支持。

本条所称添附，包括附合、混合与加工。

第四十二条　抵押权依法设立后，抵押财产毁损、灭失或者被征收等，抵押权人请求按照原抵押权的顺位就保险金、赔偿金或者补偿金等优先受偿的，人民法院应予支持。

给付义务人已经向抵押人给付了保险金、赔偿金或者补偿金，抵押权人请求给付义务人向其给付保险金、赔偿金或者补偿金的，人民法院不予支持，但是给付义务人接到抵押权人要求向其给付的通知后仍然向抵押人给付的除外。

抵押权人请求给付义务人向其给付保险金、赔偿金或者补偿金的，人民法院可以通知抵押人作为第三人参加诉讼。

第四十六条　不动产抵押合同生效后未办理抵押登记手续，债权人请求抵押人办理抵押登记手续的，人民法院应予支持。

抵押财产因不可归责于抵押人自身的原因灭失或者被征收等导致不能办理抵押登记，债权人请求抵押人在约定的担保范围内承担责任的，人民法院不予支持；但是抵押人已经获得保险金、赔偿金或者补偿金等，债权人请求抵押人在其所获金额范围内承担赔偿责任的，人民法院依法予以支持。

因抵押人转让抵押财产或者其他可归责于抵押人自身的原因导致不能办理抵押登记，债权人请求抵押人在约定的担保范围内承担责任的，人民法院依法予以支持，但是不得超过抵押权能够设立时抵押人应当承担的责任范围。

235. 航道、港口疏浚合同纠纷

案由适用要点

［**释义**］航道、港口疏浚合同，是指作为发包人的航道、港口的产权人或受托行使管理权的人，为开挖、疏通、扩宽或挖深航道、港口水域，与作为承包人的疏浚人订立的由疏浚人用人力或机械进行水下土石方开挖、清理，航道、港口的产权人或管理人支付报酬和费用的合同。广义的疏浚还包括用水下爆破法进行的炸礁、炸滩等。双方因合同的订立、履行、变更和终止而产生的纠纷即为航道、港口疏浚合同纠纷。

［**管辖**］依据《最高人民法院关于海事法院受理案件范围的规定》第55条的规定，海洋、通海可航水域工程建设（含水下疏浚等建设）纠纷案件属于海事法院受案范围，由海事法院专门管辖。《海事诉讼特别程序法》对该类案件并无特殊的管辖规定，该类案件应依据《民事诉讼法》的相关规定确定管辖法院。航道、港口疏浚合同性质上属于建设工程施工合同，根据《民事诉讼法解释》第28条第2款的规定，建设工程施工合同纠纷按照不动产纠纷确定管辖。《民事诉讼法》第34条第1项规定，因不动产纠纷提起的诉讼，由不动产所在地人民法院管辖。由于此类案件系由海事法院专门管辖的案件，相应地，该类案件应由航道、港口疏浚工程所在地的有管辖权的海事法院管辖。不动产所在地法院的管辖属于专属管辖的范畴，依据《民事诉讼法》第35条的规定，故当事人就该类争议协议选择管辖法院的约定因违反《民事诉讼法》第35条的规定而应无效。

［**应注意的问题**］依据《最高人民法院关于海事法院受理案件范围的规定》第55条的规定，海洋、通海可航水域工程建设（含水下疏浚、围海造地、电缆或者管道敷设以及码头、船坞、钻井平台、人工岛、隧道、大桥等建设）纠纷均属于海事法院受案范围。如果争议的建设工程不涉及航道、港口疏浚，而涉及围海造地、电缆或者管道敷设以及钻井平台、人工岛、隧道、大桥等建设，则不应确定为本案由，而应根据个案的特点，合理地确定相应的案由。有的可确定为本案由的上一级案由即海事海商纠纷，有的可确定为建设工程合同纠纷，有的可确定为承揽合同纠纷或委托合同纠纷等。

请求权基础规范指引

《中华人民共和国民法典》（2020年）

第四百六十七条【无名合同及涉外合同的法律适用】 本法或者其他法律没有明文规定的合同，适用本编通则的规定，并可以参照适用本编或者其他法律最相类似合同的规定。

在中华人民共和国境内履行的中外合资经营企业合同、中外合作经营企业合同、中外合作勘探开发自然资源合同，适用中华人民共和国法律。

236. 船坞、码头建造合同纠纷

案由适用要点

［**释义**］船坞、码头建造合同，是指承包人对船坞、码头进行工程建设，作为发包人的船坞、码头的产权人或受托行使管理权的人支付价款的合同。对船坞、码头进行勘察、设计和施工的合同均属于船坞、码头建造合同。该类合同在法律性质上属于建设工程合同。

［**管辖**］依据《最高人民法院关于海事法院受理案件范围的规定》第55条的规定，海洋、通海可航水域工程建设（含码头、船坞等建设）纠纷案件属于海事法院受案范围，由海事法院专门管辖。船坞、码头建造合同性质上属于建设工程施工合同，根据《民事诉讼法解释》第28条第2款的规定，建设工程施工合同纠纷按照不动产纠纷确定管辖。《民事诉讼法》第34条第1项规定，因不动产纠纷提起的诉讼，由不动产所在地人民法院管辖。由于此类案件系由海事法院专门管辖的案件，相应地，该类案件应由船坞、码头建造工程所在地的有管辖权的海事法院管辖。不动产所在地法院的管辖属于专属管辖的范畴，依据《民事诉讼法》第35条的规定，约定管辖不得违反该法对专属管辖的规定，故当事人就该类争议协议选择管辖法院的约定因违反《民事诉讼法》第35条的规定而应无效。

［**应注意的问题**］依据《最高人民法院关于海事法院受理案件范围的规定》第55条的规定，海洋、通海可航水域工程建设（含水下疏浚、围海造地、电缆或者管道敷设以及码头、船坞、钻井平台、人工岛、隧道、大桥等建设）纠纷均属于海事法院受案范围。如果争议的建设工程不涉及船坞、码头建造，而涉及围海造地、电缆或者管道敷设以及钻井平台、人工岛、隧道、大桥等建设而发生的纠纷，则不适用本案由，而应根据个案的特点，合理地确定相应的案由。有的可确定为本案由的上一级案由即海事海商纠纷，有的可确定为建设工程合同纠纷，有的可确定为承揽合同纠纷或委托合同纠纷等。

请求权基础规范指引

《中华人民共和国民法典》（2020年）

第七百八十八条【建设工程合同定义和种类】 建设工程合同是承包人进行工程建设，发包人支付价款的合同。

建设工程合同包括工程勘察、设计、施工合同。

第七百八十九条【建设工程合同的形式】 建设工程合同应当采用书面形式。

第七百九十条【建设工程招投标活动的原则】 建设工程的招标投标活动，应当依照有关法律的规定公开、公平、公正进行。

第七百九十一条【建设工程的发包、承包、分包】 发包人可以与总承包人订立建设工程合同，也可以分别与勘察人、设计人、施工人订立勘察、设计、施工承包合同。发包人不得将应当由一个承包人完成的建设工程支解成若干部分发包给数个承包人。

总承包人或者勘察、设计、施工承包人经发包人同意，可以将自己承包的部分工作交由第三人完成。第三人就其完成的工作成果与总承包人或者勘察、设计、施工承包人向发包人承担连带责任。承包人不得将其承包的全部建设工程转包给第三人或者将其承包的全部建设工程支解以后以分包的名义分别转包给第三人。

禁止承包人将工程分包给不具备相应资质条件的单位。禁止分包单位将其承包的工程再分包。建设工程主体结构的施工必须由承包人自行完成。

237. 船舶检验合同纠纷

案由适用要点

［释义］ 船舶检验合同，是指为了保证船舶、海上设施和船运货物集装箱具备安全航行、安全作业的技术条件，保障生命财产安全和防止水域环境污染，船舶检验机构与船舶的所有人或经营人签订的，由船舶检验机构对船舶进行技术检验，船舶的所有人或经营人支付相关报酬或费用的合同。

［管辖］ 依据《最高人民法院关于海事法院受理案件范围的规定》第15条的规定，船舶检验合同纠纷案件属于海事法院受案范围，由海事法院专门管辖。《海事诉讼特别程序法》对该类案件的管辖并无特殊规定。如果船舶检验合同不涉及法定检验，则应依《民事诉讼法》的相关规定，根据被告住所地或合同履行地确定有管辖权的海事法院。

如果案件具有涉外因素，应适用《民事诉讼法》涉外编中的第270条、第276条的规定，以及最高人民法院关于海事法院地域管辖划分的相关规定，确定管辖的海事法院。

该类案件属于当事人可以协议选择管辖法院的案件，当事人可以依据《民事诉讼法》第35条规定的相关管辖连接点，就被告住所地、合同履行地、合同签订地、原告住所地、标的物所在地书面协议选择有管辖权的海事法院。

另外，依据《海事诉讼特别程序法》第 8 条的规定，海事纠纷的当事人都是外国人、无国籍人、外国企业或者组织，当事人书面协议选择我国海事法院管辖的，即使与纠纷有实际联系的地点不在我国领域内，我国海事法院对该纠纷也具有管辖权。

依据《最高人民法院关于海事法院受理案件范围的规定》第 79 条的规定，因不服海事行政机关作出的涉及海上、通海可航水域或者港口内的船舶、货物、设备设施、海运集装箱等财产的行政行为而提起的行政诉讼案件，属于海事法院受案范围，由海事法院专门管辖。船舶检验合同的相关内容如果涉及法定检验，因该类检验具有行政协议的性质，此时应依据《行政诉讼法》《最高人民法院关于审理行政协议案件若干问题的规定》的相关规定确定有管辖权的海事法院。

[**应注意的问题**] 船舶检验合同是指船舶所有人与船舶检验机构订立的，由船舶检验机构以自己的仪器、设备对船舶进行技术检验，船舶所有人接受检验结果并支付检验费用的合同。该合同当事人因合同的订立、履行、变更、终止而产生的纠纷，即适用本案由。如果当事人争议的船舶检验合同涉及法定检验，依据《最高人民法院关于海事法院受理案件范围的规定》第 79 条的规定，海事法院已经可以受理此类海事行政案件。因此类争议实质上不属于平等主体之间的民商事争议，在确定案由时，应根据《行政诉讼法》及其司法解释的相关规定予以确定。同理，《最高人民法院关于海事法院受理案件范围的规定》第 80 条至第 85 条涉及的行政争议在确定案由时，均应照此办理。

请求权基础规范指引

《中华人民共和国民法典》（2020 年）

第四百六十七条【无名合同及涉外合同的法律适用】 本法或者其他法律没有明文规定的合同，适用本编通则的规定，并可以参照适用本编或者其他法律最相类似合同的规定。

在中华人民共和国境内履行的中外合资经营企业合同、中外合作经营企业合同、中外合作勘探开发自然资源合同，适用中华人民共和国法律。

《中华人民共和国船舶和海上设施检验条例》（2019 年修订）

第六条 船舶检验分别由下列机构实施：

（一）船检局设置的船舶检验机构；

（二）省、自治区、直辖市人民政府交通主管部门设置的地方船舶检验机构；

（三）船检局委托、指定或者认可的检验机构。

前款所列机构，以下统称船舶检验机构。

第七条 中国籍船舶的所有人或者经营人，必须向船舶检验机构申请下列检验：

（一）建造或者改建船舶时，申请建造检验；

（二）营运中的船舶，申请定期检验；

（三）由外国籍船舶改为中国籍船舶的，申请初次检验。

238. 海事请求担保纠纷

案由适用要点

[释义] 海事请求人为保障其海事请求得以实现，很多时候会提出海事请求保全，海事法院根据海事请求人的申请，如认为应保障其海事请求的实现，对被请求人的财产所采取的强制措施。海事请求担保纠纷即是指海事请求人与被请求人之间与海事请求的保全担保相关的纠纷。

[管辖] 根据《最高人民法院关于海事法院受理案件范围的规定》第92条、第93条、第96条的规定，起诉前就海事纠纷申请扣押船舶、船载货物、船用物料、船用燃油或者申请保全其他财产的案件，海事请求人申请财产保全错误或者请求担保数额过高引起的责任纠纷案件，以及因错误申请海事强制令、海事证据保全引起的责任纠纷案件，均属于海事法院的受案范围。此类案件都属于典型的海事案件。依据《海事诉讼特别程序法》第6条第2款第6项的规定，因海事担保纠纷提起的诉讼，由担保物所在地、被告住所地海事法院管辖；因船舶抵押纠纷提起的诉讼，还可以由船籍港所在地海事法院管辖。

如果案件具有涉外因素，应适用《民事诉讼法》涉外编中的第270条、第276条的规定，以及最高人民法院关于海事法院地域管辖划分的相关规定，确定管辖的海事法院。

根据《海事诉讼特别程序法》第14条的规定，海事请求保全不受当事人之间关于该海事请求的诉讼管辖协议或者仲裁协议的约束。海事请求担保纠纷系基于海事请求保全而产生，相应地，海事请求担保纠纷也应不受当事人之间关于该海事请求的诉讼管辖协议或者仲裁协议的约束。

[应注意的问题] 确定本案由时，应注意海事担保合同纠纷和海事请求担保纠纷两个案由之间的区别。海事请求担保纠纷主要是当事人因申请海事强制措施，包括海事请求保全、海事强制令、海事证据保全等措施而提供担保所引发的纠纷。而海事担保合同纠纷主要是当事人从事海商交易中为担保债权人债权的清偿，因担保合同的签订、履行、变更和终止而产生的纠纷。

请求权基础规范指引

《中华人民共和国海事诉讼特别程序法》（1999年）

第六条 海事诉讼的地域管辖，依照《中华人民共和国民事诉讼法》的有关规定。

下列海事诉讼的地域管辖，依照以下规定：

……

（六）因海事担保纠纷提起的诉讼，由担保物所在地、被告住所地海事法院管辖；因船舶抵押纠纷提起的诉讼，还可以由船籍港所在地海事法院管辖；

……

第七十五条 海事请求人提供的担保，其方式、数额由海事法院决定。被请求人提供的担保，其方式、数额由海事请求人和被请求人协商；协商不成的，由海事法院决定。

第七十六条 海事请求人要求被请求人就海事请求保全提供担保的数额，应当与其债权数额相当，但不得超过被保全的财产价值。

海事请求人提供担保的数额，应当相当于因其申请可能给被请求人造成的损失。具体数额由海事法院决定。

第七十八条 海事请求人请求担保的数额过高，造成被请求人损失的，应当承担赔偿责任。

239. 海上、通海水域运输重大责任事故责任纠纷

案由适用要点

［**释义**］海上、通海水域运输重大责任事故责任纠纷，是指因在海上、通海水域从事运输活动，或其他作业的过程中，给他人人身、财产，以及海上、通海水域环境等造成重大损害或其他重大不良后果而引起的损害赔偿纠纷。

［**管辖**］海上、通海水域运输重大责任事故责任纠纷属于海事侵权案件，由海事法院专门管辖。关于案件的地域管辖，《海事诉讼特别程序法》第6条第2款第1项规定，因海事侵权行为提起的诉讼，除依照《民事诉讼法》第29条至第31条的规定以外，还可以由船籍港所在地海事法院管辖。海上、通海水域运输重大责任事故责任纠纷应依据该规定确定相应管辖规则。之后再根据最高人民法院关于各海事法院管辖区域划分的相关规定，确定相应的海事法院。

如果具有涉外因素，案件的管辖适用《民事诉讼法》第24章的规定；《民事诉讼法》第24章没有规定的，适用《海事诉讼特别程序法》第6条第

2 款第 1 项、第 2 项的规定和《民事诉讼法》的其他有关规定。

《民事诉讼法》第 35 条规定，合同或者其他财产权益纠纷的当事人可以书面协议选择被告住所地、合同履行地、合同签订地、原告住所地、标的物所在地等与争议有实际联系的地点的人民法院管辖，但不得违反本法对级别管辖和专属管辖的规定。对于侵权纠纷能否协议选择管辖法院，如果是一般的海事侵权涉及财产权益纠纷的，当事人协议选择管辖法院，似并不违反《民事诉讼法》第 35 条的规定。但是，本案由涉及海上、通海水域运输过程中的重大责任事故责任纠纷，从相关事故对环境的影响、案件审理的方便等角度考虑，不宜赋予此类案件当事人协议选择管辖法院的选择权。

海上、通海水域运输过程中发生重大责任事故后，往往涉及相关人员或经营单位行政责任甚至刑事责任的承担，从而可能发生民事赔偿责任、行政处罚责任甚至刑事责任的交叉问题。在确定案由时，应以当事人的诉请为基础，充分考虑三种责任性质在责任构成上的不同，准确确定案由和案件的处理路径。如果当事人提出刑事控告的，相关控告可能应移送有管辖权的司法机关。如果当事人对相关具体行政行为不服的，依据《最高人民法院关于海事法院受理案件范围的规定》第 79 条的规定，因不服海事行政机关作出的涉及海上、通海可航水域或者港口内的船舶、货物、设备设施、海运集装箱等财产的行政行为而提起的行政诉讼案件，属于海事法院的受案范围，应查明和认定当事人诉请针对的具体行政行为是否属于规定第 79 条调整的范围。

[应注意的问题] 确定本案由时，应注意与相关案由如船舶碰撞损害责任纠纷、船舶触碰损害责任纠纷的相互关系。如果海上、通海水域运输过程中，事故形态表现为船舶碰撞、船舶触碰，但未造成重大责任事故，也不应以本案由作为审理案件的案由，仍应分别确定为船舶碰撞损害责任纠纷、船舶触碰损害责任纠纷。亦即船舶碰撞损害责任纠纷、船舶触碰损害责任纠纷不以造成重大责任事故这一后果为必要。

《最高人民法院关于海事法院受理案件范围的规定》第 1 条至第 5 条、第 7 条、第 65 条、第 66 条所列举的纠纷，系海上、通海水域运输重大责任事故责任纠纷可能表现出的具体情形，而非具体案由。当出现所列举的这些情形时，不应以规定所列具体情形作为案件案由，案由仍应确定为海上、通海水域运输重大责任事故责任纠纷。

请求权基础规范指引

《中华人民共和国民法典》（2020 年）

第一百六十七条【违法代理及其法律后果】 代理人知道或者应当知道代理事项违法仍然实施代理行为，或者被代理人知道或者应当知道代理人的代理行为违法未作反对表示的，被代理人和代理人应当承担连带责任。

第一千一百六十五条【过错责任原则】 行为人因过错侵害他人民事权益造成损害的，应当承担侵权责任。

依照法律规定推定行为人有过错，其不能证明自己没有过错的，应当承担侵权责任。

第一千一百六十六条【无过错责任原则】 行为人造成他人民事权益损害，不论行为人有无过错，法律规定应当承担侵权责任的，依照其规定。

《中华人民共和国海商法》（1992 年）

第四十七条 承运人在船舶开航前和开航当时，应当谨慎处理，使船舶处于适航状态，妥善配备船员、装备船舶和配备供应品，并使货舱、冷藏舱、冷气舱和其他载货处所适于并能安全收受、载运和保管货物。

第五十九条 经证明，货物的灭失、损坏或者迟延交付是由于承运人的故意或者明知可能造成损失而轻率地作为或者不作为造成的，承运人不得援用本法第五十六条或者第五十七条限制赔偿责任的规定。

经证明，货物的灭失、损坏或者迟延交付是由于承运人的受雇人、代理人的故意或者明知可能造成损失而轻率地作为或者不作为造成的，承运人的受雇人或者代理人不得援用本法第五十六条或者第五十七条限制赔偿责任的规定。

240. 港口作业重大责任事故责任纠纷

案由适用要点

［释义］ 港口作业，通常是指港口接受作业委托人的委托，对运抵或运离港口的各类货物进行装卸、驳运、仓储或保管、装拆集装箱等进行操作。在作业过程中给他人人身、财产、港口周遭环境等造成重大损害或其他重大不良后果而引起的损害赔偿纠纷，即为港口作业重大责任事故责任纠纷。

［管辖］ 依据《最高人民法院关于海事法院受理案件范围的规定》第 75 条的规定，港口作业纠纷案件属于海事法院受案范围。港口作业重大责任事故责任纠纷属于海事案件，由海事法院专门管辖。关于案件的地域管辖，《海事诉讼特别程序法》第 7 条第 1 项规定，因沿海港口作业纠纷提起的诉讼，由港口所在地海事法院管辖。港口作业重大责任事故责任纠纷应依据该规定确定相应管辖规则。依据《民事诉讼法》第 34 条第 2 项规定，因港口作业中发生纠纷提起的诉讼，由港口所在地人民法院专属管辖。关于《民事诉讼法》第 34 条第 2 项与《海事诉讼特别程序法》第 7 条第 1 项的关系，首先，如果是沿海港口作业纠纷提起的诉讼，解释论上，《民事诉讼法》第 34 条第 2 项所指的人民法院是指沿海港口所在地的海事法院。其次，如果港口

作业纠纷并非发生于沿海的港口，而发生在长江沿岸港口或其他与海相同的水域的港口，则《海事诉讼特别程序法》第 7 条第 1 项的规定不能涵盖此类情形，应以《民事诉讼法》第 34 条第 2 项为依据，再根据最高人民法院关于各海事法院管辖区分划分的相关规定，确定相应的海事法院。

另外，此类案件具有专属管辖的性质，因此不属于《民事诉讼法》第 35 条所规定的可以协议管辖的范畴。如果当事人就此类案件协议选择港口所在地以外的法院管辖，不论所选择的是海事法院还是其他法院，因其选择违背了案件专属管辖的规定而应归于无效。

港口作业过程中发生重大责任事故后，往往涉及相关人员或经营单位行政责任甚至刑事责任的承担，从而可能发生民事赔偿责任、行政处罚责任甚至刑事责任的交叉问题。在确定案由时，应以当事人的诉请为基础，充分考虑三种责任性质在责任构成上的不同，准确确定案由和案件的处理路径。如果当事人提出刑事控告的，相关控告可能应移送有管辖权的司法机关。如果当事人对相关具体行政行为不服的，依据《最高人民法院关于海事法院受理案件范围的规定》第 79 条的规定，因不服海事行政机关作出的涉及海上、通海可航水域或者港口内的船舶、货物、设备设施、海运集装箱等财产的行政行为而提起的行政诉讼案件，属于海事法院的受案范围，应查明和认定当事人诉请针对的具体行政行为是否属于规定第 79 条调整的范围。

[应注意的问题] 确定以该案由作为所审理案件的案由时，应注意该案由与港口作业纠纷的关系，详见“241. 港口作业纠纷”中的“应注意的问题”。

请求权基础规范指引

《中华人民共和国民法典》（2020 年）

第一百六十七条【违法代理及其法律后果】 代理人知道或者应当知道代理事项违法仍然实施代理行为，或者被代理人知道或者应当知道代理人的代理行为违法未作反对表示的，被代理人和代理人应当承担连带责任。

第一千一百六十五条【过错责任原则】 行为人因过错侵害他人民事权益造成损害的，应当承担侵权责任。

依照法律规定推定行为人有过错，其不能证明自己没有过错的，应当承担侵权责任。

第一千一百六十六条【无过错责任原则】 行为人造成他人民事权益损害，不论行为人有无过错，法律规定应当承担侵权责任的，依照其规定。

《中华人民共和国港口法》（2018 年修正）

第三十二条 港口经营人必须依照《中华人民共和国安全生产法》等有关法律、法规和国务院交通主管部门有关港口安全作业规则的规定，加强安全生产管理，建立健全安全生产责任制等规章制度，完善安全生产条件，采取保障安全生产的有效措施，确保安全生产。

港口经营人应当依法制定本单位的危险货物事故应急预案、重大生产安全事故的旅客紧急疏散和救援预案以及预防自然灾害预案，保障组织实施。

第三十三条 港口行政管理部门应当依法制定可能危及社会公共利益的港口危险货物事故应急预案、重大生产安全事故的旅客紧急疏散和救援预案以及预防自然灾害预案，建立健全港口重大生产安全事故的应急救援体系。

第三十四条 船舶进出港口，应当依照有关水上交通安全的法律、行政法规的规定向海事管理机构报告。海事管理机构接到报告后，应当及时通报港口行政管理部门。

船舶载运危险货物进出港口，应当按照国务院交通主管部门的规定将危险货物的名称、特性、包装和进出港口的时间报告海事管理机构。海事管理机构接到报告后，应当在国务院交通主管部门规定的时间内作出是否同意的决定，通知报告人，并通报港口行政管理部门。但是，定船舶、定航线、定货种的船舶可以定期报告。

第三十五条 在港口内进行危险货物的装卸、过驳作业，应当按照国务院交通主管部门的规定将危险货物的名称、特性、包装和作业的时间、地点报告港口行政管理部门。港口行政管理部门接到报告后，应当在国务院交通主管部门规定的时间内作出是否同意的决定，通知报告人，并通报海事管理机构。

第三十六条 港口行政管理部门应当依法对港口安全生产情况实施监督检查，对旅客上下集中、货物装卸量较大或者有特殊用途的码头进行重点巡查；检查中发现安全隐患的，应当责令被检查人立即排除或者限期排除。

负责安全生产监督管理的部门和其他有关部门依照法律、法规的规定，在各自职责范围内对港口安全生产实施监督检查。

241. 港口作业纠纷

案由适用要点

［**释义**］港口作业，通常是指港口接受作业委托人的委托，对运抵或运离港口的各类货物进行装卸、驳运、仓储或保管、装拆集装箱等进行操作。因此而发生的纠纷为港口作业纠纷。

［**管辖**］依据《最高人民法院关于海事法院受理案件范围的规定》第 75 条的规定，港口作业纠纷案件属于海事法院受案范围。港口作业纠纷属于典型的海事案件，由海事法院专门管辖。关于案件的地域管辖，《海事诉讼特别程序法》第 7 条第 1 项规定，因沿海港口作业纠纷提起的诉讼，由港口所在

地海事法院管辖。依据《民事诉讼法》第34条第2项规定，因港口作业中发生纠纷提起的诉讼，由港口所在地人民法院专属管辖。关于《民事诉讼法》第34条第2项与《海事诉讼特别程序法》第7条第1项的关系，首先，如果是沿海港口作业纠纷提起的诉讼，解释论上，《民事诉讼法》第34条第2项所指的人民法院是指沿海港口所在地的海事法院。其次，如果港口作业纠纷并非发生于沿海的港口，而发生在长江沿岸港口或其他与海相同的水域的港口，则《海事诉讼特别程序法》第7条第1项的规定不能涵盖此类情形，应以《民事诉讼法》第34条第2项为依据，再根据最高人民法院关于各海事法院管辖区分划分的相关规定，确定相应的海事法院。

另外，此类案件具有专属管辖的性质，因此不属于《民事诉讼法》第35条所规定的可以协议管辖的范畴。如果当事人就此类案件协议选择港口所在地以外的法院管辖，不论所选择的是海事法院还是其他法院，因其选择违背了案件专属管辖的规定而应归于无效。

[应注意的问题] 海事司法实践中，有的法院将与港口、码头工程建设相关的测绘、设计、建设、监理等合同定性为港口作业纠纷。应注意到，依据《最高人民法院关于海事法院受理案件范围的规定》第55条的规定，海洋、通海可航水域工程建设（含水下疏浚、围海造地、电缆或者管道敷设以及码头、船坞、钻井平台、人工岛、隧道、大桥等建设）纠纷案件属于海事法院受案范围。现有海事海商案由中还包括码头建造合同纠纷。因与港口、码头工程建设相关的测绘、设计、建设、监理等合同的订立、变更、履行、终止等引发的争议，合同内容多与工程建设相关，与港口对货物进行装卸、驳运、仓储或保管、装拆集装箱等作业无关，此时应将案件案由确定为码头建造合同纠纷而非港口作业纠纷，不应混淆码头建造合同与港口作业这两类不同的纠纷。

确定以本案由作为所审理案件的案由时，还应注意该案由与港口作业重大责任事故责任纠纷的关系。港口作业重大责任事故责任纠纷属于港口作业纠纷中的特殊案件类型。按照适用规则，当事人之间的争议属于港口作业重大责任事故范畴的，应适用“港口作业重大责任事故责任纠纷”，而不适用本案由。

请求权基础规范指引

《中华人民共和国港口法》（2018年修正）

第三十二条 港口经营人必须依照《中华人民共和国安全生产法》等有关法律、法规和国务院交通主管部门有关港口安全作业规则的规定，加强安全生产管理，建立健全安全生产责任制等规章制度，完善安全生产条件，采取保障安全生产的有效措施，确保安全生产。

港口经营人应当依法制定本单位的危险货物事故应急预案、重大生产安全事故的旅客紧急疏散和救援预案以及预防自然灾害预案，保障组织实施。

第三十五条 在港口内进行危险货物的装卸、过驳作业，应当按照国务院交通主管部门的规定将危险货物的名称、特性、包装和作业的时间、地点报告港口行政管理部门。港口行政管理部门接到报告后，应当在国务院交通主管部门规定的时间内作出是否同意的决定，通知报告人，并通报海事管理机构。

第三十六条 港口行政管理部门应当依法对港口安全生产情况实施监督检查，对旅客上下集中、货物装卸量较大或者有特殊用途的码头进行重点巡查；检查中发现安全隐患的，应当责令被检查人立即排除或者限期排除。

负责安全生产监督管理的部门和其他有关部门依照法律、法规的规定，在各自职责范围内对港口安全生产实施监督检查。

242. 共同海损纠纷

案由适用要点

[**释义**] 共同海损，是指在同一海上航程中，船舶、货物和其他财产遭遇共同危险，为了共同安全，有意地、合理地采取措施所直接造成的特殊牺牲、支付的特殊费用。

[**管辖**] 依据《最高人民法院关于海事法院受理案件范围的规定》第74条的规定，共同海损纠纷案件属于海事法院受案范围。对该类案件的管辖海事诉讼特别程序法并无特殊规定，但《民事诉讼法》第33条规定，因共同海损提起的诉讼，由船舶最先到达地、共同海损理算地或者航程终止地的人民法院管辖。因共同海损案件属于海事法院专门管辖，因此该类案件应由船舶最先到达地、共同海损理算地或者航程终止地相应的有管辖权的海事法院管辖。依据《海事诉讼特别程序法》第91条的规定，当事人就同一海损事故向受理共同海损案件的海事法院提起非共同海损的诉讼，以及对共同海损分摊向责任人提起追偿诉讼的，海事法院可以合并审理。

该类案件属于当事人可以协议选择管辖法院的案件，当事人可以依据《民事诉讼法》第33条、第35条和《海事诉讼特别程序法》第91条的规定，就被告住所地、合同履行地、合同签订地、原告住所地、标的物所在地、船舶最先到达地、共同海损理算地或者航程终止地书面协议选择有管辖权的海事法院。另外，依据《海事诉讼特别程序法》第8条的规定，海事纠纷的当事人都是外国人、无国籍人、外国企业或者组织，当事人书面协议选择我国海事法院管辖的，即使与纠纷有实际联系的地点不在我国领域内，我国海事法院对该纠纷也具有管辖权。

[应注意的问题] 共同海损制度，旨在平摊风险与损失，以保护航海运输，它是指在同一海上航程中，船舶、货物和其他财产遭遇共同危险时，为了共同安全，有意地、合理地采取措施所直接造成的特殊牺牲、支付的特殊费用。短时间内共同海损制度不会完全被保险所取代，航运实务界人士预测，在21世纪，国际社会将致力于共同海损制度的简化，有观点认为应进一步适度发挥保险制度的功能，在保险单中规定“小额共同海损条款”或“共同海损吸收条款”，即对共同海损金额较小的案件，船方可不向货主请求分摊共同海损，转而依照和保险人的事先约定，由保险人依约定予以赔偿，以避免耗时费力的海损理算工作。[1] 如果涉及与保单“小额共同海损条款”或“共同海损吸收条款”有关的争议，在确定案由时，应确定为海上、通海水域保险合同纠纷而非共同海损纠纷。

请求权基础规范指引

《中华人民共和国海商法》（1992年）

第一百九十三条 共同海损，是指在同一海上航程中，船舶、货物和其他财产遭遇共同危险，为了共同安全，有意地合理地采取措施所直接造成的特殊牺牲、支付的特殊费用。

无论在航程中或者在航程结束所发生的船舶或者货物因迟延所造成的损失，包括船期损失和行市损失以及其他间接损失，均不得列入共同海损。

第一百九十四条 船舶因发生意外、牺牲或者其他牺牲情况而损坏时，为了安全完成本航程，驶入避难港口、避难地点或者驶回装货港口、装货地点进行必要的修理，在该港口或者地点额外停留期间所支付的港口费，船员工资、给养，船舶所消耗的燃料、物料，为修理而卸载、储存、重装或者搬移船上货物、燃料、物料以及其他财产所造成的损失、支付的费用，应当列入共同海损。

第一百九十五条 为代替可以列为共同海损的特殊费用而支付的额外费用，可以作为代替费用列入共同海损；但是，列入共同海损的代替费用的金额，不得超过被代替的共同海损的特殊费用。

第一百九十六条 提出共同海损分摊请求的一方应当负举证责任，证明其损失应当列入共同海损。

第一百九十七条 引起共同海损特殊牺牲、特殊费用的事故，可能是由航程中一方的过失造成的，不影响该方要求分摊共同海损的权利；但是，非过失方或者过失方可以就此项过失提出赔偿请求或者进行抗辩。

---

① 司玉琢：《海商法专论》，中国人民大学出版社2007年版，第501页。

第一百九十八条　船舶、货物和运费的共同海损牺牲的金额，依照下列规定确定：

（一）船舶共同海损牺牲的金额，按照实际支付的修理费，减除合理的以新换旧的扣减额计算。船舶尚未修理的，按照牺牲造成的合理贬值计算，但是不得超过估计的修理费。

船舶发生实际全损或者修理费用超过修复后的船舶价值的，共同海损牺牲金额按照该船舶在完好状态下的估计价值，减除不属于共同海损损坏的估计的修理费和该船舶受损后的价值价的余额计算。

（二）货物共同海损牺牲的金额，货物灭失的，按照货物在装船时的价值加保险费加运费，减除由于牺牲无需支付的运费计算。货物损坏，在就损坏程度达成协议前出售的，按照货物在装船时的价值加保险费加运费，与出售货物净得的差额计算。

（三）运费共同海损牺牲的金额，按照货物遭受牺牲造成的运费的损失金额，减除为取得这笔运费本应支付，但是由于牺牲无需支付的营运费用计算。

第一百九十九条　共同海损应当由受益方按照各自的分摊价值的比例分摊。

船舶、货物和运费的共同海损分摊价值，分别依照下列规定确定：

（一）船舶共同海损分摊价值，按照船舶在航程终止时的完好价值，减除不属于共同海损的损失金额计算，或者按照船舶在航程终止时的实际价值，加上共同海损牺牲的金额计算。

（二）货物共同海损分摊价值，按照货物在装船时的价值加保险费加运费，减除不属于共同海损的损失金额和承运人承担风险的运费计算。货物在抵达目的港以前售出的，按照出售净得金额，加上共同海损牺牲的金额计算。

旅客的行李和私人物品，不分摊共同海损。

（三）运费分摊价值，按照承运人承担风险并于航程终止时有权收取的运费，减除为取得该项运费而在共同海损事故发生后，为完成本航程所支付的营运费用，加上共同海损牺牲的金额计算。

第二百条　未申报的货物或者谎报的货物，应当参加共同海损分摊；其遭受的特殊牺牲，不得列入共同海损。

不正当地以低于货物实际价值作为申报价值的，按照实际价值分摊共同海损；在发生共同海损牺牲时，按照申报价值计算牺牲金额。

第二百零一条　对共同海损特殊牺牲和垫付的共同海损特殊费用，应当计算利息。对垫付的共同海损特殊费用，除船员工资、给养和船舶消耗的燃料、物料外，应当计算手续费。

第二百零二条　经利益关系人要求，各分摊方应当提供共同海损担保。

以提供保证金方式进行共同海损担保的，保证金应当交由海损理算师以保管人名义存入银行。

保证金的提供、使用或者退还，不影响各方最终的分摊责任。

第二百零三条 共同海损理算，适用合同约定的理算规则；合同未约定的，适用本章的规定。

《中华人民共和国海事诉讼特别程序法》（1999年）

第六条 海事诉讼的地域管辖，依照《中华人民共和国民事诉讼法》的有关规定。

下列海事诉讼的地域管辖，依照以下规定：

（一）因海事侵权行为提起的诉讼，除依照《中华人民共和国民事诉讼法》第二十九条至第三十一条的规定以外，还可以由船籍港所在地海事法院管辖；

……

第二十一条 下列海事请求，可以申请扣押船舶：

（九）共同海损；

……

第八十八条 当事人就共同海损的纠纷，可以协议委托理算机构理算，也可以直接向海事法院提起诉讼。海事法院受理未经理算的共同海损纠纷，可以委托理算机构理算。

第八十九条 理算机构作出的共同海损理算报告，当事人没有提出异议的，可以作为分摊责任的依据；当事人提出异议的，由海事法院决定是否采纳。

第九十条 当事人可以不受因同一海损事故提起的共同海损诉讼程序的影响，就非共同海损损失向责任人提起诉讼。

第九十一条 当事人就同一海损事故向受理共同海损案件的海事法院提起非共同海损的诉讼，以及对共同海损分摊向责任人提起追偿诉讼的，海事法院可以合并审理。

第九十二条 海事法院审理共同海损案件，应当在立案后一年内审结。有特殊情况需要延长的，由本院院长批准。

《最高人民法院关于审理发生在我国管辖海域相关案件若干问题的规定（一）》（法释〔2016〕16号 2016年8月1日）

第五条 因在我国管辖海域内发生海损事故，请求损害赔偿提起的诉讼，由管辖该海域的海事法院、事故船舶最先到达地的海事法院、船舶被扣押地或者被告住所地海事法院管辖。

因在公海等我国管辖海域外发生海损事故，请求损害赔偿在我国法院提起的诉讼，由事故船舶最先到达地、船舶被扣押地或者被告住所地海事法院管辖。

事故船舶为中华人民共和国船舶的，还可以由船籍港所在地海事法院管辖。

243. 海洋开发利用纠纷

案由适用要点

［**释义**］海事司法意义上的海洋开发利用纠纷主要包括海洋、通海可航水域能源和矿产资源勘探、开发、输送纠纷案件，海水淡化和综合利用纠纷案件，以及海岸带开发利用相关纠纷。

［**管辖**］依据《最高人民法院关于海事法院受理案件范围的规定》第53条、第54条、第56条的规定，海洋、通海可航水域能源和矿产资源勘探、开发、输送纠纷案件，海水淡化和综合利用纠纷案件，以及海岸带开发利用相关纠纷案件都属于海事法院受案范围，由海事法院专门管辖。海洋开发利用纠纷的类型多种多样，既可能是合同纠纷，也可能是侵权纠纷；既可能符合一般地域管辖的特点，也可能具有特殊地域管辖的特征。有些争议当事人可依据《民事诉讼法》第35条的规定，约定有管辖权的海事法院，有些纠纷可能不属于可约定的范畴。具体情况应依据个案事实、当事人的诉请等最终予以确定。

［**应注意的问题**］在《最高人民法院关于海事法院受理案件范围的规定》第53条、第54条、第56条中所规定的海洋、通海可航水域能源和矿产资源勘探、开发、输送纠纷案件，海水淡化和综合利用纠纷案件，以及海岸带开发利用相关纠纷案件，根据目前的案由规定，均应确定为海洋开发利用纠纷。因海洋、通海可航水域能源和矿产资源勘探、开发、输送，海水淡化和综合利用，以及海岸带开发利用引发的纠纷类型多样，涉及的法律关系纷繁复杂，是否应在海洋开发利用纠纷之下，将因海洋、通海可航水域能源和矿产资源勘探、开发、输送，海水淡化和综合利用，以及海岸带开发利用引发的纠纷设为海洋开发利用纠纷下的第四级案由，可以留待将来进一步研究探讨。

请求权基础规范指引

《中华人民共和国领海及毗连区法》（1992年）

第十一条 任何国际组织、外国的组织或者个人，在中华人民共和国领海内进行科学研究、海洋作业等活动，须经中华人民共和国政府或者其有关主管部门批准，遵守中华人民共和国法律、法规。

违反前款规定，非法进入中华人民共和国领海进行科学研究、海洋作业等活动的，由中华人民共和国有关机关依法处理。

《中华人民共和国专属经济区和大陆架法》（1998 年）

第三条 中华人民共和国在专属经济区为勘查、开发、养护和管理海床上覆水域、海床及其底土的自然资源，以及进行其他经济性开发和勘查，如利用海水、海流和风力生产能等活动，行使主权权利。

中华人民共和国对专属经济区的人工岛屿、设施和结构的建造、使用和海洋科学研究、海洋环境的保护和保全，行使管辖权。

本法所称专属经济区的自然资源，包括生物资源和非生物资源。

第四条 中华人民共和国为勘查大陆架和开发大陆架的自然资源，对大陆架行使主权权利。

中华人民共和国对大陆架的人工岛屿、设施和结构的建造、使用和海洋科学研究、海洋环境的保护和保全，行使管辖权。

中华人民共和国拥有授权和管理为一切目的在大陆架上进行钻探的专属权利。

本法所称大陆架的自然资源，包括海床和底土的矿物和其他非生物资源，以及属于定居种的生物，即在可捕捞阶段在海床上或者海床下不能移动或者其躯体须与海床或者底土保持接触才能移动的生物。

第五条 任何国际组织、外国的组织或者个人进入中华人民共和国的专属经济区从事渔业活动，必须经中华人民共和国主管机关批准，并遵守中华人民共和国的法律、法规及中华人民共和国与有关国家签订的条约、协定。

中华人民共和国主管机关有权采取各种必要的养护和管理措施，确保专属经济区的生物资源不受过度开发的危害。

第六条 中华人民共和国主管机关有权对专属经济区的跨界种群、高度洄游鱼种、海洋哺乳动物、源自中华人民共和国河流的溯河产卵种群、在中华人民共和国水域内度过大部分生命周期的降河产卵鱼种，进行养护和管理。

中华人民共和国对源自本国河流的溯河产卵种群，享有主要利益。

第七条 任何国际组织、外国的组织或者个人对中华人民共和国的专属经济区和大陆架的自然资源进行勘查、开发活动或者在中华人民共和国的大陆架上为任何目的进行钻探，必须经中华人民共和国主管机关批准，并遵守中华人民共和国的法律、法规。

第八条 中华人民共和国在专属经济区和大陆架有专属权利建造并授权和管理建造、操作和使用人工岛屿、设施和结构。

中华人民共和国对专属经济区和大陆架的人工岛屿、设施和结构行使专属管辖权，包括有关海关、财政、卫生、安全和出境入境的法律和法规方面的管辖权。

中华人民共和国主管机关有权在专属经济区和大陆架的人工岛屿、设施和结构周围设置安全地带，并可以在该地带采取适当措施，确保航行安全以及人工岛屿、设施和结构的安全。

第九条　任何国际组织、外国的组织或者个人在中华人民共和国的专属经济区和大陆架进行海洋科学研究，必须经中华人民共和国主管机关批准，并遵守中华人民共和国的法律、法规。

第十条　中华人民共和国主管机关有权采取必要的措施，防止、减少和控制海洋环境的污染，保护和保全专属经济区和大陆架的海洋环境。

第十一条　任何国家在遵守国际法和中华人民共和国的法律、法规的前提下，在中华人民共和国的专属经济区享有航行、飞越的自由，在中华人民共和国的专属经济区和大陆架享有铺设海底电缆和管道的自由，以及与上述自由有关的其他合法使用海洋的便利。铺设海底电缆和管道的路线，必须经中华人民共和国主管机关同意。

第十二条　中华人民共和国在行使勘查、开发、养护和管理专属经济区的生物资源的主权权利时，为确保中华人民共和国的法律、法规得到遵守，可以采取登临、检查、逮捕、扣留和进行司法程序等必要的措施。

中华人民共和国对在专属经济区和大陆架违反中华人民共和国法律、法规的行为，有权采取必要措施，依法追究法律责任，并可以行使紧追权。

《中华人民共和国海洋环境保护法》（2023年修正）

第二条　本法适用于中华人民共和国管辖海域。

在中华人民共和国管辖海域内从事航行、勘探、开发、生产、旅游、科学研究及其他活动，或者在沿海陆域内从事影响海洋环境活动的任何单位和个人，应当遵守本法。

在中华人民共和国管辖海域以外，造成中华人民共和国管辖海域环境污染、生态破坏的，也适用本法相关规定。

244. 船舶共有纠纷

案由适用要点

［释义］船舶共有，是指两个或两个以上自然人、法人或者非法人组织对同一船舶或数艘船舶共同享有船舶物权，包括共同享有对船舶的所有权、对船舶的用益物权或者对船舶的担保物权的权益。其中最为典型的是对船舶所有权的共有，包括对船舶所有权的按份共有和共同共有。就纠纷类型而言，船舶共有纠纷可分对当事人对船舶共有权的确认纠纷，共有人对共有船

舶的分割而引发的纠纷，以及共有人对共有船舶优先购买权的纠纷。

[**管辖**] 依据《最高人民法院关于海事法院受理案件范围的规定》第68条的规定，船舶所有权、船舶优先权、船舶留置权、船舶抵押权等船舶物权纠纷案件属于海事法院的受案范围，船舶共有纠纷属于船舶所有权、船舶优先权、船舶留置权、船舶抵押权之下的纠纷形式的一种，船舶共有纠纷自属于海事法院专门管辖的范畴。依据《海事诉讼特别程序法》第6条第2款第7项的规定，因海船的船舶所有权、占有权、使用权、优选权纠纷提起的诉讼，由船舶所在地、船籍港所在地、被告住所地海事法院管辖。如果共有纠纷涉及船舶抵押权的，依据《海事诉讼特别程序法》第6条第2款第6项的规定，还可以由船籍港所在地海事法院管辖。其中船舶所在地指起诉时船舶的停泊地或者船舶被扣押地。

该类案件属于当事人可以协议选择管辖法院的案件，因此当事人可以依据《民事诉讼法》第35条规定的相关管辖连接点，就被告住所地、合同履行地、合同签订地、原告住所地、标的物所在地书面协议选择有管辖权的海事法院管辖。另外，依据《海事诉讼特别程序法》第8条的规定，海事纠纷的当事人都是外国人、无国籍人、外国企业或者组织，当事人书面协议选择我国海事法院管辖的，即使与纠纷有实际联系的地点不在我国领域内，我国海事法院对该纠纷也具有管辖权。

如果是因船舶登记机关工作人员失误，导致登记错误造成他人损失的，如果构成海事行政诉讼，此类海事行政诉讼也属于海事法院受案范畴，应依据《行政诉讼法》及相应司法解释的规定，确定管辖的海事法院。

[**应注意的问题**] 应注意区分借贷法律关系与合伙出资共同建造船舶形成的共有关系。在沿海某些地区，民间多层级合股集资建造、经营船舶的现象相当普遍。其基本特征主要体现为多层级合股集资造船、合伙造船和挂靠造船等形式。受资金链断裂以及航运业阶段性下行的影响，因民间多层级合股集资建造、经营船舶引发的中下层级船舶投资者要求偿还借款或返还投资款的纠纷时有发生，此时应对相关法律关系的性质准确加以把握。

确定以该案由作为所审理案件的案由时，应注意与船舶权属纠纷的关系。严格说来，船舶共有纠纷系船舶权属纠纷下的子案由，在当前案由规定尚将两者作为并列的第三级案由予以列明的情况下，如果在具体个案中，当事人之间的争议确实可以进一步细化为船舶共有的问题，在目前案由规定的体系下，仍应以船舶共有纠纷作为案件的案由。

请求权基础规范指引

《中华人民共和国民法典》（2020年）

第二百九十七条【共有及其类型】 不动产或者动产可以由两个以上组

织、个人共有。共有包括按份共有和共同共有。

第二百九十八条【按份共有】 按份共有人对共有的不动产或者动产按照其份额享有所有权。

第二百九十九条【共同共有】 共同共有人对共有的不动产或者动产共同享有所有权。

《中华人民共和国海商法》（1992 年）

第十条 船舶由两个以上的法人或者个人共有的，应当向船舶登记机关登记；未经登记的，不得对抗第三人。

245. 船舶权属纠纷

案由适用要点

［**释义**］船舶权属纠纷，是指与船舶物权有关的纠纷。具体而言，可以大致划分为如下几类：（1）涉及船舶物权确权的纠纷。包括对船舶所有权的确权纠纷；对船舶担保物权的确权纠纷。（2）涉及船舶物权保护的纠纷。主要涉及船舶物权受侵害时，权利人依据法律所提供的物权保护方法请求保护形成的纠纷，包括返还船舶纠纷，排除针对船舶的妨害、消除针对船舶的危险、对船舶恢复原状、因船舶受损而提起的损害赔偿纠纷。涉及船舶占有保护的纠纷也属此类。（3）涉及船舶物权登记的纠纷。例如，因申请人故意向船舶登记机关提供虚假材料，致使船舶登记机关的登记内容存在错误，给他人造成损失而引起的民事赔偿纠纷；船舶登记申请人与船舶登记机关工作人员恶意串通导致登记内容错误，造成他人损失的纠纷等。

［**管辖**］依据《最高人民法院关于海事法院受理案件范围的规定》第 68 条规定，船舶所有权、船舶优先权、船舶留置权、船舶抵押权等船舶物权纠纷案件属于典型的海事海商案件，应由海事法院专门管辖。依据《海事诉讼特别程序法》第 6 条第 2 款第 6 项和第 7 项的规定，因海事担保纠纷提起的诉讼，由担保物所在地、被告住所地海事法院管辖；因船舶抵押纠纷提起的诉讼，还可以由船籍港所在地海事法院管辖；因海船的船舶所有权、占有权、使用权、优先权纠纷提起的诉讼，由船舶所在地、船籍港所在地、被告住所地海事法院管辖。其中船舶所在地指起诉时船舶的停泊地或者船舶被扣押地。

该类案件属于当事人可以协议选择管辖法院的案件，因此，当事人可以依据《民事诉讼法》第 35 条规定的相关管辖连接点，就被告住所地、合同履行地、合同签订地、原告住所地、标的物所在地书面协议选择有管辖权的海事法院管辖。另外，依据《海事诉讼特别程序法》第 8 条的规定，海事纠纷的当事人都是外国人、无国籍人、外国企业或者组织，当事人书面协议选择我国海事法院管辖的，即使与纠纷有实际联系的地点不在我国领域内，我国海事法院对该纠纷也具有管辖权。

如果是因船舶登记机关工作人员失误，导致登记错误造成他人损失的，如果构成海事行政诉讼，此类海事行政诉讼也属于海事法院受案范畴，应依据《行政诉讼法》及相应司法解释的规定，确定管辖的海事法院。

[应注意的问题] 产生船舶权属纠纷的重要原因之一，在于船舶权属登记不实，进而影响船舶权属关系的认定。此时应准确把握船舶等特殊动产登记对抗制的法律意义。在登记对抗制下，未经登记仅不具有对抗善意第三人的法律效力，在实际的权利人和登记的权利人之间，如果相关证据可以确定船舶物权并非属于登记的权利人，应认定船舶物权属于实际的权利人。但如果第三人基于船舶的登记状况而与登记的权利人发生了交易，且根据法律规定的要件可确定该第三人确属善意，则应保护该善意第三人的权利。

此外，还应注意区分船舶权属纠纷与船舶买卖合同、船舶建造合同、船舶抵押合同、船舶租用合同等纠纷的关系。船舶买卖合同、船舶建造合同、船舶租用合同等可能系船舶权属纠纷中应查明的引起物权设立、变动、终止的原因，在确定具体个案的案由时，应注意当事人的诉讼请求，从其具体的诉讼请求出发，确定案件的案由。如果当事人仅以合同为依据，请求对方承担违约责任，则案件案由应属于相关的合同纠纷。如果原告的诉请虽涉及相关的合同，但落脚点在于寻求对相关物权的确认、保护，则应定为权属纠纷。相关合同则系船舶物权设立、变动、终止的原因事实，与合同有关的事实虽需要查明甚至予以认定，但不宜以相关合同作为确定全案案由的依据。

请求权基础规范指引

《中华人民共和国海商法》（1992 年）

第九条 船舶所有权的取得、转让和消灭，应当向船舶登记机关登记；未经登记的，不得对抗第三人。

船舶所有权的转让，应当签订书面合同。

第十条 船舶由两个以上的法人或者个人共有的，应当向船舶登记机关登记；未经登记的，不得对抗第三人。

246. 海运欺诈纠纷

案由适用要点

[释义] 海运欺诈纠纷，是指从事海上货物运输及国际贸易等活动的相关方因实施欺诈行为造成他方损失形成的纠纷。

[**管辖**] 依据《最高人民法院关于海事法院受理案件范围的规定》第 77 条的规定，海运欺诈纠纷案件属于典型的海事案件，应由海事法院专门管辖。欺诈属于典型的侵权行为，依据《海事诉讼特别程序法》第 6 条第 2 款第 1 项的规定，因海事侵权行为提起的诉讼，除依照《民事诉讼法》第 29 条至第 31 条的规定以外，还可以由船籍港所在地海事法院管辖。至于各海事法院的管辖区域，则应依最高人民法院的相关规定予以确定。

如果具有涉外因素，案件的管辖适用《民事诉讼法》第 24 章的规定；《民事诉讼法》第 24 章没有规定的，适用《海事诉讼特别程序法》第 6 条第 2 款第 1 项、第 2 项的规定和《民事诉讼法》的其他有关规定。

该类案件属于当事人可以协议选择管辖法院的案件，因此当事人可以依据《民事诉讼法》第 35 条规定的相关管辖连接点，就被告住所地、合同履行地、合同签订地、原告住所地、标的物所在地书面协议选择有管辖权的海事法院管辖。

[**应注意的问题**] 从广义的角度，参与航运不同交易环节的相关各方实施的欺诈行为而形成的纠纷，均属于海运欺诈纠纷。但就具体个案确定案由时，应注意如果原告所提交的证据能证明被告在主观状态上存在欺诈的故意，客观上实施了欺诈的行为，即可以海运欺诈纠纷确定案由。但由于欺诈属于一种主观状态，证明较为困难，在当事人难以就欺诈进行举证的情况下，当事人可能更多选择以违约提起诉讼，例如，以存在无单放货、不合理绕航、货物毁损或短少等具体情形为由，诉请判令承运人因违反海上、通海水域货物运输合同而承担违约责任，此时案由确定为海上、通海水域货物运输合同纠纷更为妥当。因此，前述列举的一些海事欺诈类型可以被其他案由所吸收。

请求权基础规范指引

《中华人民共和国民法典》（2020 年）

第一百四十八条【以欺诈手段实施的民事法律行为的效力】 一方以欺诈手段，使对方在违背真实意思的情况下实施的民事法律行为，受欺诈方有权请求人民法院或者仲裁机构予以撤销。

第一百四十九条【受第三人欺诈的民事法律行为的效力】 第三人实施欺诈行为，使一方在违背真实意思的情况下实施的民事法律行为，对方知道或者应当知道该欺诈行为的，受欺诈方有权请求人民法院或者仲裁机构予以撤销。

第一百五十条【以胁迫手段实施的民事法律行为的效力】 一方或者第三人以胁迫手段，使对方在违背真实意思的情况下实施的民事法律行为，受胁迫方有权请求人民法院或者仲裁机构予以撤销。

第一百五十一条【显失公平的民事法律行为的效力】 一方利用对方处于危困状态、缺乏判断能力等情形，致使民事法律行为成立时显失公平的，受损害方有权请求人民法院或者仲裁机构予以撤销。

第一百五十三条【违反强制性规定及违背公序良俗的民事法律行为的效力】 违反法律、行政法规的强制性规定的民事法律行为无效。但是，该强制性规定不导致该民事法律行为无效的除外。

违背公序良俗的民事法律行为无效。

第一百五十四条【恶意串通的民事法律行为的效力】 行为人与相对人恶意串通，损害他人合法权益的民事法律行为无效。

第一百五十七条【民事法律行为无效、被撤销或确定不发生效力的法律后果】 民事法律行为无效、被撤销或者确定不发生效力后，行为人因该行为取得的财产，应当予以返还；不能返还或者没有必要返还的，应当折价补偿。有过错的一方应当赔偿对方由此所受到的损失；各方都有过错的，应当各自承担相应的责任。法律另有规定的，依照其规定。

《中华人民共和国海商法》（1992 年）

第一百八十七条 由于救助方的过失致使救助作业成为必需或者更加困难的，或者救助方有欺诈或者其他不诚实行为的，应当取消或者减少向救助方支付的救助款项。

247. 海事债权确权纠纷

案由适用要点

［释义］ 申请海事债权确权，是指海事法院发布强制拍卖船舶公告、发布设立海事赔偿责任限制基金的公告后，债权人在公告期间向海事法院提交书面申请，并提供相关债权证据，包括判决书、裁定书、调解书、仲裁裁决书或者公证债权文书，以及其他证明具有海事请求的证据材料等，向发布公告的海事法院申请债权登记。

［管辖］ 海事债权确权纠纷是典型的海事案件，根据《最高人民法院关于海事法院受理案件范围的规定》第 100 条和 108 条的规定，与拍卖船舶或者设立海事赔偿责任限制基金（含油污损害赔偿责任限制基金）相关的债权登记与受偿案件，以及申请执行与海事纠纷有关的公证债权文书案件，均应由海事法院专门管辖。

海事债权确权纠纷案件涉及前后相互衔接的多个程序，不同的程序应依据相应的管辖规则确立管辖法院。

申请设立海事赔偿责任限制基金，依据《海事诉讼特别程序法》第 102

条和第 103 条的规定，当事人在起诉前申请设立海事赔偿责任限制基金的，应当向事故发生地、合同履行地或者船舶扣押地海事法院提出。设立海事赔偿责任限制基金，不受当事人之间关于诉讼管辖协议或者仲裁协议的约束。在债权登记前，债权人已向受理债权登记的海事法院以外的海事法院起诉的，依据《最高人民法院关于适用〈中华人民共和国海事诉讼特别程序法〉若干问题的解释》第 89 条的规定，受理案件的海事法院应当将案件移送至登记债权的海事法院一并审理，但案件已经进入二审的除外。如果是责任人在诉讼中申请设立海事赔偿责任限制基金的，则应当依据《最高人民法院关于审理海事赔偿责任限制相关纠纷案件的若干规定》第 3 条的规定，向受理相关海事纠纷案件的海事法院提出。相关海事纠纷由不同海事法院受理，责任人申请设立海事赔偿责任限制基金的，应当依据诉讼管辖协议向最先立案的海事法院提出；当事人之间未订立诉讼管辖协议的，向最先立案的海事法院提出。设立海事赔偿责任限制基金以后，当事人就有关海事纠纷应当向设立海事赔偿责任限制基金的海事法院提起诉讼，但当事人之间订有诉讼管辖协议或者仲裁协议的除外。

债权人向发布公告的法院提供的是判决书、裁定书、调解书、仲裁裁决书或者公证债权文书，以及其他证明具有海事请求的证据材料等债权证据的，由发布公告的海事法院对相关债权证据的真实性合法性进行审查；债权人提供的是其他海事请求证据的，应当在办理债权登记以后，在受理债权登记的海事法院提起确权诉讼。当事人之间有仲裁协议的，应当及时申请仲裁。

[**应注意的问题**] 确定该案由应当注意：其一，海事法院裁定强制拍卖船舶的公告发布后，债权人应当在公告期间就与被拍卖船舶有关的债权申请登记。此处所指与被拍卖船舶有关的债权，是指与被拍卖船舶有关的海事债权，即带有海事请求权性质的债权，而非一般债权。其二，海事债权确权程序的特殊之处在于，在该程序中海事法院并非对相关的海事债权重新进行审理，而是对当事人提交的作为债权申报依据的判决书、裁定书、调解书、仲裁裁决或公证债权文书等材料的真实性合法性进行审查，经审查认定前述债权申报依据真实性合法性的，即裁定对海事债权予以确认。如果债权人提供的是其他海事请求证据，则应当在办理债权登记以后，在受理债权登记的海事法院提起确权诉讼。海事法院对确权诉讼作出的判决、裁定具有法律效力，当事人不得提起上诉。当事人之间有仲裁协议的，应当及时申请仲裁。因此，在确定该案由时，应充分注意此类案件所具有的对有些债权证据系做程序性审查、有些系做实体确权审理的以一审终审为原则，需要判定碰撞船舶过失程度比例的，则当事人对海事法院作出的判决、裁定可以提起上诉。

请求权基础规范指引

《中华人民共和国海事诉讼特别程序法》（1999年）

第一百一十一条 海事法院裁定强制拍卖船舶的公告发布后，债权人应当在公告期间，就与被拍卖船舶有关的债权申请登记。公告期间届满不登记的，视为放弃在本次拍卖船舶价款中受偿的权利。

第一百一十二条 海事法院受理设立海事赔偿责任限制基金的公告发布后，债权人应当在公告期间就与特定场合发生的海事事故有关的债权申请登记。公告期间届满不登记的，视为放弃债权。

第一百一十三条 债权人向海事法院申请登记债权的，应当提交书面申请，并提供有关债权证据。

债权证据，包括证明债权的具有法律效力的判决书、裁定书、调解书、仲裁裁决书和公证债权文书，以及其他证明具有海事请求的证据材料。

第一百一十四条 海事法院应当对债权人的申请进行审查，对提供债权证据的，裁定准予登记；对不提供债权证据的，裁定驳回申请。

第一百一十五条 债权人提供证明债权的判决书、裁定书、调解书、仲裁裁决书或者公证债权文书的，海事法院经审查认定上述文书真实合法的，裁定予以确认。

第一百一十六条 债权人提供其他海事请求证据的，应当在办理债权登记以后，在受理债权登记的海事法院提起确权诉讼。当事人之间有仲裁协议的，应当及时申请仲裁。

海事法院对确权诉讼作出的判决、裁定具有法律效力，当事人不得提起上诉。

第一百一十七条 海事法院审理并确认债权后，应当向债权人发出债权人会议通知书，组织召开债权人会议。

第一百一十八条 债权人会议可以协商提出船舶价款或者海事赔偿责任限制基金的分配方案，签订受偿协议。

受偿协议经海事法院裁定认可，具有法律效力。

债权人会议协商不成的，由海事法院依照《中华人民共和国海商法》以及其他有关法律规定的受偿顺序，裁定船舶价款或者海事赔偿责任限制基金的分配方案。

第一百一十九条 拍卖船舶所得价款及其利息，或者海事赔偿责任限制基金及其利息，应当一并予以分配。

分配船舶价款时，应当由责任人承担的诉讼费用，为保存、拍卖船舶和分配船舶价款产生的费用，以及为债权人的共同利益支付的其他费用，应当从船舶价款中先行拨付。

清偿债务后的余款，应当退还船舶原所有人或者海事赔偿责任限制基金设立人。

《中华人民共和国民事诉讼法》（2023年修正）

第二百九十八条　外国法院作出的发生法律效力的判决、裁定，需要人民法院承认和执行的，可以由当事人直接向有管辖权的中级人民法院申请承认和执行，也可以由外国法院依照该国与中华人民共和国缔结或者参加的国际条约的规定，或者按照互惠原则，请求人民法院承认和执行。

第二百九十九条　人民法院对申请或者请求承认和执行的外国法院作出的发生法律效力的判决、裁定，依照中华人民共和国缔结或者参加的国际条约，或者按照互惠原则进行审查后，认为不违反中华人民共和国法律的基本原则且不损害国家主权、安全、社会公共利益的，裁定承认其效力；需要执行的，发出执行令，依照本法的有关规定执行。

第三百零四条　在中华人民共和国领域外作出的发生法律效力的仲裁裁决，需要人民法院承认和执行的，当事人可以直接向被执行人住所地或者其财产所在地的中级人民法院申请。被执行人住所地或者其财产不在中华人民共和国领域内的，当事人可以向申请人住所地或者与裁决的纠纷有适当联系的地点的中级人民法院申请。人民法院应当依照中华人民共和国缔结或者参加的国际条约，或者按照互惠原则办理。

第八部分

与公司、证券、保险、票据等有关的民事纠纷

二十、与企业有关的纠纷

248. 企业出资人权益确认纠纷

案由适用要点

［**释义**］企业出资人权益确认纠纷，是指企业出资人之间或者企业出资人与企业之间就出资权益是否存在或者持有比例多少发生争议时，出资人（自然人、法人或者非法人组织）诉请人民法院确认其享有企业一定出资权益的纠纷。

［**管辖**］因企业出资人权益确认纠纷提起的诉讼，适用一般地域管辖规则，依据《民事诉讼法》第22条的规定，由被告住所地人民法院管辖。

［**应注意的问题**］根据《民事诉讼法》关于诉的种类的划分，“企业出资人权益确认纠纷”属于确认之诉，即请求人民法院确认当事人之间一定法律关系或确认当事人相应民事权利的诉讼。在2011年《民事案件案由规定》起草过程中，有意见指出，涉及公司法人的出资人权益确认的纠纷可以适用“股权确认纠纷”案由，对于涉及非公司制法人的出资人的纠纷也应当设立相应的案由，因此《民事案件案由规定》设立了“企业出资人权益确认纠纷”第三级案由，2020年《民事案件案由规定》未对此案由作出变更。企业出资人（自然人、法人或者非法人组织）权益确认之诉的目的在于确认当事人是否享有所争议的出资权益（包括资产收益、重大决策及选择管理者等权利），在性质上属于对财产权属的确认之诉。诉讼当事人应提供出资证明文件、公司章程和工商登记等证据材料来主张其权利。实践中存在着当事人之间约定由一方名义出资、一方实际出资的情形，实际出资人向企业主张权利的，需首先提起确权之诉。

请求权基础规范指引

《中华人民共和国民法典》（2020年）

第二百五十七条【国家出资的企业出资人制度】 国家出资的企业，由国务院、地方人民政府依照法律、行政法规规定分别代表国家履行出资人职责，享有出资人权益。

第二百六十八条【国家、集体和私人依法出资设立公司或其他企业】 国家、集体和私人依法可以出资设立有限责任公司、股份有限公司或者其他企业。国家、集体和私人所有的不动产或者动产投到企业的，由出资人按照约定或者出资比例享有资产收益、重大决策以及选择经营管理者等权利并履行义务。

《中华人民共和国公司法》（2023年修订）

第十四条 公司可以向其他企业投资。

法律规定公司不得成为对所投资企业的债务承担连带责任的出资人的，从其规定。

第五十六条 有限责任公司应当置备股东名册，记载下列事项：

……

（二）股东认缴和实缴的出资额、出资方式和出资日期；

……

记载于股东名册的股东，可以依股东名册主张行使股东权利。

第九十五条 股份有限公司章程应当载明下列事项：

……

（四）公司注册资本、已发行的股份数和设立时发行的股份数，面额股的每股金额；

（五）发行类别股的，每一类别股的股份数及其权利和义务；

……

《中华人民共和国中小企业促进法》（2017年修订）

第五十条 国家保护中小企业及其出资人的财产权和其他合法权益。任何单位和个人不得侵犯中小企业财产及其合法收益。

《企业国有资产监督管理暂行条例》（2019年修订）

第五条 国务院代表国家对关系国民经济命脉和国家安全的大型国有及国有控股、国有参股企业，重要基础设施和重要自然资源等领域的国有及国有控股、国有参股企业，履行出资人职责。国务院履行出资人职责的企业，由国务院确定、公布。

省、自治区、直辖市人民政府和设区的市、自治州级人民政府分别代表国家对由国务院履行出资人职责以外的国有及国有控股、国有参股企业，履行出资人职责。其中，省、自治区、直辖市人民政府履行出资人职责的国有及国有控股、国有参股企业，由省、自治区、直辖市人民政府确定、公布，并报国务院国有资产监督管理机构备案；其他由设区的市、自治州级人民政府履行出资人职责的国有及国有控股、国有参股企业，由设区的市、自治州级人民政府确定、公布，并报省、自治区、直辖市人民政府国有资产监督管理机构备案。

国务院，省、自治区、直辖市人民政府，设区的市、自治州级人民政府履行出资人职责的企业，以下统称所出资企业。

第十条 所出资企业及其投资设立的企业，享有有关法律、行政法规规定的企业经营自主权。

国有资产监督管理机构应当支持企业依法自主经营，除履行出资人职责以外，不得干预企业的生产经营活动。

第二十三条 国有资产监督管理机构决定其所出资企业的国有股权转让。其中，转让全部国有股权或者转让部分国有股权致使国家不再拥有控股地位的，报本级人民政府批准。

第二十四条 所出资企业投资设立的重要子企业的重大事项，需由所出资企业报国有资产监督管理机构批准，管理办法由国务院国有资产监督管理机构另行规定，报国务院批准。

《最高人民法院关于审理中央级财政资金转为部分中央企业国家资本金有关纠纷案件的通知》（法〔2012〕295号 2012年12月11日）

一、有关中央企业就《通知》所涉中央级财政资金转为国家资本金引发的确认公司或企业出资人权益、返还资金等纠纷提起民事诉讼的，人民法院应予受理。《通知》发布前人民法院已经受理的相关案件，人民法院可以继续审理。

有关中央企业请求返还资金案件的案由为资金返还纠纷。

二、《通知》发布前，当事人之间就确认公司或企业出资人权益、资金返还等达成的协议，不违反国家相关政策规定的，其效力应予认可。

三、除人民法院已经受理的案件外，有关中央企业返还资金请求权的诉讼时效期间自《通知》第五条规定的期限届满之日起算。

当事人主张确认公司或企业出资人权益请求权不适用诉讼时效的规定。

249. 侵害企业出资人权益纠纷

案由适用要点

［**释义**］侵害企业出资人权益纠纷，是指所出资企业或者出资人侵犯企业其他出资人的合法投资及因投资取得的合法收益引起的纠纷。

［**管辖**］因侵害企业出资人权益纠纷提起的诉讼，依据《民事诉讼法》第29条的规定，由侵权行为地或被告住所地人民法院管辖。

［**应注意的问题**］判断是否存在侵害企业出资人权益行为，首先要确认企业出资人权益是否存在。因此，“企业出资人权益确认纠纷”与“侵害企业出资人权益纠纷”这两个案由是密不可分的。侵犯企业出资人权益的情形往往表现为：企业经营管理不规范，违反法律规定和企业章程规定，未履行使企业资产保值增值责任，损害出资人的合法权益，损害了出资人在企业享有的资产收益、重大决策和选择经营管理者等权利。

请求权基础规范指引

《中华人民共和国民法典》（2020年）

第二百五十七条【国家出资的企业出资人制度】 国家出资的企业，由国务院、地方人民政府依照法律、行政法规规定分别代表国家履行出资人职责，享有出资人权益。

第二百六十八条【国家、集体和私人依法出资设立公司或其他企业】 国家、集体和私人依法可以出资设立有限责任公司、股份有限公司或者其他企业。国家、集体和私人所有的不动产或者动产投到企业的，由出资人按照约定或者出资比例享有资产收益、重大决策以及选择经营管理者等权利并履行义务。

《中华人民共和国公司法》（2023年修订）

第十四条 公司可以向其他企业投资。

法律规定公司不得成为对所投资企业的债务承担连带责任的出资人的，从其规定。

《企业国有资产监督管理暂行条例》（2019年修订）

第十一条 所出资企业应当努力提高经济效益，对其经营管理的企业国有资产承担保值增值责任。

所出资企业应当接受国有资产监督管理机构依法实施的监督管理，不得损害企业国有资产所有者和其他出资人的合法权益。

《最高人民法院关于审理与企业改制相关民事纠纷案件若干问题的规定》（2020年12月23日修正）

第十一条 企业在进行股份合作制改造时，参照公司法的有关规定，公告通知了债权人。企业股份合作制改造后，债权人就原企业资产管理人（出资人）隐瞒或者遗漏的债务起诉股份合作制企业的，如债权人在公告期内申报过该债权，股份合作制企业在承担民事责任后，可再向原企业资产管理人（出资人）追偿。如债权人在公告期内未申报过该债权，则股份合作制企业不承担民事责任，人民法院可告知债权人另行起诉原企业资产管理人（出资人）。

第三十三条 企业吸收合并或新设合并后，被兼并企业应当办理而未办理工商注销登记，债权人起诉被兼并企业的，人民法院应当根据企业兼并后的具体情况，告知债权人追加责任主体，并判令责任主体承担民事责任。

第三十四条 以收购方式实现对企业控股的，被控股企业的债务，仍由其自行承担。但因控股企业抽逃资金、逃避债务，致被控股企业无力偿还债务的，被控股企业的债务则由控股企业承担。

250. 企业公司制改造合同纠纷

案由适用要点

[**释义**] 企业公司制改造，是指依照公司法和国有企业改制的相关规定，将企业改造为有限责任公司或者股份有限公司的法律行为。

[**管辖**] 因企业公司制改造合同纠纷提起的诉讼，适用合同纠纷管辖规则，依据《民事诉讼法》第24条的规定，由被告住所地或者合同履行地人民法院管辖。

[**应注意的问题**] 企业公司制改造行为系企业的自主行为，企业产权变动是等价有偿的，乃民事行为，各方因民事法律关系发生争议提起的诉讼，属于人民法院民事受案范围。因此，将“企业公司制改造合同纠纷”规定为第三级案由。

请求权基础规范指引

《中华人民共和国全民所有制工业企业法》（2009年修正）

第二条　全民所有制工业企业（以下简称企业）是依法自主经营、自负盈亏、独立核算的社会主义商品生产的经营单位。

企业的财产属于全民所有，国家依照所有权和经营权分离的原则授予企业经营管理。企业对国家授予其经营管理的财产享有占有、使用和依法处分的权利。

企业依法取得法人资格，以国家授予其经营管理的财产承担民事责任。

第十八条　企业合并或者分立，依照法律、行政法规的规定，由政府或者政府主管部门批准。

《全民所有制工业企业转换经营机制条例》（2011年修订）

第二条　企业转换经营机制的目标是：使企业适应市场的要求，成为依法自主经营、自负盈亏、自我发展、自我约束的商品生产和经营单位，成为独立享有民事权利和承担民事义务的企业法人。

第十四条　企业享有留用资金支配权。

企业在保证实现企业财产保值、增殖的前提下，有权自主确定税后留用利润中各项基金的比例和用途，报政府有关部门备案。

企业可以将生产发展基金用于购置固定资产、进行技术改造、开发新产品或者补充流动资金，也可以将折旧费、大修理费和其他生产性资金合并用于技术改造或者生产性投资。

企业有权拒绝任何部门和单位无偿调拨企业留用资金或者强令企业以折

旧费、大修理费补交上交利润。国务院有特殊规定的，从其规定。

《最高人民法院关于审理与企业改制相关民事纠纷案件若干问题的规定》（2020 年 12 月 23 日修正）

第四条 国有企业依公司法整体改造为国有独资有限责任公司的，原企业的债务，由改造后的有限责任公司承担。

第五条 企业通过增资扩股或者转让部分产权，实现他人对企业的参股，将企业整体改造为有限责任公司或者股份有限公司的，原企业债务由改造后的新设公司承担。

第六条 企业以其部分财产和相应债务与他人组建新公司，对所转移的债务债权人认可的，由新组建的公司承担民事责任；对所转移的债务未通知债权人或者虽通知债权人，而债权人不予认可的，由原企业承担民事责任。原企业无力偿还债务，债权人就此向新设公司主张债权的，新设公司在所接收的财产范围内与原企业承担连带民事责任。

第七条 企业以其优质财产与他人组建新公司，而将债务留在原企业，债权人以新设公司和原企业作为共同被告提起诉讼主张债权的，新设公司应当在所接收的财产范围内与原企业共同承担连带责任。

251. 企业股份合作制改造合同纠纷

案由适用要点

[释义] 企业股份合作制改造，一般通过以下三种情形：一是由企业职工出资买断企业产权；二是企业向职工转让部分产权；三是企业通过职工增资扩股，将原企业改造成股份合作制企业。

[管辖] 因企业股份合作制改造合同纠纷提起的诉讼，适用合同纠纷管辖规则，依据《民事诉讼法》第 24 条的规定，由被告住所地或者合同履行地人民法院管辖。

[应注意的问题] 股份合作制是兼有合作制与股份制两种经济形态，实行劳动合作与资本合作相结合的一种新型共有经济组织形式，其不同于有限责任公司和股份有限公司，也不属于合伙企业。关于股份合作制改造，目前并无单行法律对其作出专门规定，具体规定都源于部门规章和地方性法规，具有较强的政策性因素。例如，农业部《农民股份合作企业暂行规定》（1997 年修正）第 2 条对农民股份合作企业进行了规定："本暂行规定所称农民股份合作企业是指，由三户以上劳动农民，按照协议，以资金、实物、技术、劳力等作为股份，自愿组织起来从事生产经营活动，接受国家计划指导，实行民主管理，以按劳分配为主，又有一定比例的股金分红，有公共积累，能独

立承担民事责任，经依法批准建立的经济组织。”《轻工集体企业股份合作制试行办法》也有相关规定，第 2 条规定：“股份合作制是按照合作制原则，吸引股份制形式，兼有劳动联合和资金联合的一种企业经营组织形式。”第 3 条规定：“股份合作制企业（以下简称企业）是劳动群众自愿组合，自筹资金，并以股份形式投入，财产属于举办该企业的劳动群众集体所有与按股所有相结合，实行集体占有，共同劳动，民主管理，按劳分配，按股分红的社会主义集体所有制经济组织。”《最高人民法院关于审理与企业改制相关的民事纠纷若干问题的规定》第 8 条至第 11 条对原企业债务在股份合作制改造之后的承担方式作出了明确规定。还需注意的是，企业股份合作制改造需履行如下程序：应取得职工代表大会、出资人和上级主管部门的同意，经过政府部门的审批；资产评估与产权界定、量化折股和登记。

请求权基础规范指引

《轻工业集体企业股份合作制试行办法》（1993 年）

第二条 股份合作制是按照合作制原则，吸引股份制形式，兼有劳动联合和资金联合的一种企业经营组织形式。

第三条 股份合作制企业（以下简称企业）是劳动群众自愿组合，自筹资金，并以股份形式投入，财产属于举办该企业的劳动群众集体所有与按股所有相结合，实行集体占有，共同劳动，民主管理，按劳分配，按股分红的社会主义集体所有制经济组织。

第四条 本办法适用于改组为股份合作制的轻工集体企业和新组合的股份合作制企业。

《农民股份合作企业暂行规定》（1997 年修正）

第二条 本暂行规定所称农民股份合作企业是指，由三户以上劳动农民，按照协议，以资金、实物、技术、劳力等作为股份，自愿组织起来从事生产经营活动，接受国家计划指导，实行民主管理，以按劳分配为主，又有一定比例的股金分红，有公共积累，能独立承担民事责任，经依法批准建立的经济组织。

《最高人民法院关于审理与企业改制相关的民事纠纷案件若干问题的规定》（2020 年 12 月 23 日修正）

第八条 由企业职工买断企业产权，将原企业改造为股份合作制的，原企业的债务，由改造后的股份合作制企业承担。

第九条 企业向其职工转让部分产权，由企业与职工共同组建股份合作制企业的，原企业的债务由改造后的股份合作制企业承担。

第十条 企业通过其职工投资增资扩股，将原企业改造为股份合作制企业的，原企业的债务由改造后的股份合作制企业承担。

第十一条 企业在进行股份合作制改造时，参照公司法的有关规定，公告通知了债权人。企业股份合作制改造后，债权人就原企业资产管理人（出资人）隐瞒或者遗漏的债务起诉股份合作制企业的，如债权人在公告期内申报过该债权，股份合作制企业在承担民事责任后，可再向原企业资产管理人（出资人）追偿。如债权人在公告期内未申报过该债权，则股份合作制企业不承担民事责任，人民法院可告知债权人另行起诉原企业资产管理人（出资人）。

252. 企业债权转股权合同纠纷

案由适用要点

[释义] 债权转股权合同是双方当事人对原来的债权债务关系的协议变更，当一方当事人履行合同义务后对另一方享有债权时，另一方因无力履行原合同约定的义务，双方协议变更履行义务的方式，将债权作为对债务人的投资，由债权人通过对债务人持股，享有企业产权从而获利以折抵债务。企业债权转股权合同效力、履行等发生的民事纠纷，即为企业债权转股权纠纷。

[管辖] 因企业债权转股权合同纠纷提起的诉讼，依据《民事诉讼法》第 24 条的规定，由被告住所地或者合同履行地人民法院管辖。

[应注意的问题] 债权转股权合同需以原合同的存在为基础，债权应当是债权人对债务企业享有的、确定的、无争议的合法的债权，用于转让的股份是债务企业自身的，而不是债务企业对其他企业享有的股份。

债务人实施债转股是对个别债务的一种清偿方式，不是对一般债务的清偿程序。债转股与破产程序或者清算程序不同，破产程序或者清算程序是对一般债务的清算程序，对所有债权人一次性清偿完毕，债权人的地位和清偿标准都是相同的（有优先权的债权人除外）。债权转股权是债权人与债务企业之间的合同行为，是对个别债权人实施的债转股，债权人成为债务企业的股东，享有股东地位和权益。

请求权基础规范指引

《中华人民共和国民法典》（2020 年）

第五百四十三条【协议变更合同】 当事人协商一致，可以变更合同。

《金融资产管理公司条例》（2000 年）

第十六条 金融资产管理公司可以将收购国有银行不良贷款取得的债权转为对借款企业的股权。

金融资产管理公司持有的股权，不受本公司净资产额或者注册资本的比例限制。

第十七条 实施债权转股权，应当贯彻国家产业政策，有利于优化经济结构，促进有关企业的技术进步和产品升级。

第十八条 实施债权转股权的企业，由国家经济贸易委员会向金融资产管理公司推荐。金融资产管理公司对被推荐的企业进行独立评审，制定企业债权转股权的方案并与企业签订债权转股权协议。债权转股权的方案和协议由国家经济贸易委员会会同财政部、中国人民银行审核，报国务院批准后实施。

第十九条 实施债权转股权的企业，应当按照现代企业制度的要求，转换经营机制，建立规范的公司法人治理结构，加强企业管理。有关地方人民政府应当帮助企业减员增效、下岗分流，分离企业办社会的职能。

第二十条 金融资产管理公司的债权转股权后，作为企业的股东，可以派员参加企业董事会、监事会，依法行使股东权利。

第二十一条 金融资产管理公司持有的企业股权，可以按照国家有关规定向境内外投资者转让，也可以由债权转股权企业依法回购。

第二十二条 企业实施债权转股权后，应当按照国家有关规定办理企业产权变更等有关登记。

第二十三条 国家经济贸易委员会负责组织、指导、协调企业债权转股权工作。

《国家经贸委、中国人民银行关于实施债权转股权若干问题的意见》（1999年）

国务院决定，国有商业银行组建金融资产管理公司，依法处置银行原有的不良信贷资产。同时，为支持国有大中型企业实现三年改革与脱困的目标，金融资产管理公司作为投资主体实行债权转股权，企业相应增资减债，优化资产负债结构。为此，经国务院同意，特提出关于实施债权转股权若干问题的意见。

……

二、选择企业的范围与条件

按照高标准、严要求的精神，目前选择债权转股权企业的范围和条件如下：

（一）选择企业的范围

1. “七五”“八五”期间和“九五”前两年主要依靠商业银行贷款（包括外币贷款）建成投产，因缺乏资本金和汇率变动等因素，负债过高导致亏损，难以归还贷款本息，通过债权转股权后可转亏为盈的工业企业。

2. 国家确定的521户重点企业中因改建、扩建致使负债过重，造成亏损或虚盈实亏，通过优化资产负债结构可转亏为盈的工业企业。

3. 被选企业同时应是 1995 年及以前年度向商业银行贷款形成不良债务的工业企业。有些地位重要、困难很大的企业，时限可以延至 1996、1997、1998 年。

4. 工业企业直接负债方，作为债权转股权的企业，必须具有独立企业法人资格。

5. 选择个别商贸企业，进行债权转股权企业的试点。

（二）被选企业必须具备的条件

1. 产品品种适销对路（国内有需求、可替代进口、可批量出口），质量符合要求，有市场竞争力。

2. 工艺装备为国内、国际先进水平，生产符合环保要求。

3. 企业管理水平较高，债权债务清楚，财务行为规范，符合“两则”要求。

4. 企业领导班子强，董事长、总经理善于经营管理。

5. 转换经营机制的方案符合现代企业制度的要求，各项改革措施有力，减员增效、下岗分流的任务落实并得到地方政府确认。

被选企业必须具备上述条件。凡不具备条件的企业应先行整顿，特别是领导班子达不到要求的，必须进行调整。

……

四、金融资产管理公司与企业的关系

1. 金融资产管理公司在债权转股权后，即成为企业的股东，对企业持股或控股，派员参加企业董事会、监事会，参与企业重大决策，但不参与企业的日常生产经营活动。

2. 企业按照《中华人民共和国公司法》规定进行改制，并认真建立规范的法人治理结构，重新进行工商注册登记。

3. 金融资产管理公司持有的股权，可按有关规定向境内外投资者转让，也可由债权转股权企业依法回购；符合上市条件的企业，可以上市。关系国计民生且国家必须控股的企业，在转让或上市时，要保证国家控股。

《金融资产管理公司资产处置管理办法（修订）》（2008 年）

第十六条 资产公司可通过追偿债务、租赁、转让、重组、资产置换、委托处置、债权转股权、资产证券化等多种方式处置资产。资产公司应在金融监管部门批准的业务许可范围内，探索处置方式，以实现处置收益最大化的目标。

《最高人民法院关于审理与企业改制相关的民事纠纷案件若干问题的规定》（2020 年 12 月 23 日修正）

第十四条 债权人与债务人自愿达成债权转股权协议，且不违反法律和行政法规强制性规定的，人民法院在审理相关的民事纠纷案件中，应当确认债权转股权协议有效。

政策性债权转股权，按照国务院有关部门的规定处理。

第十五条　债务人以隐瞒企业资产或者虚列企业资产为手段，骗取债权人与其签订债权转股权协议，债权人在法定期间内行使撤销权的，人民法院应当予以支持。

债权转股权协议被撤销后，债权人有权要求债务人清偿债务。

第十六条　部分债权人进行债权转股权的行为，不影响其他债权人向债务人主张债权。

253. 企业分立合同纠纷

案由适用要点

［释义］ 企业分立，是指一个企业依照有关法律规定或者合同约定，将企业依法变更为两个或两个以上企业的法律行为。企业分立包括存续分立和新设分立两种形式。存续分立是指原企业存续，其一部分分出设立一个或者一个以上的企业。新设分立是指原企业解散，分立出的各方（两个或者两个以上）分别设立为新的企业。当事人之间有关企业分立合同的签订、效力、履行等发生的纠纷为企业分立合同纠纷。

［管辖］ 因企业分立合同纠纷提起的诉讼，根据《民事诉讼法》第 24 条的规定，由被告住所地或者合同履行地人民法院管辖。

［应注意的问题］ 关于企业分立涉及债权转让和债务转移问题，《民法典》在总则编和合同编中作出了相应规定。《民法典》第 67 条第 2 款原则性规定："法人分立的，其权利和义务由分立后的法人享有连带债权，承担连带债务，但是债权人和债务人另有约定的除外。"对于因债权人原因致债务履行发生困难的，《民法典》第 529 条规定了债务人可以选择中止履行和提存的情形。《民法典》合同编第 6 章关于"合同的变更和转让"规定，也适用于此类纠纷。另外，《全民所有制工业企业法》第 18 条规定："企业合并或者分立，依照法律、行政法规的规定，由政府或者政府主管部门批准。"《全民所有制工业企业转换经营机制条例》第 31 条规定："企业可以通过转产、停产整顿、合并、分立、解散、破产等方式，进行产品结构和组织结构调整，实现资源合理配置和企业的优胜劣汰。"第 35 条还规定："经政府批准，企业可以分立。企业分立时，应当由分立各方签订分立协议，明确划分分立各方的财产和债权债务等。"

请求权基础规范指引

《中华人民共和国民法典》（2020年）

第六十七条【法人合并、分立后权利义务的享有和承担】 法人合并的，其权利和义务由合并后的法人享有和承担。

法人分立的，其权利和义务由分立后的法人享有连带债权，承担连带债务，但是债权人和债务人另有约定的除外。

第五百二十九条【因债权人原因致债务履行困难时的处理】 债权人分立、合并或者变更住所没有通知债务人，致使履行债务发生困难的，债务人可以中止履行或者将标的物提存。

第五百四十三条【协议变更合同】 当事人协商一致，可以变更合同。

第五百四十五条【债权转让】 债权人可以将债权的全部或者部分转让给第三人，但是有下列情形之一的除外：

（一）根据债权性质不得转让；

（二）按照当事人约定不得转让；

（三）依照法律规定不得转让。

当事人约定非金钱债权不得转让的，不得对抗善意第三人。当事人约定金钱债权不得转让的，不得对抗第三人。

第五百四十六条【债权转让通知】 债权人转让债权，未通知债务人的，该转让对债务人不发生效力。

债权转让的通知不得撤销，但是经受让人同意的除外。

第五百四十七条【债权转让时从权利一并变动】 债权人转让债权的，受让人取得与债权有关的从权利，但是该从权利专属于债权人自身的除外。

受让人取得从权利不因该从权利未办理转移登记手续或者未转移占有而受到影响。

第五百四十八条【债权转让时债务人抗辩权】 债务人接到债权转让通知后，债务人对让与人的抗辩，可以向受让人主张。

第五百四十九条【债权转让时债务人抵销权】 有下列情形之一的，债务人可以向受让人主张抵销：

（一）债务人接到债权转让通知时，债务人对让与人享有债权，且债务人的债权先于转让的债权到期或者同时到期；

（二）债务人的债权与转让的债权是基于同一合同产生。

第五百五十条【债权转让增加的履行费用的负担】 因债权转让增加的履行费用，由让与人负担。

第五百五十一条【债务转移】 债务人将债务的全部或者部分转移给第三人的，应当经债权人同意。

债务人或者第三人可以催告债权人在合理期限内予以同意，债权人未作表示的，视为不同意。

第五百五十二条【并存的债务承担】 第三人与债务人约定加入债务并通知债权人，或者第三人向债权人表示愿意加入债务，债权人未在合理期限内明确拒绝的，债权人可以请求第三人在其愿意承担的债务范围内和债务人承担连带债务。

第五百五十三条【债务转移时新债务人抗辩权】 债务人转移债务的，新债务人可以主张原债务人对债权人的抗辩；原债务人对债权人享有债权的，新债务人不得向债权人主张抵销。

第五百五十四条【债务转移时从债务一并转移】 债务人转移债务的，新债务人应当承担与主债务有关的从债务，但是该从债务专属于原债务人自身的除外。

第五百五十五条【合同权利义务一并转让】 当事人一方经对方同意，可以将自己在合同中的权利和义务一并转让给第三人。

《中华人民共和国公司法》（2023 年修订）

第五十九条 股东会行使下列职权：

（一）选举和更换董事、监事，决定有关董事、监事的报酬事项；

（二）审议批准董事会的报告；

（三）审议批准监事会的报告；

（四）审议批准公司的利润分配方案和弥补亏损方案；

（五）对公司增加或者减少注册资本作出决议；

（六）对发行公司债券作出决议；

（七）对公司合并、分立、解散、清算或者变更公司形式作出决议；

（八）修改公司章程；

（九）公司章程规定的其他职权。

股东会可以授权董事会对发行公司债券作出决议。

对本条第一款所列事项股东以书面形式一致表示同意的，可以不召开股东会会议，直接作出决定，并由全体股东在决定文件上签名或者盖章。

第六十六条 股东会的议事方式和表决程序，除本法有规定的外，由公司章程规定。

股东会作出决议，应当经代表过半数表决权的股东通过。

股东会作出修改公司章程、增加或者减少注册资本的决议，以及公司合并、分立、解散或者变更公司形式的决议，应当经代表三分之二以上表决权的股东通过。

第一百一十二条 本法第五十九条第一款、第二款关于有限责任公司股东会职权的规定，适用于股份有限公司股东会。

本法第六十条关于只有一个股东的有限责任公司不设股东会的规定，适用于只有一个股东的股份有限公司。

第二百一十二条 股东会作出分配利润的决议的，董事会应当在股东会决议作出之日起六个月内进行分配。

第二百一十三条 公司以超过股票票面金额的发行价格发行股份所得的溢价款、发行无面额股所得股款未计入注册资本的金额以及国务院财政部门规定列入资本公积金的其他项目，应当列为公司资本公积金。

第二百二十九条 公司因下列原因解散：

（一）公司章程规定的营业期限届满或者公司章程规定的其他解散事由出现；

（二）股东会决议解散；

（三）因公司合并或者分立需要解散；

（四）依法被吊销营业执照、责令关闭或者被撤销；

（五）人民法院依照本法第二百三十一条的规定予以解散。

公司出现前款规定的解散事由，应当在十日内将解散事由通过国家企业信用信息公示系统予以公示。

《中华人民共和国全民所有制工业企业法》（2009年修正）

第十八条 企业合并或者分立，依照法律、行政法规的规定，由政府或者政府主管部门批准。

《全民所有制工业企业转换经营机制条例》（2011年修订）

第三十一条 企业可以通过转产、停产整顿、合并、分立、解散、破产等方式，进行产品结构和组织结构调整，实现资源合理配置和企业的优胜劣汰。

第三十五条 经政府批准，企业可以分立。企业分立时，应当由分立各方签订分立协议，明确划分分立各方的财产和债权债务等。

《最高人民法院关于审理与企业改制相关的民事纠纷案件若干问题的规定》（2020年12月23日修正）

第八条 由企业职工买断企业产权，将原企业改造为股份合作制的，原企业的债务，由改造后的股份合作制企业承担。

第九条 企业向其职工转让部分产权，由企业与职工共同组建股份合作制企业的，原企业的债务由改造后的股份合作制企业承担。

第十条 企业通过其职工投资增资扩股，将原企业改造为股份合作制企业的，原企业的债务由改造后的股份合作制企业承担。

第十一条 企业在进行股份合作制改造时，参照公司法的有关规定，公告通知了债权人。企业股份合作制改造后，债权人就原企业资产管理人（出资人）隐瞒或者遗漏的债务起诉股份合作制企业的，如债权人在公告期内申报过该债权，股份合作制企业在承担民事责任后，可再向原企业资产管理人（出资人）追偿。如债权人在公告期内未申报过该债权，则股份合作制企业不承担民事责任，人民法院可告知债权人另行起诉原企业资产管理人（出资人）。

第十二条　债权人向分立后的企业主张债权，企业分立时对原企业的债务承担有约定，并经债权人认可的，按照当事人的约定处理；企业分立时对原企业债务承担没有约定或者约定不明，或者虽然有约定但债权人不予认可的，分立后的企业应当承担连带责任。

第十三条　分立的企业在承担连带责任后，各分立的企业间对原企业债务承担有约定的，按照约定处理；没有约定或者约定不明的，根据企业分立时的资产比例分担。

254. 企业租赁经营合同纠纷

案由适用要点

[**释义**] 全民所有制小型工业企业租赁经营，是指在不改变企业的全民所有制性质的条件下，实行所有权与经营权的分离，国家授权单位为出租方将企业有期限地交给承租方经营，承租方向出租方交付租金并依照合同规定对企业实行自主经营的方式。造成企业租赁经营合同纠纷常见的情形主要有出租方为履行相关义务、承租方拖欠租金等违约行为。

[**管辖**] 因企业租赁经营合同纠纷提起的诉讼，依据《民事诉讼法》第24条的规定，由被告住所地或者合同履行地人民法院管辖。

[**应注意的问题**] 企业租赁经营合同是指在不改变企业性质的条件下将所有权与经营权分离，企业的主管部门将企业出租给他人使用收益，由他方交付租金的协议。应当注意区别企业租赁经营与挂靠经营。一般意义上的挂靠经营是指经营主体（多为自然人、个体工商户、私营企业等）与另一经营主体（多为具备一定实力、信誉、资格的国有或者集体企业）约定，前者使用后者的名义进行经营活动，并向被挂靠企业支付一定的挂靠费用。实践中，挂靠企业对外经营活动发生的债务，一般由挂靠企业与被挂靠企业承担连带责任。而租赁企业发生的债务，则一般由租赁企业自身承担，与出租方无关。

请求权基础规范指引

《最高人民法院经济审判庭关于对一企业租赁经营合同规定由主管部门鉴证后合同生效的条款效力如何认定问题的复函》（〔1991〕法经字第1号 1991年1月11日）

山东省高级人民法院：

你院鲁法（经）发［1990］70号《关于对一企业租赁经营合同规定由主管部门鉴证后合同生效的条款效力如何认定问题的请示报告》收悉。经研究，答复如下：

本案合同第六条第三项“本合同经双方签字，并经鉴证后生效”的约定，是合同当事人双方真实意思表示，现行法律没有禁止性规定，且，合同鉴证实行的是自愿原则，因此，这一条款不宜认定无效。但就本案而言，在当事人送交鉴证的合同正式文本上，原告方拒绝签字，合同不能视为成立，也不发生法律效力。故，认定合同第六条第三项条款效力如何，似无实际意义。

此复

255. 企业出售合同纠纷

案由适用要点

［**释义**］企业出售，是指双方协议将企业的所有权，而并非仅仅是经营权，转移给受让人的法律行为。通常是将企业的债权债务和职工安置等一系列事项一并转让给受让人。企业出售方和购买方基于企业出售合同成立、效力、履行等发生的纠纷，即为企业出售合同纠纷。

［**管辖**］因企业出售合同纠纷提起的诉讼，依据《民事诉讼法》第24条的规定，由被告住所地或者合同履行地人民法院管辖。

［**应注意的问题**］国有小型企业出售，不同于一般买卖合同，有其特殊性和政策性。鉴于小型国有企业出售涉及对国有资产的处理和职工安置问题，必须要经过特殊程序的批准，《最高人民法院关于审理与企业改制相关的民事纠纷若干问题的规定》第17条明确了审批和批准是国有小型企业出售合同的生效要件。还应注意企业出售合同纠纷与企业租赁经营合同纠纷和挂靠经营合同纠纷的区别，企业出售转移的是企业的所有权，而非经营权。

请求权基础规范指引

《最高人民法院关于审理与企业改制相关的民事纠纷案件若干问题的规定》（2020年12月23日修正）

第十七条　以协议转让形式出售企业，企业出售合同未经有审批权的地方人民政府或其授权的职能部门审批的，人民法院在审理相关的民事纠纷案件时，应当确认该企业出售合同不生效。

第十八条　企业出售中，当事人双方恶意串通，损害国家利益的，人民法院在审理相关的民事纠纷案件时，应当确认该企业出售行为无效。

第十九条　企业出售中，出卖人实施的行为具有法律规定的撤销情形，买受人在法定期限内行使撤销权的，人民法院应当予以支持。

第二十条　企业出售合同约定的履行期限届满，一方当事人拒不履行合同，或者未完全履行合同义务，致使合同目的不能实现，对方当事人要求解除合同并要求赔偿损失的，人民法院应当予以支持。

第二十一条　企业出售合同约定的履行期限届满，一方当事人未完全履行合同义务，对方当事人要求继续履行合同并要求赔偿损失的，人民法院应当予以支持。双方当事人均未完全履行合同义务的，应当根据当事人的过错，确定各自应当承担的民事责任。

第二十二条　企业出售时，出卖人对所售企业的资产负债状况、损益状况等重大事项未履行如实告知义务，影响企业出售价格，买受人就此向人民法院起诉主张补偿的，人民法院应当予以支持。

第二十三条　企业出售合同被确认无效或者被撤销的，企业售出后买受人经营企业期间发生的经营盈亏，由买受人享有或者承担。

第二十四条　企业售出后，买受人将所购企业资产纳入本企业或者将所购企业变更为所属分支机构的，所购企业的债务，由买受人承担。但买卖双方另有约定，并经债权人认可的除外。

第二十五条　企业售出后，买受人将所购企业资产作价入股与他人重新组建新公司，所购企业法人予以注销的，对所购企业出售前的债务，买受人应当以其所有财产，包括在新组建公司中的股权承担民事责任。

第二十六条　企业售出后，买受人将所购企业重新注册为新的企业法人，所购企业法人被注销的，所购企业出售前的债务，应当由新注册的企业法人承担。但买卖双方另有约定，并经债权人认可的除外。

第二十七条　企业售出后，应当办理而未办理企业法人注销登记，债权人起诉该企业的，人民法院应当根据企业资产转让后的具体情况，告知债权人追加责任主体，并判令责任主体承担民事责任。

第二十八条　出售企业时，参照公司法的有关规定，出卖人公告通知了债权人。企业售出后，债权人就出卖人隐瞒或者遗漏的原企业债务起诉买受人的，如债权人在公告期内申报过该债权，买受人在承担民事责任后，可再行向出卖人追偿。如债权人在公告期内未申报过该债权，则买受人不承担民事责任。人民法院可告知债权人另行起诉出卖人。

第二十九条 出售企业的行为具有民法典第五百三十八条、第五百三十九条规定的情形，债权人在法定期限内行使撤销权的，人民法院应当予以支持。

256. 挂靠经营合同纠纷

案由适用要点

［**释义**］一般意义上挂靠经营是指经营主体（多为自然人、个体工商户、私营企业）与另一经营主体（多为具备一定实力、信誉、资格的国有或者集体法人企业）协议约定，由挂靠方使用被挂靠企业的经营资格和凭证等进行经营活动，并向被挂靠企业提供挂靠费用的经营形式。

［**管辖**］因企业挂靠经营合同纠纷提起的诉讼，依据《民事诉讼法》第24条的规定，由被告住所地或者合同履行地人民法院管辖。

［**应注意的问题**］现行法律对于挂靠经营并未进行专门的规定。通常情况下，挂靠经营是指经营主体与另一经营主体协议约定，由挂靠方使用被挂靠的企业的经营资格和凭证等进行经营活动，并向被挂靠企业提供挂靠费用的经营形式。实践中的挂靠经营形式繁多，如建筑施工队挂靠建筑公司、个体车辆挂靠有资质的出租汽车营运公司等。处理建设工程的“挂靠行为”，可以依照《建筑法》及相关司法解释的规定；处理机动车挂靠经营的，一般是在侵权纠纷中，可以依照《民法典》第1211条的规定，以挂靠形式从事道路运输经营活动的机动车，发生交通事故造成损害，属于该机动车一方责任的，由挂靠人和被挂靠人承担连带责任。挂靠经营是特定历史时期的现象，目前已不被允许。

请求权基础规范指引

《最高人民法院关于审理劳动争议案件适用法律问题的解释（一）》（法释〔2020〕26号　2020年12月29日）

第三十条 未办理营业执照、营业执照被吊销或者营业期限届满仍继续经营的用人单位，以挂靠等方式借用他人营业执照经营的，应当将用人单位和营业执照出借方列为当事人。

《最高人民法院关于国内水路货物运输纠纷案件法律问题的指导意见》（法发〔2012〕28号 2012年12月24日）

8. 没有运营资质的个体运输船舶的实际所有人，为了进入国内水路货物运输市场，规避国家有关水路运输经营资质的管理规定，将船舶所有权登记在具有水路运输经营资质的船舶运输企业名下，向该运输企业交纳管理费，并以该运输企业的名义从事国内水路货物运输活动，是国内水路货物运输中普遍存在的一种挂靠经营方式。这种挂靠经营方式导致挂靠船舶的所有权登记形同虚设，船舶管理混乱，被挂靠企业对挂靠船舶疏于安全管理，严重冲击了航运市场的安全秩序，导致大量国内水路货物运输纠纷的产生。人民法院在审理与船舶挂靠有关的合同纠纷时，应当严格依照现行船舶管理的法律规范确定法律关系，坚持合同相对性的基本原则，根据合同的签订主体和合同的履行等基本事实，准确认定合同当事人。

9. 挂靠船舶的实际所有人以自己的名义签订运输合同，应当认定其为运输合同承运人，承担相应的合同责任。

10. 挂靠船舶的实际所有人以被挂靠企业的名义签订运输合同，被挂靠企业亦签章予以确认，应当认定被挂靠企业为运输合同承运人，承担相应的合同责任。

11. 在没有签订水路货物运输合同的情形下，可以依照运单上承运人的记载判断运输合同的承运人。如果运单上仅仅加盖了承运船舶的船名章，应当认定该承运船舶的登记所有人为运输合同的承运人，承担相应的合同责任。

12. 挂靠船舶因侵权行为造成他人财产、人身损害，依据民法通则、侵权责任法、海商法和有关司法解释的规定，挂靠船舶的实际所有人和被挂靠企业应当承担连带赔偿责任。

257. 企业兼并合同纠纷

案由适用要点

［释义］ 企业兼并是我国国有企业改制、建立现代企业制度的过程中被广泛运用的一种途径。围绕企业兼并合同的效力、履行所发生的各种纠纷适用本案由。

［管辖］ 因企业兼并合同纠纷提起的诉讼，依据《民事诉讼法》第24条的规定，由被告住所地或者合同履行地人民法院管辖。

［应注意的问题］ 应当注意区分企业合并与企业兼并这两个易混淆的概念。企业兼并包括企业合并、营业转让和企业收购三种形式，兼并方与被兼并方企业一般通过产权市场或者直接洽谈的方式予以确定。企业兼并是企业

合并的上位概念，企业合并是企业兼并中企业结合最牢固的形式。以收购形式实现对企业控股的属于也企业兼并，不同于企业合并，两者主要区别在于：(1) 企业控股是企业收购形式，属于企业股东行为；企业合并是企业行为，但需经股东大会决议同意。(2) 企业控股不发生被控股企业主体资格的消灭，企业合并导致被吸收企业或者合并各方（新设合并）主体资格消灭。(3) 企业控股的法律后果仅为被控股企业股权发生变动，该企业资产和负债不发生转移；企业合并的法律后果是参与合并的企业可不经清算而消灭，消灭的企业资产和负债概括性地转移至存续企业或新设企业。

请求权基础规范指引

《全民所有制工业企业转换经营机制条例》（2011 年修订）

第十六条 企业享有联营、兼并权。

企业有权按照下列方式与其他企业、事业单位联营：

（一）与其他企业、事业单位组成新的经济实体，独立承担民事责任、具备法人条件的，经政府有关部门核准登记，取得法人资格；

（二）与其他企业、事业单位共同经营，联营各方按照出资比例或者协议的约定，承担民事责任；

（三）与其他企业、事业单位订立联营合同，确立各方的权利和义务。联营各方各自独立经营、各自承担民事责任。

企业按照自愿、有偿的原则，可以兼并其他企业，报政府主管部门备案。

《最高人民法院关于审理与企业改制相关的民事纠纷案件若干问题的规定》（2020 年 12 月 23 日修正）

第三十条 企业兼并协议自当事人签字盖章之日起生效。需经政府主管部门批准的，兼并协议自批准之日起生效；未经批准的，企业兼并协议不生效。但当事人在一审法庭辩论终结前补办报批手续的，人民法院应当确认该兼并协议有效。

第三十一条 企业吸收合并后，被兼并企业的债务应当由兼并方承担。

第三十二条 企业新设合并后，被兼并企业的债务由新设合并后的企业法人承担。

第三十三条 企业吸收合并或新设合并后，被兼并企业应当办理而未办理工商注销登记，债权人起诉被兼并企业的，人民法院应当根据企业兼并后的具体情况，告知债权人追加责任主体，并判令责任主体承担民事责任。

第三十四条 以收购方式实现对企业控股的，被控股企业的债务，仍由其自行承担。但因控股企业抽逃资金、逃避债务，致被控股企业无力偿还债务的，被控股企业的债务则由控股企业承担。

《最高人民法院关于适用〈中华人民共和国民事诉讼法〉的解释》（2022年3月22日修正）

第六十三条 企业法人合并的，因合并前的民事活动发生的纠纷，以合并后的企业为当事人；企业法人分立的，因分立前的民事活动发生的纠纷，以分立后的企业为共同诉讼人。

258. 联营合同纠纷

案由适用要点

［**释义**］联营是指企业法人之间或企业法人与事业单位法人之间通过协议或者章程而进行经济联合的组织形式，当事人以此达成的协议称为联营合同。

［**管辖**］一般认为，法人型联营合同纠纷案件，由法人联营体的主要办事机构所在地人民法院管辖。合伙型联营合同纠纷案件，依据《民事诉讼法解释》第5条的规定，对没有办事机构的合伙型联营体提起的诉讼，由合伙型联营体注册登记地人民法院管辖。合同型联营合同纠纷案件，由被告住所地人民法院管辖。

由联营体主要办事机构所在地或联营体注册登记地人民法院管辖确有困难的，如法人型联营体已经办理了注销手续，合伙型联营体应经工商部门注册登记而未办理注册登记，或者联营期限届满已经解体的，可由被告住所地人民法院管辖。

［**应注意的问题**］现行《民法典》中已经没有了联营这一概念，之前的《最高人民法院关于审理联营合同纠纷案件若干问题的解答》［法（经）发〔1990〕27号］也于2021年1月1日起废止。目前仍保留“联营合同纠纷”案由，说明联营合同可以继续有效，应当根据《公司法》《民法典》《合伙企业法》等规定进行立案和审理。联营可分为以下三种类型：

一是法人型联营，是指企业法人之间或企业法人与事业单位法人之间以财物、资金、技术等出资并组成新的经济实体，在具备法人条件，能独立承担民事责任时，经工商行政管理机关核准登记，取得法人资格。此种类型纠纷，成立符合《公司法》条件的联营体的，联营方之间发生纠纷的，实体法也适用《公司法》规定，确定案由时可以适用“联营合同纠纷”案由，也可以适用第二级案由“与公司有关的纠纷”项下的案由。成立非公司法人联营体的，适用“联营合同纠纷”第三级案由。

二是合伙型联营，是指企业法人之间或企业法人与事业单位法人之间共同出资、共同经营，但不具备法人条件，联营各方以各自所有的或者经营管理的财产承担民事责任。如果依照法律规定或者协议约定负连带责任的，则承担连带责任。对于申请登记并领取营业执照的合伙型联营，联营方之间发生纠纷的，实体法适用《合伙企业法》，确定案由时可以适用“联营合同纠纷”案由，也可以适用“合伙企业纠纷”案由。没有登记的，实体法不能适用《合伙企业法》，确定案由时应适用“联营合同纠纷”案由。

三是合同型联营，即松散型联营，这是指企业法人之间或企业法人与事业单位法人之间按照协议约定相互协作但各自独立经营，联营各方的权利义务由联营协议加以约定，各自独立承担民事责任。此种类型纠纷按照合同基础法律关系确定案由即可。

请求权基础规范指引

《全民所有制工业企业法》（2009年修正）

第三十四条 企业有权依照法律和国务院规定与其他企业、事业单位联营，向其他企业、事业单位投资，持有其他企业的股份。

企业有权依照国务院规定发行债券。

第六十六条 企业实行承包、租赁经营责任制的，除遵守本法规定外，发包方和承包方、出租方和承租方的权利、义务依照国务院有关规定执行。

联营企业、大型联合企业和股份企业，其领导体制依照国务院有关规定执行。

《全民所有制工业企业转换经营机制条例》（2011年修订）

第十六条 企业享有联营、兼并权。

企业有权按照下列方式与其他企业、事业单位联营：

（一）与其他企业、事业单位组成新的经济实体，独立承担民事责任、具备法人条件的，经政府有关部门核准登记，取得法人资格；

（二）与其他企业、事业单位共同经营、联营各方按照出资比例或者协议的约定，承担民事责任；

（三）与其他企业、事业单位订立联营合同，确立各方的权利和义务。联营各方各自独立经营、各自承担民事责任。

企业按照自愿、有偿的原则，可以兼并其他企业，报政府主管部门备案。

259. 企业承包经营合同纠纷

（1）中外合资经营企业承包经营合同纠纷
（2）中外合作经营企业承包经营合同纠纷
（3）外商独资企业承包经营合同纠纷
（4）乡镇企业承包经营合同纠纷

案由适用要点

[释义] 企业承包经营是一种企业经营模式。企业承包经营合同，是指企业根据所有权与经营权分离的原则，确定企业所有权人与企业经营者之间的权利义务关系的合同。

中外合资经营企业承包经营合同，是指中外合资经营企业与承包者订立的将中外合资经营企业的全部或部分经营管理权在一定期限内交给承包者，由承包者对中外合资经营企业进行经营管理的合同。该合同当事人因合同的订立、履行、变更以及终止而产生的纠纷，即中外合资经营企业承包经营合同纠纷。

中外合作经营企业承包经营合同，是指中外合作经营企业与承包者订立的将中外合作经营企业的全部或部分经营管理权在一定期限内交给承包者，由承包者对中外合作经营企业进行经营管理的合同。该合同当事人因合同的订立、履行、变更以及终止而产生的纠纷，即中外合作经营企业承包经营合同纠纷。

外商独资企业承包经营合同，是指承包者与外商独资经营企业签订的由承包者经营管理外商独资企业的合同。该合同当事人因合同的订立、履行、变更以及终止而产生的纠纷，即外商独资企业承包经营合同纠纷。

乡镇企业承包经营合同，是指在坚持社会主义劳动群众集体所有制的前提下，按照所有权与经营权分离的原则，为确定劳动群众集体经济组织与企业的责权利关系而在双方之间订立的合同。

[管辖] 企业承包经营合同纠纷，适用合同纠纷案件管辖的一般规定。依据《民事诉讼法》第24条的规定，因合同纠纷提起的诉讼，由被告住所地或者合同履行地的人民法院管辖。

如果案件系涉外案件，则应当根据《民事诉讼法》第24章的规定确定管辖。根据《民事诉讼法》第276条的规定，如果被告在我国领域内没有住所，则我国领域内的合同签订地、我国领域内的合同履行地、我国领域内的诉讼标的物所在地、被告在我国领域内可供扣押财产所在地、被告在我国领域内设立的代表机构，可以由合同签订地，合同履行地、诉讼标的物所在地、可供扣押财产所在地、侵权行为地或者代表机构住所地人民法院管辖。根据《民事诉讼法》第35条的规定，当事人可以书面选择与争议有实际联系的地点的法院管辖，选择我国法院管辖的，不得违反《民事诉讼法》关于级别管辖和专属管辖的规定。

根据《民事诉讼法解释》第520条的规定，当事人一方或双方是外国人、无国籍人、外国企业或组织的，或者当事人一方或双方的经常居住地在我国领域外的，或者诉讼标的物在我国领域外的民事案件，或者当事人之间民事法律关系的产生、变更、消灭民事关系的法律事实发生在我国领域外的，为涉外民事案件。

[应注意的问题] 根据我国法律和相关行政法规的规定，中外合资经营企业、中外合作经营企业在一定条件下可以采取承包经营的方式。承包经营只是解决部分中外合资经营企业、中外合作经营企业经营管理不善、严重亏损的补充措施。在承包经营期内，由承包者承担经营风险并获取部分中外合资经营企业、中外合作经营企业的收益。承包者可以是中国的公司、企业，也可以是外国的公司、企业，承包者通过与中外合资经营企业、中外合作经营企业订立承包合同的方式明确双方的权利义务关系。实践中，由于中外合资经营企业、中外合作经营企业承包经营引起的合同纠纷并不鲜见。

外商独资企业也称外资企业，是外国的公司、企业、其他经济组织或个人，依据中国法律，在中国境内设立的全部资本由外国投资者投资并独立经营的企业。外商独资企业可以采取承包经营的方式，承包者与外商独资企业通过订立承包合同的方式明确双方的权利义务，由于外商独资企业承包合同引起的纠纷是民事案件，因此将外商独资企业承包经营合同纠纷列为民事案件案由之一。

乡镇企业实行承包经营是为了兼顾国家、集体、个人三者利益关系，调动企业经营者和生产者的积极性，挖掘企业内部潜力。通过由企业经营者代表承包方同发包方订立承包合同实现承包经营。乡镇企业承包经营合同中，发包方是企业的所有者，它的代表是企业所属的集体经济组织或企业的董事会；承包方为实行承包经营的企业，它的代表是企业的经营者。

请求权基础规范指引

《中华人民共和国民法典》（2020年）

第四百六十七条【无名合同及涉外合同的法律适用】 本法或者其他法律没有明文规定的合同，适用本编通则的规定，并可以参照适用本编或者其他法律最相类似合同的规定。

在中华人民共和国境内履行的中外合资经营企业合同、中外合作经营企业合同、中外合作勘探开发自然资源合同，适用中华人民共和国法律。

《中华人民共和国外商投资法》（2019 年）

第二条　在中华人民共和国境内（以下简称中国境内）的外商投资，适用本法。

本法所称外商投资，是指外国的自然人、企业或者其他组织（以下称外国投资者）直接或者间接在中国境内进行的投资活动，包括下列情形：

（一）外国投资者单独或者与其他投资者共同在中国境内设立外商投资企业；

（二）外国投资者取得中国境内企业的股份、股权、财产份额或者其他类似权益；

（三）外国投资者单独或者与其他投资者共同在中国境内投资新建项目；

（四）法律、行政法规或者国务院规定的其他方式的投资。

本法所称外商投资企业，是指全部或者部分由外国投资者投资，依照中国法律在中国境内经登记注册设立的企业。

第五条　国家依法保护外国投资者在中国境内的投资、收益和其他合法权益。

第六条　在中国境内进行投资活动的外国投资者、外商投资企业，应当遵守中国法律法规，不得危害中国国家安全、损害社会公共利益。

第三十二条　外商投资企业开展生产经营活动，应当遵守法律、行政法规有关劳动保护、社会保险的规定，依照法律、行政法规和国家有关规定办理税收、会计、外汇等事宜，并接受相关主管部门依法实施的监督检查。

《最高人民法院关于审理外商投资企业纠纷案件若干问题的规定（一）》（2020 年 12 月 23 日修正）

第一条　当事人在外商投资企业设立、变更等过程中订立的合同，依法律、行政法规的规定应当经外商投资企业审批机关批准后才生效的，自批准之日起生效；未经批准的，人民法院应当认定该合同未生效。当事人请求确认该合同无效的，人民法院不予支持。

前款所述合同因未经批准而被认定未生效的，不影响合同中当事人履行报批义务条款及因该报批义务而设定的相关条款的效力。

第二条　当事人就外商投资企业相关事项达成的补充协议对已获批准的合同不构成重大或实质性变更的，人民法院不应以未经外商投资企业审批机关批准为由认定该补充协议未生效。

前款规定的重大或实质性变更包括注册资本、公司类型、经营范围、营业期限、股东认缴的出资额、出资方式的变更以及公司合并、公司分立、股权转让等。

第三条　人民法院在审理案件中，发现经外商投资企业审批机关批准的外商投资企业合同具有法律、行政法规规定的无效情形的，应当认定合同无效；该合同具有法律、行政法规规定的可撤销情形，当事人请求撤销的，人民法院应予支持。

260. 中外合资经营企业合同纠纷

案由适用要点

［释义］ 中外合资经营企业合同，是指外国公司、企业和其他经济组织或个人按照平等互利的原则，在中华人民共和国境内，为同中国的公司、企业或其他经济组织共同举办合营企业而订立的合同，该合同当事人因合同的订立、履行、变更以及终止而产生的纠纷，即中外合资经营企业合同纠纷。

［管辖］ 根据《民事诉讼法》第279条的规定，因在中华人民共和国境内履行中外合资经营企业合同发生纠纷提起的诉讼，由中华人民共和国法院管辖。当事人不能选择境外法院管辖此类纠纷案件。因此，根据《民事诉讼法》第24条关于合同纠纷案件管辖的一般规定，此类纠纷由被告住所地或者合同履行地的人民法院管辖。

［应注意的问题］ 合资企业的基本特点是合资各方共同投资、共同经营、共担风险和共负盈亏。合资各方可以用货币出资，也可以用建筑物、机器设备、场地使用权、工业产权、专有技术出资。中外合资经营企业的组织方式为有限责任公司，董事会为最高权力机构。中外合资经营企业是外商在我国进行直接投资设立外商投资企业的形式之一。实践中，中、外方投资者由于中外合资经营企业合同的订立、履行、变更、终止发生争议较为常见，因此将中外合资经营企业合同纠纷列为民事案件案由之一。

请求权基础规范指引

《中华人民共和国民法典》（2020年）

第四百六十七条【无名合同及涉外合同的法律适用】 本法或者其他法律没有明文规定的合同，适用本编通则的规定，并可以参照适用本编或者其他法律最相类似合同的规定。

在中华人民共和国境内履行的中外合资经营企业合同、中外合作经营企业合同、中外合作勘探开发自然资源合同，适用中华人民共和国法律。

《中华人民共和国外商投资法》（2019年）

第二条 在中华人民共和国境内（以下简称中国境内）的外商投资，适用本法。

本法所称外商投资，是指外国的自然人、企业或者其他组织（以下称外国投资者）直接或者间接在中国境内进行的投资活动，包括下列情形：

（一）外国投资者单独或者与其他投资者共同在中国境内设立外商投资企业；

（二）外国投资者取得中国境内企业的股份、股权、财产份额或者其他类似权益；

（三）外国投资者单独或者与其他投资者共同在中国境内投资新建项目；

（四）法律、行政法规或者国务院规定的其他方式的投资。

本法所称外商投资企业，是指全部或者部分由外国投资者投资，依照中国法律在中国境内经登记注册设立的企业。

《最高人民法院关于审理外商投资企业纠纷案件若干问题的规定（一）》（2020年12月23日修正）

第一条　当事人在外商投资企业设立、变更等过程中订立的合同，依法律、行政法规的规定应当经外商投资企业审批机关批准后才生效的，自批准之日起生效；未经批准的，人民法院应当认定该合同未生效。当事人请求确认该合同无效的，人民法院不予支持。

前款所述合同因未经批准而被认定未生效的，不影响合同中当事人履行报批义务条款及因该报批义务而设定的相关条款的效力。

261. 中外合作经营企业合同纠纷

案由适用要点

［**释义**］中外合作经营企业合同，是指外国的企业和其他经济组织或者个人按照平等互利的原则，同中国的企业或者其他经济组织在中国境内为共同举办中外合作经营企业而订立的合同。该合同当事人因合同的订立、履行、变更以及终止而产生的纠纷，即中外合作经营企业合同纠纷。

［**管辖**］根据《民事诉讼法》第279条专属管辖的规定，因在中华人民共和国履行中外合作经营企业合同发生纠纷提起的诉讼，由中华人民共和国法院管辖。当事人不能选择境外法院管辖此类纠纷案件。因此，根据《民事诉讼法》第24条关于合同纠纷案件管辖的一般规定，此类纠纷由被告住所地或者合同履行地的人民法院管辖。

［**应注意的问题**］中外合作经营企业合同中一般约定投资或者合作条件、收益或者产品的分配、风险和亏损的分担、经营管理的方式和合作企业终止时财产的归属等事项。中外合作经营企业可以组成具有法人资格的实体，即有限责任公司；也可以组成非法人的经济实体，即合作各方共同出资或提供合作条件，按照中外合作经营企业合同的约定经营管理企业，合作各方对企

业的债务承担无限连带责任，企业不具有法人资格。非法人合作企业合作各方提供的合作条件或投资可由合作各方分别所有；也可以共有，由合作企业统一管理和使用，任何一方不得擅自处理。实践中，由于中外合作经营企业合同产生的争议也大量被诉诸人民法院，因此中外合作经营企业合同纠纷同样是民事案件的重要案由之一。

请求权基础规范指引

《中华人民共和国民法典》（2020 年）

第四百六十七条【无名合同及涉外合同的法律适用】 本法或者其他法律没有明文规定的合同，适用本编通则的规定，并可以参照适用本编或者其他法律最相类似合同的规定。

在中华人民共和国境内履行的中外合资经营企业合同、中外合作经营企业合同、中外合作勘探开发自然资源合同，适用中华人民共和国法律。

《中华人民共和国外商投资法》（2019 年）

第二条 在中华人民共和国境内（以下简称中国境内）的外商投资，适用本法。

本法所称外商投资，是指外国的自然人、企业或者其他组织（以下称外国投资者）直接或者间接在中国境内进行的投资活动，包括下列情形：

（一）外国投资者单独或者与其他投资者共同在中国境内设立外商投资企业；

（二）外国投资者取得中国境内企业的股份、股权、财产份额或者其他类似权益；

（三）外国投资者单独或者与其他投资者共同在中国境内投资新建项目；

（四）法律、行政法规或者国务院规定的其他方式的投资。

本法所称外商投资企业，是指全部或者部分由外国投资者投资，依照中国法律在中国境内经登记注册设立的企业。

《最高人民法院关于审理外商投资企业纠纷案件若干问题的规定（一）》（2020 年 12 月 23 日修正）

第一条 当事人在外商投资企业设立、变更等过程中订立的合同，依法律、行政法规的规定应当经外商投资企业审批机关批准后才生效的，自批准之日起生效；未经批准的，人民法院应当认定该合同未生效。当事人请求确认该合同无效的，人民法院不予支持。

前款所述合同因未经批准而被认定未生效的，不影响合同中当事人履行报批义务条款及因该报批义务而设定的相关条款的效力。

二十一、与公司有关的纠纷

262. 股东资格确认纠纷

案由适用要点

[**释义**] 股东资格确认纠纷，是指股东与股东之间或者股东与公司之间就股东资格是否存在，或者具体的股权份额等发生争议而引起的纠纷。

[**管辖**]《民事诉讼法》第27条规定，因公司设立、确认股东资格、分配利润、解散等纠纷提起的诉讼，由公司住所地人民法院管辖。《民事诉讼法解释》第3条规定，法人或者其他组织的住所地是指法人或者其他组织的主要办事机构所在地。法人或者其他组织的主要办事机构所在地不能确定的，法人或者其他组织的注册地或者登记地为住所地。根据上述规定，因股东资格确认纠纷提起的诉讼，原则上由公司住所地人民法院管辖。公司住所地是指公司主要办事机构所在地。公司办事机构不明确的，由其注册地或者登记地人民法院管辖。以下有关公司纠纷诉讼管辖的含义与此相同。

[**应注意的问题**] 确定本案由时，要注意该类纠纷主要发生在股东与股东、股东与隐名股东之间或者股东与公司之间就股东资格是否存在或者股权持有比例而发生的纠纷。股东资格确认之诉，可因代持、冒名、继承、让与担保等情形产生。股权代持纠纷中，实际股东与名义股东形成委托合同关系，如名义股东不愿继续代持，其作为代持关系的合同相对方，与股东资格确认之诉案件有直接利害关系，属于适格的原告。在有限责任公司股权代持引起的股东资格确认之诉中，原告诉讼请求如含有给付内容的，名义股东应当列为被告，而非第三人。此外，根据《民法典》及《最高人民法院关于适用〈中华人民共和国民法典〉有关担保制度的解释》的规定，登记为营利法人的学校、幼儿园、医疗机构、养老机构等，可以确认上述机构出资人的股东资格及出资份额。①

请求权基础规范指引

《中华人民共和国民法典》（2020年）

第一百二十五条【投资性权利】 民事主体依法享有股权和其他投资性权利。

① 参见安徽省高级人民法院（2016）皖民终829号民事判决书。

《中华人民共和国公司法》（2023 年修订）

第五十六条 有限责任公司应当置备股东名册，记载下列事项：

（一）股东的姓名或者名称及住所；

（二）股东认缴和实缴的出资额、出资方式和出资日期；

（三）出资证明书编号；

（四）取得和丧失股东资格的日期。

记载于股东名册的股东，可以依股东名册主张行使股东权利。

第一百零二条 股份有限公司应当制作股东名册并置备于公司。股东名册应当记载下列事项：

（一）股东的姓名或者名称及住所；

（二）各股东所认购的股份种类及股份数；

（三）发行纸面形式的股票的，股票的编号；

（四）各股东取得股份的日期。

第一百四十四条 公司可以按照公司章程的规定发行下列与普通股权利不同的类别股：

（一）优先或者劣后分配利润或者剩余财产的股份；

（二）每一股的表决权数多于或者少于普通股的股份；

（三）转让须经公司同意等转让受限的股份；

（四）国务院规定的其他类别股。

公开发行股份的公司不得发行前款第二项、第三项规定的类别股；公开发行前已发行的除外。

公司发行本条第一款第二项规定的类别股的，对于监事或者审计委员会成员的选举和更换，类别股与普通股每一股的表决权数相同。

第一百六十条 公司公开发行股份前已发行的股份，自公司股票在证券交易所上市交易之日起一年内不得转让。法律、行政法规或者国务院证券监督管理机构对上市公司的股东、实际控制人转让其所持有的本公司股份另有规定的，从其规定。

公司董事、监事、高级管理人员应当向公司申报所持有的本公司的股份及其变动情况，在就任时确定的任职期间每年转让的股份不得超过其所持有本公司股份总数的百分之二十五；所持本公司股份自公司股票上市交易之日起一年内不得转让。上述人员离职后半年内，不得转让其所持有的本公司股份。公司章程可以对公司董事、监事、高级管理人员转让其所持有的本公司股份作出其他限制性规定。

股份在法律、行政法规规定的限制转让期限内出质的，质权人不得在限制转让期限内行使质权。

《中华人民共和国市场主体登记管理条例》（2021年）

第八条　市场主体的一般登记事项包括：

（一）名称；

（二）主体类型；

（三）经营范围；

（四）住所或者主要经营场所；

（五）注册资本或者出资额；

（六）法定代表人、执行事务合伙人或者负责人姓名。

除前款规定外，还应当根据市场主体类型登记下列事项：

（一）有限责任公司股东、股份有限公司发起人、非公司企业法人出资人的姓名或者名称；

（二）个人独资企业的投资人姓名及居所；

（三）合伙企业的合伙人名称或者姓名、住所、承担责任方式；

（四）个体工商户的经营者姓名、住所、经营场所；

（五）法律、行政法规规定的其他事项。

第九条　市场主体的下列事项应当向登记机关办理备案：

（一）章程或者合伙协议；

（二）经营期限或者合伙期限；

（三）有限责任公司股东或者股份有限公司发起人认缴的出资数额，合伙企业合伙人认缴或者实际缴付的出资数额、缴付期限和出资方式；

（四）公司董事、监事、高级管理人员；

（五）农民专业合作社（联合社）成员；

（六）参加经营的个体工商户家庭成员姓名；

（七）市场主体登记联络员、外商投资企业法律文件送达接受人；

（八）公司、合伙企业等市场主体受益所有人相关信息；

（九）法律、行政法规规定的其他事项。

第十三条　除法律、行政法规或者国务院决定另有规定外，市场主体的注册资本或者出资额实行认缴登记制，以人民币表示。

出资方式应当符合法律、行政法规的规定。公司股东、非公司企业法人出资人、农民专业合作社（联合社）成员不得以劳务、信用、自然人姓名、商誉、特许经营权或者设定担保的财产等作价出资。

《最高人民法院关于适用〈中华人民共和国公司法〉若干问题的规定（三）》（2020年12月23日修正）

第二十二条　当事人之间对股权归属发生争议，一方请求人民法院确认其享有股权的，应当证明以下事实之一：

（一）已经依法向公司出资或者认缴出资，且不违反法律法规强制性规定；

（二）已经受让或者以其他形式继受公司股权，且不违反法律法规强制性规定。

第二十三条 当事人依法履行出资义务或者依法继受取得股权后，公司未根据公司法第三十一条[①]、第三十二条[②]的规定签发出资证明书、记载于股东名册并办理公司登记机关登记，当事人请求公司履行上述义务的，人民法院应予支持。

263. 股东名册记载纠纷

案由适用要点

[释义] 有限责任公司股东依据自己的出资对公司享有权利，承担责任，为了表明股东的地位，确定股东对公司的权利义务，有限责任公司应当向股东出具出资证明书。同时，有限责任公司还应当在公司住所置备股东名册。股东名册在处理各股东关系上具有确定的效力，即记载于股东名册的股东，才可以依股东名册的记载主张行使股东权利。任何名义上或实质上的权利人在尚未完成股东名册登记或者股东名册上的股东名义变更前，不能对抗公司，只有完成股东名册的登记或者名义变更后，才能成为对公司行使股东权利的人；公司仅以股东名册上现记载的股东确定为本公司的股东，给予股东待遇。由于股东名册记载纠纷直接关系到股东资格的确认与股权的行使，与股东利益密切相关，且实践中存在大量此类纠纷，故规定该案由。

[管辖]《民事诉讼法解释》第22条规定，因股东名册记载、请求变更公司登记、股东知情权、公司决议、公司合并、公司分立、公司减资、公司增资等纠纷提起的诉讼，依照《民事诉讼法》第27条的规定确定管辖。根据《民事诉讼法》第27条、《民事诉讼法解释》第3条的规定，因股东资格确认纠纷提起的诉讼，原则上由公司住所地人民法院管辖。公司住所地是指公司主要办事机构所在地。公司办事机构不明确的，由其注册地或者登记地人民法院管辖。

[应注意的问题] 实践中，股东名册记载纠纷主要包括以下两种类型：(1) 因转让方股东怠于履行变更登记义务产生的纠纷。一般来讲，股东名册变更登记必须由转让方股东向公司提出申请，由公司进行变更登记；如果转

---

① 现为《公司法》（2023年修订）第五十五条。

② 现为《公司法》（2023年修订）第五十六条。

让方股东懈怠或者因为过失未向公司申请变更登记，此时即可能产生股东名册记载纠纷。（2）因公司不履行记载义务产生的纠纷。股东名册由公司备有和保管，并由公司负责办理登记事宜。因此，当公司因为懈怠或者过失而未变更股东名册时，就可能产生股东名册记载纠纷。

请求权基础规范指引

《中华人民共和国民法典》（2020年）

第一百二十五条【投资性权利】 民事主体依法享有股权和其他投资性权利。

《中华人民共和国公司法》（2023年修订）

第五十六条 有限责任公司应当置备股东名册，记载下列事项：

（一）股东的姓名或者名称及住所；

（二）股东认缴和实缴的出资额、出资方式和出资日期；

（三）出资证明书编号；

（四）取得和丧失股东资格的日期。

记载于股东名册的股东，可以依股东名册主张行使股东权利。

第八十七条 依照本法转让股权后，公司应当及时注销原股东的出资证明书，向新股东签发出资证明书，并相应修改公司章程和股东名册中有关股东及其出资额的记载。对公司章程的该项修改不需再由股东会表决。

《最高人民法院关于适用〈中华人民共和国公司法〉若干问题的规定（三）》（2020年12月23日修正）

第二十三条 当事人依法履行出资义务或者依法继受取得股权后，公司未根据公司法第三十一条①、第三十二条②的规定签发出资证明书、记载于股东名册并办理公司登记机关登记，当事人请求公司履行上述义务的，人民法院应予支持。

第二十四条 有限责任公司的实际出资人与名义出资人订立合同，约定由实际出资人出资并享有投资权益，以名义出资人为名义股东，实际出资人与名义股东对该合同效力发生争议的，如无法律规定的无效情形，人民法院应当认定该合同有效。

前款规定的实际出资人与名义股东因投资权益的归属发生争议，实际出资人以其实际履行了出资义务为由向名义股东主张权利的，人民法院应予支持。名义股东以公司股东名册记载、公司登记机关登记为由否认实际出资人权利的，人民法院不予支持。

---

① 现为《公司法》（2023年修订）第五十五条。

② 现为《公司法》（2023年修订）第五十六条。

实际出资人未经公司其他股东半数以上同意，请求公司变更股东、签发出资证明书、记载于股东名册、记载于公司章程并办理公司登记机关登记的，人民法院不予支持。

264. 请求变更公司登记纠纷

案由适用要点

［**释义**］当有限责任公司股东转让股权或者发生其他应当变更股东的姓名或者名称及其出资额时，公司应当向公司登记机关申请变更登记；否则，不得对抗第三人，进而将影响相应股东的利益。公司股东的股权比例发生变更后，有限责任公司负有变更公司登记事项的法定义务。

变更公司登记直接关系到股东资格的确认与股权的行使，与股东利益密切相关，且实践中存在大量此类纠纷，故制定该案由。

［**管辖**］《民事诉讼法解释》第22条规定，因股东名册记载、请求变更公司登记、股东知情权、公司决议、公司合并、公司分立、公司减资、公司增资等纠纷提起的诉讼，依照《民事诉讼法》第27条的规定确定管辖。根据《民事诉讼法》第27条、《民事诉讼法解释》第3条的规定，因请求变更公司登记纠纷提起的诉讼，原则上由公司住所地人民法院管辖。公司住所地是指公司主要办事机构所在地。公司办事机构不明确的，由其注册地或者登记地人民法院管辖。

［**应注意的问题**］确定本案由时，应注意“请求变更公司登记纠纷”与《最高人民法院关于适用〈中华人民共和国公司法〉若干问题的规定（三）》第27条、第28条规定的“未及时办理变更登记的董事、高级管理人员或者实际控制人的过错赔偿责任”“冒名登记”等产生侵权诉讼纠纷之间的关系。

请求权基础规范指引

《中华人民共和国民法典》（2020年）

第六十五条【法人实际情况与登记事项不一致的法律后果】 法人的实际情况与登记的事项不一致的，不得对抗善意相对人。

《中华人民共和国公司法》（2023年修订）

第五十六条 有限责任公司应当置备股东名册，记载下列事项：

（一）股东的姓名或者名称及住所；

（二）股东认缴和实缴的出资额、出资方式和出资日期；

（三）出资证明书编号；

（四）取得和丧失股东资格的日期。

记载于股东名册的股东，可以依股东名册主张行使股东权利。

第八十七条　依照本法转让股权后，公司应当及时注销原股东的出资证明书，向新股东签发出资证明书，并相应修改公司章程和股东名册中有关股东及其出资额的记载。对公司章程的该项修改不需再由股东会表决。

第一百五十六条　公司向社会公开募集股份，应当同银行签订代收股款协议。

代收股款的银行应当按照协议代收和保存股款，向缴纳股款的认股人出具收款单据，并负有向有关部门出具收款证明的义务。

公司发行股份募足股款后，应予公告。

《最高人民法院关于适用〈中华人民共和国公司法〉若干问题的规定（三）》（2020年12月23日修正）

第二十七条　股权转让后尚未向公司登记机关办理变更登记，原股东将仍登记于其名下的股权转让、质押或者以其他方式处分，受让股东以其对于股权享有实际权利为由，请求认定处分股权行为无效的，人民法院可以参照民法典第三百一十一条的规定处理。

原股东处分股权造成受让股东损失，受让股东请求原股东承担赔偿责任、对于未及时办理变更登记有过错的董事、高级管理人员或者实际控制人承担相应责任的，人民法院应予支持；受让股东对于未及时办理变更登记也有过错的，可以适当减轻上述董事、高级管理人员或者实际控制人的责任。

第二十八条　冒用他人名义出资并将该他人作为股东在公司登记机关登记的，冒名登记行为人应当承担相应责任；公司、其他股东或者公司债权人以未履行出资义务为由，请求被冒名登记为股东的承担补足出资责任或者对公司债务不能清偿部分的赔偿责任的，人民法院不予支持。

265. 股东出资纠纷

案由适用要点

[释义] 出资是股东对公司的基本义务，也是形成公司财产的基础。如果股东未按规定缴纳出资，或者虚假出资、出资不足、抽逃出资等，即可能引发公司与股东、股东与股东、股东与债权人之间的出资纠纷和诉讼，股东可能被起诉而依法承担继续履行、损害赔偿等违约责任。

[管辖] 根据《民事诉讼法》第27条、《民事诉讼法解释》第3条的规定，因股东出资纠纷提起的诉讼，原则上由公司住所地人民法院管辖。公司住所地是指公司主要办事机构所在地。公司办事机构不明确的，由其注册地或者登记地人民法院管辖。实践中需要注意的是，公司股东认为其他股东抽

逃出资而发生纠纷的，属于投资协议约定的因协议引起或与本协议有关的纠纷，主要属于给付之诉性质的诉讼，并不具有组织法上纠纷的性质，因此不适用公司诉讼案件的特殊地域管辖，而应当依据《民事诉讼法》及司法解释关于合同纠纷或侵权行为纠纷的特殊地域管辖原则确定管辖法院。[①]

[应注意的问题] 出资是股东对公司的义务，也是形成公司财产的基础。该案由与新增资本认购纠纷不同，应注意区分。股东出资纠纷规范的是股东违反出资义务的各种情形，诸如虚假出资、出资不足、逾期出资、抽逃出资等；而新增资本认购纠纷规范的则是公司新增注册资本时，除股东出资纠纷之外的相关纠纷。

请求权基础规范指引

《中华人民共和国民法典》（2020 年）

第一百二十五条【投资性权利】 民事主体依法享有股权和其他投资性权利。

《中华人民共和国公司法》（2023 年修订）

第四十七条 有限责任公司的注册资本为在公司登记机关登记的全体股东认缴的出资额。全体股东认缴的出资额由股东按照公司章程的规定自公司成立之日起五年内缴足。

法律、行政法规以及国务院决定对有限责任公司注册资本实缴、注册资本最低限额、股东出资期限另有规定的，从其规定。

第四十八条 股东可以用货币出资，也可以用实物、知识产权、土地使用权、股权、债权等可以用货币估价并可以依法转让的非货币财产作价出资；但是，法律、行政法规规定不得作为出资的财产除外。

对作为出资的非货币财产应当评估作价，核实财产，不得高估或者低估作价。法律、行政法规对评估作价有规定的，从其规定。

第四十九条 股东应当按期足额缴纳公司章程规定的各自所认缴的出资额。

股东以货币出资的，应当将货币出资足额存入有限责任公司在银行开设的账户；以非货币财产出资的，应当依法办理其财产权的转移手续。

股东未按期足额缴纳出资的，除应当向公司足额缴纳外，还应当对给公司造成的损失承担赔偿责任。

第五十条 有限责任公司设立时，股东未按照公司章程规定实际缴纳出资，或者实际出资的非货币财产的实际价额显著低于所认缴的出资额的，设立时的其他股东与该股东在出资不足的范围内承担连带责任。

第五十三条 公司成立后，股东不得抽逃出资。

---

① 参见最高人民法院（2018）最高法民辖终 140 号民事裁定书。

违反前款规定的，股东应当返还抽逃的出资；给公司造成损失的，负有责任的董事、监事、高级管理人员应当与该股东承担连带赔偿责任。

第五十五条　有限责任公司成立后，应当向股东签发出资证明书，记载下列事项：

（一）公司名称；

（二）公司成立日期；

（三）公司注册资本；

（四）股东的姓名或者名称、认缴和实缴的出资额、出资方式和出资日期；

（五）出资证明书的编号和核发日期。

出资证明书由法定代表人签名，并由公司盖章。

第九十五条　股份有限公司章程应当载明下列事项：

……

（四）公司注册资本、已发行的股份数和设立时发行的股份数，面额股的每股金额；

（五）发行类别股的，每一类别股的股份数及其权利和义务；

（六）发起人的姓名或者名称、认购的股份数及其权利和义务；

……

第二百五十二条　公司的发起人、股东虚假出资，未交付或者未按期交付作为出资的货币或者非货币财产的，由公司登记机关责令改正，可以处以五万元以上二十万元以下的罚款；情节严重的，处以虚假出资或者未出资金额百分之五以上百分之十五以下的罚款；对直接负责的主管人员和其他直接责任人员处以一万元以上十万元以下的罚款。

第二百五十三条　公司的发起人、股东在公司成立后，抽逃其出资的，由公司登记机关责令改正，处以所抽逃出资金额百分之五以上百分之十五以下的罚款；对直接负责的主管人员和其他直接责任人员处以三万元以上三十万元以下的罚款。

《最高人民法院关于适用〈中华人民共和国公司法〉时间效力的若干规定》（法释〔2024〕7号　2024年6月29日）

第一条　公司法施行后的法律事实引起的民事纠纷案件，适用公司法的规定。

公司法施行前的法律事实引起的民事纠纷案件，当时的法律、司法解释有规定的，适用当时的法律、司法解释的规定，但是适用公司法更有利于实现其立法目的，适用公司法的规定：

……

（三）公司法施行前，股东以债权出资，因出资方式发生争议的，适用公司法第四十八条第一款的规定；

……

《最高人民法院关于适用〈中华人民共和国公司法〉若干问题的规定（三）》（2020年12月23日修正）

第七条 出资人以不享有处分权的财产出资，当事人之间对于出资行为效力产生争议的，人民法院可以参照民法典第三百一十一条的规定予以认定。

以贪污、受贿、侵占、挪用等违法犯罪所得的货币出资后取得股权的，对违法犯罪行为予以追究、处罚时，应当采取拍卖或者变卖的方式处置其股权。

第八条 出资人以划拨土地使用权出资，或者以设定权利负担的土地使用权出资，公司、其他股东或者公司债权人主张认定出资人未履行出资义务的，人民法院应当责令当事人在指定的合理期间内办理土地变更手续或者解除权利负担；逾期未办理或者未解除的，人民法院应当认定出资人未依法全面履行出资义务。

第九条 出资人以非货币财产出资，未依法评估作价，公司、其他股东或者公司债权人请求认定出资人未履行出资义务的，人民法院应当委托具有合法资格的评估机构对该财产评估作价。评估确定的价额显著低于公司章程所定价额的，人民法院应当认定出资人未依法全面履行出资义务。

第十条 出资人以房屋、土地使用权或者需要办理权属登记的知识产权等财产出资，已经交付公司使用但未办理权属变更手续，公司、其他股东或者公司债权人主张认定出资人未履行出资义务的，人民法院应当责令当事人在指定的合理期间内办理权属变更手续；在前述期间内办理了权属变更手续的，人民法院应当认定其已经履行了出资义务；出资人主张自其实际交付财产给公司使用时享有相应股东权利的，人民法院应予支持。

出资人以前款规定的财产出资，已经办理权属变更手续但未交付给公司使用，公司或者其他股东主张其向公司交付、并在实际交付之前不享有相应股东权利的，人民法院应予支持。

《最高人民法院关于印发〈全国法院民商事审判工作会议纪要〉的通知》（法〔2019〕254号 2019年11月8日）

6.【股东出资应否加速到期】在注册资本认缴制下，股东依法享有期限利益。债权人以公司不能清偿到期债务为由，请求未届出资期限的股东在未出资范围内对公司不能清偿的债务承担补充赔偿责任的，人民法院不予支持。但是，下列情形除外：

（1）公司作为被执行人的案件，人民法院穷尽执行措施无财产可供执行，已具备破产原因，但不申请破产的；

（2）在公司债务产生后，公司股东（大）会决议或以其他方式延长股东出资期限的。

7.【表决权能否受限】股东认缴的出资未届履行期限，对未缴纳部分的出资是否享有以及如何行使表决权等问题，应当根据公司章程来确定。公司章程没有规定的，应当按照认缴出资的比例确定。如果股东（大）会作出不按认缴出资比例而按实际出资比例或者其他标准确定表决权的决议，股东请求确认决议无效的，人民法院应当审查该决议是否符合修改公司章程所要求的表决程序，即必须经代表三分之二以上表决权的股东通过。符合的，人民法院不予支持；反之，则依法予以支持。

266. 新增资本认购纠纷

案由适用要点

［**释义**］新增资本认购纠纷。公司增加注册资本，是指公司经过公司的股东会或者公司的股东大会进行决议后使公司的注册资本在原来的基础上予以扩大的法律行为。是有限责任公司新增资本认购、股份有限公司发行新股认购产生的纠纷。

［**管辖**］《民事诉讼法解释》第22条规定，因股东名册记载、请求变更公司登记、股东知情权、公司决议、公司合并、公司分立、公司减资、公司增资等纠纷提起的诉讼，依照《民事诉讼法》第27条的规定确定管辖。根据《民事诉讼法》第27条、《民事诉讼法解释》第3条的规定，因新增资本纠纷提起的诉讼，原则上由公司住所地人民法院管辖。公司住所地是指公司主要办事机构所在地。公司办事机构不明确的，由其注册地人民法院管辖。

［**应注意的问题**］该案由与股东出资纠纷不同，应注意区分。股东出资纠纷规范的是股东违反出资义务的各种情形，包括虚假出资、出资不足、逾期出资、抽逃出资等；而新增资本认购纠纷规范的则是公司新增注册资本时，除股东出资纠纷之外的相关纠纷。

请求权基础规范指引

《中华人民共和国民法典》（2020年）

第一百二十五条【投资性权利】 民事主体依法享有股权和其他投资性权利。

《中华人民共和国公司法》（2023年修订）

第一百五十一条 公司发行新股，股东会应当对下列事项作出决议：

（一）新股种类及数额；

（二）新股发行价格；

（三）新股发行的起止日期；

（四）向原有股东发行新股的种类及数额；

（五）发行无面额股的，新股发行所得股款计入注册资本的金额。

公司发行新股，可以根据公司经营情况和财务状况，确定其作价方案。

第一百五十四条 公司向社会公开募集股份，应当经国务院证券监督管理机构注册，公告招股说明书。

招股说明书应当附有公司章程，并载明下列事项：

（一）发行的股份总数；

（二）面额股的票面金额和发行价格或者无面额股的发行价格；

（三）募集资金的用途；

（四）认股人的权利和义务；

（五）股份种类及其权利和义务；

（六）本次募股的起止日期及逾期未募足时认股人可以撤回所认股份的说明。

公司设立时发行股份的，还应当载明发起人认购的股份数。

第一百五十六条 公司向社会公开募集股份，应当同银行签订代收股款协议。

代收股款的银行应当按照协议代收和保存股款，向缴纳股款的认股人出具收款单据，并负有向有关部门出具收款证明的义务。

公司发行股份募足股款后，应予公告。

第二百一十条 公司分配当年税后利润时，应当提取利润的百分之十列入公司法定公积金。公司法定公积金累计额为公司注册资本的百分之五十以上的，可以不再提取。

公司的法定公积金不足以弥补以前年度亏损的，在依照前款规定提取法定公积金之前，应当先用当年利润弥补亏损。

公司从税后利润中提取法定公积金后，经股东会决议，还可以从税后利润中提取任意公积金。

公司弥补亏损和提取公积金后所余税后利润，有限责任公司按照股东实缴的出资比例分配利润，全体股东约定不按照出资比例分配利润的除外；股份有限公司按照股东所持有的股份比例分配利润，公司章程另有规定的除外。

公司持有的本公司股份不得分配利润。

第二百二十八条 有限责任公司增加注册资本时，股东认缴新增资本的出资，依照本法设立有限责任公司缴纳出资的有关规定执行。

股份有限公司为增加注册资本发行新股时，股东认购新股，依照本法设立股份有限公司缴纳股款的有关规定执行。

《最高人民法院关于适用〈中华人民共和国公司法〉若干问题的规定（三）》（2020年12月23日修正）

第十一条　出资人以其他公司股权出资，符合下列条件的，人民法院应当认定出资人已履行出资义务：

（一）出资的股权由出资人合法持有并依法可以转让；

（二）出资的股权无权利瑕疵或者权利负担；

（三）出资人已履行关于股权转让的法定手续；

（四）出资的股权已依法进行了价值评估。

股权出资不符合前款第（一）（二）（三）项的规定，公司、其他股东或者公司债权人请求认定出资人未履行出资义务的，人民法院应当责令该出资人在指定的合理期间内采取补正措施，以符合上述条件；逾期未补正的，人民法院应当认定其未依法全面履行出资义务。

股权出资不符合本条第一款第（四）项的规定，公司、其他股东或者公司债权人请求认定出资人未履行出资义务的，人民法院应当按照本规定第九条的规定处理。

第十三条　股东未履行或者未全面履行出资义务，公司或者其他股东请求其向公司依法全面履行出资义务的，人民法院应予支持。

公司债权人请求未履行或者未全面履行出资义务的股东在未出资本息范围内对公司债务不能清偿的部分承担补充赔偿责任的，人民法院应予支持；未履行或者未全面履行出资义务的股东已经承担上述责任，其他债权人提出相同请求的，人民法院不予支持。

股东在公司设立时未履行或者未全面履行出资义务，依照本条第一款或者第二款提起诉讼的原告，请求公司的发起人与被告股东承担连带责任的，人民法院应予支持；公司的发起人承担责任后，可以向被告股东追偿。

股东在公司增资时未履行或者未全面履行出资义务，依照本条第一款或者第二款提起诉讼的原告，请求未尽公司法第一百四十七条第一款规定的义务而使出资未缴足的董事、高级管理人员承担相应责任的，人民法院应予支持；董事、高级管理人员承担责任后，可以向被告股东追偿。

267. 股东知情权纠纷

案由适用要点

［释义］股东知情权，是法律赋予公司股东了解公司信息的权利。股东知

情权纠纷，是指股东因其知情权受到侵害而产生的纠纷。

［**管辖**］《民事诉讼法解释》第 22 条规定，因股东名册记载、请求变更公司登记、股东知情权、公司决议、公司合并、公司分立、公司减资、公司增资等纠纷提起的诉讼，依照《民事诉讼法》第 27 条的规定确定管辖。根据《民事诉讼法》第 27 条、《民事诉讼法解释》第 3 条的规定，因股东知情权纠纷提起的诉讼，原则上由公司住所地人民法院管辖。公司住所地是指公司主要办事机构所在地。公司办事机构不明确的，由其注册地或者登记地人民法院管辖。

［**应注意的问题**］实践中，可能出现行使知情权的股东同时又是公司董事的情况。根据《公司法》第 79 第 1 款的规定，监事可以列席董事会会议，并对董事会决议事项提出质询或者建议。因此，监事也享有知情权。但是，监事的知情权与股东的知情权在权利性质、权利内容、行使方式等各方面均不相同。因此，如果提起知情权诉讼的股东同时具备公司监事的身份，应当以股东名义提起知情权诉讼。此外，股东请求委托他人查阅公司有关档案材料的，或者公司未依法或者公司章程规定建立相关档案材料、公司建立的相关档案材料虚假或者丢失，股东起诉请求公司依法或者公司章程之规定重新建立并提供给股东查阅的，也属于此案由纠纷。但公司不具备依法或者公司章程之规定建立相关档案材料条件，股东主张公司相关人员承担民事赔偿责任的，不属于该案由纠纷，股东应当另行提起诉讼。

请求权基础规范指引

《中华人民共和国公司法》（2023 年修订）

第五十七条 股东有权查阅、复制公司章程、股东名册、股东会会议记录、董事会会议决议、监事会会议决议和财务会计报告。

股东可以要求查阅公司会计账簿、会计凭证。股东要求查阅公司会计账簿、会计凭证的，应当向公司提出书面请求，说明目的。公司有合理根据认为股东查阅会计账簿、会计凭证有不正当目的，可能损害公司合法利益的，可以拒绝提供查阅，并应当自股东提出书面请求之日起十五日内书面答复股东并说明理由。公司拒绝提供查阅的，股东可以向人民法院提起诉讼。

股东查阅前款规定的材料，可以委托会计师事务所、律师事务所等中介机构进行。

股东及其委托的会计师事务所、律师事务所等中介机构查阅、复制有关材料，应当遵守有关保护国家秘密、商业秘密、个人隐私、个人信息等法律、行政法规的规定。

股东要求查阅、复制公司全资子公司相关材料的，适用前四款的规定。

第一百零九条 股份有限公司应当将公司章程、股东名册、股东会会议记录、董事会会议记录、监事会会议记录、财务会计报告、债券持有人名册置备于本公司。

第一百一十条　股东有权查阅、复制公司章程、股东名册、股东会会议记录、董事会会议决议、监事会会议决议、财务会计报告，对公司的经营提出建议或者质询。

连续一百八十日以上单独或者合计持有公司百分之三以上股份的股东要求查阅公司的会计账簿、会计凭证的，适用本法第五十七条第二款、第三款、第四款的规定。公司章程对持股比例有较低规定的，从其规定。

股东要求查阅、复制公司全资子公司相关材料的，适用前两款的规定。

上市公司股东查阅、复制相关材料的，应当遵守《中华人民共和国证券法》等法律、行政法规的规定。

第一百二十九条　公司应当定期向股东披露董事、监事、高级管理人员从公司获得报酬的情况。

第二百零九条　有限责任公司应当按照公司章程规定的期限将财务会计报告送交各股东。

股份有限公司的财务会计报告应当在召开股东会年会的二十日前置备于本公司，供股东查阅；公开发行股份的股份有限公司应当公告其财务会计报告。

《最高人民法院关于适用〈中华人民共和国公司法〉若干问题的规定（四）》（2020年12月23日修正）

第七条　股东依据公司法第三十三条①、第九十七条②或者公司章程的规定，起诉请求查阅或者复制公司特定文件材料的，人民法院应当依法予以受理。

公司有证据证明前款规定的原告在起诉时不具有公司股东资格的，人民法院应当驳回起诉，但原告有初步证据证明在持股期间其合法权益受到损害，请求依法查阅或者复制其持股期间的公司特定文件材料的除外。

第八条　有限责任公司有证据证明股东存在下列情形之一的，人民法院应当认定股东有公司法第三十三条第二款③规定的“不正当目的”：

（一）股东自营或者为他人经营与公司主营业务有实质性竞争关系业务的，但公司章程另有规定或者全体股东另有约定的除外；

（二）股东为了向他人通报有关信息查阅公司会计账簿，可能损害公司合法利益的；

---

① 现为《公司法》（2023年修订）第五十七条。

② 现为《公司法》（2023年修订）第一百一十条第一款。

③ 现为《公司法》（2023年修订）第五十七条第二款。

（三）股东在向公司提出查阅请求之日前的三年内，曾通过查阅公司会计账簿，向他人通报有关信息损害公司合法利益的；

（四）股东有不正当目的的其他情形。

第九条 公司章程、股东之间的协议等实质性剥夺股东依据公司法第三十三条①、第九十七条②规定查阅或者复制公司文件材料的权利，公司以此为由拒绝股东查阅或者复制的，人民法院不予支持。

第十条 人民法院审理股东请求查阅或者复制公司特定文件材料的案件，对原告诉讼请求予以支持的，应当在判决中明确查阅或者复制公司特定文件材料的时间、地点和特定文件材料的名录。

股东依据人民法院生效判决查阅公司文件材料的，在该股东在场的情况下，可以由会计师、律师等依法或者依据执业行为规范负有保密义务的中介机构执业人员辅助进行。

第十一条 股东行使知情权后泄露公司商业秘密导致公司合法利益受到损害，公司请求该股东赔偿相关损失的，人民法院应当予以支持。

根据本规定第十条辅助股东查阅公司文件材料的会计师、律师等泄露公司商业秘密导致公司合法利益受到损害，公司请求其赔偿相关损失的，人民法院应当予以支持。

第十二条 公司董事、高级管理人员等未依法履行职责，导致公司未依法制作或者保存公司法第三十三③条、第九十七条④规定的公司文件材料，给股东造成损失，股东依法请求负有相应责任的公司董事、高级管理人员承担民事赔偿责任的，人民法院应当予以支持。

268. 请求公司收购股份纠纷

案由适用要点

［释义］ 异议股东股份收购请求权，又称异议评估权、股份评估回购请求权，是指当股东大会基于多数表决，就有关公司重大事项作出决议时，持异议的少数股东要求对其所持股份的价值进行评估并由公司以公平价格予以购买的权利。该案由是异议股东行使股份收购请求权时产生纠纷的案由。

［管辖］ 根据《民事诉讼法》第22条第2款、第27条及《民事诉讼法解

① 现为《公司法》（2023年修订）第五十七条。
② 现为《公司法》（2023年修订）第一百一十条第一款。
③ 现为《公司法》（2023年修订）第五十七条。
④ 现为《公司法》（2023年修订）第一百一十条第一款。

释》第 3 条、第 22 条的规定，原则上由公司住所地人民法院管辖。公司住所地是指公司主要办事机构所在地。公司办事机构不明确的，由其注册地或者登记地人民法院管辖。

[**应注意的问题**] 2018 年《公司法》仅规定了有限责任公司股东可以主动请求公司收购其股权，而 2023 年修订后的《公司法》既增设了有限责任公司股东压迫情形下中小股股东的股权收购请求权，又增设了未公开发行股份的股份公司股东可以主动请求公司收购其股份，同时还增设了非公开发行股份的股份有限公司异议股东股份收购请求权，且该请求权的行使程序与有限责任公司异议股东股权收购请求权的行使程序相同。

2023 年修订后的《公司法》第 89 条和第 161 条均规定，股东请求公司收购其股份，均规定有前置程序，即股东会会议决议作出之日起 60 日内，股东提出请求与公司协商，如果股东与公司达不成股权收购协议的，股东可以自股东会会议决议作出之日起 90 日内向人民法院起诉。股东请求公司收购股份的纠纷，不同于一般的股权转让纠纷。一般的股权转让纠纷，股权的受让方是公司之外的其他主体。而股东请求公司收购股份纠纷，股权的受让方是公司本身。

请求权基础规范指引

《中华人民共和国公司法》（2023 年修订）

第八十九条　有下列情形之一的，对股东会该项决议投反对票的股东可以请求公司按照合理的价格收购其股权：

（一）公司连续五年不向股东分配利润，而公司该五年连续盈利，并且符合本法规定的分配利润条件；

（二）公司合并、分立、转让主要财产；

（三）公司章程规定的营业期限届满或者章程规定的其他解散事由出现，股东会通过决议修改章程使公司存续。

自股东会决议作出之日起六十日内，股东与公司不能达成股权收购协议的，股东可以自股东会决议作出之日起九十日内向人民法院提起诉讼。

公司的控股股东滥用股东权利，严重损害公司或者其他股东利益的，其他股东有权请求公司按照合理的价格收购其股权。

公司因本条第一款、第三款规定的情形收购的本公司股权，应当在六个月内依法转让或者注销。

第一百六十一条　有下列情形之一的，对股东会该项决议投反对票的股东可以请求公司按照合理的价格收购其股份，公开发行股份的公司除外：

（一）公司连续五年不向股东分配利润，而公司该五年连续盈利，并且符合本法规定的分配利润条件；

（二）公司转让主要财产；

（三）公司章程规定的营业期限届满或者章程规定的其他解散事由出现，股东会通过决议修改章程使公司存续。

自股东会决议作出之日起六十日内，股东与公司不能达成股份收购协议的，股东可以自股东会决议作出之日起九十日内向人民法院提起诉讼。

公司因本条第一款规定的情形收购的本公司股份，应当在六个月内依法转让或者注销。

第一百六十二条 公司不得收购本公司股份。但是，有下列情形之一的除外：

（一）减少公司注册资本；

（二）与持有本公司股份的其他公司合并；

（三）将股份用于员工持股计划或者股权激励；

（四）股东因对股东会作出的公司合并、分立决议持异议，要求公司收购其股份；

（五）将股份用于转换公司发行的可转换为股票的公司债券；

（六）上市公司为维护公司价值及股东权益所必需。

公司因前款第一项、第二项规定的情形收购本公司股份的，应当经股东会决议；公司因前款第三项、第五项、第六项规定的情形收购本公司股份的，可以按照公司章程或者股东会的授权，经三分之二以上董事出席的董事会会议决议。

公司依照本条第一款规定收购本公司股份后，属于第一项情形的，应当自收购之日起十日内注销；属于第二项、第四项情形的，应当在六个月内转让或者注销；属于第三项、第五项、第六项情形的，公司合计持有的本公司股份数不得超过本公司已发行股份总数的百分之十，并应当在三年内转让或者注销。

上市公司收购本公司股份的，应当依照《中华人民共和国证券法》的规定履行信息披露义务。上市公司因本条第一款第三项、第五项、第六项规定的情形收购本公司股份的，应当通过公开的集中交易方式进行。

公司不得接受本公司的股份作为质权的标的。

《最高人民法院关于适用〈中华人民共和国公司法〉时间效力的若干规定》（法释〔2024〕7号 2024年6月29日）

第四条 公司法施行前的法律事实引起的民事纠纷案件，当时的法律、司法解释没有规定而公司法作出规定的下列情形，适用公司法的规定：

……

（二）有限责任公司的控股股东滥用股东权利，严重损害公司或者其他股东利益，其他股东请求公司按照合理价格收购其股权的，适用公司法第八十九条第三款、第四款的规定；

（三）对股份有限公司股东会决议投反对票的股东请求公司按照合理价格收购其股份的，适用公司法第一百六十一条的规定；

……

269. 股权转让纠纷

案由适用要点

［**释义**］股权转让，是股东与受让人意思表示一致，依照法律或者公司章程的规定将自己的股权让与受让人，使受让人继受取得股权成为公司股东。股权转让纠纷是指股东之间、股东与受让股东之间进行股权转让而产生的纠纷。

［**管辖**］根据《民事诉讼法》第22条第2款、第27条、《民事诉讼法解释》第3条的规定，因股权转让纠纷提起的诉讼，原则上由公司住所地人民法院管辖。公司住所地是指公司主要办事机构所在地。公司办事机构不明确的，由其注册地或者登记地人民法院管辖。

［**应注意的问题**］本案由不同于一般的买卖纠纷。股权转让尽管也导致股权归属的变化，但与一般的商品买卖不同，股权背后对应着公司的全部财产以及债务，股权转让本质上属于权利的买卖，转让的后果意味着转让人与受让人之间发生了对公司的财产的控制关系的变化。此外，本案由也不同于股东请求公司收购股份纠纷，股东请求公司收购股份纠纷中的股权受让方是公司本身，而股权转让纠纷中的受让方不是公司。

请求权基础规范指引

《中华人民共和国公司法》（2023年修订）

第八十四条　有限责任公司的股东之间可以相互转让其全部或者部分股权。

股东向股东以外的人转让股权的，应当将股权转让的数量、价格、支付方式和期限等事项书面通知其他股东，其他股东在同等条件下有优先购买权。股东自接到书面通知之日起三十日内未答复的，视为放弃优先购买权。两个以上股东行使优先购买权的，协商确定各自的购买比例；协商不成的，按照转让时各自的出资比例行使优先购买权。

公司章程对股权转让另有规定的，从其规定。

第八十五条　人民法院依照法律规定的强制执行程序转让股东的股权时，应当通知公司及全体股东，其他股东在同等条件下有优先购买权。其他股东自人民法院通知之日起满二十日不行使优先购买权的，视为放弃优先购买权。

第九十条　自然人股东死亡后，其合法继承人可以继承股东资格；但是，公司章程另有规定的除外。

第一百五十八条 股东转让其股份，应当在依法设立的证券交易场所进行或者按照国务院规定的其他方式进行。

第一百五十九条 股票的转让，由股东以背书方式或者法律、行政法规规定的其他方式进行；转让后由公司将受让人的姓名或者名称及住所记载于股东名册。

股东会会议召开前二十日内或者公司决定分配股利的基准日前五日内，不得变更股东名册。法律、行政法规或者国务院证券监督管理机构对上市公司股东名册变更另有规定的，从其规定。

第一百六十条 公司公开发行股份前已发行的股份，自公司股票在证券交易所上市交易之日起一年内不得转让。法律、行政法规或者国务院证券监督管理机构对上市公司的股东、实际控制人转让其所持有的本公司股份另有规定的，从其规定。

公司董事、监事、高级管理人员应当向公司申报所持有的本公司的股份及其变动情况，在就任时确定的任职期间每年转让的股份不得超过其所持有本公司股份总数的百分之二十五；所持本公司股份自公司股票上市交易之日起一年内不得转让。上述人员离职后半年内，不得转让其所持有的本公司股份。公司章程可以对公司董事、监事、高级管理人员转让其所持有的本公司股份作出其他限制性规定。

股份在法律、行政法规规定的限制转让期限内出质的，质权人不得在限制转让期限内行使质权。

第一百六十五条 上市公司的股票，依照有关法律、行政法规及证券交易所交易规则上市交易。

《最高人民法院关于适用〈中华人民共和国公司法〉若干问题的规定（四）》（2020年12月23日修正）

第十六条 有限责任公司的自然人股东因继承发生变化时，其他股东主张依据公司法第七十一条第三款[①]规定行使优先购买权的，人民法院不予支持，但公司章程另有规定或者全体股东另有约定的除外。

第十七条 有限责任公司的股东向股东以外的人转让股权，应就其股权转让事项以书面或者其他能够确认收悉的合理方式通知其他股东征求同意。其他股东半数以上不同意转让，不同意的股东不购买的，人民法院应当认定视为同意转让。

经股东同意转让的股权，其他股东主张转让股东应当向其以书面或者其他能够确认收悉的合理方式通知转让股权的同等条件的，人民法院应当予以支持。

---

① 现为《公司法》（2023年修订）第八十四条第二款。

经股东同意转让的股权，在同等条件下，转让股东以外的其他股东主张优先购买的，人民法院应当予以支持，但转让股东依据本规定第二十条放弃转让的除外。

第十八条 人民法院在判断是否符合公司法第七十一条第三款[①]及本规定所称的“同等条件”时，应当考虑转让股权的数量、价格、支付方式及期限等因素。

第十九条 有限责任公司的股东主张优先购买转让股权的，应当在收到通知后，在公司章程规定的行使期间内提出购买请求。公司章程没有规定行使期间或者规定不明确的，以通知确定的期间为准，通知确定的期间短于三十日或者未明确行使期间的，行使期间为三十日。

第二十条 有限责任公司的转让股东，在其他股东主张优先购买后又不同意转让股权的，对其他股东优先购买的主张，人民法院不予支持，但公司章程另有规定或者全体股东另有约定的除外。其他股东主张转让股东赔偿其损失合理的，人民法院应当予以支持。

第二十一条 有限责任公司的股东向股东以外的人转让股权，未就其股权转让事项征求其他股东意见，或者以欺诈、恶意串通等手段，损害其他股东优先购买权，其他股东主张按照同等条件购买该转让股权的，人民法院应当予以支持，但其他股东自知道或者应当知道行使优先购买权的同等条件之日起三十日内没有主张，或者自股权变更登记之日起超过一年的除外。

前款规定的其他股东仅提出确认股权转让合同及股权变动效力等请求，未同时主张按照同等条件购买转让股权的，人民法院不予支持，但其他股东非因自身原因导致无法行使优先购买权，请求损害赔偿的除外。

股东以外的股权受让人，因股东行使优先购买权而不能实现合同目的的，可以依法请求转让股东承担相应民事责任。

第二十二条 通过拍卖向股东以外的人转让有限责任公司股权的，适用公司法第七十一条第二款、第三款[②]或者第七十二条[③]规定的“书面通知”“通知”“同等条件”时，根据相关法律、司法解释确定。

在依法设立的产权交易场所转让有限责任公司国有股权的，适用公司法第七十一条第二款、第三款[④]或者第七十二条[⑤]规定的“书面通知”“通知”“同等条件”时，可以参照产权交易场所的交易规则。

---

① 现为《公司法》（2023 年修订）第八十四条第二款。
② 现为《公司法》（2023 年修订）第八十四条第二款。
③ 现为《公司法》（2023 年修订）第八十五条。
④ 现为《公司法》（2023 年修订）第八十四条第二款。
⑤ 现为《公司法》（2023 年修订）第八十五条。

《最高人民法院关于适用〈中华人民共和国公司法〉时间效力的若干规定》（法释〔2024〕7号 2024年6月29日）

第一条 公司法施行后的法律事实引起的民事纠纷案件，适用公司法的规定。

公司法施行前的法律事实引起的民事纠纷案件，当时的法律、司法解释有规定的，适用当时的法律、司法解释的规定，但是适用公司法更有利于实现其立法目的，适用公司法的规定：

……

（四）公司法施行前，有限责任公司股东向股东以外的人转让股权，因股权转让发生争议的，适用公司法第八十四条第二款的规定；

……

第五条 公司法施行前的法律事实引起的民事纠纷案件，当时的法律、司法解释已有原则性规定，公司法作出具体规定的下列情形，适用公司法的规定：

（一）股份有限公司章程对股份转让作了限制规定，因该规定发生争议的，适用公司法第一百五十七条的规定；

……

《最高人民法院关于〈中华人民共和国公司法〉第八十八条第一款不溯及适用的批复》（法释〔2024〕15号 2024年12月24日）

河南省高级人民法院：

你院《关于公司法第八十八条第一款是否溯及适用的请示》收悉。经研究，批复如下：

2024年7月1日起施行的《中华人民共和国公司法》第八十八条第一款仅适用于2024年7月1日之后发生的未届出资期限的股权转让行为。对于2024年7月1日之前股东未届出资期限转让股权引发的出资责任纠纷，人民法院应当根据原公司法等有关法律的规定精神公平公正处理。

本批复公布施行后，最高人民法院以前发布的司法解释与本批复规定不一致的，不再适用。

《最高人民法院关于印发〈全国法院民商事审判工作会议纪要〉的通知》（法〔2019〕254号 2019年11月8日）

8.【有限责任公司的股权变动】当事人之间转让有限责任公司股权，受让人以其姓名或者名称已记载于股东名册为由主张其已经取得股权的，人民法院依法予以支持，但法律、行政法规规定应当办理批准手续生效的股权转让除外。未向公司登记机关办理股权变更登记的，不得对抗善意相对人。

9.【侵犯优先购买权的股权转让合同的效力】审判实践中，部分人民法院对公司法司法解释（四）第21条规定的理解存在偏差，往往以保护其他股东的优先购买权为由认定股权转让合同无效。准确理解该条规定，既要注意保护其他股东的优先购买权，也要注意保护股东以外的股权受让人的合法权益，正确认定有限责任公司的股东与股东以外的股权受让人订立的股权转让合同的效力。一方面，其他股东依法享有优先购买权，在其主张按照股权转让合同约定的同等条件购买股权的情况下，应当支持其诉讼请求，除非出现该条第1款规定的情形。另一方面，为保护股东以外的股权受让人的合法权益，股权转让合同如无其他影响合同效力的事由，应当认定有效。其他股东行使优先购买权的，虽然股东以外的股权受让人关于继续履行股权转让合同的请求不能得到支持，但不影响其依约请求转让股东承担相应的违约责任。

270. 公司决议纠纷

（1）公司决议效力确认纠纷

（2）公司决议撤销纠纷

案由适用要点

[**释义**] 公司决议纠纷，是指公司股东会或者股东大会、董事会决议的内容违反法律、行政法规的，股东会或者股东大会、董事会的会议召集程序、表决方式违反法律、行政法规或者公司章程，或者决议内容违反公司章程的，股东向人民法院提起诉讼，要求确认股东会或者股东大会、董事会决议的效力或者撤销股东会或者股东大会、董事会决议引发的纠纷。

[**管辖**]《民事诉讼法解释》第22条规定，因股东名册记载、请求变更公司登记、股东知情权、公司决议、公司合并、公司分立、公司减资、公司增资等纠纷提起的诉讼，依照《民事诉讼法》第27条的规定确定管辖。根据《民事诉讼法》第27条、《民事诉讼法解释》第3条的规定，因公司决议纠纷提起的诉讼，原则上由公司住所地人民法院管辖。公司住所地是指公司主要办事机构所在地。公司办事机构不明确的，由其注册地或者登记地人民法院管辖。

[**应注意的问题**] 原告请求确认股东会或者股东大会、董事会决议不成立、无效或者撤销决议的案件，应当列公司为被告。对决议涉及的其他利害关系的，可以依法列为第三人。一审法庭辩论终结前，其他有原告资格的人以相同的诉讼请求申请参加前款规定诉讼的，可以列为共同原告。

请求权基础规范指引

《中华人民共和国民法典》（2020年）

第八十五条【决议的撤销】 营利法人的权力机构、执行机构作出决议的会议召集程序、表决方式违反法律、行政法规、法人章程，或者决议内容违反法人章程的，营利法人的出资人可以请求人民法院撤销该决议。但是，营利法人依据该决议与善意相对人形成的民事法律关系不受影响。

《中华人民共和国公司法》（2023年修订）

第二十五条 公司股东会、董事会的决议内容违反法律、行政法规的无效。

第二十六条 公司股东会、董事会的会议召集程序、表决方式违反法律、行政法规或者公司章程，或者决议内容违反公司章程的，股东自决议作出之日起六十日内，可以请求人民法院撤销。但是，股东会、董事会的会议召集程序或者表决方式仅有轻微瑕疵，对决议未产生实质影响的除外。

未被通知参加股东会会议的股东自知道或者应当知道股东会决议作出之日起六十日内，可以请求人民法院撤销；自决议作出之日起一年内没有行使撤销权的，撤销权消灭。

第二十七条 有下列情形之一的，公司股东会、董事会的决议不成立：

（一）未召开股东会、董事会会议作出决议；

（二）股东会、董事会会议未对决议事项进行表决；

（三）出席会议的人数或者所持表决权数未达到本法或者公司章程规定的人数或者所持表决权数；

（四）同意决议事项的人数或者所持表决权数未达到本法或者公司章程规定的人数或者所持表决权数。

第二十八条 公司股东会、董事会决议被人民法院宣告无效、撤销或者确认不成立的，公司应当向公司登记机关申请撤销根据该决议已办理的登记。

股东会、董事会决议被人民法院宣告无效、撤销或者确认不成立的，公司根据该决议与善意相对人形成的民事法律关系不受影响。

第六十五条 股东会会议由股东按照出资比例行使表决权；但是，公司章程另有规定的除外。

第六十六条 股东会的议事方式和表决程序，除本法有规定的外，由公司章程规定。

股东会作出决议，应当经代表过半数表决权的股东通过。

股东会作出修改公司章程、增加或者减少注册资本的决议，以及公司合并、分立、解散或者变更公司形式的决议，应当经代表三分之二以上表决权的股东通过。

《最高人民法院关于适用〈中华人民共和国公司法〉时间效力的若干规定》（法释〔2024〕7号 2024年6月29日）

第一条 公司法施行后的法律事实引起的民事纠纷案件，适用公司法的规定。公司法施行前的法律事实引起的民事纠纷案件，当时的法律、司法解释有规定的，适用当时的法律、司法解释的规定，但是适用公司法更有利于实现其立法目的，适用公司法的规定：

（一）公司法施行前，公司的股东会召集程序不当，未被通知参加会议的股东自决议作出之日起一年内请求人民法院撤销的，适用公司法第二十六条第二款的规定；

（二）公司法施行前的股东会决议、董事会决议被人民法院依法确认不成立，对公司根据该决议与善意相对人形成的法律关系效力发生争议的，适用公司法第二十八条第二款的规定；

……

第二条　公司法施行前与公司有关的民事法律行为，依据当时的法律、司法解释认定无效而依据公司法认定有效，因民事法律行为效力发生争议的下列情形，适用公司法的规定：

（一）约定公司对所投资企业债务承担连带责任，对该约定效力发生争议的，适用公司法第十四条第二款的规定；

（二）公司作出使用资本公积金弥补亏损的公司决议，对该决议效力发生争议的，适用公司法第二百一十四条的规定；

（三）公司与其持股百分之九十以上的公司合并，对合并决议效力发生争议的，适用公司法第二百一十九条的规定。

《最高人民法院关于适用〈中华人民共和国公司法〉若干问题的规定（四）》（2020年12月23日修正）

第一条　公司股东、董事、监事等请求确认股东会或者股东大会、董事会决议无效或者不成立的，人民法院应当依法予以受理。

第二条　依据民法典第八十五条、公司法第二十二条第二款①请求撤销股东会或者股东大会、董事会决议的原告，应当在起诉时具有公司股东资格。

第三条　原告请求确认股东会或者股东大会、董事会决议不成立、无效或者撤销决议的案件，应当列公司为被告。对决议涉及的其他利害关系人，可以依法列为第三人。

一审法庭辩论终结前，其他有原告资格的人以相同的诉讼请求申请参加前款规定诉讼的，可以列为共同原告。

第四条　股东请求撤销股东会或者股东大会、董事会决议，符合民法典

① 2018年《公司法》第二十二条经2023年修改后，重要内容分别调整至修改后的第二十五条至第二十八条。

第八十五条、公司法第二十二条第二款①规定的，人民法院应当予以支持，但会议召集程序或者表决方式仅有轻微瑕疵，且对决议未产生实质影响的，人民法院不予支持。

第五条 股东会或者股东大会、董事会决议存在下列情形之一，当事人主张决议不成立的，人民法院应当予以支持：

（一）公司未召开会议的，但依据公司法第三十七条第二款②或者公司章程规定可以不召开股东会或者股东大会而直接作出决定，并由全体股东在决定文件上签名、盖章的除外；

（二）会议未对决议事项进行表决的；

（三）出席会议的人数或者股东所持表决权不符合公司法或者公司章程规定的；

（四）会议的表决结果未达到公司法或者公司章程规定的通过比例的；

（五）导致决议不成立的其他情形。

第六条 股东会或者股东大会、董事会决议被人民法院判决确认无效或者撤销的，公司依据该决议与善意相对人形成的民事法律关系不受影响。

271. 公司设立纠纷

案由适用要点

［释义］ 公司设立，是指发起人依照法律规定的条件和程序，为组建公司并使其取得法人资格而依法完成的一系列法律行为的总称。广义上，设立公司的行为形成了此类纠纷，但有些纠纷属于第三人与设立人（或公司）之间依据交易合同而提起的诉讼，法院习惯于将其仍确定为合同纠纷。但这与普通合同纠纷的区别在于，它是设立公司合同纠纷，法律关系上具有特殊性。另一种情况，公司与设立人之间就设立公司的责任负担问题，或者当公司设立失败时，设立人之间就设立公司的责任承担问题产生争议而形成了诉讼，可直接将其案由确定为公司设立纠纷。

［管辖］ 根据《民事诉讼法》第 27 条、《民事诉讼法解释》第 3 条的规定，因公司设立纠纷提起的诉讼，原则上由公司住所地人民法院管辖。公司住所地是指公司主要办事机构所在地。公司办事机构不明确的，由其注册地或者登记地人民法院管辖。

---

① 2018 年《公司法》第二十二条经 2023 年修改后，重要内容分别调整至修改后的第二十五条至第二十八条。

② 现为《公司法》（2023 年修订）第五十九条第一款。

［**应注意的问题**］公司成立后有证据证明发起人利用设立中公司的名义，为自己的利益与相对人签订合同，向公司转嫁债务的，除非相对人为善意，公司不承担民事责任。如果相对人向公司主张了责任，公司向相对人承担责任后向发起人追偿的，也发生公司设立纠纷。

请求权基础规范指引

《中华人民共和国民法典》（2020年）

第七十五条【法人设立行为的法律后果】 设立人为设立法人从事的民事活动，其法律后果由法人承受；法人未成立的，其法律后果由设立人承受，设立人为二人以上的，享有连带债权，承担连带债务。

设立人为设立法人以自己的名义从事民事活动产生的民事责任，第三人有权选择请求法人或者设立人承担。

《中华人民共和国公司法》（2023年修订）

第三十条 申请设立公司，应当提交设立登记申请书、公司章程等文件，提交的相关材料应当真实、合法和有效。

申请材料不齐全或者不符合法定形式的，公司登记机关应当一次性告知需要补正的材料。

第四十二条 有限责任公司由一个以上五十个以下股东出资设立。

第四十三条 有限责任公司设立时的股东可以签订设立协议，明确各自在公司设立过程中的权利和义务。

第四十四条 有限责任公司设立时的股东为设立公司从事的民事活动，其法律后果由公司承受。

公司未成立的，其法律后果由公司设立时的股东承受；设立时的股东为二人以上的，享有连带债权，承担连带债务。

设立时的股东为设立公司以自己的名义从事民事活动产生的民事责任，第三人有权选择请求公司或者公司设立时的股东承担。

设立时的股东因履行公司设立职责造成他人损害的，公司或者无过错的股东承担赔偿责任后，可以向有过错的股东追偿。

第四十五条 设立有限责任公司，应当由股东共同制定公司章程。

第四十六条 有限责任公司章程应当载明下列事项：

（一）公司名称和住所；

（二）公司经营范围；

（三）公司注册资本；

（四）股东的姓名或者名称；

（五）股东的出资额、出资方式和出资日期；

（六）公司的机构及其产生办法、职权、议事规则；

（七）公司法定代表人的产生、变更办法；

（八）股东会认为需要规定的其他事项。

股东应当在公司章程上签名或者盖章。

第四十七条 有限责任公司的注册资本为在公司登记机关登记的全体股东认缴的出资额。全体股东认缴的出资额由股东按照公司章程的规定自公司成立之日起五年内缴足。

法律、行政法规以及国务院决定对有限责任公司注册资本实缴、注册资本最低限额、股东出资期限另有规定的，从其规定。

第五十条 有限责任公司设立时，股东未按照公司章程规定实际缴纳出资，或者实际出资的非货币财产的实际价额显著低于所认缴的出资额的，设立时的其他股东与该股东在出资不足的范围内承担连带责任。

第九十一条 设立股份有限公司，可以采取发起设立或者募集设立的方式。

发起设立，是指由发起人认购设立公司时应发行的全部股份而设立公司。

募集设立，是指由发起人认购设立公司时应发行股份的一部分，其余股份向特定对象募集或者向社会公开募集而设立公司。

第九十二条 设立股份有限公司，应当有一人以上二百人以下为发起人，其中应当有半数以上的发起人在中华人民共和国境内有住所。

第九十三条 股份有限公司发起人承担公司筹办事务。

发起人应当签订发起人协议，明确各自在公司设立过程中的权利和义务。

第九十五条 股份有限公司章程应当载明下列事项：

（一）公司名称和住所；

（二）公司经营范围；

（三）公司设立方式；

（四）公司注册资本、已发行的股份数和设立时发行的股份数，面额股的每股金额；

（五）发行类别股的，每一类别股的股份数及其权利和义务；

（六）发起人的姓名或者名称、认购的股份数、出资方式；

（七）董事会的组成、职权和议事规则；

（八）公司法定代表人的产生、变更办法；

（九）监事会的组成、职权和议事规则；

（十）公司利润分配办法；

（十一）公司的解散事由与清算办法；

（十二）公司的通知和公告办法；

（十三）股东会认为需要规定的其他事项。

第九十六条　股份有限公司的注册资本为在公司登记机关登记的已发行股份的股本总额。在发起人认购的股份缴足前，不得向他人募集股份。

法律、行政法规以及国务院决定对股份有限公司注册资本最低限额另有规定的，从其规定。

第九十七条　以发起设立方式设立股份有限公司的，发起人应当认足公司章程规定的公司设立时应发行的股份。

以募集设立方式设立股份有限公司的，发起人认购的股份不得少于公司章程规定的公司设立时应发行股份总数的百分之三十五；但是，法律、行政法规另有规定的，从其规定。

第九十八条　发起人应当在公司成立前按照其认购的股份全额缴纳股款。

发起人的出资，适用本法第四十八条、第四十九条第二款关于有限责任公司股东出资的规定。

第一百零五条　公司设立时应发行的股份未募足，或者发行股份的股款缴足后，发起人在三十日内未召开成立大会的，认股人可以按照所缴股款并加算银行同期存款利息，要求发起人返还。

发起人、认股人缴纳股款或者交付非货币财产出资后，除未按期募足股份、发起人未按期召开成立大会或者成立大会决议不设立公司的情形外，不得抽回其股本。

第一百零六条　董事会应当授权代表，于公司成立大会结束后三十日内向公司登记机关申请设立登记。

《最高人民法院关于适用〈中华人民共和国公司法〉若干问题的规定（三）》（2020年12月23日修正）

第二条　发起人为设立公司以自己名义对外签订合同，合同相对人请求该发起人承担合同责任的，人民法院应予支持；公司成立后合同相对人请求公司承担合同责任的，人民法院应予支持。

第三条　发起人以设立中公司名义对外签订合同，公司成立后合同相对人请求公司承担合同责任的，人民法院应予支持。

公司成立后有证据证明发起人利用设立中公司的名义为自己的利益与相对人签订合同，公司以此为由主张不承担合同责任的，人民法院应予支持，但相对人为善意的除外。

第四条　公司因故未成立，债权人请求全体或者部分发起人对设立公司行为所产生的费用和债务承担连带清偿责任的，人民法院应予支持。

部分发起人依照前款规定承担责任后，请求其他发起人分担的，人民法院应当判令其他发起人按照约定的责任承担比例分担责任；没有约定责任承担比例的，按照约定的出资比例分担责任；没有约定出资比例的，按照均等份额分担责任。

因部分发起人的过错导致公司未成立，其他发起人主张其承担设立行为所产生的费用和债务的，人民法院应当根据过错情况，确定过错一方的责任范围。

第五条 发起人因履行公司设立职责造成他人损害，公司成立后受害人请求公司承担侵权赔偿责任的，人民法院应予支持；公司未成立，受害人请求全体发起人承担连带赔偿责任的，人民法院应予支持。

公司或者无过错的发起人承担赔偿责任后，可以向有过错的发起人追偿。

272. 公司证照返还纠纷

案由适用要点

［**释义**］公司在经营过程中，至少应当拥有营业执照、公司公章、财务章等证照、物品。对于经营特殊行业的公司而言，还必须拥有特许的证件执照。公司证照对外代表着公司的意志，是公司主体资格的证明。公司证照包括公司的营业执照、公章、财务章等证照和物品。在实践中，证照的范围还包括文件和资料等，证照应该作广义上的理解。

实践中，纠纷形成的原因有：（1）决议免除职务，然后离职者不返还。股东会作出决议，免除证照持有人的职务，在职，原保管者合法占有，免职后，则不具有合法占有的依据。（2）非正常离职，证照的保管者没有通过劳动法规定的合法方式离职，公司通知后仍然不返还。（3）公司清算时，持有人不将证照等资料转移给清算人。（4）公司经营陷入僵局，持有人拒不返还。此外，个别情况下，公司人员之外的第三人也有可能非法侵占公司证照拒不返还。

［**管辖**］根据《民事诉讼法》第 27 条、《民事诉讼法解释》第 3 条的规定，因公司证照返还纠纷提起的诉讼，原则上由公司住所地人民法院管辖。公司住所地是指公司主要办事机构所在地。公司办事机构不明确的，由其注册地或者登记地人民法院管辖。

［**应注意的问题**］因公司证照返还引发的纠纷，其实质往往涉及公司内部治理中对公司控制权的争夺。证照返还纠纷，往往会涉及损害公司利益，这类案件既具有民法上物权的属性，又具有公司法上关于董事高管责任、股东滥用权利等问题。因此，此类案件与普通的损害公司权益的财产返还诉讼案件有所区别。

请求权基础规范指引

《中华人民共和国民法典》（2020年）

第一百七十九条【承担民事责任的方式】 承担民事责任的方式主要有：

（一）停止侵害；

（二）排除妨碍；

（三）消除危险；

（四）返还财产；

（五）恢复原状；

（六）修理、重作、更换；

（七）继续履行；

（八）赔偿损失；

（九）支付违约金；

（十）消除影响、恢复名誉；

（十一）赔礼道歉。

法律规定惩罚性赔偿的，依照其规定。

本条规定的承担民事责任的方式，可以单独适用，也可以合并适用。

第二百三十五条【返还原物请求权】 无权占有不动产或者动产的，权利人可以请求返还原物。

《中华人民共和国公司法》（2023年修订）

第一百七十九条 董事、监事、高级管理人员应当遵守法律、行政法规和公司章程。

第一百八十条 董事、监事、高级管理人员对公司负有忠实义务，应当采取措施避免自身利益与公司利益冲突，不得利用职权牟取不正当利益。

董事、监事、高级管理人员对公司负有勤勉义务，执行职务应当为公司的最大利益尽到管理者通常应有的合理注意。

公司的控股股东、实际控制人不担任公司董事但实际执行公司事务的，适用前两款规定。

第一百八十一条 董事、监事、高级管理人员不得有下列行为：

（一）侵占公司财产、挪用公司资金；

（二）将公司资金以其个人名义或者以其他个人名义开立账户存储；

（三）利用职权贿赂或者收受其他非法收入；

（四）接受他人与公司交易的佣金归为己有；

（五）擅自披露公司秘密；

（六）违反对公司忠实义务的其他行为。

第一百八十二条 董事、监事、高级管理人员，直接或者间接与本公司订立合同或者进行交易，应当就与订立合同或者进行交易有关的事项向董事会或者股东会报告，并按照公司章程的规定经董事会或者股东会决议通过。

董事、监事、高级管理人员的近亲属，董事、监事、高级管理人员或者其近亲属直接或者间接控制的企业，以及与董事、监事、高级管理人员有其他关联关系的关联人，与公司订立合同或者进行交易，适用前款规定。

第一百八十八条 董事、监事、高级管理人员执行职务违反法律、行政法规或者公司章程的规定，给公司造成损失的，应当承担赔偿责任。

273. 发起人责任纠纷

案由适用要点

［**释义**］发起人，是指为设立公司而签署公司章程、向公司认购出资或者股份并履行公司设立职责的人，包括有限责任公司设立时的出资人和股份有限公司的发起人。发起人责任是指发起人在公司设立过程中，因公司不能成立对认股人所应承担的责任，或者在公司成立时因发起人自身的过失行为致使公司利益受损时应当承担的责任。

［**管辖**］根据《民事诉讼法》第 27 条、《民事诉讼法解释》第 3 条的规定，因发起人责任纠纷提起的诉讼，原则上由公司住所地人民法院管辖。公司住所地是指公司主要办事机构所在地。公司办事机构不明确的，由其注册地或者登记地人民法院管辖。

［**应注意的问题**］《公司法》对有限责任公司的发起人统称股东、出资人，没有使用发起人概念，只有对股份有限公司明确使用发起人概念。发起人责任，是指发起人在公司设立过程中，因公司不能成立而对认股人所应承担的责任，或者公司在成立时因发起人自身的过失行为致使公司和第三人利益受损时所应当承担的责任。应注意发起人责任纠纷与公司设立纠纷的不同。

请求权基础规范指引

《中华人民共和国公司法》（2023 年修订）

第五十条 有限责任公司设立时，股东未按照公司章程规定实际缴纳出资，或者实际出资的非货币财产的实际价额显著低于所认缴的出资额的，设立时的其他股东与该股东在出资不足的范围内承担连带责任。

第九十七条 以发起设立方式设立股份有限公司的，发起人应当认足公司章程规定的公司设立时应发行的股份。

以募集设立方式设立股份有限公司的，发起人认购的股份不得少于公司章程规定的公司设立时应发行股份总数的百分之三十五；但是，法律、行政法规另有规定的，从其规定。

第九十八条　发起人应当在公司成立前按照其认购的股份全额缴纳股款。

发起人的出资，适用本法第四十八条、第四十九条第二款关于有限责任公司股东出资的规定。

第九十九条　发起人不按照其认购的股份缴纳股款，或者作为出资的非货币财产的实际价额显著低于所认购的股份的，其他发起人与该发起人在出资不足的范围内承担连带责任。

《最高人民法院关于适用〈中华人民共和国公司法〉若干问题的规定（三）》（2020年12月23日修正）

第一条　为设立公司而签署公司章程、向公司认购出资或者股份并履行公司设立职责的人，应当认定为公司的发起人，包括有限责任公司设立时的股东。

第二条　发起人为设立公司以自己名义对外签订合同，合同相对人请求该发起人承担合同责任的，人民法院应予支持；公司成立后合同相对人请求公司承担合同责任的，人民法院应予支持。

第三条　发起人以设立中公司名义对外签订合同，公司成立后合同相对人请求公司承担合同责任的，人民法院应予支持。

公司成立后有证据证明发起人利用设立中公司的名义为自己的利益与相对人签订合同，公司以此为由主张不承担合同责任的，人民法院应予支持，但相对人为善意的除外。

第四条　公司因故未成立，债权人请求全体或者部分发起人对设立公司行为所产生的费用和债务承担连带清偿责任的，人民法院应予支持。

部分发起人依照前款规定承担责任后，请求其他发起人分担的，人民法院应当判令其他发起人按照约定的责任承担比例分担责任；没有约定责任承担比例的，按照约定的出资比例分担责任；没有约定出资比例的，按照均等份额分担责任。

因部分发起人的过错导致公司未成立，其他发起人主张其承担设立行为所产生的费用和债务的，人民法院应当根据过错情况，确定过错一方的责任范围。

第五条　发起人因履行公司设立职责造成他人损害，公司成立后受害人请求公司承担侵权赔偿责任的，人民法院应予支持；公司未成立，受害人请求全体发起人承担连带赔偿责任的，人民法院应予支持。

公司或者无过错的发起人承担赔偿责任后，可以向有过错的发起人追偿。

第六条　股份有限公司的认股人未按期缴纳所认股份的股款，经公司发起人催缴后在合理期间内仍未缴纳，公司发起人对该股份另行募集的，人民法院应当认定该募集行为有效。认股人延期缴纳股款给公司造成损失，公司请求该认股人承担赔偿责任的，人民法院应予支持。

274. 公司盈余分配纠纷

案由适用要点

[**释义**] 股东的盈余分配请求权即股利分配请求权，是股东自益权的一种，指股东基于其股东地位依法享有的请求公司按照自己的持股比例向自己分配股利的权利。

在公司实际运作中，公司可能有可供分配的盈余，但却以各种理由不正当地拒绝向股东派发盈余或者公司过分提取任意公积金而损害股东的股利分配权，从而引发公司盈余分配权纠纷。

[**管辖**] 根据《民事诉讼法》第27条、《民事诉讼法解释》第3条的规定，因公司盈余分配纠纷提起的诉讼，原则上由公司住所地人民法院管辖。公司住所地是指公司主要办事机构所在地。公司办事机构不明确的，其注册地或者登记地为住所地。

[**应注意的问题**] 根据《公司法》第59条、第67条等规定，公司利润的分配方案由董事会制订，由股东会决定。因此，由于董事会不是盈余分配的决策机关，董事不应成为公司盈余分配诉讼的当事人。在公司盈余分配纠纷中，虽请求分配利润的股东未提交载明具体分配方案的股东会或股东大会决议，但当有证据证明公司有盈余且存在部分股东变相分配利润、隐瞒或转移公司利润等滥用股东权利情形的，诉讼中可强制盈余分配，且不以股权回购、代位诉讼等其他救济措施为前提。在确定盈余分配数额时，要严格公司举证责任以保护弱势小股东的利益，但还要注意优先保护公司外部关系中债权人、债务人等的利益，对于有争议的款项因涉及案外人实体权利而不应在公司盈余分配纠纷中作出认定和处理。盈余分配义务的给付主体是公司，若公司的应分配资金因被部分股东变相分配利润、隐瞒或转移公司利润而不足现实支付时，不仅直接损害了公司的利益，也损害到其他股东的利益，利益受损的股东可直接依据《公司法》第21条第2款的规定向滥用股东权利的公司股东主张赔偿责任，或依据《公司法》第22条的规定向利用其关联关系损害公司利益的控股股东、实际控制人、董事、监事、高级管理人员主张赔偿责任，或依据《公司法》第188条的规定向违反法律、行政法规或者公司章程的规定给公司造成损失的董事、监事、高级管理人员主张赔偿责任。①

---

① 参见最高人民法院（2016）最高法民终528号民事判决书。

请求权基础规范指引

《中华人民共和国公司法》（2023年修订）

第二百一十条 公司分配当年税后利润时，应当提取利润的百分之十列入公司法定公积金。公司法定公积金累计额为公司注册资本的百分之五十以上的，可以不再提取。

公司的法定公积金不足以弥补以前年度亏损的，在依照前款规定提取法定公积金之前，应当先用当年利润弥补亏损。

公司从税后利润中提取法定公积金后，经股东会决议，还可以从税后利润中提取任意公积金。

公司弥补亏损和提取公积金后所余税后利润，有限责任公司按照股东实缴的出资比例分配利润，全体股东约定不按照出资比例分配利润的除外；股份有限公司按照股东所持有的股份比例分配利润，公司章程另有规定的除外。

公司持有的本公司股份不得分配利润。

《最高人民法院关于适用〈中华人民共和国公司法〉若干问题的规定（四）》（2020年12月23日修正）

第十三条 股东请求公司分配利润案件，应当列公司为被告。

一审法庭辩论终结前，其他股东基于同一分配方案请求分配利润并申请参加诉讼的，应当列为共同原告。

第十四条 股东提交载明具体分配方案的股东会或者股东大会的有效决议，请求公司分配利润，公司拒绝分配利润且其关于无法执行决议的抗辩理由不成立的，人民法院应当判决公司按照决议载明的具体分配方案向股东分配利润。

第十五条 股东未提交载明具体分配方案的股东会或者股东大会决议，请求公司分配利润的，人民法院应当驳回其诉讼请求，但违反法律规定滥用股东权利导致公司不分配利润，给其他股东造成损失的除外。

《最高人民法院关于适用〈中华人民共和国公司法〉时间效力的若干规定》（法释〔2024〕7号 2024年6月29日）

第一条 公司法施行后的法律事实引起的民事纠纷案件，适用公司法的规定。公司法施行前的法律事实引起的民事纠纷案件，当时的法律、司法解释有规定的，适用当时的法律、司法解释的规定，但是适用公司法更有利于实现其立法目的，适用公司法的规定：

……

（六）公司法施行前作出利润分配决议，因利润分配时限发生争议的，适用公司法第二百一十二条的规定；

……

《最高人民法院关于适用〈中华人民共和国公司法〉若干问题的规定（五）》（2020 年 12 月 23 日修正）

第四条 分配利润的股东会或者股东大会决议作出后，公司应当在决议载明的时间内完成利润分配。决议没有载明时间的，以公司章程规定的为准。决议、章程中均未规定时间或者时间超过一年的，公司应当自决议作出之日起一年内完成利润分配。

决议中载明的利润分配完成时间超过公司章程规定时间的，股东可以依据民法典第八十五条、公司法第二十二条第二款①规定请求人民法院撤销决议中关于该时间的规定。

275. 损害股东利益责任纠纷

案由适用要点

[释义] 损害股东利益责任纠纷是指公司董事、高级管理人员违反法律、行政法规或者公司章程的规定，损害股东利益，应当对股东承担损害责任而与股东发生的纠纷。

[管辖] 根据《民事诉讼法》第 29 条、《民事诉讼法解释》第 24 条的规定，损害股东利益责任纠纷，以侵权行为实施地、侵权行为结果发生地、被告住所地法院管辖。

[应注意的问题] 损害股东利益责任纠纷是指公司董事、高级管理人员违反信义义务，损害股东利益，应当对股东承担损害责任而与股东发生的纠纷。通常情况下，这种纠纷发生在公司内部，涉及公司的运营与决策。《公司法》中规定的董事、高级管理人员损害股东利益时的民事赔偿责任，以董事、高级管理人员违反法律、行政法规或公司章程规定为前提，与一般的侵权行为不同。

请求权基础规范指引

《中华人民共和国公司法》（2023 年修订）

第一百九十条 董事、高级管理人员违反法律、行政法规或者公司章程的规定，损害股东利益的，股东可以向人民法院提起诉讼。

《最高人民法院关于适用〈中华人民共和国公司法〉若干问题的规定（三）》（2020 年 12 月 23 日修正）

第二十六条 公司债权人以登记于公司登记机关的股东未履行出资义务为由，请求其对公司债务不能清偿的部分在未出资本息范围内承担补充赔偿

① 现为《公司法》（2023 年修订）第二十六条第一款。

责任，股东以其仅为名义股东而非实际出资人为由进行抗辩的，人民法院不予支持。

名义股东根据前款规定承担赔偿责任后，向实际出资人追偿的，人民法院应予支持。

《最高人民法院关于适用〈中华人民共和国公司法〉时间效力的若干规定》（法释〔2024〕7号 2024年6月29日）

第四条 公司法施行前的法律事实引起的民事纠纷案件，当时的法律、司法解释没有规定而公司法作出规定的下列情形，适用公司法的规定：

……

（四）不担任公司董事的控股股东、实际控制人执行公司事务的民事责任认定，适用公司法第一百八十条的规定；

（五）公司的控股股东、实际控制人指示董事、高级管理人员从事活动损害公司或者股东利益的民事责任认定，适用公司法第一百九十二条的规定；

（六）不明显背离相关当事人合理预期的其他情形。

276. 损害公司利益责任纠纷

案由适用要点

［**释义**］损害公司利益责任纠纷，是指公司股东滥用股东权利或者董事、监事、高级管理人员违反法定义务，损害公司利益而引发的纠纷。

［**管辖**］对于损害公司利益责任纠纷管辖法院的确定，司法实践有不同的观点。第一种观点认为，《民事诉讼法》规定的公司诉讼类型为公司组织诉讼，损害公司利益的行为是一种侵权行为，不属于公司组织诉讼，应按照《民事诉讼法》第29条的规定，由侵权行为地或者被告住所地人民法院管辖。第二种观点认为，损害公司利益纠纷的股东代表诉讼涉及公司组织关系，是由股东在公司怠于提起诉讼时，代表公司起诉侵害公司利益的股东。为了便于公司和利害关系人参加诉讼，便于公司提供证据或人民法院调查取证，亦便于此后可能发生的强制执行，故对于损害公司利益责任纠纷，应由公司住所地人民法院管辖。第三种观点则认为，应根据损害公司利益责任纠纷的被告类型，分别确定管辖：（1）公司股东滥用股东权利以及“董监高”违反法定义务损害公司利益责任纠纷，应适用公司诉讼的特殊地域管辖规定；（2）他人损害公司利益责任纠纷，应根据侵权行为地、结果发生地或者被告住所地法院确定管辖。从最高人民法院相关案例看，多数采第一种观点，即以侵权行为地、结果发生地或被告住所地作为损害公司利益责任纠纷的管辖法院。

［**应注意的问题**］损害公司利益责任纠纷，指公司股东滥用股东权利或者董事、监事、高级管理人员违反法定义务，损害公司利益而引发的纠纷。第三人由于侵权行为或者违约行为损害了公司利益，不属于此案由纠纷。

请求权基础规范指引

《中华人民共和国民法典》（2020年）

第八十三条【出资人滥用权利的责任承担】 营利法人的出资人不得滥用出资人权利损害法人或者其他出资人的利益；滥用出资人权利造成法人或者其他出资人损失的，应当依法承担民事责任。

营利法人的出资人不得滥用法人独立地位和出资人有限责任损害法人债权人的利益；滥用法人独立地位和出资人有限责任，逃避债务，严重损害法人债权人的利益的，应当对法人债务承担连带责任。

第八十四条【限制不当利用关联关系】 营利法人的控股出资人、实际控制人、董事、监事、高级管理人员不得利用其关联关系损害法人的利益；利用关联关系造成法人损失的，应当承担赔偿责任。

《中华人民共和国公司法》（2023年修订）

第二十一条 公司股东应当遵守法律、行政法规和公司章程，依法行使股东权利，不得滥用股东权利损害公司或者其他股东的利益。

公司股东滥用股东权利给公司或者其他股东造成损失的，应当承担赔偿责任。

第二十三条 公司股东滥用公司法人独立地位和股东有限责任，逃避债务，严重损害公司债权人利益的，应当对公司债务承担连带责任。

股东利用其控制的两个以上公司实施前款规定行为的，各公司应当对任一公司的债务承担连带责任。

只有一个股东的公司，股东不能证明公司财产独立于股东自己的财产的，应当对公司债务承担连带责任。

第一百七十九条 董事、监事、高级管理人员应当遵守法律、行政法规和公司章程。

第一百八十条 董事、监事、高级管理人员对公司负有忠实义务，应当采取措施避免自身利益与公司利益冲突，不得利用职权牟取不正当利益。

董事、监事、高级管理人员对公司负有勤勉义务，执行职务应当为公司的最大利益尽到管理者通常应有的合理注意。

公司的控股股东、实际控制人不担任公司董事但实际执行公司事务的，适用前两款规定。

第一百八十一条 董事、监事、高级管理人员不得有下列行为：

（一）侵占公司财产、挪用公司资金；

（二）将公司资金以其个人名义或者以其他个人名义开立账户存储；

（三）利用职权贿赂或者收受其他非法收入；

（四）接受他人与公司交易的佣金归为己有；

（五）擅自披露公司秘密；

（六）违反对公司忠实义务的其他行为。

第一百八十二条　董事、监事、高级管理人员，直接或者间接与本公司订立合同或者进行交易，应当就与订立合同或者进行交易有关的事项向董事会或者股东会报告，并按照公司章程的规定经董事会或者股东会决议通过。

董事、监事、高级管理人员的近亲属，董事、监事、高级管理人员或者其近亲属直接或者间接控制的企业，以及与董事、监事、高级管理人员有其他关联关系的关联人，与公司订立合同或者进行交易，适用前款规定。

第一百八十六条　董事、监事、高级管理人员违反本法第一百八十一条至第一百八十四条规定所得的收入应当归公司所有。

第一百八十八条　董事、监事、高级管理人员执行职务违反法律、行政法规或者公司章程的规定，给公司造成损失的，应当承担赔偿责任。

第一百八十九条　董事、高级管理人员有前条规定的情形的，有限责任公司的股东、股份有限公司连续一百八十日以上单独或者合计持有公司百分之一以上股份的股东，可以书面请求监事会向人民法院提起诉讼；监事有前条规定的情形的，前述股东可以书面请求董事会向人民法院提起诉讼。

监事会或者董事会收到前款规定的股东书面请求后拒绝提起诉讼，或者自收到请求之日起三十日内未提起诉讼，或者情况紧急、不立即提起诉讼将会使公司利益受到难以弥补的损害的，前款规定的股东有权为公司利益以自己的名义直接向人民法院提起诉讼。

他人侵犯公司合法权益，给公司造成损失的，本条第一款规定的股东可以依照前两款的规定向人民法院提起诉讼。

公司全资子公司的董事、监事、高级管理人员有前条规定情形，或者他人侵犯公司全资子公司合法权益造成损失的，有限责任公司的股东、股份有限公司连续一百八十日以上单独或者合计持有公司百分之一以上股份的股东，可以依照前三款规定书面请求全资子公司的监事会、董事会向人民法院提起诉讼或者以自己的名义直接向人民法院提起诉讼。

《最高人民法院关于适用〈中华人民共和国公司法〉若干问题的规定（四）》（2020年12月23日修正）

第二十三条　监事会或者不设监事会的有限责任公司的监事依据公司法

第一百五十一条[①]第一款规定对董事、高级管理人员提起诉讼的，应当列公司为原告，依法由监事会主席或者不设监事会的有限责任公司的监事代表公司进行诉讼。

董事会或者不设董事会的有限责任公司的执行董事依据公司法第一百五十一条第一款规定对监事提起诉讼的，或者依据公司法第一百五十一条第三款规定对他人提起诉讼的，应当列公司为原告，依法由董事长或者执行董事代表公司进行诉讼。

第二十四条 符合公司法第一百五十一条第一款规定条件的股东，依据公司法第一百五十一条第二款、第三款规定，直接对董事、监事、高级管理人员或者他人提起诉讼的，应当列公司为第三人参加诉讼。

一审法庭辩论终结前，符合公司法第一百五十一条第一款规定条件的其他股东，以相同的诉讼请求申请参加诉讼的，应当列为共同原告。

第二十五条 股东依据公司法第一百五十一条第二款、第三款规定直接提起诉讼的案件，胜诉利益归属于公司。股东请求被告直接向其承担民事责任的，人民法院不予支持。

第二十六条 股东依据公司法第一百五十一条第二款、第三款规定直接提起诉讼的案件，其诉讼请求部分或者全部得到人民法院支持的，公司应当承担股东因参加诉讼支付的合理费用。

《最高人民法院关于适用〈中华人民共和国公司法〉若干问题的规定（五）》（2020年12月23日修正）

第一条 关联交易损害公司利益，原告公司依据民法典第八十四条、公司法第二十一条[②]规定请求控股股东、实际控制人、董事、监事、高级管理人员赔偿所造成的损失，被告仅以该交易已经履行了信息披露、经股东会或者股东大会同意等法律、行政法规或者公司章程规定的程序为由抗辩的，人民法院不予支持。

公司没有提起诉讼的，符合公司法第一百五十一条第一款规定条件的股东，可以依据公司法第一百五十一条第二款、第三款规定向人民法院提起诉讼。

第二条 关联交易合同存在无效、可撤销或者对公司不发生效力的情形，公司没有起诉合同相对方的，符合公司法第一百五十一条第一款规定条件的股东，可以依据公司法第一百五十一条第二款、第三款规定向人民法院提起诉讼。

---

① 现为《公司法》（2023年修订）第一百八十九条。

② 现为《公司法》（2023年修订）第二十二条。

《最高人民法院关于适用〈中华人民共和国公司法〉时间效力的若干规定》(法释〔2024〕7号 2024年6月29日)

第四条 公司法施行前的法律事实引起的民事纠纷案件，当时的法律、司法解释没有规定而公司法作出规定的下列情形，适用公司法的规定：

……

(四)不担任公司董事的控股股东、实际控制人执行公司事务的民事责任认定，适用公司法第一百八十条的规定；

(五)公司的控股股东、实际控制人指示董事、高级管理人员从事活动损害公司或者股东利益的民事责任认定，适用公司法第一百九十二条的规定；

(六)不明显背离相关当事人合理预期的其他情形。

277. 损害公司债权人利益责任纠纷

(1) 股东损害公司债权人利益责任纠纷

(2) 实际控制人损害公司债权人利益责任纠纷

案由适用要点

[释义] 股东损害公司债权人利益纠纷是指公司股东因滥用公司法人独立地位和股东有限责任，逃避债务，严重损害公司债权人利益，对公司债务承担责任的民事纠纷。

[管辖] 根据《民事诉讼法》第29条、《民事诉讼法解释》第24条的规定，损害公司债权人利益责任纠纷，由侵权行为地或者被告住所地法院管辖。侵权行为地包括侵权行为实施地、侵权结果发生地，也就是说股东损害公司债权人利益责任纠纷中，原告住所地法院有管辖权。

[应注意的问题] 公司法人以其拥有的全部财产独立对债权人承担民事责任，公司法人人格的独立性确立了公司与其股东之间权利与责任的边界。现实中股东、公司实际控制人滥用公司法人独立人格地位以逃避债务的现象时有发生，对市场秩序与交易安全构成威胁。因此，公司法设立了法人人格否认制度，该制度在承认公司具有独立法人人格的基础上，对特定法律关系中的公司法人人格及有限责任予以突破，令滥用公司独立地位的股东、公司实际控制人对公司债务承担连带清偿责任，从而实现对债权人利益的保护。不过，公司人格否认制度应当坚持慎用原则，严格限制适用情形。构成公司人格否认的要件，主要从三个方面考虑：(1)公司合法地取得了法人资格；(2)公司股东滥用了公司人格，具体情形主要包括公司资本显著不足、过度控制、人格混同、公司人格“形骸化”等；(3)公司股东对公司人格的滥用，严重侵害了债权人的合法权益。

请求权基础规范指引

《中华人民共和国公司法》（2023年修订）

第二十一条 公司股东应当遵守法律、行政法规和公司章程，依法行使股东权利，不得滥用股东权利损害公司或者其他股东的利益。

公司股东滥用股东权利给公司或者其他股东造成损失的，应当承担赔偿责任。

第二十三条 公司股东滥用公司法人独立地位和股东有限责任，逃避债务，严重损害公司债权人利益的，应当对公司债务承担连带责任。

股东利用其控制的两个以上公司实施前款规定行为的，各公司应当对任一公司的债务承担连带责任。

只有一个股东的公司，股东不能证明公司财产独立于股东自己的财产的，应当对公司债务承担连带责任。

《最高人民法院关于印发〈全国法院民商事审判工作会议纪要〉的通知》（法〔2019〕254号 2019年11月8日）

10.【人格混同】认定公司人格与股东人格是否存在混同，最根本的判断标准是公司是否具有独立意思和独立财产，最主要的表现是公司的财产与股东的财产是否混同且无法区分。在认定是否构成人格混同时，应当综合考虑以下因素：

（1）股东无偿使用公司资金或者财产，不作财务记载的；

（2）股东用公司的资金偿还股东的债务，或者将公司的资金供关联公司无偿使用，不作财务记载的；

（3）公司账簿与股东账簿不分，致使公司财产与股东财产无法区分的；

（4）股东自身收益与公司盈利不加区分，致使双方利益不清的；

（5）公司的财产记载于股东名下，由股东占有、使用的；

（6）人格混同的其他情形。

在出现人格混同的情况下，往往同时出现以下混同：公司业务和股东业务混同；公司员工与股东员工混同，特别是财务人员混同；公司住所与股东住所混同。人民法院在审理案件时，关键要审查是否构成人格混同，而不要求同时具备其他方面的混同，其他方面的混同往往只是人格混同的补强。

11.【过度支配与控制】公司控制股东对公司过度支配与控制，操纵公司的决策过程，使公司完全丧失独立性，沦为控制股东的工具或躯壳，严重损害公司债权人利益，应当否认公司人格，由滥用控制权的股东对公司债务承担连带责任。实践中常见的情形包括：

（1）母子公司之间或者子公司之间进行利益输送的；

（2）母子公司或者子公司之间进行交易，收益归一方，损失却由另一方承担的；

（3）先从原公司抽走资金，然后再成立经营目的相同或者类似的公司，逃避原公司债务的；

（4）先解散公司，再以原公司场所、设备、人员及相同或者相似的经营目的另设公司，逃避原公司债务的；

（5）过度支配与控制的其他情形。

控制股东或实际控制人控制多个子公司或者关联公司，滥用控制权使多个子公司或者关联公司财产边界不清、财务混同，利益相互输送，丧失人格独立性，沦为控制股东逃避债务、非法经营，甚至违法犯罪工具的，可以综合案件事实，否认子公司或者关联公司法人人格，判令承担连带责任。

12.【资本显著不足】资本显著不足指的是，公司设立后在经营过程中，股东实际投入公司的资本数额与公司经营所隐含的风险相比明显不匹配。股东利用较少资本从事力所不及的经营，表明其没有从事公司经营的诚意，实质是恶意利用公司独立人格和股东有限责任把投资风险转嫁给债权人。由于资本显著不足的判断标准有很大的模糊性，特别是要与公司采取“以小博大”的正常经营方式相区分，因此在适用时要十分谨慎，应当与其他因素结合起来综合判断。

13.【诉讼地位】人民法院在审理公司人格否认纠纷案件时，应当根据不同情形确定当事人的诉讼地位：

（1）债权人对债务人公司享有的债权已经由生效裁判确认，其另行提起公司人格否认诉讼，请求股东对公司债务承担连带责任的，列股东为被告，公司为第三人；

（2）债权人对债务人公司享有的债权提起诉讼的同时，一并提起公司人格否认诉讼，请求股东对公司债务承担连带责任的，列公司和股东为共同被告；

（3）债权人对债务人公司享有的债权尚未经生效裁判确认，直接提起公司人格否认诉讼，请求公司股东对公司债务承担连带责任的，人民法院应当向债权人释明，告知其追加公司为共同被告。债权人拒绝追加的，人民法院应当裁定驳回起诉。

278. 公司关联交易损害责任纠纷

案由适用要点

［释义］关联关系，是指公司控股股东、实际控制人、董事、监事、高级管理人员与其直接或者间接控制的企业之间的关系以及可能导致公司利益转

移的其他关系。但是，国家控股的企业之间不仅因为同受国家控股而具有关联关系。不正常的关联交易，指公司的大股东、实际控制人和管理层，利用与公司的关联关系和控制地位，迫使公司与自己或者其他关联方从事不利益的交易，以达到挪用公司资金、转移利润的目的，严重损害公司、少数股东和债权人利益。

[**管辖**] 因公司关联交易损害责任纠纷提起的诉讼，原则上以《民事诉讼法》中管辖的相关规定为基础，但要综合考虑公司所在地等因素来确定管辖法院。

[**应注意的问题**]《公司法》第22条明确了关联方利用关联关系损害公司利益应当承担损失赔偿责任。《民法典》第84条在《公司法》规定的基础上，将适用范围扩展到全部营利法人。

对于关联交易的内部赔偿责任问题。通过关联交易损害公司利益的公司控股股东、实际控制人等责任主体，即使以其行为已经履行了合法程序进行抗辩，但如果仍旧违反公平原则，损害公司利益，公司依然可以主张行为人承担民事赔偿责任，即履行法定程序不能豁免关联交易赔偿责任。此外，关联交易行为人往往实际控制着公司意志，公司本身很难作为原告主动主张赔偿责任，那么在此情况下，股东可以提起代表诉讼。关联交易合同存在无效或者可撤销情形的，如果行为人控制公司意志，导致公司自身无法作为原告主动主张赔偿责任，符合条件的股东通过股东代表诉讼向关联交易合同相对方主张权利的，同样，依法予以支持。

还需要注意的是，公司关联交易损害责任纠纷，发生在公司的控股股东、实际控制人、董事、监事、高级管理人员等关联方利用其关联关系损害公司利益之时。如果该等关联方损害了公司利益，但并非利用关联交易的形式，则不属于此案由。

请求权基础规范指引

《中华人民共和国民法典》（2020年）

第八十四条【限制不当利用关联关系】 营利法人的控股出资人、实际控制人、董事、监事、高级管理人员不得利用其关联关系损害法人的利益；利用关联关系造成法人损失的，应当承担赔偿责任。

《中华人民共和国公司法》（2023年修订）

第二十二条 公司的控股股东、实际控制人、董事、监事、高级管理人员不得利用关联关系损害公司利益。

违反前款规定，给公司造成损失的，应当承担赔偿责任。

第二百六十五条 本法下列用语的含义：

……

（四）关联关系，是指公司控股股东、实际控制人、董事、监事、高级管理人员与其直接或者间接控制的企业之间的关系，以及可能导致公司利益转移的其他关系。但是，国家控股的企业之间不仅因为同受国家控股而具有关联关系。

《最高人民法院关于适用〈中华人民共和国公司法〉时间效力的若干规定》（法释〔2024〕7号　2024年6月29日）

第五条　公司法施行前的法律事实引起的民事纠纷案件，当时的法律、司法解释已有原则性规定，公司法作出具体规定的下列情形，适用公司法的规定：

（一）股份有限公司章程对股份转让作了限制规定，因该规定发生争议的，适用公司法第一百五十七条的规定；

（二）对公司监事实施挪用公司资金等禁止性行为、违法关联交易、不当谋取公司商业机会、经营限制的同类业务的赔偿责任认定，分别适用公司法第一百八十一条、第一百八十二条第一款、第一百八十三条、第一百八十四条的规定；

（三）对公司董事、高级管理人员不当谋取公司商业机会、经营限制的同类业务的赔偿责任认定，分别适用公司法第一百八十三条、第一百八十四条的规定；

（四）对关联关系主体范围以及关联交易性质的认定，适用公司法第一百八十二条、第二百六十五条第四项的规定。

《最高人民法院关于适用〈中华人民共和国公司法〉若干问题的规定（五）》（2020年12月23日修正）

第一条　关联交易损害公司利益，原告公司依据民法典第八十四条、公司法第二十一条①规定请求控股股东、实际控制人、董事、监事、高级管理人员赔偿所造成的损失，被告仅以该交易已经履行了信息披露、经股东会或者股东大会同意等法律、行政法规或者公司章程规定的程序为由抗辩的，人民法院不予支持。

公司没有提起诉讼的，符合公司法第一百五十一条②第一款规定条件的股东，可以依据公司法第一百五十一条第二款、第三款规定向人民法院提起诉讼。

第二条　关联交易合同存在无效、可撤销或者对公司不发生效力的情形，公司没有起诉合同相对方的，符合公司法第一百五十一条第一款规定条件的股东，可以依据公司法第一百五十一条第二款、第三款规定向人民法院

① 现为《公司法》（2023年修订）第二十二条。

② 现为《公司法》（2023年修订）第八十九条。

提起诉讼。

第三条 董事任期届满前被股东会或者股东大会有效决议解除职务，其主张解除不发生法律效力的，人民法院不予支持。

董事职务被解除后，因补偿与公司发生纠纷提起诉讼的，人民法院应当依据法律、行政法规、公司章程的规定或者合同的约定，综合考虑解除的原因、剩余任期、董事薪酬等因素，确定是否补偿以及补偿的合理数额。

279. 公司合并纠纷

案由适用要点

[释义] 公司合并是指两个或两个以上公司依照法定的条件和程序，合并为一个公司的行为。公司合并包括吸收合并和新设合并两种形式。吸收合并又称归并，是指一个公司吸收其他公司，被吸收的公司解散。新设合并是指两个以上公司合并设立一个新的公司，合并各方解散。如果公司合并没有依照合并协议进行，或者违反了法律、行政法规的强制性规定，则会引发纠纷。

[管辖]《民事诉讼法》第27条规定，因公司设立、确认股东资格、分配利润、解散等纠纷提起的诉讼，由公司住所地人民法院管辖。《民事诉讼法解释》第22条规定，因股东名册记载、请求变更公司登记、股东知情权、公司决议、公司合并、公司分立、公司减资、公司增资等纠纷提起的诉讼，依照《民事诉讼法》第27条规定确定管辖。

[应注意的问题] 实践中，公司合并纠纷案件中问题较多的是因公司合并引发的债务承继问题。处理此类问题，要按照《民法典》关于“法人合并的，其权利和义务由合并后的法人享有和承担”的规定确立的原则，结合《公司法》关于公司合并的规定来解决。对于公司合并引发的债务承继问题，一般而言，有三种处理办法。一是无论在吸收合并或者新设合并中，合并后的公司全部承继合并前各个公司的全部权利与义务，包括资产与负债并且办理了公司财产转移登记手续的，则合并后的存续或者新设的公司，承继合并各方的债权、债务。据此，合并后公司继受合并前公司的债权时，无需通知债务人公司即可生效；合并后公司继受合并前公司的债务时，亦不以债权人的同意为生效要件。权利义务的概括继受不仅包括实体法上的权利义务，也包括程序法上的权利义务。就消灭公司尚未完结的诉讼、仲裁（包括商事仲裁与劳动仲裁）及其他争讼程序而言，均由存续公司或新设公司承受其当事人地位。二是根据公司自治原则，在合并各方对债权债务的处理有明确约定的，则按照该约定处理。三是对于遗漏的债权债务，应根据“内外有别”原则。对外，由合并后的公司承担。对内，如果有对遗漏债权债务等有

内部约定的承担责任范围，则按此约定处理，承担责任的公司主体当然可以按照约定向有关责任主体行使追偿权。

此外，还需注意，若债权人并不主张公司合并无效，而只是向合并后的公司主张债权的，这类纠纷不属于公司合并纠纷，而属于普通的债权债务纠纷。

请求权基础规范指引

《中华人民共和国民法典》（2020 年）

第六十七条【法人合并、分立后权利义务的享有和承担】 法人合并的，其权利和义务由合并后的法人享有和承担。

法人分立的，其权利和义务由分立后的法人享有连带债权，承担连带债务，但是债权人和债务人另有约定的除外。

《中华人民共和国公司法》（2023 年修订）

第二百二十条 公司合并，应当由合并各方签订合并协议，并编制资产负债表及财产清单。公司应当自作出合并决议之日起十日内通知债权人，并于三十日内在报纸上或者国家企业信用信息公示系统公告。债权人自接到通知之日起三十日内，未接到通知的自公告之日起四十五日内，可以要求公司清偿债务或者提供相应的担保。

第二百二十一条 公司合并时，合并各方的债权、债务，应当由合并后存续的公司或者新设的公司承继。

《最高人民法院关于适用〈中华人民共和国公司法〉时间效力的若干规定》（法释〔2024〕7 号 2024 年 6 月 29 日）

第二条 公司法施行前与公司有关的民事法律行为，依据当时的法律、司法解释认定无效而依据公司法认定有效，因民事法律行为效力发生争议的下列情形，适用公司法的规定：

……

（三）公司与其持股百分之九十以上的公司合并，对合并决议效力发生争议的，适用公司法第二百一十九条的规定。

280. 公司分立纠纷

案由适用要点

［释义］ 公司分立是指一个公司依照法定条件和程序，分裂为两个或者两个以上公司的行为，是公司在组织上的一种变更。分立包括新设式分立和派生式分立两种方式。新设式分立是指原公司分立为两个或者两个以上新的公

司，原公司消灭。派生式分立是指原公司依然存在，但从原公司中分立出来一个新的公司，原公司的法人资格不变。如果公司分立未依照该公司分立计划或分立协议进行，或者违反了法律、行政法规的强制性规定，则会导致纠纷。

［**管辖**］《民事诉讼法》第27条规定，因公司设立、确认股东资格、分配利润、解散等纠纷提起的诉讼，由公司住所地人民法院管辖。《民事诉讼法解释》第22条规定，因股东名册记载、请求变更公司登记、股东知情权、公司决议、公司合并、公司分立、公司减资、公司增资等纠纷提起的诉讼，依照《民事诉讼法》第27条规定确定管辖。

［**应注意的问题**］实践中，处理公司分立纠纷案件需要严格根据《民法典》及《公司法》的规定，准确把握公司分立后债权债务的承担问题。公司发生分立，其权利和义务由分立后的公司享有连带债权，承担连带债务，公司分立后，不仅原有的一切债权债务依法由分立后的公司承担，而且原有的财产所有权、经营权、知识产权等也都转移给分立后的公司。但是要尊重公司自治原则，对于分立前公司与债权人已经达成书面协议，对债务清偿有明确约定的则按照该约定处理。

此外，还需注意，若债权人并不主张公司分立无效，而只是向分立后的公司主张债权的，这类纠纷不属于公司分立纠纷，而属于普通的债权债务关系。

请求权基础规范指引

《中华人民共和国民法典》（2020年）

第六十七条【法人合并、分立后权利义务的享有和承担】 法人合并的，其权利和义务由合并后的法人享有和承担。

法人分立的，其权利和义务由分立后的法人享有连带债权，承担连带债务，但是债权人和债务人另有约定的除外。

《中华人民共和国公司法》（2023年修订）

第二百二十二条 公司分立，其财产作相应的分割。

公司分立，应当编制资产负债表及财产清单。公司应当自作出分立决议之日起十日内通知债权人，并于三十日内在报纸上或者国家企业信用信息公示系统公告。

第二百二十三条 公司分立前的债务由分立后的公司承担连带责任。但是，公司在分立前与债权人就债务清偿达成的书面协议另有约定的除外。

281. 公司减资纠纷

案由适用要点

[**释义**] 公司减资，即公司注册资本减少，是指公司存续过程中，因资本过剩或者亏损严重而依照法定的条件和程序减少注册资本额。公司减资纠纷是指公司注册资本减少过程中因减资行为引起的民事纠纷。

[**管辖**]《民事诉讼法》第27条规定，因公司设立、确认股东资格、分配利润、解散等纠纷提起的诉讼，由公司住所地人民法院管辖。《民事诉讼法解释》第22条规定，因股东名册记载、请求变更公司登记、股东知情权、公司决议、公司合并、公司分立、公司减资、公司增资等纠纷提起的诉讼，依照《民事诉讼法》第27条规定确定管辖。

[**应注意的问题**] 实践中，因《公司法》未对股东减资比例进行规定。公司股东可以按照出资比例或者持股比例进行减资，减资后各股东的股权比例或者持股比例不变；也可以不按照出资比例或者持股比例减资，减资后各股东的股权比例或者持股比例发生变化。无论公司采用何种方式减资，股东减资的比例必须经过股东会作出决议。

此外，我国《公司法》规定了公司减资的债权人保护程序，对公司减资侵害债权人利益的救济途径作了规定，设置了通知债权人、债务清偿或者提供担保的程序。公司股东会作出减资决议后，未履行通知和公告义务，也未对债权人清偿债务或者提供担保的，债权人可以提起停止减资之诉和公司减资无效之诉。

请求权基础规范指引

《中华人民共和国公司法》（2023年修订）

第二十五条 公司股东会、董事会的决议内容违反法律、行政法规的无效。

第二十六条 公司股东会、董事会的会议召集程序、表决方式违反法律、行政法规或者公司章程，或者决议内容违反公司章程的，股东自决议作出之日起六十日内，可以请求人民法院撤销。但是，股东会、董事会的会议召集程序或者表决方式仅有轻微瑕疵，对决议未产生实质影响的除外。

未被通知参加股东会会议的股东自知道或者应当知道股东会决议作出之日起六十日内，可以请求人民法院撤销；自决议作出之日起一年内没有行使撤销权的，撤销权消灭。

第二十七条 有下列情形之一的，公司股东会、董事会的决议不成立：

（一）未召开股东会、董事会会议作出决议；

（二）股东会、董事会会议未对决议事项进行表决；

（三）出席会议的人数或者所持表决权数未达到本法或者公司章程规定的人数或者所持表决权数；

（四）同意决议事项的人数或者所持表决权数未达到本法或者公司章程规定的人数或者所持表决权数。

第二十八条 公司股东会、董事会决议被人民法院宣告无效、撤销或者确认不成立的，公司应当向公司登记机关申请撤销根据该决议已办理的登记。

股东会、董事会决议被人民法院宣告无效、撤销或者确认不成立的，公司根据该决议与善意相对人形成的民事法律关系不受影响。

第二百二十四条 公司减少注册资本，应当编制资产负债表及财产清单。

公司应当自股东会作出减少注册资本决议之日起十日内通知债权人，并于三十日内在报纸上或者国家企业信用信息公示系统公告。债权人自接到通知之日起三十日内，未接到通知的自公告之日起四十五日内，有权要求公司清偿债务或者提供相应的担保。

公司减少注册资本，应当按照股东出资或者持有股份的比例相应减少出资额或者股份，法律另有规定、有限责任公司全体股东另有约定或者股份有限公司章程另有规定的除外。

《最高人民法院关于适用〈中华人民共和国公司法〉时间效力的若干规定》（法释〔2024〕7号 2024年6月29日）

第一条 公司法施行后的法律事实引起的民事纠纷案件，适用公司法的规定。公司法施行前的法律事实引起的民事纠纷案件，当时的法律、司法解释有规定的，适用当时的法律、司法解释的规定，但是适用公司法更有利于实现其立法目的，适用公司法的规定：

……

（五）公司法施行前，公司违反法律规定向股东分配利润、减少注册资本造成公司损失，因损害赔偿责任发生争议的，分别适用公司法第二百一十一条、第二百二十六条的规定；

……

（七）公司法施行前，公司减少注册资本，股东对相应减少出资额或者股份数量发生争议的，适用公司法第二百二十四条第三款的规定。

282. 公司增资纠纷

案由适用要点

［**释义**］公司增资，即公司增加资本，是指公司基于筹集资金、扩大经营规模的目的，依照法定条件和程序增加公司资本的行为。公司增资纠纷是指公司在增加注册资本过程中因增资行为引起的民事纠纷。

［**管辖**］《民事诉讼法》第27条规定，因公司设立、确认股东资格、分配利润、解散等纠纷提起的诉讼，由公司住所地人民法院管辖。《民事诉讼法解释》第22条规定，因股东名册记载、请求变更公司登记、股东知情权、公司决议、公司合并、公司分立、公司减资、公司增资等纠纷提起的诉讼，依照《民事诉讼法》第27条规定确定管辖。

［**应注意的问题**］实践中，通过公司资本公积金转增资本的方式增加资本，只是增加了公司的资本总额并没有增加资产总额，这种增资方式股东没有向公司追加投资，也没有新的投资者加入公司，产生的纠纷不多。而公司增资通过追加增资，新的资金投入公司，既增加了公司的资本，同时也增加了公司的资产，其投资者可以是公司的现有股东也可以是新的投资人。这种增资方式涉及的问题较多，容易产生内部纠纷。

此外，应注意本案由与新增资本认购纠纷案由之间的区别。新增资本认购纠纷主要是发生在新出资人与公司之间以及原股东与公司之间的纠纷，而公司增资纠纷主要是公司在增加资本过程中因增资行为而引起的民事纠纷。

请求权基础规范指引

《中华人民共和国公司法》（2023年修订）

第二十五条　公司股东会、董事会的决议内容违反法律、行政法规的无效。

第二十六条　公司股东会、董事会的会议召集程序、表决方式违反法律、行政法规或者公司章程，或者决议内容违反公司章程的，股东自决议作出之日起六十日内，可以请求人民法院撤销。但是，股东会、董事会的会议召集程序或者表决方式仅有轻微瑕疵，对决议未产生实质影响的除外。

未被通知参加股东会会议的股东自知道或者应当知道股东会决议作出之日起六十日内，可以请求人民法院撤销；自决议作出之日起一年内没有行使撤销权的，撤销权消灭。

第二十七条　有下列情形之一的，公司股东会、董事会的决议不成立：

（一）未召开股东会、董事会会议作出决议；

（二）股东会、董事会会议未对决议事项进行表决；

（三）出席会议的人数或者所持表决权数未达到本法或者公司章程规定的人数或者所持表决权数；

（四）同意决议事项的人数或者所持表决权数未达到本法或者公司章程规定的人数或者所持表决权数。

第二十八条 公司股东会、董事会决议被人民法院宣告无效、撤销或者确认不成立的，公司应当向公司登记机关申请撤销根据该决议已办理的登记。

股东会、董事会决议被人民法院宣告无效、撤销或者确认不成立的，公司根据该决议与善意相对人形成的民事法律关系不受影响。

第一百一十六条 股东出席股东会会议，所持每一股份有一表决权，类别股股东除外。公司持有的本公司股份没有表决权。

股东会作出决议，应当经出席会议的股东所持表决权过半数通过。

股东会作出修改公司章程、增加或者减少注册资本的决议，以及公司合并、分立、解散或者变更公司形式的决议，应当经出席会议的股东所持表决权的三分之二以上通过。

第二百二十八条 有限责任公司增加注册资本时，股东认缴新增资本的出资，依照本法设立有限责任公司缴纳出资的有关规定执行。

股份有限公司为增加注册资本发行新股时，股东认购新股，依照本法设立股份有限公司缴纳股款的有关规定执行。

《最高人民法院关于适用〈中华人民共和国公司法〉若干问题的规定（三）》（2020年12月23日修正）

第十三条 股东未履行或者未全面履行出资义务，公司或者其他股东请求其向公司依法全面履行出资义务的，人民法院应予支持。

公司债权人请求未履行或者未全面履行出资义务的股东在未出资本息范围内对公司债务不能清偿的部分承担补充赔偿责任的，人民法院应予支持；未履行或者未全面履行出资义务的股东已经承担上述责任，其他债权人提出相同请求的，人民法院不予支持。

股东在公司设立时未履行或者未全面履行出资义务，依照本条第一款或者第二款提起诉讼的原告，请求公司的发起人与被告股东承担连带责任的，人民法院应予支持；公司的发起人承担责任后，可以向被告股东追偿。

股东在公司增资时未履行或者未全面履行出资义务，依照本条第一款或者第二款提起诉讼的原告，请求未尽公司法第一百四十七条第一款①规定的义务而使出资未缴足的董事、高级管理人员承担相应责任的，人民法院应予支

① 现为《公司法》（2023年修订）第一百七十九条、第一百八十条。

持；董事、高级管理人员承担责任后，可以向被告股东追偿。

283. 公司解散纠纷

案由适用要点

［**释义**］公司解散是指引起公司人格消灭的法律事实。公司解散纠纷主要指公司僵局出现时，公司股东提起解散公司申请而引发的纠纷。

［**管辖**］《民事诉讼法》第27条规定，因公司设立、确认股东资格、分配利润、解散等纠纷提起的诉讼，由公司住所地人民法院管辖。

［**应注意的问题**］提起公司解散诉讼的原告，应当是持有公司表决权10%以上的股东。至于人民法院是否允许解散公司，则属于人民法院的依据具体情形依法作出判断的自由裁量权。

《公司法》第231条将公司经营管理发生严重困难作为股东提起解散公司之诉的条件之一。判断公司经营管理是否发生严重困难，应从公司组织机构的运行状态进行综合分析。公司虽处于盈利状态，但其股东会机制长期失灵，内部管理有严重阻碍，已陷入僵局状态，可以认定为公司经营管理发生严重困难。公司经营管理发生严重困难的侧重点在于公司管理方面存有严重内部障碍，如股东会机制失灵、无法就公司的经营管理进行决策等，不应片面理解为公司资金缺乏、严重亏损等经营性困难。

公司能否解散取决于公司是否存在僵局且符合《公司法》第231条规定的实质条件，而不取决于公司僵局产生的原因和责任。即使一方股东对公司僵局的产生具有过错，其仍然有权提起公司解散之诉，过错方起诉不应等同于恶意诉讼。另外，公司僵局并不必然导致公司解散，司法应审慎介入公司事务，凡有其他途径能够维持公司存续的，不应轻易解散公司。当公司陷入持续性僵局，穷尽其他途径仍无法化解，且公司不具备继续经营条件，继续存续将使股东利益受到重大损失的，人民法院可以依据《公司法》第231条的规定判决解散公司。

请求权基础规范指引

《中华人民共和国民法典》（2020年）

第六十八条【法人终止的原因】 有下列原因之一并依法完成清算、注销登记的，法人终止：

（一）法人解散；

（二）法人被宣告破产；

（三）法律规定的其他原因。

法人终止，法律、行政法规规定须经有关机关批准的，依照其规定。

第六十九条【法人解散的情形】 有下列情形之一的，法人解散：

（一）法人章程规定的存续期间届满或者法人章程规定的其他解散事由出现；

（二）法人的权力机构决议解散；

（三）因法人合并或者分立需要解散；

（四）法人依法被吊销营业执照、登记证书，被责令关闭或者被撤销；

（五）法律规定的其他情形。

《中华人民共和国公司法》（2023年修订）

第二百三十一条 公司经营管理发生严重困难，继续存续会使股东利益受到重大损失，通过其他途径不能解决的，持有公司百分之十以上表决权的股东，可以请求人民法院解散公司。

《最高人民法院关于适用〈中华人民共和国公司法〉若干问题的规定（二）》（2020年12月23日修正）

第一条 单独或者合计持有公司全部股东表决权百分之十以上的股东，以下列事由之一提起解散公司诉讼，并符合公司法第一百八十二条[①]规定的，人民法院应予受理：

（一）公司持续两年以上无法召开股东会或者股东大会，公司经营管理发生严重困难的；

（二）股东表决时无法达到法定或者公司章程规定的比例，持续两年以上不能做出有效的股东会或者股东大会决议，公司经营管理发生严重困难的；

（三）公司董事长期冲突，且无法通过股东会或者股东大会解决，公司经营管理发生严重困难的；

（四）经营管理发生其他严重困难，公司继续存续会使股东利益受到重大损失的情形。

股东以知情权、利润分配请求权等权益受到损害，或者公司亏损、财产不足以偿还全部债务，以及公司被吊销企业法人营业执照未进行清算等为由，提起解散公司诉讼的，人民法院不予受理。

第四条 股东提起解散公司诉讼应当以公司为被告。

原告以其他股东为被告一并提起诉讼的，人民法院应当告知原告将其他股东变更为第三人；原告坚持不予变更的，人民法院应当驳回原告对其他股东的起诉。

原告提起解散公司诉讼应当告知其他股东，或者由人民法院通知其参加

① 现为《公司法》（2023年修订）第二百三十一条。

诉讼。其他股东或者有关利害关系人申请以共同原告或者第三人身份参加诉讼的，人民法院应予准许。

第六条 人民法院关于解散公司诉讼作出的判决，对公司全体股东具有法律约束力。

人民法院判决驳回解散公司诉讼请求后，提起该诉讼的股东或者其他股东又以同一事实和理由提起解散公司诉讼的，人民法院不予受理。

284. 清算责任纠纷

案由适用要点

［**释义**］清算责任纠纷是指清算组成员在清算期间，因故意重大过失给公司或者债权人造成损失的，应当承担赔偿责任。

［**管辖**］因清算责任纠纷提起的诉讼，原则上以《民事诉讼法》中管辖的相关规定为基础，但要综合考虑公司所在地等因素来确定管辖法院。

［**应注意的问题**］实践中，公司清算过程中，公司实质上为清算组控制，因此也有可能出现清算组未尽到忠实勤勉义务，给公司或者债权人造成损失的情况下，其自身不可能主动以公司名义向自己主张权利，况且清算时间一般较短且只消耗而并不增加公司的财产，此时公司的状态符合《公司法》第 189 条第 2 款“情况紧急、不立即提起诉讼将会使公司利益受到难以弥补的损害的”情形，股东有权根据《公司法》第 189 条第 2 款关于股东代表诉讼的规定直接向人民法院提起诉讼。需要说明的是，清算中公司的董事会、执行董事已不再行使执行公司事务包括向人民法院提起诉讼的权利。因此，对于损害公司利益的清算组成员，公司股东可以直接向人民法院提起诉讼而无须遵守书面请求公司董事会、执行董事起诉的前置程序。此为股东代表诉讼制度在公司清算期间的特殊体现。在股东提起的股东代表诉讼中，应当将公司列为第三人，诉讼的结果归于公司所有，在清算中一并处理。

当公司已经因清算完毕而注销终止后，股东发现清算组成员的违法行为造成其损失的（无剩余财产分配或者剩余财产数额不足），亦可向清算组成员主张权利。因清算组成员清算中故意或者重大过失所造成的损失，首先是对公司亦即全体股东造成的损失，而非仅针对原告股东，因此在这里还不宜简单视为直接诉讼，而应当视为本质上还是代表公司诉讼

请求权基础规范指引

《中华人民共和国民法典》（2020 年）

第七十条【法人解散后的清算】 法人解散的，除合并或者分立的情形外，清算义务人应当及时组成清算组进行清算。

法人的董事、理事等执行机构或者决策机构的成员为清算义务人。法律、行政法规另有规定的，依照其规定。

清算义务人未及时履行清算义务，造成损害的，应当承担民事责任；主管机关或者利害关系人可以申请人民法院指定有关人员组成清算组进行清算。

《中华人民共和国公司法》（2023 年修订）

第二百三十四条 清算组在清算期间行使下列职权：

（一）清理公司财产，分别编制资产负债表和财产清单；

（二）通知、公告债权人；

（三）处理与清算有关的公司未了结的业务；

（四）清缴所欠税款以及清算过程中产生的税款；

（五）清理债权、债务；

（六）分配公司清偿债务后的剩余财产；

（七）代表公司参与民事诉讼活动。

第二百三十五条 清算组应当自成立之日起十日内通知债权人，并于六十日内在报纸上或者国家企业信用信息公示系统公告。债权人应当自接到通知之日起三十日内，未接到通知的自公告之日起四十五日内，向清算组申报其债权。

债权人申报债权，应当说明债权的有关事项，并提供证明材料。清算组应当对债权进行登记。

在申报债权期间，清算组不得对债权人进行清偿。

第二百三十六条 清算组在清理公司财产、编制资产负债表和财产清单后，应当制订清算方案，并报股东会或者人民法院确认。

公司财产在分别支付清算费用、职工的工资、社会保险费用和法定补偿金，缴纳所欠税款，清偿公司债务后的剩余财产，有限责任公司按照股东的出资比例分配，股份有限公司按照股东持有的股份比例分配。

清算期间，公司存续，但不得开展与清算无关的经营活动。公司财产在未依照前款规定清偿前，不得分配给股东。

第二百三十七条 清算组在清理公司财产、编制资产负债表和财产清单后，发现公司财产不足清偿债务的，应当依法向人民法院申请破产清算。

人民法院受理破产申请后，清算组应当将清算事务移交给人民法院指定的破产管理人。

第二百三十八条　清算组成员履行清算职责，负有忠实义务和勤勉义务。

清算组成员怠于履行清算职责，给公司造成损失的，应当承担赔偿责任；因故意或者重大过失给债权人造成损失的，应当承担赔偿责任。

第二百三十九条　公司清算结束后，清算组应当制作清算报告，报股东会或者人民法院确认，并报送公司登记机关，申请注销公司登记。

《最高人民法院关于适用〈中华人民共和国公司法〉时间效力的若干规定》（法释〔2024〕7号　2024年6月29日）

第六条　应当进行清算的法律事实发生在公司法施行前，因清算责任发生争议的，适用当时的法律、司法解释的规定。

应当清算的法律事实发生在公司法施行前，但至公司法施行日未满十五日的，适用公司法第二百三十二条的规定，清算义务人履行清算义务的期限自公司法施行日重新起算。

《最高人民法院关于适用〈中华人民共和国公司法〉若干问题的规定（二）》（2020年12月23日修正）

第十八条　有限责任公司的股东、股份有限公司的董事和控股股东未在法定期限内成立清算组开始清算，导致公司财产贬值、流失、毁损或者灭失，债权人主张其在造成损失范围内对公司债务承担赔偿责任的，人民法院应依法予以支持。

有限责任公司的股东、股份有限公司的董事和控股股东因怠于履行义务，导致公司主要财产、账册、重要文件等灭失，无法进行清算，债权人主张其对公司债务承担连带清偿责任的，人民法院应依法予以支持。

上述情形系实际控制人原因造成，债权人主张实际控制人对公司债务承担相应民事责任的，人民法院应依法予以支持。

第十九条　有限责任公司的股东、股份有限公司的董事和控股股东，以及公司的实际控制人在公司解散后，恶意处置公司财产给债权人造成损失，或者未经依法清算，以虚假的清算报告骗取公司登记机关办理法人注销登记，债权人主张其对公司债务承担相应赔偿责任的，人民法院应依法予以支持。

第二十条　公司解散应当在依法清算完毕后，申请办理注销登记。公司未经清算即办理注销登记，导致公司无法进行清算，债权人主张有限责任公司的股东、股份有限公司的董事和控股股东，以及公司的实际控制人对公司债务承担清偿责任的，人民法院应依法予以支持。

公司未经依法清算即办理注销登记，股东或者第三人在公司登记机关办理注销登记时承诺对公司债务承担责任，债权人主张其对公司债务承担相应民事责任的，人民法院应依法予以支持。

《最高人民法院印发〈关于审理公司强制清算案件工作座谈会纪要〉的通知》（法发〔2009〕52号 2009年11月4日）

一、关于审理公司强制清算案件应当遵循的原则

1. 会议认为，公司作为现代企业的主要类型，在参与市场竞争时，不仅要严格遵循市场准入规则，也要严格遵循市场退出规则。公司强制清算作为公司退出市场机制的重要途径之一，是公司法律制度的重要组成部分。人民法院在审理此类案件时，应坚持以下原则：

第一，坚持清算程序公正原则。公司强制清算的目的在于有序结束公司存续期间的各种商事关系，合理调整众多法律主体的利益，维护正常的经济秩序。人民法院审理公司强制清算案件，应当严格依照法定程序进行，坚持在程序正义的基础上实现清算结果的公正。

第二，坚持清算效率原则。提高社会经济的整体效率，是公司强制清算制度追求的目标之一，要严格而不失快捷地使已经出现解散事由的公司退出市场，将其可能给各方利益主体造成的损失降至最低。人民法院审理强制清算案件，要严格按照法律规定及时有效地完成清算，保障债权人、股东等利害关系人的利益及时得到实现，避免因长期拖延清算给相关利害关系人造成不必要的损失，保障社会资源的有效利用。

第三，坚持利益均衡保护原则。公司强制清算中应当以维护公司各方主体利益平衡为原则，实现公司退出环节中的公平公正。人民法院在审理公司强制清算案件时，既要充分保护债权人利益，又要兼顾职工利益、股东利益和社会利益，妥善处理各方利益冲突，实现法律效果和社会效果的有机统一。

五、关于强制清算的申请

7. 公司债权人或者股东向人民法院申请强制清算应当提交清算申请书。申请书应当载明申请人、被申请人的基本情况和申请的事实和理由。同时，申请人应当向人民法院提交被申请人已经发生解散事由以及申请人对被申请人享有债权或者股权的有关证据。公司解散后已经自行成立清算组进行清算，但债权人或者股东以其故意拖延清算，或者存在其他违法清算可能严重损害债权人或者股东利益为由，申请人民法院强制清算的，申请人还应当向人民法院提交公司故意拖延清算，或者存在其他违法清算行为可能严重损害其利益的相应证据材料。

8. 申请人提交的材料需要更正、补充的，人民法院应当责令申请人于七日内予以更正、补充。申请人由于客观原因无法按时更正、补充的，应当向人民法院予以书面说明并提出延期申请，由人民法院决定是否延长期限。

六、关于对强制清算申请的审查

9. 审理强制清算案件的审判庭审查决定是否受理强制清算申请时，一般应当召开听证会。对于事实清楚、法律关系明确、证据确实充分的案件，经书面通知被申请人，其对书面审查方式无异议的，也可决定不召开听证会，而采用书面方式进行审查。

10. 人民法院决定召开听证会的，应当于听证会召开五日前通知申请人、被申请人，并送达相关申请材料。公司股东、实际控制人等利害关系人申请参加听证的，人民法院应予准许。听证会中，人民法院应当组织有关利害关系人对申请人是否具备申请资格、被申请人是否已经发生解散事由、强制清算申请是否符合法律规定等内容进行听证。因补充证据等原因需要再次召开听证会的，应在补充期限届满后十日内进行。

11. 人民法院决定不召开听证会的，应当及时通知申请人和被申请人，并向被申请人送达有关申请材料，同时告知被申请人若对申请人的申请有异议，应当自收到人民法院通知之日起七日内向人民法院书面提出。

《最高人民法院关于印发〈全国法院民商事审判工作会议纪要〉的通知》（法〔2019〕254 号　2019 年 11 月 8 日）

14. 【怠于履行清算义务的认定】公司法司法解释（二）第 18 条第 2 款规定的“怠于履行义务”，是指有限责任公司的股东在法定清算事由出现后，在能够履行清算义务的情况下，故意拖延、拒绝履行清算义务，或者因过失导致无法进行清算的消极行为。股东举证证明其已经为履行清算义务采取了积极措施，或者小股东举证证明其既不是公司董事会或者监事会成员，也没有选派人员担任该机关成员，且从未参与公司经营管理，以不构成“怠于履行义务”为由，主张其不应当对公司债务承担连带清偿责任的，人民法院依法予以支持。

15. 【因果关系抗辩】有限责任公司的股东举证证明其“怠于履行义务”的消极不作为与“公司主要财产、账册、重要文件等灭失，无法进行清算”的结果之间没有因果关系，主张其不应对公司债务承担连带清偿责任的，人民法院依法予以支持。

16. 【诉讼时效期间】公司债权人请求股东对公司债务承担连带清偿责任，股东以公司债权人对公司的债权已经超过诉讼时效期间为由抗辩，经查证属实的，人民法院依法予以支持。

公司债权人以公司法司法解释（二）第 18 条第 2 款为依据，请求有限责任公司的股东对公司债务承担连带清偿责任的，诉讼时效期间自公司债权人知道或者应当知道公司无法进行清算之日起计算。

285. 上市公司收购纠纷

案由适用要点

[释义] 上市公司收购是收购人通过法定方式，为取得或巩固对上市公司的控制权而购买该上市公司股份的行为。上市公司收购纠纷是指购买者在购买上市公司股份以获得其控制权的过程中与被收购者之间发生的纠纷。

[管辖] 因上市公司收购纠纷提起的诉讼，原则上以《民事诉讼法》中管辖的相关规定为基础，但要综合考虑公司所在地等因素来确定管辖法院。

[应注意的问题] 实践中，要注意上市公司收购纠纷适用的条件及对象。上市公司收购纠纷的双方当事人应为收购人与被收购人，适用的条件是双方在购买上市公司股份以获得其控制权的过程中发生的纠纷，包括但不限于：收购方与被收购方之间的股权转让纠纷、收购方未按照规定披露信息的信息披露纠纷、收购方违反反垄断法规定而发生的反垄断纠纷、收购方与被收购方之间的股东权利保护纠纷等。原告通常是提出收购上市公司股份一方，被告通常是上市公司本身或者管理层。但是，股东可能会因为收购价格、公司控制权转移等原因成为原告或者被告；上市公司涉及收购过程中的债务问题，债权人也可能成为原告或者被告；若收购违反法规，监管机构如证券交易所、证监会也可能会成为原告提起诉讼，等等。收购人之间发生的纠纷不属于本案由。

请求权基础规范指引

《中华人民共和国证券法》（2019 年修订）

第六十五条 通过证券交易所的证券交易，投资者持有或者通过协议、其他安排与他人共同持有一个上市公司已发行的有表决权股份达到百分之三十时，继续进行收购的，应当依法向该上市公司所有股东发出收购上市公司全部或者部分股份的要约。

收购上市公司部分股份的要约应当约定，被收购公司股东承诺出售的股份数额超过预定收购的股份数额的，收购人按比例进行收购。

第六十六条 依照前条规定发出收购要约，收购人必须公告上市公司收购报告书，并载明下列事项：

（一）收购人的名称、住所；

（二）收购人关于收购的决定；

（三）被收购的上市公司名称；

（四）收购目的；

（五）收购股份的详细名称和预定收购的股份数额；

（六）收购期限、收购价格；

（七）收购所需资金额及资金保证；

（八）公告上市公司收购报告书时持有被收购公司股份数占该公司已发行的股份总数的比例。

第六十七条 收购要约约定的收购期限不得少于三十日，并不得超过六十日。

第六十八条 在收购要约确定的承诺期限内，收购人不得撤销其收购要约。收购人需要变更收购要约的，应当及时公告，载明具体变更事项，且不得存在下列情形：

（一）降低收购价格；

（二）减少预定收购股份数额；

（三）缩短收购期限；

（四）国务院证券监督管理机构规定的其他情形。

第六十九条 收购要约提出的各项收购条件，适用于被收购公司的所有股东。

上市公司发行不同种类股份的，收购人可以针对不同种类股份提出不同的收购条件。

第七十条 采取要约收购方式的，收购人在收购期限内，不得卖出被收购公司的股票，也不得采取要约规定以外的形式和超出要约的条件买入被收购公司的股票。

第七十一条 采取协议收购方式的，收购人可以依照法律、行政法规的规定同被收购公司的股东以协议方式进行股份转让。

以协议方式收购上市公司时，达成协议后，收购人必须在三日内将该收购协议向国务院证券监督管理机构及证券交易所作出书面报告，并予公告。

在公告前不得履行收购协议。

二十二、合伙企业纠纷

286. 入伙纠纷

案由适用要点

［**释义**］入伙是指在合伙企业存续期间，合伙人以外的第三人加入合伙，从而取得合伙人资格。入伙纠纷是因第三人加入合伙而产生的纠纷。

［**管辖**］入伙纠纷是因第三人加入合伙而产生的纠纷，系基于合同而发生的纠纷，因此其管辖的问题，有约定从约定，无约定的应当根据《民事诉讼法》第24条的规定，由被告住所地或合同履行地人民法院管辖。

［**应注意的问题**］新合伙人入伙，除了有合伙协议的特别约定，应当经全体合伙人一致同意，并依法订立书面入伙协议。订立入伙协议时，原合伙人应当向新入伙人如实告知合伙经营状况和财务状况，入伙的新合伙人与原合伙人享有同等权利，承担同等义务。加入普通合伙企业的合伙人，还应对入伙前合伙企业的债务承担无限连带责任。

请求权基础规范指引

《中华人民共和国合伙企业法》（2006年修订）

第四十三条　新合伙人入伙，除合伙协议另有约定外，应当经全体合伙人一致同意，并依法订立书面入伙协议。

订立入伙协议时，原合伙人应当向新合伙人如实告知原合伙企业的经营状况和财务状况。

第四十四条　入伙的新合伙人与原合伙人享有同等权利，承担同等责任。入伙协议另有约定的，从其约定。

新合伙人对入伙前合伙企业的债务承担无限连带责任。

287. 退伙纠纷

案由适用要点

［**释义**］退伙是指合伙人在合伙组织存续期间退出合伙组织、消灭合伙人资格的行为。退伙纠纷是指合伙人因退出合伙，与其他合伙人脱离合伙关系而产生的纠纷。

[**管辖**] 合伙企业基于合同产生，因此退伙纠纷应当根据《民事诉讼法》第24条规定，由被告住所地或合同履行地人民法院管辖。

[**应注意的问题**] 合伙人退伙有约定的从约定，未约定的原则上也应当允许；退伙时的财产包括合伙时投入的财产和合伙期间经营积累的财产，还包括合伙期间的债权与债务；合伙人因转让合伙份额退伙的，应当对退伙前的合伙债务承担连带责任；合伙人擅自对外转让合伙份额的，其他合伙人可以选择退伙；合伙人擅自退伙而给其他合伙人造成损失的，应当考虑退伙原因、理由以及过错等情况确定赔偿责任。

请求权基础规范指引

《中华人民共和国合伙企业法》（2006年修订）

第四十五条 合伙协议约定合伙期限的，在合伙企业存续期间，有下列情形之一的，合伙人可以退伙：

（一）合伙协议约定的退伙事由出现；

（二）经全体合伙人一致同意；

（三）发生合伙人难以继续参加合伙的事由；

（四）其他合伙人严重违反合伙协议约定的义务。

第四十六条 合伙协议未约定合伙期限的，合伙人在不给合伙企业事务执行造成不利影响的情况下，可以退伙，但应当提前三十日通知其他合伙人。

第四十七条 合伙人违反本法第四十五条、第四十六条的规定退伙的，应当赔偿由此给合伙企业造成的损失。

第四十八条 合伙人有下列情形之一的，当然退伙：

（一）作为合伙人的自然人死亡或者被依法宣告死亡；

（二）个人丧失偿债能力；

（三）作为合伙人的法人或者其他组织依法被吊销营业执照、责令关闭、撤销，或者被宣告破产；

（四）法律规定或者合伙协议约定合伙人必须具有相关资格而丧失该资格；

（五）合伙人在合伙企业中的全部财产份额被人民法院强制执行。

合伙人被依法认定为无民事行为能力人或者限制民事行为能力人的，经其他合伙人一致同意，可以依法转为有限合伙人，普通合伙企业依法转为有限合伙企业。其他合伙人未能一致同意的，该无民事行为能力或者限制民事行为能力的合伙人退伙。

退伙事由实际发生之日为退伙生效日。

第四十九条 合伙人有下列情形之一的，经其他合伙人一致同意，可以决议将其除名：

（一）未履行出资义务；

（二）因故意或者重大过失给合伙企业造成损失；

（三）执行合伙事务时有不正当行为；

（四）发生合伙协议约定的事由。

对合伙人的除名决议应当书面通知被除名人。被除名人接到除名通知之日，除名生效，被除名人退伙。

被除名人对除名决议有异议的，可以自接到除名通知之日起三十日内，向人民法院起诉。

第五十一条　合伙人退伙，其他合伙人应当与该退伙人按照退伙时的合伙企业财产状况进行结算，退还退伙人的财产份额。退伙人对给合伙企业造成的损失负有赔偿责任的，相应扣减其应当赔偿的数额。

退伙时有未了结的合伙企业事务的，待该事务了结后进行结算。

第五十二条　退伙人在合伙企业中财产份额的退还办法，由合伙协议约定或者由全体合伙人决定，可以退还货币，也可以退还实物。

第五十三条　退伙人对基于其退伙前的原因发生的合伙企业债务，承担无限连带责任。

第五十四条　合伙人退伙时，合伙企业财产少于合伙企业债务的，退伙人应当依照本法第三十三条第一款的规定分担亏损。

288. 合伙企业财产份额转让纠纷

案由适用要点

［释义］合伙企业财产份额的转让是指在合伙企业存续期间，合伙人向合伙人以外的人转让其在合伙企业中的全部或者部分财产份额。合伙财产份额转让纠纷是指合伙人因向合伙人以外的人转让其合伙财产份额，与其他合伙人产生的纠纷。

［管辖］合伙企业基于合同产生，因此合伙企业财产份额转让纠纷应当根据《民事诉讼法》第24条规定，由被告住所地或合同履行地人民法院管辖。

［应注意的问题］一方面，合伙企业财产份额作为合伙人向合伙企业出资的对价，具有财产属性；另一方面，合伙企业财产份额也是合伙人在合伙企业中保持合伙人身份资格的前提。因而合伙企业财产份额转让不仅涉及合伙人个人财产利益，也会影响合伙人在合伙企业中的身份利益，从而对合伙企业的人身信赖基础产生间接影响，故基于对合伙企业的人合性保障，法律要求合伙企业财产份额转让必须经其他合伙人一致同意，否则就破坏了合伙企业内合伙人之间的信赖关系。

请求权基础规范指引

《中华人民共和国合伙企业法》（2006年修订）

第二十二条 除合伙协议另有约定外，合伙人向合伙人以外的人转让其在合伙企业中的全部或者部分财产份额时，须经其他合伙人一致同意。

合伙人之间转让在合伙企业中的全部或者部分财产份额时，应当通知其他合伙人。

第二十三条 合伙人向合伙人以外的人转让其在合伙企业中的财产份额的，在同等条件下，其他合伙人有优先购买权；但是，合伙协议另有约定的除外。

第四十二条 合伙人的自有财产不足清偿其与合伙企业无关的债务的，该合伙人可以以其从合伙企业中分取的收益用于清偿；债权人也可以依法请求人民法院强制执行该合伙人在合伙企业中的财产份额用于清偿。

人民法院强制执行合伙人的财产份额时，应当通知全体合伙人，其他合伙人有优先购买权；其他合伙人未购买，又不同意将该财产份额转让给他人的，依照本法第五十一条的规定为该合伙人办理退伙结算，或者办理削减该合伙人相应财产份额的结算。

第七十三条 有限合伙人可以按照合伙协议的约定向合伙人以外的人转让其在有限合伙企业中的财产份额，但应当提前三十日通知其他合伙人。

二十三、与破产有关的纠纷

289. 请求撤销个别清偿行为纠纷

案由适用要点

［**释义**］个别清偿行为属于偏袒性清偿行为的一种，指破产程序开始前，债务人明知具备破产原因，仍恶意在法定期间内对个别债权人进行清偿，损害其他债权人的利益。管理人对个别清偿行为享有的撤销权从广义上属于破产撤销权的一种，由管理人以诉讼的方式向人民法院提起，由此引发的纠纷即为本案由。

［**管辖**］有关债务人的破产衍生诉讼从案件受理时间上区分，包括两大类案件：第一类是破产申请受理前人民法院已经受理但尚未审结的案件；第二类是破产申请受理后当事人新提起的有关债务人的民事诉讼，实际上为破产衍生诉讼。对于第一类案件，适用民事诉讼案件管辖的一般规定确定管辖法

院；对于第二类案件，根据《企业破产法》第21条规定，人民法院受理破产申请后，有关债务人的民事诉讼，只能向受理破产申请的人民法院提起，实行集中管辖。管理人提起请求撤销个别清偿行为的诉讼，属于破产申请受理后新提起的针对债务人的诉讼，故应由受理破产申请的人民法院集中管辖。

[应注意的问题] 确定本案由，应当注意与破产撤销权纠纷的区别。《企业破产法》第31条第4项规定："人民法院受理破产申请前一年内，涉及债务人财产的下列行为，管理人有权请求人民法院予以撤销：……（四）对未到期的债务提前清偿的。"本案由与该规定的破产撤销权纠纷所涉及行为均属于人民法院受理破产审理前一定期限内债务人向债权人清偿债务的行为，两者区别在于：（1）债务是否到期不同。本案由针对的是清偿到期债务的行为，而破产撤销权规范的是清偿未到期债务的行为。《企业破产法》第32条虽未明文规定针对的是到期债务，但如理解为未到期债务，显然放宽了对未到期债务撤销权的限制，与第31条规定冲突。（2）行为发生的时间不同。本案由针对的是人民法院受理破产申请前6个月内，而破产撤销权规范的是1年内。（3）债务人是否具有破产原因不同。本案由中的可撤销行为必须是在债务人具备破产原因之际，而破产撤销权不考虑债务人是否具备破产原因。

请求权基础规范指引

《中华人民共和国企业破产法》（2006年）

第二十一条 人民法院受理破产申请后，有关债务人的民事诉讼，只能向受理破产申请的人民法院提起。

第三十一条 人民法院受理破产申请前一年内，涉及债务人财产的下列行为，管理人有权请求人民法院予以撤销：

（一）无偿转让财产的；

（二）以明显不合理的价格进行交易的；

（三）对没有财产担保的债务提供财产担保的；

（四）对未到期的债务提前清偿的；

（五）放弃债权的。

第三十二条 人民法院受理破产申请前六个月内，债务人有本法第二条第一款规定的情形，仍对个别债权人进行清偿的，管理人有权请求人民法院予以撤销。但是，个别清偿使债务人财产受益的除外。

第三十四条 因本法第三十一条、第三十二条或者第三十三条规定的行为而取得的债务人的财产，管理人有权追回。

《最高人民法院关于适用〈中华人民共和国企业破产法〉若干问题的规定（二）》（2020年12月23日修正）

第九条　管理人依据企业破产法第三十一条和第三十二条的规定提起诉讼，请求撤销涉及债务人财产的相关行为并由相对人返还债务人财产的，人民法院应予支持。

管理人因过错未依法行使撤销权导致债务人财产不当减损，债权人提起诉讼主张管理人对其损失承担相应赔偿责任的，人民法院应予支持。

第十条　债务人经过行政清理程序转入破产程序的，企业破产法第三十一条和第三十二条规定的可撤销行为的起算点，为行政监管机构作出撤销决定之日。

债务人经过强制清算程序转入破产程序的，企业破产法第三十一条和第三十二条规定的可撤销行为的起算点，为人民法院裁定受理强制清算申请之日。

第十一条　人民法院根据管理人的请求撤销涉及债务人财产的以明显不合理价格进行的交易的，买卖双方应当依法返还从对方获取的财产或者价款。

因撤销该交易，对于债务人应返还受让人已支付价款所产生的债务，受让人请求作为共益债务清偿的，人民法院应予支持。

第十二条　破产申请受理前一年内债务人提前清偿的未到期债务，在破产申请受理前已经到期，管理人请求撤销该清偿行为的，人民法院不予支持。但是，该清偿行为发生在破产申请受理前六个月内且债务人有企业破产法第二条第一款规定情形的除外。

第十三条　破产申请受理后，管理人未依据企业破产法第三十一条的规定请求撤销债务人无偿转让财产、以明显不合理价格交易、放弃债权行为的，债权人依据民法典第五百三十八条、第五百三十九条等规定提起诉讼，请求撤销债务人上述行为并将因此追回的财产归入债务人财产的，人民法院应予受理。

相对人以债权人行使撤销权的范围超出债权人的债权抗辩的，人民法院不予支持。

第十四条　债务人对以自有财产设定担保物权的债权进行的个别清偿，管理人依据企业破产法第三十二条的规定请求撤销的，人民法院不予支持。但是，债务清偿时担保财产的价值低于债权额的除外。

第十五条　债务人经诉讼、仲裁、执行程序对债权人进行的个别清偿，管理人依据企业破产法第三十二条的规定请求撤销的，人民法院不予支持。但是，债务人与债权人恶意串通损害其他债权人利益的除外。

第十六条　债务人对债权人进行的以下个别清偿，管理人依据企业破产法第三十二条的规定请求撤销的，人民法院不予支持：

（一）债务人为维系基本生产需要而支付水费、电费等的；

（二）债务人支付劳动报酬、人身损害赔偿金的；

（三）使债务人财产受益的其他个别清偿。

290. 请求确认债务人行为无效纠纷

案由适用要点

［释义］ 请求确认债务人行为无效纠纷，是指债务人实施的严重损害债权人整体利益的行为，由管理人或者债权人提起的请求人民法院确认债务人行为无效的纠纷。

［管辖］ 根据《企业破产法》第21条规定，人民法院受理破产申请后，有关债务人的民事诉讼，只能向受理破产申请的人民法院提起，实行集中管辖。破产程序启动后，管理人或者债权人发现债务人存在无效行为并请求确认无效，属于破产申请受理后新提起的针对债务人的诉讼，故应由受理破产申请的人民法院集中管辖。

［应注意的问题］ 确定本案由时，应注意与破产撤销权纠纷、请求撤销个别清偿行为纠纷相区分。主要区别在于：（1）行为的具体方式不同。请求确认债务人行为无效纠纷，针对的是债务人以逃避债务为目的而实施的两类行为，即隐匿、转移财产行为以及虚构债务、承认不真实债务的行为；破产撤销权纠纷、请求撤销个别清偿行为纠纷针对的是债务人进入破产程序前一定时期内的有偿或无偿行为，债务人的行为不一定具有逃避债务的恶意。（2）权利行使主体不同。对于绝对无效的法律行为，任何人均可主张，而相对无效的法律行为，享有相应权利者可主张，法院也可依职权主动审查并宣告行为无效；对于可撤销行为，只有享有撤销权者方可提起，人民法院无权主动撤销。在请求确认债务人行为无效纠纷中，因债务人进入破产程序后，追回债务人财产属于管理人的职权范围，在管理人不作为的情况下，由于债务人的行为损害的是全体债权人利益，故债权人也可以行使。而在破产撤销权纠纷、请求撤销个别清偿行为纠纷中，权利行使主体则原则上为管理人。（3）法律后果不同。请求确认债务人行为无效纠纷，债务人的违法行为随着破产程序的启动而被人民法院认定无效后，行为自始无效，不因当事人的承认、除斥期间、诉讼时效经过或者无效原因消灭而成为有效，强调的是国家对违法行为的主动干预与制裁；破产撤销权纠纷、请求撤销个别清偿行为纠纷，国家虽强调概括式的公平清偿规则，但更注重尊重当事人的意思自治行为，由权利人选择是否予以撤销。

请求权基础规范指引

《中华人民共和国企业破产法》（2006 年）

第三十三条 涉及债务人财产的下列行为无效：

（一）为逃避债务而隐匿、转移财产的；

（二）虚构债务或者承认不真实的债务的。

《最高人民法院关于适用〈中华人民共和国企业破产法〉若干问题的规定（二）》（2020 年 12 月 23 日修正）

第十七条 管理人依据企业破产法第三十三条的规定提起诉讼，主张被隐匿、转移财产的实际占有人返还债务人财产，或者主张债务人虚构债务或者承认不真实债务的行为无效并返还债务人财产的，人民法院应予支持。

291. 对外追收债权纠纷

案由适用要点

［**释义**］对外追收债权纠纷，是指管理人在债务人进入破产程序后，对债务人的债权或者其他权益予以追收所引发的纠纷。

［**管辖**］对外追收债权纠纷系管理人在管理债务人财产的过程中发生的涉及债务人财产的收回和清理，属于新提起的有关债务人的民事诉讼，根据《企业破产法》第 21 条的规定，原则上应由受理破产申请的人民法院管辖。《最高人民法院关于适用〈中华人民共和国企业破产法〉若干问题的规定（二）》第 47 条规定："人民法院受理破产申请后，当事人提起的有关债务人的民事诉讼案件，应当依据企业破产法第二十一条的规定，由受理破产申请的人民法院管辖。受理破产申请的人民法院管辖的有关债务人的第一审民事案件，可以依据民事诉讼法第三十八条[①]的规定，由上级人民法院提审，或者报请上级人民法院批准后交下级人民法院审理。受理破产申请的人民法院，如对有关债务人的海事纠纷、专利纠纷、证券市场因虚假陈述引发的民事赔偿纠纷等案件不能行使管辖权的，可以依据民事诉讼法第三十七条[②]的规定，由上级人民法院指定管辖。"根据该规定，如果案情复杂，应追回的财产标的物较大、争议又较大或者专业性较强，依法享有管辖权的受理破产法院不便审理的，可以依法报上级法院指定管辖或者在上下级法院之间转移管辖权。

---

① 现为《民事诉讼法》（2023 年修正）第三十九条。

② 现为《民事诉讼法》（2023 年修正）第三十八条。

［**应注意的问题**］确定本案由时，应当与追收未缴出资纠纷、追收抽逃出资纠纷、追收非法正常收入纠纷相区别。上述案由中，虽然追收行为的主体均为管理人，性质均为债权请求权，但对外追收债权纠纷中追收的对象是次债务人或者债务人的财产持有人，而追收未缴出资纠纷、追收抽逃出资纠纷和追收非法正常收入纠纷中追收的对象为债务人的出资人或董事、监事及高级管理人员。对外追收债权，顾名思义，所追收权利的性质是债权，权利基础是债权请求权，管理人基于物权请求权要求债务人、财产持有人交付财产而产生的纠纷不适用本案由。

请求权基础规范指引

《中华人民共和国企业破产法》（2006年）

第十七条　人民法院受理破产申请后，债务人的债务人或者财产持有人应当向管理人清偿债务或者交付财产。

债务人的债务人或者财产持有人故意违反前款规定向债务人清偿债务或者交付财产，使债权人受到损失的，不免除其清偿债务或者交付财产的义务。

《最高人民法院关于适用〈中华人民共和国企业破产法〉若干问题的规定（二）》（2020年12月23日修正）

第二十三条　破产申请受理后，债权人就债务人财产向人民法院提起本规定第二十一条第一款所列诉讼的，人民法院不予受理。

债权人通过债权人会议或者债权人委员会，要求管理人依法向次债务人、债务人的出资人等追收债务人财产，管理人无正当理由拒绝追收，债权人会议依据企业破产法第二十二条的规定，申请人民法院更换管理人的，人民法院应予支持。

管理人不予追收，个别债权人代表全体债权人提起相关诉讼，主张次债务人或者债务人的出资人等向债务人清偿或者返还债务人财产，或者依法申请合并破产的，人民法院应予受理。

292. 追收未缴出资纠纷

案由适用要点

［**释义**］追收未缴出资纠纷，是指管理人在债务人进入破产程序后，因债务人的出资人未履行按期缴纳所认缴的出资额义务，管理人在破产程序中进行追收而产生的民事纠纷。

［**管辖**］根据《企业破产法》第21条规定，追收未缴出资纠纷案件，属于新提起的有关债务人的民事诉讼，故应由受理债务人破产申请的人民法院

实行集中管辖。

[应注意的问题] 根据《最高人民法院关于适用〈中华人民共和国企业破产法〉若干问题的规定（二）》第23条第3款规定，如管理人怠于追收，个别债权人有权代表全体债权人提起诉讼，主张债务人的出资人缴纳所认缴的全部出资。本纠纷引发诉讼的提起主体即原告原则上为管理人，债权人应当督促管理人行使追收权利，经督促后，管理人依然怠于行使的，个别债权人可代表全体债权人作为原告提起诉讼，人民法院应当予以受理。

根据《最高人民法院关于审理公司强制清算案件工作座谈会纪要》第39条规定，“鉴于公司强制清算与破产清算在具体程序操作上的相似性……股东未缴足出资……可参照企业破产法及其司法解释的有关规定处理”，在公司强制清算过程中，发现股东未缴足出资的，根据该纪要精神，清算组提起的诉讼也为本案由。

请求权基础规范指引

《中华人民共和国企业破产法》（2006年）

第三十五条 人民法院受理破产申请后，债务人的出资人尚未完全履行出资义务的，管理人应当要求该出资人缴纳所认缴的出资，而不受出资期限的限制。

《中华人民共和国公司法》（2023年修订）

第四十九条 股东应当按期足额缴纳公司章程规定的各自所认缴的出资额。

股东以货币出资的，应当将货币出资足额存入有限责任公司在银行开设的账户；以非货币财产出资的，应当依法办理其财产权的转移手续。

股东未按期足额缴纳出资的，除应当向公司足额缴纳外，还应当对给公司造成的损失承担赔偿责任。

第五十条 有限责任公司设立时，股东未按照公司章程规定实际缴纳出资，或者实际出资的非货币财产的实际价额显著低于所认缴的出资额的，设立时的其他股东与该股东在出资不足的范围内承担连带责任。

第九十九条 发起人不按照其认购的股份缴纳股款，或者作为出资的非货币财产的实际价额显著低于所认购的股份的，其他发起人与该发起人在出资不足的范围内承担连带责任。

《最高人民法院关于适用〈中华人民共和国企业破产法〉若干问题的规定（二）》（2020年12月23日修正）

第二十条 管理人代表债务人提起诉讼，主张出资人向债务人依法缴付未履行的出资或者返还抽逃的出资本息，出资人以认缴出资尚未届至公司章程规定的缴纳期限或者违反出资义务已经超过诉讼时效为由抗辩的，人民法院不予支持。

管理人依据公司法的相关规定代表债务人提起诉讼，主张公司的发起人和负有监督股东履行出资义务的董事、高级管理人员，或者协助抽逃出资的其他股东、董事、高级管理人员、实际控制人等，对股东违反出资义务或者抽逃出资承担相应责任，并将财产归入债务人财产的，人民法院应予支持。

《最高人民法院关于适用〈中华人民共和国公司法〉若干问题的规定（三）》（2020年12月23日修正）

第十三条 股东未履行或者未全面履行出资义务，公司或者其他股东请求其向公司依法全面履行出资义务的，人民法院应予支持。

公司债权人请求未履行或者未全面履行出资义务的股东在未出资本息范围内对公司债务不能清偿的部分承担补充赔偿责任的，人民法院应予支持；未履行或者未全面履行出资义务的股东已经承担上述责任，其他债权人提出相同请求的，人民法院不予支持。

股东在公司设立时未履行或者未全面履行出资义务，依照本条第一款或者第二款提起诉讼的原告，请求公司的发起人与被告股东承担连带责任的，人民法院应予支持；公司的发起人承担责任后，可以向被告股东追偿。

股东在公司增资时未履行或者未全面履行出资义务，依照本条第一款或者第二款提起诉讼的原告，请求未尽公司法第一百四十七条第一款①规定的义务而使出资未缴足的董事、高级管理人员承担相应责任的，人民法院应予支持；董事、高级管理人员承担责任后，可以向被告股东追偿。

第十八条 有限责任公司的股东未履行或者未全面履行出资义务即转让股权，受让人对此知道或者应当知道，公司请求该股东履行出资义务、受让人对此承担连带责任的，人民法院应予支持；公司债权人依照本规定第十三条第二款向该股东提起诉讼，同时请求前述受让人对此承担连带责任的，人民法院应予支持。

受让人根据前款规定承担责任后，向该未履行或者未全面履行出资义务的股东追偿的，人民法院应予支持。但是，当事人另有约定的除外。

第二十条 当事人之间对是否已履行出资义务发生争议，原告提供对股东履行出资义务产生合理怀疑证据的，被告股东应当就其已履行出资义务承担举证责任。

---

① 现为《公司法》（2023年修订）第一百七十九条、第一百八十条。

293. 追收抽逃出资纠纷

案由适用要点

[**释义**] 追收抽逃出资纠纷，是指管理人在破产程序中对债务人股东抽逃已投入公司的出资予以追收而产生的纠纷。

[**管辖**] 管理人向人民法院提起追收抽逃出资的诉讼，系基于债务人财产权利受到侵犯，而基于《企业破产法》的规定代表债务人企业行使其诉讼权利，应适用《企业破产法》第 21 条有关集中管辖的规定，由受理破产申请的人民法院管辖。

[**应注意的问题**] 确定本案由应注意与追收未缴出资纠纷相区别。追收未缴出资纠纷，针对的是出资人完全未履行或者未完全履行出资义务的情形，而本案由针对的是出资人履行出资义务后，又以各种方式抽回出资的情形，广义上也属于未履行或者未完全履行出资义务的情形。但是，抽逃出资与未缴出资还是存在差别，抽逃出资的前提是股东足额履行了出资义务，而未缴出资则是虚假出资、完全未出资或者部分出资，或者瑕疵出资，行为方式并不相同。

根据《最高人民法院关于审理公司强制清算案件工作座谈会纪要》第 39 条规定，“鉴于公司强制清算与破产清算在具体程序操作上的相似性……股东未缴足出资、抽逃出资……可参照企业破产法及其司法解释的有关规定处理”，在公司强制清算过程中，发现股东抽逃出资的，根据该纪要精神，清算组提起的诉讼也适用本案由。

请求权基础规范指引

《中华人民共和国企业破产法》（2006 年）

第二十五条 管理人履行下列职责：

……

（六）管理和处分债务人的财产；

（七）代表债务人参加诉讼、仲裁或者其他法律程序；

……

本法对管理人的职责另有规定的，适用其规定。

《中华人民共和国公司法》（2023 年修订）

第五十三条 公司成立后，股东不得抽逃出资。

违反前款规定的，股东应当返还抽逃的出资；给公司造成损失的，负有责任的董事、监事、高级管理人员应当与该股东承担连带赔偿责任。

第一百零五条 公司设立时应发行的股份未募足，或者发行股份的股款缴足后，发起人在三十日内未召开成立大会的，认股人可以按照所缴股款并加算银行同期存款利息，要求发起人返还。

发起人、认股人缴纳股款或者交付非货币财产出资后，除未按期募足股份、发起人未按期召开成立大会或者成立大会决议不设立公司的情形外，不得抽回其股本。

《最高人民法院关于适用〈中华人民共和国企业破产法〉若干问题的规定（二）》（2020年12月23号修正）

第二十条 管理人代表债务人提起诉讼，主张出资人向债务人依法缴付未履行的出资或者返还抽逃的出资本息，出资人以认缴出资尚未届至公司章程规定的缴纳期限或者违反出资义务已经超过诉讼时效为由抗辩的，人民法院不予支持。

管理人依据公司法的相关规定代表债务人提起诉讼，主张公司的发起人和负有监督股东履行出资义务的董事、高级管理人员，或者协助抽逃出资的其他股东、董事、高级管理人员、实际控制人等，对股东违反出资义务或者抽逃出资承担相应责任，并将财产归入债务人财产的，人民法院应予支持。

第二十三条 破产申请受理后，债权人就债务人财产向人民法院提起本规定第二十一条第一款所列诉讼的，人民法院不予受理。

债权人通过债权人会议或者债权人委员会，要求管理人依法向次债务人、债务人的出资人等追收债务人财产，管理人无正当理由拒绝追收，债权人会议依据企业破产法第二十二条的规定，申请人民法院更换管理人的，人民法院应予支持。

管理人不予追收，个别债权人代表全体债权人提起相关诉讼，主张次债务人或者债务人的出资人等向债务人清偿或者返还债务人财产，或者依法申请合并破产的，人民法院应予受理。

《最高人民法院关于适用〈中华人民共和国公司法〉若干问题的规定（三）》（2020年12月23日修正）

第十二条 公司成立后，公司、股东或者公司债权人以相关股东的行为符合下列情形之一且损害公司权益为由，请求认定该股东抽逃出资的，人民法院应予支持：

（一）制作虚假财务会计报表虚增利润进行分配；

（二）通过虚构债权债务关系将其出资转出；

（三）利用关联交易将出资转出；

（四）其他未经法定程序将出资抽回的行为。

第十四条 股东抽逃出资，公司或者其他股东请求其向公司返还出资本息、协助抽逃出资的其他股东、董事、高级管理人员或者实际控制人对此承担连带责任的，人民法院应予支持。

公司债权人请求抽逃出资的股东在抽逃出资本息范围内对公司债务不能清偿的部分承担补充赔偿责任、协助抽逃出资的其他股东、董事、高级管理人员或者实际控制人对此承担连带责任的，人民法院应予支持；抽逃出资的股东已经承担上述责任，其他债权人提出相同请求的，人民法院不予支持。

294. 追收非正常收入纠纷

案由适用要点

[释义] 追收非正常收入是指管理人在破产程序中，对于债务人的董事、监事和高级管理人员利用职权从企业获取的非正常收入和侵占的企业财产予以追回。

当管理人怠于追收，个别债权人有权代表全体债权人提起诉讼予以追回。

[管辖] 管理人提起的此类诉讼，实质是行使债务人依法享有的诉讼权利，恢复债务人财产，应当适用《企业破产法》第 21 条有关集中管辖的规定，由受理破产申请的人民法院管辖。

[应注意的问题] 本案由名称上虽为“追收非正常收入”纠纷，但根据《企业破产法》第 36 条规定，管理人因追收债务人的董事、监事和高级管理人员利用职权侵占的企业财产而引发诉讼，也应适用本案由，也即予以扩张解释。因为追收非正常收入与追收被侵占的企业财产，虽可能表现为不同类型请求权的行使，但其目的均在于否定企业的董事、监事和高级管理人员利用职权侵害企业财产而导致债权人整体可清偿利益不当减少，故均应由管理人追回。

此外，根据《最高人民法院关于审理公司强制清算案件工作座谈会纪要》第 39 条规定，“鉴于公司强制清算与破产清算在具体程序操作上的相似性……公司董事、监事、高级管理人员非法侵占公司财产等，可参照企业破产法及其司法解释的有关规定处理”，在公司强制清算过程中，发现公司董事、监事、高级管理人员非法侵占公司财产的，根据该纪要精神，清算组提起的诉讼也适用本案由。

请求权基础规范指引

《中华人民共和国企业破产法》（2006 年）

第三十六条　债务人的董事、监事和高级管理人员利用职权从企业获取的非正常收入和侵占的企业财产，管理人应当追回。

《最高人民法院关于适用〈中华人民共和国企业破产法〉若干问题的规定（二）》（2020 年 12 月 23 日修正）

第二十三条 破产申请受理后，债权人就债务人财产向人民法院提起本规定第二十一条第一款所列诉讼的，人民法院不予受理。

债权人通过债权人会议或者债权人委员会，要求管理人依法向次债务人、债务人的出资人等追收债务人财产，管理人无正当理由拒绝追收，债权人会议依据企业破产法第二十二条的规定，申请人民法院更换管理人的，人民法院应予支持。

管理人不予追收，个别债权人代表全体债权人提起相关诉讼，主张次债务人或者债务人的出资人等向债务人清偿或者返还债务人财产，或者依法申请合并破产的，人民法院应予受理。

第二十四条 债务人有企业破产法第二条第一款规定的情形时，债务人的董事、监事和高级管理人员利用职权获取的以下收入，人民法院应当认定为企业破产法第三十六条规定的非正常收入：

（一）绩效奖金；

（二）普遍拖欠职工工资情况下获取的工资性收入；

（三）其他非正常收入。

债务人的董事、监事和高级管理人员拒不向管理人返还上述债务人财产，管理人主张上述人员予以返还的，人民法院应予支持。

债务人的董事、监事和高级管理人员因返还第一款第（一）项、第（三）项非正常收入形成的债权，可以作为普通破产债权清偿。因返还第一款第（二）项非正常收入形成的债权，依据企业破产法第一百一十三条第三款的规定，按照该企业职工平均工资计算的部分作为拖欠职工工资清偿；高出该企业职工平均工资计算的部分，可以作为普通破产债权清偿。

第四十六条 债务人的股东主张以下列债务与债务人对其负有的债务抵销，债务人管理人提出异议的，人民法院应予支持：

（一）债务人股东因欠缴债务人的出资或者抽逃出资对债务人所负的债务；

（二）债务人股东滥用股东权利或者关联关系损害公司利益对债务人所负的债务。

295. 破产债权确认纠纷

（1）职工破产债权确认纠纷

（2）普通破产债权确认纠纷

案由适用要点

［**释义**］破产债权确认纠纷是指债务人、债权人与管理人对债权是否存在以及债权的性质、数额、担保情况、是否超过诉讼时效期间、是否具有强制执行性等发生争议引发的纠纷。

职工破产债权确认纠纷是指债务人的职工对于管理人所列清单记载的内容有异议，请求管理人予以更正，而管理人不更正的，向人民法院提起的请求确认上述清单记载的费用数额及相关事项所引发的民事纠纷。普通破产债权确认纠纷，是指债务人、债权人对于管理人编制的债权表记载的债权有异议，请求管理人予以更正，而管理人不更正的，向人民法院提起的请求确认债权的民事纠纷。

［**管辖**］根据《企业破产法》第21条有关集中管辖的规定，债权确认纠纷由受理破产申请的人民法院集中管辖，以便诉讼审理和保证破产程序顺利进行。即使诉讼标的不属受理破产申请的人民法院管辖的，该法院也享有专属管辖权。对于在破产申请受理前已提起尚未结束的债权确认诉讼，依照《企业破产法》第20条的规定，可由原审理法院继续审理，不必将案件移送受理破产申请的人民法院审理。此外，根据《最高人民法院关于适用〈中华人民共和国企业破产法〉若干问题的规定（二）》第47条第3款规定，普通破产债权确认纠纷可以根据标的金额，按级别管辖的规定本应由基层人民法院审理的案件，交基层人民法院审理。破产债权确认纠纷拟确认的债权，如果属于海事纠纷、专利纠纷、证券纠纷等须专门管辖的案件，可以由上级人民法院指定管辖。

需要注意的是，根据《最高人民法院关于适用〈中华人民共和国企业破产法〉若干问题的规定（三）》第8条规定，如果当事人在破产申请受理前约定了仲裁条款或者仲裁协议，当管理人对该债权不予确认登记时，债权人应当向有关仲裁机构申请确认债权债务，而不能向人民法院提起破产债权确认纠纷。

［**应注意的问题**］债务人对债权表记载的债权有异议提起诉讼的，债务人作为原告，被异议债权人列为被告。根据《企业破产法》第25条第7项规定，管理人的职权之一是“代表债务人参加诉讼、仲裁或者其他法律程序”。如果债务人提起破产债权确认之诉，由管理人代表债务人进行诉讼，将使管理人陷于既审查债权不予确认，又代为提起诉讼的矛盾状况。对此，有观点

认为，在债务人对管理人审查编制债权表所记载的债权有异议的，此项诉讼不能由管理人代表，而应由债务人权力机构决定其代表进行诉讼。[①] 债权人对债权表记载的其他人的债权有异议的，异议债权人为原告，被异议债权人为被告。债权人对债权表记载的本人债权有异议的，债权人作为原告，债务人列为被告。对同一笔债权存在多个异议人，其他异议人申请参加诉讼的，应当列为共同原告。

根据《最高人民法院关于税务机关就破产企业欠缴税款产生的滞纳金提起的债权确认之诉应否受理问题的批复》，税务机关就破产企业欠缴税款产生的滞纳金提起的债权确认之诉，人民法院应依法受理。破产企业在破产案件受理前因欠缴税款产生的滞纳金属于普通破产债权。因此，税务机关提起的此类诉讼属于普通破产债权确认纠纷。

请求权基础规范指引

《中华人民共和国企业破产法》（2006年）

第四十八条 债权人应当在人民法院确定的债权申报期限内向管理人申报债权。

债务人所欠职工的工资和医疗、伤残补助、抚恤费用，所欠的应当划入职工个人账户的基本养老保险、基本医疗保险费用，以及法律、行政法规规定应当支付给职工的补偿金，不必申报，由管理人调查后列出清单并予以公示。职工对清单记载有异议的，可以要求管理人更正；管理人不予更正的，职工可以向人民法院提起诉讼。

第五十八条 依照本法第五十七条规定编制的债权表，应当提交第一次债权人会议核查。

债务人、债权人对债权表记载的债权无异议的，由人民法院裁定确认。

债务人、债权人对债权表记载的债权有异议的，可以向受理破产申请的人民法院提起诉讼。

《最高人民法院关于税务机关就破产企业欠缴税款产生的滞纳金提起的债权确认之诉应否受理问题的批复》（法释〔2012〕9号 2012年6月4日）

青海省高级人民法院：

你院《关于税务机关就税款滞纳金提起债权确认之诉应否受理问题的请示》（青民他字〔2011〕1号）收悉。经研究，答复如下：

税务机关就破产企业欠缴税款产生的滞纳金提起的债权确认之诉，人民法院应依法受理。依照企业破产法、税收征收管理法的有关规定，破产企业在破产案件受理前因欠缴税款产生的滞纳金属于普通破产债权。对于破产案

① 刘子平：《破产债权确认诉讼制度研究》，载《法律适用》2007年第10期。

件受理后因欠缴税款产生的滞纳金，人民法院应当依照最高人民法院《关于审理企业破产案件若干问题的规定》第六十一条规定处理。

《最高人民法院关于适用〈中华人民共和国企业破产法〉若干问题的规定（二）》（2020年12月23日修正）

第二十二条　破产申请受理前，债权人就债务人财产向人民法院提起本规定第二十一条第一款所列诉讼，人民法院已经作出生效民事判决书或者调解书但尚未执行完毕的，破产申请受理后，相关执行行为应当依据企业破产法第十九条的规定中止，债权人应当依法向管理人申报相关债权。

第三十条　债务人占有的他人财产被违法转让给第三人，依据民法典第三百一十一条的规定第三人已善意取得财产所有权，原权利人无法取回该财产的，人民法院应当按照以下规定处理：

（一）转让行为发生在破产申请受理前的，原权利人因财产损失形成的债权，作为普通破产债权清偿；

（二）转让行为发生在破产申请受理后的，因管理人或者相关人员执行职务导致原权利人损害产生的债务，作为共益债务清偿。

第三十一条　债务人占有的他人财产被违法转让给第三人，第三人已向债务人支付了转让价款，但依据民法典第三百一十一条的规定未取得财产所有权，原权利人依法追回转让财产的，对因第三人已支付对价而产生的债务，人民法院应当按照以下规定处理：

（一）转让行为发生在破产申请受理前的，作为普通破产债权清偿；

（二）转让行为发生在破产申请受理后的，作为共益债务清偿。

第三十二条　债务人占有的他人财产毁损、灭失，因此获得的保险金、赔偿金、代偿物尚未交付给债务人，或者代偿物虽已交付给债务人但能与债务人财产予以区分的，权利人主张取回就此获得的保险金、赔偿金、代偿物的，人民法院应予支持。

保险金、赔偿金已经交付给债务人，或者代偿物已经交付给债务人且不能与债务人财产予以区分的，人民法院应当按照以下规定处理：

（一）财产毁损、灭失发生在破产申请受理前的，权利人因财产损失形成的债权，作为普通破产债权清偿；

（二）财产毁损、灭失发生在破产申请受理后的，因管理人或者相关人员执行职务导致权利人损害产生的债务，作为共益债务清偿。

债务人占有的他人财产毁损、灭失，没有获得相应的保险金、赔偿金、代偿物，或者保险金、赔偿物、代偿物不足以弥补其损失的部分，人民法院应当按照本条第二款的规定处理。

第三十六条　出卖人破产，其管理人决定解除所有权保留买卖合同，并依据企业破产法第十七条的规定要求买受人向其交付买卖标的物的，人民法院应予支持。

买受人以其不存在未依约支付价款或者履行完毕其他义务，或者将标的物出卖、出质或者作出其他不当处分情形抗辩的，人民法院不予支持。

买受人依法履行合同义务并依据本条第一款将买卖标的物交付出卖人管理人后，买受人已支付价款损失形成的债权作为共益债务清偿。但是，买受人违反合同约定，出卖人管理人主张上述债权作为普通破产债权清偿的，人民法院应予支持。

《最高人民法院关于适用〈中华人民共和国企业破产法〉若干问题的规定（三）》（2020年12月23日修正）

第六条 管理人应当依照企业破产法第五十七条的规定对所申报的债权进行登记造册，详尽记载申报人的姓名、单位、代理人、申报债权额、担保情况、证据、联系方式等事项，形成债权申报登记册。

管理人应当依照企业破产法第五十七条的规定对债权的性质、数额、担保财产、是否超过诉讼时效期间、是否超过强制执行期间等情况进行审查、编制债权表并提交债权人会议核查。

债权表、债权申报登记册及债权申报材料在破产期间由管理人保管，债权人、债务人、债务人职工及其他利害关系人有权查阅。

第七条 已经生效法律文书确定的债权，管理人应当予以确认。

管理人认为债权人据以申报债权的生效法律文书确定的债权错误，或者有证据证明债权人与债务人恶意通过诉讼、仲裁或者公证机关赋予强制执行力公证文书的形式虚构债权债务的，应当依法通过审判监督程序向作出该判决、裁定、调解书的人民法院或者上一级人民法院申请撤销生效法律文书，或者向受理破产申请的人民法院申请撤销或者不予执行仲裁裁决、不予执行公证债权文书后，重新确定债权。

第八条 债务人、债权人对债权表记载的债权有异议的，应当说明理由和法律依据。经管理人解释或调整后，异议人仍然不服的，或者管理人不予解释或调整的，异议人应当在债权人会议核查结束后十五日内向人民法院提起债权确认的诉讼。当事人之间在破产申请受理前订立有仲裁条款或仲裁协议的，应当向选定的仲裁机构申请确认债权债务关系。

第九条 债务人对债权表记载的债权有异议向人民法院提起诉讼的，应将被异议债权人列为被告。债权人对债权表记载的他人债权有异议的，应将被异议债权人列为被告；债权人对债权表记载的本人债权有异议的，应将债务人列为被告。

对同一笔债权存在多个异议人，其他异议人申请参加诉讼的，应当列为共同原告。

《最高人民法院印发〈全国法院破产审判工作会议纪要〉的通知》（法〔2018〕53 号　2018 年 3 月 4 日）

27. 企业破产与职工权益保护。破产程序中要依法妥善处理劳动关系，推动完善职工欠薪保障机制，依法保护职工生存权。由第三方垫付的职工债权，原则上按照垫付的职工债权性质进行清偿；由欠薪保障基金垫付的，应按照企业破产法第一百一十三条第一款第二项的顺序清偿。债务人欠缴的住房公积金，按照债务人拖欠的职工工资性质清偿。

28. 破产债权的清偿原则和顺序。对于法律没有明确规定清偿顺序的债权，人民法院可以按照人身损害赔偿债权优先于财产性债权、私法债权优先于公法债权、补偿性债权优先于惩罚性债权的原则合理确定清偿顺序。因债务人侵权行为造成的人身损害赔偿，可以参照企业破产法第一百一十三条第一款第一项规定的顺序清偿，但其中涉及的惩罚性赔偿除外。破产财产依照企业破产法第一百一十三条规定的顺序清偿后仍有剩余的，可依次用于清偿破产受理前产生的民事惩罚性赔偿金、行政罚款、刑事罚金等惩罚性债权。

296. 取回权纠纷

（1）一般取回权纠纷

（2）出卖人取回权纠纷

案由适用要点

［释义］ 取回权是指在破产程序中，管理人接管的不属于债务人的财产，财产的所有权人或者其他权利人享有不依照破产程序、通过管理人将财产予以取回的权利，由此引发的纠纷为取回权纠纷。

［管辖］ 根据《企业破产法》第 21 条规定，取回权纠纷由受理债务人破产申请的人民法院实行集中管辖。

［应注意的问题］ 对于所有权保留合同，在买受人破产的情形下，出卖人享有的是何种破产法上的权利，是取回权还是别除权，学术界存在争议。我们认为，根据《民法典》第 642 条第 1 款规定应当认可权利人享有取回权。该条规定，对于所有权保留合同，如果买受人未依约支付价款且催告后仍未支付的、未完成约定的特定条件的，以及进行不当处分的，出卖人有权取回标的物。虽然出卖人享有取回权的法律依据是《民法典》，是一种合同法上的权利，并非《企业破产法》规定意义上的取回权，但实质并无不同，因此由此引发的纠纷应当列为取回权纠纷。事实上，《最高人民法院关于适用〈中华人民共和国企业破产法〉若干问题的规定（二）》第 38 条、第 39 条也按照

取回权纠纷加以规范。

此外，《最高人民法院关于适用〈中华人民共和国企业破产法〉若干问题的规定（二）》第40条规定了重整期间紧急取回权的行使。在债务人重整期间，如果管理人或者自行管理的债务人违反约定，可能导致取回物被转让、毁损、灭失或者价值明显减少的，权利人有取回权，由此引发的纠纷亦为取回权纠纷。

请求权基础规范指引

《中华人民共和国企业破产法》（2006年）

第三十八条 人民法院受理破产申请后，债务人占有的不属于债务人的财产，该财产的权利人可以通过管理人取回。但是，本法另有规定的除外。

第三十九条 人民法院受理破产申请时，出卖人已将买卖标的物向作为买受人的债务人发运，债务人尚未收到且未付清全部价款的，出卖人可以取回在运途中的标的物。但是，管理人可以支付全部价款，请求出卖人交付标的物。

《最高人民法院关于适用〈中华人民共和国企业破产法〉若干问题的规定（二）》（2020年12月23日修正）

第二十六条 权利人依据企业破产法第三十八条的规定行使取回权，应当在破产财产变价方案或者和解协议、重整计划草案提交债权人会议表决前向管理人提出。权利人在上述期限后主张取回相关财产的，应当承担延迟行使取回权增加的相关费用。

第二十七条 权利人依据企业破产法第三十八条的规定向管理人主张取回相关财产，管理人不予认可，权利人以债务人为被告向人民法院提起诉讼请求行使取回权的，人民法院应予受理。

权利人依据人民法院或者仲裁机关的相关生效法律文书向管理人主张取回所涉争议财产，管理人以生效法律文书错误为由拒绝其行使取回权的，人民法院不予支持。

第二十八条 权利人行使取回权时未依法向管理人支付相关的加工费、保管费、托运费、委托费、代销费等费用，管理人拒绝其取回相关财产的，人民法院应予支持。

第二十九条 对债务人占有的权属不清的鲜活易腐等不易保管的财产或者不及时变现价值将严重贬损的财产，管理人及时变价并提存变价款后，有关权利人就该变价款行使取回权的，人民法院应予支持。

第三十八条 买受人破产，其管理人决定解除所有权保留买卖合同，出卖人依据企业破产法第三十八条的规定主张取回买卖标的物的，人民法院应予支持。

出卖人取回买卖标的物，买受人管理人主张出卖人返还已支付价款的，人民法院应予支持。取回的标的物价值明显减少给出卖人造成损失的，出卖人可从买受人已支付价款中优先予以抵扣后，将剩余部分返还给买受人；对买受人已支付价款不足以弥补出卖人标的物价值减损损失形成的债权，出卖人主张作为共益债务清偿的，人民法院应予支持。

第三十九条　出卖人依据企业破产法第三十九条的规定，通过通知承运人或者实际占有人中止运输、返还货物、变更到达地，或者将货物交给其他收货人等方式，对在运途中标的物主张了取回权但未能实现，或者在货物未达管理人前已向管理人主张取回在运途中标的物，在买卖标的物到达管理人后，出卖人向管理人主张取回的，管理人应予准许。

出卖人对在运途中标的物未及时行使取回权，在买卖标的物到达管理人后向管理人行使在运途中标的物取回权的，管理人不应准许。

第四十条　债务人重整期间，权利人要求取回债务人合法占有的权利人的财产，不符合双方事先约定条件的，人民法院不予支持。但是，因管理人或者自行管理的债务人违反约定，可能导致取回物被转让、毁损、灭失或者价值明显减少的除外。

《最高人民法院印发〈关于推进破产案件依法高效审理的意见〉的通知》（法发〔2020〕14号　2020年4月15日）

8. 管理人应当及时接管债务人的财产、印章和账簿、文书等资料。债务人拒不移交的，人民法院可以根据管理人的申请或者依职权对直接责任人员处以罚款，并可以就债务人应当移交的内容和期限作出裁定。债务人不履行裁定确定的义务的，人民法院可以依照民事诉讼法执行程序的有关规定采取搜查、强制交付等必要措施予以强制执行。

接管过程中，对于债务人占有的不属于债务人的财产，权利人可以依据企业破产法第三十八条的规定向管理人主张取回。管理人不予认可的，权利人可以向破产案件受理法院提起诉讼请求行使取回权。诉讼期间不停止管理人的接管。

297. 破产抵销权纠纷

案由适用要点

［释义］破产抵销权，是指债权人在破产申请受理前对债务人负有债务，无论该债权与所负债务种类是否相同、标的是否相同、是否已届清偿期限，也不论债权债务是否附条件或者附期限，只要不属于法律规定的除外情形，均可在破产财产最终分配确定前向管理人主张相互抵销的权利。由此引

发的纠纷即为破产抵销权纠纷。

［**管辖**］破产抵销权纠纷为破产程序开始后针对债务人财产所引发的纠纷，根据《企业破产法》第21条规定，由受理破产申请的人民法院集中管辖。

［**应注意的问题**］破产抵销权是破产债权人的专属权利，其债权不受债务种类和履行期限的限制。当然，破产债权人主张抵销权的债务，只能是破产宣告前其对破产人所负的债务。要注意破产债权人在破产宣告后对破产人负有债务的不得主张抵销，在债务人破产宣告后取得的他人破产债权不得主张抵销，破产人的债务人已得知破产人停止支付，或者有破产申请而取得的债权以及对破产人所负的债务，不得主张抵销。确定本案由，应注意与民法上的抵销权纠纷相区别。破产程序中，并不排斥民法上的抵销权在不违背破产法公平清偿原则下的适用。如对破产费用、共益债务的抵销等。因此，如果破产债权人与债务人互负债务，种类相同且均已届清偿期，债权人主张撤销的，应适用民法抵销权的相关规定，由此引发的纠纷不属于破产抵销权纠纷。

请求权基础规范指引

《中华人民共和国企业破产法》（2006年）

第四十条 债权人在破产申请受理前对债务人负有债务的，可以向管理人主张抵销。但是，有下列情形之一的，不得抵销：

（一）债务人的债务人在破产申请受理后取得他人对债务人的债权的；

（二）债权人已知债务人有不能清偿到期债务或者破产申请的事实，对债务人负担债务的；但是，债权人因为法律规定或者有破产申请一年前所发生的原因而负担债务的除外；

（三）债务人的债务人已知债务人有不能清偿到期债务或者破产申请的事实，对债务人取得债权的；但是，债务人的债务人因为法律规定或者有破产申请一年前所发生的原因而取得债权的除外。

《最高人民法院关于适用〈中华人民共和国企业破产法〉若干问题的规定（二）》（2020年12月23日修正）

第四十一条 债权人依据企业破产法第四十条的规定行使抵销权，应当向管理人提出抵销主张。

管理人不得主动抵销债务人与债权人的互负债务，但抵销使债务人财产受益的除外。

第四十二条 管理人收到债权人提出的主张债务抵销的通知后，经审查无异议的，抵销自管理人收到通知之日起生效。

管理人对抵销主张有异议的，应当在约定的异议期限内或者自收到主张债务抵销的通知之日起三个月内向人民法院提起诉讼。无正当理由逾期提起的，人民法院不予支持。

人民法院判决驳回管理人提起的抵销无效诉讼请求的，该抵销自管理人收到主张债务抵销的通知之日起生效。

第四十三条 债权人主张抵销，管理人以下列理由提出异议的，人民法院不予支持：

（一）破产申请受理时，债务人对债权人负有的债务尚未到期；

（二）破产申请受理时，债权人对债务人负有的债务尚未到期；

（三）双方互负债务标的物种类、品质不同。

第四十四条 破产申请受理前六个月内，债务人有企业破产法第二条第一款规定的情形，债务人与个别债权人以抵销方式对个别债权人清偿，其抵销的债权债务属于企业破产法第四十条第（二）、（三）项规定的情形之一，管理人在破产申请受理之日起三个月内向人民法院提起诉讼，主张该抵销无效的，人民法院应予支持。

第四十五条 企业破产法第四十条所列不得抵销情形的债权人，主张以其对债务人特定财产享有优先受偿权的债权，与债务人对其不享有优先受偿权的债权抵销，债务人管理人以抵销存在企业破产法第四十条规定的情形提出异议的，人民法院不予支持。但是，用以抵销的债权大于债权人享有优先受偿权财产价值的除外。

第四十六条 债务人的股东主张以下列债务与债务人对其负有的债务抵销，债务人管理人提出异议的，人民法院应予支持：

（一）债务人股东因欠缴债务人的出资或者抽逃出资对债务人所负的债务；

（二）债务人股东滥用股东权利或者关联关系损害公司利益对债务人所负的债务。

298. 别除权纠纷

案由适用要点

［**释义**］别除权是指在破产程序中，对于破产人的特定财产享有担保物权或者享有特别优先权的权利人，在破产程序中就特定财产享有优先受偿的权利。由此引发的纠纷为别除权纠纷。

［**管辖**］别除权纠纷为破产程序开始后针对债务人特定财产所引发的纠纷，根据《企业破产法》第21条、第110条的规定，由受理破产申请的人民法院集中管辖。

［**应注意的问题**］《民法典》实施后，除了规定典型的担保物权如抵押

权、质权和留置权之外，还在第 388 条规定了“其他具有担保功能的合同”，增加了功能主义担保合同。结合《民法典》相关规定，具有担保功能的合同包括保理合同、融资租赁合同、所有权保留合同等合同，上述合同均属于非典型担保合同，且《民法典》规定非经登记，不得对抗善意第三人，也即采取登记对抗主义，赋予登记的优先受偿权。此外，司法实践中常见的非典型担保合同还包括让与担保。根据《最高人民法院全国法院民商事审判工作会议纪要》第 71 条规定，让与担保是指债务人或者第三人与债权人订立合同，约定将财产形式上转让至债权人名下，债务人到期清偿债务，债权人将该财产返还给债务人或第三人，债务人到期没有清偿债务，债权人可以对财产拍卖、变卖、折价偿还债权的合同。《民法典》对此虽未明确规定，但通过第 401 条、第 402 条规定修改了原《物权法》关于禁止流质、流押的规定，也足以达到让与担保的制度效果。对于上述非典型担保合同如果经过登记的，应当赋予优先受偿权。如果债务人破产的，权利人享有别除权，由此引发的纠纷为别除权纠纷。至于因所有权保留合同所引发的纠纷，本书在“取回权纠纷”案由项下进行了详细介绍，此处不再赘述。

需要注意的是，因管理人原因造成担保标的物灭失而导致别除权消灭的，担保物权人由此取得的损害赔偿请求权属于共益债务，此类纠纷不属于别除权纠纷，应根据具体致害行为确定案由。

请求权基础规范指引

《中华人民共和国企业破产法》（2006 年）

第四十九条 债权人申报债权时，应当书面说明债权的数额和有无财产担保，并提交有关证据。申报的债权是连带债权的，应当说明。

第五十九条 依法申报债权的债权人为债权人会议的成员，有权参加债权人会议，享有表决权。

债权尚未确定的债权人，除人民法院能够为其行使表决权而临时确定债权额的外，不得行使表决权。

对债务人的特定财产享有担保权的债权人，未放弃优先受偿权利的，对于本法第六十一条第一款第七项、第十项规定的事项不享有表决权。

债权人可以委托代理人出席债权人会议，行使表决权。代理人出席债权人会议，应当向人民法院或者债权人会议主席提交债权人的授权委托书。

债权人会议应当有债务人的职工和工会的代表参加，对有关事项发表意见。

第一百零九条 对破产人的特定财产享有担保权的权利人，对该特定财产享有优先受偿的权利。

第一百一十条 享有本法第一百零九条规定权利的债权人行使优先受偿

权利未能完全受偿的，其未受偿的债权作为普通债权；放弃优先受偿权利的，其债权作为普通债权。

第一百三十二条　本法施行后，破产人在本法公布之日前所欠职工的工资和医疗、伤残补助、抚恤费用，所欠的应当划入职工个人账户的基本养老保险、基本医疗保险费用，以及法律、行政法规规定应当支付给职工的补偿金，依照本法第一百一十三条的规定清偿后不足以清偿的部分，以本法第一百零九条规定的特定财产优先于对该特定财产享有担保权的权利人受偿。

《最高人民法院关于适用〈中华人民共和国企业破产法〉若干问题的规定（二）》（2020年12月23日修正）

第四十五条　企业破产法第四十条所列不得抵销情形的债权人，主张以其对债务人特定财产享有优先受偿权的债权，与债务人对其不享有优先受偿权的债权抵销，债务人管理人以抵销存在企业破产法第四十条规定的情形提出异议的，人民法院不予支持。但是，用以抵销的债权大于债权人享有优先受偿权财产价值的除外。

299. 破产撤销权纠纷

案由适用要点

［**释义**］破产撤销权系民法上撤销权在破产法上的扩张适用，指债务人在破产申请受理前的法定期间内实施的欺诈性行为和偏袒性清偿行为，管理人请求人民法院予以撤销并追回财产的权利，由此引发的纠纷为破产撤销权纠纷。

［**管辖**］由于管理人行使破产撤销权在于否定债务人的特定行为，并恢复债务人财产，根据《企业破产法》第21条规定，应由受理破产申请的人民法院集中管辖。

［**应注意的问题**］对于《企业破产法》第32条规定的个别清偿行为的撤销行为，虽然广义上也属于破产撤销权，但鉴于“请求撤销个别清偿行为纠纷”对此作出特别规定，故该行为不属于本条规定的破产撤销权纠纷，本案由仅适用于一般破产撤销权纠纷。

请求权基础规范指引

《中华人民共和国企业破产法》（2006年）

第三十一条　人民法院受理破产申请前一年内，涉及债务人财产的下列行为，管理人有权请求人民法院予以撤销：

（一）无偿转让财产的；

（二）以明显不合理的价格进行交易的；

（三）对没有财产担保的债务提供财产担保的；

（四）对未到期的债务提前清偿的；

（五）放弃债权的。

第三十四条 因本法第三十一条、第三十二条或者第三十三条规定的行为而取得的债务人的财产，管理人有权追回。

《最高人民法院关于适用〈中华人民共和国企业破产法〉若干问题的规定（二）》（2020年12月23日修正）

第九条 管理人依据企业破产法第三十一条和第三十二条的规定提起诉讼，请求撤销涉及债务人财产的相关行为并由相对人返还债务人财产的，人民法院应予支持。

管理人因过错未依法行使撤销权导致债务人财产不当减损，债权人提起诉讼主张管理人对其损失承担相应赔偿责任的，人民法院应予支持。

第十条 债务人经过行政清理程序转入破产程序的，企业破产法第三十一条和第三十二条规定的可撤销行为的起算点，为行政监管机构作出撤销决定之日。

债务人经过强制清算程序转入破产程序的，企业破产法第三十一条和第三十二条规定的可撤销行为的起算点，为人民法院裁定受理强制清算申请之日。

第十三条 破产申请受理后，管理人未依据企业破产法第三十一条的规定请求撤销债务人无偿转让财产、以明显不合理价格交易、放弃债权行为的，债权人依据民法典第五百三十八条、第五百三十九条等规定提起诉讼，请求撤销债务人上述行为并将因此追回的财产归入债务人财产的，人民法院应予受理。

相对人以债权人行使撤销权的范围超出债权人的债权抗辩的，人民法院不予支持。

300. 损害债务人利益赔偿纠纷

案由适用要点

［释义］ 损害债务人利益赔偿纠纷，指债务人的董事、监事、高级管理人员、法定代表人等有关人员不当执行职务或有破产法规定的损害债权人利益行为，造成债务人财产利益的损失，在破产程序中被要求承担损害赔偿责任而引发的纠纷。

［管辖］ 损害债务人利益赔偿纠纷在性质上属于侵权责任纠纷，虽以债务人的有关人员为被告，但系有关债务人利益的纠纷，目的在于增加债务人的

责任财产，根据《企业破产法》第 21 条的规定，应由受理破产申请案件的人民法院集中管辖。

[**应注意的问题**] 应注意本案由与追收非正常收入纠纷的区别。根据《企业破产法》第 36 条规定，债务人的董事、监事和高级管理人员利用职权从企业获取的非正常收入和侵占的企业财产，管理人应当追回，由此引发的纠纷为追收非正常收入纠纷。但是，如果债务人的高级管理人违反忠实勤勉义务，从企业获取非正常收入后，或者擅自处分企业财产获益的，如无法追回或者虽追回但不足以弥补债务人损失的，管理人可提起损害债务人利益赔偿纠纷。

请求权基础规范指引

《中华人民共和国企业破产法》（2006 年）

第一百二十五条 企业董事、监事或者高级管理人员违反忠实义务、勤勉义务，致使所在企业破产的，依法承担民事责任。

有前款规定情形的人员，自破产程序终结之日起三年内不得担任任何企业的董事、监事、高级管理人员。

第一百二十八条 债务人有本法第三十一条、第三十二条、第三十三条规定的行为，损害债权人利益的，债务人的法定代表人和其他直接责任人员依法承担赔偿责任。

《中华人民共和国公司法》（2023 年修订）

第一百七十九条 董事、监事、高级管理人员应当遵守法律、行政法规和公司章程。

第一百八十条 董事、监事、高级管理人员对公司负有忠实义务，应当采取措施避免自身利益与公司利益冲突，不得利用职权牟取不正当利益。

董事、监事、高级管理人员对公司负有勤勉义务，执行职务应当为公司的最大利益尽到管理者通常应有的合理注意。

公司的控股股东、实际控制人不担任公司董事但实际执行公司事务的，适用前两款规定。

第一百八十一条 董事、监事、高级管理人员不得有下列行为：

（一）侵占公司财产、挪用公司资金；

（二）将公司资金以其个人名义或者以其他个人名义开立账户存储；

（三）利用职权贿赂或者收受其他非法收入；

（四）接受他人与公司交易的佣金归为己有；

（五）擅自披露公司秘密；

（六）违反对公司忠实义务的其他行为。

第一百八十二条 董事、监事、高级管理人员，直接或者间接与本公司订立合同或者进行交易，应当就与订立合同或者进行交易有关的事项向董事会或者股东会报告，并按照公司章程的规定经董事会或者股东会决议通过。

董事、监事、高级管理人员的近亲属，董事、监事、高级管理人员或者其近亲属直接或者间接控制的企业，以及与董事、监事、高级管理人员有其他关联关系的关联人，与公司订立合同或者进行交易，适用前款规定。

第一百八十六条 董事、监事、高级管理人员违反本法第一百八十一条至第一百八十四条规定所得的收入应当归公司所有。

第一百八十八条 董事、监事、高级管理人员执行职务违反法律、行政法规或者公司章程的规定，给公司造成损失的，应当承担赔偿责任。

301. 管理人责任纠纷

案由适用要点

［**释义**］管理人责任纠纷，是指管理人违反勤勉忠实义务，不正当履行职责，导致债权人、债务人或者第三人受损的，受害人要求管理人承担民事赔偿责任而引发的纠纷。

［**管辖**］关于管理人责任纠纷的管辖问题，我国法律没有明确规定。管理人民事赔偿责任的承担由其自身财产予以支付，与管理人管理的债务人财产无关，因此管理人责任纠纷在狭义解释层面上并不符合《企业破产法》第21条有关集中管辖的适用条件。但是，《最高人民法院关于破产清算组在履行职责过程中违约或侵权等民事纠纷案件诉讼管辖问题的批复》中曾规定："企业被宣告破产后，清算组因履行清算职责对他人违约或者侵权引起的民事诉讼，发生在破产程序终结之前的，由受理破产案件的人民法院管辖，在破产程序中一并处理。"由于我国早期的破产法律没有管理人制度，承担相应职责是清算组，2006年出台的《企业破产法》取消了清算组制度，改为管理人制度，因此上述批复就案件管辖的司法政策精神可以沿用。由此，管理人民事责任纠纷案件，不仅可以借鉴上述批复的司法政策，也可对《企业破产法》第21条进行扩大解释，即管理人民事责任纠纷案件属于与企业破产有关的纠纷，为企业破产衍生诉讼案件，应由受理破产案件的法院管辖。

［**应注意的问题**］管理人非职务行为造成债权人、债务人等利害关系人损害的，实际上与其管理人的身份无关，应根据具体的侵权纠纷或合同纠纷确定案由。

请求权基础规范指引

《中华人民共和国企业破产法》（2006年）

第一百三十条　管理人未依照本法规定勤勉尽责，忠实执行职务的，人民法院可以依法处以罚款；给债权人、债务人或者第三人造成损失的，依法承担赔偿责任。

《最高人民法院关于审理企业破产案件指定管理人的规定》（法释〔2007〕8号　2007年4月12日）

第三十九条　管理人申请辞去职务未获人民法院许可，但仍坚持辞职并不再履行管理人职责，或者人民法院决定更换管理人后，原管理人拒不向新任管理人移交相关事务，人民法院可以根据企业破产法第一百三十条的规定和具体情况，决定对管理人罚款。对社会中介机构为管理人的罚款5万元至20万元人民币，对个人为管理人的罚款1万元至5万元人民币。

管理人有前款规定行为或者无正当理由拒绝人民法院指定的，编制管理人名册的人民法院可以决定停止其担任管理人一年至三年，或者将其从管理人名册中除名。

《最高人民法院印发〈关于推进破产案件依法高效审理的意见〉的通知》（法发〔2020〕14号　2020年4月15日）

二、完善债务人财产接管和调查方式

6. 管理人应当及时全面调查债务人涉及的诉讼和执行案件情况。破产案件受理法院可以根据管理人的申请或者依职权，及时向管理人提供通过该院案件管理系统查询到的有关债务人诉讼和执行案件的基本信息。债务人存在未结诉讼或者未执行完毕案件的，管理人应当及时将债务人进入破产程序的情况报告相关人民法院。

7. 管理人应当及时全面调查债务人财产状况。破产案件受理法院可以根据管理人的申请或者依职权，及时向管理人提供通过该院网络执行查控系统查询到的债务人财产信息。

8. 管理人应当及时接管债务人的财产、印章和账簿、文书等资料。债务人拒不移交的，人民法院可以根据管理人的申请或者依职权对直接责任人员处以罚款，并可以就债务人应当移交的内容和期限作出裁定。债务人不履行裁定确定的义务的，人民法院可以依照民事诉讼法执行程序的有关规定采取搜查、强制交付等必要措施予以强制执行。

接管过程中，对于债务人占有的不属于债务人的财产，权利人可以依据企业破产法第三十八条的规定向管理人主张取回。管理人不予认可的，权利人可以向破产案件受理法院提起诉讼请求行使取回权。诉讼期间不停止管理人的接管。

《最高人民法院关于适用〈中华人民共和国企业破产法〉若干问题的规定（二）》（2020年12月23日修正）

第九条 管理人依据企业破产法第三十一条和第三十二条的规定提起诉讼，请求撤销涉及债务人财产的相关行为并由相对人返还债务人财产的，人民法院应予支持。

管理人因过错未依法行使撤销权导致债务人财产不当减损，债权人提起诉讼主张管理人对其损失承担相应赔偿责任的，人民法院应予支持。

第三十三条 管理人或者相关人员在执行职务过程中，因故意或者重大过失不当转让他人财产或者造成他人财产毁损、灭失，导致他人损害产生的债务作为共益债务，由债务人财产随时清偿不足弥补损失，权利人向管理人或者相关人员主张承担补充赔偿责任的，人民法院应予支持。

上述债务作为共益债务由债务人财产随时清偿后，债权人以管理人或者相关人员执行职务不当导致债务人财产减少给其造成损失为由提起诉讼，主张管理人或者相关人员承担相应赔偿责任的，人民法院应予支持。

二十四、证券纠纷

302. 证券权利确认纠纷

（1）股票权利确认纠纷
（2）公司债券权利确认纠纷
（3）国债权利确认纠纷
（4）证券投资基金权利确认纠纷

案由适用要点

[释义] 股票权利确认纠纷，是指股东与股东之间或者股东与公司之间就股权是否存在以及持有数额、比例等发生争议而引起的纠纷。实践中，股票权利确认纠纷主要有三种类型：（1）股东与股东之间因隐名出资产生的股权确认纠纷；（2）股东与股东之间因股权转让产生的股权确认纠纷；（3）股东与公司之间的股权确认纠纷。

公司债券可因买卖、受让、继承等方式取得，当事人之间因确认公司债券权利归属而产生的纠纷称为公司债券权利确认纠纷。

国债权利确认纠纷，是指因国库券权利归属产生争议引发的纠纷。

对基金份额产生争议，可以引发证券投资基金权利确认纠纷。

[管辖] 证券权利确认纠纷适用一般地域管辖，即《民事诉讼法》第22

条规定："对公民提起的民事诉讼，由被告住所地人民法院管辖；被告住所地与经常居住地不一致的，由经常居住地人民法院管辖。对法人或者其他组织提起的民事诉讼，由被告住所地人民法院管辖。同一诉讼的几个被告住所地、经常居住地在两个以上人民法院辖区的，各该人民法院都有管辖权。"

同时要注意设立了专门金融法院地区关于证券纠纷案件的管辖特殊规定。上海、北京、成渝金融法院相继成立，最高人民法院分别于 2018 年、2021 年和 2022 年发布了《最高人民法院关于上海金融法院案件管辖的规定》[①] 和《最高人民法院关于北京金融法院案件管辖的规定》《最高人民法院关于成渝金融法院案件管辖的规定》。

[应注意的问题] 证券权利确认是证券交易的前提和基础，是日常生活中常见的法律行为。因此，《民事案件案由规定》将证券权利确认纠纷列为第三级案由。考虑到《证券法》规定证券包含股票、公司债券、政府债券、证券投资基金份额等形式，这些证券权利类型在实践中大量存在，故将因这些权利确认产生的纠纷列为第四级案由。

请求权基础规范指引

《中华人民共和国民法典》（2020 年）

第一百二十五条【投资性权利】 民事主体依法享有股权和其他投资性权利。

《中华人民共和国证券投资基金法》（2015 年修正）

第二条 在中华人民共和国境内，公开或者非公开募集资金设立证券投资基金（以下简称基金），由基金管理人管理，基金托管人托管，为基金份额持有人的利益，进行证券投资活动，适用本法；本法未规定的，适用《中华人民共和国信托法》《中华人民共和国证券法》和其他有关法律、行政法规的规定。

《中华人民共和国证券法》（2019 年修订）

第二条 在中华人民共和国境内，股票、公司债券、存托凭证和国务院依法认定的其他证券的发行和交易，适用本法；本法未规定的，适用《中华人民共和国公司法》和其他法律、行政法规的规定。

政府债券、证券投资基金份额的上市交易，适用本法；其他法律、行政法规另有规定的，适用其规定。

资产支持证券、资产管理产品发行、交易的管理办法，由国务院依照本法的规定。

在中华人民共和国境外的证券发行和交易活动，扰乱中华人民共和国境内市场秩序，损害境内投资者合法权益的，依照本法有关规定处理并追究法

① 已于 2021 年进行修正。

律责任。

《最高人民法院关于适用〈中华人民共和国公司法〉若干问题的规定（三）》（2020年12月23日修正）

第二十一条 当事人向人民法院起诉请求确认其股东资格的，应当以公司为被告，与案件争议股权有利害关系的人作为第三人参加诉讼。

第二十二条 当事人之间对股权归属发生争议，一方请求人民法院确认其享有股权的，应当证明以下事实之一：

（一）已经依法向公司出资或者认缴出资，且不违反法律法规强制性规定；

（二）已经受让或者以其他形式继受公司股权，且不违反法律法规强制性规定。

303. 证券交易合同纠纷

（1）股票交易纠纷

（2）公司债券交易纠纷

（3）国债交易纠纷

（4）证券投资基金交易纠纷

案由适用要点

［释义］ 证券交易，主要是指证券买卖，是指证券所有人将已经发行并交付的证券有偿转让给他人的法律行为。广义上的证券交易，还包括对证券的质押、赠与、继承、设立担保等法律行为。一般我们说的证券交易，仅指证券买卖，也就是狭义上的证券交易。通过证券交易形成的市场，称为证券交易市场或者证券二级市场，可分为场内交易市场和场外交易市场。前者是指证券交易所，又称集中交易市场；后者则是指证券交易所之外进行交易的场所。

［管辖］ 根据《民事诉讼法》第24条规定，因合同纠纷提起的诉讼，由被告住所地或者合同履行地人民法院管辖。证券交易合同纠纷属于合同纠纷案件，应当由被告住所地或者合同履行地人民法院管辖。

同时要注意到，最高人民法院2020年印发了《全国法院审理债券纠纷案件座谈会纪要》，纪要第三部分对债权纠纷案件的受理、管辖与诉讼方式等作出规定，认为“对债券纠纷案件实施相对集中管辖，有利于债券纠纷的及时、有序化解和裁判尺度的统一。在债券持有人、债券投资者自行提起诉讼的情况下，受诉法院也要选择适当的共同诉讼方式，实现案件审理的集约化”。

［应注意的问题］ 证券交易主要是指证券买卖行为，它是投资者之间以证

券为标的进行买卖、质押、赠与、继承、设立担保等各种行为的集合。鉴于证券交易不同于通常的买卖关系，具有特殊性，并且证券交易合同纠纷还具有一定的重要性和典型性，因此在法律适用上，不仅要受《民法典》规范，还要受《证券法》规范，《民事案件案由规定》将“证券交易合同纠纷”确定为第三级案由，并根据《证券法》对证券分类的规定，在“证券交易合同纠纷”项下列出了4个第四级案由。

请求权基础规范指引

《中华人民共和国证券投资基金法》（2015年修正）

第四十四条　基金合同应当约定基金的运作方式。

第四十五条　基金的运作方式可以采用封闭式、开放式或者其他方式。

采用封闭式运作方式的基金（以下简称封闭式基金），是指基金份额总额在基金合同期限内固定不变，基金份额持有人不得申请赎回的基金；采用开放式运作方式的基金（以下简称开放式基金），是指基金份额总额不固定，基金份额可以在基金合同约定的时间和场所申购或者赎回的基金。

采用其他运作方式的基金的基金份额发售、交易、申购、赎回的办法，由国务院证券监督管理机构另行规定。

《中华人民共和国公司法》（2023年修订）

第一百五十七条　股份有限公司的股东持有的股份可以向其他股东转让，也可以向股东以外的人转让；公司章程对股份转让有限制的，其转让按照公司章程的规定进行。

第一百五十八条　股东转让其股份，应当在依法设立的证券交易场所进行或者按照国务院规定的其他方式进行。

第一百五十九条　股票的转让，由股东以背书方式或者法律、行政法规规定的其他方式进行；转让后由公司将受让人的姓名或者名称及住所记载于股东名册。

股东会会议召开前二十日内或者公司决定分配股利的基准日前五日内，不得变更股东名册。法律、行政法规或者国务院证券监督管理机构对上市公司股东名册变更另有规定的，从其规定。

《中华人民共和国证券法》（2019年修订）

第三十五条　证券交易当事人依法买卖的证券，必须是依法发行并交付的证券。

非依法发行的证券，不得买卖。

第三十六条　依法发行的证券，《中华人民共和国公司法》和其他法律对其转让期限有限制性规定的，在限定的期限内不得转让。

上市公司持有百分之五以上股份的股东、实际控制人、董事、监事、高级管理人员，以及其他持有发行人首次公开发行前发行的股份或者上市公司向特定对象发行的股份的股东，转让其持有的本公司股份的，不得违反法律、行政法规和国务院证券监督管理机构关于持有期限、卖出时间、卖出数量、卖出方式、信息披露等规定，并应当遵守证券交易所的业务规则。

第三十七条 公开发行的证券，应当在依法设立的证券交易所上市交易或者在国务院批准的其他全国性证券交易场所交易。

非公开发行的证券，可以在证券交易所、国务院批准的其他全国性证券交易场所、按照国务院规定设立的区域性股权市场转让。

第三十八条 证券在证券交易所上市交易，应当采用公开的集中交易方式或者国务院证券监督管理机构批准的其他方式。

第三十九条 证券交易当事人买卖的证券可以采用纸面形式或者国务院证券监督管理机构规定的其他形式。

304. 金融衍生品种交易纠纷

案由适用要点

［**释义**］金融衍生品种是指以证券为基础资产且其价值随着基础资产价值变化而变化的金融产品。金融衍生品是当事人约定以处置金融风险为目的，于未来特定时间转移特定金融利益所代表权利的一种契约安排，实质上是建立在高度发达的市场经济和信用关系基础上的合同法律关系。

［**管辖**］根据《民事诉讼法》第 24 条规定，因合同纠纷提起的诉讼，由被告住所地或者合同履行地人民法院管辖。金融衍生产品交易是一种金融合约，属于合同法律关系，适用合同纠纷案件的管辖规定，应当由被告住所地或者合同履行地人民法院管辖。

［**应注意的问题**］金融衍生品种交易形式多样，品种繁多，包括股票、公司债券、存托凭证和国务院依法认定的其他证券，还包括远期、期货、掉期（互换）和期权的金融合约或混合金融工具，甚至与外汇、商品、能源和股权等有关，不胜枚举。

由于金融衍生产品复杂性和特殊性，为了进一步促进金融衍生产品的发展，规范金融市场，2011 年《民事案件案由规定》将“金融衍生品种交易纠纷”作为第三级案由从“证券交易合同纠纷”中独立出来，突显其重要性。有鉴于此，2020 年修正后的《民事案件案由规定》仍将“金融衍生品种交易纠纷”作为第三级案由予以规定。

请求权基础规范指引

《中华人民共和国证券法》（2019 年修订）

第二条　在中华人民共和国境内，股票、公司债券、存托凭证和国务院依法认定的其他证券的发行和交易，适用本法；本法未规定的，适用《中华人民共和国公司法》和其他法律、行政法规的规定。

政府债券、证券投资基金份额的上市交易，适用本法；其他法律、行政法规另有规定的，适用其规定。

资产支持证券、资产管理产品发行、交易的管理办法，由国务院依照本法的规定。

在中华人民共和国境外的证券发行和交易活动，扰乱中华人民共和国境内市场秩序，损害境内投资者合法权益的，依照本法有关规定处理并追究法律责任。

《中华人民共和国期货和衍生品法》（2022 年）

第三十条　依法设立的场所，经国务院授权的部门或者国务院期货监督管理机构审批，可以组织开展衍生品交易。

组织开展衍生品交易的场所制定的交易规则，应当公平保护交易参与各方合法权益和防范市场风险，并报国务院授权的部门或者国务院期货监督管理机构批准。

第三十一条　金融机构开展衍生品交易业务，应当依法经过批准或者核准，履行交易者适当性管理义务，并应当遵守国家有关监督管理规定。

第三十二条　衍生品交易采用主协议方式的，主协议、主协议项下的全部补充协议以及交易双方就各项具体交易作出的约定等，共同构成交易双方之间一个完整的单一协议，具有法律约束力。

第三十三条　本法第三十二条规定的主协议等合同范本，应当按照国务院授权的部门或者国务院期货监督管理机构的规定报送备案。

第三十四条　进行衍生品交易，可以依法通过质押等方式提供履约保障。

第三十五条　依法采用主协议方式从事衍生品交易的，发生约定的情形时，可以依照协议约定终止交易，并按净额对协议项下的全部交易盈亏进行结算。

依照前款规定进行的净额结算，不因交易任何一方依法进入破产程序而中止、无效或者撤销。

第三十六条　国务院授权的部门、国务院期货监督管理机构应当建立衍生品交易报告库，对衍生品交易标的、规模、对手方等信息进行集中收集、保存、分析和管理，并按照规定及时向市场披露有关信息。具体办法由国务院授权的部门、国务院期货监督管理机构规定。

第三十七条 衍生品交易，由国务院授权的部门或者国务院期货监督管理机构批准的结算机构作为中央对手方进行集中结算的，可以依法进行终止净额结算；结算财产应当优先用于结算和交割，不得被查封、冻结、扣押或者强制执行；在结算和交割完成前，任何人不得动用。

依法进行的集中结算，不因参与结算的任何一方依法进入破产程序而中止、无效或者撤销。

《银行业金融机构衍生产品交易业务管理暂行办法》（2011 年修订）

第三条 本办法所称衍生产品是一种金融合约，其价值取决于一种或多种基础资产或指数，合约的基本种类包括远期、期货、掉期（互换）和期权。衍生产品还包括具有远期、期货、掉期（互换）和期权中一种或多种特征的混合金融工具。

第四条 本办法所称银行业金融机构衍生产品交易业务按照交易目的分为两类：

（一）套期保值类衍生产品交易。即银行业金融机构主动发起，为规避自有资产、负债的信用风险、市场风险或流动性风险而进行的衍生产品交易。此类交易需符合套期会计规定，并划入银行账户管理。

（二）非套期保值类衍生产品交易。即除套期保值类以外的衍生产品交易。包括由客户发起，银行业金融机构为满足客户需求提供的代客交易和银行业金融机构为对冲前述交易相关风险而进行的交易；银行业金融机构为承担做市义务持续提供市场买、卖双边价格，并按其报价与其他市场参与者进行的做市交易；以及银行业金融机构主动发起，运用自有资金，根据对市场走势的判断，以获利为目的进行的自营交易。此类交易划入交易账户管理。

第六条 银行业金融机构开办衍生产品交易业务，应当经中国银监会批准，接受中国银监会的监督与检查。

获得衍生产品交易业务资格的银行业金融机构，应当从事与其自身风险管理能力相适应的业务活动。

第七条 银行业金融机构从事与外汇、商品、能源和股权有关的衍生产品交易以及场内衍生产品交易，应当具有中国银监会批准的衍生产品交易业务资格，并遵守国家外汇管理及其他相关规定。

305. 证券承销合同纠纷

（1）证券代销合同纠纷
（2）证券包销合同纠纷

案由适用要点

[**释义**] 证券承销合同是指证券发行人与证券经营机构签订的由证券经营机构包销或者代销发行人发行证券，并依照法律和合同收取一定比例承销费的合同。

证券代销合同是指证券发行人与证券经营机构约定由证券经营机构代理发行人发售证券，在承销期结束后，将未售出的证券全部退还给发行人的合同。证券代销合同纠纷是在证券发行、兑付过程中，发行人、承销人、发行担保人及证券购买人就履行证券代销合同产生的纠纷。

证券包销合同是指证券发行人与证券经营机构约定由证券经营机构将发行人的证券按照合同全部购入或者在承销期结束后将售后剩余证券全部自行购入的合同。

[**管辖**] 根据《民事诉讼法》第 24 条规定，因合同纠纷提起的诉讼，由被告住所地或者合同履行地人民法院管辖。证券承销合同纠纷属于合同纠纷案件，适用合同纠纷案件的管辖的一般原则，应当由被告住所地或者合同履行地人民法院管辖。

[**应注意的问题**] 证券承销合同分为证券代销合同与证券包销合同，一般应包括以下内容：当事人的名称、住所及法定代表人姓名；代销、包销证券的种类、数量、金额及发行价格；代销、包销的期限及起止日期；代销、包销的付款方式及日期；代销、包销的费用和结算办法；违约责任；国务院证券监督管理机构规定的其他事项。如果采取的是包销方式，在承销合同中还应写明包销的具体办法、包销过程中剩余证券的认购办法；如果采取的是代销方式，在承销合同中应规定剩余证券的退还办法。如果采取的是承销团承销，则应写明承销团成员及分销份额。证券承销合同是申请发行证券的必备文件之一。企业债券发行风险由发行人承担还是由承销人承担，是代销与包销的基本区别。为了正确区分证券代销合同纠纷案由与证券包销合同纠纷案由，需要注意：证券代销属于行纪合同的范畴。在代销方式里，发行人与证券承销机构之间是一种委托代理关系，证券经营机构不承担证券销售不完的风险。证券包销合同属于买卖合同的一种，证券经营机构是购买人，承担未售出证券的风险。

请求权基础规范指引

《中华人民共和国公司法》（2023年修订）

第一百五十六条 公司向社会公开募集股份，应当同银行签订代收股款协议。

代收股款的银行应当按照协议代收和保存股款，向缴纳股款的认股人出具收款单据，并负有向有关部门出具收款证明的义务。

公司发行股份募足股款后，应予公告。

《中华人民共和国证券法》（2019年修订）

第二十六条 发行人向不特定对象发行的证券，法律、行政法规规定应当由证券公司承销的，发行人应当同证券公司签订承销协议。证券承销业务采取代销或者包销方式。

证券代销是指证券公司代发行人发售证券，在承销期结束时，将未售出的证券全部退还给发行人的承销方式。

证券包销是指证券公司将发行人的证券按照协议全部购入或者在承销期结束时将售后剩余证券全部自行购入的承销方式。

第二十七条 公开发行证券的发行人有权依法自主选择承销的证券公司。

第二十八条 证券公司承销证券，应当同发行人签订代销或者包销协议，载明下列事项：

（一）当事人的名称、住所及法定代表人姓名；

（二）代销、包销证券的种类、数量、金额及发行价格；

（三）代销、包销的期限及起止日期；

（四）代销、包销的付款方式及日期；

（五）代销、包销的费用和结算办法；

（六）违约责任；

（七）国务院证券监督管理机构规定的其他事项。

第二十九条 证券公司承销证券，应当对公开发行募集文件的真实性、准确性、完整性进行核查。发现有虚假记载、误导性陈述或者重大遗漏的，不得进行销售活动；已经销售的，必须立即停止销售活动，并采取纠正措施。

证券公司承销证券，不得有下列行为：

（一）进行虚假的或者误导投资者的广告宣传或者其他宣传推介活动；

（二）以不正当竞争手段招揽承销业务；

（三）其他违反证券承销业务规定的行为。

证券公司有前款所列行为，给其他证券承销机构或者投资者造成损失的，应当依法承担赔偿责任。

第三十条 向不特定对象发行证券聘请承销团承销的，承销团应当由主承销和参与承销的证券公司组成。

第三十一条　证券的代销、包销期限最长不得超过九十日。

证券公司在代销、包销期内，对所代销、包销的证券应当保证先行出售给认购人，证券公司不得为本公司预留所代销的证券和预先购入并留存所包销的证券。

第三十二条　股票发行采取溢价发行的，其发行价格由发行人与承销的证券公司协商确定。

第三十三条　股票发行采用代销方式，代销期限届满，向投资者出售的股票数量未达到拟公开发行股票数量百分之七十的，为发行失败。发行人应当按照发行价并加算银行同期存款利息返还股票认购人。

第三十四条　公开发行股票，代销、包销期限届满，发行人应当在规定的期限内将股票发行情况报国务院证券监督管理机构备案。

306. 证券投资咨询纠纷

案由适用要点

［**释义**］证券投资咨询是指取得监管部门颁发的相关资格的机构及其咨询人员为接受客户委托，按照约定，向客户提供涉及证券及证券相关产品的投资建议服务，辅助客户作出投资决策，并直接或者间接获取经济利益的经营活动。

［**管辖**］投资人或客户与证券投资咨询业务机构有合同关系的，因此引发的纠纷，根据《民事诉讼法》第 24 条规定，由被告住所地或者合同履行地人民法院管辖。因证券投资咨询引发的侵权纠纷，根据《民事诉讼法》第 29 条规定，由侵权行为地或者被告住所地人民法院管辖。

［**应注意的问题**］证券投资咨询服务既可能基于投资咨询服务合同而引发合同纠纷，也可能因侵权行为而产生侵权纠纷。因此，在案由确定上凡是因证券、期货投资咨询引起的纠纷都应当纳入“证券投资咨询纠纷”案由之下。

请求权基础规范指引

《中华人民共和国证券法》（2019 年修订）

第一百六十一条　证券投资咨询机构及其从业人员从事证券服务业务不得有下列行为：

（一）代理委托人从事证券投资；

（二）与委托人约定分享证券投资收益或者分担证券投资损失；

（三）买卖本证券投资咨询机构提供服务的证券；

（四）法律、行政法规禁止的其他行为。

有前款所列行为之一，给投资者造成损失的，应当依法承担赔偿责任。

第一百六十二条 证券服务机构应当妥善保存客户委托文件、核查和验证资料、工作底稿以及与质量控制、内部管理、业务经营有关的信息和资料，任何人不得泄露、隐匿、伪造、篡改或者毁损。上述信息和资料的保存期限不得少于十年，自业务委托结束之日起算。

第一百六十三条 证券服务机构为证券的发行、上市、交易等证券业务活动制作、出具审计报告及其他鉴证报告、资产评估报告、财务顾问报告、资信评级报告或者法律意见书等文件，应当勤勉尽责，对所依据的文件资料内容的真实性、准确性、完整性进行核查和验证。其制作、出具的文件有虚假记载、误导性陈述或者重大遗漏，给他人造成损失的，应当与委托人承担连带赔偿责任，但是能够证明自己没有过错的除外。

307. 证券资信评级服务合同纠纷

案由适用要点

［**释义**］证券资信评级是指专门从事有价证券评级业务的机构，对证券发行公司等证券市场主体及其产品的信誉、财务状况、偿债能力、投资人的投资风险等进行测定评级。证券资信评估机构一般为独立的非官方机构，其评估结果根据评级对象相关风险，在充分分析基础之上独立得出，不受其他商业行为等不当因素影响。

［**管辖**］根据《民事诉讼法》第24条规定，因合同纠纷提起的诉讼，由被告住所地或者合同履行地人民法院管辖。证券资信评级服务合同纠纷属于合同纠纷案件，应当由被告住所地或者合同履行地人民法院管辖。

［**应注意的问题**］在证券资信评级委托方与资信评级机构签订资信评级服务合同之后，证券评级机构能否客观、公正地出具评级报告，关涉多方利益。鉴于证券资信评级服务合同纠纷的重要性和典型性，《民事案件案由规定》将其确定为第三级案由。

请求权基础规范指引

《中华人民共和国证券法》（2019年修订）

第一百六十二条 证券服务机构应当妥善保存客户委托文件、核查和验证资料、工作底稿以及与质量控制、内部管理、业务经营有关的信息和资料，任何人不得泄露、隐匿、伪造、篡改或者毁损。上述信息和资料的保存期限不得少于十年，自业务委托结束之日起算。

第一百六十三条　证券服务机构为证券的发行、上市、交易等证券业务活动制作、出具审计报告及其他鉴证报告、资产评估报告、财务顾问报告、资信评级报告或者法律意见书等文件，应当勤勉尽责，对所依据的文件资料内容的真实性、准确性、完整性进行核查和验证。其制作、出具的文件有虚假记载、误导性陈述或者重大遗漏，给他人造成损失的，应当与委托人承担连带赔偿责任，但是能够证明自己没有过错的除外。

《资信评级机构出具证券公司债券信用评级报告准则》（2003 年）

第五条　资信评级机构应建立健全统一的内部信用评级标准和程序，并在出具评级报告时保持所依据的标准和程序的一致性。

第十二条　评级结论应包括发行人名称、受评债券名称、信用级别及释义、评级结论的主要依据等，并简要说明本次评级的过程和发行人、受评债券的风险程度。

发行人为受评债券提供担保的，应对比说明有无担保情况下评级结论的差异。

第十四条　评级报告分析应当针对证券行业和发行人的特点，重点揭示风险，反映发行人及受评债券的信用水平及信用风险。

第十五条　评级报告分析可在显要位置作“特别风险提示”，必要时应详细分析该风险及其形成的原因，说明过去特别是最近一个会计年度曾经因该风险因素遭受的损失，判断将来遭受损失的可能程度。

308. 证券回购合同纠纷

（1）股票回购合同纠纷

（2）国债回购合同纠纷

（3）公司债券回购合同纠纷

（4）证券投资基金回购合同纠纷

（5）质押式证券回购纠纷

案由适用要点

[释义] 证券回购业务的品种包括股票、国债、公司债券和证券投资基金等。与此对应，证券持有人与资金贷出方签订的回购合同分别称为股票回购合同、国债回购合同、公司债券回购合同和证券投资基金回购合同。证券质押式回购，是指卖出回购方在将证券出质给（资金融入方）买入返售方（资金融出方）的同时，双方约定在将来某一指定日期，由卖出回购方按约定回购利率计算的资金额，向买入返售方返回资金回购原出质证券的融资行为。

［**管辖**］证券回购纠纷属于合同纠纷，应根据《民事诉讼法》第 24 条规定，由被告住所地或者合同履行地人民法院管辖。证券交易行为在证券交易场所内进行的，融资本金交割行为的地点应为合同规定义务的履行地点，即合同履行地。值得注意的是，1996 年 7 月 4 日《最高人民法院关于如何确定证券回购合同履行地问题的批复》曾对如何确定证券回购合同履行地作出规定，凡在交易场所内进行的证券回购业务，交易场所所在地应为合同履行地。在交易场所之外进行的证券回购业务，最初付款一方（返售方）所在地应为合同履行地。但该批复在 2020 年最高人民法院司法解释清理过程中已被废止。[①] 关于证券回购合同纠纷的级别管辖问题，应按照各高级人民法院作出并经最高人民法院批准的关于级别管辖的规定执行。

［**应注意的问题**］证券回购是证券持有人（回购方即资金拆入方）在卖出一笔证券的同时，与买方（返售方即资金拆出方）签订协议约定一定期限和价格，买回同一笔证券的金融活动。鉴于证券回购合同纠纷的典型性，《民事案件案由规定》将其确定为第三级案由。

请求权基础规范指引

《中国人民银行、财政部、中国证券监督管理委员会关于重申对进一步规范证券回购业务有关问题的通知》（1995 年）

三、证券回购券种只能是国库券和经中国人民银行批准发行的金融债券；回购期限最长不得超过 1 年；回购资金不得用于固定资产投资，不得用于期货市场投资和股本投资，不得以贷款、拆借等任何名义用于企业。

四、回购方必须有百分之百的属于自已所有的国库券和金融债券，并将国库券和金融债券集中在中国人民银行省、自治区、直辖市、计划单列市分行指定的一家证券登记托管机构保管代保管单只能由该机构出具凡出具虚假代保管单的机构，比照全国人大《关于惩治破坏金融秩序犯罪的决定》中的第十条、第十五条等规定惩治。返售方在回购期内不得动用回购证券。禁止任何金融机构挪用个人或机构委托其保管的证券。

五、禁止任何金融机构以租券、借券等方式从事证券回购业务。

六、凡从事证券回购业务的金融机构必须在 8 月 30 日以前到当地人民银行逐笔填写《证券回购业务登记表》由人民银行省、自治区、直辖市、计划单列市分行汇总并报中国人民银行总行和财政部。逾期不登记者，取消其从事证券回购业务的资格。

---

① 《最高人民法院关于废止部分司法解释及相关规范性文件的决定》于 2020 年 12 月 23 日由最高人民法院审判委员会第 1823 次会议通过，自 2021 年 1 月 1 日起施行。

《全国银行间债券市场债券交易管理办法》（2000 年）

第八条　下列机构可成为全国银行间债券市场参与者，从事债券交易业务：

（一）在中国境内具有法人资格的商业银行及其授权分支机构；

（二）在中国境内具有法人资格的非银行金融机构和非金融机构；

（三）经中国人民银行批准经营人民币业务的外国银行分行。

第九条　上述机构进入全国银行间债券市场，应签署债券回购主协议。

第十条　金融机构可直接进行债券交易和结算，也可委托结算代理人进行债券交易和结算；非金融机构应委托结算代理人进行债券交易和结算。

第十七条　以债券为质押进行回购交易，应办理登记；回购合同在办理质押登记后生效。

第十八条　合同一经成立，交易双方应全面履行合同规定的义务，不得擅自变更或解除合同。

第十九条　债券交易现券买卖价格或回购利率由交易双方自行确定。

第二十条　参与者进行债券交易不得在合同约定的价款或利息之外收取未经批准的其他费用。

第二十一条　回购期间，交易双方不得动用质押的债券。

第二十二条　回购期限最长为 365 天。回购到期应按照合同约定全额返还回购项下的资金，并解除质押关系，不得以任何方式展期。

309. 证券上市合同纠纷

案由适用要点

［**释义**］上市协议，即证券上市合同，是上市申请人与证券交易所签订的，用以明确相互之间权利义务关系的协议。上市申请人与证券交易所因上市协议各方因该协议订立、履行、终止等而产生的纠纷为证券上市合同纠纷。

［**管辖**］证券上市合同纠纷属于合同纠纷案件，根据《民事诉讼法》第 24 条规定，因合同纠纷提起的诉讼，应当由被告住所地或者合同履行地人民法院管辖。

［**应注意的问题**］证券上市合同纠纷为第三级案由，适用于申请证券上市交易的公司在其申请被证券交易所审核同意后与证券交易所就证券上市交易日期、暂停或中止上市、内部审计制度、上市费用交纳等各项权利义务所签订的协议发生纠纷的案件。

请求权基础规范指引

《中华人民共和国证券法》（2019 年修订）

第四十七条 申请证券上市交易，应当符合证券交易所上市规则规定的上市条件。

证券交易所上市规则规定的上市条件，应当对发行人的经营年限、财务状况、最低公开发行比例和公司治理、诚信记录等提出要求。

第四十八条 上市交易的证券，有证券交易所规定的终止上市情形的，由证券交易所按照业务规则终止其上市交易。

证券交易所决定终止证券上市交易的，应当及时公告，并报国务院证券监督管理机构备案。

310. 证券交易代理合同纠纷

案由适用要点

[释义] 证券公司与投资者之间签订的合同即证券交易代理合同，是证券公司与投资者签订的以证券公司作为代理人，并以投资者名义参加证券交易，交易结果由投资者承担的协议。因该协议订立、履行、变更、终止而产生的纠纷，即证券交易代理合同纠纷。

[管辖] 证券交易代理合同纠纷属于合同纠纷案件，根据《民事诉讼法》第 24 条规定，因合同纠纷提起的诉讼，由被告住所地或者合同履行地人民法院管辖。

[应注意的问题] 证券交易代理合同关系，是指证券公司与投资者之间的代理合同关系，交易的结果由投资者承担。“证券交易代理”有时也被称之为“代理证券买卖”。从实际运作来看，一般通过具有代理行为特征的经纪行为完成。当然，并非所有的交易结果都由投资者承担，若证券公司因系统故障导致客户无法正常交易而遭受损失的，则应由证券公司承担责任。近年来，证券公司与投资者因证券交易代理合同纠纷引起的案件数量较多，证券公司往往存在违法违规操作情况，此类案件大多数涉及欺诈客户，但查证难度较大，投资者面临举证难题。为了便于人民法院受理、审理证券交易代理合同纠纷案件，厘清法律关系，《民事案件案由规定》将“证券交易代理合同纠纷”确定为第三级案由。

请求权基础规范指引

《中华人民共和国民法典》（2020年）

第一百六十四条【代理人不当行为的法律后果】 代理人不履行或者不完全履行职责，造成被代理人损害的，应当承担民事责任。

代理人和相对人恶意串通，损害被代理人合法权益的，代理人和相对人应当承担连带责任。

第一百六十五条【授权委托书】 委托代理授权采用书面形式的，授权委托书应当载明代理人的姓名或者名称、代理事项、权限和期限，并由被代理人签名或者盖章。

第一百七十一条【无权代理】 行为人没有代理权、超越代理权或者代理权终止后，仍然实施代理行为，未经被代理人追认的，对被代理人不发生效力。

相对人可以催告被代理人自收到通知之日起三十日内予以追认。被代理人未作表示的，视为拒绝追认。行为人实施的行为被追认前，善意相对人有撤销的权利。撤销应当以通知的方式作出。

行为人实施的行为未被追认的，善意相对人有权请求行为人履行债务或者就其受到的损害请求行为人赔偿。但是，赔偿的范围不得超过被代理人追认时相对人所能获得的利益。

相对人知道或者应当知道行为人无权代理的，相对人和行为人按照各自的过错承担责任。

第九百二十九条【受托人的赔偿责任】 有偿的委托合同，因受托人的过错造成委托人损失的，委托人可以请求赔偿损失。无偿的委托合同，因受托人的故意或者重大过失造成委托人损失的，委托人可以请求赔偿损失。

受托人超越权限造成委托人损失的，应当赔偿损失。

第九百三十条【委托人的赔偿责任】 受托人处理委托事务时，因不可归责于自己的事由受到损失的，可以向委托人请求赔偿损失。

第九百三十一条【委托人另行委托他人处理事务】 委托人经受托人同意，可以在受托人之外委托第三人处理委托事务。因此造成受托人损失的，受托人可以向委托人请求赔偿损失。

第九百三十二条【共同委托】 两个以上的受托人共同处理委托事务的，对委托人承担连带责任。

第九百三十三条【委托合同解除】 委托人或者受托人可以随时解除委托合同。因解除合同造成对方损失的，除不可归责于该当事人的事由外，无偿委托合同的解除方应当赔偿因解除时间不当造成的直接损失，有偿委托合同的解除方应当赔偿对方的直接损失和合同履行后可以获得的利益。

《中华人民共和国证券法》（2019年修订）

第一百三十三条 证券公司接受证券买卖的委托，应当根据委托书载明的证券名称、买卖数量、出价方式、价格幅度等，按照交易规则代理买卖证券，如实进行交易记录；买卖成交后，应当按照规定制作买卖成交报告单交付客户。

证券交易中确认交易行为及其交易结果的对账单必须真实，保证账面证券余额与实际持有的证券相一致。

311. 证券上市保荐合同纠纷

案由适用要点

［释义］ 证券上市保荐合同是指证券发行人就聘请具有保荐资格的证券公司为其证券上市担任保荐人而签订的协议。

［管辖］ 证券上市保荐合同纠纷属于合同纠纷，该类纠纷案件的管辖适用合同纠纷案件的管辖的一般原则，根据《民事诉讼法》第24条的规定，由被告住所地或者合同履行地人民法院管辖。

［应注意的问题］ 保荐制度是指经证券主管机关批准具有法定资格的证券公司（保荐人）按照法律规定为上市公司申请上市承担推荐职责，并为上市公司后一段时间的信息披露等持续上市行为向投资者、交易所及证券监管机关承担保证与推荐义务的制度。证券公司（保荐人）与上市公司由此签订的协议即为证券上市保荐合同。《证券法》引入保荐制度旨在规范我国证券发行市场，提高上市公司质量。因此，《民事案件案由规定》将“证券上市保荐合同纠纷”确定为第三级案由。

请求权基础规范指引

《中华人民共和国证券法》（2019年修订）

第十条 发行人申请公开发行股票、可转换为股票的公司债券，依法采取承销方式的，或者公开发行法律、行政法规规定实行保荐制度的其他证券的，应当聘请证券公司担任保荐人。

保荐人应当遵守业务规则和行业规范，诚实守信，勤勉尽责，对发行人的申请文件和信息披露资料进行审慎核查，督导发行人规范运作。

保荐人的管理办法由国务院证券监督管理机构规定。

第一百八十二条 保荐人出具有虚假记载、误导性陈述或者重大遗漏的保荐书，或者不履行其他法定职责的，责令改正，给予警告，没收业务收入，并处以业务收入一倍以上十倍以下的罚款；没有业务收入或者业务收入不足一百万元的，处以一百万元以上一千万元以下的罚款；情节严重的，并处暂停或者撤销保荐业务许可。对直接负责的主管人员和其他直接责任人员给予警告，并处以五十万元以上五百万元以下的罚款。

《证券发行上市保荐业务管理办法》（2023 年 2 月修订）

第二十五条　在发行保荐书中，保荐机构应当就下列事项做出承诺：

（一）有充分理由确信发行人符合法律法规及中国证监会有关证券发行上市的相关规定；

（二）有充分理由确信发行人申请文件和信息披露资料不存在虚假记载、误导性陈述或者重大遗漏；

（三）有充分理由确信发行人及其董事在申请文件和信息披露资料中表达意见的依据充分合理；

（四）有充分理由确信申请文件和信息披露资料与证券服务机构发表的意见不存在实质性差异；

（五）保证所指定的保荐代表人及本保荐机构的相关人员已勤勉尽责，对发行人申请文件和信息披露资料进行了尽职调查、审慎核查；

（六）保证保荐书、与履行保荐职责有关的其他文件不存在虚假记载、误导性陈述或者重大遗漏；

（七）保证对发行人提供的专业服务和出具的专业意见符合法律、行政法规、中国证监会的规定和行业规范；

（八）自愿接受中国证监会依照本办法采取的监管措施；

（九）中国证监会规定的其他事项。

第二十七条　保荐机构提交发行保荐书、上市保荐书后，应当配合证券交易所、中国证监会的发行上市审核和注册工作，并承担下列工作：

（一）组织发行人及证券服务机构对证券交易所、中国证监会的意见进行答复；

（二）按照证券交易所、中国证监会的要求对涉及本次证券发行上市的特定事项进行尽职调查或者核查；

（三）指定保荐代表人与证券交易所、中国证监会职能部门进行专业沟通，接受上市委员问询；

（四）证券交易所、中国证监会规定的其他工作。

第二十八条　保荐机构应当针对发行人的具体情况，确定证券发行上市后持续督导的内容，督导发行人履行有关上市公司规范运作、信守承诺和信息披露等义务，审阅信息披露文件及向中国证监会、证券交易所提交的其他文件，并承担下列工作：

（一）督导发行人有效执行并完善防止控股股东、实际控制人、其他关联方违规占用发行人资源的制度；

（二）督导发行人有效执行并完善防止其董事、监事、高级管理人员利用职务之便损害发行人利益的内控制度；

（三）督导发行人有效执行并完善保障关联交易公允性和合规性的制度，并对关联交易发表意见；

（四）持续关注发行人募集资金的专户存储、投资项目的实施等承诺事项；

（五）持续关注发行人为他人提供担保等事项，并发表意见；

（六）中国证监会、证券交易所规定及保荐协议约定的其他工作。

312. 证券发行纠纷

（1）证券认购纠纷

（2）证券发行失败纠纷

案由适用要点

［**释义**］我国并未对证券募集和证券发行进行区分，而是将证券发行视为包括募集和销售活动在内的完整过程。因此，证券发行可以理解为发行人为了筹集资金等目的，依照法定条件和程序，向投资者招募和销售证券的行为。

［**管辖**］发行人、承销商与投资者因证券发行产生的合同纠纷，根据《民事诉讼法》第24条规定，由被告住所地或者合同履行地人民法院管辖。因证券发行发生的侵权纠纷，根据《民事诉讼法》第29条规定，由侵权行为地或者被告住所地人民法院管辖。

［**应注意的问题**］证券发行纠纷，是由于发行人、承销商的违法行为致使投资者损失的纠纷。我国的证券发行者包括政府、股份有限公司、金融机构、企业或非股份制的企业，如果发行者与投资者之间直接进行，则为直接发行，但更多的证券发行是通过证券公司进行的，称为间接发行或委托发行。如果发行人在证券发行文件中虚构事实或有重大遗漏，构成虚假陈述的，则适用《最高人民法院关于审理证券市场虚假陈述侵权民事赔偿案件的若干规定》。但该司法解释只针对投资者在二级市场买卖证券造成损失如何给予赔偿作了规定。在证券发行过程中，因证券认购、申购、赎回，证券发行失败或者因证券信息披露违反法律法规被撤销等也时常产生纠纷，应当按照证券发行纠纷受理。鉴于证券认购纠纷、证券发行失败纠纷属于常见、多发纠纷，《民事案件案由规定》将上述两个纠纷列为第四级案由。

请求权基础规范指引

《中华人民共和国公司法》（2023年修订）

第四十七条 有限责任公司的注册资本为在公司登记机关登记的全体股东认缴的出资额。全体股东认缴的出资额由股东按照公司章程的规定自公司成立之日起五年内缴足。

法律、行政法规以及国务院决定对有限责任公司注册资本实缴、注册资本最低限额、股东出资期限另有规定的，从其规定。

第四十八条 股东可以用货币出资，也可以用实物、知识产权、土地使用权、股权、债权等可以用货币估价并可以依法转让的非货币财产作价出资；但是，法律、行政法规规定不得作为出资的财产除外。

对作为出资的非货币财产应当评估作价，核实财产，不得高估或者低估作价。法律、行政法规对评估作价有规定的，从其规定。

第四十九条 股东应当按期足额缴纳公司章程规定的各自所认缴的出资额。

股东以货币出资的，应当将货币出资足额存入有限责任公司在银行开设的账户；以非货币财产出资的，应当依法办理其财产权的转移手续。

股东未按期足额缴纳出资的，除应当向公司足额缴纳外，还应当对给公司造成的损失承担赔偿责任。

《中华人民共和国证券法》（2019年修订）

第二十一条 国务院证券监督管理机构或者国务院授权的部门依照法定条件负责证券发行申请的注册。证券公开发行注册的具体办法由国务院规定。

按照国务院的规定，证券交易所等可以审核公开发行证券申请，判断发行人是否符合发行条件、信息披露要求，督促发行人完善信息披露内容。

依照前两款规定参与证券发行申请注册的人员，不得与发行申请人有利害关系，不得直接或者间接接受发行申请人的馈赠，不得持有所注册的发行申请的证券，不得私下与发行申请人进行接触。

第三十一条 证券的代销、包销期限最长不得超过九十日。

证券公司在代销、包销期内，对所代销、包销的证券应当保证先行出售给认购人，证券公司不得为本公司预留所代销的证券和预先购入并留存所包销的证券。

第三十二条 股票发行采取溢价发行的，其发行价格由发行人与承销的证券公司协商确定。

第三十三条 股票发行采用代销方式，代销期限届满，向投资者出售的股票数量未达到拟公开发行股票数量百分之七十的，为发行失败。发行人应当按照发行价并加算银行同期存款利息返还股票认购人。

《上市公司证券发行注册管理办法》（2023年）

第三条 上市公司发行证券，可以向不特定对象发行，也可以向特定对象发行。

向不特定对象发行证券包括上市公司向原股东配售股份（以下简称配股）、向不特定对象募集股份（以下简称增发）和向不特定对象发行可转债。

向特定对象发行证券包括上市公司向特定对象发行股票、向特定对象发行可转债。

《最高人民法院关于印发〈全国法院审理债券纠纷案件座谈会纪要〉的通知》（法〔2020〕185号 2020年7月15日）

五、关于发行人的民事责任

会议认为，民事责任追究是强化债券发行人信用约束的重要手段，各级人民法院要充分发挥审判职能作用，严格落实债券发行人及其相关人员的债券兑付和信息披露责任，依法打击公司控股股东、实际控制人随意支配发行人资产，甚至恶意转移资产等“逃废债”的行为。对于债券违约案件，要根据法律规定和合同约定，依法确定发行人的违约责任；对于债券欺诈发行和虚假陈述侵权民事案件，应当根据债券持有人和债券投资者的实际损失确定发行人的赔偿责任，依法提高债券市场违法违规成本。

21. 发行人的违约责任范围。债券发行人未能如约偿付债券当期利息或者到期本息的，债券持有人请求发行人支付当期利息或者到期本息，并支付逾期利息、违约金、实现债权的合理费用的，人民法院应当予以支持。

债券持有人以发行人出现债券募集文件约定的违约情形为由，要求发行人提前还本付息的，人民法院应当综合考量债券募集文件关于预期违约、交叉违约等的具体约定以及发生事件的具体情形予以判断。

债券持有人以发行人存在其他证券的欺诈发行、虚假陈述为由，请求提前解除合同并要求发行人承担还本付息等责任的，人民法院应当综合考量其他证券的欺诈发行、虚假陈述等行为是否足以导致合同目的不能实现等因素，判断是否符合提前解除合同的条件。

22. 债券欺诈发行和虚假陈述的损失计算。债券信息披露文件中就发行人财务业务信息等与其偿付能力相关的重要内容存在虚假记载、误导性陈述或者重大遗漏的，欺诈发行的债券认购人或者欺诈发行、虚假陈述行为实施日及之后、揭露日之前在交易市场上买入该债券的投资者，其损失按照如下方式计算：

（1）在起诉日之前已经卖出债券，或者在起诉时虽然持有债券，但在一审判决作出前已经卖出的，本金损失按投资人购买该债券所支付的加权平均价格扣减持有该债券期间收取的本金偿付（如有），与卖出该债券的加权平均价格的差额计算，并可加计实际损失确定之日至实际清偿之日止的利息。利息分段计算，在2019年8月19日之前，按照中国人民银行确定的同期同类贷款基准利率计算；在2019年8月20日之后，按照中国人民银行授权全国银行间同业拆借中心公布的贷款市场报价利率（LPR）标准计算。

（2）在一审判决作出前仍然持有该债券的，债券持有人请求按照本纪要第21条第一款的规定计算损失赔偿数额的，人民法院应当予以支持；债券持有人请求赔偿虚假陈述行为所导致的利息损失的，人民法院应当在综合考量欺诈发行、虚假陈述等因素的基础上，根据相关虚假陈述内容被揭露后的发行人真实信用状况所对应的债券发行利率或者债券估值，确定合理的利率赔偿标准。

23. 损失赔偿后债券的交还与注销。依照本纪要第21条、第22条第二项的规定请求发行人承担还本付息责任的，人民法院应当在一审判决作出前向债券登记结算机构调取本案当事人的债券交易情况，并通知债券登记结算机构冻结本案债券持有人所持有的相关债券。

人民法院判令发行人依照本纪要第21条、第22条第二项的规定承担还本付息责任的，无论债券持有人是否提出了由发行人赎回债券的诉讼请求，均应当在判项中明确债券持有人交回债券的义务，以及发行人依据生效法律文书申请债券登记结算机构注销该债券的权利。

24. 因果关系抗辩。债券持有人在债券信息披露文件中的虚假陈述内容被揭露后在交易市场买入债券的，对其依据本纪要第22条规定要求发行人承担责任的诉讼请求，人民法院不予支持。

债券投资人在债券信息披露文件中的虚假陈述内容被揭露后在交易市场买入该债券，其后又因发行人的其他信息披露文件中存在虚假记载、误导性陈述或者重大遗漏导致其信用风险进一步恶化所造成的损失，按照本纪要第22条的规定计算。

人民法院在认定债券信息披露文件中的虚假陈述内容对债券投资人交易损失的影响时，发行人及其他责任主体能够证明投资者通过内幕交易、操纵市场等方式卖出债券，导致交易价格明显低于卖出时的债券市场公允价值的，人民法院可以参考欺诈发行、虚假陈述行为揭露日之后的十个交易日的加权平均交易价格或前三十个交易日的市场估值确定该债券的市场公允价格，并以此计算债券投资者的交易损失。

发行人及其他责任主体能够证明债券持有人、债券投资者的损失部分或者全部是由于市场无风险利率水平变化（以同期限国债利率为参考）、政策风险等与欺诈发行、虚假陈述行为无关的其他因素造成的，人民法院在确定损失赔偿范围时，应当根据原因力的大小相应减轻或者免除赔偿责任。

人民法院在案件审理中，可以委托市场投资者认可的专业机构确定欺诈发行、虚假陈述行为对债券持有人和债券投资者损失的影响。

313. 证券返还纠纷

案由适用要点

[释义] 证券返还纠纷，是指证券持有人请求他人返还被非法占有或者不当占有的证券的纠纷，包括因不当得利的返还和因非法侵占产生的返还。

[管辖] 证券持有人以不当得利为由，行使返还请求权的证券返还纠纷，适用一般地域管辖的规定，根据《民事诉讼法》第22条的规定，由被告住所地人民法院管辖；证券持有人以非法占有为由，行使返还请求权的证券返还纠纷，属于侵权纠纷，根据《民事诉讼法》第29条规定，由侵权行为地或者被告住所地人民法院管辖。

[应注意的问题] 证券返还纠纷首先需要确认账户中资金或者证券的所有权，除非返还请求权人能够证明系借用他人账户从事证券买卖或者委托他人以他人的名义从事证券买卖，否则，返还请求权的主张难以得到支持。因此，证券返还纠纷往往涉及投资者之间的法律关系是代理关系还是借用证券账户关系。

请求权基础规范指引

《中华人民共和国证券法》（2019年修订）

第五十八条 任何单位和个人不得违反规定，出借自己的证券账户或者借用他人的证券账户从事证券交易。

第一百零六条 投资者应当与证券公司签订证券交易委托协议，并在证券公司实名开立账户，以书面、电话、自助终端、网络等方式，委托该证券公司代其买卖证券。

第一百零七条 证券公司为投资者开立账户，应当按照规定对投资者提供的身份信息进行核对。

证券公司不得将投资者的账户提供给他人使用。

投资者应当使用实名开立的账户进行交易。

第一百五十七条 投资者委托证券公司进行证券交易，应当通过证券公司申请在证券登记结算机构开立证券账户。证券登记结算机构应当按照规定为投资者开立证券账户。

投资者申请开立账户，应当持有证明中华人民共和国公民、法人、合伙企业身份的合法证件。国家另有规定的除外。

第一百九十五条 违反本法第五十八条的规定，出借自己的证券账户或者借用他人的证券账户从事证券交易的，责令改正，给予警告，可以处五十万元以下的罚款。

《证券登记结算管理办法》（2022年修订）

第十八条 投资者通过证券账户持有证券，证券账户用于记录投资者持有证券的余额及其变动情况。

第十九条 证券应当记录在证券持有人本人的证券账户内，但依据法律、行政法规和中国证监会的规定，证券记录在名义持有人证券账户内的，从其规定。

证券登记结算机构为依法履行职责，可以要求名义持有人提供其名下证券权益拥有人的相关资料，名义持有人应当保证其所提供的资料真实、准确、完整。

第二十三条 投资者应当使用实名开立的账户进行交易。

任何单位和个人不得违反规定，出借自己的证券账户或者借用他人的证券账户从事证券交易。

第二十四条 证券登记结算机构应当根据业务规则，对开户代理机构开立证券账户的活动进行监督。开户代理机构违反业务规则的，证券登记结算机构可以根据业务规则暂停、取消其开户代理资格，并提请中国证监会按照相关规定采取暂停或撤销其相关证券业务许可；对直接负责的主管人员和其他直接责任人员，单处或并处警告、罚款等处罚措施。

第二十五条 证券公司应当勤勉尽责，掌握其客户的资料及资信状况，并对其客户证券账户的使用情况进行监督。证券公司不得将投资者的证券账户提供给他人使用。

证券公司发现其客户在证券账户使用过程中存在违规行为的，应当按照证券登记结算机构的业务规则处理，并及时向证券登记结算机构和证券交易场所报告。涉及违法行为的，还应当向中国证监会报告，由中国证监会依法予以处罚。

第二十六条 投资者在证券账户开立和使用过程中存在违规行为的，证券登记结算机构应当依法对违规证券账户采取限制使用、注销等处置措施。

314. 证券欺诈责任纠纷

（1）证券内幕交易责任纠纷
（2）操纵证券交易市场责任纠纷
（3）证券虚假陈述责任纠纷
（4）欺诈客户责任纠纷

案由适用要点

［释义］ 证券欺诈通常指证券发行人、证券经营机构、证券登记结算机构等在证券发行、交易及其相关活动中，诱骗投资者买卖证券以及其他违背投资者真实意愿、损害投资者利益的行为。证券欺诈违背诚信根本原则、证券发行、交易“公开、公平、公正”原则，既扭曲了证券市场的资源配置机制，也严重侵害了投资者的合法权益，故为各国或地区的证券法律所规制，相关主体须承担相应的民事、行政、刑事责任，其中因承担证券欺诈民事责任所引发的纠纷，即为证券欺诈责任纠纷。

证券内幕交易责任纠纷是因证券内幕交易引发的民事赔偿纠纷。

操纵证券交易市场责任纠纷是因操纵证券交易市场引发的民事赔偿纠纷。

证券虚假陈述责任纠纷，是指证券市场投资人以及信息披露义务人违反法律规定，进行虚假陈述并致使其遭受损失而引发的民事赔偿纠纷。

欺诈客户责任纠纷，是指因证券经营机构或其工作人员在履行职责义务时实施故意诱骗投资者买卖证券行为所引发的纠纷。

［管辖］ 证券欺诈行为在性质上属于侵权行为，因此引发的民事纠纷，根据《民事诉讼法》第 29 条规定，原则上应由被告住所地、侵权行为发生地或侵权结果地法院确定管辖。但需注意的是，为引导金融交易行为、规范金融市场秩序，最高人民法院出台相关司法解释，规定部分类型证券欺诈责任纠纷由金融法院实施集中管辖。

一是辖区内应由中级人民法院受理的第一审证券纠纷案件。2021 年修正的《最高人民法院关于上海金融法院案件管辖的规定》第 1 条规定，上海金融法院管辖上海市辖区内应由中级人民法院受理的第一审证券纠纷民商事案件；2021 年施行的《最高人民法院关于北京金融法院案件管辖的规定》第 1 条规定，北京金融法院管辖北京市辖区内应由中级人民法院受理的第一审证券纠纷民商事案件。上述两院管辖的证券纠纷案件包括证券欺诈责任纠纷案件。

二是对涉及特定公司的证券欺诈责任纠纷。2021 年修正的《最高人民法院关于上海金融法院案件管辖的规定》第 3 条规定，在上海证券交易所科创板上市公司的证券欺诈责任纠纷的第一审民商事案件，由上海金融法院管辖。《最高人民法院关于北京金融法院案件管辖的规定》第3条规定，在全国中小企业股份转让系统向不特定合格投资者公开发行股票并在精选层挂牌的公司的证券欺诈责任纠纷第一审民商事案件，由北京金融法院管辖。因此，对上述涉及特定公司的证券欺诈责任纠纷案件，其他法院即便属于与纠纷有密切联系的地点的法院，如被告住所地、侵权行为发生地或侵权结果地法院也无权管辖。

三是特定公司损害境内投资者合法权益的证券纠纷。2021年修正的《最高人民法院关于上海金融法院案件管辖的规定》第2条规定，上海金融法院有权管辖我国境外上市的境内公司及境外公司损害境内投资者合法权益的证券纠纷。《最高人民法院关于北京金融法院案件管辖的规定》第2条也有类似规定，北京金融法院有权管辖在我国境外上市的境内公司及境外公司损害境内投资者合法权益的证券纠纷。即对我国境外上市的境内公司及境外公司损害境内投资者合法权益的证券纠纷，包括损害境内投资者合法权益的证券欺诈责任纠纷，上海金融法院、北京金融法院实行跨区域集中管辖。

［**应注意的问题**］证券欺诈行为涵盖诸多不当行为，主要是指由证券发行人、金融机构、证券登记结算机构等主体在证券发行、交易及相关活动中所实施的，旨在误导投资者交易决策、侵犯其合法权益的不法行为。此等行为严重违背了诚信原则，破坏了证券发行、交易"公开、公平、公正"的原则，扰乱了证券活动的效益和秩序，极大损害了投资者，特别是中小投资者的合法权益，具有严重的社会危害性。

请求权基础规范指引

《中华人民共和国证券法》（2019年修订）

第五十条　禁止证券交易内幕信息的知情人和非法获取内幕信息的人利用内幕信息从事证券交易活动。

第五十三条　证券交易内幕信息的知情人和非法获取内幕信息的人，在内幕信息公开前，不得买卖该公司的证券，或者泄露该信息，或者建议他人买卖该证券。

持有或者通过协议、其他安排与他人共同持有公司百分之五以上股份的自然人、法人、非法人组织收购上市公司的股份，本法另有规定的，适用其规定。

内幕交易行为给投资者造成损失的，应当依法承担赔偿责任。

第五十四条　禁止证券交易场所、证券公司、证券登记结算机构、证券服务机构和其他金融机构的从业人员、有关监管部门或者行业协会的工作人员，利用因职务便利获取的内幕信息以外的其他未公开的信息，违反规定，从事与该信息相关的证券交易活动，或者明示、暗示他人从事相关交易活动。

利用未公开信息进行交易给投资者造成损失的，应当依法承担赔偿责任。

第五十五条 禁止任何人以下列手段操纵证券市场，影响或者意图影响证券交易价格或者证券交易量：

（一）单独或者通过合谋，集中资金优势、持股优势或者利用信息优势联合或者连续买卖；

（二）与他人串通，以事先约定的时间、价格和方式相互进行证券交易；

（三）在自己实际控制的账户之间进行证券交易；

（四）不以成交为目的，频繁或者大量申报并撤销申报；

（五）利用虚假或者不确定的重大信息，诱导投资者进行证券交易；

（六）对证券、发行人公开作出评价、预测或者投资建议，并进行反向证券交易；

（七）利用在其他相关市场的活动操纵证券市场；

（八）操纵证券市场的其他手段。

操纵证券市场行为给投资者造成损失的，应当依法承担赔偿责任。

第五十六条 禁止任何单位和个人编造、传播虚假信息或者误导性信息，扰乱证券市场。

禁止证券交易场所、证券公司、证券登记结算机构、证券服务机构及其从业人员，证券业协会、证券监督管理机构及其工作人员，在证券交易活动中作出虚假陈述或者信息误导。

各种传播媒介传播证券市场信息必须真实、客观，禁止误导。传播媒介及其从事证券市场信息报道的工作人员不得从事与其工作职责发生利益冲突的证券买卖。

编造、传播虚假信息或者误导性信息，扰乱证券市场，给投资者造成损失的，应当依法承担赔偿责任。

第五十七条 禁止证券公司及其从业人员从事下列损害客户利益的行为：

（一）违背客户的委托为其买卖证券；

（二）不在规定时间内向客户提供交易的确认文件；

（三）未经客户的委托，擅自为客户买卖证券，或者假借客户的名义买卖证券；

（四）为牟取佣金收入，诱使客户进行不必要的证券买卖；

（五）其他违背客户真实意思表示，损害客户利益的行为。

违反前款规定给客户造成损失的，应当依法承担赔偿责任。

第五十八条 任何单位和个人不得违反规定，出借自己的证券账户或者借用他人的证券账户从事证券交易。

《最高人民法院关于审理证券市场虚假陈述侵权民事赔偿案件的若干规定》（法释〔2022〕2号 2022年1月21日）

第一条 信息披露义务人在证券交易场所发行、交易证券过程中实施虚假陈述引发的侵权民事赔偿案件，适用本规定。

按照国务院规定设立的区域性股权市场中发生的虚假陈述侵权民事赔偿案件，可以参照适用本规定。

第二十条 发行人的控股股东、实际控制人组织、指使发行人实施虚假陈述，致使原告在证券交易中遭受损失的，原告起诉请求直接判令该控股股东、实际控制人依照本规定赔偿损失的，人民法院应当予以支持。

控股股东、实际控制人组织、指使发行人实施虚假陈述，发行人在承担赔偿责任后要求该控股股东、实际控制人赔偿实际支付的赔偿款、合理的律师费、诉讼费用等损失的，人民法院应当予以支持。

第二十一条 公司重大资产重组的交易对方所提供的信息不符合真实、准确、完整的要求，导致公司披露的相关信息存在虚假陈述，原告起诉请求判令该交易对方与发行人等责任主体赔偿由此导致的损失的，人民法院应当予以支持。

第二十二条 有证据证明发行人的供应商、客户，以及为发行人提供服务的金融机构等明知发行人实施财务造假活动，仍然为其提供相关交易合同、发票、存款证明等予以配合，或者故意隐瞒重要事实致使发行人的信息披露文件存在虚假陈述，原告起诉请求判令其与发行人等责任主体赔偿由此导致的损失的，人民法院应当予以支持。

第二十三条 承担连带责任的当事人之间的责任分担与追偿，按照民法典第一百七十八条的规定处理，但本规定第二十条第二款规定的情形除外。

保荐机构、承销机构等责任主体以存在约定为由，请求发行人或者其控股股东、实际控制人补偿其因虚假陈述所承担的赔偿责任的，人民法院不予支持。

《最高人民法院关于印发〈全国法院审理债券纠纷案件座谈会纪要〉的通知》（法〔2020〕185号 2020年7月15日）

9. 欺诈发行、虚假陈述案件的受理。债券持有人、债券投资者以自己受到欺诈发行、虚假陈述侵害为由，对欺诈发行、虚假陈述行为人提起的民事赔偿诉讼，符合民事诉讼法第一百一十九条规定的，人民法院应当予以受理。欺诈发行、虚假陈述行为人以债券持有人、债券投资者主张的欺诈发行、虚假陈述行为未经有关机关行政处罚或者生效刑事裁判文书认定为由请求不予受理或者驳回起诉的，人民法院不予支持。

11. 欺诈发行和虚假陈述案件的管辖。债券持有人、债券投资者以发行人、债券承销机构、债券服务机构等为被告提起的要求承担欺诈发行、虚假陈述民事责任的侵权纠纷案件，由省、直辖市、自治区人民政府所在的市、计划单列市和经济特区中级人民法院管辖。

多个被告中有发行人的，由发行人住所地有管辖权的人民法院管辖。

《最高人民法院 中国证券监督管理委员会关于适用〈最高人民法院关于审理证券市场虚假陈述侵权民事赔偿案件的若干规定〉有关问题的通知》（法〔2022〕23 号 2022 年 1 月 21 日）

二、当事人对自己的主张，应当提供证据加以证明。为了查明事实，人民法院可以依法向中国证监会有关部门或者派出机构调查收集有关证据。

人民法院和中国证监会有关部门或者派出机构在调查收集证据时要加强协调配合，以有利于监管部门履行监管职责与人民法院查明民事案件事实为原则。在充分沟通的基础上，人民法院依照《中华人民共和国民事诉讼法》及相关司法解释等规定调查收集证据，中国证监会有关部门或者派出机构依法依规予以协助配合。

人民法院调查收集的证据，应当按照法定程序当庭出示并由各方当事人质证。但是涉及国家秘密、工作秘密、商业秘密和个人隐私或者法律规定其他应当保密的证据，不得公开质证。

三、人民法院经审查，认为中国证监会有关部门或者派出机构对涉诉虚假陈述的立案调查不影响民事案件审理的，应当继续审理。

《最高人民法院关于证券市场虚假陈述侵权民事赔偿案件诉讼时效衔接适用相关问题的通知》（法〔2022〕36 号 2022 年 1 月 29 日）

《最高人民法院关于审理证券市场因虚假陈述引发的民事赔偿案件的若干规定》（法释〔2003〕2 号，以下简称原司法解释）在规定前置程序的同时，将行政处罚决定或生效刑事判决作出之日作为诉讼时效的起算点。但是，根据《中华人民共和国民法典》第一百八十八条规定，诉讼时效期间自权利人知道或者应当知道权利受到损害以及义务人之日起计算。具体到证券市场上，投资者知道或者应当知道虚假陈述之日，是其知道或者应当知道权利受到损害以及义务人之日。在废除前置程序的情况下，以行政处罚决定或生效刑事判决作出之日起算诉讼时效不符合民法典等法律的规定。据此，《最高人民法院关于审理证券市场虚假陈述侵权民事赔偿案件的若干规定》（法释〔2022〕2 号，以下简称《规定》）第三十二条规定，当事人主张以揭露日或更正日起算诉讼时效的，人民法院应当予以支持。由于新旧司法解释在诉讼时效方面的规定发生了明显变化，为避免出现投资者因未及时主张权利而无法得到救济的情况发生，充分保护投资者的诉讼权利和合法民事权利，现就《规定》施行后诉讼时效的衔接适用问题，通知如下：

一、在《规定》施行前国务院证券监督管理机构、国务院授权的部门及有关主管部门已经做出行政处罚决定的证券市场虚假陈述侵权民事赔偿案件，诉讼时效仍按照原司法解释第五条的规定计算。

二、在《规定》施行前国务院证券监督管理机构、国务院授权的部门及有关主管部门已经对虚假陈述进行立案调查，但尚未作出处罚决定的证券市场虚假陈述侵权民事赔偿案件，自立案调查日至《规定》施行之日已经超过三年，或者按照揭露日或更正日起算至《规定》施行之日诉讼时效期间已经届满或不足六个月的，从《规定》施行之日起诉讼时效继续计算六个月。

315. 证券托管纠纷

案由适用要点

［**释义**］证券托管，是指作为法定证券登记机构的结算公司及其代理机构，接受投资者委托，向其提供记名证券的交易过户、非交易过户等证券登记变更、股票分红派息，以及证券账户查询挂失等各项服务的行为。投资者与证券公司之间因证券托管引发的纠纷，为证券托管纠纷。

［**管辖**］根据《民事诉讼法》第24条规定，因合同纠纷提起的诉讼，由被告住所地或者合同履行地人民法院管辖。因投资者与证券公司一般签订有证券托管合同，证券托管纠纷属于合同纠纷的，应当由被告住所地或者合同履行地人民法院管辖。该类纠纷管辖的难点在于如何确定合同履行地。根据《民事诉讼法解释》第18条规定：“合同约定履行地点的，以约定的履行地点为合同履行地。合同对履行地点没有约定或者约定不明确，争议标的为给付货币的，接收货币一方所在地为合同履行地；交付不动产的，不动产所在地为合同履行地；其他标的，履行义务一方所在地为合同履行地。即时结清的合同，交易行为地为合同履行地。合同没有实际履行，当事人双方住所地都不在合同约定的履行地的，由被告住所地人民法院管辖。”一是证券托管合同约定履行地点的，以约定的履行地点为合同履行地。二是证券托管合同对履行地点没有约定或者约定不明确，争议标的为给付货币的，如证券公司起诉投资者，要求支付托管费用等的，则接收货币一方证券公司所在地为合同履行地；争议标的为托管义务是否履行等其他标的的，如投资者起诉证券公司，要求支付违约金或赔偿损失等的，则履行托管义务一方证券公司营业部所在地为合同履行地。三是证券托管合同没有实际履行，当事人双方住所地都不在合同约定的履行地的，由被告住所地人民法院管辖。

［**应注意的问题**］确定证券托管纠纷案由，要注意与证券登记、存管、结算纠纷案由相区别。证券存管是指证券登记结算机构接受证券公司委托，集

中保管证券公司的客户证券和自有证券，并提供代收红利等权益维护服务的行为。因此，证券托管纠纷与证券存管纠纷在主体方面存在明显区别。证券托管纠纷主要发生在投资者与证券公司之间；证券登记、存管、结算纠纷则只能发生在证券登记结算机构与证券公司之间。

请求权基础规范指引

《中华人民共和国证券投资基金法》（2015 年修正）

第三十二条 基金托管人由依法设立的商业银行或者其他金融机构担任。

商业银行担任基金托管人的，由国务院证券监督管理机构会同国务院银行业监督管理机构核准；其他金融机构担任基金托管人的，由国务院证券监督管理机构核准。

第四十条 国务院证券监督管理机构、国务院银行业监督管理机构对有下列情形之一的基金托管人，可以取消其基金托管资格：

（一）连续三年没有开展基金托管业务的；

（二）违反本法规定，情节严重的；

（三）法律、行政法规规定的其他情形。

第四十一条 有下列情形之一的，基金托管人职责终止：

（一）被依法取消基金托管资格；

（二）被基金份额持有人大会解任；

（三）依法解散、被依法撤销或者被依法宣告破产；

（四）基金合同约定的其他情形。

第四十二条 基金托管人职责终止的，基金份额持有人大会应当在六个月内选任新基金托管人；新基金托管人产生前，由国务院证券监督管理机构指定临时基金托管人。

基金托管人职责终止的，应当妥善保管基金财产和基金托管业务资料，及时办理基金财产和基金托管业务的移交手续，新基金托管人或者临时基金托管人应当及时接收。

《证券登记结算管理办法》（2022 年修订）

第三十六条 投资者应当委托证券公司托管其持有的证券，证券公司应当将其自有证券和所托管的客户证券交由证券登记结算机构存管，但法律、行政法规和中国证监会另有规定的除外。

第三十八条 投资者买卖证券，应当与证券公司签订证券交易、托管与结算协议。

证券登记结算机构应当制定和公布证券交易、托管与结算协议中与证券登记结算业务有关的必备条款。必备条款应当包括但不限于以下内容：

（一）证券公司根据客户的委托，按照证券交易规则提出交易申报，根据成交结果完成其与客户的证券和资金的交收，并承担相应的交收责任；客户应当同意集中交易结束后，由证券公司委托证券登记结算机构办理其证券账户与证券公司证券交收账户之间的证券划付。

（二）证券登记结算机构提供集中履约保障的质押式回购交易，投资者和证券公司应当按照业务规则的规定向证券登记结算机构提交用于回购的质押券。投资者和证券公司之间债权债务关系不影响证券登记结算机构按照业务规则对证券公司提交的质押券行使质押权。

（三）客户出现资金交收违约时，证券公司可以委托证券登记结算机构将客户净买入证券或质押品保管库中的回购质押券划付到其证券处置账户内，并要求客户在约定期限内补足资金。客户出现证券交收违约时，证券公司可以将相当于证券交收违约金额的资金暂不划付给该客户。

第三十九条 证券公司应当将其与客户之间建立、变更和终止证券托管关系的事项报送证券登记结算机构。

证券登记结算机构应当对上述事项加以记录。

316. 证券登记、存管、结算纠纷

案由适用要点

［释义］ 证券登记是指证券登记结算机构受证券发行人的委托，通过设立和维护证券持有人名册，确认证券持有人持有证券事实的行为。

证券存管是指证券登记结算机构接受证券公司委托，集中保管证券公司的客户证券和自有证券，并提供代收红利等权益维护服务的行为。

证券结算是指证券交易完成后，证券登记结算机构对交易双方应收应付的证券和价款进行核定计算，并完成证券由卖方向买方的转移，以及相对应的资金由买方向卖方的转移的全过程。

证券发行人、证券持有人、证券公司等与证券登记结算机构之间因证券登记、存管、结算引发的纠纷，即为证券登记、存管、结算纠纷。

［管辖］ 证券登记、存管和结算关系，一般基于当事人之间的合同约定产生，因此引发的纠纷，应适用合同纠纷案件的管辖规定。若当事人按照《民事诉讼法》第35条规定约定了管辖协议，按照合法有效的管辖协议确定管辖。否则，则适用《民事诉讼法》关于合同纠纷管辖的一般规定，即《民事诉讼法》第24条规定，由被告住所地或者合同履行地人民法院管辖。

需注意的是，我国在上海、北京和成渝地区设立了金融法院，对于以住所地在上海市、北京市和成渝地区并依法设立的金融基础设施机构为被告或者第三人的与其履行职责相关的第一审金融民商事案件，应由相关金融法院

集中管辖。

［**应注意的问题**］围绕证券登记、存管、结算产生的纠纷，主要表现为工作人员违规操作、恶意修改系统数据、挪用客户保证金等损害证券投资者利益等行为，鉴于实践中存在此类纠纷，为更好地保护投资者合法权益，保障证券市场稳定有序发展，故将其确定为第三级案由。

请求权基础规范指引

《中华人民共和国证券法》（2019 年修订）

第一百四十五条 证券登记结算机构为证券交易提供集中登记、存管与结算服务，不以营利为目的，依法登记，取得法人资格。

设立证券登记结算机构必须经国务院证券监督管理机构批准。

第一百四十六条 设立证券登记结算机构，应当具备下列条件：

（一）自有资金不少于人民币二亿元；

（二）具有证券登记、存管和结算服务所必须的场所和设施；

（三）国务院证券监督管理机构规定的其他条件。

证券登记结算机构的名称中应当标明证券登记结算字样。

《证券登记结算管理办法》（2022 年修订）

第二十七条 上市或挂牌证券的发行人应当委托证券登记结算机构办理其所发行证券的登记业务。

证券登记结算机构应当与委托其办理证券登记业务的证券发行人签订证券登记及服务协议，明确双方的权利义务。

证券登记结算机构应当制定并公布证券登记及服务协议的范本。

证券登记结算机构可以根据政府债券主管部门的要求办理上市政府债券的登记业务。

第三十六条 投资者应当委托证券公司托管其持有的证券，证券公司应当将其自有证券和所托管的客户证券交由证券登记结算机构存管，但法律、行政法规和中国证监会另有规定的除外。

第三十七条 证券登记结算机构为证券公司设立客户证券总账和自有证券总账，用以统计证券公司交存的客户证券和自有证券。

证券公司应当委托证券登记结算机构维护其客户及自有证券账户，但法律、行政法规和中国证监会另有规定的除外。

第四十三条 证券公司、商业银行参与证券和资金的集中清算交收，应当向证券登记结算机构申请取得结算参与人资格，与证券登记结算机构签订结算协议，明确双方的权利义务。

没有取得结算参与人资格的证券公司，应当与结算参与人签订委托结算协议，委托结算参与人代其进行证券和资金的集中清算交收。

证券登记结算机构应当制定并公布结算协议和委托结算协议范本。

317. 融资融券交易纠纷

案由适用要点

［**释义**］融资融券交易又称证券信用交易，是指投资者向具有证券交易会员资格的证券公司提供担保，以借入资金买入上市证券，或借入上市证券卖出的行为。

融资融券交易纠纷为证券公司与投资者，或者金融机构与证券公司之间因融资融券交易引发的民事纠纷。

［**管辖**］证券投资者与证券公司之间的融资融券交易关系，只能基于事先签订的合同建立，由此引发的纠纷，应适用合同纠纷案件的管辖规则。若当事人按照《民事诉讼法》第35条规定约定了管辖协议，按照合法有效的管辖协议确定管辖。否则，则适用《民事诉讼法》关于合同纠纷管辖的一般规定，即《民事诉讼法》第24条规定，由被告住所地或者合同履行地人民法院管辖。

［**应注意的问题**］2006年6月，中国证监会发布《证券公司融资融券业务试点管理办法》和《证券公司融资融券业务试点内部控制指引》，启动了证券公司融资融券业务。鉴于融资融券交易是一种重要的证券业务，考虑到融资融券交易纠纷的典型性，故将“融资融券交易纠纷”确定为第三级案由。

确定该案由，需要注意与第三级案由借款合同纠纷的区别。在融资融券交易中，存在大量证券公司对投资者、金融机构对证券公司的融资，易导致实践中两类案由的混用、误用。从外观上看，证券融资交易中，当事人之间表现为借款法律关系；但从实质上看，较之借款合同法律关系，融资融券交易法律关系的限定性更强。两类案由的区别主要在于：一是主体范围不同，借款合同纠纷所涉主体广泛，公民、法人、非法人组织都可成为合同主体；融资融券交易纠纷所涉主体，则限于证券公司与投资者、或金融机构与证券公司。二是合同目的不同，借款合同纠纷所涉合同目的只要不违法即可；融资融券交易纠纷借入资金的目的限于买入特定证券，且通常会在合同中明确约定。

请求权基础规范指引

《证券公司融资融券业务管理办法》（2015年）

第十条　证券公司经营融资融券业务，应当以自己的名义，在证券登记结算机构分别开立融券专用证券账户、客户信用交易担保证券账户、信用交易证券交收账户和信用交易资金交收账户。

融券专用证券账户用于记录证券公司持有的拟向客户融出的证券和客户归还的证券，不得用于证券买卖；客户信用交易担保证券账户用于记录客户委托证券公司持有、担保证券公司因向客户融资融券所生债权的证券；信用交易证券交收账户用于客户融资融券交易的证券结算；信用交易资金交收账户用于客户融资融券交易的资金结算。

第十一条 证券公司经营融资融券业务，应当以自己的名义，在商业银行分别开立融资专用资金账户和客户信用交易担保资金账户。

融资专用资金账户用于存放证券公司拟向客户融出的资金及客户归还的资金；客户信用交易担保资金账户用于存放客户交存的、担保证券公司因向客户融资融券所生债权的资金。

第十三条 证券公司在向客户融资、融券前，应当与其签订载有中国证券业协会规定的必备条款的融资融券合同，明确约定下列事项：

（一）融资、融券的额度、期限、利率（费率）、利息（费用）的计算方式；

（二）保证金比例、维持担保比例、可充抵保证金的证券的种类及折算率、担保债权范围；

（三）追加保证金的通知方式、追加保证金的期限；

（四）客户清偿债务的方式及证券公司对担保物的处分权利；

（五）融资买入证券和融券卖出证券的权益处理；

（六）违约责任；

（七）纠纷解决途径；

（八）其他有关事项。

第十四条 融资融券合同应当约定，证券公司客户信用交易担保证券账户内的证券和客户信用交易担保资金账户内的资金，为担保证券公司因融资融券所生对客户债权的信托财产。

证券公司与客户约定的融资、融券期限不得超过证券交易所规定的期限；融资利率、融券费率由证券公司与客户自主商定。

合约到期前，证券公司可以根据客户的申请为客户办理展期，每次展期期限不得超过证券交易所规定的期限。

证券公司在为客户办理合约展期前，应当对客户的信用状况、负债情况、维持担保比例水平等进行评估。

第十五条 证券公司与客户签订融资融券合同前，应当采用适当的方式向客户讲解业务规则和合同内容，明确告知客户权利、义务及风险，特别是关于违约处置的风险控制安排，并将融资融券交易风险揭示书交由客户书面确认。

第十八条 证券公司向客户融资，只能使用融资专用资金账户内的资金；向客户融券，只能使用融券专用证券账户内的证券。

客户融资买入、融券卖出的证券，不得超出证券交易所规定的范围。

客户在融券期间卖出其持有的、与所融入证券相同的证券的，应当符合证券交易所的规定，不得以违反规定卖出该证券的方式操纵市场。

第二十一条 客户融资买入证券的，应当以卖券还款或者直接还款的方式偿还向证券公司融入的资金。

客户融券卖出的，应当以买券还券或者直接还券的方式偿还向证券公司融入的证券。

客户融券卖出的证券暂停交易的，可以按照约定以现金等方式偿还向证券公司融入的证券。

第二十二条 客户融资买入或者融券卖出的证券暂停交易，且交易恢复日在融资融券债务到期日之后的，融资融券的期限顺延。融资融券合同另有约定的，从其约定。

第二十三条 客户融资买入或者融券卖出的证券预定终止交易，且最后交易日在融资融券债务到期日之前的，融资融券的期限缩短至最后交易日的前一交易日。融资融券合同另有约定的，从其约定。

第二十六条 证券公司应当在符合证券交易所规定的前提下，根据客户信用状况、担保物质量等情况，与客户约定最低维持担保比例、补足担保物的期限以及违约处置方式等。

证券公司应当逐日计算客户交存的担保物价值与其所欠债务的比例。当该比例低于约定的维持担保比例时，应当通知客户在约定的期限内补交担保物，客户经证券公司认可后，可以提交除可充抵保证金证券以外的其他证券、不动产、股权等资产。

客户未能按期交足担保物或者到期未偿还债务的，证券公司可以按照约定处分其担保物。

第三十四条 客户融入证券后、归还证券前，证券发行人分配投资收益、向证券持有人配售或者无偿派发证券、发行证券持有人有优先认购权的证券的，客户应当按照融资融券合同的约定，在偿还债务时，向证券公司支付与所融入证券可得利益相等的证券或者资金。

318. 客户交易结算资金纠纷

案由适用要点

［**释义**］客户交易结算资金是指证券投资者在委托证券公司买卖证券时，事先在该处存放的用于买卖证券的资金。

证券投资者与证券公司之间因客户交易结算资金引发的民事纠纷，为客户交易结算资金纠纷。

［**管辖**］客户交易结算资金纠纷，一般是因证券公司挪用客户交易结算资金引发的合同纠纷或者侵权责任纠纷。若为合同纠纷，应适用合同纠纷案件的管辖规则。如果当事人按照《民事诉讼法》第 35 条规定约定了管辖协议，则按照合法有效的管辖协议确定管辖。否则，则适用《民事诉讼法》关于合同纠纷管辖的一般规定，即《民事诉讼法》第 24 条规定，由被告住所地或者合同履行地人民法院管辖。若为侵权责任纠纷，应适用侵权纠纷案件的管辖规则，根据《民事诉讼法》第 29 条的规定，由侵权行为地或被告住所地法院管辖。

［**应注意的问题**］因挪用客户交易结算资金产生的纠纷屡有出现，在审判实践中，一些法院根据 2019 年修订前的《证券法》将挪用行为确定为证券欺诈情形之一的规定，将此类纠纷的案由确定为证券欺诈纠纷，也有一些法院将其确定为证券交易结算资金纠纷。鉴于证券交易结算资金纠纷的典型性，将其单独列为一个独立案由，有利于解决挪用证券交易结算资金以外的与结算资金有关的其他争议，故将其确定为独立的第三级案由。

请求权基础规范指引

《中华人民共和国证券法》（2019 年修订）

第五十七条 禁止证券公司及其从业人员从事下列损害客户利益的行为：

（一）违背客户的委托为其买卖证券；

（二）不在规定时间内向客户提供交易的确认文件；

（三）未经客户的委托，擅自为客户买卖证券，或者假借客户的名义买卖证券；

（四）为牟取佣金收入，诱使客户进行不必要的证券买卖；

（五）其他违背客户真实意思表示，损害客户利益的行为。

违反前款规定给客户造成损失的，应当依法承担赔偿责任。

第一百三十一条 证券公司客户的交易结算资金应当存放在商业银行，以每个客户的名义单独立户管理。

证券公司不得将客户的交易结算资金和证券归入其自有财产。禁止任何单位或者个人以任何形式挪用客户的交易结算资金和证券。证券公司破产或者清算时，客户的交易结算资金和证券不属于其破产财产或者清算财产。非因客户本身的债务或者法律规定的其他情形，不得查封、冻结、扣划或者强制执行客户的交易结算资金和证券。

第一百五十九条 证券登记结算机构按照业务规则收取的各类结算资金和证券，必须存放于专门的清算交收账户，只能按业务规则用于已成交的证券交易的清算交收，不得被强制执行。

二十五、期货交易纠纷

319. 期货经纪合同纠纷

案由适用要点

［**释义**］期货经纪合同纠纷是指期货公司与客户之间因期货经纪合同的签订、履行过程中产生的权利义务纠纷。

［**管辖**］根据《民事诉讼法》第24条、第35条，《最高人民法院关于审理期货纠纷案件若干问题的规定》第4条、第5条、第6条、第7条以及《最高人民法院关于审理期货纠纷案件若干问题的规定（二）》第1条的规定，期货经纪合同纠纷案件，当事人就管辖问题达成书面协议的，由双方选择的符合《民事诉讼法》规定的人民法院管辖；当事人未达成书面协议或者根据书面管辖协议不能确定管辖法院的，由被告住所地或者合同履行地人民法院管辖；在期货公司的分公司、营业部等分支机构进行期货交易的，该分支机构为合同履行地；因实物交割发生纠纷的，期货交易所住所地为合同履行地；在级别管辖方面，期货经济合同纠纷原则上由中级人民法院管辖，高级人民法院根据需要可以确定部分基层人民法院受理期货纠纷案件；以期货交易所为共同被告或者第三人的因期货交易所履行职责引起的期货经济合同纠纷案件，由期货交易所所在地的中级人民法院管辖。

对于上海、北京和成渝地区而言，期货经济合同纠纷案件的管辖，又有一定的特殊性。根据2021年修正的《最高人民法院关于上海金融法院案件管辖的规定》第1条的规定，由上海金融法院管辖上海市辖区内应由中级人民法院受理的第一审金融民商事案件。根据《最高人民法院关于北京金融法院案件管辖的规定》第1条的规定，由北京金融法院管辖北京市辖区内应由中级人民法院受理的第一审金融民商事案件。根据《最高人民法院关于成渝金融法院案件管辖的规定》第1条规定，由成渝金融法院管辖重庆市以及四川省属于成渝地区双城经济圈范围内的应由中级人民法院受理的第一审金融民商案件。三地相关期货经济合同纠纷案件在选择适用管辖法院时，应注意上述规定。

［应注意的问题］ 期货经纪合同纠纷中较常见的是因客户委托期货公司入市交易过程中涉及的纠纷，主要有以下几种情况：

1. 缔约过失引起的期货经济纠纷。根据《最高人民法院关于审理期货纠纷案件若干问题的规定》第16条的规定，期货公司在与客户订立期货经纪合同时，未提示客户注意《期货交易风险说明书》内容，并由客户签字或者盖章，对于客户在交易中的损失，应当依据《民法典》第500条第3项的规定，承担相应的赔偿责任。但是，根据以往交易结果记载，证明客户已有交易经历的，应当免除期货公司的责任。即此种情形下，期货公司因具有其他违背诚信原则的行为而应当承担缔约过失责任。此外，因缔约时存在过失而导致合同无效也是引起期货经济合同纠纷的原因之一。期货经纪合同无效主要有三种情形：没有从事期货经纪业务的主体资格而从事期货经纪业务的、不具备从事期货交易主体资格的客户从事期货交易的以及违反法律、行政法规的强制性规定的。期货经纪合同作为债权合同的一种，也适用《民法典》中关于民事法律行为和合同效力的规定，若期货经纪合同出现符合上述规定的情形时，应认定期货经纪合同无效。

2. 格式条款及当事人约定引起的期货经纪合同纠纷。期货经纪合同是一种书面的格式化合同。实践中，期货公司与客户签订的合同均是期货公司事先统一拟定印制好的“标准合同”。当事人一般是按照格式化的条款作出约定，但允许双方在不违反法律法规的情况下对格式化条款进行补充和修改。当事人还应当明确约定下达交易指令的方式，否则就会因交易指令产生纠纷，主要原因包括：期货经济合同中交易指令方式不明确，期货公司执行非受托人的交易指令，客户下达的交易指令没有品种、数量、买卖方向的，期货公司错误执行客户交易指令、不当延误执行客户交易指令、超出客户指令价位的范围进行期货交易等情况。

3. 期货经纪合同中的全权委托纠纷。所谓全权委托，是指客户下达的交易指令不具体指明委托的内容，而是概括性地要求期货公司根据需要随时进行交易，即投资者授权期货公司及其工作人员代自己决定交易指令内容。由此可见，全权委托风险高，纠纷隐患大，考虑到由此对投资者权益甚至是期货市场的交易环境可能带来的不利影响，因此期货交易中禁止全权委托。《最高人民法院关于审理期货纠纷案件若干问题的规定》第17条规定：“期货公司接受客户全权委托进行期货交易的，对交易产生的损失，承担主要赔偿责任，赔偿额不超过损失的百分之八十，法律、行政法规另有规定的除外。”

4. 因交易结算结果引起的期货经纪合同纠纷。因交易结算结果引起期货公司与客户产生的纠纷有以下两种情形：一种是因期货公司履行交易结果通知义务产生的纠纷；另一种是因客户对交易结果提出异议产生的纠纷。

请求权基础规范指引

《中华人民共和国期货和衍生品法》（2022年）

第六十五条　期货经营机构应当依法经营，勤勉尽责，诚实守信。期货经营机构应当建立健全内部控制制度，采取有效隔离措施，防范经营机构与客户之间、不同客户之间的利益冲突。

期货经营机构应当将其期货经纪业务、期货做市交易业务、资产管理业务和其他相关业务分开办理，不得混合操作。

期货经营机构应当依法建立并执行反洗钱制度。

第六十六条　期货经营机构接受交易者委托为其进行期货交易，应当签订书面委托合同，以自己的名义为交易者进行期货交易，交易结果由交易者承担。

期货经营机构从事经纪业务，不得接受交易者的全权委托。

第一百二十条　境内单位或者个人从事境外期货交易，应当委托具有境外期货经纪业务资格的境内期货经营机构进行，国务院另有规定的除外。

境内期货经营机构转委托境外期货经营机构从事境外期货交易的，该境外期货经营机构应当向国务院期货监督管理机构申请注册，接受国务院期货监督管理机构的监督管理，国务院期货监督管理机构另有规定的除外。

《期货交易管理条例》（2017年修订）

第十八条　期货公司从事经纪业务，接受客户委托，以自己的名义为客户进行期货交易，交易结果由客户承担。

第二十四条　期货公司接受客户委托为其进行期货交易，应当事先向客户出示风险说明书，经客户签字确认后，与客户签订书面合同。期货公司不得未经客户委托或者不按照客户委托内容，擅自进行期货交易。

期货公司不得向客户做获利保证；不得在经纪业务中与客户约定分享利益或者共担风险。

第三十条　期货公司经营期货经纪业务又同时经营其他期货业务的，应当严格执行业务分离和资金分离制度，不得混合操作。

《最高人民法院关于审理期货纠纷案件若干问题的规定》（2020年12月23日修正）

第十三条　有下列情形之一的，应当认定期货经纪合同无效：

（一）没有从事期货经纪业务的主体资格而从事期货经纪业务的；

（二）不具备从事期货交易主体资格的客户从事期货交易的；

（三）违反法律、行政法规的强制性规定的。

第十六条 期货公司在与客户订立期货经纪合同时，未提示客户注意《期货交易风险说明书》内容，并由客户签字或者盖章，对于客户在交易中的损失，应当依据民法典第五百条第三项的规定承担相应的赔偿责任。但是，根据以往交易结果记载，证明客户已有交易经历的，应当免除期货公司的责任。

第十七条 期货公司接受客户全权委托进行期货交易的，对交易产生的损失，承担主要赔偿责任，赔偿额不超过损失的百分之八十，法律、行政法规另有规定的除外。

第十八条 期货公司与客户签订的期货经纪合同对下达交易指令的方式未作约定或者约定不明确的，期货公司不能证明其所进行的交易是依据客户交易指令进行的，对该交易造成客户的损失，期货公司应当承担赔偿责任，客户予以追认的除外。

第十九条 期货公司执行非受托人的交易指令造成客户损失，应当由期货公司承担赔偿责任，非受托人承担连带责任，客户予以追认的除外。

第二十条 客户下达的交易指令没有品种、数量、买卖方向的，期货公司未予拒绝而进行交易造成客户的损失，由期货公司承担赔偿责任，客户予以追认的除外。

第二十一条 客户下达的交易指令数量和买卖方向明确，没有有效期限的，应当视为当日有效；没有成交价格的，应当视为按市价交易；没有开平仓方向的，应当视为开仓交易。

第二十二条 期货公司错误执行客户交易指令，除客户认可的以外，交易的后果由期货公司承担，并按下列方式分别处理：

（一）交易数量发生错误的，多于指令数量的部分由期货公司承担，少于指令数量的部分，由期货公司补足或者赔偿直接损失；

（二）交易价格超出客户指令价位范围的，交易差价损失或者交易结果由期货公司承担。

第二十三条 期货公司不当延误执行客户交易指令给客户造成损失的，应当承担赔偿责任，但由于市场原因致客户交易指令未能全部或者部分成交的，期货公司不承担责任。

第二十四条 期货公司超出客户指令价位的范围，将高于客户指令价格卖出或者低于客户指令价格买入后的差价利益占为己有的，客户要求期货公司返还的，人民法院应予支持，期货公司与客户另有约定的除外。

第二十五条 期货交易所未按交易规则规定的期限、方式，将交易或者持仓头寸的结算结果通知期货公司，造成期货公司损失的，由期货交易所承担赔偿责任。

期货公司未按期货经纪合同约定的期限、方式，将交易或者持仓头寸的结算结果通知客户，造成客户损失的，由期货公司承担赔偿责任。

《最高人民法院关于审理期货纠纷案件若干问题的规定（二）》（2020年12月23日修正）

第一条 以期货交易所为被告或者第三人的因期货交易所履行职责引起的商事案件，由期货交易所所在地的中级人民法院管辖。

第二条 期货交易所履行职责引起的商事案件是指：

（一）期货交易所会员及其相关人员、保证金存管银行及其相关人员、客户、其他期货市场参与者，以期货交易所违反法律法规以及国务院期货监督管理机构的规定，履行监督管理职责不当，造成其损害为由提起的商事诉讼案件；

（二）期货交易所会员及其相关人员、保证金存管银行及其相关人员、客户、其他期货市场参与者，以期货交易所违反其章程、交易规则、实施细则的规定以及业务协议的约定，履行监督管理职责不当，造成其损害为由提起的商事诉讼案件；

（三）期货交易所因履行职责引起的其他商事诉讼案件。

320. 期货透支交易纠纷

案由适用要点

［释义］ 期货透支交易是指客户在没有保证金或者交易保证金不足的情况下，占用期货公司或其他客户的资金，继续持仓或者进行期货合约交易的行为。期货透支交易纠纷主要发生在期货公司与期货交易所之间以及期货公司与客户之间。

［管辖］ 根据《民事诉讼法》第24条、第35条，《最高人民法院关于审理期货纠纷案件若干问题的规定》第4条、第5条、第6条、第7条以及《最高人民法院关于审理期货纠纷案件若干问题的规定（二）》第1条的规定，期货透支交易纠纷案件，当事人就管辖问题达成书面协议的，由双方选择的符合《民事诉讼法》规定的人民法院管辖；当事人未达成书面协议或者根据书面管辖协议不能确定管辖法院的，由被告住所地或者合同履行地人民法院管辖；因实物交割发生纠纷的，期货交易所住所地为合同履行地；在期货公司的分公司、营业部等分支机构进行期货交易的，该分支机构为合同履行地；在级别管辖方面，期货透支交易纠纷原则上由中级人民法院管辖，高

级人民法院根据需要可以确定部分基层人民法院受理期货纠纷案件；以期货交易所为共同被告或者第三人的因期货交易所履行职责引起的期货透支交易纠纷案件，由期货交易所所在地的中级人民法院管辖。

对于上海、北京和成渝地区而言，期货透支交易纠纷案件的管辖，又有一定的特殊性。根据2021年修正的《最高人民法院关于上海金融法院案件管辖的规定》第1条的规定，由上海金融法院管辖上海市辖区内应由中级人民法院受理的第一审金融民商事案件。根据《最高人民法院关于北京金融法院案件管辖的规定》第1条的规定，由北京金融法院管辖北京市辖区内应由中级人民法院受理的第一审金融民商事案件。根据《最高人民法院关于成渝金融法院案件管辖的规定》第1条规定，由成渝金融法院管辖重庆市以及四川省属于成渝地区双城经济圈范围内的应由中级人民法院受理的第一审金融民商案件。三地相关期货透支交易纠纷案件在选择适用管辖法院时，应注意上述规定。

[**应注意的问题**] 期货透支交易本质上属于一种融资行为，期货透支者其实是占用了期货交易所或期货公司的资金进行交易，实为变相融资行为，应为无效。由于我国实行金融业务专营制度，即只有国家批准的金融机构有权从事融资、信贷业务。故一般而言，期货透支交易会因期货公司、期货交易所不具备相应融资、信贷资格而向客户或者期货公司进行融资，违反法律、行政法规的强制性规定而无效。故在期货透支交易纠纷中，相关主体承担民事责任的性质应为缔约过失责任。期货透支交易纠纷案件主要存在以下几种情况：

1. 因期货透支交易的认定问题引起的纠纷。根据《最高人民法院关于审理期货纠纷案件若干问题的规定》第31条的规定，期货交易所在期货公司没有保证金或者保证金不足的情况下，允许期货公司开仓交易或者继续持仓，应当认定为透支交易。期货公司在客户没有保证金或者保证金不足的情况下，允许客户开仓交易或者继续持仓，应当认定为透支交易。审查期货公司或者客户是否透支交易，应当以期货交易所规定的保证金比例为标准。

2. 因未履行通知追加保证金义务引起的纠纷。当期货公司或客户的交易保证金不足时，期货交易所或期货公司有通知期货公司或客户予以追加的义务。未履行通知义务导致透支发生扩大损失的，期货交易所或者期货公司应当承担赔偿责任。

3. 因允许透支交易产生损失引起的纠纷。期货交易所或期货公司履行了通知义务，期货公司或客户未及时追加保证金，并主动要求期货公司或者期货交易所保留其持仓，期货交易所或期货公司允许期货公司或客户开仓透支交易并达成书面协议，该保留持仓期间造成的损失，即持仓透支交易造成的损失，应由期货公司或期货交易所承担。

请求权基础规范指引

《最高人民法院关于审理期货纠纷案件若干问题的规定》（2020年12月23日修正）

第三十一条　期货交易所在期货公司没有保证金或者保证金不足的情况下，允许期货公司开仓交易或者继续持仓，应当认定为透支交易。

期货公司在客户没有保证金或者保证金不足的情况下，允许客户开仓交易或者继续持仓，应当认定为透支交易。

审查期货公司或者客户是否透支交易，应当以期货交易所规定的保证金比例为标准。

第三十二条　期货公司的交易保证金不足，期货交易所未按规定通知期货公司追加保证金的，由于行情向持仓不利的方向变化导致期货公司透支发生的扩大损失，期货交易所应当承担主要赔偿责任，赔偿额不超过损失的百分之六十。

客户的交易保证金不足，期货公司未按约定通知客户追加保证金的，由于行情向持仓不利的方向变化导致客户透支发生的扩大损失，期货公司应当承担主要赔偿责任，赔偿额不超过损失的百分之八十。

第三十三条　期货公司的交易保证金不足，期货交易所履行了通知义务，而期货公司未及时追加保证金，期货公司要求保留持仓并经书面协商一致的，对保留持仓期间造成的损失，由期货公司承担；穿仓造成的损失，由期货交易所承担。

客户的交易保证金不足，期货公司履行了通知义务而客户未及时追加保证金，客户要求保留持仓并经书面协商一致的，对保留持仓期间造成的损失，由客户承担；穿仓造成的损失，由期货公司承担。

第三十四条　期货交易所允许期货公司开仓透支交易的，对透支交易造成的损失，由期货交易所承担主要赔偿责任，赔偿额不超过损失的百分之六十。

期货公司允许客户开仓透支交易的，对透支交易造成的损失，由期货公司承担主要赔偿责任，赔偿额不超过损失的百分之八十。

第三十五条　期货交易所允许期货公司透支交易，并与其约定分享利益，共担风险的，对透支交易造成的损失，期货交易所承担相应的赔偿责任。

期货公司允许客户透支交易，并与其约定分享利益，共担风险的，对透支交易造成的损失，期货公司承担相应的赔偿责任。

《最高人民法院关于审理期货纠纷案件若干问题的规定（二）》（2020年12月23日修正）

第一条　以期货交易所为被告或者第三人的因期货交易所履行职责引起

的商事案件，由期货交易所所在地的中级人民法院管辖。

《最高人民法院关于北京金融法院案件管辖的规定》（法释〔2021〕7号 2021年3月16日）

第一条 北京金融法院管辖北京市辖区内应由中级人民法院受理的下列第一审金融民商事案件：

……

《最高人民法院关于上海金融法院案件管辖的规定》（2021年4月21日修正）

第一条 上海金融法院管辖上海市辖区内应由中级人民法院受理的下列第一审金融民商事案件：

……

《最高人民法院关于成渝金融法院案件管辖的规定》（法释〔2022〕20号 2022年12月20日）

第一条 成渝金融法院管辖重庆市以及四川省属于成渝地区双城经济圈范围内的应由中级人民法院受理的下列第一审金融民商事案件：

……

321. 期货强行平仓纠纷

案由适用要点

［释义］ 期货强行平仓纠纷是指发生在期货交易所、期货公司与期货交易者之间因强行平仓行为而产生的纠纷。

［管辖］ 根据《民事诉讼法》第24条、第35条，《最高人民法院关于审理期货纠纷案件若干问题的规定》第4条、第5条、第6条、第7条以及《最高人民法院关于审理期货纠纷案件若干问题的规定（二）》第1条的规定，期货强行平仓纠纷案件，当事人就管辖问题达成书面协议的，由双方选择的符合《民事诉讼法》规定的人民法院管辖；当事人未达成书面协议或者根据书面管辖协议不能确定管辖法院的，由被告住所地或者合同履行地人民法院管辖；因实物交割发生纠纷的，期货交易所住所地为合同履行地；在期货公司的分公司、营业部等分支机构进行期货交易的，该分支机构为合同履行地；在级别管辖方面，期货强行平仓纠纷原则上由中级人民法院管辖，高级人民法院根据需要可以确定部分基层人民法院受理期货纠纷案件；以期货交易所为共同被告或者第三人的因期货交易所履行职责引起的期货强行平仓纠纷案件，由期货交易所所在地的中级人民法院管辖。

对于上海、北京和成渝地区而言，期货强行平仓纠纷案件的管辖，又有一定的特殊性。根据 2021 修正的《最高人民法院关于上海金融法院案件管辖的规定》第 1 条的规定，由上海金融法院管辖上海市辖区内应由中级人民法院受理的第一审金融民商事案件。根据《最高人民法院关于北京金融法院案件管辖的规定》第 1 条的规定，由北京金融法院管辖北京市辖区内应由中级人民法院受理的第一审金融民商事案件。根据《最高人民法院关于成渝金融法院案件管辖的规定》第 1 条规定，由成渝金融法院管辖重庆市以及四川省属于成渝地区双城经济圈范围内的应由中级人民法院受理的第一审金融民商案件。三地相关期货强行平仓纠纷案件在选择适用管辖法院时，应注意上述规定。

[应注意的问题] 违反法律规定的强行平仓行为是产生期货强行平仓纠纷的根源。实践中，强行平仓纠纷主要具有以下几种类型：

1. 未履行强行平仓通知义务产生纠纷。期货公司与客户应当在期货经纪合同中明确约定通知强行平仓的时间、条件、方式。期货交易所或期货公司在强行平仓前应履行通知义务，未履行通知义务给被平仓者造成损失的要承担赔偿责任。

2. 强行平仓过程中产生的纠纷。期货交易所或期货公司违规或违约强行平仓或超量平仓，或应当强行平仓而未平仓产生损失的，期货交易所或期货公司应承担责任。

3. 因强行平仓费用产生的纠纷。期货交易所依法或依交易规则强行平仓发生的费用，由被平仓的期货公司承担；期货公司承担责任后有权向有过错的客户追偿。期货公司依法或依约定强行平仓所发生的费用，由客户承担。

请求权基础规范指引

《中华人民共和国期货和衍生品法》（2022 年）

第四十一条 结算参与人的保证金不符合期货结算机构业务规则规定标准的，期货结算机构应当按照业务规则的规定通知结算参与人在规定时间内追加保证金或者自行平仓；结算参与人未在规定时间内追加保证金或者自行平仓的，通知期货交易场所强行平仓。

交易者的保证金不符合结算参与人与交易者约定标准的，结算参与人应当按照约定通知交易者在约定时间内追加保证金或者自行平仓；交易者未在约定时间内追加保证金或者自行平仓的，按照约定强行平仓。

以有价证券等作为保证金，期货结算机构、结算参与人按照前两款规定强行平仓的，可以对有价证券等进行处置。

第八十七条 期货交易场所应当加强对期货交易的风险监测，出现异常情况的，期货交易场所可以依照业务规则，单独或者会同期货结算机构采取下列紧急措施，并立即报告国务院期货监督管理机构：

（一）调整保证金；

（二）调整涨跌停板幅度；

（三）调整会员、交易者的交易限额或持仓限额标准；

（四）限制开仓；

（五）强行平仓；

（六）暂时停止交易；

（七）其他紧急措施。

异常情况消失后，期货交易场所应当及时取消紧急措施。

《期货交易管理条例》（2017 年修订）

第三十四条 期货交易所会员的保证金不足时，应当及时追加保证金或者自行平仓。会员未在期货交易所规定的时间内追加保证金或者自行平仓的，期货交易所应当将该会员的合约强行平仓，强行平仓的有关费用和发生的损失由该会员承担。

客户保证金不足时，应当及时追加保证金或者自行平仓。客户未在期货公司规定的时间内及时追加保证金或者自行平仓的，期货公司应当将该客户的合约强行平仓，强行平仓的有关费用和发生的损失由该客户承担。

《期货交易所管理办法》（2023 年修订）

第九十一条 有根据认为会员或者交易者、境外经纪机构违反期货交易所业务规则并且对市场正在产生或者即将产生重大影响，为防止违规行为后果进一步扩大，期货交易所可以对会员或者交易者、境外经纪机构采取下列临时处置措施：

（一）限制入金；

（二）限制出金；

（三）限制开仓；

（四）提高保证金标准；

（五）限期平仓；

（六）强行平仓。

期货交易所按照业务规则规定的程序采取前款第（四）项、第（五）项或者第（六）项措施的，应当在采取措施后及时报告中国证监会。

期货交易所对会员或者交易者、境外经纪机构采取临时处置措施，应当按照业务规则规定的方式通知会员或者交易者、境外经纪机构，并列明采取临时处置措施的根据。

第一百一十七条 中国证监会派出机构对期货交易所会员进行风险处置，采取监管措施的，经中国证监会批准，期货交易所应当在限制会员资金划转、限制会员开仓、移仓和强行平仓等方面予以配合。

《最高人民法院关于审理期货纠纷案件若干问题的规定》（2020 年 12 月 23 日修正）

第三十六条　期货公司的交易保证金不足，又未能按期货交易所规定的时间追加保证金的，按交易规则的规定处理；规定不明确的，期货交易所有权就其未平仓的期货合约强行平仓，强行平仓所造成的损失，由期货公司承担。

客户的交易保证金不足，又未能按期货经纪合同约定的时间追加保证金的，按期货经纪合同的约定处理；约定不明确的，期货公司有权就其未平仓的期货合约强行平仓，强行平仓造成的损失，由客户承担。

第三十七条　期货交易所因期货公司违规超仓或者其他违规行为而必须强行平仓的，强行平仓所造成的损失，由期货公司承担。

期货公司因客户违规超仓或者其他违规行为而必须强行平仓的，强行平仓所造成的损失，由客户承担。

第三十八条　期货公司或者客户交易保证金不足，符合强行平仓条件后，应当自行平仓而未平仓造成的扩大损失，由期货公司或者客户自行承担。法律、行政法规另有规定或者当事人另有约定的除外。

第三十九条　期货交易所或者期货公司强行平仓数额应当与期货公司或者客户需追加的保证金数额基本相当。因超量平仓引起的损失，由强行平仓者承担。

第四十条　期货交易所对期货公司、期货公司对客户未按期货交易所交易规则规定或者期货经纪合同约定的强行平仓条件、时间、方式进行强行平仓，造成期货公司或者客户损失的，期货交易所或者期货公司应当承担赔偿责任。

第四十一条　期货交易所依法或依交易规则强行平仓发生的费用，由被平仓的期货公司承担；期货公司承担责任后有权向有过错的客户追偿。

期货公司依法或依约定强行平仓所发生的费用，由客户承担。

《最高人民法院关于审理期货纠纷案件若干问题的规定（二）》（2020 年 12 月 23 日修正）

第一条　以期货交易所为被告或者第三人的因期货交易所履行职责引起的商事案件，由期货交易所所在地的中级人民法院管辖。

322. 期货实物交割纠纷

案由适用要点

[释义] 期货实物交割纠纷是指实物交割各方（期货交易所、期货公司、

客户、交割仓库）违反法律规定的义务而产生的纠纷。

[管辖] 根据《民事诉讼法》第24条、第35条，《最高人民法院关于审理期货纠纷案件若干问题的规定》第4条、第5条、第6条、第7条以及《最高人民法院关于审理期货纠纷案件若干问题的规定（二）》第1条的规定，期货实物交割纠纷案件，当事人就管辖问题达成书面协议的，由双方选择的符合《民事诉讼法》规定的人民法院管辖；当事人未达成书面协议或者根据书面管辖协议不能确定管辖法院的，由被告住所地或者合同履行地人民法院管辖；因实物交割发生纠纷的，期货交易所住所地为合同履行地；在期货公司的分公司、营业部等分支机构进行期货交易的，该分支机构为合同履行地；在级别管辖方面，期货实物交割纠纷原则上由中级人民法院管辖，高级人民法院根据需要可以确定部分基层人民法院受理期货纠纷案件；以期货交易所为共同被告或者第三人的因期货交易所履行职责引起的期货实物交割纠纷案件，由期货交易所所在地的中级人民法院管辖。

对于上海、北京和成渝地区而言，期货实物交割纠纷案件的管辖，又有一定的特殊性。根据2021年修正的《最高人民法院关于上海金融法院案件管辖的规定》第1条的规定，由上海金融法院管辖上海市辖区内应由中级人民法院受理的第一审金融民商事案件。根据《最高人民法院关于北京金融法院案件管辖的规定》第1条的规定，由北京金融法院管辖北京市辖区内应由中级人民法院受理的第一审金融民商事案件。根据《最高人民法院关于成渝金融法院案件管辖的规定》第1条规定，由成渝金融法院管辖重庆市以及四川省属于成渝地区双城经济圈范围内的应由中级人民法院受理的第一审金融民商案件。三地相关期货实物交割纠纷案件在选择适用管辖法院时，应注意上述规定。

[应注意的问题] 期货实物交割就其性质来说是一种现货交易行为，但在期货交易中发生的实物交割是期货交易的延续，它处于期货市场与现货市场的交接点，是期货市场和现货市场的桥梁和纽带。《最高人民法院关于审理期货纠纷案件若干问题的规定》根据实践总结了产生期货实物交割纠纷的几种情形：（1）期货交易所或者期货公司拒绝实物交割申请纠纷。（2）交割违约纠纷。在交割日内，当事人因交割违约产生的纠纷，包括在规定期限内，卖方未能如数交付标准仓单或者买方未能如数交付货款两种违约情形。（3）交割仓库交割不能纠纷。交割仓库不能在期货交易所交易规则规定的期限内，向标准仓单持有人交付符合期货合约要求的货物，造成标准仓单持有人损失的，交割仓库应当承担责任，期货交易所承担连带责任。

请求权基础规范指引

《中华人民共和国期货和衍生品法》（2022年）

第四十四条　期货合约到期时，交易者应当通过实物交割或者现金交割，了结到期未平仓合约。

在标准化期权合约规定的时间，合约的买方有权以约定的价格买入或者卖出标的物，或者按照约定进行现金差价结算，合约的卖方应当按照约定履行相应的义务。标准化期权合约的行权，由期货结算机构组织进行。

第四十五条　期货合约采取实物交割的，由期货结算机构负责组织货款与标准仓单等合约标的物权利凭证的交付。

期货合约采取现金交割的，由期货结算机构以交割结算价为基础，划付持仓双方的盈亏款项。

本法所称标准仓单，是指交割库开具并经期货交易场所登记的标准化提货凭证。

第四十六条　期货交易的实物交割在期货交易场所指定的交割库、交割港口或者其他符合期货交易场所要求的地点进行。实物交割不得限制交割总量。采用标准仓单以外的单据凭证或者其他方式进行实物交割的，期货交易场所应当明确规定交割各方的权利和义务。

《期货交易管理条例》（2017年修订）

第三十五条　期货交易的交割，由期货交易所统一组织进行。

交割仓库由期货交易所指定。期货交易所不得限制实物交割总量，并应当与交割仓库签订协议，明确双方的权利和义务。交割仓库不得有下列行为：

（一）出具虚假仓单；

（二）违反期货交易所业务规则，限制交割商品的入库、出库；

（三）泄露与期货交易有关的商业秘密；

（四）违反国家有关规定参与期货交易；

（五）国务院期货监督管理机构规定的其他行为。

《期货交易所管理办法》（2023年修正）

第九十五条　期货交易所应当以适当方式发布下列信息：

（一）即时行情；

（二）日行情表；

（三）持仓量、成交量排名情况；

（四）期货交易所业务规则规定的其他信息。

期货交易涉及商品实物交割的，期货交易所还应当发布标准仓单数量和可用库容情况。

期货交易行情信息包括合约名称、合约交割月份、开盘价、最新价、涨跌、收盘价、结算价、最高价、最低价、成交量、持仓量、成交金额等。

期货交易行情的权益由期货交易所依法享有。期货交易所对市场交易形成的基础信息和加工产生的信息产品享有专属权利。未经期货交易所同意，任何单位和个人不得发布期货交易所行情，不得以商业目的使用。经许可使用交易信息的机构和个人，未经期货交易所同意，不得将该信息提供给其他机构和个人使用。

期货交易所应当保障交易者有平等机会获取期货市场的交易行情、公开披露的信息及交易机会。

《最高人民法院关于审理期货纠纷案件若干问题的规定》（2020 年 12 月 23 日修正）

第四十二条 交割仓库未履行货物验收职责或者因保管不善给仓单持有人造成损失的，应当承担赔偿责任。

第四十三条 期货公司没有代客户履行申请交割义务的，应当承担违约责任；造成客户损失的，应当承担赔偿责任。

第四十四条 在交割日，卖方期货公司未向期货交易所交付标准仓单，或者买方期货公司未向期货交易所账户交付足额货款，构成交割违约。

构成交割违约的，违约方应当承担违约责任；具有民法典第五百六十三条第一款第四项规定情形的，对方有权要求终止交割或者要求违约方继续交割。

征购或者竞卖失败的，应当由违约方按照交易所有关赔偿办法的规定承担赔偿责任。

第四十五条 在期货合约交割期内，买方或者卖方客户违约的，期货交易所应当代期货公司、期货公司应当代客户向对方承担违约责任。

第四十六条 买方客户未在期货交易所交易规则规定的期限内对货物的质量、数量提出异议的，应视为其对货物的数量、质量无异议。

第四十七条 交割仓库不能在期货交易所交易规则规定的期限内，向标准仓单持有人交付符合期货合约要求的货物，造成标准仓单持有人损失的，交割仓库应当承担责任，期货交易所承担连带责任。

期货交易所承担责任后，有权向交割仓库追偿。

323. 期货保证合约纠纷

案由适用要点

［**释义**］期货保证合约纠纷是指因期货交易所或者期货经纪公司不履行其保证责任而引发的纠纷。

［**管辖**］根据《民事诉讼法》第 24 条、第 35 条，《最高人民法院关于审理期货纠纷案件若干问题的规定》第 4 条、第 5 条、第 6 条、第 7 条以及《最高人民法院关于审理期货纠纷案件若干问题的规定（二）》第 1 条的规定，期货保证合约纠纷案件，当事人就管辖问题达成书面协议的，由双方选择的符合《民事诉讼法》规定的人民法院管辖；当事人未达成书面协议或者根据书面管辖协议不能确定管辖法院的，由被告住所地或者合同履行地人民法院管辖；因实物交割发生纠纷的，期货交易所住所地为合同履行地；在期货公司的分公司、营业部等分支机构进行期货交易的，该分支机构为合同履行地；在级别管辖方面，期货保证合约纠纷原则上由中级人民法院管辖，高级人民法院根据需要可以确定部分基层人民法院受理期货纠纷案件；以期货交易所为共同被告或者第三人的因期货交易所履行职责引起的期货保证合约纠纷案件，由期货交易所所在地的中级人民法院管辖。

对于上海、北京和成渝地区而言，期货保证合约纠纷案件的管辖，又有一定的特殊性。根据 2021 年修正的《最高人民法院关于上海金融法院案件管辖的规定》第 1 条的规定，由上海金融法院管辖上海市辖区内应由中级人民法院受理的第一审金融民商事案件。根据《最高人民法院关于北京金融法院案件管辖的规定》第 1 条的规定，由北京金融法院管辖北京市辖区内应由中级人民法院受理的第一审金融民商事案件。根据《最高人民法院关于成渝金融法院案件管辖的规定》第 1 条规定，由成渝金融法院管辖重庆市以及四川省属于成渝地区双城经济圈范围内的应由中级人民法院受理的第一审金融民商案件。三地相关期货保证合约纠纷案件在选择适用管辖法院时，应注意上述规定。

［**应注意的问题**］期货交易所为期货合约的履行提供担保。之所以期货交易具有标准化的特点，即期货市场的参与者被认为在信用、交货的能力等方面是没有区别的，是因为期货交易所为期货合约的履行提供了担保。这也是期货合约得以实现自由转让的基础之一。期货交易所的担保具有以下性质：（1）该担保的性质是保证，即人保。期货交易所以自身的信用来保证期货合约的履行。（2）由于只是保证，所以在期货交易所破产的时候，交易者对期货交易所的财产并没有任何优先权，只能作为一般债权人获得清偿。（3）该保证责任是替代责任，即债权人无需向交易对方提出清偿要求，直接向交易所要求履行债务即可。交易所直接向债权人履行的同时，取得债权人对债务人的债权。（4）如果期货交易所和期货交易结算机构是分开设立的，则上述期货交易所的保证只能全部由期货结算机构承担。

除期货交易所应当提供担保外，期货经纪机构也负有保证合约履行的义务。期货经纪机构对于客户有转移交易利益的义务。此外，在交易对方违约的情况下，经纪机构有义务对客户直接履行。也就是说，如果交易对方未能将客户的赢利交给经纪机构，经纪机构也应当向客户支付交易赢利。由于交易所为履约提供保证，所以在经纪机构是交易所会员时直接履行的情况很少见。但是，当经纪机构是介绍经纪的时候，则有可能。一方面，介绍经纪机构与客户的委托合同规定了一定的支付交易赢利的时间；另一方面，介绍经纪机构未能及时得到转移的盈利，甚至是经纪机构根本违约没有转移盈利，则介绍经纪机构仍然有义务自己承担该风险，将客户应得的盈利交付客户。

请求权基础规范指引

《中华人民共和国期货和衍生品法》（2022年）

第二十二条 期货交易实行保证金制度，期货结算机构向结算参与人收取保证金，结算参与人向交易者收取保证金。保证金用于结算和履约保障。

保证金的形式包括现金，国债、股票、基金份额、标准仓单等流动性强的有价证券，以及国务院期货监督管理机构规定的其他财产。以有价证券等作为保证金的，可以依法通过质押等具有履约保障功能的方式进行。

期货结算机构、结算参与人收取的保证金的形式、比例等应当符合国务院期货监督管理机构的规定。

交易者进行标准化期权合约交易的，卖方应当缴纳保证金，买方应当支付权利金。

前款所称权利金是指买方支付的用于购买标准化期权合约的资金。

第四十条 期货结算机构、结算参与人收取的保证金、权利金等，应当与其自有资金分开，按照国务院期货监督管理机构的规定，在期货保证金存管机构专户存放，分别管理，禁止违规挪用。

第四十一条 结算参与人的保证金不符合期货结算机构业务规则规定标准的，期货结算机构应当按照业务规则的规定通知结算参与人在规定时间内追加保证金或者自行平仓；结算参与人未在规定时间内追加保证金或者自行平仓的，通知期货交易场所强行平仓。

交易者的保证金不符合结算参与人与交易者约定标准的，结算参与人应当按照约定通知交易者在约定时间内追加保证金或者自行平仓；交易者未在约定时间内追加保证金或者自行平仓的，按照约定强行平仓。

以有价证券等作为保证金，期货结算机构、结算参与人按照前两款规定强行平仓的，可以对有价证券等进行处置。

第四十二条 结算参与人在结算过程中违约的，期货结算机构按照业务规则动用结算参与人的保证金、结算担保金以及结算机构的风险准备金、自有资金等完成结算；期货结算机构以其风险准备金、自有资金等完成结算的，可以依法对该结算参与人进行追偿。

交易者在结算过程中违约的，其委托的结算参与人按照合同约定动用该交易者的保证金以及结算参与人的风险准备金和自有资金完成结算；结算参与人以其风险准备金和自有资金完成结算的，可以依法对该交易者进行追偿。

本法所称结算担保金，是指结算参与人以自有资金向期货结算机构缴纳的，用于担保履约的资金。

第四十三条　期货结算机构依照其业务规则收取和提取的保证金、权利金、结算担保金、风险准备金等资产，应当优先用于结算和交割，不得被查封、冻结、扣押或者强制执行。

在结算和交割完成之前，任何人不得动用用于担保履约和交割的保证金、进入交割环节的交割财产。

依法进行的结算和交割，不因参与结算的任何一方依法进入破产程序而中止、无效或者撤销。

《期货交易管理条例》（2017年修订）

第十条　期货交易所应当依照本条例和国务院期货监督管理机构的规定，建立、健全各项规章制度，加强对交易活动的风险控制和对会员以及交易所工作人员的监督管理。期货交易所履行下列职责：

（一）提供交易的场所、设施和服务；

（二）设计合约，安排合约上市；

（三）组织并监督交易、结算和交割；

（四）为期货交易提供集中履约担保；

（五）按照章程和交易规则对会员进行监督管理；

（六）国务院期货监督管理机构规定的其他职责。

期货交易所不得直接或者间接参与期货交易。未经国务院期货监督管理机构审核并报国务院批准，期货交易所不得从事信托投资、股票投资、非自用不动产投资等与其职责无关的业务。

第三十六条　会员在期货交易中违约的，期货交易所先以该会员的保证金承担违约责任；保证金不足的，期货交易所应当以风险准备金和自有资金代为承担违约责任，并由此取得对该会员的相应追偿权。

客户在期货交易中违约的，期货公司先以该客户的保证金承担违约责任；保证金不足的，期货公司应当以风险准备金和自有资金代为承担违约责任，并由此取得对该客户的相应追偿权。

《最高人民法院关于审理期货纠纷案件若干问题的规定》（2020年12月23日修正）

第四十八条　期货公司未按照每日无负债结算制度的要求，履行相应的金钱给付义务，期货交易所亦未代期货公司履行，造成交易对方损失的，期货交易所应当承担赔偿责任。

期货交易所代期货公司履行义务或者承担赔偿责任后，有权向不履行义务的一方追偿。

第四十九条 期货交易所未代期货公司履行期货合约，期货公司应当根据客户请求向期货交易所主张权利。

期货公司拒绝代客户向期货交易所主张权利的，客户可直接起诉期货交易所，期货公司可作为第三人参加诉讼。

第五十条 因期货交易所的过错导致信息发布、交易指令处理错误，造成期货公司或者客户直接经济损失的，期货交易所应当承担赔偿责任，但其能够证明系不可抗力的除外。

第五十一条 期货交易所依据有关规定对期货市场出现的异常情况采取合理的紧急措施造成客户损失的，期货交易所不承担赔偿责任。

期货公司执行期货交易所的合理的紧急措施造成客户损失的，期货公司不承担赔偿责任。

324. 期货交易代理合同纠纷

案由适用要点

［**释义**］期货交易代理合同是指特定客户与期货经纪公司经协商一致签订的、客户委托期货经纪公司按照客户指令代其进行商品期货交易的协议。上述协议在履行过程中所发生的纠纷即适用期货交易代理合同纠纷案由。

［**管辖**］根据《民事诉讼法》第24条、第35条，《最高人民法院关于审理期货纠纷案件若干问题的规定》第4条、第5条、第6条、第7条以及《最高人民法院关于审理期货纠纷案件若干问题的规定（二）》第1条的规定，期货交易代理合同纠纷案件，当事人就管辖问题达成书面协议的，由双方选择的符合《民事诉讼法》规定的人民法院管辖；当事人未达成书面协议或者根据书面管辖协议不能确定管辖法院的，由被告住所地或者合同履行地人民法院管辖；因实物交割发生纠纷的，期货交易所住所地为合同履行地；在期货公司的分公司、营业部等分支机构进行期货交易的，该分支机构为合同履行地；在级别管辖方面，期货交易代理合同纠纷原则上由中级人民法院管辖，高级人民法院根据需要可以确定部分基层人民法院受理期货纠纷案件；以期货交易所为共同被告或者第三人的因期货交易所履行职责引起的期货交易代理合同纠纷案件，由期货交易所所在地的中级人民法院管辖。

对于上海、北京和成渝地区而言，期货交易代理合同纠纷案件的管辖，又有一定的特殊性。根据2021年修正的《最高人民法院关于上海金融法院案件管辖的规定》第 1 条的规定，由上海金融法院管辖上海市辖区内应由中级人民法院受理的第一审金融民商事案件。根据《最高人民法院关于北京金融法院案件管辖的规定》第 1 条的规定，由北京金融法院管辖北京市辖区内应由中级人民法院受理的第一审金融民商事案件。根据《最高人民法院关于成渝金融法院案件管辖的规定》第 1 条规定，由成渝金融法院管辖重庆市以及四川省属于成渝地区双城经济圈范围内的应由中级人民法院受理的第一审金融民商案件。三地相关期货交易代理合同纠纷案件在选择适用管辖法院时，应注意上述规定。

[应注意的问题] 期货交易代理合同名为代理，实际上当事人之间的法律关系则应当被认定为行纪合同关系。期货经纪机构与客户之间关系的基本内容根据二者签订的期货交易代理合同所确定。这个合同的内容是由期货交易本身的特点所决定的。依照该合同，客户委托经纪机构将客户买卖期货合约的指令传达到期货交易所；而经纪机构则按照客户的指令以自己的名义入市执行指令。由于经纪机构是以自己的名义行事，所以对于交易所而言，是由经纪机构而不是客户承担交易后果。在客户违约的时候，经纪机构也必须首先向交易所承担责任。客户则根据期货交易代理合同的约定，向经纪机构承担交易的后果。至于将其称之为“代理”则是商事习惯的产物，这种称谓最早源于英美法的商事惯例。将这种关系称为“代理”并不影响对于双方权利义务的认定。

请求权基础规范指引

《期货交易管理条例》（2017 年修订）

第十条、第三十六条

（参见“323. 期货保证合约纠纷”的相关规范）

《最高人民法院关于审理期货纠纷案件若干问题的规定》（2020 年 12 月 23 日修正）

第十六条　期货公司在与客户订立期货经纪合同时，未提示客户注意《期货交易风险说明书》内容，并由客户签字或者盖章，对于客户在交易中的损失，应当依据民法典第五百条第三项的规定承担相应的赔偿责任。但是，根据以往交易结果记载，证明客户已有交易经历的，应当免除期货公司的责任。

第十八条　期货公司与客户签订的期货经纪合同对下达交易指令的方式未作约定或者约定不明确的，期货公司不能证明其所进行的交易是依据客户交易指令进行的，对该交易造成客户的损失，期货公司应当承担赔偿责任，客户予以追认的除外。

第十九条　期货公司执行非受托人的交易指令造成客户损失，应当由期货公司承担赔偿责任，非受托人承担连带责任，客户予以追认的除外。

第二十条 客户下达的交易指令没有品种、数量、买卖方向的，期货公司未予拒绝而进行交易造成客户的损失，由期货公司承担赔偿责任，客户予以追认的除外。

第二十一条 客户下达的交易指令数量和买卖方向明确，没有有效期限的，应当视为当日有效；没有成交价格的，应当视为按市价交易；没有开平仓方向的，应当视为开仓交易。

第二十二条 期货公司错误执行客户交易指令，除客户认可的以外，交易的后果由期货公司承担，并按下列方式分别处理：

（一）交易数量发生错误的，多于指令数量的部分由期货公司承担，少于指令数量的部分，由期货公司补足或者赔偿直接损失；

（二）交易价格超出客户指令价位范围的，交易差价损失或者交易结果由期货公司承担。

第二十三条 期货公司不当延误执行客户交易指令给客户造成损失的，应当承担赔偿责任，但由于市场原因致客户交易指令未能全部或者部分成交的，期货公司不承担责任。

第二十四条 期货公司超出客户指令价位的范围，将高于客户指令价格卖出或者低于客户指令价格买入后的差价利益占为己有的，客户要求期货公司返还的，人民法院应予支持，期货公司与客户另有约定的除外。

第二十五条 期货交易所未按交易规则规定的期限、方式，将交易或者持仓头寸的结算结果通知期货公司，造成期货公司损失的，由期货交易所承担赔偿责任。

期货公司未按期货经纪合同约定的期限、方式，将交易或者持仓头寸的结算结果通知客户，造成客户损失的，由期货公司承担赔偿责任。

第二十六条 期货公司与客户对交易结算结果的通知方式未作约定或者约定不明确，期货公司未能提供证据证明已经发出上述通知的，对客户因继续持仓而造成扩大的损失，应当承担主要赔偿责任，赔偿额不超过损失的百分之八十。

第二十七条 客户对当日交易结算结果的确认，应当视为对该日之前所有持仓和交易结算结果的确认，所产生的交易后果由客户自行承担。

第二十八条 期货公司对交易结算结果提出异议，期货交易所未及时采取措施导致损失扩大的，对造成期货公司扩大的损失应当承担赔偿责任。

客户对交易结算结果提出异议，期货公司未及时采取措施导致损失扩大的，期货公司对造成客户扩大的损失应当承担赔偿责任。

第二十九条 期货公司对期货交易所或者客户对期货公司的交易结算结

果有异议，而未在期货交易所交易规则规定或者期货经纪合同约定的时间内提出的，视为期货公司或者客户对交易结算结果已予以确认。

第三十条　期货公司进行混码交易的，客户不承担责任，但期货公司能够举证证明其已按照客户交易指令入市交易的，客户应当承担相应的交易结果。

325. 侵占期货交易保证金纠纷

案由适用要点

[**释义**] 侵占期货交易保证金是指期货公司未经客户允许，非法占用客户的保证金进行期货交易造成客户损失的行为。期货交易保证金又称履约保证金，是指参与期货交易的人为了保证其履行合约而交的资金。

[**管辖**] 根据《民事诉讼法》第23条、第29条、第35条，《最高人民法院关于审理期货纠纷案件若干问题的规定》第4条、第5条、第6条、第7条以及《最高人民法院关于审理期货纠纷案件若干问题的规定（二）》第1条的规定，侵占期货交易保证金纠纷案件，原告如提起侵权之诉，则由侵权行为地或者被告住所地的人民法院管辖；原告如提起违约之诉，则当事人就管辖问题达成书面协议的，由双方选择的符合《民事诉讼法》规定的人民法院管辖；当事人未达成书面协议或者根据书面管辖协议不能确定管辖法院的，由被告住所地或者合同履行地人民法院管辖；因实物交割发生纠纷的，期货交易所住所地为合同履行地；在期货公司的分公司、营业部等分支机构进行期货交易的，该分支机构为合同履行地；在级别管辖方面，侵占期货交易保证金纠纷原则上由中级人民法院管辖，高级人民法院根据需要可以确定部分基层人民法院受理期货纠纷案件；以期货交易所为共同被告或者第三人的因期货交易所履行职责引起的侵占期货交易保证金纠纷案件，由期货交易所所在地的中级人民法院管辖。

对于上海、北京和成渝地区而言，侵占期货交易保证金纠纷案件的管辖，又有一定的特殊性。根据2021年修正的《最高人民法院关于上海金融法院案件管辖的规定》第1条的规定，由上海金融法院管辖上海市辖区内应由中级人民法院受理的第一审金融民商事案件。根据《最高人民法院关于北京金融法院案件管辖的规定》第1条的规定，由北京金融法院管辖北京市辖区内应由中级人民法院受理的第一审金融民商事案件。根据《最高人民法院关于成渝金融法院案件管辖的规定》第1条规定，由成渝金融法院管辖重庆市以及四川省属于成渝地区双城经济圈范围内的应由中级人民法院受理的第一审金融民商案件。三地相关侵占期货交易保证金纠纷案件在选择适用管辖法院时，应注意上述规定。

[应注意的问题] 从国际期货立法及期货业惯例来看，在财务制度上，期货公司被要求将客户的资金与其自有的资金相分离，不得存于同一账户之中。资金分离起到两方面作用：一是避免客户的资金被期货公司挪用；二是避免期货公司有财务危机时，客户的资金作为期货公司的财产而被其债权人索取。期货保证金一方面是投资者入市交易的财产基础，没有保证金，投资者无法及时进行期货投资；另一方面，期货保证金又是期货交易的安全保障，一旦投资者的保证金被侵占，整个期货市场将无法健康运行。因此，世界各国和地区立法大都非常重视确保期货保证金的安全，防止侵占保证金的行为发生。在期货立法中，将侵占期货保证金作为一种犯罪行为予以重罚。我国法律规定了期货公司侵占期货交易保证金的行政责任和民事责任。随着我国期货市场的逐步发展，侵占期货交易保证金行为时有发生，为了能够更好地维护期货市场秩序正常运行，保护期货交易者的合法权益，故设立“侵占期货交易保证金纠纷”案由。

请求权基础规范指引

《期货公司监督管理办法》（2019年）

第四条 期货公司的股东、实际控制人和其他关联人不得滥用权利，不得占用期货公司资产或者挪用客户资产，不得侵害期货公司、客户的合法权益。

《最高人民法院关于审理期货纠纷案件若干问题的规定》（2020年12月23日修正）

第五十五条 期货公司挪用客户保证金，或者违反有关规定划转客户保证金造成客户损失的，应当承担赔偿责任。

326. 期货欺诈责任纠纷

案由适用要点

[释义] 期货欺诈是指期货公司在期货交易活动中，为了获取非法利益，违反公开、公平、公正和诚信原则，故意隐瞒实情或制造虚假事实，使客户产生错误认识并实施一定行为的商业欺诈行为。

[管辖] 根据《民事诉讼法》第24条、第35条，《最高人民法院关于审理期货纠纷案件若干问题的规定》第4条、第5条、第6条、第7条以及《最高人民法院关于审理期货纠纷案件若干问题的规定（二）》第1条的规定，期货欺诈责任纠纷案件，当事人就管辖问题达成书面协议的，由双方选

择的符合《民事诉讼法》规定的人民法院管辖；当事人未达成书面协议或者根据书面管辖协议不能确定管辖法院的，由被告住所地或者合同履行地人民法院管辖；因实物交割发生纠纷的，期货交易所住所地为合同履行地；在期货公司的分公司、营业部等分支机构进行期货交易的，该分支机构为合同履行地；在级别管辖方面，期货欺诈责任纠纷原则上由中级人民法院管辖，高级人民法院根据需要可以确定部分基层人民法院受理期货纠纷案件；以期货交易所为共同被告或者第三人的因期货交易所履行职责引起的期货欺诈责任纠纷案件，由期货交易所所在地的中级人民法院管辖。

对于上海、北京和成渝地区而言，期货欺诈责任纠纷案件的管辖，又有一定的特殊性。根据2021年修正的《最高人民法院关于上海金融法院案件管辖的规定》第1条的规定，由上海金融法院管辖上海市辖区内应由中级人民法院受理的第一审金融民商事案件。根据《最高人民法院关于北京金融法院案件管辖的规定》第1条的规定，由北京金融法院管辖北京市辖区内应由中级人民法院受理的第一审金融民商事案件。根据《最高人民法院关于成渝金融法院案件管辖的规定》第1条规定，由成渝金融法院管辖重庆市以及四川省属于成渝地区双城经济圈范围内的应由中级人民法院受理的第一审金融民商案件。三地相关期货欺诈责任纠纷案件在选择适用管辖法院时，应注意上述规定。

［**应注意的问题**］我国法律、法规严格禁止期货欺诈行为，根据期货欺诈违法程度设定了行政责任和刑事责任。而在民事责任方面，因当前尚无特别法对此作出专门规定，即使2022年8月1日施行的《期货和衍生品法》第6条中规定了“禁止欺诈”，也是没有具体条款予以落实的市场违法行为禁止规则，故在法律适用上应当根据《民法典》第148条、第149条的关于当事人或者第三人以欺诈手段实施的民事法律行为效力的规定，将期货欺诈行为认定为可撤销的民事法律行为。受到欺诈的投资者享有撤销权，若其反而因欺诈行为获利，则可选择不行使撤销权而保留利益，若欺诈造成了投资者损失，投资者可要求人民法院撤销其受到欺诈而为的民事法律行为，并根据《民法典》第157条的规定要求期货公司返还欺诈所得并赔偿损失。

请求权基础规范指引

《中华人民共和国期货和衍生品法》（2022年）

第六条 期货交易和衍生品交易活动，应当遵守法律、行政法规和国家有关规定，遵循公开、公平、公正的原则，禁止欺诈、操纵市场和内幕交易的行为。

第五十一条 根据财产状况、金融资产状况、交易知识和经验、专业能力等因素，交易者可以分为普通交易者和专业交易者。专业交易者的标准由国务院期货监督管理机构规定。

普通交易者与期货经营机构发生纠纷的，期货经营机构应当证明其行为符合法律、行政法规以及国务院期货监督管理机构的规定，不存在误导、欺诈等情形。期货经营机构不能证明的，应当承担相应的赔偿责任。

《期货交易管理条例》（2017 年修订）

第三条 从事期货交易活动，应当遵循公开、公平、公正和诚实信用的原则。禁止欺诈、内幕交易和操纵期货交易价格等违法行为。

第六十七条 期货公司有下列欺诈客户行为之一的，责令改正，给予警告，没收违法所得，并处违法所得 1 倍以上 5 倍以下的罚款；没有违法所得或者违法所得不满 10 万元的，并处 10 万元以上 50 万元以下的罚款；情节严重的，责令停业整顿或者吊销期货业务许可：

（一）向客户作获利保证或者不按照规定向客户出示风险说明书的；

（二）在经纪业务中与客户约定分享利益、共担风险的；

（三）不按照规定接受客户委托或者不按照客户委托内容擅自进行期货交易的；

（四）隐瞒重要事项或者使用其他不正当手段，诱骗客户发出交易指令的；

（五）向客户提供虚假成交回报的；

（六）未将客户交易指令下达到期货交易所的；

（七）挪用客户保证金的；

（八）不按照规定在期货保证金存管银行开立保证金账户，或者违规划转客户保证金的；

（九）国务院期货监督管理机构规定的其他欺诈客户的行为。

期货公司有前款所列行为之一的，对直接负责的主管人员和其他直接责任人员给予警告，并处 1 万元以上 10 万元以下的罚款；情节严重的，暂停或者撤销期货从业人员资格。

任何单位或者个人编造并且传播有关期货交易的虚假信息，扰乱期货交易市场的，依照本条第一款、第二款的规定处罚。

327. 操纵期货交易市场责任纠纷

案由适用要点

［释义］ 操纵期货交易市场是指交易所会员或客户为了获取不正当利益，故意违反国家有关期货交易规定，违背期货公开、公平、公正的原则，利用其资金、信息等优势或滥用职权，制造实际的或表面的频繁交易影

响期货市场价格，以引诱他人买卖期货，严重扭曲期货市场价格、扰乱市场秩序的行为。由此产生的纠纷，即操纵期货交易市场责任纠纷。

［**管辖**］根据《民事诉讼法》第 24 条、第 29 条、第 35 条、第 36 条，《最高人民法院关于审理期货纠纷案件若干问题的规定》第 4 条、第 5 条、第 6 条、第 7 条以及《最高人民法院关于审理期货纠纷案件若干问题的规定（二）》第 1 条的规定，操纵期货交易市场责任纠纷案件，原告如提起侵权之诉，则由侵权行为地或者被告住所地的人民法院管辖；原告如提起违约之诉，则当事人就管辖问题达成书面协议的，由双方选择的符合《民事诉讼法》规定的人民法院管辖；当事人未达成书面协议或者根据书面管辖协议不能确定管辖法院的，由被告住所地或者合同履行地人民法院管辖；因实物交割发生纠纷的，期货交易所住所地为合同履行地；在期货公司的分公司、营业部等分支机构进行期货交易的，该分支机构为合同履行地；在级别管辖方面，操纵期货交易市场责任纠纷原则上由中级人民法院管辖，高级人民法院根据需要可以确定部分基层人民法院受理期货纠纷案件；以期货交易所为共同被告或者第三人的因期货交易所履行职责引起的操纵期货交易市场责任纠纷案件，由期货交易所所在地的中级人民法院管辖。

对于上海、北京和成渝地区而言，操纵期货交易市场责任纠纷案件的管辖，又有一定的特殊性。根据 2021 年修正的《最高人民法院关于上海金融法院案件管辖的规定》第 1 条的规定，由上海金融法院管辖上海市辖区内应由中级人民法院受理的第一审金融民商事案件。根据《最高人民法院关于北京金融法院案件管辖的规定》第 1 条的规定，由北京金融法院管辖北京市辖区内应由中级人民法院受理的第一审金融民商事案件。根据《最高人民法院关于成渝金融法院案件管辖的规定》第 1 条规定，由成渝金融法院管辖重庆市以及四川省属于成渝地区双城经济圈范围内的应由中级人民法院受理的第一审金融民商案件。三地相关操纵期货交易市场责任纠纷案件在选择适用管辖法院时，应注意上述规定。

［**应注意的问题**］操纵期货交易市场责任，是指期货市场主体通过期货市场买卖行为，使期货交易价格出现人为变动，最终达到操纵市场目的的行为责任。我国《期货交易管理条例》规定了操纵期货市场行为的行政责任；在刑事责任方面，《刑法修正案（六）》规定了操纵期货市场罪；在民事责任方面，操纵期货交易市场的行为违背了民法上的公平和诚信原则，在具有合同关系的当事人之间可能构成违约，更多情况下则属于对广大不特定投资者的侵权行为。在操纵期货交易市场行为的民事赔偿责任方面，立法明显滞后，许多案件无法未能进入民事赔偿程序。从构成要件上看，可以参照《证券法》第 55 条对于操纵证券市场交易行为、操纵行为所涉及的交易因果关系

以及损害后果的认定标准。同时，由于操纵期货交易市场纠纷涉及主体广、金额数目多、行业和社会影响大，且多数案件的被告人还将被追究行政责任和刑事责任。因此，在确定责任和赔偿范围时，应当注意与期货监管部门和公安机关的联动，并运用多元化手段化解纠纷、保障受害人利益。

请求权基础规范指引

《中华人民共和国期货和衍生品法》（2022年）

第十二条 任何单位和个人不得操纵期货市场或者衍生品市场。

禁止以下列手段操纵期货市场，影响或者意图影响期货交易价格或者期货交易量：

（一）单独或者合谋，集中资金优势、持仓优势或者利用信息优势联合或者连续买卖合约；

（二）与他人串通，以事先约定的时间、价格和方式相互进行期货交易；

（三）在自己实际控制的账户之间进行期货交易；

（四）利用虚假或者不确定的重大信息，诱导交易者进行期货交易；

（五）不以成交为目的，频繁或者大量申报并撤销申报；

（六）对相关期货交易或者合约标的物的交易作出公开评价、预测或者投资建议，并进行反向操作或者相关操作；

（七）为影响期货市场行情囤积现货；

（八）在交割月或者临近交割月，利用不正当手段规避持仓限额，形成持仓优势；

（九）利用在相关市场的活动操纵期货市场；

（十）操纵期货市场的其他手段。

第五十七条 交易者提起操纵市场、内幕交易等期货民事赔偿诉讼时，诉讼标的是同一种类，且当事人一方人数众多的，可以依法推选代表人进行诉讼。

《期货交易管理条例》（2017年修订）

第三十九条 任何单位或者个人不得编造、传播有关期货交易的虚假信息，不得恶意串通、联手买卖或者以其他方式操纵期货交易价格。

328. 期货内幕交易责任纠纷

案由适用要点

［释义］ 期货内幕交易是指期货交易内幕信息的知情人或者非法获取期货交易内幕信息的人，在内幕消息尚未公开前，利用内幕信息从事期货交易或

者向他人泄露内幕信息，使他人利用内幕信息进行期货交易的违法行为。由此引发的纠纷，即期货内幕交易责任纠纷。

［**管辖**］根据《民事诉讼法》第 24 条、第 29 条、第 35 条、第 36 条，《最高人民法院关于审理期货纠纷案件若干问题的规定》第 4 条、第 5 条、第 6 条、第 7 条以及《最高人民法院关于审理期货纠纷案件若干问题的规定（二）》第 1 条的规定，期货内幕交易责任纠纷案件，原告如提起侵权之诉，则由侵权行为地或者被告住所地的人民法院管辖；原告如提起违约之诉，则当事人就管辖问题达成书面协议的，由双方选择的符合《民事诉讼法》规定的人民法院管辖；当事人未达成书面协议或者根据书面管辖协议不能确定管辖法院的，由被告住所地或者合同履行地人民法院管辖；因实物交割发生纠纷的，期货交易所住所地为合同履行地；在期货公司的分公司、营业部等分支机构进行期货交易的，该分支机构为合同履行地；在级别管辖方面，期货内幕交易责任纠纷原则上由中级人民法院管辖，高级人民法院根据需要可以确定部分基层人民法院受理期货纠纷案件；以期货交易所为共同被告或者第三人的因期货交易所履行职责引起的期货内幕交易责任纠纷案件，由期货交易所所在地的中级人民法院管辖。

对于上海、北京和成渝地区而言，期货内幕交易责任纠纷案件的管辖，又有一定的特殊性。根据 2021 年修正的《最高人民法院关于上海金融法院案件管辖的规定》第 1 条的规定，由上海金融法院管辖上海市辖区内应由中级人民法院受理的第一审金融民商事案件。根据《最高人民法院关于北京金融法院案件管辖的规定》第 1 条的规定，由北京金融法院管辖北京市辖区内应由中级人民法院受理的第一审金融民商事案件。根据《最高人民法院关于成渝金融法院案件管辖的规定》第 1 条规定，由成渝金融法院管辖重庆市以及四川省属于成渝地区双城经济圈范围内的应由中级人民法院受理的第一审金融民商案件。三地相关期货内幕交易责任纠纷案件在选择适用管辖法院时，应注意上述规定。

［**应注意的问题**］内幕信息的知情人员，是指由于其管理地位、监督地位或者职业地位或者作为雇员、专业顾问履行职务，能够接触或者获得内幕信息的人员，包括：期货交易所的管理人员以及其他由于任职可获取内幕信息的从业人员，国务院期货监督管理机构和其他有关部门的工作人员以及国务院期货监督管理机构规定的其他人员。

请求权基础规范指引

《中华人民共和国期货和衍生品法》（2022 年）

第六条 期货交易和衍生品交易活动，应当遵守法律、行政法规和国家有关规定，遵循公开、公平、公正的原则，禁止欺诈、操纵市场和内幕交易的行为。

第五十七条 交易者提起操纵市场、内幕交易等期货民事赔偿诉讼时，诉讼标的是同一种类，且当事人一方人数众多的，可以依法推选代表人进行诉讼。

第一百二十六条 违反本法第十三条的规定从事内幕交易的，责令改正，没收违法所得，并处以违法所得一倍以上十倍以下的罚款；没有违法所得或者违法所得不足五十万元的，处以五十万元以上五百万元以下的罚款。单位从事内幕交易的，还应当对直接负责的主管人员和其他直接责任人员给予警告，并处以二十万元以上二百万元以下的罚款。

国务院期货监督管理机构、国务院授权的部门、期货交易场所、期货结算机构的工作人员从事内幕交易的，从重处罚。

内幕交易行为给交易者造成损失的，应当依法承担赔偿责任。

《期货交易管理条例》（2017 年修订）

第六十九条 期货交易内幕信息的知情人或者非法获取期货交易内幕信息的人，在对期货交易价格有重大影响的信息尚未公开前，利用内幕信息从事期货交易，或者向他人泄露内幕信息，使他人利用内幕信息进行期货交易的，没收违法所得，并处违法所得 1 倍以上 5 倍以下的罚款；没有违法所得或者违法所得不满 10 万元的，处 10 万元以上 50 万元以下的罚款。单位从事内幕交易的，还应当对直接负责的主管人员和其他直接责任人员给予警告，并处 3 万元以上 30 万元以下的罚款。

国务院期货监督管理机构、期货交易所和期货保证金安全存管监控机构的工作人员进行内幕交易的，从重处罚。

329. 期货虚假信息责任纠纷

案由适用要点

［**释义**］期货虚假信息责任纠纷是指期货交易所和期货公司及其工作人员或其他有关机构有权发布信息的人员，在特定场所制造、散布虚假的市场信息，使期货交易者对期货市场行情产生错误的认识而进行的期货交易并发生交易亏损，期货交易者要求虚假信息散布者承担相应民事责任的纠纷。

［**管辖**］根据《民事诉讼法》第 24 条、第 35 条，《最高人民法院关于审理期货纠纷案件若干问题的规定》第 4 条、第 5 条、第 6 条、第 7 条以及《最高人民法院关于审理期货纠纷案件若干问题的规定（二）》第 1 条的规定，期货虚假信息责任纠纷案件，当事人就管辖问题达成书面协议的，由双方选择的符合《民事诉讼法》规定的人民法院管辖；当事人未达成书面协议

或者根据书面管辖协议不能确定管辖法院的，由被告住所地或者合同履行地人民法院管辖；因实物交割发生纠纷的，期货交易所住所地为合同履行地；在期货公司的分公司、营业部等分支机构进行期货交易的，该分支机构为合同履行地；在级别管辖方面，期货虚假信息责任纠纷原则上由中级人民法院管辖，高级人民法院根据需要可以确定部分基层人民法院受理期货纠纷案件；以期货交易所为共同被告或者第三人的因期货交易所履行职责引起的期货虚假信息责任纠纷案件，由期货交易所所在地的中级人民法院管辖。

对于上海、北京和成渝地区而言，期货虚假信息责任纠纷案件的管辖，又有一定的特殊性。根据2021年修正的《最高人民法院关于上海金融法院案件管辖的规定》第1条的规定，由上海金融法院管辖上海市辖区内应由中级人民法院受理的第一审金融民商事案件。根据《最高人民法院关于北京金融法院案件管辖的规定》第1条的规定，由北京金融法院管辖北京市辖区内应由中级人民法院受理的第一审金融民商事案件。根据《最高人民法院关于成渝金融法院案件管辖的规定》第1条规定，由成渝金融法院管辖重庆市以及四川省属于成渝地区双城经济圈范围内的应由中级人民法院受理的第一审金融民商案件。三地相关期货虚假信息责任纠纷案件在选择适用管辖法院时，应注意上述规定。

[应注意的问题] 信息披露制度是期货市场的基石，期货交易所、期货公司必须确保向投资者提供真实、准确、完整的信息，在所披露的信息中没有虚假陈述、重大遗漏或者严重误导，从而使投资者获得准确的信息并依此作出投资判断和决策。构成期货虚假信息责任的要件包括：（1）制造虚假信息的主体是特定的。虚假信息的实施者是期货交易所、期货公司及公司有关人员，具体包括期货交易所的负责人、信息发布人员，期货公司的负责人、信息发布人员。（2）期货交易者因虚假信息产生误导并因此形成错误认识，实施期货交易行为。（3）制造虚假信息与期货交易损失之间有因果关系。期货交易者的交易损失必须是对虚假信息产生信任，接受虚假信息后的行为所致。期货市场的不诚信行为不仅对期货交易者造成重大损失，同时也破坏期货市场的正常运行。为监管期货市场的虚假信息等失信行为，保护期货交易者的民事合法权益，《最高人民法院关于审理期货纠纷案件若干问题的规定》明确规范了期货交易所、期货公司故意提供虚假信息的民事责任。

请求权基础规范指引

《中华人民共和国期货和衍生品法》（2022年）

第十六条 禁止任何单位和个人编造、传播虚假信息或者误导性信息，扰乱期货市场和衍生品市场。

禁止期货经营机构、期货交易场所、期货结算机构、期货服务机构及其从业人员，组织、开展衍生品交易的场所、机构及其从业人员，期货和衍生品行业协会、国务院期货监督管理机构、国务院授权的部门及其工作人员，在期货交易和衍生品交易及相关活动中作出虚假陈述或者信息误导。

各种传播媒介传播期货市场和衍生品市场信息应当真实、客观，禁止误导。传播媒介及其从事期货市场和衍生品市场信息报道的工作人员不得从事与其工作职责发生利益冲突的期货交易和衍生品交易及相关活动。

第一百二十七条 违反本法第十六条第一款、第三款的规定，编造、传播虚假信息或者误导性信息，扰乱期货市场、衍生品市场的，没收违法所得，并处以违法所得一倍以上十倍以下的罚款；没有违法所得或者违法所得不足二十万元的，处以二十万元以上二百万元以下的罚款。对直接负责的主管人员和其他直接责任人员给予警告，并处以十万元以上一百万元以下的罚款。

违反本法第十六条第二款的规定，在期货交易、衍生品交易活动中作出虚假陈述或者信息误导的，责令改正，处以二十万元以上二百万元以下的罚款；属于国家工作人员的，还应当依法给予处分。

传播媒介及其从事期货市场、衍生品市场信息报道的工作人员违反本法第十六条第三款的规定，从事与其工作职责发生利益冲突的期货交易、衍生品交易的，没收违法所得，并处以违法所得一倍以下的罚款，没有违法所得或者违法所得不足十万元的，处以十万元以下的罚款。

编造、传播有关期货交易、衍生品交易的虚假信息，或者在期货交易、衍生品交易中作出信息误导，给交易者造成损失的，应当依法承担赔偿责任。

《期货交易管理条例》（2017 年修订）

第六十七条 期货公司有下列欺诈客户行为之一的，责令改正，给予警告，没收违法所得，并处违法所得 1 倍以上 5 倍以下的罚款；没有违法所得或者违法所得不满 10 万元的，并处 10 万元以上 50 万元以下的罚款；情节严重的，责令停业整顿或者吊销期货业务许可证：

……

（四）隐瞒重要事项或者使用其他不正当手段，诱骗客户发出交易指令的；

（五）向客户提供虚假成交回报的；

……

《最高人民法院关于审理期货纠纷案件若干问题的规定》（2020 年 12 月 23 日修正）

第五十二条 期货交易所、期货公司故意提供虚假信息误导客户下单的，由此造成客户的经济损失由期货交易所、期货公司承担。

二十六、信托纠纷

330. 民事信托纠纷

案由适用要点

[**释义**] 民事信托是以个人财产为抚养、赡养、处理遗产等目的而设立的信托。民事信托纠纷，是委托人、受托人与受益人之间因民事信托关系的订立、履行、变更、终止等发生的争议。

[**管辖**] 涉及民事信托纠纷的管辖，应当依据产生民事信托的法律文件所规范的方式作出判断。如果民事信托是通过签订信托合同的方式设立，则民事信托纠纷属于合同纠纷，按照《民事诉讼法》第 24 条的规定，由被告住所地或者合同履行地人民法院管辖。同时《民事诉讼法解释》第 18 条规定："合同约定履行地点的，以约定的履行地点为合同履行地。合同对履行地点没有约定或者约定不明确，争议标的为给付货币的，接收货币一方所在地为合同履行地；交付不动产的，不动产所在地为合同履行地；其他标的，履行义务一方所在地为合同履行地。即时结清的合同，交易行为地为合同履行地。合同没有实际履行，当事人双方住所地都不在合同约定的履行地的，由被告住所地人民法院管辖。"

如果通过遗嘱设立民事信托，则根据《民事诉讼法》第 34 条的规定，由被继承人死亡时住所地或者主要遗产所在地人民法院管辖。

[**应注意的问题**] 要注意本案由与商业信托或营业信托纠纷的区别。民事信托一般排除商业用途，甚至具有变相赠与功能，是委托人通过受托人在家庭或亲属内部进行的财产无偿转移的工具，受托人要对信托财产进行保护、保管与分配，保证财产在代际之间的长期传承。绝大多数情况下，民事信托的委托人与受益人不是同一人（不排除有时委托人会是受益人之一）。而商事信托是商事交易的工具，其主要功能不是财产转移，而是对财产进行管理，绝大多数情况下其委托人与受益人是同一人（不排除有时多个委托人也是受益人的隐藏情形）。

请求权基础规范指引

《中华人民共和国信托法》（2001 年）

第六条　设立信托，必须有合法的信托目的。

第七条　设立信托，必须有确定的信托财产，并且该信托财产必须是委托人合法所有的财产。

本法所称财产包括合法的财产权利。

第八条 设立信托，应当采取书面形式。

书面形式包括信托合同、遗嘱或者法律、行政法规规定的其他书面文件等。

采取信托合同形式设立信托的，信托合同签订时，信托成立。采取其他书面形式设立信托的，受托人承诺信托时，信托成立。

第九条 设立信托，其书面文件应当载明下列事项：

（一）信托目的；

（二）委托人、受托人的姓名或者名称、住所；

（三）受益人或者受益人范围；

（四）信托财产的范围、种类及状况；

（五）受益人取得信托利益的形式、方法。

除前款所列事项外，可以载明信托期限、信托财产的管理方法、受托人的报酬、新受托人的选任方式、信托终止事由等事项。

第十条 设立信托，对于信托财产，有关法律、行政法规规定应当办理登记手续的，应当依法办理信托登记。

未依照前款规定办理信托登记的，应当补办登记手续；不补办的，该信托不产生效力。

第十一条 有下列情形之一的，信托无效：

（一）信托目的违反法律、行政法规或者损害社会公共利益；

（二）信托财产不能确定；

（三）委托人以非法财产或者本法规定不得设立信托的财产设立信托；

（四）专以诉讼或者讨债为目的设立信托；

（五）受益人或者受益人范围不能确定；

（六）法律、行政法规规定的其他情形。

第十二条 委托人设立信托损害其债权人利益的，债权人有权申请人民法院撤销该信托。

人民法院依照前款规定撤销信托的，不影响善意受益人已经取得的信托利益。

本条第一款规定的申请权，自债权人知道或者应当知道撤销原因之日起一年内不行使的，归于消灭。

第十三条 设立遗嘱信托，应当遵守继承法关于遗嘱的规定。

遗嘱指定的人拒绝或者无能力担任受托人的，由受益人另行选任受托人；受益人为无民事行为能力人或者限制民事行为能力人的，依法由其监护人代行选任。遗嘱对选任受托人另有规定的，从其规定。

第十四条　受托人因承诺信托而取得的财产是信托财产。

受托人因信托财产的管理运用、处分或者其他情形而取得的财产，也归入信托财产。

法律、行政法规禁止流通的财产，不得作为信托财产。

法律、行政法规限制流通的财产，依法经有关主管部门批准后，可以作为信托财产。

331. 营业信托纠纷

案由适用要点

［**释义**］营业信托，也称商事信托或信托营业，与民事信托不同的是，营业信托以营利为目的，以信托方式从事的商事行为。营业信托纠纷，是基于营业信托相关的法律关系所产生的争议。

［**管辖**］对于营业信托纠纷的管辖，属于合同纠纷，按照《民事诉讼法》第 24 条的规定，由被告住所地或者合同履行地人民法院管辖。同时《民事诉讼法解释》第 18 条规定："合同约定履行地点的，以约定的履行地点为合同履行地。合同对履行地点没有约定或者约定不明确，争议标的为给付货币的，接收货币一方所在地为合同履行地；交付不动产的，不动产所在地为合同履行地；其他标的，履行义务一方所在地为合同履行地。即时结清的合同，交易行为地为合同履行地。合同没有实际履行，当事人双方住所地都不在合同约定的履行地的，由被告住所地人民法院管辖。"

［**应注意的问题**］要注意本案由与民事信托纠纷的区别。营业信托通常是商事交易的工具，其主要功能不是财产转移，而是对财产进行管理。营业信托主要以投融资为目的，而且也只有营业性的信托机构才能够充当营业信托的受托人，故绝大多数情况下其委托人与受益人是同一人。而民事信托是委托人通过受托人在家庭或亲属内部进行的财产无偿转移的工具，受托人要对信托财产进行保护、保管与分配，保证财产在代际之间的长期传承。绝大多数情况下，民事信托的委托人与受益人不是同一人（不排除有时委托人会是受益人之一）。

从审判实践看，营业信托纠纷主要表现为事务管理信托纠纷和主动管理信托纠纷两种类型。在前一纠纷案件审理中，应对信托公司开展和参与的多层嵌套、通道业务、回购承诺等融资活动，要以其实际构成的法律关系确定其效力，并在此基础上依法确定各方的权利义务。而对后一纠纷案件则重点审查受托人在"受人之托，忠人之事"的财产管理过程中，是否恪尽职守，履行了谨慎、有效管理等法定或者约定义务。

请求权基础规范指引

《中华人民共和国信托法》（2001 年）

第二条 本法所称信托，是指委托人基于对受托人的信任，将其财产权委托给受托人，由受托人按委托人的意愿以自己的名义，为受益人的利益或者特定目的，进行管理或者处分的行为。

第五条 信托当事人进行信托活动，必须遵守法律、行政法规，遵循自愿、公平和诚实信用原则，不得损害国家利益和社会公共利益。

《信托公司管理办法》（2007 年）

第三十六条 信托公司经营信托业务，应依照信托文件约定以手续费或者佣金的方式收取报酬，中国银行业监督管理委员会另有规定的除外。

信托公司收取报酬，应当向受益人公开，并向受益人说明收费的具体标准。

第三十七条 信托公司违反信托目的处分信托财产，或者因违背管理职责、处理信托事务不当致使信托财产受到损失的，在恢复信托财产的原状或者予以赔偿前，信托公司不得请求给付报酬。

第三十八条 信托公司因处理信托事务而支出的费用、负担的债务，以信托财产承担，但应在信托合同中列明或明确告知受益人。信托公司以其固有财产先行支付的，对信托财产享有优先受偿的权利。因信托公司违背管理职责或者管理信托事务不当所负债务及所受到的损害，以其固有财产承担。

《最高人民法院关于印发〈全国法院民商事审判工作会议纪要〉的通知》（法〔2019〕254 号 2019 年 11 月 8 日）

会议认为，从审判实践看，营业信托纠纷主要表现为事务管理信托纠纷和主动管理信托纠纷两种类型。在事务管理信托纠纷案件中，对信托公司开展和参与的多层嵌套、通道业务、回购承诺等融资活动，要以其实际构成的法律关系确定其效力，并在此基础上依法确定各方的权利义务。在主动管理信托纠纷案件中，应当重点审查受托人在“受人之托，忠人之事”的财产管理过程中，是否恪尽职守，履行了谨慎、有效管理等法定或者约定义务。

88.【营业信托纠纷的认定】信托公司根据法律法规以及金融监督管理部门的监管规定，以取得信托报酬为目的接受委托人的委托，以受托人身份处理信托事务的经营行为，属于营业信托。由此产生的信托当事人之间的纠纷，为营业信托纠纷。

根据《关于规范金融机构资产管理业务的指导意见》的规定，其他金融机构开展的资产管理业务构成信托关系的，当事人之间的纠纷适用信托法及其他有关规定处理。

89.【资产或者资产收益权转让及回购】信托公司在资金信托成立后，以募集的信托资金受让特定资产或者特定资产收益权，属于信托公司在资金依法募集后的资金运用行为，由此引发的纠纷不应当认定为营业信托纠纷。如果合同中约定由转让方或者其指定的第三方在一定期间后以交易本金加上溢价款等固定价款无条件回购的，无论转让方所转让的标的物是否真实存在、是否实际交付或者过户，只要合同不存在法定无效事由，对信托公司提出的由转让方或者其指定的第三方按约定承担责任的诉讼请求，人民法院依法予以支持。

当事人在相关合同中同时约定采用信托公司受让目标公司股权、向目标公司增资方式并以相应股权担保债权实现的，应当认定在当事人之间成立让与担保法律关系。当事人之间的具体权利义务，根据本纪要第 71 条的规定加以确定。

90.【劣后级受益人的责任承担】信托文件及相关合同将受益人区分为优先级受益人和劣后级受益人等不同类别，约定优先级受益人以其财产认购信托计划份额，在信托到期后，劣后级受益人负有对优先级受益人从信托财产获得利益与其投资本金及约定收益之间的差额承担补足义务，优先级受益人请求劣后级受益人按照约定承担责任的，人民法院依法予以支持。

信托文件中关于不同类型受益人权利义务关系的约定，不影响受益人与受托人之间信托法律关系的认定。

91.【增信文件的性质】信托合同之外的当事人提供第三方差额补足、代为履行到期回购义务、流动性支持等类似承诺文件作为增信措施，其内容符合法律关于保证的规定的，人民法院应当认定当事人之间成立保证合同关系。其内容不符合法律关于保证的规定的，依据承诺文件的具体内容确定相应的权利义务关系，并根据案件事实情况确定相应的民事责任。

92.【保底或者刚兑条款无效】信托公司、商业银行等金融机构作为资产管理产品的受托人与受益人订立的含有保证本息固定回报、保证本金不受损失等保底或者刚兑条款的合同，人民法院应当认定该条款无效。受益人请求受托人对其损失承担与其过错相适应的赔偿责任的，人民法院依法予以支持。

实践中，保底或者刚兑条款通常不在资产管理产品合同中明确约定，而是以“抽屉协议”或者其他方式约定，不管形式如何，均应认定无效。

93.【通道业务的效力】当事人在信托文件中约定，委托人自主决定信托设立、信托财产运用对象、信托财产管理运用处分方式等事宜，自行承担信托资产的风险管理责任和相应风险损失，受托人仅提供必要的事务协助或者服务，不承担主动管理职责的，应当认定为通道业务。《中国人民银行、中国银行保险监督管理委员会、中国证券监督管理委员会、国家外汇管理局关于规范金融机构资产管理业务的指导意见》第22条在规定“金融机构不得为其他金融机构的资产管理产品提供规避投资范围、杠杆约束等监管要求的通道服务”的同时，也在第29条明确按照“新老划断”原则，将过渡期设置为截止2020年底，确保平稳过渡。在过渡期内，对通道业务中存在的利用信托通道掩盖风险，规避资金投向、资产分类、拨备计提和资本占用等监管规定，或者通过信托通道将表内资产虚假出表等信托业务，如果不存在其他无效事由，一方以信托目的违法违规为由请求确认无效的，人民法院不予支持。至于委托人和受托人之间的权利义务关系，应当依据信托文件的约定加以确定。

94.【受托人的举证责任】资产管理产品的委托人以受托人未履行勤勉尽责、公平对待客户等义务损害其合法权益为由，请求受托人承担损害赔偿责任的，应当由受托人举证证明其已经履行了义务。受托人不能举证证明，委托人请求其承担相应赔偿责任的，人民法院依法予以支持。

95.【信托财产的诉讼保全】信托财产在信托存续期间独立于委托人、受托人、受益人各自的固有财产。委托人将其财产委托给受托人进行管理，在信托依法设立后，该信托财产即独立于委托人未设立信托的其他固有财产。受托人因承诺信托而取得的信托财产，以及通过对信托财产的管理、运用、处分等方式取得的财产，均独立于受托人的固有财产。受益人对信托财产享有的权利表现为信托受益权，信托财产并非受益人的责任财产。因此，当事人因其与委托人、受托人或者受益人之间的纠纷申请对存管银行或者信托公司专门账户中的信托资金采取保全措施的，除符合《信托法》第17条规定的情形外，人民法院不应当准许。已经采取保全措施的，存管银行或者信托公司能够提供证据证明该账户为信托账户的，应当立即解除保全措施。对信托公司管理的其他信托财产的保全，也应当根据前述规则办理。

当事人申请对受益人的受益权采取保全措施的，人民法院应当根据《信托法》第47条的规定进行审查，决定是否采取保全措施。决定采取保全措施的，应当将保全裁定送达受托人和受益人。

96.【信托公司固有财产的诉讼保全】除信托公司作为被告外，原告申请对信托公司固有资金账户的资金采取保全措施的，人民法院不应准许。信托公司作为被告，确有必要对其固有财产采取诉讼保全措施的，必须强化善意执行理念，防范发生金融风险。要严格遵守相应的适用条件与法定程序，坚决杜绝超标的执行。在采取具体保全措施时，要尽量寻求依法平等保护各方利益的平衡点，优先采取方便执行且对信托公司正常经营影响最小的执行措施，能采取“活封”“活扣”措施的，尽量不进行“死封”“死扣”。在条件允许的情况下，可以为信托公司预留必要的流动资金和往来账户，最大限度降低对信托公司正常经营活动的不利影响。信托公司申请解除财产保全符合法律、司法解释规定情形的，应当在法定期限内及时解除保全措施。

332. 公益信托纠纷

案由适用要点

[**释义**] 公益信托，是指以公共利益为目的而设立的信托。公益的意义在于为不特定的社会公众利益服务。公益信托纠纷是信托当事人基于公益信托关系而产生的纠纷。

[**管辖**] 对于公益信托纠纷的管辖，同样应当根据信托产生的方式作出判断。

如果公益信托是通过签订信托合同的方式设立，则公益信托纠纷属于合同纠纷，按照《民事诉讼法》第 24 条的规定，由被告住所地或者合同履行地人民法院管辖。同时《民事诉讼法解释》第 18 条规定："合同约定履行地点的，以约定的履行地点为合同履行地。合同对履行地点没有约定或者约定不明确，争议标的为给付货币的，接收货币一方所在地为合同履行地；交付不动产的，不动产所在地为合同履行地；其他标的，履行义务一方所在地为合同履行地。即时结清的合同，交易行为地为合同履行地。合同没有实际履行，当事人双方住所地都不在合同约定的履行地的，由被告住所地人民法院管辖。"

如果通过遗嘱设立公益信托，则根据《民事诉讼法》第 34 条的规定，由被继承人死亡时住所地或者主要遗产所在地人民法院管辖。

[**应注意的问题**] 公益信托作为信托的一种，尽管原则上适用与私益信托相同的法律，但其具有的公益性是其区别于其他信托的最大特征。适用本案由时，要注意对信托事项的公益性的判断，要严格按照《信托法》第 60 条规定的标准。具体而言，就是既要看信托目的有无具体明显的社会利益，也要看受益人是否特定，若具有特定受益人，则不属于公益信托，要结合两个方面进行判断，不可偏废。

还要注意，公益活动并不限于公益信托这一种形式，还可以采取捐赠的形式，如果民事主体选择符合其捐赠意愿的公益性社会团体和公益性非营利性的事业单位进行捐赠，则应适用我国有关公益事业捐赠的法律规范。

请求权基础规范指引

《中华人民共和国信托法》（2001 年）

第六十条　为了下列公共利益目的之一而设立的信托，属于公益信托：

（一）救济贫困；

（二）救助灾民；

（三）扶助残疾人；

（四）发展教育、科技、文化、艺术、体育事业；

（五）发展医疗卫生事业；

（六）发展环境保护事业，维护生态环境；

（七）发展其他社会公益事业。

第六十二条 公益信托的设立和确定其受托人，应当经有关公益事业的管理机构（以下简称公益事业管理机构）批准。

未经公益事业管理机构的批准，不得以公益信托的名义进行活动。

公益事业管理机构对于公益信托活动应当给予支持。

第六十三条 公益信托的信托财产及其收益，不得用于非公益目的。

第六十四条 公益信托应当设置信托监察人。

信托监察人由信托文件规定。信托文件未规定的，由公益事业管理机构指定。

第六十五条 信托监察人有权以自己的名义，为维护受益人的利益，提起诉讼或者实施其他法律行为。

第六十六条 公益信托的受托人未经公益事业管理机构批准，不得辞任。

第六十七条 公益事业管理机构应当检查受托人处理公益信托事务的情况及财产状况。

受托人应当至少每年一次作出信托事务处理情况及财产状况报告，经信托监察人认可后，报公益事业管理机构核准，并由受托人予以公告。

第六十八条 公益信托的受托人违反信托义务或者无能力履行其职责的，由公益事业管理机构变更受托人。

第六十九条 公益信托成立后，发生设立信托时不能预见的情形，公益事业管理机构可以根据信托目的，变更信托文件中的有关条款。

第七十条 公益信托终止的，受托人应当于终止事由发生之日起十五日内，将终止事由和终止日期报告公益事业管理机构。

第七十一条 公益信托终止的，受托人作出的处理信托事务的清算报告，应当经信托监察人认可后，报公益事业管理机构核准，并由受托人予以公告。

第七十二条 公益信托终止，没有信托财产权利归属人或者信托财产权利归属人是不特定的社会公众的，经公益事业管理机构批准，受托人应当将信托财产用于与原公益目的相近似的目的，或者将信托财产转移给具有近似目的的公益组织或者其他公益信托。

第七十三条 公益事业管理机构违反本法规定的，委托人、受托人或者受益人有权向人民法院起诉。

二十七、保险纠纷

333. 财产保险合同纠纷

（1）财产损失保险合同纠纷
（2）责任保险合同纠纷
（3）信用保险合同纠纷
（4）保证保险合同纠纷
（5）保险人代位求偿权纠纷

案由适用要点

［**释义**］财产保险合同纠纷，是指投保人与保险人之间因财产保险合同的订立、履行、变更、终止等发生的争议。

财产损失保险合同纠纷，是指投保人与保险人之间因财产损失保险合同的订立、履行、变更、终止等发生的争议。

责任保险合同纠纷，是指因责任保险合同的订立、履行、变更、终止等产生的纠纷。

信用保险合同纠纷，是指因信用保险合同的订立、履行、变更、终止等产生的纠纷。

保证保险合同纠纷，是指因保证保险合同的订立、履行、变更、终止等产生的纠纷。

保险人代位求偿权纠纷，是指当事人因保险人代位求偿权的行使而产生的相关纠纷。

［**管辖**］根据《民事诉讼法》第 25 条的规定，因保险合同纠纷提起的诉讼，由被告住所地或者保险标的物所在地人民法院管辖。同时根据《民事诉讼法解释》第 21 条第 1 款的规定，因财产保险合同纠纷提起的诉讼，如果保险标的物是运输工具或者运输中的货物，可以由运输工具登记注册地、运输目的地、保险事故发生地人民法院管辖。

［**应注意的问题**］财产保险合同纠纷案由，主要根据《保险法》第 95 条第 1 款第 2 项规定设立了 4 个第四级案由，并设立一个财产保险合同的特殊类型的第四级案由：保险人代位求偿权纠纷。要注意财产损失保险合同的范围的面广量大，包括企业财产保险合同、家庭财产保险合同、运输保险合同、

货物运输保险合同、农业保险合同等。对责任保险合同纠纷，不仅要注意几种传统责任保险，比如公众责任保险、产品责任保险、雇主责任保险、职业责任保险、机动车第三者责任保险等，还要注意产业机构调整、政策红利释放、投保人对责任险的需求逐年增长背景下出现的新型责任保险纠纷，比如董事、监事高管责任险，物业管理企业责任险、餐饮食品安全责任保险等纠纷。要注意近年来保险人代位求偿权纠纷的数量在不断增长，其涉及的法律关系也具有多样性，要重点关注与审查被保险人对第三人享有侵权、违约、不当得利等各类请求权以及连带责任的内部求偿权基础。

请求权基础规范指引

《中华人民共和国保险法》（2015年修正）

第二十三条 保险人收到被保险人或者受益人的赔偿或者给付保险金的请求后，应当及时作出核定；情形复杂的，应当在三十日内作出核定，但合同另有约定的除外。保险人应当将核定结果通知被保险人或者受益人；对属于保险责任的，在与被保险人或者受益人达成赔偿或者给付保险金的协议后十日内，履行赔偿或者给付保险金义务。保险合同对赔偿或者给付保险金的期限有约定的，保险人应当按照约定履行赔偿或者给付保险金义务。

保险人未及时履行前款规定义务的，除支付保险金外，应当赔偿被保险人或者受益人因此受到的损失。

任何单位和个人不得非法干预保险人履行赔偿或者给付保险金的义务，也不得限制被保险人或者受益人取得保险金的权利。

第四十八条 保险事故发生时，被保险人对保险标的不具有保险利益的，不得向保险人请求赔偿保险金。

第四十九条 保险标的转让的，保险标的的受让人承继被保险人的权利和义务。

保险标的转让的，被保险人或者受让人应当及时通知保险人，但货物运输保险合同和另有约定的合同除外。

因保险标的转让导致危险程度显著增加的，保险人自收到前款规定的通知之日起三十日内，可以按照合同约定增加保险费或者解除合同。保险人解除合同的，应当将已收取的保险费，按照合同约定扣除自保险责任开始之日起至合同解除之日止应收的部分后，退还投保人。

被保险人、受让人未履行本条第二款规定的通知义务的，因转让导致保险标的的危险程度显著增加而发生的保险事故，保险人不承担赔偿保险金的责任。

第五十条 货物运输保险合同和运输工具航程保险合同，保险责任开始后，合同当事人不得解除合同。

第五十九条　保险事故发生后，保险人已支付了全部保险金额，并且保险金额等于保险价值的，受损保险标的的全部权利归于保险人；保险金额低于保险价值的，保险人按照保险金额与保险价值的比例取得受损保险标的的部分权利。

第六十条　因第三者对保险标的的损害而造成保险事故的，保险人自向被保险人赔偿保险金之日起，在赔偿金额范围内代位行使被保险人对第三者请求赔偿的权利。

前款规定的保险事故发生后，被保险人已经从第三者取得损害赔偿的，保险人赔偿保险金时，可以相应扣减被保险人从第三者已取得的赔偿金额。

保险人依照本条第一款规定行使代位请求赔偿的权利，不影响被保险人就未取得赔偿的部分向第三者请求赔偿的权利。

第六十一条　保险事故发生后，保险人未赔偿保险金之前，被保险人放弃对第三者请求赔偿的权利的，保险人不承担赔偿保险金的责任。

保险人向被保险人赔偿保险金后，被保险人未经保险人同意放弃对第三者请求赔偿的权利的，该行为无效。

被保险人故意或者因重大过失致使保险人不能行使代位请求赔偿的权利的，保险人可以扣减或者要求返还相应的保险金。

第六十二条　除被保险人的家庭成员或者其组成人员故意造成本法第六十条第一款规定的保险事故外，保险人不得对被保险人的家庭成员或者其组成人员行使代位请求赔偿的权利。

第六十三条　保险人向第三者行使代位请求赔偿的权利时，被保险人应当向保险人提供必要的文件和所知道的有关情况。

第六十五条　保险人对责任保险的被保险人给第三者造成的损害，可以依照法律的规定或者合同的约定，直接向该第三者赔偿保险金。

责任保险的被保险人给第三者造成损害，被保险人对第三者应负的赔偿责任确定的，根据被保险人的请求，保险人应当直接向该第三者赔偿保险金。被保险人怠于请求的，第三者有权就其应获赔偿部分直接向保险人请求赔偿保险金。

责任保险的被保险人给第三者造成损害，被保险人未向该第三者赔偿的，保险人不得向被保险人赔偿保险金。

责任保险是指以被保险人对第三者依法应负的赔偿责任为保险标的的保险。

《最高人民法院关于适用〈中华人民共和国保险法〉若干问题的解释（二）》（2020年12月23日修正）

第一条　财产保险中，不同投保人就同一保险标的分别投保，保险事故发生后，被保险人在其保险利益范围内依据保险合同主张保险赔偿的，人民法院应予支持。

第二条 人身保险中，因投保人对被保险人不具有保险利益导致保险合同无效，投保人主张保险人退还扣减相应手续费后的保险费的，人民法院应予支持。

第三条 投保人或者投保人的代理人订立保险合同时没有亲自签字或者盖章，而由保险人或者保险人的代理人代为签字或者盖章的，对投保人不生效。但投保人已经交纳保险费的，视为其对代签字或者盖章行为的追认。

保险人或者保险人的代理人代为填写保险单证后经投保人签字或者盖章确认的，代为填写的内容视为投保人的真实意思表示。但有证据证明保险人或者保险人的代理人存在保险法第一百一十六条、第一百三十一条相关规定情形的除外。

第四条 保险人接受了投保人提交的投保单并收取了保险费，尚未作出是否承保的意思表示，发生保险事故，被保险人或者受益人请求保险人按照保险合同承担赔偿或者给付保险金责任，符合承保条件的，人民法院应予支持；不符合承保条件的，保险人不承担保险责任，但应当退还已经收取的保险费。

保险人主张不符合承保条件的，应承担举证责任。

第五条 保险合同订立时，投保人明知的与保险标的或者被保险人有关的情况，属于保险法第十六条第一款规定的投保人“应当如实告知”的内容。

第六条 投保人的告知义务限于保险人询问的范围和内容。当事人对询问范围及内容有争议的，保险人负举证责任。

保险人以投保人违反了对投保单询问表中所列概括性条款的如实告知义务为由请求解除合同的，人民法院不予支持。但该概括性条款有具体内容的除外。

第七条 保险人在保险合同成立后知道或者应当知道投保人未履行如实告知义务，仍然收取保险费，又依照保险法第十六条第二款的规定主张解除合同的，人民法院不予支持。

第八条 保险人未行使合同解除权，直接以存在保险法第十六条第四款、第五款规定的情形为由拒绝赔偿的，人民法院不予支持。但当事人就拒绝赔偿事宜及保险合同存续另行达成一致的情况除外。

第十六条 保险人应以自己的名义行使保险代位求偿权。

根据保险法第六十条第一款的规定，保险人代位求偿权的诉讼时效期间应自其取得代位求偿权之日起算。

第二十条 保险公司依法设立并取得营业执照的分支机构属于《中华人

民共和国民事诉讼法》第四十八条规定的其他组织，可以作为保险合同纠纷案件的当事人参加诉讼。

《最高人民法院关于适用〈中华人民共和国保险法〉若干问题的解释（四）》（2020年12月23日修正）

第一条　保险标的已交付受让人，但尚未依法办理所有权变更登记，承担保险标的毁损灭失风险的受让人，依照保险法第四十八条、第四十九条的规定主张行使被保险人权利的，人民法院应予支持。

第三条　被保险人死亡，继承保险标的的当事人主张承继被保险人的权利和义务的，人民法院应予支持。

第五条　被保险人、受让人依法及时向保险人发出保险标的转让通知后，保险人作出答复前，发生保险事故，被保险人或者受让人主张保险人按照保险合同承担赔偿保险金的责任的，人民法院应予支持。

第七条　保险人依照保险法第六十条的规定，主张代位行使被保险人因第三者侵权或者违约等享有的请求赔偿的权利的，人民法院应予支持。

第八条　投保人和被保险人为不同主体，因投保人对保险标的的损害而造成保险事故，保险人依法主张代位行使被保险人对投保人请求赔偿的权利的，人民法院应予支持，但法律另有规定或者保险合同另有约定的除外。

第十条　因第三者对保险标的的损害而造成保险事故，保险人获得代位请求赔偿的权利的情况未通知第三者或者通知到达第三者前，第三者在被保险人已经从保险人处获赔的范围内又向被保险人作出赔偿，保险人主张代位行使被保险人对第三者请求赔偿的权利的，人民法院不予支持。保险人就相应保险金主张被保险人返还的，人民法院应予支持。

保险人获得代位请求赔偿的权利的情况已经通知到第三者，第三者又向被保险人作出赔偿，保险人主张代位行使请求赔偿的权利，第三者以其已经向被保险人赔偿为由抗辩的，人民法院不予支持。

第十一条　被保险人因故意或者重大过失未履行保险法第六十三条规定的义务，致使保险人未能行使或者未能全部行使代位请求赔偿的权利，保险人主张在其损失范围内扣减或者返还相应保险金的，人民法院应予支持。

第十二条　保险人以造成保险事故的第三者为被告提起代位求偿权之诉的，以被保险人与第三者之间的法律关系确定管辖法院。

第十三条　保险人提起代位求偿权之诉时，被保险人已经向第三者提起诉讼的，人民法院可以依法合并审理。

保险人行使代位求偿权时，被保险人已经向第三者提起诉讼，保险人向受理该案的人民法院申请变更当事人，代位行使被保险人对第三者请求赔偿的权利，被保险人同意的，人民法院应予准许；被保险人不同意的，保险人可以作为共同原告参加诉讼。

第十四条 具有下列情形之一的，被保险人可以依照保险法第六十五条第二款的规定请求保险人直接向第三者赔偿保险金：

（一）被保险人对第三者所负的赔偿责任经人民法院生效裁判、仲裁裁决确认；

（二）被保险人对第三者所负的赔偿责任经被保险人与第三者协商一致；

（三）被保险人对第三者应负的赔偿责任能够确定的其他情形。

前款规定的情形下，保险人主张按照保险合同确定保险赔偿责任的，人民法院应予支持。

第十八条 商业责任险的被保险人向保险人请求赔偿保险金的诉讼时效期间，自被保险人对第三者应负的赔偿责任确定之日起计算。

第二十条 责任保险的保险人在被保险人向第三者赔偿之前向被保险人赔偿保险金，第三者依照保险法第六十五条第二款的规定行使保险金请求权时，保险人以其已向被保险人赔偿为由拒绝赔偿保险金的，人民法院不予支持。保险人向第三者赔偿后，请求被保险人返还相应保险金的，人民法院应予支持。

《最高人民法院关于印发〈全国法院民商事审判工作会议纪要〉的通知》（法〔2019〕254 号 2019 年 11 月 8 日）

97.【未依约支付保险费的合同效力】当事人在财产保险合同中约定以投保人支付保险费作为合同生效条件，但对该生效条件是否为全额支付保险费约定不明，已经支付了部分保险费的投保人主张保险合同已经生效的，人民法院依法予以支持。

98.【仲裁协议对保险人的效力】被保险人和第三者在保险事故发生前达成的仲裁协议，对行使保险代位求偿权的保险人是否具有约束力，实务中存在争议。保险代位求偿权是一种法定债权转让，保险人在向被保险人赔偿保险金后，有权行使被保险人对第三者请求赔偿的权利。被保险人和第三者在保险事故发生前达成的仲裁协议，对保险人具有约束力。考虑到涉外民商事案件的处理常常涉及国际条约、国际惯例的适用，相关问题具有特殊性，故具有涉外因素的民商事纠纷案件中该问题的处理，不纳入本条规范的范围。

99.【直接索赔的诉讼时效】商业责任保险的被保险人给第三者造成损害，被保险人对第三者应当承担的赔偿责任确定后，保险人应当根据被保险人的请求，直接向第三者赔偿保险金。被保险人怠于提出请求的，第三者有权依据《保险法》第 65 条第 2 款的规定，就其应获赔偿部分直接向保险人请求赔偿保险金。保险人拒绝赔偿的，第三者请求保险人直接赔偿保险金的诉讼时效期间的起算时间如何认定，实务中存在争议。根据诉讼时效制度的基本原理，第三者请求保险人直接赔偿保险金的诉讼时效期间，自其知道或者应当知道向保险人的保险金赔偿请求权行使条件成就之日起计算。

334. 人身保险合同纠纷

（1）人寿保险合同纠纷

（2）意外伤害保险合同纠纷

（3）健康保险合同纠纷

案由适用要点

［**释义**］我国人身保险业务，包括人寿保险、意外伤害保险、健康保险等保险业务。

人寿保险合同纠纷是指保险人和投保人或者受益人之间就人寿保险合同的订立、履行、变更、终止等产生的纠纷。

意外伤害保险合同纠纷是指保险人和投保人或者受益人之间就意外伤害保险合同的订立、履行、变更、终止等产生的纠纷。

健康保险合同纠纷是指保险人和投保人或者受益人之间就健康保险合同的订立、履行、变更、终止等产生的纠纷。

［**管辖**］根据《民事诉讼法》第25条的规定，因保险合同纠纷提起的诉讼，由被告住所地或者保险标的物所在地人民法院管辖。同时根据《民事诉讼法解释》第21条第2款的规定，因人身保险合同纠纷提起的诉讼，可以由被保险人住所地人民法院管辖。

［**应注意的问题**］按照《保险法》第95条第1款第1项的规定，我国人身保险业务包括人寿保险、健康保险、意外伤害保险等保险业务。按照这一分类标准，人身保险合同纠纷项下的3个四级案由也是以此为标准而设立。

司法实务中，要注意区别人身保险与财产保险，即与财产保险相比，人身保险具有以下几个特点：（1）保险标的以被保险人的生命与身体为标的。即使有保险利益的存在，也并非因为保险标的的经济价值，而是因为被保险人与受益人之间的特殊关系。（2）保险金额具有固定性。因为人的生命与身体是无价的，不能用金钱衡量，故只能采取定额方式确定。当然，需要指出的是，在健康保险与意外保险中，不完全以定额方式确定保险金，因为此二险种基本上属于具有损害填补性质的人身保险，其可以贯彻损失补偿原则，按照被保险人所遭受的实际损失确定保险金的数额。（3）保险期限一般较长。相对于财产保险，人身保险合同的期限较长，尤其是人寿保险合同，通常以人的生存或者死亡作为保险事故。

请求权基础规范指引

《中华人民共和国保险法》（2015年修正）

第三十一条 投保人对下列人员具有保险利益：

（一）本人；

（二）配偶、子女、父母；

（三）前项以外与投保人有抚养、赡养或者扶养关系的家庭其他成员、近亲属；

（四）与投保人有劳动关系的劳动者。

除前款规定外，被保险人同意投保人为其订立合同的，视为投保人对被保险人具有保险利益。

订立合同时，投保人对被保险人不具有保险利益的，合同无效。

第三十二条 投保人申报的被保险人年龄不真实，并且其真实年龄不符合合同约定的年龄限制的，保险人可以解除合同，并按照合同约定退还保险单的现金价值。保险人行使合同解除权，适用本法第十六条第三款、第六款的规定。

投保人申报的被保险人年龄不真实，致使投保人支付的保险费少于应付保险费的，保险人有权更正并要求投保人补交保险费，或者在给付保险金时按照实付保险费与应付保险费的比例支付。

投保人申报的被保险人年龄不真实，致使投保人支付的保险费多于应付保险费的，保险人应当将多收的保险费退还投保人。

第三十三条 投保人不得为无民事行为能力人投保以死亡为给付保险金条件的人身保险，保险人也不得承保。

父母为其未成年子女投保的人身保险，不受前款规定限制。但是，因被保险人死亡给付的保险金总和不得超过国务院保险监督管理机构规定的限额。

第三十四条 以死亡为给付保险金条件的合同，未经被保险人同意并认可保险金额的，合同无效。

按照以死亡为给付保险金条件的合同所签发的保险单，未经被保险人书面同意，不得转让或者质押。

父母为其未成年子女投保的人身保险，不受本条第一款规定限制。

第三十五条 投保人可以按照合同约定向保险人一次支付全部保险费或者分期支付保险费。

第三十八条 保险人对人寿保险的保险费，不得用诉讼方式要求投保人支付。

第三十九条 人身保险的受益人由被保险人或者投保人指定。

投保人指定受益人时须经被保险人同意。投保人为与其有劳动关系的劳动者投保人身保险，不得指定被保险人及其近亲属以外的人为受益人。

被保险人为无民事行为能力人或者限制民事行为能力人的，可以由其监护人指定受益人。

第四十二条　被保险人死亡后，有下列情形之一的，保险金作为被保险人的遗产，由保险人依照《中华人民共和国继承法》的规定履行给付保险金的义务：

（一）没有指定受益人，或者受益人指定不明无法确定的；

（二）受益人先于被保险人死亡，没有其他受益人的；

（三）受益人依法丧失受益权或者放弃受益权，没有其他受益人的。

受益人与被保险人在同一事件中死亡，且不能确定死亡先后顺序的，推定受益人死亡在先。

第四十六条　被保险人因第三者的行为而发生死亡、伤残或者疾病等保险事故的，保险人向被保险人或者受益人给付保险金后，不享有向第三者追偿的权利，但被保险人或者受益人仍有权向第三者请求赔偿。

第四十七条　投保人解除合同的，保险人应当自收到解除合同通知之日起三十日内，按照合同约定退还保险单的现金价值。

《最高人民法院关于适用〈中华人民共和国保险法〉若干问题的解释（三）》（2020年12月23日修正）

第一条　当事人订立以死亡为给付保险金条件的合同，根据保险法第三十四条的规定，“被保险人同意并认可保险金额”可以采取书面形式、口头形式或者其他形式；可以在合同订立时作出，也可以在合同订立后追认。

有下列情形之一的，应认定为被保险人同意投保人为其订立保险合同并认可保险金额：

（一）被保险人明知他人代其签名同意而未表示异议的；

（二）被保险人同意投保人指定的受益人的；

（三）有证据足以认定被保险人同意投保人为其投保的其他情形。

第二条　被保险人以书面形式通知保险人和投保人撤销其依据保险法第三十四条第一款规定所作出的同意意思表示的，可认定为保险合同解除。

第三条　人民法院审理人身保险合同纠纷案件时，应主动审查投保人订立保险合同时是否具有保险利益，以及以死亡为给付保险金条件的合同是否经过被保险人同意并认可保险金额。

第四条　保险合同订立后，因投保人丧失对被保险人的保险利益，当事人主张保险合同无效的，人民法院不予支持。

第九条　投保人指定受益人未经被保险人同意的，人民法院应认定指定行为无效。

当事人对保险合同约定的受益人存在争议，除投保人、被保险人在保险合同之外另有约定外，按以下情形分别处理：

（一）受益人约定为“法定”或者“法定继承人”的，以民法典规定的法定继承人为受益人；

（二）受益人仅约定为身份关系，投保人与被保险人为同一主体的，根据保险事故发生时与被保险人的身份关系确定受益人；投保人与被保险人为不同主体的，根据保险合同成立时与被保险人的身份关系确定受益人；

（三）约定的受益人包括姓名和身份关系，保险事故发生时身份关系发生变化的，认定为未指定受益人。

第十条　投保人或者被保险人变更受益人，当事人主张变更行为自变更意思表示发出时生效的，人民法院应予支持。

投保人或者被保险人变更受益人未通知保险人，保险人主张变更对其不发生效力的，人民法院应予支持。

投保人变更受益人未经被保险人同意的，人民法院应认定变更行为无效。

第十一条　投保人或者被保险人在保险事故发生后变更受益人，变更后的受益人请求保险人给付保险金的，人民法院不予支持。

第十三条　保险事故发生后，受益人将与本次保险事故相对应的全部或者部分保险金请求权转让给第三人，当事人主张该转让行为有效的，人民法院应予支持，但根据合同性质、当事人约定或者法律规定不得转让的除外。

第十四条　保险金根据保险法第四十二条规定作为被保险人的遗产，被保险人的继承人要求保险人给付保险金，保险人以其已向持有保险单的被保险人的其他继承人给付保险金为由抗辩的，人民法院应予支持。

第十八条　保险人给付费用补偿型的医疗费用保险金时，主张扣减被保险人从公费医疗或者社会医疗保险取得的赔偿金额的，应当证明该保险产品在厘定医疗费用保险费率时已经将公费医疗或者社会医疗保险部分相应扣除，并按照扣减后的标准收取保险费。

第十九条　保险合同约定按照基本医疗保险的标准核定医疗费用，保险人以被保险人的医疗支出超出基本医疗保险范围为由拒绝给付保险金的，人民法院不予支持；保险人有证据证明被保险人支出的费用超过基本医疗保险同类医疗费用标准，要求对超出部分拒绝给付保险金的，人民法院应予支持。

第二十条　保险人以被保险人未在保险合同约定的医疗服务机构接受治疗为由拒绝给付保险金的，人民法院应予支持，但被保险人因情况紧急必须立即就医的除外。

第二十四条　投保人为被保险人订立以死亡为给付保险金条件的保险合同，被保险人被宣告死亡后，当事人要求保险人按照保险合同约定给付保险金的，人民法院应予支持。

被保险人被宣告死亡之日在保险责任期间之外，但有证据证明下落不明之日在保险责任期间之内，当事人要求保险人按照保险合同约定给付保险金的，人民法院应予支持。

第二十五条　被保险人的损失系由承保事故或者非承保事故、免责事由造成难以确定，当事人请求保险人给付保险金的，人民法院可以按照相应比例予以支持。

335. 再保险合同纠纷

案由适用要点

[释义] 再保险合同纠纷是指原保险人和再保险人之间就再保险合同的订立、履行、变更、终止等产生的纠纷。

[管辖] 根据《民事诉讼法》第25条的规定，因保险合同纠纷提起的诉讼，由被告住所地或者保险标的物所在地人民法院管辖。同时根据《民事诉讼法解释》第21条的规定，因财产保险合同纠纷提起的诉讼，如果保险标的物是运输工具或者运输中的货物，可以由运输工具登记注册地、运输目的地、保险事故发生地人民法院管辖。因人身保险合同纠纷提起的诉讼，可以由被保险人住所地人民法院管辖。

[应注意的问题] 根据《保险法》第28条规定，再保险是指保险人将其承担的保险业务，通过签订再保险合同等方式，以分保形式将其承保的部分风险和责任转移给其他保险人进行的保险行为，也称第二次保险。再保险合同分为法定分保与自愿分保。需要注意的是，再保险合同与原保险合同所设立的是两个独立的法律关系，各自合同之间的赔偿义务也是独立的，并不互为条件。在原保险合同中当事人是投保人和保险人，其保险标的或是财产或是人身，而再保险合同中的当事人是原保险人和再保险人；其标的是原保险人承保的保险业务。当然，再保险合同以原保险合同的存在为前提，原保险合同无效，再保险合同亦无效；再保险合同确定的责任风险以原保险合同的责任风险为限，且再保险人的责任也应该以原保险合同的责任为限。

请求权基础规范指引

《中华人民共和国保险法》（2015年修正）

第二十八条　保险人将其承担的保险业务，以分保形式部分转移给其他保险人的，为再保险。

应再保险接受人的要求，再保险分出人应当将其自负责任及原保险的有关情况书面告知再保险接受人。

第二十九条 再保险接受人不得向原保险的投保人要求支付保险费。

原保险的被保险人或者受益人不得向再保险接受人提出赔偿或者给付保险金的请求。

再保险分出人不得以再保险接受人未履行再保险责任为由，拒绝履行或者迟延履行其原保险责任。

第一百零三条 保险公司对每一危险单位，即对一次保险事故可能造成的最大损失范围所承担的责任，不得超过其实有资本金加公积金总和的百分之十；超过的部分应当办理再保险。

保险公司对危险单位的划分应当符合国务院保险监督管理机构的规定。

《再保险业务管理规定》（2021年）

第六条 再保险分出人、再保险接受人和保险经纪人，对在办理再保险业务中知悉的商业秘密或其他应当保密的信息，负有保密义务。

第十条 保险集团应当统筹制定集团的再保险战略，明确再保险战略与集团风险管理和资本管理战略的关系。集团再保险战略应包括集团的风险累积和净自留管理、信用风险管控、集团内保险公司的再保险授权管理、集团内分保战略等内容。

保险集团再保险战略的制定、实施、评估和调整由集团高级管理层负责，董事会或其授权的专业委员会应对再保险战略的制定和调整进行审批，并对实施情况进行监督。

第十一条 再保险业务分为寿险再保险和非寿险再保险。保险人对寿险再保险和非寿险再保险应当单独列账、分别核算。

第十二条 保险人应当依照《保险法》规定，确定当年总自留保险费和每一危险单位自留责任；超过的部分，应当办理再保险。

保险人对危险单位的划分应当符合银保监会的相关规定。

第十五条 再保险分出人应当及时将影响再保险定价和分保条件的重要信息向再保险接受人书面告知；再保险合同成立后，再保险分出人应当及时向再保险接受人提供重大赔案信息、赔款准备金等对再保险接受人的偿付能力计算、准备金计提及预期赔付有重大影响的信息。

第十六条 再保险分出人和再保险接受人应加强再保险合同管理，及时完成再保险合同文本或再保险合同简要文本的签订。

第二十五条 中国境内的专业再保险接受人，应当配备在中国境内有住所的专职再保险核保人和再保险核赔人。

336. 保险经纪合同纠纷

案由适用要点

[释义] 保险经纪合同是保险经纪人为了投保人的利益，为投保人与保险人订立保险合同提供中介服务而签订的合同，一般包括委托合同、行纪合同、中介合同、咨询合同等。保险经纪合同纠纷是指投保人和保险经纪人就保险经纪合同的订立、履行、变更、终止等产生的纠纷。

[管辖] 根据《民事诉讼法》第25条的规定，因保险合同纠纷提起的诉讼，由被告住所地或者保险标的物所在地人民法院管辖。同时根据《民事诉讼法解释》第21条的规定，因财产保险合同纠纷提起的诉讼，如果保险标的物是运输工具或者运输中的货物，可以由运输工具登记注册地、运输目的地、保险事故发生地人民法院管辖。因人身保险合同纠纷提起的诉讼，可以由被保险人住所地人民法院管辖。

[应注意的问题] 保险经纪合同是保险经纪人基于投保人的利益，为投标人与保险人订立保险合同提供中介服务，并依法收取佣金的合同。保险经纪人代表投保人利益，应当按照投保人的指示和要求行事，向投保人报告订立保险合同的机会、信息，或者促成投保人与保险人订立保险合同。应注意的是，保险经纪人虽然接受的是投保人的委托并代表投保人的利益，按理保险经纪合同的委托人应当向经纪人给付报酬。而根据中国保险业的惯例，其佣金一般由保险人支付，但如果保险经纪人与投保人有约定，投保人应当为保险经纪人的中介服务支付佣金的，投保人应当依照约定予以支付。

请求权基础规范指引

《中华人民共和国保险法》（2015年修正）

第一百一十八条 保险经纪人是基于投保人的利益，为投保人与保险人订立保险合同提供中介服务，并依法收取佣金的机构。

第一百一十九条 保险代理机构、保险经纪人应当具备国务院保险监督管理机构规定的条件，取得保险监督管理机构颁发的经营保险代理业务许可证、保险经纪业务许可证。

第一百二十五条 个人保险代理人在代为办理人寿保险业务时，不得同时接受两个以上保险人的委托。

第一百二十六条 保险人委托保险代理人代为办理保险业务，应当与保险代理人签订委托代理协议，依法约定双方的权利和义务。

第一百二十七条 保险代理人根据保险人的授权代为办理保险业务的行

为，由保险人承担责任。

保险代理人没有代理权、超越代理权或者代理权终止后以保险人名义订立合同，使投保人有理由相信其有代理权的，该代理行为有效。保险人可以依法追究越权的保险代理人的责任。

第一百二十八条 保险经纪人因过错给投保人、被保险人造成损失的，依法承担赔偿责任。

第一百二十九条 保险活动当事人可以委托保险公估机构等依法设立的独立评估机构或者具有相关专业知识的人员，对保险事故进行评估和鉴定。

接受委托对保险事故进行评估和鉴定的机构和人员，应当依法、独立、客观、公正地进行评估和鉴定，任何单位和个人不得干涉。

前款规定的机构和人员，因故意或者过失给保险人或者被保险人造成损失的，依法承担赔偿责任。

第一百三十条 保险佣金只限于向保险代理人、保险经纪人支付，不得向其他人支付。

第一百三十一条 保险代理人、保险经纪人及其从业人员在办理保险业务活动中不得有下列行为：

（一）欺骗保险人、投保人、被保险人或者受益人；

（二）隐瞒与保险合同有关的重要情况；

（三）阻碍投保人履行本法规定的如实告知义务，或者诱导其不履行本法规定的如实告知义务；

（四）给予或者承诺给予投保人、被保险人或者受益人保险合同约定以外的利益；

（五）利用行政权力、职务或者职业便利以及其他不正当手段强迫、引诱或者限制投保人订立保险合同；

（六）伪造、擅自变更保险合同，或者为保险合同当事人提供虚假证明材料；

（七）挪用、截留、侵占保险费或者保险金；

（八）利用业务便利为其他机构或者个人牟取不正当利益；

（九）串通投保人、被保险人或者受益人，骗取保险金；

（十）泄露在业务活动中知悉的保险人、投保人、被保险人的商业秘密。

337. 保险代理合同纠纷

案由适用要点

［释义］ 保险代理合同是指保险代理人在保险人授权的范围内，在收取保

险人支付的佣金，对外代理保险人从事相关保险业务的合同。保险代理合同纠纷是保险代理人和保险人之间就保险代理合同的订立、履行、变更、终止等产生的纠纷。

[**管辖**] 根据《民事诉讼法》第 25 条的规定，因保险合同纠纷提起的诉讼，由被告住所地或者保险标的物所在地人民法院管辖。同时根据《民事诉讼法解释》第 21 条的规定，因财产保险合同纠纷提起的诉讼，如果保险标的物是运输工具或者运输中的货物，可以由运输工具登记注册地、运输目的地、保险事故发生地人民法院管辖。因人身保险合同纠纷提起的诉讼，可以由被保险人住所地人民法院管辖。

[**应注意的问题**] 在适用保险代理合同纠纷和保险经纪合同纠纷的案由时，应该注意两类合同的区别，前者是保险人与保险代理人之间签订的合同，后者是投保人与保险经纪人之间签订的合同，两类合同在当事人、维护的利益、相关法律关系等方面均存在差别，应当根据双方当事人的法律关系的具体情形确定不同的案由。

请求权基础规范指引

《中华人民共和国民法典》（2020 年）

第九百二十九条【受托人的赔偿责任】 有偿的委托合同，因受托人的过错造成委托人损失的，委托人可以请求赔偿损失。无偿的委托合同，因受托人的故意或者重大过失造成委托人损失的，委托人可以请求赔偿损失。

受托人超越权限造成委托人损失的，应当赔偿损失。

338. 进出口信用保险合同纠纷

案由适用要点

[**释义**] 进出口信用保险合同主要是为了扩大对外贸易，由国家保障外贸企业的贸易安全而制定的一项由国家财政提供保险准备金的非营利性的政策性保险业务。目前，我国的进出口信用保险合同主要是出口信用保险合同。

进出口信用保险合同纠纷主要是指因该合同的订立、履行、变更、终止等产生的纠纷。

[**管辖**] 根据《民事诉讼法》第 25 条的规定，因保险合同纠纷提起的诉讼，由被告住所地或者保险标的物所在地人民法院管辖。同时根据《民事诉讼法解释》第 21 条第 1 款的规定，因财产保险合同纠纷提起的诉讼，如果保险标的物是运输工具或者运输中的货物，可以由运输工具登记注册地、运输目的地、保险事故发生地人民法院管辖。

[应注意的问题] 信用保险是指保险人对被保险人信用放款或信用售货，债务人拒绝履行合同或不能清偿债务时，对所受到的经经济损失承担赔偿责任的保险方式。目前，企业的信用保险主要有出口信用保险与国内贸易信用保险。出口信用保险是信用机构对企业投保的出口货物、服务、技术和资本的出口中的应收账款，提供安全保障的一种保险机制。若因该保险合同的签订、履行、中止、解除等纠纷，则属于进出口信用保险合同纠纷。在《民事案件案由规定》“333. 财产保险合同纠纷”项下的第四级案由中，有个“（3）信用保险合同纠纷”，而“进出口信用保险合同纠纷”并非第四级案由，而是与“财产保险合同纠纷”同为第三级案由，故要特别注意，如发生相应的纠纷，人民法院应该根据当事人的情况、诉讼争议涉及的法律关系、相关诉讼请求来确定相关案由。如果相关法律关系属于进出口信用保险合同关系，则应按照本案由来确定；如果是其他的信用保险合同关系，则应适用第四级案由“信用保险合同纠纷”。

请求权基础规范指引

《最高人民法院关于审理出口信用保险合同纠纷案件适用相关法律问题的批复》（法释〔2013〕13号　2013年5月2日）

广东省高级人民法院：

你院《关于出口信用保险合同法律适用问题的请示》（粤高法〔2012〕442号）收悉。经研究，批复如下：

对出口信用保险合同的法律适用问题，保险法没有作出明确规定。鉴于出口信用保险的特殊性，人民法院审理出口信用保险合同纠纷案件，可以参照适用保险法的相关规定；出口信用保险合同另有约定的，从其约定。

（关于保险合同的一般规定，参见“333. 财产保险合同纠纷”中的相关规范）

339. 保险费纠纷

案由适用要点

[释义] 保险费是投保人依据保险合同的约定，为获得相应的风险保障，而向保险人支付的费用。保险费纠纷一般是指投保人和保险人在履行保险合同过程中，因为支付或者收取保险费而形成的纠纷。

[管辖] 根据《民事诉讼法》第25条的规定，因保险合同纠纷提起的诉讼，由被告住所地或者保险标的物所在地人民法院管辖。同时根据《民事诉讼法解释》第21条的规定，因财产保险合同纠纷提起的诉讼，如果保险标的

物是运输工具或者运输中的货物，可以由运输工具登记注册地、运输目的地、保险事故发生地人民法院管辖。因人身保险合同纠纷提起的诉讼，可以由被保险人住所地人民法院管辖。

[**应注意的问题**] 保险费纠纷一般是投保人与保险人在履行保险合同过程中，因为支付或者收取保险费而形成的纠纷。此类纠纷本质上仍属于保险合同纠纷，只不过其纠纷形式集中体现在保险费方面，且并不区分人身保险还是财产保险。只要双方签订了保险合同，就可能因保险费用产生纠纷，比如保险人请求投保人支付保险费纠纷、因保险费支付方式发生的纠纷、因调整保险费率而形成的纠纷、因解除保险合同而返还保险费引起的纠纷等。

请求权基础规范指引

《中华人民共和国保险法》（2015 年修正）

第十条 保险合同是投保人与保险人约定保险权利义务关系的协议。

投保人是指与保险人订立保险合同，并按照合同约定负有支付保险费义务的人。

保险人是指与投保人订立保险合同，并按照合同约定承担赔偿或者给付保险金责任的保险公司。

第十四条 保险合同成立后，投保人按照约定交付保险费，保险人按照约定的时间开始承担保险责任。

第十六条 订立保险合同，保险人就保险标的或者被保险人的有关情况提出询问的，投保人应当如实告知。

投保人故意或者因重大过失未履行前款规定的如实告知义务，足以影响保险人决定是否同意承保或者提高保险费率的，保险人有权解除合同。

前款规定的合同解除权，自保险人知道有解除事由之日起，超过三十日不行使而消灭。自合同成立之日起超过二年的，保险人不得解除合同；发生保险事故的，保险人应当承担赔偿或者给付保险金的责任。

投保人故意不履行如实告知义务的，保险人对于合同解除前发生的保险事故，不承担赔偿或者给付保险金的责任，并不退还保险费。

投保人因重大过失未履行如实告知义务，对保险事故的发生有严重影响的，保险人对于合同解除前发生的保险事故，不承担赔偿或者给付保险金的责任，但应当退还保险费。

保险人在合同订立时已经知道投保人未如实告知的情况的，保险人不得解除合同；发生保险事故的，保险人应当承担赔偿或者给付保险金的责任。

保险事故是指保险合同约定的保险责任范围内的事故。

第二十七条 未发生保险事故，被保险人或者受益人谎称发生了保险事故，向保险人提出赔偿或者给付保险金请求的，保险人有权解除合同，并不退还保险费。

投保人、被保险人故意制造保险事故的，保险人有权解除合同，不承担赔偿或者给付保险金的责任；除本法第四十三条规定外，不退还保险费。

保险事故发生后，投保人、被保险人或者受益人以伪造、变造的有关证明、资料或者其他证据，编造虚假的事故原因或者夸大损失程度的，保险人对其虚报的部分不承担赔偿或者给付保险金的责任。

投保人、被保险人或者受益人有前三款规定行为之一，致使保险人支付保险金或者支出费用的，应当退回或者赔偿。

第二十九条 再保险接受人不得向原保险的投保人要求支付保险费。

原保险的被保险人或者受益人不得向再保险接受人提出赔偿或者给付保险金的请求。

再保险分出人不得以再保险接受人未履行再保险责任为由，拒绝履行或者迟延履行其原保险责任。

《最高人民法院关于适用〈中华人民共和国保险法〉若干问题的解释（二）》（2020 年 12 月 23 日修正）

第四条 保险人接受了投保人提交的投保单并收取了保险费，尚未作出是否承保的意思表示，发生保险事故，被保险人或者受益人请求保险人按照保险合同承担赔偿或者给付保险金责任，符合承保条件的，人民法院应予支持；不符合承保条件的，保险人不承担保险责任，但应当退还已经收取的保险费。

保险人主张不符合承保条件的，应承担举证责任。

第七条 保险人在保险合同成立后知道或者应当知道投保人未履行如实告知义务，仍然收取保险费，又依照保险法第十六条第二款的规定主张解除合同的，人民法院不予支持。

二十八、票据纠纷

340. 票据付款请求权纠纷

案由适用要点

［释义］ 票据付款请求权纠纷，是指持票人因票据付款人拒绝付款而发生的纠纷。

［管辖］ 票据付款请求权纠纷属于典型的票据纠纷诉讼，适用特殊地域管辖。

根据《民事诉讼法》第26条专门就票据纠纷管辖进行了规定："因票据纠纷提起的诉讼，由票据支付地或者被告住所地人民法院管辖。"《最高人民法院关于审理票据纠纷案件若干问题的规定》（2020年修正）也规定，"因票据纠纷提起的诉讼，依法由票据支付地或者被告住所地人民法院管辖"，这与《民事诉讼法》第26条保持一致。

票据付款请求权纠纷可由票据支付地法院管辖，便于法院查清持票人提示、承兑人拒绝承兑、付款人拒绝支付等事实，及时推动审判程序。也可由被告住所地法院管辖，符合原告就被告的一般管辖原则，有利于降低原告滥用诉权风险，同时方便被告应诉。

针对审判实践中对"票据支付地"易发生争议的问题，《最高人民法院关于审理票据纠纷案件若干问题的规定》（2020年修正）第6条第2款明确："票据支付地是指票据上载明的付款地，票据上未载明付款地的，汇票付款人或者代理付款人的营业场所、住所或者经常居住地，本票出票人的营业场所，支票付款人或者代理付款人的营业场所所在地为票据付款地。代理付款人即付款人的委托代理人，是指根据付款人的委托代为支付票据金额的银行、信用合作社等金融机构。"

［**应注意的问题**］关于付款请求权的转化问题。对于未经承兑的票据而言，付款请求权仅为程序意义上的权利，持票人可以请求付款，但付款人并不对持票人承担必须付款的义务，付款人拒绝付款，持票人只能向前手进行追索。只有经过承兑或保付以后，票据付款人才承担必须付款的义务，付款请求权才转化为现实意义上的权利，付款人拒绝付款的，持票人可以起诉付款人强制要求付款。

关于提起诉讼与公示催告程序的区别及衔接问题。若可背书转让的票据被盗、遗失或者灭失，持票人可以向票据支付地的基层人民法院申请公示催告，由该法院依法审查后作出除权判决予以救济。《民事诉讼法》第234条规定："利害关系人因正当理由不能在判决前向人民法院申报的，自知道或者应当知道判决公告之日起一年内，可以向作出判决的人民法院起诉。"公示催告程序为非讼程序，只是确认某种事实状态和相应的法律效果，为一审终审，不能上诉，也不能申请再审。若有利害关系人对除权判决认定的事实不服，其有权向法院提起诉讼，通过诉讼程序请求撤销除权判决，确认其为票据权利人。

请求权基础规范指引

《中华人民共和国票据法》（2004年修正）

第十六条　持票人对票据债务人行使票据权利，或者保全票据权利，应当在票据当事人的营业场所和营业时间内进行，票据当事人无营业场所的，应当在其住所进行。

第十七条 票据权利在下列期限内不行使而消灭：

（一）持票人对票据的出票人和承兑人的权利，自票据到期日起二年。见票即付的汇票、本票，自出票日起二年；

（二）持票人对支票出票人的权利，自出票日起六个月；

（三）持票人对前手的追索权，自被拒绝承兑或者被拒绝付款之日起六个月；

（四）持票人对前手的再追索权，自清偿日或者被提起诉讼之日起三个月。

票据的出票日、到期日由票据当事人依法确定。

第五十三条 持票人应当按照下列期限提示付款：

（一）见票即付的汇票，自出票日起一个月内向付款人提示付款；

（二）定日付款、出票后定期付款或者见票后定期付款的汇票，自到期日起十日内向承兑人提示付款。

持票人未按照前款规定期限提示付款的，在作出说明后，承兑人或者付款人仍应当继续对持票人承担付款责任。

通过委托收款银行或者通过票据交换系统向付款人提示付款的，视同持票人提示付款。

第五十四条 持票人依照前条规定提示付款的，付款人必须在当日足额付款。

第五十七条 付款人及其代理付款人付款时，应当审查汇票背书的连续，并审查提示付款人的合法身份证明或者有效证件。

付款人及其代理付款人以恶意或者有重大过失付款的，应当自行承担责任。

第五十八条 对定日付款、出票后定期付款或者见票后定期付款的汇票，付款人在到期日前付款的，由付款人自行承担所产生的责任。

第五十九条 汇票金额为外币的，按照付款日的市场汇价，以人民币支付。

汇票当事人对汇票支付的货币种类另有约定的，从其约定。

第六十条 付款人依法足额付款后，全体汇票债务人的责任解除。

《最高人民法院关于审理票据纠纷案件若干问题的规定》（2020年12月23日修正）

第五条 付款请求权是持票人享有的第一顺序权利，追索权是持票人享有的第二顺序权利，即汇票到期被拒绝付款或者具有票据法第六十一条第二款所列情形的，持票人请求背书人、出票人以及汇票的其他债务人支付票据法第七十条第一款所列金额和费用的权利。

341. 票据追索权纠纷

案由适用要点

［**释义**］票据追索权纠纷是指因持票人要求其前手支付被拒绝付款的票据金额及有关利息、费用引发的纠纷。

［**管辖**］票据追索权纠纷属于典型的票据纠纷诉讼，适用特殊地域管辖。根据《民事诉讼法》第26条关于票据纠纷管辖的规定，因票据纠纷提起的诉讼，由票据支付地或者被告住所地人民法院管辖。《最高人民法院关于审理票据纠纷案件若干问题的规定》第6条第1款对这一规则再次强调："因票据纠纷提起的诉讼，依法由票据支付地或者被告住所地人民法院管辖。"

针对审判实践中对"票据支付地"容易发生争议，《最高人民法院关于审理票据纠纷案件若干问题的规定》第6条第2款明确："票据支付地是指票据上载明的付款地，票据上未载明付款地的，汇票付款人或者代理付款人的营业场所、住所或者经常居住地，本票出票人的营业场所，支票付款人或者代理付款人的营业场所所在地为票据付款地。代理付款人即付款人的委托代理人，是指根据付款人的委托代为支付票据金额的银行、信用合作社等金融机构。"

［**应注意的问题**］审判实践中，存在最后持票人基于转贴现合同起诉请求未在票据上背书的合同相对方承担责任的案件。对此类纠纷如何确定案由，主要有两种意见：一是定为合同纠纷；二是定为票据追索权纠纷。《全国法院民商事审判工作会议纪要》采用了第一种意见，第102条规定，"依据转贴现协议的约定，请求未在票据上背书的转贴现申请人按照合同法律关系返还转贴现款并赔偿损失的，案由应当确定为合同纠纷"。主要理由就是《票据法》第4条第1款至第3款的规定。行为人实施票据行为，必须按照法定条件在票据上签章，实施转贴现这一票据行为同样如此，应当背书转让票据。若未进行背书，转贴现合同当事人之间不成立合法的票据法律关系，最后持票人不能基于票据法律关系行使追索权，只能基于转贴现合同法律关系，诉求合同相对方承担责任。因此，此类纠纷应认定为合同纠纷，而非票据追索权纠纷。

请求权基础规范指引

《中华人民共和国票据法》（2004年修正）

第四条　票据出票人制作票据，应当按照法定条件在票据上签章，并按照所记载的事项承担票据责任。

持票人行使票据权利，应当按照法定程序在票据上签章，并出示票据。

其他票据债务人在票据上签章的，按照票据所记载的事项承担票据责任。

本法所称票据权利，是指持票人向票据债务人请求支付票据金额的权利，包括付款请求权和追索权。

本法所称票据责任，是指票据债务人向持票人支付票据金额的义务。

第六十一条 汇票到期被拒绝付款的，持票人可以对背书人、出票人以及汇票的其他债务人行使追索权。

汇票到期日前，有下列情形之一的，持票人也可以行使追索权：

（一）汇票被拒绝承兑的；

（二）承兑人或者付款人死亡、逃匿的；

（三）承兑人或者付款人被依法宣告破产的或者因违法被责令终止业务活动的。

第六十二条 持票人行使追索权时，应当提供被拒绝承兑或者被拒绝付款的有关证明。

持票人提示承兑或者提示付款被拒绝的，承兑人或者付款人必须出具拒绝证明，或者出具退票理由书。未出具拒绝证明或者退票理由书的，应当承担由此产生的民事责任。

第六十五条 持票人不能出示拒绝证明、退票理由书或者未按照规定期限提供其他合法证明的，丧失对其前手的追索权。但是，承兑人或者付款人仍应当对持票人承担责任。

第六十六条 持票人应当自收到被拒绝承兑或者被拒绝付款的有关证明之日起三日内，将被拒绝事由书面通知其前手；其前手应当自收到通知之日起三日内书面通知其再前手。持票人也可以同时向各汇票债务人发出书面通知。

未按照前款规定期限通知的，持票人仍可以行使追索权。因延期通知给其前手或者出票人造成损失的，由没有按照规定期限通知的汇票当事人，承担对该损失的赔偿责任，但是所赔偿的金额以汇票金额为限。

在规定期限内将通知按照法定地址或者约定的地址邮寄的，视为已经发出通知。

第六十七条 依照前条第一款所作的书面通知，应当记明汇票的主要记载事项，并说明该汇票已被退票。

第六十八条 汇票的出票人、背书人、承兑人和保证人对持票人承担连带责任。

持票人可以不按照汇票债务人的先后顺序，对其中任何一人、数人或者全体行使追索权。

持票人对汇票债务人中的一人或者数人已经进行追索的，对其他汇票债务人仍可以行使追索权。被追索人清偿债务后，与持票人享有同一权利。

第六十九条　持票人为出票人的，对其前手无追索权。持票人为背书人的，对其后手无追索权。

第七十条　持票人行使追索权，可以请求被追索人支付下列金额和费用：

（一）被拒绝付款的汇票金额；

（二）汇票金额自到期日或者提示付款日起至清偿日止，按照中国人民银行规定的利率计算的利息；

（三）取得有关拒绝证明和发出通知书的费用。

被追索人清偿债务时，持票人应当交出汇票和有关拒绝证明，并出具所收到利息和费用的收据。

第七十一条　被追索人依照前条规定清偿后，可以向其他汇票债务人行使再追索权，请求其他汇票债务人支付下列金额和费用：

（一）已清偿的全部金额；

（二）前项金额自清偿日起至再追索清偿日止，按照中国人民银行规定的利率计算的利息；

（三）发出通知书的费用。

行使再追索权的被追索人获得清偿时，应当交出汇票和有关拒绝证明，并出具所收到利息和费用的收据。

第七十二条　被追索人依照前二条规定清偿债务后，其责任解除。

第八十条第一款　本票的背书、保证、付款行为和追索权的行使，除本章规定外，适用本法第二章有关汇票的规定。

第九十三条第一款　支票的背书、付款行为和追索权的行使，除本章规定外，适用本法第二章有关汇票的规定。

《最高人民法院关于审理票据纠纷案件若干问题的规定》（2020年12月23日修正）

第三条　依照票据法第三十六条的规定，票据被拒绝承兑、被拒绝付款或者汇票、支票超过提示付款期限后，票据持有人背书转让的，被背书人以背书人为被告行使追索权而提起诉讼的，人民法院应当依法受理。

第四条　持票人不先行使付款请求权而先行使追索权遭拒绝提起诉讼的，人民法院不予受理。除有票据法第六十一条第二款和本规定第三条所列情形外，持票人只能在首先向付款人行使付款请求权而得不到付款时，才可以行使追索权。

第五条　付款请求权是持票人享有的第一顺序权利，追索权是持票人享有的第二顺序权利，即汇票到期被拒绝付款或者具有票据法第六十一条第二款所列情形的，持票人请求背书人、出票人以及汇票的其他债务人支付票据法第七十条第一款所列金额和费用的权利。

342. 票据交付请求权纠纷

案由适用要点

[释义] 票据交付请求权纠纷是指票据债务人履行票据义务后，要求持票人交付票据及有关拒绝证明等材料引发的纠纷。

[管辖]《民事诉讼法》第 26 条确立了票据纠纷诉讼管辖规则，规定："因票据纠纷提起的诉讼，由票据支付地或者被告住所地人民法院管辖。"2020 年修正的《最高人民法院关于审理票据纠纷案件若干问题的规定》中第 1 条明确了票据纠纷包括票据权利纠纷和非票据权利纠纷，均应当依据《民事诉讼法》第 26 条确定管辖。

票据债务人为行使票据交付请求权而与持票人发生的票据交付请求权纠纷，一般表现为付款人或被追索人向人民法院起诉持票人要求交付票据及有关拒绝证明等材料，属于《票据法》上的非票据权利纠纷，适用前述第 26 条及修正后的司法解释第 1 条的规定。

[应注意的问题] 准确适用票据交付请求权纠纷案由，需要注意区分标的物为票据的合同纠纷案由。因票据属于完全的有价证券，实践中偶有债权人基于合同约定诉求债务人交付票据的纠纷，如甲、乙签订买卖合同，约定甲向乙供应一批货物，乙给付甲票面金额人民币 10 万元的转账支票一张作为货款，后甲按约供应货物，但乙未给付甲支票，甲遂诉至法院，要求乙继续履行合同，履行给付支票的义务。

上述案例中纠纷虽涉及转账支票，但究其实际，支票仅是买受人乙履行合同约定给付义务的标的物，出卖人甲要求交付票据，其权利基础并非票据交付请求权，而是基于债权请求权，双方当事人争议法律关系，不是票据关系或者《票据法》上的非票据关系，而是买卖合同法律关系，故此种纠纷不能定为票据交付请求权纠纷，应定为买卖合同纠纷案由，该案适用《合同法》，而非《票据法》调整。

请求权基础规范指引

《中华人民共和国票据法》（2004 年修正）

第二十条 出票是指出票人签发票据并将其交付给收款人的票据行为。

第二十七条 持票人可以将汇票权利转让给他人或者将一定的汇票权利授予他人行使。

出票人在汇票上记载“不得转让”字样的，汇票不得转让。

持票人行使第一款规定的权利时，应当背书并交付汇票。

背书是指在票据背面或者粘单上记载有关事项并签章的票据行为。

第五十五条　持票人获得付款的，应当在汇票上签收，并将汇票交给付款人。持票人委托银行收款的，受委托的银行将代收的汇票金额转账收入持票人账户，视同签收。

第七十条　持票人行使追索权，可以请求被追索人支付下列金额和费用：

（一）被拒绝付款的汇票金额；

（二）汇票金额自到期日或者提示付款日起至清偿日止，按照中国人民银行规定的利率计算的利息；

（三）取得有关拒绝证明和发出通知书的费用。

被追索人清偿债务时，持票人应当交出汇票和有关拒绝证明，并出具所收到利息和费用的收据。

《中国人民银行关于印发〈支付结算办法〉的通知》（2024 年 2 月 6 日修正）

第六十条　申请人应将银行汇票和解讫通知一并交付给汇票上记明的收款人。

收款人受理银行汇票时，应审查下列事项：

（一）银行汇票和解讫通知是否齐全、汇票号码和记载的内容是否一致；

（二）收款人是否确为本单位或本人；

（三）银行汇票是否在提示付款期限内；

（四）必须记载的事项是否齐全；

（五）出票人签章是否符合规定，是否有压数机压印的出票金额，并与大写出票金额一致；

（六）出票金额、出票日期、收款人名称是否更改，更改的其他记载事项是否由原记载人签章证明。

第六十一条　收款人受理申请人交付的银行汇票时，应在出票金额以内，根据实际需要的款项办理结算，并将实际结算金额和多余金额准确、清晰地填入银行汇票和解讫通知的有关栏内。未填明实际结算金额和多余金额或实际结算金额超过出票金额的，银行不予受理。

《最高人民法院关于审理票据纠纷案件若干问题的规定》（2020 年 12 月 23 日修正）

第六条　因票据纠纷提起的诉讼，依法由票据支付地或者被告住所地人民法院管辖。

票据支付地是指票据上载明的付款地，票据上未载明付款地的，汇票付款人或者代理付款人的营业场所、住所或者经常居住地，本票出票人的营业场所，支票付款人或者代理付款人的营业场所所在地为票据付款地。代理付款人即付款人的委托代理人，是指根据付款人的委托代为支付票据金额的银行、信用合作社等金融机构。

343. 票据返还请求权纠纷

案由适用要点

［释义］ 票据返还请求权是指出票人或前手持票人基于法定事由向其后手持票人要求返还票据的权利。票据返还请求权纠纷属于基于法定的票据派生关系产生的非票据权利纠纷。

［管辖］ 票据纠纷包括票据权利纠纷和非票据权利纠纷，均应当依据《民事诉讼法》第26条确定管辖。出票人或前手持票人行使票据返还请求权引发的票据返还请求权纠纷，属于票据法上的非票据权利纠纷，也应依据《民事诉讼法》第26条、2020年修正的《最高人民法院关于审理票据纠纷案件若干问题的规定》第6条第1款，由票据支付地或者被告住所地人民法院管辖。

［应注意的问题］ 审判实践中可能出现票据付款请求权纠纷与票据返还请求权纠纷竞合的情形，即在持票人提起票据付款请求权纠纷诉讼的同时，出票人或持票人的前手提起票据返还请求权纠纷诉讼。因行使票据付款请求权需以合法持有票据为先决条件，故在这种情形下，应先解决票据返还请求权纠纷以确定票据持有的合法性问题，再根据相关诉讼结果，继而解决票据付款请求权纠纷。

票据具有流通性功能，在实践中难免出现票据丧失的情形，对相应救济问题需予以关注。《票据法》第15条规定："票据丧失，失票人可以及时通知票据的付款人挂失止付，但是，未记载付款人或者无法确定付款人及其代理付款人的票据除外。收到挂失止付通知的付款人，应当暂停支付。失票人应当在通知挂失止付后三日内，也可以在票据丧失后，依法向人民法院申请公示催告，或者向人民法院提起诉讼。"在实践中，对持票人明确的情形，出票人或持票人前手（失票人）可起诉要求持票人返还票据，适用票据返还请求权纠纷案由。但对于票据因被盗、遗失等原因，导致持票人不明或者票据灭失，没有持票人等情形，出票人或持票人前手只能通过公示催告程序进行救济，适用申请公示催告案由。

请求权基础规范指引

《中华人民共和国票据法》（2004年修正）

第十二条 以欺诈、偷盗或者胁迫等手段取得票据的，或者明知有前列情形，出于恶意取得票据的，不得享有票据权利。

持票人因重大过失取得不符合本法规定的票据的，也不得享有票据权利。

第十八条　持票人因超过票据权利时效或者因票据记载事项欠缺而丧失票据权利的，仍享有民事权利，可以请求出票人或者承兑人返还其与未支付的票据金额相当的利益。

《最高人民法院关于审理票据纠纷案件若干问题的规定》（2020 年 12 月 23 日修正）

第二条　依照票据法第十条的规定，票据债务人（即出票人）以在票据未转让时的基础关系违法、双方不具有真实的交易关系和债权债务关系、持票人应付对价而未付对价为由，要求返还票据而提起诉讼的，人民法院应当依法受理。

第十二条　票据法第十七条第一款第（一）、（二）项规定的持票人对票据的出票人和承兑人的权利，包括付款请求权和追索权。

第十五条　票据债务人依照票据法第九条、第十七条、第十八条、第二十二条和第三十一条的规定，对持票人提出下列抗辩的，人民法院应予支持：

（一）欠缺法定必要记载事项或者不符合法定格式的；

（二）超过票据权利时效的；

（三）人民法院作出的除权判决已经发生法律效力的；

（四）以背书方式取得但背书不连续的；

（五）其他依法不得享有票据权利的。

344. 票据损害责任纠纷

案由适用要点

［**释义**］票据损害责任纠纷是指票据当事人、金融机构工作人员等，因违反规定从事票据行为或者其他与票据相关的行为，给他人造成损失而引发的纠纷。

［**管辖**］票据纠纷诉讼，适用特殊地域管辖。根据《民事诉讼法》第 26 条关于票据纠纷管辖的规定："因票据纠纷提起的诉讼，由票据支付地或者被告住所地人民法院管辖。"2000 年修正的《最高人民法院关于审理票据纠纷案件若干问题的规定》进一步强调了上述管辖规则，在第 6 条第 1 款规定："因票据权利纠纷提起的诉讼，依法由票据支付地或者被告住所地人民法院管辖"，与《民事诉讼法》第 26 条表述保持一致。

［**应注意的问题**］应注意这一案由与因申请财产保全损害责任纠纷案由的区别。《最高人民法院关于审理票据纠纷案件若干问题的规定》规定了因申请

票据保全错误的赔偿责任，第 7 条规定："人民法院在审理、执行票据纠纷案件时，对具有下列情形之一的票据，经当事人申请并提供担保，可以依法采取保全措施或者执行措施：(一) 不履行约定义务，与票据债务人有直接债权债务关系的票据当事人所持有的票据； (二) 持票人恶意取得的票据；(三) 应付对价而未付对价的持票人持有的票据；(四) 记载有'不得转让'字样而用于贴现的票据；(五) 记载有'不得转让'字样而用于质押的票据；(六) 法律或者司法解释规定有其他情形的票据。"第 71 条规定："当事人因申请票据保全错误而给他人造成损失的，应当依法承担民事责任。"需指出的是，票据损害责任是因实施违反《票据法》规定行为而产生，适用法律为《票据法》；而因申请票据保全错误的赔偿责任则系因申请保全错误而产生，适用法律除了《票据法》之外，更主要是《民法典》和《民事诉讼法》，故相关诉讼案件的案由应确定为因申请财产保全损害责任纠纷，而不能定为票据损害责任纠纷。

请求权基础规范指引

《中华人民共和国票据法》（2004 年修正）

第五十七条 付款人及其代理付款人付款时，应当审查汇票背书的连续，并审查提示付款人的合法身份证明或者有效证件。

付款人及其代理付款人以恶意或者有重大过失付款的，应当自行承担责任。

第六十二条 持票人行使追索权时，应当提供被拒绝承兑或者被拒绝付款的有关证明。

持票人提示承兑或者提示付款被拒绝的，承兑人或者付款人必须出具拒绝证明，或者出具退票理由书。未出具拒绝证明或者退票理由书的，应当承担由此产生的民事责任。

第六十五条 持票人不能出示拒绝证明、退票理由书或者未按照规定期限提供其他合法证明的，丧失对其前手的追索权。但是，承兑人或者付款人仍应当对持票人承担责任。

第六十六条 持票人应当自收到被拒绝承兑或者被拒绝付款的有关证明之日起三日内，将被拒绝事由书面通知其前手；其前手应当自收到通知之日起三日内书面通知其再前手。持票人也可以同时向各汇票债务人发出书面通知。

未按照前款规定期限通知的，持票人仍可以行使追索权。因延期通知给其前手或者出票人造成损失的，由没有按照规定期限通知的汇票当事人，承担对该损失的赔偿责任，但是所赔偿的金额以汇票金额为限。

在规定期限内将通知按照法定地址或者约定的地址邮寄的，视为已经发出通知。

第八十七条　支票的出票人所签发的支票金额不得超过其付款时在付款人处实有的存款金额。

出票人签发的支票金额超过其付款时在付款人处实有的存款金额的，为空头支票。禁止签发空头支票。

第一百零四条　金融机构工作人员在票据业务中玩忽职守，对违反本法规定的票据予以承兑、付款或者保证的，给予处分；造成重大损失，构成犯罪的，依法追究刑事责任。

由于金融机构工作人员因前款行为给当事人造成损失的，由该金融机构和直接责任人员依法承担赔偿责任。

第一百零五条　票据的付款人对见票即付或者到期的票据，故意压票，拖延支付的，由金融行政管理部门处以罚款，对直接责任人员给予处分。

票据的付款人故意压票，拖延支付，给持票人造成损失的，依法承担赔偿责任。

第一百零六条　依照本法规定承担赔偿责任以外的其他违反本法规定的行为，给他人造成损失的，应当依法承担民事责任。

《最高人民法院关于审理票据纠纷案件若干问题的规定》（2020年12月23日修正）

第六十条　票据保证无效的，票据的保证人应当承担与其过错相应的民事责任。

第六十六条　依照票据法第十四条、第一百零二条、第一百零三条的规定，伪造、变造票据者除应当依法承担刑事、行政责任外，给他人造成损失的，还应当承担民事赔偿责任。被伪造签章者不承担票据责任。

第六十七条　对票据未记载事项或者未完全记载事项作补充记载，补充事项超出授权范围的，出票人对补充后的票据应当承担票据责任。给他人造成损失的，出票人还应当承担相应的民事责任。

第六十八条　付款人或者代理付款人未能识别出伪造、变造的票据或者身份证件而错误付款，属于票据法第五十七条规定的“重大过失”，给持票人造成损失的，应当依法承担民事责任。付款人或者代理付款人承担责任后有权向伪造者、变造者依法追偿。

持票人有过错的，也应当承担相应的民事责任。

第六十九条　付款人及其代理付款人有下列情形之一的，应当自行承担责任：

（一）未依照票据法第五十七条的规定对提示付款人的合法身份证明或者有效证件以及汇票背书的连续性履行审查义务而错误付款的；

（二）公示催告期间对公示催告的票据付款的；

（三）收到人民法院的止付通知后付款的；

（四）其他以恶意或者重大过失付款的。

第七十二条 因出票人签发空头支票、与其预留本名的签名式样或者印鉴不符的支票给他人造成损失的，支票的出票人和背书人应当依法承担民事责任。

第七十四条 依照票据法第一百零四条的规定，由于金融机构工作人员在票据业务中玩忽职守，对违反票据法规定的票据予以承兑、付款、贴现或者保证，给当事人造成损失的，由该金融机构与直接责任人员依法承担连带责任。

第七十五条 依照票据法第一百零六条的规定，由于出票人制作票据，或者其他票据债务人未按照法定条件在票据上签章，给他人造成损失的，除应当按照所记载事项承担票据责任外，还应当承担相应的民事责任。

持票人明知或者应当知道前款情形而接受的，可以适当减轻出票人或者票据债务人的责任。

345. 票据利益返还请求权纠纷

案由适用要点

［**释义**］票据利益返还请求权是指因票据时效已过或者保全手续欠缺而导致丧失票据权利，持票人请求出票人或承兑人返还其所受利益的权利。

因票据利益返还请求权而引发的纠纷，即票据利益返还请求权纠纷，具体是指因某种原因而丧失票据权利的持票人与因此获益的出票人、承兑人等之间存在的返还额外利益引发的纠纷。

［**管辖**］票据纠纷诉讼，适用特殊地域管辖。根据《民事诉讼法》第26条关于票据纠纷管辖的规定：“因票据纠纷提起的诉讼，由票据支付地或者被告住所地人民法院管辖。”2000年修正的《最高人民法院关于审理票据纠纷案件若干问题的规定》进一步强调了上述管辖规则，在第6条第1款规定，“因票据权利纠纷提起的诉讼，依法由票据支付地或者被告住所地人民法院管辖”，与《民事诉讼法》第26条表述保持一致。

［**应注意的问题**］应注意区分票据返还请求权纠纷与票据利益返还请求权纠纷。

一是诉讼主体不同，票据返还请求权纠纷的原告是出票人或前手持票人，被告一般则是取得票据的后手持票人或承兑人。票据利益返还请求权纠纷的原告为持票人，包括收款人、最后的被背书人、因清偿票据债务而取得票据的背书人和保证人，被告则是出票人或承兑人。

二是诉讼请求不同。票据返还请求权纠纷的诉讼请求为返还票据；票据利益返还请求权纠纷的诉讼请求，一般为返还与未支付票据金额相当的利益。

三是请求权基础不同。票据具有无因性，票据返还请求权纠纷，只能是在违法取得票据或其他法定情形下，后手持票人不享有票据权利，出票人或前手持票人行使票据返还请求权。票据利益返还请求权纠纷，一般是由于票据权利丧失，出票人或承兑人因此额外受益，持票人行使票据利益返还请求权。

请求权基础规范指引

《中华人民共和国票据法》（2004 年修正）

第十八条　持票人因超过票据权利时效或者因票据记载事项欠缺而丧失票据权利的，仍享有民事权利，可以请求出票人或者承兑人返还其与未支付的票据金额相当的利益。

346. 汇票回单签发请求权纠纷

案由适用要点

[释义] 汇票回单签发请求权是指持票人向付款人提示承兑并向付款人交付汇票后，请求付款人签发收到汇票的回单的权利。

提示汇票承兑的汇票持票人，因与付款人发生签发汇票回单的引发的纠纷，即为汇票签发回单请求权纠纷。

[管辖] 票据纠纷诉讼，适用特殊地域管辖。根据《民事诉讼法》第 26 条关于票据纠纷管辖的规定："因票据纠纷提起的诉讼，由票据支付地或者被告住所地人民法院管辖。" 2000 年修正的《最高人民法院关于审理票据纠纷案件若干问题的规定》进一步强调了上述管辖规则，在第 6 条第 1 款规定，"因票据权利纠纷提起的诉讼，依法由票据支付地或者被告住所地人民法院管辖"，与《民事诉讼法》第 26 条表述保持一致。

[应注意的问题]《票据法》第 41 条第 2 款规定了付款人签发汇票回单的义务，但实践中持票人若依据该条规定行使汇票回单签发请求权，即便起诉后取得胜诉结果，也只能是人民法院判决付款人签发汇票回单，并不能确保持票人后续能顺利获得票据金额，一般仍需行使付款请求权或追索权，故在付款人不履行签发汇票回单义务的情况下，持票人更易于继续行使付款请求权或追索权，案由为票据付款请求权纠纷或票据追索权纠纷，以一次性解决纠纷。因此，司法实践中因行使汇票回单签发请求权引发的诉讼案件十分少见。

请求权基础规范指引

《中华人民共和国票据法》（2004 年修正）

第四十一条 付款人对向其提示承兑的汇票，应当自收到提示承兑的汇票之日起三日内承兑或者拒绝承兑。

付款人收到持票人提示承兑的汇票时，应当向持票人签发收到汇票的回单。回单上应当记明汇票提示承兑日期并签章。

347. 票据保证纠纷

案由适用要点

[**释义**] 票据保证，是指票据债务人以外的第三人，以担保票据债务为内容，在票据上记载相应事项并签章的票据行为。票据保证纠纷是指票据债务人作为被保证人，与保证人、票据债权人之间因票据保证引发的纠纷。

[**管辖**] 票据纠纷诉讼，适用特殊地域管辖。根据《民事诉讼法》第 26 条关于票据纠纷管辖的规定："因票据纠纷提起的诉讼，由票据支付地或者被告住所地人民法院管辖。"2000 年修正的《最高人民法院关于审理票据纠纷案件若干问题的规定》进一步强调了上述管辖规则，在第 6 条第 1 款规定，"因票据权利纠纷提起的诉讼，依法由票据支付地或者被告住所地人民法院管辖"，与《民事诉讼法》第 26 条表述保持一致。

[**应注意的问题**] 在审判实践中，需要注意区分票据保证纠纷与票据质权纠纷两种案由。

一是性质不同。票据保证是票据法规定的一种票据行为，票据保证纠纷基于票据法上的非票据关系引发，属于广义上的票据纠纷。票据质权纠纷基于民法上的担保法律关系引发，性质属于担保物权纠纷。

二是当事人不同。在票据保证纠纷中，当事人一般是票据法律关系的当事人，保证人是实施保证行为的当事人；被保证人是票据关系中的债务人，可以是出票人、背书人、承兑人；债权人通常是被保证人的后手，即被背书人、持票人。

三是管辖法院不同。票据保证纠纷应按照票据法上的非票据权利纠纷确定管辖。票据质权纠纷是因票据质权的设立、内容、实现等引发的纠纷，一般应按照产生纠纷的基础法律关系来确定管辖。例如，争议双方存在质押合同关系，则应依据质押合同纠纷确定管辖。

请求权基础规范指引

《中华人民共和国票据法》（2004年修正）

第四十五条　汇票的债务可以由保证人承担保证责任。

保证人由汇票债务人以外的他人担当。

第四十六条　保证人必须在汇票或者粘单上记载下列事项：

（一）表明“保证”的字样；

（二）保证人名称和住所；

（三）被保证人的名称；

（四）保证日期；

（五）保证人签章。

第四十七条　保证人在汇票或者粘单上未记载前条第（三）项的，已承兑的汇票，承兑人为被保证人；未承兑的汇票，出票人为被保证人。

保证人在汇票或者粘单上未记载前条第（四）项的，出票日期为保证日期。

第四十八条　保证不得附有条件；附有条件的，不影响对汇票的保证责任。

第四十九条　保证人对合法取得汇票的持票人所享有的汇票权利，承担保证责任。但是，被保证人的债务因汇票记载事项欠缺而无效的除外。

第五十条　被保证的汇票，保证人应当与被保证人对持票人承担连带责任。汇票到期后得不到付款的，持票人有权向保证人请求付款，保证人应当足额付款。

第五十一条　保证人为二人以上的，保证人之间承担连带责任。

第五十二条　保证人清偿汇票债务后，可以行使持票人对被保证人及其前手的追索权。

第八十条［汇票有关规定的推动］　本票的背书、保证、付款行为和追索权的行使，除本章规定外，适用本法第二章有关汇票的规定。

本票的出票行为，除本章规定外，适用本法第二十四条关于汇票的规定。

《最高人民法院关于审理票据纠纷案件若干问题的规定》（2020年12月23日修正）

第五十九条　国家机关、以公益为目的的事业单位、社会团体作为票据保证人的，票据保证无效，但经国务院批准为使用外国政府或者国际经济组织贷款进行转贷，国家机关提供票据保证的除外。

第六十一条　保证人未在票据或者粘单上记载“保证”字样而另行签订保证合同或者保证条款的，不属于票据保证，人民法院应当适用《中华人民共和国民法典》的有关规定。

348. 确认票据无效纠纷

案由适用要点

[**释义**] 确认票据无效纠纷，是指因票据不符合法定形式要件而被请求确认不具有《票据法》上的效力而引发的纠纷。

[**管辖**] 票据纠纷诉讼，适用特殊地域管辖。根据《民事诉讼法》第26条关于票据纠纷管辖的规定："因票据纠纷提起的诉讼，由票据支付地或者被告住所地人民法院管辖。"2000年修正的《最高人民法院关于审理票据纠纷案件若干问题的规定》进一步强调了上述管辖规则，在第6条第1款规定，"因票据权利纠纷提起的诉讼，依法由票据支付地或者被告住所地人民法院管辖"，与《民事诉讼法》第26条表述保持一致。

[**应注意的问题**] 确定该案由应当注意审查原告所提诉讼请求，只有提出了确认票据无效的诉求，才能定为确认票据无效纠纷。

请求权基础规范指引

《中华人民共和国票据法》（2004年修正）

第八条 票据金额以中文大写和数码同时记载，二者必须一致，二者不一致的，票据无效。

第九条 票据上的记载事项必须符合本法的规定。

票据金额、日期、收款人名称不得更改，更改的票据无效。

对票据上的其他记载事项，原记载人可以更改，更改时应当由原记载人签章证明。

第二十二条 汇票必须记载下列事项：

（一）表明"汇票"的字样；

（二）无条件支付的委托；

（三）确定的金额；

（四）付款人名称；

（五）收款人名称；

（六）出票日期；

（七）出票人签章。

汇票上未记载前款规定事项之一的，汇票无效。

第七十五条 本票必须记载下列事项：

（一）表明"本票"的字样；

（二）无条件支付的承诺；

（三）确定的金额；
（四）收款人名称；
（五）出票日期；
（六）出票人签章。
本票上未记载前款规定事项之一的，本票无效。
第八十四条 支票必须记载下列事项：
（一）表明“支票”的字样；
（二）无条件支付的委托；
（三）确定的金额；
（四）付款人名称；
（五）出票日期；
（六）出票人签章。
支票上未记载前款规定事项之一的，支票无效。

《最高人民法院关于审理票据纠纷案件若干问题的规定》（2020年12月23日修正）

第三十九条 依照票据法第一百零八条以及经国务院批准的《票据管理实施办法》的规定，票据当事人使用的不是中国人民银行规定的统一格式票据的，按照《票据管理实施办法》的规定认定，但在中国境外签发的票据除外。

第四十条 票据出票人在票据上的签章上不符合票据法以及下述规定的，该签章不具有票据法上的效力：

（一）商业汇票上的出票人的签章，为该法人或者该单位的财务专用章或者公章加其法定代表人、单位负责人或者其授权的代理人的签名或者盖章；

（二）银行汇票上的出票人的签章和银行承兑汇票的承兑人的签章，为该银行汇票专用章加其法定代表人或者其授权的代理人的签名或者盖章；

（三）银行本票上的出票人的签章，为该银行的本票专用章加其法定代表人或者其授权的代理人的签名或者盖章；

（四）支票上的出票人的签章，出票人为单位的，为与该单位在银行预留签章一致的财务专用章或者公章加其法定代表人或者其授权的代理人的签名或者盖章；出票人为个人的，为与该个人在银行预留签章一致的签名或者盖章。

第四十三条 因更改银行汇票的实际结算金额引起纠纷而提起诉讼，当事人请求认定汇票效力的，人民法院应当认定该银行汇票无效。

第四十四条 空白授权票据的持票人行使票据权利时未对票据必须记载事项补充完全，因付款人或者代理付款人拒绝接收该票据而提起诉讼的，人民法院不予支持。

第四十五条 票据的背书人、承兑人、保证人在票据上的签章不符合票据法以及《票据管理实施办法》规定的，或者无民事行为能力人、限制民事行为能力人在票据上签章的，其签章无效，但不影响人民法院对票据上其他签章效力的认定。

349. 票据代理纠纷

案由适用要点

[释义] 票据代理纠纷是指票据当事人作为被代理人，与其代理人、第三人之间因为票据代理行为而引发的纠纷。

[管辖] 因为票据代理纠纷是票据当事人、代理人或第三人之间，基于票据代理行为发生的，性质上不属于票据法上的票据权利纠纷，与票据支付地无直接关联，所以不宜以票据支付地为管辖连接点确定管辖，可依据原告就被告的一般地域管辖原则确定管辖，此类纠纷案件由被告住所地法院管辖。

[应注意的问题] 直接基于票据代理行为发生的纠纷才能定为票据代理纠纷，否则不能适用这一案由。

请求权基础规范指引

《中华人民共和国票据法》（2004 年修正）

第五条 票据当事人可以委托其代理人在票据上签章，并应当在票据上表明其代理关系。

没有代理权而以代理人名义在票据上签章的，应当由签章人承担票据责任；代理人超越代理权限的，应当就其超越权限的部分承担票据责任。

350. 票据回购纠纷

案由适用要点

[释义] 票据回购，也称票据转贴现，指银行持未到期的、已贴现的商业汇票向其他银行等进行转贴现以融通资金的票据行为。票据回购纠纷，即因银行票据回购行为引发的纠纷。

[管辖] 票据纠纷诉讼，适用特殊地域管辖。根据《民事诉讼法》第 26 条关于票据纠纷管辖的规定：“因票据纠纷提起的诉讼，由票据支付地或者被

告住所地人民法院管辖。”2000年修正的《最高人民法院关于审理票据纠纷案件若干问题的规定》进一步强调了上述管辖规则，在第6条第1款规定，“因票据权利纠纷提起的诉讼，依法由票据支付地或者被告住所地人民法院管辖”，与《民事诉讼法》第26条表述保持一致。

[应注意的问题] 实践中，同时存在贴现、转贴现、再贴现等易混淆的票据行为。

贴现是指收款人（持票人）将未到期的票据背书后转让给受让人（贴现行），受让人按票面金额扣去自贴现日至到期日的利息，将剩余金额支付给持票人。若贴现到期后，受让人未获付款，可向其前手追索，时常发生在企业、个人与银行之间，故因票据贴现引发的纠纷，较多适用案由票据追索权纠纷。

转贴现是指办理贴现的银行将其贴进的未到期票据，再向其他银行或贴现机构进行贴现的票据转让行为。转贴现一般发生在银行与银行之间，因票据转贴现引发的纠纷，应适用本案由。

再贴现是指中央银行通过买进商业银行持有的、已贴现未到期的票据，向商业银行提供融资支持的行为，转贴现一般发生在银行与银行之间，司法实践中尚未发现此类纠纷起诉到法院。

请求权基础规范指引

《中华人民共和国民事诉讼法》（2023年修正）

第二十六条 因票据纠纷提起的诉讼，由票据支付地或者被告住所地人民法院管辖。

《中国人民银行关于印发〈支付结算办法〉的通知》（1997年9月19日）

第九十三条 符合条件的商业汇票的持票人可持未到期的商业汇票连同贴现凭证向银行申请贴现。贴现银行可持未到期的商业汇票向其他银行转贴现，也可向中国人民银行申请再贴现。贴现、转贴现、再贴现时，应作成转让背书，并提供贴现申请人与其直接前手之间的增值税发票和商品发运单据复印件。

《中国农业银行商业汇票回购业务管理办法（试行）》（2002年7月19日）

第二条 本办法所称商业汇票回购（以下简称票据回购）系指票据回购行将未到期的已贴现或转贴现的商业汇票（以下简称票据）以回购方式向总行进行融资的行为。

商业汇票包括银行承兑汇票和商业承兑汇票。

办理票据回购，票据不作背书，票据权利人仍为贴现或转贴现银行。

第三条 票据回购行（以下简称回购行）系指适用于本办法以回购方式向总行申请回购资金的分行和直属分行。总行对办理银行承兑汇票和商业承兑汇票的票据回购行进行授权管理。

《最高人民法院关于审理票据纠纷案件若干问题的规定》（2020 年 12 月 23 日修正）

第六条 因票据纠纷提起的诉讼，依法由票据支付地或者被告住所地人民法院管辖。

票据支付地是指票据上载明的付款地，票据上未载明付款地的，汇票付款人或者代理付款人的营业场所、住所或者经常居住地，本票出票人的营业场所，支票付款人或者代理付款人的营业场所所在地为票据付款地。代理付款人即付款人的委托代理人，是指根据付款人的委托代为支付票据金额的银行、信用合作社等金融机构。

二十九、信用证纠纷

351. 委托开立信用证纠纷

案由适用要点

［释义］ 委托开立信用证是指委托人与受托人之间因委托开立信用证而产生的纠纷。

［管辖］《民事诉讼法》第 24 条规定了关于合同纠纷案件管辖的一般规定，因合同纠纷提起的诉讼，由被告住所地或者合同履行地的人民法院管辖。同时，该类案件属于当事人可以协议选择管辖法院的案件，因此当事人可以依据《民事诉讼法》第 35 条规定的相关管辖连接点，就被告住所地、合同履行地、合同签订地、原告住所地等与争议由实际联系的地点书面协议选择有管辖权的法院管辖。如果是涉外案件，根据《民事诉讼法》第 276 条，因合同纠纷或者其他财产权益纠纷，对在中华人民共和国领域内没有住所的被告提起的诉讼，如果合同在中华人民共和国领域内签订或者履行，或者诉讼标的物在中华人民共和国领域内，或者被告在中华人民共和国领域内有可供扣押的财产，或者被告在中华人民共和国领域内设有代表机构，可以由合同签订地、合同履行地、诉讼标的物所在地、可供扣押财产所在地、侵权行为地或者代表机构住所地人民法院管辖。

［应注意的问题］ 实践中，委托人委托受托人以受托人的名义向开证行申请开立信用证的情况主要是由于委托人没有外贸代理权限或资信不足。对于进口货物，国家通常根据类别不同，给予不同的政策规定，比如许可证制度、配额管理制度、特定商品进口登记制度、进口付汇备案制度等，信用证项下的进口也不例外，需要根据进口货物情况，按照国家相关政策，办理所需各

项进口报批手续，获得相应的批准文件。如果企业没有外贸代理权限，不符合政策规定，就会委托有资质的企业对外开立信用证，从而产生委托开立信用证的法律关系。严格讲，该法律关系性质上并非信用证法律关系，而是委托代理法律关系，但由于该类纠纷与信用证纠纷密不可分，因此将其作为第三级案由列入信用证纠纷的第二级案由下。

请求权基础规范指引

《最高人民法院关于审理信用证纠纷案件若干问题的规定》（2020 年 12 月 23 日修正）

第三条　开证申请人与开证行之间因申请开立信用证而产生的欠款纠纷、委托人和受托人之间因委托开立信用证产生的纠纷、担保人为申请开立信用证或者委托开立信用证提供担保而产生的纠纷以及信用证项下融资产生的纠纷，适用本规定。

第四条　因申请开立信用证而产生的欠款纠纷、委托开立信用证纠纷和因此产生的担保纠纷以及信用证项下融资产生的纠纷应当适用中华人民共和国相关法律。涉外合同当事人对法律适用另有约定的除外。

352. 信用证开证纠纷

案由适用要点

［**释义**］信用证开证纠纷是指开证申请人与开证行之间因申请、受理、开立信用证而产生的纠纷。

［**管辖**］《民事诉讼法》第 24 条规定了合同纠纷案件管辖的一般规定，因合同纠纷提起的诉讼，由被告住所地或者合同履行地的人民法院管辖。同时，该类案件属于当事人可以协议选择管辖法院的案件，因此当事人可以依据《民事诉讼法》第 35 条规定的相关管辖连接点，就被告住所地、合同履行地、合同签订地、原告住所地等与争议由实际联系的地点书面协议选择有管辖权的法院管辖。如果是涉外案件，根据《民事诉讼法》第 276 条，因合同纠纷或者其他财产权益纠纷，对在中华人民共和国领域内没有住所的被告提起的诉讼，如果合同在中华人民共和国领域内签订或者履行，或者诉讼标的物在中华人民共和国领域内，或者被告在中华人民共和国领域内有可供扣押的财产，或者被告在中华人民共和国领域内设有代表机构，可以由合同签订地、合同履行地、诉讼标的物所在地、可供扣押财产所在地、侵权行为地或者代表机构住所地人民法院管辖。此外，对于信用证欠款纠纷，如果有担保人为开证申请人申请开立信用证提供了担保，开证申请人与担保人同时被起

诉的，应根据《最高人民法院关于〈中华人民共和国民法典〉有关担保制度的解释》第 21 条第 2 款“债权人一并起诉债务人和担保人的，应当根据主合同确定管辖法院”的规定确定管辖法院。

[应注意的问题] 开证申请人与开证行之间的开立合同关系性质为委托关系。进口商申请开证是贸易活动启动的第一步，由进口商作为申请人向开证银行申请，银行接受申请之后再向受益人开出信用证，在受益人提交单据后依据信用证审核单据。开证行在以自己的名义作出付款承诺之前，通常需要申请人先对开证行作出付款保证。这类保证包括开证保证金、抵押或质押担保、信用担保等。保证金和担保的数量，需要根据信用证金额的大小、申请人的资信等因素，由开证行与申请人商定，然后由申请人负责具体落实。开证保证一般包括保证金及授信两大类。如果开证申请人在申请开证时自己无法提交足额的保证金，银行还会同意其他担保人以自己的财产为开证申请人担保或提供保证。开证行在受益人提交相符交单向受益人付款后，就取得了对开证申请人的追偿权。如果开证申请人不能及时还款，银行可能会以开证申请人及担保人为被告提起诉讼，对这类开证行向申请人及担保人追偿的纠纷，虽然其法律关系也是由开证引起，但将其认定为信用证欠款纠纷更为准确。信用证欠款纠纷的争议焦点主要涉及开证行是否尽到审查义务、相符交单的认定、担保合同的效力等问题。

请求权基础规范指引

《跟单信用证统一惯例》（UCP600）（2007 年）

第一条 UCP 的适用范围

《跟单信用证统一惯例——2007 年修订本，国际商会第 600 号出版物》（简称“UCP”）乃一套规则，适用于所有的其文本中明确表明受本惯例约束的跟单信用证（下称信用证）（在其可适用的范围内，包括备用信用证）。除非信用证明确修改或排除，本惯例各条文对信用证所有当事人均具有约束力。

第四条 信用证与合同

a. 就其性质而言，信用证与可能作为其开立基础的销售合同或其他合同是相互独立的交易，即使信用证中含有对此类合同的任何援引，银行也与该合同无关，且不受其约束。因此，银行关于承付、议付或履行信用证项下其他义务的承诺，不受申请人基于与开证行或与受益人之间的关系而产生的任何请求或抗辩的影响。

受益人在任何情况下不得利用银行之间或申请人与开证行之间的合同关系。

b. 开证行应劝阻申请人试图将基础合同、形式发票等文件作为信用证组成部分的做法。

《最高人民法院关于审理信用证纠纷案件若干问题的规定》（2020年12月23日修正）

第三条　开证申请人与开证行之间因申请开立信用证而产生的欠款纠纷、委托人和受托人之间因委托开立信用证产生的纠纷、担保人为申请开立信用证或者委托开立信用证提供担保而产生的纠纷以及信用证项下融资产生的纠纷，适用本规定。

第四条　因申请开立信用证而产生的欠款纠纷、委托开立信用证纠纷和因此产生的担保纠纷以及信用证项下融资产生的纠纷应当适用中华人民共和国相关法律。涉外合同当事人对法律适用另有约定的除外。

第五条　开证行在作出付款、承兑或者履行信用证项下其他义务的承诺后，只要单据与信用证条款、单据与单据之间在表面上相符，开证行应当履行在信用证规定的期限内付款的义务。当事人以开证申请人与受益人之间的基础交易提出抗辩的，人民法院不予支持。具有本规定第八条的情形除外。

第七条　开证行有独立审查单据的权利和义务，有权自行作出单据与信用证条款、单据与单据之间是否在表面上相符的决定，并自行决定接受或者拒绝接受单据与信用证条款、单据与单据之间的不符点。

开证行发现信用证项下存在不符点后，可以自行决定是否联系开证申请人接受不符点。开证申请人决定是否接受不符点，并不影响开证行最终决定是否接受不符点。开证行和开证申请人另有约定的除外。

开证行向受益人明确表示接受不符点的，应当承担付款责任。

开证行拒绝接受不符点时，受益人以开证申请人已接受不符点为由要求开证行承担信用证项下付款责任的，人民法院不予支持。

第八条　凡有下列情形之一的，应当认定存在信用证欺诈：

（一）受益人伪造单据或者提交记载内容虚假的单据；

（二）受益人恶意不交付货物或者交付的货物无价值；

（三）受益人和开证申请人或者其他第三方串通提交假单据，而没有真实的基础交易；

（四）其他进行信用证欺诈的情形。

第九条　开证申请人、开证行或者其他利害关系人发现有本规定第八条的情形，并认为将会给其造成难以弥补的损害时，可以向有管辖权的人民法院申请中止支付信用证项下的款项。

353. 信用证议付纠纷

案由适用要点

[**释义**] 信用证议付纠纷是指受益人与开证行或议付行之间，或开证行与开证行的指定人或授权人之间因议付信用证而产生的纠纷。

[**管辖**]《民事诉讼法》第24条规定了合同纠纷案件管辖的一般规定，因合同纠纷提起的诉讼，由被告住所地或者合同履行地的人民法院管辖。同时，该类案件属于当事人可以协议选择管辖法院的案件，因此当事人可以依据《民事诉讼法》第35条规定的相关管辖连接点，就被告住所地、合同履行地、合同签订地、原告住所地等与争议由实际联系的地点书面协议选择有管辖权的法院管辖。如果是涉外案件，根据《民事诉讼法》第276条因合同纠纷或者其他财产权益纠纷，对在中华人民共和国领域内没有住所的被告提起的诉讼，如果合同在中华人民共和国领域内签订或者履行，或者诉讼标的物在中华人民共和国领域内，或者被告在中华人民共和国领域内有可供扣押的财产，或者被告在中华人民共和国领域内设有代表机构，可以由合同签订地、合同履行地、诉讼标的物所在地、可供扣押财产所在地、侵权行为地或者代表机构住所地人民法院管辖。

[**应注意的问题**] 通常，受益人可以直接向开证行交单，当开证行在信用证中指定了其他的银行作付款、议付或承兑时，受益人可以选择向被指定的银行交单。当信用证规定可由任何银行兑用时，任何银行都是被指定银行，受益人可以选择自己最为方便的银行交单。这里的议付，指的是指定银行在相符单证下，在其应获偿付的银行工作日当天或之前向受益人预付或同意预付款项，从而购买汇票或单据的行为。如果是国内信用证，议付行必须是开证行所指定的即指定议付，不是开证行指定则不构成议付行。由于单据是决定开证行能否付款的唯一依据，该类纠纷争议焦点通常围绕受益人的交单是否构成相符交单展开。银行必须合理审慎地审核信用证规定的所有单据，以确定其是否表面与信用证条款相符。实际上，议付行的审单标准就是“单单相符，单证相符”，同样，议付行将单据交给开证行要求偿付时，开证行也将适用“单单相符，单证相符”的标准进行审查，如有不符，有权拒付。另外还应注意，在议付行法律地位的认定上，也往往引起纠纷，因为银行购买汇票行为，偿付货款的行为不一定就能取得议付行地位，还需要根据具体情况判断。司法实践中，对于信用证议付纠纷，开证行或被指定的银行也可能会以受益人的索赔构成欺诈，付款应当被终止支付为由抗辩，此时虽然欺诈也是案件的争议焦点，受理案件的法院仍应根据原告即受益人的诉讼请求

确定案由为信用证议付纠纷。

请求权基础规范指引

《跟单信用证统一惯例》(UCP600)(2007年)

第二条 定义

就本惯例而言:

通知行 指应开证行的要求通知信用证的银行。

申请人 指要求开立信用证的一方。

银行工作日 指银行在其履行受本惯例约束的行为的地点通常开业的一天。

受益人 指接受信用证并享受其利益的一方。

相符交单 指与信用证条款、本惯例的相关适用条款以及国际标准银行实务一致的交单。

保兑 指保兑行在开证行承诺之外做出的承付或议付相符交单的确定承诺。

保兑行 指根据开证行的授权或要求对信用证加具保兑的银行。

信用证 指一项不可撤销的安排,无论其名称或描述如何,该项安排构成开证行对相符交单予以承付的确定承诺。

承付指:

a. 如果信用证为即期付款信用证,则即期付款。

b. 如果信用证为延期付款信用证,则承诺延期付款并在承诺到期日付款。

c. 如果信用证为承兑信用证,则承兑受益人开出的汇票并在汇票到期日付款。

开证行 指应申请人要求或者代表自己开出信用证的银行。

议付 指指定银行在相符交单下,在其应获偿付的银行工作日当天或之前向受益人预付或者同意预付款项,从而购买汇票(其付款人为指定银行以外的其他银行)及/或单据的行为。

指定银行 指信用证可在其处兑用的银行,如信用证可在任一银行兑用,则任何银行均为指定银行。

交单 指向开证行或指定银行提交信用证项下单据的行为,或指按此方式提交的单据。

交单人 指实施交单行为的受益人、银行或其他人。

第十二条 指定

a. 除非指定银行为保兑行,对于承付或议付的授权并不赋予指定银行承付或议付的义务,除非该指定银行明确表示同意并且告知受益人。

b. 开证行指定一银行承兑汇票或做出延期付款承诺,即为授权该指定银行预付或购买其已承兑的汇票或已做出的延期付款承诺。

c. 非保兑行的指定银行收到或审核并转递单据的行为并不使其承担承付

或议付的责任，也不构成其承付或议付的行为。

第十四条　单据审核标准

a. 按指定行事的指定银行、保兑行（如果有的话）及开证行须审核交单，并仅基于单据本身确定其是否在表面上构成相符交单。

b. 按指定行事的指定银行、保兑行（如有的话）及开证行各有从交单次日起至多五个银行工作日用以确定交单是否相符。这一期限不因在交单日当天或之后信用证截止日或最迟交单日届至而受到缩减或影响。

c. 如果单据中包含一份或多份受第十九、二十、二十一、二十二、二十三、二十四或二十五条规制的正本运输单据，则须由受益人或其代表在不迟于本惯例所指的发运日之后的二十一个日历日内交单，但是在任何情况下都不得迟于信用证的截止日。

d. 单据中的数据，在与信用证、单据本身以及国际标准银行实务参照解读时，无须与该单据本身中的数据、其他要求的单据或信用证中的数据等同一致、但不得矛盾。

e. 除商业发票外，其他单据中的货物、服务或履约行为的描述，如果有的话，可使用与信用证中的描述不矛盾的概括性用语。

f. 如果信用证要求提交运输单据、保险单据或者商业发票之外的单据，却未规定出单人或其数据内容，则只要提交的单据内容看似满足所要求单据的功能，且其他方面符合第十四条 d 款，银行将接受该单据。

g. 提交的非信用证所要求的单据将被不予理会，并可被退还给交单人。

h. 如果信用证含有一项条件，但未规定用以表明该条件得到满足的单据，银行将视为未作规定并不予理会。

i. 单据日期可以早于信用证的开立日期，但不得晚于交单日期。

j. 当受益人和申请人的地址出现在任何规定的单据中时，无须与信用证或其他规定单据中所载相同，但必须与信用证中规定的相应地址同在一国。联络细节（传真、电话、电子邮件及类似细节）作为受益人和申请人地址的一部分时将被不予理会。然而，如果申请人的地址和联络细节为第十九、二十、二十一、二十二、二十三、二十四或二十五条规定的运输单据上的收货人或通知方细节的一部分时，应与信用证规定的相同。

k. 在任何单据中注明的托运人或发货人无须为信用证的受益人。

l. 运输单据可以由任何人出具，无须为承运人、船东、船长或租船人，只要其符合第十九、二十、二十一、二十二、二十三或二十四条的要求。

第十五条　相符交单

a. 当开证行确定交单相符时，必须承付。

b. 当保兑行确定交单相符时，必须承付或者议付并将单据转递给开证行。

c. 当指定银行确定交单相符并承付或议付时，必须将单据转递给保兑行或开证行。

《最高人民法院关于审理信用证纠纷案件若干问题的规定》（2020 年 12 月 23 日修正）

第十条 人民法院认定存在信用证欺诈的，应当裁定中止支付或者判决终止支付信用证项下款项，但有下列情形之一的除外：

（一）开证行的指定人、授权人已按照开证行的指令善意地进行了付款；

（二）开证行或者其指定人、授权人已对信用证项下票据善意地作出了承兑；

（三）保兑行善意地履行了付款义务；

（四）议付行善意地进行了议付。

第十四条 人民法院在审理信用证欺诈案件过程中，必要时可以将信用证纠纷与基础交易纠纷一并审理。

当事人以基础交易欺诈为由起诉的，可以将与案件有关的开证行、议付行或者其他信用证法律关系的利害关系人列为第三人；第三人可以申请参加诉讼，人民法院也可以通知第三人参加诉讼。

354. 信用证欺诈纠纷

案由适用要点

［**释义**］信用证欺诈纠纷是指开证申请人、开证行等认为信用证项下的交单及索兑存在欺诈行为，请求法院终止信用证项下款项的纠纷，性质为侵权纠纷。

［**管辖**］作为信用证履行过程中发生的侵权行为，信用证欺诈纠纷应按侵权纠纷确定管辖法院。《民事诉讼法》第 29 条规定，因侵权行为提起的诉讼，由侵权行为地或者被告住所地人民法院管辖。同时，该类案件属于当事人可以协议选择管辖法院的案件，因此当事人可以依据《民事诉讼法》第 34 条规定的相关管辖连接点，就被告住所地、合同履行地、合同签订地、原告住所地等与争议由实际联系的地点书面协议选择有管辖权的法院管辖。如果是涉外案件，根据《民事诉讼法》第 276 条，因合同纠纷或者其他财产权益纠纷，对在中华人民共和国领域内没有住所的被告提起的诉讼，如果合同在中华人民共和国领域内签订或者履行，或者诉讼标的物在中华人民共和国领域内，或者被告在中华人民共和国领域内有可供扣押的财产，或者被告在中华人民共和国领域内设有代表机构，可以由合同签订地、合同履行地、诉讼标的物所在地、可供扣押财产所在地、侵权行为地或者代表机构住所地人民

法院管辖。

根据《最高人民法院关于审理信用证纠纷案件若干问题的规定》第 11 条，信用证临时止付保全申请的受理法院是对该信用证纠纷案件享有管辖权的法院。根据《最高人民法院关于审理信用证纠纷案件若干问题的规定》第 13 条，当事人对人民法院就止付申请作出的裁定有异议的，可以向作出裁定的上一级人民法院申请复议。人民法院在审理信用证欺诈案件过程中，必要时还可以将信用证纠纷与基础交易纠纷一并审理。

[应注意的问题] 从我国的相关司法解释和司法实践看，对信用证欺诈通常作狭义上的解读，仅指受益人（即卖方）提交单据方面的欺诈，即卖方故意提供全部或部分虚假单证骗取货款的行为，也包括基础交易中的欺诈。由于信用证的独立性和单据性的特点，导致信用证可能轻易地被用来作为骗取开证行款项的手段。例如，通过伪造信用证项下的单据，达到单单相符、单证相符的要求，从而使开证行支付信用证项下款项或成为付款责任人。开证申请人虽不是信用证合同的当事人，但受益人在信用证项下若存在欺诈行为，可能会侵害开证申请人在信用证申请关系、议付行在议付关系项下的权利，构成侵害债权的情形，故将信用证欺诈纠纷定性为侵权纠纷，开证行、开证申请人等利害关系人可以请求法院终止支付信用证项下的款项。对于受益人的欺诈行为，利害关系人在起诉前或申请仲裁前通常会向法院申请止付令，请求法院裁定中止信用证付款义务的履行，该程序的性质为行为保全，止付裁定项内容为中止支付信用证项下的款项。

对于信用证欺诈问题，《跟单信用证统一惯例》并未作出规定，留待各国和地区国内法解决。具体而言，就是在存在信用证欺诈的情形下，可以突破《跟单信用证统一惯例》确定的信用证独立性原则。《最高人民法院关于审理信用证纠纷案件若干问题的规定》第 8 条对具体的信用证欺诈情形进行了规定。

请求权基础规范指引

《最高人民法院关于审理信用证纠纷案件若干问题的规定》（2020 年 12 月 23 日修正）

第八条 凡有下列情形之一的，应当认定存在信用证欺诈：

（一）受益人伪造单据或者提交记载内容虚假的单据；

（二）受益人恶意不交付货物或者交付的货物无价值；

（三）受益人和开证申请人或者其他第三方串通提交假单据，而没有真实的基础交易；

（四）其他进行信用证欺诈的情形。

第九条 开证申请人、开证行或者其他利害关系人发现有本规定第八条的情形，并认为将会给其造成难以弥补的损害时，可以向有管辖权的人民法院申请中止支付信用证项下的款项。

第十条 人民法院认定存在信用证欺诈的，应当裁定中止支付或者判决终止支付信用证项下款项，但有下列情形之一的除外：

（一）开证行的指定人、授权人已按照开证行的指令善意地进行了付款；

（二）开证行或者其指定人、授权人已对信用证项下票据善意地作出了承兑；

（三）保兑行善意地履行了付款义务；

（四）议付行善意地进行了议付。

第十四条 人民法院在审理信用证欺诈案件过程中，必要时可以将信用证纠纷与基础交易纠纷一并审理。

当事人以基础交易欺诈为由起诉的，可以将与案件有关的开证行、议付行或者其他信用证法律关系的利害关系人列为第三人；第三人可以申请参加诉讼，人民法院也可以通知第三人参加诉讼。

第十五条 人民法院通过实体审理，认定构成信用证欺诈并且不存在本规定第十条的情形的，应当判决终止支付信用证项下的款项。

355. 信用证融资纠纷

案由适用要点

[释义] 信用证融资纠纷是指在信用证交易中因银行与进口商或与出口商以及担保人之间因特殊的融资安排而产生的纠纷。

[管辖] 根据《民事诉讼法》来确定管辖。《民事诉讼法》第24条规定了关于合同纠纷案件管辖的一般规定，因合同纠纷提起的诉讼，由被告住所地或者合同履行地的人民法院管辖。同时，该类案件属于当事人可以协议选择管辖法院的案件，因此当事人可以依据《民事诉讼法》第35条规定的相关管辖连接点，就被告住所地、合同履行地、合同签订地、原告住所地等与争议由实际联系的地点书面协议选择有管辖权的法院管辖。如果是涉外案件，根据《民事诉讼法》第276条，因合同纠纷或者其他财产权益纠纷，对在中华人民共和国领域内没有住所的被告提起的诉讼，如果合同在中华人民共和国领域内签订或者履行，或者诉讼标的物在中华人民共和国领域内，或者被告在中华人民共和国领域内有可供扣押的财产，或者被告在中华人民共和国领域内设有代表机构，可以由合同签订地、合同履行地、诉讼标的物所在地、可供扣押财产所在地、侵权行为地或者代表机构住所地人民法院管辖。此外，对于信用证融资纠纷，如果有担保人为进口商或出口商与银行间的融

资合同提供了担保，进口商或出口商与担保人同时被起诉的，应根据《最高人民法院关于〈中华人民共和国民法典〉有关担保制度的解释》第21条“债权人一并起诉债务人和担保人的，应当根据主合同确定管辖法院”的规定确定管辖法院。

[应注意的问题] 信用证的基本功能是国际贸易结算，随着国际贸易的发展，基于对银行信用的信赖，信用证被赋予了融资功能，特别是在银根收紧的压力下，信用证融资功能就显得更加重要。进口商和出口商都可以通过信用证融资。银行在信用证项下对出口商的融资体现为：在开证行或保兑行的终局性付款之前，即向受益人先行垫付货款，包括出口商借钱备货、出口押汇（交单就收货款）、出口贴现（承兑就收货款）、福费廷业务等情形。银行在信用证下对进口商的融资体现在付汇环节。在付汇阶段，由开证行提供各种融资，先行支付货款，在融资到期后，由申请人偿还开证行，包括进口押汇、进口代付、提货担保等情形。由于信用证的融资成本明显较低，实际利率低于普通贷款利率，融资期限可达180天。如果企业在开立信用证之后可以拿到提货单，在向银行偿付信用证下的款项之前，利用时间差，将原材料进行生产后再次卖出，拿到货款后偿付银行欠款，甚至有些企业在拿到原材料后直接卖出，达到套现的目的。这一过程实际是银行对企业的“融资”，如果企业不能及时偿还，或者在上述环节产生其他纠纷，即可以确定为信用证融资纠纷。当然，随着银行业务的发展，在信用证交易下产生的其他类型的融资纠纷，也可以确定为信用证融资纠纷。通常，信用证融资纠纷还会伴随担保合同纠纷，两个纠纷应一并审理，可根据信用证融资纠纷来确定管辖法院。

请求权基础规范指引

《最高人民法院关于审理信用证纠纷案件若干问题的规定》（2020年12月23日修正）

第三条 开证申请人与开证行之间因申请开立信用证而产生的欠款纠纷、委托人和受托人之间因委托开立信用证产生的纠纷、担保人为申请开立信用证或者委托开立信用证提供担保而产生的纠纷以及信用证项下融资产生的纠纷，适用本规定。

第四条 因申请开立信用证而产生的欠款纠纷、委托开立信用证纠纷和因此产生的担保纠纷以及信用证项下融资产生的纠纷应当适用中华人民共和国相关法律。涉外合同当事人对法律适用另有约定的除外。

356. 信用证转让纠纷

案由适用要点

[释义] 信用证转让纠纷是信用证转让过程中发生的纠纷。

[管辖] 根据《民事诉讼法》来确定管辖。《民事诉讼法》第24条规定了关于合同纠纷案件管辖的一般规定，因合同纠纷提起的诉讼，由被告住所地或者合同履行地的人民法院管辖。同时，该类案件属于当事人可以协议选择管辖法院的案件，因此当事人可以依据《民事诉讼法》第35条规定的相关管辖连接点，就被告住所地、合同履行地、合同签订地、原告住所地等与争议由实际联系的地点书面协议选择有管辖权的法院管辖。如果是涉外案件，根据《民事诉讼法》第276条，因合同纠纷或者其他财产权益纠纷，对在中华人民共和国领域内没有住所的被告提起的诉讼，如果合同在中华人民共和国领域内签订或者履行，或者诉讼标的物在中华人民共和国领域内，或者被告在中华人民共和国领域内有可供扣押的财产，或者被告在中华人民共和国领域内设有代表机构，可以由合同签订地、合同履行地、诉讼标的物所在地、可供扣押财产所在地、侵权行为地或者代表机构住所地人民法院管辖。

[应注意的问题] 信用证根据是否可以转让分为可转让信用证和不可转让信用证。由于信用证的转让可能对开证申请人带来不利，因此在信用证上没有特别注明"可转让（transferable）"字样的情况下，该信用证就是不可转让的信用证。也就是说，只有信用证上注明"可转让"字样的情况下，才可以认定该信用证为可转让信用证。信用证的受益人可以根据信用证本身指示将信用证转让给另一个受益人，也可以根据有关法律将信用证项下的索款权利让渡给任何人，二者是有明确区别的。在信用证转让情形下，可转让信用证可应受益人（第一受益人）的要求转为全部或部分由另一受益人（第二受益人）兑用，涉及受益人身份的转让，第二受益人要提交相符单据才能取得款项。转让一个信用证的效果接近于开立一个新的信用证给第二个受益人。

信用证转让与信用证款项让渡不同，在信用证款项让渡情形下，根据《跟单信用证统一惯例》第39条的规定，信用证未注明可转让，并不影响受益人根据所适用的法律规定，将其在该信用证项下有权获得的款项让渡与他人的权利。该条款所涉及的仅是款项的让渡，而不是信用证项下执行权力的让渡。可见，信用证项下的款项可以让渡，但是除非信用证是可转让的，否则信用证项下的履行权利是不可以让渡给第三者的。而无论信用证是不是可转让的，信用证项下的索款权的让渡并无限制。

请求权基础规范指引

《跟单信用证统一惯例》（UCP600）（2007 年）

第三十八条 可转让信用证

a. 银行无办理信用证转让的义务，除非其明确同意。

b. 就本条而言：

可转让信用证系指特别注明“可转让（transferable）”字样的信用证。可转让信用证可应受益人（第一受益人）的要求转为全部或部分由另一受益人（第二受益人）兑用。

转让行系指办理信用证转让的指定银行，或当信用证规定可在任何银行兑用时，指开证行特别如此授权并实际办理转让的银行。开证行也可担任转让行。

已转让信用证指已由转让行转为可由第二受益人兑用的信用证。

c. 除非转让时另有约定，有关转让的所有费用（诸如佣金、手续费，成本或开支）须由第一受益人支付。

d. 只要信用证允许部分支款或部分发运，信用证可以分部分地转让给数名第二受益人。

已转让信用证不得应第二受益人的要求转让给任何其后受益人。第一受益人不视为其后受益人。

e. 任何转让要求须说明是否允许及在何条件下允许将修改通知第二受益人。已转让信用证须明确说明该项条件。

f. 如果信用证转让给数名第二受益人，其中一名或多名第二受益人对信用证修改的拒绝并不影响其他第二受益人接受修改。对接受者而言该已转让信用证即被相应修改，而对拒绝改的第二受益人而言，该信用证未被修改。

g. 已转让信用证须准确转载原证条款，包括保兑（如果有的话），但下列项目除外：

——信用证金额，

——规定的任何单价，

——截止日，

——交单期限，或

——最迟发运日或发运期间。

以上任何一项或全部均可减少或缩短。

必须投保的保险比例可以增加，以达到原信用证或本惯例规定的保险金额。

可用第一受益人的名称替换原证中的开证申请人名称。

如果原证特别要求开证申请人名称应在除发票以外的任何单据出现

时，已转让信用证必须反映该项要求。

h. 第一受益人有权以自己的发票和汇票（如有的话）替换第二受益人的发票的汇票，其金额不得超过原信用证的金额。经过替换后，第一受益人可在原信用证项下支取自己发票与第二受益人发票间的差价（如有的话）。

i. 如果第一受益人应提交其自己的发票和汇票（如有的话），但未能在第一次要求的照办，或第一受益人提交的发票导致了第二受益人的交单中本不存在的不符点，而其未能在第一次要求时修正，转让行有权将从第二受益人处收到的单据照交开证行，并不再对第一受益人承担责任。

j. 在要求转让时，第一受益人可以要求在信用证转让后的兑用地点，在原信用证的截止日之前（包括截止日），对第二受益人承付或议付。本规定并不得损害第一受益人在第三十八条 h 款下的权利。

k. 第二受益人或代表第二受益人的交单必须交给转让行。

三十、独立保函纠纷

357. 独立保函开立纠纷

案由适用要点

［释义］ 独立保函开立纠纷是指独立保函申请人与开立人之间因申请、受理并开立独立保函而产生的纠纷。

［管辖］ 由于《最高人民法院关于审理独立保函纠纷案件若干问题的规定》仅对受益人和开立人之间的合同纠纷及欺诈纠纷案的管辖作出了规定，则独立保函开立纠纷应根据《民事诉讼法》来确定管辖。《民事诉讼法》第 24 条规定了合同纠纷案件管辖的一般规定，因合同纠纷提起的诉讼，由被告住所地或者合同履行地的人民法院管辖。同时，该类案件属于当事人可以协议选择管辖法院的案件，因此当事人可以依据《民事诉讼法》第 35 条规定的相关管辖连接点，就被告住所地、合同履行地、合同签订地、原告住所地等与争议由实际联系的地点书面协议选择有管辖权的法院管辖。如果是涉外案件，根据《民事诉讼法》第 276 条，因合同纠纷或者其他财产权益纠纷，对在中华人民共和国领域内没有住所的被告提起的诉讼，如果合同在中华人民共和国领域内签订或者履行，或者诉讼标的物在中华人民共和国领域内，或者被告在中华人民共和国领域内有可供扣押的财产，或者被告在中华人民共和国领域内设有代表机构，可以由合同签订地、合同履行地、诉讼标的物所在地、可供扣押财产所在地、侵权行为地或者代表机构住所地人民法

院管辖。

[**应注意的问题**] 独立保函申请人与开立人之间是委托合同关系，开立人接受申请并根据申请人的具体要求对外开立独立保函，担保受益人在请求付款，并提交符合保函要求的单据时付款。直开保函情形下，申请人通常是基础交易项下承担责任的一方或其关联公司。在转开保函情形下，指示人与保函开立人之间也是申请开立关系，指示人的地位相当于保函申请人，指示人通常是银行等金融机构。

请求权基础规范指引

《国际商会见索即付保函统一规则》（URDG758）（2010 年）

第 11 条 修改

a. 当收到保函修改的指示后，担保人不论因何原因，不准备或无法作出该修改时，应毫不延迟地通知向其发出指示的一方。

b. 保函修改未经受益人同意，对受益人不具有约束力。但是，除非受益人拒绝该修改，担保人自修改书出具之时起即不可撤销地受其约束。

c. 根据保函条款作出的修改外，在受益人表示接受该修改或者作出仅符合修改后保函的交单之前，受益人可以在任何时候拒绝保函修改。

d. 通知方应将受益人接受或拒绝保函修改书的通知毫不延迟地通知给向其发送修改书的一方。

e. 对同一修改书的内容不允许部分接受，部分接受将视为拒绝该修改的通知。

f. 修改书中约定“除非在指定时间内拒绝否则该修改将生效”的条款应不予置理。

第 34 条 适用法律

a. 除非保函另有约定，保函的适用法律应为担保人开立保函的分支机构或营业场所所在地的法律。

b. 除非反担保函另有约定，反担保函的适用法律应为反担保人开立反担保函的分支机构或营业场所所在地的法律。

第 35 条 司法管辖

a. 除非保函另有约定，担保人与受益人之间有关保函的任何争议应由担保人开立保函的分支机构或营业场所所在地有管辖权的法院专属管辖。

b. 除非反担保函另有约定，反担保人与担保人之间有关反担保函的任何争议应由反担保人开立反担保函的分支机构或营业场所所在地有管辖权的法院专属管辖。

《最高人民法院关于审理独立保函纠纷案件若干问题的规定》（2020年12月23日修正）

第一条　本规定所称的独立保函，是指银行或非银行金融机构作为开立人，以书面形式向受益人出具的，同意在受益人请求付款并提交符合保函要求的单据时，向其支付特定款项或在保函最高金额内付款的承诺。

前款所称的单据，是指独立保函载明的受益人应提交的付款请求书、违约声明、第三方签发的文件、法院判决、仲裁裁决、汇票、发票等表明发生付款到期事件的书面文件。

独立保函可以依保函申请人的申请而开立，也可以依另一金融机构的指示而开立。开立人依指示开立独立保函的，可以要求指示人向其开立用以保障追偿权的独立保函。

第二条　本规定所称的独立保函纠纷，是指在独立保函的开立、撤销、修改、转让、付款、追偿等环节产生的纠纷。

第三条　保函具有下列情形之一，当事人主张保函性质为独立保函的，人民法院应予支持，但保函未载明据以付款的单据和最高金额的除外：

（一）保函载明见索即付；

（二）保函载明适用国际商会《见索即付保函统一规则》等独立保函交易示范规则；

（三）根据保函文本内容，开立人的付款义务独立于基础交易关系及保函申请法律关系，其仅承担相符交单的付款责任。

当事人以独立保函记载了对应的基础交易为由，主张该保函性质为一般保证或连带保证的，人民法院不予支持。

当事人主张独立保函适用民法典关于一般保证或连带保证规定的，人民法院不予支持。

第四条　独立保函的开立时间为开立人发出独立保函的时间。

独立保函一经开立即生效，但独立保函载明生效日期或事件的除外。

独立保函未载明可撤销，当事人主张独立保函开立后不可撤销的，人民法院应予支持。

第五条　独立保函载明适用《见索即付保函统一规则》等独立保函交易示范规则，或开立人和受益人在一审法庭辩论终结前一致援引的，人民法院应当认定交易示范规则的内容构成独立保函条款的组成部分。

不具有前款情形，当事人主张独立保函适用相关交易示范规则的，人民法院不予支持。

第六条　受益人提交的单据与独立保函条款之间、单据与单据之间表面相符，受益人请求开立人依据独立保函承担付款责任的，人民法院应予支持。

开立人以基础交易关系或独立保函申请关系对付款义务提出抗辩的，人民法院不予支持，但有本规定第十二条情形的除外。

第七条 人民法院在认定是否构成表面相符时，应当根据独立保函载明的审单标准进行审查；独立保函未载明的，可以参照适用国际商会确定的相关审单标准。

单据与独立保函条款之间、单据与单据之间表面上不完全一致，但并不导致相互之间产生歧义的，人民法院应当认定构成表面相符。

第八条 开立人有独立审查单据的权利与义务，有权自行决定单据与独立保函条款之间、单据与单据之间是否表面相符，并自行决定接受或拒绝接受不符点。

开立人已向受益人明确表示接受不符点，受益人请求开立人承担付款责任的，人民法院应予支持。

开立人拒绝接受不符点，受益人以保函申请人已接受不符点为由请求开立人承担付款责任的，人民法院不予支持。

第九条 开立人依据独立保函付款后向保函申请人追偿的，人民法院应予支持，但受益人提交的单据存在不符点的除外。

第十条 独立保函未同时载明可转让和据以确定新受益人的单据，开立人主张受益人付款请求权的转让对其不发生效力的，人民法院应予支持。独立保函对受益人付款请求权的转让有特别约定的，从其约定。

第十一条 独立保函具有下列情形之一，当事人主张独立保函权利义务终止的，人民法院应予支持：

（一）独立保函载明的到期日或到期事件届至，受益人未提交符合独立保函要求的单据；

（二）独立保函项下的应付款项已经全部支付；

（三）独立保函的金额已减额至零；

（四）开立人收到受益人出具的免除独立保函项下付款义务的文件；

（五）法律规定或者当事人约定终止的其他情形。

独立保函具有前款权利义务终止的情形，受益人以其持有独立保函文本为由主张享有付款请求权的，人民法院不予支持。

第十二条 具有下列情形之一的，人民法院应当认定构成独立保函欺诈：

（一）受益人与保函申请人或其他人串通，虚构基础交易的；

（二）受益人提交的第三方单据系伪造或内容虚假的；

（三）法院判决或仲裁裁决认定基础交易债务人没有付款或赔偿责任的；

（四）受益人确认基础交易债务已得到完全履行或者确认独立保函载明的付款到期事件并未发生的；

（五）受益人明知其没有付款请求权仍滥用该权利的其他情形。

第十三条 独立保函的申请人、开立人或指示人发现有本规定第十二条情形的，可以在提起诉讼或申请仲裁前，向开立人住所地或其他对独立保函欺诈纠纷案件具有管辖权的人民法院申请中止支付独立保函项下的款项，也可以在诉讼或仲裁过程中提出申请。

第十四条 人民法院裁定中止支付独立保函项下的款项，必须同时具备下列条件：

（一）止付申请人提交的证据材料证明本规定第十二条情形的存在具有高度可能性；

（二）情况紧急，不立即采取止付措施，将给止付申请人的合法权益造成难以弥补的损害；

（三）止付申请人提供了足以弥补被申请人因止付可能遭受损失的担保。

止付申请人以受益人在基础交易中违约为由请求止付的，人民法院不予支持。

开立人在依指示开立的独立保函项下已经善意付款的，对保障该开立人追偿权的独立保函，人民法院不得裁定止付。

第十五条 因止付申请错误造成损失，当事人请求止付申请人赔偿的，人民法院应予支持。

第十六条 人民法院受理止付申请后，应当在四十八小时内作出书面裁定。裁定应当列明申请人、被申请人和第三人，并包括初步查明的事实和是否准许止付申请的理由。

裁定中止支付的，应当立即执行。

止付申请人在止付裁定作出后三十日内未依法提起独立保函欺诈纠纷诉讼或申请仲裁的，人民法院应当解除止付裁定。

第十七条 当事人对人民法院就止付申请作出的裁定有异议的，可以在裁定书送达之日起十日内向作出裁定的人民法院申请复议。复议期间不停止裁定的执行。

人民法院应当在收到复议申请后十日内审查，并询问当事人。

第十八条 人民法院审理独立保函欺诈纠纷案件或处理止付申请，可以就当事人主张的本规定第十二条的具体情形，审查认定基础交易的相关事实。

第十九条 保函申请人在独立保函欺诈诉讼中仅起诉受益人的，独立保函的开立人、指示人可以作为第三人申请参加，或由人民法院通知其参加。

第二十条 人民法院经审理独立保函欺诈纠纷案件，能够排除合理怀疑地认定构成独立保函欺诈，并且不存在本规定第十四条第三款情形的，应当判决开立人终止支付独立保函项下被请求的款项。

第二十一条 受益人和开立人之间因独立保函而产生的纠纷案件，由开立人住所地或被告住所地人民法院管辖，独立保函载明由其他法院管辖或提交仲裁的除外。当事人主张根据基础交易合同争议解决条款确定管辖法院或提交仲裁的，人民法院不予支持。

独立保函欺诈纠纷案件由被请求止付的独立保函的开立人住所地或被告住所地人民法院管辖，当事人书面协议由其他法院管辖或提交仲裁的除外。当事人主张根据基础交易合同或独立保函的争议解决条款确定管辖法院或提交仲裁的，人民法院不予支持。

第二十二条 涉外独立保函未载明适用法律，开立人和受益人在一审法庭辩论终结前亦未就适用法律达成一致的，开立人和受益人之间因涉外独立保函而产生的纠纷适用开立人经常居所地法律；独立保函由金融机构依法登记设立的分支机构开立的，适用分支机构登记地法律。

涉外独立保函欺诈纠纷，当事人就适用法律不能达成一致的，适用被请求止付的独立保函的开立人经常居所地法律；独立保函由金融机构依法登记设立的分支机构开立的，适用分支机构登记地法律；当事人有共同经常居所地的，适用共同经常居所地法律。

涉外独立保函止付保全程序，适用中华人民共和国法律。

第二十三条 当事人约定在国内交易中适用独立保函，一方当事人以独立保函不具有涉外因素为由，主张保函独立性的约定无效的，人民法院不予支持。

第二十四条 对于按照特户管理并移交开立人占有的独立保函开立保证金，人民法院可以采取冻结措施，但不得扣划。保证金账户内的款项丧失开立保证金的功能时，人民法院可以依法采取扣划措施。

开立人已履行对外支付义务的，根据该开立人的申请，人民法院应当解除对开立保证金相应部分的冻结措施。

358. 独立保函付款纠纷

案由适用要点

［释义］ 独立保函付款纠纷是指独立保函受益人与开立人之间因付款而产生的纠纷。

［管辖］ 独立保函付款纠纷根据《最高人民法院关于审理独立保函纠纷案件若干问题的规定》第 21 条对开立人与受益人发生纠纷的管辖作出了规定，“由开立人住所地或被告住所地人民法院管辖，独立保函载明由其他法院管辖或提交仲裁的除外”。同时，该类案件属于当事人可以协议选择管辖法院

的案件，因此当事人可以依据《民事诉讼法》第35条规定的相关管辖连接点，就被告住所地、合同履行地、合同签订地、原告住所地等与争议由实际联系的地点书面协议选择有管辖权的法院管辖。《最高人民法院关于审理独立保函纠纷案件若干问题的规定》第21条规定的“开立人住所地”应理解为与争议有实际联系的合同特征履行地。如果当事人选择适用了独立保函领域的交易示范规则，该交易示范规则中规定了司法管辖条款，当事人没有排除该条款适用的，则依据交易示范规则的规定确定管辖。例如，《国际商会见索即付保函统一规则》（URDG758）第35条a项规定，“除非保函另有约定，担保人与受益人之间有关保函的任何争议应由担保人开立保函的分支机构或营业场所所在地有管辖权的法院专属管辖”。此外，对于涉外案件，根据《民事诉讼法》第276条，因合同纠纷或者其他财产权益纠纷，对在中华人民共和国领域内没有住所的被告提起的诉讼，如果合同在中华人民共和国领域内签订或者履行，或者诉讼标的物在中华人民共和国领域内，或者被告在中华人民共和国领域内有可供扣押的财产，或者被告在中华人民共和国领域内设有代表机构，可以由合同签订地、合同履行地、诉讼标的物所在地、可供扣押财产所在地、侵权行为地或者代表机构住所地人民法院管辖。

[**应注意的问题**] 独立保函经受益人接受，构成开立人和受益人之间的合同。该合同项下，开立人的付款义务具有单务性，开立人同意在受益人提交相符单据时，向受益人承担付款责任，受益人对开立人没有对待给付义务。由于单据是决定开立人能否付款的唯一依据，该类纠纷争议焦点通常围绕受益人的索赔请求是否构成相符索赔展开。实践中，开立人也可能会以受益人的索赔构成欺诈，付款应当被终止支付为由抗辩，此时虽然欺诈也是案件的争议焦点，受理案件的法院仍应根据原告即受益人的诉讼请求确定案由为独立保函付款纠纷。

转开保函情形下，对于保函开立人作为反担保项下的受益人在反担保保函项下没有得到付款而起诉反担保保函开立人请求付款的一类纠纷，由于保函独立性原则，反担保保函开立人在反担保保函项下的付款义务独立于保函开立人在保函项下的付款义务。换言之，反担保保函开立人的付款义务不以保函开立人在保函项下付款为前提。因此，对这类纠纷，人民法院应认定为独立保函付款纠纷而不是独立保函追偿纠纷。

请求权基础规范指引

本案由的相关规范参见“357. 独立保函开立纠纷”。

359. 独立保函追偿纠纷

案由适用要点

［释义］ 独立保函追偿纠纷是指保函开立人付款后，依据开立保函协议向保函申请人追偿的纠纷。

［管辖］ 由于《最高人民法院关于审理独立保函纠纷案件若干问题的规定》仅对受益人和开立人之间的合同纠纷及欺诈纠纷案件的管辖作出了规定。保函开立人付款后起诉申请人的追偿纠纷根据《民事诉讼法》来确定管辖。《民事诉讼法》第24条规定了关于合同纠纷案件管辖的一般规定，因合同纠纷提起的诉讼，由被告住所地或者合同履行地的人民法院管辖。同时，该类案件属于当事人可以协议选择管辖法院的案件，因此当事人可以依据《民事诉讼法》第35条规定的相关管辖连接点，就被告住所地、合同履行地、合同签订地、原告住所地等与争议由实际联系的地点书面协议选择有管辖权的法院管辖。如果是涉外案件，根据《民事诉讼法》第276条，因合同纠纷或者其他财产权益纠纷，对在中华人民共和国领域内没有住所的被告提起的诉讼，如果合同在中华人民共和国领域内签订或者履行，或者诉讼标的物在中华人民共和国领域内，或者被告在中华人民共和国领域内有可供扣押的财产，或者被告在中华人民共和国领域内设有代表机构，可以由合同签订地、合同履行地、诉讼标的物所在地、可供扣押财产所在地、侵权行为地或者代表机构住所地人民法院管辖。此外，如果有担保人为保函申请人申请开立独立保函提供了担保，保函申请人与担保人同时被起诉的，应根据《最高人民法院关于〈中华人民共和国民法典〉有关担保制度的解释》第21条“债权人一并起诉债务人和担保人的，应当根据主合同确定管辖法院”的规定确定管辖法院。

［应注意的问题］ 保函开立人和保函申请人之间的保函开立合同关系性质为委托关系，保函开立人接受委托，为完成委托事务，依据独立保函审核单据，在受益人提交相符交单的情况下向受益人付款。开立人付款后就取得了对保函申请人的追偿权。保函申请人应当依照保函申请书的承诺或保函开立合同的约定，向保函开立人付款。如保函开立人向受益人明确表示接受不符点的，则构成其与受益人之间对独立保函的修改协议，保函的该项修改若未经保函申请人同意的，属于保函开立人未完成受托事务，在向保函申请人追偿时可能无法获得法院支持。《国际商会见索即付保函统一规则》（URDG758）第11条b项规定，“保函修改未经受益人同意，对受益人不具有约束力”。该条同样表明，未经指示方同意，担保人无权自行斟酌修改保函的

条款或本规则，且如果担保人单方面修改保函，即使修改是限于担保人利益或操作便利性的方面，担保人都将承担丧失对补偿的追索权这一风险。

请求权基础规范指引

本案由的相关规范参见“357. 独立保函开立纠纷”。

360. 独立保函欺诈纠纷

案由适用要点

［**释义**］独立保函欺诈纠纷是指保函申请人、开立人或指示人认为保函受益人的索赔构成欺诈，请求法院终止开立人向受益人支付保函项下款项的纠纷，性质为侵权纠纷。

［**管辖**］根据《最高人民法院关于审理独立保函纠纷案件若干问题的规定》第21条第2款，独立保函欺诈纠纷由被请求止付的独立保函的开立人住所地或被告住所地人民法院管辖，当事人书面协议由其他法院管辖或提交仲裁的除外。当事人主张根据基础交易合同或独立保函的争议解决条款确定管辖法院或提交仲裁的，人民法院不予支持。同时，该类案件属于当事人可以协议选择管辖法院的案件，因此当事人可以依据《民事诉讼法》第35条规定的相关管辖连接点，就被告住所地、合同履行地、合同签订地、原告住所地等与争议由实际联系的地点书面协议选择有管辖权的法院管辖。《最高人民法院关于审理独立保函纠纷案件若干问题的规定》第21条规定的“开立人住所地”应理解为与争议有实际联系的合同特征履行地。如果是涉外案件，根据《民事诉讼法》第276条，因合同纠纷或者其他财产权益纠纷，对在中华人民共和国领域内没有住所的被告提起的诉讼，如果合同在中华人民共和国领域内签订或者履行，或者诉讼标的物在中华人民共和国领域内，或者被告在中华人民共和国领域内有可供扣押的财产，或者被告在中华人民共和国领域内设有代表机构，可以由合同签订地、合同履行地、诉讼标的物所在地、可供扣押财产所在地、侵权行为地或者代表机构住所地人民法院管辖。

根据《最高人民法院关于审理独立保函纠纷案件若干问题的规定》第13条，独立保函止付保全案件的受理法院是开立人住所地或其他对独立保函欺诈纠纷案件具有管辖权的法院。根据《最高人民法院关于审理独立保函纠纷案件若干问题的规定》第17条，当事人对人民法院就止付申请作出的裁定有异议的，可以向作出裁定的人民法院申请复议。

［**应注意的问题**］独立保函不同于传统意义上的从属性担保，独立保函具有独立性、单据行、不可撤销性。受益人将与独立保函规定相符的单据交给

保函开立人，开立人经审查相符后就应承担付款责任。保函本身的独立性要求与基础交易关系相分离，保函开立人不享有基础交易中的合同相对人的抗辩权。独立保函合同的当事人为开立人和受益人，保函申请人虽不是独立保函合同的当事人，但单据与保函表面相符便可付款的特点，却给保函欺诈的产生提供了条件，导致受益人滥用独立保函恶意索赔的事件屡屡发生，可能会侵害保函申请人在保函申请关系、指示人在指示关系项下的权利，构成侵害债权的情形，故将独立保函欺诈纠纷定性为侵权纠纷，保函申请人等利害关系人可以请求法院终止支付保函项下的款项。

对于受益人的保函欺诈行为，利害关系人在起诉前或申请仲裁前通常会向法院申请止付令，请求法院签发临时止付令，中止保函付款义务的履行，该程序的性质为行为保全，止付裁定项内容为中止支付独立保函项下的款项。

请求权基础规范指引

本案由的相关规范参见“357. 独立保函开立纠纷”。

361. 独立保函转让纠纷

案由适用要点

［**释义**］独立保函转让纠纷是独立保函转让过程中发生的纠纷，通常是指保函开立人、受益人及新受益人之间就受益人付款请求权的转让而产生的纠纷。

［**管辖**］根据《民事诉讼法》来确定管辖。《民事诉讼法》第 24 条规定了关于合同纠纷案件管辖的一般规定，因合同纠纷提起的诉讼，由被告住所地或者合同履行地的人民法院管辖。同时，该类案件属于当事人可以协议选择管辖法院的案件，因此当事人可以依据《民事诉讼法》第 35 条规定的相关管辖连接点，就被告住所地、合同履行地、合同签订地、原告住所地等与争议由实际联系的地点书面协议选择有管辖权的法院管辖。如果是涉外案件，根据《民事诉讼法》第 276 条，因合同纠纷或者其他财产权益纠纷，对在中华人民共和国领域内没有住所的被告提起的诉讼，如果合同在中华人民共和国领域内签订或者履行，或者诉讼标的物在中华人民共和国领域内，或者被告在中华人民共和国领域内有可供扣押的财产，或者被告在中华人民共和国领域内设有代表机构，可以由合同签订地、合同履行地、诉讼标的物所在地、可供扣押财产所在地、侵权行为地或者代表机构住所地人民法院管辖。

［**应注意的问题**］对于一般的担保合同，主合同权利转让的，担保合同作

为从合同，因具有从属性，在无其他约定的情况下，其权利应当随主合同一并转让。而对于独立保函，独立性决定其不受基础合同的影响，基础合同权利人的变更不能自动导致保函权利人的变更。因此，独立保函的转让仅受独立保函文本约束，除非独立保函文本明确表示可转让，否则不得转让。根据《最高人民法院关于审理独立保函纠纷案件若干问题的规定》第10条，受益人付款请求权的转让，必须由保函文本载明可转让以及据以确定新受益人的单据条件。《国际商会见索即付保函统一规则》也对基础关系转让做了要求，根据《国际商会见索即付保函统一规则》（URDG758）第33条（d）款下（ii）项，除了第33条（a）款、（b）款及（d）款下（i）项规定的条件外，保函只有在转让人已经提供给担保人一份签署的声明，说明受让人已经获得了转让人在基础关系项下的权利和义务时方可转让。

目前的司法实践中，该类纠纷尚不常见，转让问题可能在独立保函付款或欺诈纠纷中被当作争议焦点。

请求权基础规范指引

本案由的相关规范参见“357. 独立保函开立纠纷”。

362. 独立保函通知纠纷

案由适用要点

[释义] 独立保函通知纠纷是指独立保函开立人与通知方之间因独立保函通知而产生的纠纷。

[管辖] 根据《民事诉讼法》来确定管辖。《民事诉讼法》第24规定了关于合同纠纷案件管辖的一般规定，因合同纠纷提起的诉讼，由被告住所地或者合同履行地的人民法院管辖。同时，该类案件属于当事人可以协议选择管辖法院的案件，因此当事人可以依据《民事诉讼法》第35条规定的相关管辖连接点，就被告住所地、合同履行地、合同签订地、原告住所地等与争议由实际联系的地点书面协议选择有管辖权的法院管辖。如果是涉外案件，根据《民事诉讼法》第276条，因合同纠纷或者其他财产权益纠纷，对在中华人民共和国领域内没有住所的被告提起的诉讼，如果合同在中华人民共和国领域内签订或者履行，或者诉讼标的物在中华人民共和国领域内，或者被告在中华人民共和国领域内有可供扣押的财产，或者被告在中华人民共和国领域内设有代表机构，可以由合同签订地、合同履行地、诉讼标的物所在地、可供扣押财产所在地、侵权行为地或者代表机构住所地人民法院管辖。

[应注意的问题] 独立保函不总是由开立人直接开给受益人，开立人可能

会指示某一通知方去通知保函给受益人，也可能由申请人通过某一通知方与开立人联系。甚至有时开立人如果是非银行类金融机构，还会寻求一家银行通知保函给受益人，让独立保函经由银行系统的处理，包括使用 SWIFT 系统。这样一来，仅花合理的费用就给保函加上“银行的标签”，可大幅提高保函对受益人的吸引力。保函可由多个通知方通知给受益人。通知方是作为开立人的代理行事，通常和保函申请人之间不存在任何法律关系。开立人作为担保人与通知方之间是委托代理关系，保函不是在担保人将保函传递给通知方时开立，而是当通知方通知给受益人时方开立。通知方对受益人负有一定的责任，包括确保保函表面上的真实性且该通知准确反映出通知方所收到的独立保函条款。有的情况下，开立人还会委托通知方代开立人向受益人付款。如果通知方在单据传递途中发生的延误、中途遗失、残缺或其他错误（如保函寄给错误的收件人是因为通知方在信封上写错了地址或因为通知方在电子系统中错误输入了信息而导致给受益人的保函中信息错误等），则可能无法免责，由此而引发的纠纷适用本案由。

请求权基础规范指引

本案由的相关规范参见“357. 独立保函开立纠纷”。

363. 独立保函撤销纠纷

案由适用要点

［**释义**］独立保函撤销纠纷是独立保函撤销环节发生的纠纷，通常是指保函申请人与开立人或开立人与受益人之间就保函撤销而产生的纠纷。

［**管辖**］《民事诉讼法》第 24 条规定了关于合同纠纷案件管辖的一般规定，因合同纠纷提起的诉讼，由被告住所地或者合同履行地的人民法院管辖。同时，该类案件属于当事人可以协议选择管辖法院的案件，因此当事人可以依据《民事诉讼法》第 35 条规定的相关管辖连接点，就被告住所地、合同履行地、合同签订地、原告住所地等与争议由实际联系的地点书面协议选择有管辖权的法院管辖。如果是涉外案件，根据《民事诉讼法》第 276 条，因合同纠纷或者其他财产权益纠纷，对在中华人民共和国领域内没有住所的被告提起的诉讼，如果合同在中华人民共和国领域内签订或者履行，或者诉讼标的物在中华人民共和国领域内，或者被告在中华人民共和国领域内有可供扣押的财产，或者被告在中华人民共和国领域内设有代表机构，可以由合同签订地、合同履行地、诉讼标的物所在地、可供扣押财产所在地、侵权行为地或者代表机构住所地人民法院管辖。

［**应注意的问题**］根据《最高人民法院关于审理独立保函纠纷案件若干问题的规定》第4条，独立保函未载明可撤销，当事人主张独立保函开立后不可撤销的，人民法院应予支持。也就是说，独立保函具有原则上不可撤销的特性，故在履行方面需要谨慎处理。目前的司法实践中，该类纠纷尚不常见，撤销问题可能在独立保函付款或欺诈纠纷中作为争议焦点。例如，在独立保函付款或欺诈纠纷中，如果转开保函项下的受益人与开立人一致同意撤销保函项下的索赔，但保函开立人作为反担保保函项下的受益人，并未与反担保保函开立人就反担保保函是否也撤销达成一致的情形下，反担保保函开立人或者保函申请人主张反担保保函开立人在反担保保函项下的付款义务应当终止的，由于保函独立性原则，在没有证据表明反担保保函项下的索赔构成欺诈的前提下，该主张可能无法获得支持。

请求权基础规范指引

本案由的相关规范参见“357. 独立保函开立纠纷”。

第九部分

侵权责任纠纷

三十一、侵权责任纠纷

364. 监护人责任纠纷

案由适用要点

［**释义**］监护人责任是指无民事行为能力人、限制民事行为能力人造成他人损害时，由监护人承担的侵权责任。由监护人承担责任问题而引发的纠纷为监护人责任纠纷。

［**管辖**］根据《民事诉讼法》第29条的规定，因侵权行为提起的诉讼，由侵权行为地或者被告住所地人民法院管辖。根据《民事诉讼法解释》第24条的规定，《民事诉讼法》第29条规定的侵权行为地，包括侵权行为实施地、侵权结果发生地。

［**应注意的问题**］监护人责任是一种特殊主体责任。在适用监护人责任纠纷案由时，应注意以下问题：

1. 要注意监护人责任纠纷案由和其他与监护关系有关的案由的区别。《民事案件案由规定》中除本案由外，还规定了其他与监护关系有关的案由，包括非讼程序案件案由项下的第二级案由监护权特别程序案件、第二级案由婚姻家庭纠纷项下的第三级案由监护权纠纷、第二级案由监护权特别程序案件（下设5个第三级案由）。在确定具体案由时，要结合基础法律关系的性质，根据系争纠纷的本质来准确适用具体的案由。

2. 关于诉讼主体资格问题。依照《民事诉讼法解释》第67条的规定，无民事行为能力人、限制民事行为能力人造成他人损害的，无民事行为能力人、限制民事行为能力人和其监护人为共同被告。审判实践中，如果被侵权人仅起诉致人损害的被监护人或者仅起诉监护人，人民法院应当依照上述规定，依职权追加监护人或者被监护人为共同被告，以更好地查明案情并合理确定责任。

请求权基础规范指引

《中华人民共和国民法典》（2020年）

第一千一百八十八条【监护人责任】 无民事行为能力人、限制民事行为能力人造成他人损害的，由监护人承担侵权责任。监护人尽到监护职责的，可以减轻其侵权责任。

有财产的无民事行为能力人、限制民事行为能力人造成他人损害的，从本人财产中支付赔偿费用；不足部分，由监护人赔偿。

第一千一百八十九条【委托监护责任】 无民事行为能力人、限制民事行为能力人造成他人损害，监护人将监护职责委托给他人的，监护人应当承担侵权责任；受托人有过错的，承担相应的责任。

《最高人民法院关于适用〈中华人民共和国民法典〉侵权责任编的解释（一）》（法释〔2024〕12号 2024年9月25日）

第一条 非法使被监护人脱离监护，监护人请求赔偿为恢复监护状态而支出的合理费用等财产损失的，人民法院应予支持。

第二条 非法使被监护人脱离监护，导致父母子女关系或者其他近亲属关系受到严重损害的，应当认定为民法典第一千一百八十三条第一款规定的严重精神损害。

第三条 非法使被监护人脱离监护，被监护人在脱离监护期间死亡，作为近亲属的监护人既请求赔偿人身损害，又请求赔偿监护关系受侵害产生的损失的，人民法院依法予以支持。

第四条 无民事行为能力人、限制民事行为能力人造成他人损害，被侵权人请求监护人承担侵权责任，或者合并请求监护人和受托履行监护职责的人承担侵权责任的，人民法院应当将无民事行为能力人、限制民事行为能力人列为共同被告。

第五条 无民事行为能力人、限制民事行为能力人造成他人损害，被侵权人请求监护人承担侵权人应承担的全部责任的，人民法院应予支持，并在判决中明确，赔偿费用可以先从被监护人财产中支付，不足部分由监护人支付。

监护人抗辩主张承担补充责任，或者被侵权人、监护人主张人民法院判令有财产的无民事行为能力人、限制民事行为能力人承担赔偿责任的，人民法院不予支持。

从被监护人财产中支付赔偿费用的，应当保留被监护人所必需的生活费和完成义务教育所必需的费用。

第六条 行为人在侵权行为发生时不满十八周岁，被诉时已满十八周岁的，被侵权人请求原监护人承担侵权人应承担的全部责任的，人民法院应予支持，并在判决中明确，赔偿费用可以先从被监护人财产中支付，不足部分由监护人支付。

前款规定情形，被侵权人仅起诉行为人的，人民法院应当向原告释明申请追加原监护人为共同被告。

第七条 未成年子女造成他人损害，被侵权人请求父母共同承担侵权责任的，人民法院依照民法典第二十七条第一款、第一千零六十八条以及第一千一百八十八条的规定予以支持。

第八条 夫妻离婚后，未成年子女造成他人损害，被侵权人请求离异夫妻共同承担侵权责任的，人民法院依照民法典第一千零六十八条、第一千零八十四条以及第一千一百八十八条的规定予以支持。一方以未与该子女共同生活为由主张不承担或者少承担责任的，人民法院不予支持。

离异夫妻之间的责任份额，可以由双方协议确定；协议不成的，人民法院可以根据双方履行监护职责的约定和实际履行情况等确定。实际承担责任超过自己责任份额的一方向另一方追偿的，人民法院应予支持。

第九条 未成年子女造成他人损害的，依照民法典第一千零七十二条第二款的规定，未与该子女形成抚养教育关系的继父或者继母不承担监护人的侵权责任，由该子女的生父母依照本解释第八条的规定承担侵权责任。

第十条 无民事行为能力人、限制民事行为能力人造成他人损害，被侵权人合并请求监护人和受托履行监护职责的人承担侵权责任的，依照民法典第一千一百八十九条的规定，监护人承担侵权人应承担的全部责任；受托人在过错范围内与监护人共同承担责任，但责任主体实际支付的赔偿费用总和不应超出被侵权人应受偿的损失数额。

监护人承担责任后向受托人追偿的，人民法院可以参照民法典第九百二十九条的规定处理。

仅有一般过失的无偿受托人承担责任后向监护人追偿的，人民法院应予支持。

第十一条 教唆、帮助无民事行为能力人、限制民事行为能力人实施侵权行为，教唆人、帮助人以其不知道且不应当知道行为人为无民事行为能力人、限制民事行为能力人为由，主张不承担侵权责任或者与行为人的监护人承担连带责任的，人民法院不予支持。

第十二条 教唆、帮助无民事行为能力人、限制民事行为能力人实施侵权行为，被侵权人合并请求教唆人、帮助人以及监护人承担侵权责任的，依照民法典第一千一百六十九条第二款的规定，教唆人、帮助人承担侵权人应承担的全部责任；监护人在未尽到监护职责的范围内与教唆人、帮助人共同承担责任，但责任主体实际支付的赔偿费用总和不应超出被侵权人应受偿的损失数额。

监护人先行支付赔偿费用后，就超过自己相应责任的部分向教唆人、帮助人追偿的，人民法院应予支持。

第十三条 教唆、帮助无民事行为能力人、限制民事行为能力人实施侵权行为，被侵权人合并请求教唆人、帮助人与监护人以及受托履行监护职责的人承担侵权责任的，依照本解释第十条、第十二条的规定认定民事责任。

365. 用人单位责任纠纷

案由适用要点

［**释义**］用人单位责任是指用人单位的工作人员因执行工作任务造成他人损害时，用人单位承担的侵权责任。由用人单位责任的构成及承担等问题产生的纠纷即为用人单位责任纠纷。

［**管辖**］根据《民事诉讼法》第 29 条的规定，因侵权行为提起的诉讼，由侵权行为地或者被告住所地人民法院管辖。根据《民事诉讼法解释》第 24 条的规定，《民事诉讼法》第 29 条规定的侵权行为地，包括侵权行为实施地、侵权结果发生地。

［**应注意的问题**］1. 该案由仅适用于工作人员执行工作任务造成他人损害的情形。如果是造成自身损害，用人单位无重大过错的，则认定为工伤，按照工伤处理。如果用人单位存在重大过错，劳动者同时构成工伤，则存在工伤保险与民事侵权救济的衔接适用问题。

2. 用人单位承担侵权责任后，如果工作人员有故意或者重大过失，可以向其追偿。如果工作人员没有过失或者仅是轻微过失，则没有追偿权。这里的故意，当然是指行为人明知其行为会造成特定损害后果而追求或者放任这一损害后果的发生，即包括直接故意和间接故意。至于用人单位在依据《民法典》第 1191 条第 1 款的规定向其工作人员主张追偿权的纠纷，应当列哪一个案由的问题，存在一定争议。有意见认为，这时应当适用的第三级案由是追偿权纠纷。我们认为，这有一定道理，但此第三级案由系列在合同纠纷项下，与依照第 1191 条规定产生的追偿权并无直接关联。从此类纠纷所依据的基础法律关系性质以及实务中此追偿权行使与用人单位承担责任的密切关系出发，有必要将此适用“用人单位责任纠纷”这一案由。下一步可以再不断总结审判实践经验，基于便利当事人诉讼和人民法院做好司法统计工作的考虑，探索在本案由项下增设第四级案由，即用人单位追偿权纠纷。

3. 用人单位与工作人员之间必须存在劳动关系或者其他人事关系。此处的工作人员，除劳动者之外还包括公务员、参照公务员管理的其他工作人员、事业单位工作人员等。之前《民法通则》第 121 条规定仅针对国家机关工作人员的职务侵权行为，《侵权责任法》改变了这一规定，《民法典》沿袭了《侵权责任法》的规定，对于所有用人单位的职务侵权行为都具有适用的效力。

4. 在诉讼主体资格确定上，要以用人单位作为被告，而非其工作人员。《民事诉讼法解释》第 56 条规定：“法人或者其他组织的工作人员执行工作任务造成他人损害的，该法人或者其他组织为当事人。”

请求权基础规范指引

《中华人民共和国民法典》（2020年）

第一千一百九十一条第一款【用人单位责任和劳务派遣单位、劳务用工单位责任】 用人单位的工作人员因执行工作任务造成他人损害的，由用人单位承担侵权责任。用人单位承担侵权责任后，可以向有故意或者重大过失的工作人员追偿。

第一千二百条【教育机构的过错责任】 限制民事行为能力人在学校或者其他教育机构学习、生活期间受到人身损害，学校或者其他教育机构未尽到教育、管理职责的，应当承担侵权责任。

《最高人民法院关于适用〈中华人民共和国民法典〉侵权责任编的解释（一）》（法释〔2024〕12号　2024年9月25日）

第十五条　与用人单位形成劳动关系的工作人员、执行用人单位工作任务的其他人员，因执行工作任务造成他人损害，被侵权人依照民法典第一千一百九十一条第一款的规定，请求用人单位承担侵权责任的，人民法院应予支持。

个体工商户的从业人员因执行工作任务造成他人损害的，适用民法典第一千一百九十一条第一款的规定认定民事责任。

第十七条　工作人员在执行工作任务中实施的违法行为造成他人损害，构成自然人犯罪的，工作人员承担刑事责任不影响用人单位依法承担民事责任。依照民法典第一千一百九十一条规定用人单位应当承担侵权责任的，在刑事案件中已完成的追缴、退赔可以在民事判决书中明确并扣减，也可以在执行程序中予以扣减。

366. 劳务派遣工作人员侵权责任纠纷

案由适用要点

［释义］ 劳务派遣工作人员侵权责任是指劳务派遣期间，被派遣的工作人员因执行工作任务造成他人损害时，接受劳务派遣的工作单位承担的侵权责任。劳务派遣单位有过错的，承担相应的责任。

［管辖］ 根据《民事诉讼法》第29条的规定，因侵权行为提起的诉讼，由侵权行为地或者被告住所地人民法院管辖。根据《民事诉讼法解释》第24条的规定，《民事诉讼法》第29条规定的侵权行为地，包括侵权行为实施地、侵权结果发生地。

［**应注意的问题**］劳务派遣关系中的劳务派遣单位、用工单位责任从本质上讲是用人者责任，是用人单位侵权责任的一种特殊形式。劳务派遣工作人员侵权责任纠纷的前提是必须存在劳务派遣关系，适用本案由应当注意与用人单位责任纠纷相区别。

在诉讼主体资格确定上，《民事诉讼法解释》第58条规定："在劳务派遣期间，被派遣的工作人员因执行工作任务造成他人损害的，以接受劳务派遣的用工单位为当事人。当事人主张劳务派遣单位承担责任的，该劳务派遣单位为共同被告。"当事人起诉时未将劳务派遣单位列为共同被告的，人民法院可以依照当事人的申请，追加该劳务派遣单位为共同被告。

请求权基础规范指引

《中华人民共和国民法典》（2020年）

第一千一百九十一条第一款【用人单位责任和劳务派遣单位、劳务用工单位责任】 用人单位的工作人员因执行工作任务造成他人损害的，由用人单位承担侵权责任。用人单位承担侵权责任后，可以向有故意或者重大过失的工作人员追偿。

第一千二百条【教育机构的过错责任】 限制民事行为能力人在学校或者其他教育机构学习、生活期间受到人身损害，学校或者其他教育机构未尽到教育、管理职责的，应当承担侵权责任。

《中华人民共和国职业教育法》（2022年修订）

第五十条 国家鼓励企业、事业单位安排实习岗位，接纳职业学校和职业培训机构的学生实习。接纳实习的单位应当保障学生在实习期间按照规定享受休息休假、获得劳动安全卫生保护、参加相关保险、接受职业技能指导等权利；对上岗实习的，应当签订实习协议，给予适当的劳动报酬。

职业学校和职业培训机构应当加强对实习实训学生的指导，加强安全生产教育，协商实习单位安排与学生所学专业相匹配的岗位，明确实习实训内容和标准，不得安排学生从事与所学专业无关的实习实训，不得违反相关规定通过人力资源服务机构、劳务派遣单位，或者通过非法从事人力资源服务、劳务派遣业务的单位或个人组织、安排、管理学生实习实训。

《最高人民法院关于适用〈中华人民共和国民法典〉侵权责任编的解释（一）》（法释〔2024〕12号　2024年9月25日）

第十六条 劳务派遣期间，被派遣的工作人员因执行工作任务造成他人损害，被侵权人合并请求劳务派遣单位与接受劳务派遣的用工单位承担侵权责任的，依照民法典第一千一百九十一条第二款的规定，接受劳务派遣的用工单位承担侵权人应承担的全部责任；劳务派遣单位在不当选派工作人员、未依法履行培训义务等过错范围内，与接受劳务派遣的用工单位共同承担责任，但责任主体实际支付的赔偿费用总和不应超出被侵权人应受偿的损失数额。

劳务派遣单位先行支付赔偿费用后，就超过自己相应责任的部分向接受劳务派遣的用工单位追偿的，人民法院应予支持，但双方另有约定的除外。

367. 提供劳务者致害责任纠纷

案由适用要点

［**释义**］提供劳务者致害责任是指个人之间形成劳务关系，提供劳务的一方因劳务造成他人损害时，接受劳务一方承担的侵权责任。

［**管辖**］根据《民事诉讼法》第 29 条的规定，因侵权行为提起的诉讼，由侵权行为地或者被告住所地人民法院管辖。根据《民事诉讼法解释》第 24 条的规定，《民事诉讼法》第 29 条规定的侵权行为地，包括侵权行为实施地、侵权结果发生地。

［**应注意的问题**］随着社会经济的发展，个人之间的劳务关系越来越多，因劳务而产生的纠纷也随之增加。在实践中适用该案由时，应当注意区分该案由与用人单位责任纠纷。二者产生的基础不同，一个是劳务关系，且仅适用于个人之间的劳务关系，另一个是存在劳动关系或人事关系。此外，对于接受劳务一方向故意或者重大过失的提供劳务一方主张追偿权的纠纷，基于此纠纷所依赖的基础法律关系以及审判实践的实际情况，在没有新增相应第四级案由之前，此类主张追偿权的纠纷也有必要适用本案由。

在诉讼主体资格确定上，要注意的是，《民事诉讼法解释》第 57 条明确规定："提供劳务一方因劳务造成他人损害，受害人提起诉讼的，以接受劳务一方为被告。"

请求权基础规范指引

《中华人民共和国民法典》（2020 年）

第一千一百九十二条【个人劳务关系中的侵权责任】 个人之间形成劳务关系，提供劳务一方因劳务造成他人损害的，由接受劳务一方承担侵权责任。接受劳务一方承担侵权责任后，可以向有故意或者重大过失的提供劳务一方追偿。提供劳务一方因劳务受到损害的，根据双方各自的过错承担相应的责任。

提供劳务期间，因第三人的行为造成提供劳务一方损害的，提供劳务一方有权请求第三人承担侵权责任，也有权请求接受劳务一方给予补偿。接受劳务一方补偿后，可以向第三人追偿。

《最高人民法院关于审理人身损害赔偿案件适用法律若干问题的解释》（2022 年 4 月 24 日修正）

第四条 无偿提供劳务的帮工人，在从事帮工活动中致人损害的，被帮工人应当承担赔偿责任。被帮工人承担赔偿责任后向有故意或者重大过失的帮工人追偿的，人民法院应予支持。被帮工人明确拒绝帮工的，不承担赔偿责任。

第五条 无偿提供劳务的帮工人因帮工活动遭受人身损害的，根据帮工人和被帮工人各自的过错承担相应的责任；被帮工人明确拒绝帮工的，被帮工人不承担赔偿责任，但可以在受益范围内予以适当补偿。

帮工人在帮工活动中因第三人的行为遭受人身损害的，有权请求第三人承担赔偿责任，也有权请求被帮工人予以适当补偿。被帮工人补偿后，可以向第三人追偿。

368. 提供劳务者受害责任纠纷

案由适用要点

[释义] 提供劳务者受害责任是指个人之间存在劳务关系，提供劳务一方因劳务使自身受到损害时，根据双方各自的过错承担的相应的责任。提供劳务一方因劳务使自身受到损害引发的侵权责任纠纷即为提供劳务者受害责任纠纷。

[管辖] 根据《民事诉讼法》第 29 条的规定，因侵权行为提起的诉讼，由侵权行为地或者被告住所地人民法院管辖。根据《民事诉讼法解释》第 24 条的规定，《民事诉讼法》第 29 条规定的侵权行为地，包括侵权行为实施地、侵权结果发生地。

[应注意的问题] 1. 区分适用提供劳务者致害责任和提供劳务者受害责任。根据起诉的具体请求和受害主体，区分外部关系和内部关系，选择适用准确的案由。

2. 提供劳务者受害责任纠纷中，存在第三人侵权时，依据《民法典》第 1192 条第 2 款的规定，受害人可以选择起诉第三人或者接受劳务一方。虽然在责任形态上，这时接受劳务一方承担的是补偿责任，但这并不影响在案由适用上确定为提供劳务者受害责任纠纷。至于接受劳务一方补偿后提出的向第三人的追偿权纠纷，基于此纠纷所依赖的基础法律关系以及审判实践的实际情况，在没有新增接受劳务者追偿权纠纷这一新的第四级案由之前，此类纠纷也有必要适用本案由。

请求权基础规范指引

《中华人民共和国民法典》（2020年）

第一千一百九十二条【个人劳务关系中的侵权责任】 个人之间形成劳务关系，提供劳务一方因劳务造成他人损害的，由接受劳务一方承担侵权责任。接受劳务一方承担侵权责任后，可以向有故意或者重大过失的提供劳务一方追偿。提供劳务一方因劳务受到损害的，根据双方各自的过错承担相应的责任。

提供劳务期间，因第三人的行为造成提供劳务一方损害的，提供劳务一方有权请求第三人承担侵权责任，也有权请求接受劳务一方给予补偿。接受劳务一方补偿后，可以向第三人追偿。

《中华人民共和国职业教育法》（2022年修订）

第五十条 国家鼓励企业、事业单位安排实习岗位，接纳职业学校和职业培训机构的学生实习。接纳实习的单位应当保障学生在实习期间按照规定享受休息休假、获得劳动安全卫生保护、参加相关保险、接受职业技能指导等权利；对上岗实习的，应当签订实习协议，给予适当的劳动报酬。

职业学校和职业培训机构应当加强对实习实训学生的指导，加强安全生产教育，协商实习单位安排与学生所学专业相匹配的岗位，明确实习实训内容和标准，不得安排学生从事与所学专业无关的实习实训，不得违反相关规定通过人力资源服务机构、劳务派遣单位，或者通过非法从事人力资源服务、劳务派遣业务的单位或个人组织、安排、管理学生实习实训。

《最高人民法院关于审理人身损害赔偿案件适用法律若干问题的解释》（2022年4月24日修正）

第四条 无偿提供劳务的帮工人，在从事帮工活动中致人损害的，被帮工人应当承担赔偿责任。被帮工人承担赔偿责任后向有故意或者重大过失的帮工人追偿的，人民法院应予支持。被帮工人明确拒绝帮工的，不承担赔偿责任。

第五条 无偿提供劳务的帮工人因帮工活动遭受人身损害的，根据帮工人和被帮工人各自的过错承担相应的责任；被帮工人明确拒绝帮工的，被帮工人不承担赔偿责任，但可以在受益范围内予以适当补偿。

帮工人在帮工活动中因第三人的行为遭受人身损害的，有权请求第三人承担赔偿责任，也有权请求被帮工人予以适当补偿。被帮工人补偿后，可以向第三人追偿。

369. 网络侵权责任纠纷

（1）网络侵害虚拟财产纠纷

案由适用要点

[释义] 网络侵权责任是指网络用户、网络服务提供者利用网络侵害他人民事权益时应当承担的侵权责任。

[管辖] 根据《民事诉讼法》第29条的规定，因侵权行为提起的诉讼，由侵权行为地或者被告住所地人民法院管辖。根据《民事诉讼法解释》第24条的规定，《民事诉讼法》第29条规定的侵权行为地，包括侵权行为实施地、侵权结果发生地。

[应注意的问题] 网络侵权侵害的权益类型具有多种表现形式，有权利人诉请网络用户赔偿侵权损害的，有权利人诉请网络服务提供者采取删除、屏蔽、断开链接等必要措施的，有权利人诉请网络服务提供者与网络用户就扩大损害承担连带责任的，也有网络用户或网络服务提供者诉请权利人承担赔偿侵权损害责任的，还有网络用户诉请网络服务提供者终止所采取的措施的等。

请求权基础规范指引

《中华人民共和国民法典》（2020年）

第一千一百九十四条【网络侵权责任】 网络用户、网络服务提供者利用网络侵害他人民事权益的，应当承担侵权责任。法律另有规定的，依照其规定。

第一千一百九十五条【网络服务提供者侵权补救措施与责任承担】 网络用户利用网络服务实施侵权行为的，权利人有权通知网络服务提供者采取删除、屏蔽、断开链接等必要措施。通知应当包括构成侵权的初步证据及权利人的真实身份信息。

网络服务提供者接到通知后，应当及时将该通知转送相关网络用户，并根据构成侵权的初步证据和服务类型采取必要措施；未及时采取必要措施的，对损害的扩大部分与该网络用户承担连带责任。

权利人因错误通知造成网络用户或者网络服务提供者损害的，应当承担侵权责任。法律另有规定的，依照其规定。

第一千一百九十六条【不侵权声明】 网络用户接到转送的通知后，可以向网络服务提供者提交不存在侵权行为的声明。声明应当包括不存在侵权行为的初步证据及网络用户的真实身份信息。

网络服务提供者接到声明后，应当将该声明转送发出通知的权利人，并告知其可以向有关部门投诉或者向人民法院提起诉讼。网络服务提供者在转送声明到达权利人后的合理期限内，未收到权利人已经投诉或者提起诉讼通知的，应当及时终止所采取的措施。

第一千一百九十七条【网络服务提供者的连带责任】 网络服务提供者知道或者应当知道网络用户利用其网络服务侵害他人民事权益，未采取必要措施的，与该网络用户承担连带责任。

《中华人民共和国涉外民事关系法律适用法》（2010年）

第四十六条 通过网络或者采用其他方式侵害姓名权、肖像权、名誉权、隐私权等人格权的，适用被侵权人经常居所地法律。

《中华人民共和国网络安全法》（2016年）

第四十四条 任何个人和组织不得窃取或者以其他非法方式获取个人信息，不得非法出售或者非法向他人提供个人信息。

第四十五条 依法负有网络安全监督管理职责的部门及其工作人员，必须对在履行职责中知悉的个人信息、隐私和商业秘密严格保密，不得泄露、出售或者非法向他人提供。

第七十四条 违反本法规定，给他人造成损害的，依法承担民事责任。

违反本法规定，构成违反治安管理行为的，依法给予治安管理处罚；构成犯罪的，依法追究刑事责任。

《中华人民共和国电子商务法》（2018年）

第六十二条 在电子商务争议处理中，电子商务经营者应当提供原始合同和交易记录。因电子商务经营者丢失、伪造、篡改、销毁、隐匿或者拒绝提供前述资料，致使人民法院、仲裁机构或者有关机关无法查明事实的，电子商务经营者应当承担相应的法律责任。

第七十四条 电子商务经营者销售商品或者提供服务，不履行合同义务或者履行合同义务不符合约定，或者造成他人损害的，依法承担民事责任。

《最高人民法院关于审理利用信息网络侵害人身权益民事纠纷案件适用法律若干问题的规定》（2020年12月23日修正）

第一条 本规定所称的利用信息网络侵害人身权益民事纠纷案件，是指利用信息网络侵害他人姓名权、名称权、名誉权、荣誉权、肖像权、隐私权等人身权益引起的纠纷案件。

第二条 原告依据民法典第一千一百九十五条、第一千一百九十七条的规定起诉网络用户或者网络服务提供者的，人民法院应予受理。

原告仅起诉网络用户，网络用户请求追加涉嫌侵权的网络服务提供者为共同被告或者第三人的，人民法院应予准许。

原告仅起诉网络服务提供者，网络服务提供者请求追加可以确定的网络用户为共同被告或者第三人的，人民法院应予准许。

第三条 原告起诉网络服务提供者，网络服务提供者以涉嫌侵权的信息系网络用户发布为由抗辩的，人民法院可以根据原告的请求及案件的具体情况，责令网络服务提供者向人民法院提供能够确定涉嫌侵权的网络用户的姓名（名称）、联系方式、网络地址等信息。

网络服务提供者无正当理由拒不提供的，人民法院可以依据民事诉讼法第一百一十四条的规定对网络服务提供者采取处罚等措施。

原告根据网络服务提供者提供的信息请求追加网络用户为被告的，人民法院应予准许。

第四条 人民法院适用民法典第一千一百九十五条第二款的规定，认定网络服务提供者采取的删除、屏蔽、断开链接等必要措施是否及时，应当根据网络服务的类型和性质、有效通知的形式和准确程度、网络信息侵害权益的类型和程度等因素综合判断。

第五条 其发布的信息被采取删除、屏蔽、断开链接等措施的网络用户，主张网络服务提供者承担违约责任或者侵权责任，网络服务提供者以收到民法典第一千一百九十五条第一款规定的有效通知为由抗辩的，人民法院应予支持。

第六条 人民法院依据民法典第一千一百九十七条认定网络服务提供者是否“知道或者应当知道”，应当综合考虑下列因素：

（一）网络服务提供者是否以人工或者自动方式对侵权网络信息以推荐、排名、选择、编辑、整理、修改等方式作出处理；

（二）网络服务提供者应当具备的管理信息的能力，以及所提供服务的性质、方式及其引发侵权的可能性大小；

（三）该网络信息侵害人身权益的类型及明显程度；

（四）该网络信息的社会影响程度或者一定时间内的浏览量；

（五）网络服务提供者采取预防侵权措施的技术可能性及其是否采取了相应的合理措施；

（六）网络服务提供者是否针对同一网络用户的重复侵权行为或者同一侵权信息采取了相应的合理措施；

（七）与本案相关的其他因素。

第七条 人民法院认定网络用户或者网络服务提供者转载网络信息行为的过错及其程度，应当综合以下因素：

（一）转载主体所承担的与其性质、影响范围相适应的注意义务；

（二）所转载信息侵害他人人身权益的明显程度；

（三）对所转载信息是否作出实质性修改，是否添加或者修改文章标题，导致其与内容严重不符以及误导公众的可能性。

第八条 网络用户或者网络服务提供者采取诽谤、诋毁等手段，损害公众对经营主体的信赖，降低其产品或者服务的社会评价，经营主体请求网络用户或者网络服务提供者承担侵权责任的，人民法院应依法予以支持。

第九条 网络用户或者网络服务提供者，根据国家机关依职权制作的文书和公开实施的职权行为等信息来源所发布的信息，有下列情形之一，侵害他人人身权益，被侵权人请求侵权人承担侵权责任的，人民法院应予支持：

（一）网络用户或者网络服务提供者发布的信息与前述信息来源内容不符；

（二）网络用户或者网络服务提供者以添加侮辱性内容、诽谤性信息、不当标题或者通过增删信息、调整结构、改变顺序等方式致人误解；

（三）前述信息来源已被公开更正，但网络用户拒绝更正或者网络服务提供者不予更正；

（四）前述信息来源已被公开更正，网络用户或者网络服务提供者仍然发布更正之前的信息。

第十条 被侵权人与构成侵权的网络用户或者网络服务提供者达成一方支付报酬，另一方提供删除、屏蔽、断开链接等服务的协议，人民法院应认定为无效。

擅自篡改、删除、屏蔽特定网络信息或者以断开链接的方式阻止他人获取网络信息，发布该信息的网络用户或者网络服务提供者请求侵权人承担侵权责任的，人民法院应予支持。接受他人委托实施该行为的，委托人与受托人承担连带责任。

第十一条 网络用户或者网络服务提供者侵害他人人身权益，造成财产损失或者严重精神损害，被侵权人依据民法典第一千一百八十二条和第一千一百八十三条的规定，请求其承担赔偿责任的，人民法院应予支持。

370. 违反安全保障义务责任纠纷

（1）经营场所、公共场所的经营者、管理者责任纠纷

（2）群众性活动组织者责任纠纷

案由适用要点

［释义］ 违反安全保障义务责任是指宾馆、商场、银行、车站、机场、体育场馆、娱乐场所等经营场所、公共场所的经营者、管理者或者群众性活动的组织者，未尽到安全保障义务致人损害时，所应当承担的侵权责任。

［**管辖**］根据《民事诉讼法》第 29 条的规定，因侵权行为提起的诉讼，由侵权行为地或者被告住所地人民法院管辖。根据《民事诉讼法解释》第 24 条的规定，《民事诉讼法》第 29 条规定的侵权行为地，包括侵权行为实施地、侵权结果发生地。

［**应注意的问题**］1. 不是所有的主体都负有安全保障义务。安全保障义务人为经营场所、公共场所的经营者、管理者或者群众性活动组织者的，应援用第四级案由，即"经营场所、公共场所的经营者、管理者责任纠纷"或者"群众性活动组织者责任纠纷"，不能将不应承担安全保障义务的主体不适当地解释为经营场所、公共场所的经营者、管理者或者群众性活动的组织者。具体适用时，要根据责任主体的不同，区分经营场所、公共场所的经营者、管理者和群众性活动组织者，选择适用准确的案由。

2. 关于诉讼主体资格确定的问题。对于安全保障义务人的侵权行为直接导致受害人损害的情形，原、被告比较清晰，对于安全保障义务人承担补充责任的情形，则比较复杂。2003 年《最高人民法院关于审理人身损害赔偿案件适用法律若干问题的解释》第 6 条第 2 款规定："因第三人侵权导致损害结果发生的，由实施侵权行为的第三人承担赔偿责任。安全保障义务人有过错的，应当在其能够防止或者制止损害的范围内承担相应的补充赔偿责任。安全保障义务人承担责任后，可以向第三人追偿。赔偿权利人起诉安全保障义务人的，应当将第三人作为共同被告，但第三人不能确定的除外。"虽然 2020 年清理司法解释后，删除了这一规定，但考虑到这一规定与《民法典》的规定精神并不冲突，也符合《民事诉讼法》相关规定精神，更是长期以来的审判实践做法，从法律适用的前后统一性以及审判秩序的稳定性出发，上述规定内容仍具有参考适用的价值。

请求权基础规范指引

《中华人民共和国民法典》（2020 年）

第一千一百九十八条【安全保障义务人责任】 宾馆、商场、银行、车站、机场、体育场馆、娱乐场所等经营场所、公共场所的经营者、管理者或者群众性活动的组织者，未尽到安全保障义务，造成他人损害的，应当承担侵权责任。

因第三人的行为造成他人损害的，由第三人承担侵权责任；经营者、管理者或者组织者未尽到安全保障义务的，承担相应的补充责任。经营者、管理者或者组织者承担补充责任后，可以向第三人追偿。

371. 教育机构责任纠纷

案由适用要点

［**释义**］教育机构责任是指幼儿园、学校或者其他教育机构，未尽到教育、管理职责，使在其中学习、生活的无民事行为能力人或者限制民事行为能力人遭受人身损害时应当承担的侵权责任。

［**管辖**］根据《民事诉讼法》第29条的规定，因侵权行为提起的诉讼，由侵权行为地或者被告住所地人民法院管辖。根据《民事诉讼法解释》第24条的规定，《民事诉讼法》第29条规定的侵权行为地，包括侵权行为实施地、侵权结果发生地。

［**应注意的问题**］教育机构责任针对的是无民事行为能力人和限制行为能力人作为受害人的情形，如果完全民事行为能力人在教育机构学习、生活期间受到人身伤害，则不能适用本案由，而只能作为一般人身损害赔偿案件确定案由。如果是在幼儿园、学校或者其他教育机构的无民事行为能力人和限制行为能力人实施了侵权行为造成他人损害的，也不能适用本案由，但如果是无民事行为能力人和限制行为能力人造成了同为幼儿园、学校或者其他教育机构的无民事行为能力人和限制行为能力人人身损害的纠纷，因为后者已经属于教育机构应当依法承担相应侵权责任的情形，对于此类纠纷就可以直接适用本案由。

请求权基础规范指引

《中华人民共和国民法典》（2020年）

第一千一百九十九条【教育机构的过错推定责任】 无民事行为能力人在幼儿园、学校或者其他教育机构学习、生活期间受到人身损害的，幼儿园、学校或者其他教育机构应当承担侵权责任；但是，能够证明尽到教育、管理职责的，不承担侵权责任。

第一千二百条【教育机构的过错责任】 限制民事行为能力人在学校或者其他教育机构学习、生活期间受到人身损害，学校或者其他教育机构未尽到教育、管理职责的，应当承担侵权责任。

第一千二百零一条【在教育机构内第三人侵权时的责任分担】 无民事行为能力人或者限制民事行为能力人在幼儿园、学校或者其他教育机构学习、生活期间，受到幼儿园、学校或者其他教育机构以外的第三人人身损害的，由第三人承担侵权责任；幼儿园、学校或者其他教育机构未尽到管理职责的，承担相应的补充责任。幼儿园、学校或者其他教育机构承担补充责任后，可以向第三人追偿。

《最高人民法院关于适用〈中华人民共和国民法典〉侵权责任编的解释（一）》（法释〔2024〕12号 2024年9月25日）

第十四条 无民事行为能力人或者限制民事行为能力人在幼儿园、学校或者其他教育机构学习、生活期间，受到教育机构以外的第三人人身损害，第三人、教育机构作为共同被告且依法应承担侵权责任的，人民法院应当在判决中明确，教育机构在人民法院就第三人的财产依法强制执行后仍不能履行的范围内，承担与其过错相应的补充责任。

被侵权人仅起诉教育机构的，人民法院应当向原告释明申请追加实施侵权行为的第三人为共同被告。

第三人不确定的，未尽到管理职责的教育机构先行承担与其过错相应的责任；教育机构承担责任后向已经确定的第三人追偿的，人民法院依照民法典第一千二百零一条的规定予以支持。

372. 性骚扰损害责任纠纷

案由适用要点

［**释义**］性骚扰损害责任是指违背他人意愿，以言语、文字、图像、肢体行为等方式对他人实施性骚扰的，行为人应当承担的民事责任。

［**管辖**］根据《民事诉讼法》第29条的规定，因侵权行为提起的诉讼，由侵权行为地或者被告住所地人民法院管辖。根据《民事诉讼法解释》第24条的规定，《民事诉讼法》第29条规定的侵权行为地，包括侵权行为实施地、侵权结果发生地。

［**应注意的问题**］性骚扰会侵害他人的人格尊严，《民事案件案由规定》将性骚扰损害责任纠纷设在侵权责任纠纷下，对性骚扰损害责任的案件应适用本案由，而不适用人格权纠纷的案由。《民法典》第1010条第2款规定了机关、企业、学校等单位负有防止和制止利用职权、从属关系等实施性骚扰的义务。对于上述主体违反相应义务需要承担民事责任的纠纷，也要适用本案由。

请求权基础规范指引

《中华人民共和国民法典》（2020年）

第一千零一十条【性骚扰】 违背他人意愿，以言语、文字、图像、肢体行为等方式对他人实施性骚扰的，受害人有权依法请求行为人承担民事责任。

机关、企业、学校等单位应当采取合理的预防、受理投诉、调查处置等措施，防止和制止利用职权、从属关系等实施性骚扰。

《中华人民共和国妇女权益保障法》（2022 年修订）

第二十三条 禁止违背妇女意愿，以言语、文字、图像、肢体行为等方式对其实施性骚扰。

受害妇女可以向有关单位和国家机关投诉。接到投诉的有关单位和国家机关应当及时处理，并书面告知处理结果。

受害妇女可以向公安机关报案，也可以向人民法院提起民事诉讼，依法请求行为人承担民事责任。

《最高人民法院关于确定民事侵权精神损害赔偿责任若干问题的解释》（2020 年 12 月 23 日修正）

第一条 因人身权益或者具有人身意义的特定物受到侵害，自然人或者其近亲属向人民法院提起诉讼请求精神损害赔偿的，人民法院应当依法予以受理。

第五条 精神损害的赔偿数额根据以下因素确定：

（一）侵权人的过错程度，但是法律另有规定的除外；

（二）侵权行为的目的、方式、场合等具体情节；

（三）侵权行为所造成的后果；

（四）侵权人的获利情况；

（五）侵权人承担责任的经济能力；

（六）受理诉讼法院所在地的平均生活水平。

《最高人民法院关于审理人身损害赔偿案件适用法律若干问题的解释》（2022 年 4 月 24 日修正）

第一条 因生命、身体、健康遭受侵害，赔偿权利人起诉请求赔偿义务人赔偿物质损害和精神损害的，人民法院应予受理。

本条所称"赔偿权利人"，是指因侵权行为或者其他致害原因直接遭受人身损害的受害人以及死亡受害人的近亲属。

本条所称"赔偿义务人"，是指因自己或者他人的侵权行为以及其他致害原因依法应当承担民事责任的自然人、法人或者非法人组织。

373. 产品责任纠纷

（1）产品生产者责任纠纷

（2）产品销售者责任纠纷

（3）产品运输者责任纠纷

（4）产品仓储者责任纠纷

案由适用要点

［释义］ 产品责任也称为产品侵权责任，是指产品的生产者、销售者因生

产、销售缺陷产品致使他人遭受人身损害、财产损失或者有使他人遭受人身损害和财产损失的危险的，应当承担的侵权责任。

产品生产者责任纠纷。产品生产者责任是指为流通目的而加工、制作产品的人，在产品存在缺陷造成他人损害时所应当承担的民事责任。

产品销售者责任纠纷。产品销售者责任是指实施使产品流通的销售行为的人，对于其所销售的产品因缺陷致人损害所应承担的民事责任。由此产生的纠纷为产品销售者责任纠纷。

产品运输者责任纠纷。产品运输者责任是指因产品的运输者的过错致使产品存在缺陷而致人损害时，产品运输者所应承担的民事责任。由此产生的纠纷为产品运输者责任纠纷。

产品仓储者责任纠纷。产品仓储者责任是指因产品的仓储者的过错致使产品存在缺陷而致人损害时，产品的仓储者所应承担的民事责任。由此产生的纠纷为产品仓储者责任纠纷。

［**管辖**］根据《民事诉讼法》第29条的规定，因侵权行为提起的诉讼，由侵权行为地或者被告住所地人民法院管辖。根据《民事诉讼法解释》第24条的规定，《民事诉讼法》第29条规定的侵权行为地，包括侵权行为实施地、侵权结果发生地。

［**应注意的问题**］在实体法律关系中有关产品责任纠纷会涉及违约责任和侵权责任的竞合问题，对于受害人主张生产者、销售者承担侵权责任的情形，应当适用本案由或者其项下对应的第四级案由，这包括受害人主张生产者、销售者承担惩罚性赔偿责任以及停止销售等补救措施的情形。至于生产者、销售者向仓储者、运输者行使追偿权的纠纷，则直接适用本案由项下对应的第四级案由。

请求权基础规范指引

《中华人民共和国民法典》（2020年）

第五百六十六条【合同解除的效力】 合同解除后，尚未履行的，终止履行；已经履行的，根据履行情况和合同性质，当事人可以请求恢复原状或者采取其他补救措施，并有权请求赔偿损失。

合同因违约解除的，解除权人可以请求违约方承担违约责任，但是当事人另有约定的除外。

主合同解除后，担保人对债务人应当承担的民事责任仍应当承担担保责任，但是担保合同另有约定的除外。

第一千零四条【健康权】 自然人享有健康权。自然人的身心健康受法律保护。任何组织或者个人不得侵害他人的健康权。

第一千零五条【法定救助义务】 自然人的生命权、身体权、健康权受到侵害或者处于其他危难情形的，负有法定救助义务的组织或者个人应当及时施救。

第一千零六条【人体捐献】 完全民事行为能力人有权依法自主决定无偿捐献其人体细胞、人体组织、人体器官、遗体。任何组织或者个人不得强迫、欺骗、利诱其捐献。

完全民事行为能力人依据前款规定同意捐献的，应当采用书面形式，也可以订立遗嘱。

自然人生前未表示不同意捐献的，该自然人死亡后，其配偶、成年子女、父母可以共同决定捐献，决定捐献应当采用书面形式。

第一千零七条【禁止人体买卖】 禁止以任何形式买卖人体细胞、人体组织、人体器官、遗体。

违反前款规定的买卖行为无效。

《中华人民共和国消费者权益保护法》（2013 年修正）

第十九条 经营者发现其提供的商品或者服务存在缺陷，有危及人身、财产安全危险的，应当立即向有关行政部门报告和告知消费者，并采取停止销售、警示、召回、无害化处理、销毁、停止生产或者服务等措施。采取召回措施的，经营者应当承担消费者因商品被召回支出的必要费用。

《中华人民共和国涉外民事关系法律适用法》（2010 年）

第四十五条 产品责任，适用被侵权人经常居所地法律；被侵权人选择适用侵权人主营业地法律、损害发生地法律的，或者侵权人在被侵权人经常居所地没有从事相关经营活动的，适用侵权人主营业地法律或者损害发生地法律。

《中华人民共和国产品质量法》（2018 年修正）

第四十一条 因产品存在缺陷造成人身、缺陷产品以外的其他财产（以下简称他人财产）损害的，生产者应当承担赔偿责任。

生产者能够证明有下列情形之一的，不承担赔偿责任：

（一）未将产品投入流通的；

（二）产品投入流通时，引起损害的缺陷尚不存在的；

（三）将产品投入流通时的科学技术水平尚不能发现缺陷的存在的。

第四十二条 由于销售者的过错使产品存在缺陷，造成人身、他人财产损害的，销售者应当承担赔偿责任。

销售者不能指明缺陷产品的生产者也不能指明缺陷产品的供货者的，销售者应当承担赔偿责任。

第四十三条 因产品存在缺陷造成人身、他人财产损害的，受害人可以向产品的生产者要求赔偿，也可以向产品的销售者要求赔偿。属于产品的生产者的责任，产品的销售者赔偿的，产品的销售者有权向产品的生产者追偿。属于产品的销售者的责任，产品的生产者赔偿的，产品的生产者有权向产品的销售者追偿。

第四十四条 因产品存在缺陷造成受害人人身伤害的，侵害人应当赔偿医疗费、治疗期间的护理费、因误工减少的收入等费用；造成残疾的，还应当支付残疾者生活自助具费、生活补助费、残疾赔偿金以及由其扶养的人所必需的生活费等费用；造成受害人死亡的，并应当支付丧葬费、死亡赔偿金以及由死者生前扶养的人所必需的生活费等费用。

因产品存在缺陷造成受害人财产损失的，侵害人应当恢复原状或者折价赔偿。受害人因此遭受其他重大损失的，侵害人应当赔偿损失。

第四十五条 因产品存在缺陷造成损害要求赔偿的诉讼时效期间为二年，自当事人知道或者应当知道其权益受到损害时起计算。

因产品存在缺陷造成损害要求赔偿的请求权，在造成损害的缺陷产品交付最初消费者满十年丧失；但是，尚未超过明示的安全使用期的除外。

《中华人民共和国电子商务法》（2018年）

第三十八条 电子商务平台经营者知道或者应当知道平台内经营者销售的商品或者提供的服务不符合保障人身、财产安全的要求，或者有其他侵害消费者合法权益行为，未采取必要措施的，依法与该平台内经营者承担连带责任。

对关系消费者生命健康的商品或者服务，电子商务平台经营者对平台内经营者的资质资格未尽到审核义务，或者对消费者未尽到安全保障义务，造成消费者损害的，依法承担相应的责任。

《最高人民法院关于适用〈中华人民共和国民法典〉侵权责任编的解释（一）》（法释〔2024〕12号 2024年9月25日）

第十九条 因产品存在缺陷造成买受人财产损害，买受人请求产品的生产者或者销售者赔偿缺陷产品本身损害以及其他财产损害的，人民法院依照民法典第一千二百零二条、第一千二百零三条的规定予以支持。

《最高人民法院关于审理食品药品惩罚性赔偿纠纷案件适用法律若干问题的解释》（法释〔2024〕9号 2024年8月21日）

第一条 购买者因个人或者家庭生活消费需要购买的食品不符合食品安全标准，购买后依照食品安全法第一百四十八条第二款规定请求生产者或者经营者支付惩罚性赔偿金的，人民法院依法予以支持。

没有证据证明购买者明知所购买食品不符合食品安全标准仍然购买的，人民法院应当根据购买者请求以其实际支付价款为基数计算价款十倍的惩罚性赔偿金。

第二条　购买者明知所购买食品不符合食品安全标准或者所购买药品是假药、劣药，购买后请求经营者返还价款的，人民法院应予支持。

经营者请求购买者返还食品、药品，如果食品标签、标志或者说明书不符合食品安全标准，食品生产者在采取补救措施且能保证食品安全的情况下可以继续销售的，人民法院应予支持；应当对食品、药品采取无害化处理、销毁等措施的，依照食品安全法、药品管理法的相关规定处理。

第三条　受托人明知购买者委托购买的是不符合食品安全标准的食品或者假药、劣药仍然代购，购买者依照食品安全法第一百四十八条第二款或者药品管理法第一百四十四条第三款规定请求受托人承担惩罚性赔偿责任的，人民法院应予支持，但受托人不以代购为业的除外。

以代购为业的受托人明知是不符合食品安全标准的食品或者假药、劣药仍然代购，向购买者承担惩罚性赔偿责任后向生产者追偿的，人民法院不予支持。受托人不知道是不符合食品安全标准的食品或者假药、劣药而代购，向购买者承担赔偿责任后向生产者追偿的，人民法院依法予以支持。

第四条　食品生产加工小作坊和食品摊贩等生产经营的食品不符合食品安全标准，购买者请求生产者或者经营者依照食品安全法第一百四十八条第二款规定承担惩罚性赔偿责任的，人民法院应予支持。

食品生产加工小作坊和食品摊贩等生产经营的食品不符合省、自治区、直辖市制定的具体管理办法等规定，但符合食品安全标准，购买者请求生产者或者经营者依照食品安全法第一百四十八条第二款规定承担惩罚性赔偿责任的，人民法院不予支持。

第五条　食品不符合食品中危害人体健康物质的限量规定，食品添加剂的品种、使用范围、用量要求，特定人群的主辅食品的营养成分要求，与卫生、营养等食品安全要求有关的标签、标志、说明书要求以及与食品安全有关的质量要求等方面的食品安全标准，购买者依照食品安全法第一百四十八条第二款规定请求生产者或者经营者承担惩罚性赔偿责任的，人民法院应予支持。

第六条　购买者以食品的标签、说明书不符合食品安全标准为由请求生产者或者经营者支付惩罚性赔偿金，生产者或者经营者以食品的标签、说明书瑕疵不影响食品安全且不会对消费者造成误导为由进行抗辩，存在下列情形之一的，人民法院对生产者或者经营者的抗辩不予支持：

（一）未标明食品安全标准要求必须标明的事项，但属于本解释第八条规定情形的除外；

（二）故意错标食品安全标准要求必须标明的事项；

（三）未正确标明食品安全标准要求必须标明的事项，足以导致消费者对食品安全产生误解。

第七条 购买者以食品的标签、说明书不符合食品安全标准为由请求生产者或者经营者支付惩罚性赔偿金，生产者或者经营者以食品的标签、说明书虽不符合食品安全标准但不影响食品安全为由进行抗辩的，人民法院对其抗辩不予支持，但食品的标签、说明书瑕疵同时符合下列情形的除外：

（一）根据食品安全法第一百五十条关于食品安全的规定，足以认定标签、说明书瑕疵不影响食品安全；

（二）根据购买者在购买食品时是否明知瑕疵存在、瑕疵是否会导致普通消费者对食品安全产生误解等事实，足以认定标签、说明书瑕疵不会对消费者造成误导。

第八条 购买者以食品的标签、说明书不符合食品安全标准为由请求生产者或者经营者支付惩罚性赔偿金，食品的标签、说明书虽存在瑕疵但属于下列情形之一的，人民法院不予支持：

（一）文字、符号、数字的字号、字体、字高不规范，或者外文字号、字高大于中文；

（二）出现错别字、多字、漏字、繁体字或者外文翻译不准确，但不会导致消费者对食品安全产生误解；

（三）净含量、规格的标示方式和格式不规范，食品、食品添加剂以及配料使用的俗称或者简称等不规范，营养成分表、配料表顺序、数值、单位标示不规范，或者营养成分表数值修约间隔、“0”界限值、标示单位不规范，但不会导致消费者对食品安全产生误解；

（四）对没有特殊贮存条件要求的食品，未按照规定标示贮存条件；

（五）食品的标签、说明书存在其他瑕疵，但不影响食品安全且不会对消费者造成误导。

第九条 经营明知是不符合食品安全标准的食品或者明知是假药、劣药仍然销售、使用的行为构成欺诈，购买者选择依照食品安全法第一百四十八条第二款、药品管理法第一百四十四条第三款或者消费者权益保护法第五十五条第一款规定起诉请求经营者承担惩罚性赔偿责任的，人民法院应予支持。

购买者依照食品安全法第一百四十八条第二款或者药品管理法第一百四十四条第三款规定起诉请求经营者承担惩罚性赔偿责任，人民法院经审理认为购买者请求不成立但经营者行为构成欺诈，购买者变更为依照消费者权益保护法第五十五条第一款规定请求经营者承担惩罚性赔偿责任的，人民法院应当准许。

第十条 购买者因个人或者家庭生活消费需要购买的药品是假药、劣药，依照药品管理法第一百四十四条第三款规定请求生产者或者经营者支付惩罚性赔偿金的，人民法院依法予以支持。

第十一条 购买者依照药品管理法第一百四十四条第三款规定请求生产者或者经营者支付惩罚性赔偿金，生产者或者经营者抗辩不应适用药品管理法第一百四十四条第三款规定，存在下列情形之一的，人民法院对其抗辩应予支持：

（一）不以营利为目的实施带有自救、互助性质的生产、销售少量药品行为，且未造成他人伤害后果；

（二）根据民间传统配方制售药品，数量不大，且未造成他人伤害后果；

（三）不以营利为目的实施带有自救、互助性质的进口少量境外合法上市药品行为。

对于是否属于民间传统配方难以确定的，可以根据地市级以上药品监督管理部门或者有关部门出具的意见，结合其他证据作出认定。

行政机关作出的处罚决定或者行政机关、药品检验机构提供的检验结论、认定意见等证据足以证明生产、销售或者使用的药品属于假药、劣药的，不适用本条第一款规定。

第十二条 购买者明知所购买食品不符合食品安全标准，依照食品安全法第一百四十八条第二款规定请求生产者或者经营者支付价款十倍的惩罚性赔偿金的，人民法院应当在合理生活消费需要范围内依法支持购买者诉讼请求。

人民法院可以综合保质期、普通消费者通常消费习惯等因素认定购买者合理生活消费需要的食品数量。

生产者或者经营者主张购买者明知所购买食品不符合食品安全标准仍然购买索赔的，应当提供证据证明其主张。

第十三条 购买者明知食品不符合食品安全标准，在短时间内多次购买，并依照食品安全法第一百四十八条第二款规定起诉请求同一生产者或者经营者按每次购买金额分别计算惩罚性赔偿金的，人民法院应当根据购买者多次购买相同食品的总数，在合理生活消费需要范围内依法支持其诉讼请求。

第十四条 购买者明知所购买食品不符合食品安全标准，在短时间内多次购买，并多次依照食品安全法第一百四十八条第二款规定就同一不符合食品安全标准的食品起诉请求同一生产者或者经营者支付惩罚性赔偿金的，人民法院应当在合理生活消费需要范围内依法支持其诉讼请求。

人民法院可以综合保质期、普通消费者通常消费习惯、购买者的购买频次等因素认定购买者每次起诉的食品数量是否超出合理生活消费需要。

第十五条 人民法院在审理食品药品纠纷案件过程中，发现购买者恶意制造生产者或者经营者违法生产经营食品、药品的假象，以投诉、起诉等方式相要挟，向生产者或者经营者索取赔偿金，涉嫌敲诈勒索的，应当及时将有关违法犯罪线索、材料移送公安机关。

第十六条 购买者恶意制造生产者或者经营者违法生产经营食品、药品的假象，起诉请求生产者或者经营者承担赔偿责任的，人民法院应当驳回购买者诉讼请求；构成虚假诉讼的，人民法院应当依照民事诉讼法相关规定，根据情节轻重对其予以罚款、拘留。

购买者行为侵害生产者或者经营者的名誉权等权利，生产者或者经营者请求购买者承担损害赔偿等民事责任的，人民法院应予支持。

第十七条 人民法院在审理食品药品纠纷案件过程中，发现当事人的行为涉嫌生产、销售有毒、有害食品及假药、劣药，虚假诉讼等违法犯罪的，应当及时将有关违法犯罪线索、材料移送有关行政机关和公安机关。

第十八条 人民法院在审理食品药品纠纷案件过程中，发现违法生产、销售、使用食品、药品行为的，可以向有关行政机关、生产者或者经营者发出司法建议。

374. 机动车交通事故责任纠纷

案由适用要点

［**释义**］机动车交通事故责任是指机动车的所有人或者使用人在机动车发生交通事故造成他人人身伤害或者财产损失时所应承担的侵权责任。这也包括保险公司在交强险或者商业保险范围内依法承担赔付责任的情形。

［**管辖**］根据《民事诉讼法》第 29 条的规定，因侵权行为提起的诉讼，由侵权行为地或者被告住所地人民法院管辖。根据《民事诉讼法解释》第 24 条的规定，《民事诉讼法》第 29 条规定的侵权行为地，包括侵权行为实施地、侵权结果发生地。

［**应注意的问题**］2011 年《民事案件案由规定》根据《侵权责任法》的内容，将机动车交通事故责任纠纷提升为第三级案由，置于侵权责任纠纷第一级、第二级案由之下，体例、结构上更为科学合理，在确定案由时也更为方便。2020 年《民事案件案由规定》保留这一案由，同时增设非机动车交通事故责任纠纷，使得案由更加细化。

请求权基础规范指引

《中华人民共和国民法典》（2020 年）

第一百二十条【侵权责任的承担】 民事权益受到侵害的，被侵权人有权请求侵权人承担侵权责任。

第一千二百零八条【机动车交通事故责任的法律适用】 机动车发生交通事故造成损害的，依照道路交通安全法律和本法的有关规定承担赔偿责任。

第一千二百零九条【机动车所有人、管理人与使用人不一致时的侵权责任】 因租赁、借用等情形机动车所有人、管理人与使用人不是同一人时，发生交通事故造成损害，属于该机动车一方责任的，由机动车使用人承担赔偿责任；机动车所有人、管理人对损害的发生有过错的，承担相应的赔偿责任。

第一千二百一十条【转让并交付但未办理登记的机动车侵权责任】 当事人之间已经以买卖或者其他方式转让并交付机动车但是未办理登记，发生交通事故造成损害，属于该机动车一方责任的，由受让人承担赔偿责任。

第一千二百一十一条【挂靠机动车侵权责任】 以挂靠形式从事道路运输经营活动的机动车，发生交通事故造成损害，属于该机动车一方责任的，由挂靠人和被挂靠人承担连带责任。

第一千二百一十二条【未经允许驾驶他人机动车侵权责任】 未经允许驾驶他人机动车，发生交通事故造成损害，属于该机动车一方责任的，由机动车使用人承担赔偿责任；机动车所有人、管理人对损害的发生有过错的，承担相应的赔偿责任，但是本章另有规定的除外。

第一千二百一十三条【交通事故责任承担主体赔偿顺序】 机动车发生交通事故造成损害，属于该机动车一方责任的，先由承保机动车强制保险的保险人在强制保险责任限额范围内予以赔偿；不足部分，由承保机动车商业保险的保险人按照保险合同的约定予以赔偿；仍然不足或者没有投保机动车商业保险的，由侵权人赔偿。

第一千二百一十四条【拼装车或报废车侵权责任】 以买卖或者其他方式转让拼装或者已经达到报废标准的机动车，发生交通事故造成损害的，由转让人和受让人承担连带责任。

第一千二百一十五条【盗窃、抢劫或抢夺机动车侵权责任】 盗窃、抢劫或者抢夺的机动车发生交通事故造成损害的，由盗窃人、抢劫人或者抢夺人承担赔偿责任。盗窃人、抢劫人或者抢夺人与机动车使用人不是同一人，发生交通事故造成损害，属于该机动车一方责任的，由盗窃人、抢劫人或者抢夺人与机动车使用人承担连带责任。

保险人在机动车强制保险责任限额范围内垫付抢救费用的，有权向交通事故责任人追偿。

第一千二百一十六条【肇事后逃逸责任及受害人救济】 机动车驾驶人发生交通事故后逃逸，该机动车参加强制保险的，由保险人在机动车强制保险责任限额范围内予以赔偿；机动车不明、该机动车未参加强制保险或者抢救费用超过机动车强制保险责任限额，需要支付被侵权人人身伤亡的抢救、丧葬等费用的，由道路交通事故社会救助基金垫付。道路交通事故社会救助基金垫付后，其管理机构有权向交通事故责任人追偿。

第一千二百一十七条【好意同乘的责任承担】 非营运机动车发生交通事故造成无偿搭乘人损害，属于该机动车一方责任的，应当减轻其赔偿责任，但是机动车使用人有故意或者重大过失的除外。

《中华人民共和国道路交通安全法》（2021 年修正）

第七十六条 机动车发生交通事故造成人身伤亡、财产损失的，由保险公司在机动车第三者责任强制保险责任限额范围内予以赔偿；不足的部分，按照下列规定承担赔偿责任：

（一）机动车之间发生交通事故的，由有过错的一方承担赔偿责任；双方都有过错的，按照各自过错的比例分担责任。

（二）机动车与非机动车驾驶人、行人之间发生交通事故，非机动车驾驶人、行人没有过错的，由机动车一方承担赔偿责任；有证据证明非机动车驾驶人、行人有过错的，根据过错程度适当减轻机动车一方的赔偿责任；机动车一方没有过错的，承担不超过百分之十的赔偿责任。

交通事故的损失是由非机动车驾驶人、行人故意碰撞机动车造成的，机动车一方不承担赔偿责任。

《最高人民法院关于适用〈中华人民共和国民法典〉侵权责任编的解释（一）》（法释〔2024〕12 号　2024 年 9 月 25 日）

第二十条 以买卖或者其他方式转让拼装或者已经达到报废标准的机动车，发生交通事故造成损害，转让人、受让人以其不知道且不应当知道该机动车系拼装或者已经达到报废标准为由，主张不承担侵权责任的，人民法院不予支持。

第二十一条 未依法投保强制保险的机动车发生交通事故造成损害，投保义务人和交通事故责任人不是同一人，被侵权人合并请求投保义务人和交通事故责任人承担侵权责任的，交通事故责任人承担侵权人应承担的全部责任；投保义务人在机动车强制保险责任限额范围内与交通事故责任人共同承担责任，但责任主体实际支付的赔偿费用总和不应超出被侵权人应受偿的损失数额。

投保义务人先行支付赔偿费用后，就超出机动车强制保险责任限额范围部分向交通事故责任人追偿的，人民法院应予支持。

第二十二条 机动车驾驶人离开本车后，因未采取制动措施等自身过错受到本车碰撞、碾压造成损害，机动车驾驶人请求承保本车机动车强制保险的保险人在强制保险责任限额范围内，以及承保本车机动车商业第三者责任保险的保险人按照保险合同的约定赔偿的，人民法院不予支持，但可以依据机动车车上人员责任保险的有关约定支持相应的赔偿请求。

《最高人民法院关于适用〈中华人民共和国民法典〉时间效力的若干规定》（法释〔2020〕15号　2020年12月29日）

第十八条　民法典施行前，因非营运机动车发生交通事故造成无偿搭乘人损害引起的民事纠纷案件，适用民法典第一千二百一十七条的规定。

《最高人民法院关于审理道路交通事故损害赔偿案件适用法律若干问题的解释》（2020年12月23日修正）

第一条　机动车发生交通事故造成损害，机动车所有人或者管理人有下列情形之一，人民法院应当认定其对损害的发生有过错，并适用民法典第一千二百零九条的规定确定其相应的赔偿责任：

（一）知道或者应当知道机动车存在缺陷，且该缺陷是交通事故发生原因之一的；

（二）知道或者应当知道驾驶人无驾驶资格或者未取得相应驾驶资格的；

（三）知道或者应当知道驾驶人因饮酒、服用国家管制的精神药品或者麻醉药品，或者患有妨碍安全驾驶机动车的疾病等依法不能驾驶机动车的；

（四）其他应当认定机动车所有人或者管理人有过错的。

第二条　被多次转让但是未办理登记的机动车发生交通事故造成损害，属于该机动车一方责任，当事人请求由最后一次转让并交付的受让人承担赔偿责任的，人民法院应予支持。

第三条　套牌机动车发生交通事故造成损害，属于该机动车一方责任，当事人请求由套牌机动车的所有人或者管理人承担赔偿责任的，人民法院应予支持；被套牌机动车所有人或者管理人同意套牌的，应当与套牌机动车的所有人或者管理人承担连带责任。

第四条　拼装车、已达到报废标准的机动车或者依法禁止行驶的其他机动车被多次转让，并发生交通事故造成损害，当事人请求由所有的转让人和受让人承担连带责任的，人民法院应予支持。

第五条　接受机动车驾驶培训的人员，在培训活动中驾驶机动车发生交通事故造成损害，属于该机动车一方责任，当事人请求驾驶培训单位承担赔偿责任的，人民法院应予支持。

第六条　机动车试乘过程中发生交通事故造成试乘人损害，当事人请求提供试乘服务者承担赔偿责任的，人民法院应予支持。试乘人有过错的，应当减轻提供试乘服务者的赔偿责任。

第七条　因道路管理维护缺陷导致机动车发生交通事故造成损害，当事人请求道路管理者承担相应赔偿责任的，人民法院应予支持。但道路管理者能够证明已经依照法律、法规、规章的规定，或者按照国家标准、行业标准、地方标准的要求尽到安全防护、警示等管理维护义务的除外。

依法不得进入高速公路的车辆、行人，进入高速公路发生交通事故造成自身损害，当事人请求高速公路管理者承担赔偿责任的，适用民法典第一千二百四十三条的规定。

第八条 未按照法律、法规、规章或者国家标准、行业标准、地方标准的强制性规定设计、施工，致使道路存在缺陷并造成交通事故，当事人请求建设单位与施工单位承担相应赔偿责任的，人民法院应予支持。

第十条 多辆机动车发生交通事故造成第三人损害，当事人请求多个侵权人承担赔偿责任的，人民法院应当区分不同情况，依照民法典第一千一百七十条、第一千一百七十一条、第一千一百七十二条的规定，确定侵权人承担连带责任或者按份责任。

第十一条 道路交通安全法第七十六条规定的“人身伤亡”，是指机动车发生交通事故侵害被侵权人的生命权、身体权、健康权等人身权益所造成的损害，包括民法典第一千一百七十九条和第一千一百八十三条规定的各项损害。

道路交通安全法第七十六条规定的“财产损失”，是指因机动车发生交通事故侵害被侵权人的财产权益所造成的损失。

第十二条 因道路交通事故造成下列财产损失，当事人请求侵权人赔偿的，人民法院应予支持：

（一）维修被损坏车辆所支出的费用、车辆所载物品的损失、车辆施救费用；

（二）因车辆灭失或者无法修复，为购买交通事故发生时与被损坏车辆价值相当的车辆重置费用；

（三）依法从事货物运输、旅客运输等经营性活动的车辆，因无法从事相应经营活动所产生的合理停运损失；

（四）非经营性车辆因无法继续使用，所产生的通常替代性交通工具的合理费用。

第十四条 投保人允许的驾驶人驾驶机动车致使投保人遭受损害，当事人请求承保交强险的保险公司在责任限额范围内予以赔偿的，人民法院应予支持，但投保人为本车上人员的除外。

第十五条 有下列情形之一导致第三人人身损害，当事人请求保险公司在交强险责任限额范围内予以赔偿，人民法院应予支持：

（一）驾驶人未取得驾驶资格或者未取得相应驾驶资格的；

（二）醉酒、服用国家管制的精神药品或者麻醉药品后驾驶机动车发生交通事故的；

（三）驾驶人故意制造交通事故的。

保险公司在赔偿范围内向侵权人主张追偿权的，人民法院应予支持。追偿权的诉讼时效期间自保险公司实际赔偿之日起计算。

第十六条 未依法投保交强险的机动车发生交通事故造成损害，当事人请求投保义务人在交强险责任限额范围内予以赔偿的，人民法院应予支持。

投保义务人和侵权人不是同一人，当事人请求投保义务人和侵权人在交强险责任限额范围内承担相应责任的，人民法院应予支持。

第十七条 具有从事交强险业务资格的保险公司违法拒绝承保、拖延承保或者违法解除交强险合同，投保义务人在向第三人承担赔偿责任后，请求该保险公司在交强险责任限额范围内承担相应赔偿责任的，人民法院应予支持。

第十八条 多辆机动车发生交通事故造成第三人损害，损失超出各机动车交强险责任限额之和的，由各保险公司在各自责任限额范围内承担赔偿责任；损失未超出各机动车交强险责任限额之和，当事人请求由各保险公司按照其责任限额与责任限额之和的比例承担赔偿责任的，人民法院应予支持。

依法分别投保交强险的牵引车和挂车连接使用时发生交通事故造成第三人损害，当事人请求由各保险公司在各自的责任限额范围内平均赔偿的，人民法院应予支持。

多辆机动车发生交通事故造成第三人损害，其中部分机动车未投保交强险，当事人请求先由已承保交强险的保险公司在责任限额范围内予以赔偿的，人民法院应予支持。保险公司就超出其应承担的部分向未投保交强险的投保义务人或者侵权人行使追偿权的，人民法院应予支持。

第十九条 同一交通事故的多个被侵权人同时起诉的，人民法院应当按照各被侵权人的损失比例确定交强险的赔偿数额。

第二十一条 当事人主张交强险人身伤亡保险金请求权转让或者设定担保的行为无效的，人民法院应予支持。

第二十二条 人民法院审理道路交通事故损害赔偿案件，应当将承保交强险的保险公司列为共同被告。但该保险公司已经在交强险责任限额范围内予以赔偿且当事人无异议的除外。

人民法院审理道路交通事故损害赔偿案件，当事人请求将承保商业三者险的保险公司列为共同被告的，人民法院应予准许。

第二十五条 机动车在道路以外的地方通行时引发的损害赔偿案件，可以参照适用本解释的规定。

375. 非机动车交通事故责任纠纷

案由适用要点

[释义] 非机动车交通事故责任是指非机动车的所有人或者使用人在非机动车发生交通事故造成他人人身伤害或者财产损失时所应承担的侵权损害赔偿责任。

[管辖] 根据《民事诉讼法》第 29 条的规定，因侵权行为提起的诉讼，由侵权行为地或者被告住所地人民法院管辖。根据《民事诉讼法解释》第 24 条的规定，《民事诉讼法》第 29 条规定的侵权行为地，包括侵权行为实施地、侵权结果发生地。

[应注意的问题] 非机动车交通事故责任纠纷在实践中时有发生，因事故双方均为非机动车，因此不能适用机动车交通事故责任纠纷案由。在适用时要注意，对于交通事故中有一方为驾驶机动车的，则应适用机动车交通事故纠纷，而非本案由。

请求权基础规范指引

《中华人民共和国道路交通安全法》（2021 年修正）

第十八条 依法应当登记的非机动车，经公安机关交通管理部门登记后，方可上道路行驶。

依法应当登记的非机动车的种类，由省、自治区、直辖市人民政府根据当地实际情况规定。

非机动车的外形尺寸、质量、制动器、车铃和夜间反光装置，应当符合非机动车安全技术标准。

第三十六条 根据道路条件和通行需要，道路划分为机动车道、非机动车道和人行道的，机动车、非机动车、行人实行分道通行。没有划分机动车道、非机动车道和人行道的，机动车在道路中间通行，非机动车和行人在道路两侧通行。

第五十七条 驾驶非机动车在道路上行驶应当遵守有关交通安全的规定。非机动车应当在非机动车道内行驶；在没有非机动车道的道路上，应当靠车行道的右侧行驶。

第五十九条 非机动车应当在规定地点停放。未设停放地点的，非机动车停放不得妨碍其他车辆和行人通行。

376. 医疗损害责任纠纷

（1）侵害患者知情同意权责任纠纷

（2）医疗产品责任纠纷

案由适用要点

［释义］ 医疗损害责任是指患者在医疗机构就医时，由于医疗机构或者其医务人员的过错，在诊疗护理活动中受到损害的，医疗机构应当承担侵权损害赔偿责任。因诊疗过错行为导致患者损害，患者或者患者死亡后其近亲属向医疗机构主张侵权责任的纠纷，即为医疗损害责任纠纷。

侵害患者知情同意权责任是指医疗机构的医务人员在诊疗活动中，应当向患者说明病情和医疗措施等情况而未予说明，或者在实施手术、特殊检查和特殊治疗时，应当向患者或其近亲属说明医疗风险、替代医疗方案等情况并取得其明确同意而未尽到义务的，医疗机构应当对患者由此造成的损害承担赔偿责任。由此而产生的纠纷为侵害患者知情同意权责任纠纷。

医疗产品责任是指医疗机构在诊疗过程中使用有缺陷的药品、消毒产品、医疗器械等医疗产品，或者输入不合格的血液，因此造成患者人身损害的，医疗机构或者医疗产品的生产者、血液提供机构、药品上市许可持有人所应当承担的侵权损害赔偿责任。由此而产生的纠纷为医疗产品责任纠纷。

［管辖］ 医疗损害责任纠纷案件的管辖，适用《民事诉讼法》第29条的规定，由侵权行为地或者被告住所地人民法院管辖。根据《民事诉讼法解释》第24条的规定，《民事诉讼法》第29条规定的侵权行为地，包括侵权行为实施地、侵权结果发生地。

［应注意的问题］ 1. 医疗机构的过错不再是“医疗机构及其医务人员”，而是“医疗机构或者其医务人员”

这一修改变化更加有利于加强对患者的保护。在此要注意的是，虽然《民法典》沿袭《侵权责任法》的规定，对于诊疗损害责任适用过错责任原则，但在举证责任上，并非完全采取“谁主张，谁举证”的做法，而是要实行举证责任缓和，依据《最高人民法院关于审理医疗损害责任纠纷案件适用法律若干问题的解释》第4条的规定，患者依据《民法典》第1218条规定主张医疗机构承担赔偿责任的，应当提交到该医疗机构就诊、受到损害的证据。患者无法提交医疗机构或者其医务人员有过错、诊疗行为与损害之间具有因果关系的证据，依法提出医疗损害鉴定申请的，人民法院应予准许。医疗机构主张不承担责任的，应当就《民法典》第1224条第1款规定情形等抗辩事由承担举证证明责任。

2. 医疗产品责任主体增加“药品上市许可持有人”

2019年修订的《药品管理法》专门对药品上市许可持有人作出了规定。该法第30条规定：“药品上市许可持有人是指取得药品注册证书的企业或者药品研制机构等。药品上市许可持有人应当按照本法规定，对药品的非临床研究、临床试验、生产经营、上市后研究、不良反应监测及报告与处理等承担责任。其他从事药品研制、生产、经营、储存、运输、使用等活动的单位和个人依法承担相应责任。药品上市许可持有人的法定代表人、主要负责人对药品质量全面负责。”该法第3章针对药品上市许可持有人制度作出了细化规定。在《民法典》对于药品上市许可持有人相关制度有明确规定的情况下，应当适用《民法典》的规定。《药品管理法》对药品上市许可持有人制度的细化规定在不与《民法典》冲突的情况下，可以继续适用。涉及药品上市许可持有人因药品缺陷承担侵权责任的纠纷，要适用医疗产品责任纠纷这一第四级案由，而不能适用产品责任纠纷这一案由。

请求权基础规范指引

《中华人民共和国民法典》（2020年）

第一百二十条【侵权责任的承担】 民事权益受到侵害的，被侵权人有权请求侵权人承担侵权责任。

第一千二百一十八条【医疗损害责任归责原则和责任承担主体】 患者在诊疗活动中受到损害，医疗机构或者其医务人员有过错的，由医疗机构承担赔偿责任。

第一千二百一十九条【医务人员说明义务和患者知情同意权】 医务人员在诊疗活动中应当向患者说明病情和医疗措施。需要实施手术、特殊检查、特殊治疗的，医务人员应当及时向患者具体说明医疗风险、替代医疗方案等情况，并取得其明确同意；不能或者不宜向患者说明的，应当向患者的近亲属说明，并取得其明确同意。

医务人员未尽到前款义务，造成患者损害的，医疗机构应当承担赔偿责任。

第一千二百二十条【紧急情况下知情同意的特殊规定】 因抢救生命垂危的患者等紧急情况，不能取得患者或者其近亲属意见的，经医疗机构负责人或者授权的负责人批准，可以立即实施相应的医疗措施。

第一千二百二十一条【诊疗活动中医务人员过错的界定】 医务人员在诊疗活动中未尽到与当时的医疗水平相应的诊疗义务，造成患者损害的，医疗机构应当承担赔偿责任。

第一千二百二十二条【推定医疗机构有过错的情形】 患者在诊疗活动中受到损害，有下列情形之一的，推定医疗机构有过错：

（一）违反法律、行政法规、规章以及其他有关诊疗规范的规定；

（二）隐匿或者拒绝提供与纠纷有关的病历资料；

（三）遗失、伪造、篡改或者违法销毁病历资料。

第一千二百二十三条【药品、消毒产品、医疗器械的缺陷，或者输入不合格血液的侵权责任】 因药品、消毒产品、医疗器械的缺陷，或者输入不合格的血液造成患者损害的，患者可以向药品上市许可持有人、生产者、血液提供机构请求赔偿，也可以向医疗机构请求赔偿。患者向医疗机构请求赔偿的，医疗机构赔偿后，有权向负有责任的药品上市许可持有人、生产者、血液提供机构追偿。

第一千二百二十四条【医疗机构免责情形】 患者在诊疗活动中受到损害，有下列情形之一的，医疗机构不承担赔偿责任：

（一）患者或者其近亲属不配合医疗机构进行符合诊疗规范的诊疗；

（二）医务人员在抢救生命垂危的患者等紧急情况下已经尽到合理诊疗义务；

（三）限于当时的医疗水平难以诊疗。

前款第一项情形中，医疗机构或者其医务人员也有过错的，应当承担相应的赔偿责任。

第一千二百二十五条【医疗机构对病历资料的义务、患者对病历资料的权利】 医疗机构及其医务人员应当按照规定填写并妥善保管住院志、医嘱单、检验报告、手术及麻醉记录、病理资料、护理记录等病历资料。

患者要求查阅、复制前款规定的病历资料的，医疗机构应当及时提供。

第一千二百二十六条【患者隐私和个人信息保护】 医疗机构及其医务人员应当对患者的隐私和个人信息保密。泄露患者的隐私和个人信息，或者未经患者同意公开其病历资料的，应当承担侵权责任。

第一千二百二十七条【禁止违规过度检查】 医疗机构及其医务人员不得违反诊疗规范实施不必要的检查。

第一千二百二十八条【维护医疗机构及其医务人员合法权益】 医疗机构及其医务人员的合法权益受法律保护。

干扰医疗秩序，妨碍医务人员工作、生活，侵害医务人员合法权益的，应当依法承担法律责任。

《最高人民法院关于审理医疗损害责任纠纷案件适用法律若干问题的解释》（2020年12月23日修正）

第二条 患者因同一伤病在多个医疗机构接受诊疗受到损害，起诉部分或者全部就诊的医疗机构的，应予受理。

患者起诉部分就诊的医疗机构后，当事人依法申请追加其他就诊的医疗机构为共同被告或者第三人的，应予准许。必要时，人民法院可以依法追加相关当事人参加诉讼。

第三条 患者因缺陷医疗产品受到损害，起诉部分或者全部医疗产品的生产者、销售者、药品上市许可持有人和医疗机构的，应予受理。

患者仅起诉医疗产品的生产者、销售者、药品上市许可持有人、医疗机构中部分主体，当事人依法申请追加其他主体为共同被告或者第三人的，应予准许。必要时，人民法院可以依法追加相关当事人参加诉讼。

患者因输入不合格的血液受到损害提起侵权诉讼的，参照适用前两款规定。

第四条 患者依据民法典第一千二百一十八条规定主张医疗机构承担赔偿责任的，应当提交到该医疗机构就诊、受到损害的证据。

患者无法提交医疗机构或者其医务人员有过错、诊疗行为与损害之间具有因果关系的证据，依法提出医疗损害鉴定申请的，人民法院应予准许。

医疗机构主张不承担责任的，应当就民法典第一千二百二十四条第一款规定情形等抗辩事由承担举证证明责任。

第五条 患者依据民法典第一千二百一十九条规定主张医疗机构承担赔偿责任的，应当按照前条第一款规定提交证据。

实施手术、特殊检查、特殊治疗的，医疗机构应当承担说明义务并取得患者或者患者近亲属明确同意，但属于民法典第一千二百二十条规定情形的除外。医疗机构提交患者或者患者近亲属明确同意证据的，人民法院可以认定医疗机构尽到说明义务，但患者有相反证据足以反驳的除外。

第六条 民法典第一千二百二十二条规定的病历资料包括医疗机构保管的门诊病历、住院志、体温单、医嘱单、检验报告、医学影像检查资料、特殊检查（治疗）同意书、手术同意书、手术及麻醉记录、病理资料、护理记录、出院记录以及国务院卫生行政主管部门规定的其他病历资料。

患者依法向人民法院申请医疗机构提交由其保管的与纠纷有关的病历资料等，医疗机构未在人民法院指定期限内提交的，人民法院可以依照民法典第一千二百二十二条第二项规定推定医疗机构有过错，但是因不可抗力等客观原因无法提交的除外。

第七条 患者依据民法典第一千二百二十三条规定请求赔偿的，应当提交使用医疗产品或者输入血液、受到损害的证据。

患者无法提交使用医疗产品或者输入血液与损害之间具有因果关系的证据，依法申请鉴定的，人民法院应予准许。

医疗机构，医疗产品的生产者、销售者、药品上市许可持有人或者血液提供机构主张不承担责任的，应当对医疗产品不存在缺陷或者血液合格等抗辩事由承担举证证明责任。

第十六条　对医疗机构或者其医务人员的过错，应当依据法律、行政法规、规章以及其他有关诊疗规范进行认定，可以综合考虑患者病情的紧急程度、患者个体差异、当地的医疗水平、医疗机构与医务人员资质等因素。

第十七条　医务人员违反民法典第一千二百一十九条第一款规定义务，但未造成患者人身损害，患者请求医疗机构承担损害赔偿责任的，不予支持。

第十八条　因抢救生命垂危的患者等紧急情况且不能取得患者意见时，下列情形可以认定为民法典第一千二百二十条规定的不能取得患者近亲属意见：

（一）近亲属不明的；

（二）不能及时联系到近亲属的；

（三）近亲属拒绝发表意见的；

（四）近亲属达不成一致意见的；

（五）法律、法规规定的其他情形。

前款情形，医务人员经医疗机构负责人或者授权的负责人批准立即实施相应医疗措施，患者因此请求医疗机构承担赔偿责任的，不予支持；医疗机构及其医务人员怠于实施相应医疗措施造成损害，患者请求医疗机构承担赔偿责任的，应予支持。

第十九条　两个以上医疗机构的诊疗行为造成患者同一损害，患者请求医疗机构承担赔偿责任的，应当区分不同情况，依照民法典第一千一百六十八条、第一千一百七十一条或者第一千一百七十二条的规定，确定各医疗机构承担的赔偿责任。

第二十条　医疗机构邀请本单位以外的医务人员对患者进行诊疗，因受邀医务人员的过错造成患者损害的，由邀请医疗机构承担赔偿责任。

第二十一条　因医疗产品的缺陷或者输入不合格血液受到损害，患者请求医疗机构，缺陷医疗产品的生产者、销售者、药品上市许可持有人或者血液提供机构承担赔偿责任的，应予支持。

医疗机构承担赔偿责任后，向缺陷医疗产品的生产者、销售者、药品上市许可持有人或者血液提供机构追偿的，应予支持。

因医疗机构的过错使医疗产品存在缺陷或者血液不合格，医疗产品的生产者、销售者、药品上市许可持有人或者血液提供机构承担赔偿责任后，向医疗机构追偿的，应予支持。

第二十二条　缺陷医疗产品与医疗机构的过错诊疗行为共同造成患者同一损害，患者请求医疗机构与医疗产品的生产者、销售者、药品上市许可持有人承担连带责任的，应予支持。

医疗机构或者医疗产品的生产者、销售者、药品上市许可持有人承担赔偿责任后，向其他责任主体追偿的，应当根据诊疗行为与缺陷医疗产品造成患者损害的原因力大小确定相应的数额。

输入不合格血液与医疗机构的过错诊疗行为共同造成患者同一损害的，参照适用前两款规定。

第二十三条 医疗产品的生产者、销售者、药品上市许可持有人明知医疗产品存在缺陷仍然生产、销售，造成患者死亡或者健康严重损害，被侵权人请求生产者、销售者、药品上市许可持有人赔偿损失及二倍以下惩罚性赔偿的，人民法院应予支持。

第二十四条 被侵权人同时起诉两个以上医疗机构承担赔偿责任，人民法院经审理，受诉法院所在地的医疗机构依法不承担赔偿责任，其他医疗机构承担赔偿责任的，残疾赔偿金、死亡赔偿金的计算，按下列情形分别处理：

（一）一个医疗机构承担责任的，按照该医疗机构所在地的赔偿标准执行；

（二）两个以上医疗机构均承担责任的，可以按照其中赔偿标准较高的医疗机构所在地标准执行。

第二十五条 患者死亡后，其近亲属请求医疗损害赔偿的，适用本解释；支付患者医疗费、丧葬费等合理费用的人请求赔偿该费用的，适用本解释。

本解释所称的“医疗产品”包括药品、消毒产品、医疗器械等。

《第八次全国法院民事商事审判工作会议（民事部分）纪要》（法〔2016〕399号 2016年11月21日）

11. 患者一方请求医疗机构承担侵权责任，应证明与医疗机构之间存在医疗关系及受损害的事实。对于是否存在医疗关系，应综合挂号单、交费单、病历、出院证明以及其他能够证明存在医疗行为的证据加以认定。

12. 对当事人所举证据材料，应根据法律、法规及司法解释的相关规定进行综合审查。因当事人采取伪造、篡改、涂改等方式改变病历资料内容，或者遗失、销毁、抢夺病历，致使医疗行为与损害后果之间的因果关系或医疗机构及其医务人员的过错无法认定的，改变或者遗失、销毁、抢夺病历资料一方当事人应承担相应的不利后果；制作方对病历资料内容存在的明显矛盾或错误不能作出合理解释的，应承担相应的不利后果；病历仅存在错别字、未按病历规范格式书写等形式瑕疵的，不影响对病历资料真实性的认定。

377. 环境污染责任纠纷

（1）大气污染责任纠纷
（2）水污染责任纠纷
（3）土壤污染责任纠纷
（4）电子废物污染责任纠纷
（5）固体废物污染责任纠纷
（6）噪声污染责任纠纷
（7）光污染责任纠纷
（8）放射性污染责任纠纷

案由适用要点

［**释义**］环境污染责任是指因工业活动或者其他人为原因，导致自然环境遭受污染或者破坏，从而造成他人人身、财产权益或者公共环境、其他公共财产遭受损害，或者有造成损害的危险时，侵权人所应当承担的侵权损害赔偿责任。

大气污染责任纠纷是指因工业活动或是其他人为的原因，引起某些物质进入大气中，呈现出足够的浓度，达到足够的时间，造成大气质量下降，引起污染，使他人人身财产损害，或者公共财产遭受损害，或者有造成损害的危险时，责任人依法应当承担侵权责任所引发的纠纷。

水污染责任纠纷是指由于人类排放的各种外源性物质（包括自然界中原先就有的和没有的），进入水体后，超出了水体本身自净作用（江河湖海可以通过各种物理、化学、生物方法来消除外源性物质，从而实现自净）所能承受的范围，造成水体污染，使他人人身财产损害，或者公共财产遭受损害，或者有造成损害的危险时，责任人依法应当承担侵权责任所引发的纠纷。

土壤污染责任纠纷是指由于人类活动产生的污染物进入土壤并积累到一定程度，引起土壤质量恶化，并进而造成农作物中某些指标超过国家标准，使他人人身财产受到损害，或者其他公共环境、公共财产遭受损害，或者有造成损害的危险时，责任人依法应当承担侵权责任所引发的纠纷。

电子废物污染责任纠纷是指电子废物由于人类活动排入环境所引起的环境质量下降而造成他人人身财产受到损害，或者其他公共环境、公共财产遭受损害，或者有造成损害的危险时，责任人依法应当承担侵权责任所引发的纠纷。

固体废物污染责任纠纷是指固体废物由于人类活动排入环境所引起的环境质量下降而造成他人人身财产受到损害，或者其他公共环境、公共财产遭受损害，或者有造成损害的危险时，责任人依法应当承担侵权责任所引发的纠纷。

噪声污染责任纠纷是指责任人因工业活动或是其他人为的原因，排放噪声造成污染，使他人人身财产受到损害，或者其他公共环境、公共财产遭受损害，或者有造成损害的危险时，依法应当承担侵权责任所引发的纠纷。

光污染责任纠纷是指责任人因工业活动或是其他人为的原因，由于一定数量和特定方向的障害光对人、动物、植物等造成干扰或负面影响所引发的纠纷。

放射性污染责任纠纷是指由于人类活动造成物料、人体、场所、环境介质表面或者内部出现超过国家标准的放射性物质或者射线造成污染，使他人人身财产受到损害，或者其他公共环境、公共财产遭受损害，或者有造成损害的危险时，责任人依法应当承担侵权责任所引发的纠纷。

［**管辖**］环境污染责任纠纷案件的管辖，适用《民事诉讼法》第29条的规定，即由侵权行为地或者被告住所地人民法院管辖。根据《民事诉讼法解释》第24条的规定，《民事诉讼法》第29条规定的侵权行为地，包括侵权行为实施地、侵权结果发生地。

［**应注意的问题**］在一个案件同时符合环境介质、污染物等不同类型案由时，比如因固体废物的排放，污染了水环境介质或土壤环境介质时，则既可能定性为固体废物污染责任纠纷，又可能定性为水污染责任纠纷、土壤污染责任纠纷，应根据所要保护、实现的主要秩序、权益确定适用的案由。

请求权基础规范指引

《中华人民共和国民法典》（2020年）

第一百二十条【侵权责任的承担】 民事权益受到侵害的，被侵权人有权请求侵权人承担侵权责任。

第一千二百二十九条【污染环境、破坏生态致损的侵权责任】 因污染环境、破坏生态造成他人损害的，侵权人应当承担侵权责任。

第一千二百三十条【环境污染、生态破坏侵权举证责任】 因污染环境、破坏生态发生纠纷，行为人应当就法律规定的不承担责任或者减轻责任的情形及其行为与损害之间不存在因果关系承担举证责任。

第一千二百三十一条【两个以上侵权人的责任大小确定】 两个以上侵权人污染环境、破坏生态的，承担责任的大小，根据污染物的种类、浓度、排放量，破坏生态的方式、范围、程度，以及行为对损害后果所起的作用等因素确定。

第一千二百三十二条【环境污染、生态破坏侵权的惩罚性赔偿】 侵权人违反法律规定故意污染环境、破坏生态造成严重后果的，被侵权人有权请求相应的惩罚性赔偿。

第一千二百三十三条【因第三人的过错污染环境、破坏生态的侵权责任】 因第三人的过错污染环境、破坏生态的，被侵权人可以向侵权人请求赔偿，也可以向第三人请求赔偿。侵权人赔偿后，有权向第三人追偿。

《中华人民共和国环境保护法》（2014年修订）

第五十八条　对污染环境、破坏生态，损害社会公共利益的行为，符合下列条件的社会组织可以向人民法院提起诉讼：

（一）依法在设区的市级以上人民政府民政部门登记；

（二）专门从事环境保护公益活动连续五年以上且无违法记录。

符合前款规定的社会组织向人民法院提起诉讼，人民法院应当依法受理。

提起诉讼的社会组织不得通过诉讼牟取经济利益。

第六十四条　因污染环境和破坏生态造成损害的，应当依照《中华人民共和国侵权责任法》[①] 的有关规定承担侵权责任。

第六十五条　环境影响评价机构、环境监测机构以及从事环境监测设备和防治污染设施维护、运营的机构，在有关环境服务活动中弄虚作假，对造成的环境污染和生态破坏负有责任的，除依照有关法律法规规定予以处罚外，还应当与造成环境污染和生态破坏的其他责任者承担连带责任。

第六十六条　提起环境损害赔偿诉讼的时效期间为三年，从当事人知道或者应当知道其受到损害时起计算。

《中华人民共和国水污染防治法》（2017年修正）

第二条　本法适用于中华人民共和国领域内的江河、湖泊、运河、渠道、水库等地表水体以及地下水体的污染防治。

海洋污染防治适用《中华人民共和国海洋环境保护法》。

第九十七条　因水污染引起的损害赔偿责任和赔偿金额的纠纷，可以根据当事人的请求，由环境保护主管部门或者海事管理机构、渔业主管部门按照职责分工调解处理；调解不成的，当事人可以向人民法院提起诉讼。当事人也可以直接向人民法院提起诉讼。

《中华人民共和国大气污染防治法》（2018年修正）

第七条　企业事业单位和其他生产经营者应当采取有效措施，防止、减少大气污染，对所造成的损害依法承担责任。

公民应当增强大气环境保护意识，采取低碳、节俭的生活方式，自觉履行大气环境保护义务。

---

① 现为《民法典》侵权责任编。

第一百二十五条 排放大气污染物造成损害的，应当依法承担侵权责任。

《中华人民共和国土壤污染防治法》（2018年）

第二条 在中华人民共和国领域及管辖的其他海域从事土壤污染防治及相关活动，适用本法。

本法所称土壤污染，是指因人为因素导致某种物质进入陆地表层土壤，引起土壤化学、物理、生物等方面特性的改变，影响土壤功能和有效利用，危害公众健康或者破坏生态环境的现象。

第九十六条 污染土壤造成他人人身或者财产损害的，应当依法承担侵权责任。

土壤污染责任人无法认定，土地使用权人未依照本法规定履行土壤污染风险管控和修复义务，造成他人人身或者财产损害的，应当依法承担侵权责任。

土壤污染引起的民事纠纷，当事人可以向地方人民政府生态环境等主管部门申请调解处理，也可以向人民法院提起诉讼。

第九十七条 污染土壤损害国家利益、社会公共利益的，有关机关和组织可以依照《中华人民共和国环境保护法》《中华人民共和国民事诉讼法》《中华人民共和国行政诉讼法》等法律的规定向人民法院提起诉讼。

《中华人民共和国固体废物污染环境防治法》（2020年修订）

第二条 固体废物污染环境的防治适用本法。

固体废物污染海洋环境的防治和放射性固体废物污染环境的防治不适用本法。

第五条 固体废物污染环境防治坚持污染担责的原则。

产生、收集、贮存、运输、利用、处置固体废物的单位和个人，应当采取措施，防止或者减少固体废物对环境的污染，对所造成的环境污染依法承担责任。

第一百二十一条 固体废物污染环境、破坏生态，损害国家利益、社会公共利益的，有关机关和组织可以依照《中华人民共和国环境保护法》、《中华人民共和国民事诉讼法》、《中华人民共和国行政诉讼法》等法律的规定向人民法院提起诉讼。

《中华人民共和国湿地保护法》（2021年）

第二条 在中华人民共和国领域及管辖的其他海域内从事湿地保护、利用、修复及相关管理活动，适用本法。

本法所称湿地，是指具有显著生态功能的自然或者人工的、常年或者季节性积水地带、水域，包括低潮时水深不超过六米的海域，但是水田以及用于养殖的人工的水域和滩涂除外。国家对湿地实行分级管理及名录制度。

江河、湖泊、海域等的湿地保护、利用及相关管理活动还应当适用《中华人民共和国水法》、《中华人民共和国防洪法》、《中华人民共和国水污染防治法》、《中华人民共和国海洋环境保护法》、《中华人民共和国长江保护法》、《中华人民共和国渔业法》、《中华人民共和国海域使用管理法》等有关法律的规定。

《中华人民共和国噪声污染防治法》（2021年）

第二条 本法所称噪声，是指在工业生产、建筑施工、交通运输和社会生活中产生的干扰周围生活环境的声音。

本法所称噪声污染，是指超过噪声排放标准或者未依法采取防控措施产生噪声，并干扰他人正常生活、工作和学习的现象。

第八十六条 受到噪声侵害的单位和个人，有权要求侵权人依法承担民事责任。

对赔偿责任和赔偿金额纠纷，可以根据当事人的请求，由相应的负有噪声污染防治监督管理职责的部门、人民调解委员会调解处理。

国家鼓励排放噪声的单位、个人和公共场所管理者与受到噪声侵害的单位和个人友好协商，通过调整生产经营时间、施工作业时间，采取减少振动、降低噪声措施，支付补偿金、异地安置等方式，妥善解决噪声纠纷。

《中华人民共和国黑土地保护法》（2022年）

第二十条 任何组织和个人不得破坏黑土地资源和生态环境。禁止盗挖、滥挖和非法买卖黑土。国务院自然资源主管部门会同农业农村、水行政、公安、交通运输、市场监督管理等部门应当建立健全保护黑土地资源监督管理制度，提高对盗挖、滥挖、非法买卖黑土和其他破坏黑土地资源、生态环境行为的综合治理能力。

第三十五条 造成黑土地污染、水土流失的，分别依照污染防治、水土保持等有关法律法规的规定从重处罚。

《中华人民共和国农产品质量安全法》（2022年修订）

第六十六条 违反本法规定，在特定农产品禁止生产区域种植、养殖、捕捞、采集特定农产品或者建立特定农产品生产基地的，由县级以上地方人民政府农业农村主管部门责令停止违法行为，没收农产品和违法所得，并处违法所得一倍以上三倍以下罚款。

违反法律、法规规定，向农产品产地排放或者倾倒废水、废气、固体废物或者其他有毒有害物质的，依照有关环境保护法律、法规的规定处理、处罚；造成损害的，依法承担赔偿责任。

《中华人民共和国黄河保护法》（2022年）

第一百一十九条 违反本法规定，在黄河流域破坏自然资源和生态、污染环境、妨碍防洪安全、破坏文化遗产等造成他人损害的，侵权人应当依法承担侵权责任。

违反本法规定，造成黄河流域生态环境损害的，国家规定的机关或者法律规定的组织有权请求侵权人承担修复责任、赔偿损失和相关费用。

《中华人民共和国畜牧法》（2022 年修订）

第四十六条 畜禽养殖场应当保证畜禽粪污无害化处理和资源化利用设施的正常运转，保证畜禽粪污综合利用或者达标排放，防止污染环境。违法排放或者因管理不当污染环境的，应当排除危害，依法赔偿损失。

国家支持建设畜禽粪污收集、储存、粪污无害化处理和资源化利用设施，推行畜禽粪污养分平衡管理，促进农用有机肥利用和种养结合发展。

《最高人民法院关于审理生态环境侵权责任纠纷案件适用法律若干问题的解释》（法释〔2023〕5 号 2023 年 8 月 14 日）

第一条 侵权人因实施下列污染环境、破坏生态行为造成他人人身、财产损害，被侵权人请求侵权人承担生态环境侵权责任的，人民法院应予支持：

（一）排放废气、废水、废渣、医疗废物、粉尘、恶臭气体、放射性物质等污染环境的；

（二）排放噪声、振动、光辐射、电磁辐射等污染环境的；

（三）不合理开发利用自然资源的；

（四）违反国家规定，未经批准，擅自引进、释放、丢弃外来物种的；

（五）其他污染环境、破坏生态的行为。

第二条 因下列污染环境、破坏生态引发的民事纠纷，不作为生态环境侵权案件处理：

（一）未经由大气、水、土壤等生态环境介质，直接造成损害的；

（二）在室内、车内等封闭空间内造成损害的；

（三）不动产权利人在日常生活中造成相邻不动产权利人损害的；

（四）劳动者在职业活动中受到损害的。

前款规定的情形，依照相关法律规定确定民事责任。

第三条 不动产权利人因经营活动污染环境、破坏生态造成相邻不动产权利人损害，被侵权人请求其承担生态环境侵权责任的，人民法院应予支持。

第四条 污染环境、破坏生态造成他人损害，行为人不论有无过错，都应当承担侵权责任。

行为人以外的其他责任人对损害发生有过错的，应当承担侵权责任。

第五条 两个以上侵权人分别污染环境、破坏生态造成同一损害，每一个侵权人的行为都足以造成全部损害，被侵权人根据民法典第一千一百七十一条的规定请求侵权人承担连带责任的，人民法院应予支持。

第六条　两个以上侵权人分别污染环境、破坏生态，每一个侵权人的行为都不足以造成全部损害，被侵权人根据民法典第一千一百七十二条的规定请求侵权人承担责任的，人民法院应予支持。

侵权人主张其污染环境、破坏生态行为不足以造成全部损害的，应当承担相应举证责任。

第七条　两个以上侵权人分别污染环境、破坏生态，部分侵权人的行为足以造成全部损害，部分侵权人的行为只造成部分损害，被侵权人请求足以造成全部损害的侵权人对全部损害承担责任，并与其他侵权人就共同造成的损害部分承担连带责任的，人民法院应予支持。

被侵权人依照前款规定请求足以造成全部损害的侵权人与其他侵权人承担责任的，受偿范围应以侵权行为造成的全部损害为限。

第八条　两个以上侵权人分别污染环境、破坏生态，部分侵权人能够证明其他侵权人的侵权行为已先行造成全部或者部分损害，并请求在相应范围内不承担责任或者减轻责任的，人民法院应予支持。

第九条　两个以上侵权人分别排放的物质相互作用产生污染物造成他人损害，被侵权人请求侵权人承担连带责任的，人民法院应予支持。

第十条　为侵权人污染环境、破坏生态提供场地或者储存、运输等帮助，被侵权人根据民法典第一千一百六十九条的规定请求行为人与侵权人承担连带责任的，人民法院应予支持。

第十一条　过失为侵权人污染环境、破坏生态提供场地或者储存、运输等便利条件，被侵权人请求行为人承担与过错相适应责任的，人民法院应予支持。

前款规定的行为人存在重大过失的，依照本解释第十条的规定处理。

第十二条　排污单位将所属的环保设施委托第三方治理机构运营，第三方治理机构在合同履行过程中污染环境造成他人损害，被侵权人请求排污单位承担侵权责任的，人民法院应予支持。

排污单位依照前款规定承担责任后向有过错的第三方治理机构追偿的，人民法院应予支持。

第十三条　排污单位将污染物交由第三方治理机构集中处置，第三方治理机构在合同履行过程中污染环境造成他人损害，被侵权人请求第三方治理机构承担侵权责任的，人民法院应予支持。

排污单位在选任、指示第三方治理机构中有过错，被侵权人请求排污单位承担相应责任的，人民法院应予支持。

第十四条　存在下列情形之一的，排污单位与第三方治理机构应当根据民法典第一千一百六十八条的规定承担连带责任：

（一）第三方治理机构按照排污单位的指示，违反污染防治相关规定排放污染物的；

（二）排污单位将明显存在缺陷的环保设施交由第三方治理机构运营，第三方治理机构利用该设施违反污染防治相关规定排放污染物的；

（三）排污单位以明显不合理的价格将污染物交由第三方治理机构处置，第三方治理机构违反污染防治相关规定排放污染物的；

（四）其他应当承担连带责任的情形。

第十五条 公司污染环境、破坏生态，被侵权人请求股东承担责任，符合公司法第二十条规定情形的，人民法院应予支持。

第十六条 侵权人污染环境、破坏生态造成他人损害，被侵权人请求未尽到安全保障义务的经营场所、公共场所的经营者、管理者或者群众性活动的组织者承担相应补充责任的，人民法院应予支持。

第十七条 依照法律规定应当履行生态环境风险管控和修复义务的民事主体，未履行法定义务造成他人损害，被侵权人请求其承担相应责任的，人民法院应予支持。

第十八条 因第三人的过错污染环境、破坏生态造成他人损害，被侵权人请求侵权人或者第三人承担责任的，人民法院应予支持。

侵权人以损害是由第三人过错造成的为由，主张不承担责任或者减轻责任的，人民法院不予支持。

第十九条 因第三人的过错污染环境、破坏生态造成他人损害，被侵权人同时起诉侵权人和第三人承担责任，侵权人对损害的发生没有过错的，人民法院应当判令侵权人、第三人就全部损害承担责任。侵权人承担责任后有权向第三人追偿。

侵权人对损害的发生有过错的，人民法院应当判令侵权人就全部损害承担责任，第三人承担与其过错相适应的责任。侵权人承担责任后有权就第三人应当承担的责任份额向其追偿。

第二十条 被侵权人起诉第三人承担责任的，人民法院应当向被侵权人释明是否同时起诉侵权人。被侵权人不起诉侵权人的，人民法院应当根据民事诉讼法第五十九条的规定通知侵权人参加诉讼。

被侵权人仅请求第三人承担责任，侵权人对损害的发生也有过错的，人民法院应当判令第三人承担与其过错相适应的责任。

第二十一条 环境影响评价机构、环境监测机构以及从事环境监测设备和防治污染设施维护、运营的机构存在下列情形之一，被侵权人请求其与造成环境污染、生态破坏的其他责任人根据环境保护法第六十五条的规定承担连带责任的，人民法院应予支持：

（一）故意出具失实评价文件的；

（二）隐瞒委托人超过污染物排放标准或者超过重点污染物排放总量控制指标的事实的；

（三）故意不运行或者不正常运行环境监测设备或者防治污染设施的；

（四）其他根据法律规定应当承担连带责任的情形。

第二十二条　被侵权人请求侵权人赔偿因污染环境、破坏生态造成的人身、财产损害，以及为防止损害发生和扩大而采取必要措施所支出的合理费用的，人民法院应予支持。

被侵权人同时请求侵权人根据民法典第一千二百三十五条的规定承担生态环境损害赔偿责任的，人民法院不予支持。

第二十三条　因污染环境、破坏生态影响他人取水、捕捞、狩猎、采集等日常生活并造成经济损失，同时符合下列情形，请求人主张行为人承担责任的，人民法院应予支持：

（一）请求人的活动位于或者接近生态环境受损区域；

（二）请求人的活动依赖受损害生态环境；

（三）请求人的活动不具有可替代性或者替代成本过高；

（四）请求人的活动具有稳定性和公开性。

根据国家规定须经相关行政主管部门许可的活动，请求人在污染环境、破坏生态发生时未取得许可的，人民法院对其请求不予支持。

第二十四条　两个以上侵权人就污染环境、破坏生态造成的损害承担连带责任，实际承担责任超过自己责任份额的侵权人根据民法典第一百七十八条的规定向其他侵权人追偿的，人民法院应予支持。侵权人就惩罚性赔偿责任向其他侵权人追偿的，人民法院不予支持。

第二十五条　两个以上侵权人污染环境、破坏生态造成他人损害，人民法院应当根据行为有无许可，污染物的种类、浓度、排放量、危害性，破坏生态的方式、范围、程度，以及行为对损害后果所起的作用等因素确定各侵权人的责任份额。

两个以上侵权人污染环境、破坏生态承担连带责任，实际承担责任的侵权人向其他侵权人追偿的，依照前款规定处理。

第二十六条　被侵权人对同一污染环境、破坏生态行为造成损害的发生或者扩大有重大过失，侵权人请求减轻责任的，人民法院可以予以支持。

第二十七条　被侵权人请求侵权人承担生态环境侵权责任的诉讼时效期间，以被侵权人知道或者应当知道权利受到损害以及侵权人、其他责任人之日起计算。

被侵权人知道或者应当知道权利受到损害以及侵权人、其他责任人之日，侵权行为仍持续的，诉讼时效期间自行为结束之日起计算。

第二十八条 被侵权人以向负有环境资源监管职能的行政机关请求处理因污染环境、破坏生态造成的损害为由，主张诉讼时效中断的，人民法院应予支持。

第二十九条 本解释自2023年9月1日起施行。

《最高人民法院关于生态环境侵权民事诉讼证据的若干规定》（法释〔2023〕6号 2023年8月14日）

第一条 人民法院审理环境污染责任纠纷案件、生态破坏责任纠纷案件和生态环境保护民事公益诉讼案件，适用本规定。

生态环境保护民事公益诉讼案件，包括环境污染民事公益诉讼案件、生态破坏民事公益诉讼案件和生态环境损害赔偿诉讼案件。

第二条 环境污染责任纠纷案件、生态破坏责任纠纷案件的原告应当就以下事实承担举证责任：

（一）被告实施了污染环境或者破坏生态的行为；

（二）原告人身、财产受到损害或者有遭受损害的危险。

第三条 生态环境保护民事公益诉讼案件的原告应当就以下事实承担举证责任：

（一）被告实施了污染环境或者破坏生态的行为，且该行为违反国家规定；

（二）生态环境受到损害或者有遭受损害的重大风险。

第四条 原告请求被告就其污染环境、破坏生态行为支付人身、财产损害赔偿费用，或者支付民法典第一千二百三十五条规定的损失、费用的，应当就其主张的损失、费用的数额承担举证责任。

第五条 原告起诉请求被告承担环境污染、生态破坏责任的，应当提供被告行为与损害之间具有关联性的证据。

人民法院应当根据当事人提交的证据，结合污染环境、破坏生态的行为方式、污染物的性质、环境介质的类型、生态因素的特征、时间顺序、空间距离等因素，综合判断被告行为与损害之间的关联性是否成立。

第六条 被告应当就其行为与损害之间不存在因果关系承担举证责任。

被告主张不承担责任或者减轻责任的，应当就法律规定的不承担责任或者减轻责任的情形承担举证责任。

第七条 被告证明其排放的污染物、释放的生态因素、产生的生态影响未到达损害发生地，或者其行为在损害发生后才实施且未加重损害后果，或者存在其行为不可能导致损害发生的其他情形的，人民法院应当认定被告行为与损害之间不存在因果关系。

第八条 对于发生法律效力的刑事裁判、行政裁判因未达到证明标准未予认定的事实，在因同一污染环境、破坏生态行为提起的生态环境侵权民事诉讼中，人民法院根据有关事实和证据确信待证事实的存在具有高度可能性的，应当认定该事实存在。

第九条 对于人民法院在生态环境保护民事公益诉讼生效裁判中确认的基本事实，当事人在因同一污染环境、破坏生态行为提起的人身、财产损害赔偿诉讼中无需举证证明，但有相反证据足以推翻的除外。

第十条 对于可能损害国家利益、社会公共利益的事实，双方当事人未主张或者无争议，人民法院认为可能影响裁判结果的，可以责令当事人提供有关证据。

前款规定的证据，当事人申请人民法院调查收集，符合《最高人民法院关于适用〈中华人民共和国民事诉讼法〉的解释》第九十四条规定情形的，人民法院应当准许；人民法院认为有必要的，可以依职权调查收集。

第十一条 实行环境资源案件集中管辖的法院，可以委托侵权行为实施地、侵权结果发生地、被告住所地等人民法院调查收集证据。受委托法院应当在收到委托函次日起三十日内完成委托事项，并将调查收集的证据及有关笔录移送委托法院。

受委托法院未能完成委托事项的，应当向委托法院书面告知有关情况及未能完成的原因。

第十二条 当事人或者利害关系人申请保全环境污染、生态破坏相关证据的，人民法院应当结合下列因素进行审查，确定是否采取保全措施：

（一）证据灭失或者以后难以取得的可能性；

（二）证据对证明待证事实有无必要；

（三）申请人自行收集证据是否存在困难；

（四）有必要采取证据保全措施的其他因素。

第十三条 在符合证据保全目的的情况下，人民法院应当选择对证据持有人利益影响最小的保全措施，尽量减少对保全标的物价值的损害和对证据持有人生产、生活的影响。

确需采取查封、扣押等限制保全标的物使用的保全措施的，人民法院应当及时组织当事人对保全的证据进行质证。

第十四条 人民法院调查收集、保全或者勘验涉及环境污染、生态破坏专门性问题的证据，应当遵守相关技术规范。必要时，可以通知鉴定人到场，或者邀请负有环境资源保护监督管理职责的部门派员协助。

第十五条 当事人向人民法院提交证据后申请撤回该证据，或者声明不以该证据证明案件事实的，不影响其他当事人援引该证据证明案件事实以及人民法院对该证据进行审查认定。

当事人放弃使用人民法院依其申请调查收集或者保全的证据的，按照前款规定处理。

第十六条 对于查明环境污染、生态破坏案件事实的专门性问题，人民法院经审查认为有必要的，应当根据当事人的申请或者依职权委托具有相应资格的机构、人员出具鉴定意见。

第十七条 对于法律适用、当事人责任划分等非专门性问题，或者虽然属于专门性问题，但可以通过法庭调查、勘验等其他方式查明的，人民法院不予委托鉴定。

第十八条 鉴定人需要邀请其他机构、人员完成部分鉴定事项的，应当向人民法院提出申请。

人民法院经审查认为确有必要的，在听取双方当事人意见后，可以准许，并告知鉴定人对最终鉴定意见承担法律责任；主要鉴定事项由其他机构、人员实施的，人民法院不予准许。

第十九条 未经人民法院准许，鉴定人邀请其他机构、人员完成部分鉴定事项的，鉴定意见不得作为认定案件事实的根据。

前款情形，当事人申请退还鉴定费用的，人民法院应当在三日内作出裁定，责令鉴定人退还；拒不退还的，由人民法院依法执行。

第二十条 鉴定人提供虚假鉴定意见的，该鉴定意见不得作为认定案件事实的根据。人民法院可以依照民事诉讼法第一百一十四条的规定进行处理。

鉴定事项由其他机构、人员完成，其他机构、人员提供虚假鉴定意见的，按照前款规定处理。

第二十一条 因没有鉴定标准、成熟的鉴定方法、相应资格的鉴定人等原因无法进行鉴定，或者鉴定周期过长、费用过高的，人民法院可以结合案件有关事实、当事人申请的有专门知识的人的意见和其他证据，对涉及专门性问题的事实作出认定。

第二十二条 当事人申请有专门知识的人出庭，就鉴定意见或者污染物认定、损害结果、因果关系、生态环境修复方案、生态环境修复费用、生态环境受到损害至修复完成期间服务功能丧失导致的损失、生态环境功能永久性损害造成的损失等专业问题提出意见的，人民法院可以准许。

对方当事人以有专门知识的人不具备相应资格为由提出异议的，人民法院对该异议不予支持。

第二十三条 当事人就环境污染、生态破坏的专门性问题自行委托有关机构、人员出具的意见，人民法院应当结合本案的其他证据，审查确定能否作为认定案件事实的根据。

对方当事人对该意见有异议的，人民法院应当告知提供意见的当事人可以申请出具意见的机构或者人员出庭陈述意见；未出庭的，该意见不得作为认定案件事实的根据。

第二十四条 负有环境资源保护监督管理职责的部门在其职权范围内制作的处罚决定等文书所记载的事项推定为真实，但有相反证据足以推翻的除外。

人民法院认为有必要的，可以依职权对上述文书的真实性进行调查核实。

第二十五条 负有环境资源保护监督管理职责的部门及其所属或者委托的监测机构在行政执法过程中收集的监测数据、形成的事件调查报告、检验检测报告、评估报告等材料，以及公安机关单独或者会同负有环境资源保护监督管理职责的部门提取样品进行检测获取的数据，经当事人质证，可以作为认定案件事实的根据。

第二十六条 对于证明环境污染、生态破坏案件事实有重要意义的书面文件、数据信息或者录音、录像等证据在对方当事人控制之下的，承担举证责任的当事人可以根据《最高人民法院关于适用〈中华人民共和国民事诉讼法〉的解释》第一百一十二条的规定，书面申请人民法院责令对方当事人提交。

第二十七条 承担举证责任的当事人申请人民法院责令对方当事人提交证据的，应当提供有关证据的名称、主要内容、制作人、制作时间或者其他可以将有关证据特定化的信息。根据申请人提供的信息不能使证据特定化的，人民法院不予准许。

人民法院应当结合申请人是否参与证据形成过程、是否接触过该证据等因素，综合判断其提供的信息是否达到证据特定化的要求。

第二十八条 承担举证责任的当事人申请人民法院责令对方当事人提交证据的，应当提出证据由对方当事人控制的依据。对方当事人否认控制有关证据的，人民法院应当根据法律规定、当事人约定、交易习惯等因素，结合案件的事实、证据作出判断。

有关证据虽未由对方当事人直接持有，但在其控制范围之内，其获取不存在客观障碍的，人民法院应当认定有关证据由其控制。

第二十九条 法律、法规、规章规定当事人应当披露或者持有的关于其排放的主要污染物名称、排放方式、排放浓度和总量、超标排放情况、防治污染设施的建设和运行情况、生态环境开发利用情况、生态环境违法信息等环境信息，属于《最高人民法院关于民事诉讼证据的若干规定》第四十七条第一款第三项规定的“对方当事人依照法律规定有权查阅、获取的书证”。

第三十条 在环境污染责任纠纷、生态破坏责任纠纷案件中，损害事实成立，但人身、财产损害赔偿数额难以确定的，人民法院可以结合侵权行为对原告造成损害的程度、被告因侵权行为获得的利益以及过错程度等因素，并可以参考负有环境资源保护监督管理职责的部门的意见等，合理确定。

第三十一条 在生态环境保护民事公益诉讼案件中，损害事实成立，但生态环境修复费用、生态环境受到损害至修复完成期间服务功能丧失导致的损失、生态环境功能永久性损害造成的损失等数额难以确定的，人民法院可以根据污染环境、破坏生态的范围和程度等已查明的案件事实，结合生态环境及其要素的稀缺性、生态环境恢复的难易程度、防治污染设备的运行成本、被告因侵权行为获得的利益以及过错程度等因素，并可以参考负有环境资源保护监督管理职责的部门的意见等，合理确定。

第三十二条 本规定未作规定的，适用《最高人民法院关于民事诉讼证据的若干规定》。

第三十三条 人民法院审理人民检察院提起的环境污染民事公益诉讼案件、生态破坏民事公益诉讼案件，参照适用本规定。

第三十四条 本规定自 2023 年 9 月 1 日起施行。

378. 生态破坏责任纠纷

案由适用要点

[**释义**] 生态破坏责任是指因不合理地开发利用资源损坏自然生态环境，侵权人所应当承担的侵权损害赔偿责任。

[**管辖**] 生态破坏责任纠纷案件的管辖，适用《民事诉讼法》第 29 条的规定，即由侵权行为地或者被告住所地人民法院管辖。根据《民事诉讼法解释》第 24 条的规定，《民事诉讼法》第 29 条规定的侵权行为地，包括侵权行为实施地、侵权结果发生地。

[**应注意的问题**] 自然科学上的环境以人类为中心，生态学上的环境以生物为中心。从严格意义上说，环境法学上的环境是围绕人的生产及生活的各种自然要素和人工改造的自然要素；而生态则是指包括人类在内的全部生物之间相互作用形成的平衡的整体系统。因此，一方面，污染环境和破坏生态两种行为存在着明显的区别。从人与环境的关系层面看，污染环境的核心特征为“过度排放”，通常是由于人类活动直接或者间接向环境排人了超过环境自净能力的物质和能量，导致环境危害人类生存和发展；而破坏生态的核心特征为“过度索取”，主要表现为人类过量地向自然索取物质和能量或者不合理的使用自然资源，使得生态平衡受到破坏而危及人类生存和发展。另一方面，从行为结果上看，环境污染和生态破坏都是人类不合理开发利用自然资

源的结果，两者相互重合，且时常互为因果。严重的环境污染可以导致生态破坏，生态破坏又会降低环境自净能力进而加剧污染的程度。在确定具体案由应为环境污染责任纠纷还是生态破坏责任纠纷时，应看案件所要保护、实现的主要秩序、权益为何者。

请求权基础规范指引

《中华人民共和国民法典》（2020年）

第一千二百三十四条【生态环境修复责任】 违反国家规定造成生态环境损害，生态环境能够修复的，国家规定的机关或者法律规定的组织有权请求侵权人在合理期限内承担修复责任。侵权人在期限内未修复的，国家规定的机关或者法律规定的组织可以自行或者委托他人进行修复，所需费用由侵权人负担。

第一千二百三十五条【公益诉讼的赔偿范围】 违反国家规定造成生态环境损害的，国家规定的机关或者法律规定的组织有权请求侵权人赔偿下列损失和费用：

（一）生态环境受到损害至修复完成期间服务功能丧失导致的损失；

（二）生态环境功能永久性损害造成的损失；

（三）生态环境损害调查、鉴定评估等费用；

（四）清除污染、修复生态环境费用；

（五）防止损害的发生和扩大所支出的合理费用。

《中华人民共和国渔业法》（2013年修正）

第四十七条 造成渔业水域生态环境破坏或者渔业污染事故的，依照《中华人民共和国海洋环境保护法》和《中华人民共和国水污染防治法》的规定追究法律责任。

《中华人民共和国环境保护法》（2014年修订）

第五十八条 对污染环境、破坏生态，损害社会公共利益的行为，符合下列条件的社会组织可以向人民法院提起诉讼：

（一）依法在设区的市级以上人民政府民政部门登记；

（二）专门从事环境保护公益活动连续五年以上且无违法记录。

符合前款规定的社会组织向人民法院提起诉讼，人民法院应当依法受理。

提起诉讼的社会组织不得通过诉讼牟取经济利益。

《中华人民共和国海洋环境保护法》（2023年修订）

第一百一十四条 对污染海洋环境、破坏海洋生态，造成他人损害的，依照《中华人民共和国民法典》等法律的规定承担民事责任。

对污染海洋环境、破坏海洋生态，给国家造成重大损失的，由依照本法规定行使海洋环境监督管理权的部门代表国家对责任者提出损害赔偿要求。

前款规定的部门不提起诉讼的，人民检察院可以向人民法院提起诉讼。前款规定的部门提起诉讼的，人民检察院可以支持起诉。

《中华人民共和国森林法》（2019 年修订）

第六十八条 破坏森林资源造成生态环境损害的，县级以上人民政府自然资源主管部门、林业主管部门可以依法向人民法院提起诉讼，对侵权人提出损害赔偿要求。

《最高人民法院关于审理生态环境损害赔偿案件的若干规定（试行）》（2020 年 12 月 23 日修正）

第一条 具有下列情形之一，省级、市地级人民政府及其指定的相关部门、机构，或者受国务院委托行使全民所有自然资源资产所有权的部门，因与造成生态环境损害的自然人、法人或者其他组织经磋商未达成一致或者无法进行磋商的，可以作为原告提起生态环境损害赔偿诉讼：

（一）发生较大、重大、特别重大突发环境事件的；

（二）在国家和省级主体功能区规划中划定的重点生态功能区、禁止开发区发生环境污染、生态破坏事件的；

（三）发生其他严重影响生态环境后果的。

前款规定的市地级人民政府包括设区的市，自治州、盟、地区，不设区的地级市，直辖市的区、县人民政府。

第二条 下列情形不适用本规定：

（一）因污染环境、破坏生态造成人身损害、个人和集体财产损失要求赔偿的；

（二）因海洋生态环境损害要求赔偿的。

第三条 第一审生态环境损害赔偿诉讼案件由生态环境损害行为实施地、损害结果发生地或者被告住所地的中级以上人民法院管辖。

经最高人民法院批准，高级人民法院可以在辖区内确定部分中级人民法院集中管辖第一审生态环境损害赔偿诉讼案件。

中级人民法院认为确有必要的，可以在报请高级人民法院批准后，裁定将本院管辖的第一审生态环境损害赔偿诉讼案件交由具备审理条件的基层人民法院审理。

生态环境损害赔偿诉讼案件由人民法院环境资源审判庭或者指定的专门法庭审理。

第四条 人民法院审理第一审生态环境损害赔偿诉讼案件，应当由法官和人民陪审员组成合议庭进行。

第五条 原告提起生态环境损害赔偿诉讼，符合民事诉讼法和本规定并提交下列材料的，人民法院应当登记立案：

（一）证明具备提起生态环境损害赔偿诉讼原告资格的材料；

（二）符合本规定第一条规定情形之一的证明材料；

（三）与被告进行磋商但未达成一致或者因客观原因无法与被告进行磋商的说明；

（四）符合法律规定的起诉状，并按照被告人数提出副本。

第十一条 被告违反国家规定造成生态环境损害的，人民法院应当根据原告的诉讼请求以及具体案情，合理判决被告承担修复生态环境、赔偿损失、停止侵害、排除妨碍、消除危险、赔礼道歉等民事责任。

第十二条 受损生态环境能够修复的，人民法院应当依法判决被告承担修复责任，并同时确定被告不履行修复义务时应承担的生态环境修复费用。

生态环境修复费用包括制定、实施修复方案的费用，修复期间的监测、监管费用，以及修复完成后的验收费用、修复效果后评估费用等。

原告请求被告赔偿生态环境受到损害至修复完成期间服务功能损失的，人民法院根据具体案情予以判决。

第十三条 受损生态环境无法修复或者无法完全修复，原告请求被告赔偿生态环境功能永久性损害造成的损失的，人民法院根据具体案情予以判决。

第十四条 原告请求被告承担下列费用的，人民法院根据具体案情予以判决：

（一）实施应急方案、清除污染以及为防止损害的发生和扩大所支出的合理费用；

（二）为生态环境损害赔偿磋商和诉讼支出的调查、检验、鉴定、评估等费用；

（三）合理的律师费以及其他为诉讼支出的合理费用。

第十五条 人民法院判决被告承担的生态环境服务功能损失赔偿资金、生态环境功能永久性损害造成的损失赔偿资金，以及被告不履行生态环境修复义务时所应承担的修复费用，应当依照法律、法规、规章予以缴纳、管理和使用。

第十八条 生态环境损害赔偿诉讼案件的裁判生效后，有权提起民事公益诉讼的国家规定的机关或者法律规定的组织就同一损害生态环境行为有证据证明存在前案审理时未发现的损害，并提起民事公益诉讼的，人民法院应予受理。

民事公益诉讼案件的裁判生效后，有权提起生态环境损害赔偿诉讼的主体就同一损害生态环境行为有证据证明存在前案审理时未发现的损害，并提起生态环境损害赔偿诉讼的，人民法院应予受理。

第十九条 实际支出应急处置费用的机关提起诉讼主张该费用的，人民法院应予受理，但人民法院已经受理就同一损害生态环境行为提起的生态环境损害赔偿诉讼案件且该案原告已经主张应急处置费用的除外。

生态环境损害赔偿诉讼案件原告未主张应急处置费用，因同一损害生态环境行为实际支出应急处置费用的机关提起诉讼主张该费用的，由受理生态环境损害赔偿诉讼案件的人民法院受理并由同一审判组织审理。

第二十条 经磋商达成生态环境损害赔偿协议的，当事人可以向人民法院申请司法确认。

人民法院受理申请后，应当公告协议内容，公告期间不少于三十日。公告期满后，人民法院经审查认为协议的内容不违反法律法规强制性规定且不损害国家利益、社会公共利益的，裁定确认协议有效。裁定书应当写明案件的基本事实和协议内容，并向社会公开。

《最高人民法院关于审理森林资源民事纠纷案件适用法律若干问题的解释》（法释〔2022〕16号 2022年6月13日）

第十七条 违反国家规定造成森林生态环境损害，生态环境能够修复的，国家规定的机关或者法律规定的组织依据民法典第一千二百三十四条的规定，请求侵权人在合理期限内以补种树木、恢复植被、恢复林地土壤性状、投放相应生物种群等方式承担修复责任的，人民法院依法予以支持。

人民法院判决侵权人承担修复责任的，可以同时确定其在期限内不履行修复义务时应承担的森林生态环境修复费用。

第十八条 人民法院判决侵权人承担森林生态环境修复责任的，可以根据鉴定意见，或者参考林业主管部门、林业调查规划设计单位、相关科研机构和人员出具的专业意见，合理确定森林生态环境修复方案，明确侵权人履行修复义务的具体要求。

第十九条 人民法院依据民法典第一千二百三十五条的规定确定侵权人承担的森林生态环境损害赔偿金额，应当综合考虑受损森林资源在调节气候、固碳增汇、保护生物多样性、涵养水源、保持水土、防风固沙等方面的生态环境服务功能，予以合理认定。

第二十条 当事人请求以认购经核证的林业碳汇方式替代履行森林生态环境损害赔偿责任的，人民法院可以综合考虑各方当事人意见、不同责任方式的合理性等因素，依法予以准许。

第二十一条 当事人请求以森林管护、野生动植物保护、社区服务等劳务方式替代履行森林生态环境损害赔偿责任的，人民法院可以综合考虑侵权人的代偿意愿、经济能力、劳动能力、赔偿金额、当地相应工资标准等因素，决定是否予以准许，并合理确定劳务代偿方案。

《最高人民法院关于生态环境侵权民事诉讼证据的若干规定》（法释〔2023〕6号 2023年8月14日）

第一条至第三十四条

（参见“377. 环境污染责任纠纷”的相关规范）

379. 高度危险责任纠纷

（1）民用核设施、核材料损害责任纠纷
（2）民用航空器损害责任纠纷
（3）占有、使用高度危险物损害责任纠纷
（4）高度危险活动损害责任纠纷
（5）遗失、抛弃高度危险物损害责任纠纷
（6）非法占有高度危险物损害责任纠纷

案由适用要点

［释义］ 高度危险责任是指从事对周围环境具有高度危险的作业，对他人人身和财产造成损害时所应当承担的侵权责任。

民用核设施、核材料损害责任是指民用核设施或者运入运出核设施的核材料发生核事故造成他人损害的，民用核设施的营运单位所应当承担的侵权责任。由此引发的纠纷为民用核设施、核材料损害责任纠纷。

民用航空器损害责任是指除用于执行军事、海关、警察飞行任务之外的飞机、飞艇、气球等航空器造成他人损害的，航空器的经营者所应当承担的侵权责任。由此引发的纠纷为民用航空器损害责任纠纷。

占有、使用高度危险物损害责任是指占有或者使用易燃、易爆、剧毒、高放射性、强腐蚀性、高致病性等高度危险物造成他人损害的，占有人或者使用人所应当承担的侵权责任。由此引发的纠纷为占有、使用高度危险物损害责任纠纷。

高度危险活动损害责任是指从事高空、高压、地下挖掘或者高速轨道运输工具等高度危险活动造成他人损害的，高度危险活动的经营者所应当承担的侵权责任。由此引发的纠纷为高度危险活动损害责任纠纷。

遗失、抛弃高度危险物损害责任是指遗失、抛弃易燃、易爆、剧毒、高放射性、强腐蚀性、高致病性等高度危险物品造成他人损害的，物品的所有人或管理人所应当承担的侵权责任。由此引发的纠纷为遗失、抛弃高度危险物损害责任纠纷。

非法占有高度危险物损害责任是指非法占有易燃、易爆、剧毒、高放射性、强腐蚀性、高致病性等高度危险物品造成他人损害的，非法占有人所承担的侵权责任。由此引发的纠纷为非法占有高度危险物损害责任纠纷。

［管辖］ 根据《民事诉讼法》第29条的规定，应由侵权行为地或者被告住所地人民法院管辖。根据《民事诉讼法解释》第24条的规定，《民事诉讼

法》第29条规定的侵权行为地，包括侵权行为实施地、侵权结果发生地。

[**应注意的问题**]（1）民用核设施、核材料损害责任纠纷适用于民用核设施或者运入、运出核设施的核材料发生核事故致人损害的情形，对于军用核设施以及不属于核设施的如科研、医用核物质或放射性物质致人损害的，不能确定为本第四级案由，而应当确定为占有、使用高度危险物损害责任纠纷；（2）民用核设施、核材料损害责任和民用航空器损害责任中，均存在对自身工作人员造成损害和对他人造成损害的情形，本第三级案由适用于后种情形，对前者应当根据劳动关系确定案由。

请求权基础规范指引

《中华人民共和国民法典》（2020年）

第一百二十条【侵权责任的承担】 民事权益受到侵害的，被侵权人有权请求侵权人承担侵权责任。

第一千二百三十六条【高度危险责任的一般规定】 从事高度危险作业造成他人损害的，应当承担侵权责任。

第一千二百三十七条【民用核设施或者核材料致害责任】 民用核设施或者运入运出核设施的核材料发生核事故造成他人损害的，民用核设施的营运单位应当承担侵权责任；但是，能够证明损害是因战争、武装冲突、暴乱等情形或者受害人故意造成的，不承担责任。

第一千二百三十八条【民用航空器致害责任】 民用航空器造成他人损害的，民用航空器的经营者应当承担侵权责任；但是，能够证明损害是因受害人故意造成的，不承担责任。

第一千二百三十九条【占有或使用高度危险物致害责任】 占有或者使用易燃、易爆、剧毒、高放射性、强腐蚀性、高致病性等高度危险物造成他人损害的，占有人或者使用人应当承担侵权责任；但是，能够证明损害是因受害人故意或者不可抗力造成的，不承担责任。被侵权人对损害的发生有重大过失的，可以减轻占有人或者使用人的责任。

第一千二百四十条【从事高空、高压、地下挖掘活动或者使用高速轨道运输工具致害责任】 从事高空、高压、地下挖掘活动或者使用高速轨道运输工具造成他人损害的，经营者应当承担侵权责任；但是，能够证明损害是因受害人故意或者不可抗力造成的，不承担责任。被侵权人对损害的发生有重大过失的，可以减轻经营者的责任。

第一千二百四十一条【遗失、抛弃高度危险物致害责任】 遗失、抛弃高度危险物造成他人损害的，由所有人承担侵权责任。所有人将高度危险物交由他人管理的，由管理人承担侵权责任；所有人有过错的，与管理人承担连带责任。

第一千二百四十二条【非法占有高度危险物致害责任】 非法占有高度危险物造成他人损害的，由非法占有人承担侵权责任。所有人、管理人不能证明对防止非法占有尽到高度注意义务的，与非法占有人承担连带责任。

第一千二百四十三条【高度危险场所安全保障责任】 未经许可进入高度危险活动区域或者高度危险物存放区域受到损害，管理人能够证明已经采取足够安全措施并尽到充分警示义务的，可以减轻或者不承担责任。

第一千二百四十四条【高度危险责任赔偿限额】 承担高度危险责任，法律规定赔偿限额的，依照其规定，但是行为人有故意或者重大过失的除外。

《中华人民共和国放射性污染防治法》（2003 年）

第五十九条 因放射性污染造成他人损害的，应当依法承担民事责任。

《中华人民共和国核安全法》（2017 年）

第九十条 因核事故造成他人人身伤亡、财产损失或者环境损害的，核设施营运单位应当按照国家核损害责任制度承担赔偿责任，但能够证明损害是因战争、武装冲突、暴乱等情形造成的除外。

为核设施营运单位提供设备、工程以及服务等的单位不承担核损害赔偿责任。核设施营运单位与其有约定的，在承担赔偿责任后，可以按照约定追偿。

核设施营运单位应当通过投保责任保险、参加互助机制等方式，作出适当的财务保证安排，确保能够及时、有效履行核损害赔偿责任。

《中华人民共和国民用航空法》（2021 年修正）

第一百五十七条 因飞行中的民用航空器或者从飞行中的民用航空器上落下的人或者物，造成地面（包括水面，下同）上的人身伤亡或者财产损害的，受害人有权获得赔偿；但是，所受损害并非造成损害的事故的直接后果，或者所受损害仅是民用航空器依照国家有关的空中交通规则在空中通过造成的，受害人无权要求赔偿。

前款所称飞行中，是指自民用航空器为实际起飞而使用动力时起至着陆冲程终了时止；就轻于空气的民用航空器而言，飞行中是指自其离开地面时起至其重新着地时止。

380. 饲养动物损害责任纠纷

案由适用要点

[释义] 饲养动物损害责任是指饲养的动物造成他人损害的，动物饲养人或者管理人应当承担的侵权责任。

[管辖] 根据《民事诉讼法》第 29 条的规定，应由侵权行为地或者被告住所地人民法院管辖。根据《民事诉讼法解释》第 24 条的规定，《民事诉讼

法》第 29 条规定的侵权行为地，包括侵权行为实施地、侵权结果发生地。

[应注意的问题] 对于《民法典》侵权责任编第 9 章规定的饲养动物损害责任的具体侵权类型，都要适用本案由，比如《民法典》第 1249 条规定的遗弃、逃逸的动物致人损害责任的情形，第 1250 条规定的第三人的过错致使动物造成他人损害的情形等。

请求权基础规范指引

《中华人民共和国民法典》（2020 年）

第一百二十条【侵权责任的承担】 民事权益受到侵害的，被侵权人有权请求侵权人承担侵权责任。

第一千二百四十五条【饲养动物致害责任的一般规定】 饲养的动物造成他人损害的，动物饲养人或者管理人应当承担侵权责任；但是，能够证明损害是因被侵权人故意或者重大过失造成的，可以不承担或者减轻责任。

第一千二百四十六条【违反规定未对动物采取安全措施致害责任】 违反管理规定，未对动物采取安全措施造成他人损害的，动物饲养人或者管理人应当承担侵权责任；但是，能够证明损害是因被侵权人故意造成的，可以减轻责任。

第一千二百四十七条【禁止饲养的危险动物致害责任】 禁止饲养的烈性犬等危险动物造成他人损害的，动物饲养人或者管理人应当承担侵权责任。

第一千二百四十八条【动物园的动物致害责任】 动物园的动物造成他人损害的，动物园应当承担侵权责任；但是，能够证明尽到管理职责的，不承担侵权责任。

第一千二百四十九条【遗弃、逃逸的动物致害责任】 遗弃、逃逸的动物在遗弃、逃逸期间造成他人损害的，由动物原饲养人或者管理人承担侵权责任。

第一千二百五十条【因第三人的过错致使动物致害责任】 因第三人的过错致使动物造成他人损害的，被侵权人可以向动物饲养人或者管理人请求赔偿，也可以向第三人请求赔偿。动物饲养人或者管理人赔偿后，有权向第三人追偿。

第一千二百五十一条【饲养动物应履行的义务】 饲养动物应当遵守法律法规，尊重社会公德，不得妨碍他人生活。

《最高人民法院关于适用〈中华人民共和国民法典〉侵权责任编的解释（一）》（法释〔2024〕12 号 2024 年 9 月 25 日）

第二十三条 禁止饲养的烈性犬等危险动物造成他人损害，动物饲养人或者管理人主张不承担责任或者减轻责任的，人民法院不予支持。

381. 建筑物和物件损害责任纠纷

(1) 物件脱落、坠落损害责任纠纷
(2) 建筑物、构筑物倒塌、塌陷损害责任纠纷
(3) 高空抛物、坠物损害责任纠纷
(4) 堆放物倒塌、滚落、滑落损害责任纠纷
(5) 公共道路妨碍通行损害责任纠纷
(6) 林木折断、倾倒、果实坠落损害责任纠纷
(7) 地面施工、地下设施损害责任纠纷

案由适用要点

[**释义**] 建筑物和物件损害责任是指建筑物、构筑物、抛掷物、坠落物、堆放物或者公共道路、地面施工、地下设施等致人损害时，物件的所有人、管理人或者使用人所应当承担的侵权责任。

物件脱落、坠落损害责任是指建筑物、构筑物或者其他设施及其搁置物、悬挂物发生脱落、坠落造成他人损害的，所有人、管理人或者使用人所应当承担的侵权责任。由此引发的纠纷为物件脱落、坠落损害责任纠纷。

建筑物、构筑物倒塌、塌陷损害责任是指建筑物、构筑物及其他设施倒塌、塌陷造成他人损害的，建设单位、施工单位或者其他责任人（所有人、管理人、使用人或者第三人）所应当承担的侵权责任。由此引发的纠纷为建筑物、构筑物倒塌、塌陷损害责任纠纷。

高空抛物、坠物损害责任是指从建筑物中抛掷物品或者从建筑物上坠落的物品造成他人损害的，除能够证明自己不是侵权人的外，可能加害的建筑物的使用人承担的补偿责任。由此引发的纠纷为高空抛物、坠物损害责任纠纷。

堆放物倒塌、滚落、滑落损害责任是指堆放物倒塌、滚落、滑落造成他人损害的，堆放人所应当承担的侵权责任。由此引发的纠纷为堆放物倒塌、滚落、滑落损害责任纠纷。

公共道路妨碍通行损害责任是指在公共道路上堆放、倾倒、遗撒妨碍通行的物品造成他人损害的，行为人所应当承担的侵权责任。在这种情况下，实施堆放、倾倒、遗撒行为的人承担无过错责任，而公共道路管理部门承担过错推定责任。由此引发的纠纷为公共道路妨碍通行损害责任纠纷。

林木折断、倾倒、果实坠落损害责任是指因林木折断、倾倒、果实坠落造成他人损害的，林木的所有人或者管理人所应当承担的侵权责任。由此引发的纠纷为林木折断、倾倒、果实坠落损害责任纠纷。

地面施工、地下设施损害责任是指在公共场所或者道路上施工、安装地下设施等未设置明显标志和采取安全措施造成他人损害的，或者窨井等地下设施造成他人损害的，施工人、管理人所应当承担的侵权责任。由此引发的纠纷为地面施工、地下设施损害责任纠纷。

［**管辖**］建筑物和物件损害责任案件的管辖，适用《民事诉讼法》第 29 条的规定，即因侵权行为提起的诉讼，由侵权行为地或者被告住所地人民法院管辖。根据《民事诉讼法解释》第 24 条的规定，《民事诉讼法》第 29 条规定的侵权行为地，包括侵权行为实施地、侵权结果发生地。

［**应注意的问题**］结合《民法典》，2020 年《民事案件案由规定》对本案由作出修改和调整：将“物件损害责任纠纷”变更为“建筑物和物件损害责任”，并变更“（2）建筑物、构筑物倒塌损害责任纠纷”为“（2）建筑物、构筑物倒塌、塌陷损害责任纠纷”，变更“（3）不明抛掷物、坠落物损害责任纠纷”为“（3）高空抛物、坠物损害责任纠纷”，变更“（4）堆放物倒塌致害责任纠纷”为“（4）堆放物倒塌、滚落、滑落损害责任纠纷”，变更“（6）林木折断损害责任纠纷”为“（6）林木折断、倾倒、果实坠落损害责任纠纷”。上述变化在立案过程中应特别注意，避免出现错误。对于本案由项下 7 个第四级案由不能涵盖的情形，则直接适用建筑物和物件损害责任纠纷这一第三级案由。

请求权基础规范指引

《中华人民共和国民法典》（2020 年）

第一百二十条【侵权责任的承担】 民事权益受到侵害的，被侵权人有权请求侵权人承担侵权责任。

第一千二百五十二条【建筑物、构筑物或者其他设施倒塌、塌陷致害责任】 建筑物、构筑物或者其他设施倒塌、塌陷造成他人损害的，由建设单位与施工单位承担连带责任，但是建设单位与施工单位能够证明不存在质量缺陷的除外。建设单位、施工单位赔偿后，有其他责任人的，有权向其他责任人追偿。

因所有人、管理人、使用人或者第三人的原因，建筑物、构筑物或者其他设施倒塌、塌陷造成他人损害的，由所有人、管理人、使用人或者第三人承担侵权责任。

第一千二百五十三条【建筑物、构筑物或者其他设施及其搁置物、悬挂物脱落、坠落致害责任】 建筑物、构筑物或者其他设施及其搁置物、悬挂物发生脱落、坠落造成他人损害，所有人、管理人或者使用人不能证明自己没有过错的，应当承担侵权责任。所有人、管理人或者使用人赔偿后，有其他责任人的，有权向其他责任人追偿。

第一千二百五十四条【不明抛掷物、坠落物致害责任】 禁止从建筑物中抛掷物品。从建筑物中抛掷物品或者从建筑物上坠落的物品造成他人损害的，由侵权人依法承担侵权责任；经调查难以确定具体侵权人的，除能够证明自己不是侵权人的外，由可能加害的建筑物使用人给予补偿。可能加害的建筑物使用人补偿后，有权向侵权人追偿。

物业服务企业等建筑物管理人应当采取必要的安全保障措施防止前款规定情形的发生；未采取必要的安全保障措施的，应当依法承担未履行安全保障义务的侵权责任。

发生本条第一款规定的情形的，公安等机关应当依法及时调查，查清责任人。

第一千二百五十五条【堆放物倒塌、滚落或者滑落致害责任】 堆放物倒塌、滚落或者滑落造成他人损害，堆放人不能证明自己没有过错的，应当承担侵权责任。

第一千二百五十六条【在公共道路上堆放、倾倒、遗撒妨碍通行的物品致害责任】 在公共道路上堆放、倾倒、遗撒妨碍通行的物品造成他人损害的，由行为人承担侵权责任。公共道路管理人不能证明已经尽到清理、防护、警示等义务的，应当承担相应的责任。

第一千二百五十七条【林木折断、倾倒或者果实坠落等致人损害的侵权责任】 因林木折断、倾倒或者果实坠落等造成他人损害，林木的所有人或者管理人不能证明自己没有过错的，应当承担侵权责任。

第一千二百五十八条【公共场所或者道路上施工致害责任和窨井等地下设施致害责任】 在公共场所或者道路上挖掘、修缮安装地下设施等造成他人损害，施工人不能证明已经设置明显标志和采取安全措施的，应当承担侵权责任。

窨井等地下设施造成他人损害，管理人不能证明尽到管理职责的，应当承担侵权责任。

《最高人民法院关于依法妥善审理高空抛物、坠物案件的意见》（法发〔2019〕25号　2019年10月21日）

10. 综合运用民事诉讼证据规则。人民法院在适用侵权责任法第八十七条①裁判案件时，对能够证明自己不是侵权人的“可能加害的建筑物使用人”，依法予以免责。要加大依职权调查取证力度，积极主动向物业服务企业、周边群众、技术专家等询问查证，加强与公安部门、基层组织等沟通协调，充分运用日常生活经验法则，最大限度查找确定直接侵权人并依法判决

① 现为《民法典》第一千二百五十四条。

其承担侵权责任。

11. 区分坠落物、抛掷物的不同法律适用规则。建筑物及其搁置物、悬挂物发生脱落、坠落造成他人损害的，所有人、管理人或者使用人不能证明自己没有过错的，人民法院应当适用侵权责任法第八十五条①的规定，依法判决其承担侵权责任；有其他责任人的，所有人、管理人或者使用人赔偿后向其他责任人主张追偿权的，人民法院应予支持。从建筑物中抛掷物品造成他人损害的，应当尽量查明直接侵权人，并依法判决其承担侵权责任。

12. 依法确定物业服务企业的责任。物业服务企业不履行或者不完全履行物业服务合同约定或者法律法规规定、相关行业规范确定的维修、养护、管理和维护义务，造成建筑物及其搁置物、悬挂物发生脱落、坠落致使他人损害的，人民法院依法判决其承担侵权责任。有其他责任人的，物业服务企业承担责任后，向其他责任人行使追偿权的，人民法院应予支持。物业服务企业隐匿、销毁、篡改或者拒不向人民法院提供相应证据，导致案件事实难以认定的，应当承担相应的不利后果。

382. 触电人身损害责任纠纷

案由适用要点

［**释义**］触电人身损害责任是指受害人因触电致使遭受人身损害的，电力设施的产权人所应当承担的损害赔偿责任。

［**管辖**］根据《民事诉讼法》第 29 条的规定，因侵权行为提起的诉讼，应由侵权行为地或者被告住所地人民法院管辖。根据《民事诉讼法解释》第 24 条的规定，《民事诉讼法》第 29 条规定的侵权行为地，包括侵权行为实施地、侵权结果发生地。

［**应注意的问题**］《民法典》第 1240 条规定："从事高空、高压、地下挖掘活动或者使用高速轨道运输工具造成他人损害的，经营者应当承担侵权责任；但是，能够证明损害是因受害人故意或者不可抗力造成的，不承担责任。被侵权人对损害的发生有重大过失的，可以减轻经营者的责任。"该条主要是关于高度危险作业致人损害责任的规定。其中，高压设施致人损害是从事利用高压设施的作业时造成的损害和高压电作业造成的损害。对于"高压"应该如何认定，根据《最高人民法院关于审理触电人身损害赔偿案件若干问题的解释》第 1 条的规定，"高压"包括 1 千伏（KV）及其以上电压等级的高压电；1 千伏（KV）以下电压等级为非高压电。即将 1 千伏定为对周围环境

① 现为《民法典》第一千二百五十三条。

具有高度危险电压的起点。日常家用电器额定电压为220伏，三相380伏适用于小型动力用电。对人体而言，无论是380伏还是220伏，都不是安全电压，都可以致人死亡。但是人体接触220伏或380伏的电，都有自救的可能。1千伏及其以上的电压等级的电，对人体会有严重的伤害，没有自救的可能。该解释虽然已经被废止，但上述关于高压的界定，仍具有参考意义。低压电致人损害属于一般侵权责任，应当适用过错责任原则；而高压输电线路和高压设施致人损害，属于高度危险责任，应当适用无过错责任原则。从事高压活动造成他人损害的，经营者应当承担侵权责任。如果是使用高压容器造成损害的，经营者就是高压容器的使用者。如果是高压电造成损害的，作为责任主体的经营者则依具体情况而定。因为电必须有一定的载体才能存在，高电压对周围环境的危害是以电的载体衡量的。高电压的载体应当包括高电压变压器、高电压电力线路、高电压电力设备等。从过程上看，发电、输电、配电、用电等环节必须以一个网络联系起来，并且同时进行。而发电、输电、配电和用电一般情况下分属不同主体。如果是在发电企业内的高压设备造成损害的，作为责任主体的"经营者"就是发电企业。如果是高压输电线路造成损害的，责任主体就是输电企业，在我国主要是电网公司。如果是在工厂内高压电力生产设备造成损害的，责任主体就是该工厂的经营者。

请求权基础规范指引

《中华人民共和国民法典》（2020年）

第一百二十条【侵权责任的承担】 民事权益受到侵害的，被侵权人有权请求侵权人承担侵权责任。

《中华人民共和国电力法》（2018年修正）

第五十九条 电力企业或者用户违反供用电合同，给对方造成损失的，应当依法承担赔偿责任。

电力企业违反本法第二十八条、第二十九条第一款的规定，未保证供电质量或者未事先通知用户中断供电，给用户造成损失的，应当依法承担赔偿责任。

第六十条 因电力运行事故给用户或者第三人造成损害的，电力企业应当依法承担赔偿责任。

电力运行事故由下列原因之一造成的，电力企业不承担赔偿责任：

（一）不可抗力；

（二）用户自身的过错。

因用户或者第三人的过错给电力企业或者其他用户造成损害的，该用户或者第三人应当依法承担赔偿责任。

383. 义务帮工人受害责任纠纷

案由适用要点

[释义] 义务帮工人受害责任纠纷是指为他人无偿提供劳务的义务帮工人，在帮工活动中遭受人身伤害或者财产损失所引起的纠纷。

[管辖] 根据《民事诉讼法》第29条的规定，因侵权行为提起的诉讼，应由侵权行为地或者被告住所地人民法院管辖。根据《民事诉讼法解释》第24条的规定，《民事诉讼法》第29条规定的侵权行为地，包括侵权行为实施地、侵权结果发生地。

[应注意的问题]《民法典》第1192条中的“提供劳务一方”仅指自然人，包括家庭和农村承包经营户，但个体工商户、合伙的雇员因工作发生的纠纷，按照《民法典》第1191条关于用人单位责任的规定处理，该条不包括因承揽关系产生的侵权责任纠纷，因承揽关系产生的侵权责任问题，由《民法典》第1193条予以规范和调整。

《最高人民法院关于审理人身损害赔偿案件适用法律若干问题的解释》第5条是关于帮工人遭受人身损害的赔偿责任的规定。

1. 帮工人因帮工活动遭受人身损害的赔偿责任，应把握以下几点：（1）帮工人在帮工活动中遭受人身损害的，由被帮工人承担赔偿责任。这种情况常常是指遭遇人身意外事件，造成身体伤害，且这种伤害是在帮工活动中造成的，被帮工人是帮工活动的受益人，根据利益与风险相一致的分担规则，被帮工人理应承担赔偿责任。（2）被帮工人明确拒绝帮工的，不承担赔偿责任。被帮工人已经明确表示拒绝帮工人帮工，帮工人坚持帮工，这种情况下，帮工人在帮工活动中遭受人身伤害，被帮工人不承担赔偿责任。（3）被帮工人不承担赔偿责任，但可以在受益范围内予以适当补偿。被帮工人虽然对帮工人遭受的人身损害不承担侵权赔偿责任，但不等于说在帮工活动中帮工人受到的损害于己无关，因帮工人参加帮工活动使被帮工人受益，根据公平原则被帮工人应当在受益的范围内对帮工人予以补偿。补偿的数额应该限定在被帮工人受益的范围内。至于具体的补偿数额，则应该由法官根据具体的案情，综合各方面的因素（如双方的经济状况、帮工人人身损害的程度等）来决定。

2. 帮工人因第三人侵权遭受人身损害的赔偿责任。（1）帮工人因第三人侵权遭受人身损害的，由第三人承担赔偿责任。帮工人在帮工活动中，遭受第三人的不法侵害，造成人身伤害的，本质上就是侵权责任，应当由侵权人即赔偿义务人承担侵权赔偿责任。（2）在第三人不能确定或者没有赔偿能力，可以由被帮工人予以适当补偿。“第三人不能确定”是指无法确定到底谁是加害人，“第三人没有赔偿能力”是指第三人在判决时以及判决生效后都没有赔偿能力。此处的“适当补偿”也应该限定在“受益范围”内，因为被帮工人本没有强制性义务要承担补偿责任，其承担补偿责任完全是为了更好地维护帮工人的人身权益。被帮工人原则上应当对没有赔偿义务人的帮工人予以适当补偿。

请求权基础规范指引

《中华人民共和国民法典》（2020年）

第一百二十条【侵权责任的承担】 民事权益受到侵害的，被侵权人有权请求侵权人承担侵权责任。

《最高人民法院关于审理人身损害赔偿案件适用法律若干问题的解释》（2022年4月24日修正）

第四条 无偿提供劳务的帮工人，在从事帮工活动中致人损害的，被帮工人应当承担赔偿责任。被帮工人承担赔偿责任后向有故意或者重大过失的帮工人追偿的，人民法院应予支持。被帮工人明确拒绝帮工的，不承担赔偿责任。

第五条 无偿提供劳务的帮工人因帮工活动遭受人身损害的，根据帮工人和被帮工人各自的过错承担相应的责任；被帮工人明确拒绝帮工的，被帮工人不承担赔偿责任，但可以在受益范围内予以适当补偿。

帮工人在帮工活动中因第三人的行为遭受人身损害的，有权请求第三人承担赔偿责任，也有权请求被帮工人予以适当补偿。被帮工人补偿后，可以向第三人追偿。

384. 见义勇为人受害责任纠纷

案由适用要点

[释义] 见义勇为是指行为人在没有约定义务也没有法定义务的情况下，为了使国家利益、社会公共利益或者他人的合法权益不受或者免受损害，而实施的制止侵害、防止损失的行为。见义勇为行为人在实施见义勇为行为时，其自身受到损害的，可以请求侵权人赔偿或者受益人补偿。

[管辖] 根据《民事诉讼法》第29条的规定，因侵权行为提起的诉讼，应由侵权行为地或者被告住所地人民法院管辖。根据《民事诉讼法解释》第24条的规定，《民事诉讼法》第29条规定的侵权行为地，包括侵权行为实施地、侵权结果发生地。

[应注意的问题] （1）关于见义勇为受害责任中的诉讼主体的问题。从保护当事人诉权的角度讲，见义勇为者可以单独或者一并将侵权人和见义勇为受益人作为被告予以起诉，必要时人民法院也可以依照《民事诉讼法》及《民事诉讼法解释》的相关规定，追加见义勇为受益人为共同被告参加诉讼。（2）关于受益人适当补偿的范围问题。受益人对见义勇为者承担的不应是赔偿责任，而是属于社会责任的范畴，在缺乏相应社会救济机制的条件下，作为利益共同体的受益人，应适当分担损害，给受害人以补偿。补偿责任并非赔偿责任，适当补偿责任不是全部赔偿责任，补偿责任的范围应当根据见义勇为者所受损失情况、受益人的获益情况和其经济承受能力综合考虑。（3）关于见义勇为受害责任的免责减责事由的适用。见义勇为受害责任作为一种侵权责任类型，有关侵权责任的减责免责事由，比如受害人故意、不可抗力等，在法律没有特别规定的情况下，对于见义勇为受害责任也应予以适用。

请求权基础规范指引

《中华人民共和国民法典》（2020年）

第一百八十三条【因保护他人民事权益受损时的责任承担与补偿办法】 因保护他人民事权益使自己受到损害的，由侵权人承担民事责任，受益人可以给予适当补偿。没有侵权人、侵权人逃逸或者无力承担民事责任，受害人请求补偿的，受益人应当给予适当补偿。

《最高人民法院关于适用〈中华人民共和国民法典〉总则编若干问题的解释》（法释〔2022〕6号　2022年2月24日）

第三十四条　因保护他人民事权益使自己受到损害，受害人依据民法典第一百八十三条的规定请求受益人适当补偿的，人民法院可以根据受害人所受损失和已获赔偿的情况、受益人受益的多少及其经济条件等因素确定受益人承担的补偿数额。

《最高人民法院关于为稳定就业提供司法服务和保障的意见》（法发〔2022〕36号　2022年12月26日）

8. 加强新就业形态劳动者合法权益保障。不完全符合确立劳动关系情形但企业对劳动者进行劳动管理的，可以结合新业态劳动者权益保障指导意见有关规定，依法保障劳动者权益。依法保护劳动者按照约定或者法律规定获得劳动报酬的权利；劳动者因不可抗力、见义勇为、紧急救助以及工作量或者劳动强度明显不合理等非主观因素，超时完成工作任务或者受到消费者差评，主张不能因此扣减应得报酬的，人民法院应当依法支持。推动完善劳动者因执行工作任务遭受损害的责任分担机制。依法认定与用工管理相关的算法规则效力，保护劳动者取得劳动报酬、休息休假等基本合法权益；与用工管理相关的算法规则存在不符合日常生活经验法则、未考虑遵守交通规则等客观因素或者其他违背公序良俗情形，劳动者主张该算法规则对其不具有法律约束力或者请求赔偿因该算法规则不合理造成的损害的，人民法院应当依法支持。

385. 公证损害责任纠纷

案由适用要点

[**释义**] 公证损害责任是指公证机构及其公证人员在履行公证职务的过程中，给公证当事人或者公证事项的利害关系人造成损失的，公证机构所应当承担的损害赔偿责任。

[**管辖**] 根据《民事诉讼法》第 29 条的规定，因侵权行为提起的诉讼，应由侵权行为地或者被告住所地人民法院管辖。根据《民事诉讼法解释》第 24 条的规定，《民事诉讼法》第 29 条规定的侵权行为地，包括侵权行为实施地、侵权结果发生地。

[**应注意的问题**] 凡主张公证机构因公证事项造成损害应予赔偿的纠纷，确定为本案由。

而公证损害赔偿责任应适用过错责任，公证机构依法尽到审查核实义务的，不承担赔偿责任，即公证机构按照相关法律法规、公证程序、办证规则以及国家行业主管部门制定的行业规范的要求履行审查核实义务的，不承担赔偿责任。公证机构未依法尽到审查、核实义务的，应当承担与其过错相应的补充赔偿责任。准确把握“相应的补充赔偿责任”，要注意以下几点：(1) 关于补充责任。补充责任具有以下特点：①责任主体为二人以上。②各责任主体之间在承担责任上有先后顺序。③补充责任不同于连带责任。④补充责任不同于按份责任。(2) 关于相应的补充责任。“相应的补充责任”是与“完全的补充责任”相对应的。对于责任人承担的补充责任，若不以“相应的”来限定，就是完全的补充责任，即相应的补充责任是对补充责任人承担补充责任的一种限制，承担相应的补充责任的责任人承担的责任不能超过其应承担的“相应的”部分，而不是直接责任人不能承担的全部。

请求权基础规范指引

《中华人民共和国民法典》(2020 年)

第一百二十条【侵权责任的承担】 民事权益受到侵害的，被侵权人有权请求侵权人承担侵权责任。

《中华人民共和国公证法》（2017年修正）

第四十三条 公证机构及其公证员因过错给当事人、公证事项的利害关系人造成损失的，由公证机构承担相应的赔偿责任；公证机构赔偿后，可以向有故意或者重大过失的公证员追偿。

当事人、公证事项的利害关系人与公证机构因赔偿发生争议的，可以向人民法院提起民事诉讼。

《最高人民法院关于审理涉及公证活动相关民事案件的若干规定》（2020年12月23日修正）

第一条 当事人、公证事项的利害关系人依照公证法第四十三条规定向人民法院起诉请求民事赔偿的，应当以公证机构为被告，人民法院应作为侵权责任纠纷案件受理。

第四条 当事人、公证事项的利害关系人提供证据证明公证机构及其公证员在公证活动中具有下列情形之一的，人民法院应当认定公证机构有过错：

（一）为不真实、不合法的事项出具公证书的；

（二）毁损、篡改公证书或者公证档案的；

（三）泄露在执业活动中知悉的商业秘密或者个人隐私的；

（四）违反公证程序、办证规则以及国务院司法行政部门制定的行业规范出具公证书的；

（五）公证机构在公证过程中未尽到充分的审查、核实义务，致使公证书错误或者不真实的；

（六）对存在错误的公证书，经当事人、公证事项的利害关系人申请仍不予纠正或者补正的；

（七）其他违反法律、法规、国务院司法行政部门强制性规定的情形。

第五条 当事人提供虚假证明材料申请公证致使公证书错误造成他人损失的，当事人应当承担赔偿责任。公证机构依法尽到审查、核实义务的，不承担赔偿责任；未依法尽到审查、核实义务的，应当承担与其过错相应的补充赔偿责任；明知公证证明的材料虚假或者与当事人恶意串通的，承担连带赔偿责任。

第六条 当事人、公证事项的利害关系人明知公证机构所出具的公证书不真实、不合法而仍然使用造成自己损失，请求公证机构承担赔偿责任的，人民法院不予支持。

386. 防卫过当损害责任纠纷

案由适用要点

［**释义**］正当防卫行为应当以制止损害的必要限度为界限，超过这一必要限度，给实施不法侵害行为的人造成重大损害的，即构成防卫过当。防卫过当除在《刑法》上可能承担刑事责任外，还应当对不法侵害人的重大人身或财产损失承担民事赔偿责任。

［**管辖**］根据《民事诉讼法》第29条的规定，因侵权行为提起的诉讼，应由侵权行为地或者被告住所地人民法院管辖。根据《民事诉讼法解释》第24条的规定，《民事诉讼法》第29条规定的侵权行为地，包括侵权行为实施地、侵权结果发生地。

［**应注意的问题**］《民法典》第181条规定："因正当防卫造成损害的，不承担民事责任。正当防卫超过必要的限度，造成不应有的损害的，正当防卫人应当承担适当的民事责任。"正当防卫的法律后果，是免除防卫人对其造成的损害的民事责任，而在防卫过当的情形下，正当防卫超过必要限度，造成不应有的损害的，防卫人不能免责，而是要承担适当责任。这种适当的民事责任，应当包括以下三层意思：（1）防卫过当不能免除责任。这是因为民事责任是一种财产责任，赔偿具有补偿和制裁的双重性质，它不像刑罚那样是人身的而且没有补偿性质的责任。（2）对于防卫过当造成的损害，一般应当减轻民事责任。承担适当的责任中的"适当"，要求赔偿既要与防卫过当的损害后果相当，又要与案情相当，而且后者更为重要。因此，不应当受全部赔偿原则的限制，要适当减轻防卫人的责任。（3）故意加害行为的赔偿责任。防卫人在防卫过程中故意对不法侵害者采取加害行为的，对其超出必要限度的损害应当全部赔偿。这是因为，在这种情况下，防卫人已经明知会超出必要限度而故意为之，是故意的违法行为，应当负担全部责任。

请求权基础规范指引

《中华人民共和国民法典》（2020年）

第一百八十一条【正当防卫】 因正当防卫造成损害的，不承担民事责任。

正当防卫超过必要的限度，造成不应有的损害的，正当防卫人应当承担适当的民事责任。

《最高人民法院关于适用〈中华人民共和国民法典〉总则编若干问题的解释》（法释〔2022〕6号 2022年2月24日）

第三十条 为了使国家利益、社会公共利益、本人或者他人的人身权利、财产权利以及其他合法权益免受正在进行的不法侵害，而针对实施侵害行为的人采取的制止不法侵害的行为，应当认定为民法典第一百八十一条规定的正当防卫。

第三十一条 对于正当防卫是否超过必要的限度，人民法院应当综合不法侵害的性质、手段、强度、危害程度和防卫的时机、手段、强度、损害后果等因素判断。

经审理，正当防卫没有超过必要限度的，人民法院应当认定正当防卫人不承担责任。正当防卫超过必要限度的，人民法院应当认定正当防卫人在造成不应有的损害范围内承担部分责任；实施侵害行为的人请求正当防卫人承担全部责任的，人民法院不予支持。

实施侵害行为的人不能证明防卫行为造成不应有的损害，仅以正当防卫人采取的反击方式和强度与不法侵害不相当为由主张防卫过当的，人民法院不予支持。

《最高人民法院、最高人民检察院、公安部关于依法适用正当防卫制度的指导意见》（法发〔2020〕31号 2020年8月28日）

2. 立足具体案情，依法准确认定。要立足防卫人防卫时的具体情境，综合考虑案件发生的整体经过，结合一般人在类似情境下的可能反应，依法准确把握防卫的时间、限度等条件。要充分考虑防卫人面临不法侵害时的紧迫状态和紧张心理，防止在事后以正常情况下冷静理性、客观精确的标准去评判防卫人。

3. 坚持法理情统一，维护公平正义。认定是否构成正当防卫、是否防卫过当以及对防卫过当裁量刑罚时，要注重查明前因后果，分清是非曲直，确保案件处理于法有据、于理应当、于情相容，符合人民群众的公平正义观念，实现法律效果与社会效果的有机统一。

12. 准确认定“明显超过必要限度”。防卫是否“明显超过必要限度”，应当综合不法侵害的性质、手段、强度、危害程度和防卫的时机、手段、强度、损害后果等情节，考虑双方力量对比，立足防卫人防卫时所处情境，结合社会公众的一般认知作出判断。在判断不法侵害的危害程度时，不仅要考虑已经造成的损害，还要考虑造成进一步损害的紧迫危险性和现实可能性。不应当苛求防卫人必须采取与不法侵害基本相当的反击方式和强度。通过综合考量，对于防卫行为与不法侵害相差悬殊、明显过激的，应当认定防卫明显超过必要限度。

13. 准确认定“造成重大损害”。“造成重大损害”是指造成不法侵害人重伤、死亡。造成轻伤及以下损害的，不属于重大损害。防卫行为虽然明显超过必要限度但没有造成重大损害的，不应认定为防卫过当。

387. 紧急避险损害责任纠纷

案由适用要点

[**释义**] 紧急避险损害责任纠纷是指因紧急避险造成损害所引起的纠纷。紧急避险是指为了社会公共利益、本人或者他人的人身或其他合法权益免受正在发生的危险，不得已而采取的损害他人一定利益的救险行为。

[**管辖**] 根据《民事诉讼法》第 29 条的规定，因侵权行为提起的诉讼，应由侵权行为地或者被告住所地人民法院管辖。根据《民事诉讼法解释》第 24 条的规定，《民事诉讼法》第 29 条规定的侵权行为地，包括侵权行为实施地、侵权结果发生地。

[**应注意的问题**] 关于紧急避险的认识，一定要注意其与正当防卫的异同。紧急避险和正当防卫都是阻却违法行为，行为目的都是保护公共利益、公民和本人的合法利益，二者成立的前提条件都是合法权利受到严重危险，两者都造成了一定的损害，都在符合各自构成要件的情况下免于承担民事责任。但紧急避险与正当防卫有明显的区别，主要包括：（1）紧急避险的危险来源多种多样，正当防卫的危险来源只是不法侵害人的非法侵害；（2）紧急避险造成的损害是排除危险的唯一方法，而正当防卫则不在此限；（3）紧急避险所造成的损害必须小于危险造成的损害，正当防卫造成的损害，允许等于或者大于不法侵害行为所可能造成的损害；（4）正当防卫只能对不法侵害的本人实施，而紧急避险可以对第三者实施。

请求权基础规范指引

《中华人民共和国民法典》（2020 年）

第一百八十二条【紧急避险】 因紧急避险造成损害的，由引起险情发生的人承担民事责任。

危险由自然原因引起的，紧急避险人不承担民事责任，可以给予适当补偿。

紧急避险采取措施不当或者超过必要的限度，造成不应有的损害的，紧急避险人应当承担适当的民事责任。

《最高人民法院关于适用〈中华人民共和国民法典〉总则编若干问题的解释》（法释〔2022〕6号　2022年2月24日）

第三十二条　为了使国家利益、社会公共利益、本人或者他人的人身权利、财产权利以及其他合法权益免受正在发生的急迫危险，不得已而采取紧急措施的，应当认定为民法典第一百八十二条规定的紧急避险。

第三十三条　对于紧急避险是否采取措施不当或者超过必要的限度，人民法院应当综合危险的性质、急迫程度、避险行为所保护的权益以及造成的损害后果等因素判断。

经审理，紧急避险采取措施并无不当且没有超过必要限度的，人民法院应当认定紧急避险人不承担责任。紧急避险采取措施不当或者超过必要限度的，人民法院应当根据紧急避险人的过错程度、避险措施造成不应有的损害的原因力大小、紧急避险人是否为受益人等因素认定紧急避险人在造成的不应有的损害范围内承担相应的责任。

388. 驻香港、澳门特别行政区军人执行职务侵权责任纠纷

案由适用要点

［释义］驻香港、澳门特别行政区军人执行职务侵权责任纠纷是指驻香港特别行政区和澳门特别行政区的军人在执行职务时侵害他人合法权益造成损害而引起的纠纷。

［管辖］根据《香港特别行政区驻军法》和《澳门特别行政区驻军法》的规定，香港、澳门驻军人员因执行职务的行为引起的民事侵权案件，由中华人民共和国最高人民法院管辖，侵权行为的损害赔偿适用香港、澳门特别行政区法律；非执行职务行为引起的民事侵权案件，由香港、澳门特别行政区法院管辖。

［应注意的问题］这一案由的适用具有特定的指向，仅适用于侵权人为驻香港、澳门特别行政区的军人所实施的职务行为。

实践中，对于本案由的确定，主体上应当限定于侵权人系“驻香港、澳门特别行政区军人”，且是针对上述主体所实施的职务行为造成的损害。“职务行为”是相对于“个人行为”而言的，职务行为的特征表现为两方面：一是职务行为必须在执行职务的过程中，这个过程包括从开始执行到职务活动的完结；二是所为的行为必须在职责范围之内，主体的行为要在法律或章程所规定的范围内。学理上对于职务行为的界定标准划分为四类，分别是主观标准说、客观标准说、折中标准说与综合标准说。我国的法律实践标准采用客观标准说。客观标准说认为判断职务行为的标准是行为人的行为外观，即行为外观使第三人有合理理由相信该行为属于职务行为。

请求权基础规范指引

《中华人民共和国香港特别行政区驻军法》（1996年）

第二十三条 香港驻军人员违反香港特别行政区的法律，侵害香港居民、香港驻军以外的其他人的民事权利的，当事人可以通过协商、调解解决；不愿通过协商、调解解决或者协商、调解不成的，被侵权人可以向法院提起诉讼。香港驻军人员非执行职务的行为引起的民事侵权案件，由香港特别行政区法院管辖；执行职务的行为引起的民事侵权案件，由中华人民共和国最高人民法院管辖，侵权行为的损害赔偿适用香港特别行政区法律。

《中华人民共和国澳门特别行政区驻军法》（1999年）

第二十三条 澳门驻军人员违反澳门特别行政区的法律，侵害澳门居民、澳门驻军以外的其他人的民事权利的，当事人可以通过协商、调解解决；不愿通过协商、调解解决或者协商、调解不成的，被侵权人可以向法院提起诉讼。澳门驻军人员非执行职务的行为引起的民事侵权案件，由澳门特别行政区法院管辖；执行职务的行为引起的民事侵权案件，由中华人民共和国最高人民法院管辖，侵权行为的损害赔偿适用澳门特别行政区法律。

389. 铁路运输损害责任纠纷

（1）铁路运输人身损害责任纠纷

（2）铁路运输财产损害责任纠纷

案由适用要点

[释义] 铁路运输损害责任是指铁路运输企业在发生铁路行车事故或者其他铁路运营事故，造成他人人身伤害和财产损失时所应当承担的损害赔偿责任。

铁路运输人身损害责任是指因发生行车事故或者其他铁路运营事故造成路外人员或乘客人身伤害的，铁路运输企业所应当承担的损害赔偿责任。

铁路运输财产损害责任纠纷是指因发生行车事故或者其他铁路运营事故造成他人财产损失或者承运的货物损失的，铁路运输企业所应当承担的损害赔偿责任。

[管辖] 根据《民事诉讼法》第28条规定，因铁路、公路、水上、航空运输和联合运输合同纠纷提起的诉讼，由运输始发地、目的地或者被告住所地人民法院管辖。

《最高人民法院关于审理铁路运输人身损害赔偿纠纷案件适用法律若干问题的解释》（2021年修正）第3条规定："赔偿权利人要求对方当事人承担侵

权责任的，由事故发生地、列车最先到达地或者被告住所地铁路运输法院管辖。前款规定的地区没有铁路运输法院的，由高级人民法院指定的其他人民法院管辖。”

[**应注意的问题**] 铁路旅客运输合同作为一种特殊形式的运输合同，铁路运输企业负有将旅客安全运输至目的地的义务。因此，如旅客在铁路运输过程中遭受人身、财产损害，存在侵权责任与违约责任的竞合。根据《民法典》第186条的规定，因当事人一方的违约行为，损害对方人身权益、财产权益的，受损害方有权选择请求其承担违约责任或者侵权责任。旅客的选择权，决定了案由的确定及法律适用。当受害旅客以铁路运输合同纠纷请求赔偿时，应适用《民法典》合同编第19章和《铁路法》的相关规定。铁路运输企业作为承运人应当按照限额赔偿的规定承担赔偿责任。当受害旅客选择侵权责任时，应定为本案由，适用《民法典》侵权责任编及《最高人民法院关于审理铁路运输人身损害赔偿纠纷案件适用法律若干问题的解释》等规定，由铁路运输企业对受害旅客因损害事实而产生的损失予以赔偿。对于路外人提起的铁路运输损害责任纠纷案件，路外人因铁路运营企业的行车作业造成的人身损害结果，符合侵权法律关系的特征，审理此类案件应适用《民法典》侵权责任编和《最高人民法院关于审理铁路运输人身损害赔偿纠纷案件适用法律若干问题的解释》等规定。

请求权基础规范指引

《中华人民共和国民法典》（2020年）

第一百二十条【侵权责任的承担】 民事权益受到侵害的，被侵权人有权请求侵权人承担侵权责任。

《中华人民共和国铁路法》（2015年修正）

第五十八条 因铁路行车事故及其他铁路运营事故造成人身伤亡的，铁路运输企业应当承担赔偿责任；如果人身伤亡是因不可抗力或者由于受害人自身的原因造成的，铁路运输企业不承担赔偿责任。

违章通过平交道口或者人行过道，或者在铁路线路上行走、坐卧造成的人身伤亡，属于受害人自身的原因造成的人员伤亡。

《最高人民法院关于审理铁路运输人身损害赔偿纠纷案件适用法律若干问题的解释》（2021年12月8日修正）

第二条 铁路运输人身损害的受害人以及死亡受害人的近亲属为赔偿权利人，有权请求赔偿。

第三条 赔偿权利人要求对方当事人承担侵权责任的，由事故发生地、列车最先到达地或者被告住所地铁路运输法院管辖。

前款规定的地区没有铁路运输法院的，由高级人民法院指定的其他人民法院管辖。

第四条　铁路运输造成人身损害的，铁路运输企业应当承担赔偿责任；法律另有规定的，依照其规定。

第五条　铁路行车事故及其他铁路运营事故造成人身损害，有下列情形之一的，铁路运输企业不承担赔偿责任：

（一）不可抗力造成的；

（二）受害人故意以卧轨、碰撞等方式造成的；

（三）法律规定铁路运输企业不承担赔偿责任的其他情形造成的。

第六条　因受害人的过错行为造成人身损害，依照法律规定应当由铁路运输企业承担赔偿责任的，根据受害人的过错程度可以适当减轻铁路运输企业的赔偿责任，并按照以下情形分别处理：

（一）铁路运输企业未充分履行安全防护、警示等义务，铁路运输企业承担事故主要责任的，应当在全部损害的百分之九十至百分之六十之间承担赔偿责任；铁路运输企业承担事故同等责任的，应当在全部损害的百分之六十至百分之五十之间承担赔偿责任；铁路运输企业承担事故次要责任的，应当在全部损害的百分之四十至百分之十之间承担赔偿责任；

（二）铁路运输企业已充分履行安全防护、警示等义务，受害人仍施以过错行为的，铁路运输企业应当在全部损害的百分之十以内承担赔偿责任。

铁路运输企业已充分履行安全防护、警示等义务，受害人不听从值守人员劝阻强行通过铁路平交道口、人行过道，或者明知危险后果仍然无视警示规定沿铁路线路纵向行走、坐卧故意造成人身损害的，铁路运输企业不承担赔偿责任，但是有证据证明并非受害人故意造成损害的除外。

第七条　铁路运输造成无民事行为能力人人身损害的，铁路运输企业应当承担赔偿责任；监护人有过错的，按照过错程度减轻铁路运输企业的赔偿责任。

铁路运输造成限制民事行为能力人人身损害的，铁路运输企业应当承担赔偿责任；监护人或者受害人自身有过错的，按照过错程度减轻铁路运输企业的赔偿责任。

第八条　铁路机车车辆与机动车发生碰撞造成机动车驾驶人员以外的人人身损害的，由铁路运输企业与机动车一方对受害人承担连带赔偿责任。铁路运输企业与机动车一方之间的责任份额根据各自责任大小确定；难以确定责任大小的，平均承担责任。对受害人实际承担赔偿责任超出应当承担份额的一方，有权向另一方追偿。

铁路机车车辆与机动车发生碰撞造成机动车驾驶人员人身损害的，按照本解释第四条至第六条的规定处理。

第九条 在非铁路运输企业实行监护的铁路无人看守道口发生事故造成人身损害的，由铁路运输企业按照本解释的有关规定承担赔偿责任。道口管理单位有过错的，铁路运输企业对赔偿权利人承担赔偿责任后，有权向道口管理单位追偿。

第十条 对于铁路桥梁、涵洞等设施负有管理、维护等职责的单位，因未尽职责使该铁路桥梁、涵洞等设施不能正常使用，导致行人、车辆穿越铁路线路造成人身损害的，铁路运输企业按照本解释有关规定承担赔偿责任后，有权向该单位追偿。

第十一条 有权作出事故认定的组织依照《铁路交通事故应急救援和调查处理条例》等有关规定制作的事故认定书，经庭审质证，对于事故认定书所认定的事实，当事人没有相反证据和理由足以推翻的，人民法院应当作为认定事实的根据。

第十二条 在专用铁路及铁路专用线上因运输造成人身损害，依法应当由肇事工具或者设备的所有人、使用人或者管理人承担赔偿责任的，适用本解释。

第十三条 本院以前发布的司法解释与本解释不一致的，以本解释为准。

390. 水上运输损害责任纠纷

（1）水上运输人身损害责任纠纷

（2）水上运输财产损害责任纠纷

案由适用要点

［释义］ 水上运输损害责任纠纷是指在水路运输过程中，水上运输的经营者对他人或者其承运的旅客、货物造成损害所产生的纠纷。

水上运输人身损害责任纠纷是指因水上运输的经营者在水上运输过程中对他人的人身或者其承运的旅客的人身造成伤害所产生的纠纷。

水上运输财产损害责任纠纷是指因水上运输的经营者在运输过程中对他人或其承运的旅客的财产、承运的货物造成损失所引起的纠纷。

［管辖］《民事诉讼法》第28条规定，因铁路、公路、水上、航空运输和联合运输合同纠纷提起的诉讼，由运输始发地、目的地或者被告住所地人民法院管辖。第29条规定，因侵权行为提起的诉讼，由侵权行为地或者被告住所地人民法院管辖。《民事诉讼法解释》第24条规定，《民事诉讼法》第29条规定的侵权行为地，包括侵权行为实施地、侵权结果发生地。

［应注意的问题］ 在适用时应注意与海事海商纠纷第二级案由项下的海上、通海水域人身损害责任纠纷和海上、通海水域财产损害责任纠纷的区

别，海事海商纠纷案由仅适用于海事法院专属管辖的案件，而水上运输损害责任纠纷则适用于普通法院管辖的侵权案件。

请求权基础规范指引

《中华人民共和国民法典》（2020 年）

第一百二十条【侵权责任的承担】 民事权益受到侵害的，被侵权人有权请求侵权人承担侵权责任。

第一千一百六十五条【过错责任原则】 行为人因过错侵害他人民事权益造成损害的，应当承担侵权责任。

依照法律规定推定行为人有过错，其不能证明自己没有过错的，应当承担侵权责任。

第一千一百六十六条【无过错责任原则】 行为人造成他人民事权益损害，不论行为人有无过错，法律规定应当承担侵权责任的，依照其规定。

391. 航空运输损害责任纠纷

（1）航空运输人身损害责任纠纷

（2）航空运输财产损害责任纠纷

案由适用要点

[**释义**] 航空运输损害责任纠纷是指在民用航空器运行过程中造成航空器内部或者地面、水面的他人人身或财产损害所产生的纠纷。

航空运输人身损害责任纠纷是指在民用航空器运行过程中造成航空器内部乘客或者地面、水面的他人人身伤害所引起的纠纷。

航空运输财产损害责任纠纷是指在民用航空器运行过程中造成航空器内部乘客的财产、承载的货物或者地面、水面他人的财产损失所产生的纠纷。

[**管辖**] 根据《民事诉讼法》第 29 条的规定，因侵权行为提起的诉讼，由侵权行为地或者被告住所地人民法院管辖。《民事诉讼法解释》第 24 条规定，《民事诉讼法》第 29 条规定的侵权行为地，包括侵权行为实施地、侵权结果发生地。

[**应注意的问题**] 航空运输过程中造成的旅客人身、财产损害，因航空运输合同作为一种特殊形式的运输合同，航空运输承运人负有将旅客安全运输至目的地的义务。因此，如旅客在航空运输过程中遭受人身、财产损害，存在侵权责任与违约责任的竞合。根据《民法典》第 186 条的规定，因当事人一方的违约行为，损害对方人身权益、财产权益的，受损害方有权选择请求其承担违约责任或者侵权责任。据此，旅客的选择权决定了案由的确定和审

理案件的法律适用。当受害旅客以航空运输合同纠纷请求赔偿时，应适用《民法典》合同编第 19 章和《民用航空法》的相关规定。航空运输的承运人应当按照限额赔偿的规定承担赔偿责任。当受害旅客选择侵权责任时，应适用《民法典》侵权责任编、《民用航空法》及《最高人民法院关于审理人身损害赔偿纠纷案件适用法律若干问题的解释》等规定，由航空运输的承运人对受害旅客因损害事实而产生的损失予以赔偿。对于路面、水面的他人提起的航空运输损害责任纠纷案件，路面、水面的他人因航空运输承运人的运输行为造成的人身损害，符合侵权法律关系的特征，审理此类案件应适用《民法典》侵权责任编和《最高人民法院关于审理人身损害赔偿纠纷案件适用法律若干问题的解释》等规定。

请求权基础规范指引

《中华人民共和国民法典》（2020 年）

第一百二十条【侵权责任的承担】 民事权益受到侵害的，被侵权人有权请求侵权人承担侵权责任。

《中华人民共和国民用航空法》（2021 年修正）

第一百二十四条 因发生在民用航空器上或者在旅客上、下民用航空器过程中的事件，造成旅客人身伤亡的，承运人应当承担责任；但是，旅客的人身伤亡完全是由于旅客本人的健康状况造成的，承运人不承担责任。

第一百二十五条 因发生在民用航空器上或者在旅客上、下民用航空器过程中的事件，造成旅客随身携带物品毁灭、遗失或者损坏的，承运人应当承担责任。因发生在航空运输期间的事件，造成旅客的托运行李毁灭、遗失或者损坏的，承运人应当承担责任。

旅客随身携带物品或者托运行李的毁灭、遗失或者损坏完全是由于行李本身的自然属性、质量或者缺陷造成的，承运人不承担责任。

本章所称行李，包括托运行李和旅客随身携带的物品。

因发生在航空运输期间的事件，造成货物毁灭、遗失或者损坏的，承运人应当承担责任；但是，承运人证明货物的毁灭、遗失或者损坏完全是由于下列原因之一造成的，不承担责任：

（一）货物本身的自然属性、质量或者缺陷；

（二）承运人或者其受雇人、代理人以外的人包装货物的，货物包装不良；

（三）战争或者武装冲突；

（四）政府有关部门实施的与货物入境、出境或者过境有关的行为。

本条所称航空运输期间，是指在机场内、民用航空器上或者机场外降落的任何地点，托运行李、货物处于承运人掌管之下的全部期间。

航空运输期间，不包括机场外的任何陆路运输、海上运输、内河运输过程；但是，此种陆路运输、海上运输、内河运输是为了履行航空运输合同而装载、交付或者转运，在没有相反证据的情况下，所发生的损失视为在航空运输期间发生的损失。

第一百二十六条 旅客、行李或者货物在航空运输中因延误造成的损失，承运人应当承担责任；但是，承运人证明本人或者其受雇人、代理人为了避免损失的发生，已经采取一切必要措施或者不可能采取此种措施的，不承担责任。

第一百二十七条 在旅客、行李运输中，经承运人证明，损失是由索赔人的过错造成或者促成的，应当根据造成或者促成此种损失的过错的程度，相应免除或者减轻承运人的责任。旅客以外的其他人就旅客死亡或者受伤提出赔偿请求时，经承运人证明，死亡或者受伤是旅客本人的过错造成或者促成的，同样应当根据造成或者促成此种损失的过错的程度，相应免除或者减轻承运人的责任。

在货物运输中，经承运人证明，损失是由索赔人或者代行权利人的过错造成或者促成的，应当根据造成或者促成此种损失的过错的程度，相应免除或者减轻承运人的责任。

第一百二十八条 国内航空运输承运人的赔偿责任限额由国务院民用航空主管部门制定，报国务院批准后公布执行。

旅客或者托运人在交运托运行李或者货物时，特别声明在目的地点交付时的利益，并在必要时支付附加费的，除承运人证明旅客或者托运人声明的金额高于托运行李或者货物在目的地点交付时的实际利益外，承运人应当在声明金额范围内承担责任；本法第一百二十九条的其他规定，除赔偿责任限额外，适用于国内航空运输。

第一百二十九条 国际航空运输承运人的赔偿责任限额按照下列规定执行：

（一）对每名旅客的赔偿责任限额为16600计算单位；但是，旅客可以同承运人书面约定高于本项规定的赔偿责任限额。

（二）对托运行李或者货物的赔偿责任限额，每公斤为17计算单位。旅客或者托运人在交运托运行李或者货物时，特别声明在目的地点交付时的利益，并在必要时支付附加费的，除承运人证明旅客或者托运人声明的金额高于托运行李或者货物在目的地点交付时的实际利益外，承运人应当在声明金额范围内承担责任。

托运行李或者货物的一部分或者托运行李、货物中的任何物件毁灭、遗失、损坏或者延误的，用以确定承运人赔偿责任限额的重量，仅为该一包件或者数包件的总重量；但是，因托运行李或者货物的一部分或者托运行李、货物中的任何物件的毁灭、遗失、损坏或者延误，影响同一份行李票或者同一份航空货运单所列其他包件的价值的，确定承运人的赔偿责任限额时，此种包件的总重量也应当考虑在内。

（三）对每名旅客随身携带的物品的赔偿责任限额为332计算单位。

第一百三十条 任何旨在免除本法规定的承运人责任或者降低本法规定的赔偿责任限额的条款，均属无效；但是，此种条款的无效，不影响整个航空运输合同的效力。

第一百三十一条 有关航空运输中发生的损失的诉讼，不论其根据如何，只能依照本法规定的条件和赔偿责任限额提出，但是不妨碍谁有权提起诉讼以及他们各自的权利。

第一百三十二条 经证明，航空运输中的损失是由于承运人或者其受雇人、代理人的故意或者明知可能造成损失而轻率地作为或者不作为造成的，承运人无权援用本法第一百二十八条、第一百二十九条有关赔偿责任限制的规定；证明承运人的受雇人、代理人有此种作为或者不作为的，还应当证明该受雇人、代理人是在受雇、代理范围内行事。

第一百三十三条 就航空运输中的损失向承运人的受雇人、代理人提起诉讼时，该受雇人、代理人证明他是在受雇、代理范围内行事的，有权援用本法第一百二十八条、第一百二十九条有关赔偿责任限制的规定。

在前款规定情形下，承运人及其受雇人、代理人的赔偿总额不得超过法定的赔偿责任限额。

经证明，航空运输中的损失是由于承运人的受雇人、代理人的故意或者明知可能造成损失而轻率地作为或者不作为造成的，不适用本条第一款和第二款的规定。

第一百三十四条 旅客或者收货人收受托运行李或者货物而未提出异议，为托运行李或者货物已经完好交付并与运输凭证相符的初步证据。

托运行李或者货物发生损失的，旅客或者收货人应当在发现损失后向承运人提出异议。托运行李发生损失的，至迟应当自收到托运行李之日起七日内提出；货物发生损失的，至迟应当自收到货物之日起十四日内提出。托运行李或者货物发生延误的，至迟应当自托运行李或者货物交付旅客或者收货人处置之日起二十一日内提出。

任何异议均应当在前款规定的期间内写在运输凭证上或者另以书面提出。

除承运人有欺诈行为外，旅客或者收货人未在本条第二款规定的期间内提出异议的，不能向承运人提出索赔诉讼。

第一百三十五条 航空运输的诉讼时效期间为二年，自民用航空器到达目的地点、应当到达目的地点或者运输终止之日起计算。

第一百三十六条　由几个航空承运人办理的连续运输，接受旅客、行李或者货物的每一个承运人应当受本法规定的约束，并就其根据合同办理的运输区段作为运输合同的订约一方。

对前款规定的连续运输，除合同明文约定第一承运人应当对全程运输承担责任外，旅客或者其继承人只能对发生事故或者延误的运输区段的承运人提起诉讼。

托运行李或者货物的毁灭、遗失、损坏或者延误，旅客或者托运人有权对第一承运人提起诉讼，旅客或者收货人有权对最后承运人提起诉讼，旅客、托运人和收货人均可以对发生毁灭、遗失、损坏或者延误的运输区段的承运人提起诉讼。上述承运人应当对旅客、托运人或者收货人承担连带责任。

第一百五十七条　因飞行中的民用航空器或者从飞行中的民用航空器上落下的人或者物，造成地面（包括水面，下同）上的人身伤亡或者财产损害的，受害人有权获得赔偿；但是，所受损害并非造成损害的事故的直接后果，或者所受损害仅是民用航空器依照国家有关的空中交通规则在空中通过造成的，受害人无权要求赔偿。

前款所称飞行中，是指自民用航空器为实际起飞而使用动力时起至着陆冲程终了时止；就轻于空气的民用航空器而言，飞行中是指自其离开地面时起至其重新着地时止。

第一百五十八条　本法第一百五十七条规定的赔偿责任，由民用航空器的经营人承担。

前款所称经营人，是指损害发生时使用民用航空器的人。民用航空器的使用权已经直接或者间接地授予他人，本人保留对该民用航空器的航行控制权的，本人仍被视为经营人。

经营人的受雇人、代理人在受雇、代理过程中使用民用航空器，无论是否在其受雇、代理范围内行事，均视为经营人使用民用航空器。

民用航空器登记的所有人应当被视为经营人，并承担经营人的责任；除非在判定其责任的诉讼中，所有人证明经营人是他人，并在法律程序许可的范围内采取适当措施使该人成为诉讼当事人之一。

第一百五十九条　未经对民用航空器有航行控制权的人同意而使用民用航空器，对地面第三人造成损害的，有航行控制权的人除证明本人已经适当注意防止此种使用外，应当与该非法使用人承担连带责任。

第一百六十条　损害是武装冲突或者骚乱的直接后果，依照本章规定应当承担责任的人不承担责任。

依照本章规定应当承担责任的人对民用航空器的使用权业经国家机关依

法剥夺的，不承担责任。

392. 因申请财产保全损害责任纠纷

案由适用要点

［**释义**］因申请财产保全损害责任纠纷是指因财产保全的申请人根据《民事诉讼法》的规定申请财产保全措施或者诉前财产保全措施错误，或者申请诉前财产保全措施后未在30日内提起诉讼，造成被保全人财产损失而引起的纠纷。

［**管辖**］根据《最高人民法院关于因申请诉中财产保全损害责任纠纷管辖问题的批复》，“因申请诉中财产保全损害责任纠纷之诉，由作出诉中财产保全裁定的人民法院管辖”。关于诉前保全，根据《民事诉讼法解释》第27条的规定，“当事人申请诉前保全后没有在法定期间起诉或者申请仲裁，给被申请人、利害关系人造成损失引起的诉讼，由采取保全措施的人民法院管辖。当事人申请诉前保全后在法定期间内起诉或者申请仲裁，被申请人、利害关系人因保全受到损失提起的诉讼，由受理起诉的人民法院或者采取保全措施的人民法院管辖”。

［**应注意的问题**］（1）申请人应当赔偿被申请人因保全所遭受的损失的前提条件是“申请有错误”。也就是说，申请错误是导致被申请人遭受损失的原因，二者有因果上的关系，没有因果关系，申请人不宜承担责任。这种保全申请错误具体可能表现为滥用程序性权利，比如申请人在申请保全措施后未在法定期限内起诉或者申请仲裁、申请人的起诉被驳回的、因调解或被申请人已经实际履行而申请人未撤诉的，或者财产保全对象或金额错误的等。（2）赔偿被申请人因保全所遭受的损失。应注意的是：①赔偿的主体是申请人包括利害关系人、诉讼当事人等。②赔偿的损失是因保全所遭受的损失。一旦出现上述法律规定的损失，就可以用申请人提供的担保来赔偿被申请人的损失。

请求权基础规范指引

《中华人民共和国民法典》（2020年）

第一百二十条【侵权责任的承担】 民事权益受到侵害的，被侵权人有权请求侵权人承担侵权责任。

《中华人民共和国民事诉讼法》（2023年修正）

第一百零三条 人民法院对于可能因当事人一方的行为或者其他原因，使判决难以执行或者造成当事人其他损害的案件，根据对方当事人的申请，可以裁定对其财产进行保全、责令其作出一定行为或者禁止其作出一定行为；当事人没有提出申请的，人民法院在必要时也可以裁定采取保全措施。

人民法院采取保全措施，可以责令申请人提供担保，申请人不提供担保的，裁定驳回申请。

人民法院接受申请后，对情况紧急的，必须在四十八小时内作出裁定；裁定采取保全措施的，应当立即开始执行。

第一百零四条 利害关系人因情况紧急，不立即申请保全将会使其合法权益受到难以弥补的损害的，可以在提起诉讼或者申请仲裁前向被保全财产所在地、被申请人住所地或者对案件有管辖权的人民法院申请采取保全措施。申请人应当提供担保，不提供担保的，裁定驳回申请。

人民法院接受申请后，必须在四十八小时内作出裁定；裁定采取保全措施的，应当立即开始执行。

申请人在人民法院采取保全措施后三十日内不依法提起诉讼或者申请仲裁的，人民法院应当解除保全。

第一百零五条 保全限于请求的范围，或者与本案有关的财物。

第一百零六条 财产保全采取查封、扣押、冻结或者法律规定的其他方法。人民法院保全财产后，应当立即通知被保全财产的人。

财产已被查封、冻结的，不得重复查封、冻结。

第一百零七条 财产纠纷案件，被申请人提供担保的，人民法院应当裁定解除保全。

第一百零八条 申请有错误的，申请人应当赔偿被申请人因保全所遭受的损失。

393. 因申请行为保全损害责任纠纷

案由适用要点

［释义］ 因申请行为保全损害责任纠纷是指因当事人在诉讼过程中，或者利害关系人在诉讼前，申请人民法院采取行为保全措施错误，或者在申请诉前行为保全后未依照法律规定提起诉讼，造成被保全人财产损失而引起的纠纷。

［管辖］ 参照《最高人民法院关于因申请诉中财产保全损害责任纠纷管辖问题的批复》关于“因申请诉中财产保全损害责任纠纷之诉，由作出诉中财产保全裁定的人民法院管辖”的规定，因申请诉讼行为保全损害责任纠纷之诉，应由作出行为保全裁定的人民法院管辖。根据《民事诉讼法解释》第27条的规定，“当事人申请诉前保全后没有在法定期间起诉或者申请仲裁，给被

申请人、利害关系人造成损失引起的诉讼，由采取保全措施的人民法院管辖。当事人申请诉前保全后在法定期间内起诉或者申请仲裁，被申请人、利害关系人因保全受到损失提起的诉讼，由受理起诉的人民法院或者采取保全措施的人民法院管辖。”

［**应注意的问题**］在适用时，要注意本案由与“170. 因申请知识产权临时措施损害责任纠纷”的关系。二者是“一般与特别”的关系。因知识产权领域的行为保全申请错误造成被申请人损失而发生的损害责任纠纷，适用“因申请知识产权临时措施损害责任纠纷”以及项下第四级案由，不适用本案由。

请求权基础规范指引

《中华人民共和国民事诉讼法》（2023 年修正）

第一百零三条 人民法院对于可能因当事人一方的行为或者其他原因，使判决难以执行或者造成当事人其他损害的案件，根据对方当事人的申请，可以裁定对其财产进行保全、责令其作出一定行为或者禁止其作出一定行为；当事人没有提出申请的，人民法院在必要时也可以裁定采取保全措施。

人民法院采取保全措施，可以责令申请人提供担保，申请人不提供担保的，裁定驳回申请。

人民法院接受申请后，对情况紧急的，必须在四十八小时内作出裁定；裁定采取保全措施的，应当立即开始执行。

第一百零四条 利害关系人因情况紧急，不立即申请保全将会使其合法权益受到难以弥补的损害的，可以在提起诉讼或者申请仲裁前向被保全财产所在地、被申请人住所地或者对案件有管辖权的人民法院申请采取保全措施。申请人应当提供担保，不提供担保的，裁定驳回申请。

人民法院接受申请后，必须在四十八小时内作出裁定；裁定采取保全措施的，应当立即开始执行。

申请人在人民法院采取保全措施后三十日内不依法提起诉讼或者申请仲裁的，人民法院应当解除保全。

第一百零五条 保全限于请求的范围，或者与本案有关的财物。

第一百零八条 申请有错误的，申请人应当赔偿被申请人因保全所遭受的损失。

《最高人民法院关于审查知识产权纠纷行为保全案件适用法律若干问题的规定》（法释〔2018〕21 号　2018 年 12 月 12 日）

第三条 申请诉前行为保全，应当向被申请人住所地具有相应知识产权纠纷管辖权的人民法院或者对案件具有管辖权的人民法院提出。

当事人约定仲裁的，应当向前款规定的人民法院申请行为保全。

第四条　向人民法院申请行为保全，应当递交申请书和相应证据。申请书应当载明下列事项：

（一）申请人与被申请人的身份、送达地址、联系方式；

（二）申请采取行为保全措施的内容和期限；

（三）申请所依据的事实、理由，包括被申请人的行为将会使申请人的合法权益受到难以弥补的损害或者造成案件裁决难以执行等损害的具体说明；

（四）为行为保全提供担保的财产信息或资信证明，或者不需要提供担保的理由；

（五）其他需要载明的事项。

第五条　人民法院裁定采取行为保全措施前，应当询问申请人和被申请人，但因情况紧急或者询问可能影响保全措施执行等情形除外。

人民法院裁定采取行为保全措施或者裁定驳回申请的，应当向申请人、被申请人送达裁定书。向被申请人送达裁定书可能影响采取保全措施的，人民法院可以在采取保全措施后及时向被申请人送达裁定书，至迟不得超过五日。

当事人在仲裁过程中申请行为保全的，应当通过仲裁机构向人民法院提交申请书、仲裁案件受理通知书等相关材料。人民法院裁定采取行为保全措施或者裁定驳回申请的，应当将裁定书送达当事人，并通知仲裁机构。

第六条　有下列情况之一，不立即采取行为保全措施即足以损害申请人利益的，应当认定属于民事诉讼法第一百条、第一百零一条规定的“情况紧急”：

（一）申请人的商业秘密即将被非法披露；

（二）申请人的发表权、隐私权等人身权利即将受到侵害；

（三）诉争的知识产权即将被非法处分；

（四）申请人的知识产权在展销会等时效性较强的场合正在或者即将受到侵害；

（五）时效性较强的热播节目正在或者即将受到侵害；

（六）其他需要立即采取行为保全措施的情况。

第七条　人民法院审查行为保全申请，应当综合考量下列因素：

（一）申请人的请求是否具有事实基础和法律依据，包括请求保护的知识产权效力是否稳定；

（二）不采取行为保全措施是否会使申请人的合法权益受到难以弥补的损害或者造成案件裁决难以执行等损害；

（三）不采取行为保全措施对申请人造成的损害是否超过采取行为保全措施对被申请人造成的损害；

（四）采取行为保全措施是否损害社会公共利益；

（五）其他应当考量的因素。

394. 因申请证据保全损害责任纠纷

案由适用要点

[释义] 因申请证据保全损害责任纠纷是指因当事人在诉讼过程中申请证据保全措施错误，或者利害关系人在诉前申请证据保全错误，而导致对方当事人或者被申请人损失而引起的纠纷。

[管辖] 参照《最高人民法院关于因申请诉中财产保全损害责任纠纷管辖问题的批复》关于“因申请诉中财产保全损害责任纠纷之诉，由作出诉中财产保全裁定的人民法院管辖”的规定，因申请诉讼证据保全损害责任纠纷而提起的诉讼，应由作出证据保全裁定的人民法院管辖。根据《民事诉讼法解释》第 27 条的规定，“当事人申请诉前保全后没有在法定期间起诉或者申请仲裁，给被申请人、利害关系人造成损失引起的诉讼，由采取保全措施的人民法院管辖。当事人申请诉前保全后在法定期间内起诉或者申请仲裁，被申请人、利害关系人因保全受到损失提起的诉讼，由受理起诉的人民法院或者采取保全措施的人民法院管辖”。

[应注意的问题] 在适用本案由时应注意与因申请诉前证据保全损害责任纠纷案由的区别，本案由适用于在诉讼过程中申请证据保全造成损害的诉讼案件。在对证据保全错误而引起的侵权责任的具体认定上，应当适用过错责任归责原则，即申请人对证据保全错误结果的形成须存在故意或者重大过失情形，如申请人已尽到了一般注意义务，即使造成损害后果，也不必承担责任。另外还需要注意，证据保全错误和当事人的后续诉讼结果不具有对应性，不能简单地以申请人的诉讼请求或抗辩主张是否得到支持作为判断标准。

请求权基础规范指引

《中华人民共和国民法典》（2020 年）

第一百二十条【侵权责任的承担】 民事权益受到侵害的，被侵权人有权请求侵权人承担侵权责任。

《中华人民共和国民事诉讼法》（2023 年修正）

第八十四条 在证据可能灭失或者以后难以取得的情况下，当事人可以在诉讼过程中向人民法院申请保全证据，人民法院也可以主动采取保全措施。

因情况紧急，在证据可能灭失或者以后难以取得的情况下，利害关系人可以在提起诉讼或者申请仲裁前向证据所在地、被申请人住所地或者对案件有管辖权的人民法院申请保全证据。

证据保全的其他程序，参照适用本法第九章保全的有关规定。

《最高人民法院关于民事诉讼证据的若干规定》（2019 年 12 月 25 日修正）

第二十五条　当事人或者利害关系人根据民事诉讼法第八十一条[①]的规定申请证据保全的，申请书应当载明需要保全的证据的基本情况、申请保全的理由以及采取何种保全措施等内容。

当事人根据民事诉讼法第八十一条第一款[②]的规定申请证据保全的，应当在举证期限届满前向人民法院提出。

法律、司法解释对诉前证据保全有规定的，依照其规定办理。

第二十六条　当事人或者利害关系人申请采取查封、扣押等限制保全标的物使用、流通等保全措施，或者保全可能对证据持有人造成损失的，人民法院应当责令申请人提供相应的担保。

担保方式或者数额由人民法院根据保全措施对证据持有人的影响、保全标的物的价值、当事人或者利害关系人争议的诉讼标的金额等因素综合确定。

第二十七条　人民法院进行证据保全，可以要求当事人或者诉讼代理人到场。

根据当事人的申请和具体情况，人民法院可以采取查封、扣押、录音、录像、复制、鉴定、勘验等方法进行证据保全，并制作笔录。

在符合证据保全目的的情况下，人民法院应当选择对证据持有人利益影响最小的保全措施。

第二十八条　申请证据保全错误造成财产损失，当事人请求申请人承担赔偿责任的，人民法院应予支持。

第二十九条　人民法院采取诉前证据保全措施后，当事人向其他有管辖权的人民法院提起诉讼的，采取保全措施的人民法院应当根据当事人的申请，将保全的证据及时移交受理案件的人民法院。

395. 因申请先予执行损害责任纠纷

案由适用要点

[释义] 根据我国《民事诉讼法》第 109 条的规定，追索赡养费、扶养费、抚养费、抚恤金、医疗费用的案件，追索劳动报酬的案件，以及其他因情况紧急需要先予执行的案件，人民法院可以基于一方当事人的申请先予执

---

① 现为《民事诉讼法》（2023 年修正）第八十四条。

② 现为《民事诉讼法》（2023 年修正）第八十四条第一款。

行。但如果申请方最终终审判决败诉，则其受领的先予执行缺乏合法的依据，当然应当返回给对方当事人。如果因其申请而采取的先予执行措施造成对方当事人损失，申请方应当承担损害赔偿责任。

[**管辖**]《民事诉讼法》和司法解释对于因申请先予执行损害责任纠纷的管辖均无规定。鉴于先予执行与诉讼保全在程序上具有相似之处，从便于当事人诉讼、便于人民法院审理的原则出发，因申请先予执行损害责任纠纷可以参照因申请财产保全损害责任纠纷的管辖处理，即参照《最高人民法院关于因申请诉中财产保全损害责任纠纷管辖问题的批复》中“因申请诉中财产保全损害责任纠纷之诉，由作出诉中财产保全裁定的人民法院管辖”的规定，由作出先予执行裁定的人民法院管辖。

[**应注意的问题**] 在适用本案由时应注意本案由适用于因申请先予执行不当造成他人损失的诉讼案件。《民事诉讼法》第109条规定：“人民法院对下列案件，根据当事人的申请，可以裁定先予执行：（一）追索赡养费、扶养费、抚养费、抚恤金、医疗费用的；（二）追索劳动报酬的；（三）因情况紧急需要先予执行的。”第110条规定：“人民法院裁定先予执行的，应当符合下列条件：（一）当事人之间权利义务关系明确，不先予执行将严重影响申请人的生活或者生产经营的；（二）被申请人有履行能力。人民法院可以责令申请人提供担保，申请人不提供担保的，驳回申请。申请人败诉的，应当赔偿被申请人因先予执行遭受的财产损失。”根据上述法律规定，申请人申请先予执行的案件，如申请人败诉应当赔偿被申请人因先予执行遭受的财产损失。申请人败诉，是指已经发生法律效力的判决确定的人民法院不支持其诉讼请求的情况。出现这种情况后，申请人首先应当返还被申请人先予执行的部分，如果因先予执行给被申请人造成财产损失的，那么申请人还应当赔偿被申请人因先予执行遭受的财产损失。人民法院对当事人申请先予执行的案件，只有在案件基本事实清楚，当事人间的权利义务关系明确，被申请人负有给付、返还或者赔偿义务，先予执行的财产为申请人生产、生活所急需，不先予执行会造成更大损失的情况下，才能采取先予执行的措施。人民法院采取先予执行措施后，申请先予执行的当事人申请撤诉的，人民法院应当及时通知对方当事人、第三人或有关的案外人。在接到通知至准予撤诉的裁定送达前，对方当事人、第三人及有关的案外人，对撤诉提出异议的，应当裁定驳回撤诉申请。受诉人民法院院长或者上级人民法院发现采取财产保全或者先予执行措施确有错误的，应当按照审判监督程序立即纠正。申请错误造成被申请人损失的，由申请人予以赔偿；因人民法院依职权采取保全措施错误造成损失的，由人民法院依法予以赔偿。

请求权基础规范指引

《中华人民共和国民法典》（2020年）

第一百二十条【侵权责任的承担】 民事权益受到侵害的，被侵权人有权请求侵权人承担侵权责任。

《中华人民共和国民事诉讼法》（2023年修正）

第一百零九条 人民法院对下列案件，根据当事人的申请，可以裁定先予执行：

（一）追索赡养费、扶养费、抚养费、抚恤金、医疗费用的；

（二）追索劳动报酬的；

（三）因情况紧急需要先予执行的。

第一百一十条 人民法院裁定先予执行的，应当符合下列条件：

（一）当事人之间权利义务关系明确，不先予执行将严重影响申请人的生活或者生产经营的；

（二）被申请人有履行能力。

人民法院可以责令申请人提供担保，申请人不提供担保的，驳回申请。申请人败诉的，应当赔偿被申请人因先予执行遭受的财产损失。

《最高人民法院关于适用〈中华人民共和国民事诉讼法〉的解释》（2022年3月22日修正）

第一百六十九条 民事诉讼法规定的先予执行，人民法院应当在受理案件后终审判决作出前采取。先予执行应当限于当事人诉讼请求的范围，并以当事人的生活、生产经营的急需为限。

第一百七十条 民事诉讼法第一百零九条第三项规定的情况紧急，包括：

（一）需要立即停止侵害、排除妨碍的；

（二）需要立即制止某项行为的；

（三）追索恢复生产、经营急需的保险理赔费的；

（四）需要立即返还社会保险金、社会救助资金的；

（五）不立即返还款项，将严重影响权利人生活和生产经营的。

第十部分

非讼程序案件案由

三十二、选民资格案件

396. 申请确定选民资格

案由适用要点

［**释义**］申请确定选民资格案件是指公民对选举委员会确定的选民资格名单有不同意见时，经向选举委员会申诉后，仍不服选举委员会所作出的处理决定，依法向人民法院起诉的案件。

［**管辖**］根据《民事诉讼法》第188条的规定，公民不服选举委员会对选民资格的申诉所作的处理决定，可以在选举日的5日以前向选区所在地基层人民法院起诉。

［**应注意的问题**］我国《选举法》规定的是各级人民代表大会的选举，适用选民资格案件诉讼程序的是适用直接选举的县乡两级人大代表选举（间接选举并不存在“选区”问题，故间接选举不适用《民事诉讼法》规定的选民资格案件的诉讼程序）。如果村民对村民选举委员会公布的“登记参加选举的村民名单”有异议，村民选举委员会对村民的申诉作出处理决定后，村民能否依照选民资格案件程序向人民法院申请确认呢？村民委员会是村民自我管理、自我教育、自我服务的基层群众性自治组织，村民委员会的选举，由村民选举委员会主持。《村民委员会组织法》也没有规定村民对村民委员会公布的选举村民委员会选民名单持有异议的可以向人民法院起诉，故该类案件不属于人民法院受理的选民资格案件范围。

审理确定选民资格案件，应当注意以下几点：首先，提起诉讼的人可以是与选民资格名单有直接利害关系的公民，也可以是与选民资格名单无直接利害关系的公民。任何有诉讼行为能力的公民，只要认为公布的选民资格名单存有错误，都有起诉的权利。其次，起诉前必须以先向选举委员会申诉并由选举委员会在三日内作出处理为前置程序，对选举委员会作出的处理决定不服，才可以向人民法院起诉，不能直接向人民法院起诉。再次，起诉应当在选举日的5日前向人民法院提出，人民法院应当在选举日以前作出判决。这是保证人民法院可以及时在选举日前将案件审理结束，保证选举的正常进行。最后，审理本类案件必须采用合议制，且只能由审判员组成合议庭审理。

请求权基础规范指引

《中华人民共和国民事诉讼法》（2023年修正）

第一百八十八条 公民不服选举委员会对选民资格的申诉所作的处理决定，可以在选举日的五日以前向选区所在地基层人民法院起诉。

第一百八十九条 人民法院受理选民资格案件后，必须在选举日前审结。

审理时，起诉人、选举委员会的代表和有关公民必须参加。

人民法院的判决书，应当在选举日前送达选举委员会和起诉人，并通知有关公民。

《中华人民共和国全国人民代表大会和地方各级人民代表大会选举法》（2020年修正）

第二十七条 选民登记按选区进行，经登记确认的选民资格长期有效。每次选举前对上次选民登记以后新满十八周岁的、被剥夺政治权利期满后恢复政治权利的选民，予以登记。对选民经登记后迁出原选区的，列入新迁入的选区的选民名单；对死亡的和依照法律被剥夺政治权利的人，从选民名单上除名。

精神病患者不能行使选举权利的，经选举委员会确认，不列入选民名单。

第二十八条 选民名单应在选举日的二十日以前公布，实行凭选民证参加投票选举的，并应当发给选民证。

第二十九条 对于公布的选民名单有不同意见的，可以在选民名单公布之日起五日内向选举委员会提出申诉。选举委员会对申诉意见，应在三日内作出处理决定。申诉人如果对处理决定不服，可以在选举日的五日以前向人民法院起诉，人民法院应在选举日以前作出判决。人民法院的判决为最后决定。

《最高人民法院关于军事法院管辖民事案件若干问题的规定》（2020年12月23日修正）

第一条 下列民事案件，由军事法院管辖：

（一）双方当事人均为军人或者军队单位的案件，但法律另有规定的除外；

（二）涉及机密级以上军事秘密的案件；

（三）军队设立选举委员会的选民资格案件；

（四）认定营区内无主财产案件。

三十三、宣告失踪、宣告死亡案件

397. 申请宣告自然人失踪

案由适用要点

［**释义**］申请宣告自然人失踪是指自然人离开自己的住所下落不明，经过法律规定的期限仍无音讯，利害关系人申请人民法院宣告该自然人为失踪人。法律设立宣告自然人失踪制度的重要意义在于自然人失踪以后，其财产无人管理，难免会造成毁损、流失或者被他人侵犯，法院宣告自然人失踪以后即可指定财产代管人，以保护失踪人的合法权益。

［**管辖**］根据《民事诉讼法》第 190 条的规定，公民下落不明满 2 年，利害关系人申请宣告其失踪的，向下落不明人住所地基层人民法院提出。对于发生特大自然灾害的，如灾区行使管辖权确有困难的，上级人民法院也可以指定其他基层人民法院受理申请。例如，《最高人民法院关于依法做好抗震救灾和恢复重建期间审判工作切实维护灾区社会稳定的通知》第 8 条规定："对于因地震中下落不明申请宣告失踪、宣告死亡案件，人民法院要依法积极受理，以便尽快明确身份关系和财产关系。由于玉树地区的基层人民法院受到地震严重破坏，如果行使管辖权确有困难，上级人民法院可以依照民事诉讼法第三十七条①第一款的规定，指定其他基层人民法院管辖。"

［**应注意的问题**］根据《民法典》第 40 条的规定，申请宣告自然人失踪，应当满足以下几个条件：（1）必须有自然人下落不明满 2 年的事实。所谓下落不明，是指自然人离开最后居所和住所后没有音讯的状况，这种状况须是持续、不间断地存在。也就是说，从自然人音讯消失起开始计算，持续地、不间断地经过 2 年时间。（2）必须由利害关系人向人民法院提出申请。《民法典》对利害关系人的范围没有规定，但《最高人民法院关于适用〈中华人民共和国民法典〉总则编若干问题的解释》（法释〔2022〕6 号）第 14 条对此作出了解释，其规定："人民法院审理宣告失踪案件时，下列人员应当认定为民法典第四十条规定的利害关系人：（一）被申请人的近亲属；（二）依据民法典第一千一百二十八条、第一千一百二十九条规定对被申请人有继承权的亲属；（三）债权人、债务人、合伙人等与被申请人有民事权利义务关系的民事主体，但是不申请宣告失踪不影响其权利行使、义务履行的除

① 现为《民事诉讼法》（2023 年修正）第三十八条。

外。”另外，还要注意《民法典》第47条的规定：“对同一自然人，有的利害关系人申请宣告死亡，有的利害关系人申请宣告失踪，符合本法规定的宣告死亡条件的，人民法院应当宣告死亡。”《民事诉讼法解释》第346条规定，符合法律规定的多个利害关系人提出宣告失踪、宣告死亡申请的，列为共同申请人。从该两条规定可以看出，对于宣告死亡没有顺序差别。另外，《全国法院贯彻实施民法典工作会议纪要》第1条还规定“宣告失踪不是宣告死亡的必经程序”。(3) 审理申请宣告自然人失踪的法院是失踪人的住所或最后居住地的基层人民法院。同时，人民法院发出的公告期按照《民事诉讼法》第192条的规定为3个月。

关于宣告失踪和宣告死亡的关系，《全国法院贯彻实施民法典工作会议纪要》第1条规定，宣告失踪不是宣告死亡的必经程序，利害关系人可以不经申请宣告失踪而直接申请宣告死亡。但是，为了确保各方当事人权益的平衡保护，对于配偶、父母、子女以外的其他利害关系人申请宣告死亡，人民法院审查后认为申请人通过申请宣告失踪足以保护其权利，其申请宣告死亡违背《民法典》第132条关于不得滥用民事权利的规定的，不予支持。

请求权基础规范指引

《中华人民共和国民法典》（2020年）

第四十条【宣告失踪的条件】 自然人下落不明满二年的，利害关系人可以向人民法院申请宣告该自然人为失踪人。

第四十一条【下落不明的时间计算】 自然人下落不明的时间自其失去音讯之日起计算。战争期间下落不明的，下落不明的时间自战争结束之日或者有关机关确定的下落不明之日起计算。

《中华人民共和国涉外民事关系法律适用法》（2010年）

第十三条 宣告失踪或者宣告死亡，适用自然人经常居所地法律。

《中华人民共和国民事诉讼法》（2023年修正）

第一百九十条 公民下落不明满二年，利害关系人申请宣告其失踪的，向下落不明人住所地基层人民法院提出。

申请书应当写明失踪的事实、时间和请求，并附有公安机关或者其他有关机关关于该公民下落不明的书面证明。

第一百九十二条 人民法院受理宣告失踪、宣告死亡案件后，应当发出寻找下落不明人的公告。宣告失踪的公告期间为三个月，宣告死亡的公告期间为一年。因意外事件下落不明，经有关机关证明该公民不可能生存的，宣告死亡的公告期间为三个月。

公告期间届满，人民法院应当根据被宣告失踪、宣告死亡的事实是否得到确认，作出宣告失踪、宣告死亡的判决或者驳回申请的判决。

《最高人民法院关于适用〈中华人民共和国民事诉讼法〉的解释》（2022年3月22日修正）

第二百一十七条　夫妻一方下落不明，另一方诉至人民法院，只要求离婚，不申请宣告下落不明人失踪或者死亡的案件，人民法院应当受理，对下落不明人公告送达诉讼文书。

第三百四十一条　宣告失踪或者宣告死亡案件，人民法院可以根据申请人的请求，清理下落不明人的财产，并指定案件审理期间的财产管理人。公告期满后，人民法院判决宣告失踪的，应当同时依照民法典第四十二条的规定指定失踪人的财产代管人。

第三百四十二条　失踪人的财产代管人经人民法院指定后，代管人申请变更代管的，比照民事诉讼法特别程序的有关规定进行审理。申请理由成立的，裁定撤销申请人的代管人身份，同时另行指定财产代管人；申请理由不成立的，裁定驳回申请。

失踪人的其他利害关系人申请变更代管的，人民法院应当告知其以原指定的代管人为被告起诉，并按普通程序进行审理。

第三百四十三条　人民法院判决宣告公民失踪后，利害关系人向人民法院申请宣告失踪人死亡，自失踪之日起满四年的，人民法院应当受理，宣告失踪的判决即是该公民失踪的证明，审理中仍应依照民事诉讼法第一百九十二条规定进行公告。

第三百四十四条　符合法律规定的多个利害关系人提出宣告失踪、宣告死亡申请的，列为共同申请人。

第三百四十五条　寻找下落不明人的公告应当记载下列内容：

（一）被申请人应当在规定期间内向受理法院申报其具体地址及其联系方式。否则，被申请人将被宣告失踪、宣告死亡；

（二）凡知悉被申请人生存现状的人，应当在公告期间内将其所知道情况向受理法院报告。

第三百四十六条　人民法院受理宣告失踪、宣告死亡案件后，作出判决前，申请人撤回申请的，人民法院应当裁定终结案件，但其他符合法律规定的利害关系人加入程序要求继续审理的除外。

《最高人民法院关于适用〈中华人民共和国民法典〉总则编若干问题的解释》（法释〔2022〕6号　2022年2月24日）

第十四条　人民法院审理宣告失踪案件时，下列人员应当认定为民法典第四十条规定的利害关系人：

（一）被申请人的近亲属；

（二）依据民法典第一千一百二十八条、第一千一百二十九条规定对被申请人有继承权的亲属；

（三）债权人、债务人、合伙人等与被申请人有民事权利义务关系的民事主体，但是不申请宣告失踪不影响其权利行使、义务履行的除外。

398. 申请撤销宣告失踪判决

案由适用要点

［**释义**］申请撤销宣告失踪判决是指被宣告失踪的人重新出现或他人确知失踪人的下落的，本人或利害关系人向人民法院申请撤销对宣告失踪人的判决，以恢复该公民失踪前的事实状态和法律状态。

［**管辖**］《民法典》《民事诉讼法》并没有明确申请撤销宣告失踪的管辖法院。根据《民事诉讼法》的规定，被宣告失踪的公民重新出现的，经本人或者利害关系人的申请，人民法院应当作出新判决、撤销原判决。这里的“人民法院”应当是指作出宣告失踪判决的人民法院；这里的“撤销原判决”并不是通过审判监督程序进行的纠错，而是基于裁判基础的事实在裁判作出后发生了改变需要作出新判决。由于原审法院对裁判相对更加熟悉，基于程序迅速、经济便利的考量，所以上述情形出现时由原审法院进行变更更符合非讼程序的设立目的。因此，申请撤销宣告失踪的案件应当由作出宣告失踪判决的人民法院管辖。

［**应注意的问题**］人民法院作出的宣告自然人失踪的判决，只是一种法律上的推定，并不能排除失踪人重新出现的可能。法律对申请宣告失踪作出了规定，对撤销宣告失踪也作出了规定，因此将申请撤销宣告失踪列为第三级案由。在判决宣告自然人失踪后，如果经该公民或者利害关系人申请，人民法院在查证属实后，应当作出新判决，撤销原判决。与撤销宣告失踪有密切联系的失踪人的财产代管人的代管职责也相应消灭。因此，原宣告失踪的判决撤销后，失踪人的财产代管人的代管职责终止，财产代管人应当将代管的财产及其收益返还给重新出现的失踪人，代管人因代管而支出的必要费用，有权要求失踪人偿付。

请求权基础规范指引

《中华人民共和国民法典》（2020年）

第四十五条【失踪宣告的撤销】 失踪人重新出现，经本人或者利害关系人申请，人民法院应当撤销失踪宣告。

失踪人重新出现，有权请求财产代管人及时移交有关财产并报告财产代管情况。

《中华人民共和国民事诉讼法》（2023年修正）

第一百九十三条　被宣告失踪、宣告死亡的公民重新出现，经本人或者利害关系人申请，人民法院应当作出新判决，撤销原判决。

《最高人民法院关于适用〈中华人民共和国民事诉讼法〉的解释》（2022年3月22日修正）

第三百四十六条　人民法院受理宣告失踪、宣告死亡案件后，作出判决前，申请人撤回申请的，人民法院应当裁定终结案件，但其他符合法律规定的利害关系人加入程序要求继续审理的除外。

399. 申请为失踪人财产指定、变更代管人

案由适用要点

［**释义**］申请为失踪人财产指定代管人是指人民法院作出宣告失踪的判决后，失踪人的财产应由其配偶、成年子女、父母或者其他愿意担任财产代管人的人代管。对财产代管人发生争议的，没有前款规定的人，或者前款规定的人无代管能力的，由人民法院指定的人代管。

申请为失踪人财产变更代管人是指人民法院判决指定失踪人财产代管人后，代管人认为有正当理由的，如无力履行代管职责或者利害关系人认为失踪人的财产代管人不履行代管职责，侵害失踪人的财产权益的或者丧失代管能力的，失踪人的利害关系人可以申请人民法院变更财产代管人。

［**管辖**］《民事诉讼法解释》第341条规定："宣告失踪或者宣告死亡案件，人民法院可以根据申请人的请求，清理下落不明人的财产，并指定案件审理期间的财产管理人。公告期满后，人民法院判决宣告失踪的，应当同时依照民法典第四十二条的规定指定失踪人的财产代管人。"因此，对于指定失踪人的财产代管人的，应该由作出宣告失踪判决的法院管辖。

对于代管有争议，没有《民法典》第42条第1款规定的人，或者前款规定的人无代管能力的，人民法院指定代管人的情形，也应当由作出宣告失踪裁决的法院管辖，也就是下落不明的人住所地人民法院管辖。

申请为失踪人财产变更代管人案件的管辖问题应当根据不同的申请人确定不同的管辖法院。根据《民事诉讼法解释》第342条的规定，失踪人的财产代管人经人民法院指定后，代管人申请变更代管的，比照《民事诉讼法》特别程序的有关规定进行审理。申请理由成立的，裁定撤销申请人的代管人身份，同时另行指定财产代管人；申请理由不成立的，裁定驳回申请。

［**应注意的问题**］根据《民事诉讼法解释》第342条的规定，对于不同主体提出变更代管人的，应该适用不同的审理程序。代管人申请变更代管

的，比照《民事诉讼法》特别程序的有关规定进行审理。申请有理的，裁定撤销申请人的代管人身份，同时另行指定财产代管人；申请无理的，裁定驳回申请。对于失踪人的其他利害关系人申请变更财产代管人的，人民法院应告知其以原指定的财产代管人为被告起诉，并按普通程序审理。

请求权基础规范指引

《中华人民共和国民法典》（2020 年）

第四十二条【失踪人的财产代管人】 失踪人的财产由其配偶、成年子女、父母或者其他愿意担任财产代管人的人代管。

代管有争议，没有前款规定的人，或者前款规定的人无代管能力的，由人民法院指定的人代管。

第四十四条【财产代管人的变更】 财产代管人不履行代管职责、侵害失踪人财产权益或者丧失代管能力的，失踪人的利害关系人可以向人民法院申请变更财产代管人。

财产代管人有正当理由的，可以向人民法院申请变更财产代管人。

人民法院变更财产代管人的，变更后的财产代管人有权请求原财产代管人及时移交有关财产并报告财产代管情况。

《最高人民法院关于适用〈中华人民共和国民事诉讼法〉的解释》（2022 年 3 月 22 日修正）

第三百四十一条至第三百四十三条

（参见“397. 申请宣告自然人失踪”的相关规范）

400. 申请宣告自然人死亡

案由适用要点

［释义］ 申请宣告自然人死亡是指公民离开自己的住所地或者最后居住地，下落不明满法定期限，利害关系人向人民法院申请宣告该公民死亡。

［管辖］ 根据《民事诉讼法》第 191 条第 1 款的规定，公民下落不明满 4 年，或者因意外事件下落不明满 2 年，或者因意外事件下落不明，经有关机关证明该公民不可能生存，利害关系人申请宣告其死亡的，向下落不明人所在地基层人民法院提出。对于发生特大自然灾害的，如灾区行使管辖权确有困难的，上级人民法院也可以指定其他基层人民法院受理申请。例如，《最高人民法院关于依法做好抗震救灾和恢复重建期间审判工作切实维护灾区社会稳定的通知》第 8 条规定：“对于因地震中下落不明申请宣告失踪、宣告死亡案件，人民法院要依法积极受理，以便尽快明确身份关系和财产关系。由于

玉树地区的基层人民法院受到地震严重破坏，如果行使管辖权确有困难，上级人民法院可以依照民事诉讼法第三十七条[①]第一款的规定，指定其他基层人民法院管辖。”

［**应注意的问题**］关于宣告自然人死亡的利害关系人的范围问题。《最高人民法院关于适用〈中华人民共和国民法典〉总则编若干问题的解释》（法释〔2022〕6号）第14条对此作出了解释，其在第16条中规定：“人民法院审理宣告死亡案件时，被申请人的配偶、父母、子女，以及依据民法典第一千一百二十九条规定对被申请人有继承权的亲属应当认定为民法典第四十六条规定的利害关系人。符合下列情形之一的，被申请人其他近亲属，以及依据民法典第一千一百二十八条规定对被申请人有继承权的亲属应当认定为民法典第四十六条规定的利害关系人：（一）被申请人的配偶、父母、子女均已死亡或者下落不明的；（二）不申请宣告死亡不能保护其相应合法权益的。被申请人的债权人、债务人、合伙人等民事主体不能认定为民法典第四十六条规定的利害关系人，但是不申请宣告死亡不能保护其相应合法权益的除外。”

需要引起注意的还有，在《全国法院贯彻实施民法典工作会议纪要》中，明确了配偶、父母、子女以外的其他利害关系人通过申请宣告失踪足以保护其权利，却违背《民法典》第132条关于不得滥用民事权利的规定申请宣告死亡的，人民法院不予支持。这是因为宣告死亡对于当事人利益尤其是配偶的身份权影响巨大，而且宣告死亡适用特别程序审理，实行一审终审，受影响的当事人无上诉的救济机会。

请求权基础规范指引

《中华人民共和国民法典》（2020年）

第四十六条【宣告死亡的条件】 自然人有下列情形之一的，利害关系人可以向人民法院申请宣告该自然人死亡：

（一）下落不明满四年；

（二）因意外事件，下落不明满二年。

因意外事件下落不明，经有关机关证明该自然人不可能生存的，申请宣告死亡不受二年时间的限制。

第四十七条【宣告死亡的优先适用】 对同一自然人，有的利害关系人申请宣告死亡，有的利害关系人申请宣告失踪，符合本法规定的宣告死亡条件的，人民法院应当宣告死亡。

第四十八条【被宣告死亡的人死亡日期的确定】 被宣告死亡的人，人民法院宣告死亡的判决作出之日视为其死亡的日期；因意外事件下落不明宣告

① 现为《民事诉讼法》（2023年修正）第三十八条。

死亡的，意外事件发生之日视为其死亡的日期。

第四十九条【被宣告死亡期间的民事法律行为效力】 自然人被宣告死亡但是并未死亡的，不影响该自然人在被宣告死亡期间实施的民事法律行为的效力。

《中华人民共和国民事诉讼法》（2023年修正）

第一百九十一条第二款 申请书应当写明下落不明的事实、时间和请求，并附有公安机关或者其他有关机关关于该公民下落不明的书面证明。

第一百九十二条 人民法院受理宣告失踪、宣告死亡案件后，应当发出寻找下落不明人的公告。宣告失踪的公告期间为三个月，宣告死亡的公告期间为一年。因意外事件下落不明，经有关机关证明该公民不可能生存的，宣告死亡的公告期间为三个月。

公告期间届满，人民法院应当根据被宣告失踪、宣告死亡的事实是否得到确认，作出宣告失踪、宣告死亡的判决或者驳回申请的判决。

《最高人民法院关于适用〈中华人民共和国民事诉讼法〉的解释》（2022年3月22日修正）

第三百四十一条至第三百四十三条

（参见“397. 申请宣告自然人失踪”的相关规范）

401. 申请撤销宣告自然人死亡判决

案由适用要点

［释义］ 申请撤销宣告自然人死亡是指被宣告死亡的人重新出现或他人确知其生存的，本人或利害关系人向人民法院申请，撤销宣告自然人死亡的判决，恢复被宣告死亡人的权利。

［管辖］ 根据《民事诉讼法》的规定，被宣告死亡的公民重新出现的，经本人或者利害关系人的申请，人民法院应当作出新判决、撤销原判决。这里的“人民法院”应当是指作出宣告死亡判决的人民法院。因此，申请撤销宣告死亡案件应当由作出宣告死亡判决的人民法院管辖。

［应注意的问题］ 撤销宣告死亡制度，在于保护受到不真实死亡宣告的人及其亲属的利益，同时兼顾善意相对人的信赖利益。宣告自然人死亡的判决被撤销后，根据《民法典》第53条的规定，被撤销死亡宣告的人有权请求本法第六编取得其财产的民事主体返还财产；无法返还的，应当给予适当赔偿。利害关系人隐瞒真实情况，致使他人被宣告死亡而取得其财产的，除应当返还财产外，还应当对由此造成的损失承担赔偿责任。

请求权基础规范指引

《中华人民共和国民法典》（2020 年）

第五十条【死亡宣告的撤销】 被宣告死亡的人重新出现，经本人或者利害关系人申请，人民法院应当撤销死亡宣告。

第五十一条【宣告死亡、撤销死亡宣告对婚姻关系的影响】 被宣告死亡的人的婚姻关系，自死亡宣告之日起消除。死亡宣告被撤销的，婚姻关系自撤销死亡宣告之日起自行恢复。但是，其配偶再婚或者向婚姻登记机关书面声明不愿意恢复的除外。

第五十二条【撤销死亡宣告对收养关系的影响】 被宣告死亡的人在被宣告死亡期间，其子女被他人依法收养的，在死亡宣告被撤销后，不得以未经本人同意为由主张收养行为无效。

第五十三条【死亡宣告撤销后的财产返还】 被撤销死亡宣告的人有权请求依照本法第六编取得其财产的民事主体返还财产；无法返还的，应当给予适当补偿。

利害关系人隐瞒真实情况，致使他人被宣告死亡而取得其财产的，除应当返还财产外，还应当对由此造成的损失承担赔偿责任。

《中华人民共和国民事诉讼法》（2023 年修正）

第一百九十三条 被宣告失踪、宣告死亡的公民重新出现，经本人或者利害关系人申请，人民法院应当作出新判决，撤销原判决。

《最高人民法院关于适用〈中华人民共和国民事诉讼法〉的解释》（2022 年 3 月 22 日修正）

第三百四十六条 人民法院受理宣告失踪、宣告死亡案件后，作出判决前，申请人撤回申请的，人民法院应当裁定终结案件，但其他符合法律规定的利害关系人加入程序要求继续审理的除外。

三十四、认定自然人无民事行为能力、限制民事行为能力案件

402. 申请宣告自然人无民事行为能力

案由适用要点

［**释义**］申请宣告自然人无民事行为能力是指申请人依据一定的事实证据，请求人民法院宣告特定自然人为无民事行为能力人。

［**管辖**］根据《民事诉讼法》第198条的规定，申请宣告公民（自然人）无民事行为能力的，由该公民住所地基层人民法院管辖。

［**应注意的问题**］民事行为能力是民事主体能够以自己的行为参与民事活动并得到法律认可的前提。在司法实践中，各种民事案件如离婚、遗嘱、赠与、合同等，都可能存在民事行为能力的认定问题。因此，将申请宣告公民（自然人）无民事行为能力列为第三级案由。实践中，申请宣告公民（自然人）无民事行为能力有两种情况：一种是利害关系人单独向人民法院申请宣告自然人无民事行为能力，法院根据《民事诉讼法》的特别程序审理；另一种是在诉讼过程中，当事人及利害关系人提出一方当事人为无民事行为能力，人民法院认为有必要对其行为能力予以确认的，应按照《民事诉讼法》特别程序处理，先作出当事人有无民事行为能力的判决，原诉讼中止。诉讼中人民法院对民事行为能力认定判决与原诉讼应是两个不同的诉，分属于不同的民事案件案由。根据《民法典》第24条第2款的规定，被人民法院认定为无民事行为能力人或者限制民事行为能力的，经本人、利害关系人或者有关组织申请，人民法院可以根据其智力、精神健康恢复的状况，认定该成年人恢复为限制民事行为能力人或者完全民事行为能力人。对于认定自然人为无民事行为能力人的，只能是利害关系人和有关组织申请。对于有关组织的范围，《民法典》第24条第3款明确，本条规定的有关组织包括：居民委员会、村民委员会、学校、医疗机构、妇女联合会、残疾联合会、依法设立的老年人组织、民政部门等。

请求权基础规范指引

《中华人民共和国民法典》（2020年）

第二十四条【无民事行为能力人或限制民事行为能力人的认定与恢复】 不能辨认或者不能完全辨认自己行为的成年人，其利害关系人或者有关组织，可以向人民法院申请认定该成年人为无民事行为能力人或者限制民事行为能力人。

被人民法院认定为无民事行为能力人或者限制民事行为能力人的，经本人、利害关系人或者有关组织申请，人民法院可以根据其智力、精神健康恢复的状况，认定该成年人恢复为限制民事行为能力人或者完全民事行为能力人。

本条规定的有关组织包括：居民委员会、村民委员会、学校、医疗机构、妇女联合会、残疾人联合会、依法设立的老年人组织、民政部门等。

《中华人民共和国民事诉讼法》（2023年修正）

第一百九十八条 申请认定公民无民事行为能力或者限制民事行为能力，由利害关系人或者有关组织向该公民住所地基层人民法院提出。

申请书应当写明该公民无民事行为能力或者限制民事行为能力的事实和根据。

第一百九十九条 人民法院受理申请后，必要时应当对被请求认定为无民事行为能力或者限制民事行为能力的公民进行鉴定。申请人已提供鉴定意见的，应当对鉴定意见进行审查。

第二百条 人民法院审理认定公民无民事行为能力或者限制民事行为能力的案件，应当由该公民的近亲属为代理人，但申请人除外。近亲属互相推诿的，由人民法院指定其中一人为代理人。该公民健康情况许可的，还应当询问本人的意见。

人民法院经审理认定申请有事实根据的，判决该公民为无民事行为能力或者限制民事行为能力人；认定申请没有事实根据的，应当判决予以驳回。

第二百零一条 人民法院根据被认定为无民事行为能力人、限制民事行为能力人本人、利害关系人或者有关组织的申请，证实该公民无民事行为能力或者限制民事行为能力的原因已经消除的，应当作出新判决，撤销原判决。

《最高人民法院关于适用〈中华人民共和国民事诉讼法〉的解释》（2022年3月22日修正）

第三百四十七条 在诉讼中，当事人的利害关系人或者有关组织提出该当事人不能辨认或者不能完全辨认自己的行为，要求宣告该当事人无民事行为能力或者限制民事行为能力的，应由利害关系人或者有关组织向人民法院提出申请，由受诉人民法院按照特别程序立案审理，原诉讼中止。

第三百五十条 申请认定公民无民事行为能力或者限制民事行为能力的案件，被申请人没有近亲属的，人民法院可以指定经被申请人住所地的居民委员会、村民委员会或者民政部门同意，且愿意担任代理人的个人或者组织为代理人。

没有前款规定的代理人的，由被申请人住所地的居民委员会、村民委员会或者民政部门担任代理人。

代理人可以是一人，也可以是同一顺序中的两人。

403. 申请宣告自然人限制民事行为能力

案由适用要点

［释义］ 申请宣告自然人限制民事行为能力是指申请人根据一定的事实和理由，向人民法院申请特定人为限制民事行为能力人。

［管辖］ 根据《民事诉讼法》第198条的规定，申请认定公民（自然人）限制民事行为能力，由其近亲属或者其他利害关系人向该公民住所地基

层人民法院提出。

[应注意的问题] 宣告自然人限制民事行为能力是一种公示方法，设立这一制度的价值就在于避免他人误解，在诉讼时，也可免除举证的麻烦。我国立法上规定了两种限制民事行为能力人，即年满8周岁不满18周岁的未成年人，不能完全辨认自己行为的成年人。需要注意的是，《民法总则》制定时已将“限制民事行为能力人”界定为“不能完全辨认自己行为的成年人”，而不再是“不能完全辨认自己行为的精神病人”，申请人民法院认定的受宣告人必须是不能完全辨认自己行为的成年人，申请人是该限制民事行为能力人的利害关系人或者有关组织。另外，根据《民法典》第24条第3款的规定，有关组织包括：居民委员会、村民委员会、学校、医疗机构、妇女联合会、残疾人联合会、依法设立的老年人组织、民政部门等。根据《民事诉讼法》第200条的规定，人民法院审理认定公民限制民事行为能力案件，应当由该公民的近亲属为其代理人，但申请人除外。近亲属互相推诿的，由人民法院指定其中一人为代理人。如果该公民健康状况许可的，还应当询问本人的意见。《民法典》第23条规定，无民事行为能力人、限制民事行为能力人的监护人是其法定代理人。《民法典》第28条规定的监护人的范围包括：配偶；父母、子女；其他近亲属；其他愿意担任监护人的个人或者组织，但是须经被监护人住所地的居民委员会、村民委员会或者民政部门同意。人民法院经审理认定有事实根据的，判决该公民为无民事行为能力人或者限制民事行为能力人；认定申请没有事实根据的，应当判决予以驳回。

请求权基础规范指引

本案由的相关规范参见“402. 申请宣告自然人无民事行为能力”。

404. 申请宣告自然人恢复限制民事行为能力

案由适用要点

[释义] 申请宣告自然人恢复限制民事行为能力是指人民法院依法作出宣告自然人为无民事行为能力的判决后，该公民经过治疗，由不能辨认自己的行为转变为不能完全辨认自己行为，造成无民事行为能力的原因部分消灭，本人、利害关系人或者有关组织向人民法院提出申请宣告自然人恢复限制民事行为能力。

[管辖] 申请宣告自然人恢复限制民事行为能力案件应由原作出宣告自然人无民事行为能力判决的基层人民法院管辖。

[应注意的问题] 根据精神健康恢复情况，宣告为无民事行为能力恢复为

限制行为能力的，应当通过法律程序予以宣示，撤销原判决。申请宣告自然人恢复限制民事行为能力的，必须满足以下几个条件：（1）申请宣告自然人恢复限制民事行为能力需要通过医学鉴定予以确认。因此，人民法院在受理申请宣告自然人恢复限制民事行为能力后，要对被申请人进行医学鉴定。申请人提供鉴定结论的，人民法院应当对鉴定结论进行审查。（2）如果本人可以提出申请的，由本人提出，如果本人不能提出的，由利害关系人或者有关组织提出。（3）申请恢复限制民事行为能力的，由原作出宣告自然人无民事行为能力判决的基层人民法院管辖。人民法院经过审理，查明确认被申请人确实由无民事行为能力人恢复为限制民事行为能力人的，应当作出判决宣告自然人恢复限制民事行为能力。如果不能认定的，应当判决驳回申请。一经判决，立即生效，不准上诉。

请求权基础规范指引

《中华人民共和国民法典》（2020 年）

第二十四条【无民事行为能力人或限制民事行为能力人的认定与恢复】 不能辨认或者不能完全辨认自己行为的成年人，其利害关系人或者有关组织，可以向人民法院申请认定该成年人为无民事行为能力人或者限制民事行为能力人。

被人民法院认定为无民事行为能力人或者限制民事行为能力人的，经本人、利害关系人或者有关组织申请，人民法院可以根据其智力、精神健康恢复的状况，认定该成年人恢复为限制民事行为能力人或者完全民事行为能力人。

本条规定的有关组织包括：居民委员会、村民委员会、学校、医疗机构、妇女联合会、残疾人联合会、依法设立的老年人组织、民政部门等。

《中华人民共和国民事诉讼法》（2023 年修正）

第二百零一条 人民法院根据被认定为无民事行为能力人、限制民事行为能力人本人、利害关系人或者有关组织的申请，证实该公民无民事行为能力或者限制民事行为能力的原因已经消除的，应当作出新判决，撤销原判决。

405. 申请宣告自然人恢复完全民事行为能力

案由适用要点

［**释义**］申请宣告自然人恢复完全民事行为能力是指人民法院依法作出宣告自然人为无民事行为能力人或限制民事行为能力人的判决后，如果造成该自然人无民事行为能力或限制民事行为能力的原因已经消除的，其本人或者

其他利害关系人可以申请人民法院宣告该公民恢复为完全民事行为能力人。人民法院根据本人或利害关系人的申请，经查证属实的，应当作出新判决，撤销原判决。

［**管辖**］申请宣告自然人恢复完全民事行为能力案件应由原作出宣告自然人无民事行为能力或限制民事行为能力判决的基层人民法院管辖。

［**应注意的问题**］人民法院根据申请宣告自然人恢复完全民事行为能力，是对被宣告为无民事行为能力人或者限制民事行为能力人的民事行为能力的完全肯定，确认其享有完全的民事行为能力，可完全以自己的行为参与民事法律活动，享有民事权利并独立承担民事义务。申请宣告自然人恢复完全民事行为能力的申请人可以是本人、利害关系人或者有关组织。申请宣告恢复完全民事行为能力的对象必须是经人民法院宣告的无民事行为能力人或限制民事行为能力人。恢复自然人完全民事行为能力对被申请人及与之生活相关的人意义重大，因此人民法院审查要有事实依据，应当根据医学鉴定等科学依据综合判断被申请人是否恢复为完全民事行为能力人。对于宣告自然人恢复完全民事行为能力的，人民法院在作出新判决的同时还要撤销原判决。判决一经宣告，立即发生法律效力，不得上诉。

请求权基础规范指引

本案由的相关规范参见“404. 申请宣告自然人恢复限制民事行为能力”。

三十五、指定遗产管理人案件

406. 申请指定遗产管理人

案由适用要点

［**释义**］申请指定遗产管理人是利害关系人对遗产管理人的确定有争议时，向人民法院提出申请由人民法院指定遗产管理人的制度。

［**管辖**］《民法典》没有对申请指定遗产管理人的管辖法院作出规定，但根据《民事诉讼法》第34条第3项的规定，因继承遗产纠纷提起的诉讼，由被继承人死亡时住所地或者主要遗产所在地人民法院管辖。可见，涉及遗产继承的纠纷应当适用专属管辖，根据该规定的精神，《民事诉讼法》第194条明确规定，对遗产管理人的确定有争议，利害关系人申请指定遗产管理人的，向被继承人死亡时住所地或者主要遗产所在地人民法院提出。

［**应注意的问题**］关于人民法院指定遗产管理人的范围，目前《民法典》

没有规定。但我们认为，应当从维护遗产价值和遗产权利人合法利益角度出发来确定遗产管理人，可以根据《民法典》第 1145 条、第 1146 条的规定，从遗产执行人、继承人中选任，没有遗产执行人、继承人的，指定被继承人生前住所地的民政部门或者村民委员会担任遗产管理人。同时，也要注意对遗产债权人权益的平等保护，在遗产存在毁损、灭失、侵占等风险的情况下，如果无人继承或无法确定遗产管理人，遗产债权人为避免损害发生，也可以作为利害关系人向法院申请指定遗产管理人。

请求权基础规范指引

《中华人民共和国民法典》（2020 年）

第一千一百四十五条【遗产管理人的选任】 继承开始后，遗嘱执行人为遗产管理人；没有遗嘱执行人的，继承人应当及时推选遗产管理人；继承人未推选的，由继承人共同担任遗产管理人；没有继承人或者继承人均放弃继承的，由被继承人生前住所地的民政部门或者村民委员会担任遗产管理人。

第一千一百四十六条【遗产管理人的指定】 对遗产管理人的确定有争议的，利害关系人可以向人民法院申请指定遗产管理人。

第一千一百四十七条【遗产管理人的职责】 遗产管理人应当履行下列职责：

（一）清理遗产并制作遗产清单；

（二）向继承人报告遗产情况；

（三）采取必要措施防止遗产毁损、灭失；

（四）处理被继承人的债权债务；

（五）按照遗嘱或者依照法律规定分割遗产；

（六）实施与管理遗产有关的其他必要行为。

第一千一百四十八条【遗产管理人未尽职责的民事责任】 遗产管理人应当依法履行职责，因故意或者重大过失造成继承人、受遗赠人、债权人损害的，应当承担民事责任。

第一千一百四十九条【遗产管理人的报酬】 遗产管理人可以依照法律规定或者按照约定获得报酬。

《最高人民法院关于为实施积极应对人口老龄化国家战略提供司法服务和保障的意见》（法发〔2022〕15 号　2022 年 3 月 29 日）

5. 依法妥善审理涉老年人继承纠纷案件。落实民法典遗产管理人制度，依法确定遗产管理人，保障遗产妥善管理、顺利分割。要依法保护各类遗嘱形式，切实尊重老年人立遗嘱时的真实意愿，保障老年人遗产处分权。依法认定各类遗赠扶养协议效力，满足养老形式多样化需求。

三十六、认定财产无主案件

407. 申请认定财产无主

案由适用要点

［释义］申请认定财产无主是指自然人、法人或者非法人组织向人民法院申请，通过法定程序将某项所有人归属不明或者所有人不存在的财产认定为无主财产，并判决归国家或者集体所有。

［管辖］根据《民事诉讼法》第 202 条的规定，申请认定财产无主的案件，由财产所在地的基层人民法院管辖。

［应注意的问题］一般情况下，财产所有人有权对其财产依法占有、使用、收益和处分。但是在特殊情况下，有些财产与其主体脱离，形成无人管理的不稳定状态。设立申请认定财产无主是为结束无主财产无人管理和保护的状态，使社会上的无主财产物尽其用，充分发挥无主财产的经济效益，也防止个别单位或者公民个人非法占有、损害。申请认定财产无主是第三级案由。

有关自然人、法人或者非法人组织申请认定财产无主的，应当向财产所在地的基层人民法院提出申请。人民法院受理认定财产无主申请后，应当进行审查。经审查核实，认为财产有主，申请不成立，判决驳回申请，终结审理；如果一时不能查到财产所有人，又不能马上确定是否有财产所有人，应发出财产认领公告。公告期间为 1 年。如在公告期间，有人对财产提出请求的，人民法院应裁定终结特别程序，告知申请人另行起诉，适用普通程序审理。公告期届满后无人认领的，即判决该财产为无主财产，收归国家或者集体所有。人民法院作出的认定财产无主判决、驳回申请判决和终结特别程序裁定，为终审判决和裁定，一经送达，立即生效，不得上诉。

根据《民事诉讼法解释》第 348 条的规定，认定财产无主案件，公告期间有人对财产提出请求的，人民法院应当裁定终结特别程序，告知申请人另行起诉，适用普通程序审理。

请求权基础规范指引

《中华人民共和国民法典》（2020 年）

第一千一百六十条【无人继承遗产的归属】 无人继承又无人受遗赠的遗产，归国家所有，用于公益事业；死者生前是集体所有制组织成员的，归所在集体所有制组织所有。

《中华人民共和国民事诉讼法》（2023 年修正）

第二百零二条　申请认定财产无主，由公民、法人或者其他组织向财产所在地基层人民法院提出。

申请书应当写明财产的种类、数量以及要求认定财产无主的根据。

第二百零三条　人民法院受理申请后，经审查核实，应当发出财产认领公告。公告满一年无人认领的，判决认定财产无主，收归国家或者集体所有。

《最高人民法院关于适用〈中华人民共和国民事诉讼法〉的解释》（2022 年 3 月 22 日修正）

第三百四十八条　认定财产无主案件，公告期间有人对财产提出请求的，人民法院应当裁定终结特别程序，告知申请人另行起诉，适用普通程序审理。

第三百七十二条　适用特别程序作出的判决、裁定，当事人、利害关系人认为有错误的，可以向作出该判决、裁定的人民法院提出异议。人民法院经审查，异议成立或者部分成立的，作出新的判决、裁定撤销或者改变原判决、裁定；异议不成立的，裁定驳回。

对人民法院作出的确认调解协议、准许实现担保物权的裁定，当事人有异议的，应当自收到裁定之日起十五日内提出；利害关系人有异议的，自知道或者应当知道其民事权益受到侵害之日起六个月内提出。

第四百六十条　发生法律效力的实现担保物权裁定、确认调解协议裁定、支付令，由作出裁定、支付令的人民法院或者与其同级的被执行财产所在地的人民法院执行。

认定财产无主的判决，由作出判决的人民法院将无主财产收归国家或者集体所有。

408. 申请撤销认定财产无主判决

案由适用要点

［释义］申请撤销认定财产无主判决是指在人民法院作出认定财产无主的判决后，原财产所有人或者继承人出现，对财产提出诉讼请求，要求撤销认定财产无主判决。

［管辖］申请撤销认定财产无主案件由作出认定财产无主案件的基层人民法院管辖。

［应注意的问题］认定无主财产的判决被撤销后，如果原财产还存在的，占有该项财产的单位应当返还；原财产已不存在或者返还财产确有困难

的，可以返还同类财产，或者按照原财产的数量和质量的实际价值，予以补偿。关于申请撤销认定财产无主案件，应当根据《民法典》第188条第1款的规定，向人民法院请求保护民事权利的诉讼时效期间为3年。但对于不动产物权和登记的动产物权的权利人请求返还财产的，根据《民法典》第196条的规定，不适用诉讼时效的规定。

请求权基础规范指引

《中华人民共和国民事诉讼法》（2023年修正）

第二百零四条 判决认定财产无主后，原财产所有人或者继承人出现，在民法典规定的诉讼时效期间可以对财产提出请求，人民法院审查属实后，应当作出新判决，撤销原判决。

三十七、确认调解协议案件

409. 申请司法确认调解协议

案由适用要点

［**释义**］申请司法确认调解协议是指对经人民调解委员会调解达成的调解协议，当事人可以在一定期限内共同向有管辖权的人民法院申请司法确认，经人民法院依法确认有效的人民调解协议具有强制执行效力。

［**管辖**］根据《民事诉讼法》第205条的规定，确认调解协议案件，人民法院邀请调解组织调解的，由作出邀请的人民法院管辖；调解组织自行开展调解的，由当事人住所地、标的物所在地、调解组织所在地的基层人民法院管辖；调解协议所涉纠纷应当由中级人民法院或者专门人民法院管辖的，由相应的中级人民法院或者专门人民法院管辖。再根据《民事诉讼法解释》第352条的规定，两个以上调解组织参与调解的，符合《民事诉讼法》第201条规定的各调解组织所在地基层人民法院均有管辖权。双方当事人可以共同向其中一个调解组织所在地基层人民法院提出申请；双方当事人共同向两个以上调解组织所在地基层人民法院提出申请的，由最先立案的人民法院管辖。

［**应注意的问题**］对于司法确认调解协议案件，需要注意以下问题：

1. 应由双方当事人共同提出申请。对调解协议进行司法确认不是法定义务，在达成调解协议后，如果双方当事人认为没有进行司法确认的必要，如对调解协议的内容即时履行完毕，或者在调解协议的内容不涉及民事给付内容等情况下，双方当事人可以不用申请司法确认。如果认为有必要申请司法确认的，那么双方当事人应当共同提出申请。一方当事人提出申请，另一方当事人表示同意的，可以视为共同提出申请。

2. 应自调解协议生效之日起30日内提出申请。《民事诉讼法》第205条规定，申请司法确认调解协议的，由双方当事人自调解协议生效之日起30日内，共同向调解组织所在地基层人民法院提出。

3. 根据《民事诉讼法解释》第354条规定，当事人申请确认调解协议，应当向人民法院提交一下材料：（1）调解协议；（2）调解组织主持调解的证明；（3）与调解协议相关的财产权利证明；（4）双方当事人的身份、住所、联系方式等基本信息。委托代理人代为申请的，还要提交由委托人签名或者盖章的授权委托书。当事人未提交上述材料的，人民法院应当要求限期补交，逾期未补交的，属于申请不适格，应当对其按撤回申请处理。

4. 根据《民事诉讼法》第206条规定："人民法院受理申请后，经审查，符合法律规定的，裁定调解协议有效，一方当事人拒绝履行或者未全部履行的，对方当事人可以向人民法院申请执行；不符合法律规定的，裁定驳回申请，当事人可以通过调解方式变更原调解协议或者达成新的调解协议，也可以向人民法院提起诉讼。"

请求权基础规范指引

《中华人民共和国民事诉讼法》（2023年修正）

第二百零五条　经依法设立的调解组织调解达成调解协议，申请司法确认的，由双方当事人自调解协议生效之日起三十日内，共同向下列人民法院提出：

（一）人民法院邀请调解组织开展先行调解的，向作出邀请的人民法院提出；

（二）调解组织自行开展调解的，向当事人住所地、标的物所在地、调解组织所在地的基层人民法院提出；调解协议所涉纠纷应当由中级人民法院管辖的，向相应的中级人民法院提出。

第二百零六条　人民法院受理申请后，经审查，符合法律规定的，裁定调解协议有效，一方当事人拒绝履行或者未全部履行的，对方当事人可以向人民法院申请执行；不符合法律规定的，裁定驳回申请，当事人可以通过调解方式变更原调解协议或者达成新的调解协议，也可以向人民法院提起诉讼。

《中华人民共和国人民调解法》（2010年）

第三十三条　经人民调解委员会调解达成调解协议后，双方当事人认为有必要的，可以自调解协议生效之日起三十日内共同向人民法院申请司法确认，人民法院应当及时对调解协议进行审查，依法确认调解协议的效力。

人民法院依法确认调解协议有效，一方当事人拒绝履行或者未全部履行的，对方当事人可以向人民法院申请强制执行。

人民法院依法确认调解协议无效的，当事人可以通过人民调解方式变更原调解协议或者达成新的调解协议，也可以向人民法院提起诉讼。

《最高人民法院关于人民调解协议司法确认程序的若干规定》（法释〔2011〕5号 2011年3月23日）

第一条 当事人根据《中华人民共和国人民调解法》第三十三条的规定共同向人民法院申请确认调解协议的，人民法院应当依法受理。

第二条 当事人申请确认调解协议的，由主持调解的人民调解委员会所在地基层人民法院或者它派出的法庭管辖。

人民法院在立案前委派人民调解委员会调解并达成调解协议，当事人申请司法确认的，由委派的人民法院管辖。

第三条 当事人申请确认调解协议，应当向人民法院提交司法确认申请书、调解协议和身份证明、资格证明，以及与调解协议相关的财产权利证明等证明材料，并提供双方当事人的送达地址、电话号码等联系方式。委托他人代为申请的，必须向人民法院提交由委托人签名或者盖章的授权委托书。

第四条 人民法院收到当事人司法确认申请，应当在三日内决定是否受理。人民法院决定受理的，应当编立“调确字”案号，并及时向当事人送达受理通知书。双方当事人同时到法院申请司法确认的，人民法院可以当即受理并作出是否确认的决定。

有下列情形之一的，人民法院不予受理：

（一）不属于人民法院受理民事案件的范围或者不属于接受申请的人民法院管辖的；

（二）确认身份关系的；

（三）确认收养关系的；

（四）确认婚姻关系的。

第五条 人民法院应当自受理司法确认申请之日起十五日内作出是否确认的决定。因特殊情况需要延长的，经本院院长批准，可以延长十日。

在人民法院作出是否确认的决定前，一方或者双方当事人撤回司法确认申请的，人民法院应当准许。

第六条 人民法院受理司法确认申请后，应当指定一名审判人员对调解协议进行审查。人民法院在必要时可以通知双方当事人同时到场，当面询问当事人。当事人应当向人民法院如实陈述申请确认的调解协议的有关情况，保证提交的证明材料真实、合法。人民法院在审查中，认为当事人的陈述或者提供的证明材料不充分、不完备或者有疑义的，可以要求当事人补充陈述或者补充证明材料。当事人无正当理由未按时补充或者拒不接受询问的，可以按撤回司法确认申请处理。

第七条　具有下列情形之一的，人民法院不予确认调解协议效力：

（一）违反法律、行政法规强制性规定的；

（二）侵害国家利益、社会公共利益的；

（三）侵害案外人合法权益的；

（四）损害社会公序良俗的；

（五）内容不明确，无法确认的；

（六）其他不能进行司法确认的情形。

第八条　人民法院经审查认为调解协议符合确认条件的，应当作出确认决定书；决定不予确认调解协议效力的，应当作出不予确认决定书。

第九条　人民法院依法作出确认决定后，一方当事人拒绝履行或者未全部履行的，对方当事人可以向作出确认决定的人民法院申请强制执行。

第十条　案外人认为经人民法院确认的调解协议侵害其合法权益的，可以自知道或者应当知道权益被侵害之日起一年内，向作出确认决定的人民法院申请撤销确认决定。

第十一条　人民法院办理人民调解协议司法确认案件，不收取费用。

第十二条　人民法院可以将调解协议不予确认的情况定期或者不定期通报同级司法行政机关和相关人民调解委员会。

第十三条　经人民法院建立的调解员名册中的调解员调解达成协议后，当事人申请司法确认的，参照本规定办理。人民法院立案后委托他人调解达成的协议的司法确认，按照《最高人民法院关于人民法院民事调解工作若干问题的规定》（法释〔2004〕12号）的有关规定办理。

《最高人民法院关于适用〈中华人民共和国民事诉讼法〉的解释》（2022年3月22日修正）

第三百五十一条　申请司法确认调解协议的，双方当事人应当本人或者由符合民事诉讼法第六十一条规定的代理人依照民事诉讼法第二百零一条①的规定提出申请。

第三百五十二条　调解组织自行开展的调解，有两个以上调解组织参与的，符合民事诉讼法第二百零一条②规定的各调解组织所在地人民法院均有管辖权。

双方当事人可以共同向符合民事诉讼法第二百零一条③规定的其中一个有

---

① 现为《民事诉讼法》（2023年修正）第二百零五条。

② 现为《民事诉讼法》（2023年修正）第二百零五条。

③ 现为《民事诉讼法》（2023年修正）第二百零五条。

管辖权的人民法院提出申请；双方当事人共同向两个以上有管辖权的人民法院提出申请的，由最先立案的人民法院管辖。

第三百五十三条 当事人申请司法确认调解协议，可以采用书面形式或者口头形式。当事人口头申请的，人民法院应当记入笔录，并由当事人签名、捺印或者盖章。

第三百五十四条 当事人申请司法确认调解协议，应当向人民法院提交调解协议、调解组织主持调解的证明，以及与调解协议相关的财产权利证明等材料，并提供双方当事人的身份、住所、联系方式等基本信息。

当事人未提交上述材料的，人民法院应当要求当事人限期补交。

第三百五十五条 当事人申请司法确认调解协议，有下列情形之一的，人民法院裁定不予受理：

（一）不属于人民法院受理范围的；

（二）不属于收到申请的人民法院管辖的；

（三）申请确认婚姻关系、亲子关系、收养关系等身份关系无效、有效或者解除的；

（四）涉及适用其他特别程序、公示催告程序、破产程序审理的；

（五）调解协议内容涉及物权、知识产权确权的。

人民法院受理申请后，发现有上述不予受理情形的，应当裁定驳回当事人的申请。

第三百五十六条 人民法院审查相关情况时，应当通知双方当事人共同到场对案件进行核实。

人民法院经审查，认为当事人的陈述或者提供的证明材料不充分、不完备或者有疑义的，可以要求当事人限期补充陈述或者补充证明材料。必要时，人民法院可以向调解组织核实有关情况。

第三百五十七条 确认调解协议的裁定作出前，当事人撤回申请的，人民法院可以裁定准许。

当事人无正当理由未在限期内补充陈述、补充证明材料或者拒不接受询问的，人民法院可以按撤回申请处理。

第三百五十八条 经审查，调解协议有下列情形之一的，人民法院应当裁定驳回申请：

（一）违反法律强制性规定的；

（二）损害国家利益、社会公共利益、他人合法权益的；

（三）违背公序良俗的；

（四）违反自愿原则的；

（五）内容不明确的；

（六）其他不能进行司法确认的情形。

410. 申请撤销确认调解协议裁定

案由适用要点

［**释义**］申请撤销确认调解协议裁定是指当事人、案外人认为人民法院作出的司法确认调解协议裁定有错误时，在法律规定的期限内向作出该裁定的人民法院提出异议。人民法院经审查，认为当事人或利害关系人的异议成立或者部分成立的，裁定撤销原来作出的确认调解协议裁定；认为异议不成立的，裁定驳回异议。

［**管辖**］当事人、利害关系人认为司法确认调解协议裁定错误提出异议的，应当向作出该判决、裁定的人民法院提出。这是因为作出判决、裁定的法院对裁判相对更加熟悉，基于程序迅速、经济以及便利的考量，上述情形出现时由作出裁定的法院进行审查更符合非讼程序的设立目的。

［**应注意的问题**］根据《民事诉讼法解释》第372条第2款的规定，对人民法院作出的确认调解协议、准许实现担保物权的裁定，当事人有异议的，应当自收到裁定之日起15日内提出；利害关系人有异议的，自知道或者应当知道其民事权益受到侵害之日起6个月内提出。也就是说，认为确认调解协议裁定有错误的，司法解释对当事人和利害关系人规定了不同的异议期限。

请求权基础规范指引

本案由的相关规范参见“409. 申请司法确认调解协议”。

三十八、实现担保物权案件

411. 申请实现担保物权

案由适用要点

［**释义**］申请实现担保物权，是指由担保物权人以及其他有权请求实现担保物权的人依照《民法典》等法律，向担保财产所在地或者担保物权登记地基层人民法院提出申请，人民法院审查后认为符合法律规定的，作出拍卖、变卖担保财产裁定；不符合法律规定的，作出驳回申请裁定的特别程序。

［**管辖**］根据《民事诉讼法》第207条的规定，申请实现担保物权，由担保财产所在地或者担保物权登记地基层人民法院管辖。这是实现担保物权程序管辖的一般规定。《民事诉讼法解释》中还对实现担保物权案件的一些特殊管辖问题进行了规定。例如，第360条规定："实现票据、仓单、提单等有权利凭证的权利质权案件，可以由权利凭证持有人住所地人民法院管辖；无权利凭证的权利质权，由出质登记地人民法院管辖。"第361条规定："实现担保物权案件属于海事法院等专门人民法院管辖的，由专门人民法院管辖。"对于有多个担保物且所在地不同的，第362条规定："同一债权的担保物有多个且所在地不同，申请人分别向有管辖权的人民法院申请实现担保物权的，人民法院应当依法受理。"

［**应注意的问题**］确定该案由时应当注意以下问题：（1）关于申请范围。根据《民事诉讼法解释》第359条的规定，"担保物权人"包括抵押权人、质权人、留置权人；"其他有权请求实现担保物权的人"包括抵押人、出质人、财产被留置的债务人或者所有权人等。也就是说，只有抵押权人、质权人、留置权人、抵押人、出质人、财产被留置的债务人可以作为实现担保物权的申请人，有资格向人民法院申请实现担保物权。（2）抵押权人申请实现抵押权，不必以《民法典》第410条第2款规定的"抵押权人与抵押人未就抵押权实现方式达成协议"为前提。（3）和其他特别程序一样，实现担保物权案件可以由审判员一人独任审查。但担保财产标的额超过基层人民法院管辖范围的，应当组成合议庭进行审查。人民法院审查实现担保物权案件，可以询问申请人、被申请人、利害关系人，必要时可以依职权调查相关事实。（4）当事人或利害关系人对实现担保物权有实质性争议的，裁定驳回申请，并告知申请人向人民法院提起诉讼。

请求权基础规范指引

《中华人民共和国民法典》（2020年）

第四百一十条【抵押权的实现】 债务人不履行到期债务或者发生当事人约定的实现抵押权的情形，抵押权人可以与抵押人协议以抵押财产折价或者以拍卖、变卖该抵押财产所得的价款优先受偿。协议损害其他债权人利益的，其他债权人可以请求人民法院撤销该协议。

抵押权人与抵押人未就抵押权实现方式达成协议的，抵押权人可以请求人民法院拍卖、变卖抵押财产。

抵押财产折价或者变卖的，应当参照市场价格。

《中华人民共和国民事诉讼法》（2023年修正）

第二百零七条 申请实现担保物权，由担保物权人以及其他有权请求实现担保物权的人依照民法典等法律，向担保财产所在地或者担保物权登记地基层人民法院提出。

第二百零八条 人民法院受理申请后，经审查，符合法律规定的，裁定拍卖、变卖担保财产，当事人依据该裁定可以向人民法院申请执行；不符合法律规定的，裁定驳回申请，当事人可以向人民法院提起诉讼。

《最高人民法院关于适用〈中华人民共和国民事诉讼法〉的解释》（2022年3月22日修正）

第三百五十九条 民事诉讼法第二百零三条①规定的担保物权人，包括抵押权人、质权人、留置权人；其他有权请求实现担保物权的人，包括抵押人、出质人、财产被留置的债务人或者所有权人等。

第三百六十条 实现票据、仓单、提单等有权利凭证的权利质权案件，可以由权利凭证持有人住所地人民法院管辖；无权利凭证的权利质权，由出质登记地人民法院管辖。

第三百六十一条 实现担保物权案件属于海事法院等专门人民法院管辖的，由专门人民法院管辖。

第三百六十二条 同一债权的担保物有多个且所在地不同，申请人分别向有管辖权的人民法院申请实现担保物权的，人民法院应当依法受理。

第三百六十三条 依照民法典第三百九十二条的规定，被担保的债权既有物的担保又有人的担保，当事人对实现担保物权的顺序有约定，实现担保物权的申请违反该约定的，人民法院裁定不予受理；没有约定或者约定不明的，人民法院应当受理。

第三百六十四条 同一财产上设立多个担保物权，登记在先的担保物权尚未实现的，不影响后顺位的担保物权人向人民法院申请实现担保物权。

第三百六十五条 申请实现担保物权，应当提交下列材料：

（一）申请书。申请书应当记明申请人、被申请人的姓名或者名称、联系方式等基本信息，具体的请求和事实、理由；

（二）证明担保物权存在的材料，包括主合同、担保合同、抵押登记证明或者他项权利证书，权利质权的权利凭证或者质权出质登记证明等；

（三）证明实现担保物权条件成就的材料；

（四）担保财产现状的说明；

（五）人民法院认为需要提交的其他材料。

第三百六十六条 人民法院受理申请后，应当在五日内向被申请人送达申请书副本、异议权利告知书等文书。

被申请人有异议的，应当在收到人民法院通知后的五日内向人民法院提

① 现为《民事诉讼法》（2023年修正）第二百零七条。

出，同时说明理由并提供相应的证据材料。

第三百六十七条 实现担保物权案件可以由审判员一人独任审查。担保财产标的额超过基层人民法院管辖范围的，应当组成合议庭进行审查。

第三百六十八条 人民法院审查实现担保物权案件，可以询问申请人、被申请人、利害关系人，必要时可以依职权调查相关事实。

第三百六十九条 人民法院应当就主合同的效力、期限、履行情况，担保物权是否有效设立、担保财产的范围、被担保的债权范围、被担保的债权是否已届清偿期等担保物权实现的条件，以及是否损害他人合法权益等内容进行审查。

被申请人或者利害关系人提出异议的，人民法院应当一并审查。

第三百七十条 人民法院审查后，按下列情形分别处理：

（一）当事人对实现担保物权无实质性争议且实现担保物权条件成就的，裁定准许拍卖、变卖担保财产；

（二）当事人对实现担保物权有部分实质性争议的，可以就无争议部分裁定准许拍卖、变卖担保财产；

（三）当事人对实现担保物权有实质性争议的，裁定驳回申请，并告知申请人向人民法院提起诉讼。

第三百七十一条 人民法院受理申请后，申请人对担保财产提出保全申请的，可以按照民事诉讼法关于诉讼保全的规定办理。

412. 申请撤销准许实现担保物权裁定

案由适用要点

［**释义**］申请撤销准许实现担保物权裁定是指当事人、案外人认为人民法院作出的准许实现担保物权裁定有错误时，在法律规定的期限内向作出该裁定的人民法院提出异议。人民法院经审查，认为当事人或利害关系人的异议成立或者部分成立的，裁定撤销原来作出的准许实现担保物权的裁定；认为异议不成立的，裁定驳回异议。

［**管辖**］当事人、利害关系人认为司法确认调解协议裁定错误提出异议的，应当向作出该判决、裁定的人民法院提出。这是因为作出判决、裁定的法院对裁判相对更加熟悉，基于程序迅速、经济以及便利的考量，由作出裁定的法院进行审查更符合特别程序的设立目的。

［**应注意的问题**］根据《民事诉讼法解释》第 372 条第 2 款的规定，对人民法院作出的确认调解协议、准许实现担保物权的裁定，当事人有异议的，应当自收到裁定之日起 15 日内提出；利害关系人有异议的，自知道或者

应当知道其民事权益受到侵害之日起6个月内提出。也就是说，认为准许实现担保物权裁定有错误的，司法解释对当事人和利害关系人规定了不同的异议期限。

请求权基础规范指引

《最高人民法院关于适用〈中华人民共和国民事诉讼法〉的解释》（2022年3月22日修正）

第三百七十二条 适用特别程序作出的判决、裁定，当事人、利害关系人认为有错误的，可以向作出该判决、裁定的人民法院提出异议。人民法院经审查，异议成立或者部分成立的，作出新的判决、裁定撤销或者改变原判决、裁定；异议不成立的，裁定驳回。

对人民法院作出的确认调解协议、准许实现担保物权的裁定，当事人有异议的，应当自收到裁定之日起十五日内提出；利害关系人有异议的，自知道或者应当知道其民事权益受到侵害之日起六个月内提出。

三十九、监护权特别程序案件

413. 申请确定监护人

案由适用要点

［**释义**］申请确定监护人案件是指当事人对担任法律规定的未成年人、无民事行为能力或者限制民事行为能力成年人的监护人有争议，且对被监护人所在地居民委员会、村民委员会或者民政部门的指定不服，向人民法院申请确定监护人的案件。

［**管辖**］根据《民事诉讼法解释》第10条的规定，不服指定监护或者变更监护关系的案件，可以由被监护人住所地人民法院管辖。需要注意的是，该条规定“可以”由被监护人住所地人民法院管辖，并非排斥被告住所地人民法院管辖。如果原告坚持向被告住所地人民法院起诉，根据《民事诉讼法》第22条的相关规定，被告住所地人民法院当然具有管辖权。

［**应注意的问题**］在适用本案由时，要注意以下几个问题：（1）本案由只适用于当事人对被监护人住所地的居民委员会、村民委员会或者民政部门的指定不服的，向人民法院申请指定监护人的情形。（2）如果被指定的监护人不服居民委员会、村民委员会或者民政部门指定，应当自接到通知之日起

30日内向人民法院提出异议。逾期的，按变更监护关系处理，适用“申请变更监护人”案由。（3）人民法院认为指定不当的，在判决撤销指定的同时，应当另行指定监护人。人民法院判决撤销指定的，判决书不但要送达异议人，还要送达原指定单位以及判决指定的监护人。

请求权基础规范指引

《中华人民共和国民法典》（2020年）

第二十七条【未成年人的监护人】 父母是未成年子女的监护人。

未成年人的父母已经死亡或者没有监护能力的，由下列有监护能力的人按顺序担任监护人：

（一）祖父母、外祖父母；

（二）兄、姐；

（三）其他愿意担任监护人的个人或者组织，但是须经未成年人住所地的居民委员会、村民委员会或者民政部门同意。

第二十八条【无、限制民事行为能力的成年人的监护人】 无民事行为能力或者限制民事行为能力的成年人，由下列有监护能力的人按顺序担任监护人：

（一）配偶；

（二）父母、子女；

（三）其他近亲属；

（四）其他愿意担任监护人的个人或者组织，但是须经被监护人住所地的居民委员会、村民委员会或者民政部门同意。

第二十九条【遗嘱指定监护人】 被监护人的父母担任监护人的，可以通过遗嘱指定监护人。

第三十条【协议确定监护人】 依法具有监护资格的人之间可以协议确定监护人。协议确定监护人应当尊重被监护人的真实意愿。

第三十一条【监护争议解决程序】 对监护人的确定有争议的，由被监护人住所地的居民委员会、村民委员会或者民政部门指定监护人，有关当事人对指定不服的，可以向人民法院申请指定监护人；有关当事人也可以直接向人民法院申请指定监护人。

居民委员会、村民委员会、民政部门或者人民法院应当尊重被监护人的真实意愿，按照最有利于被监护人的原则在依法具有监护资格的人中指定监护人。

依据本条第一款规定指定监护人前，被监护人的人身权利、财产权利以及其他合法权益处于无人保护状态的，由被监护人住所地的居民委员会、村民委员会、法律规定的有关组织或者民政部门担任临时监护人。

监护人被指定后，不得擅自变更；擅自变更的，不免除被指定的监护人的责任。

《最高人民法院关于适用〈中华人民共和国民事诉讼法〉的解释》（2022年3月22日修正）

第三百四十九条　被指定的监护人不服居民委员会、村民委员会或者民政部门指定，应当自接到通知之日起三十日内向人民法院提出异议。经审理，认为指定并无不当的，裁定驳回异议；指定不当的，判决撤销指定，同时另行指定监护人。判决书应当送达异议人、原指定单位及判决指定的监护人。

有关当事人依照民法典第三十一条第一款规定直接向人民法院申请指定监护人的，适用特别程序审理，判决指定监护人。判决书应当送达申请人、判决指定的监护人。

《最高人民法院关于适用〈中华人民共和国民法典〉总则编若干问题的解释》（法释〔2022〕6号　2022年2月24日）

第六条　人民法院认定自然人的监护能力，应当根据其年龄、身心健康状况、经济条件等因素确定；认定有关组织的监护能力，应当根据其资质、信用、财产状况等因素确定。

第七条　担任监护人的被监护人父母通过遗嘱指定监护人，遗嘱生效时被指定的人不同意担任监护人的，人民法院应当适用民法典第二十七条、第二十八条的规定确定监护人。

未成年人由父母担任监护人，父母中的一方通过遗嘱指定监护人，另一方在遗嘱生效时有监护能力，有关当事人对监护人的确定有争议的，人民法院应当适用民法典第二十七条第一款的规定确定监护人。

第八条　未成年人的父母与其他依法具有监护资格的人订立协议，约定免除具有监护能力的父母的监护职责的，人民法院不予支持。协议约定在未成年人的父母丧失监护能力时由该具有监护资格的人担任监护人的，人民法院依法予以支持。

依法具有监护资格的人之间依据民法典第三十条的规定，约定由民法典第二十七条第二款、第二十八条规定的不同顺序的人共同担任监护人，或者由顺序在后的人担任监护人的，人民法院依法予以支持。

414. 申请指定监护人

案由适用要点

［释义］申请指定监护人案件是指当事人对担任法律规定的未成年人、无

民事行为能力或者限制民事行为能力成年人的监护人有争议，不经被监护人所在地居民委员会、村民委员会或者民政部门指定，直接向人民法院申请确定监护人的案件。

［**管辖**］根据《民事诉讼法解释》第10条的规定，不服指定监护或者变更监护关系的案件，可以由被监护人住所地人民法院管辖。需要注意的是，该条规定“可以”由被监护人住所地人民法院管辖，并非排斥被告住所地人民法院管辖。如果原告坚持向被告住所地人民法院起诉，根据《民事诉讼法》第22条的相关规定，被告住所地人民法院当然具有管辖权。

［**应注意的问题**］本案由只适用于当事人不经被监护人住所地的居民委员会、村民委员会或者民政部门指定，直接向人民法院申请指定监护人的情形。对于不服被监护人住所地的居民委员会、村民委员会或者民政部门的指定而向人民法院申请指定监护人的，适用“413. 申请确定监护人”案由。

请求权基础规范指引

《中华人民共和国民法典》（2020年）

第二十九条【遗嘱指定监护人】 被监护人的父母担任监护人的，可以通过遗嘱指定监护人。

第三十条【协议确定监护人】 依法具有监护资格的人之间可以协议确定监护人。协议确定监护人应当尊重被监护人的真实意愿。

第三十一条【监护争议解决程序】 对监护人的确定有争议的，由被监护人住所地的居民委员会、村民委员会或者民政部门指定监护人，有关当事人对指定不服的，可以向人民法院申请指定监护人；有关当事人也可以直接向人民法院申请指定监护人。

居民委员会、村民委员会、民政部门或者人民法院应当尊重被监护人的真实意愿，按照最有利于被监护人的原则在依法具有监护资格的人中指定监护人。

依据本条第一款规定指定监护人前，被监护人的人身权利、财产权利以及其他合法权益处于无人保护状态的，由被监护人住所地的居民委员会、村民委员会、法律规定的有关组织或者民政部门担任临时监护人。

监护人被指定后，不得擅自变更；擅自变更的，不免除被指定的监护人的责任。

《最高人民法院关于适用〈中华人民共和国民法典〉总则编若干问题的解释》（法释〔2022〕6号　2022年2月24日）

第九条　人民法院依据民法典第三十一条第二款、第三十六条第一款的规定指定监护人时，应当尊重被监护人的真实意愿，按照最有利于被监护人的原则指定，具体参考以下因素：

（一）与被监护人生活、情感联系的密切程度；

（二）依法具有监护资格的人的监护顺序；

（三）是否有不利于履行监护职责的违法犯罪等情形；

（四）依法具有监护资格的人的监护能力、意愿、品行等。

人民法院依法指定的监护人一般应当是一人，由数人共同担任监护人更有利于保护被监护人利益的，也可以是数人。

第十条　有关当事人不服居民委员会、村民委员会或者民政部门的指定，在接到指定通知之日起三十日内向人民法院申请指定监护人的，人民法院经审理认为指定并无不当，依法裁定驳回申请；认为指定不当，依法判决撤销指定并另行指定监护人。

有关当事人在接到指定通知之日起三十日后提出申请的，人民法院应当按照变更监护关系处理。

415. 申请变更监护人

案由适用要点

［**释义**］申请变更监护人是指被申请人的监护人不能履行监护职责，或者不服有关组织指定的监护人且又未在法律规定期限内提出异议的，有监护资格的人员或者有关组织向人民法院提出申请变更被申请人的监护人。

［**管辖**］根据《民事诉讼法解释》第 10 条的规定，不服指定监护或者变更监护关系的案件，可以由被监护人住所地人民法院管辖。需要注意的是，该条规定“可以”由被监护人住所地人民法院管辖，并非排斥被告住所地人民法院管辖。如果原告坚持向被告住所地人民法院起诉，根据《民事诉讼法》第 22 条的相关规定，被告住所地人民法院当然具有管辖权。

［**应注意的问题**］确定本案由应当注意区分申请变更监护人与申请撤销监护人资格两者的关系。申请撤销监护人资格是指监护人不履行监护职责，或者侵害被监护人的合法权益的，人民法院可以根据有关个人或有关单位的申请，撤销监护人资格。申请变更监护人是指被申请人的监护人不能履行监护职责，或者不服有关组织指定的监护人且又未在法律规定期限内起诉的，有监护资格的人员或者有关单位向人民法院提出申请变更被申请人的监护人。两者的主要区别是发生的事由不同。申请变更监护人的事由也可以是监护人不履行监护职责，申请人同时要求撤销监护人资格并变更监护人。

请求权基础规范指引

《中华人民共和国民法典》（2020 年）

第三十一条第四款　监护人被指定后，不得擅自变更；擅自变更的，不免除被指定的监护人的责任。

《最高人民法院关于适用〈中华人民共和国民事诉讼法〉的解释》（2022年3月22日修正）

第十条 不服指定监护或者变更监护关系的案件，可以由被监护人住所地人民法院管辖。

《最高人民法院关于适用〈中华人民共和国民法典〉总则编若干问题的解释》（法释〔2022〕6号 2022年2月24日）

第十二条 监护人、其他依法具有监护资格的人之间就监护人是否有民法典第三十九条第一款第二项、第四项规定的应当终止监护关系的情形发生争议，申请变更监护人的，人民法院应当依法受理。经审理认为理由成立的，人民法院依法予以支持。

被依法指定的监护人与其他具有监护资格的人之间协议变更监护人的，人民法院应当尊重被监护人的真实意愿，按照最有利于被监护人的原则作出裁判。

第十三条 监护人因患病、外出务工等原因在一定期限内不能完全履行监护职责，将全部或者部分监护职责委托给他人，当事人主张受托人因此成为监护人的，人民法院不予支持。

416. 申请撤销监护人资格

案由适用要点

［**释义**］申请撤销监护人资格是指监护人不履行监护职责或侵害被监护人的合法权益的，其他有监护资格的人员或者有关组织可以申请撤销监护人的监护资格。

［**管辖**］根据《民事诉讼法解释》第10条的规定，不服指定监护或者变更监护关系的案件，可以由被监护人住所地人民法院管辖。申请撤销监护人资格，也涉及监护关系的变更，因此可以由被监护人住所地人民法院管辖。如果原告坚持向被告住所地人民法院起诉，根据《民事诉讼法》第22条的相关规定，被告住所地人民法院当然具有管辖权。

［**应注意的问题**］申请撤销监护人资格是第三级案由。监护人是为被监护人利益而设，监护人应当按照最有利于被监护人的原则履行以下职责：（1）保护被监护人的人身权利、财产权利以及其他合法权益等不受损害。（2）保管被监护人的财产。一般情况下，监护人不得处分被监护人的财产，但是如果为维护被监护人利益，可以处分。（3）担任被监护人的法定代理人。确定该案由应当注意区分本案由与申请变更监护人的关系，上文已做

说明，不再赘述。此外，《民法典》第36条第2款和第3款都对民政部门进行了规定，人民法院在适用该条时要注意，第3款只是对申请主体作出“兜底”规定，即如果其他个人或者组织都不向法院申请撤销监护人资格，此时，民政部门应当主动向人民法院提出申请。但是，这并不是指民政部门必须等待其他个人或者组织都不向人民法院申请之后再行申请。民政部门可以根据第2款规定，直接向人民法院申请撤销监护人资格。

请求权基础规范指引

《中华人民共和国民法典》（2020年）

第三十六条【撤销监护人资格】 监护人有下列情形之一的，人民法院根据有关个人或者组织的申请，撤销其监护人资格，安排必要的临时监护措施，并按照最有利于被监护人的原则依法指定监护人：

（一）实施严重损害被监护人身心健康的行为；

（二）怠于履行监护职责，或者无法履行监护职责且拒绝将监护职责部分或者全部委托给他人，导致被监护人处于危困状态；

（三）实施严重侵害被监护人合法权益的其他行为。

本条规定的有关个人、组织包括：其他依法具有监护资格的人，居民委员会、村民委员会、学校、医疗机构、妇女联合会、残疾人联合会、未成年人保护组织、依法设立的老年人组织、民政部门等。

前款规定的个人和民政部门以外的组织未及时向人民法院申请撤销监护人资格的，民政部门应当向人民法院申请。

《最高人民法院关于适用〈中华人民共和国民法典〉婚姻家庭编的解释（一）》（法释〔2020〕22号　2020年12月29日）

第六十二条　无民事行为能力人的配偶有民法典第三十六条第一款规定行为，其他有监护资格的人可以要求撤销其监护资格，并依法指定新的监护人；变更后的监护人代理无民事行为能力一方提起离婚诉讼的，人民法院应予受理。

《最高人民法院关于适用〈中华人民共和国民法典〉总则编若干问题的解释》（法释〔2022〕6号　2022年2月24日）

第十一条　具有完全民事行为能力的成年人与他人依据民法典第三十三条的规定订立书面协议事先确定自己的监护人后，协议的任何一方在该成年人丧失或者部分丧失民事行为能力前请求解除协议的，人民法院依法予以支持。该成年人丧失或者部分丧失民事行为能力后，协议确定的监护人无正当理由请求解除协议的，人民法院不予支持。

该成年人丧失或者部分丧失民事行为能力后，协议确定的监护人有民法典第三十六条第一款规定的情形之一，该条第二款规定的有关个人、组织申请撤销其监护人资格的，人民法院依法予以支持。

《最高人民法院关于适用〈中华人民共和国民事诉讼法〉的解释》（2022年3月22日修正）

第三百四十九条 被指定的监护人不服居民委员会、村民委员会或者民政部门指定，应当自接到通知之日起三十日内向人民法院提出异议。经审理，认为指定并无不当的，裁定驳回异议；指定不当的，判决撤销指定，同时另行指定监护人。判决书应当送达异议人、原指定单位及判决指定的监护人。

有关当事人依照民法典第三十一条第一款规定直接向人民法院申请指定监护人的，适用特别程序审理，判决指定监护人。判决书应当送达申请人、判决指定的监护人。

《最高人民法院、最高人民检察院、公安部、民政部关于依法处理监护人侵害未成年人权益行为若干问题的意见》（法发〔2014〕24号 2014年12月18日）

27. 下列单位和人员（以下简称有关单位和人员）有权向人民法院申请撤销监护人资格：

（一）未成年人的其他监护人，祖父母、外祖父母、兄、姐，关系密切的其他亲属、朋友；

（二）未成年人住所地的村（居）民委员会，未成年人父、母所在单位；

（三）民政部门及其设立的未成年人救助保护机构；

（四）共青团、妇联、关工委、学校等团体和单位。

申请撤销监护人资格，一般由前款中负责临时照料未成年人的单位和人员提出，也可以由前款中其他单位和人员提出。

28. 有关单位和人员向人民法院申请撤销监护人资格的，应当提交相关证据。

有包含未成年人基本情况、监护存在问题、监护人悔过情况、监护人接受教育辅导情况、未成年人身心健康状况以及未成年人意愿等内容的调查评估报告的，应当一并提交。

29. 有关单位和人员向公安机关、人民检察院申请出具相关案件证明材料的，公安机关、人民检察院应当提供证明案件事实的基本材料或者书面说明。

30. 监护人因监护侵害行为被提起公诉的案件，人民检察院应当书面告知未成年人及其临时照料人有权依法申请撤销监护人资格。

对于监护侵害行为符合本意见第35条规定情形而相关单位和人员没有提起诉讼的，人民检察院应当书面建议当地民政部门或者未成年人救助保护机构向人民法院申请撤销监护人资格。

31. 申请撤销监护人资格案件，由未成人住所地、监护人住所地或者侵害行为地基层人民法院管辖。

人民法院受理撤销监护人资格案件，不收取诉讼费用。

32. 人民法院审理撤销监护人资格案件，比照民事诉讼法规定的特别程序进行，在一个月内审理结案。有特殊情况需要延长的，由本院院长批准。

33. 人民法院应当全面审查调查评估报告等证据材料，听取被申请人、有表达能力的未成年人以及村（居）民委员会、学校、邻居等的意见。

34. 人民法院根据案件需要可以聘请适当的社会人士对未成年人进行社会观护，并可以引入心理疏导和测评机制，组织专业社会工作者、儿童心理问题专家等专业人员参与诉讼，为未成年人和被申请人提供心理辅导和测评服务。

35. 被申请人有下列情形之一的，人民法院可以判决撤销其监护人资格：

（一）性侵害、出卖、遗弃、虐待、暴力伤害未成年人，严重损害未成年人身心健康的；

（二）将未成年人置于无人监管和照看的状态，导致未成年人面临死亡或者严重伤害危险，经教育不改的；

（三）拒不履行监护职责长达六个月以上，导致未成年人流离失所或者生活无着的；

（四）有吸毒、赌博、长期酗酒等恶习无法正确履行监护职责或者因服刑等原因无法履行监护职责，且拒绝将监护职责部分或者全部委托给他人，致使未成年人处于困境或者危险状态的；

（五）胁迫、诱骗、利用未成年人乞讨，经公安机关和未成年人救助保护机构等部门三次以上批评教育拒不改正，严重影响未成年人正常生活和学习的；

（六）教唆、利用未成年人实施违法犯罪行为，情节恶劣的；

（七）有其他严重侵害未成年人合法权益行为的。

41. 撤销监护人资格诉讼终结后六个月内，未成年人及其现任监护人可以向人民法院申请人身安全保护裁定。

42. 被撤销监护人资格的父、母应当继续负担未成年人的抚养费用和因监护侵害行为产生的各项费用。相关单位和人员起诉的，人民法院应予支持。

44. 民政部门担任监护人的，承担抚养职责的儿童福利机构可以送养未成年人。

送养未成年人应当在人民法院作出撤销监护人资格判决一年后进行。侵害人有本意见第 40 条第 2 款规定情形的，不受一年后送养的限制。

《最高人民法院关于为实施积极应对人口老龄化国家战略提供司法服务和保障的意见》（法发〔2022〕15号 2022年3月29日）

7. 完善老年人监护制度。妥善审理监护权纠纷案件，最大程度尊重老年当事人的真实意愿。依法认定老年人通过意定监护协议确定的监护人，督促其依法履行监护责任。对于侵犯无民事行为能力、限制民事行为能力老年人合法权益的监护人，依法撤销其监护人资格，为老年人安排必要的临时监护措施，按照最有利于被监护人的原则依法指定监护人，保护老年人人身权利、财产权利及其他合法权益。

417. 申请恢复监护人资格

案由适用要点

［**释义**］申请恢复监护人资格是指被监护人的父母或者子女被人民法院撤销监护人资格后，确有悔改表现的，经其申请，人民法院可以在尊重被监护人真实意愿的前提下，视情况恢复其监护人资格。

［**管辖**］根据《民事诉讼法解释》第10条的规定，不服指定监护或者变更监护关系的案件，可以由被监护人住所地人民法院管辖。申请恢复监护人资格，也涉及监护关系的变更，因此可以由被监护人住所地人民法院管辖。如果原告坚持向被告住所地人民法院起诉，根据《民事诉讼法》第22条的相关规定，被告住所地人民法院当然具有管辖权。

［**应注意的问题**］对于监护人资格的恢复，司法实践已经进行了一定的探索。《最高人民法院、最高人民检察院、公安部、民政部关于依法处理监护人侵害未成年人权益行为若干问题的意见》第40条规定，人民法院经审理认为申请人确有悔改表现并且适宜担任监护人的，可以判决恢复其监护人资格，原指定监护人的监护人资格终止。申请人具有下列情形之一的，一般不得判决恢复其监护人资格：（1）性侵害、出卖未成年人的；（2）虐待、遗弃未成年人6个月以上、多次遗弃未成年人，并且造成重伤以上严重后果的；（3）因监护侵害行为被判处5年有期徒刑以上刑罚的。根据《民法典》第38条的规定，恢复监护人资格必须满足如下条件：一是仅适用于被监护人的父母、子女。二是没有对被监护人实施故意犯罪的情形，如果对被监护人实施性侵害、虐待、遗弃被监护人等构成犯罪的，不得恢复监护人资格。三是确有悔改表现，这需要由人民法院根据案件实际情况予以判断。四是要尊重被监护人的真实意愿。如果被监护人不愿意父母或者子女继续担任监护人的，则不得恢复监护人资格。五是符合最有利于被监护人的原则，即使符合以上条件，如果人民法院综合考虑各方面因素后，认为恢复监护人资格违反

最有利于被监护人原则的，也不得恢复监护人资格。

请求权基础规范指引

《中华人民共和国民法典》（2020 年）

第三十八条【恢复监护人资格】 被监护人的父母或者子女被人民法院撤销监护人资格后，除对被监护人实施故意犯罪的外，确有悔改表现的，经其申请，人民法院可以在尊重被监护人真实意愿的前提下，视情况恢复其监护人资格，人民法院指定的监护人与被监护人的监护关系同时终止。

《最高人民法院、最高人民检察院、公安部、民政部关于依法处理监护人侵害未成年人权益行为若干问题的意见》（法发〔2014〕24 号　2014 年 12 月 18 日）

40. 人民法院经审理认为申请人确有悔改表现并且适宜担任监护人的，可以判决恢复其监护人资格，原指定监护人的监护人资格终止。

申请人具有下列情形之一的，一般不得判决恢复其监护人资格：

（一）性侵害、出卖未成年人的；

（二）虐待、遗弃未成年人六个月以上、多次遗弃未成年人，并且造成重伤以上严重后果的；

（三）因监护侵害行为被判处五年有期徒刑以上刑罚的。

四十、督促程序案件

418. 申请支付令

案由适用要点

［释义］ 申请支付令是指当债权人请求债务人给付一定数量的金钱或有价证券时，为了迅速实现自己的债权，依照法律规定可以不经通常的诉讼程序而直接请求法院按督促程序向债务人发出支付金钱或有价证券的法律文书。

［管辖］ 根据《民事诉讼法解释》第 23 条的规定，债权人申请支付令，适用《民事诉讼法》第 22 条的规定，由债务人住所地的基层人民法院管辖。

［应注意的问题］ 申请支付令案件是人民法院以债权人单方面提出的债权文书为根据，督促债务人限期履行义务的程序。其不需要经过通常的诉讼程序，只适用于部分债务纠纷案件，即仅适用于给付金钱和有价证券的案件，以及用人单位拖欠或者未足额支付劳动报酬的劳动争议案件，比通常的

诉讼程序更为简便、快捷。申请支付令使债权人获得一种快速实现债权的方式，节约了诉讼成本。

人民法院在受理申请支付令案件时，应当注意的问题有：（1）请求支付的标的物必须是金钱和有价证券。由于金钱和有价证券是现实生活中最常引起纠纷的原因，且规定支付金钱和有价证券更有得到实现的可能性，故法律规定支付的标的物必须是金钱和有价证券。（2）请求支付的金钱和有价证券应当已到履行期且数额确定。债务到履行期，债务人才有义务履行，债权人才有权要求债务人履行。（3）债权人与债务人没有其他债务纠纷。没有债务纠纷主要是指债权人对债务人没有对待给付的义务。人民法院发出支付令仅是对债权人提交的证据进行形式上的审查，这就提高了对法官的要求，其应当对债权文书认真审查，尽量避免为不符合申请支付令条件的案件发出支付令，浪费诉讼资源。

请求权基础规范指引

《中华人民共和国劳动合同法》（2012 年修正）

第三十条　用人单位应当按照劳动合同约定和国家规定，向劳动者及时足额支付劳动报酬。

用人单位拖欠或者未足额支付劳动报酬的，劳动者可以依法向当地人民法院申请支付令，人民法院应当依法发出支付令。

《中华人民共和国民事诉讼法》（2023 年修正）

第二百二十五条　债权人请求债务人给付金钱、有价证券，符合下列条件的，可以向有管辖权的基层人民法院申请支付令：

（一）债权人与债务人没有其他债务纠纷的；

（二）支付令能够送达债务人的。

申请书应当写明请求给付金钱或者有价证券的数量和所根据的事实、证据。

第二百二十六条　债权人提出申请后，人民法院应当在五日内通知债权人是否受理。

第二百二十七条　人民法院受理申请后，经审查债权人提供的事实、证据，对债权债务关系明确、合法的，应当在受理之日起十五日内向债务人发出支付令；申请不成立的，裁定予以驳回。

债务人应当自收到支付令之日起十五日内清偿债务，或者向人民法院提出书面异议。

债务人在前款规定的期间不提出异议又不履行支付令的，债权人可以向人民法院申请执行。

第二百二十八条　人民法院收到债务人提出的书面异议后，经审查，异议成立的，应当裁定终结督促程序，支付令自行失效。

支付令失效的，转入诉讼程序，但申请支付令的一方当事人不同意提起诉讼的除外。

《最高人民法院关于适用〈中华人民共和国民事诉讼法〉的解释》（2022年3月22日修正）

第四百二十五条　两个以上人民法院都有管辖权的，债权人可以向其中一个基层人民法院申请支付令。

债权人向两个以上有管辖权的基层人民法院申请支付令的，由最先立案的人民法院管辖。

第四百二十六条　人民法院收到债权人的支付令申请书后，认为申请书不符合要求的，可以通知债权人限期补正。人民法院应当自收到补正材料之日起五日内通知债权人是否受理。

第四百二十七条　债权人申请支付令，符合下列条件的，基层人民法院应当受理，并在收到支付令申请书后五日内通知债权人：

（一）请求给付金钱或者汇票、本票、支票、股票、债券、国库券、可转让的存款单等有价证券；

（二）请求给付的金钱或者有价证券已到期且数额确定，并写明了请求所根据的事实、证据；

（三）债权人没有对待给付义务；

（四）债务人在我国境内且未下落不明；

（五）支付令能够送达债务人；

（六）收到申请书的人民法院有管辖权；

（七）债权人未向人民法院申请诉前保全。

不符合前款规定的，人民法院应当在收到支付令申请书后五日内通知债权人不予受理。

基层人民法院受理申请支付令案件，不受债权金额的限制。

第四百二十八条　人民法院受理申请后，由审判员一人进行审查。经审查，有下列情形之一的，裁定驳回申请：

（一）申请人不具备当事人资格的；

（二）给付金钱或者有价证券的证明文件没有约定逾期给付利息或者违约金、赔偿金，债权人坚持要求给付利息或者违约金、赔偿金的；

（三）要求给付的金钱或者有价证券属于违法所得的；

（四）要求给付的金钱或者有价证券尚未到期或者数额不确定的。

人民法院受理支付令申请后，发现不符合本解释规定的受理条件的，应当在受理之日起十五日内裁定驳回申请。

第四百二十九条 向债务人本人送达支付令，债务人拒绝接收的，人民法院可以留置送达。

第四百三十三条 债权人基于同一债权债务关系，就可分之债向多个债务人提出支付请求，多个债务人中的一人或者几人提出异议的，不影响其他请求的效力。

第四百三十四条 对设有担保的债务的主债务人发出的支付令，对担保人没有拘束力。

债权人就担保关系单独提起诉讼的，支付令自人民法院受理案件之日起失效。

四十一、公示催告程序案件

419. 申请公示催告

案由适用要点

［释义］ 申请公示催告是指人民法院根据票据持有人的申请，以公告的方法通知并催促不明确的利害关系人在规定期间内申报权利，如逾期无人申报，则作出除权判决的程序。

［管辖］ 根据《民事诉讼法》第 26 条的规定，因票据纠纷提起的诉讼，由票据支付地或者被告住所地人民法院管辖。

［应注意的问题］ 公示催告程序，是为了适应我国市场经济的迅速发展以及票据的广泛运用，在持票人丧失票据后的一种权利救济和保全措施，是一种票据丧失的最终补救措施，也是一种特殊的非诉讼程序。《民事诉讼法》在第 18 章专门规定了公示催告程序。

票据丢失后的申请公示催告程序为：（1）失票人向票据支付地的基层人民法院提出公示催告的申请，失票人向人民法院递交公示催告申请书时，应当标明票面金额，出票人、持票人、背书人等，主要内容和申请的理由以及事实等，如果是已通知挂失止付的，应当在通知挂失止付后 3 日内向人民法院提出公示催告的申请。（2）人民法院决定受理申请后，应当同时向付款人及代理付款人发出止付通知。付款人接到停止付款通知后，应当停止支付，直至公示催告程序终结。人民法院应在受理申请后 3 日内发出公告，公示催告的期间不少于 60 日。（3）人民法院收到利害关系人的申报后，应当裁定终结公示催告程序，人民法院在收到利害关系人提出的票据权利主张后，应通知公示催告申请人在指定的期间查看票据。如果公示催告的票据利害关系人出示的票据不一致的，法院应裁定予以驳回利害关系人的申报。(4）公示催告期间届满以及在判决作出前，没有利害关系人申报权利的，公示催告申请人应当在申报权利期间届满的次日起 1 个月内申请法院作出判决，由人民法院宣告票据无效。判决应当公告，并通知付款人，判决生效后，公示催告申请人有权依据判决向付款人请求付款或向其他票据债务人行使追索权。此外，为了保护善意取得人的合法权益，《民事诉讼法》还规定，如果利害关系人有正当理由不能在判决前向人民法院及时申报权利的，自知道或应当知道判决公告之日起 1 年内，可以向作出判决的人民法院提起诉讼。

请求权基础规范指引

《中华人民共和国票据法》（2004 年修正）

第十五条　票据丧失，失票人可以及时通知票据的付款人挂失止付，但是，未记载付款人或者无法确定付款人及其代理付款人的票据除外。

收到挂失止付通知的付款人，应当暂停支付。

失票人应当在通知挂失止付后三日内，也可以在票据丧失后，依法向人民法院申请公示催告，或者向人民法院提起诉讼。

《中华人民共和国民事诉讼法》（2023 年修正）

第二百二十九条　按照规定可以背书转让的票据持有人，因票据被盗、遗失或者灭失，可以向票据支付地的基层人民法院申请公示催告。依照法律规定可以申请公示催告的其他事项，适用本章规定。

申请人应当向人民法院递交申请书，写明票面金额、发票人、持票人、背书人等票据主要内容和申请的理由、事实。

第二百三十条　人民法院决定受理申请，应当同时通知支付人停止支付，并在三日内发出公告，催促利害关系人申报权利。公示催告的期间，由人民法院根据情况决定，但不得少于六十日。

第二百三十一条　支付人收到人民法院停止支付的通知，应当停止支付，至公示催告程序终结。

公示催告期间，转让票据权利的行为无效。

第二百三十二条　利害关系人应当在公示催告期间向人民法院申报。

人民法院收到利害关系人的申报后，应当裁定终结公示催告程序，并通知申请人和支付人。

申请人或者申报人可以向人民法院起诉。

第二百三十三条　没有人申报的，人民法院应当根据申请人的申请，作出判决，宣告票据无效。判决应当公告，并通知支付人。自判决公告之日起，申请人有权向支付人请求支付。

第二百三十四条 利害关系人因正当理由不能在判决前向人民法院申报的，自知道或者应当知道判决公告之日起一年内，可以向作出判决的人民法院起诉。

《最高人民法院关于适用〈中华人民共和国民事诉讼法〉的解释》（2022年3月22日修正）

第四百四十二条 民事诉讼法第二百二十五条①规定的票据持有人，是指票据被盗、遗失或者灭失前的最后持有人。

第四百四十三条 人民法院收到公示催告的申请后，应当立即审查，并决定是否受理。经审查认为符合受理条件的，通知予以受理，并同时通知支付人停止支付；认为不符合受理条件的，七日内裁定驳回申请。

第四百四十四条 因票据丧失，申请公示催告的，人民法院应结合票据存根、丧失票据的复印件、出票人关于签发票据的证明、申请人合法取得票据的证明、银行挂失止付通知书、报案证明等证据，决定是否受理。

第四百四十五条 人民法院依照民事诉讼法第二百二十六条②规定发出的受理申请的公告，应当写明下列内容：

（一）公示催告申请人的姓名或者名称；

（二）票据的种类、号码、票面金额、出票人、背书人、持票人、付款期限等事项以及其他可以申请公示催告的权利凭证的种类、号码、权利范围、权利人、义务人、行权日期等事项；

（三）申报权利的期间；

（四）在公示催告期间转让票据等权利凭证，利害关系人不申报的法律后果。

第四百四十六条 公告应当在有关报纸或者其他媒体上刊登，并于同日公布于人民法院公告栏内。人民法院所在地有证券交易所的，还应当同日在该交易所公布。

第四百四十七条 公告期间不得少于六十日，且公示催告期间届满日不得早于票据付款日后十五日。

第四百四十八条 在申报期届满后、判决作出之前，利害关系人申报权利的，应当适用民事诉讼法第二百二十八条③第二款、第三款规定处理。

第四百四十九条 利害关系人申报权利，人民法院应当通知其向法院出示票据，并通知公示催告申请人在指定的期间查看该票据。公示催告申请人申请公示催告的票据与利害关系人出示的票据不一致的，应当裁定驳回利害

---

① 现为《民事诉讼法》（2023年修正）第二百二十九条。

② 现为《民事诉讼法》（2023年修正）第二百三十条。

③ 现为《民事诉讼法》（2023年修正）第二百三十二条。

关系人的申报。

第四百五十条　在申报权利的期间无人申报权利，或者申报被驳回的，申请人应当自公示催告期间届满之日起一个月内申请作出判决。逾期不申请判决的，终结公示催告程序。

裁定终结公示催告程序的，应当通知申请人和支付人。

第四百五十一条　判决公告之日起，公示催告申请人有权依据判决向付款人请求付款。

付款人拒绝付款，申请人向人民法院起诉，符合民事诉讼法第一百二十二条规定的起诉条件的，人民法院应予受理。

第四百五十二条　适用公示催告程序审理案件，可由审判员一人独任审理；判决宣告票据无效的，应当组成合议庭审理。

第四百五十三条　公示催告申请人撤回申请，应在公示催告前提出；公示催告期间申请撤回的，人民法院可以径行裁定终结公示催告程序。

第四百五十四条　人民法院依照民事诉讼法第二百二十七条①规定通知支付人停止支付，应当符合有关财产保全的规定。支付人收到停止支付通知后拒不止付的，除可依照民事诉讼法第一百一十四条、第一百一十七条规定采取强制措施外，在判决后，支付人仍应承担付款义务。

第四百五十五条　人民法院依照民事诉讼法第二百二十八条②规定终结公示催告程序后，公示催告申请人或者申报人向人民法院提起诉讼，因票据权利纠纷提起的，由票据支付地或者被告住所地人民法院管辖；因非票据权利纠纷提起的，由被告住所地人民法院管辖。

第四百五十六条　依照民事诉讼法第二百二十八条③规定制作的终结公示催告程序的裁定书，由审判员、书记员署名，加盖人民法院印章。

第四百五十七条　依照民事诉讼法第二百三十条④的规定，利害关系人向人民法院起诉的，人民法院可按票据纠纷适用普通程序审理。

第四百五十八条　民事诉讼法第二百三十条⑤规定的正当理由，包括：

（一）因发生意外事件或者不可抗力致使利害关系人无法知道公告事实的；

（二）利害关系人因被限制人身自由而无法知道公告事实，或者虽然知道公告事实，但无法自己或者委托他人代为申报权利的；

---

① 现为《民事诉讼法》（2023 年修正）第二百三十一条。
② 现为《民事诉讼法》（2023 年修正）第二百三十二条。
③ 现为《民事诉讼法》（2023 年修正）第二百三十二条。
④ 现为《民事诉讼法》（2023 年修正）第二百三十四条。
⑤ 现为《民事诉讼法》（2023 年修正）第二百三十四条。

（三）不属于法定申请公示催告情形的；

（四）未予公告或者未按法定方式公告的；

（五）其他导致利害关系人在判决作出前未能向人民法院申报权利的客观事由。

第四百五十九条 根据民事诉讼法第二百三十条[①]的规定，利害关系人请求人民法院撤销除权判决的，应当将申请人列为被告。

利害关系人仅诉请确认其为合法持票人的，人民法院应当在裁判文书中写明，确认利害关系人为票据权利人的判决作出后，除权判决即被撤销。

四十二、公司清算案件

420. 申请公司清算

案由适用要点

[释义] 申请公司清算是指在公司特别清算过程中，公司董事、控股股东和实际控制人等在公司解散后，怠于履行职责，未在《公司法》规定的期限内组成清算组开始清算，或者虽然成立清算组但故意拖延清算，或者存在其他违法清算可能严重损害公司股东或者债权人利益的行为，公司股东或者债权人申请人民法院对公司进行清算的，人民法院应当予以受理。

[管辖] 因申请公司清算提起的诉讼，原则上以《民事诉讼法》中管辖的相关规定为基础，但要综合考虑公司所在地等因素来确定管辖法院。根据《民事诉讼法》第27条以及《最高人民法院关于适用〈中华人民共和国公司法〉若干问题的规定（二）》第24条的规定，在地域管辖方面，申请公司清算案件一般是由公司住所地人民法院，即公司主要办事机构所在地人民法院管辖，公司办事机构所在地不明确的，由其注册地人民法院管辖；在级别管辖方面，一般按照公司登记机关的级别予以确定，即基层人民法院管辖县、县级市或者区的公司登记机关核准登记公司的申请公司清算案件，中级人民法院管辖地区、地级市以上的公司登记机关核准登记公司的申请公司清算案件。

[应注意的问题] 申请公司清算案由不同于清算责任纠纷案由，清算责任纠纷属于诉讼案件，是指清算组成员在清算期间，因故意或者重大过失给公司、债权人造成损失，应当承担赔偿责任的纠纷，其案由是“与公司有关的

---

① 现为《民事诉讼法》（2023年修正）第二百三十四条。

纠纷”下的第三级案由。

请求权基础规范指引

《中华人民共和国民法典》（2020年）

第六十八条【法人终止的原因】 有下列原因之一并依法完成清算、注销登记的，法人终止：

（一）法人解散；

（二）法人被宣告破产；

（三）法律规定的其他原因。

法人终止，法律、行政法规规定须经有关机关批准的，依照其规定。

《中华人民共和国公司法》（2023年修订）

第二百二十九条 公司因下列原因解散：

（一）公司章程规定的营业期限届满或者公司章程规定的其他解散事由出现；

（二）股东会决议解散；

（三）因公司合并或者分立需要解散；

（四）依法被吊销营业执照、责令关闭或者被撤销；

（五）人民法院依照本法第二百三十一条的规定予以解散。

公司出现前款规定的解散事由，应当在十日内将解散事由通过国家企业信用信息公示系统予以公示。

第二百三十条 公司有前条第一款第一项、第二项情形，且尚未向股东分配财产的，可以通过修改公司章程或者经股东会决议而存续。

依照前款规定修改公司章程或者经股东会决议，有限责任公司须经持有三分之二以上表决权的股东通过，股份有限公司须经出席股东会会议的股东所持表决权的三分之二以上通过。

第二百三十一条 公司经营管理发生严重困难，继续存续会使股东利益受到重大损失，通过其他途径不能解决的，持有公司百分之十以上表决权的股东，可以请求人民法院解散公司。

第二百三十二条 公司因本法第二百二十九条第一款第一项、第二项、第四项、第五项规定而解散的，应当清算。董事为公司清算义务人，应当在解散事由出现之日起十五日内组成清算组进行清算。

清算组由董事组成，但是公司章程另有规定或者股东会决议另选他人的除外。

清算义务人未及时履行清算义务，给公司或者债权人造成损失的，应当承担赔偿责任。

第二百三十三条 公司依照前条第一款的规定应当清算，逾期不成立清算组进行清算或者成立清算组后不清算的，利害关系人可以申请人民法院指定有关人员组成清算组进行清算。人民法院应当受理该申请，并及时组织清算组进行清算。

公司因本法第二百二十九条第一款第四项的规定而解散的，作出吊销营业执照、责令关闭或者撤销决定的部门或者公司登记机关，可以申请人民法院指定有关人员组成清算组进行清算。

第二百三十四条 清算组在清算期间行使下列职权：

（一）清理公司财产，分别编制资产负债表和财产清单；

（二）通知、公告债权人；

（三）处理与清算有关的公司未了结的业务；

（四）清缴所欠税款以及清算过程中产生的税款；

（五）清理债权、债务；

（六）分配公司清偿债务后的剩余财产；

（七）代表公司参与民事诉讼活动。

第二百三十五条 清算组应当自成立之日起十日内通知债权人，并于六十日内在报纸上或者国家企业信用信息公示系统公告。债权人应当自接到通知之日起三十日内，未接到通知的自公告之日起四十五日内，向清算组申报其债权。

债权人申报债权，应当说明债权的有关事项，并提供证明材料。清算组应当对债权进行登记。

在申报债权期间，清算组不得对债权人进行清偿。

第二百三十六条 清算组在清理公司财产、编制资产负债表和财产清单后，应当制订清算方案，并报股东会或者人民法院确认。

公司财产在分别支付清算费用、职工的工资、社会保险费用和法定补偿金，缴纳所欠税款，清偿公司债务后的剩余财产，有限责任公司按照股东的出资比例分配，股份有限公司按照股东持有的股份比例分配。

清算期间，公司存续，但不得开展与清算无关的经营活动。公司财产在未依照前款规定清偿前，不得分配给股东。

第二百三十七条 清算组在清理公司财产、编制资产负债表和财产清单后，发现公司财产不足清偿债务的，应当依法向人民法院申请破产清算。

人民法院受理破产申请后，清算组应当将清算事务移交给人民法院指定的破产管理人。

第二百三十九条 公司清算结束后，清算组应当制作清算报告，报股东会或者人民法院确认，并报送公司登记机关，申请注销公司登记。

《最高人民法院关于适用〈中华人民共和国公司法〉若干问题的规定（二）》（2020年12月23日修正）

第七条　公司应当依照民法典第七十条、公司法第一百八十三条[①]的规定，在解散事由出现之日起十五日内成立清算组，开始自行清算。

有下列情形之一，债权人、公司股东、董事或其他利害关系人申请人民法院指定清算组进行清算的，人民法院应予受理：

（一）公司解散逾期不成立清算组进行清算的；

（二）虽然成立清算组但故意拖延清算的；

（三）违法清算可能严重损害债权人或者股东利益的。

第九条　人民法院指定的清算组成员有下列情形之一的，人民法院可以根据债权人、公司股东、董事或其他利害关系人的申请，或者依职权更换清算组成员：

（一）有违反法律或者行政法规的行为；

（二）丧失执业能力或者民事行为能力；

（三）有严重损害公司或者债权人利益的行为。

四十三、破产程序案件

421. 申请破产清算

案由适用要点

［释义］破产清算，即对丧失清偿能力的债务人，经法院审理与监督，强制清算其全部财产，公平清偿全体债权人的法律制度。当事人或利害关系人向法院提出要求宣告债务人破产清算以清偿债务而引起的案件，可称为申请破产清算案件。

［管辖］关于申请破产清算案件的地域管辖，根据《企业破产法》第3条“破产案件由债务人住所地人民法院管辖”的规定，当事人或利害关系人申请破产清算的案件，由债务人住所地的人民法院管辖。关于申请破产清算案件的级别管辖，可参照适用《最高人民法院关于审理企业破产案件若干问题的规定》，其第2条规定：“基层人民法院一般管辖县、县级市或者区的工商行政管理机关核准登记企业的破产案件；中级人民法院一般管辖地区、地级市（含本级）以上的工商行政管理机关核准登记企业的破产案件；纳入国家计划

---

① 现为《公司法》（2023年修订）第二百三十二条、第二百三十三条。

调整企业的破产案件，由中级人民法院管辖。”

[**应注意的问题**] 一般而言，破产概念专指破产清算制度，但对破产法律制度则有广义、狭义两种理解。广义上，将破产清算以外的各种以避免债务人破产为主要目的的重整、和解法律制度也视为破产法律的组成部分，而不是仅将其狭义地理解为破产清算法律制度。《企业破产法》采纳了广义的破产法律制度的理解，即将破产清算、破产重整、破产和解制度规定在一部《企业破产法》中。因此，在确定本案由时，一定要依据当事人提出的申请材料明确其提出的是对债务人进行清算的申请，而非破产重整、破产和解的申请。同时，申请破产清算的主体不同，其应提交的申请材料和法院的审查标准和范围是不同的。因此，应当在确定申请破产清算的案由时，区分债务人申请破产清算、债权人申请破产清算、依法负有清算义务的人申请破产清算、破产管理人或者利害关系人在债务人不能执行或者不执行重整计划时向人民法院申请破产清算，以及国务院监督管理机构申请破产清算等不同类型。

请求权基础规范指引

《中华人民共和国民法典》（2020年）

第六十八条【法人终止的原因】 有下列原因之一并依法完成清算、注销登记的，法人终止：

（一）法人解散；

（二）法人被宣告破产；

（三）法律规定的其他原因。

法人终止，法律、行政法规规定须经有关机关批准的，依照其规定。

第六十九条【法人解散的情形】 有下列情形之一的，法人解散：

（一）法人章程规定的存续期间届满或者法人章程规定的其他解散事由出现；

（二）法人的权力机构决议解散；

（三）因法人合并或者分立需要解散；

（四）法人依法被吊销营业执照、登记证书，被责令关闭或者被撤销；

（五）法律规定的其他情形。

第七十条【法人解散后的清算】 法人解散的，除合并或者分立的情形外，清算义务人应当及时组成清算组进行清算。

法人的董事、理事等执行机构或者决策机构的成员为清算义务人。法律、行政法规另有规定的，依照其规定。

清算义务人未及时履行清算义务，造成损害的，应当承担民事责任；主管机关或者利害关系人可以申请人民法院指定有关人员组成清算组进行清算。

第七十一条【清算适用的法律依据】 法人的清算程序和清算组职权，依照有关法律的规定；没有规定的，参照适用公司法律的有关规定。

第七十二条【清算中法人地位、清算后剩余财产的处理和法人终止】 清算期间法人存续，但是不得从事与清算无关的活动。

法人清算后的剩余财产，按照法人章程的规定或者法人权力机构的决议处理。法律另有规定的，依照其规定。

清算结束并完成法人注销登记时，法人终止；依法不需要办理法人登记的，清算结束时，法人终止。

第七十三条【法人破产】 法人被宣告破产的，依法进行破产清算并完成法人注销登记时，法人终止。

《中华人民共和国企业破产法》（2006 年）

第二条 企业法人不能清偿到期债务，并且资产不足以清偿全部债务或者明显缺乏清偿能力的，依照本法规定清理债务。

企业法人有前款规定情形，或者有明显丧失清偿能力可能的，可以依照本法规定进行重整。

第七条 债务人有本法第二条规定的情形，可以向人民法院提出重整、和解或者破产清算申请。

债务人不能清偿到期债务，债权人可以向人民法院提出对债务人进行重整或者破产清算的申请。

企业法人已解散但未清算或者未清算完毕，资产不足以清偿债务的，依法负有清算责任的人应当向人民法院申请破产清算。

第一百三十四条 商业银行、证券公司、保险公司等金融机构有本法第二条规定情形的，国务院金融监督管理机构可以向人民法院提出对该金融机构进行重整或者破产清算的申请。国务院金融监督管理机构依法对出现重大经营风险的金融机构采取接管、托管等措施的，可以向人民法院申请中止以该金融机构为被告或者被执行人的民事诉讼程序或者执行程序。

金融机构实施破产的，国务院可以依据本法和其他有关法律的规定制定实施办法。

《中华人民共和国公司法》（2023 年修订）

第二百三十七条 清算组在清理公司财产、编制资产负债表和财产清单后，发现公司财产不足清偿债务的，应当依法向人民法院申请破产清算。

人民法院受理破产申请后，清算组应当将清算事务移交给人民法院指定的破产管理人。

《最高人民法院关于审理企业破产案件若干问题的规定》（法释〔2002〕23 号　2002 年 7 月 30 日）

第四十七条 人民法院应当自裁定宣告企业破产之日起十五日内成立清

算组。

第四十八条 清算组成员可以从破产企业上级主管部门、清算中介机构以及会计、律师中产生，也可以从政府财政、工商管理、计委、经委、审计、税务、物价、劳动、社会保险、土地管理、国有资产管理、人事等部门中指定。人民银行分（支）行可以按照有关规定派人参加清算组。

第四十九条 清算组经人民法院同意可以聘请破产清算机构、律师事务所、会计事务所等中介机构承担一定的破产清算工作。中介机构就清算工作向清算组负责。

《最高人民法院关于适用〈中华人民共和国企业破产法〉若干问题的规定（一）》（法释〔2011〕22号 2011年9月9日）

第五条 企业法人已解散但未清算或者未在合理期限内清算完毕，债权人申请债务人破产清算的，除债务人在法定异议期限内举证证明其未出现破产原因外，人民法院应当受理。

第六条 债权人申请债务人破产的，应当提交债务人不能清偿到期债务的有关证据。债务人对债权人的申请未在法定期限内向人民法院提出异议，或者异议不成立的，人民法院应当依法裁定受理破产申请。

受理破产申请后，人民法院应当责令债务人依法提交其财产状况说明、债务清册、债权清册、财务会计报告等有关材料，债务人拒不提交的，人民法院可以对债务人的直接责任人员采取罚款等强制措施。

第七条 人民法院收到破产申请时，应当向申请人出具收到申请及所附证据的书面凭证。

人民法院收到破产申请后应当及时对申请人的主体资格、债务人的主体资格和破产原因，以及有关材料和证据等进行审查，并依据企业破产法第十条的规定作出是否受理的裁定。

人民法院认为申请人应当补充、补正相关材料的，应当自收到破产申请之日起五日内告知申请人。当事人补充、补正相关材料的期间不计入企业破产法第十条规定的期限。

《最高人民法院关于个人独资企业清算是否可以参照适用企业破产法规定的破产清算程序的批复》（法释〔2012〕16号 2012年12月11日）

贵州省高级人民法院：

你院《关于个人独资企业清算是否可以参照适用破产清算程序的请示》（〔2012〕黔高研请字第2号）收悉。经研究，批复如下：

根据《中华人民共和国企业破产法》第一百三十五条的规定，在个人独资企业不能清偿到期债务，并且资产不足以清偿全部债务或者明显缺乏清偿能力的情况下，可以参照适用企业破产法规定的破产清算程序进行清算。

根据《中华人民共和国个人独资企业法》第三十一条的规定，人民法院参照适用破产清算程序裁定终结个人独资企业的清算程序后，个人独资企业的债权人仍然可以就其未获清偿的部分向投资人主张权利。

《最高人民法院印发〈全国法院破产审判工作会议纪要〉的通知》（法〔2018〕53 号　2018 年 3 月 4 日）

23. 破产宣告的条件。人民法院受理破产清算申请后，第一次债权人会议上无人提出重整或和解申请的，管理人应当在债权审核确认和必要的审计、资产评估后，及时向人民法院提出宣告破产的申请。人民法院受理破产和解或重整申请后，债务人出现应当宣告破产的法定原因时，人民法院应当依法宣告债务人破产。

30. 破产清算程序的终结。人民法院终结破产清算程序应当以查明债务人财产状况、明确债务人财产的分配方案、确保破产债权获得依法清偿为基础。破产申请受理后，经管理人调查，债务人财产不足以清偿破产费用且无人代为清偿或垫付的，人民法院应当依管理人申请宣告破产并裁定终结破产清算程序。

422. 申请破产重整

案由适用要点

［释义］破产重整是指对可能或者已经发生破产原因但又有挽救希望的法人型企业，通过各方利害关系人的协调，强制性进行营业重组与债务清理，以使企业避免破产、获得更生的法律制度。当事人或利害关系人向法院提出对债务人破产重整申请而引起的案件，可称为申请破产重整案件。

［管辖］关于申请破产重整案件的地域管辖，根据《企业破产法》第 3 条“破产案件由债务人住所地人民法院管辖”的规定，当事人或利害关系人申请破产重整的案件，由债务人住所地的人民法院管辖。关于申请破产清算案件的级别管辖，可参照适用《最高人民法院关于审理企业破产案件若干问题的规定》，其第 2 条规定：“基层人民法院一般管辖县、县级市或者区的工商行政管理机关核准登记的企业破产案件；中级人民法院一般管辖地区、地级市（含本级）以上工商行政管理机关核准登记的企业破产案件；纳入国家计划调整的企业破产案件，由中级人民法院管辖。”

［应注意的问题］一般而言，破产概念专指破产清算制度，但对破产法律制度则有广义、狭义两种理解。广义上，将破产清算以外的各种避免债务人破产为主要目的的重整、和解法律制度也视为破产法律的组成部分，而不是仅将其狭义地理解为破产清算法律制度。我国《企业破产法》采纳了广义的

破产法律制度的理解，即将破产清算、破产重整、破产和解制度规定在一部《企业破产法》中。因此，在确定本案由时，一定要依据当事人提出的申请材料明确其提出的是对债务人进行重整的申请，而非破产清算、和解的申请。

请求权基础规范指引

《中华人民共和国企业破产法》（2006年）

第二条 企业法人不能清偿到期债务，并且资产不足以清偿全部债务或者明显缺乏清偿能力的，依照本法规定清理债务。

企业法人有前款规定情形，或者有明显丧失清偿能力可能的，可以依照本法规定进行重整。

第七条 债务人有本法第二条规定的情形，可以向人民法院提出重整、和解或者破产清算申请。

债务人不能清偿到期债务，债权人可以向人民法院提出对债务人进行重整或者破产清算的申请。

企业法人已解散但未清算或者未清算完毕，资产不足以清偿债务的，依法负有清算责任的人应当向人民法院申请破产清算。

第七十条 债务人或者债权人可以依照本法规定，直接向人民法院申请对债务人进行重整。

债权人申请对债务人进行破产清算的，在人民法院受理破产申请后、宣告债务人破产前，债务人或者出资额占债务人注册资本十分之一以上的出资人，可以向人民法院申请重整。

第七十一条 人民法院经审查认为重整申请符合本法规定的，应当裁定债务人重整，并予以公告。

第一百三十四条 商业银行、证券公司、保险公司等金融机构有本法第二条规定情形的，国务院金融监督管理机构可以向人民法院提出对该金融机构进行重整或者破产清算的申请。国务院金融监督管理机构依法对出现重大经营风险的金融机构采取接管、托管等措施的，可以向人民法院申请中止以该金融机构为被告或者被执行人的民事诉讼程序或者执行程序。

金融机构实施破产的，国务院可以依据本法和其他有关法律的规定制定实施办法。

《最高人民法院关于适用〈中华人民共和国企业破产法〉若干问题的规定（二）》（2020年12月23日修正）

第四条 债务人对按份享有所有权的共有财产的相关份额，或者共同享有所有权的共有财产的相应财产权利，以及依法分割共有财产所得部分，人民法院均应认定为债务人财产。

人民法院宣告债务人破产清算，属于共有财产分割的法定事由。人民法院裁定债务人重整或者和解的，共有财产的分割应当依据民法典第三百零三条的规定进行；基于重整或者和解的需要必须分割共有财产，管理人请求分割的，人民法院应予准许。

因分割共有财产导致其他共有人损害产生的债务，其他共有人请求作为共益债务清偿的，人民法院应予支持。

第四十条　债务人重整期间，权利人要求取回债务人合法占有的权利人的财产，不符合双方事先约定条件的，人民法院不予支持。但是，因管理人或者自行管理的债务人违反约定，可能导致取回物被转让、毁损、灭失或者价值明显减少的除外。

《最高人民法院印发〈全国法院破产审判工作会议纪要〉的通知》（法〔2018〕53号　2018年3月4日）

14. 重整企业的识别审查。破产重整的对象应当是具有挽救价值和可能的困境企业；对于僵尸企业，应通过破产清算，果断实现市场出清。人民法院在审查重整申请时，根据债务人的资产状况、技术工艺、生产销售、行业前景等因素，能够认定债务人明显不具备重整价值以及拯救可能性的，应裁定不予受理。

15. 重整案件的听证程序。对于债权债务关系复杂、债务规模较大，或者涉及上市公司重整的案件，人民法院在审查重整申请时，可以组织申请人、被申请人听证。债权人、出资人、重整投资人等利害关系人经人民法院准许，也可以参加听证。听证期间不计入重整申请审查期限。

16. 重整计划的制定及沟通协调。人民法院要加强与管理人或债务人的沟通，引导其分析债务人陷于困境的原因，有针对性地制定重整计划草案，促使企业重新获得盈利能力，提高重整成功率。人民法院要与政府建立沟通协调机制，帮助管理人或债务人解决重整计划草案制定中的困难和问题。

17. 重整计划的审查与批准。重整不限于债务减免和财务调整，重整的重点是维持企业的营运价值。人民法院在审查重整计划时，除合法性审查外，还应审查其中的经营方案是否具有可行性。重整计划中关于企业重新获得盈利能力的经营方案具有可行性、表决程序合法、内容不损害各表决组中反对者的清偿利益的，人民法院应当自收到申请之日起三十日内裁定批准重整计划。

18. 重整计划草案强制批准的条件。人民法院应当审慎适用企业破产法第八十七条第二款，不得滥用强制批准权。确需强制批准重整计划草案的，重整计划草案除应当符合企业破产法第八十七条第二款规定外，如债权人分多组的，还应当至少有一组已经通过重整计划草案，且各表决组中反对者能够获得的清偿利益不低于依照破产清算程序所能获得的利益。

19. 重整计划执行中的变更条件和程序。债务人应严格执行重整计划，但因出现国家政策调整、法律修改变化等特殊情况，导致原重整计划无法执行的，债务人或管理人可以申请变更重整计划一次。债权人会议决议同意变更重整计划的，应自决议通过之日起十日内提请人民法院批准。债权人会议决议不同意或者人民法院不批准变更申请的，人民法院经管理人或者利害关系人请求，应当裁定终止重整计划的执行，并宣告债务人破产。

20. 重整计划变更后的重新表决与裁定批准。人民法院裁定同意变更重整计划的，债务人或者管理人应当在六个月内提出新的重整计划。变更后的重整计划应提交给因重整计划变更而遭受不利影响的债权人组和出资人组进行表决。表决、申请人民法院批准以及人民法院裁定是否批准的程序与原重整计划的相同。

21. 重整后企业正常生产经营的保障。企业重整后，投资主体、股权结构、公司治理模式、经营方式等与原企业相比，往往发生了根本变化，人民法院要通过加强与政府的沟通协调，帮助重整企业修复信用记录，依法获取税收优惠，以利于重整企业恢复正常生产经营。

22. 探索推行庭外重组与庭内重整制度的衔接。在企业进入重整程序之前，可以先由债权人与债务人、出资人等利害关系人通过庭外商业谈判，拟定重组方案。重整程序启动后，可以重组方案为依据拟定重整计划草案提交人民法院依法审查批准。

423. 申请破产和解

案由适用要点

［**释义**］破产和解是民事和解的一种特殊形式，破产和解为法律程序中的和解，与一般民事和解相比较，其特殊之处在于它是一种强制性和解制度。只要债权人会议以法定多数通过债务人的和解协议，经法院裁定认可后，不同意和解协议的少数债权人也要受和解协议的约束，强制其接受和解。

［**管辖**］关于申请破产和解案件的地域管辖，根据《企业破产法》第3条“破产案件由债务人住所地人民法院管辖”的规定，债务人申请破产和解的案件，由债务人住所地的人民法院管辖。关于申请破产清算案件的级别管辖，可参照适用《最高人民法院关于审理企业破产案件若干问题的规定》，其第2条规定：“基层人民法院一般管辖县、县级市或者区的工商行政管理机关核准登记的企业破产案件；中级人民法院一般管辖地区、地级市（含本级）以上工商行政管理机关核准登记的企业破产案件；纳入国家计划调整的企业破产案件，由中级人民法院管辖。”

［**应注意的问题**］一般而言，破产概念专指破产清算制度，但对破产法律制度则有广义、狭义两种理解。广义上，将破产清算以外的各种避免债务人破产为主要目的的重整、和解法律制度也视为破产法律的组成部分，而不是仅将其狭义地理解为破产清算法律制度。我国《企业破产法》采纳了广义的破产法律制度的理解，即将破产清算、破产重整、破产和解制度规定在一部《企业破产法》中。因此，在确定该案由时，一定要依据当事人提出的申请材料明确其提出的是破产和解的申请，而非破产清算、重整的申请。

请求权基础规范指引

《中华人民共和国企业破产法》（2006年）

第二条　企业法人不能清偿到期债务，并且资产不足以清偿全部债务或者明显缺乏清偿能力的，依照本法规定清理债务。

企业法人有前款规定情形，或者有明显丧失清偿能力可能的，可以依照本法规定进行重整。

第七条　债务人有本法第二条规定的情形，可以向人民法院提出重整、和解或者破产清算申请。

债务人不能清偿到期债务，债权人可以向人民法院提出对债务人进行重整或者破产清算的申请。

企业法人已解散但未清算或者未清算完毕，资产不足以清偿债务的，依法负有清算责任的人应当向人民法院申请破产清算。

第九十五条　债务人可以依照本法规定，直接向人民法院申请和解；也可以在人民法院受理破产申请后、宣告债务人破产前，向人民法院申请和解。

债务人申请和解，应当提出和解协议草案。

第九十六条　人民法院经审查认为和解申请符合本法规定的，应当裁定和解，予以公告，并召集债权人会议讨论和解协议草案。

对债务人的特定财产享有担保权的权利人，自人民法院裁定和解之日起可以行使权利。

《最高人民法院关于审理企业破产案件若干问题的规定》（法释〔2002〕23号　2002年7月30日）

第二十五条　人民法院受理企业破产案件后，在破产程序终结前，债务人可以向人民法院申请和解。人民法院在破产案件审理过程中，可以根据债权人、债务人具体情况向双方提出和解建议。

人民法院作出破产宣告裁定前，债权人会议与债务人达成和解协议并经人民法院裁定认可的，由人民法院发布公告，中止破产程序。

人民法院作出破产宣告裁定后，债权人会议与债务人达成和解协议并经人民法院裁定认可，由人民法院裁定中止执行破产宣告裁定，并公告中止破产程序。

第二十六条 债务人不按和解协议规定的内容清偿全部债务的，相关债权人可以申请人民法院强制执行。

第二十七条 债务人不履行或者不能履行和解协议的，经债权人申请，人民法院应当裁定恢复破产程序。和解协议系在破产宣告前达成的，人民法院应当在裁定恢复破产程序的同时裁定宣告债务人破产。

《最高人民法院关于适用〈中华人民共和国企业破产法〉若干问题的规定（二）》（2020 年 12 月 23 日修正）

第四条 债务人对按份享有所有权的共有财产的相关份额，或者共同享有所有权的共有财产的相应财产权利，以及依法分割共有财产所得部分，人民法院均应认定为债务人财产。

人民法院宣告债务人破产清算，属于共有财产分割的法定事由。人民法院裁定债务人重整或者和解的，共有财产的分割应当依据民法典第三百零三条的规定进行；基于重整或者和解的需要必须分割共有财产，管理人请求分割的，人民法院应予准许。

因分割共有财产导致其他共有人损害产生的债务，其他共有人请求作为共益债务清偿的，人民法院应予支持。

424. 申请对破产财产追加分配

案由适用要点

［**释义**］破产财产追加分配是指在破产程序终结以后，对于新发现的属于破产人的可用于破产分配的财产，由人民法院按照破产分配方案对尚未获得完全清偿的债权人所进行的补充分配。

［**管辖**］申请对破产财产追加分配案件的地域管辖适用《企业破产法》第 3 条“破产案件由债务人住所地人民法院管辖”的规定，由于破产财产追加分配是原破产案件被裁定终结破产程序以后的后续事项，是破产财产分配的继续，因此申请对破产财产追加分配案件由作出终结破产程序裁定的人民法院管辖。

［**应注意的问题**］裁定终结破产程序之日起 2 年内，发现有可供分配的财产的应当追加分配，这里的 2 年为实施追加分配的除斥期间，该期间自破产程序终结之日起计算，不能延长或者终止。在 2 年除斥期间后发现的可供分配的财产，不可以再实施追加分配，因为无期间限制地追加分配不利于破产人的利益，也影响人民法院审理破产程序的效率。原则上追加分配没有次数的限制，只要在除斥期间内发现可供分配的财产，人民法院可以多次进行追

加分配。

请求权基础规范指引

《中华人民共和国企业破产法》（2006年）

第四十三条　破产费用和共益债务由债务人财产随时清偿。

债务人财产不足以清偿所有破产费用和共益债务的，先行清偿破产费用。

债务人财产不足以清偿所有破产费用或者共益债务的，按照比例清偿。

债务人财产不足以清偿破产费用的，管理人应当提请人民法院终结破产程序。人民法院应当自收到请求之日起十五日内裁定终结破产程序，并予以公告。

第一百二十条　破产人无财产可供分配的，管理人应当请求人民法院裁定终结破产程序。

管理人在最后分配完结后，应当及时向人民法院提交破产财产分配报告，并提请人民法院裁定终结破产程序。

人民法院应当自收到管理人终结破产程序的请求之日起十五日内作出是否终结破产程序的裁定。裁定终结的，应当予以公告。

第一百二十三条　自破产程序依照本法第四十三条第四款或者第一百二十条的规定终结之日起二年内，有下列情形之一的，债权人可以请求人民法院按照破产财产分配方案进行追加分配：

（一）发现有依照本法第三十一条、第三十二条、第三十三条、第三十六条规定应当追回的财产的；

（二）发现破产人有应当供分配的其他财产的。

有前款规定情形，但财产数量不足以支付分配费用的，不再进行追加分配，由人民法院将其上交国库。

《最高人民法院关于审理企业破产案件若干问题的规定》（法释〔2002〕23号　2002年7月30日）

第九十八条　破产程序终结后出现可供分配的财产的，应当追加分配。追加分配的财产，除企业破产法第四十条规定的由人民法院追回的财产外，还包括破产程序中因纠正错误支出收回的款项，因权利被承认追回的财产，债权人放弃的财产和破产程序终结后实现的财产权利等。

四十四、申请诉前停止侵害知识产权案件

425. 申请诉前停止侵害专利权

案由适用要点

［释义］ 申请诉前停止侵害专利权是指专利权人或者利害关系人在起诉前向人民法院申请采取责令停止侵害专利权行为的措施。

［管辖］ 诉前责令停止侵害专利权行为的申请，应当向有专利侵权案件管辖权的人民法院提出。根据《最高人民法院关于审查知识产权纠纷行为保全案件适用法律若干问题的规定》第 3 条的规定，申请知识产权纠纷诉前行为保全的案件，由被申请人住所地具有相应知识产权纠纷管辖权的人民法院或者对案件具有管辖权的人民法院管辖。根据《最高人民法院关于审理专利纠纷案件适用法律问题的若干规定》第 2 条、第 3 条的规定，专利侵权案件由侵权行为地或者被告住所地人民法院管辖；当事人仅起诉侵权产品制造者而未起诉销售者且侵权产品制造地与销售地不一致时，制造地人民法院有管辖权，同时起诉制造者与销售者时，销售地人民法院有管辖权。另外，根据《最高人民法院关于北京、上海、广州知识产权法院案件管辖的规定》，北京、上海、广州知识产权法院对其所在市辖区内的专利、植物新品种、集成电路布图设计、技术秘密、计算机软件民事一审案件进行集中管辖，广州知识产权法院对广东省内的上述案件实行跨区域管辖。

［应注意的问题］ 应当注意区分“申请诉前停止侵害专利权”案由与“因申请诉前停止侵害专利权损害责任纠纷”案由，前者属于非诉程序案件案由，后者属于一般诉讼程序案件案由，在选择适用案由时应当避免产生混淆。根据最高人民法院的有关司法文件规定，涉及知识产权的诉前临时措施案件，立案部门在进行登记后应当及时移交负责知识产权审判的业务部门，由专业审判人员进行审查，确保在法定期限内作出裁定，并由审判人员协调负责实施保全措施的部门及时予以执行。

请求权基础规范指引

《中华人民共和国专利法》（2020 年修正）

第七十二条 专利权人或者利害关系人有证据证明他人正在实施或者即将实施侵犯专利权、妨碍其实现权利的行为，如不及时制止将会使其合法权益受到难以弥补的损害的，可以在起诉前依法向人民法院申请采取财产保全、

责令作出一定行为或者禁止作出一定行为的措施。

第七十三条 为了制止专利侵权行为，在证据可能灭失或者以后难以取得的情况下，专利权人或者利害关系人可以在起诉前依法向人民法院申请保全证据。

《最高人民法院关于审查知识产权纠纷行为保全案件适用法律若干问题的规定》（法释〔2018〕21号 2018年12月12日）

第二条 知识产权纠纷的当事人在判决、裁定或者仲裁裁决生效前，依据民事诉讼法第一百条①、第一百零一条②规定申请行为保全的，人民法院应当受理。

知识产权许可合同的被许可人申请诉前责令停止侵害知识产权行为的，独占许可合同的被许可人可以单独向人民法院提出申请；排他许可合同的被许可人在权利人不申请的情况下，可以单独提出申请；普通许可合同的被许可人经权利人明确授权以自己的名义起诉的，可以单独提出申请。

第三条 申请诉前行为保全，应当向被申请人住所地具有相应知识产权纠纷管辖权的人民法院或者对案件具有管辖权的人民法院提出。

当事人约定仲裁的，应当向前款规定的人民法院申请行为保全。

第六条 有下列情况之一，不立即采取行为保全措施即足以损害申请人利益的，应当认定属于民事诉讼法第一百条③、第一百零一条④规定的“情况紧急”：

（一）申请人的商业秘密即将被非法披露；

（二）申请人的发表权、隐私权等人身权利即将受到侵害；

（三）诉争的知识产权即将被非法处分；

（四）申请人的知识产权在展销会等时效性较强的场合正在或者即将受到侵害；

（五）时效性较强的热播节目正在或者即将受到侵害；

（六）其他需要立即采取行为保全措施的情况。

第七条 人民法院审查行为保全申请，应当综合考量下列因素：

（一）申请人的请求是否具有事实基础和法律依据，包括请求保护的知识产权效力是否稳定；

（二）不采取行为保全措施是否会使申请人的合法权益受到难以弥补的损害或者造成案件裁决难以执行等损害；

---

① 现为《民事诉讼法》（2023年修正）第一百零三条。

② 现为《民事诉讼法》（2023年修正）第一百零四条。

③ 现为《民事诉讼法》（2023年修正）第一百零三条。

④ 现为《民事诉讼法》（2023年修正）第一百零四条。

（三）不采取行为保全措施对申请人造成的损害是否超过采取行为保全措施对被申请人造成的损害；

（四）采取行为保全措施是否损害社会公共利益；

（五）其他应当考量的因素。

第八条 人民法院审查判断申请人请求保护的知识产权效力是否稳定，应当综合考量下列因素：

（一）所涉权利的类型或者属性；

（二）所涉权利是否经过实质审查；

（三）所涉权利是否处于宣告无效或者撤销程序中以及被宣告无效或者撤销的可能性；

（四）所涉权利是否存在权属争议；

（五）其他可能导致所涉权利效力不稳定的因素。

第十条 在知识产权与不正当竞争纠纷行为保全案件中，有下列情形之一的，应当认定属于民事诉讼法第一百零一条①规定的“难以弥补的损害”：

（一）被申请人的行为将会侵害申请人享有的商誉或者发表权、隐私权等人身性质的权利且造成无法挽回的损害；

（二）被申请人的行为将会导致侵权行为难以控制且显著增加申请人损害；

（三）被申请人的侵害行为将会导致申请人的相关市场份额明显减少；

（四）对申请人造成其他难以弥补的损害。

《最高人民法院关于北京、上海、广州知识产权法院案件管辖的规定》（2020年12月23日修正）

第一条 知识产权法院管辖所在市辖区内的下列第一审案件：

（一）专利、植物新品种、集成电路布图设计、技术秘密、计算机软件民事和行政案件；

（二）对国务院部门或者县级以上地方人民政府所作的涉及著作权、商标、不正当竞争等行政行为提起诉讼的行政案件；

（三）涉及驰名商标认定的民事案件。

《最高人民法院关于审理专利纠纷案件适用法律问题的若干规定》（2020年12月23日修正）

第二条 因侵犯专利权行为提起的诉讼，由侵权行为地或者被告住所地人民法院管辖。

侵权行为地包括：被诉侵犯发明、实用新型专利权的产品的制造、使用、

---

① 现为《民事诉讼法》（2023年修正）第一百零四条。

许诺销售、销售、进口等行为的实施地；专利方法使用行为的实施地，依照该专利方法直接获得的产品的使用、许诺销售、销售、进口等行为的实施地；外观设计专利产品的制造、许诺销售、销售、进口等行为的实施地；假冒他人专利的行为实施地。上述侵权行为的侵权结果发生地。

第三条 原告仅对侵权产品制造者提起诉讼，未起诉销售者，侵权产品制造地与销售地不一致的，制造地人民法院有管辖权；以制造者与销售者为共同被告起诉的，销售地人民法院有管辖权。

销售者是制造者分支机构，原告在销售地起诉侵权产品制造者制造、销售行为的，销售地人民法院有管辖权。

426. 申请诉前停止侵害注册商标专用权

案由适用要点

[释义] 申请诉前停止侵害注册商标专用权是指商标注册人或者利害关系人在起诉前向人民法院申请采取责令停止侵害注册商标专用权行为的措施。

[管辖] 申请诉前责令停止侵害注册商标专用权行为的申请，应当向侵权行为地或者被申请人住所地对商标案件有管辖权的人民法院提出。根据《最高人民法院关于审查知识产权纠纷行为保全案件适用法律若干问题的规定》第3条的规定，申请知识产权纠纷诉前行为保全的案件，由被申请人住所地具有相应知识产权纠纷管辖权的人民法院或者对案件具有管辖权的人民法院管辖。根据《最高人民法院关于审理商标案件有关管辖和法律适用范围问题的解释》第2条和《最高人民法院关于商标法修改决定施行后商标案件管辖和法律适用问题的解释》第3条的规定，第一审商标民事案件由中级以上人民法院及最高人民法院指定的基层人民法院管辖。涉及对驰名商标保护的民事案件，由省、自治区人民政府所在地市、计划单列市、直辖市辖区中级人民法院及最高人民法院指定的其他中级人民法院管辖。另外，根据《最高人民法院关于北京、上海、广州知识产权法院案件管辖的规定》，北京、上海、广州知识产权法院对其所在市辖区内的涉及驰名商标认定的民事一审案件进行集中管辖，广州知识产权法院对广东省内的上述案件实行跨区域管辖。

[应注意的问题] 应当注意区分“申请诉前停止侵害注册商标专用权”案由与“因申请诉前停止侵害注册商标专用权损害责任纠纷”案由，前者属于非讼程序案件案由，后者属于一般诉讼程序案件案由，在选择适用案由时应当避免产生混淆。根据最高人民法院的有关司法文件规定，涉及知识产权的诉前临时措施案件，立案部门在进行登记后应当及时移交负责知识产权审判的业务部门，由专业审判人员进行审查，确保在法定期限内作出裁定，并

由审判人员协调负责实施保全措施的部门及时予以执行。

请求权基础规范指引

《中华人民共和国商标法》（2019 年修正）

第六十五条 商标注册人或者利害关系人有证据证明他人正在实施或者即将实施侵犯其注册商标专用权的行为，如不及时制止将会使其合法权益受到难以弥补的损害的，可以依法在起诉前向人民法院申请采取责令停止有关行为和财产保全的措施。

《最高人民法院关于审查知识产权纠纷行为保全案件适用法律若干问题的规定》（法释〔2018〕21 号 2018 年 12 月 12 日）

第二条、第三条、第六条、第七条、第八条、第十条。

（参见“425. 申请诉前停止侵害专利权”的相关规范）

427. 申请诉前停止侵害著作权

案由适用要点

［释义］ 申请诉前停止侵害著作权是指著作权人或者与著作权有关的权利人及其利害关系人在起诉前向人民法院申请采取责令停止侵害著作权行为或责令停止侵害邻接权行为的措施。

［管辖］ 诉前责令停止侵害著作权行为的申请，应当向有著作权侵权案件管辖权的人民法院提出。根据《最高人民法院关于审理著作权民事纠纷案件适用法律若干问题的解释》第 28 条，在著作权案件中采取诉前临时措施，依据《民事诉讼法》和《最高人民法院关于审查知识产权纠纷行为保全案件适用法律若干问题的规定》的有关规定办理。在地域管辖方面，根据《最高人民法院关于审查知识产权纠纷行为保全案件适用法律若干问题的规定》第 3 条的规定，申请知识产权纠纷诉前行为保全的案件，由被申请人住所地具有相应知识产权纠纷管辖权的人民法院或者对案件具有管辖权的人民法院管辖。在级别管辖方面，根据《最高人民法院关于审理著作权民事纠纷案件适用法律若干问题的解释》第 2 条，由中级以上人民法院以及最高人民法院批准的基层人民法院管辖。

［应注意的问题］ 应当注意区分“申请诉前停止侵害著作权”案由与“因申请诉前停止侵害著作权损害责任纠纷”案由，前者属于非诉程序案件案由，后者属于一般诉讼程序案件案由，在选择适用案由时应当避免产生混淆。根据最高人民法院的有关司法文件规定，涉及知识产权的诉前临时措施案件，立案部门在进行登记后应当及时移交负责知识产权审判的业务部门，由

专业审判人员进行审查，确保在法定期限内作出裁定，并由审判人员协调负责实施保全措施的部门及时予以执行。

请求权基础规范指引

《中华人民共和国著作权法》（2020 年修正）

第五十六条 著作权人或者与著作权有关的权利人有证据证明他人正在实施或者即将实施侵犯其权利、妨碍其实现权利的行为，如不及时制止将会使其合法权益受到难以弥补的损害的，可以在起诉前依法向人民法院申请采取财产保全、责令作出一定行为或者禁止作出一定行为等措施。

《计算机软件保护条例》（2013 年修订）

第二十六条 软件著作权人有证据证明他人正在实施或者即将实施侵犯其权利的行为，如不及时制止，将会使其合法权益受到难以弥补的损害的，可以依照《中华人民共和国著作权法》第五十条的规定，在提起诉讼前向人民法院申请采取责令停止有关行为和财产保全的措施。

《最高人民法院关于审查知识产权纠纷行为保全案件适用法律若干问题的规定》（法释〔2018〕21 号 2018 年 12 月 12 日）

第二条、第三条、第六条、第七条、第八条、第十条。

（参见“425. 申请诉前停止侵害专利权”的相关规范）

《最高人民法院关于审理著作权民事纠纷案件适用法律若干问题的解释》（2020 年 12 月 23 日修正）

第二十八条 人民法院采取保全措施的，依据民事诉讼法及《最高人民法院关于审查知识产权纠纷行为保全案件适用法律若干问题的规定》的有关规定办理。

428. 申请诉前停止侵害植物新品种权

案由适用要点

［释义］ 申请诉前停止侵害植物新品种权是指植物新品种权人或者利害关系人在起诉前向人民法院申请采取责令停止侵害植物新品种权行为的措施。

［管辖］ 诉前责令停止侵害植物新品种权行为的申请，应当向有侵害植物新品种权纠纷案件管辖权的人民法院提出。根据《最高人民法院关于审查知识产权纠纷行为保全案件适用法律若干问题的规定》第 3 条的规定，申请知识产权纠纷诉前行为保全的案件，由被申请人住所地具有相应知识产权纠纷管辖权的人民法院或者对案件具有管辖权的人民法院管辖。根据《最高人民法院关于审理植物新品种纠纷案件若干问题的解释》第 3 条，侵害植物新品

种权纠纷一审案件由知识产权法院，各省、自治区、直辖市人民政府所在地和最高人民法院指定的中级人民法院管辖，二审案件由最高人民法院审理。另外，根据《最高人民法院关于北京、上海、广州知识产权法院案件管辖的规定》，北京、上海、广州知识产权法院对其所在市辖区内的专利、植物新品种、集成电路布图设计、技术秘密、计算机软件民事一审案件进行集中管辖，广州知识产权法院对广东省内的上述案件实行跨区域管辖。

［应注意的问题］ 应当注意区分“申请诉前停止侵害植物新品种权”案由与“因申请诉前停止侵害植物新品种权损害责任纠纷”案由，前者属于非诉程序案件案由，后者属于一般诉讼程序案件案由，在选择适用案由时应当避免产生混淆。根据最高人民法院的有关司法文件规定，涉及知识产权的诉前临时措施案件，立案部门在进行登记后应当及时移交负责知识产权审判的业务部门，由专业审判人员进行审查，确保在法定期限内作出裁定，并由审判人员协调负责实施保全措施的部门及时予以执行。

请求权基础规范指引

《最高人民法院关于审查知识产权纠纷行为保全案件适用法律若干问题的规定》（法释〔2018〕21号　2018年12月12日）

第二条、第三条、第六条、第七条、第八条、第十条

（参见“425. 申请诉前停止侵害专利权”的相关规范）

《最高人民法院关于审理侵害植物新品种权纠纷案件具体应用法律问题的若干规定》（2020年12月23日修正）

第五条　品种权人或者利害关系人向人民法院提起侵害植物新品种权诉讼前，可以提出行为保全或者证据保全请求，人民法院经审查作出裁定。

人民法院采取证据保全措施时，可以根据案件具体情况，邀请有关专业技术人员按照相应的技术规程协助取证。

429. 申请诉前停止侵害计算机软件著作权

案由适用要点

［释义］ 申请诉前停止侵害计算机软件著作权是指计算机软件著作权人或者与计算机软件著作权有关的权利人及其利害关系人在起诉前向人民法院申请采取责令停止侵害计算机软件著作权行为或责令停止侵害邻接权行为的措施。

［管辖］ 诉前责令停止侵害计算机软件著作权行为的申请，应当向有侵害计算机软件著作权纠纷案件管辖权的人民法院提出。计算机软件著作权是一

种特定类型的著作权，因此在申请诉前停止侵害计算机软件著作权案件管辖方面，原则上适用申请诉前停止侵害著作权案件的相关规定。另外，根据《最高人民法院关于北京、上海、广州知识产权法院案件管辖的规定》，北京、上海、广州知识产权法院对其所在市辖区内的专利、植物新品种、集成电路布图设计、技术秘密、计算机软件民事一审案件进行集中管辖，广州知识产权法院对广东省内的上述案件实行跨区域管辖。

[应注意的问题] 要注意区分本案由与“因申请诉前停止侵害计算机软件著作权损害责任纠纷”案由，前者属于非诉程序案件案由，后者属于一般诉讼程序案件案由，在选择适用案由时应当避免产生混淆。根据最高人民法院的有关司法文件规定，涉及知识产权的诉前临时措施案件，立案部门在进行登记后应当及时移交负责知识产权审判的业务部门，由专业审判人员进行审查，确保在法定期限内作出裁定，并由审判人员协调负责实施保全措施的部门及时予以执行。

请求权基础规范指引

《中华人民共和国著作权法》（2020年修正）

第五十六条　著作权人或者与著作权有关的权利人有证据证明他人正在实施或者即将实施侵犯其权利、妨碍其实现权利的行为，如不及时制止将会使其合法权益受到难以弥补的损害的，可以在起诉前依法向人民法院申请采取财产保全、责令作出一定行为或者禁止作出一定行为等措施。

《计算机软件保护条例》（2013年修订）

第八条　软件著作权人享有下列各项权利：

（一）发表权，即决定软件是否公之于众的权利；

（二）署名权，即表明开发者身份，在软件上署名的权利；

（三）修改权，即对软件进行增补、删节，或者改变指令、语句顺序的权利；

（四）复制权，即将软件制作一份或者多份的权利；

（五）发行权，即以出售或者赠与方式向公众提供软件的原件或者复制件的权利；

（六）出租权，即有偿许可他人临时使用软件的权利，但是软件不是出租的主要标的的除外；

（七）信息网络传播权，即以有线或者无线方式向公众提供软件，使公众可以在其个人选定的时间和地点获得软件的权利；

（八）翻译权，即将原软件从一种自然语言文字转换成另一种自然语言文字的权利；

（九）应当由软件著作权人享有的其他权利。

软件著作权人可以许可他人行使其软件著作权，并有权获得报酬。

软件著作权人可以全部或者部分转让其软件著作权，并有权获得报酬。

第二十三条 除《中华人民共和国著作权法》或者本条例另有规定外，有下列侵权行为的，应当根据情况，承担停止侵害、消除影响、赔礼道歉、赔偿损失等民事责任：

（一）未经软件著作权人许可，发表或者登记其软件的；

（二）将他人软件作为自己的软件发表或者登记的；

（三）未经合作者许可，将与他人合作开发的软件作为自己单独完成的软件发表或者登记的；

（四）在他人软件上署名或者更改他人软件上的署名的；

（五）未经软件著作权人许可，修改、翻译其软件的；

（六）其他侵犯软件著作权的行为。

第二十四条 除《中华人民共和国著作权法》、本条例或者其他法律、行政法规另有规定外，未经软件著作权人许可，有下列侵权行为的，应当根据情况，承担停止侵害、消除影响、赔礼道歉、赔偿损失等民事责任；同时损害社会公共利益的，由著作权行政管理部门责令停止侵权行为，没收违法所得，没收、销毁侵权复制品，可以并处罚款；情节严重的，著作权行政管理部门并可以没收主要用于制作侵权复制品的材料、工具、设备等；触犯刑律的，依照刑法关于侵犯著作权罪、销售侵权复制品罪的规定，依法追究刑事责任：

（一）复制或者部分复制著作权人的软件的；

（二）向公众发行、出租、通过信息网络传播著作权人的软件的；

（三）故意避开或者破坏著作权人为保护其软件著作权而采取的技术措施的；

（四）故意删除或者改变软件权利管理电子信息的；

（五）转让或者许可他人行使著作权人的软件著作权的。

有前款第一项或者第二项行为的，可以并处每件 100 元或者货值金额 1 倍以上 5 倍以下的罚款；有前款第三项、第四项或者第五项行为的，可以并处 20 万元以下的罚款。

第二十五条 侵犯软件著作权的赔偿数额，依照《中华人民共和国著作权法》第四十九条的规定确定。

第二十六条 软件著作权人有证据证明他人正在实施或者即将实施侵犯其权利的行为，如不及时制止，将会使其合法权益受到难以弥补的损害的，可以依照《中华人民共和国著作权法》第五十条的规定，在提起诉讼前向人民法院申请采取责令停止有关行为和财产保全的措施。

第二十七条 为了制止侵权行为，在证据可能灭失或者以后难以取得的情况下，软件著作权人可以依照《中华人民共和国著作权法》第五十一条的规定，在提起诉讼前向人民法院申请保全证据。

《最高人民法院关于审查知识产权纠纷行为保全案件适用法律若干问题的规定》（法释〔2018〕21号　2018年12月12日）

第二条、第三条、第六条、第七条、第八条、第十条。

（参见“425. 申请诉前停止侵害专利权”的相关规范）

430. 申请诉前停止侵害集成电路布图设计专用权

案由适用要点

［释义］ 申请诉前停止侵害集成电路布图设计专用权是指集成电路布图设计权利人或者利害关系人在起诉前向人民法院申请采取责令停止侵害集成电路布图设计行为的措施。

［管辖］ 诉前责令停止侵害集成电路布图设计专用权行为的申请，应当向有集成电路布图设计侵权案件管辖权的人民法院提出。根据《最高人民法院关于审查知识产权纠纷行为保全案件适用法律若干问题的规定》第3条的规定，申请知识产权纠纷诉前行为保全的案件，由被申请人住所地具有相应知识产权纠纷管辖权的人民法院或者对案件具有管辖权的人民法院管辖。对于侵害集成电路布图设计专有权纠纷案件的地域管辖，目前没有明确的法律规定，可以参照专利纠纷案件确定申请诉前停止侵害集成电路布图设计专用权的管辖法院。对于申请诉前停止侵害集成电路布图设计专用权案件的级别管辖，根据《最高人民法院关于开展涉及集成电路布图设计案件审判工作的通知》，由各省、自治区、直辖市人民政府所在地，经济特区所在地和大连、青岛、温州、佛山、烟台市的中级人民法院作为第一审人民法院审理。另外，根据《最高人民法院关于北京、上海、广州知识产权法院案件管辖的规定》，北京、上海、广州知识产权法院对其所在市辖区内的专利、植物新品种、集成电路布图设计、技术秘密、计算机软件民事一审案件进行集中管辖，广州知识产权法院对广东省内的上述案件实行跨区域管辖。

［应注意的问题］ 要注意区分该案由与“因申请诉前停止侵害集成电路布图设计专用权损害责任纠纷”案由，前者属于非诉程序案件案由，后者属于一般诉讼程序案件案由，在选择适用案由时应当避免产生混淆。根据最高人民法院的有关司法文件规定，涉及知识产权的诉前临时措施案件，立案部门在进行登记后应当及时移交负责知识产权审判的业务部门，由专业审判人员进行审查，确保在法定期限内作出裁定，并由审判人员协调负责实施保全措施的部门及时予以执行。

请求权基础规范指引

《集成电路布图设计保护条例》（2001 年）

第三十条 除本条例另有规定的外，未经布图设计权利人许可，有下列行为之一的，行为人必须立即停止侵权行为，并承担赔偿责任：

（一）复制受保护的布图设计的全部或者其中任何具有独创性的部分的；

（二）为商业目的进口、销售或者以其他方式提供受保护的布图设计、含有该布图设计的集成电路或者含有该集成电路的物品的。

侵犯布图设计专有权的赔偿数额，为侵权人所获得的利益或者被侵权人所受到的损失，包括被侵权人为制止侵权行为所支付的合理开支。

第三十一条 未经布图设计权利人许可，使用其布图设计，即侵犯其布图设计专有权，引起纠纷的，由当事人协商解决；不愿协商或者协商不成的，布图设计权利人或者利害关系人可以向人民法院起诉，也可以请求国务院知识产权行政部门处理。国务院知识产权行政部门处理时，认定侵权行为成立的，可以责令侵权人立即停止侵权行为，没收、销毁侵权产品或者物品。当事人不服的，可以自收到处理通知之日起 15 日内依照《中华人民共和国行政诉讼法》向人民法院起诉；侵权人期满不起诉又不停止侵权行为的，国务院知识产权行政部门可以请求人民法院强制执行。应当事人的请求，国务院知识产权行政部门可以就侵犯布图设计专有权的赔偿数额进行调解；调解不成的，当事人可以依照《中华人民共和国民事诉讼法》向人民法院起诉。

第三十二条 布图设计权利人或者利害关系人有证据证明他人正在实施或者即将实施侵犯其专有权的行为，如不及时制止将会使其合法权益受到难以弥补的损害的，可以在起诉前依法向人民法院申请采取责令停止有关行为和财产保全的措施。

第三十三条 在获得含有受保护的布图设计的集成电路或者含有该集成电路的物品时，不知道也没有合理理由应当知道其中含有非法复制的布图设计，而将其投入商业利用的，不视为侵权。

前款行为人得到其中含有非法复制的布图设计的明确通知后，可以继续将现有的存货或者此前的订货投入商业利用，但应当向布图设计权利人支付合理的报酬。

第三十四条 国务院知识产权行政部门的工作人员在布图设计管理工作中玩忽职守、滥用职权、徇私舞弊，构成犯罪的，依法追究刑事责任；尚不构成犯罪的，依法给予行政处分。

《最高人民法院关于审查知识产权纠纷行为保全案件适用法律若干问题的规定》（法释〔2018〕21 号 2018 年 12 月 12 日）

第二条、第三条、第六条、第七条、第八条、第十条。

（参见“425. 申请诉前停止侵害专利权”的相关规范）

《最高人民法院关于开展涉及集成电路布图设计案件审判工作的通知》（法发〔2001〕24 号　2001 年 11 月 16 日）

三、关于诉前申请采取责令停止有关行为措施的适用

对于申请人民法院采取诉前责令停止侵犯布图设计专有权行为措施的，应当参照《最高人民法院关于对诉前停止侵犯专利权行为适用法律问题的若干规定》执行。

四十五、申请保全案件

431. 申请诉前财产保全

案由适用要点

［**释义**］申请诉前财产保全，是指利害关系人在因情况紧急，不立即申请保全将会使其合法权益受到难以弥补的损害的情况下，在起诉前申请被保全财产所在地、被申请人住所地或者对案件有管辖权的人民法院采取保全措施的一种保全制度。

［**管辖**］根据《民事诉讼法》第 104 条的规定，申请诉前财产保全申请案件由被保全财产所在地、被申请人住所地或者对案件有管辖权的人民法院进行管辖。从法律规定看，为方便利害关系人提出申请，除了将被保全财产所在地法院和被申请住所地作为受理法院外，还将对案件有管辖权的法院作为受理诉前财产保全的法院，其中对案件有管辖权的法院，是指根据《民事诉讼法》对将要提起的诉讼具有管辖权的法院，如侵权案件可以由侵权行为或者被告住所地人民法院管辖；合同纠纷案件可以由被告住所地或者合同履行地人民法院管辖；因不动产纠纷提起的诉讼应由不动产所在地人民法院管辖。

［**应注意的问题**］诉前财产保全的申请人对于提起诉讼的法院具有选择权，既可以选择采取诉前财产保全的法院，也可以选择其他有管辖权的法院。当事人向采取诉前保全措施以外的其他有管辖权的人民法院起诉的，采取诉前保全措施的人民法院应当按照《民事诉讼法解释》第 160 条规定：“将保全手续移送受理案件的人民法院。诉前保全的裁定视为受移送人民法院作出的裁定。”采取诉前保全的法院不得因申请人（利害关系人）没有在该法院起诉，就不按要求移送相关采取诉前保全措施的手续、材料、保全费以及担保金等。诉前保全的裁定视为受移送人民法院作出的裁定，不仅效力等同，而且时间等同，因此受移送人民法院在原财产保全期限届满后作出保全续封裁

定、续冻手续时，不能将此续封手续视为轮候查封，特别是有另案法院轮候查封时，此续封手续也不能排在另案法院的轮候查封之后。

申请诉前财产保全应当满足以下条件：（1）情况紧急，不立即申请财产保全将会使申请人的合法权益受到难以弥补的损害；（2）必须由利害关系人提出申请，法院不得依职权采取诉前财产保全措施；（3）申请诉前财产保全的，申请人应当提供担保；（4）保全财产所在地、被申请人住所地或者对案件有管辖权的人民法院申请采取保全措施。

根据《民事诉讼法》第 104 条及《最高人民法院关于人民法院办理财产保全案件若干问题的规定》第 17 条“利害关系人申请诉前财产保全，在人民法院采取保全措施后三十日内依法提起诉讼或者申请仲裁的，诉前财产保全措施自动转为诉讼或仲裁中的保全措施；进入执行程序后，保全措施自动转为执行中的查封、扣押、冻结措施。依前款规定，自动转为诉讼、仲裁中的保全措施或者执行中的查封、扣押、冻结措施的，期限连续计算，人民法院无需重新制作裁定书”的规定，当事人申请诉前财产保全人民法院采纳的，申请人应当在人民法院采取诉前保全措施后 30 日内起诉，逾期不起诉的，人民法院应当解除财产保全措施，因此给被申请人造成财产损失的应当承担赔偿责任。如果申请人在规定的期限内向人民法院起诉的，采取诉前财产保全措施的人民法院就享有管辖权。申请诉前财产保全人应当提供担保，不提供担保的，法院裁定驳回申请。人民法院在接受诉前财产保全申请后，必须在 48 小时内作出裁定，裁定采取保全措施的，应当立即开始执行。

请求权基础规范指引

《中华人民共和国商标法》（2019 年修正）

第六十五条 商标注册人或者利害关系人有证据证明他人正在实施或者即将实施侵犯其注册商标专用权的行为，如不及时制止将会使其合法权益受到难以弥补的损害的，可以依法在起诉前向人民法院申请采取责令停止有关行为和财产保全的措施。

《中华人民共和国著作权法》（2020 年修正）

第五十六条 著作权人或者与著作权有关的权利人有证据证明他人正在实施或者即将实施侵犯其权利、妨碍其实现权利的行为，如不及时制止将会使其合法权益受到难以弥补的损害的，可以在起诉前依法向人民法院申请采取财产保全、责令作出一定行为或者禁止作出一定行为等措施。

《中华人民共和国民事诉讼法》（2023 年修正）

第一百零三条 人民法院对于可能因当事人一方的行为或者其他原因，使判决难以执行或者造成当事人其他损害的案件，根据对方当事人的申请，可以裁定对其财产进行保全、责令其作出一定行为或者禁止其作出一定行为；当事人没有提出申请的，人民法院在必要时也可以裁定采取保全措施。

人民法院采取保全措施，可以责令申请人提供担保，申请人不提供担保的，裁定驳回申请。

人民法院接受申请后，对情况紧急的，必须在四十八小时内作出裁定；裁定采取保全措施的，应当立即开始执行。

第一百零四条　利害关系人因情况紧急，不立即申请保全将会使其合法权益受到难以弥补的损害的，可以在提起诉讼或者申请仲裁前向被保全财产所在地、被申请人住所地或者对案件有管辖权的人民法院申请采取保全措施。申请人应当提供担保，不提供担保的，裁定驳回申请。

人民法院接受申请后，必须在四十八小时内作出裁定；裁定采取保全措施的，应当立即开始执行。

申请人在人民法院采取保全措施后三十日内不依法提起诉讼或者申请仲裁的，人民法院应当解除保全。

第一百零五条　保全限于请求的范围，或者与本案有关的财物。

第一百零六条　财产保全采取查封、扣押、冻结或者法律规定的其他方法。人民法院保全财产后，应当立即通知被保全财产的人。

财产已被查封、冻结的，不得重复查封、冻结。

《最高人民法院关于审查知识产权纠纷行为保全案件适用法律若干问题的规定》（法释〔2018〕21号　2018年12月12日）

第十九条　申请人同时申请行为保全、财产保全或者证据保全的，人民法院应当依法分别审查不同类型保全申请是否符合条件，并作出裁定。

为避免被申请人实施转移财产、毁灭证据等行为致使保全目的无法实现，人民法院可以根据案件具体情况决定不同类型保全措施的执行顺序。

《最高人民法院关于人民法院办理财产保全案件若干问题的规定》（2020年12月23日修正）

第一条　当事人、利害关系人申请财产保全，应当向人民法院提交申请书，并提供相关证据材料。

申请书应当载明下列事项：

（一）申请保全人与被保全人的身份、送达地址、联系方式；

（二）请求事项和所根据的事实与理由；

（三）请求保全数额或者争议标的；

（四）明确的被保全财产信息或者具体的被保全财产线索；

（五）为财产保全提供担保的财产信息或资信证明，或者不需要提供担保的理由；

（六）其他需要载明的事项。

法律文书生效后，进入执行程序前，债权人申请财产保全的，应当写明生效法律文书的制作机关、文号和主要内容，并附生效法律文书副本。

第二条 人民法院进行财产保全，由立案、审判机构作出裁定，一般应当移送执行机构实施。

第三条 仲裁过程中，当事人申请财产保全的，应当通过仲裁机构向人民法院提交申请书及仲裁案件受理通知书等相关材料。人民法院裁定采取保全措施或者裁定驳回申请的，应当将裁定书送达当事人，并通知仲裁机构。

第四条 人民法院接受财产保全申请后，应当在五日内作出裁定；需要提供担保的，应当在提供担保后五日内作出裁定；裁定采取保全措施的，应当在五日内开始执行。对情况紧急的，必须在四十八小时内作出裁定；裁定采取保全措施的，应当立即开始执行。

第五条 人民法院依照民事诉讼法第一百条①规定责令申请保全人提供财产保全担保的，担保数额不超过请求保全数额的百分之三十；申请保全的财产系争议标的的，担保数额不超过争议标的的价值的百分之三十。

利害关系人申请诉前财产保全的，应当提供相当于请求保全数额的担保；情况特殊的，人民法院可以酌情处理。

财产保全期间，申请保全人提供的担保不足以赔偿可能给被保全人造成的损失的，人民法院可以责令其追加相应的担保；拒不追加的，可以裁定解除或者部分解除保全。

第六条 申请保全人或第三人为财产保全提供财产担保的，应当向人民法院出具担保书。担保书应当载明担保人、担保方式、担保范围、担保财产及其价值、担保责任承担等内容，并附相关证据材料。

第三人为财产保全提供保证担保的，应当向人民法院提交保证书。保证书应当载明保证人、保证方式、保证范围、保证责任承担等内容，并附相关证据材料。

对财产保全担保，人民法院经审查，认为违反民法典、公司法等有关法律禁止性规定的，应当责令申请保全人在指定期限内提供其他担保；逾期未提供的，裁定驳回申请。

第七条 保险人以其与申请保全人签订财产保全责任险合同的方式为财产保全提供担保的，应当向人民法院出具担保书。

担保书应当载明，因申请财产保全错误，由保险人赔偿被保全人因保全所遭受的损失等内容，并附相关证据材料。

第八条 金融监管部门批准设立的金融机构以独立保函形式为财产保全

---

① 现为《民事诉讼法》（2023 年修正）第一百零三条。

提供担保的，人民法院应当依法准许。

第九条 当事人在诉讼中申请财产保全，有下列情形之一的，人民法院可以不要求提供担保：

（一）追索赡养费、扶养费、抚育费、抚恤金、医疗费用、劳动报酬、工伤赔偿、交通事故人身损害赔偿的；

（二）婚姻家庭纠纷案件中遭遇家庭暴力且经济困难的；

（三）人民检察院提起的公益诉讼涉及损害赔偿的；

（四）因见义勇为遭受侵害请求损害赔偿的；

（五）案件事实清楚、权利义务关系明确，发生保全错误可能性较小的；

（六）申请保全人为商业银行、保险公司等由金融监管部门批准设立的具有独立偿付债务能力的金融机构及其分支机构的。

法律文书生效后，进入执行程序前，债权人申请财产保全的，人民法院可以不要求提供担保。

第十条 当事人、利害关系人申请财产保全，应当向人民法院提供明确的被保全财产信息。

当事人在诉讼中申请财产保全，确因客观原因不能提供明确的被保全财产信息，但提供了具体财产线索的，人民法院可以依法裁定采取财产保全措施。

第十一条 人民法院依照本规定第十条第二款规定作出保全裁定的，在该裁定执行过程中，申请保全人可以向已经建立网络执行查控系统的执行法院，书面申请通过该系统查询被保全人的财产。

申请保全人提出查询申请的，执行法院可以利用网络执行查控系统，对裁定保全的财产或者保全数额范围内的财产进行查询，并采取相应的查封、扣押、冻结措施。

人民法院利用网络执行查控系统未查询到可供保全财产的，应当书面告知申请保全人。

第十二条 人民法院对查询到的被保全人财产信息，应当依法保密。除依法保全的财产外，不得泄露被保全人其他财产信息，也不得在财产保全、强制执行以外使用相关信息。

第十三条 被保全人有多项财产可供保全的，在能够实现保全目的的情况下，人民法院应当选择对其生产经营活动影响较小的财产进行保全。

人民法院对厂房、机器设备等生产经营性财产进行保全时，指定被保全人保管的，应当允许其继续使用。

第十四条 被保全财产系机动车、航空器等特殊动产的，除被保全人下落不明的以外，人民法院应当责令被保全人书面报告该动产的权属和占有、使用等情况，并予以核实。

第十五条 人民法院应当依据财产保全裁定采取相应的查封、扣押、冻结措施。

可供保全的土地、房屋等不动产的整体价值明显高于保全裁定载明金额的，人民法院应当对该不动产的相应价值部分采取查封、扣押、冻结措施，但该不动产在使用上不可分或者分割会严重减损其价值的除外。

对银行账户内资金采取冻结措施的，人民法院应当明确具体的冻结数额。

第十六条 人民法院在财产保全中采取查封、扣押、冻结措施，需要有关单位协助办理登记手续的，有关单位应当在裁定书和协助执行通知书送达后立即办理。针对同一财产有多个裁定书和协助执行通知书的，应当按照送达的时间先后办理登记手续。

第十七条 利害关系人申请诉前财产保全，在人民法院采取保全措施后三十日内依法提起诉讼或者申请仲裁的，诉前财产保全措施自动转为诉讼或仲裁中的保全措施；进入执行程序后，保全措施自动转为执行中的查封、扣押、冻结措施。

依前款规定，自动转为诉讼、仲裁中的保全措施或者执行中的查封、扣押、冻结措施的，期限连续计算，人民法院无需重新制作裁定书。

第十八条 申请保全人申请续行财产保全的，应当在保全期限届满七日前向人民法院提出；逾期申请或者不申请的，自行承担不能续行保全的法律后果。

人民法院进行财产保全时，应当书面告知申请保全人明确的保全期限届满日以及前款有关申请续行保全的事项。

第十九条 再审审查期间，债务人申请保全生效法律文书确定给付的财产的，人民法院不予受理。

再审审理期间，原生效法律文书中止执行，当事人申请财产保全的，人民法院应当受理。

第二十条 财产保全期间，被保全人请求对被保全财产自行处分，人民法院经审查，认为不损害申请保全人和其他执行债权人合法权益的，可以准许，但应当监督被保全人按照合理价格在指定期限内处分，并控制相应价款。

被保全人请求对作为争议标的的被保全财产自行处分的，须经申请保全人同意。

人民法院准许被保全人自行处分被保全财产的，应当通知申请保全人；申请保全人不同意的，可以依照民事诉讼法第二百二十五条规定提出异议。

第二十一条 保全法院在首先采取查封、扣押、冻结措施后超过一年未对被保全财产进行处分的，除被保全财产系争议标的外，在先轮候查封、扣押、冻结的执行法院可以商请保全法院将被保全财产移送执行。但司法解释另有特别规定的，适用其规定。

保全法院与在先轮候查封、扣押、冻结的执行法院就移送被保全财产发生争议的，可以逐级报请共同的上级法院指定该财产的执行法院。

共同的上级法院应当根据被保全财产的种类及所在地、各债权数额与被保全财产价值之间的关系等案件具体情况指定执行法院，并督促其在指定期限内处分被保全财产。

第二十二条　财产纠纷案件，被保全人或第三人提供充分有效担保请求解除保全，人民法院应当裁定准许。被保全人请求对作为争议标的的财产解除保全的，须经申请保全人同意。

第二十三条　人民法院采取财产保全措施后，有下列情形之一的，申请保全人应当及时申请解除保全：

（一）采取诉前财产保全措施后三十日内不依法提起诉讼或者申请仲裁的；

（二）仲裁机构不予受理仲裁申请、准许撤回仲裁申请或者按撤回仲裁申请处理的；

（三）仲裁申请或者请求被仲裁裁决驳回的；

（四）其他人民法院对起诉不予受理、准许撤诉或者按撤诉处理的；

（五）起诉或者诉讼请求被其他人民法院生效裁判驳回的；

（六）申请保全人应当申请解除保全的其他情形。

人民法院收到解除保全申请后，应当在五日内裁定解除保全；对情况紧急的，必须在四十八小时内裁定解除保全。

申请保全人未及时申请人民法院解除保全，应当赔偿被保全人因财产保全所遭受的损失。

被保全人申请解除保全，人民法院经审查认为符合法律规定的，应当在本条第二款规定的期间内裁定解除保全。

第二十四条　财产保全裁定执行中，人民法院发现保全裁定的内容与被保全财产的实际情况不符的，应当予以撤销、变更或补正。

第二十五条　申请保全人、被保全人对保全裁定或者驳回申请裁定不服的，可以自裁定书送达之日起五日内向作出裁定的人民法院申请复议一次。人民法院应当自收到复议申请后十日内审查。

对保全裁定不服申请复议的，人民法院经审查，理由成立的，裁定撤销或变更；理由不成立的，裁定驳回。

对驳回申请裁定不服申请复议的，人民法院经审查，理由成立的，裁定撤销，并采取保全措施；理由不成立的，裁定驳回。

第二十六条 申请保全人、被保全人、利害关系人认为保全裁定实施过程中的执行行为违反法律规定提出书面异议的，人民法院应当依照民事诉讼法第二百二十五条①规定审查处理。

第二十七条 人民法院对诉讼争议标的以外的财产进行保全，案外人对保全裁定或者保全裁定实施过程中的执行行为不服，基于实体权利对被保全财产提出书面异议的，人民法院应当依照民事诉讼法第二百二十七条②规定审查处理并作出裁定。案外人、申请保全人对该裁定不服的，可以自裁定送达之日起十五日内向人民法院提起执行异议之诉。

人民法院裁定案外人异议成立后，申请保全人在法律规定的期间内未提起执行异议之诉的，人民法院应当自起诉期限届满之日起七日内对该被保全财产解除保全。

第二十八条 海事诉讼中，海事请求人申请海事请求保全，适用《中华人民共和国海事诉讼特别程序法》及相关司法解释。

《最高人民法院关于适用〈中华人民共和国民事诉讼法〉的解释》（2022年3月22日修正）

第一百五十二条 人民法院依照民事诉讼法第一百零三条、第一百零四条规定，在采取诉前保全、诉讼保全措施时，责令利害关系人或者当事人提供担保的，应当书面通知。

利害关系人申请诉前保全的，应当提供担保。申请诉前财产保全的，应当提供相当于请求保全数额的担保；情况特殊的，人民法院可以酌情处理。申请诉前行为保全的，担保的数额由人民法院根据案件的具体情况决定。

在诉讼中，人民法院依申请或者依职权采取保全措施的，应当根据案件的具体情况，决定当事人是否应当提供担保以及担保的数额。

第一百六十条 当事人向采取诉前保全措施以外的其他有管辖权的人民法院起诉的，采取诉前保全措施的人民法院应当将保全手续移送受理案件的人民法院。诉前保全的裁定视为受移送人民法院作出的裁定。

432. 申请诉前行为保全

案由适用要点

[释义] 诉前行为保全，是指人民法院在民事案件受理前，因情况紧急，为了不使利害关系人的合法权益受到难以弥补的损害，根据利害关系人

---

① 现为《民事诉讼法》（2023年修正）第二百三十六条。

② 现为《民事诉讼法》（2023年修正）第二百三十八条。

的申请，责令被申请人作出一定行为，或禁止其作出一定行为的一种保全制度。

［**管辖**］根据《民事诉讼法》第104条规定，申请诉前行为保全案件的管辖法院为被申请人住所地法院或者对诉讼案件有管辖权的人民法院。

［**应注意的问题**］涉及知识产权纠纷诉前行为保全的案件，应当适用第二级案由“申请诉前停止侵害知识产权案件”项下对应的第三级案由；当事人在起诉前申请海事强制令，应当适用“申请海事强制令”第三级案由；针对侵害其他权益的行为申请诉前保全的，适用“申请诉前行为保全”第三级案由。

请求权基础规范指引

《中华人民共和国民事诉讼法》（2023年修正）

第一百零三条 人民法院对于可能因当事人一方的行为或者其他原因，使判决难以执行或者造成当事人其他损害的案件，根据对方当事人的申请，可以裁定对其财产进行保全、责令其作出一定行为或者禁止其作出一定行为；当事人没有提出申请的，人民法院在必要时也可以裁定采取保全措施。

人民法院采取保全措施，可以责令申请人提供担保，申请人不提供担保的，裁定驳回申请。

人民法院接受申请后，对情况紧急的，必须在四十八小时内作出裁定；裁定采取保全措施的，应当立即开始执行。

第一百零四条 利害关系人因情况紧急，不立即申请保全将会使其合法权益受到难以弥补的损害的，可以在提起诉讼或者申请仲裁前向被保全财产所在地、被申请人住所地或者对案件有管辖权的人民法院申请采取保全措施。申请人应当提供担保，不提供担保的，裁定驳回申请。

人民法院接受申请后，必须在四十八小时内作出裁定；裁定采取保全措施的，应当立即开始执行。

申请人在人民法院采取保全措施后三十日内不依法提起诉讼或者申请仲裁的，人民法院应当解除保全。

《最高人民法院关于审查知识产权纠纷行为保全案件适用法律若干问题的规定》（法释〔2018〕21号 2018年12月12日）

第二条、第三条、第六条、第七条、第八条、第十条。

（参见“425. 申请诉前停止侵害专利权”的相关规范）

《最高人民法院关于适用〈中华人民共和国民事诉讼法〉的解释》（2022年3月22日修正）

第一百五十二条 人民法院依照民事诉讼法第一百零三条、第一百零四条规定，在采取诉前保全、诉讼保全措施时，责令利害关系人或者当事人提供担保的，应当书面通知。

利害关系人申请诉前保全的，应当提供担保。申请诉前财产保全的，应当提供相当于请求保全数额的担保；情况特殊的，人民法院可以酌情处理。申请诉前行为保全的，担保的数额由人民法院根据案件的具体情况决定。

在诉讼中，人民法院依申请或者依职权采取保全措施的，应当根据案件的具体情况，决定当事人是否应当提供担保以及担保的数额。

第一百六十条 当事人向采取诉前保全措施以外的其他有管辖权的人民法院起诉的，采取诉前保全措施的人民法院应当将保全手续移送受理案件的人民法院。诉前保全的裁定视为受移送人民法院作出的裁定。

433. 申请诉前证据保全

案由适用要点

［**释义**］诉前证据保全是指利害关系人在起诉前，认为证据可能灭失或者以后难以取得的情况下，为避免其合法权益遭受难以弥补的损害，在起诉前向人民法院申请证据保全，人民法院经审查后对有关证据采取提取、封存等保全措施。

［**管辖**］根据《民事诉讼法》第84条的规定，因情况紧急，在证据可能灭失或者以后难以取得的情况下，利害关系人可以在提起诉讼或者申请仲裁前向证据所在地、被申请人住所地或者对案件有管辖权的人民法院申请保全证据。

［**应注意的问题**］实践中，要注意本案由与第二级案由“四十九、海事诉讼特别程序案件”项下的第三级案由“申请海事证据保全”的适用规则。“申请海事证据保全”与本案由是特殊和一般的关系。对于符合海事证据保全条件的，优先适用“申请海事证据保全”案由；海事证据保全之外的其他诉前证据保全案件，适用本案由。

请求权基础规范指引

《中华人民共和国商标法》（2019年修正）

第六十六条 为制止侵权行为，在证据可能灭失或者以后难以取得的情况下，商标注册人或者利害关系人可以依法在起诉前向人民法院申请保全证据。

《中华人民共和国著作权法》（2020年修正）

第五十七条 为制止侵权行为，在证据可能灭失或者以后难以取得的情况下，著作权人或者与著作权有关的权利人可以在起诉前依法向人民法院申请保全证据。

《中华人民共和国民事诉讼法》（2023 年修正）

第八十四条　在证据可能灭失或者以后难以取得的情况下，当事人可以在诉讼过程中向人民法院申请保全证据，人民法院也可以主动采取保全措施。

因情况紧急，在证据可能灭失或者以后难以取得的情况下，利害关系人可以在提起诉讼或者申请仲裁前向证据所在地、被申请人住所地或者对案件有管辖权的人民法院申请保全证据。

证据保全的其他程序，参照适用本法第九章保全的有关规定。

《计算机软件保护条例》（2013 年修订）

第二十七条　为了制止侵权行为，在证据可能灭失或者以后难以取得的情况下，软件著作权人可以依照《中华人民共和国著作权法》第五十一条的规定，在提起诉讼前向人民法院申请保全证据。

《最高人民法院关于审理商标案件有关管辖和法律适用范围问题的解释》（法释〔2002〕1 号　2002 年 1 月 9 日）

第七条　对商标法修改决定施行前发生的侵犯商标专用权行为，商标注册人或者利害关系人于该决定施行后在起诉前向人民法院提出申请采取责令停止侵权行为或者保全证据措施的，适用修改后商标法第五十七条、第五十八条的规定。

《最高人民法院关于审查知识产权纠纷行为保全案件适用法律若干问题的规定》（法释〔2018〕21 号　2018 年 12 月 12 日）

第十九条　申请人同时申请行为保全、财产保全或者证据保全的，人民法院应当依法分别审查不同类型保全申请是否符合条件，并作出裁定。

为避免被申请人实施转移财产、毁灭证据等行为致使保全目的无法实现，人民法院可以根据案件具体情况决定不同类型保全措施的执行顺序。

《最高人民法院关于民事诉讼证据的若干规定》（2019 年 10 月 14 日修正）

第二十九条　人民法院采取诉前证据保全措施后，当事人向其他有管辖权的人民法院提起诉讼的，采取保全措施的人民法院应当根据当事人的申请，将保全的证据及时移交受理案件的人民法院。

第三十一条　当事人申请鉴定，应当在人民法院指定期间内提出，并预交鉴定费用。逾期不提出申请或者不预交鉴定费用的，视为放弃申请。

对需要鉴定的待证事实负有举证责任的当事人，在人民法院指定期间内无正当理由不提出鉴定申请或者不预交鉴定费用，或者拒不提供相关材料，致使待证事实无法查明的，应当承担举证不能的法律后果。

《最高人民法院关于审理侵害植物新品种权纠纷案件具体应用法律问题的若干规定》（2020年12月23日修正）

第五条 品种权人或者利害关系人向人民法院提起侵害植物新品种权诉讼前，可以提出行为保全或者证据保全请求，人民法院经审查作出裁定。

人民法院采取证据保全措施时，可以根据案件具体情况，邀请有关专业技术人员按照相应的技术规程协助取证。

434. 申请仲裁前财产保全

案由适用要点

[释义] 申请仲裁前财产保全，是指利害关系人在因情况紧急，不立即申请保全将会使其合法权益受到难以弥补的损害的情况下，在仲裁前申请被保全财产所在地、被申请人住所地或者对案件有管辖权的人民法院采取保全措施的一种保全制度。

[管辖] 根据《民事诉讼法》第104条的规定，申请仲裁前财产保全案件由被保全财产所在地、被申请人住所地或者对案件有管辖权的人民法院进行管辖。

[应注意的问题] 申请仲裁前财产保全应当具备以下条件：

1. 情况紧急，不立即申请财产保全将会使申请人的合法权益受到难以弥补的损害。情况紧急与不立即申请财产保全将会使其合法权益受到难以弥补的损害是两个并列的条件，两条件必须同时满足，如果仅有一种情况，也不一定要采取该项措施。“情况紧急”也就是具有紧迫性，利害关系人来不及申请仲裁情况下，就必须采取保全措施。“不立即申请仲裁前财产保全将会使其合法权益受到难以弥补的损害”，是指不申请会导致申请人的合法权益就难以实现或者不能实现的情况，“不立即申请仲裁前财产保全”与“难以弥补的损害”具有因果关系。

2. 申请人为利害关系人，即不立即申请财产保全将会使合法权益受到难以弥补的损害的人，包括公民、法人等。

3. 申请仲裁前财产保全的，申请人应当提供担保。法律规定提供担保的目的是为保护被申请人的合法权益，以免对被申请人的合法权益造成损失。仲裁前财产保全申请人应当提供担保，对于不提供担保的，裁定驳回申请。

4. 应当向保全财产所在地、被申请人住所地或者对案件有管辖权的人民法院申请采取保全措施。

5. 应当有给付的内容。必须为实现自己的合法权益，请求法院责令当事人履行一定实体上的义务，包括作为和不作为。

请求权基础规范指引

《中华人民共和国仲裁法》（2017年修正）

第二十八条　一方当事人因另一方当事人的行为或者其他原因，可能使裁决不能执行或者难以执行的，可以申请财产保全。

当事人申请财产保全的，仲裁委员会应当将当事人的申请依照民事诉讼法的有关规定提交人民法院。

申请有错误的，申请人应当赔偿被申请人因财产保全所遭受的损失。

《最高人民法院关于人民法院办理财产保全案件若干问题的规定》（2020年12月23日修正）

第十七条　利害关系人申请诉前财产保全，在人民法院采取保全措施后三十日内依法提起诉讼或者申请仲裁的，诉前财产保全措施自动转为诉讼或仲裁中的保全措施；进入执行程序后，保全措施自动转为执行中的查封、扣押、冻结措施。

依前款规定，自动转为诉讼、仲裁中的保全措施或者执行中的查封、扣押、冻结措施的，期限连续计算，人民法院无需重新制作裁定书。

第二十三条　人民法院采取财产保全措施后，有下列情形之一的，申请保全人应当及时申请解除保全：

（一）采取诉前财产保全措施后三十日内不依法提起诉讼或者申请仲裁的；

（二）仲裁机构不予受理仲裁申请、准许撤回仲裁申请或者按撤回仲裁申请处理的；

（三）仲裁申请或者请求被仲裁裁决驳回的；

（四）其他人民法院对起诉不予受理、准许撤诉或者按撤诉处理的；

（五）起诉或者诉讼请求被其他人民法院生效裁判驳回的；

（六）申请保全人应当申请解除保全的其他情形。

人民法院收到解除保全申请后，应当在五日内裁定解除保全；对情况紧急的，必须在四十八小时内裁定解除保全。

申请保全人未及时申请人民法院解除保全，应当赔偿被保全人因财产保全所遭受的损失。

被保全人申请解除保全，人民法院经审查认为符合法律规定的，应当在本条第二款规定的期间内裁定解除保全。

435. 申请仲裁前行为保全

案由适用要点

[释义] 仲裁前行为保全是指利害关系人在提起仲裁前，因情况紧急，不立即申请保全将会使其合法权益受到难以弥补的损害时，向人民法院申请仲裁前行为保全，人民法院经审查后责令被申请人作出一定行为，或禁止其作出一定行为的一种保全制度。

[管辖] 申请仲裁前行为保全案件，一般由被申请人住所地人民法院管辖。

[应注意的问题] 2020 年修正的《民事案件案由规定》，增加了诉前行为保全、仲裁前行为保全案由。相关适用规则，前文已经提到，不再赘述。

请求权基础规范指引

《最高人民法院关于审查知识产权纠纷行为保全案件适用法律若干问题的规定》（法释〔2018〕21 号 2018 年 12 月 12 日）

第二条、第三条、第六条、第七条、第八条、第十条。

（参见“425. 申请诉前停止侵害专利权”的相关规范）

436. 申请仲裁前证据保全

案由适用要点

[释义] 仲裁前证据保全是指利害关系人在起诉前，认为证据可能灭失或者以后难以取得的情况下，为避免其合法权益遭受难以弥补的损害，在起诉前向人民法院申请证据保全，人民法院经审查后对有关证据采取提取、封存等保全措施。

[管辖] 根据《民事诉讼法》第 84 条的规定，因情况紧急，在证据可能灭失或者以后难以取得的情况下，利害关系人可以在提起诉讼或者申请仲裁前向证据所在地、被申请人住所地或者对案件有管辖权的人民法院申请保全证据。

[应注意的问题] 根据《民事诉讼法》第 84 条的规定，因情况紧急，在证据可能灭失或者以后难以取得的情况下，利害关系人可以在申请仲裁前向证据所在地、被申请人住所地或者对案件有管辖权的人民法院申请保全证据。按照这一规定，申请仲裁前证据保全的条件是情况紧急，证据可能灭失或者

以后难以取得。申请诉前证据保全的时间是申请仲裁前。受理仲裁前证据保全申请的主体是证据所在地、被申请人住所地或者对案件有管辖权的人民法院。利害关系人申请仲裁前证据保全的，申请书应当载明需要保全的证据的基本情况、申请保全的理由以及采取何种保全措施等内容。

实践中要注意本案由与第二级案由“四十九、海事诉讼特别程序案件”项下的“449. 申请海事证据保全”的适用规则。申请海事证据保全与本案由是特殊和一般的关系，对于符合海事证据保全条件的优先适用申请海事证据保全案由，海事证据保全之外的其他仲裁前证据保全案件适用本案由。

请求权基础规范指引

《中华人民共和国仲裁法》（2017 年修正）

第四十六条　在证据可能灭失或者以后难以取得的情况下，当事人可以申请证据保全。当事人申请证据保全的，仲裁委员会应当将当事人的申请提交证据所在地的基层人民法院。

第四十八条　仲裁庭应当将开庭情况记入笔录。当事人和其他仲裁参与人认为对自己陈述的记录有遗漏或者差错的，有权申请补正。如果不予补正，应当记录该申请。

笔录由仲裁员、记录人员、当事人和其他仲裁参与人签名或者盖章。

《中华人民共和国商标法》（2019 年修正）

第六十六条　为制止侵权行为，在证据可能灭失或者以后难以取得的情况下，商标注册人或者利害关系人可以依法在起诉前向人民法院申请保全证据。

《中华人民共和国著作权法》（2020 年修正）

第五十七条　为制止侵权行为，在证据可能灭失或者以后难以取得的情况下，著作权人或者与著作权有关的权利人可以在起诉前依法向人民法院申请保全证据。

《最高人民法院关于审理商标案件有关管辖和法律适用范围问题的解释》（2020 年 12 月 29 日修正）

第七条　对商标法修改决定施行前发生的侵犯商标专用权行为，商标注册人或者利害关系人于该决定施行后在起诉前向人民法院提出申请采取责令停止侵权行为或者保全证据措施的，适用修改后商标法第五十七条、第五十八条的规定。

437. 仲裁程序中的财产保全

案由适用要点

［**释义**］仲裁程序中的财产保全是指仲裁机构受理案件后，作出裁决前，为了保证仲裁裁决顺利执行，由申请人向仲裁机构提出申请，并通过人民法院对被申请人的财物采取限制其处分的保全措施。

［**管辖**］根据《最高人民法院关于人民法院执行工作若干问题的规定（试行）》（2020 年修正）第 9 条，在国内仲裁过程中，当事人申请财产保全，经仲裁机构提交人民法院的，由被申请人住所地或被申请保全的财产所在地的基层人民法院裁定并执行；申请证据保全的，由证据所在地的基层人民法院裁定并执行。对于涉外仲裁机构的财产保全，根据《民事诉讼法》第 289 条的规定，当事人申请采取保全的，中华人民共和国的涉外仲裁机构应当将当事人的申请，提交至被申请人住所地或者财产所在地的中级人民法院裁定。《最高人民法院关于人民法院执行工作若干问题的规定（试行）》第 10 条规定，在涉外仲裁过程中，当事人申请财产保全，经仲裁机构提交人民法院的，由被申请人住所地或被申请保全的财产所在地的中级人民法院裁定并执行。根据《民事诉讼法解释》第 540 条的规定，依照《民事诉讼法》第 289 条规定，中华人民共和国涉外仲裁机构将当事人的保全申请提交人民法院裁定的，人民法院可以进行审查，裁定是否进行保全。裁定保全的，应当责令申请人提供担保，申请人不提供担保的，裁定驳回申请。

［**应注意的问题**］根据《仲裁法》和《民事诉讼法》的相关规定，仲裁机构在仲裁过程中对于当事人申请财产保全的，只能将当事人的申请提交人民法院采取财产保全措施，仲裁机构无权采取财产保全措施，人民法院根据《民事诉讼法》的规定对仲裁程序的财产保全申请进行审查并决定是否采取保全措施。

仲裁程序中财产保全的条件：一是申请人、被申请人系仲裁案件的双方当事人。二是因被申请人的行为或者其他原因，使裁决不能执行或者难以执行的可能，比如一方当事人出于恶意擅自将争议的标的物或者与本案有关的财物毁损、浪费、藏匿、出卖、挥霍、转移，使生效裁决无法执行或难以执行；或者存在客观上的原因，比如季节性商品、鲜活、易腐烂变质等，导致物品丧失了其使用价值，即使裁决一方当事人享有所有权，也失去了实际意义，故通过采取保全措施，将上述物品变卖后保存其价款，供生效裁决执行，达到维护权利人的合法权益目的。三是请求保全财产应为被申请人的财产或者是双方当事人争议的财产。四是有明确的财产线索和有关证明材料。

五是被申请人住所地或者保全财产所在地在人民法院辖区，并符合级别管辖的规定。六是按时交纳申请费并提供可靠担保。

请求权基础规范指引

《中华人民共和国仲裁法》（2017年修正）

第二十八条 一方当事人因另一方当事人的行为或者其他原因，可能使裁决不能执行或者难以执行的，可以申请财产保全。

当事人申请财产保全的，仲裁委员会应当将当事人的申请依照民事诉讼法的有关规定提交人民法院。

申请有错误的，申请人应当赔偿被申请人因财产保全所遭受的损失。

《中华人民共和国民事诉讼法》（2023年修正）

第一百零三条 人民法院对于可能因当事人一方的行为或者其他原因，使判决难以执行或者造成当事人其他损害的案件，根据对方当事人的申请，可以裁定对其财产进行保全、责令其作出一定行为或者禁止其作出一定行为；当事人没有提出申请的，人民法院在必要时也可以裁定采取保全措施。

人民法院采取保全措施，可以责令申请人提供担保，申请人不提供担保的，裁定驳回申请。

人民法院接受申请后，对情况紧急的，必须在四十八小时内作出裁定；裁定采取保全措施的，应当立即开始执行。

第一百零四条 利害关系人因情况紧急，不立即申请保全将会使其合法权益受到难以弥补的损害的，可以在提起诉讼或者申请仲裁前向被保全财产所在地、被申请人住所地或者对案件有管辖权的人民法院申请采取保全措施。申请人应当提供担保，不提供担保的，裁定驳回申请。

人民法院接受申请后，必须在四十八小时内作出裁定；裁定采取保全措施的，应当立即开始执行。

申请人在人民法院采取保全措施后三十日内不依法提起诉讼或者申请仲裁的，人民法院应当解除保全。

第二百八十九条 当事人申请采取保全的，中华人民共和国的涉外仲裁机构应当将当事人的申请，提交被申请人住所地或者财产所在地的中级人民法院裁定。

第二百九十条 经中华人民共和国涉外仲裁机构裁决的，当事人不得向人民法院起诉。一方当事人不履行仲裁裁决的，对方当事人可以向被申请人住所地或者财产所在地的中级人民法院申请执行。

第二百九十一条 对中华人民共和国涉外仲裁机构作出的裁决，被申请人提出证据证明仲裁裁决有下列情形之一的，经人民法院组成合议庭审查核实，裁定不予执行：

（一）当事人在合同中没有订有仲裁条款或者事后没有达成书面仲裁协议的；

（二）被申请人没有得到指定仲裁员或者进行仲裁程序的通知，或者由于其他不属于被申请人负责的原因未能陈述意见的；

（三）仲裁庭的组成或者仲裁的程序与仲裁规则不符的；

（四）裁决的事项不属于仲裁协议的范围或者仲裁机构无权仲裁的。

人民法院认定执行该裁决违背社会公共利益的，裁定不予执行。

《最高人民法院关于人民法院执行工作若干问题的规定（试行）》（2020年12月23日修正）

9. 在国内仲裁过程中，当事人申请财产保全，经仲裁机构提交人民法院的，由被申请人住所地或被申请保全的财产所在地的基层人民法院裁定并执行；申请证据保全的，由证据所在地的基层人民法院裁定并执行。

10. 在涉外仲裁过程中，当事人申请财产保全，经仲裁机构提交人民法院的，由被申请人住所地或被申请保全的财产所在地的中级人民法院裁定并执行；申请证据保全的，由证据所在地的中级人民法院裁定并执行。

《最高人民法院关于适用〈中华人民共和国民事诉讼法〉的解释》（2022年3月22日修正）

第五百四十条 依照民事诉讼法第二百七十九条①规定，中华人民共和国涉外仲裁机构将当事人的保全申请提交人民法院裁定的，人民法院可以进行审查，裁定是否进行保全。裁定保全的，应当责令申请人提供担保，申请人不提供担保的，裁定驳回申请。

当事人申请证据保全，人民法院经审查认为无需提供担保的，申请人可以不提供担保。

438. 仲裁程序中的证据保全

案由适用要点

［释义］ 仲裁中的证据保全是指在仲裁程序开始以后，仲裁机构调查、收集、审核证据之前，证据可能灭失或以后难以取得的情况下，为保证仲裁案件能够公正合理地进行，人民法院根据仲裁机构转交的当事人申请，对证据材料及时保护、固定，以保存证据证明力的保全措施。

［管辖］ 仲裁程序中的证据保全分为两种：一是国内仲裁机构的证据保全；二是涉外仲裁机构的证据保全。根据《仲裁法》第46条的规定，在证据

① 现为《民事诉讼法》（2023年修正）第二百八十九条。

可能灭失或者以后难以取得的情况下，当事人可以申请证据保全。当事人申请证据保全的，仲裁委员会应当将当事人的申请提交证据所在地的基层人民法院。《最高人民法院关于人民法院执行工作若干问题的规定（试行）》第9条规定，在国内仲裁过程中，当事人申请证据保全的，由证据所在地的基层人民法院裁定并执行。根据《仲裁法》第68条的规定，涉外仲裁的当事人申请证据保全的，涉外仲裁委员会应当将当事人的申请提交证据所在地的中级人民法院。《最高人民法院关于人民法院执行工作若干问题的规定（试行）》第10条规定，在涉外仲裁过程中，当事人申请证据保全的，由证据所在地的中级人民法院裁定并执行。

[应注意的问题] 在仲裁案件中证据保全必须符合条件，当事人方可提出证据保全申请并由人民法院进行证据保全。仲裁中证据保全必须具备的条件是：一是证据有可能灭失或者以后难以取得。当事人向仲裁机构申请仲裁并在仲裁庭调查收集证据之前，有些证据如不及时进行提取保存，就会失去或不复存在。所以，在证据以后难以再取得的情况下，就需要及时采取证据保全措施，将证据的证明力合法保存下来。二是当事人通过仲裁机构提交仲裁程序中的证据保全的申请。仲裁机构没有裁定证据保全的权力，也没有采取证据保全措施的强制手段，只有人民法院才有权采取证据保全措施。在民事诉讼中，人民法院在当事人没有申请证据保全的情况下，对于可能灭失或者将来难以取得的证据，可以主动依职权采取相应的保全措施。而在仲裁中，在证据处于将要灭失或者以后难以取得的情况下，当事人只能主动向仲裁机构申请证据保全，仲裁机构不能依职权采取证据保全，也没有义务通知有关人民法院采取保全措施。当事人申请证据保全时，必须向受理仲裁案件的仲裁机构提出申请，由仲裁机构将当事人的证据保全申请转交有关的人民法院。如果当事人直接向人民法院提出证据保全申请，人民法院不予受理。另外，本规定并未增设仲裁程序中的行为保全，主要因为《民事诉讼法》《仲裁法》并未明确，待《仲裁法》修改后，适时予以调整。

请求权基础规范指引

《中华人民共和国仲裁法》（2017年修正）

第四十六条　在证据可能灭失或者以后难以取得的情况下，当事人可以申请证据保全。当事人申请证据保全的，仲裁委员会应当将当事人的申请提交证据所在地的基层人民法院。

第六十八条　涉外仲裁的当事人申请证据保全的，涉外仲裁委员会应当将当事人的申请提交证据所在地的中级人民法院。

《最高人民法院关于人民法院执行工作若干问题的规定（试行）》（2020年12月23日修正）

9. 在国内仲裁过程中，当事人申请财产保全，经仲裁机构提交人民法院的，由被申请人住所地或被申请保全的财产所在地的基层人民法院裁定并执行；申请证据保全的，由证据所在地的基层人民法院裁定并执行。

10. 在涉外仲裁过程中，当事人申请财产保全，经仲裁机构提交人民法院的，由被申请人住所地或被申请保全的财产所在地的中级人民法院裁定并执行；申请证据保全的，由证据所在地的中级人民法院裁定并执行。

439. 申请执行前财产保全

案由适用要点

[**释义**] 申请执行前财产保全是指法律文书生效后，进入执行程序前，债权人在面对对方当事人转移财产等紧急情况，不申请保全将可能导致生效法律文书不能执行或者难以执行时，向执行法院申请采取的保全措施。

[**管辖**] 根据《民事诉讼法解释》第 163 条的规定，对执行前财产保全案件有管辖权的法院是执行法院。这里的执行法院不能简单理解为执行受理法院，应当理解为有执行管辖权的法院。根据《民事诉讼法》第 235 条“发生法律效力的民事判决、裁定，以及刑事判决、裁定中的财产部分，由第一审人民法院或者与第一审人民法院同级的被执行的财产所在地人民法院执行。法律规定由人民法院执行的其他法律文书，由被执行人住所地或者被执行的财产所在地人民法院执行”的规定，享有执行管辖权的法院为两类：一是案件的第一审人民法院；二是与第一审人民法院同级的被执行的财产所在地人民法院。也就是说，申请执行前财产保全，债权人可以向第一审人民法院申请，也可以向与第一审人民法院同级的债务人财产所在地人民法院申请。

[**应注意的问题**] “法律文书生效后，进入执行程序前”这一期间包括四种情形：一是终审判决宣判之日起至裁判文书最后一方当事人送达时止的期间。二是法律文书生效后至文书确定履行期限之前的期间。此期间判决内容已确定，但义务人履行期限还未届满，裁判文书还未发生强制执行效力。三是执行案件立案后到发出执行通知书期间，这一期间可采取相应的执行措施，如采取查封、扣押、冻结等措施，则属于执行措施。四是对履行期限届满后，在执行时效期间内，至申请执行立案前。“法律不保护权利上的睡眠者”，当履行期限届满后，出现对方当事人转移财产等紧急情况，债权人完全可以通过申请执行，由执行法院采取查封、扣押、冻结等措施来解决。但从“债权人在法律文书确定的履行期届满后五日内不申请执行的，人民法院应当解除保全”来看，似乎可以倒推出当出现法律文书确定的履行期届满超出 5 日后，在执行时效期间，才申请执行的，不能适用《民事诉讼法解释》解除

保全。因此，在期限的把握上主要是前两种。

申请执行前财产保全的前提条件是存在债务人转移财产等紧急情况，不申请保全将可能导致生效法律文书不能执行或者难以执行。在司法实践中，许多案件通过人民法院的调解，当事人在诉讼中自愿达成协议，对债务约定一次性履行或者分期履行，当事人之间的纠纷得到解决，双方之间的对抗得到弱化，债务人也准备诚信地按期履行义务。此时，如果不加限制地允许债权人在法律文书生效后至申请执行前，随时无条件地向执行法院申请保全债务人的财产，这不仅会加剧当事人之间、当事人与法院之间的对抗，而且会损害债务人的合法利益，甚至严重损害诉讼诚信原则。因此，只有当债务人出现故意转移、转让、隐匿财产等紧急情况，故意规避法律，逃避执行，不申请保全将可能导致生效法律文书不能执行或者难以执行的，才允许债权人向执行法院申请保全。否则，人民法院对此保全申请不予受理。

除以上前提条件外，申请执行前财产保全还应当注意以下事项：一是当事人必须向法院提交书面申请，人民法院一般不主动依职权采取诉讼保全措施；二是采取保全的案件必须是给付之诉，即该案的判决或调解结果具有财产给付内容；三是申请人申请保全的范围应当是判决内容，即判决确定债务人履行义务的范围，人民法院根据判决内容予以保全。

请求权基础规范指引

《最高人民法院关于人民法院民事执行中查封、扣押、冻结财产的规定》（2020年12月23日修正）

第二十九条 财产保全裁定和先予执行裁定的执行适用本规定。

《最高人民法院关于适用〈中华人民共和国民事诉讼法〉的解释》（2022年3月22日修正）

第一百六十三条 法律文书生效后，进入执行程序前，债权人因对方当事人转移财产等紧急情况，不申请保全将可能导致生效法律文书不能执行或者难以执行的，可以向执行法院申请采取保全措施。债权人在法律文书指定的履行期间届满后五日内不申请执行的，人民法院应当解除保全。

440. 申请中止支付信用证项下款项

案由适用要点

［释义］ 在信用证交易中，当事人或利害关系人认为存在信用证欺诈且开证行尚未对外付款的情况下，可以在提起民事诉讼前向有关人民法院申请采取保全措施，中止信用证项下款项的对外支付，以避免造成损失。

［**管辖**］根据《最高人民法院关于审理信用证纠纷案件若干问题的规定》第 11 条的规定，当事人在起诉前申请中止支付信用证项下款项的，由对该信用证纠纷案件享有管辖权的人民法院管辖。

［**应注意的问题**］申请中止支付信用证项下款项的除外情形。人民法院认定存在信用证欺诈的，应当裁定中止支付或者判决终止支付信用证项下款项，但有下列情形之一的除外：一是开证行的指定人、授权人已按照开证行的指令善意地进行了付款；二是开证行或者其指定人、授权人已对信用证项下票据善意地作出了承兑；三是保兑行善意地履行了付款义务；四是议付行善意地进行了议付。

请求权基础规范指引

《最高人民法院关于审理信用证纠纷案件若干问题的规定》（2020 年 12 月 23 日修正）

第八条 凡有下列情形之一的，应当认定存在信用证欺诈：

（一）受益人伪造单据或者提交记载内容虚假的单据；

（二）受益人恶意不交付货物或者交付的货物无价值；

（三）受益人和开证申请人或者其他第三方串通提交假单据，而没有真实的基础交易；

（四）其他进行信用证欺诈的情形。

第九条 开证申请人、开证行或者其他利害关系人发现有本规定第八条的情形，并认为将会给其造成难以弥补的损害时，可以向有管辖权的人民法院申请中止支付信用证项下的款项。

第十条 人民法院认定存在信用证欺诈的，应当裁定中止支付或者判决终止支付信用证项下款项，但有下列情形之一的除外：

（一）开证行的指定人、授权人已按照开证行的指令善意地进行了付款；

（二）开证行或者其指定人、授权人已对信用证项下票据善意地作出了承兑；

（三）保兑行善意地履行了付款义务；

（四）议付行善意地进行了议付。

第十一条 当事人在起诉前申请中止支付信用证项下款项符合下列条件的，人民法院应予受理：

（一）受理申请的人民法院对该信用证纠纷案件享有管辖权；

（二）申请人提供的证据材料证明存在本规定第八条的情形；

（三）如不采取中止支付信用证项下款项的措施，将会使申请人的合法权益受到难以弥补的损害；

（四）申请人提供了可靠、充分的担保；

（五）不存在本规定第十条的情形。

当事人在诉讼中申请中止支付信用证项下款项的，应当符合前款第（二）、（三）、（四）、（五）项规定的条件。

第十二条　人民法院接受中止支付信用证项下款项申请后，必须在四十八小时内作出裁定；裁定中止支付的，应当立即开始执行。

人民法院作出中止支付信用证项下款项的裁定，应当列明申请人、被申请人和第三人。

第十三条　当事人对人民法院作出中止支付信用证项下款项的裁定有异议的，可以在裁定书送达之日起十日内向上一级人民法院申请复议。上一级人民法院应当自收到复议申请之日起十日内作出裁定。

复议期间，不停止原裁定的执行。

441. 申请中止支付保函项下款项

案由适用要点

[释义] 申请中止支付保函项下款项是指当事人在认为保函存在欺诈行为时，在向人民法院起诉前，向人民法院申请采取保全措施，请求银行中止支付保函项下款项，以避免造成损失的保全措施。

[管辖]《最高人民法院关于审理独立保函纠纷案件若干问题的规定》第13条规定，独立保函的申请人、开立人或指示人发现有本规定第12条情形的，可以在提起诉讼或申请仲裁前，向开立人住所地或其他对独立保函欺诈纠纷案件具有管辖权的人民法院申请中止支付独立保函项下的款项，也可以在诉讼或仲裁过程中提出申请。

[应注意的问题] 应当注意区分本案由与一般财产保全案件申请事由上的区别。申请中止支付保函项下款项的基本事由是保函存有欺诈情形。而一般保全措施的事由是情况紧急，不申请保全将会给当事人的合法利益造成重大损失或者为保证判决能够顺利进行。虽都是救济措施，但其申请事由有很大区别。

请求权基础规范指引

《中华人民共和国民事诉讼法》（2023年修正）

第一百零四条　利害关系人因情况紧急，不立即申请保全将会使其合法权益受到难以弥补的损害的，可以在提起诉讼或者申请仲裁前向被保全财产所在地、被申请人住所地或者对案件有管辖权的人民法院申请采取保全措施。申请人应当提供担保，不提供担保的，裁定驳回申请。

人民法院接受申请后，必须在四十八小时内作出裁定；裁定采取保全措施的，应当立即开始执行。

申请人在人民法院采取保全措施后三十日内不依法提起诉讼或者申请仲裁的，人民法院应当解除保全。

第一百零五条 保全限于请求的范围，或者与本案有关的财物。

第一百零六条 财产保全采取查封、扣押、冻结或者法律规定的其他方法。人民法院保全财产后，应当立即通知被保全财产的人。

财产已被查封、冻结的，不得重复查封、冻结。

《最高人民法院关于审理独立保函纠纷案件若干问题的规定》（2020年12月23日修正）

第十二条 具有下列情形之一的，人民法院应当认定构成独立保函欺诈：

（一）受益人与保函申请人或其他人串通，虚构基础交易的；

（二）受益人提交的第三方单据系伪造或内容虚假的；

（三）法院判决或仲裁裁决认定基础交易债务人没有付款或赔偿责任的；

（四）受益人确认基础交易债务已得到完全履行或者确认独立保函载明的付款到期事件并未发生的；

（五）受益人明知其没有付款请求权仍滥用该权利的其他情形。

第十三条 独立保函的申请人、开立人或指示人发现有本规定第十二条情形的，可以在提起诉讼或申请仲裁前，向开立人住所地或其他对独立保函欺诈纠纷案件具有管辖权的人民法院申请中止支付独立保函项下的款项，也可以在诉讼或仲裁过程中提出申请。

第十四条 人民法院裁定中止支付独立保函项下的款项，必须同时具备下列条件：

（一）止付申请人提交的证据材料证明本规定第十二条情形的存在具有高度可能性；

（二）情况紧急，不立即采取止付措施，将给止付申请人的合法权益造成难以弥补的损害；

（三）止付申请人提供了足以弥补被申请人因止付可能遭受损失的担保。

止付申请人以受益人在基础交易中违约为由请求止付的，人民法院不予支持。

开立人在依指示开立的独立保函项下已经善意付款的，对保障该开立人追偿权的独立保函，人民法院不得裁定止付。

第十八条 人民法院审理独立保函欺诈纠纷案件或处理止付申请，可以就当事人主张的本规定第十二条的具体情形，审查认定基础交易的相关事实。

四十六、申请人身安全保护令案件

442. 申请人身安全保护令

案由适用要点

［**释义**］申请人身安全保护令是指申请人因遭受家庭暴力或者面临家庭暴力的现实危险而申请人民法院出具的禁止或者责令被申请人为一定行为的裁定。

［**管辖**］根据《反家庭暴力法》第25条的规定，人身安全保护令案件由申请人或者被申请人居住地、家庭暴力发生地的基层人民法院管辖。

［**应注意的问题**］对于家庭成员之间、家庭成员以外共同生活的人之间因遭受家庭暴力或者面临家庭暴力现实危险而申请保护令的，适用本案由；对于非上述民事主体侵害或者可能侵害生命权、身体权、健康权等物质性人格权的，适用“申请人格权侵害禁令”案由。对于他人（包括家庭成员和非家庭成员）正在实施或者即将实施侵害权利人除生命权、身体权、健康权之外的其他人格权益的，适用“申请人格权侵害禁令”案由。

请求权基础规范指引

《中华人民共和国反家庭暴力法》（2016年）

第二十三条 当事人因遭受家庭暴力或者面临家庭暴力的现实危险，向人民法院申请人身安全保护令的，人民法院应当受理。

当事人是无民事行为能力人、限制民事行为能力人，或者因受到强制、威吓等原因无法申请人身安全保护令的，其近亲属、公安机关、妇女联合会、居民委员会、村民委员会、救助管理机构可以代为申请。

第二十四条 申请人身安全保护令应当以书面方式提出；书面申请确有困难的，可以口头申请，由人民法院记入笔录。

第二十五条 人身安全保护令案件由申请人或者被申请人居住地、家庭暴力发生地的基层人民法院管辖。

第二十六条 人身安全保护令由人民法院以裁定形式作出。

第二十七条 作出人身安全保护令，应当具备下列条件：

（一）有明确的被申请人；

（二）有具体的请求；

（三）有遭受家庭暴力或者面临家庭暴力现实危险的情形。

第二十八条 人民法院受理申请后，应当在七十二小时内作出人身安全保护令或者驳回申请；情况紧急的，应当在二十四小时内作出。

第二十九条 人身安全保护令可以包括下列措施：

（一）禁止被申请人实施家庭暴力；

（二）禁止被申请人骚扰、跟踪、接触申请人及其相关近亲属；

（三）责令被申请人迁出申请人住所；

（四）保护申请人人身安全的其他措施。

第三十条 人身安全保护令的有效期不超过六个月，自作出之日起生效。人身安全保护令失效前，人民法院可以根据申请人的申请撤销、变更或者延长。

第三十一条 申请人对驳回申请不服或者被申请人对人身安全保护令不服的，可以自裁定生效之日起五日内向作出裁定的人民法院申请复议一次。人民法院依法作出人身安全保护令的，复议期间不停止人身安全保护令的执行。

第三十二条 人民法院作出人身安全保护令后，应当送达申请人、被申请人、公安机关以及居民委员会、村民委员会等有关组织。人身安全保护令由人民法院执行，公安机关以及居民委员会、村民委员会等应当协助执行。

第三十三条 加害人实施家庭暴力，构成违反治安管理行为的，依法给予治安管理处罚；构成犯罪的，依法追究刑事责任。

第三十四条 被申请人违反人身安全保护令，构成犯罪的，依法追究刑事责任；尚不构成犯罪的，人民法院应当给予训诫，可以根据情节轻重处以一千元以下罚款、十五日以下拘留。

《最高人民法院关于人身安全保护令案件相关程序问题的批复》（法释〔2016〕15号 2016年7月11日）

北京市高级人民法院：

你院《关于人身安全保护令案件相关程序问题的请示》（京高法〔2016〕45号）收悉。经研究，批复如下：

一、关于人身安全保护令案件是否收取诉讼费的问题。同意你院倾向性意见，即向人民法院申请人身安全保护令，不收取诉讼费用。

二、关于申请人身安全保护令是否需要提供担保的问题。同意你院倾向性意见，即根据《中华人民共和国反家庭暴力法》请求人民法院作出人身安全保护令的，申请人不需要提供担保。

三、关于人身安全保护令案件适用程序等问题。人身安全保护令案件适用何种程序，反家庭暴力法中没有作出直接规定。人民法院可以比照特别程序进行审理。家事纠纷案件中的当事人向人民法院申请人身安全保护令的，由审理该案的审判组织作出是否发出人身安全保护令的裁定；如果人身安全保护令的申请人在接受其申请的人民法院并无正在进行的家事案件诉讼，由法官以独任审理的方式审理。至于是否需要就发出人身安全保护令问题听取被申请人的意见，则由承办法官视案件的具体情况决定。

四、关于复议问题。对于人身安全保护令的被申请人提出的复议申请和人身安全保护令的申请人就驳回裁定提出的复议申请，可以由原审判组织进行复议；人民法院认为必要的，也可以另行指定审判组织进行复议。

《最高人民法院关于办理人身安全保护令案件适用法律若干问题的规定》（法释〔2022〕17号 2022年7月14日）

第一条 当事人因遭受家庭暴力或者面临家庭暴力的现实危险，依照反家庭暴力法向人民法院申请人身安全保护令的，人民法院应当受理。

向人民法院申请人身安全保护令，不以提起离婚等民事诉讼为条件。

第二条 当事人因年老、残疾、重病等原因无法申请人身安全保护令，其近亲属、公安机关、民政部门、妇女联合会、居民委员会、村民委员会、残疾人联合会、依法设立的老年人组织、救助管理机构等，根据当事人意愿，依照反家庭暴力法第二十三条规定代为申请的，人民法院应当依法受理。

第三条 家庭成员之间以冻饿或者经常性侮辱、诽谤、威胁、跟踪、骚扰等方式实施的身体或者精神侵害行为，应当认定为反家庭暴力法第二条规定的“家庭暴力”。

第四条 反家庭暴力法第三十七条规定的“家庭成员以外共同生活的人”一般包括共同生活的儿媳、女婿、公婆、岳父母以及其他有监护、扶养、寄养等关系的人。

第五条 当事人及其代理人对因客观原因不能自行收集的证据，申请人民法院调查收集，符合《最高人民法院关于适用〈中华人民共和国民事诉讼法〉的解释》第九十四条第一款规定情形的，人民法院应当调查收集。

人民法院经审查，认为办理案件需要的证据符合《最高人民法院关于适用〈中华人民共和国民事诉讼法〉的解释》第九十六条规定的，应当调查收集。

第六条 人身安全保护令案件中，人民法院根据相关证据，认为申请人遭受家庭暴力或者面临家庭暴力现实危险的事实存在较大可能性的，可以依法作出人身安全保护令。

前款所称“相关证据”包括：

（一）当事人的陈述；

（二）公安机关出具的家庭暴力告诫书、行政处罚决定书；

（三）公安机关的出警记录、讯问笔录、询问笔录、接警记录、报警回执等；

（四）被申请人曾出具的悔过书或者保证书等；

（五）记录家庭暴力发生或者解决过程等的视听资料；

（六）被申请人与申请人或者其近亲属之间的电话录音、短信、即时通讯信息、电子邮件等；

（七）医疗机构的诊疗记录；

（八）申请人或者被申请人所在单位、民政部门、居民委员会、村民委员会、妇女联合会、残疾人联合会、未成年人保护组织、依法设立的老年人组织、救助管理机构、反家暴社会公益机构等单位收到投诉、反映或者求助的记录；

（九）未成年子女提供的与其年龄、智力相适应的证言或者亲友、邻居等其他证人证言；

（十）伤情鉴定意见；

（十一）其他能够证明申请人遭受家庭暴力或者面临家庭暴力现实危险的证据。

第七条 人民法院可以通过在线诉讼平台、电话、短信、即时通讯工具、电子邮件等简便方式询问被申请人。被申请人未发表意见的，不影响人民法院依法作出人身安全保护令。

第八条 被申请人认可存在家庭暴力行为，但辩称申请人有过错的，不影响人民法院依法作出人身安全保护令。

第九条 离婚等案件中，当事人仅以人民法院曾作出人身安全保护令为由，主张存在家庭暴力事实的，人民法院应当根据《最高人民法院关于适用〈中华人民共和国民事诉讼法〉的解释》第一百零八条的规定，综合认定是否存在该事实。

第十条 反家庭暴力法第二十九条第四项规定的“保护申请人人身安全的其他措施”可以包括下列措施：

（一）禁止被申请人以电话、短信、即时通讯工具、电子邮件等方式侮辱、诽谤、威胁申请人及其相关近亲属；

（二）禁止被申请人在申请人及其相关近亲属的住所、学校、工作单位等经常出入场所的一定范围内从事可能影响申请人及其相关近亲属正常生活、学习、工作的活动。

第十一条 离婚案件中，判决不准离婚或者调解和好后，被申请人违反人身安全保护令实施家庭暴力的，可以认定为民事诉讼法第一百二十七条第七项规定的“新情况、新理由”。

第十二条 被申请人违反人身安全保护令，符合《中华人民共和国刑法》

第三百一十三条规定的，以拒不执行判决、裁定罪定罪处罚；同时构成其他犯罪的，依照刑法有关规定处理。

《最高人民法院、全国妇联、教育部、公安部、民政部、司法部、卫生健康委关于加强人身安全保护令制度贯彻实施的意见》（法发〔2022〕10号　2022年3月3日）

十一、人民法院应当建立人身安全保护令案件受理“绿色通道”，加大依职权调取证据力度，依法及时作出人身安全保护令。各基层人民法院及其派出人民法庭应当在立案大厅或者诉讼服务中心为当事人申请人身安全保护令提供导诉服务。

十二、坚持最有利于未成年人原则。各部门就家庭暴力事实听取未成年人意见或制作询问笔录时，应当充分考虑未成年人身心特点，提供适宜的场所环境，采取未成年人能够理解的问询方式，保护其隐私和安全。必要时，可安排心理咨询师或社会工作者协助开展工作。未成年人作为受害人的人身安全保护令案件中，人民法院可以通知法律援助机构为其提供法律援助。未成年子女作为证人提供证言的，可不出庭作证。

十三、各部门在接受涉家庭暴力投诉、反映、求助或者处理婚姻家庭纠纷过程中，发现当事人遭受家庭暴力或者面临家庭暴力现实危险的，应当主动告知其可以向人民法院申请人身安全保护令。

十四、人民法院在作出人身安全保护令后，应当在24小时内向当事人送达，同时送达当地公安派出所、居民委员会、村民委员会，也可以视情况送达当地妇女联合会、学校、未成年人保护组织、残疾人联合会、依法设立的老年人组织等。

十五、人民法院在送达人身安全保护令时，应当注重释明和说服教育，督促被申请人遵守人身安全保护令，告知其违反人身安全保护令的法律后果。被申请人不履行或者违反人身安全保护令的，申请人可以向人民法院申请强制执行。被申请人违反人身安全保护令，尚不构成犯罪的，人民法院应当给予训诫，可以根据情节轻重处以一千元以下罚款、十五日以下拘留。

十六、人民法院在送达人身安全保护令时，可以向当地公安派出所、居民委员会、村民委员会、妇女联合会、学校等一并送达协助执行通知书，协助执行通知书中应当明确载明协助事项。相关单位应当按照协助执行通知书的内容予以协助。

十七、人身安全保护令有效期内，公安机关协助执行的内容可以包括：协助督促被申请人遵守人身安全保护令；在人身安全保护令有效期内，被申请人违反人身安全保护令的，公安机关接警后应当及时出警，制止违法行为；接到报警后救助、保护受害人，并搜集、固定证据；发现被申请人违反人身安全保护令的，将情况通报人民法院等。

《最高人民法院关于为实施积极应对人口老龄化国家战略提供司法服务和保障的意见》（法发〔2022〕15号 2022年3月29日）

6. 贯彻实施反家庭暴力法，保护老年家庭成员人身、财产安全。推动完善各部门共同参与的反家暴宏观体系。加强对家庭暴力受害老年人举证的指导，加大心理疏导和帮扶力度。建立人身安全保护令案件受理“绿色通道”，加大依职权调取证据力度，依法及时作出、送达人身安全保护令。加强与公安机关、居民委员会、村民委员会等部门协作配合，充分利用协助执行制度，保障人身安全保护令切实发挥作用。建立定期回访、跟踪机制，拓展反家暴延伸服务范围。

四十七、申请人格权侵害禁令案件

443. 申请人格权侵害禁令

案由适用要点

［释义］ 申请人格权侵害禁令是指申请人有证据证明行为人正在实施或者即将实施侵害其人格权的违法行为，不及时制止将使其合法权益受到难以弥补的损害的，申请人民法院作出责令行为人停止有关行为的裁定。

［管辖］ 在法律、司法解释尚未专门规定前，稳妥起见，宜按照《民事诉讼法》第29条规定，由侵权行为地或者被告住所地人民法院管辖。这里的“侵权行为地”，根据《民事诉讼法解释》的规定，包括侵权行为实施地、侵权结果发生地；信息网络侵权行为实施地包括实施被诉侵权行为的计算机等信息设备所在地，侵权结果发生地包括被侵权人住所地；因产品、服务质量不合格造成他人财产、人身损害提起的诉讼，产品制造地、产品销售地、服务提供地、侵权行为地和被告住所地人民法院都有管辖权。针对使用人脸识别技术侵权的具体应用场景，该类案件由侵权行为地和被告住所地人民法院管辖，基本上能够实现便于申请人及时提出申请的需要。关于级别管辖，倾向认为宜由基层人民法院管辖。

［应注意的问题］ 适用本案由时需要注意：对于申请人因遭受家庭暴力或者面临家庭暴力的现实危险的，适用“申请人身安全保护令”案由。除法律、司法解释另有规定外，对于其他侵害或者可能侵害人格权益情形的，适用本案由。

请求权基础规范指引

《中华人民共和国民法典》（2020年）

第九百九十七条【人格权行为禁令】 民事主体有证据证明行为人正在实施或者即将实施侵害其人格权的违法行为，不及时制止将使其合法权益受到难以弥补的损害的，有权依法向人民法院申请采取责令行为人停止有关行为的措施。

《中华人民共和国反家庭暴力法》（2016年）

第二十三条 当事人因遭受家庭暴力或者面临家庭暴力的现实危险，向人民法院申请人身安全保护令的，人民法院应当受理。

当事人是无民事行为能力人、限制民事行为能力人，或者因受到强制、威吓等原因无法申请人身安全保护令的，其近亲属、公安机关、妇女联合会、居民委员会、村民委员会、救助管理机构可以代为申请。

第二十四条 申请人身安全保护令应当以书面方式提出；书面申请确有困难的，可以口头申请，由人民法院记入笔录。

第二十五条 人身安全保护令案件由申请人或者被申请人居住地、家庭暴力发生地的基层人民法院管辖。

第二十六条 人身安全保护令由人民法院以裁定形式作出。

第二十七条 作出人身安全保护令，应当具备下列条件：

（一）有明确的被申请人；

（二）有具体的请求；

（三）有遭受家庭暴力或者面临家庭暴力现实危险的情形。

第二十八条 人民法院受理申请后，应当在七十二小时内作出人身安全保护令或者驳回申请；情况紧急的，应当在二十四小时内作出。

第二十九条 人身安全保护令可以包括下列措施：

（一）禁止被申请人实施家庭暴力；

（二）禁止被申请人骚扰、跟踪、接触申请人及其相关近亲属；

（三）责令被申请人迁出申请人住所；

（四）保护申请人人身安全的其他措施。

第三十条 人身安全保护令的有效期不超过六个月，自作出之日起生效。人身安全保护令失效前，人民法院可以根据申请人的申请撤销、变更或者延长。

第三十一条 申请人对驳回申请不服或者被申请人对人身安全保护令不服的，可以自裁定生效之日起五日内向作出裁定的人民法院申请复议一次。人民法院依法作出人身安全保护令的，复议期间不停止人身安全保护令的执行。

第三十二条 人民法院作出人身安全保护令后，应当送达申请人、被申请人、公安机关以及居民委员会、村民委员会等有关组织。人身安全保护令由人民法院执行，公安机关以及居民委员会、村民委员会等应当协助执行。

《最高人民法院关于人身安全保护令案件相关程序问题的批复》（法释〔2016〕15号 2016年7月11日）

北京市高级人民法院：

你院《关于人身安全保护令案件相关程序问题的请示》（京高法〔2016〕45号）收悉。经研究，批复如下：

一、关于人身安全保护令案件是否收取诉讼费的问题。同意你院倾向性意见，即向人民法院申请人身安全保护令，不收取诉讼费用。

二、关于申请人身安全保护令是否需要提供担保的问题。同意你院倾向性意见，即根据《中华人民共和国反家庭暴力法》请求人民法院作出人身安全保护令的，申请人不需要提供担保。

三、关于人身安全保护令案件适用程序等问题。人身安全保护令案件适用何种程序，反家庭暴力法中没有作出直接规定。人民法院可以比照特别程序进行审理。家事纠纷案件中的当事人向人民法院申请人身安全保护令的，由审理该案的审判组织作出是否发出人身安全保护令的裁定；如果人身安全保护令的申请人在接受其申请的人民法院并无正在进行的家事案件诉讼，由法官以独任审理的方式审理。至于是否需要就发出人身安全保护令问题听取被申请人的意见，则由承办法官视案件的具体情况决定。

四、关于复议问题。对于人身安全保护令的被申请人提出的复议申请和人身安全保护令的申请人就驳回裁定提出的复议申请，可以由原审判组织进行复议；人民法院认为必要的，也可以另行指定审判组织进行复议。

四十八、仲裁程序案件

444. 申请确认仲裁协议效力

案由适用要点

［释义］ 申请确认仲裁协议效力是指当事人对仲裁协议的效力有异议的，请求人民法院确认仲裁协议是否有效。

［管辖］ 根据《最高人民法院关于审理仲裁司法审查案件若干问题的规定》第2条的规定，申请确认仲裁协议效力的案件，由仲裁协议约定的仲裁机构所在地、仲裁协议签订地、申请人住所地、被申请人住所地的中级人民

法院或者专门人民法院管辖。涉及海事海商纠纷仲裁协议效力的案件，由仲裁协议约定的仲裁机构所在地、仲裁协议签订地、申请人住所地、被申请人住所地的海事法院管辖；上述地点没有海事法院的，由就近的海事法院管辖。

［**应注意的问题**］当事人向人民法院提出“申请确认仲裁协议效力”的案件并非诉讼，而是非讼案件。

《最高人民法院关于审理仲裁司法审查案件若干问题的规定》改变了《最高人民法院关于适用〈中华人民共和国仲裁法〉若干问题的解释》（以下简称《仲裁法解释》）关于管辖的规定。《仲裁法解释》第 12 条规定：“当事人向人民法院申请确认仲裁协议效力的案件，由仲裁协议约定的仲裁机构所在地的中级人民法院管辖；仲裁协议约定的仲裁机构不明确的，由仲裁协议签订地或者被申请人住所地的中级人民法院管辖。申请确认涉外仲裁协议效力的案件，由仲裁协议约定的仲裁机构所在地、仲裁协议签订地、申请人或者被申请人住所地的中级人民法院管辖。涉及海事海商纠纷仲裁协议效力的案件，由仲裁协议约定的仲裁机构所在地、仲裁协议签订地、申请人或者被申请人住所地的海事法院管辖；上述地点没有海事法院的，由就近的海事法院管辖。”该条规定对申请确认国内和涉外仲裁协议，区分了不同的联结点确定管辖法院，同时对于涉及海事海商纠纷仲裁协议作出了由海事法院管辖的规定。但《最高人民法院关于审理仲裁司法审查案件若干问题的规定》第 2 条不再区分国内案件和涉外案件，而是对这两类案件规定了统一的确定管辖权的标准，即由仲裁协议约定的仲裁机构所在地、仲裁协议签订地、申请人住所地、被申请人住所地的中级人民法院或者专门法院管辖。

在审理此类案件过程中，需要注意几点：第一，当事人协议选择确认涉外仲裁协议效力适用的法律，应当作出明确的意思表示，仅约定合同适用的法律，不能作为确认合同中仲裁条款效力适用的法律。人民法院根据《涉外民事关系法律适用法》第 18 条的规定，确定确认涉外仲裁协议效力适用的法律时，当事人没有选择适用的法律，适用仲裁机构所在地法律或者仲裁地法律。如果仲裁机构所在地的法律或者仲裁地的法律将对仲裁协议的效力作出不同认定的，人民法院应当适用确认仲裁协议有效的法律。第二，特定情形下的报核程序。根据《最高人民法院关于仲裁司法审查案件报核问题的有关规定》第 2 条规定，各中级人民法院或者专门人民法院办理涉外涉港澳台仲裁司法审查案件，经审查拟认定仲裁协议无效，应当向本辖区所属高级人民法院报核；高级人民法院经审查拟同意的，应当向最高人民法院报核。待最高人民法院审核后，方可依最高人民法院的审核意见作出裁定。各中级人民法院或者专门人民法院办理非涉外涉港澳台仲裁司法审查案件，经审查拟认定仲裁协议无效，应当向本辖区所属高级人民法院报核；待高级人民法院审核后，方可依高级人民法院的审核意见作出裁定。

请求权基础规范指引

《中华人民共和国仲裁法》（2017年修正）

第十六条 仲裁协议包括合同中订立的仲裁条款和以其他书面方式在纠纷发生前或者纠纷发生后达成的请求仲裁的协议。

仲裁协议应当具有下列内容：

（一）请求仲裁的意思表示；

（二）仲裁事项；

（三）选定的仲裁委员会。

第十七条 有下列情形之一的，仲裁协议无效：

（一）约定的仲裁事项超出法律规定的仲裁范围的；

（二）无民事行为能力人或者限制民事行为能力人订立的仲裁协议；

（三）一方采取胁迫手段，迫使对方订立仲裁协议的。

第十八条 仲裁协议对仲裁事项或者仲裁委员会没有约定或者约定不明确的，当事人可以补充协议；达不成补充协议的，仲裁协议无效。

第十九条 仲裁协议独立存在，合同的变更、解除、终止或者无效，不影响仲裁协议的效力。

仲裁庭有权确认合同的效力。

第二十条 对仲裁协议的效力有异议的，可以请求仲裁委员会作出决定或者请求人民法院作出裁定。一方请求仲裁委员会作出决定，另一方请求人民法院作出裁定的，由人民法院裁定。

当事人对仲裁协议的效力有异议，应当在仲裁庭首次开庭前提出。

《最高人民法院关于仲裁司法审查案件报核问题的有关规定》（2021年12月24日修正）

第二条 各中级人民法院或者专门人民法院办理涉外涉港澳台仲裁司法审查案件，经审查拟认定仲裁协议无效，不予执行或者撤销我国内地仲裁机构的仲裁裁决，不予认可和执行香港特别行政区、澳门特别行政区、台湾地区仲裁裁决，不予承认和执行外国仲裁裁决，应当向本辖区所属高级人民法院报核；高级人民法院经审查拟同意的，应当向最高人民法院报核。待最高人民法院审核后，方可依最高人民法院的审核意见作出裁定。

各中级人民法院或者专门人民法院办理非涉外涉港澳台仲裁司法审查案件，经审查拟认定仲裁协议无效，不予执行或者撤销我国内地仲裁机构的仲裁裁决，应当向本辖区所属高级人民法院报核；待高级人民法院审核后，方可依高级人民法院的审核意见作出裁定。

445. 申请撤销仲裁裁决

案由适用要点

［**释义**］申请撤销仲裁裁决是仲裁程序的一方当事人认为仲裁机构作出的仲裁裁决存在法律规定可以撤销的情形，向人民法院请求撤销该仲裁裁决。

［**管辖**］根据《仲裁法》第58条的规定，当事人申请撤销仲裁裁决的，应当由仲裁委员会所在地的中级人民法院管辖。根据《最高人民法院关于涉外民商事案件诉讼管辖若干问题的规定》第1条、第3条的规定，申请撤销国际仲裁裁决案件应当由国务院批准设立的经济技术开发区人民法院，省会、自治区首府、直辖市所在地的中级人民法院，经济特区、计划单列市中级人民法院，最高人民法院指定的其他中级人民法院，高级人民法院管辖。

［**应注意的问题**］根据《仲裁法》的规定，当事人认为我国仲裁机构的裁决符合《仲裁法》第58条，涉外仲裁裁决符合《仲裁法》第70条规定的，可以向人民法院申请撤销该仲裁机构作出的仲裁裁决。人民法院在受理案件后，对所涉仲裁裁决根据法律规定的标准进行审查，如果认为存在法律规定可以撤销的情形，则裁定撤销所涉仲裁裁决。应当注意的是，人民法院对于我国仲裁机构作出的国内仲裁裁决和涉外仲裁裁决审查的标准是不同的，但从案件性质上看，均属于申请撤销仲裁裁决。

请求权基础规范指引

《中华人民共和国仲裁法》（2017年修正）

第五十八条　当事人提出证据证明裁决有下列情形之一的，可以向仲裁委员会所在地的中级人民法院申请撤销裁决：

（一）没有仲裁协议的；

（二）裁决的事项不属于仲裁协议的范围或者仲裁委员会无权仲裁的；

（三）仲裁庭的组成或者仲裁的程序违反法定程序的；

（四）裁决所根据的证据是伪造的；

（五）对方当事人隐瞒了足以影响公正裁决的证据的；

（六）仲裁员在仲裁该案时有索贿受贿，徇私舞弊，枉法裁决行为的。

人民法院经组成合议庭审查核实裁决有前款规定情形之一的，应当裁定撤销。

人民法院认定该裁决违背社会公共利益的，应当裁定撤销。

第五十九条　当事人申请撤销裁决的，应当自收到裁决书之日起六个月内提出。

第六十条　人民法院应当在受理撤销裁决申请之日起两个月内作出撤销

裁决或者驳回申请的裁定。

第六十一条 人民法院受理撤销裁决的申请后，认为可以由仲裁庭重新仲裁的，通知仲裁庭在一定期限内重新仲裁，并裁定中止撤销程序。仲裁庭拒绝重新仲裁的，人民法院应当裁定恢复撤销程序。

第七十条 当事人提出证据证明涉外仲裁裁决有民事诉讼法第二百五十八条第一款①规定的情形之一的，经人民法院组成合议庭审查核实，裁定撤销。

《中华人民共和国民事诉讼法》（2023年修正）

第二百九十一条 对中华人民共和国涉外仲裁机构作出的裁决，被申请人提出证据证明仲裁裁决有下列情形之一的，经人民法院组成合议庭审查核实，裁定不予执行：

（一）当事人在合同中没有订有仲裁条款或者事后没有达成书面仲裁协议的；

（二）被申请人没有得到指定仲裁员或者进行仲裁程序的通知，或者由于其他不属于被申请人负责的原因未能陈述意见的；

（三）仲裁庭的组成或者仲裁的程序与仲裁规则不符的；

（四）裁决的事项不属于仲裁协议的范围或者仲裁机构无权仲裁的。

人民法院认定执行该裁决违背社会公共利益的，裁定不予执行。

《最高人民法院关于审理仲裁司法审查案件若干问题的规定》（法释〔2017〕22号 2017年12月26日）

第六条 申请人向人民法院申请执行或者撤销我国内地仲裁机构的仲裁裁决、申请承认和执行外国仲裁裁决的，应当提交申请书及裁决书正本或者经证明无误的副本。

申请书应当载明下列事项：

（一）申请人或者被申请人为自然人的，应当载明其姓名、性别、出生日期、国籍及住所；为法人或者其他组织的，应当载明其名称、住所以及法定代表人或者代表人的姓名和职务；

（二）裁决书的主要内容及生效日期；

（三）具体的请求和理由。

当事人提交的外文申请书、裁决书及其他文件，应当附有中文译本。

第二十一条 人民法院受理的申请确认涉及香港特别行政区、澳门特别行政区、台湾地区仲裁协议效力的案件，申请执行或者撤销我国内地仲裁机构作出的涉及香港特别行政区、澳门特别行政区、台湾地区仲裁裁决的案件，参照适用涉外仲裁司法审查案件的规定审查。

---

① 现为《民事诉讼法》（2023年修正）第二百九十一条第一款。

四十九、海事诉讼特别程序案件

446. 申请海事请求保全

（1）申请扣押船舶
（2）申请拍卖扣押船舶
（3）申请扣押船载货物
（4）申请拍卖扣押船载货物
（5）申请扣押船用燃油及船用物料
（6）申请拍卖扣押船用燃油及船用物料

案由适用要点

[释义] 海事请求保全是海事诉讼中的一项重要制度，即海事法院根据海事请求人的申请，为保障其海事请求的实现，对被请求人的特定财产所采取的强制措施。

申请扣押船舶是指司法机关在诉讼或仲裁之前或之中依法强制滞留船舶，包括当事船和姐妹船，但从事军事和政府公务的船舶不得被扣押。

申请拍卖扣押船舶是指船舶扣押期间，被请求人不提供担保，且船舶不宜继续扣押的，根据扣押申请人的申请，依照法定程序对被扣押船舶实行强制出售，所得价款作为对海事请求的保全，以备偿付债权人的制度。

申请扣押船载货物是指海事法院依据海事请求人的申请，在诉讼或仲裁之前或之中滞留船舶运载的货物的保全措施。

申请拍卖扣押船载货物是指海事法院对被扣押的船载货物，依一定的程序以出售方式强制转移其所有权。

申请扣押船用燃油及船用物料与申请拍卖扣押船用燃油及船用物料。该两个案由的适用条件、程序等问题可适用扣押、拍卖船载货物的相关规定。

[管辖] 根据《海事诉讼特别程序法》《最高人民法院关于适用〈中华人民共和国海事诉讼特别程序法〉若干问题的解释》以及《最高人民法院关于海事法院受理案件范围的规定》的规定，申请海事请求保全由海事法院专门管辖。

《海事诉讼特别程序法》第13条、第14条、第19条分别规定：“当事人在起诉前申请海事请求保全，应当向被保全的财产所在地海事法院提出。”“海事请求保全不受当事人之间关于该海事请求的诉讼管辖协议或者仲裁协议的约束。”“海事请求保全执行后，有关海事纠纷未进入诉讼或者仲裁程序的，当事人就该海事请求，可以向采取海事请求保全的海事法院或者其他有管辖权的海事法院提起诉讼，但当事人之间订有诉讼管辖协议或者仲裁协议的除外。”《最高人民法院关于适用〈中华人民共和国海事诉讼特别程序法〉若干问题的解释》第15条规定：“除海事法院及其上级人民法院外，地方人民法院对当事人提出的船舶保全申请应不予受理；地方人民法院为执行生效法律文书需要扣押和拍卖船舶的，应当委托船籍港所在地或者船舶所在地的海事法院执行。”第20条规定：“海事诉讼特别程序法第十三条规定的被保全的财产所在地指船舶的所在地或者货物的所在地。当事人在诉讼前对已经卸载但在承运人掌管之下的货物申请海事请求保全，如果货物所在地不在海事法院管辖区域的，可以向卸货港所在地的海事法院提出，也可以向货物所在地的地方人民法院提出。”第21条规定：“诉讼或者仲裁前申请海事请求保全适用海事诉讼特别程序法第十四条的规定。外国法院已受理相关海事案件或者有关纠纷已经提交仲裁，但涉案财产在中华人民共和国领域内，当事人向财产所在地的海事法院提出海事请求保全申请的，海事法院应当受理。”《最高人民法院关于海事法院受理案件范围的规定》第92条载明：“起诉前就海事纠纷申请扣押船舶、船载货物、船用物料、船用燃油或者申请保全其他财产的案件”由海事法院受理。

[应注意的问题] 海事请求保全所保全的是海事请求，申请人具有《海商法》所规定的海事请求是认定该案由的法定条件。本案由与第二级案由“申请保全案件”项下的有关财产保全案由，系特殊与一般的关系。凡符合申请海事请求保全条件的，优先适用本案由。

请求权基础规范指引

《中华人民共和国海事诉讼特别程序法》（1999年）

第十二条 海事请求保全是指海事法院根据海事请求人的申请，为保障其海事请求的实现，对被请求人的财产所采取的强制措施。

第十三条 当事人在起诉前申请海事请求保全，应当向被保全的财产所在地海事法院提出。

第十四条 海事请求保全不受当事人之间关于该海事请求的诉讼管辖协议或者仲裁协议的约束。

第十五条 海事请求人申请海事请求保全，应当向海事法院提交书面申请。申请书应当载明海事请求事项、申请理由、保全的标的物以及要求提供担保的数额，并附有关证据。

第十六条 海事法院受理海事请求保全申请，可以责令海事请求人提供担保。海事请求人不提供的，驳回其申请。

第十七条 海事法院接受申请后，应当在四十八小时内作出裁定。裁定采取海事请求保全措施的，应当立即执行；对不符合海事请求保全条件的，裁定驳回其申请。

当事人对裁定不服的，可以在收到裁定书之日起五日内申请复议一次。海事法院应当在收到复议申请之日起五日内作出复议决定。复议期间不停止裁定的执行。

利害关系人对海事请求保全提出异议，海事法院经审查，认为理由成立的，应当解除对其财产的保全。

第十八条　被请求人提供担保，或者当事人有正当理由申请解除海事请求保全的，海事法院应当及时解除保全。

海事请求人在本法规定的期间内，未提起诉讼或者未按照仲裁协议申请仲裁的，海事法院应当及时解除保全或者返还担保。

第十九条　海事请求保全执行后，有关海事纠纷未进入诉讼或者仲裁程序的，当事人就该海事请求，可以向采取海事请求保全的海事法院或者其他有管辖权的海事法院提起诉讼，但当事人之间订有诉讼管辖协议或者仲裁协议的除外。

第二十条　海事请求人申请海事请求保全错误的，应当赔偿被请求人或者利害关系人因此所遭受的损失。

第二十一条　下列海事请求，可以申请扣押船舶：

（一）船舶营运造成的财产灭失或者损坏；

（二）与船舶营运直接有关的人身伤亡；

（三）海难救助；

（四）船舶对环境、海岸或者有关利益方造成的损害或者损害威胁；为预防、减少或者消除此种损害而采取的措施；为此种损害而支付的赔偿；为恢复环境而实际采取或者准备采取的合理措施的费用；第三方因此种损害而蒙受或者可能蒙受的损失；以及与本项所指的性质类似的损害、费用或者损失；

（五）与起浮、清除、回收或者摧毁沉船、残骸、搁浅船、被弃船或者使其无害有关的费用，包括与起浮、清除、回收或者摧毁仍在或者曾在该船上的物件或者使其无害的费用，以及与维护放弃的船舶和维持其船员有关的费用；

（六）船舶的使用或者租用的协议；

（七）货物运输或者旅客运输的协议；

（八）船载货物（包括行李）或者与其有关的灭失或者损坏；

（九）共同海损；

（十）拖航；

（十一）引航；

（十二）为船舶营运、管理、维护、维修提供物资或者服务；

（十三）船舶的建造、改建、修理、改装或者装备；

（十四）港口、运河、码头、港湾以及其他水道规费和费用；

（十五）船员的工资和其他款项，包括应当为船员支付的遣返费和社会保险费；

（十六）为船舶或者船舶所有人支付的费用；

（十七）船舶所有人或者光船承租人应当支付或者他人为其支付的船舶保险费（包括互保会费）；

（十八）船舶所有人或者光船承租人应当支付的或者他人为其支付的与船舶有关的佣金、经纪费或者代理费；

（十九）有关船舶所有权或者占有的纠纷；

（二十）船舶共有人之间有关船舶的使用或者收益的纠纷；

（二十一）船舶抵押权或者同样性质的权利；

（二十二）因船舶买卖合同产生的纠纷。

第二十二条 非因本法第二十一条规定的海事请求不得申请扣押船舶，但为执行判决、仲裁裁决以及其他法律文书的除外。

第二十三条 有下列情形之一的，海事法院可以扣押当事船舶：

（一）船舶所有人对海事请求负有责任，并且在实施扣押时是该船的所有人；

（二）船舶的光船承租人对海事请求负有责任，并且在实施扣押时是该船的光船承租人或者所有人；

（三）具有船舶抵押权或者同样性质的权利的海事请求；

（四）有关船舶所有权或者占有的海事请求；

（五）具有船舶优先权的海事请求。

海事法院可以扣押对海事请求负有责任的船舶所有人、光船承租人、定期租船人或者航次租船人在实施扣押时所有的其他船舶，但与船舶所有权或者占有有关的请求除外。

从事军事、政府公务的船舶不得被扣押。

第二十四条 海事请求人不得因同一海事请求申请扣押已被扣押过的船舶，但有下列情形之一的除外：

（一）被请求人未提供充分的担保；

（二）担保人有可能不能全部或者部分履行担保义务；

（三）海事请求人因合理的原因同意释放被扣押的船舶或者返还已提供的担保；或者不能通过合理措施阻止释放被扣押的船舶或者返还已提供的担保。

第二十五条 海事请求人申请扣押当事船舶，不能立即查明被请求人名称的，不影响申请的提出。

第二十六条　海事法院在发布或者解除扣押船舶命令的同时，可以向有关部门发出协助执行通知书，通知书应当载明协助执行的范围和内容，有关部门有义务协助执行。海事法院认为必要，可以直接派员登轮监护。

第二十七条　海事法院裁定对船舶实施保全后，经海事请求人同意，可以采取限制船舶处分或者抵押等方式允许该船舶继续营运。

第二十八条　海事请求保全扣押船舶的期限为三十日。

海事请求人在三十日内提起诉讼或者申请仲裁以及在诉讼或者仲裁过程中申请扣押船舶的，扣押船舶不受前款规定期限的限制。

第二十九条　船舶扣押期间届满，被请求人不提供担保，而且船舶不宜继续扣押的，海事请求人可以在提起诉讼或者申请仲裁后，向扣押船舶的海事法院申请拍卖船舶。

第三十条　海事法院收到拍卖船舶的申请后，应当进行审查，作出准予或者不准予拍卖船舶的裁定。

当事人对裁定不服的，可以在收到裁定书之日起五日内申请复议一次。海事法院应当在收到复议申请之日起五日内作出复议决定。复议期间停止裁定的执行。

第三十一条　海事请求人提交拍卖船舶申请后，又申请终止拍卖的，是否准许由海事法院裁定。海事法院裁定终止拍卖船舶的，为准备拍卖船舶所发生的费用由海事请求人承担。

第三十三条　海事法院应当在拍卖船舶三十日前，向被拍卖船舶登记国的登记机关和已知的船舶优先权人、抵押权人和船舶所有人发出通知。

通知内容包括被拍卖船舶的名称、拍卖船舶的时间和地点、拍卖船舶的理由和依据以及债权登记等。

通知方式包括书面方式和能够确认收悉的其他适当方式。

第三十四条　拍卖船舶由拍卖船舶委员会实施。拍卖船舶委员会由海事法院指定的本院执行人员和聘请的拍卖师、验船师三人或者五人组成。

拍卖船舶委员会组织对船舶鉴定、估价；组织和主持拍卖；与竞买人签订拍卖成交确认书；办理船舶移交手续。

拍卖船舶委员会对海事法院负责，受海事法院监督。

第三十七条　买受人在签署拍卖成交确认书后，应当立即交付不低于百分之二十的船舶价款，其余价款在成交之日起七日内付清，但拍卖船舶委员会与买受人另有约定的除外。

第三十八条　买受人付清全部价款后，原船舶所有人应当在指定的期限内于船舶停泊地以船舶现状向买受人移交船舶。拍卖船舶委员会组织和监督船舶的移交，并在船舶移交后与买受人签署船舶移交完毕确认书。

移交船舶完毕，海事法院发布解除扣押船舶命令。

第三十九条 船舶移交后，海事法院应当通过报纸或者其他新闻媒体发布公告，公布船舶已经公开拍卖并移交给买受人。

第四十条 买受人接收船舶后，应当持拍卖成交确认书和有关材料，向船舶登记机关办理船舶所有权登记手续。原船舶所有人应当向原船舶登记机关办理船舶所有权注销登记。原船舶所有人不办理船舶所有权注销登记的，不影响船舶所有权的转让。

第四十一条 竞买人之间恶意串通的，拍卖无效。参与恶意串通的竞买人应当承担拍卖船舶费用并赔偿有关损失。海事法院可以对参与恶意串通的竞买人处最高应价百分之十以上百分之三十以下的罚款。

第四十二条 除本节规定的以外，拍卖适用《中华人民共和国拍卖法》的有关规定。

第四十三条 执行程序中拍卖被扣押船舶清偿债务的，可以参照本节有关规定。

第四十四条 海事请求人为保障其海事请求的实现，可以申请扣押船载货物。

申请扣押的船载货物，应当属于被请求人所有。

第四十五条 海事请求人申请扣押船载货物的价值，应当与其债权数额相当。

第四十六条 海事请求保全扣押船载货物的期限为十五日。

海事请求人在十五日内提起诉讼或者申请仲裁以及在诉讼或者仲裁过程中申请扣押船载货物的，扣押船载货物不受前款规定期限的限制。

第四十七条 船载货物扣押期间届满，被请求人不提供担保，而且货物不宜继续扣押的，海事请求人可以在提起诉讼或者申请仲裁后，向扣押船载货物的海事法院申请拍卖货物。

对无法保管、不易保管或者保管费用可能超过其价值的物品，海事请求人可以申请提前拍卖。

第四十八条 海事法院收到拍卖船载货物的申请后，应当进行审查，在七日内作出准予或者不准予拍卖船载货物的裁定。

当事人对裁定不服的，可以在收到裁定书之日起五日内申请复议一次。海事法院应当在收到复议申请之日起五日内作出复议决定。复议期间停止裁定的执行。

第四十九条 拍卖船载货物由海事法院指定的本院执行人员和聘请的拍卖师组成的拍卖组织实施，或者由海事法院委托的机构实施。

拍卖船载货物，本节没有规定的，参照本章第二节拍卖船舶的有关规定。

第五十条　海事请求人对与海事请求有关的船用燃油、船用物料申请海事请求保全，适用本节规定。

《最高人民法院关于适用〈中华人民共和国海事诉讼特别程序法〉若干问题的解释》（2008年12月16日修正）

第十五条　除海事法院及其上级人民法院外，地方人民法院对当事人提出的船舶保全申请应不予受理；地方人民法院为执行生效法律文书需要扣押和拍卖船舶的，应当委托船籍港所在地或者船舶所在地的海事法院执行。

第十八条　海事诉讼特别程序法第十二条规定的被请求人的财产包括船舶、船载货物、船用燃油以及船用物料。对其他财产的海事请求保全适用民事诉讼法有关财产保全的规定。

第十九条　海事诉讼特别程序法规定的船载货物指处于承运人掌管之下，尚未装船或者已经装载于船上以及已经卸载的货物。

第二十条　海事诉讼特别程序法第十三条规定的被保全的财产所在地指船舶的所在地或者货物的所在地。当事人在诉讼前对已经卸载但在承运人掌管之下的货物申请海事请求保全，如果货物所在地不在海事法院管辖区域的，可以向卸货港所在地的海事法院提出，也可以向货物所在地的地方人民法院提出。

第二十一条　诉讼或者仲裁前申请海事请求保全适用海事诉讼特别程序法第十四条的规定。外国法院已受理相关海事案件或者有关纠纷已经提交仲裁，但涉案财产在中华人民共和国领域内，当事人向财产所在地的海事法院提出海事请求保全申请的，海事法院应当受理。

《最高人民法院关于扣押与拍卖船舶适用法律若干问题的规定》（法释〔2015〕6号　2015年2月28日）

第一条　海事请求人申请对船舶采取限制处分或者抵押等保全措施的，海事法院可以依照民事诉讼法的有关规定，裁定准许并通知船舶登记机关协助执行。

前款规定的保全措施不影响其他海事请求人申请扣押船舶。

第二条　海事法院应不同海事请求人的申请，可以对本院或其他海事法院已经扣押的船舶采取扣押措施。

先申请扣押船舶的海事请求人未申请拍卖船舶的，后申请扣押船舶的海事请求人可以依据海事诉讼特别程序法第二十九条的规定，向准许其扣押申请的海事法院申请拍卖船舶。

第三条　船舶因光船承租人对海事请求负有责任而被扣押的，海事请求人依据海事诉讼特别程序法第二十九条的规定，申请拍卖船舶用于清偿光船承租人经营该船舶产生的相关债务的，海事法院应予准许。

第四条 海事请求人申请扣押船舶的，海事法院应当责令其提供担保。但因船员劳务合同、海上及通海水域人身损害赔偿纠纷申请扣押船舶，且事实清楚、权利义务关系明确的，可以不要求提供担保。

第五条 海事诉讼特别程序法第七十六条第二款规定的海事请求人提供担保的具体数额，应当相当于船舶扣押期间可能产生的各项维持费用与支出、因扣押造成的船期损失和被请求人为使船舶解除扣押而提供担保所支出的费用。

船舶扣押后，海事请求人提供的担保不足以赔偿可能给被请求人造成损失的，海事法院应责令其追加担保。

第六条 案件终审后，海事请求人申请返还其所提供担保的，海事法院应将该申请告知被请求人，被请求人在三十日内未提起相关索赔诉讼的，海事法院可以准许海事请求人返还担保的申请。

被请求人同意返还，或生效法律文书认定被请求人负有责任，且赔偿或给付金额与海事请求人要求被请求人提供担保的数额基本相当的，海事法院可以直接准许海事请求人返还担保的申请。

第七条 船舶扣押期间由船舶所有人或光船承租人负责管理。

船舶所有人或光船承租人不履行船舶管理职责的，海事法院可委托第三人或者海事请求人代为管理，由此产生的费用由船舶所有人或光船承租人承担，或在拍卖船舶价款中优先拨付。

第八条 船舶扣押后，海事请求人依据海事诉讼特别程序法第十九条的规定，向其他有管辖权的海事法院提起诉讼的，可以由扣押船舶的海事法院继续实施保全措施。

第九条 扣押船舶裁定执行前，海事请求人撤回扣押船舶申请的，海事法院应当裁定予以准许，并终结扣押船舶裁定的执行。

扣押船舶裁定作出后因客观原因无法执行的，海事法院应当裁定终结执行。

第十条 船舶拍卖未能成交，需要再次拍卖的，适用拍卖法第四十五条关于拍卖日七日前发布拍卖公告的规定。

第十一条 拍卖船舶由拍卖船舶委员会实施，海事法院不另行委托拍卖机构进行拍卖。

第十二条 海事法院拍卖船舶应当依据评估价确定保留价。保留价不得公开。

第一次拍卖时，保留价不得低于评估价的百分之八十；因流拍需要再行拍卖的，可以酌情降低保留价，但降低的数额不得超过前次保留价的百分之二十。

第十三条　对经过两次拍卖仍然流拍的船舶，可以进行变卖。变卖价格不得低于评估价的百分之五十。

第十四条　依照本规定第十三条变卖仍未成交的，经已受理登记债权三分之二以上份额的债权人同意，可以低于评估价的百分之五十进行变卖处理。仍未成交的，海事法院可以解除船舶扣押。

第十五条　船舶经海事法院拍卖、变卖后，对该船舶已采取的其他保全措施效力消灭。

第十六条　海事诉讼特别程序法第一百一十一条规定的申请债权登记期间的届满之日，为拍卖船舶公告最后一次发布之日起第六十日。

前款所指公告为第一次拍卖时的拍卖船舶公告。

第十七条　海事法院受理债权登记申请后，应当在船舶被拍卖、变卖成交后，依照海事诉讼特别程序法第一百一十四条的规定作出是否准予的裁定。

第十八条　申请拍卖船舶的海事请求人未经债权登记，直接要求参与拍卖船舶价款分配的，海事法院应予准许。

第十九条　海事法院裁定终止拍卖船舶的，应当同时裁定终结债权登记受偿程序，当事人已经缴纳的债权登记申请费予以退还。

第二十条　当事人在债权登记前已经就有关债权提起诉讼的，不适用海事诉讼特别程序法第一百一十六条第二款的规定，当事人对海事法院作出的判决、裁定可以依法提起上诉。

第二十一条　债权人依照海事诉讼特别程序法第一百一十六条第一款的规定提起确权诉讼后，需要判定碰撞船舶过失程度比例的，当事人对海事法院作出的判决、裁定可以依法提起上诉。

第二十二条　海事法院拍卖、变卖船舶所得价款及其利息，先行拨付海事诉讼特别程序法第一百一十九条第二款规定的费用后，依法按照下列顺序进行分配：

（一）具有船舶优先权的海事请求；

（二）由船舶留置权担保的海事请求；

（三）由船舶抵押权担保的海事请求；

（四）与被拍卖、变卖船舶有关的其他海事请求。

依据海事诉讼特别程序法第二十三条第二款的规定申请扣押船舶的海事请求人申请拍卖船舶的，在前款规定海事请求清偿后，参与船舶价款的分配。

依照前款规定分配后的余款，按照民事诉讼法及相关司法解释的规定执行。

第二十三条　当事人依照民事诉讼法第十五章第七节的规定，申请拍卖船舶实现船舶担保物权的，由船舶所在地或船籍港所在地的海事法院管辖，按照海事诉讼特别程序法以及本规定关于船舶拍卖受偿程序的规定处理。

第二十四条 海事法院的上级人民法院扣押与拍卖船舶的，适用本规定。

执行程序中拍卖被扣押船舶清偿债务的，适用本规定。

447. 申请海事支付令

案由适用要点

[**释义**] 海事支付令是指海事法院根据债权人基于海事事由的请求，责令债务人给付金钱或者有价证券的命令。

[**管辖**] 根据《海事诉讼特别程序法》以及《最高人民法院关于海事法院受理案件范围的规定》的规定，申请海事请求保全由海事法院专门管辖。

《海事诉讼特别程序法》第 99 条规定："债权人基于海事事由请求债务人给付金钱或者有价证券，符合《中华人民共和国民事诉讼法》有关规定的，可以向有管辖权的海事法院申请支付令。债务人是外国人、无国籍人、外国企业或者组织，但在中华人民共和国领域内有住所、代表机构或者分支机构并能够送达支付令的，债权人可以向有管辖权的海事法院申请支付令。"《最高人民法院关于海事法院受理案件范围的规定》第 97 条载明："就海事纠纷申请支付令案件"由海事法院受理。

需注意的是，根据《民事诉讼法》《民事诉讼法解释》的规定，当事人非基于海事事由申请支付令的，由债务人住所地基层人民法院管辖。这一点与海事支付令的管辖法院不同。

[**应注意的问题**] 申请海事支付令与《民事案件案由规定》第 418 项第三级案由即"申请支付令"系特殊与一般的关系，基于海事事由而提出的请求适用本案由。海事支付令的申请与作出，除适用《海事诉讼特别程序法》外，还应适用《民事诉讼法》《民事诉讼法解释》的相应规定，即必须是以金钱、有价证券为标的物，必须是债权人与债务人没有其他债务纠纷，必须是支付令能够送达给债务人。

请求权基础规范指引

《中华人民共和国海事诉讼特别程序法》（1999 年）

第九十九条 债权人基于海事事由请求债务人给付金钱或者有价证券，符合《中华人民共和国民事诉讼法》有关规定的，可以向有管辖权的海事法院申请支付令。

债务人是外国人、无国籍人、外国企业或者组织，但在中华人民共和国领域内有住所、代表机构或者分支机构并能够送达支付令的，债权人可以向有管辖权的海事法院申请支付令。

《中华人民共和国民事诉讼法》（2023年修正）

第二百二十五条 债权人请求债务人给付金钱、有价证券，符合下列条件的，可以向有管辖权的基层人民法院申请支付令：

（一）债权人与债务人没有其他债务纠纷的；

（二）支付令能够送达债务人的。

申请书应当写明请求给付金钱或者有价证券的数量和所根据的事实、证据。

第二百二十六条 债权人提出申请后，人民法院应当在五日内通知债权人是否受理。

第二百二十七条 人民法院受理申请后，经审查债权人提供的事实、证据，对债权债务关系明确、合法的，应当在受理之日起十五日内向债务人发出支付令；申请不成立的，裁定予以驳回。

债务人应当自收到支付令之日起十五日内清偿债务，或者向人民法院提出书面异议。

债务人在前款规定的期间不提出异议又不履行支付令的，债权人可以向人民法院申请执行。

第二百二十八条 人民法院收到债务人提出的书面异议后，经审查，异议成立的，应当裁定终结督促程序，支付令自行失效。

支付令失效的，转入诉讼程序，但申请支付令的一方当事人不同意提起诉讼的除外。

《最高人民法院关于适用〈中华人民共和国民事诉讼法〉的解释》（2022年3月22日修正）

第四百二十五条 两个以上人民法院都有管辖权的，债权人可以向其中一个基层人民法院申请支付令。

债权人向两个以上有管辖权的基层人民法院申请支付令的，由最先立案的人民法院管辖。

第四百二十六条 人民法院收到债权人的支付令申请书后，认为申请书不符合要求的，可以通知债权人限期补正。人民法院应当自收到补正材料之日起五日内通知债权人是否受理。

第四百二十七条 债权人申请支付令，符合下列条件的，基层人民法院应当受理，并在收到支付令申请书后五日内通知债权人：

（一）请求给付金钱或者汇票、本票、支票、股票、债券、国库券、可转让的存款单等有价证券；

（二）请求给付的金钱或者有价证券已到期且数额确定，并写明了请求所根据的事实、证据；

（三）债权人没有对待给付义务；

（四）债务人在我国境内且未下落不明；

（五）支付令能够送达债务人；

（六）收到申请书的人民法院有管辖权；

（七）债权人未向人民法院申请诉前保全。

不符合前款规定的，人民法院应当在收到支付令申请书后五日内通知债权人不予受理。

基层人民法院受理申请支付令案件，不受债权金额的限制。

第四百二十八条 人民法院受理申请后，由审判员一人进行审查。经审查，有下列情形之一的，裁定驳回申请：

（一）申请人不具备当事人资格的；

（二）给付金钱或者有价证券的证明文件没有约定逾期给付利息或者违约金、赔偿金，债权人坚持要求给付利息或者违约金、赔偿金的；

（三）要求给付的金钱或者有价证券属于违法所得的；

（四）要求给付的金钱或者有价证券尚未到期或者数额不确定的。

人民法院受理支付令申请后，发现不符合本解释规定的受理条件的，应当在受理之日起十五日内裁定驳回申请。

第四百二十九条 向债务人本人送达支付令，债务人拒绝接收的，人民法院可以留置送达。

第四百三十条 有下列情形之一的，人民法院应当裁定终结督促程序，已发出支付令的，支付令自行失效：

（一）人民法院受理支付令申请后，债权人就同一债权债务关系又提起诉讼的；

（二）人民法院发出支付令之日起三十日内无法送达债务人的；

（三）债务人收到支付令前，债权人撤回申请的。

第四百三十一条 债务人在收到支付令后，未在法定期间提出书面异议，而向其他人民法院起诉的，不影响支付令的效力。

债务人超过法定期间提出异议的，视为未提出异议。

第四百三十二条 债权人基于同一债权债务关系，在同一支付令申请中向债务人提出多项支付请求，债务人仅就其中一项或者几项请求提出异议的，不影响其他各项请求的效力。

第四百三十三条 债权人基于同一债权债务关系，就可分之债向多个债务人提出支付请求，多个债务人中的一人或者几人提出异议的，不影响其他请求的效力。

第四百三十四条 对设有担保的债务的主债务人发出的支付令，对担保人没有拘束力。

债权人就担保关系单独提起诉讼的，支付令自人民法院受理案件之日起失效。

第四百三十五条 经形式审查，债务人提出的书面异议有下列情形之一的，应当认定异议成立，裁定终结督促程序，支付令自行失效：

（一）本解释规定的不予受理申请情形的；

（二）本解释规定的裁定驳回申请情形的；

（三）本解释规定的应当裁定终结督促程序情形的；

（四）人民法院对是否符合发出支付令条件产生合理怀疑的。

第四百三十六条 债务人对债务本身没有异议，只是提出缺乏清偿能力、延缓债务清偿期限、变更债务清偿方式等异议的，不影响支付令的效力。

人民法院经审查认为异议不成立的，裁定驳回。

债务人的口头异议无效。

第四百四十条 债权人向人民法院申请执行支付令的期间，适用民事诉讼法第二百四十六条①的规定。

第四百四十一条 人民法院院长发现本院已经发生法律效力的支付令确有错误，认为需要撤销的，应当提交本院审判委员会讨论决定后，裁定撤销支付令，驳回债权人的申请。

448. 申请海事强制令

案由适用要点

［**释义**］申请海事强制令是指海事法院根据海事请求人的申请，为使其合法权益免受侵害，采取责令被请求人作为或者不作为的强制措施，该强制措施又被称为“海事行为保全”。

［**管辖**］根据《海事诉讼特别程序法》《最高人民法院关于适用〈中华人民共和国海事诉讼特别程序法〉若干问题的解释》以及《最高人民法院关于海事法院受理案件范围的规定》的规定，申请海事强制令由海事法院专门管辖。

《海事诉讼特别程序法》第52条、第53条、第61条分别规定：“当事人在起诉前申请海事强制令，应当向海事纠纷发生地海事法院提出。”“海事强

① 现为《民事诉讼法》（2023年修正）第二百五十条。

制令不受当事人之间关于该海事请求的诉讼管辖协议或者仲裁协议的约束。”“海事强制令执行后，有关海事纠纷未进入诉讼或者仲裁程序的，当事人就该海事请求，可以向作出海事强制令的海事法院或者其他有管辖权的海事法院提起诉讼，但当事人之间订有诉讼管辖协议或者仲裁协议的除外。”《最高人民法院关于适用〈中华人民共和国海事诉讼特别程序法〉若干问题的解释》第41条规定：“诉讼或者仲裁前申请海事强制令的，适用海事诉讼特别程序法第五十三条的规定。外国法院已受理相关海事案件或者有关纠纷已经提交仲裁的，当事人向中华人民共和国的海事法院提出海事强制令申请，并向法院提供可以执行海事强制令的相关证据的，海事法院应当受理。”第46条规定：“被请求人依据海事诉讼特别程序法第六十条的规定要求海事请求人赔偿损失的，由发布海事强制令的海事法院受理。”《关于海事法院受理案件范围的规定》第94条载明：“申请海事强制令案件”由海事法院受理。

[**应注意的问题**] 本案由与第二级案由“申请保全案件”项下的有关行为保全案由系特殊与一般的关系。凡符合申请海事强制令条件的，优先适用本案由。另，海事强制令只能依海事请求人的申请作出，海事法院不能依职权发布海事强制令，而一般的行为保全则没有这一限制。

请求权基础规范指引

《中华人民共和国海事诉讼特别程序法》（1999年）

第五十一条　海事强制令是指海事法院根据海事请求人的申请，为使其合法权益免受侵害，责令被请求人作为或者不作为的强制措施。

第五十二条　当事人在起诉前申请海事强制令，应当向海事纠纷发生地海事法院提出。

第五十三条　海事强制令不受当事人之间关于该海事请求的诉讼管辖协议或者仲裁协议的约束。

第五十四条　海事请求人申请海事强制令，应当向海事法院提交书面申请。申请书应当载明申请理由，并附有关证据。

第五十五条　海事法院受理海事强制令申请，可以责令海事请求人提供担保。海事请求人不提供的，驳回其申请。

第五十六条　作出海事强制令，应当具备下列条件：

（一）请求人有具体的海事请求；

（二）需要纠正被请求人违反法律规定或者合同约定的行为；

（三）情况紧急，不立即作出海事强制令将造成损害或者使损害扩大。

第五十七条　海事法院接受申请后，应当在四十八小时内作出裁定。裁定作出海事强制令的，应当立即执行；对不符合海事强制令条件的，裁定驳回其申请。

《最高人民法院关于适用〈中华人民共和国海事诉讼特别程序法〉若干问题的解释》（2008年12月16日修正）

第四十一条　诉讼或者仲裁前申请海事强制令的，适用海事诉讼特别程序法第五十三条的规定。

外国法院已受理相关海事案件或者有关纠纷已经提交仲裁的，当事人向中华人民共和国的海事法院提出海事强制令申请，并向法院提供可以执行海事强制令的相关证据的，海事法院应当受理。

第四十二条　海事法院根据海事诉讼特别程序法第五十七条规定，准予申请人海事强制令申请的，应当制作民事裁定书并发布海事强制令。

449. 申请海事证据保全

案由适用要点

［释义］海事证据保全系指海事法院根据海事请求人的申请，依法对有关海事请求的证据予以提取、保存或者封存的强制措施。

［管辖］根据《海事诉讼特别程序法》《最高人民法院关于适用〈中华人民共和国海事诉讼特别程序法〉若干问题的解释》以及《最高人民法院关于海事法院受理案件范围的规定》的规定，申请海事证据保全由海事法院专门管辖。

《海事诉讼特别程序法》第63条、第64条、第72条分别规定："当事人在起诉前申请海事证据保全，应当向被保全的证据所在地海事法院提出。""海事证据保全不受当事人之间关于该海事请求的诉讼管辖协议或者仲裁协议的约束。""海事证据保全后，有关海事纠纷未进入诉讼或者仲裁程序的，当事人就该海事请求，可以向采取证据保全的海事法院或者其他有管辖权的海事法院提起诉讼，但当事人之间订有诉讼管辖协议或者仲裁协议的除外。"《最高人民法院关于适用〈中华人民共和国海事诉讼特别程序法〉若干问题的解释》第47条规定："诉讼前申请海事证据保全，适用海事诉讼特别程序法第六十四条的规定。外国法院已受理相关海事案件或者有关纠纷已经提交仲裁，当事人向中华人民共和国的海事法院提出海事证据保全申请，并提供被保全的证据在中华人民共和国领域内的相关证据的，海事法院应当受理。"《最高人民法院关于海事法院受理案件范围的规定》第95条载明："申请海事证据保全案件"由海事法院受理。

［应注意的问题］本案由与第45项第二级案由即"申请保全案件"项下的有关证据保全案由系特殊与一般的关系。凡符合海事证据保全条件的，优先适用本案由。另，海事证据保全只能依海事请求人的申请作出，海事法院

不能依职权采取海事证据保全措施，而一般的证据保全没有这一限制。

请求权基础规范指引

《中华人民共和国海事诉讼特别程序法》（1999年）

第六十二条 海事证据保全是指海事法院根据海事请求人的申请，对有关海事请求的证据予以提取、保存或者封存的强制措施。

第六十三条 当事人在起诉前申请海事证据保全，应当向被保全的证据所在地海事法院提出。

第六十四条 海事证据保全不受当事人之间关于该海事请求的诉讼管辖协议或者仲裁协议的约束。

第六十五条 海事请求人申请海事证据保全，应当向海事法院提交书面申请。申请书应当载明请求保全的证据、该证据与海事请求的联系、申请理由。

第六十六条 海事法院受理海事证据保全申请，可以责令海事请求人提供担保。海事请求人不提供的，驳回其申请。

第六十七条 采取海事证据保全，应当具备下列条件：

（一）请求人是海事请求的当事人；

（二）请求保全的证据对该海事请求具有证明作用；

（三）被请求人是与请求保全的证据有关的人；

（四）情况紧急，不立即采取证据保全就会使该海事请求的证据灭失或者难以取得。

第六十八条 海事法院接受申请后，应当在四十八小时内作出裁定。裁定采取海事证据保全措施的，应当立即执行；对不符合海事证据保全条件的，裁定驳回其申请。

《最高人民法院关于适用〈中华人民共和国海事诉讼特别程序法〉若干问题的解释》（2008年12月16日修正）

第四十七条 诉讼前申请海事证据保全，适用海事诉讼特别程序法第六十四条的规定。

外国法院已受理相关海事案件或者有关纠纷已经提交仲裁，当事人向中华人民共和国的海事法院提出海事证据保全申请，并提供被保全的证据在中华人民共和国领域内的相关证据的，海事法院应当受理。

第四十八条 海事请求人申请海事证据保全，申请书除应当依照海事诉讼特别程序法第六十五条的规定载明相应内容外，还应当载明证据收集、调取的有关线索。

第四十九条 海事请求人在采取海事证据保全的海事法院提起诉讼后，可以申请复制保全的证据材料；相关海事纠纷在中华人民共和国领域内的其他海事法院或者仲裁机构受理的，受诉法院或者仲裁机构应海事请求人的申请可以申请复制保全的证据材料。

450. 申请设立海事赔偿责任限制基金

案由适用要点

［**释义**］申请设立海事赔偿责任限制基金，是指船舶所有人、承租人、经营人、救助人、保险人在发生海事事故后，可依法向海事法院申请设立海事赔偿责任限制基金。

［**管辖**］根据《海事诉讼特别程序法》《最高人民法院关于适用〈中华人民共和国海事诉讼特别程序法〉若干问题的解释》以及《最高人民法院关于海事法院受理案件范围的规定》的规定，申请设立海事赔偿责任限制基金由海事法院专门管辖。

《海事诉讼特别程序法》第 102 条、第 103 条、第 109 条分别规定：“当事人在起诉前申请设立海事赔偿责任限制基金的，应当向事故发生地、合同履行地或者船舶扣押地海事法院提出。”“设立海事赔偿责任限制基金，不受当事人之间关于诉讼管辖协议或者仲裁协议的约束。”“设立海事赔偿责任限制基金以后，当事人就有关海事纠纷应当向设立海事赔偿责任限制基金的海事法院提起诉讼，但当事人之间订有诉讼管辖协议或者仲裁协议的除外。”《最高人民法院关于适用〈中华人民共和国海事诉讼特别程序法〉若干问题的解释》第 80 条规定：“海事事故发生在中华人民共和国领域外的，船舶发生事故后进入中华人民共和国领域内的第一到达港视为海事诉讼特别程序法第一百零二条规定的事故发生地。”第 81 条规定：“当事人在诉讼中申请设立海事赔偿责任限制基金的，应当向受理相关海事纠纷案件的海事法院提出，但当事人之间订有有效诉讼管辖协议或者仲裁协议的除外。”《最高人民法院关于海事法院受理案件范围的规定》第 99 条载明：“申请设立海事赔偿责任限制基金（含油污损害赔偿责任限制基金）案件”由海事法院受理。

［**应注意的问题**］在海事赔偿责任限制的基础下，船舶所有人等责任主体有权将其依法应对受损方承担的赔偿责任限制在一个特定的范围内，从而免除超出该范围部分的赔偿责任。《海商法》第 213 条规定，责任人要求依照本法规定限制赔偿责任的，可以在有管辖权的法院设立责任限制基金。所以要注意，责任限制与责任限制基金虽有联系，但两项制度彼此独立。海事赔偿责任限制这一制度规定于我国《海商法》第 11 章，其不同于《海商法》第 56 条、第 57 条所规定的承运人的单位责任限制。单位责任限制，主要是指海上货物运输法律制度中所规定的承运人对每航次中所发生的提单项下每件或

每个其他货运单位的货物灭失或者损坏的赔偿限额。如《海商法》第56条规定，承运人对每件或者每个其他货运单位的赔偿限额为666.67计算单位，或按货物毛重计算，每公斤为2计算单位，以二者中赔偿限额较高者为准。第57条规定，承运人对货物因迟延交付造成经济损失的赔偿限额，为所迟延交付的货物的运费数额。而海事赔偿责任限制基金制度只是海事赔偿责任限制制度的一种保证制度，它是由责任人向法院提交一笔与海事赔偿责任限额等值的款项，作为分配给所有限制性债权的基金的法定过程。经法院判明责任人的相应责任且认定其符合享受责任限制条件的，方可按照有关法律规定对基金进行分配。

请求权基础规范指引

《中华人民共和国海商法》（1992年）

第二百零四条 船舶所有人、救助人，对本法第二百零七条所列海事赔偿请求，可以依照本章规定限制赔偿责任。

前款所称的船舶所有人，包括船舶承租人和船舶经营人。

第二百零五条 本法第二百零七条所列海事赔偿请求，不是向船舶所有人、救助人本人提出，而是向他们对其行为、过失负有责任的人员提出的，这些人员可以依照本章规定限制赔偿责任。

第二百零六条 被保险人依照本章规定可以限制赔偿责任的，对该海事赔偿请求承担责任的保险人，有权依照本章规定享受相同的赔偿责任限制。

第二百零七条 下列海事赔偿请求，除本法第二百零八条和第二百零九条另有规定外，无论赔偿责任的基础有何不同，责任人均可以依照本章规定限制赔偿责任：

（一）在船上发生的或者与船舶营运、救助作业直接相关的人身伤亡或者财产的灭失、损坏，包括对港口工程、港池、航道和助航设施造成的损坏，以及由此引起的相应损失的赔偿请求；

（二）海上货物运输因迟延交付或者旅客及其行李运输因迟延到达造成损失的赔偿请求；

（三）与船舶营运或者救助作业直接相关的，侵犯非合同权利的行为造成其他损失的赔偿请求；

（四）责任人以外的其他人，为避免或者减少责任人依照本章规定可以限制赔偿责任的损失而采取措施的赔偿请求，以及因此项措施造成进一步损失的赔偿请求。

前款所列赔偿请求，无论提出的方式有何不同，均可以限制赔偿责任。但是，第（四）项涉及责任人以合同约定支付的报酬，责任人的支付责任不得援用本条赔偿责任限制的规定。

《中华人民共和国海事诉讼特别程序法》（1999年）

第一百零一条　船舶所有人、承租人、经营人、救助人、保险人在发生海事事故后，依法申请责任限制的，可以向海事法院申请设立海事赔偿责任限制基金。

船舶造成油污损害的，船舶所有人及其责任保险人或者提供财务保证的其他人为取得法律规定的责任限制的权利，应当向海事法院设立油污损害的海事赔偿责任限制基金。

设立责任限制基金的申请可以在起诉前或者诉讼中提出，但最迟应当在一审判决作出前提出。

第一百零二条　当事人在起诉前申请设立海事赔偿责任限制基金的，应当向事故发生地、合同履行地或者船舶扣押地海事法院提出。

第一百零三条　设立海事赔偿责任限制基金，不受当事人之间关于诉讼管辖协议或者仲裁协议的约束。

第一百零四条　申请人向海事法院申请设立海事赔偿责任限制基金，应当提交书面申请。申请书应当载明申请设立海事赔偿责任限制基金的数额、理由，以及已知的利害关系人的名称、地址和通讯方法，并附有关证据。

第一百零五条　海事法院受理设立海事赔偿责任限制基金申请后，应当在七日内向已知的利害关系人发出通知，同时通过报纸或者其他新闻媒体发布公告。

通知和公告包括下列内容：

（一）申请人的名称；

（二）申请的事实和理由；

（三）设立海事赔偿责任限制基金事项；

（四）办理债权登记事项；

（五）需要告知的其他事项。

第一百零六条　利害关系人对申请人申请设立海事赔偿责任限制基金有异议的，应当在收到通知之日起七日内或者未收到通知的在公告之日起三十日内，以书面形式向海事法院提出。

海事法院收到利害关系人提出的书面异议后，应当进行审查，在十五日内作出裁定。异议成立的，裁定驳回申请人的申请；异议不成立的，裁定准予申请人设立海事赔偿责任限制基金。

当事人对裁定不服的，可以在收到裁定书之日起七日内提起上诉。第二审人民法院应当在收到上诉状之日起十五日内作出裁定。

第一百零七条　利害关系人在规定的期间内没有提出异议的，海事法院裁定准予申请人设立海事赔偿责任限制基金。

第一百零八条 准予申请人设立海事赔偿责任限制基金的裁定生效后，申请人应当在海事法院设立海事赔偿责任限制基金。

设立海事赔偿责任限制基金可以提供现金，也可以提供经海事法院认可的担保。

海事赔偿责任限制基金的数额，为海事赔偿责任限额和自事故发生之日起至基金设立之日止的利息。以担保方式设立基金的，担保数额为基金数额及其在基金设立期间的利息。

以现金设立基金的，基金到达海事法院指定帐户之日为基金设立之日。以担保设立基金的，海事法院接受担保之日为基金设立之日。

第一百零九条 设立海事赔偿责任限制基金以后，当事人就有关海事纠纷应当向设立海事赔偿责任限制基金的海事法院提起诉讼，但当事人之间订有诉讼管辖协议或者仲裁协议的除外。

第一百一十条 申请人申请设立海事赔偿责任限制基金错误的，应当赔偿利害关系人因此所遭受的损失。

《最高人民法院关于适用〈中华人民共和国海事诉讼特别程序法〉若干问题的解释》（2008 年 12 月 16 日修正）

第八十一条 当事人在诉讼中申请设立海事赔偿责任限制基金的，应当向受理相关海事纠纷案件的海事法院提出，但当事人之间订有有效诉讼管辖协议或者仲裁协议的除外。

第八十二条 设立海事赔偿责任限制基金应当通过报纸或者其他新闻媒体连续公告三日。如果涉及的船舶是可以航行于国际航线的，应当通过对外发行的报纸或者其他新闻媒体发布公告。

《最高人民法院关于审理海事赔偿责任限制相关纠纷案件的若干规定》（2020 年 12 月 23 日修正）

第二条 同一海事事故中，不同的责任人在起诉前依据海事诉讼特别程序法第一百零二条的规定向不同的海事法院申请设立海事赔偿责任限制基金的，后立案的海事法院应当依照民事诉讼法的规定，将案件移送先立案的海事法院管辖。

第三条 责任人在诉讼中申请设立海事赔偿责任限制基金的，应当向受理相关海事纠纷案件的海事法院提出。

相关海事纠纷由不同海事法院受理，责任人申请设立海事赔偿责任限制基金的，应当依据诉讼管辖协议向最先立案的海事法院提出；当事人之间未订立诉讼管辖协议的，向最先立案的海事法院提出。

第四条 海事赔偿责任限制基金设立后，设立基金的海事法院对海事请求人就与海事事故相关纠纷向责任人提起的诉讼具有管辖权。

海事请求人向其他海事法院提起诉讼的，受理案件的海事法院应当依照民事诉讼法的规定，将案件移送设立海事赔偿责任限制基金的海事法院，但当事人之间订有诉讼管辖协议的除外。

第五条　海事诉讼特别程序法第一百零六条第二款规定的海事法院在十五日内作出裁定的期间，自海事法院受理设立海事赔偿责任限制基金申请的最后一次公告发布之次日起第三十日开始计算。

第六条　海事诉讼特别程序法第一百一十二条规定的申请债权登记期间的届满之日，为海事法院受理设立海事赔偿责任限制基金申请的最后一次公告发布之次日起第六十日。

第七条　债权人申请登记债权，符合有关规定的，海事法院应当在海事赔偿责任限制基金设立后，依照海事诉讼特别程序法第一百一十四条的规定作出裁定；海事赔偿责任限制基金未依法设立的，海事法院应当裁定终结债权登记程序。债权人已经交纳的申请费由申请设立海事赔偿责任限制基金的人负担。

第八条　海事赔偿责任限制基金设立后，海事请求人基于责任人依法不能援引海事赔偿责任限制抗辩的海事赔偿请求，可以对责任人的财产申请保全。

第九条　海事赔偿责任限制基金设立后，海事请求人就同一海事事故产生的属于海商法第二百零七条规定的可以限制赔偿责任的海事赔偿请求，以行使船舶优先权为由申请扣押船舶的，人民法院不予支持。

第二十条　海事赔偿责任限制基金应当以人民币设立，其数额按法院准予设立基金的裁定生效之日的特别提款权对人民币的换算办法计算。

第二十一条　海商法第二百一十三条规定的利息，自海事事故发生之日起至基金设立之日止，按同期全国银行间同业拆借中心公布的贷款市场报价利率计算。

以担保方式设立海事赔偿责任限制基金的，基金设立期间的利息按同期全国银行间同业拆借中心公布的贷款市场报价利率计算。

451. 申请船舶优先权催告

案由适用要点

[释义] 申请船舶优先权催告，是指船舶转让时，受让人向海事法院申请船舶优先权催告，催促船舶优先权人及时主张权利，以便消灭该船舶附有的船舶优先权。

[管辖] 根据《海事诉讼特别程序法》以及《最高人民法院关于海事法

院受理案件范围的规定》的规定，申请船舶优先权催告由海事法院专门管辖。《海事诉讼特别程序法》第121条规定："受让人申请船舶优先权催告的，应当向转让船舶交付地或者受让人住所地海事法院提出。"《关于海事法院受理案件范围的规定》第103条载明："船舶优先权催告案件"由海事法院受理。

[应注意的问题] 船舶优先权催告程序的目的在于，清理《海商法》规定的船舶优先权。随着市场经济的发展，二手船舶交易已经十分常见。当事人在交易时不仅要注意船舶证书记载的抵押、查封等权利限制的情况，也要注意购进的船舶是否附有船舶优先权。因为船舶优先权不需要进行登记和占有，具有随船而行且无公示的特点，因此买船人就需要通过船舶优先权催告程序来保证买卖船舶的"纯洁性"。该制度既是《民事诉讼法》中公示催告程序的延伸，也有别于普通的公示催告程序。

请求权基础规范指引

《中华人民共和国海事诉讼特别程序法》（1999年）

第一百二十条 船舶转让时，受让人可以向海事法院申请船舶优先权催告，催促船舶优先权人及时主张权利，消灭该船舶附有的船舶优先权。

第一百二十一条 受让人申请船舶优先权催告的，应当向转让船舶交付地或者受让人住所地海事法院提出。

第一百二十二条 申请船舶优先权催告，应当向海事法院提交申请书、船舶转让合同、船舶技术资料等文件。申请书应当载明船舶的名称、申请船舶优先权催告的事实和理由。

第一百二十三条 海事法院在收到申请书以及有关文件后，应当进行审查，在七日内作出准予或者不准予申请的裁定。

受让人对裁定不服的，可以申请复议一次。

第一百二十四条 海事法院在准予申请的裁定生效后，应当通过报纸或者其他新闻媒体发布公告，催促船舶优先权人在催告期间主张船舶优先权。

船舶优先权催告期间为六十日。

第一百二十五条 船舶优先权催告期间，船舶优先权人主张权利的，应当在海事法院办理登记；不主张权利的，视为放弃船舶优先权。

第一百二十六条 船舶优先权催告期间届满，无人主张船舶优先权的，海事法院应当根据当事人的申请作出判决，宣告该转让船舶不附有船舶优先权。判决内容应当公告。

《最高人民法院关于适用〈中华人民共和国海事诉讼特别程序法〉若干问题的解释》（2008年12月16日修正）

第九十二条 船舶转让合同订立后船舶实际交付前，受让人即可申请船舶优先权催告。

受让人不能提供原船舶证书的，不影响船舶优先权催告申请的提出。

第九十三条 海事诉讼特别程序法第一百二十条规定的受让人指船舶转让中的买方和有买船意向的人，但受让人申请海事法院作出除权判决时，必须提交其已经实际受让船舶的证据。

第九十四条 船舶受让人对不准予船舶优先权催告申请的裁定提出复议的，海事法院应当在七日内作出复议决定。

第九十五条 海事法院准予船舶优先权催告申请的裁定生效后，应当通过报纸或者其他新闻媒体连续公告三日。优先权催告的船舶为可以航行于国际航线的，应当通过对外发行的报纸或者其他新闻媒体发布公告。

第九十六条 利害关系人在船舶优先权催告期间提出优先权主张的，海事法院应当裁定优先权催告程序终结。

452. 申请海事债权登记与受偿

案由适用要点

[**释义**] 申请海事债权登记与受偿是指海事法院强制拍卖船舶或者设立海事赔偿责任限制基金的，债权人依法定程序向海事法院申请，将与被拍卖船舶有关的债权或者与特定场合发生的海事事故有关的债权进行登记，海事法院按照《海商法》或者其他有关法律规定，裁定债权人按照一定顺序受偿的制度。

[**管辖**] 根据《最高人民法院关于适用〈中华人民共和国海事诉讼特别程序法〉若干问题的解释》以及《最高人民法院关于海事法院受理案件范围的规定》的规定，申请海事债权登记与受偿由海事法院专门管辖。

《最高人民法院关于适用〈中华人民共和国海事诉讼特别程序法〉若干问题的解释》第 89 条规定：“在债权登记前，债权人已向受理债权登记的海事法院以外的海事法院起诉的，受理案件的海事法院应当将案件移送至登记债权的海事法院一并审理，但案件已经进入二审的除外。”《最高人民法院关于海事法院受理案件范围的规定》第 100 条载明，与拍卖船舶或者设立海事赔偿责任限制基金（含油污损害赔偿责任限制基金）相关的债权登记与受偿案件由海事法院受理。

[**应注意的问题**] 与被拍卖船舶有关的债权系指与被拍卖船舶有关的海事债权，即因《海事诉讼特别程序法》第 21 条规定的海事请求引起的债权。海事债权登记与受偿程序，就是为了解决船舶被强制拍卖和设立海事赔偿责任限制基金后债权的分配问题而设立，目的在于尽快解决与被拍卖船舶或特定事故有关的债务清偿，提高司法效率。

请求权基础规范指引

《中华人民共和国海事诉讼特别程序法》（1999年）

第一百一十一条 海事法院裁定强制拍卖船舶的公告发布后，债权人应当在公告期间，就与被拍卖船舶有关的债权申请登记。公告期间届满不登记的，视为放弃在本次拍卖船舶价款中受偿的权利。

第一百一十二条 海事法院受理设立海事赔偿责任限制基金的公告发布后，债权人应当在公告期间就与特定场合发生的海事事故有关的债权申请登记。公告期间届满不登记的，视为放弃债权。

第一百一十三条 债权人向海事法院申请登记债权的，应当提交书面申请，并提供有关债权证据。

债权证据，包括证明债权的具有法律效力的判决书、裁定书、调解书、仲裁裁决书和公证债权文书，以及其他证明具有海事请求的证据材料。

第一百一十四条 海事法院应当对债权人的申请进行审查，对提供债权证据的，裁定准予登记；对不提供债权证据的，裁定驳回申请。

第一百一十五条 债权人提供证明债权的判决书、裁定书、调解书、仲裁裁决书或者公证债权文书的，海事法院经审查认定上述文书真实合法的，裁定予以确认。

第一百一十六条 债权人提供其他海事请求证据的，应当在办理债权登记以后，在受理债权登记的海事法院提起确权诉讼。当事人之间有仲裁协议的，应当及时申请仲裁。

海事法院对确权诉讼作出的判决、裁定具有法律效力，当事人不得提起上诉。

第一百一十七条 海事法院审理并确认债权后，应当向债权人发出债权人会议通知书，组织召开债权人会议。

第一百一十八条 债权人会议可以协商提出船舶价款或者海事赔偿责任限制基金的分配方案，签订受偿协议。

受偿协议经海事法院裁定认可，具有法律效力。

债权人会议协商不成的，由海事法院依照《中华人民共和国海商法》以及其他有关法律规定的受偿顺序，裁定船舶价款或者海事赔偿责任限制基金的分配方案。

第一百一十九条 拍卖船舶所得价款及其利息，或者海事赔偿责任限制基金及其利息，应当一并予以分配。

分配船舶价款时，应当由责任人承担的诉讼费用，为保存、拍卖船舶和分配船舶价款产生的费用，以及为债权人的共同利益支付的其他费用，应当从船舶价款中先行拨付。

清偿债务后的余款，应当退还船舶原所有人或者海事赔偿责任限制基金设立人。

《最高人民法院关于适用〈中华人民共和国海事诉讼特别程序法〉若干问题的解释》（2008 年 12 月 16 日修正）

第八十七条　海事诉讼特别程序法第一百一十一条规定的与被拍卖船舶有关的债权指与被拍卖船舶有关的海事债权。

第八十八条　海事诉讼特别程序法第一百一十五条规定的判决书、裁定书、调解书和仲裁裁决书指我国国内的判决书、裁定书、调解书和仲裁裁决书。对于债权人提供的国外的判决书、裁定书、调解书和仲裁裁决书，适用民事诉讼法第二百六十六条和第二百六十七条规定的程序审查。

第八十九条　在债权登记前，债权人已向受理债权登记的海事法院以外的海事法院起诉的，受理案件的海事法院应当将案件移送至登记债权的海事法院一并审理，但案件已经进入二审的除外。

第九十条　债权人依据海事诉讼特别程序法第一百一十六条规定向受理债权登记的海事法院提起确权诉讼的，应当在办理债权登记后七日内提起。

第九十一条　海事诉讼特别程序法第一百一十九条第二款规定的三项费用按顺序拨付。

五十、申请承认与执行法院判决、仲裁裁决案件

453. 申请执行海事仲裁裁决

案由适用要点

[释义] 海事仲裁裁决，是海事仲裁机构就海事侵权纠纷、海商合同纠纷以及法律规定的其他海事纠纷作出的裁决。申请执行海事仲裁裁决是指海事仲裁案件的当事人通过法定程序向人民法院提出申请，对海事仲裁裁决予以执行。

[管辖] 根据《海事诉讼特别程序法》第 11 条以及《最高人民法院关于适用〈中华人民共和国海事诉讼特别程序法〉若干问题的解释》第 13 条的规定，当事人申请执行海事仲裁裁决，申请承认和执行国外海事仲裁裁决的，由被执行的财产所在地或者被执行人住所地的海事法院管辖；被执行的财产所在地或者被执行人住所地没有海事法院的，向被执行的财产所在地或者被执行人住所地的中级人民法院提出。需要注意的是，被执行的财产为船舶的，无论该船舶是否在海事法院管辖区域范围内，均由海事法院管辖。船

舶所在地没有海事法院的，由就近的海事法院管辖。另外，涉及海事海商纠纷仲裁协议效力的案件，由仲裁协议约定的仲裁机构所在地、仲裁协议签订地、申请人住所地、被申请人住所地的海事法院管辖；上述地点没有海事法院的，由就近的海事法院管辖。

两个以上海事法院都有管辖权的诉讼，原告可以向其中一个海事法院起诉；原告向两个以上有管辖权的海事法院起诉的，由最先立案的海事法院管辖。海事法院之间因管辖权发生争议，由争议双方协商解决；协商解决不了的，报请最高人民法院指定管辖。

［**应注意的问题**］本案由所指的海事仲裁裁决仅包括我国海事仲裁机构作出的非涉外海事仲裁裁决和涉外海事仲裁裁决，不包括港澳台地区和外国海事仲裁机构在我国境外依据港澳台地区和外国相关规定作出的海事仲裁裁决。如果是当事人申请执行港澳台地区海事仲裁裁决和外国海事仲裁裁决，应当先向人民法院申请认可或者承认，然后才能向人民法院申请执行，应当适用第457条、第459条、第461条、第463条案由。

请求权基础规范指引

《中华人民共和国海事诉讼特别程序法》（1999年）

第十一条 当事人申请执行海事仲裁裁决，申请承认和执行外国法院判决、裁定以及国外海事仲裁裁决的，向被执行的财产所在地或者被执行人住所地海事法院提出。被执行的财产所在地或者被执行人住所地没有海事法院的，向被执行的财产所在地或者被执行人住所地的中级人民法院提出。

《中华人民共和国仲裁法》（2017年修正）

第六十二条 当事人应当履行裁决。一方当事人不履行的，另一方当事人可以依照民事诉讼法的有关规定向人民法院申请执行。受申请的人民法院应当执行。

第七十二条 涉外仲裁委员会作出的发生法律效力的仲裁裁决，当事人请求执行的，如果被执行人或者其财产不在中华人民共和国领域内，应当由当事人直接向有管辖权的外国法院申请承认和执行。

《中华人民共和国民事诉讼法》（2023年修正）

第二百九十条 经中华人民共和国涉外仲裁机构裁决的，当事人不得向人民法院起诉。一方当事人不履行仲裁裁决的，对方当事人可以向被申请人住所地或者财产所在地的中级人民法院申请执行。

《最高人民法院关于适用〈中华人民共和国海事诉讼特别程序法〉若干问题的解释》（2008年12月16日修正）

第十三条 当事人根据海事诉讼特别程序法第十一条的规定申请执行海事仲裁裁决，申请承认和执行国外海事仲裁裁决的，由被执行的财产所在地或者被执行人住所地的海事法院管辖；被执行的财产为船舶的，无论该船舶是否在海事法院管辖区域范围内，均由海事法院管辖。船舶所在地没有海事法院的，由就近的海事法院管辖。

前款所称财产所在地和被执行人住所地是指海事法院行使管辖权的地域。

第十四条　认定海事仲裁协议效力案件，由被申请人住所地、合同履行地或者约定的仲裁机构所在地的海事法院管辖。

《最高人民法院关于仲裁司法审查案件报核问题的有关规定》（2021 年 12 月 24 日修正）

第二条　各中级人民法院或者专门人民法院办理涉外涉港澳台仲裁司法审查案件，经审查拟认定仲裁协议无效，不予执行或者撤销我国内地仲裁机构的仲裁裁决，不予认可和执行香港特别行政区、澳门特别行政区、台湾地区仲裁裁决，不予承认和执行外国仲裁裁决，应当向本辖区所属高级人民法院报核；高级人民法院经审查拟同意的，应当向最高人民法院报核。待最高人民法院审核后，方可依最高人民法院的审核意见作出裁定。

各中级人民法院或者专门人民法院办理非涉外涉港澳台仲裁司法审查案件，经审查拟认定仲裁协议无效，不予执行或者撤销我国内地仲裁机构的仲裁裁决，应当向本辖区所属高级人民法院报核；待高级人民法院审核后，方可依高级人民法院的审核意见作出裁定。

《最高人民法院关于审理仲裁司法审查案件若干问题的规定》（法释〔2017〕22 号　2017 年 12 月 26 日）

第二条　申请确认仲裁协议效力的案件，由仲裁协议约定的仲裁机构所在地、仲裁协议签订地、申请人住所地、被申请人住所地的中级人民法院或者专门人民法院管辖。

涉及海事海商纠纷仲裁协议效力的案件，由仲裁协议约定的仲裁机构所在地、仲裁协议签订地、申请人住所地、被申请人住所地的海事法院管辖；上述地点没有海事法院的，由就近的海事法院管辖。

第四条　申请人向两个以上有管辖权的人民法院提出申请的，由最先立案的人民法院管辖。

第六条　申请人向人民法院申请执行或者撤销我国内地仲裁机构的仲裁裁决、申请承认和执行外国仲裁裁决的，应当提交申请书及裁决书正本或者经证明无误的副本。

申请书应当载明下列事项：

（一）申请人或者被申请人为自然人的，应当载明其姓名、性别、出生日期、国籍及住所；为法人或者其他组织的，应当载明其名称、住所以及法定代表人或者代表人的姓名和职务；

（二）裁决书的主要内容及生效日期；

（三）具体的请求和理由。

当事人提交的外文申请书、裁决书及其他文件，应当附有中文译本。

第七条 申请人提交的文件不符合第五条、第六条的规定，经人民法院释明后提交的文件仍然不符合规定的，裁定不予受理。

申请人向对案件不具有管辖权的人民法院提出申请，人民法院应当告知其向有管辖权的人民法院提出申请，申请人仍不变更申请的，裁定不予受理。

申请人对不予受理的裁定不服的，可以提起上诉。

454. 申请执行知识产权仲裁裁决

案由适用要点

［**释义**］申请执行知识产权仲裁裁决，是指当事人向人民法院申请执行国内仲裁机构就知识产权合同争议和部分知识产权侵权纠纷所作出的裁决，包括国内仲裁机构作出的涉外知识产权仲裁裁决。

［**管辖**］关于申请执行知识产权仲裁裁决案件的管辖，没有特殊的法律规定。根据《仲裁法》的规定，当事人申请执行仲裁裁决案件，由被执行人住所地或者被执行的财产所在地的中级人民法院管辖。同时，根据《最高人民法院关于审理仲裁司法审查案件若干问题的规定》，申请确认仲裁协议效力的案件，由仲裁协议约定的仲裁机构所在地、仲裁协议签订地、申请人住所地、被申请人住所地的中级人民法院或者专门人民法院管辖。申请人向两个以上有管辖权的人民法院提出申请的，由最先立案的人民法院管辖。申请人向对案件不具有管辖权的人民法院提出申请，人民法院应当告知其向有管辖权的人民法院提出申请，申请人仍不变更申请的，裁定不予受理。申请人对不予受理的裁定不服的，可以提起上诉。人民法院立案后发现不符合受理条件的，裁定驳回申请，对于裁定驳回申请的案件，申请人再次申请并符合受理条件的，人民法院应予受理。当事人对驳回申请的裁定不服的，可以提起上诉。

［**应注意的问题**］近年来，国内仲裁机构受理的知识产权案件不断增加，但是，需要注意的是，并非所有的知识产权纠纷都可以仲裁。根据《著作权法》和《仲裁法》的规定，平等主体的公民、法人和非法人组织之间发生的知识产权合同纠纷及事后达成仲裁协议的侵权纠纷，可以选择仲裁。比如，专利权、商标权、著作权、商业秘密的转让和使用许可合同，植物新品种合同，集成电路布图设计合同，技术开发合同，技术转让合同，技术咨询合同，技术服务合同，知识产权质押合同及其他知识产权类合同等；还比

如，侵犯专利权、商标权、著作权、商业秘密等侵权纠纷。但是，关于专利、商标有效性的行政案件，在我国仍然不能通过仲裁解决。

需要注意的是，申请执行知识产权仲裁裁决这一案由仅适用于我国国内仲裁机构作出的知识产权仲裁裁决，不包括港澳台地区仲裁机构和外国仲裁机构依据港澳台地区和外国相关规定所作出的仲裁裁决。另外，申请执行知识产权仲裁裁决，不存在需要人民法院认可的问题，而是可以直接向人民法院申请执行。

请求权基础规范指引

《中华人民共和国仲裁法》（2017 年修正）

第六十二条 当事人应当履行裁决。一方当事人不履行的，另一方当事人可以依照民事诉讼法的有关规定向人民法院申请执行。受申请的人民法院应当执行。

第六十三条 被申请人提出证据证明裁决有民事诉讼法第二百一十三条第二款①规定的情形之一的，经人民法院组成合议庭审查核实，裁定不予执行。

第六十四条 一方当事人申请执行裁决，另一方当事人申请撤销裁决的，人民法院应当裁定中止执行。

人民法院裁定撤销裁决的，应当裁定终结执行。撤销裁决的申请被裁定驳回的，人民法院应当裁定恢复执行。

《中华人民共和国民事诉讼法》（2023 年修正）

第二百九十一条 对中华人民共和国涉外仲裁机构作出的裁决，被申请人提出证据证明仲裁裁决有下列情形之一的，经人民法院组成合议庭审查核实，裁定不予执行：

（一）当事人在合同中没有订有仲裁条款或者事后没有达成书面仲裁协议的；

（二）被申请人没有得到指定仲裁员或者进行仲裁程序的通知，或者由于其他不属于被申请人负责的原因未能陈述意见的；

（三）仲裁庭的组成或者仲裁的程序与仲裁规则不符的；

（四）裁决的事项不属于仲裁协议的范围或者仲裁机构无权仲裁的。

人民法院认定执行该裁决违背社会公共利益的，裁定不予执行。

---

① 现为《民事诉讼法》（2023 年修正）第二百四十八条。

455. 申请执行涉外仲裁裁决

案由适用要点

[释义] 申请执行涉外仲裁裁决是指当事人向人民法院申请执行中华人民共和国涉外仲裁机构作出的裁决。

[管辖] 根据《民事诉讼法》第290条的规定，一方当事人不履行涉外仲裁裁决的，对方当事人可以向被申请人住所地或者财产所在地的中级人民法院申请执行。

[应注意的问题] 关于“涉外仲裁裁决”，本指中华人民共和国涉外仲裁机构作出的裁决。但如前所述，我国实际上已不存在专门的涉外仲裁机构。因此，判断“涉外仲裁裁决”，主要看纠纷是否具有涉外因素。对涉外因素的把握，一般是看当事人、争议标的物以及产生、变更、终止法律关系的法律事实三个因素，这三个方面只要有一项是境外的，即认为该纠纷是具有涉外因素的纠纷。

由于涉外仲裁裁决是我国仲裁机构作出的裁决，其与外国仲裁裁决以及港澳台地区仲裁裁决相比，不需要向人民法院申请承认或者认可，可以直接向人民法院申请执行。同时，涉外仲裁裁决也不同于我国内地仲裁机构作出的非涉外仲裁裁决。其中，最大的区别在于审查的法律依据不同，即人民法院对申请执行我国内地仲裁机构作出的非涉外仲裁裁决案件的审查，适用《民事诉讼法》第248条的规定；人民法院对申请执行我国内地仲裁机构作出的涉外仲裁裁决案件的审查，适用《民事诉讼法》第291条的规定。对涉外仲裁裁决，被申请人提出证据证明仲裁裁决有《民事诉讼法》第291条规定情形之一的，经人民法院组成合议庭审查核实，裁定不予执行。

请求权基础规范指引

《中华人民共和国仲裁法》（2017年修正）

第七十条 当事人提出证据证明涉外仲裁裁决有民事诉讼法第二百五十八条第一款[①]规定的情形之一的，经人民法院组成合议庭审查核实，裁定撤销。第七十一条 被申请人提出证据证明涉外仲裁裁决有民事诉讼法第二百五十八条第一款[②]规定的情形之一的，经人民法院组成合议庭审查核实，裁定不予执行。

---

① 现为《民事诉讼法》（2023年修正）第二百九十一条第一款。

② 现为《民事诉讼法》（2023年修正）第二百九十一条第一款。

第七十二条　涉外仲裁委员会作出的发生法律效力的仲裁裁决，当事人请求执行的，如果被执行人或者其财产不在中华人民共和国领域内，应当由当事人直接向有管辖权的外国法院申请承认和执行。

《中华人民共和国民事诉讼法》（2023年修正）

第二百八十八条　涉外经济贸易、运输和海事中发生的纠纷，当事人在合同中订有仲裁条款或者事后达成书面仲裁协议，提交中华人民共和国涉外仲裁机构或者其他仲裁机构仲裁的，当事人不得向人民法院起诉。

当事人在合同中没有订有仲裁条款或者事后没有达成书面仲裁协议的，可以向人民法院起诉。

第二百八十九条　当事人申请采取保全的，中华人民共和国的涉外仲裁机构应当将当事人的申请，提交被申请人住所地或者财产所在地的中级人民法院裁定。

第二百九十条　经中华人民共和国涉外仲裁机构裁决的，当事人不得向人民法院起诉。一方当事人不履行仲裁裁决的，对方当事人可以向被申请人住所地或者财产所在地的中级人民法院申请执行。

第二百九十一条　对中华人民共和国涉外仲裁机构作出的裁决，被申请人提出证据证明仲裁裁决有下列情形之一的，经人民法院组成合议庭审查核实，裁定不予执行：

（一）当事人在合同中没有订有仲裁条款或者事后没有达成书面仲裁协议的；

（二）被申请人没有得到指定仲裁员或者进行仲裁程序的通知，或者由于其他不属于被申请人负责的原因未能陈述意见的；

（三）仲裁庭的组成或者仲裁的程序与仲裁规则不符的；

（四）裁决的事项不属于仲裁协议的范围或者仲裁机构无权仲裁的。

人民法院认定执行该裁决违背社会公共利益的，裁定不予执行。

456. 申请认可和执行香港特别行政区法院民事判决

案由适用要点

[释义] 申请认可和执行香港特别行政区法院民事判决是指当事人向内地人民法院提出申请，请求认可和执行香港特别行政区法院作出的民商事案件判决。

[管辖] 当事人向内地人民法院申请认可和执行香港特别行政区法院民事判决，系依据内地与香港特别行政区签署的两个司法协助安排，分别是2017年签署、2022年生效的《最高人民法院关于内地与香港特别行政区法院相互

认可和执行婚姻家庭民事案件判决的安排》（以下简称《婚姻家事安排》）、2019年签署2024年生效的《最高人民法院关于内地与香港特别行政区法院相互认可和执行民商事案件判决的安排》（以下简称《判决互认安排》）。这三个安排分别适用于不同的民商事案件，有关管辖的规定也略有不同。

当事人依据《婚姻家事安排》请求内地人民法院认可和执行香港特别行政区法院民事判决的，应当向申请人住所地、经常居住地或者被申请人住所地、经常居住地、财产所在地的中级人民法院提出。当事人向两个以上有管辖权的人民法院提出申请的，由最先立案的人民法院管辖。

当事人依据《判决互认安排》请求内地人民法院认可和执行香港特别行政区法院民事判决的，应当向申请人住所地或者被申请人住所地、财产所在地的中级人民法院提出。当事人向两个以上有管辖权的人民法院提出申请的，由最先立案的人民法院管辖。

[应注意的问题] 内地与香港特别行政区属于一国之内不同的法域，一地法院的判决并不当然在另一地发生法律效力。为促进两地民商事案件判决的相互认可和执行，内地与香港特别行政区依据《香港特别行政区基本法》签署了《婚姻家事安排》《判决互认安排》，再分别在内地由最高人民法院发布司法解释、在香港特别行政区由特区立法机关制定或修改法律予以落实。即使以上三个安排均已生效，也并不意味着香港特别行政区所有的民商事案件判决均可以申请内地人民法院认可和执行。比如，裁判分居案件；继承案件、有关遗产管理或者分配的案件；有关标准专利、短期专利侵权的案件；有关确认标准必要专利许可费率的案件；海洋环境污染、海事索赔责任限制、共同海损、紧急拖航和救助、船舶优先权、海上旅客运输案件等，尚不能向内地人民法院申请认可和执行。

请求权基础规范指引

《最高人民法院关于内地与香港特别行政区法院相互认可和执行婚姻家庭民事案件判决的安排》（法释〔2022〕4号　2022年2月14日）

第一条　当事人向香港特别行政区法院申请认可和执行内地人民法院就婚姻家庭民事案件作出的生效判决，或者向内地人民法院申请认可和执行香港特别行政区法院就婚姻家庭民事案件作出的生效判决的，适用本安排。

当事人向香港特别行政区法院申请认可内地民政部门所发的离婚证，或者向内地人民法院申请认可依据《婚姻制度改革条例》（香港法例第178章）第V部、第VA部规定解除婚姻的协议书、备忘录的，参照适用本安排。

第二条　本安排所称生效判决：

（一）在内地，是指第二审判决，依法不准上诉或者超过法定期限没有上诉的第一审判决，以及依照审判监督程序作出的上述判决；

（二）在香港特别行政区，是指终审法院、高等法院上诉法庭及原讼法庭和区域法院作出的已经发生法律效力的判决，包括依据香港法律可以在生效后作出更改的命令。

前款所称判决，在内地包括判决、裁定、调解书，在香港特别行政区包括判决、命令、判令、讼费评定证明书、定额讼费证明书，但不包括双方依据其法律承认的其他国家和地区法院作出的判决。

第三条 本安排所称婚姻家庭民事案件：

（一）在内地是指：

1. 婚内夫妻财产分割纠纷案件；
2. 离婚纠纷案件；
3. 离婚后财产纠纷案件；
4. 婚姻无效纠纷案件；
5. 撤销婚姻纠纷案件；
6. 夫妻财产约定纠纷案件；
7. 同居关系子女抚养纠纷案件；
8. 亲子关系确认纠纷案件；
9. 抚养纠纷案件；
10. 扶养纠纷案件（限于夫妻之间扶养纠纷）；
11. 确认收养关系纠纷案件；
12. 监护权纠纷案件（限于未成年子女监护权纠纷）；
13. 探望权纠纷案件；
14. 申请人身安全保护令案件。

（二）在香港特别行政区是指：

1. 依据香港法例第 179 章《婚姻诉讼条例》第 III 部作出的离婚绝对判令；

2. 依据香港法例第 179 章《婚姻诉讼条例》第 IV 部作出的婚姻无效绝对判令；

3. 依据香港法例第 192 章《婚姻法律程序与财产条例》作出的在讼案待决期间提供赡养费令；

4. 依据香港法例第 13 章《未成年人监护条例》、第 16 章《分居令及赡养令条例》、第 192 章《婚姻法律程序与财产条例》第 II 部、第 IIA 部作出的赡养令；

5. 依据香港法例第 13 章《未成年人监护条例》、第 192 章《婚姻法律程序与财产条例》第 II 部、第 IIA 部作出的财产转让及出售财产令；

6. 依据香港法例第 182 章《已婚者地位条例》作出的有关财产的命令；

7. 依据香港法例第 192 章《婚姻法律程序与财产条例》在双方在生时作出的修改赡养协议的命令；

8. 依据香港法例第 290 章《领养条例》作出的领养令；

9. 依据香港法例第 179 章《婚姻诉讼条例》、第 429 章《父母与子女条例》作出的父母身份、婚生地位或者确立婚生地位的宣告；

10. 依据香港法例第 13 章《未成年人监护条例》、第 16 章《分居令及赡养令条例》、第 192 章《婚姻法律程序与财产条例》作出的管养令；

11. 就受香港法院监护的未成年子女作出的管养令；

12. 依据香港法例第 189 章《家庭及同居关系暴力条例》作出的禁制骚扰令、驱逐令、重返令或者更改、暂停执行就未成年子女的管养令、探视令。

第四条 申请认可和执行本安排规定的判决：

（一）在内地向申请人住所地、经常居住地或者被申请人住所地、经常居住地、财产所在地的中级人民法院提出；

（二）在香港特别行政区向区域法院提出。

申请人应当向符合前款第一项规定的其中一个人民法院提出申请。向两个以上有管辖权的人民法院提出申请的，由最先立案的人民法院管辖。

第五条 申请认可和执行本安排第一条第一款规定的判决的，应当提交下列材料：

（一）申请书；

（二）经作出生效判决的法院盖章的判决副本；

（三）作出生效判决的法院出具的证明书，证明该判决属于本安排规定的婚姻家庭民事案件生效判决；

（四）判决为缺席判决的，应当提交法院已经合法传唤当事人的证明文件，但判决已经对此予以明确说明或者缺席方提出申请的除外；

（五）经公证的身份证件复印件。

申请认可本安排第一条第二款规定的离婚证或者协议书、备忘录的，应当提交下列材料：

（一）申请书；

（二）经公证的离婚证复印件，或者经公证的协议书、备忘录复印件；

（三）经公证的身份证件复印件。

向内地人民法院提交的文件没有中文文本的，应当提交准确的中文译本。

第六条 申请书应当载明下列事项：

（一）当事人的基本情况，包括姓名、住所、身份证件信息、通讯方式等；

（二）请求事项和理由，申请执行的，还需提供被申请人的财产状况和财产所在地；

（三）判决是否已在其他法院申请执行和执行情况。

第七条　申请认可和执行判决的期间、程序和方式，应当依据被请求方法律的规定。

第八条　法院应当尽快审查认可和执行的请求，并作出裁定或者命令。

第九条　申请认可和执行的判决，被申请人提供证据证明有下列情形之一的，法院审查核实后，不予认可和执行：

（一）根据原审法院地法律，被申请人未经合法传唤，或者虽经合法传唤但未获得合理的陈述、辩论机会的；

（二）判决是以欺诈方法取得的；

（三）被请求方法院受理相关诉讼后，请求方法院又受理就同一争议提起的诉讼并作出判决的；

（四）被请求方法院已经就同一争议作出判决，或者已经认可和执行其他国家和地区法院就同一争议所作出的判决的。

内地人民法院认为认可和执行香港特别行政区法院判决明显违反内地法律的基本原则或者社会公共利益，香港特别行政区法院认为认可和执行内地人民法院判决明显违反香港特别行政区法律的基本原则或者公共政策的，不予认可和执行。

申请认可和执行的判决涉及未成年子女的，在根据前款规定审查决定是否认可和执行时，应当充分考虑未成年子女的最佳利益。

第十条　被请求方法院不能对判决的全部判项予以认可和执行时，可以认可和执行其中的部分判项。

第十一条　对于香港特别行政区法院作出的判决，一方当事人已经提出上诉，内地人民法院审查核实后，可以中止认可和执行程序。经上诉，维持全部或者部分原判决的，恢复认可和执行程序；完全改变原判决的，终止认可和执行程序。

内地人民法院就已经作出的判决裁定再审的，香港特别行政区法院审查核实后，可以中止认可和执行程序。经再审，维持全部或者部分原判决的，恢复认可和执行程序；完全改变原判决的，终止认可和执行程序。

第十二条　在本安排下，内地人民法院作出的有关财产归一方所有的判项，在香港特别行政区将被视为命令一方向另一方转让该财产。

第十三条　被申请人在内地和香港特别行政区均有可供执行财产的，申请人可以分别向两地法院申请执行。

两地法院执行财产的总额不得超过判决确定的数额。应对方法院要求，两地法院应当相互提供本院执行判决的情况。

第十四条 内地与香港特别行政区法院相互认可和执行的财产给付范围，包括判决确定的给付财产和相应的利息、迟延履行金、诉讼费，不包括税收、罚款。

前款所称诉讼费，在香港特别行政区是指讼费评定证明书、定额讼费证明书核定或者命令支付的费用。

第十五条 被请求方法院就认可和执行的申请作出裁定或者命令后，当事人不服的，在内地可以于裁定送达之日起十日内向上一级人民法院申请复议，在香港特别行政区可以依据其法律规定提出上诉。

第十六条 在审理婚姻家庭民事案件期间，当事人申请认可和执行另一地法院就同一争议作出的判决的，应当受理。受理后，有关诉讼应当中止，待就认可和执行的申请作出裁定或者命令后，再视情终止或者恢复诉讼。

第十七条 审查认可和执行判决申请期间，当事人就同一争议提起诉讼的，不予受理；已经受理的，驳回起诉。

判决获得认可和执行后，当事人又就同一争议提起诉讼的，不予受理。

判决未获认可和执行的，申请人不得再次申请认可和执行，但可以就同一争议向被请求方法院提起诉讼。

第十八条 被请求方法院在受理认可和执行判决的申请之前或者之后，可以依据其法律规定采取保全或者强制措施。

第十九条 申请认可和执行判决的，应当依据被请求方有关诉讼收费的法律和规定交纳费用。

第二十条 内地与香港特别行政区法院自本安排生效之日起作出的判决，适用本安排。

第二十一条 本安排在执行过程中遇有问题或者需要修改的，由最高人民法院和香港特别行政区政府协商解决。

第二十二条 本安排自2022年2月15日起施行。

《最高人民法院关于内地与香港特别行政区法院相互认可和执行民商事案件判决的安排》（法释〔2024〕2号 2024年1月25日）

第一条 内地与香港特别行政区法院民商事案件生效判决的相互认可和执行，适用本安排。

刑事案件中有关民事赔偿的生效判决的相互认可和执行，亦适用本安排。

第二条 本安排所称“民商事案件”是指依据内地和香港特别行政区法律均属于民商事性质的案件，不包括香港特别行政区法院审理的司法复核案件以及其他因行使行政权力直接引发的案件。

第三条 本安排暂不适用于就下列民商事案件作出的判决：

（一）内地人民法院审理的赡养、兄弟姐妹之间扶养、解除收养关系、成年人监护权、离婚后损害责任、同居关系析产案件，香港特别行政区法院审理的应否裁判分居的案件；

（二）继承案件、遗产管理或者分配的案件；

（三）内地人民法院审理的有关发明专利、实用新型专利侵权的案件，香港特别行政区法院审理的有关标准专利（包括原授专利）、短期专利侵权的案件，内地与香港特别行政区法院审理的有关确认标准必要专利许可费率的案件，以及有关本安排第五条未规定的知识产权案件；

（四）海洋环境污染、海事索赔责任限制、共同海损、紧急拖航和救助、船舶优先权、海上旅客运输案件；

（五）破产（清盘）案件；

（六）确定选民资格、宣告自然人失踪或者死亡、认定自然人限制或者无民事行为能力的案件；

（七）确认仲裁协议效力、撤销仲裁裁决案件；

（八）认可和执行其他国家和地区判决、仲裁裁决的案件。

第四条　本安排所称“判决”，在内地包括判决、裁定、调解书、支付令，不包括保全裁定；在香港特别行政区包括判决、命令、判令、讼费评定证明书，不包括禁诉令、临时济助命令。

本安排所称“生效判决”：

（一）在内地，是指第二审判决，依法不准上诉或者超过法定期限没有上诉的第一审判决，以及依照审判监督程序作出的上述判决；

（二）在香港特别行政区，是指终审法院、高等法院上诉法庭及原讼法庭、区域法院以及劳资审裁处、土地审裁处、小额钱债审裁处、竞争事务审裁处作出的已经发生法律效力的判决。

第五条　本安排所称“知识产权”是指《与贸易有关的知识产权协定》第一条第二款规定的知识产权，以及《中华人民共和国民法典》第一百二十三条第二款第七项、香港《植物品种保护条例》规定的权利人就植物新品种享有的知识产权。

第六条　本安排所称“住所地”，当事人为自然人的，是指户籍所在地或者永久性居民身份所在地、经常居住地；当事人为法人或者其他组织的，是指注册地或者登记地、主要办事机构所在地、主要营业地、主要管理地。

第七条　申请认可和执行本安排规定的判决：

（一）在内地，向申请人住所地或者被申请人住所地、财产所在地的中级人民法院提出；

（二）在香港特别行政区，向高等法院提出。

申请人应当向符合前款第一项规定的其中一个人民法院提出申请。向两个以上有管辖权的人民法院提出申请的，由最先立案的人民法院管辖。

第八条 申请认可和执行本安排规定的判决，应当提交下列材料：

（一）申请书；

（二）经作出生效判决的法院盖章的判决副本；

（三）作出生效判决的法院出具的证明书，证明该判决属于生效判决，判决有执行内容的，还应当证明在原审法院地可以执行；

（四）判决为缺席判决的，应当提交已经合法传唤当事人的证明文件，但判决已经对此予以明确说明或者缺席方提出认可和执行申请的除外；

（五）身份证明材料：

1. 申请人为自然人的，应当提交身份证件复印件；

2. 申请人为法人或者其他组织的，应当提交注册登记证书的复印件以及法定代表人或者主要负责人的身份证件复印件。

上述身份证明材料，在被请求方境外形成的，应当依据被请求方法律规定办理证明手续。

向内地人民法院提交的文件没有中文文本的，应当提交准确的中文译本。

第九条 申请书应当载明下列事项：

（一）当事人的基本情况：当事人为自然人的，包括姓名、住所、身份证件信息、通讯方式等；当事人为法人或者其他组织的，包括名称、住所及其法定代表人或者主要负责人的姓名、职务、住所、身份证件信息、通讯方式等；

（二）请求事项和理由；申请执行的，还需提供被申请人的财产状况和财产所在地；

（三）判决是否已在其他法院申请执行以及执行情况。

第十条 申请认可和执行判决的期间、程序和方式，应当依据被请求方法律的规定。

第十一条 符合下列情形之一，且依据被请求方法律有关诉讼不属于被请求方法院专属管辖的，被请求方法院应当认定原审法院具有管辖权：

（一）原审法院受理案件时，被告住所地在该方境内；

（二）原审法院受理案件时，被告在该方境内设有代表机构、分支机构、办事处、营业所等不属于独立法人的机构，且诉讼请求是基于该机构的活动；

（三）因合同纠纷提起的诉讼，合同履行地在该方境内；

（四）因侵权行为提起的诉讼，侵权行为实施地在该方境内；

（五）合同纠纷或者其他财产权益纠纷的当事人以书面形式约定由原审法院地管辖，但各方当事人住所地均在被请求方境内的，原审法院地应系合同履行地、合同签订地、标的物所在地等与争议有实际联系地；

（六）当事人未对原审法院提出管辖权异议并应诉答辩，但各方当事人住所地均在被请求方境内的，原审法院地应系合同履行地、合同签订地、标的物所在地等与争议有实际联系地。

前款所称“书面形式”是指合同书、信件和数据电文（包括电报、电传、传真、电子数据交换和电子邮件）等可以有形地表现所载内容的形式。

知识产权侵权纠纷案件以及内地人民法院审理的《中华人民共和国反不正当竞争法》第六条规定的不正当竞争纠纷民事案件、香港特别行政区法院审理的假冒纠纷案件，侵权、不正当竞争、假冒行为实施地在原审法院地境内，且涉案知识产权权利、权益在该方境内依法应予保护的，才应当认定原审法院具有管辖权。

除第一款、第三款规定外，被请求方法院认为原审法院对于有关诉讼的管辖符合被请求方法律规定的，可以认定原审法院具有管辖权。

第十二条 申请认可和执行的判决，被申请人提供证据证明有下列情形之一的，被请求方法院审查核实后，应当不予认可和执行：

（一）原审法院对有关诉讼的管辖不符合本安排第十一条规定的；

（二）依据原审法院地法律，被申请人未经合法传唤，或者虽经合法传唤但未获得合理的陈述、辩论机会的；

（三）判决是以欺诈方法取得的；

（四）被请求方法院受理相关诉讼后，原审法院又受理就同一争议提起的诉讼并作出判决的；

（五）被请求方法院已经就同一争议作出判决，或者已经认可其他国家和地区就同一争议作出的判决的；

（六）被请求方已经就同一争议作出仲裁裁决，或者已经认可其他国家和地区就同一争议作出的仲裁裁决的。

内地人民法院认为认可和执行香港特别行政区法院判决明显违反内地法律的基本原则或者社会公共利益，香港特别行政区法院认为认可和执行内地人民法院判决明显违反香港特别行政区法律的基本原则或者公共政策的，应当不予认可和执行。

第十三条 申请认可和执行的判决，被申请人提供证据证明在原审法院进行的诉讼违反了当事人就同一争议订立的有效仲裁协议或者管辖协议的，被请求方法院审查核实后，可以不予认可和执行。

第十四条 被请求方法院不能仅因判决的先决问题不属于本安排适用范围，而拒绝认可和执行该判决。

第十五条 对于原审法院就知识产权有效性、是否成立或者存在作出的判项，不予认可和执行，但基于该判项作出的有关责任承担的判项符合本安排规定的，应当认可和执行。

第十六条 相互认可和执行的判决内容包括金钱判项、非金钱判项。

判决包括惩罚性赔偿的，不予认可和执行惩罚性赔偿部分，但本安排第十七条规定的除外。

第十七条 知识产权侵权纠纷案件以及内地人民法院审理的《中华人民共和国反不正当竞争法》第六条规定的不正当竞争纠纷民事案件、香港特别行政区法院审理的假冒纠纷案件，内地与香港特别行政区法院相互认可和执行判决的，限于根据原审法院地发生的侵权行为所确定的金钱判项，包括惩罚性赔偿部分。

有关商业秘密侵权纠纷案件判决的相互认可和执行，包括金钱判项（含惩罚性赔偿）、非金钱判项。

第十八条 内地与香港特别行政区法院相互认可和执行的财产给付范围，包括判决确定的给付财产和相应的利息、诉讼费、迟延履行金、迟延履行利息，不包括税收、罚款。

前款所称“诉讼费”，在香港特别行政区是指讼费评定证明书核定或者命令支付的费用。

第十九条 被请求方法院不能认可和执行判决全部判项的，可以认可和执行其中的部分判项。

第二十条 对于香港特别行政区法院作出的判决，一方当事人已经提出上诉，内地人民法院审查核实后，中止认可和执行程序。经上诉，维持全部或者部分原判决的，恢复认可和执行程序；完全改变原判决的，终止认可和执行程序。

内地人民法院就已经作出的判决裁定再审的，香港特别行政区法院审查核实后，中止认可和执行程序。经再审，维持全部或者部分原判决的，恢复认可和执行程序；完全改变原判决的，终止认可和执行程序。

第二十一条 被申请人在内地和香港特别行政区均有可供执行财产的，申请人可以分别向两地法院申请执行。

应对方法院要求，两地法院应当相互提供本方执行判决的情况。

两地法院执行财产的总额不得超过判决确定的数额。

第二十二条 在审理民商事案件期间，当事人申请认可和执行另一地法院就同一争议作出的判决的，应当受理。受理后，有关诉讼应当中止，待就认可和执行的申请作出裁定或者命令后，再视情终止或者恢复诉讼。

第二十三条 审查认可和执行判决申请期间，当事人就同一争议提起诉讼的，不予受理；已经受理的，驳回起诉。

判决全部获得认可和执行后，当事人又就同一争议提起诉讼的，不予受理。

判决未获得或者未全部获得认可和执行的，申请人不得再次申请认可和执行，但可以就同一争议向被请求方法院提起诉讼。

第二十四条　申请认可和执行判决的，被请求方法院在受理申请之前或者之后，可以依据被请求方法律规定采取保全或者强制措施。

第二十五条　法院应当尽快审查认可和执行的申请，并作出裁定或者命令。

第二十六条　被请求方法院就认可和执行的申请作出裁定或者命令后，当事人不服的，在内地可以于裁定送达之日起十日内向上一级人民法院申请复议，在香港特别行政区可以依据其法律规定提出上诉。

第二十七条　申请认可和执行判决的，应当依据被请求方有关诉讼收费的法律和规定交纳费用。

第二十八条　本安排签署后，最高人民法院和香港特别行政区政府经协商，可以就第三条所列案件判决的认可和执行以及第四条所涉保全、临时济助的协助问题签署补充文件。

本安排在执行过程中遇有问题或者需要修改的，由最高人民法院和香港特别行政区政府协商解决。

第二十九条　内地与香港特别行政区法院自本安排生效之日起作出的判决，适用本安排。

第三十条　本安排生效之日，《最高人民法院关于内地与香港特别行政区法院相互认可和执行当事人协议管辖的民商事案件判决的安排》同时废止。

本安排生效前，当事人已签署《最高人民法院关于内地与香港特别行政区法院相互认可和执行当事人协议管辖的民商事案件判决的安排》所称“书面管辖协议”的，仍适用该安排。

第三十一条　本安排生效后，《最高人民法院关于内地与香港特别行政区法院相互认可和执行婚姻家庭民事案件判决的安排》继续施行。

457. 申请认可和执行香港特别行政区仲裁裁决

案由适用要点

［**释义**］申请认可和执行香港特别行政区仲裁裁决，是指当事人向内地人民法院申请认可和执行以香港特别行政区为仲裁地依据香港特别行政区《仲裁条例》作出的民商事仲裁裁决，不包括投资仲裁裁决。

［**管辖**］依据《最高人民法院关于内地与香港特别行政区相互执行仲裁裁决的安排》（以下简称《仲裁裁决安排》）的规定，当事人申请认可和执行

香港特别行政区仲裁裁决的案件，应当由被申请人住所地或者财产所在地的中级人民法院管辖；并且由审理涉外商事案件的审判庭（合议庭）作为专门业务庭办理，专门业务庭经审查裁定认可和执行香港特别行政区仲裁裁决的，交由执行部门执行。被申请人住所地或者财产所在地在内地不同的中级人民法院辖区内的，申请人可以选择其中一个人民法院申请执行裁决，不得分别向两个或者两个以上人民法院提出申请。被申请人的住所地或者财产所在地，既在内地又在香港特区的，申请人不得同时分别向两地有关法院提出申请。只有一地法院执行不足以偿还其债务时，才可就不足部分向另一地法院申请执行。两地法院先后执行仲裁裁决的总额，不得超过裁决数额。

按照以上规定，申请人不可同时向内地和香港特别行政区法院申请执行，实践中可能存在以下问题：一是在申请人向一地法院申请执行期间，被申请人可能隐匿、转移在另一地的财产；二是如申请人先向内地人民法院申请执行裁决，但执行财产数额不足，当其就不足部分再向香港特别行政区法院申请执行时，申请执行的时效期间可能已过，其合法利益难以获得有效保障。因此，《最高人民法院关于内地与香港特别行政区相互执行仲裁裁决的补充安排》（以下简称《补充安排》）对此作出修改，允许申请人可以同时向内地和香港特别行政区法院申请执行，但不得超额执行。应对方法院要求，两地法院应当相互提供本方执行仲裁裁决的情况。

[**应注意的问题**] 香港特别行政区回归以前，内地与香港特别行政区之间仲裁裁决的相互认可和执行依据《承认与执行外国仲裁裁决公约》（即《纽约公约》）。香港特别行政区回归后，两地间的司法协助已变为一个主权国家内不同法域间的司法安排，相互执行仲裁裁决不能再适用《纽约公约》。如何适应实践需要，建立方便快捷的相互执行仲裁裁决新机制，十分迫切和重要。为此，通过两地共同努力，于 1999 年顺利签署了《仲裁裁决安排》，2020 年又成功签署了《补充安排》。这两个安排共同为两地相互认可和执行仲裁裁决提供了法律依据。

依据《仲裁裁决安排》和《补充安排》，香港特别行政区仲裁裁决系以香港特别行政区为仲裁地依据香港特别行政区《仲裁条例》作出的裁决，既包括临时仲裁裁决，也包括机构仲裁裁决。而且，此处的“机构仲裁裁决”不限于香港特别行政区仲裁机构作出的裁决，还包括国际商会仲裁院等国外仲裁机构、内地仲裁机构或者内地仲裁机构在香港特别行政区设立的分支机构（如中国国际经济贸易仲裁委员会香港仲裁中心、中国海事仲裁委员会香港仲裁中心）等作出的裁决。

需要注意的是，当事人申请执行香港仲裁裁决，被申请人提出证据证明有《仲裁裁决安排》第 7 条规定情形之一的，经审查核实，内地人民法院可裁定不予执行。

请求权基础规范指引

《最高人民法院关于内地与香港特别行政区相互执行仲裁裁决的安排》（法释〔2000〕3号　2000年1月24日）

一、在内地或者香港特区作出的仲裁裁决，一方当事人不履行仲裁裁决的，另一方当事人可以向被申请人住所地或者财产所在地的有关法院申请执行。

二、上条所述的有关法院，在内地指被申请人住所地或者财产所在地的中级人民法院，在香港特区指香港特区高等法院。

被申请人住所地或者财产所在地在内地不同的中级人民法院辖区内的，申请人可以选择其中一个人民法院申请执行裁决，不得分别向两个或者两个以上人民法院提出申请。

被申请人的住所地或者财产所在地，既在内地又在香港特区的，申请人不得同时分别向两地有关法院提出申请。只有一地法院执行不足以偿还其债务时，才可就不足部分向另一地法院申请执行。两地法院先后执行仲裁裁决的总额，不得超过裁决数额。

三、申请人向有关法院申请执行在内地或者香港特区作出的仲裁裁决的，应当提交以下文书：

（一）执行申请书；

（二）仲裁裁决书；

（三）仲裁协议。

四、执行申请书的内容应当载明下列事项：

（一）申请人为自然人的情况下，该人的姓名、地址；申请人为法人或者其他组织的情况下，该法人或其他组织的名称、地址及法定代表人姓名；

（二）被申请人为自然人的情况下，该人的姓名、地址；被申请人为法人或者其他组织的情况下，该法人或其他组织的名称、地址及法定代表人姓名；

（三）申请人为法人或者其他组织的，应当提交企业注册登记的副本。申请人是外国籍法人或者其他组织的，应当提交相应的公证和认证材料；

（四）申请执行的理由与请求的内容，被申请人的财产所在地及财产状况；

执行申请书应当以中文文本提出，裁决书或者仲裁协议没有中文文本的，申请人应当提交正式证明的中文译本。

五、申请人向有关法院申请执行内地或者香港特区仲裁裁决的期限依据执行地法律有关时限的规定。

六、有关法院接到申请人申请后，应当按执行地法律程序处理及执行。

七、在内地或者香港特区申请执行的仲裁裁决，被申请人接到通知后，提出证据证明有下列情形之一的，经审查核实，有关法院可裁定不予执行：

（一）仲裁协议当事人依对其适用的法律属于某种无行为能力的情形；或者该项仲裁协议依约定的准据法无效；或者未指明以何种法律为准时，依仲裁裁决地的法律是无效的；

（二）被申请人未接到指派仲裁员的适当通知，或者因他故未能陈述意见的；

（三）裁决所处理的争议不是交付仲裁的标的或者不在仲裁协议条款之内，或者裁决载有关于交付仲裁范围以外事项的决定的；但交付仲裁事项的决定可与未交付仲裁的事项划分时，裁决中关于交付仲裁事项的决定部分应当予以执行；

（四）仲裁庭的组成或者仲裁庭程序与当事人之间的协议不符，或者在有关当事人没有这种协议时与仲裁地的法律不符的；

（五）裁决对当事人尚无约束力，或者业经仲裁地的法院或者按仲裁地的法律撤销或者停止执行的。

有关法院认定依执行地法律，争议事项不能以仲裁解决的，则可不予执行该裁决。

内地法院认定在内地执行该仲裁裁决违反内地社会公共利益，或者香港特区法院决定在香港特区执行该仲裁裁决违反香港特区的公共政策，则可不予执行该裁决。

八、申请人向有关法院申请执行在内地或者香港特区作出的仲裁裁决，应当根据执行地法院有关诉讼收费的办法交纳执行费用。

九、1997 年 7 月 1 日以后申请执行在内地或者香港特区作出的仲裁裁决按本安排执行。

十、对 1997 年 7 月 1 日至本安排生效之日的裁决申请问题，双方同意：

1997 年 7 月 1 日至本安排生效之日因故未能向内地或者香港特区法院申请执行，申请人为法人或者其他组织的，可以在本安排生效后六个月内提出；如申请人为自然人的，可以在本安排生效后一年内提出。

对于内地或香港特区法院在 1997 年 7 月 1 日至本安排生效之日拒绝受理或者拒绝执行仲裁裁决的案件，应允许当事人重新申请。

《最高人民法院关于内地与香港特别行政区相互执行仲裁裁决的补充安排》（法释〔2020〕13 号　2020 年 11 月 26 日）

依据《最高人民法院关于内地与香港特别行政区相互执行仲裁裁决的安排》（以下简称《安排》）第十一条的规定，最高人民法院与香港特别行政区政府经协商，作出如下补充安排：

一、《安排》所指执行内地或者香港特别行政区仲裁裁决的程序，应解释为包括认可和执行内地或者香港特别行政区仲裁裁决的程序。

二、将《安排》序言及第一条修改为："根据《中华人民共和国香港特别行政区基本法》第九十五条的规定，经最高人民法院与香港特别行政区（以下简称香港特区）政府协商，现就仲裁裁决的相互执行问题作出如下安排：

"一、内地人民法院执行按香港特区《仲裁条例》作出的仲裁裁决，香港特区法院执行按《中华人民共和国仲裁法》作出的仲裁裁决，适用本安排。"

三、将《安排》第二条第三款修改为："被申请人在内地和香港特区均有住所地或者可供执行财产的，申请人可以分别向两地法院申请执行。应对方法院要求，两地法院应当相互提供本方执行仲裁裁决的情况。两地法院执行财产的总额，不得超过裁决确定的数额。"

四、在《安排》第六条中增加一款作为第二款："有关法院在受理执行仲裁裁决申请之前或者之后，可以依申请并按照执行地法律规定采取保全或者强制措施。"

458. 申请认可和执行澳门特别行政区法院民事判决

案由适用要点

[**释义**] 申请认可和执行澳门特别行政区法院民事判决，是指当事人向内地人民法院申请认可和执行澳门特别行政区法院作出的民商事案件判决。

[**管辖**] 依据《最高人民法院关于内地与澳门特别行政区相互认可和执行民商事判决的安排》，当事人申请认可和执行澳门特别行政区法院民事判决，应当由被申请人住所地、经常居住地或者财产所在地的中级人民法院管辖。两个或者两个以上中级人民法院均有管辖权的，申请人应当选择向其中一个中级人民法院提出申请。

被申请人在内地和澳门特别行政区均有可供执行财产的，申请人可以向一地法院提出执行申请。申请人向一地法院提出执行申请的同时，可以向另一地法院申请查封、扣押或者冻结被执行人的财产。待一地法院执行完毕后，可以根据该地法院出具的执行情况证明，就不足部分向另一地法院申请采取处分财产的执行措施。两地法院执行财产的总额，不得超过依据判决和法律规定所确定的数额。

[**应注意的问题**] 澳门特别行政区回归后，内地与澳门特别行政区属于一国之内两个不同的法域，一地法院的判决并不当然在另一地发生法律效

力，需要经过另一地法院的认可。依据澳门特别行政区《民事诉讼法典》的规定，澳门特别行政区以外的法院所作出的判决，经过澳门特别行政区法院审查并确认后在澳门特别行政区生效。据此，在两地没有相互认可和执行民事判决的机制安排下，澳门特别行政区法院已经认可和执行内地法院若干判决。而内地由于缺乏法律的明确规定，在没有司法协助安排的情况下，不受理申请认可和执行澳门特别行政区法院民事判决的案件，这使当事人只能另行在内地提起诉讼，造成诉讼成本增加和司法资源浪费。因此，经过两地共同努力，在2006年成功签署《最高人民法院关于内地与澳门特别行政区相互认可和执行民商事判决的安排》，为相互认可和执行民事判决提供了法律依据。

需要注意的是，依据《最高人民法院关于内地与澳门特别行政区相互认可和执行民商事判决的安排》，各种类型的民商事案件均可相互认可和执行，实现了最大范围的相互协助。但是，澳门特别行政区法院民事判决存在该安排第11条规定的情形之一的，内地人民法院裁定不予认可。需要说明的是，澳门特别行政区最初文本曾提到《最高人民法院关于内地与澳门特别行政区相互认可和执行民商事判决的安排》也应适用于两地的公证债权文书。鉴于内地有强制执行效力的公证债权文书在执行过程中存在一些问题，情况较为复杂，需要进一步完善相关制度。因此，最终未将公证债权文书纳入相互认可和执行的范围。

请求权基础规范指引

《最高人民法院关于内地与澳门特别行政区相互认可和执行民商事判决的安排》（法释〔2006〕2号　2006年3月21日）

第一条　内地与澳门特别行政区民商事案件（在内地包括劳动争议案件，在澳门特别行政区包括劳动民事案件）判决的相互认可和执行，适用本安排。

本安排亦适用于刑事案件中有关民事损害赔偿的判决、裁定。

本安排不适用于行政案件。

第二条　本安排所称“判决”，在内地包括：判决、裁定、决定、调解书、支付令；在澳门特别行政区包括：裁判、判决、确认和解的裁定、法官的决定或者批示。

本安排所称“被请求方”，指内地或者澳门特别行政区双方中，受理认可和执行判决申请的一方。

第三条　一方法院作出的具有给付内容的生效判决，当事人可以向对方有管辖权的法院申请认可和执行。

没有给付内容，或者不需要执行，但需要通过司法程序予以认可的判决，当事人可以向对方法院单独申请认可，也可以直接以该判决作为证据在对方法院的诉讼程序中使用。

第四条　内地有权受理认可和执行判决申请的法院为被申请人住所地、经常居住地或者财产所在地的中级人民法院。两个或者两个以上中级人民法院均有管辖权的，申请人应当选择向其中一个中级人民法院提出申请。

澳门特别行政区有权受理认可判决申请的法院为中级法院，有权执行的法院为初级法院。

第五条　被申请人在内地和澳门特别行政区均有可供执行财产的，申请人可以向一地法院提出执行申请。

申请人向一地法院提出执行申请的同时，可以向另一地法院申请查封、扣押或者冻结被执行人的财产。待一地法院执行完毕后，可以根据该地法院出具的执行情况证明，就不足部分向另一地法院申请采取处分财产的执行措施。

两地法院执行财产的总额，不得超过依据判决和法律规定所确定的数额。

第六条　请求认可和执行判决的申请书，应当载明下列事项：

（一）申请人或者被申请人为自然人的，应当载明其姓名及住所；为法人或者其它组织的，应当载明其名称及住所，以及其法定代表人或者主要负责人的姓名、职务和住所；

（二）请求认可和执行的判决的案号和判决日期；

（三）请求认可和执行判决的理由、标的，以及该判决在判决作出地法院的执行情况。

第七条　申请书应当附生效判决书副本，或者经作出生效判决的法院盖章的证明书，同时应当附作出生效判决的法院或者有权限机构出具的证明下列事项的相关文件：

（一）传唤属依法作出，但判决书已经证明的除外；

（二）无诉讼行为能力人依法得到代理，但判决书已经证明的除外；

（三）根据判决作出地的法律，判决已经送达当事人，并已生效；

（四）申请人为法人的，应当提供法人营业执照副本或者法人登记证明书；

（五）判决作出地法院发出的执行情况证明。

如被请求方法院认为已充分了解有关事项时，可以免除提交相关文件。

被请求方法院对当事人提供的判决书的真实性有疑问时，可以请求作出生效判决的法院予以确认。

第八条　申请书应当用中文制作。所附司法文书及其相关文件未用中文制作的，应当提供中文译本。其中法院判决书未用中文制作的，应当提供由法院出具的中文译本。

第九条 法院收到申请人请求认可和执行判决的申请后，应当将申请书送达被申请人。

被申请人有权提出答辩。

第十条 被请求方法院应当尽快审查认可和执行的请求，并作出裁定。

第十一条 被请求方法院经审查核实存在下列情形之一的，裁定不予认可：

（一）根据被请求方的法律，判决所确认的事项属被请求方法院专属管辖；

（二）在被请求方法院已存在相同诉讼，该诉讼先于待认可判决的诉讼提起，且被请求方法院具有管辖权；

（三）被请求方法院已认可或者执行被请求方法院以外的法院或仲裁机构就相同诉讼作出的判决或仲裁裁决；

（四）根据判决作出地的法律规定，败诉的当事人未得到合法传唤，或者无诉讼行为能力人未依法得到代理；

（五）根据判决作出地的法律规定，申请认可和执行的判决尚未发生法律效力，或者因再审被裁定中止执行；

（六）在内地认可和执行判决将违反内地法律的基本原则或者社会公共利益；在澳门特别行政区认可和执行判决将违反澳门特别行政区法律的基本原则或者公共秩序。

第十二条 法院就认可和执行判决的请求作出裁定后，应当及时送达。

当事人对认可与否的裁定不服的，在内地可以向上一级人民法院提请复议，在澳门特别行政区可以根据其法律规定提起上诉；对执行中作出的裁定不服的，可以根据被请求方法律的规定，向上级法院寻求救济。

第十三条 经裁定予以认可的判决，与被请求方法院的判决具有同等效力。判决有给付内容的，当事人可以向该方有管辖权的法院申请执行。

第十四条 被请求方法院不能对判决所确认的所有请求予以认可和执行时，可以认可和执行其中的部分请求。

第十五条 法院受理认可和执行判决的申请之前或者之后，可以按照被请求方法律关于财产保全的规定，根据申请人的申请，对被申请人的财产采取保全措施。

第十六条 在被请求方法院受理认可和执行判决的申请期间，或者判决已获认可和执行，当事人再行提起相同诉讼的，被请求方法院不予受理。

第十七条 对于根据本安排第十一条（一）、（四）、（六）项不予认可的判决，申请人不得再行提起认可和执行的申请。但根据被请求方的法律，被请求方法院有管辖权的，当事人可以就相同案件事实向当地法院另行提起诉讼。

本安排第十一条（五）项所指的判决，在不予认可的情形消除后，申请人可以再行提起认可和执行的申请。

第十八条　为适用本安排，由一方有权限公共机构（包括公证员）作成或者公证的文书正本、副本及译本，免除任何认证手续而可以在对方使用。

第十九条　申请人依据本安排申请认可和执行判决，应当根据被请求方法律规定，交纳诉讼费用、执行费用。

申请人在生效判决作出地获准缓交、减交、免交诉讼费用的，在被请求方法院申请认可和执行判决时，应当享有同等待遇。

第二十条　对民商事判决的认可和执行，除本安排有规定的以外，适用被请求方的法律规定。

459. 申请认可和执行澳门特别行政区仲裁裁决

案由适用要点

[释义] 申请认可和执行澳门特别行政区仲裁裁决，是指当事人向内地人民法院申请认可和执行澳门特别行政区仲裁机构及仲裁员按照澳门特别行政区仲裁法规在澳门作出的民商事仲裁裁决，既包括临时仲裁裁决，也包括机构仲裁裁决。

[管辖] 根据《最高人民法院关于内地与澳门特别行政区相互认可和执行仲裁裁决的安排》的规定，当事人申请认可和执行澳门特别行政区仲裁裁决，应当由被申请人住所地、经常居住地或者财产所在地的中级人民法院管辖，并且由审理涉外商事案件的审判庭（合议庭）作为专门业务庭办理，专门业务庭经审查裁定认可和执行澳门特别行政区仲裁裁决的，交由执行部门执行。两个或者两个以上中级人民法院均有管辖权的，当事人应当选择向其中一个中级人民法院提出申请。

[应注意的问题] 澳门特别行政区回归以后，内地与澳门特别行政区之间的经济社会等各方面交流日益增多，两地司法合作与协助问题也日益突出和紧迫，其中包括仲裁裁决的相互认可和执行。为此，在两地共同努力下，于2007年签署了《最高人民法院关于内地与澳门特别行政区相互认可和执行仲裁裁决的安排》（以下简称《仲裁裁决安排》），最高人民法院以司法解释的形式对外公布，2008年1月1日已正式实施。

需要注意的是，被申请人的住所地、经常居住地或者财产所在地分别在内地和澳门特别行政区的，申请人可以向一地法院提出认可和执行申请，也可以分别向两地法院提出申请。当事人分别向两地法院提出申请的，两地法院都应当依法进行审查，予以认可的，采取查封、扣押或者冻结被执行人财产等执行措施。仲裁地法院应当先进行执行清偿；另一地法院在收到仲裁地法院关于经执行债权未获清偿情况的证明后，可以对申请人未获清偿的部分进行执行清偿。两地法院执行财产的总额，不得超过依据裁决和法律规定所确定的数额。

受理申请的内地人民法院，应当尽快审查认可和执行请求，并作出裁定。被申请人提出以下证据证明有《仲裁裁决安排》第 7 条规定情形之一的，经审查核实，受理申请的内地人民法院可以裁定不予认可。

请求权基础规范指引

《最高人民法院关于内地与澳门特别行政区相互认可和执行仲裁裁决的安排》（法释〔2007〕17 号　2007 年 12 月 12 日）

第一条　内地人民法院认可和执行澳门特别行政区仲裁机构及仲裁员按照澳门特别行政区仲裁法规在澳门作出的民商事仲裁裁决，澳门特别行政区法院认可和执行内地仲裁机构依据《中华人民共和国仲裁法》在内地作出的民商事仲裁裁决，适用本安排。

本安排没有规定的，适用认可和执行地的程序法律规定。

第二条　在内地或者澳门特别行政区作出的仲裁裁决，一方当事人不履行的，另一方当事人可以向被申请人住所地、经常居住地或者财产所在地的有关法院申请认可和执行。

内地有权受理认可和执行仲裁裁决申请的法院为中级人民法院。两个或者两个以上中级人民法院均有管辖权的，当事人应当选择向其中一个中级人民法院提出申请。

澳门特别行政区有权受理认可仲裁裁决申请的法院为中级法院，有权执行的法院为初级法院。

第三条　被申请人的住所地、经常居住地或者财产所在地分别在内地和澳门特别行政区的，申请人可以向一地法院提出认可和执行申请，也可以分别向两地法院提出申请。

当事人分别向两地法院提出申请的，两地法院都应当依法进行审查。予以认可的，采取查封、扣押或者冻结被执行人财产等执行措施。仲裁地法院应当先进行执行清偿；另一地法院在收到仲裁地法院关于经执行债权未获清偿情况的证明后，可以对申请人未获清偿的部分进行执行清偿。两地法院执行财产的总额，不得超过依据裁决和法律规定所确定的数额。

第四条　申请人向有关法院申请认可和执行仲裁裁决的，应当提交以下文件或者经公证的副本：

（一）申请书；

（二）申请人身份证明；

（三）仲裁协议；

（四）仲裁裁决书或者仲裁调解书。

上述文件没有中文文本的，申请人应当提交经正式证明的中文译本。

第五条 申请书应当包括下列内容：

（一）申请人或者被申请人为自然人的，应当载明其姓名及住所；为法人或者其他组织的，应当载明其名称及住所，以及其法定代表人或者主要负责人的姓名、职务和住所；申请人是外国籍法人或者其他组织的，应当提交相应的公证和认证材料；

（二）请求认可和执行的仲裁裁决书或者仲裁调解书的案号或识别资料和生效日期；

（三）申请认可和执行仲裁裁决的理由及具体请求，以及被申请人财产所在地、财产状况及该仲裁裁决的执行情况。

第六条 申请人向有关法院申请认可和执行内地或者澳门特别行政区仲裁裁决的期限，依据认可和执行地的法律确定。

第七条 对申请认可和执行的仲裁裁决，被申请人提出证据证明有下列情形之一的，经审查核实，有关法院可以裁定不予认可：

（一）仲裁协议一方当事人依对其适用的法律在订立仲裁协议时属于无行为能力的；或者依当事人约定的准据法，或当事人没有约定适用的准据法而依仲裁地法律，该仲裁协议无效的；

（二）被申请人未接到选任仲裁员或者进行仲裁程序的适当通知，或者因他故未能陈述意见的；

（三）裁决所处理的争议不是提交仲裁的争议，或者不在仲裁协议范围之内；或者裁决载有超出当事人提交仲裁范围的事项的决定，但裁决中超出提交仲裁范围的事项的决定与提交仲裁事项的决定可以分开的，裁决中关于提交仲裁事项的决定部分可以予以认可；

（四）仲裁庭的组成或者仲裁程序违反了当事人的约定，或者在当事人没有约定时与仲裁地的法律不符的；

（五）裁决对当事人尚无约束力，或者业经仲裁地的法院撤销或者拒绝执行的。有关法院认定，依执行地法律，争议事项不能以仲裁解决的，不予认可和执行该裁决。内地法院认定在内地认可和执行该仲裁裁决违反内地法律的基本原则或者社会公共利益，澳门特别行政区法院认定在澳门特别行政区认可和执行该仲裁裁决违反澳门特别行政区法律的基本原则或者公共秩序，不予认可和执行该裁决。

第八条 申请人依据本安排申请认可和执行仲裁裁决的，应当根据执行地法律的规定，交纳诉讼费用。

第九条 一方当事人向一地法院申请执行仲裁裁决，另一方当事人向另一地法院申请撤销该仲裁裁决，被执行人申请中止执行且提供充分担保的，执行法院应当中止执行。

根据经认可的撤销仲裁裁决的判决、裁定，执行法院应当终结执行程序；撤销仲裁裁决申请被驳回的，执行法院应当恢复执行。

当事人申请中止执行的，应当向执行法院提供其他法院已经受理申请撤销仲裁裁决案件的法律文书。

第十条 受理申请的法院应当尽快审查认可和执行的请求，并作出裁定。

第十一条 法院在受理认可和执行仲裁裁决申请之前或者之后，可以依当事人的申请，按照法院地法律规定，对被申请人的财产采取保全措施。

第十二条 由一方有权限公共机构（包括公证员）作成的文书正本或者经公证的文书副本及译本，在适用本安排时，可以免除认证手续在对方使用。

第十三条 本安排实施前，当事人提出的认可和执行仲裁裁决的请求，不适用本安排。

自1999年12月20日至本安排实施前，澳门特别行政区仲裁机构及仲裁员作出的仲裁裁决，当事人向内地申请认可和执行的期限，自本安排实施之日起算。

460. 申请认可和执行台湾地区法院民事判决

案由适用要点

［**释义**］申请认可和执行台湾地区法院民事判决，是指当事人向人民法院申请认可和执行台湾地区法院作出的有关民事、商事、知识产权、海事等民事案件判决。

［**管辖**］根据《最高人民法院关于认可和执行台湾地区法院民事判决的规定》的相关规定，申请认可和执行台湾地区法院民事判决的案件，由申请人住所地、经常居住地或者被申请人住所地、经常居住地、财产所在地中级人民法院或者专门人民法院受理。申请人向两个以上有管辖权的人民法院申请认可的，由最先立案的人民法院管辖。申请人向被申请人财产所在地人民法院申请认可的，应当提供财产存在的相关证据。

［**应注意的问题**］大陆与台湾地区民事判决的相互认可和执行是区际民商事司法互助的重要内容之一。最高人民法院早在1998年即发布了《最高人民法院关于人民法院认可台湾地区有关法院民事判决的规定》，并在2009年发

布了《最高人民法院关于人民法院认可台湾地区有关法院民事判决的补充规定》。2015年，为了充分满足两岸交流交往和审判实践的需要，使司法解释更加系统化、清晰化，最高人民法院废止了前两个规定，发布了《最高人民法院关于认可和执行台湾地区法院民事判决的规定》。

与前两个规定相比，《最高人民法院关于认可和执行台湾地区法院民事判决的规定》适度拓宽了可向人民法院申请认可与执行的台湾地区法院民事判决的范围，将台湾地区法院在刑事附带民事诉讼中作出的民事损害赔偿裁判，以及由台湾地区乡镇市调解委员会等出具并经台湾地区法院核定的与台湾地区生效民事判决具有同等效力的调解文书，一并纳入可申请认可与执行的范围。这样就将在台湾地区具有民事裁判性质和效力的几乎所有法律文书均纳入了认可和执行的范围。总之，申请认可和执行的台湾地区法院民事判决包括台湾地区法院作出的生效民事判决、裁定、和解笔录、调解笔录、支付命令以及台湾地区法院在刑事案件中作出的有关民事损害赔偿的生效判决、裁定、和解笔录等。另外，台湾地区乡镇市调解委员会等出具并经台湾地区法院核定，与台湾地区法院生效民事判决具有同等效力的调解文书，参照适用《最高人民法院关于认可和执行台湾地区法院民事判决的规定》。

需要注意的是，除乡镇市调解委员会出具的调解文书外，台湾地区至少还有四类调解文书经台湾地区有关法院核定后也与民事确定判决有同一之效力。这四类调解文书是：（1）依据台湾地区“著作权法”第82条的规定，由著作权审议及调解委员会就著作权中介团体与利用人间，对使用著作标的报酬争议或著作权、制版权争议之调解；（2）依据台湾地区“证券投资人及期货交易人保护法”第22条的规定，由证券投资人及期货交易人保护机构（为财团法人组织）所设之调处委员会，就证券投资人或期货交易人与发行人、证券商、交易所、柜台买卖中心、结算机构或其他关系人间，因有价证券之募集、发行、买卖或期货交易及其他相关事宜所生民事争议进行之调处；（3）依据台湾地区“公害纠纷处理法”第14条第1款的规定，由“直辖市”、县（市）政府设置之公害纠纷调处委员会所进行之公害纠纷调处；（4）依据台湾地区“消费者保护法”及“消费争议调解办法”，由“直辖市”或县（市）消费争议调解委员会就消费争议事件作出的调解。鉴于这四类调解文书均非台湾地区法院所作出，依台湾地区有关规定，只有在经台湾地区法院核定后方具有与台湾地区生效民事判决同一之效力，故人民法院在审查过程中必须审核此类调解文书是否已经台湾地区法院核定（实践中，此类调解文书最后一栏标注有“上调解书业经本院依法审核，准予核定。”字样，其后为“某某年度核字第某某号”及核定法官签字或盖章，并加盖法院印章）。为稳妥起见，如出现当事人申请认可台湾地区乡镇市调解委员会以外其他调解组织出具的调解文书之情形，受案人民法院应及时逐级层报最高人民法院台湾地区司法事务办公室掌握情况，以便及时对各地人民法院作出审判指导。

请求权基础规范指引

《最高人民法院关于认可和执行台湾地区法院民事判决的规定》（法释〔2015〕13号　2015年6月29日）

第一条　台湾地区法院民事判决的当事人可以根据本规定，作为申请人向人民法院申请认可和执行台湾地区有关法院民事判决。

第二条　本规定所称台湾地区法院民事判决，包括台湾地区法院作出的生效民事判决、裁定、和解笔录、调解笔录、支付命令等。

申请认可台湾地区法院在刑事案件中作出的有关民事损害赔偿的生效判决、裁定、和解笔录的，适用本规定。

申请认可由台湾地区乡镇市调解委员会等出具并经台湾地区法院核定，与台湾地区法院生效民事判决具有同等效力的调解文书的，参照适用本规定。

第三条　申请人同时提出认可和执行台湾地区法院民事判决申请的，人民法院先按照认可程序进行审查，裁定认可后，由人民法院执行机构执行。

申请人直接申请执行的，人民法院应当告知其一并提交认可申请；坚持不申请认可的，裁定驳回其申请。

第四条　申请认可台湾地区法院民事判决的案件，由申请人住所地、经常居住地或者被申请人住所地、经常居住地、财产所在地中级人民法院或者专门人民法院受理。

申请人向两个以上有管辖权的人民法院申请认可的，由最先立案的人民法院管辖。

申请人向被申请人财产所在地人民法院申请认可的，应当提供财产存在的相关证据。

第五条　对申请认可台湾地区法院民事判决的案件，人民法院应当组成合议庭进行审查。

第六条　申请人委托他人代理申请认可台湾地区法院民事判决的，应当向人民法院提交由委托人签名或者盖章的授权委托书。

台湾地区、香港特别行政区、澳门特别行政区或者外国当事人签名或者盖章的授权委托书应当履行相关的公证、认证或者其他证明手续，但授权委托书在人民法院法官的见证下签署或者经中国大陆公证机关公证证明是在中国大陆签署的除外。

第七条　申请人申请认可台湾地区法院民事判决，应当提交申请书，并附有台湾地区有关法院民事判决文书和民事判决确定证明书的正本或者经证明无误的副本。台湾地区法院民事判决为缺席判决的，申请人应当同时提交台湾地区法院已经合法传唤当事人的证明文件，但判决已经对此予以明确说明的除外。

申请书应当记明以下事项：

（一）申请人和被申请人姓名、性别、年龄、职业、身份证件号码、住址（申请人或者被申请人为法人或者其他组织的，应当记明法人或者其他组织的名称、地址、法定代表人或者主要负责人姓名、职务）和通讯方式；

（二）请求和理由；

（三）申请认可的判决的执行情况；

（四）其他需要说明的情况。

第八条　对于符合本规定第四条和第七条规定条件的申请，人民法院应当在收到申请后七日内立案，并通知申请人和被申请人，同时将申请书送达被申请人；不符合本规定第四条和第七条规定条件的，应当在七日内裁定不予受理，同时说明不予受理的理由；申请人对裁定不服的，可以提起上诉。

第九条　申请人申请认可台湾地区法院民事判决，应当提供相关证明文件，以证明该判决真实并且已经生效。

申请人可以申请人民法院通过海峡两岸调查取证司法互助途径查明台湾地区法院民事判决的真实性和是否生效以及当事人得到合法传唤的证明文件；人民法院认为必要时，也可以就有关事项依职权通过海峡两岸司法互助途径向台湾地区请求调查取证。

第十条　人民法院受理认可台湾地区法院民事判决的申请之前或者之后，可以按照民事诉讼法及相关司法解释的规定，根据申请人的申请，裁定采取保全措施。

第十一条　人民法院受理认可台湾地区法院民事判决的申请后，当事人就同一争议起诉的，不予受理。

一方当事人向人民法院起诉后，另一方当事人向人民法院申请认可的，对于认可的申请不予受理。

第十二条　案件虽经台湾地区有关法院判决，但当事人未申请认可，而是就同一争议向人民法院起诉的，应予受理。

第十三条　人民法院受理认可台湾地区法院民事判决的申请后，作出裁定前，申请人请求撤回申请的，可以裁定准许。

第十四条　人民法院受理认可台湾地区法院民事判决的申请后，应当在立案之日起六个月内审结。有特殊情况需要延长的，报请上一级人民法院批准。

通过海峡两岸司法互助途径送达文书和调查取证的期间，不计入审查期限。

第十五条 台湾地区法院民事判决具有下列情形之一的，裁定不予认可：

（一）申请认可的民事判决，是在被申请人缺席又未经合法传唤或者在被申请人无诉讼行为能力又未得到适当代理的情况下作出的；

（二）案件系人民法院专属管辖的；

（三）案件双方当事人订有有效仲裁协议，且无放弃仲裁管辖情形的；

（四）案件系人民法院已作出判决或者中国大陆的仲裁庭已作出仲裁裁决的；

（五）香港特别行政区、澳门特别行政区或者外国的法院已就同一争议作出判决且已为人民法院所认可或者承认的；

（六）台湾地区、香港特别行政区、澳门特别行政区或者外国的仲裁庭已就同一争议作出仲裁裁决且已为人民法院所认可或者承认的。

认可该民事判决将违反一个中国原则等国家法律的基本原则或者损害社会公共利益的，人民法院应当裁定不予认可。

第十六条 人民法院经审查能够确认台湾地区法院民事判决真实并且已经生效，而且不具有本规定第十五条所列情形的，裁定认可其效力；不能确认该民事判决的真实性或者已经生效的，裁定驳回申请人的申请。

裁定驳回申请的案件，申请人再次申请并符合受理条件的，人民法院应予受理。

第十七条 经人民法院裁定认可的台湾地区法院民事判决，与人民法院作出的生效判决具有同等效力。

第十八条 人民法院依据本规定第十五条和第十六条作出的裁定，一经送达即发生法律效力。

当事人对上述裁定不服的，可以自裁定送达之日起十日内向上一级人民法院申请复议。

第十九条 对人民法院裁定不予认可的台湾地区法院民事判决，申请人再次提出申请的，人民法院不予受理，但申请人可以就同一争议向人民法院起诉。

第二十条 申请人申请认可和执行台湾地区法院民事判决的期间，适用民事诉讼法第二百三十九条①的规定，但申请认可台湾地区法院有关身份关系的判决除外。

申请人仅申请认可而未同时申请执行的，申请执行的期间自人民法院对认可申请作出的裁定生效之日起重新计算。

第二十一条 人民法院在办理申请认可和执行台湾地区法院民事判决案

---

① 现为《民事诉讼法》（2023 年修正）第二百五十条。

件中作出的法律文书，应当依法送达案件当事人。

461. 申请认可和执行台湾地区仲裁裁决

案由适用要点

［**释义**］申请认可和执行台湾地区仲裁裁决，是指当事人向人民法院申请认可和执行有关常设仲裁机构及临时仲裁庭在台湾地区按照台湾地区仲裁规定就有关民商事争议作出的仲裁裁决，包括仲裁判断、仲裁和解和仲裁调解。

［**管辖**］根据《最高人民法院关于认可和执行台湾地区仲裁裁决的规定》的相关规定，申请认可和执行台湾地区仲裁裁决的案件，由申请人住所地、经常居住地或者被申请人住所地、经常居住地、财产所在地中级人民法院或者专门人民法院受理，并且由该法院审理涉外商事案件的审判庭（合议庭）作为专门业务庭办理，专门业务庭经审查裁定认可和执行台湾地区仲裁裁决的，交由执行部门执行。申请人向两个以上有管辖权的人民法院申请认可的，由最先立案的人民法院管辖。申请人向被申请人财产所在地人民法院申请认可的，应当提供财产存在的相关证据。

［**应注意的问题**］关于台湾地区仲裁裁决的认定标准，需要具备两个必备要素：一是仲裁地因素，即在台湾地区作出；二是仲裁程序规则适用因素，即适用台湾地区仲裁规定，该仲裁规定既包括台湾地区“仲裁法”，也包括台湾地区的相关仲裁规则。另外，台湾地区仲裁裁决既包括机构仲裁裁决，也包括临时仲裁裁决，但均限于就有关民商事争议作出的仲裁裁决，不包括有关解决行政争议的仲裁裁决。

对申请认可和执行的仲裁裁决，经审查核实，有《最高人民法院关于认可和执行台湾地区仲裁裁决的规定》第14条规定情形之一的，人民法院裁定不予认可。人民法院经审查能够确认台湾地区仲裁裁决真实，而且不具有上述规定的被否定情形的，裁定认可其效力；不能确认该仲裁裁决真实性的，裁定驳回申请。裁定驳回申请的案件，申请人再次申请并符合受理条件的，人民法院应予受理。对人民法院裁定不予认可的台湾地区仲裁裁决，申请人再次提出申请的，人民法院不予受理。但当事人可以根据双方重新达成的仲裁协议申请仲裁，也可以就同一争议向人民法院起诉。

请求权基础规范指引

《最高人民法院关于认可和执行台湾地区仲裁裁决的规定》（法释〔2015〕14号　2015年6月29日）

第一条　台湾地区仲裁裁决的当事人可以根据本规定，作为申请人向人民法院申请认可和执行台湾地区仲裁裁决。

第二条　本规定所称台湾地区仲裁裁决是指，有关常设仲裁机构及临时仲裁庭在台湾地区按照台湾地区仲裁规定就有关民商事争议作出的仲裁裁决，包括仲裁判断、仲裁和解和仲裁调解。

第三条　申请人同时提出认可和执行台湾地区仲裁裁决申请的，人民法院先按照认可程序进行审查，裁定认可后，由人民法院执行机构执行。

申请人直接申请执行的，人民法院应当告知其一并提交认可申请；坚持不申请认可的，裁定驳回其申请。

第四条　申请认可台湾地区仲裁裁决的案件，由申请人住所地、经常居住地或者被申请人住所地、经常居住地、财产所在地中级人民法院或者专门人民法院受理。

申请人向两个以上有管辖权的人民法院申请认可的，由最先立案的人民法院管辖。

申请人向被申请人财产所在地人民法院申请认可的，应当提供财产存在的相关证据。

第五条　对申请认可台湾地区仲裁裁决的案件，人民法院应当组成合议庭进行审查。

第六条　申请人委托他人代理申请认可台湾地区仲裁裁决的，应当向人民法院提交由委托人签名或者盖章的授权委托书。

台湾地区、香港特别行政区、澳门特别行政区或者外国当事人签名或者盖章的授权委托书应当履行相关的公证、认证或者其他证明手续，但授权委托书在人民法院法官的见证下签署或者经中国大陆公证机关公证证明是在中国大陆签署的除外。

第七条　申请人申请认可台湾地区仲裁裁决，应当提交以下文件或者经证明无误的副本：

（一）申请书；

（二）仲裁协议；

（三）仲裁判断书、仲裁和解书或者仲裁调解书。

申请书应当记明以下事项：

（一）申请人和被申请人姓名、性别、年龄、职业、身份证件号码、住址（申请人或者被申请人为法人或者其他组织的，应当记明法人或者其他组织的名称、地址、法定代表人或者主要负责人姓名、职务）和通讯方式；

（二）申请认可的仲裁判断书、仲裁和解书或者仲裁调解书的案号或者识别资料和生效日期；

（三）请求和理由；

（四）被申请人财产所在地、财产状况及申请认可的仲裁裁决的执行情况；

（五）其他需要说明的情况。

第八条　对于符合本规定第四条和第七条规定条件的申请，人民法院应当在收到申请后七日内立案，并通知申请人和被申请人，同时将申请书送达被申请人；不符合本规定第四条和第七条规定条件的，应当在七日内裁定不予受理，同时说明不予受理的理由；申请人对裁定不服的，可以提起上诉。

第九条　申请人申请认可台湾地区仲裁裁决，应当提供相关证明文件，以证明该仲裁裁决的真实性。

申请人可以申请人民法院通过海峡两岸调查取证司法互助途径查明台湾地区仲裁裁决的真实性；人民法院认为必要时，也可以就有关事项依职权通过海峡两岸司法互助途径向台湾地区请求调查取证。

第十条　人民法院受理认可台湾地区仲裁裁决的申请之前或者之后，可以按照民事诉讼法及相关司法解释的规定，根据申请人的申请，裁定采取保全措施。

第十一条　人民法院受理认可台湾地区仲裁裁决的申请后，当事人就同一争议起诉的，不予受理。

当事人未申请认可，而是就同一争议向人民法院起诉的，亦不予受理，但仲裁协议无效的除外。

第十二条　人民法院受理认可台湾地区仲裁裁决的申请后，作出裁定前，申请人请求撤回申请的，可以裁定准许。

第十三条　人民法院应当尽快审查认可台湾地区仲裁裁决的申请，决定予以认可的，应当在立案之日起两个月内作出裁定；决定不予认可或者驳回申请的，应当在作出决定前按有关规定自立案之日起两个月内上报最高人民法院。

通过海峡两岸司法互助途径送达文书和调查取证的期间，不计入审查期限。

第十四条　对申请认可和执行的仲裁裁决，被申请人提出证据证明有下列情形之一的，经审查核实，人民法院裁定不予认可：

（一）仲裁协议一方当事人依对其适用的法律在订立仲裁协议时属于无行为能力的；或者依当事人约定的准据法，或当事人没有约定适用的准据法而依台湾地区仲裁规定，该仲裁协议无效的；或者当事人之间没有达成书面仲裁协议的，但申请认可台湾地区仲裁调解的除外；

（二）被申请人未接到选任仲裁员或进行仲裁程序的适当通知，或者由于其他不可归责于被申请人的原因而未能陈述意见的；

（三）裁决所处理的争议不是提交仲裁的争议，或者不在仲裁协议范围之内；或者裁决载有超出当事人提交仲裁范围的事项的决定，但裁决中超出提交仲裁范围的事项的决定与提交仲裁事项的决定可以分开的，裁决中关于提交仲裁事项的决定部分可以予以认可；

（四）仲裁庭的组成或者仲裁程序违反当事人的约定，或者在当事人没有约定时与台湾地区仲裁规定不符的；

（五）裁决对当事人尚无约束力，或者业经台湾地区法院撤销或者驳回执行申请的。

依据国家法律，该争议事项不能以仲裁解决的，或者认可该仲裁裁决将违反一个中国原则等国家法律的基本原则或损害社会公共利益的，人民法院应当裁定不予认可。

第十五条 人民法院经审查能够确认台湾地区仲裁裁决真实，而且不具有本规定第十四条所列情形的，裁定认可其效力；不能确认该仲裁裁决真实性的，裁定驳回申请。

裁定驳回申请的案件，申请人再次申请并符合受理条件的，人民法院应予受理。

第十六条 人民法院依据本规定第十四条和第十五条作出的裁定，一经送达即发生法律效力。

第十七条 一方当事人向人民法院申请认可或者执行台湾地区仲裁裁决，另一方当事人向台湾地区法院起诉撤销该仲裁裁决，被申请人申请中止认可或者执行并且提供充分担保的，人民法院应当中止认可或者执行程序。

申请中止认可或者执行的，应当向人民法院提供台湾地区法院已经受理撤销仲裁裁决案件的法律文书。

台湾地区法院撤销该仲裁裁决的，人民法院应当裁定不予认可或者裁定终结执行；台湾地区法院驳回撤销仲裁裁决请求的，人民法院应当恢复认可或者执行程序。

第十八条 对人民法院裁定不予认可的台湾地区仲裁裁决，申请人再次提出申请的，人民法院不予受理。但当事人可以根据双方重新达成的仲裁协议申请仲裁，也可以就同一争议向人民法院起诉。

第十九条 申请人申请认可和执行台湾地区仲裁裁决的期间，适用民事诉讼法第二百三十九条①的规定。

申请人仅申请认可而未同时申请执行的，申请执行的期间自人民法院对认可申请作出的裁定生效之日起重新计算。

---

① 现为《民事诉讼法》（2023年修正）第二百五十条。

第二十条 人民法院在办理申请认可和执行台湾地区仲裁裁决案件中所作出的法律文书，应当依法送达案件当事人。

462. 申请承认和执行外国法院民事判决、裁定

案由适用要点

［释义］ 申请承认和执行外国法院裁判，是指对于外国法院作出的发生法律效力的判决、裁定，需要中华人民共和国人民法院承认和执行的，可以由当事人直接向中华人民共和国有管辖权的中级人民法院申请承认和执行，也可以由外国法院依照该国与中华人民共和国缔结或者参加的国际条约的规定，或者按照互惠原则，请求人民法院承认和执行。

［管辖］ 根据《民事诉讼法》的相关规定，申请承认和执行外国法院裁判，应由中级人民法院管辖。但是，并未有法律和司法解释明确此类案件的地域管辖，实践中做法不一。大多地方是由被申请人住所地或者其财产所在地的中级人民法院管辖。

当事人向中华人民共和国有管辖权的中级人民法院申请承认和执行外国法院作出的发生法律效力的判决、裁定的，如果该法院所在国与中华人民共和国没有缔结或者共同参加国际条约，也没有互惠关系的，裁定驳回申请，但当事人向人民法院申请承认外国法院作出的发生法律效力的离婚判决的除外。承认和执行申请被裁定驳回的，当事人可以向人民法院起诉。需要注意的是，我国法院和外国法院对同一争议都享有管辖权，只要当事人向我国法院起诉，无论外国法院是否先于我国受理案件，都不影响我国法院受理起诉。此外，外国法院裁决已经得到我国法院承认的，则对同一争议的起诉，我国法院不予受理。

［应注意的问题］ 承认和执行外国法院民事判决是国际民事司法协助的重要内容之一。各国和地区之间通过缔结或者共同参加国际条约，或者根据本国和地区法律的相关规定承认和执行外国法院判决。

需要注意的是，对外国法院作出的发生法律效力的判决、裁定，需要中华人民共和国法院执行的，当事人应当先向人民法院申请承认。人民法院经审查，裁定承认后，再根据《民事诉讼法》的规定予以执行。当事人仅申请承认而未同时申请执行的，人民法院仅对应否承认进行审查并作出裁定，申请执行的期间自人民法院对承认申请作出的裁定生效之日起重新计算。

请求权基础规范指引

《中华人民共和国民事诉讼法》（2023年修正）

第二百九十八条 外国法院作出的发生法律效力的判决、裁定，需要人民法院承认和执行的，可以由当事人直接向有管辖权的中级人民法院申请承认和执行，也可以由外国法院依照该国与中华人民共和国缔结或者参加的国际条约的规定，或者按照互惠原则，请求人民法院承认和执行。

第二百九十九条 人民法院对申请或者请求承认和执行的外国法院作出的发生法律效力的判决、裁定，依照中华人民共和国缔结或者参加的国际条约，或者按照互惠原则进行审查后，认为不违反中华人民共和国法律的基本原则且不损害国家主权、安全、社会公共利益的，裁定承认其效力；需要执行的，发出执行令，依照本法的有关规定执行。

《最高人民法院关于适用〈中华人民共和国民事诉讼法〉的解释》（2022年3月22日修正）

第五百四十一条 申请人向人民法院申请承认和执行外国法院作出的发生法律效力的判决、裁定，应当提交申请书，并附外国法院作出的发生法律效力的判决、裁定正本或者经证明无误的副本以及中文译本。外国法院判决、裁定为缺席判决、裁定的，申请人应当同时提交该外国法院已经合法传唤的证明文件，但判决、裁定已经对此予以明确说明的除外。

中华人民共和国缔结或者参加的国际条约对提交文件有规定的，按照规定办理。

第五百四十二条 当事人向中华人民共和国有管辖权的中级人民法院申请承认和执行外国法院作出的发生法律效力的判决、裁定的，如果该法院所在国与中华人民共和国没有缔结或者共同参加国际条约，也没有互惠关系的，裁定驳回申请，但当事人向人民法院申请承认外国法院作出的发生法律效力的离婚判决的除外。

承认和执行申请被裁定驳回的，当事人可以向人民法院起诉。

第五百四十三条 对临时仲裁庭在中华人民共和国领域外作出的仲裁裁决，一方当事人向人民法院申请承认和执行的，人民法院应当依照民事诉讼法第二百九十条[①]规定处理。

第五百四十四条 对外国法院作出的发生法律效力的判决、裁定或者外国仲裁裁决，需要中华人民共和国法院执行的，当事人应当先向人民法院申请承认。人民法院经审查，裁定承认后，再根据民事诉讼法第三编的规定予以执行。

---

① 现为《民事诉讼法》（2023年修正）第三百零四条。

当事人仅申请承认而未同时申请执行的，人民法院仅对应否承认进行审查并作出裁定。

第五百四十五条　当事人申请承认和执行外国法院作出的发生法律效力的判决、裁定或者外国仲裁裁决的期间，适用民事诉讼法第二百四十六条①的规定。

当事人仅申请承认而未同时申请执行的，申请执行的期间自人民法院对承认申请作出的裁定生效之日起重新计算。

第五百四十六条　承认和执行外国法院作出的发生法律效力的判决、裁定或者外国仲裁裁决的案件，人民法院应当组成合议庭进行审查。

人民法院应当将申请书送达被申请人。被申请人可以陈述意见。

人民法院经审查作出的裁定，一经送达即发生法律效力。

463. 申请承认和执行外国仲裁裁决

案由适用要点

［**释义**］申请承认和执行外国仲裁裁决是指仲裁案件中的当事人通过特定途径向我国法院申请承认和执行国外仲裁机构在中华人民共和国领域外作出的仲裁裁决。

［**管辖**］根据《民事诉讼法》的规定，申请承认和执行外国仲裁裁决的案件，应当由被执行人住所地或者其财产所在地的中级人民法院管辖，并且由该法院审理涉外商事案件的审判庭（合议庭）作为专门业务庭办理，专门业务庭经审查裁定认可和执行香港特别行政区仲裁裁决的，交由执行部门执行。

外国仲裁裁决与人民法院审理的案件存在关联，被申请人住所地、被申请人财产所在地均不在我国内地，申请人申请承认外国仲裁裁决的，由受理关联案件的人民法院管辖。受理关联案件的人民法院为基层人民法院的，申请承认外国仲裁裁决的案件应当由该基层人民法院的上一级人民法院管辖。受理关联案件的人民法院是高级人民法院或者最高人民法院的，由上述法院决定自行审查或者指定中级人民法院审查。

外国仲裁裁决与我国内地仲裁机构审理的案件存在关联，被申请人住所地、被申请人财产所在地均不在我国内地，申请人申请承认外国仲裁裁决的，由受理关联案件的仲裁机构所在地的中级人民法院管辖。

申请人向两个以上有管辖权的人民法院提出申请的，由最先立案的人民

---

① 现为《民事诉讼法》（2023年修正）第二百五十条。

法院管辖。

申请人向对案件不具有管辖权的人民法院提出申请，人民法院应当告知其向有管辖权的人民法院提出申请，申请人仍不变更申请的，裁定不予受理。申请人对不予受理的裁定不服的，可以提起上诉。

人民法院立案后发现不符合受理条件的，裁定驳回申请。对于裁定驳回申请的案件，申请人再次申请并符合受理条件的，人民法院应予受理。当事人对驳回申请的裁定不服的，可以提起上诉。

[应注意的问题] 申请承认和执行外国仲裁裁决，属于国际司法协助的范畴。当事人向我国法院请求司法协助，应当依照中华人民共和国缔结或者参加的国际条约所规定的途径进行；没有条约关系的，通过外交途径进行。当事人申请承认和执行外国仲裁裁决的，人民法院应当依照《承认及执行外国仲裁裁决公约》或者按照互惠原则办理，并作出是否予以承认和执行的裁定。需要注意的是，根据我国加入该公约时所作出的商事保留声明，我国仅对按照我国法律属于契约性和非契约性商事法律关系所引起的争议适用该公约，不包括外国投资者与东道国政府之间的争端。

需要说明的是，对外国仲裁裁决，需要中华人民共和国法院执行的，当事人应当先向人民法院申请承认。人民法院经审查，裁定承认后，再根据《民事诉讼法》的规定予以执行。当事人仅申请承认而未同时申请执行的，人民法院仅对应否承认进行审查并作出裁定，申请执行的期间自人民法院对承认申请作出的裁定生效之日起重新计算。

请求权基础规范指引

《承认及执行外国仲裁裁决公约》（1958年）

第一条 一、仲裁裁决，因自然人或法人间之争议而产生且在声请承认及执行地所在国以外之国家领土内作成者，其承认及执行适用本公约。本公约对于仲裁裁决经声请承认及执行地所在国认为非内国裁决者，亦适用之。

二、“仲裁裁决”一词不仅指专案选派之仲裁员所作裁决，亦指当事人提请仲裁之常设仲裁机关所作裁决。

三、任何国家得于签署、批准或加入本公约时，或于本公约第十条通知推广适用时，本交互原则声明该国适用本公约，以承认及执行在另一缔约国领土内作成之裁决为限。任何国家亦得声明，该国唯于争议起于法律关系，不论其为契约性质与否，而依提出声明国家之国内法认为系属商事关系者，始适用本公约。

第二条 一、当事人以书面协定承允彼此间所发生或可能发生之一切或任何争议，如关涉可以仲裁解决事项之确定法律关系，不论为契约性质与否，应提交仲裁时，各缔约国应承认此项协定。

二、称“书面协定”者，谓当事人所签订或在互换函电中所载明之契约仲裁条款或仲裁协定。

三、当事人就诉讼事项订有本条所称之协定者，缔约国法院受理诉讼时应依当事人一造之请求，命当事人提交仲裁，但前述协定经法院认定无效、失效或不能实行者不在此限。

第三条　各缔约国应承认仲裁裁决具有拘束力，并依援引裁决地之程序规则及下列各条所载条件执行之。承认或执行适用本公约之仲裁裁决时，不得较承认或执行内国仲裁裁决附加过苛之条件或征收过多之费用。

《中华人民共和国民事诉讼法》（2023年修正）

第三百零四条　在中华人民共和国领域外作出的发生法律效力的仲裁裁决，需要人民法院承认和执行的，当事人可以直接向被执行人住所地或者其财产所在地的中级人民法院申请。被执行人住所地或者其财产不在中华人民共和国领域内的，当事人可以向申请人住所地或者与裁决的纠纷有适当联系的地点的中级人民法院申请。人民法院应当依照中华人民共和国缔结或者参加的国际条约，或者按照互惠原则办理。

《最高人民法院关于适用〈中华人民共和国民事诉讼法〉的解释》（2022年3月22日修正）

第五百四十三条　对临时仲裁庭在中华人民共和国领域外作出的仲裁裁决，一方当事人向人民法院申请承认和执行的，人民法院应当依照民事诉讼法第二百九十条①规定处理。

第五百四十四条　对外国法院作出的发生法律效力的判决、裁定或者外国仲裁裁决，需要中华人民共和国法院执行的，当事人应当先向人民法院申请承认。人民法院经审查，裁定承认后，再根据民事诉讼法第三编的规定予以执行。

当事人仅申请承认而未同时申请执行的，人民法院仅对应否承认进行审查并作出裁定。

第五百四十五条　当事人申请承认和执行外国法院作出的发生法律效力的判决、裁定或者外国仲裁裁决的期间，适用民事诉讼法第二百四十六条②的规定。

当事人仅申请承认而未同时申请执行的，申请执行的期间自人民法院对承认申请作出的裁定生效之日起重新计算。

第五百四十六条　承认和执行外国法院作出的发生法律效力的判决、裁定或者外国仲裁裁决的案件，人民法院应当组成合议庭进行审查。

---

① 现为《民事诉讼法》（2023年修正）第三百零四条。

② 现为《民事诉讼法》（2023年修正）第二百五十条。

人民法院应当将申请书送达被申请人。被申请人可以陈述意见。

人民法院经审查作出的裁定，一经送达即发生法律效力。

《最高人民法院关于审理仲裁司法审查案件若干问题的规定》（法释〔2017〕22号 2017年12月26日）

第三条 外国仲裁裁决与人民法院审理的案件存在关联，被申请人住所地、被申请人财产所在地均不在我国内地，申请人申请承认外国仲裁裁决的，由受理关联案件的人民法院管辖。受理关联案件的人民法院为基层人民法院的，申请承认外国仲裁裁决的案件应当由该基层人民法院的上一级人民法院管辖。受理关联案件的人民法院是高级人民法院或者最高人民法院的，由上述法院决定自行审查或者指定中级人民法院审查。

外国仲裁裁决与我国内地仲裁机构审理的案件存在关联，被申请人住所地、被申请人财产所在地均不在我国内地，申请人申请承认外国仲裁裁决的，由受理关联案件的仲裁机构所在地的中级人民法院管辖。

五十一、与宣告失踪、宣告死亡案件有关的纠纷

464. 失踪人债务支付纠纷

案由适用要点

[释义] 失踪人债务支付纠纷是指失踪人在失踪前负有债务，由财产代管人从失踪人的财产中支付，代管人拒绝支付的，债权人可以代管人为被告提起诉讼或代管人作为原告起诉要求失踪人的债务人清偿债务的纠纷。

[管辖] 失踪人债务支付纠纷按照民事诉讼普通程序审理，因此适用《民事诉讼法》及其司法解释关于级别管辖、地域管辖的相关规定。

[应注意的问题] 虽然失踪人债务支付纠纷诉讼是在宣告失踪的判决基础上作出的，但需要注意失踪人债务支付纠纷属于新增的“与宣告失踪、宣告死亡案件有关的纠纷”项下的案由，避免认为“与宣告失踪、宣告死亡案件有关的纠纷”项下没有对应的第三级案由，直接适用第二级案由“与宣告失踪、宣告死亡案件有关的纠纷”的情况。此外，如果人民法院作出宣告失踪的判决后，失踪人的财产代管发生争议的情况下，应该先申请为失踪人指定财产代管人。

请求权基础规范指引

《中华人民共和国民法典》（2020 年）

第四十三条【财产代管人的职责】 财产代管人应当妥善管理失踪人的财产，维护其财产权益。

失踪人所欠税款、债务和应付的其他费用，由财产代管人从失踪人的财产中支付。

财产代管人因故意或者重大过失造成失踪人财产损失的，应当承担赔偿责任。

465. 被撤销死亡宣告人请求返还财产纠纷

案由适用要点

[释义] 被撤销死亡宣告人请求返还财产纠纷是指人民法院判决撤销死亡宣告后，被撤销死亡宣告人可以向取得其财产的第三人请求返还财产而产生的纠纷。

[管辖] 被撤销死亡宣告人请求返还财产纠纷按照民事诉讼普通程序审理，因此适用《民事诉讼法》关于一般地域管辖的规定，即由被告住所地人民法院管辖。请求返还财产涉及不动产的，由不动产所在地法院管辖。

[应注意的问题] 虽然被撤销死亡宣告人请求返还财产纠纷与申请宣告自然人死亡密切相关，但需要注意被撤销死亡宣告人请求返还财产纠纷属于新增的“与宣告失踪、宣告死亡案件有关的纠纷”项下的案由，避免认为“与宣告失踪、宣告死亡案件有关的纠纷”项下没有对应的第三级案由，直接适用第二级案由“与宣告失踪、宣告死亡案件有关的纠纷”的情况。

请求权基础规范指引

《中华人民共和国民法典》（2020 年）

第五十三条【死亡宣告撤销后的财产返还】 被撤销死亡宣告的人有权请求依照本法第六编取得其财产的民事主体返还财产；无法返还的，应当给予适当补偿。

利害关系人隐瞒真实情况，致使他人被宣告死亡而取得其财产的，除应当返还财产外，还应当对由此造成的损失承担赔偿责任。

五十二、公益诉讼

466. 生态环境保护民事公益诉讼

（1）环境污染民事公益诉讼
（2）生态破坏民事公益诉讼
（3）生态环境损害赔偿诉讼

案由适用要点

［**释义**］生态环境保护民事公益诉讼，是指国家规定的机关或者法律规定的组织对污染环境、破坏生态等损害环境公共利益的行为向人民法院提起的诉讼。

环境污染民事公益诉讼，是指国家规定的机关或者法律规定的组织对污染环境等损害环境公共利益的行为向人民法院提起的诉讼。

生态破坏民事公益诉讼，是指国家规定的机关或者法律规定的组织对破坏生态等损害环境公共利益的行为向人民法院提起的诉讼。

生态环境损害赔偿诉讼，是指省级、市级人民政府及其指定的部门或者机构针对违反法律法规，造成生态环境损害的自然人、法人或者非法人组织或者其他依法应当承担责任的自然人、法人或者非法人组织向人民法院提起的主张生态环境损害赔偿的诉讼。

［**管辖**］环境污染民事公益诉讼、生态破坏民事公益诉讼案件适用《最高人民法院关于审理环境民事公益诉讼案件适用法律若干问题的解释》第 6 条、第 7 条的规定，“第一审环境民事公益诉讼案件由污染环境、破坏生态行为发生地、损害结果地或者被告住所地的中级以上人民法院管辖。中级人民法院认为确有必要的，可以在报请高级人民法院批准后，裁定将本院管辖的第一审环境民事公益诉讼案件交由基层人民法院审理。同一原告或者不同原告对同一污染环境、破坏生态行为分别向两个以上有管辖权的人民法院提起环境民事公益诉讼的，由最先立案的人民法院管辖，必要时由共同上级人民法院指定管辖”。“经最高人民法院批准，高级人民法院可以根据本辖区环境和生态保护的实际情况，在辖区内确定部分中级人民法院受理第一审环境民事公益诉讼案件。中级人民法院管辖环境民事公益诉讼案件的区域由高级人民法院确定”。

生态环境损害赔偿诉讼案件适用《最高人民法院关于审理生态环境损害赔偿案件的若干规定（试行）》第 3 条的规定：“第一审生态环境损害赔偿诉

讼案件由生态环境损害行为实施地、损害结果发生地或者被告住所地的中级以上人民法院管辖。经最高人民法院批准，高级人民法院可以在辖区内确定部分中级人民法院集中管辖第一审生态环境损害赔偿诉讼案件。中级人民法院认为确有必要的，可以在报请高级人民法院批准后，裁定将本院管辖的第一审生态环境损害赔偿诉讼案件交由具备审理条件的基层人民法院审理。生态环境损害赔偿诉讼案件由人民法院环境资源审判庭或者指定的专门法庭审理。”

［**应注意的问题**］1. 环境污染民事公益诉讼、生态破坏民事公益诉讼与生态环境损害赔偿诉讼存在区别：

（1）提起主体不同。生态环境损害赔偿诉讼由省级、市地级人民政府及其指定的相关部门、机构，或者受国务院委托行使全民所有自然资源资产所有权的部门提起。环境污染民事公益诉讼、生态破坏民事公益诉讼由检察机关、符合法定条件的社会组织、法律规定的机关（比如国家海洋局）提起。

（2）案件范围不同。可以提起生态环境损害赔偿诉讼案件范围更窄，只有发生较大、重大、特别重大突发环境事件的，在国家和省级主体功能区规划中划定的重点生态功能区、禁止开发区发生环境污染、生态破坏事件的，或者发生其他严重影响生态环境后果的，才可以提起生态环境损害赔偿诉讼。相较而言，只要有污染环境、破坏生态、损害社会公共利益的行为，就都可以就此提起环境污染民事公益诉讼或生态破坏民事公益诉讼。

（3）起诉条件不同。生态环境损害赔偿诉讼只能在发生生态环境损害之后，仅具有风险的不能提起。而针对已经损害社会公共利益或者具有损害社会公共利益重大风险的污染环境、破坏生态的行为，法律规定的机关和有关组织可以提起环境污染民事公益诉讼或生态破坏民事公益诉讼。

（4）诉讼程序不同。生态环境损害赔偿诉讼有政府诉前磋商前置程序，无须公告。而人民检察院、社会组织、法律规定的机关提起的环境污染民事公益诉讼、生态破坏民事公益诉讼无须诉前磋商，但需公告。

（5）审判组织不同。《人民陪审员法》第16条规定：“人民法院审判下列第一审案件，由人民陪审员和法官组成七人合议庭进行：……（二）根据民事诉讼法、行政诉讼法提起的公益诉讼案件……”环境污染民事公益诉讼、生态破坏民事公益诉讼的一审案件需组成七人合议庭。而生态环境损害赔偿诉讼目前仅要求组成有人民陪审员的合议庭，未要求七人合议庭。

省级、市级人民政府及其指定的部门或者机构提起的生态环境损害赔偿诉讼不是公益诉讼，不影响社会组织依法提起公益诉讼，也不影响自然人、法人和非法人组织依法提起私益诉讼。但法院受理、审理程序则需依照《最高人民法院关于审理生态环境损害赔偿案件的若干规定（试行）》第16条、

第 17 条、第 18 条的规定，即："在生态环境损害赔偿诉讼案件审理过程中，同一损害生态环境行为又被提起民事公益诉讼，符合起诉条件的，应当由受理生态环境损害赔偿诉讼案件的人民法院受理并由同一审判组织审理。""人民法院受理因同一损害生态环境行为提起的生态环境损害赔偿诉讼案件和民事公益诉讼案件，应先中止民事公益诉讼案件的审理，待生态环境损害赔偿诉讼案件审理完毕后，就民事公益诉讼案件未被涵盖的诉讼请求依法作出裁判。""生态环境损害赔偿诉讼案件的裁判生效后，有权提起民事公益诉讼的国家规定的机关或者法律规定的组织就同一损害生态环境行为有证据证明存在前案审理时未发现的损害，并提起民事公益诉讼的，人民法院应予受理。民事公益诉讼案件的裁判生效后，有权提起生态环境损害赔偿诉讼的主体就同一损害生态环境行为有证据证明存在前案审理时未发现的损害，并提起生态环境损害赔偿诉讼的，人民法院应予受理。"

2. 实践中，同一个污染环境、破坏生态行为，既会给生态环境造成损害，也会给他人人身、财产造成损害。因此，环境私益损害和环境公益损害常常会同时存在。与此相应，环境侵权责任的两种形态，即环境私益侵权责任和环境公益侵权责任，亦存在着密切的关联和重合，进而使得环境私益诉讼和生态环境保护民事公益诉讼在分立的基础上保持着高度的融合。

请求权基础规范指引

《中华人民共和国民法典》（2020 年）

第一千二百三十四条【生态环境修复责任】 违反国家规定造成生态环境损害，生态环境能够修复的，国家规定的机关或者法律规定的组织有权请求侵权人在合理期限内承担修复责任。侵权人在期限内未修复的，国家规定的机关或者法律规定的组织可以自行或者委托他人进行修复，所需费用由侵权人负担。

第一千二百三十五条【公益诉讼的赔偿范围】 违反国家规定造成生态环境损害的，国家规定的机关或者法律规定的组织有权请求侵权人赔偿下列损失和费用：

（一）生态环境受到损害至修复完成期间服务功能丧失导致的损失；

（二）生态环境功能永久性损害造成的损失；

（三）生态环境损害调查、鉴定评估等费用；

（四）清除污染、修复生态环境费用；

（五）防止损害的发生和扩大所支出的合理费用。

《中华人民共和国环境保护法》（2014 年修订）

第五十八条 对污染环境、破坏生态，损害社会公共利益的行为，符合下列条件的社会组织可以向人民法院提起诉讼：

（一）依法在设区的市级以上人民政府民政部门登记；

（二）专门从事环境保护公益活动连续五年以上且无违法记录。

符合前款规定的社会组织向人民法院提起诉讼，人民法院应当依法受理。

提起诉讼的社会组织不得通过诉讼牟取经济利益。

《中华人民共和国海洋环境保护法》（2023 年修订）

第一百一十四条　对污染海洋环境、破坏海洋生态，造成他人损害的，依照《中华人民共和国民法典》等法律的规定承担民事责任。

对污染海洋环境、破坏海洋生态，给国家造成重大损失的，由依照本法规定行使海洋环境监督管理权的部门代表国家对责任者提出损害赔偿要求。

前款规定的部门不提起诉讼的，人民检察院可以向人民法院提起诉讼。前款规定的部门提起诉讼的，人民检察院可以支持起诉。

《中华人民共和国民事诉讼法》（2023 年修正）

第五十八条第一款　对污染环境、侵害众多消费者合法权益等损害社会公共利益的行为，法律规定的机关和有关组织可以向人民法院提起诉讼。

《最高人民法院关于审理环境民事公益诉讼案件适用法律若干问题的解释》（2020 年 12 月 23 日修正）

第一条　法律规定的机关和有关组织依据民事诉讼法第五十五条①、环境保护法第五十八条等法律的规定，对已经损害社会公共利益或者具有损害社会公共利益重大风险的污染环境、破坏生态的行为提起诉讼，符合民事诉讼法第一百一十九条第二项、第三项、第四项②规定的，人民法院应予受理。

第二条　依照法律、法规的规定，在设区的市级以上人民政府民政部门登记的社会团体、基金会以及社会服务机构等，可以认定为环境保护法第五十八条规定的社会组织。

第三条　设区的市，自治州、盟、地区，不设区的地级市，直辖市的区以上人民政府民政部门，可以认定为环境保护法第五十八条规定的“设区的市级以上人民政府民政部门”。

第四条　社会组织章程确定的宗旨和主要业务范围是维护社会公共利益，且从事环境保护公益活动的，可以认定为环境保护法第五十八条规定的“专门从事环境保护公益活动”。

社会组织提起的诉讼所涉及的社会公共利益，应与其宗旨和业务范围具有关联性。

第五条　社会组织在提起诉讼前五年内未因从事业务活动违反法律、法规的规定受过行政、刑事处罚的，可以认定为环境保护法第五十八条规定的

---

① 现为《民事诉讼法》（2023 年修正）第五十八条。

② 现为《民事诉讼法》（2023 年修正）第一百二十二条第二项、第三项、第四项。

“无违法记录”。

第六条 第一审环境民事公益诉讼案件由污染环境、破坏生态行为发生地、损害结果地或者被告住所地的中级以上人民法院管辖。

中级人民法院认为确有必要的，可以在报请高级人民法院批准后，裁定将本院管辖的第一审环境民事公益诉讼案件交由基层人民法院审理。

同一原告或者不同原告对同一污染环境、破坏生态行为分别向两个以上有管辖权的人民法院提起环境民事公益诉讼的，由最先立案的人民法院管辖，必要时由共同上级人民法院指定管辖。

第七条 经最高人民法院批准，高级人民法院可以根据本辖区环境和生态保护的实际情况，在辖区内确定部分中级人民法院受理第一审环境民事公益诉讼案件。

中级人民法院管辖环境民事公益诉讼案件的区域由高级人民法院确定。

第八条 提起环境民事公益诉讼应当提交下列材料：

（一）符合民事诉讼法第一百二十一条①规定的起诉状，并按照被告人数提出副本；

（二）被告的行为已经损害社会公共利益或者具有损害社会公共利益重大风险的初步证明材料；

（三）社会组织提起诉讼的，应当提交社会组织登记证书、章程、起诉前连续五年的年度工作报告书或者年检报告书，以及由其法定代表人或者负责人签字并加盖公章的无违法记录的声明。

第九条 人民法院认为原告提出的诉讼请求不足以保护社会公共利益的，可以向其释明变更或者增加停止侵害、修复生态环境等诉讼请求。

第十条 人民法院受理环境民事公益诉讼后，应当在立案之日起五日内将起诉状副本发送被告，并公告案件受理情况。

有权提起诉讼的其他机关和社会组织在公告之日起三十日内申请参加诉讼，经审查符合法定条件的，人民法院应当将其列为共同原告；逾期申请的，不予准许。

公民、法人和其他组织以人身、财产受到损害为由申请参加诉讼的，告知其另行起诉。

第十一条 检察机关、负有环境资源保护监督管理职责的部门及其他机关、社会组织、企业事业单位依据民事诉讼法第十五条的规定，可以通过提供法律咨询、提交书面意见、协助调查取证等方式支持社会组织依法提起环境民事公益诉讼。

---

① 现为《民事诉讼法》（2023年修正）第一百二十四条。

第十二条　人民法院受理环境民事公益诉讼后，应当在十日内告知对被告行为负有环境资源保护监督管理职责的部门。

第十三条　原告请求被告提供其排放的主要污染物名称、排放方式、排放浓度和总量、超标排放情况以及防治污染设施的建设和运行情况等环境信息，法律、法规、规章规定被告应当持有或者有证据证明被告持有而拒不提供，如果原告主张相关事实不利于被告的，人民法院可以推定该主张成立。

第十四条　对于审理环境民事公益诉讼案件需要的证据，人民法院认为必要的，应当调查收集。

对于应当由原告承担举证责任且为维护社会公共利益所必要的专门性问题，人民法院可以委托具备资格的鉴定人进行鉴定。

第十五条　当事人申请通知有专门知识的人出庭，就鉴定人作出的鉴定意见或者就因果关系、生态环境修复方式、生态环境修复费用以及生态环境受到损害至修复完成期间服务功能丧失导致的损失等专门性问题提出意见的，人民法院可以准许。

前款规定的专家意见经质证，可以作为认定事实的根据。

第十六条　原告在诉讼过程中承认的对己方不利的事实和认可的证据，人民法院认为损害社会公共利益的，应当不予确认。

第十七条　环境民事公益诉讼案件审理过程中，被告以反诉方式提出诉讼请求的，人民法院不予受理。

第十八条　对污染环境、破坏生态，已经损害社会公共利益或者具有损害社会公共利益重大风险的行为，原告可以请求被告承担停止侵害、排除妨碍、消除危险、修复生态环境、赔偿损失、赔礼道歉等民事责任。

第十九条　原告为防止生态环境损害的发生和扩大，请求被告停止侵害、排除妨碍、消除危险的，人民法院可以依法予以支持。

原告为停止侵害、排除妨碍、消除危险采取合理预防、处置措施而发生的费用，请求被告承担的，人民法院可以依法予以支持。

第二十条　原告请求修复生态环境的，人民法院可以依法判决被告将生态环境修复到损害发生之前的状态和功能。无法完全修复的，可以准许采用替代性修复方式。

人民法院可以在判决被告修复生态环境的同时，确定被告不履行修复义务时应承担的生态环境修复费用；也可以直接判决被告承担生态环境修复费用。

生态环境修复费用包括制定、实施修复方案的费用，修复期间的监测、监管费用，以及修复完成后的验收费用、修复效果后评估费用等。

第二十一条　原告请求被告赔偿生态环境受到损害至修复完成期间服务

功能丧失导致的损失、生态环境功能永久性损害造成的损失的，人民法院可以依法予以支持。

第二十二条 原告请求被告承担以下费用的，人民法院可以依法予以支持：

（一）生态环境损害调查、鉴定评估等费用；

（二）清除污染以及防止损害的发生和扩大所支出的合理费用；

（三）合理的律师费以及为诉讼支出的其他合理费用。

第二十三条 生态环境修复费用难以确定或者确定具体数额所需鉴定费用明显过高的，人民法院可以结合污染环境、破坏生态的范围和程度，生态环境的稀缺性，生态环境恢复的难易程度，防治污染设备的运行成本，被告因侵害行为所获得的利益以及过错程度等因素，并可以参考负有环境资源保护监督管理职责的部门的意见、专家意见等，予以合理确定。

第二十四条 人民法院判决被告承担的生态环境修复费用、生态环境受到损害至修复完成期间服务功能丧失导致的损失、生态环境功能永久性损害造成的损失等款项，应当用于修复被损害的生态环境。

其他环境民事公益诉讼中败诉原告所需承担的调查取证、专家咨询、检验、鉴定等必要费用，可以酌情从上述款项中支付。

第二十五条 环境民事公益诉讼当事人达成调解协议或者自行达成和解协议后，人民法院应当将协议内容公告，公告期间不少于三十日。

公告期满后，人民法院审查认为调解协议或者和解协议的内容不损害社会公共利益的，应当出具调解书。当事人以达成和解协议为由申请撤诉的，不予准许。

调解书应当写明诉讼请求、案件的基本事实和协议内容，并应当公开。

第二十六条 负有环境资源保护监督管理职责的部门依法履行监管职责而使原告诉讼请求全部实现，原告申请撤诉的，人民法院应予准许。

第二十七条 法庭辩论终结后，原告申请撤诉的，人民法院不予准许，但本解释第二十六条规定的情形除外。

第二十八条 环境民事公益诉讼案件的裁判生效后，有权提起诉讼的其他机关和社会组织就同一污染环境、破坏生态行为另行起诉，有下列情形之一的，人民法院应予受理：

（一）前案原告的起诉被裁定驳回的；

（二）前案原告申请撤诉被裁定准许的，但本解释第二十六条规定的情形除外。

环境民事公益诉讼案件的裁判生效后，有证据证明存在前案审理时未发现的损害，有权提起诉讼的机关和社会组织另行起诉的，人民法院应予受理。

第二十九条　法律规定的机关和社会组织提起环境民事公益诉讼的，不影响因同一污染环境、破坏生态行为受到人身、财产损害的公民、法人和其他组织依据民事诉讼法第一百一十九条[①]的规定提起诉讼。

第三十条　已为环境民事公益诉讼生效裁判认定的事实，因同一污染环境、破坏生态行为依据民事诉讼法第一百一十九条[②]规定提起诉讼的原告、被告均无需举证证明，但原告对该事实有异议并有相反证据足以推翻的除外。

对于环境民事公益诉讼生效裁判就被告是否存在法律规定的不承担责任或者减轻责任的情形、行为与损害之间是否存在因果关系、被告承担责任的大小等所作的认定，因同一污染环境、破坏生态行为依据民事诉讼法第一百一十九条[③]规定提起诉讼的原告主张适用的，人民法院应予支持，但被告有相反证据足以推翻的除外。被告主张直接适用对其有利的认定的，人民法院不予支持，被告仍应举证证明。

第三十一条　被告因污染环境、破坏生态在环境民事公益诉讼和其他民事诉讼中均承担责任，其财产不足以履行全部义务的，应当先履行其他民事诉讼生效裁判所确定的义务，但法律另有规定的除外。

第三十二条　发生法律效力的环境民事公益诉讼案件的裁判，需要采取强制执行措施的，应当移送执行。

第三十三条　原告交纳诉讼费用确有困难，依法申请缓交的，人民法院应予准许。

败诉或者部分败诉的原告申请减交或者免交诉讼费用的，人民法院应当依照《诉讼费用交纳办法》的规定，视原告的经济状况和案件的审理情况决定是否准许。

第三十四条　社会组织有通过诉讼违法收受财物等牟取经济利益行为的，人民法院可以根据情节轻重依法收缴其非法所得、予以罚款；涉嫌犯罪的，依法移送有关机关处理。

社会组织通过诉讼牟取经济利益的，人民法院应当向登记管理机关或者有关机关发送司法建议，由其依法处理。

《最高人民法院关于审理生态环境损害赔偿案件的若干规定（试行）》（2020年12月23日修正）

第一条　具有下列情形之一，省级、市地级人民政府及其指定的相关部门、机构，或者受国务院委托行使全民所有自然资源资产所有权的部门，因与造成生态环境损害的自然人、法人或者其他组织经磋商未达成一致或者无

---

① 现为《民事诉讼法》（2023年修正）第一百二十二条。
② 现为《民事诉讼法》（2023年修正）第一百二十二条。
③ 现为《民事诉讼法》（2023年修正）第一百二十二条。

法进行磋商的，可以作为原告提起生态环境损害赔偿诉讼：

（一）发生较大、重大、特别重大突发环境事件的；

（二）在国家和省级主体功能区规划中划定的重点生态功能区、禁止开发区发生环境污染、生态破坏事件的；

（三）发生其他严重影响生态环境后果的。

前款规定的市地级人民政府包括设区的市，自治州、盟、地区，不设区的地级市，直辖市的区、县人民政府。

第二条 下列情形不适用本规定：

（一）因污染环境、破坏生态造成人身损害、个人和集体财产损失要求赔偿的；

（二）因海洋生态环境损害要求赔偿的。

第三条 第一审生态环境损害赔偿诉讼案件由生态环境损害行为实施地、损害结果发生地或者被告住所地的中级以上人民法院管辖。

经最高人民法院批准，高级人民法院可以在辖区内确定部分中级人民法院集中管辖第一审生态环境损害赔偿诉讼案件。

中级人民法院认为确有必要的，可以在报请高级人民法院批准后，裁定将本院管辖的第一审生态环境损害赔偿诉讼案件交由具备审理条件的基层人民法院审理。

生态环境损害赔偿诉讼案件由人民法院环境资源审判庭或者指定的专门法庭审理。

第四条 人民法院审理第一审生态环境损害赔偿诉讼案件，应当由法官和人民陪审员组成合议庭进行。

第五条 原告提起生态环境损害赔偿诉讼，符合民事诉讼法和本规定并提交下列材料的，人民法院应当登记立案：

（一）证明具备提起生态环境损害赔偿诉讼原告资格的材料；

（二）符合本规定第一条规定情形之一的证明材料；

（三）与被告进行磋商但未达成一致或者因客观原因无法与被告进行磋商的说明；

（四）符合法律规定的起诉状，并按照被告人数提出副本。

第六条 原告主张被告承担生态环境损害赔偿责任的，应当就以下事实承担举证责任：

（一）被告实施了污染环境、破坏生态的行为或者具有其他应当依法承担责任的情形；

（二）生态环境受到损害，以及所需修复费用、损害赔偿等具体数额；

（三）被告污染环境、破坏生态的行为与生态环境损害之间具有关联性。

第七条　被告反驳原告主张的，应当提供证据加以证明。被告主张具有法律规定的不承担责任或者减轻责任情形的，应当承担举证责任。

第八条　已为发生法律效力的刑事裁判所确认的事实，当事人在生态环境损害赔偿诉讼案件中无须举证证明，但有相反证据足以推翻的除外。

对刑事裁判未予确认的事实，当事人提供的证据达到民事诉讼证明标准的，人民法院应当予以认定。

第九条　负有相关环境资源保护监督管理职责的部门或者其委托的机构在行政执法过程中形成的事件调查报告、检验报告、检测报告、评估报告、监测数据等，经当事人质证并符合证据标准的，可以作为认定案件事实的根据。

第十条　当事人在诉前委托具备环境司法鉴定资质的鉴定机构出具的鉴定意见，以及委托国务院环境资源保护监督管理相关主管部门推荐的机构出具的检验报告、检测报告、评估报告、监测数据等，经当事人质证并符合证据标准的，可以作为认定案件事实的根据。

第十一条　被告违反国家规定造成生态环境损害的，人民法院应当根据原告的诉讼请求以及具体案情，合理判决被告承担修复生态环境、赔偿损失、停止侵害、排除妨碍、消除危险、赔礼道歉等民事责任。

第十二条　受损生态环境能够修复的，人民法院应当依法判决被告承担修复责任，并同时确定被告不履行修复义务时应承担的生态环境修复费用。

生态环境修复费用包括制定、实施修复方案的费用，修复期间的监测、监管费用，以及修复完成后的验收费用、修复效果后评估费用等。

原告请求被告赔偿生态环境受到损害至修复完成期间服务功能损失的，人民法院根据具体案情予以判决。

第十三条　受损生态环境无法修复或者无法完全修复，原告请求被告赔偿生态环境功能永久性损害造成的损失的，人民法院根据具体案情予以判决。

第十四条　原告请求被告承担下列费用的，人民法院根据具体案情予以判决：

（一）实施应急方案、清除污染以及为防止损害的发生和扩大所支出的合理费用；

（二）为生态环境损害赔偿磋商和诉讼支出的调查、检验、鉴定、评估等费用；

（三）合理的律师费以及其他为诉讼支出的合理费用。

第十五条　人民法院判决被告承担的生态环境服务功能损失赔偿资金、生态环境功能永久性损害造成的损失赔偿资金，以及被告不履行生态环境修复义务时所应承担的修复费用，应当依照法律、法规、规章予以缴纳、管理和使用。

第十六条 在生态环境损害赔偿诉讼案件审理过程中，同一损害生态环境行为又被提起民事公益诉讼，符合起诉条件的，应当由受理生态环境损害赔偿诉讼案件的人民法院受理并由同一审判组织审理。

第十七条 人民法院受理因同一损害生态环境行为提起的生态环境损害赔偿诉讼案件和民事公益诉讼案件，应先中止民事公益诉讼案件的审理，待生态环境损害赔偿诉讼案件审理完毕后，就民事公益诉讼案件未被涵盖的诉讼请求依法作出裁判。

第十八条 生态环境损害赔偿诉讼案件的裁判生效后，有权提起民事公益诉讼的国家规定的机关或者法律规定的组织就同一损害生态环境行为有证据证明存在前案审理时未发现的损害，并提起民事公益诉讼的，人民法院应予受理。

民事公益诉讼案件的裁判生效后，有权提起生态环境损害赔偿诉讼的主体就同一损害生态环境行为有证据证明存在前案审理时未发现的损害，并提起生态环境损害赔偿诉讼的，人民法院应予受理。

第十九条 实际支出应急处置费用的机关提起诉讼主张该费用的，人民法院应予受理，但人民法院已经受理就同一损害生态环境行为提起的生态环境损害赔偿诉讼案件且该案原告已经主张应急处置费用的除外。

生态环境损害赔偿诉讼案件原告未主张应急处置费用，因同一损害生态环境行为实际支出应急处置费用的机关提起诉讼主张该费用的，由受理生态环境损害赔偿诉讼案件的人民法院受理并由同一审判组织审理。

第二十条 经磋商达成生态环境损害赔偿协议的，当事人可以向人民法院申请司法确认。

人民法院受理申请后，应当公告协议内容，公告期间不少于三十日。公告期满后，人民法院经审查认为协议的内容不违反法律法规强制性规定且不损害国家利益、社会公共利益的，裁定确认协议有效。裁定书应当写明案件的基本事实和协议内容，并向社会公开。

第二十一条 一方当事人在期限内未履行或者未全部履行发生法律效力的生态环境损害赔偿诉讼案件裁判或者经司法确认的生态环境损害赔偿协议的，对方当事人可以向人民法院申请强制执行。需要修复生态环境的，依法由省级、市地级人民政府及其指定的相关部门、机构组织实施。

第二十二条 人民法院审理生态环境损害赔偿案件，本规定没有规定的，参照适用《最高人民法院关于审理环境民事公益诉讼案件适用法律若干问题的解释》《最高人民法院关于审理环境侵权责任纠纷案件适用法律若干问题的解释》等相关司法解释的规定。

《最高人民法院关于适用〈中华人民共和国民事诉讼法〉的解释》（2022年3月22日修正）

第二百八十二条　环境保护法、消费者权益保护法等法律规定的机关和有关组织对污染环境、侵害众多消费者合法权益等损害社会公共利益的行为，根据民事诉讼法第五十八条规定提起公益诉讼，符合下列条件的，人民法院应当受理：

（一）有明确的被告；

（二）有具体的诉讼请求；

（三）有社会公共利益受到损害的初步证据；

（四）属于人民法院受理民事诉讼的范围和受诉人民法院管辖。

第二百八十三条　公益诉讼案件由侵权行为地或者被告住所地中级人民法院管辖，但法律、司法解释另有规定的除外。

因污染海洋环境提起的公益诉讼，由污染发生地、损害结果地或者采取预防污染措施地海事法院管辖。

对同一侵权行为分别向两个以上人民法院提起公益诉讼的，由最先立案的人民法院管辖，必要时由它们的共同上级人民法院指定管辖。

第二百八十四条　人民法院受理公益诉讼案件后，应当在十日内书面告知相关行政主管部门。

第二百八十五条　人民法院受理公益诉讼案件后，依法可以提起诉讼的其他机关和有关组织，可以在开庭前向人民法院申请参加诉讼。人民法院准许参加诉讼的，列为共同原告。

第二百八十六条　人民法院受理公益诉讼案件，不影响同一侵权行为的受害人根据民事诉讼法第一百二十二条规定提起诉讼。

第二百八十七条　对公益诉讼案件，当事人可以和解，人民法院可以调解。

当事人达成和解或者调解协议后，人民法院应当将和解或者调解协议进行公告。公告期间不得少于三十日。

公告期满后，人民法院经审查，和解或者调解协议不违反社会公共利益的，应当出具调解书；和解或者调解协议违反社会公共利益的，不予出具调解书，继续对案件进行审理并依法作出裁判。

第二百八十八条　公益诉讼案件的原告在法庭辩论终结后申请撤诉的，人民法院不予准许。

第二百八十九条　公益诉讼案件的裁判发生法律效力后，其他依法具有原告资格的机关和有关组织就同一侵权行为另行提起公益诉讼的，人民法院裁定不予受理，但法律、司法解释另有规定的除外。

《最高人民法院、最高人民检察院关于办理海洋自然资源与生态环境公益诉讼案件若干问题的规定》（法释〔2022〕15号 2022年5月10日）

第一条 本规定适用于损害行为发生地、损害结果地或者采取预防措施地在海洋环境保护法第二条第一款规定的海域内，因破坏海洋生态、海洋水产资源、海洋保护区而提起的民事公益诉讼、刑事附带民事公益诉讼和行政公益诉讼。

第二条 依据海洋环境保护法第八十九条第二款规定，对破坏海洋生态、海洋水产资源、海洋保护区，给国家造成重大损失的，应当由依照海洋环境保护法规定行使海洋环境监督管理权的部门，在有管辖权的海事法院对侵权人提起海洋自然资源与生态环境损害赔偿诉讼。

有关部门根据职能分工提起海洋自然资源与生态环境损害赔偿诉讼的，人民检察院可以支持起诉。

《最高人民法院关于生态环境侵权民事诉讼证据的若干规定》（法释〔2023〕6号 2023年8月14日）

第一条至第三十四条

（参见“377. 环境污染责任纠纷”的相关规范）

467. 英雄烈士保护民事公益诉讼

案由适用要点

［释义］ 英雄烈士保护民事公益诉讼是指检察机关对侵害英雄烈士的姓名、肖像、名誉、荣誉，损害社会公共利益的行为向人民法院提起的诉讼。

［管辖］ 英雄烈士保护公益诉讼案件适用《民事诉讼法解释》第283条、《最高人民法院、最高人民检察院关于检察公益诉讼案件适用法律若干问题的解释》第5条的规定，由侵权行为地或者被告住所地中级人民法院管辖，但法律、司法解释另有规定的除外。市（分、州）人民检察院提起的第一审民事公益诉讼案件，由侵权行为地或者被告住所地中级人民法院管辖。

根据《最高人民法院、最高人民检察院关于检察公益诉讼案件适用法律若干问题的解释》第20条的规定，人民检察院对侵害英雄烈士等的姓名、肖像、名誉、荣誉等损害社会公共利益的犯罪行为提起刑事公诉时，可以向人民法院一并提起附带民事公益诉讼，由人民法院同一审判组织审理。人民检察院提起的刑事附带民事公益诉讼案件由审理刑事案件的人民法院管辖。因此，针对英雄烈士保护提起的刑事附带民事公益诉讼可能由基层人民法院管辖。

［应注意的问题］《民法典》规定侵害英雄、烈士人格利益，损害社会公

共利益，应当承担民事责任。提起英雄烈士保护民事公益诉讼，需注意以下几点：一是要注意对英雄、烈士评定标准的把握。一般来说，为了他人利益、公共利益或国家利益不畏艰难，英勇奋斗并做出重大贡献的人，都可称之为英雄，认定英雄无需特别程序；但对烈士的评定或认定，是需要特定程序的。二是要注意对一些与英雄、烈士一样对国家、民族、社会做出巨大贡献的人，尽管不宜称之为英雄，也没有被评为烈士，但他们的人格利益也应当受到法律的特别保护。三是对英雄烈士人格利益提起民事公益诉讼，一般是指该英雄、烈士已经去世的，如果尚在世，则当其人格利益受到侵害时，本人即可提起诉讼，无需提起民事公益诉讼。四是英雄烈士的个人姓名、肖像、名誉等必须是已经成为公众共同的精神财富、社会共同的利益，才能适用《民法典》关于英雄烈士等人格利益的特别保护。当然，如果英雄、烈士有近亲属的，当其人格利益受到侵害后，其近亲属可以依据《民法典》第 994 条的规定，向人民法院提起民事诉讼，只有在没有近亲属，或者近亲属不提起诉讼的情况下，检察机关可以依据《民法典》第 185 条提起民事公益诉讼，维护社会公共利益。

请求权基础规范指引

《中华人民共和国民法典》（2020 年）

第一百八十五条【侵害英烈等的姓名、肖像、名誉、荣誉的民事责任】 侵害英雄烈士等的姓名、肖像、名誉、荣誉，损害社会公共利益的，应当承担民事责任。

《中华人民共和国英雄烈士保护法》（2018 年）

第二十五条　对侵害英雄烈士的姓名、肖像、名誉、荣誉的行为，英雄烈士的近亲属可以依法向人民法院提起诉讼。

英雄烈士没有近亲属或者近亲属不提起诉讼的，检察机关依法对侵害英雄烈士的姓名、肖像、名誉、荣誉，损害社会公共利益的行为向人民法院提起诉讼。

负责英雄烈士保护工作的部门和其他有关部门在履行职责过程中发现第一款规定的行为，需要检察机关提起诉讼的，应当向检察机关报告。

英雄烈士近亲属依照第一款规定提起诉讼的，法律援助机构应当依法提供法律援助服务。

第二十六条　以侮辱、诽谤或者其他方式侵害英雄烈士的姓名、肖像、名誉、荣誉，损害社会公共利益的，依法承担民事责任；构成违反治安管理行为的，由公安机关依法给予治安管理处罚；构成犯罪的，依法追究刑事责任。

**《最高人民法院、最高人民检察院关于检察公益诉讼案件适用法律若干问

题的解释》（2020 年 12 月 29 日修正）

第四条 人民检察院以公益诉讼起诉人身份提起公益诉讼，依照民事诉讼法、行政诉讼法享有相应的诉讼权利，履行相应的诉讼义务，但法律、司法解释另有规定的除外。

第五条 市（分、州）人民检察院提起的第一审民事公益诉讼案件，由侵权行为地或者被告住所地中级人民法院管辖。

基层人民检察院提起的第一审行政公益诉讼案件，由被诉行政机关所在地基层人民法院管辖。

468. 未成年人保护民事公益诉讼

案由适用要点

［**释义**］未成年人保护民事公益诉讼是指检察机关对侵害未成年人合法权益，损害社会公共利益的行为向人民法院提起的诉讼。

［**管辖**］未成年人保护公益诉讼案件适用《民事诉讼法解释》第 285 条的规定，由侵权行为地或者被告住所地中级人民法院管辖，但法律、司法解释另有规定的除外。

［**应注意的问题**］在对未成年人进行保护的民事公益诉讼中，要注意把握《民法典》第 106 条中的“公共利益”这一概念及其判断规则。通常情况下，公共利益不仅表现为生态环境、自然资源等具体形式，还可能表现为抽象概括的形式，比如对不特定的众多未成年人身心健康造成侵害的行为。未成年人心理、智力发育不成熟，社会阅历较浅，其对行为的社会意义和身心发展影响不能有深刻认识，对其是否受到侵害不能及时作出判断和发现，存在潜在的危害后果，有关部门或社会组织、机构即有必要提起民事公益诉讼。

请求权基础规范指引

《中华人民共和国未成年人保护法》（2024 年）

第一百零六条 未成年人合法权益受到侵犯，相关组织和个人未代为提起诉讼的，人民检察院可以督促、支持其提起诉讼；涉及公共利益的，人民检察院有权提起公益诉讼。

469. 消费者权益保护民事公益诉讼

案由适用要点

[**释义**] 消费者权益保护民事公益诉讼是指检察机关对食品药品安全领域侵害众多消费者合法权益等损害社会公共利益的行为向人民法院提起的诉讼。

[**管辖**] 消费者权益保护公益诉讼案件适用《民事诉讼法解释》第285条、《最高人民法院、最高人民检察院关于检察公益诉讼案件适用法律若干问题的解释》第5条第1款、《最高人民法院关于审理消费民事公益诉讼案件适用法律若干问题的解释》第3条第2款的规定，由侵权行为地或者被告住所地中级人民法院管辖，但法律、司法解释另有规定的除外。市（分、州）人民检察院提起的第一审民事公益诉讼案件，由侵权行为地或者被告住所地中级人民法院管辖。经最高人民法院批准，高级人民法院可以根据本辖区实际情况，在辖区内确定部分中级人民法院受理第一审消费民事公益诉讼案件。

根据《最高人民法院、最高人民检察院关于检察公益诉讼案件适用法律若干问题的解释》第20条的规定，人民检察院对食品药品安全领域侵害众多消费者合法权益等损害社会公共利益的犯罪行为提起刑事公诉时，可以向人民法院一并提起附带民事公益诉讼，由人民法院同一审判组织审理。人民检察院提起的刑事附带民事公益诉讼案件由审理刑事案件的人民法院管辖。因此，针对消费者权益保护提起的刑事附带民事公益诉讼可能由基层人民法院管辖。

[**应注意的问题**] 在私益领域，即便是惩罚性赔偿，也往往是以补偿性赔偿为基础的，即以消费者支付价款或者所受损失为基础计算赔偿数额。同样，在公益领域，损害赔偿最基础的功能也是补偿功能，只不过社会公共利益所遭受的损失难以计算，所以在理论上，一般认为公益领域的损害赔偿只能是惩罚性赔偿，而不是补偿性赔偿。而我国目前的法律所规范的基本是以惩罚性赔偿为主，其赔偿请求权的主体和诉讼实施权的主体都被明确为是消费者、被侵权人、受害人或者其近亲属。因此，如果说消费民事公益诉讼中的损害赔偿是惩罚性赔偿的话，也是不同于现行法律规定的一种特殊的惩罚性赔偿，其特殊性就在于在惩罚数额上，并不会机械地以补偿性赔偿为基础，而且需要人民法院更为充分地行使民事自由裁量权。

请求权基础规范指引

《中华人民共和国消费者权益保护法》（2013年）

第四十七条 对侵害众多消费者合法权益的行为，中国消费者协会以及在省、自治区、直辖市设立的消费者协会，可以向人民法院提起诉讼。

《最高人民法院关于审理食品药品纠纷案件适用法律若干问题的规定》（2021年11月18日修正）

第十七条 消费者与化妆品、保健食品等产品的生产者、销售者、广告经营者、广告发布者、推荐者、检验机构等主体之间的纠纷，参照适用本规定。

法律规定的机关和有关组织依法提起公益诉讼的，参照适用本规定。

《最高人民法院关于审理消费民事公益诉讼案件适用法律若干问题的解释》（2020年12月23日修正）

第二条 经营者提供的商品或者服务具有下列情形之一的，适用消费者权益保护法第四十七条规定：

（一）提供的商品或者服务存在缺陷，侵害众多不特定消费者合法权益的；

（二）提供的商品或者服务可能危及消费者人身、财产安全，未作出真实的说明和明确的警示，未标明正确使用商品或者接受服务的方法以及防止危害发生方法的；对提供的商品或者服务质量、性能、用途、有效期限等信息作虚假或引人误解宣传的；

（三）宾馆、商场、餐馆、银行、机场、车站、港口、影剧院、景区、体育场馆、娱乐场所等经营场所存在危及消费者人身、财产安全危险的；

（四）以格式条款、通知、声明、店堂告示等方式，作出排除或者限制消费者权利、减轻或者免除经营者责任、加重消费者责任等对消费者不公平、不合理规定的；

（五）其他侵害众多不特定消费者合法权益或者具有危及消费者人身、财产安全危险等损害社会公共利益的行为。

第三条 消费民事公益诉讼案件管辖适用《最高人民法院关于适用〈中华人民共和国民事诉讼法〉的解释》第二百八十五条的有关规定。

经最高人民法院批准，高级人民法院可以根据本辖区实际情况，在辖区内确定部分中级人民法院受理第一审消费民事公益诉讼案件。

第四条 提起消费民事公益诉讼应当提交下列材料：

（一）符合民事诉讼法第一百二十一条①规定的起诉状，并按照被告人数提交副本；

（二）被告的行为侵害众多不特定消费者合法权益或者具有危及消费者人身、财产安全危险等损害社会公共利益的初步证据；

---

① 现为《民事诉讼法》（2023年修正）第一百二十四条。

（三）消费者组织就涉诉事项已按照消费者权益保护法第三十七条第四项或者第五项的规定履行公益性职责的证明材料。

第五条　人民法院认为原告提出的诉讼请求不足以保护社会公共利益的，可以向其释明变更或者增加停止侵害等诉讼请求。

第六条　人民法院受理消费民事公益诉讼案件后，应当公告案件受理情况，并在立案之日起十日内书面告知相关行政主管部门。

第七条　人民法院受理消费民事公益诉讼案件后，依法可以提起诉讼的其他机关或者社会组织，可以在一审开庭前向人民法院申请参加诉讼。

人民法院准许参加诉讼的，列为共同原告；逾期申请的，不予准许。

第八条　有权提起消费民事公益诉讼的机关或者社会组织，可以依据民事诉讼法第八十一条①规定申请保全证据。

第九条　人民法院受理消费民事公益诉讼案件后，因同一侵权行为受到损害的消费者申请参加诉讼的，人民法院应当告知其根据民事诉讼法第一百一十九条②规定主张权利。

第十条　消费民事公益诉讼案件受理后，因同一侵权行为受到损害的消费者请求对其根据民事诉讼法第一百一十九条③规定提起的诉讼予以中止，人民法院可以准许。

第十一条　消费民事公益诉讼案件审理过程中，被告提出反诉的，人民法院不予受理。

第十二条　原告在诉讼中承认对己方不利的事实，人民法院认为损害社会公共利益的，不予确认。

第十三条　原告在消费民事公益诉讼案件中，请求被告承担停止侵害、排除妨碍、消除危险、赔礼道歉等民事责任的，人民法院可予支持。

经营者利用格式条款或者通知、声明、店堂告示等，排除或者限制消费者权利、减轻或者免除经营者责任、加重消费者责任，原告认为对消费者不公平、不合理主张无效的，人民法院应依法予以支持。

第十四条　消费民事公益诉讼案件裁判生效后，人民法院应当在十日内书面告知相关行政主管部门，并可发出司法建议。

第十五条　消费民事公益诉讼案件的裁判发生法律效力后，其他依法具有原告资格的机关或者社会组织就同一侵权行为另行提起消费民事公益诉讼的，人民法院不予受理。

第十六条　已为消费民事公益诉讼生效裁判认定的事实，因同一侵权行

---

①　现为《民事诉讼法》（2023年修正）第八十四条。

②　现为《民事诉讼法》（2023年修正）第一百二十二条。

③　现为《民事诉讼法》（2023年修正）第一百二十二条。

为受到损害的消费者根据民事诉讼法第一百一十九条[①]规定提起的诉讼，原告、被告均无需举证证明，但当事人对该事实有异议并有相反证据足以推翻的除外。

消费民事公益诉讼生效裁判认定经营者存在不法行为，因同一侵权行为受到损害的消费者根据民事诉讼法第一百一十九条[②]规定提起的诉讼，原告主张适用的，人民法院可予支持，但被告有相反证据足以推翻的除外。被告主张直接适用对其有利认定的，人民法院不予支持，被告仍应承担相应举证证明责任。

第十七条 原告为停止侵害、排除妨碍、消除危险采取合理预防、处置措施而发生的费用，请求被告承担的，人民法院应依法予以支持。

第十八条 原告及其诉讼代理人对侵权行为进行调查、取证的合理费用、鉴定费用、合理的律师代理费用，人民法院可根据实际情况予以相应支持。

五十三、第三人撤销之诉

470. 第三人撤销之诉

案由适用要点

［释义］ 第三人撤销之诉，是指第三人因不能归责于本人的事由未参加诉讼，针对诉讼双方当事人之间生效的判决对其产生的不利效果，而向法院主张将生效判决对其不利部分予以撤销的请求。

［管辖］《民事诉讼法》第 59 条第 3 款对第三人撤销之诉的管辖法院作出了特别规定，由作出生效判决、裁定、调解书的法院管辖，不适用民事案件地域管辖、级别管辖的规定。作出生效判决、裁定、调解书的法院，既可能是一审法院，也可能是二审法院。

［应注意的问题］ 第三人撤销之诉不同于普通的民事诉讼，其起诉条件除要符合《民事诉讼法》第 122 条的规定以外，还有另外独立的起诉条件。具体包括：主体条件、程序条件、实体条件。

1. 主体条件。提起第三人撤销之诉的主体限于《民事诉讼法》第 59 条规定的第三人。第三人分为有独立请求权的第三人和无独立请求权的第三人。《民事诉讼法》第 59 条第 1 款规定的是有独立请求权的第三人，有独立请求

---

① 现为《民事诉讼法》（2023 年修正）第一百二十二条。

② 现为《民事诉讼法》（2023 年修正）第一百二十二条。

权第三人是指对当事人之间的诉讼标的的全部或者一部分，以独立的实体权利人的资格提出诉讼请求进而参加诉讼的人。有独立请求权的第三人提出的诉讼请求既不同于原告，也不同于被告；他的诉讼地位相当于原告，以本诉的原、被告作为被告。《民事诉讼法》第 59 条第 2 款规定了无独立请求权人，即对当事人双方的诉讼标的，第三人虽然没有独立请求权，但案件处理结果同他有法律上的利害关系的，可以申请参加诉讼，或者由人民法院通知他参加诉讼。人民法院判决承担民事责任的第三人，有当事人的诉讼权利义务。

2. 程序条件。一是第三人因不能归责于自己的事由未参加诉讼。第三人未参加诉讼不能归责于本人的事由，是指第三人未参加诉讼不是由于其自身过错造成，对此，该第三人应当承担举证责任。如果因为其本人的过错未参加诉讼的，视为其行使处分权的结果，依法不能提起撤销之诉。《民事诉讼法解释》第 293 条规定，《民事诉讼法》第 59 条第 3 款规定的因不能归责于本人的事由未参加诉讼，是指没有被列为生效判决、裁定、调解书当事人，且无过错或者无明显过错的情形。包括：（1）不知道诉讼而未参加的；（2）申请参加未获准许的；（3）知道诉讼，但因客观原因无法参加的；（4）因其他不能归责于本人的事由未参加诉讼的。二是自知道或者应当知道其民事权益受到损害之日起 6 个月。《民事诉讼法》第 59 条第 3 款规定的 6 个月是不变期间，不适用延长、中止、中断的规定。

3. 实体条件。一是撤销的对象是已经发生法律效力的判决、裁定和调解书。第三人只能针对已经发生法律效力的判决、裁定或者调解书提起撤销之诉。对于正在审理过程中的案件，或者未生效的判决、裁定和调解书，不得提起第三人撤销之诉。二是有证据证明发生法律效力的裁判、裁定、调解书部分或者全部内容错误，具体而言是指事实认定和法律适用错误导致的实体处理错误。《民事诉讼法解释》第 294 条规定，《民事诉讼法》第 59 条第 3 款规定的判决、裁定、调解书的部分或者全部内容，是指判决、裁定的主文，调解书中处理当事人民事权利义务的结果。三是生效的判决、裁定、调解书的错误内容损害第三人的民事权益。实质上是要求生效的判决、裁定、调解书的内容与第三人民事权益损害之间要有因果关系。

请求权基础规范指引

《中华人民共和国民事诉讼法》（2023 年修正）

第五十九条　对当事人双方的诉讼标的，第三人认为有独立请求权的，有权提起诉讼。

对当事人双方的诉讼标的，第三人虽然没有独立请求权，但案件处理结果同他有法律上的利害关系的，可以申请参加诉讼，或者由人民法院通知他参加诉讼。人民法院判决承担民事责任的第三人，有当事人的诉讼权利义务。

前两款规定的第三人，因不能归责于本人的事由未参加诉讼，但有证据证明发生法律效力的判决、裁定、调解书的部分或者全部内容错误，损害其民事权益的，可以自知道或者应当知道其民事权益受到损害之日起六个月内，向作出该判决、裁定、调解书的人民法院提起诉讼。人民法院经审理，诉讼请求成立的，应当改变或者撤销原判决、裁定、调解书；诉讼请求不成立的，驳回诉讼请求。

《最高人民法院关于适用〈中华人民共和国民事诉讼法〉的解释》（2022年3月22日修正）

第二百九十条 第三人对已经发生法律效力的判决、裁定、调解书提起撤销之诉的，应当自知道或者应当知道其民事权益受到损害之日起六个月内，向作出生效判决、裁定、调解书的人民法院提出，并应当提供存在下列情形的证据材料：

（一）因不能归责于本人的事由未参加诉讼；

（二）发生法律效力的判决、裁定、调解书的全部或者部分内容错误；

（三）发生法律效力的判决、裁定、调解书内容错误损害其民事权益。

第二百九十三条 民事诉讼法第五十九条第三款规定的因不能归责于本人的事由未参加诉讼，是指没有被列为生效判决、裁定、调解书当事人，且无过错或者无明显过错的情形。包括：

（一）不知道诉讼而未参加的；

（二）申请参加未获准许的；

（三）知道诉讼，但因客观原因无法参加的；

（四）因其他不能归责于本人的事由未参加诉讼的。

第二百九十四条 民事诉讼法第五十九条第三款规定的判决、裁定、调解书的部分或者全部内容，是指判决、裁定的主文，调解书中处理当事人民事权利义务的结果。

第二百九十五条 对下列情形提起第三人撤销之诉的，人民法院不予受理：

（一）适用特别程序、督促程序、公示催告程序、破产程序等非讼程序处理的案件；

（二）婚姻无效、撤销或者解除婚姻关系等判决、裁定、调解书中涉及身份关系的内容；

（三）民事诉讼法第五十七条规定的未参加登记的权利人对代表人诉讼案件的生效裁判；

（四）民事诉讼法第五十八条规定的损害社会公共利益行为的受害人对公

益诉讼案件的生效裁判。

第二百九十六条　第三人提起撤销之诉，人民法院应当将该第三人列为原告，生效判决、裁定、调解书的当事人列为被告，但生效判决、裁定、调解书中没有承担责任的无独立请求权的第三人列为第三人。

《最高人民法院关于印发〈全国法院民商事审判工作会议纪要〉的通知》（法〔2019〕254号　2019年11月8日）

120.【债权人能否提起第三人撤销之诉】第三人撤销之诉中的第三人仅局限于《民事诉讼法》第59条规定的有独立请求权的第三人及无独立请求权的第三人，而且一般不包括债权人。但是，设立第三人撤销之诉的目的在于，救济第三人享有的因不能归责于本人的事由未参加诉讼但因生效裁判文书内容错误受到损害的民事权益，因此，债权人在下列情况下可以提起第三人撤销之诉：

（1）该债权是法律明确给予特殊保护的债权，如《合同法》第286条①规定的建设工程价款优先受偿权，《海商法》第22条规定的船舶优先权；

（2）因债务人与他人的权利义务被生效裁判文书确定，导致债权人本来可以对《合同法》第74条②和《企业破产法》第31条规定的债务人的行为享有撤销权而不能行使的；

（3）债权人有证据证明，裁判文书主文确定的债权内容部分或者全部虚假的。

债权人提起第三人撤销之诉还要符合法律和司法解释规定的其他条件。对于除此之外的其他债权，债权人原则上不得提起第三人撤销之诉。

五十四、执行程序中的异议之诉

471. 执行异议之诉

（1）案外人执行异议之诉

案由适用要点

［**释义**］案外人执行异议之诉，是指执行当事人之外的第三人对于执行依据所确定的执行标的主张享有实体上的权利，请求法院对该实体上法律关系进行裁判，以阻止法院对执行标的进行强制执行的救济方法。最早见于2007

① 现为《民法典》第807条。

② 现为《民法典》第538条、第539条、第540条。

年《民事诉讼法》第 204 条，2012 年修正的《民事诉讼法》保留了此项规定，但改为第 227 条，现为 2023 年修正的《民事诉讼法》第 238 条。根据该条，执行过程中，案外人对执行标的提出书面异议的，人民法院应当自收到书面异议之日起 15 日内审查，理由成立的，裁定中止对该标的的执行；理由不成立的，裁定驳回。案外人、当事人对裁定不服，认为原判决、裁定错误的，依照审判监督程序办理；与原判决、裁定无关的，可以自裁定送达之日起 15 日内向人民法院提起诉讼。可见，案外人、当事人对裁定不服的，分为两种情况：一种是认为原判决、裁定错误的，依照审判监督程序办理，通常是由案外人申请再审（《民事诉讼法解释》第 423 条）。另一种是对与原判决、裁定无关的争议，当事人可以向法院提起诉讼，由此出现执行异议之诉。

设计案外人执行异议之诉制度的主要考虑是，对债务人启动的强制执行有可能波及第三人享有合法权利的财产，比如扣押并拍卖的某项动产虽然由债务人占有但实际上却为第三人所有，因此有必要为第三人提供专门的救济渠道。案外人执行异议之诉旨在排除对特定标的已经启动的强制执行，无论该标的物是动产、不动产还是其他类型的财产。案外人执行异议之诉成功的实质前提是，案外人对标的享有足以排除强制执行的合法权益。

[**管辖**] 案外人执行异议之诉案件由执行法院管辖，对此《民事诉讼法解释》第 302 条有明确规定，其条文为“根据民事诉讼法第二百三十四条规定，案外人、当事人对执行异议裁定不服，自裁定送达之日起十五日内向人民法院提起执行异议之诉的，由执行法院管辖”。

[**应注意的问题**] 1. 区分案外人执行异议之诉与案外人申请再审和第三人撤销之诉。案外人执行异议之诉发生在执行过程中，以案外人执行异议被裁定驳回为前提，如果案外人没有对执行标的提起书面异议、书面异议未被驳回或者执行程序已经终结，案外人就不能提起执行异议之诉，而案外人申请再审和第三人撤销之诉则没有此限制。案外人执行异议之诉所针对的是对特定执行标的的执行行为，案外人对作为执行依据的生效判决、裁定、调解书并无异议，只是对执行行为所指向的执行标的有异议，目的是排除对特定执行标的的强制执行行为。而案外人申请再审和第三人撤销之诉所针对的是生效的判决、裁定、调解书，目的是推翻生效的判决、裁定、调解书。当然，推翻生效的判决、裁定、调解书后，由于执行依据被撤销，相应的执行行为也应停止、撤销或者变更。

2. 正确处理案外人提起执行异议之诉和另行起诉的关系。案外人提起执行异议之诉时，必须提出明确的排除对执行标的执行的诉讼请求，也可以同时提出对执行标的进行确权或者给付的诉讼请求。当然，案外人也可以不提出排除对执行标的执行的诉讼请求，仅就执行标的确权或者给付进行起诉，这种情况就属于案外人另行提起了一个新的普通诉讼，而非执行异议之诉。当事人在另行起诉和执行异议之诉中有选择权。即使在执行程序中，案外人也有权不提起执行异议之诉，而对执行标的确权另行起诉。如果其诉讼请求得到支持，可再以该案中的生效法律文书为证据，向原执行法院提起执行异议，或者申请执行回转。这是案外人的权利，但这种方法不利于案外人权益保护，人民法院在审查案外人另行提起的新诉时应当予以适当释明。

(2) 申请执行人执行异议之诉

案由适用要点

[释义] 申请执行人执行异议之诉是对案外人异议的对抗，其适用的场景通常是，案外人依据《民事诉讼法》第 238 条第 1 句第 1 分句提出书面异议，人民法院审查后认定理由成立，裁定中止执行。这一结果显然会影响申请执行人的利益，对此，法律为申请执行人提供了两种救济途径：第一种途径是依照审判监督程序对原判决、裁定申请再审（《民事诉讼法》第 238 条第 2 句第 1 分句）；第二种途径是自裁定送达 15 日内向执行法院提起诉讼，即所谓的“申请执行人执行异议之诉”（《民事诉讼法》第 238 条第 2 句第 2 分句）。申请执行人执行异议之诉旨在确认案外人就特定标的不享有足以排除强制执行的民事权益，由此恢复对标的的强制执行。

[管辖] 与案外人执行异议之诉一样，申请执行人执行异议之诉也由执行法院管辖（《民事诉讼法解释》第 302 条）。

[应注意的问题] 依照《民事诉讼法》第 238 条的规定，经审查案外人之异议，法院裁定中止执行异议标的时，如果申请执行人对该裁定不服，可以通过提起诉讼寻求救济。与案外人提起执行异议诉讼的目的正相反，申请执行人提起执行异议诉讼旨在恢复对标的的执行，因此其诉讼请求为“请求对执行标的许可执行”，也可称为“许可执行之诉”，提起许可执行之诉是申请执行人的一项法定权利。《民事诉讼法解释》第 304 条规定了申请执行人提起执行异议之诉的三个条件：一是依案外人执行异议申请，人民法院裁定中止执行；二是有明确地对执行标的继续执行的诉讼请求，且诉讼请求与原判决、裁定无关；三是自执行异议裁定送达之日起 15 日内提起。

按照《民事诉讼法解释》第 307 条，申请执行人对中止执行裁定未提起执行异议之诉，被执行人提起执行异议之诉的，人民法院告知其另行起诉，也就是说，被执行人不能对中止执行的裁定提出执行异议之诉。

申请执行人执行异议之诉作为从执行程序中派生出来的一种特殊类型诉讼，主要解决申请执行人与案外人之间就执行标的能否执行的争议，故应以案外人为被告。如果被执行人也反对申请执行人主张的，应当增加被执行人为共同被告。如果被执行人不反对申请执行人主张的，人民法院可以将其列为第三人（《民事诉讼法解释》第306条）。

另外需注意申请执行人执行异议之诉15日提起期限（《民事诉讼法解释》第304条第1款第3项）届满的法律后果。在案外人提出书面异议，执行法院经初步审查对异议标的作出中止执行的裁定后，如果申请执行人迟迟不提出执行异议之诉，就会使争议标的一直处于中止执行的悬置状态，既不利于对当事人的权益保护，也不利于标的物经济效能的发挥，因此《民事诉讼法解释》第314条规定，人民法院对执行标的裁定中止执行后，申请执行人在法律规定的期间内未提起执行异议之诉的，人民法院应当自起诉期限届满之日起7日内解除对该执行标的采取的执行措施。

请求权基础规范指引

《中华人民共和国民事诉讼法》（2023年修正）

第二百三十六条 当事人、利害关系人认为执行行为违反法律规定的，可以向负责执行的人民法院提出书面异议。当事人、利害关系人提出书面异议的，人民法院应当自收到书面异议之日起十五日内审查，理由成立的，裁定撤销或者改正；理由不成立的，裁定驳回。当事人、利害关系人对裁定不服的，可以自裁定送达之日起十日内向上一级人民法院申请复议。

第二百三十八条 执行过程中，案外人对执行标的提出书面异议的，人民法院应当自收到书面异议之日起十五日内审查，理由成立的，裁定中止对该标的的执行；理由不成立的，裁定驳回。案外人、当事人对裁定不服，认为原判决、裁定错误的，依照审判监督程序办理；与原判决、裁定无关的，可以自裁定送达之日起十五日内向人民法院提起诉讼。

第二百六十七条 有下列情形之一的，人民法院应当裁定中止执行：

……

（二）案外人对执行标的提出确有理由的异议的；

……

《最高人民法院关于适用〈中华人民共和国民事诉讼法〉执行程序若干问题的解释》（2020年12月23日修正）

第十四条 案外人对执行标的主张所有权或者有其他足以阻止执行标的转让、交付的实体权利的，可以依照民事诉讼法第二百二十七条[①]的规定，向执行法院提出异议。

第十五条 案外人异议审查期间，人民法院不得对执行标的进行处分。

案外人向人民法院提供充分、有效的担保请求解除对异议标的的查封、

---

① 现为《民事诉讼法》（2023年修正）第二百三十八条。

扣押、冻结的，人民法院可以准许；申请执行人提供充分、有效的担保请求继续执行的，应当继续执行。

因案外人提供担保解除查封、扣押、冻结有错误，致使该标的无法执行的，人民法院可以直接执行担保财产；申请执行人提供担保请求继续执行有错误，给对方造成损失的，应当予以赔偿。

第十六条　案外人执行异议之诉审理期间，人民法院不得对执行标的进行处分。申请执行人请求人民法院继续执行并提供相应担保的，人民法院可以准许。

案外人请求解除查封、扣押、冻结或者申请执行人请求继续执行有错误，给对方造成损失的，应当予以赔偿。

《最高人民法院关于人民法院办理执行异议和复议案件若干问题的规定》（2020年12月23日修正）

第一条　异议人提出执行异议或者复议申请人申请复议，应当向人民法院提交申请书。申请书应当载明具体的异议或者复议请求、事实、理由等内容，并附下列材料：

（一）异议人或者复议申请人的身份证明；

（二）相关证据材料；

（三）送达地址和联系方式。

第二条　执行异议符合民事诉讼法第二百二十五条①或者第二百二十七条②规定条件的，人民法院应当在三日内立案，并在立案后三日内通知异议人和相关当事人。不符合受理条件的，裁定不予受理；立案后发现不符合受理条件的，裁定驳回申请。

执行异议申请材料不齐备的，人民法院应当一次性告知异议人在三日内补足，逾期未补足的，不予受理。

异议人对不予受理或者驳回申请裁定不服的，可以自裁定送达之日起十日内向上一级人民法院申请复议。上一级人民法院审查后认为符合受理条件的，应当裁定撤销原裁定，指令执行法院立案或者对执行异议进行审查。

第五条　有下列情形之一的，当事人以外的自然人、法人和非法人组织，可以作为利害关系人提出执行行为异议：

（一）认为人民法院的执行行为违法，妨碍其轮候查封、扣押、冻结的债权受偿的；

（二）认为人民法院的拍卖措施违法，妨碍其参与公平竞价的；

（三）认为人民法院的拍卖、变卖或者以物抵债措施违法，侵害其对执行

---

① 现为《民事诉讼法》（2023年修正）第二百三十六条。

② 现为《民事诉讼法》（2023年修正）第二百三十八条。

标的的优先购买权的；

（四）认为人民法院要求协助执行的事项超出其协助范围或者违反法律规定的；

（五）认为其他合法权益受到人民法院违法执行行为侵害的。

第六条 当事人、利害关系人依照民事诉讼法第二百二十五条规定提出异议的，应当在执行程序终结之前提出，但对终结执行措施提出异议的除外。

案外人依照民事诉讼法第二百二十七条[①]规定提出异议的，应当在异议指向的执行标的执行终结之前提出；执行标的由当事人受让的，应当在执行程序终结之前提出。

第八条 案外人基于实体权利既对执行标的提出排除执行异议又作为利害关系人提出执行行为异议的，人民法院应当依照民事诉讼法第二百二十七条[②]规定进行审查。

案外人既基于实体权利对执行标的提出排除执行异议又作为利害关系人提出与实体权利无关的执行行为异议的，人民法院应当分别依照民事诉讼法第二百二十七条和第二百二十五条规定进行审查。

第二十四条 对案外人提出的排除执行异议，人民法院应当审查下列内容：

（一）案外人是否系权利人；

（二）该权利的合法性与真实性；

（三）该权利能否排除执行。

第二十五条 对案外人的异议，人民法院应当按照下列标准判断其是否系权利人：

（一）已登记的不动产，按照不动产登记簿判断；未登记的建筑物、构筑物及其附属设施，按照土地使用权登记簿、建设工程规划许可、施工许可等相关证据判断；

（二）已登记的机动车、船舶、航空器等特定动产，按照相关管理部门的登记判断；未登记的特定动产和其他动产，按照实际占有情况判断；

（三）银行存款和存管在金融机构的有价证券，按照金融机构和登记结算机构登记的账户名称判断；有价证券由具备合法经营资质的托管机构名义持有的，按照该机构登记的实际出资人账户名称判断；

银行存款和存管在金融机构的有价证券，按照金融机构和登记结算机构登记的账户名称判断；有价证券由具备合法经营资质的托管机构名义持有的，按照该机构登记的实际投资人账户名称判断；

---

① 现为《民事诉讼法》（2023年修正）第二百三十八条。

② 现为《民事诉讼法》（2023年修正）第二百三十八条。

（四）股权按照工商行政管理机关的登记和企业信用信息公示系统公示的信息判断；

（五）其他财产和权利，有登记的，按照登记机构的登记判断；无登记的，按照合同等证明财产权属或者权利人的证据判断。

案外人依据另案生效法律文书提出排除执行异议，该法律文书认定的执行标的权利人与依照前款规定得出的判断不一致的，依照本规定第二十六条规定处理。

第二十六条 金钱债权执行中，案外人依据执行标的被查封、扣押、冻结前作出的另案生效法律文书提出排除执行异议，人民法院应当按照下列情形，分别处理：

（一）该法律文书系就案外人与被执行人之间的权属纠纷以及租赁、借用、保管等不以转移财产权属为目的的合同纠纷，判决、裁决执行标的归属于案外人或者向其返还执行标的且其权利能够排除执行的，应予支持；

（二）该法律文书系就案外人与被执行人之间除前项所列合同之外的债权纠纷，判决、裁决执行标的归属于案外人或者向其交付、返还执行标的的，不予支持。

（三）该法律文书系案外人受让执行标的的拍卖、变卖成交裁定或者以物抵债裁定且其权利能够排除执行的，应予支持。

金钱债权执行中，案外人依据执行标的被查封、扣押、冻结后作出的另案生效法律文书提出排除执行异议的，人民法院不予支持。

非金钱债权执行中，案外人依据另案生效法律文书提出排除执行异议，该法律文书对执行标的权属作出不同认定的，人民法院应当告知案外人依法申请再审或者通过其他程序解决。

申请执行人或者案外人不服人民法院依照本条第一、二款规定作出的裁定，可以依照民事诉讼法第二百二十七条规定提起执行异议之诉。

第二十七条 申请执行人对执行标的依法享有对抗案外人的担保物权等优先受偿权，人民法院对案外人提出的排除执行异议不予支持，但法律、司法解释另有规定的除外。

《最高人民法院关于人民法院办理财产保全案件若干问题的规定》（2020年12月23日修正）

第二十七条 人民法院对诉讼争议标的以外的财产进行保全，案外人对保全裁定或者保全裁定实施过程中的执行行为不服，基于实体权利对被保全财产提出书面异议的，人民法院应当依照民事诉讼法第二百二十七条①规定审

① 现为《民事诉讼法》（2023年修正）第二百三十八条。

查处理并作出裁定。案外人、申请保全人对该裁定不服的，可以自裁定送达之日起十五日内向人民法院提起执行异议之诉。

人民法院裁定案外人异议成立后，申请保全人在法律规定的期间内未提起执行异议之诉的，人民法院应当自起诉期限届满之日起七日内对该被保全财产解除保全。

《最高人民法院关于民事执行中变更、追加当事人若干问题的规定》（2020 年 12 月 23 日修正）

第三十二条 被申请人或申请人对执行法院依据本规定第十四条第二款、第十七条至第二十一条规定作出的变更、追加裁定或驳回申请裁定不服的，可以自裁定书送达之日起十五日内，向执行法院提起执行异议之诉。

被申请人提起执行异议之诉的，以申请人为被告。申请人提起执行异议之诉的，以被申请人为被告。

第三十三条 被申请人提起的执行异议之诉，人民法院经审理，按照下列情形分别处理：

（一）理由成立的，判决不得变更、追加被申请人为被执行人或者判决变更责任范围；

（二）理由不成立的，判决驳回诉讼请求。

诉讼期间，人民法院不得对被申请人争议范围内的财产进行处分。申请人请求人民法院继续执行并提供相应担保的，人民法院可以准许。

第三十四条 申请人提起的执行异议之诉，人民法院经审理，按照下列情形分别处理：

（一）理由成立的，判决变更、追加被申请人为被执行人并承担相应责任或者判决变更责任范围；

（二）理由不成立的，判决驳回诉讼请求。

《最高人民法院关于适用〈中华人民共和国民事诉讼法〉的解释》（2022 年 3 月 22 日修正）

第三百零二条 根据民事诉讼法第二百三十四条①规定，案外人、当事人对执行异议裁定不服，自裁定送达之日起十五日内向人民法院提起执行异议之诉的，由执行法院管辖。

第三百零三条 案外人提起执行异议之诉，除符合民事诉讼法第一百二十二条规定外，还应当具备下列条件：

（一）案外人的执行异议申请已经被人民法院裁定驳回；

（二）有明确的排除对执行标的执行的诉讼请求，且诉讼请求与原判决、

---

① 现为《民事诉讼法》（2023 年修正）第二百三十八条。

裁定无关；

（三）自执行异议裁定送达之日起十五日内提起。

人民法院应当在收到起诉状之日起十五日内决定是否立案。

第三百零五条　案外人提起执行异议之诉的，以申请执行人为被告。被执行人反对案外人异议的，被执行人为共同被告；被执行人不反对案外人异议的，可以列被执行人为第三人。

第三百零八条　人民法院审理执行异议之诉案件，适用普通程序。

第三百零九条　案外人或者申请执行人提起执行异议之诉的，案外人应当就其对执行标的享有足以排除强制执行的民事权益承担举证证明责任。

第三百一十条　对案外人提起的执行异议之诉，人民法院经审理，按照下列情形分别处理：

（一）案外人就执行标的享有足以排除强制执行的民事权益的，判决不得执行该执行标的；

（二）案外人就执行标的不享有足以排除强制执行的民事权益的，判决驳回诉讼请求。

案外人同时提出确认其权利的诉讼请求的，人民法院可以在判决中一并作出裁判。

第三百一十二条　对案外人执行异议之诉，人民法院判决不得对执行标的的执行的，执行异议裁定失效。

对申请执行人执行异议之诉，人民法院判决准许对该执行标的执行的，执行异议裁定失效，执行法院可以根据申请执行人的申请或者依职权恢复执行。

第三百一十三条　案外人执行异议之诉审理期间，人民法院不得对执行标的进行处分。申请执行人请求人民法院继续执行并提供相应担保的，人民法院可以准许。

被执行人与案外人恶意串通，通过执行异议、执行异议之诉妨害执行的，人民法院应当依照民事诉讼法第一百一十六条规定处理。申请执行人因此受到损害的，可以提起诉讼要求被执行人、案外人赔偿。

第四百六十二条　根据民事诉讼法第二百三十四条①规定，案外人对执行标的提出异议的，应当在该执行标的的执行程序终结前提出。

第四百六十三条　案外人对执行标的提出的异议，经审查，按照下列情形分别处理：

（一）案外人对执行标的不享有足以排除强制执行的权益的，裁定驳回其

① 现为《民事诉讼法》（2023年修正）第二百三十八条。

异议；

（二）案外人对执行标的享有足以排除强制执行的权益的，裁定中止执行。

驳回案外人执行异议裁定送达案外人之日起十五日内，人民法院不得对执行标的进行处分。

第四百七十七条 在执行中，被执行人通过仲裁程序将人民法院查封、扣押、冻结的财产确权或者分割给案外人的，不影响人民法院执行程序的进行。

案外人不服的，可以根据民事诉讼法第二百三十四条①规定提出异议。

《最高人民法院关于印发〈全国法院民商事审判工作会议纪要〉的通知》（法〔2019〕254号 2019年11月8日）

119.【案外人执行异议之诉的审理】案外人执行异议之诉以排除对特定标的物的执行为目的，从程序上而言，案外人依据《民事诉讼法》第227条②提出执行异议被驳回的，即可向执行人民法院提起执行异议之诉。人民法院对执行异议之诉的审理，一般应当就案外人对执行标的物是否享有权利、享有什么样的权利、权利是否足以排除强制执行进行判断。至于是否作出具体的确权判项，视案外人的诉讼请求而定。案外人未提出确权或者给付诉讼请求的，不作出确权判项，仅在裁判理由中进行分析判断并作出是否排除执行的判项即可。但案外人既提出确权、给付请求，又提出排除执行请求的，人民法院对该请求是否支持、是否排除执行，均应当在具体判项中予以明确。执行异议之诉不以否定作为执行依据的生效裁判为目的，案外人如认为裁判确有错误的，只能通过申请再审或者提起第三人撤销之诉的方式进行救济。

123.【案外人依据另案生效裁判对非金钱债权的执行提起执行异议之诉】审判实践中，案外人有时依据另案生效裁判所认定的与执行标的物有关的权利提起执行异议之诉，请求排除对标的物的执行。此时，鉴于作为执行依据的生效裁判与作为案外人提出执行异议依据的生效裁判，均涉及对同一标的物权属或给付的认定，性质上属于两个生效裁判所认定的权利之间可能产生的冲突，人民法院在审理执行异议之诉时，需区别不同情况作出判断：如果作为执行依据的生效裁判是确权裁判，不论作为执行异议依据的裁判是确权裁判还是给付裁判，一般不应据此排除执行，但人民法院应当告知案外人对作为执行依据的确权裁判申请再审；如果作为执行依据的生效裁判是给付标的物的裁判，而作为提出异议之诉依据的裁判是确权裁判，一般应据此排除执行，此时人民法院应告知其对该确权裁判申请再审；如果两个裁判均属给

① 现为《民事诉讼法》（2023年修正）第二百三十八条。

② 现为《民事诉讼法》（2023年修正）第二百三十八条。

付标的物的裁判，人民法院需依法判断哪个裁判所认定的给付权利具有优先性，进而判断是否可以排除执行。

124.【案外人依据另案生效裁判对金钱债权的执行提起执行异议之诉】作为执行依据的生效裁判并未涉及执行标的物，只是执行中为实现金钱债权对特定标的物采取了执行措施。对此种情形，《最高人民法院关于人民法院办理执行异议和复议案件若干问题的规定》第26条规定了解决案外人执行异议的规则，在审理执行异议之诉时可以参考适用。依据该条规定，作为案外人提起执行异议之诉依据的裁判将执行标的物确权给案外人，可以排除执行；作为案外人提起执行异议之诉依据的裁判，未将执行标的物确权给案外人，而是基于不以转移所有权为目的的有效合同（如租赁、借用、保管合同），判令向案外人返还执行标的物的，其性质属于物权请求权，亦可以排除执行；基于以转移所有权为目的有效合同（如买卖合同），判令向案外人交付标的物的，其性质属于债权请求权，不能排除执行。

应予注意的是，在金钱债权执行中，如果案外人提出执行异议之诉依据的生效裁判认定以转移所有权为目的的合同（如买卖合同）无效或应当解除，进而判令向案外人返还执行标的物的，此时案外人享有的是物权性质的返还请求权，本可排除金钱债权的执行，但在双务合同无效的情况下，双方互负返还义务，在案外人未返还价款的情况下，如果允许其排除金钱债权的执行，将会使申请执行人既执行不到被执行人名下的财产，又执行不到本应返还给被执行人的价款，显然有失公允。为平衡各方当事人的利益，只有在案外人已经返还价款的情况下，才能排除普通债权人的执行。反之，案外人未返还价款的，不能排除执行。

472. 追加、变更被执行人异议之诉

案由适用要点

[释义] 本案由是2020年《民事案件案由规定》修正时新增加的一类案由。申请执行人主张将执行依据所确定的债务人之外的人纳入执行程序，执行法院对此作出了或肯定或否定的裁定，申请人或被申请人不服该裁定的，可以依法提起本诉。具体而言，当申请执行人提出追加、变更执行依据所确定的债务人之外的人为被执行人时，如果申请获得法院许可，被追加、变更的被申请人可以提起执行异议之诉，以避免承担强制执行的法律负担；反过来，如果申请执行人提出的追加、变更请求没有获得法院许可，申请人也可以提起执行异议之诉，以获得通过诉讼确认他人对执行债务是否承担责任的机会。相关规范为《最高人民法院关于民事执行中变更、追加当事人若

干问题的规定》（以下简称为《执行中变更、追加当事人规定》）。

[管辖] 按照《执行中变更、追加当事人规定》第 32 条第 1 款，本类案件管辖法院为执行法院。

[应注意的问题] 1. 追加、变更被执行人异议之诉的适用情形

针对法院所作出的是否追加、变更执行程序当事人的裁定，当事人有复议和执行异议之诉两种救济机制，需要注意的是这两种救济机制之间的分工。《执行中变更、追加当事人规定》第 30 条规定："被申请人、申请人或其他执行当事人对执行法院作出的变更、追加裁定或驳回申请裁定不服的，可以自裁定书送达之日起十日内向上一级人民法院申请复议，但依据本规定第三十二条的规定应当提起诉讼的除外。"也就是说，不服此类裁定的当事人，通常情况下只能通过向上级法院提出复议寻求救济，只有存在该规定第 32 条所列情况时，才可以提起执行异议之诉。这背后的考虑主要是提高争议解决效率，即只有在较为疑难复杂的情况中，才需要动用执行异议之诉这一实体化救济方式，在相对简单的情况中，采用复议的方式已经足够。

《执行中变更、追加当事人规定》第 32 条第 1 款规定："被申请人或申请人对执行法院依据本规定第十四条第二款、第十七条至第二十一条规定作出的变更、追加裁定或驳回申请裁定不服的，可以自裁定书送达之日起十五日内，向执行法院提起执行异议之诉"，该款共规定了六种情况，这六种情况下当事人对执行法院作出的或肯定或否定的裁定可以提起执行异议之诉。

2. 关于被申请人提起的异议之诉

理论上，这种诉讼被称为"债务人不适格异议之诉"。该诉讼的主要功能在于排除变更、追加裁定对被变更、追加第三人的效力。因此，人民法院应当根据被申请人提出的诉讼理由成立与否，判决不得变更、追加其为被执行人、变更责任范围或者驳回诉讼请求。在程序方面，该诉讼的原告为被变更、追加的第三人，被告为申请执行人；由执行法院专属管辖，适用普通诉讼程序审理。

3. 关于申请人提起的异议之诉

理论上，这种诉讼被称为"债权人许可执行之诉"，其功能与"债务人不适格异议之诉"正好相反，系在变更、追加被执行人的申请被驳回时，为申请人提供的救济途径。其性质和基本构造则与"债务人不适格异议之诉"大致相同。人民法院应当根据申请人的诉讼理由是否成立，判决变更、追加被申请人为被执行人并承担相应责任、变更责任范围或者驳回诉讼请求。在程序方面，该诉讼的原告为申请执行人，被告为被申请变更、追加的第三人；由执行法院专属管辖，适用普通诉讼程序审理。

请求权基础规范指引

《中华人民共和国民事诉讼法》（2023年修正）

第二百三十六条 当事人、利害关系人认为执行行为违反法律规定的，可以向负责执行的人民法院提出书面异议。当事人、利害关系人提出书面异议的，人民法院应当自收到书面异议之日起十五日内审查，理由成立的，裁定撤销或者改正；理由不成立的，裁定驳回。当事人、利害关系人对裁定不服的，可以自裁定送达之日起十日内向上一级人民法院申请复议。

《最高人民法院关于适用〈中华人民共和国民事诉讼法〉执行程序若干问题的解释》（2020年12月23日修正）

第十七条 多个债权人对同一被执行人申请执行或者对执行财产申请参与分配的，执行法院应当制作财产分配方案，并送达各债权人和被执行人。债权人或者被执行人对分配方案有异议的，应当自收到分配方案之日起十五日内向执行法院提出书面异议。

第十八条 债权人或者被执行人对分配方案提出书面异议的，执行法院应当通知未提出异议的债权人或被执行人。

未提出异议的债权人、被执行人收到通知之日起十五日内未提出反对意见的，执行法院依异议人的意见对分配方案审查修正后进行分配；提出反对意见的，应当通知异议人。异议人可以自收到通知之日起十五日内，以提出反对意见的债权人、被执行人为被告，向执行法院提起诉讼；异议人逾期未提起诉讼的，执行法院依原分配方案进行分配。

诉讼期间进行分配的，执行法院应当将与争议债权数额相应的款项予以提存。

《最高人民法院关于民事执行中变更、追加当事人若干问题的规定》（2020年12月23日修正）

第十四条 作为被执行人的合伙企业，不能清偿生效法律文书确定的债务，申请执行人申请变更、追加普通合伙人为被执行人的，人民法院应予支持。

作为被执行人的有限合伙企业，财产不足以清偿生效法律文书确定的债务，申请执行人申请变更、追加未按期足额缴纳出资的有限合伙人为被执行人，在未足额缴纳出资的范围内承担责任的，人民法院应予支持。

第十七条 作为被执行人的营利法人，财产不足以清偿生效法律文书确定的债务，申请执行人申请变更、追加未缴纳或未足额缴纳出资的股东、出资人或依公司法规定对该出资承担连带责任的发起人为被执行人，在尚未缴纳出资的范围内依法承担责任的，人民法院应予支持。

第十八条 作为被执行人的营利法人，财产不足以清偿生效法律文书确定的债务，申请执行人申请变更、追加抽逃出资的股东、出资人为被执行人，在抽逃出资的范围内承担责任的，人民法院应予支持。

第十九条 作为被执行人的公司，财产不足以清偿生效法律文书确定的债务，其股东未依法履行出资义务即转让股权，申请执行人申请变更、追加该原股东或依公司法规定对该出资承担连带责任的发起人为被执行人，在未依法出资的范围内承担责任的，人民法院应予支持。

第二十条 作为被执行人的一人有限责任公司，财产不足以清偿生效法律文书确定的债务，股东不能证明公司财产独立于自己的财产，申请执行人申请变更、追加该股东为被执行人，对公司债务承担连带责任的，人民法院应予支持。

第二十一条 作为被执行人的公司，未经清算即办理注销登记，导致公司无法进行清算，申请执行人申请变更、追加有限责任公司的股东、股份有限公司的董事和控股股东为被执行人，对公司债务承担连带清偿责任的，人民法院应予支持。

第三十条 被申请人、申请人或其他执行当事人对执行法院作出的变更、追加裁定或驳回申请裁定不服的，可以自裁定书送达之日起十日内向上一级人民法院申请复议，但依据本规定第三十二条的规定应当提起诉讼的除外。

第三十二条 被申请人或申请人对执行法院依据本规定第十四条第二款、第十七条至第二十一条规定作出的变更、追加裁定或驳回申请裁定不服的，可以自裁定书送达之日起十五日内，向执行法院提起执行异议之诉。

被申请人提起执行异议之诉的，以申请人为被告。申请人提起执行异议之诉的，以被申请人为被告。

第三十三条 被申请人提起的执行异议之诉，人民法院经审理，按照下列情形分别处理：

（一）理由成立的，判决不得变更、追加被申请人为被执行人或者判决变更责任范围；

（二）理由不成立的，判决驳回诉讼请求。

诉讼期间，人民法院不得对被申请人争议范围内的财产进行处分。申请人请求人民法院继续执行并提供相应担保的，人民法院可以准许。

第三十四条 申请人提起的执行异议之诉，人民法院经审理，按照下列情形分别处理：

（一）理由成立的，判决变更、追加被申请人为被执行人并承担相应责任或者判决变更责任范围；

（二）理由不成立的，判决驳回诉讼请求。

473. 执行分配方案异议之诉

案由适用要点

［**释义**］执行分配方案异议之诉，目的是在参与分配程序中为异议人提供诉讼救济。参与分配是为实现对债务人的多个债权人的公平保护而设立的执行程序。申请执行人以外的其他债权人可以凭有效的执行依据或者作为优先受偿权人申请加入已开始的执行程序，以就执行财产的变现价值获得受偿。此时执行法院应当制作财产分配方案，并送达各债权人和被执行人。债权人或者被执行人对分配方案有异议的，比如认为分配顺位或者分配金额有误，应当自收到分配方案之日起 15 日内向执行法院提出书面异议。如果未提出异议的债权人、被执行人又对异议人的意见提出反对意见，异议人有权以提出反对意见的债权人、被执行人为被告，向执行法院提出诉讼，由此形成执行分配方案异议之诉。

在参与分配程序中，如果债权人或者被执行人对分配方案中所列的债权是否存在、数额多少、受偿顺序等问题提出异议，这种异议不仅仅是一种程序上的异议，而且涉及实体权利，因此应当给予当事人启动实体诉讼的机会。另外，如果当事人认为法院制作的分配方案不公平甚至有错误，通过诉讼救济途径可以强化对当事人及利害关系人合法权益的保护。

《最高人民法院关于适用〈中华人民共和国民事诉讼法〉执行程序若干问题的解释》（以下简写为《执行程序规定》），以及《民事诉讼法解释》在有关部分确立了执行分配方案异议之诉的制度要点。

［**管辖**］根据《执行程序规定》第 18 条以及《民事诉讼法解释》第 510 条，执行分配方案异议之诉案件由执行法院管辖。

［**应注意的问题**］《民事诉讼法解释》第 510 条只规定了异议人为原告，对异议提出反对意见的人为被告，并未涉及其他人的诉讼主体地位问题，故审理执行分配方案异议之诉案件，应根据需要决定是否追加争议当事人之外的相关权利主体为第三人，以彻底解决纠纷。还要注意以下几点：（1）提起执行分配方案异议之诉应根据《民事诉讼法解释》第 509 条的规定，以对法院制作的分配方案首先提出书面异议为前提条件。（2）异议人应当在收到执行法院转送的其他债权人或者被执行人反对意见之日起 15 日内提起执行分配方案异议之诉。异议人逾期未提起诉讼的，执行法院依原分配方案进行分配。（3）提起分配方案异议之诉的债权人应当明确对分配方案如何变更，而不能仅主张分配方案违法。（4）在执行分配方案异议之诉诉讼期间进行分配的，执行法院应当提存与争议债权数额相应的款项（《执行程序规

定》第18条第3款），这是为了确保如果异议人的请求最终获得法院支持，那么其依然可以通过提存款项受偿。

请求权基础规范指引

《中华人民共和国民事诉讼法》（2023年修正）

第二百三十六条 当事人、利害关系人认为执行行为违反法律规定的，可以向负责执行的人民法院提出书面异议。当事人、利害关系人提出书面异议的，人民法院应当自收到书面异议之日起十五日内审查，理由成立的，裁定撤销或者改正；理由不成立的，裁定驳回。当事人、利害关系人对裁定不服的，可以自裁定送达之日起十日内向上一级人民法院申请复议。

《最高人民法院关于适用〈中华人民共和国民事诉讼法〉执行程序若干问题的解释》（2020年12月23日修正）

第十七条 多个债权人对同一被执行人申请执行或者对执行财产申请参与分配的，执行法院应当制作财产分配方案，并送达各债权人和被执行人。债权人或者被执行人对分配方案有异议的，应当自收到分配方案之日起十五日内向执行法院提出书面异议。

第十八条 债权人或者被执行人对分配方案提出书面异议的，执行法院应当通知未提出异议的债权人或被执行人。

未提出异议的债权人、被执行人收到通知之日起十五日内未提出反对意见的，执行法院依异议人的意见对分配方案审查修正后进行分配；提出反对意见的，应当通知异议人。异议人可以自收到通知之日起十五日内，以提出反对意见的债权人、被执行人为被告，向执行法院提起诉讼；异议人逾期未提起诉讼的，执行法院依原分配方案进行分配。

诉讼期间进行分配的，执行法院应当将与争议债权数额相应的款项予以提存。